内蒙古自治区统计局·编
Compiled by Inner Mongolia Autonomous Regional Bureau of Statistics

内蒙古统计年鉴

INNER MONGOLIA STATISTICAL YEARBOOK

中国统计出版社
China Statistics Press

（京）新登字041号

图书在版编目（CIP）数据

内蒙古统计年鉴. 2010/内蒙古自治区统计局 编.

—北京：中国统计出版社，2010.8

ISBN 978-7-5037-6028-0

Ⅰ. ①内…

Ⅱ. ①内…

Ⅲ. ①统计资料—内蒙古—2010—年鉴

Ⅳ. ①C832.26-54

中国版本图书馆CIP数据核字(2010)第150711号

内蒙古统计年鉴-2010

作　　者 / 内蒙古自治区统计局

责任编辑 / 佘竞雄　王立群

责任校对 / 包利军　崔京英

封面设计 / 赵贵新　李占玲

出版发行 / 中国统计出版社

通信地址 / 北京市西城区三里河月坛南街57号 中国统计出版社

邮　　编 / 100826

电　　话 / (010)63376907

E－ mail / yearbook@gj.stats.cn

印　　刷 / 呼和浩特市新城区宏业印刷厂

经　　销 / 新华书店

开　　本 / 890×1240　毫米 1/16

字　　数 / 1800千字

印　　张 / 59

印　　数 / 1-2000册

版　　别 / 2010 年8月第 1 版

版　　次 / 2010 年8月第 1 次印刷

书　　号 / ISBN 978-7-5037-6028-0/C · 2387

定　　价 / 300.00元

《内蒙古统计年鉴》编辑委员会

Editorial Board and Staff

编 辑 说 明

一、《内蒙古统计年鉴》是一部按年度连续出版的大型统计资料书。本《年鉴》通过大量的统计数据，全面反映了2009年内蒙古社会、经济和科技发展变化情况，是国内外各界人士了解内蒙古、认识内蒙古的重要统计资料工具书。

二、年鉴全书分为两部分。第一部分为特载，载入了自治区党政部门重要文件和2009年国民经济和社会发展统计公报。第二部分为统计资料，分为24个细目。即:1.行政区划和自然资源；2.综合；3.国民经济核算；4.人口；5.就业人员和职工工资；6.固定资产投资；7.能源生产和消费；8.财政；9.物价指数；10.人民生活；11.城市概况；12.农业；13.工业；14.建筑业；15.运输和邮电；16.国内贸易；17.对外经济贸易；18.旅游；19.金融和保险；20.教育、科技和文化；21.体育、卫生、社会福利、环境保护和其他；22.盟市资料；23.旗县区资料；24.附录。为了便于读者查阅，每个细目编排了主要统计指标解释。

三、本年鉴的统计数据大部分来自政府统计部门和业务部门年度统计报表，一部分来自抽样调查。

四、与《内蒙古统计年鉴-2009》相比较，本年鉴做了如下调整：

1. 根据全国第二次经济普查资料，本年鉴对2005年以后的部分指标的历史数据重新进行了调整和修订，读者在使用历史数据时，如数据有出入，请以本年鉴为准。

2. 由于 2009 年进行全国 R&D 资源清查，清查的数据处理工作没有结束，因此，与科技相关的数据未能列入本年鉴。

3. 由于行业统计方法制度的改革，投资、能源、贸易、建筑业等部分的版面和数据也做了相应的改动与调整。

4. 取消企业排序资料。

5. 2009年末实有耕地面积延用2008年数据。

五、资料中所使用的数量单位均采用国际统一标准计量单位。

六、本年鉴部分数据合计数或相对数由于单位取舍不同而产生的计算误差均未作机械调整。

七、本年鉴各表式中，有关对全表的注解均在该表上方，对表中部分指标的注解则在该表下方。

八、本年鉴表中的符号使用说明：空格表示该项统计指标数据不足本表最小单位数、不详或无该项数据；“#”表示其中的主要项。

PREFACE

Ⅰ. ***Inner Mongolia Statistical Yearbook*** **is a regular large scale statistical reference book published yearly. With a vast amount of statistical data, the yearbook reflects various aspects of Inner Mongolia's socio – economic, science and technology development. It is really an important and efficient statistical reference book for people of various circles in and outside China to know and understand Inner Mongolia.**

Ⅱ. The yearbook has two parts: Special articles and Statistics. The first part consists of important documents of the Party and the government and Statistical Bulletin of the National Economic and Social Development in Inner Mongolia for 2009. The second part consists of all the 24 chapters as follow: 1.Division of Administrative Areas and Natural Resources; 2.General Survey; 3.National Accounts; 4. Population; 5.Employment and Wages; 6.Investment in Fixed Assets; 7.Production and Consumption of Energy; 8. Government Finance; 9. Prices Indices; 10. People's Livelihood; 11. General Survey of Cities; 12. Agriculture; 13. Industry; 14. Construction; 15. Transport, Postal and Tele–communications Services; 16. Domestic Trade; 17. Foreign Trade and Economic Cooperation; 18. Tourism; 19. Banking and Insurance; 20. Education, Science and Culture; 21. Sports, Public Health, Social Welfare, Environmental Protection and Other; 22. Information of Leagues and Cities; 23.Information of Banners and Counties (Districts and Cities); 24. Appendix. In order to make it convenient for readers to consult, we edit exploratory notes on main statistical indicators of every chapter.

Ⅲ. Most of the data in this yearbook sources are from annual statistical reports of government agencies, another part sources from sample survey.

Ⅳ.Comparing with the content of Inner Mongolia Statistical Yearbook–2009, we changed the content as follow:

1. Some of the published data since 2005 are changed in this yearbook according to the second national economic census, therefore, data in this yearbook are reliable whenever you find different data in other publications.

2. Because of the 2009 R & D Resources Check is not over, data associated with the technology currently can not be edited, sothey are not included in the yearbook.

3. According to the reform of statistical method in other industries, some data and tables of Energy, Domestic Trade and Construction are changed and adjusted.

4.Ranks of enterprises are cancelled.

5.Cultivated Land at the Year–end in 2009 is prolonging the data in2008.

Ⅴ. The units of measurement used in this yearbook are internationally standard measurement units.

Ⅵ. Statistical discrepancies due to rounding are not adjusted in this yearbook

Ⅶ. The notes concerning the whole table are placed at the upper part of table, while the notes concerning individual indicators are placed at the lower part.

Ⅷ. Notations used in this yearbook: blank space indicates that the figure is not large enough to be measured with the smallest unit in the table, or data are unknown or are not available; "#" indicates a major breakdown of the total.

内蒙古自治区统计局

自治区统计局局长　胡敏谦

胡敏谦局长陪同国家统计局马建堂局长深入工厂调研

2010年全区统计工作暨第六次人口普查动员会议

胡敏谦局长陪同国家统计局马建堂局长深入牧区调研

全区统计工作暨第六次人口普查动员会议上为先进颁奖

荣获自治区组织部，区直机关先进党组织荣誉称号

缅怀先烈，高唱红歌，庆“七一”党的生日

胡敏谦局长为旗县基层基础工作建设达标单位揭牌

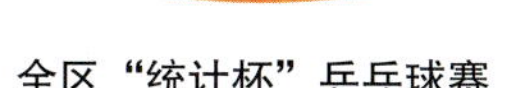

全区“统计杯”乒乓球赛

“统计杯”乒乓球赛闭幕式

充满朝气的统计人

心系灾区、为玉树地震灾区捐款

内蒙古自治区总工会

9月21日至24日内蒙古自治区工会第九次代表大会隆重召开

1月11日，自治区人民政府与自治区总工会召开第四次联席会议,研究加强企业职工技能人才队伍建设问题

内蒙古总工会、内蒙古党校、内蒙古日报社、实践杂志社联合召开坚定不移地走中国特色社会主义工会发展道路理论与实践座谈会

2009年，全区各级工会按照“全会抓基层，重点抓维权，合力促和谐，同心克时艰”的工作思路，主动作为，积极协助党政应对金融危机对我区的不利影响，团结动员各族职工为促进自治区经济平稳较快发展作出了重要贡献，进一步彰显了工人阶级群众组织的社会影响力。一是组织动员各族职工积极应对国际金融危机，围绕“保增长”作出新贡献。各地工会立足企业与职工群众实际，深入开展了各具特色、富有成效的劳动竞赛活动和“共同约定行动”，在“保增长”中进一步发挥了工人阶级的主力军作用。全区8330多家企业参与“共同约定行动”，涉及职工173万人；7022家企业参加了各级工会开展的“同舟共济保增长，建功立业促发展”为主题的劳动竞赛活动，覆盖面达74.1%。在全区477个重点工程建设项目中，广泛开展了“六比一创”劳动竞赛活动，占已开工重点工程项目的68.3%，推动了重点工程建设的顺利实施。各级工会充分发挥“大学校”作用，以建设社会主义核心价值体系为引领，在各族职工中深入开展了“共铸理想信念、共促科学发展”主题教育活动，进一步促进了职工队伍思想道德素质的提高。二是积极推动各族职工共享改革发展成果，围绕“保民生”取得新成效。以贯彻落实自治区党委办公厅、政府办公厅联合转发的《自治区总工会关于全面推进企业工资集体协商制度的意见》为契机，大力推行区域性、行业性集体合同制度；结合全国人大代表就企业职工工资收入问题进行调研视察，积极配合劳动保障部门，全力推进劳动合同制度的实施，切实维护各族职工群众的劳动经济权益。以全区113个再就业培训基地为载体，通过举办创业培训、提供就业信息、开展订单式培训和扶持创业带头人等举措，对2.9 万名在岗职工进行了技能提升和转岗培训，对1.69万名下岗失业人员进行了再就业培训，其中1.41万人实现了再就业，扶持1362人成功创业。大力开展了“51155农牧民工援助行动”，使广大农牧民工

9月8日，纪念内蒙古自治区总工会成立60周年座谈会在呼和浩特召开

1月20日，自治区人大常委会副主任、总工会主席云秀梅陪同自治区党委书记储波在包头慰问困难职工，并视察包头市困难职工帮扶中心

切实感受到了工会组织的温暖。进一步加强了旗县困难职工帮扶中心建设，工会帮扶工作网络进一步健全，工作进一步规范，帮扶工作效能得到进一步提升。三是大力发展和谐劳动关系，围绕“保稳定”展现新作为。把深入开展创建劳动关系和谐企业、和谐工业园区活动作为服务和谐社会建设的重要抓手，以发展和谐劳动关系促进工会维权机制建设，以工会维权机制建设推动和谐劳动关系发展。积极参与企业改制重组工作，大力推行区域性、行业性职代会制度，不断加强职代会规范化建设，努力提高厂务公开民主管理工作的实效，切实维护了各族职工的民主政治权益。进一步建立健全工会劳动关系矛盾预警监测、应急处理、信息报送和自治区、盟市、旗县三级工会领导干部联系企业制度，定期分析、重点排查影响职工队伍稳定的因素，准确掌握职工的生产生活和思想动态，及时向党委、政府反映，提出解决问题的对策和建议，促进了和谐内蒙古建设。四是切实加强工会自身建设，凝聚力战斗力得到新提升。把深入学习实践科学发展观贯穿于推进工会工作的全过程，结合学习贯彻党的十七届三中、四中全会精神，全国和自治区经济工作会议精神，以及中国工会十五大、自治区工会九大精神，思想作风建设得到进一步加强。以“党工共建”为平台，以“两新”组织和乡镇（街道）、社区工会组织建设为重点，大力开展工会基层组织建设“二次覆盖攻坚行动”，不断推进区域性、行业性工会组织建设，全区工会组建和会员发展工作迈上了新台阶。加大对新任工会主席、工会专业人才和非公有制企业工会干部的培训力度，工会干部队伍的素质得到进一步提高。9月21日至24日内蒙古自治区工会第九次代表大会在呼和浩特召开。会议回顾总结了五年来自治区工会工作的主要成就和基本经验，确定了今后五年自治区工会工作的总体目标和主要任务。云秀梅当选为自治区总工会第九届委员会主席，崔明龙、金华、额尔敦巴雅尔、姜言文当选为副主席。

4月26日自治区总工会举办“五月的鲜花为你开”庆祝五一国际劳动节文艺晚会

3月25日，云秀梅在呼和浩特众环集团视察企业生产经营情况

内蒙古自治区总工会 主席 副主席

内蒙古庆华集团

庆华集团董事长 霍庆华

为5·12汶川地震捐款

诚信大鼎

表彰鼓励先进

合办晚会

一、集团基本情况

内蒙古庆华集团成立于2000年8月，是中国煤炭百强企业、全国民营企业五百强、中国化工企业60强、中国民营化工企业60强、自治区工业企业20强，是一个集采矿、选矿、炼焦、煤化工、物流和建材为一体的综合大型矿产资源开发企业。

集团下属独立法人企业15个，分布在阿拉善盟三个旗和蒙古国。现有员工12000多人，其中高级管理人员和采矿、选矿、地质、测量等各类专业技术人员2200多人，是一个跨国、跨地区、跨行业的民营独资企业。企业经营范围：采矿、选矿、焦化、公路修筑、汽车运输等。产品有原煤、精焦煤、铁矿石、铁精矿、金精矿、钴精矿、铜精矿、焦炭、煤化工产品等，主导产品是钢铁冶金的主要原、辅材料。

2001年3月，庆华集团建立党委，是阿拉善盟首家建立党组织的民营企业，有1个党总支，9个党支部，党员174名。在集团的建设发展过程中，党支部和广大党员充分发挥了战斗堡垒作用和先锋模范作用，为集团的快速发展提供了组织保障。

集团曾先后荣获国家级“循环经济示范园区”、内蒙古自治区“较强型经济效益企业”、“青年文明号”、“诚信单位”等荣誉称号；被内蒙古自治区农业银行评为“AAA等级信用单位”；被自治区红十字会评为“抗震救灾优秀组织奖”；被自治区党委宣传部等评为“十大社会奉献突出企业奖”；被自治区金融办评为“诚信单位”。2009年内蒙古庆华集团总资产达77.9亿元，实现销售收入56.4亿元，上缴税金7.87亿元。

企业建设项目：自1995年至今，先后开发建设了阿拉善左旗百灵煤田、阿拉善右旗卡休他他铁矿、额济纳旗黑鹰山铁矿、蒙古国那林苏海特煤矿、内蒙古庆华循环经济工业园煤化工程等项目。正在建设的项目有：百灵煤矿180万吨矿井技改项目、10万吨煤焦油加氢项目、10万吨甲醇制油项目、巴音敖包规模为90万吨煤田开发项目、北寺旅游开发项目、甘肃张掖煤制天然气项目等。

二、内蒙古庆华集团所属主要企业

1、阿拉善百灵煤炭有限责任公司
2、阿拉善百灵洗煤有限公司
3、阿拉善庆华矿业科技有限责任公司
4、额济纳庆华矿业科技有限责任公司
5、内蒙古额济纳旗庆华-马克那林苏海特商贸有限责任公司
6、乌斯太矿业有限责任公司
7、庆华煤化有限责任公司
8、庆华物流有限责任公司
9、内蒙古庆华集团环保化学品有限责任公司
10、阿拉善洁净煤有限责任公司
11、内蒙古庆华集团新型环保建材有限责任公司
12、天津庆华伟业进出口贸易有限公司
13、内蒙古庆华集团顺嘉商贸有限公司
14、庆华循环经济工业园建设项目

庆华会所

循环经济工业园

焦化——化产区

庆华园区

内蒙古自治区妇女联合会

自治区领导与十杰母亲合影

巴特尔主席看望儿童

领导班子集体学习

内蒙古妇联全称为内蒙古自治区妇女联合会，是全区各族各界妇女在自治区党委领导下，为实现男女平等、促进妇女发展（争取进一步解放）而联合起来的社会群众团体，具有广泛的代表性、群众性和社会性，是党和政府联系妇女群众的桥梁纽带，是国家政权的重要社会支柱之一，是全国妇联系统的省级地方组织，业务上接受全国妇联的指导。内蒙古自治区妇女联合会简称内蒙古妇联，成立于1949年1月12日，时称内蒙古民主妇女联合会。1953年1月，绥远省民主妇女联合会与内蒙古民主妇女联合会合并。1957年9月，根据中华全国妇女联合会的要求，将内蒙古自治区民主妇女联合会改为内蒙古自治区妇女联合会。其基本职能是：团结、动员广大妇女参与经济建设和社会发展，代表和维护妇女利益，促进男女平等。

内蒙古妇联内设6个部室，分别为办公室、组织联络部（与机关党委合署办公）、宣传部、妇女发展部、权益部、儿童工作部。自治区人民政府妇女儿童工作委员会办公室设在妇联。所属二级单位有：《内蒙古妇女》（蒙文版）、《中外妇女文摘》、《中外童话画刊》三个杂志社，内蒙古妇女干部学校，内蒙古妇女儿童中心和内蒙古儿童基金会。

春节慰问

妇联机关参加直属机关运动会

内蒙古自治区环境保护厅

内蒙古自治区环境保护厅党组书记、厅长　苏 青

2009年7月，自治区党委、政府撤销环境保护局正式组建环境保护厅，为自治区政府组成部门，共设立12个内设机构，10个直属事业单位。主要负责研究拟定、组织实施全区环保政策、规划、环境功能区划、标准和技术规范，统筹协调重大环境问题，实施污染减排和总量控制，对自治区重大经济和技术政策、发展规划以及开发项目进行环境影响评价，指导和监督管理污染治理、生态保护核与辐射环境等工作。

2010年，在自治区党委、政府的正确领导下，自治区环保厅坚持以科学发展观为统领，牢牢把握“发展是硬道理、环保是硬约束”的基本原则，解放思想、抢抓机遇，圆满完成了“十一五”各项环保任务，环保事业实现了跨越式发展，为维护国家生态安全、保障人民群众健康、促进全区经济社会全面协调可持续发展做出了重要贡献。

全区污染减排取得突破性进展。在自治区经济持续快速增长、工业化和城镇化加速推进，资源约束突出、环境压力加大的形势下，全区污染减排指标连续保持“双降”，二氧化硫排放量提前一年，化学需氧量提前半年完成“十一五”减排任务，为自治区经济社会发展腾出了环境空间。

自治区政府主席巴特尔视察自治区环境保护厅

全区重点流域、城市和区域环境质量明显改善。内蒙古境内的松花江、辽河、海河、黄河中上游四个流域，除松花江流域水质达标率91.7%外，其余全部100%达标，水质平均达标率较“十一五”初期提高了53个百分点，水质好于全国平均水平。重点城市空气综合污染指数持续下降，空气质量达到二级良好以上天数较2006年增加了16%。全区环境污染和生态破坏势头整体得到遏制，人民群众对环境满意程度大幅度提升。

建设项目和各类规划环评工作审查工作逐步向科学化、规范化迈进，有效地从源头上控制了环境污染，进一步优化了产业结构和空间布局，提升了发展质量。环境执法力度不断加大，一大批关系民生的突出环境问题得到切实解决。自然资源与生态环境的承载能力显著提升。与辐射环境监管网络基本形成，辐射环境安全总体状况明显好转。

环保能力建设发生了翻天覆地的变化。环保投入持续增加，机构和人才队伍不断壮大，环境保护从过去“废气靠闻、废水靠看、噪声靠听”的落后局面逐步实现了现代化、信息化、数字化的科学、完备的环境监管体系。

站在新的历史起点上，全区环保系统广大干部职工将团结一心，奋发有为,以更加饱满的热情和昂扬的斗志投身到保护环境的热潮中，继续解放思想，坚持与时俱进，推动科学发展，促进社会和谐，让内蒙古的天更蓝、地更绿、水更清，人与自然的关系更加和谐，谱写出生态文明、和谐发展的新篇章。

环境保护部部长周生贤视察自治区环境保护厅

2010年全区环境保护工作暨重点流域水污染视频会议

中国人民武装警察部队内蒙古自治区总队

总队长 张国兴

政治委员 张如平

中国人民武装警察部队内蒙古自治区总队（简称内蒙古总队），1983年1月重新组建，1999年1月由正师级调整为副军级。

2009年，内蒙古总队在总部党委和自治区党委、政府的正确领导下，深入学习实践科学发展观，扎实推进部队全面建设，忠实履行神圣使命，全力做好各项执勤和处置突发事件工作，积极支援驻地经济建设，维护社会稳定，保卫人民群众安居乐业。

总队党委坚持以能力和先进性建设为重点，加强对团以上党员干部的教育管理，扎实开展“加强党性修养、振奋革命精神”集中教育，确保秉公用权、树好形象。各级把加强思想政治建设作为首要任务紧抓不放，深入开展学习实践科学发展观和当代革命军人核心价值观教育，广大官兵对建设中国特色社会主义的信念更加坚定，军人核心价值观扎根思想、自觉践行。所属部队适应严峻形势，积极推进“四防一体化”建设，狠抓“三员一兵一组”落实，及时完善处突反恐方案预案，建立健全四个层次的反恐力量布局，实现了固定执勤万无一失，处置突发事件每战必胜，抢险救灾任务完成出色。尤其是协助公安机关完成“10·17”、“11·26”两次全区震动、全国关注的追逃等重大战斗以及积极参加扶贫帮困、抢险救援等工作，赢得广泛赞誉。年内，总队被自治区表彰为“博爱一日捐”、实施“春蕾计划”、综治工作先进单位；双拥共建和支援西部大开发受到中共中央书记处书记、中央军委副主席徐才厚的表扬。

深入开展学习实践科学发展观教育，推动部队巩固发展、安全发展、创新发展

坚持以执勤和处突为中心，确保各项勤务万无一失，维护社会治安稳定，保卫人民群众安居乐业

快速出击，参加“10·17”追逃抓捕战斗

强化训练，不断提升部队执勤和处突反恐能力

坚持政治工作首位意识，不断深化革命军人核心价值观教育

因地制宜，大力发展庭院种植和暖棚栽培，提高自补能力，改善官兵生活

情系人民，积极参加抢险救灾，保卫人民群众生命财产安全

全力支援自治区经济建设和生态环境治理，为驻地社会稳定、经济繁荣贡献力量

内蒙古自治区公安厅
2009年全区公安工作情况

赵黎平厅长赴新疆慰问呼和浩特援疆特警

2009年，全区公安机关在自治区党委、政府和公安部的正确领导下，深入贯彻落实科学发展观和党的十七届四中全会精神，紧紧围绕“保增长、保民生、保稳定”的总要求，积极应对国际金融危机对内蒙古社会稳定不利影响，强力推进“四项工程”建设，扎实做好以新中国成立60周年安全保卫为中心的各项维护稳定工作，业务和队伍建设取得了显著成效。

一、圆满完成国庆60周年安全保卫任务。全区公安机关围绕“一个中心、两个稳定、六个确保”的总目标，集全警之智，举全警之力，积极做好国庆60周年各项安全保卫工作，保持内蒙古自治区安全稳定，以自身稳定支撑首都安全稳定。坚持严之又严、实之又实、细之又细，在组织领导、关键措施和责任追究三方面狠抓落实。全区国庆60周年安全保卫工作圆满完成，实现了“六个确保”的任务目标，确保了全区没有发生严重影响大局的政治事件；确保了社会治安局势没有发生大的波动；没有发生恐怖袭击事件；没有发生有全国影响的重大群体性事件，没有发生群死群伤火灾、交通事故，没有发生涉警的违法违纪事件和重大安全事故，受到了自治区领导的充分肯定和高度评价。

赵黎平厅长赴新疆慰问呼和浩特援疆特警

二、加大防范打击力度，维护社会治安大局稳定。打防并举，严打开路，大小案并重，有力控制全区社会治安稳定局势。积极部署开展“破案追逃保大庆”行动。2009年，全区共立各类刑事案件93501起，同比上升14.9%，破46857起，同比上升5.5%，抓获各类刑事犯罪嫌疑人19377人，同比下降6.0%；共查获刑事犯罪集团713个，同比下降9.7%。加大对严重影响人民群众安全的“两抢一盗”案件的打击力度，2009年，全区共立侵财案件81077起，占全部刑事案件总数的87.9%，破36084起，破案率达到41.7%。相继开展打击假币犯罪“09行动”、打击发票犯罪专项行动、打击整治农村信用社经济犯罪专项行动，严厉打击严重经济犯罪活动，规范市场经济秩序。2009年，全区共破获破坏市

赵黎平厅长在10·17案件现场指挥

赵黎平厅长在10·17案件现场指挥

场经济秩序案件1807起，同比上升79.4%，挽回经济损失64629.33万元。推进全区新一轮禁毒人民战争向纵深发展。2009年，全区共破获各类毒品案件934起，抓获毒品犯罪嫌疑人962人次，缴获海洛因3.099千克，鸦片3.072千克。查获偷渡案件15起33人。严厉打击网络违法犯罪活动。全区公安机关网监部门共办理各类案件450起，配侦抓获各类逃犯1531名。

三、“四项工程”建设进展明显。信息化建设与应用步伐明显加快。“金盾工程”二期建设开展顺利，警务信息综合应用平台12个盟市全部建成投入运行；警用地理信息基础应用平台在厅信息中心搭建完毕；部门间信息共享平台在乌海市公安局试点。公安厅规划研发了服务公安管理决策的“四个主题应用”。部署开展全区“基础信息采集大会战”，采集录入数据1370余万条。提高全警应用能力，送技战法到基层。加强网上作战技战法培训，2009年全区培训民警35000多人次。执法规范化建设稳步推进。以“三查”为抓手，努力提高全区公安机关整体执法水平。加强执法能力建设。建立并运行公安民警执法资格考试系统，在全区开展网上执法资格认证学习考试。进一步规范执法主体，开展了清理非警务人员执法工作，完成了2456名事业编制人员的人民警察身份确认。加强执法制度建设。坚持典型引路，全面启动全区盟市执法示范单位创建活动。和谐警民关系渐成气氛。坚持开展“大走访”爱民实践活动，建立健全长效机制，走访常态化。进一步规范公安信访工作程序，畅通公安信访渠道。加强警察公共关系建设。组织开展第二届“我最喜爱的十大北疆卫士”评选活动和第四届警察音乐会，取得了良好社会效果。社会治安防控体系建设进一步加强。三级联动打黑除恶格局形成。深化社区和农村（牧区）警务战略。目前，全区城镇应建社区警务室2190个，已建1809个。农村（牧区）应建警务室3238个，已建2490个，全部实现四个“统一”。全区共配备社区民警3652人，驻村（嘎查）民警2412人。加强视频监控系统及其他防范系统建设。目前全区已安装监控摄像机101693台，部分系统已接入公安网，入网系统达到8510台，全区各盟市所在地、60%旗县（市区）政府所在地已不同程度地建成视频监控报警系统。继续开展草原110建设，完善拓展功能。抓好防控基础工作，建立健全重点人员动态管理工作机制。

内蒙古自治区党委、政府慰问援疆特警仪式

“爱民实践大走访”下社区

赵黎平厅长走访社区困难群众

四、保民生、促发展，改进和加强公安行政管理服务工作。紧紧围绕保增长、保民生，拓宽思路，规范执法管理，改进服务，出台并贯彻落实《内蒙古公安厅服务和促进“保增长、保民生”二十一条工作措施》。关注民生，促进就业。加强保安业发展、推行民爆物品一体化管理、加快城市报警监控系统建设，推进公安工作社会化进程，在拓宽公安工作发展空间的同时，培育自治区就业新增长点。关注民生、提升形象，积极出台服务群众新举措。在全国率先实行二次补（换）领二代证通过手机短信、因特网、传真自助办理、邮政快递速达措施。开通了办理“二代证”绿色通道，特事特办。为全区21万盲人开辟免费办理第二代居民身份证，为急需身份证的9.8万考生开辟“绿色通道”办理加急快证。开展“平和内蒙古交警”形象创建活动，巩固深化“文明窗口”建设成果。大力提升边检服务水平，实现了零投诉、零差错。开通网上“消防办事大厅”系统，提高了服务质量和工作效率，得到了群众的好评。关注民生，改进执法，贯彻宽严相济政策，从轻减轻对一般性违法行为的处罚。重点保护劳动密集型企业的合法权益，审慎执法，保护生产力。

五、大力加强队伍建设。坚持政治建警，大力培育全区民警“忠诚，胜利”核心价值观。继续深入推行“轮训轮值、战训合一”训练模式，构建自治区、盟市、旗县（市区）三级训练基地框架。举办各级各类培训班1369期，共培训民警53676人次。大力开展干部自主选学培训试点工作，今年近80%的在职在编民警完成了自主选学任务。深化干部人事制度改革，积极协调自治区相关部门，扎实做好厅机关机构改革和干部管理工作。积极争取公安专项编制，组织开展考录工作。坚持以人为本，落实从优待警的各项措施。强化队伍监督管理。2009年，全区公安机关共发生（发现）民警违法违纪案件94起133人，同比分别上升6.8%和7.2%，查处违反“五条禁令”案件16起18人。

内蒙古自治区广播电影电视局

内蒙古广电局局长刘永欣

自治区党委副书记、自治区主席巴特尔，国家广电总局副局长张丕民为内蒙古电影集团揭牌

全区广播影视工作会议

自治区副主席刘新乐为“广电人的视界”——内蒙古广播影视系统首届摄影作品展开幕式剪彩

内蒙古广播影视业自1950年11月1日内蒙古人民广播电台开播至今，已走过60年的风雨历程。

目前，全区共有盟市级以上电台13座，电视台14座，旗县级广播电视台76座。全区共有广播节目126套，全年播出617769小时；电视节目125套，全年播出615727小时。内蒙古电台已形成8个频率播出的专业化布局，全天播出近150小时。内蒙古电视台已形成8个频道播出的专业化格局，全天播出近170小时。2009年，内蒙古电影集团有限责任公司正式挂牌成立，标志着我区电影产业发展步入新阶段。

内蒙古是全国唯一规模生产译制蒙古语广播电视节目的基地。目前，内蒙古电台蒙古语广播节目每天播出18小时15分钟，年生产能力达6628小时。内蒙古电视台蒙古语卫视每天播出24小时。蒙古语广播电视卫星节目分别在蒙古国首都乌兰巴托和俄罗斯乌兰乌德等城市落地入户，发挥着独特的外宣作用。

内蒙古蒙汉语广播电视节目通过中星6B卫星传输，覆盖我国全境及亚太53个国家和地区。内蒙古汉语卫视在全国的总覆盖人口达4.38亿。全区有6123.2公里的广播电视微波干线，是全国省级最长的微波干线；全区有线广播电视传输干线网络长达4.52万公里，居全国各省市区之首；全区有中短波广播发射台57座，调频发射台511座，电视发射台1383座；卫星收转站395911座；有线电视用户290多万户，其中数字电视用户已接近170万户。构建了“天上一颗星，地下一张网，干线贯东西，台站遍全区”的传输覆盖体系。无线覆盖工程、西新工程和村村通工程稳步推进，通过实施三大工程，全区广播电视综合覆盖率分别达到94.75%和93.53%，有线电视入户率达39.38%。

国家广电总局副局长张丕民视察内蒙古广播影视数字传媒中心

内蒙古广电局直属26个企事业单位，在职正式职工3870人（不含各盟市网络分公司职工及各单位聘用人员）。通过实施人才工程，内蒙古广播影视培养了一大批名编辑、记者、名播音员、主持人、名编剧、名导演、名制片和高级技术人才。目前，全区广播影视系统从业人员1.76万人（不含乡级广播站），其中编辑、记者4154人，播音员、主持人844人，工程技术人员2912人，高级职称1225人。麦丽丝、王新民、冉平、孟凡耀、康洪雷、陈枰、艾丽娅、宁才、图门等已成为全国影视界的名人。

内蒙古20户以上自然村村村通广播电视工程启动仪式

2009年，内蒙古广播影视紧紧围绕党和政府中心工作，深入学习实践科学发展观，扎实开展广播电视宣传报道、惠民工程建设、安全播出工作、强化依法管理、加快产业发展、深化体制改革，为实现“保增长、保民生、保稳定”和自治区提高“两个水平”、实现“两个转变”、建设“两个屏障”的奋斗目标提供有力的思想保证和舆论支持。

2009年，全区有多件广播影视作品和多名个人荣获中国新闻奖、中国广播影视大奖、“五个一”工程奖、星光奖、华表奖、韬奋奖等国家级奖项。先后荣获全国广播电视节目技术质量奖、全国境外卫星电视传播秩序整治工作先进单位、国庆60周年广播电视安全播出保障工作先进集体、全国民族团结进步模范集体等荣誉称号。

“祖国在我心中”内蒙古广播影视系统第二届职工文艺汇演

内蒙古自治区文化厅

自治区党委宣传部副部长、自治区文化厅厅长王志诚作工作报告

自治区文化厅按照自治区党委、政府的总体部署，紧紧围绕全区工作大局，以新的文化发展理念为统领，科学铺排任务，扎实开展工作，不断转变职能，改进工作作风，精神面貌更加昂扬向上，服务能力和管理水平不断提高，各项文化工作取得了新的进展。

文艺创作日益繁荣，群众性文化活动丰富多彩。各级文化部门不断加强对艺术创作的扶持和引导，大力实施舞台艺术精品工程，一批优秀作品脱颖而出。2008年以来，全区新创200多个作品。一批剧目荣获全国“五个一”工程奖、全国地方戏优秀剧目展演奖、第七届中国舞蹈“荷花奖”表演金奖。大部分舞台剧投向市场，社会和经济效益较好。积极组织具有导向性、示范性的节庆活动，全区不同规模、不同类别的文化艺术节达到109个。草原文化节成为国际性草原文化的盛会，昭君文化节入选“中国十大节庆活动”。

全区文化工作会议

公共文化设施建设不断加强，文化服务体系进一步健全。积极建设乡镇综合文化站，至2009年12月已建成和正在建的有479个，完成项目总数1027个的47%。文化信息资源共享工程顺利推进，安排101个旗县区级支中心，目前建成并交付使用86个。配合自治区党委组织部把文化共享工程村嘎查基层点建设与农村牧区党员远程教育工程建设结合起来，2009年为5964个村嘎查配备了设备，占全区98%。拟定和推动出台了《加强新时期乌兰牧骑工作的意见》，将乌兰牧骑纳入基层公共文化服务体系中。“文化下乡”、“百团千场下基层”等活动坚持不断，全区各级各类艺术表演团体每年下基层演出都在5000场以上。

王志诚厅长赴基层调研

文化产业发展势头良好，文化市场管理有序。先后起草和推动出台了《自治区关于加快文化产业发展的若干政策意见》、《文化产业发展纲要》、《关于促进非公有制文化企业发展的意见》等一系列重要文件。加快文化产业重点项目、示范基地和地区特色园区建设。文艺演出业、会展业、娱乐休闲业、文物复仿制和工艺美术品等传统文化产业发展迅速。动漫、网络游戏等新兴文化业态正在兴起。目前，我区有鄂尔多斯成吉思汗旅游区、包头乐园2个国家级、内蒙古音像出版社等10个自治区级的文化产业示范基地。一手抓规范、一手抓整治，以综合行政执

自治区2010年百团千场下基层演出启动仪式

2009年全区工艺美术精品展

法、社会监督、行业自律、技术监控为主要内容的文化市场监管体系初步建立，促进了文化市场的健康发展。

文化遗产保护成效显著，传统文化得到传承发展。我区已查明的不可移动文物古迹达2万处，国家级重点文物保护单位79处，自治区级的315处。元上都遗址申报世界物质文化遗产工作扎实推进。编制了《内蒙古民族博物馆体系建设纲要》，全区共有各类博物馆86座，拥有馆藏文物藏品50万件。从2008年开始，免费向全社会开放，每年接待观众300多万人次。非物质文化遗产保护工作取得进展。目前全区有2项世界级名录项目、49项国家级名录项目，251项自治区级名录项目，26位民族民间艺术家入选国家级非遗名录项目代表性传承人。自治区政府命名了6个第一批自治区级文化生态保护试验区，成为全国首批省级文化生态保护区。15个乡镇被文化部命名为全国民间文化艺术之乡。

对外文化交流日趋活跃，内蒙古的影响力不断扩大。以文物、民俗和艺术展演为重点，对外文化交流项目45起，近千人次。同期接待了国外30多个文化艺术团组。内蒙古民族歌舞剧院的“安达组合”赴美国西部区进行了为期50天巡演，还随胡锦涛主席出访俄罗斯，参加中国艺术团“庆祝中俄两国建交60周年暨中国文化节开幕式”，得到中央领导高度评价，受到文化部通报表扬。内蒙古杂技团全力打造“蒙派杂技”品牌，赴德国、瑞士、芬兰演出660场。内蒙古博物院的《成吉思汗——中国古代北方草原游牧文化展》在日本展出，受到好评，将延展一年。2009年，在乌兰巴托成功举办了内蒙古文化周。在台举办的《父亲的草原，母亲的河——蒙古族文物精品展》，引起很大反响。民间文化交流也日趋活跃。

文化体制改革不断深入，文化单位的活力逐渐显现。拟定了内蒙古民族演艺集团组建方案，内蒙古杂技团转企改制顺利推进，全区电影职能和机构划转工作年底前基本完成。成立了自治区非物质文化遗产保护中心，组建了内蒙古博物院。自治区和盟市两级文化稽查队转为参照公务员管理机构，67个旗县已建立文化市场行政执法机构，自治区市场稽查队重组为文化市场综合执法局，文化市场管理中长期存在的职能交叉，多头执法等问题得到初步解决。

蒙古族呼麦被联合国教科文组织评为人类非物质文化遗产代表作

扎实推进林业改革发展
构筑祖国北方生态屏障

内蒙古自治区林业厅厅长　高锡林

2009年是新中国成立60周年，同时也是我国应对国际金融危机关键之年，更是林业发展史上的重要一年。一年来，在中央林业工作会议精神的指引下，在自治区党委、政府的正确领导下，全区掀起了加快林业改革发展的新热潮。2009年公布的全区第六次森林资源连续清查结果显示，我区森林面积和蓄积实现了持续“双增长”，森林面积3.55亿亩，稳居全国第一位；活立木蓄积量13.6亿立方米，居全国第五位；人工林资源保存总面积9662万亩；森林覆盖率达20%，提前两年实现了自治区“十一五”奋斗目标。

一、生态建设稳步推进

造林绿化任务超额完成。全区共完成林业生态建设面积1388万亩，占自治区计划任务的138.8%，其中人工造林594万亩,飞播造林155万亩,封山(沙)育林639万亩;四旁植树4100万株。全民义务植树运动深入开展，部门绿化和通道绿化精彩纷呈。全区新建义务植树基地504 处，新建领导绿化点88处，共980余万人（次）参加义务植树,植树7400多万株。北京军区在商都县的义务植树基地、通赤高速公路绿色景观带建设等取得新突破。同时，进一步规范林木种苗生产、销售、使用各环节，种苗质量得到保证，全区共完成育苗面积11.1万亩，其中新育苗7万亩，采集林木种子185万公斤。

防沙治沙力度加大。自治区政府出台了《防沙治沙目标责任考核办法》，通过了国家七部委防沙治沙目标责任考核中期督促检查，进一步落实了责任制。通过严格保护、有效治理，沙化扩展趋势得到有效遏制，重点治理区生态状况得到明显改善，重大突发沙尘暴灾害应急体系建设得到完善，防沙治沙工作总体进展良好。在财力紧缺的情况下，呼伦贝尔市市、旗（市区）两级财政投入近6000万元，用于呼伦贝尔沙地治理；巴彦淖尔市打响了乌兰布和沙漠刘拐沙头治理攻坚战。

生态建设质量明显提高。在追求数量的同时，更加注重质量建设，认真实施营造林全面质量管理，开展森林经营试点，强化工程管理，推广应用实用技术，工程建设、森林经营和林分质量得到提高。我区还结合林业重点工程建设，有针对性地确定区域治理重点，积极打造生态建设精品。重点推进的樟子松、沙地榆基地建设进展顺利，共完成建设任务32万亩。锡林郭勒盟以“3456”工作思路为抓手，努力实现林业工作的整体突破；阿拉善盟实施了“锁边围城工程”，取得了很好的效果。

二、生态保护继续加强

森林资源管理全面加强。建立健全了林地保护管理一系列规章制度，严格执行森林采伐限额、凭证采伐制度。在征占用林地管理方面，按照“有保有压、保障重点”的原则，优先保障国家和自治区重点项目和基础设施项目使用林地。共审核同意征占用林地项目485项，征占用林地面积16.5万亩。圆满完成了森林资源清查、生态状况综合监测评价和成果汇总分析，并公布了2008年森林资源连续清查结果。利用高辨率卫片，完成了锡盟全部、阿盟2个旗县的二类调查任务和全区营造林综合核查。开展了森林采伐管理改革和森林可持续经营试点，基本完成森林资源信息系统数据库及应用系统建设。加强了林权证管理发放工作，截至2009年底，全区累计发放林权证110万本，面积1.7亿亩。其中退耕还林工程发证97.53万本，发证面积2314万亩，发证率为62.74%。

森林草原火灾得到及时处置。面对严峻的森林草原防火形势，自治区防火指挥部及早部署，仅清明节、国庆节等关键时期，就先后派出35个工作组深入基层检查防火。大兴安岭林区雷击火和与蒙古边境草原大火等重特大森林草原火灾得到有效处置，取得了在短时间内扑救火灾的全面胜利。全区共发生森林火灾66起，受害森林面积5.6万亩，受害率0.18‰。发生草原火灾10起，受害草原面积30万亩，受害率0.23‰。

林业有害生物灾害有效应对。防治体系建设扎实推进，监测预警、检疫御灾能力得到提高，防治水平不断增强，防灾减灾工作成效明显。全年共发生各类林业有害生物灾害1594万亩，其中轻度817万亩、中度514万亩、重度264万亩，是我区历史上发生最为严重的一年。通过采取有效措施，完成防治面积646万亩。

野生动植物和湿地保护与管理步伐加快。加强自然保护区机构建设，实施了中央投资国家级自然保护区建设项目，积极开展晋升国家级自然保护区工作，已有1处通过国家林业局初评。新建立了自治区级自然保护区2处。开展了珍稀、特有两栖类物种资源调查，加强了野生动物疫源疫病检测工作。认真落实《内蒙古自治区湿地保护条例》，积极做好湿地保护与恢复建设中央投资项目，编制完成《湿地保护工程规划2010–2015年规划》和全区湿地公园规划，开展了国家级湿地公园申报工作。

森林生态效益补偿力度加大。2009年新增公益林补偿面积3700万亩，全区重点公益林补偿面积达1.14亿亩，落实中央财政补偿资金为5.72亿元，补偿范围涉及12个盟市105个旗（县、市、区和单位）；自治区、盟市、旗县三级财政共启动地方公益林补偿面积1001万亩，投入资金3000万元。

执法能力建设得到强化。加强了林业执法和护林队伍建设，森林公安“三考”工作取得实效，“三基”工程建设取得阶段性成果，队伍正规化建设水平得到提升，全区森林公安纳入国家政法专项编制管理体系，理顺了内蒙古大兴安岭国有林区森林公安队伍管理体制。组织开展了“保护候鸟”、“绿盾三号”等专项行动，一批重点涉林案件得到了及时有效地查处。2009年，全区共破获、查处各类林业案件近2万起，挽回直接经济损失4447万元。

三、林业产业发展态势平稳

切实加强对林业产业建设的引导和扶持，积极做好“十二五”林业产业发展专项规划的前期准备及批准、立项工作；继续支持内蒙古林业产业协会等专业协会及社会中介组织发展，产业协会会员已达166家；进一步强化林产品产地标识认证和市场信息服务，提高了服务水平。安排林业产业扶持资金1000万元，扶持产业项目31个。积极帮助企业落实贴息贷款，认真做好龙头企业申报和考核评定前期工作，企业整体素质和竞争力有所增强。全区现有年销售收入100万元以上林业产业加工企业289家，3000万元以上20家，5000万元以上15家，1亿元以上3家。新增产业化项目投资9.7亿元，已完成投资近5亿元。林业产业结构得到适应性调整，灌木原料林、灌木饲料林和经济林基地建设发展较快，非木质林业产业发展态势较好，森林旅游业发展势头强劲，森林公园、湿地公园建设步伐加快，林木生物质发电开局良好，进一步拓宽了农牧民增收致富的渠道。如鄂尔多斯市各类林业企业投入2亿元收购原料，带动12万农牧户进入产业化链条；打造成陵、恩格贝、萨拉乌素等知名景点20多处，辐射带动周边农牧户1346户，人均增收2497元。2009年，全区林业产业总产值为179.5亿元，农牧民人均林业收入340元。

四、生态文化建设取得新进展

围绕植树节、湿地日、世界防治荒漠化与干旱日、新中国成立60周年、集体林权制度改革等纪念日和林业热点问题，先后组织开展了“为身边增绿 护绿色家园”、“倡导绿色生活，共建生态文明”、林业系统知识竞赛等活动，参与主办了《绿色家园》环保晚会，组织参与了生态文学作品大赛、“改革发展颂”书画大赛等，丰富了生态文化内涵，强化了生态文明意识。在全国第四届“关注森林奖”和“梁希林业宣传奖”及生态文化村评选中，我区共荣获“关注森林奖”和“梁希林业宣传突出贡献奖”等6项大奖；赤峰市林西县七合堂村被中国生态文化协会命名为首批“全国生态文化村”。参与拍摄的电视剧《李德平》在内蒙古电视台播出，广泛弘扬了温家宝总理倡导的胡杨精神。积极参与国家森林城市和国家生态文化教育示范基地创建活动，红花尔基樟子松国家森林公园被国家林业局批复为生态文化教育示范基地和“森林景观与生态文化资源保护项目”实施单位。

五、林业改革成效明显

集体林权制度改革全面推开。认真贯彻落实中央、自治区《意见》和中央林业工作会议精神，召开了全区集体林权制度改革工作会议和全区集体林权制度改革现场会，安排部署林改工作。按照中央和自治区的决策部署，各地认真总结经验，进一步加大工作力度，加强领导，精心组织，全面推进商品林改革，积极开展公益林改革试点，并根据实际探索配套改革。各盟市、旗县均成立了领导小组及办事机构，制定出台了实施意见或实施方案；自治区、盟市、旗县针对领导和基层干部群众，逐级开展了高规格、大范围的综合培训和专业培训；充分利用广播电视、报刊杂志等媒体，广泛深入地宣传改革政策和典型经验；自治区、盟市党委政府积极加大林改督查力度，有力地推动了林改进程。截至2009年底，全区已采取各种方式落实经营主体1.14亿亩。

国有重点林区改革取得重大突破。自治区党委政府高度重视大兴安岭国有重点林区改革工作，2008年以来，自治区已投入约15亿元用于剥离企业办社会。目前，首批教育、卫生、医疗、电视系统等138个机构、单位的1.3万名在职人员和5.3亿元资产全部移交属地政府，第二批剥离移交已经进入实质性操作阶段。林区职工的养老、基本医疗、工伤、失业、生育保险全部纳入各级政府统筹，职工家属和零就业家庭、最低生活保障人群、一次性安置人员、灵活就业人员等林区居民纳入属地社会保障范畴。同时，森工集团辅业改制工作全面推开，200家企业通过合资、合作、整体出售的方式全部实现改制。通过改革，打破了国有重点林区“对内全包全管、对外自成体系”的行业板块经济格局，推动了公共、公益事业均等化，加快了区域经济社会一体化进程。

六、保障能力不断增强

林业政策逐步完善。与自治区财政厅联合制定了《内蒙古自治区育林基金征收使用管理办法》，降低了育林基金征收比例；制定了《全区征占用林地核查实施细则》，修订了封山育林、飞播造林和林木采伐等更新核查办法。

科技支撑能力不断增强。召开了全区林业科技工作会议和应对特大干旱专题科技座谈会，组织有关单位和专家就切实提高造林质量进行了专题研讨，形成了《关于加强2009年抗旱造林科技支撑工作的意见》。组织开展全区林业科技专题调研和送科技下乡活动。加强科研项目管理工作，制订了《内蒙古自治区林业科技项目管理办法》，完善了科研项目公开申报和评审制度。开展了全区林业科技项目统计工作，收集整理2000年以来四百余项科研项目，建立了科研项目信息库。编制了《内蒙古陆地生态定位研究网络中长期发展规划》和《内蒙古自治区林业地方标准体系构建与发展规划》。争取国家林业科技项目10余项，新建国家级生态定位站2处。

林业法制建设取得新进展。自治区人大常委会审议通过并公布了《内蒙古自治区义务植树条例》；配合自治区政府法制办，开展了内蒙古自治区《森林公园管理办法》、《大青山自然保护区管理办法》的立法调研；配合自治区人大开展了《森林法》执法调研；制定了《林业法制工作要点》，开展了“五五普法工作”；举办了首期全区林业行政执法培训班，培训人员140多人。

内蒙古自治区交通厅

自治区交通厅江维厅长在锡林郭勒盟视察省道307线锡林浩特至白音华公路建设情况

巴彦淖尔市双庙镇农村客运站

国家高速公路网大庆至广州高速公路赤峰至撒力巴

2009年在自治区党委、政府和交通运输部的正确领导下，全区交通工作深入贯彻落实科学发展观，按照发展、服务、廉政三位一体的主题，抢抓实施“扩大内需、拉动经济”政策的有利机遇，积极应对国际金融危机对交通发展的影响，超额完成了年初确定的各项工作任务，为自治区经济平稳较快发展做出了积极贡献，为新中国成立60周年献了一份厚礼。

公路建设投资创历史新高，有力拉动自治区经济平稳较快发展。按照“保增长、保民生、保稳定”的总体要求，全力加快公路建设。全年完成投资315.5亿元，创历史最高水平，是260亿元计划目标的121%。公路建设规模达2.6万公里，新增里程3468公里，公路总里程突破15万公里，达到150756公里。高速公路达到2176公里，高等级公路达到1.7万公里，分别较上年增长15.8和5.2个百分点。据测算，公路建设拉动自治区GDP增长1.4个百分点，直接贡献率5.7%。

农村牧区交通发展快速推进，全年完成建设投资97亿元，新增60个苏木乡镇通油路、1004个嘎查村通公路，超额完成了自治区民生工程确定的建设任务。乡（镇、苏木）通油路率达到 97.2%、行政村（嘎查）通公路率达到82.8%，分别较上年提高4.6、7.4个百分点。嘎查村通班车率达到83%，较上年提高1.7个百分点。

运输业逆势率先突围，为经济社会发展提供了有力保障。在经济波动较大的形势下，运输业率先回升向好。全年完成营业性客运量1.8亿人、旅客周转量198亿人公里、货运量7亿吨、货物周转量1885亿吨公里，分别较上年增长11%、10%、16%、15%。

交通改革进一步深化，有利于交通发展的体制机制正在逐步完善。公路建设管理权限下放改革深入推进，大力推动地方政府落实“四个明确”责任，积极构建公路建设管理新体制，地方政府建设公路的积极性进一步提高。成品油税费改革进展顺利，改革所涉及的征稽人员表现了交通人“识大体、顾大局”的良好精神风貌，保持了行业稳定，交通各级行政机关机构改革稳步进行。农村牧区公路养护管理体制改革继续深化，进一步落实了地方政府的主体责任，明确了养护资金标准，初步实现了“有路必养”。

党风廉政建设和行风建设取得新进展，行业良好形象进一步树立。加强党的建设，圆满完成了深入学习实践科学发展观活动，取得了预期效果。加强制度落实，认真开展“制度落实年”活动，加大党风廉政建设责任制、“十二公开”、“四个不准”、“八项规定”等各项制度的落实，初步实现了以制度管权、管事、管人。坚持教育、制度、监督、惩防并重，纠建并举，实现了“工程优质、干部优秀”的双优目标。

原自治区党委书记储波、自治区党委常委呼和浩特市委书记韩志然在自治区交通厅原厅长常海的陪同下，视察呼和浩特至武川公路建设情况

国家高速公路网京藏高速公路呼和浩特至集宁

赤峰客运枢纽

二连国际汽车站

土默特左旗至和林公路

自治区经济和信息化委员会主任　牙萨宁

2009年，是新世纪以来我区工业经济发展最为困难的一年。从2008年四季度开始，国际金融危机迅速扩散蔓延，我区工业经济受到严重冲击，市场需求严重不足，工业品价格大幅度下滑，多数产品有价无市，部分规模以上工业企业停产半停产，工业经济发展遇到了近些年来前所未有的困难。在挑战面前，全区工业战线认真贯彻落实科学发展观，狠抓保增长、调结构各项政策措施的落实，共克时艰，砥砺奋进，创造性开展工作，推动全区工业经济在困难和波折中率先企稳回升、持续向好，实现平稳较快增长；工业重点领域安全生产形势持续稳定。同时，还积极把握挑战中蕴含的发展机遇，充分利用金融危机形成的倒逼机制,大力推进产业结构优化升级，取得明显成效。

2009年，全部工业完成增加值4503.31亿元，增长21.2%；规模以上工业完成增加值4400.45亿元，增长24.2%；规模以上中小工业企业完成增加值3243.92亿元，增长27.3%;工业固定资产投资完成3774.36亿元，增长30.9%；单位GDP能耗下降6.91%。

一、综合施策，保增长各项措施效果明显

（一）工业经济回升态势日益稳固、持续向好。通过综合施策，在较短时间内遏止了工业增速大幅下滑的势头。2009年1月份规模以上工业增速由上年12月份的3.6%回升到12.4%，而后逐月加快，月增速均在18%以上，全年增长24.2%。各盟市规模以上工业增速全年均呈两位数增长。

自治区统计的28种主要产品中，产量增长的有26种，其中增幅在10%以上的有17种。原煤6.006亿吨，增长22.8%；发电量2250.29亿千瓦时，增长9.47%；精甲醇157.43万吨，增长56.1%；聚氯乙烯61.92万吨，增长53.5%；合成氨81万吨，增长12.8%；焦炭1834.39万吨，增长33.8%；粗钢1261.94万吨，增长3%；十种有色金属181.2万吨，增长21.1%，其中电解铝128.09万吨，增长16.1%；铝材22.53万吨，增长64.9%；水泥4275.52万吨，增长48.1%；平板玻璃1550.89万重量箱，增长6.3%；载货汽车2.74万辆，增长8.4%；风力发电设备826台（套），增长5.6倍；液体乳348.49万吨，增长5.5%；鲜冻冷藏肉101.5万吨，增长49.6%；羊绒衫1199.4万件，增长15.4%；稀土化合物21.8万吨，增长7.4%。

（二）工业固定资产投资稳定增长。2009年，认真落实促进工业固定资产投资增长的各项政策措施，以工业重点项目建设为抓手，狠抓项目前期工作和集中调度，确保了新开工项目早开工、续建项目不停工、竣工项目不延期。全年完成工业固定资产投资3774.36亿元，完成年度计划的108%；150个自治区工业重点项目完成工业固定资产投资1231亿元，完成年度投资计划的107.8%；75个计划新开工自治区工业重点项目开工65个，开工率达86.7%；20个自治区集中调度的新开工项目开工12个。

（三）工业经济效益明显好转。2009年初，受市场需求严重不足、工业品价格低位运行等因素影响，工业企业效益急剧下滑，随着刺激工业经济增长措施效果的逐步显现和市场需求的逐步回暖，规模以上工业企业效益水平逐渐好转。2009年前11个月，全区规模以上工业企业实现利润653.2亿元，增长5.9%，增幅比前8个月回升16.3个百分点；实现主营业务收入9366.2亿元，增长22.5%，增幅比前8个月回升5.4个百分点；亏损企业亏损额增幅比前8个月回落90个百分点。

（四）停产半停产企业全部恢复生产。通过采取联合重组、兼并收购、分类指导、逐一帮扶等措施，加之市场需求回暖，2008年底的731个规模以上停产半停产工业企业，除因淘汰落后生产能力退出市场的企业外,其余企业全部恢复生产。

（五）工业园区发展加快。进一步加强工业园区基础设施建设，积极打造产业集聚发展平台，促进了产业集群化发展。初步测算，2009年，全区各级各类工业园区完成工业增加值占全区工业增加值的比重达到60%以上。国家核准的45个工业园区完成工业增加值1859.2亿元，增长28.1%，占全区工业总量的41.2%；实现利润215.54亿元，增长17.7%。

（六）煤电油运形势总体平稳。通过采取对重点行业、重点地区和重点企业的跟踪调度、重点监测，建立区内电煤供应长效机制，积极推动电力多边交易市场建设等措施，全区煤炭产销平衡，发用电量和成品油销量稳步回升，铁路和公路货运量实现双增长。2009年，全区销售原煤6亿吨，增长22.8%；完成发电量2250.29亿千瓦时，增长9.47%；全社会用电量逐月回升，12月份当月增长52.2%，其中工业用电量增长55.98%，全年全社会用电量1277.72亿千瓦时，工业用电量1108.48亿千瓦时；销售成品油587.6万吨，增长5.3%；铁路完成货运量5.2亿吨，增长11.9%，其中煤炭发运量4.4亿吨，增长13.9%；公路完成货运量7.1亿吨，增长16.2%。

二、利用金融危机倒逼机制，促进结构调整出现积极变化

2009年，紧紧抓住应对金融危机、推进产业结构优化升级这一机遇期，充分利用国际金融危机形成的倒逼机制，出台了《关于贯彻落实国家重点产业调整和振兴规划的实施意见》，加快推进产业结构、产品结构和企业组织结构调整。在产业结构调整方面，不断提高产业集中度，加快新能源产业发展步伐，淘汰落后产能，促进产业集聚和承接产业转移，培育产业集群；在产品结构调整方面，全面加强工业产品质量管理，积极推动企业创新品种、提高质量、创建品牌；在企业组织结构调整方面，加快推进企业兼并重组，进一步优化中小企业发展环境，加强企业技术改造，提高自主创新能力。通过采取以上措施，推动全区工业经济结构调整迈出了新的步伐。

（一）从生产力布局结构上看，东部盟市增速加快。在继续推进呼包鄂加快发展的同时，通过采取建设项目、扶持资金向东部盟市倾斜，加快东部盟市能源、化工等产业发展，促进东部盟市开发区扩容增效等措施，推动了东部盟市工业经济加快发展。2009年，东部五盟市规模以上工业完成增加值1283.7亿元，占全区规模以上工业增加值的29.2%，增长27%，增幅高于全区平均水平近2.8个百分点，拉动全区工业增长10.7个百分点。

（二）从产业结构上看，非资源型产业和新兴产业快速发展。2009年，全区六大优势特色产业完成工业增加值4082.9亿元，增长23.5%，占全区规模以上工业增加值的93%，拉动全区工业增长22个百分点。其中，装备制造业在逆境中凸显了抗风险能力强的优势，月增速始终保持在40%以上。化学工业形成现代煤化工产能560万吨甲醇当量，增速持续加快。新能源开发利用迈出了新步伐，风电装机突破500万千瓦，继续保持全国第1位；太阳能、生物质能、燃气发电装机达到43.8万千瓦。

（三）从企业组织结构上看，中小企业发展势头良好。深入推进实施“双百工程”，积极促进中小企业发展和园区扩容增效，中小企业发展环境进一步优化，金融服务和支持力度进一步加强，担保体系建设进一步完善，融资难题进一步缓解。2009年，我委共安排下拨中小企业技术进步贴息、发展专项、自主知名品牌培育、节能技改等资金2亿元，积极争取国家各类中小企业发展专项、节能技改奖励、资源综合利用等资金3.2亿元。围绕有色金属延伸加工、装备制造、PVC延伸加工、陶瓷生产、稀土开发生产和“大电子”配套六大领域，积极承接产业层次高、与现有产业接续性强和有利于产业多元、产业延伸、产业升级的非资源型项目。2009年，全区承接发达地区陶瓷和装备制造等非资源型产业转移项目198个，涉及项目总金额1050亿元。

（四）从产业技术装备结构上看，淘汰落后产能力度加大。充分发挥政策导向和市场的调节作用，按照国家产业政策，将不符合科学发展观要求、不符合新型工业化原则、不符合工业做大做强目标的落后产能和产品压下来，通过采取整顿关闭、拆除设备、兼并重组和技术改造等措施，确保落后产能逐步退出市场，保留的行业技术装备水平有了明显的提高。2009年，关闭小火电机组20万千瓦，淘汰落后产能电石10万吨、铁合金2万吨、水泥360万吨、钢20万吨、铁197万吨、焦炭495万吨、有色金属5.4万吨、造纸14.8万吨、味精0.6万吨。电石1.25万千伏安及以上的单套设备生产能力占全区电石总生产能力的95%，铁合金1.25万千伏安及以上单套设备生产能力占全区铁合金总生产能力的67%，这两个行业的总体装备水平均高于全国平均水平。

（五）从能耗结构上看，工业能耗大幅下降。坚持把节能降耗作为提高工业运行质量和效益的主要手段，通过采取强化节能目标责任制、实行固定资产节能评估、开展重点耗能企业挂牌督办等一系列措施，节能效果明显。2009年，全社会能源消费总量增长8.9%，增幅同比回落0.8个百分点；全区规模以上工业能源消费增长5.45%，增幅同比回落3.6个百分点；规模以上工业单位增加值能耗下降15.2%，下降幅度比上年加大1.7个百分点。统计的22种主要耗能产品的66项能耗指标中53项下降。

三、加大监管力度，工业重点领域安全生产形势持续稳定好转

（一）加强煤矿安全监管，煤矿安全生产水平全国领先。加大了煤矿整顿关闭和整合技改力度，我区煤矿总数由2005年底的1378处减少到目前的501处（不含新建煤矿），单井平均年生产能力由不足15万吨提高到目前的120万吨以上。加强了煤矿安全质量标准化建设，对井工煤矿达标标准进行了修改完善，增加了生产系统大屏幕监控、井下人员管理和现代通讯、产量计量等科技含量高的内容，全面提高了采煤、掘进、通风、运输、排水、提升、防瓦斯等达标标准。制定了加快煤矿安全质量标准化建设及验收进度和严格核发、换发煤炭生产许可证的办法，2009年全区已达标煤矿202处。继续实行煤矿安全驻矿承包责任制，扎实落实隐患排查治理工作。通过采取得力措施，煤矿安全生产水平和技术装备水平大幅提高。2009年，发生煤矿安全事故21起，死亡33人，煤炭百万吨死亡率为0.055。

（二）狠抓非煤矿山整顿关闭和危化企业监管，重点领域安全生产形势进一步好转。在2007和2008年关闭2255处矿山、取缔89处非法矿山的基础上，2009年又关闭了191处，全面提升了非煤矿山安全生产水平。继续加强对液氯、液氨、成品油、甲醇、二甲醚、剧毒品等高危企业的安全监管，对违规建设的38个项目进行了处罚，对违规试生产的11户危化企业强令停产，违规现象得到了有效控制。

内蒙古自治区国防科工委

内蒙古国防科工办主任　杨占林

内蒙古自治区党委书记胡春华到内蒙古一机集团调研

北方股份工业园奠基

[概况]

内蒙古自治区国防科工办是自治区政府直属机构，与内蒙古自治区国有资产监督管理委员会合署办公，实行一个机构两个牌子的管理模式，内设国防科技工业处、民爆工业处2个职能处和自治区民用爆破器材质量监督检测中心。行政编制11人，事业编制5人。业务接受国家国防科技工业局的指导。

[主要工作措施]

2009年是国防科技工业困难较大的一年。面对国际金融危机迅速扩散蔓延带来的严峻挑战，面对艰巨繁重的保军品和保增长任务，在自治区党委、政府和国家工业和信息化部、国防科工局的领导下，经过努力，国庆60周年阅兵装备科研生产和保障任务圆满完成，武器装备科研生产和民爆生产流通任务顺利推进，产业结构更趋优化，科研生产核心能力进一步提升，自主创新取得新突破，军民结合、寓军于民迈出新步伐，质量管理、安全保密工作取得新成效，国防科技工业和民爆工业保持了经济的平稳较快增长，为国防建设和地方经济发展做出了积极的贡献。对此，主要采取以下几项措施保证各项任务的顺利实施：一是，加强调研，实施经济运行季报和重大问题及时报送制度，了解运行情况，分析把握运行态势，解决运行中面临的实际问题。每季度由我办领导带队，跟踪调研军工和民爆企业经济运行情况，并继续推行经济运行季报和重大问题及时报送制度，指导推动企业深化改革，加强管理，调整结构，拓展市场，完善管理体制和经营机制，努力消化不利因素的影响。二是，充分发挥组织协调职能作用，推动武器装备科研生产任务绿色通道的畅通。进一步简化工作程序，按照特事特办，急事急办的原则，协调自治区有关部门解决长期影响军工企业科研生产中的能源供应、交通运输、基本建设以及试验靶场土地纠纷等问题。617厂和447厂长达50多年的试验靶场土地纠纷问题得到解决。三是，创造信息交流平台，帮助军工企业渡过金融危机带来的市场萎缩、产能过剩、产品滞销的困境。主动与自治区商务厅、贸促会加强协调合作，组织军工企业参加第五届乌兰巴托、中国商品展览暨投资贸易洽谈会。其中内蒙古第一机械制造（集团）有限公司被大会主委会评为参展优秀企业奖。为今后军工企业民品“走出去”，参与国际竞争，开拓中蒙市场打下良好基础。四是，增强服务意识，研究政策法规，帮助企业享受优惠政策。经过各方面努力，解决了长达六年企业未能解决的多项产品合同免征增值税问题，同时重新审查多项产品合同并办理免征增值税事宜，为企业排忧解难。

[军工主要经济指标]

2009年全区国防科技工业经济完成总产出259.09亿元，同比增长24.72%。完成工业增加值36.38亿元，同比增长12.91%。实现利税7.3亿元，同比增长78.51%。全行业人均收入4.4万元，同比增长9.8%。

[民爆工业主要经济指标]

2009年全区民爆工业生产企业完成生产总值11.71亿元，同比增长7.8%。实现利税总额3.48亿元，同比增长36.59%；民爆工业销售企业完成销售总额16.68亿元，同比增长10.27%。实现利润总额1.50亿元，同比增长82.33%。

[军民结合产业]

全区国防科技工业坚持“军民结合，寓军于民”方针，走“军品立本，民品兴业”之路，按照“规模化发展、专业化经营”战略和建设大集团、构筑大基地、谋求大发展的目标，积极推进军转民、民参军项目的实施，军民结合产业取得新突破。全年完成民品产值同比增长10.02%；军民结合，寓军于民体系已见成效，民口配套单位已达到20户，取得武器装备科研生产资质的民口单位已达12家；多项重大民品项目不断推进，车桥、驾驶室等数十项重大民品项目竣工投入生产，形成新的经济增长点，特别是北方重工集团与清华大学合作自主研发的世界首台首套360MN黑设金属垂直挤压机项目，已成功完成热调试，投入试生产，并实现了良好的利润回报。F-12高强有机纤维等一批具有自主知识产权的装备制造、化工产业项目研发和专项技术突破进入实质性阶段。

[科研生产核心能力建设]

加快企业产品结构调整和升级换代，加强扩能增效、节能减排等建设力度，加大自主创新投入，企业科研生产核心能力得到很大提升，促进了国防科技工业和民爆行业的发展。3.6吨黑色金属垂直挤压机等一批重点技术改造、配套基础设施和节能减排等项目顺利实施，其中有13项国防科技工业成果获国防科技进步奖，特别是重水堆核电燃料元件制造的技术创新及国产化等2项成果获得国防科技进步一等奖；北方奔驰普及型重车获首批国家自主创新产品奖；3.6吨黑色金属垂直挤压机打破了国外对大口径后壁无缝钢管制造技术的垄断，标志着我国在大口径后壁无缝钢管制造领域达到世界领先水平；污水资源化处理成套设备，采用纳米强化混凝技术、抗污防堵技术和智能控制技术，具有产水水质达标、成本低的优势。该设备已在印染企业应用，每天可减少污水排放1500吨左右，为企业带来6000元/天的直接效益。加强项目资金使用和项目执行情况的跟踪检查，推动项目的顺利实施。组织一项能力建设项目的审计和竣工验收，会同有关部门组织12项固定资产投资项目竣工验收，组织三项科研项目的验收，审核批复一项职业教育实训基地建设项目可研报告。

[安全生产和安全保密]

把加强安全生产和安全保密作为保底工程，认真落实国家、自治区政府安全生产、安全保密有关法规制度，进一步强化安全保密监管，定期分析形势，研究解决问题的措施。一是，加大安全生产和安全保密教育、培训力度。组织召开全区国防科技工业会议和民爆行业安全生产现场会议，部署安全生产和安全保密工作；组织召开军工保密资格审查认证培训班，宣传贯彻保密工作新办法、新标准。二是，制定自治区军工企业和民爆企业重特大安全事故应急预案，建立健全安全生产和安全保密监管体系。三是，加大监督检查力度。配合国防科工局对两个军工单位进行了安全保密检查；配合工业和信息化部对一户民爆生产企业进行了雷管生产专项整治检查；抓好安全生产年和6月份的安全生产月活动，推进民爆行业安全生产“三项行动”，做好民爆行业隐患排查治理和监督检查。分批抽调专家，组成检查组对辖区内的全部民爆生产和销售企业进行安全生产大检查，重点对10户生产企业的17个生产厂点以及12户盟、市民爆销售公司进行了隐患排查治理工作专项检查，发现存在各类安全隐患185项，及时下达隐患排查治理检查意见，要求企业认真按时整改到位。同时要求盟、市经委组成检查组对辖区内的旗、县、区销售分公司进行了安全生产专项检查。全年没有发生重大安全生产事故和泄密事件。

[军工文化建设]

会同国防科技工业军工文化建设协调小组对航天科工六院、中国核北方燃料元件公司申报的“航天精神教育基地”、“军工文化教育展览馆”进行了现场评估，以上两个单位分别被国防科工局命名为航天精神教育基地和军工文化教育展览馆。组织编写“内蒙古自治区国防科技工业发展成就”和“内蒙古自治区国防科技工业军民结合产业发展成就”等专文，入编“《纪念新中国国防科技工业发展60年辉煌成就》和《腾飞的内蒙古》，总结和宣传自治区国防科技工业取得的成就以及为国家国防现代化建设和自治区经济发展做出的重大贡献。组织全区国防科技工业系统入编《内蒙古防震减灾一博爱丰碑》画册的撰稿、图片编辑工作，纪念“5·12”抗震救灾一周年。

360挤压第一根管

内蒙古一机集团铁路车辆总装生产线

360工程厂房外景

2009年，经过5个月的辛勤工作，北方重工集团完成了122装备、04步装备、05突装备的日常训练和维护保养工作，以优异的成绩圆满完成了历次装备方队合练、天安门实地演练和正式受阅任务，圆满完成了国庆60周年首都阅兵的保障任务，为国庆60周年庆典献上一份厚礼

鄂尔多斯投资控股集团

集团总裁 王林祥

鄂尔多斯集团是一家随着改革开放成长起来的股份制本土企业，也是鄂尔多斯市的城市名片。集团自1979年母体企业创立以来，经过三十年的持续盈利和滚动式发展，特别是经过新世纪以来的大规模产业扩张，现已形成“三大事业板块有序推进，六大主导产业协同发展”的战略格局；进入全国520户重点企业和中国企业500强之列。集团目前拥有总资产250亿元，成员企业126家，员工3万余人。近年来，集团实现销售收入均在160亿元以上，利税20多亿元，利润10亿元以上。“鄂尔多斯”作为中国纺织服装行业第一品牌，以262.37亿元的品牌价值位居中国最有价值品牌前列。

以羊绒为龙头的纺织服装板块是集团的事业基础。三十年来，集团始终以“立民族志气，创世界名牌”为己任，孜孜追求“鄂尔多斯温暖全世界”的远大理想，现已发展成为当今世界产销规模最大、产业体系最为完善、营销网络最为成熟、技术装备最为先进的行业领军企业。拥有国家级企业技术中心、国家羊绒制品工程技术研究中心，羊绒制品的产销能力达到1000万件以上，营销网络覆盖国内县级以上城市和世界40多个发达国家地区。产品质量、市场占有率、销售收入、出口创汇多年蝉联中国绒纺行业第一名。依托强势的品牌资源，集团不断向羊绒服装高端和非绒领域拓展延伸。1436已成为中国羊绒服装顶级品牌，入选国宾礼；鄂尔多斯奥群羊毛衫成为集团旗下的又一个中国名牌；鄂尔多斯男装、女装、内衣和家纺正在向行业前列迈进，大服装产业格局业已成型。鄂尔多斯正在实施产业振兴战略，谋求新一轮的成长与跨越。

以循环经济为特征的棋盘井工业园区板块是集团二次创业重点打造的核心事业。2003年至今，集团以一企之力累计完成投资170亿元，以煤炭—电力—冶金—化工—置业为主干的循环经济产业已经实现了全链条投产。煤炭—洗选—发电—特色冶金—多晶硅，煤炭—焦化—活性石灰—电石—PVC、天然气—合成氨、尿素三条主产业链已经形成了巨大的规模。煤炭产业年产原煤450万吨，入洗原煤450万吨，生产焦煤60万吨；电力产业装机179万千瓦；冶金产业年产硅系合金120万吨；化工产业年产尿素110万吨、电石100万吨、多晶硅3000吨；置业产业年供水4000万吨。粉煤灰提取氧化铝、煤矸石发电等一大批产业链延伸和“三废”综合利用项目正在筹划建设之中。园区立足大园区、大基地、大项目、大循环的重化工循环经济模式，实现了资源利用最优化、产业结构最优化、环保节能最优化，一个现代化的重化工生态工业园区正在向国家循环经济示范基地迈进。

煤炭产业

冶金产业

化工集团氯碱公司

鄂尔多斯集团高科技纺织园区

置业

电力产业

呼和浩特经济技术开发区

呼和浩特经济技术开发区（以下简称开发区），是国务院批准设立的54个国家级经济技术开发区之一，始建于1992年，1993年被自治区人民政府批准为自治区级开发区，2000年7月被国务院批准晋升为国家级开发区。下辖如意工业园区和金川工业园区。2002年6月，经国务院批准在开发区内建立“内蒙古呼和浩特出口加工区”。2003年9月被自治区人民政府批准认定为自治区（省）级高新技术产业开发区。2004年12月被人事部批准为国家级留学生创业园。建区18年来，开发区在上级党委政府的领导下，大胆开拓、勇于创新，在呼市城区东西两翼建立了两个集新型工业和现代服务业为一体的新区——如意区和金川区，国家级出口加工区也于2007年7月通过国家海关总署等九部委验收，正式封关运营。开发区现已成为内蒙古自治区首府呼和浩特重要的经济增长极、改革创新的试验田、对外开放的示范区。据国家商务部统计，在全国54个国家级开发区的综合评价中，呼和浩特开发区从2000年开始的第44位前进到目前的第33位，从西部的第10位前进到第5位（前4位分别为重庆、成都、西安、乌鲁木齐）。

一、发展历程

起步期（1992—2000年）：建区伊始，在开发建设经验不足、资金人力缺乏、基础设施薄弱的压力下，通过艰苦奋斗、自力更生，进行基础设施建设，大力引进各种项目。初步构筑了一批支柱优势产业，为开发区健康快速发展奠定了坚实的基础。从1993年至1999年，开发区累计实现现价工业总产值58.38亿元、工业增加值18.57亿元、财政收入4.25亿元，平均增速分别达到80%、71.8%、94.71%。

快速发展期（2000-2005年）：2000年晋升为国家级开发区后，充分利用国务院及市委、市政府赋予国家级开发区的特殊政策，主动承接国内外的产业转移，大力引进区外资金和项目，使开发区经济增长进入快速发展期。从2000年到2003年，工业总产值、工业增加值、财政收入等多项指标在三年时间里实现翻两番，提前完成了开发区“十五”计划目标。特别是在2003年，开发区以上三个指标分别占呼市的41.72%、48.23%、16.94%，有力地推动了呼和浩特经济的快速发展。

调整转型期（2006-至今）：2006年以后，开发区进入产业多元和结构调整升级阶段，同时面临土地资源紧张、优惠政策减弱、体制机制不顺等诸多问题，加之由于受国际金融危机的影响，　从2006年至2009年，开发区工业总产值、工业增加值、财政收入等指标增速减缓，平均增速只有20%左右，与“十五”期间经济的快速发展形成反差。目前，开发区正在进行以拓展空间、转变发展方式和体制创新等为主要内容的“二次创业”。

二、发展成效

（一）初步形成了一批支柱产业，拉动首府经济增长的能力不断增强

经过大力招商引资和加大本地企业的培育力度，现在开发区初步形成了一批高科技、无污染、非矿资依赖型的新兴工业。其中有以伊利集团为代表的乳业；以创维电子、TCL王牌、北特通信、方维电器、银安科技等为代表的电子信息制造业；以阜丰生物科技、齐鲁制药、双奇药业、大唐药业、兰太药业、元和药业、海日瀚等为代表的生物发酵和生物制药业；以晟纳吉光伏材料、日月太阳能、华生高岭土等为代表的新型材料业；以众环数控、富特橡塑、恒方科技、一汽亿阳、敕勒川电缆、精诚绝缘子、上海电气等为代表的装备制造业。还引进了世界500强的利乐集团生产项目落户开发区，并已达产达效。同时，一大批现代服务业在开发区成长壮大。这些产业的快速发展，有力地推动了全市经济的平稳健康发展，从2000年至2009年，开发区工业增加值从8.46亿元增加到119.98亿元，年均增速为34.27%，增长了13倍，年均占全市工业增加值的25%以上；开发区财政收入由1.77亿元增长到13.95亿元，年均增速为32.02%。

（二）不断优化投资环境，进一步夯实了首府产业承载基础

在充分利用各项优惠政策，提高服务效率，不断优化开发区发展软环境的同时，切实加大投入力度，进一步加强了开发区硬环境建设。建区18年，累计投入40.89亿元，完成“七通一平”的土地面积为9.8平方公里，土地开发率为100%。高标准建成了如意、金川、出口加工区三个基础设施完善、配套功能齐全的园区，建成道路总长53公里，形成了29.8万千伏安/日供电能力、9.3万吨/日供水能力、287蒸吨/小时供蒸汽（供热）能力、240万立方米/日供燃气能力，每日污水处理能力达2.12万吨。硬件环境的不断完善，为驻区企业的更好发展和承接更多产业的入区，奠定了良好的基础。

（三）创新能力不断增强，促进了首府自主增长机制形成

近年来，开发区企业承担了多项国家和地方科技创新项目，有力地促进了企业技术进步，提高了企业的自主创新能力。据统计，2009年开发区高新技术产品完成销售收入119.85亿元，占开发区工业企业产品销售收入的46%，较去年提高了2.4个百分点；高新技术产品出口1082.45万美元，占开发区出口总额的18%。自主创新推动了企业的快速健康发展，成为助推开发区经济平稳健康发展的核心动力。

近年来，开发区分别被科技部、自治区人民政府、呼和浩特市人民政府批准为“国家火炬计划呼和浩特医药产业基地”、“自治区级高新技术产业开发区”、“市级软件园”，开发区成为促进首府经济自主增长的重要“引擎”。

三、发展思路

今后一个时期，开发区将继续深入贯彻落实科学发展观，围绕自治区“推进呼包鄂一体化发展，积极打造沿黄经济带”和首府“一核双圈一体化”发展战略，以加快转变发展方式为主线，着力推进开发区“二次创业”，实现经济社会又好又快发展，使开发区真正成为人才高地、自主创新高地、产业高地，勇于承担起“打造一流首府城市、建设一流首府经济”的主力军。

一是以促进经济发展方式转变为主线，加快推动“二次创业”进程

由长期以来依赖投资和出口，依赖第二产业，依赖物质消耗转向经济增长的质量、效益和可持续发展上来，转向以培育高新产业、高端服务业为主导的内涵式发展上来。坚定不移地走高科技、低能耗的科学发展之路，对功能区进行科学布局，引导产业结构转型升级，从而在产业战略、管理模式、开发模式等诸方面实现全面转型。

二是优化发展环境，提升发展优势

在完善园区“七通一平”基础设施建设的同时，进一步完善配套服务设施建设。合理利用土地资源，充分挖掘现存土地潜力，提高土地利用效益。加强生态环境建设，实现达标排放，创建新型工业化生态园区。

优化服务环境。进一步完善产业、财税、投融资和进出口等优惠政策。健全各项工作程序，实施“全方位”跟踪服务体系，提高服务水平与办事效率。有针对性地帮助企业和投资商解决生产与项目建设中的问题。事事关心企业发展，处处方便投资者兴业。

三是创新招商引资方式，增强发展后劲

以低碳经济、循环经济理念指导招商引资工作，优先引进能耗低、污染小的项目，大力引进科技含量高、附加值高的项目，重点引进拥有自主知识产权的项目，优先引进单位土地投资高、产出高的项目，提高项目的辐射力，促进开发区产业结构调整和产业优化升级。

四是完善科技创新体系，为发展提供技术支撑

加强企业技术创新体系的建设，充分发挥企业在技术创新中的主体作用，积极开展“产学研”联合，协助企业提高核心竞争力。重点建设开发区科技孵化中心、归国留学人员创业园、生产力促进中心、企业信息服务中心等科技服务平台。形成从研发设计、创业孵化、中小企业融资、技术认证、信息咨询等重要的创新服务体系，整体提升开发区技术创新服务能力。

五是实施人才强区战略，为发展提供智力支撑

建立起多渠道人才引进机制。通过建设创业服务机构、留学生创业园等，吸引高素质人才进区投资创业。建立科学的竞争激励机制，做好人力资源配置，营造吸引、留住、重用人才的良好氛围，使人才优势真正转化成为开发区的竞争优势。

六是加快投融资市场建设，为发展提供资金支撑

以开发区总公司、金川开发区总公司、如意通和公司等开发平台为依托，大力引进各类资本到开发区进行成片开发建设，构建起开发区基础设施建设运作市场化、投资主体多元化、融资形式多样化的投融资载体。

同时，遵循开放兼容、互利双赢、和谐发展的原则，大力弘扬“团结拼搏、务实高效、开拓创新、争创一流”的开发区精神。积极推动企业文化建设，不断提升驻区企业的文化品味和价值。大力提升开发区形象，不断提高开发区的信誉度和美誉度。

今后，呼和浩特经济技术开发区将继续发挥国家级开发区拥有的品牌效应、发展重要载体、改革试验区的特殊地位，进一步改善投资环境，加快经济发展方式转变，不断提升发展水平，为推动呼和浩特市经济社会又好又快发展做出积极贡献。

呼和浩特
经济技术开发区

呼和浩特经济技术开发区党工委书记 常志刚

呼和浩特经济技术开发区管委会主任 李博宏

呼和浩特经济技术开发区管委会主任李博宏与天津经济技术开发区管委会主任友好交流

呼和浩特经济技术开发区召开经济工作会议

呼和浩特经济技术开发区召开党建工作会议

2010年3月26日，中国呼和浩特留学生创业园（新址）揭牌暨奠基仪式举行。图为开发区党工委书记常志刚、管委会主任李博宏陪同市委书记韩志然步入奠基仪式现场

开发区党工委书记常志刚、管委会主任李博宏出席如意工业园区人才招聘会

呼和浩特经济技术开发区召开学习实践科学发展观活动动员大会

呼和浩特经济技术开发区领导常志刚、李博宏、张俊平在内蒙古晟纳吉光伏材料有限公司视察

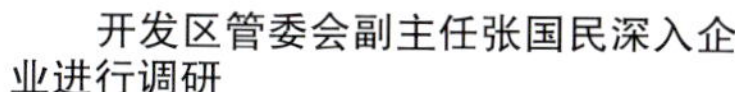

开发区管委会副主任张国民深入企业进行调研

呼和浩特经济技术开发区举办乒乓球比赛。图为开发区领导常志刚、张俊平与获奖队员合影留念

如意工业园区办公大楼

金川工业园区办公大楼

呼和浩特经济技术开发区如意工业园区
党委书记、管委会主任 逯志强

春风如意正当时

1992年，沐浴着小平同志南巡讲话的春风，如意工业园区应运而生。经过近二十年的开发建设，如意工业园区已经成为呼和浩特及自治区改革开放的窗口、高新技术产业化基地、拉动区域经济增长的重要因素。

投资环境日臻完善。在已开发土地，全部实现“七通一平”，满足了入区企业基本要求。在此基础上，更加注重生态环境建设，努力建设花园式工业园区，全力实施绿化、亮化、净化、美化工程，绿化覆盖率、人均绿地面积为全市最高。自然景观、人文景观相映成趣，为入区企业和市民创造了开放、舒适、优美的生产、人居环境。2004年如意工业园区首次通过了ISO14000环境质量管理体系认证，成为全市率先通过区域环境管理认证的地区。建立了高效快捷的管理体制和运行机制，努力打造服务品牌，以优质的服务赢得投资者的信赖与支持。

经济建设成绩显著。截止2009年，累计入区企业907家，其中外商投资企业21家，工业企业118家，累计吸引内资163.7亿元，实际利用国外资金4.5亿美元，单位面积投资、产出、利税进入先进开发区行列。国内知名企业TCL集团、创维集团、华立集团及全球著名液体食品包装解决方案提供商瑞典利乐公司在园区设有生产基地。2009年如意工业园区完成地区生产总值59.3亿元，规模以上工业增加值50.8亿元，财政收入7.6亿元。截止2009年，累计完成地区生产总值319亿元，工业增加值280亿元，累计实现财政收入42亿元，主要经济指标年均增速达到50%以上。形成了以电子信息、生物制药、新材料为主的高新技术产业集群和以纺织为主的传统产业。高新技术产业产值占全部工业总产值比重超过80%以上。

如意园区在围绕经济建设这个中心，落实“一核双圈”战略，打造“两大基地”建设（如意总部基地、如意新区工业基地）的同时，不断加强党的建设、文化建设和社会建设，学习实践科学发展观，努力把园区建设成为全市投资环境最优、服务质量最好、科技含量最高、经济效益最佳的工业园区，成为全市最具活力的经济区域。

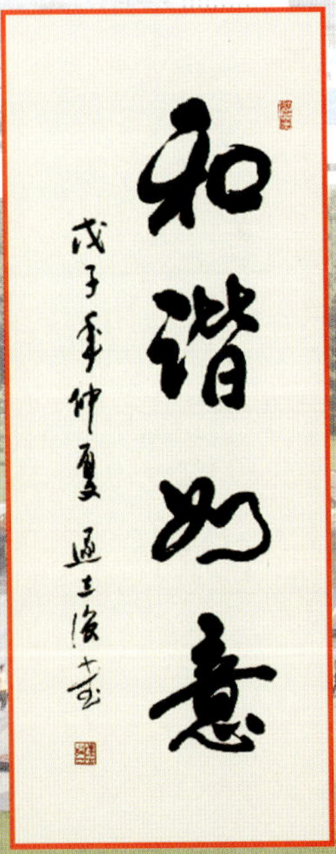

和谐如意

戊子年仲夏 逯志强书

聚贤兴业

大气磅礴

金川工业园区

广场画廊

金川工业园区党委书记、管委会主任白海泉

2008年4月自治区党委副书记、自治区主席巴特尔视察金川工业园区

管委会大楼侧面

伊利新工业园

2009年，园区累计完成工业总产值179.8亿元，同比增长11.7%；累计完成工业增加值58.1亿元，同比增长20.5%。其中：规模以上工业企业累计完成工业总产值177.9亿元，同比增长11.6%；累计完成工业增加值57.4亿元，同比增长20.5%，占全市总量的14.53%，位居全市第二位，高于全市平均增长速度4.3个百分点，完成经济技术开发区下达年度目标任务47.1亿元的122%，10月底前就已提前完成了全年预期目标任务。全年累计完成财政收入63090万元，同比增长6.42%，完成年度目标任务60715万元的103.91%。

一年来，我们始终坚持以招商引资工作为中心，认真贯彻落实科学发展观，按照延长产业链，加快大项目进区入园的要求，努力实现经济与社会、与园区生态的协调健康发展。年内，先后引进了齐鲁药业、天浩纸业等一批具有辐射带动力的优势项目。

这些优势项目的入区，最大程度地缓解了金融危机带来的不利影响，为金川工业园区经济注入了活力，全面营造出了冷环境中的热效应，确保了区域经济“速度不停滞、效益不降低、总量不滑坡”。全年累计新批准入区项目55个，其中工业项目7个，合同引进资金23亿元，其中总投资10亿元以上项目1个（齐鲁制药），总投资2亿元以上项目3个（天浩纸业、绝缘子二期、阜丰苏氨酸项目），实际到位国内资金18.643亿元，完成上级考核目标任务18.5亿元的101%；实际利用外资5712万美元，完成上级考核目标任务5000万美元的114.24%。

全年固定资产投资完成29.5亿元，同比增长29.41%，完成全年目标任务26亿元的113.5%，完成调整后全年目标任务29亿元的101.72%；其中工业项目完成投资27.5亿元，同比增长62.99%，占固定资产投资的93.2%。完成全年目标任务8亿元的343.8%。1000万元以上工业重点项目共15项，完成固定资产投资20.3亿元。

金川区全景

呼包鄂地区国家信息化和工业化融合创新实验基地

——呼和浩特鸿盛工业园区

呼和浩特市新城区副区长、呼和浩特鸿盛工业园区管委会主任张国平

呼和浩特鸿盛工业园区是2001年经市人民政府批准成立。2006年成为自治区级工业园区。2009年3月23日自治区批准为内蒙古呼包鄂地区国家信息化和工业化融合创新实验基地（以下简称“两化融合”基地）。园区位于呼和浩特新城区东北部的平原地带。地理位置优越，土地的规划和使用合理，目前基地已经完成了各项基本设施的基础建设，包括交通运输、电力、通讯和水力设施均满足园区发展以及企业的需求。

2008年底，在市委、市政府“一核双圈”战略实施中，明确将呼和浩特鸿盛工业园区确定为高新技术研发区，以建设生态工业园区为发展目标，以“三新、三高”（新能源、新材料、新技术，高端、高效、高辐射）为择商选资工作思路，以生态、创新、科技、可持续为企业入园标准，以企业的品牌树立、内生式增长为服务导向，走出一条依靠高科技产业化、非资源依赖型的发展路子，从而在五年内成为我市经济社会发展新的核心增长极。

王波市长视察内蒙古金三角光纤科技有限公司

目前，180亩的基地孵化园已完成建设图纸，目前正在做开工前准备工作。北京理工大学产学研基地第一批硕士研究生已招考完毕。园区在第一、二、三产业上的发展实现突破，在第一产业方面引进了大宗畜牧商品交易所、海芯华夏（北京）信息技术有限公司、海明保水科技公司，促进农牧民增产增收。在第二产业方面引进了填补国家空白的、拥有自主知识产权的四项高科技技术的产业化项目（塑料光纤项目、碳纳米项目、高强有机纤维项目、消费信息数据工业园项目），及两项填补自治区空白的拥有自主知识产权的工大博远风电叶片项目、西蒙集团的腐植酸开发项目，还有西北地区最大的电梯生产项目通用电梯，推动自治区高科技产业的发展。在信息技术方面，除大宗畜牧、海芯信息，还有广东亚仿在线实时仿真控制技术，从而提升了我区现代服务业的水平。

这些项目的实施，将使我市在自治区乃至全国的战略地位大大的提升。我们下一步工作重点是立足内蒙面向全国，引入或培育1-2个信息技术相关的国家工程（技术）研究中心、国家工程实验室作为基地技术创新的龙头，建成以新型产业为支撑的中国西部可持续发展与高速增长的经济区，国内一流的信息化和工业化融合技术与管理创新实验基地、服务基地、示范基地。

武文元副市长视察内蒙古京蒙碳纳米材料高科技有限公司

武文元副市长视察内蒙古京蒙碳纳米材料高科技有限公司

武文元副市长视察内蒙古工大博远风电装备制造有限公司

内蒙古自治区国有资产监督管理委员会

自治区国资委主任、党委书记 苏 和

2009年度工作概述

积极采取多种有效措施，指导企业应对金融危机带来的全方位挑战，促进了国有企业稳健发展突出重点，攻坚克难，扎实推进了国有企业改革重组工作进一步加大企业改革重组力度，推进了国有企业公司制股份制改革和国有经济布局结构调整。

1、完成了能源发电投资公司重组工作。

2、有序推进电力集团所属企业改革重组工作。

3、森工集团中小企业改革工作初见成效。

4、拓宽和调整工作思路，指导推动基建投资公司重组工作进入了实质性操作阶段。

2009年,是国资委出资企业“管理年”活动深入推进的重要一年。2009年“管理年”活动的重点是在前两年启动和提高的基础上，进一步巩固和深化，把建立完善长效机制作为深化企业管理工作的根本任务。

一是深入企业，加大督促指导力度，引导企业将加强内部管理与有效应对危机相结合，使加强管理工作变为企业的自觉行动，提高“管理年”活动的针对性和有效性。

二是搭建“管理年”活动情况交流平台，加强舆论引导。及时搜集整理各企业加强管理的好经验好做法，通过《国资监管》刊物等信息渠道进行发布，起到了引导企业相互交流学习、共同提高管理水平的作用。

国资委主任苏和深入图里河、阿里河、甘河、克一河、根河、金河、莫尔道嘎森工公司参观考察

三是各企业把应对危机与加强企业内部管理工作有机结合，大力推进体制、技术、管理创新，采取了一系列措施，苦练内功，挖潜增效，向管理要效益，取得了明显成效。

如包钢集团，全面加强了成本、质量、安全等基础管理，深化对标升级和绩效考评，以对标挖潜为手段，瞄准国内一流钢铁企业，持续开展技术攻关。高炉利用系数同比提高0.046吨／米^3·日，吨钢综合能耗下降20kg标煤，主要技术经济指标得到改善和优化。

森工集团，通过“管理年”活动的开展，企业初步建立起了生产经营全流程的标准化体系，提高了企业运营质量和效益。

电力集团，以“管理年”活动为契机，大力开展内部收入分配制度改革，初步解决了收入分配方面存在的一些突出问题，完善了激励约束机制。深入开展降本增效系列活动，狠抓线损和可控费用管理，取得了明显效果。

通过连续三年组织开展加强管理活动，各企业能够主动对照标杆，查找差距，持续改进，取得了明显成效。特别是通过开展管理年活动，各企业普遍形成了一套符合自身特点和实际的管理制度和管理机制，基础管理得到明显加强，管理责任在生产经营活动中得到了有效落实，管理面貌发生了积极变化，在有效应对金融危机冲击中发挥了重要作用。

华能呼伦贝尔能源开发有限公司

党委副书记、总经理 姚明林

内蒙古自治区主席巴特尔视察伊敏

国家统计局局长马建堂考察伊敏煤电公司（前排左3）

国家发改委副主任、能源局局长张国宝考察伊敏

中纪委副书记张毅考察伊敏煤电公司

全国政协副主席 民革中央常务副主席厉无畏视察伊敏煤电公司

国家环保部副部长吴晓青一行到伊敏煤电公司考察

一、基本情况

华能呼伦贝尔能源开发有限公司是华能集团公司的全资子公司，位于内蒙古自治区呼伦贝尔市。公司于2007年1月注册成立，注册资本金23亿元。当前主要产业包括发电、煤炭生产和销售、供热、煤化工及水电，并参股风电、铁路建设。截至2009年末，公司总资产265.24亿元；公司在册员工25236人。现有发电装机容量305.8万千瓦，在建装机容量160.75万千瓦；煤炭年核定生产能力为2210万吨，在建及改扩建煤矿生产能力1500万吨；供热面积为2176万平方米。控股在建3.2亿立方米库容的红花尔基水电项目，参股并建成了5万千瓦风电项目和185公里伊阿铁路工程。

公司坚持“好中求快、强中求大”的发展理念和“多点、优选、精建、严管”的发展方针，深入推进电煤热化路一体化发展战略，做强电力核心产业，做大煤炭基础产业，做实供热特色产业，做准煤化工示范产业，开发好新能源和水资源产业，做细铁路建设和运力管理配套产业，加快建设高效节能环保和循环经济的煤电化基地，把公司建设成为一个具有综合竞争力、持续成长型的能源公司。“十一五”末，公司装机容量达到458万千瓦，煤炭产量达到3300万吨，供热面积达到3200万平方米，控股建成库容3.2亿立方米的水利枢纽工程，参股建成185公里的铁路。“十二五”末，力争煤炭产量突破1亿吨，电力装机容量达到870万千瓦，积极推进实施集中供热和煤化工项目，控股建成总库容9.45亿立方米的水利枢纽工程，参股建成超过400公里铁路。

2009年，在华能集团公司和自治区、呼伦贝尔市委、人民政府的正确领导以及各级地方政府、有关部门的大力支持下，华能呼伦贝尔公司始终坚持以科学发展观统领全局，以“抓机遇、扩内需、打基础、保增长”为主线，紧紧围绕“115535”工程，

先进的综掘生产工艺

扎煤公司--国内最先进的综采放顶煤工艺在生产一线中使用，极大的提高了煤炭生产的产量，为企业的快速发展奠定了坚实的经济基础

煤海蛟龙（华能伊敏煤电公司露天矿克虏伯半连续系统采煤机）

全面落实华能集团公司和市人民政府的各项工作部署，积极应对国际金融危机引发的一系列问题以及错综复杂的市场变化和经济形势，积极主动融入、参与和支持地方经济建设与社会发展，全力落实打造自治区新的经济增长极的各项部署，以经济效益为中心，以风险防控和强化管理为重点，以节能降耗创收增效为抓手，优化发展战略，理顺发展思路，努力攻坚克难，狠抓安全生产，强化经营管理，加快项目建设，深化改革创新，加强队伍建设，提升综合竞争力，扎扎实实地推进了各项工作，较好地完成了全年各项任务，保持了平稳较快的发展态势，为推进企业科学发展奠定了坚实的基础，为呼伦贝尔市全力打造自治区新的经济增长极作出了积极贡献。

2010年，公司计划完成发电量159.4亿千瓦时，煤炭产量2860万吨，煤炭销售量1897万吨，供热量2350万吉焦，销售收入68.34亿元。

二、生产经营

公司坚持以科学发展观统领全局，紧紧围绕华能集团公司和自治区、呼伦贝尔市的总体要求，积极应对国际金融危机的影响和错综复杂的经济形势，以经济效益为中心，以风险防控和强化管理为重点，以节能降耗创收增效为抓手，优化发展战略，强化经营管理，加快项目建设，以建设煤电一体化特色的产业基地为重点，进一步调整产业结构，生产经营工作成效显著，环保和节能减排工作扎实有效，圆满地完成了全年各项任务，保持了全年煤电热生产的安全稳定，在建设具有综合竞争力持续成长型企业进程中迈出了坚实的一步。2009年，公司完成发电量142.77亿千瓦时、煤炭产量2299.7万吨、煤炭销售量1344.9万吨、供热量2030.86万吉焦，供热面积达到2176万平方米，销售收入完成57.01亿元，固定资产投资完成53.14亿元，上缴税金14.72亿元。

三、项目建设

公司始终以安全、质量、造价控制、队伍建设为重点，抓住设计、招标、施工管理、竣工验收等关键点，大力推进了电力、煤炭、供热项目，建设实现了全年投产和节点工期目标。海拉尔热电厂三期2×20万千瓦工程及其配套热网工程，克服困难，顺利实现试生产，2009年底实现了双投目标，为地区实现集中供热、节能减排作出了贡献。伊敏三期年产500万吨煤矿工程按计划实施，土建、矿建工程全部完工，安装工程进入收尾阶段，并于年末进入试生产。五牧场煤矿通过精细管理、精心组织和施工，加强新队伍和新设备的人机磨合，完成基本建设进入试生产阶段。灵东煤矿认真解决主井塔施工难题，妥善化解铁路施工矛盾，精心组织设备下运、安装和调试，安全、质量和速度协调一致，为尽快进入试生产阶段创造了有利条件。灵露煤矿顺利实现开工，项目建设正在稳步推进中。红花尔基水利枢纽工程克服施工条件恶劣、隧洞塌方、山体滑塌坠石、汛期洪水大以及主要施工单位变更等困难，经过26个月的连续艰苦施工，供水洞提前贯通，实现了大坝截流、蓄水。

四、发展与环保

华能呼伦贝尔公司组建运营以来，积极主动融入、参与和支持地方经济建设与社会发展，全力落实打造自治区新的经济增长极的各项部署，坚持“美丽与发展共赢”方针，注重环境保护，努力建设环境友好型企业。伊敏发电厂成为自治区唯一一家国家节约环保型企业，公司组建三年来积极对部分热电厂除尘系统等环保设施改造，加快全市集中供热事业发展，对热源热网项目进行了改扩建，提高了供热系统和供热设备的健康水平，极大地缓解了当地供热紧张的问题。

五、和谐企业建设

关心和提高员工生产、生活条件，调动了广大员工的积极性，提高了企业凝聚力和向心力，保持了队伍稳定，促进了公司和谐发展。公司坚持开展“帮扶助困”、“献爱心”活动，积极践行华能“三色”公司使命，认真履行中央企业的政治责任和社会责任，三年累计上缴税费33.85亿元，荣获了呼伦贝尔市2009年“博爱一日捐”先进集体称号。在帮扶扎煤公司发展和实施集中供热以及支持地方经济建设等方面，得到了地方党委、政府和社会各界的肯定，保持了企业总体和谐稳定，展示了华能系统企业自觉履行社会责任的良好形象。

六、所属主要企业

(一)伊敏煤电公司：全国第一家煤电联营企业，煤电一体化循环经济成功模式，成为贯彻落实科学发展观、创建资源节约、环境友好型能源企业的典范。公司先后获得“全国五一劳动奖状”、“国家环境友好企业”、“内蒙古自治区环境友好企业”、“内蒙古自治区循环经济示范企业”、自治区“改革开放30年十大奉献突出企业”、呼伦贝尔市“纳税大户”等荣誉称号。2007年末煤电二期工程投产后，发电厂已实现装机220万千瓦，成为东北地区已建成的最大火力发电厂；露天矿年生产能力达到1460万吨。伊敏电厂三期两台60万千瓦超临界机组及其配套煤矿三期500万吨/年露天矿工程已于2008年5月开工建设。伊敏煤电公司是内蒙古自治区发展循环经济示范企业。2009年完成发电量116.37亿千瓦时，煤炭产量1420万吨。

(二)扎赉诺尔煤业公司：前身为扎赉诺尔矿务局，1902年建矿，1999年改制为扎赉诺尔煤业有限责任公司，2007年1月华能集团公司重组了扎煤公司。现有铁北矿、灵泉矿、露天矿、灵北矿4个生产矿，核定生产能力750万吨/年，有2个在建矿，设计生产能力800万吨/年。扎煤公司煤炭产品主要依靠铁路运输销往黑龙江省、吉林省以及内蒙古东部地区，并通过营口鲅鱼圈港向集团公司沿海电厂供应高热值褐煤。2009年完成煤炭产量879.4万吨。

(三)安泰热电公司：于2002年5月成立，主营业务是发电和供热，下设11个二级单位(其中：7个热电联产企业、4个热力公司)。目前发电份额占呼伦贝尔电力市场的80%左右，同时承担着呼伦贝尔市9个旗、市、区的集中供热任务，实际供热面积2176万平方米。2009年完成发电量25.02亿千瓦时。

中盐雅布赖盐化集团有限公司

雅盐化集团公司党委书记、董事长 杨志福

雅盐化集团公司总经理 赵明庆

自治区主席巴特尔视察雅盐

阿拉善盟盟委书记王玉明、行署秘书长魏国全在雅盐调研

中盐雅布赖盐化集团有限公司地处内蒙古西部巴丹吉林沙漠腹地，是一个有着六十八年建场历史，以湖盐生产为基础，盐硝化工产品生产为重点的国有控股中型盐化工生产企业，是中盐总公司的控股子公司。

公司具有良好的信誉和较高的知名度，以管理严格、效益显著、产品品质优良、企业形象良好著称，先后荣获全国食盐定点生产先进企业、全国精神文明建设先进单位、全国“厂务公开”先进企业，自治区级先进企业、自治区“五一劳动”奖状单位、文明标兵企业、企业文化建设先进单位、党建和思想政治工作先进企业、特级（AAA）信用企业以及“长安杯”等荣誉称号。连续十多年被评为自治区、盟经济效益先进企业，连续三十年完成或超额完成年度生产经营任务。

公司拥有雅布赖盐湖和中泉子硝湖两大资源保护区。其中：雅布赖盐湖面积22.6平方公里，海拔1230米，探明石盐储量4979万吨，芒硝1646万吨，氯化钾5.1万吨、氯化镁30万吨；原盐的氯化钠含量97%，盐层平均厚度2.71米。中泉子硝湖可采面积14平方公里，有效开采储量1095万吨，同储工业盐200万吨。

公司主要产品有原生盐、加碘食用盐等盐系列；硫化黑、大苏打等染料中间体系列；元明粉、硫化碱等芒硝系列，二甲基二硫、对氨基苯甲醚等精细化工系列四大系列十几个品种。生产能力分别为：盐45万吨/年；硫化黑3万吨/年；硫化碱4.5万吨/年、元明粉3万吨/年、二甲基二硫0.6万吨/年、对（邻）

中盐总公司党委书记杜茂华到雅盐指导工作

集团公司党委书记、董事长杨志福在奠基仪式上讲话，向来宾介绍项目概况。

机械化生产现场

职业技能大赛

中盐公司领导在盐湖调研（从左至右：雅盐化公司副总经理张发荣、中盐总公司总经理助理胡洪江、中盐总公司总会计师赵青春、雅盐化公司党委书记、董事长杨志福）

硫代硫酸钠

系列食用盐

迎奥运职工文艺演出

雅布赖盐硝化工工业园区外景

氨基苯甲（乙）醚0.5万吨/年。产品主要行销东南沿海地区及西北、华北、东北等国内十几个省和出口东南亚地区。

“十一五”以来，公司以“做强、做大企业，做精、做透产业，做百年企业”为目标，全面推行现代企业制度，通过项目带动、战略重组、滚动发展，形成了以雅盐化公司为核心，雅布赖实业公司、雅布赖染料公司、雅布赖化工公司、雅布赖兴亚化工公司为外围的企业集团。

2007年9月，成为中盐总公司集团企业中的一员以来，公司以中盐“两步走”发展战略为指导，通过主业带动、延伸接续，产业集群、要素集聚，优化调整、突出特色，组团发展、整体推进，不断延长产业链，做大产业规模，加快转变发展方式和结构调整，基本形成盐化工、硝化工、精细化工、硫化染料四大系列18个品种的多元发展格局，彻底告别和摆脱了时代“唯盐”、廉价原料、粗放经营的局面，继续保持了持续、健康、稳定发展态势，累计实现营业收入59647万元；完成工业总产值61758万元；实现利润9192万元；上缴税金13729万元，实现了企业的战略转型和华丽转身。

面对新的发展形势和机遇，集团公司将在 “十一五”发展的基础上，以总公司的新一轮“两步走”发展战略为指导，将企业未来发展，融入中盐及区域发展目标当中，全面提升核心竞争能力，提高企业整体素质，加快技术进步，加速产业升级，调整产品结构，开拓新的市场，提高员工收入，实现做强做大目标。到2015年，销售收入、利润总额、资产规模分别达到10亿元以上、1亿元以上和11.6亿元，产值达10亿元/年，税收2—3亿元/年，集团综合实力在中盐和盟内企业中位列前茅。

中
国家
国奥淳酒
淳酒业有限责任公司
中国奥淳酒
CHINA AOCHUN LIQUOR
GOLD 金牌 MEDAL
国家奥林匹克体育中心
专供酒
中国·奥淳

神华准格尔能源有限责任公司

选煤厂

公司董事长 马 军

神华准格尔能源有限责任公司(中国神华哈尔乌素煤炭分公司)是集煤炭开采、坑口发电、铁路运输及粉煤灰提取氧化铝为一体的大型综合能源企业，是中央企业神华集团有限责任公司的控股子公司。2005年随中国神华能源股份公司上市，公司注册资本金71.21亿元。截止2009年12月份，神华准格尔能源有限责任公司及中国神华哈尔乌素煤炭分公司总资产229亿元。

准格尔煤田位于内蒙古自治区鄂尔多斯市准格尔旗，地处蒙、晋、陕交界处，东临黄河，北距首府呼和浩特市120公里。煤田已探明地质储量267.6亿吨（我公司拥有煤炭资源储量30.98亿吨），煤层平均厚度32.8米，属低硫、特低磷、高灰熔点、较高挥发份和较高发热量的长焰煤，应用基底位发热量为4000–5600大卡/千克，是优质动力和气化及化工用煤，以低污染而闻名，被誉为“绿色煤炭”。

装煤作业

公司目前拥有年设计能力为2000万吨的黑岱沟露天煤矿及配套的选煤厂；受神华集团公司委托管理年生产能力2000万吨的哈尔乌素露天煤矿及配套的选煤厂和全长16.187公里的点（岱沟）–南（坪）运煤铁路专线;装机容量为2×100MW的坑口电厂、2×150MW煤矸石电厂，拥有权益装机容量总计566MW；正在建设的2×330MW矸石电厂二期工程2010年建成；正线全长264公里，年运输能力7000万吨的大(同)–准(格尔)单线Ⅰ级电气化铁路；大准铁路点岱沟–二道河增二线工程2010年建成；2010年开工建设粉煤灰提取氧化铝工程项目，计划到2012年建成年产40万吨氧化铝工程，2015年完成年产80万吨氧化铝工程；还有配套的供电、供水、通讯、计算机网络、污水处理等生产辅助设施。

铁路运输线

2009年，公司生产原煤3875万吨，销售商品煤4207万吨，发电21.5亿度，铁路发送货物6550万吨；营业收入129亿元，实现利润34.5亿元，上缴税费20.7亿元。

神华准格尔能源有限责任公司践行科学发展观，坚持依靠科技进步，走资源利用率高、安全有保障、经济效益好、环境污染少的可持续发展道路，在创造良好的社会效益和经济效益的同时，为解决地区剩余劳动力就业以及带动当地经济发展作出了应有的贡献。

循环利用矸电公司

内蒙古高等级公路建设开发有限责任公司

内蒙古高等级公路建设开发有限责任公司成立于2004年8月16日，是经内蒙古自治区人民政府批准组建的特许经营的大型国有独资企业。公司为一级法人，实行总经理负责制，自治区交通厅履行出资人职责。公司的经营范围是对自治区境内已建成运营的高速公路110国道内蒙古段、210国道内蒙古段、208国道白音查干至丰镇段，208国道二连浩特至赛汉塔拉段一级公路，与上述三条高速公路同向平行的二级公路辅道，以及公司再建的其它高等级公路的融资、建设、养护、收费、还贷、保护路产、维护路权、开发服务、资本运营进行统一经营管理。公司实行现代企业制度的法人治理结构和内部激励机制、约束机制以及归属清晰、权责明确、保护严格、流转顺畅的现代产权制度，对人员实行全员劳动合同制管理。公司现辖高速公路1337.6公里，一级公路121.3公里，二级公路1348公里，总资产近320亿元。

公司内设办公室、党委办公室、纪检监察室、政策法规研究室、人力资源部、计划财审部、运营管理部、养护工程部、规划开发部、工程建设管理部，另设结算中心、调度指挥监控中心、自治区交通厅派驻高等级公路路政支队，下设乌兰察布分公司、呼和浩特分公司、包头分公司、巴彦淖尔分公司、乌海分公司、服务区分公司、设备租赁分公司、六个公路建设工程项目管理分公司、绿化公司、综合产业开发公司、高速石油销售有限责任公司、公路工程局。

公司成立以来，在自治区交通厅的正确领导下，紧紧围绕发展、廉政和服务这个主题，充分发挥全区交通建设开发的战略投资主体和主力军的作用，负重攻坚、改革创新、力谋发展，卓有成效地做了大量开创性的工作，在运营管理、公路建设和资本运营等方面均取得了显著成绩，为顺利实施“十一五”发展规划，全面开创内蒙古高等级公路建设运营的新局面奠定了坚实的基础，公司正沿着现代企业的运行轨道快速发展。内蒙古高等级公路的快速发展不仅为自治区经济的发展起到了强劲的拉动作用，而且为国家实施西部大开发战略提供了有力的交通保障。

今后，公司将按照自治区党委、政府的战略意图，在交通厅的正确领导下，依据现代企业制度和市场经济要求，紧紧抓住国家“把加快交通发展作为西部开发第一要务”的大好机遇，以提高运营管理效益为基础，以实施公路建设为重点，以推进公司股权结构多元化进程为方向，以为全区经济社会发展提供优质的交通保障服务为中心，进一步推进股份制改造进程，完善法人治理结构，实现资产规模大幅良性扩张，逐步形成全区范围内高速公路的规模化、集约化经营和优势互补、滚动发展的良性循环局面，努力把公司建设成为一个具有核心竞争力、资产优良、服务优质、效益稳定快速增长的大型股份制企业集团，为自治区经济社会的又好又快发展提供良好的公路基础设施和交通保障服务。

总经理 包建设

整装待发的路政巡逻队伍

飒爽英姿的员工队伍

微笑服务

有温馨问候语的呼包高速

行车环境优美的高速公路

三十年励精图治
谱写科学发展华彩乐章

——2010年阿拉善盟30周年

伴随着共和国改革开放的步伐，年轻的阿拉善盟走过了三十载风雨历程。

三十年来，阿拉善盟历任领导班子在自治区党委、政府的正确领导下，团结和带领全盟各族群众，以邓小平理论和“三个代表”重要思想为指导，深入贯彻落实科学发展观，同心同德，励精图治，奋发图强，着力转变阿拉善地区贫穷、落后、封闭的现状，逐步实现了向富裕、进步、开放的巨大跨越，取得了瞩目的成就，书写了一部三十年发展的壮美华章。

三十年来，阿拉善盟各族群众大力弘扬“顾全大局、无私奉献、坚韧不拔、艰苦奋斗”精神，立足实际，发挥优势，努力推动经济发展、社会进步，全力提升人民生活水平，取得了辉煌成就，阿拉善盟综合实力显著增强，整体面貌发生了巨大变化。2009年，全盟实现地区生产总值245.11亿元，是1980年的438倍，人均生产总值达到16147 美元；财政收入达到32.64亿元，是1980年的365.8倍，人均达到14578元；城镇居民人均可支配收入16604元，农牧民人均纯收入6821元，分别是1980年的29.5倍和32.6倍。

三十年来，阿拉善盟始终坚持优化调整经济结构，三次产业结构由1980年的29∶43∶28调整为2009年的3∶78∶19。农牧业基础地位不断巩固。2009年，农作物总播面积47.32万亩，粮食总产量达到156485吨，是1980年的10.7倍；6月末牲畜总头数171.5万头（只）；农牧业产业化经营保持良好势头，农畜产品加工企业实现增加值7696.8万元。第一产业增加值完成7.34亿元，是1980年的46倍。工业主导地位得以确立。坚持工业优先的发展思路，综合利用资源优势，引进市场竞争力持久、对地区发展贡献长远的项目，着力发展煤化工、盐化工、特色冶金和电力能源等优势特色产业，加大工业园区建设力度。2009年，全部工业增加值完成180.52亿元，是1980年的950倍，第二产业增加值完成192.33亿元，是1980年的801倍。努力培育壮大第三产业。立足资源优势，制定旅游业发展规划，建设特色旅游业项目，促进旅游业发展；加大口岸建设力度，完善口岸基础设施和综合功能，提高策克口岸过货量，推进乌力吉口岸申报开通；借助口岸，规划建设综合物流园区，发展交通物流业；引进和培育多种金融服务项目，加快推进金融业发展。2009年，全盟旅游收入8亿元；对外贸易进出口额18600万美元；完成营利性公路客运量97万人，货运量1260万吨；金融机构人民币各项存款余额142.55亿元，贷款余额159.12亿元。全社会消费品零售总额30.86亿元，是1980年的54.8倍。第三产业增加值完成45.44亿元，是1980年的284倍。

生态移民新村—玛拉沁新村

庆华会所、中央公园

三十年来，在国家和自治区的大力支持下，阿拉善盟加大投入力度，实施了一大批基础设施、社会事业和城市建设重点项目，并相继建成运营。特别是近年来，开工建设了临河至哈密铁路、巴彦浩特至银川高速公路、巴彦浩特城市引水、引天然气以及三旗通勤航空机场等基础设施项目，实施了传媒中心、文体中心、博物馆、图书馆、歌舞剧院、中心医院等社会事业项目，极大地改善了交通条件和城镇人居环境，丰富了群众的文化生活。全盟公路总里程达7231公里。其中：等级公路6775公里，等外公路456公里。全盟电话普及率144部/百人，固定及移动电话用户总数达319147户，其中，固定电话用户56129户，移动电话用户263018户，互联网络用户26439户。全盟机动车保有量达3.71万辆，其中：私人汽车保有量 2.51万辆。重点城镇的功能日臻完善，品位不断提升，面貌大为改观，人居环境不断优化，城市建设取得了长足的发展，全盟城镇化率达到75%。2009年，全社会固定资产投资额达到141.85亿元，是1980年的736倍。

生态园全景

三十年来，阿拉善盟自觉从维护国家生态安全的大局出发，始终把生态环境保护与建设作为最大的基础建设来抓，坚持“保护与建设并重，以保护为主”的方针，采取“退、保、建、管”等措施，实施了撤乡并镇、移民搬迁、退牧还草（林）、天然林保护、公益林生态效益补偿、飞播造林、人工增雨等工程，并与社会事业整合和重点城镇建设、工业园区集聚发展相配套，尽量减少人类活动对环境的影响，促进生态环境的自然恢复。截至2009年，全盟确定的自然保护区14个，总面积533.30万公顷，其中，国家级自然保护区4个，自治区级自然保护区9个，旗级自然保护区1个。搬迁转移农牧民2.5万余人；4400万亩草原得到保护，保护区植被覆盖度由8—12%提高到15—32%；腾格里沙漠东缘成功实施飞播林草250万亩，播区植被覆盖度达到35%以上。额济纳胡杨林面积由39万亩扩大到44万亩，保护区内植被覆盖度由30%扩大到50%以上；贺兰山保护区森林面积由禁牧前的36万亩增加到53.7万亩，林区植被盖度由36%提高到47%。阿拉善盟局部生态环境明显好转，森林覆盖率达到4.01%。

庆华集团化产回收装置

三十年来，阿拉善盟不断加大以改善民生为主的社会事业建设，着力解决就业、教育、医疗、社保等关系群众切身利益的问题，努力提高发展成果的普惠性。按照统筹规划、相对集中的原则，加大教育布局调整和资源整合力度，70%以上的中小学校、近80%的中小学生集中在盟、旗府所在地办学就读，办学条件和教育质量明显提高。2006年秋季开始，全盟2.2万余名义务教育阶段的学生实行全免费教育；2009年开始普通高中学生实行免学费教育，并对未考入高等院校的高中毕业生实行免费职业教育，同时提高了贫困家庭大学生的助学补贴标准；2010年开始实行了学龄前免保教费教育。加强公共卫生设施建设，逐步完善疾病控制、医疗救治、卫生监督体系，新型农牧区合作医疗全面推行，农牧民参合率达到96.15%；城镇居民基本医疗保险列入国家试点，城镇居民（无固定职业）医疗保险覆盖率达到91.7%。积极推进城乡低保和养老保险一体化，城乡低保对象实现了应保尽保，全盟城镇低保户2964户5199人，农牧区低保户2815户5822人；农牧民养老保险参保面达到50.1%，启动了城镇居民（无固定职业）养老保险制度。落实了城乡一体的就业政策和服务措施，实现了农牧民与城镇待业人员的统一就业培训，同等条件就业。2009年，全盟就业人员124070人，其中：第一产业38482人，第二产业37412人，第三产业48176人，城镇登记失业率控制在4.1%以内。盟、旗、苏木镇、嘎查村（社区）四级文化服务网络初步建立，广播、电视覆盖率分别达到达91.66%和93.29%，有线广播电视用户43579户。

阿拉善经济开发区中等职业学校鸟瞰图

回顾三十年发展历程，更加坚定了我们夯实基础、抢抓机遇、加快发展的信心。在新的历史起点上，我们将以科学发展观为统领，着力调整经济结构，着力转变发展方式，着力维护社会稳定和民族团结，着力保障和改善民生，全力开创新的发展局面，为阿拉善人民的幸福生活和美好明天努力奋斗。

三十年励精图治
谱写科学发展华彩乐章

中共阿拉善盟委员会书记　王玉明

阿拉善盟行政公署盟长　鲍常青

全国人大原副委员长布赫心系阿拉善各族人民和关注阿拉善的发展

自治区主席巴特尔在阿拉善盟视察

盟委书记王玉明视察城市规划建设远景

庆华集团甲醇项目

胡杨林自然保护区

阿拉善大力开展厂区绿化，建设生态工业园

生态园全景

庆华集团化产回收装置

新世纪广场

博大 至诚 和美 共赢

——五彩呼伦贝尔

呼伦贝尔市市委书记 曹征海

呼伦贝尔市人民政府市长 罗志虎

曹征海在根河市调研棚户区改造和廉租房建设

罗志虎在牙克石市调研督查经济工作

华能伊敏煤电一体化

呼伦贝尔市位于内蒙古自治区东部，总面积25.3万平方公里，是全国面积最大的地级市，也是世界上土地管辖面积最大的地区级城市。如果把祖国的版图比作雄鸡，那么呼伦贝尔就是雄鸡冠上的一颗明珠。呼伦贝尔市得名于境内呼伦湖（亦称达赉湖）和贝尔湖，与俄罗斯、蒙古国毗邻，边境线长1700多公里，是中国唯一的中俄蒙三国交界地区，素有“鸡鸣闻三国”的美誉。全市总人口271.76万人，少数民族人口50.6万人，是一个以蒙古族为主体，汉族为多数，达斡尔、鄂伦春、鄂温克、俄罗斯等42个民族共同聚居的地区。

呼伦贝尔市地域辽阔，风光旖旎。这里有一望无际的草原、有松涛激荡的林海、有纵横交错的河流、有星罗棋布的湖泊，它们共同组成了一幅绚丽的画卷。在过去的2000多年的时间里，呼伦贝尔草原以其丰饶的自然资源孕育了中国北方诸多的游牧民族，被誉为“中国北方游牧民族成长的历史摇篮”。

呼伦贝尔地大物博，资源丰富。全市土地总面积3.8亿亩，自东向西形成“农—林—农—牧”的分布格局；天然草场总面积1.26亿亩，占全市土地面积的33.2%；林地面积2.28亿亩，森林覆盖率51.2%以上；水资源总量为316.19亿立方米，水域面积48.32万公顷，水能资源理论蕴藏量246万千瓦。

矿产资源丰富，且产地分布比较集中，目前全市已发现的矿产有9类65种，探明或初步探明资源储量的矿产50多种，矿产地500多处。截止2009年末，全市探明煤炭资源储量超过1000亿吨，探明资源储量是东北三省总和的6倍；全市有铜、钼、铅、锌、铋、钴等有色金属矿床15处，且成矿地质条件好，分布集中，建设条件优越，是呼伦贝尔市的优势矿产；除此之外，金银、铁矿、化工矿产及非金属矿产的储量也非常丰富。

威武国门

呼伦贝尔风景独特，旅游资源丰富，素有“绿色净土”、“北国碧玉”之称。这里是全国少有的生态系统保存完好的地区之一，呼伦贝尔大草原、大森林、大水域、大冰雪、大口岸、大民俗构成了呼伦贝尔独特的自然景观。这里夏季气候宜人，是避暑胜地；冬季银装素裹，一派北国风光，众多的民族，各具特色的风土人情，珍贵的历史文物古迹，回味无穷的地方风味，更为美丽富饶的呼伦贝尔增添了独特的魅力。

呼伦贝尔这片“中国最美的草原”，正因为草原的垄断性、森林的天然性、野生动物的珍奇性、古迹的民族性和民俗的独特性，被列为全国旅游二十胜景之一，和神农架、九寨沟、丝绸之路等被列为“全国六大重点旅游开发区”之一，是全国唯一一家列为国家草原旅游区进行重点开发的地区。2006年被中央电视台评为“中国最佳民族风情魅力城市”。2008年荣获“国际旅游名城”等称号。

农耕作业

近年来，呼伦贝尔市经济实力日益增强，人民生活水平显著提高。呼伦贝尔努力实现“美丽与发展双赢”，积极推进经济结构调整，依托资源和地缘优势，着力构筑以煤炭、电力、化工、石油、有色金属、进出口贸易、加工等十大产业为重点的新型工业化体系，大力发展金融、物流、旅游等现代服务业，产业结构不断优化；强力推进新型工业、新型农牧业、新兴服务业发展，加强新型边境区域合作，大力推进城镇化进程，努力改善基础设施，深入实施“六个一”幸福指数工程，不断提高城乡居民收入水平，全力保障和改善民生。

呼伦贝尔市是一块资源丰富、具有极大开发价值和发展潜力的宝地。这个昔日“幽静的历史后院”，已经站在祖国北疆改革的前沿。呼伦贝尔人崇拜历史的辉煌，更注重创造明天的辉煌。而今，站在新的历史起点上，我们将继续以美丽发展、转型升级、富民强市为努力方向，以推进新型工业化、城镇化、农牧业产业化为工作主线，以深化改革、扩大开放、优化发展环境为持续动力，抓住机遇，乘胜而上，同社会各界的有识之士一起，创造呼伦贝尔市新的经济增长极。我们坚信，呼伦贝尔的明天将会更加美好！

尼尔基水库

中国·赤峰

玉龙之故乡 红山文化发祥地

中共赤峰市市委书记 杭桂林

赤峰市人民政府市长 王中和

自治区党委书记、自治区人大常委会主任胡春华（前中）考察翁牛特旗乌丹镇西城区规划建设情况

赤峰市是隶属于内蒙古自治区的地级市。设3个市辖区：红山区、元宝山区、松山区；辖7旗2县：阿鲁科尔沁旗、巴林左旗、巴林右旗、克什克腾旗、翁牛特旗、喀喇沁旗、敖汉旗、林西县、宁城县，共12个旗县区。

赤峰市，蒙语译为乌兰哈达，内蒙古自治区东南部的一座城市。她因城区东北隅这座赭红色山峰而得名。古老的西拉沐沦河与老哈河如两条主叶脉横贯东西，境内大大小小的河流如支脉纵横交织，相伴着高高的兴安岭、蜿蜒的燕山、辽阔的草原，展示着它的勃勃生机和神奇魅力。

赤峰市位于内蒙古、辽宁、河北三省交界处，全市辖三区七旗二县，总面积9万平方公里，总人口460万，居住着蒙、汉、回、满等30个民族，其中蒙古族86万，是一个多民族和睦共处的民族聚居地区。

赤峰历史悠久，文化源远流长。10000年以前，这里便有了人类繁衍生息，8000年前，古老的兴隆洼人在这里建起了“华夏第一村”，播撒下了人类文明的第一颗火种；5000年前，红山文化在这里发祥，“中华第一龙”大型玉龙的出土举世震惊；4000年前，“草原第一城”在这里出现，草原青铜文化再一次令世人瞩目；1000年前，契丹族首领耶律阿保机在这里建起了雄峙万里的大辽王朝。以后这里又相继出现蒙元文化、明清佛教与王府文化等等，历史一次次在这里形成文化的巅峰。这片古老而神奇的土地，以其纷呈的文化异彩与中原文化交相辉映，铸就了中华文明的辉煌。

赤峰幅员辽阔，物产丰富。矿产资源方面，现已发现矿藏70多种，矿产地1000多处，涵盖黄金属、有色金属、非金属和能源等多种矿产类型，是国家重点黄金产地，黄金储量占全自治区总储量的80%，年产黄金10多万两，位居全国前三位；这里的铅、锌、锡、铁、钼、钨的储量全国闻名；石灰石、膨润土、玄武岩、大理石、水晶石、冰洲石等非金属矿藏也十分丰富，尤其是草原瑰宝巴林石，以其温润的品质，华贵的风彩而扬名天下，成为国石候选石。农畜产品资源方面，除玉米、水稻、谷子等大宗农作物外，还盛产杂豆、荞麦、油葵、甜菜、烟叶、中药材等经济作物，耕地面积1760万亩，正常年景粮食产量为60亿斤；天然草原面积8900万亩，各种牲畜存栏1400万头只；林地面积3500万亩，森林覆盖率22%；有大型水库60座。

赤峰风光秀丽，人文景观独特。近些年来赤峰市加大了生态建设与保护力度，被评为全国防沙治沙先进标兵，生态状况明显好转。境内草原、森林、山峰、沙漠、温泉、湖泊、石林、冰臼等天然景观齐全，文物古迹、珍稀动植物众多，境内有世界地质公园1处，国家级自然保护区6处，国家森林公园6处。旅游资源集历史文化、自然风光、民族风情于一体，素有“自治区名片”和“内蒙古缩影”之称。

赤峰市新区建设

赤峰市经济发展步入了快车道。赤峰目前已初步形成了以肉、乳、菜、草为主的农牧业产业化发展格局和以矿业、能源、医药、食品为主的工业经济体系。到2010年，赤峰将建成为我国重要的绿色农畜产品生产加工基地、联接东北和华北地区的能源供给基地、国内重要的有色金属原料及精深加工基地。

中心城区

乌兰布统

赤峰市城市化进程加快，城市功能日益完备。从上个世纪八十年代起，赤峰一直是国家级卫生城。金融、保险、通讯、配送、宾馆饭店、休闲娱乐等服务网络日臻完善。正在崛起的新城区以“生态新区、人文新区”为建设理念，总规划面积27平方公里。新城区道路宽敞，格局别致，绿化覆盖率达50%。高科技工业园区规划面积24平方公里，一户户新型企业陆续入住、激情展业，谱写着赤峰工业发展的新篇章。至2010年，一座拥有百万人口的现代化中心城市将崛起在塞北草原。

自然之旅

贡格尔草原

赤峰交通便利，区位优势明显。赤峰是连接华北、东北和内蒙古东西部的交通枢纽，北京市区至赤峰地界仅315公里，被称为“北京后花园”。赤峰距天津、北京、沈阳等大城市均在500公里范围内，距锦州、葫芦岛、秦皇岛等出海口不足300公里。境内有8条国省公路干线连接四方，南部由京通、叶赤两条铁路交汇成网，与东北、华北紧密相连，北部有集通、赤大白铁路横贯腹地；有直通北京、哈尔滨、沈阳、大连、山海关等城市的旅客列车，民航班机直飞北京、呼和浩特等城市。

灿烂的历史文化，东北的工业基础，华北的气候条件，西北的资源优势，西部大开发的优惠政策，巨大的市场开发前景，让国内外有识之士一次次把灼热的目光聚焦在这里。

一个文明和谐充满魅力的赤峰，正在这片神奇的土地上崛起，草原儿女正张开双臂真诚地欢迎海内外朋友到这里观光旅游、投资兴业，与我们携手共创更加美好的明天！

2009——通辽经济实现高增长

通辽市委书记　傅铁钢

通辽市委书记傅铁钢陪同自治区党委书记胡春华在企业调研

通辽市委书记傅铁钢陪同自治区政府主席巴特尔视察工业

2008年末2009年初，受国际金融危机的影响，需求锐减，工业品价格大幅度下降，我市工商企业销售额和利润迅速下滑，仅规模以上工业企业停产和半停产达36户之多，企业经营出现前所未有的困难。市委、市政府审时度势，及时提出“保企业、保投入、保增长、保民生”的经济政策，市县两级财政共投入救助企业资金13亿元紧紧擎住并逐渐扭转下滑的态势，使我市工业状况逐渐得到好转。到2009年末，停产和半停产的企业已由开始的36户下降到1户，规模工业企业整体利润从10月开始出现正增长。 以近似“V”型的走势曲线基本形象地描述出通辽2009年经济发展的脉络。

2009年，地区生产总值（GDP）完成961.39亿元，同比增长16.9%,在全球金融危机的背景下，取得了令人满意的成绩。分产业看，一产完成150.05亿元，增长2.6%；二产完成533.19亿元，增长26.9%；其中全部工业和规模工业增加值分别增长26.6%和27.4%，工业品产销率98.5%；三产完成278.15亿元，增长13.4%。三次产业比为15.6：55.5:28.9，其中工业完成增加值485亿元占地区生产总值（GDP）的50%；规模以上工业完成增加值434亿元占地区生产总值（GDP）的45%，规模工业已真正主导我市经济发展的大局，成为我市经济发展最主要的支柱。

一、农业生产克服旱灾取得较好的收成

播种面积增长。2009年全市农作物总播种面积1638.3万亩，同比增长1.4%，粮食作物播种面积1345.9万亩，同比增长3.8%，其中玉米播种987万亩，同比增长5.3%。

大旱之年取得粮食生产较好收成。进入7月份连续出现50多天的干旱少雨和高温天气，对粮食生产造成不良影响，在严重的旱灾面前，全市农民不等不靠，投入资金2.1亿元打井抗旱，确保940万亩水浇稳产，虽然一些低产旱田出现绝收欠收，但对全市粮食总产量的影响有限。今年粮食总产量达95亿斤，比去年减少5.6亿斤，减少5.5%。

牧业生产稳步发展。牧业年度牲畜存栏1561.7万头只，同比增长8.8%。其中牛存栏175.7万头，羊存栏923.2万头只，同比分别增长4.7%和15.8%；猪存栏408.4万头，同比下降0.3%。

二、规模工业总量继续扩大结构趋优利润先降后升

规模工业企业总量继续壮大。2009年末，我市规模工业企业已发展到496户，比2008年底增79户，工业产品产量和增加值总量不断扩大。增加值一季度完成82.7亿元,同比增长21%;1–2季度完成187.1亿元,同比增长23.2%;1–3季度完成310.5元,同比增长22.6%；1–4季度完成434亿元，同比增长27.4%。

结构趋向优化。从增加值结构上看，轻工业完成164.8亿元，增长26.4%，重工业完成269.4亿元，增长28%，较去年同期的轻工业增长22.8%和重工业增长38.3%有了很大的结构调整，我市工业重心已开始向轻工业、向非资源型产业迈进。

主要工业产品产量基本平稳增长。2009年，原煤产量5844万吨，同比增长10.4%；原铝43万吨，同比下降6.6%；铝材13.8万吨，同比增长120.8%；铜材38.8万吨，同比增长17.1%；发电量203.2亿度，同比增长64.5%；饲料183.2万吨，同比增长29.2%；乳制品31.9万吨，同比增长103%，其中液态乳30.9万吨，同比增长97.5%；味精（谷氨酸纳）32万吨，同比增长1.1%；水泥649.1万吨，同比增长218.3%；平板玻璃626.4万重量箱，同比增长4.3%。

全年工业用电量122.7亿度，同比增长13.4%，工业产品产量与其用电量保持同步增长。

规模工业利润止跌稳步上升。通过政府和企业家的共同努力，克服经营困难，我市规模工业利润总额月累计2-12月增幅分别-35.7%、-39.6%、-33.8%、-22.8%、-14.3%、-4.7%、-10.3%、-6.4%、2.4%、-0.9%和25%，呈现先下降后不断稳步上生态势，走出一个近似“V”字型曲线，到年末整体利润实现扭亏为盈。

亏损企业亏损额触底反弹。今年2-12月，规模工业企业亏损总额月累计分别为2.3亿元、2.5亿元、3.2亿元、4.2亿元、4.6亿元、4.1亿元、5.2亿元、4.8亿元、4.2亿元、2.4亿元、2.0亿元，走势呈“V”字形态势。其中12月累计亏损2.0亿元中主要集中在有色金属冶炼及压延加工业和电力、热力生产和供应业两大行业。

三、固定资产投资稳步增长

2009年，我市限额以上固定资产投资完成533.8亿元，同比增长22.9%。较去年同期回落4.2个百分点。分产业看，第一产业完成39.6亿元，增长25.3%；第二产业完成323.7亿元，增长25.8%；其中工业完成320.1亿元，增长25.5%，工业中风电及风电设备制造业投资91.86亿元，同比增长240%；第三产业完成190.5亿元，增长17.7%。

固定资产投资中房地产开发投资完成20.5亿元，同比下降47.1%；房屋施工面积248.3万平方米，同比下降47.1%；房屋竣工面积126.9万平方米，同比增加6.8%，商品房销售面积124.5万平方米，同比增加13.6%。从施工项目个数看，全年施工项目在建项目1098个，其中超千万元项目以上734 个；全部项目中新建项目897个，其中超千万元以上项目546个。

四、国内国外贸易有增有降

社会消费品零售额稳步增长。去年金融危机爆发以后，国家先后采取了一系列扩大内需的措施， 在“家电下乡”、“农机下乡”、住房、汽车等系列优惠政策鼓舞下，我市消费品市场保持了平稳的增长。2009年，全市实现社会消费品零售总额204.4亿元，增长19.4%，比去年同期回落5.4个百分点。进出口总额下降。2009年，受全球金融危机的影响，我市进出口总额较去年同期220%的增幅有非常大的回落。进出口总额完成10104万美元，同比下降42.8%，其中出口4151万美元，同比下降70.5%，进口5953万美元，同比增长66%。

五、宽松的货币政策和积极的财政政策支持我市经济稳步发展

金融机构存贷款额大幅度增长。2009年末，金融机构贷款余额397.14亿元，比年初增加73.3亿元，与去年同期相比增加38.5亿元。

2009年末，金融机构存款余额380.76亿元，比年初增加91.4亿元，与去年同期相比增加33.3亿元。其中企业存款87.8亿元，比年初增加34.8亿元，比去年同期增加3.8亿元。政府积极的财政政策和银行宽松的货币政策加大了对我市经济发展的支持力度，为抗拒金融危机、经济快速复苏做出了突出贡献。

六、规模以上工业和重点耗能企业万元产值能耗一降一升

2009年，我市规模以上工业企业496户，综合能源消费总量750万吨标准煤，同比增长22.9%，实现现价工业总产值1226亿元，同比增长35.3%，工业总产值增幅高于综合能耗的增幅；实现工业增加值434亿元，同比增加27.4%，也高于综合能源消费22.97%增幅。从规模工业整体看，能耗在降低。

我市45户重点能耗企业综合能源消费总量620.09万吨标准煤，同比增长13.0%，实现现价工业总产值465亿元，同比增长8.6%，我市45户重点能耗企业工业总产值增幅低于综合能耗的增幅，节能降耗仍有较大压力。

七、邮政和交通运输量有减有增

2009年，全市邮政业务总量完成7464.2万元，同比减少4.6%，其中函件、特快专递、杂志期发份数量都比去年同期减少；据通辽车务段（非通辽行政区内的全部车站）统计，2009年，货物发送量和货物到达量分别比去年减少18%，和25%；但航空运输旅客吞吐量增53%，货邮行吞吐量增长45%。

八、居民消费价格全年各月基本正增长

居民消费价格保持正增长。2009年，我市居民消费价格同比按月基本保持正增长，只有12月份才上2%的高增幅。全年居民消费价格为0.7%的增幅，其中城市0.7%，农村0.7%。而全国2009年居民消费价格同比下降0.7%，其中城市下降0.9%，农村下降0.3%；自治区这三个指标分别为下降0.3%，下降0.3%和下降0.2%。

九、财政和居民收入稳步增长

财政收入增幅低于去年。2009年，财政总收入82.98亿元，同比增长18.5%，其中一般预算收入50.7亿元，同比增长22.8%;税收收入31.8 亿元，同比增长24.3%，非税收收入18.8亿元,同比增长20.2%。

劳动工资。2009年，我市城镇单位从业人员23.47万人，其中在岗职工23.37人，同比分别增长2.5%和2.5%。累计发放从业人员劳动报酬356291万元，在岗职工工资总额355142万元，同比分别增长13.1%和13%。

农牧民现金收入。2009年，我市农牧民人均纯收入为5315元，比上年同期增6.1%。其中家庭经营收入3812.2元，增长3.0%，工资收入824.0元，增长16.3%。2009年虽然遭遇旱灾，但有940万亩水浇地的保证和今年粮食价格提高以及农民外出务工人数的增多和工资的提高，农牧民人均收入仍有一个较好幅度的提高。

城镇居民可支配收入。2009年，我市城镇居民人均可支配收入12812元，比上年同期增长9.3%，虽然金融危机，但我市工业和第三产业仍保持26%和13%的强劲增长势头，就业人数和工资稳步提高，特别是随着我市工业产品价格的提高和企业利润的好转，进一步带动全市城镇居民收入的提高。

九曲黄河边一颗璀璨明珠

—巴彦淖尔市

原内蒙古自治区党委书记储波到巴彦淖尔市调研

政府大楼

夜晚临河

维信高尔夫旅游度假村

巴彦淖尔市地处祖国北疆，位于内蒙古自治区西部。蒙古语意为“富饶的湖泊”，因境内有著名的淡水湖乌梁素海及众多的湖泊而得名，是镶嵌在九曲黄河边的一颗璀璨明珠。全市总面积6.4万平方公里，人口174万，是一个以蒙古族为主体、汉族居多数的多民族聚居地。市政府所在地临河区。

巴彦淖尔幅员辽阔，山河多姿。全市地形地貌大体分为三种类型：横亘腹地的阴山山脉绵延东西，是矿产资源富集区；阴山以北是广袤的乌拉特草原，畜牧业悠久兴盛；阴山南麓是著名的河套平原，这里地势平坦，土壤肥沃，渠道纵横，灌溉便利，素有“塞上江南”的美称，是亚洲最大的一首制自流灌区。

巴彦淖尔物产丰饶，自然资源种类繁多。农牧业资源得天独厚，全市现有耕地1000多万亩，草牧场7200万亩，生产独具河套特色的优质小麦、蜜瓜、番茄、枸杞、苁蓉及巴美肉羊、二狼山白绒山羊等农畜产品。矿产资源富集，已发现煤、铜、硫、铁、铅、锌等矿产68种，粗略估算，全市已探明矿产资源总价值约3000亿元。毗邻我市的蒙古国南戈壁省煤、铜等资源非常丰富，双方合作开发资源工作正在积极推进。水资源充沛，全市有湖泊300多个，总水域面积4.58万公顷。黄河流经345公里，年引黄河水量50亿立方米，总排干年形成中水4亿立方米。光热和风能资源丰富，全年日照总时数3300小时以上，北部牧区年平均风速大于3米/秒，是我国光能和风能资源最丰富的地区之一。

巴彦淖尔历史文化悠久，是“河套文化”的发祥地。长期以来，在农耕文明与游牧文明的交汇与融合中，造就了巴彦淖尔人民勤劳勇敢、朴实豪放、团结向上、海纳百川的个性。

独特的地域文化，美丽的自然风光，为发展旅游业提供了良好的条件。我市已开发出乌拉特草原风情游、乌梁素海观鸟游、河套农业生态游、乌拉山森林探秘游、黄河水利枢纽观光游、阴山岩画和秦汉古长城怀古游、大漠边关探险游等精品旅游线路。

临河热电厂

巴彦淖尔交通便利，战略区位优越。包兰铁路、110国道和京藏高速公路横贯全境。北至蒙古国、南至鄂尔多斯的铁路、公路等能源通道建设顺利推进，临（河）哈（克）铁路临策段和包惠铁路电气化改造即将竣工通车，临哈高速公路即将启动建设，市内支线机场开工建设，是华北沟通大西北、贯通大西南、连接蒙古国的重要交通走廊和枢纽。

恒丰食品工业集团

近年来，特别是2004年撤盟设市以来，全市经济社会实现了跨越式发展。进入新时期、新阶段，我们将紧紧抓住西部大开发的有利契机，坚持以新型工业化为龙头，以城乡统筹一体化发展为载体，以改革开放和科技创新为动力，全面构建富裕、生态、文明、和谐巴彦淖尔。我们真诚邀请海内外各界朋友到巴彦淖尔市观光旅游、交流合作、投资兴业，共同谱写互利双赢的美好篇章。

八百里河套灌区

巴彦淖尔市街景

乌拉山电厂

中国魅力城市 满洲里

市委书记　吴浩峰

政府市长　杜学军

满洲里坐落在美丽富饶的呼伦贝尔大草原深处，东依兴安之脉，南濒呼伦之水，西临蒙古国，北接俄罗斯，是亚欧第一大陆桥上极为重要、快捷的国际大通道，承担着中俄贸易60%以上的陆路运输任务，是中国最大的陆路口岸城市。满洲里市辖区面积730平方公里，人口30万，居住着蒙、汉、回、朝、俄罗斯等20多个民族。满洲里市辖国家级中俄互市贸易区、边境经济合作区、国家大型煤炭能源基地—扎赉诺尔区和省级东湖创汇农业区。这里资源富集，有面积2300多平方公里的北方第一大淡水湖－呼伦湖；有蕴藏百亿吨优质低硫褐煤的扎赉诺尔煤田和珍珠岩、膨润土、石灰石、硅石等丰富的矿藏。满洲里曾连续三次获得“全国文明口岸”称号，五次获得“全国双拥模范城”殊荣，是全国精神文明创建工作先进城市、国家级生态示范区、全国科普示范城市、中国优秀旅游城市、中国魅力城市和全国文明城市。

2009年，面对国际金融危机冲击、国内外市场剧变、国家边贸政策调整等多重严峻考验，我们在上级党委、政府的正确领导下，坚定信心，抢抓机遇，迎难奋进，有效遏止了经济增长下滑态势，实现了经济社会平稳较快发展。全市生产总值完成120亿元，增长20%；财政总收入完成18亿元（不含国家边贸专项转移支付资金6亿元），下降33.8%；全社会固定资产投资完成65亿元，增长3.2%；口岸过货量完成2421万吨，增长0.4%；口岸进出口贸易总值完成66.7亿美元，

俄罗斯套娃广场

世纪大道

上缴关税、代征税73.6亿元，分别下降38.2%和20.6%；社会消费品零售总额完成55亿元，增长18.1%；城镇居民人均可支配收入达到16400元，增长10.1%。

满洲里第五代国门

经济发展企稳向好。全年累计补贴资金、减免税费5.7亿元，极大地坚定了企业在我市发展的信心。全力争取上级到位资金3.5亿元，实施新增中央投资项目39项，带动地方和社会投资7.7亿元，有力地推动了全市经济向好发展。对外贸易持续回暖。争取国家边贸专项转移支付资金6亿元，提高了边贸补助奖励标准，稳定了外经贸队伍，新注册企业75家。综合保税区可研报告通过国家九部委评审。地方进出口贸易总值完成31亿美元。口岸出口菜果30.9万吨，创汇8359万美元。旅游发展势头强劲。举办了旅游节、冰雪节暨选美大赛等节庆活动和区域旅游合作恳谈会、褐煤综合利用国际峰会等国内外大型会议。欧式旅游观光婚礼宫投入使用。全年旅游总人数突破500万人次，总收入达到35亿元，均创历史新高。工业经济稳步增长。工业总产值完成91.8亿元，增长14.3%。规模以上工业增加值完成17亿元，增长17.2%。煤炭产销量达到757万吨。铁北矿扩能改造、蒙西百万吨水泥粉磨站等项目投产达效。灵东立井、深能风力发电等项目顺利推进。20万吨烯烃项目获自治区开展前期工作批复。进口木材落地加工306万立方米，其中板材落地加工60万立方米，精深加工比例提高了6个百分点。三次产业构成比例为2：28：70。

公路口岸

对外开放日益深化。国际航空口岸正式对外开放。机场新航站楼投入使用。公路口岸新旅检通关大楼竣工启用，年通过能力达到1200万人次、120万车次、600万吨货物。新国际货场基础设施建设全面铺开，铁路国际货场工程进度过半，各专业货场和服务设施开工建设。“走出去”战略深入实施，境外木材加工园区筹建工作积极推进。全力推进招商引资工作，共实施各类项目126个。

市民广场

城市环境逐步改善。投资4.85亿元实施城市建设项目86个。新党政办公大楼主体竣工，新区建设正式启动。南区棚户区改造一期工程竣工。通湖大道建成通车。污水处理厂、垃圾处理场正式运营，供水管网改造工程启动实施。续建新建房屋面积104万平方米。加快推进保障性住房建设，廉租房总面积达到8.3万平方米，1016户保障对象实现实物配租应保尽保。

民生质量全面提升。多方争取和筹集资金，全力兑现为民办好十方面25件实事的郑重承诺，取得了良好的社会效益。就业培训5766人，全年新增就业6850人，安置了989人高校毕业生就业。将城市最低生活保障标准从190元提高到240元。大力实施“菜篮子”工程，新建3个农贸市场和6家平价直销店，有效平抑了市场菜价。启动中小学校舍安全工程。继续扩大满洲里学院办学规模，俄语职业学院正式获批。疾控中心和流感网络监测实验室建成使用，完善了4个标准化社区卫生服务中心建设。影片《红色满洲里》荣获自治区“五个一工程”奖。成功举办《放歌满洲里》大型文艺演出、市民文化艺术节等系列活动，邀请莫斯科复兴芭蕾舞团、大型蒙古族舞蹈史诗《一代天骄》驻满演出。向社会免费开放社区文体场馆。扎区政府被评为全国体育工作先进集体。全区一流的社会福利服务中心投入运营。为65周岁以上老人免费体检，免费开放市内旅游景点景区。投入2000多万元，为22000余名企业退休职工每月增发100元生活补贴。

内蒙古大学满洲里学院

城市夜景

伊金霍洛旗经济社会发展情况

旗委书记　杨 博

政府旗长　云卫东

现代农业示范基地

现代化采煤机

伊金霍洛（汉意为“圣主的苑囿”）旗是一代天骄成吉思汗长眠的圣地。总面积5600平方公里，辖7个镇，总人口16万，其中蒙古族人口11426人，是一个以蒙古族为主体，汉族为多数，多民族共同聚居的地区。旗府所在地阿勒腾席热镇，是自治区第一个文明镇和国家级卫生镇。

伊金霍洛旗历史悠久、人杰地灵。早在4000年前的商代前期，中华游牧民族的曙光便在这里初现，著名的“朱开沟文化”便是北方游牧民族从蛮荒走向文明的重要标志，保存完好的战国秦长城、秦直道等遗址见证着这里曾经的辉煌。15世纪中叶，守护成吉思汗陵寝的达尔扈特人从蒙古高原进驻伊金霍洛旗，从此天骄圣地的美誉名扬天下。悠久的历史、独特的区位，也孕育了伊金霍洛旗韵味独特、古朴典雅的民族文化，这里是成吉思汗祭祀文化、鄂尔多斯风土人情和大漠草原文化的汇集地，成吉思汗祭祀、鄂尔多斯婚礼已被列入国家非物质文化遗产名录。现在，底蕴深厚、异彩纷呈的蒙元特色文化正在从这片古老而神奇的土地，走向全国，走向世界。

伊金霍洛旗物华天宝、资源富集。伊金霍洛旗素有“地下煤海”之称，现已探明煤炭储量398.5亿吨，约占鄂尔多斯市已探明总储量的四分之一、内蒙古已探明总储量的八分之一、全国已探明总储量的三十分之一，所储煤炭以低灰、低硫、低磷、高发热量“三低一高”饮誉海内外。2009年，全旗规模以上煤炭企业原煤总产量达到11713万吨。此外，伊金霍洛旗天然气、天然碱、泥炭、石英砂、石灰岩、高岭土、粘土等资源也非常丰富。富集的资源使伊金霍洛旗正在成为国家重要的能源生产基地，这里有世界唯一的百万吨级煤直接液化示范工程项目——神华煤液化项目，有生产能力、主运输系统提升能力和煤炭洗选加工能力3项世界第一的特大型井工矿—神华万利布尔台煤矿，还有创造了10项世界记录、15项全国之最的的神东补连塔矿和上湾煤矿等一大批大型现代化矿井。伊金霍洛旗人文旅游资源独特，有全国重点文物保护单位、全国旅游胜地“四十佳”之一的成吉思汗陵园，此外，还有现代化矿井、世界珍稀动物遗鸥保护区，朱开沟文化遗址，红碱淖、转龙湾、吉祥福慧寺等一批旅游景点。

伊金霍洛旗生态良好，环境优美。伊金霍洛旗森林草原资源丰富，全旗森林覆盖率达38.7%，植被覆盖率达87.0%，先后被评为“全国绿化模范旗”、“全国绿化百佳县”、“全国退耕还林后续产业先进旗”、“全国退耕还林先进旗”和首届“中国十佳绿色城市”。境内地下水资源较丰富，水质良好，地下水永久储量151亿立方米，地表有6条大的外流河和2条外流河干流。

伊金霍洛旗交通便捷、区位优越。伊金霍洛旗地处呼-包-鄂“金三角”腹地，公路总里程2143公里，包茂高速、109国道高速纵横交错，包西铁路、包神铁路、东乌铁路横亘南北。旗

府所在地阿镇距市府所在地康巴什新区仅3公里，距鄂尔多斯飞机场13公里，形成了集铁路、公路、航空于一体的立体交通网络，是鄂尔多斯及周边地区的重要交通枢纽。

近年来，伊金霍洛旗以科学发展观统揽经济社会发展全局，紧密结合资源型地区的发展实际，牢牢抓住国家西部大开发、能源战略西移和自治区建设能源重化工基地等战略机遇，在解放思想中完善思路，在把握规律中构建和谐，着力推进“统筹发展、转型发展、和谐发展”，经济社会步入了全面、协调、可持续的科学发展轨道。2009年，全旗地区生产总值完成393.5亿元，同比增长20.7%；财政收入完成80亿元，增长57.2%；全社会固定资产投资总额完成219.9亿元，增长29.3%；城乡居民收入分别达到23098元和7959元，同比分别增加2697元和697元。在第九届全国县域经济基本竞争力评价中，跃居全国百强第54位、西部百强第4位。在加快推进经济发展的同时，伊金霍洛旗始终坚持把促进社会和谐作为经济社会发展的优先目标，大力推进各项社会事业全面进步，全旗呈现出物质文明、精神文明、社会文明相得益彰、和谐共进的良好局面，被中央党校《理论前沿》课题组确定为全国构建社会主义和谐社会的样板旗县。

伊金霍洛旗潜力巨大，前景广阔。面对新形势、新任务，伊金霍洛旗将在上级党委、政府的坚强领导下，按照转型发展、统筹发展、和谐发展的理念，进一步优化产业结构，推进城乡统筹，切实改善民生，全面提升产业竞争力、城乡承载力和公共服务力，经济社会发展的主要预期目标是：2010年，全旗地区生产总值在去年的基础上再增加100亿元，增长25%；财政收入突破100亿元，增长25%；城镇居民人均可支配收入在去年的基础上再增加10000元，增长23%以上，力争全市第一；农牧民人均纯收入突破10000元，增长33%以上，力争全市第一；全社会固定资产投资在去年的基础上再增加100亿元，增长44.4%以上。

成绩已载入史册，未来需我们共同开创。我们将坚持“优势互补、互惠互利、共同发展”的原则，以得天独厚的资源，快捷高效周到的服务和优惠政策，热忱邀请有识之士到伊金霍洛这片充满商机的热土来参观考察、旅游观光、投资创业，16万勤劳勇敢朴实的伊金霍洛儿女愿与有识之士携手共创伊金霍洛旗美好的明天！

先进的语音教室

神华煤直接液化

宜人的生活小区

风吹草低见牛羊

准格尔旗经济社会发展概况

书记　潘志峰

旗长　祁毕西勒图

久泰能源内蒙古有限公司甲醇二甲醚项目整合迁址签字仪式

商务会展中心鸟瞰图

准格尔旗地处鄂尔多斯东部、晋陕蒙交界处，总面积7692平方公里，总人口37.36万（其中户籍人口29.13万），现辖1个自治区级开发区、1个新区、9个苏木乡镇。地貌以丘陵沟壑区为主，占74%，北部是库布其沙漠尾端和黄河冲击平原，称“七山二沙一分田”。境内资源富集，已探明煤炭储量544亿吨，远景储量1000亿吨，年产1.4亿吨，石灰石总储量50亿吨，铝矾土总储量1亿吨。此外，高岭土、硫铁矿、白云岩、石英砂的储量也相当大，特别是煤层气的储量十分可观，国内罕见。水资源丰富，北、东、南为黄河环绕，过境长度197公里，年均过境水量248亿立方米。电力资源得天独厚，现已建成并投入运营的坑口火电厂有5座，装机容量244.4万千瓦；水电站一座，装机108万千瓦；年发电量80亿度；正在建设的火电站1座、水电站1座，装机总容量100万千瓦；500千伏、220千伏、110千伏输变电工程均已配套，且供电半径小。交通条件优越，109国道横贯东西，大准电气化铁路、准东铁路和呼准铁路穿境而过，年货运能力接近1亿吨，是出省到京、到秦皇岛、到黄骅港的重要通道；

呼东高速公路与建成的呼包、包东高速公路连为一体。旗内有神华准能、国华准电和万家寨水利枢纽等国家重点建设项目。

近几年，准格尔旗紧紧抓住国家西部大开发的历史机遇，团结全旗各族人民，在自治区和鄂尔多斯市的正确领导下，以科学发展观为统领，着力推进富民强旗进程，全旗经济社会继续保持良好发展势头。2009年，全旗GDP完成530亿元，财政收入突破100亿元，达到100.01亿元，城镇居民人均可支配收入达到23106元，农牧民人均纯收入达到7945元，固定资产投资完成320亿元，在第九届全国县域经济基本竞争力评价中位列全国百强县第37位、西部百强县第2位，同时是改革开放30周年内蒙古总结推出的十个典型旗县市区之一，2009年荣膺中国全面小康十大示范县和中国金融生态县等称号。

经过努力，准格尔旗已经初步奠定科学发展、社会和谐的好基础，形成科学发展、社会和谐的好机制。准格尔旗将紧紧抓住国家新一轮经济快速增长期到来的机遇，依托资源、地域优势，站在适应经济大发展的战略高度，坚持“五个统筹”和“集中发展”的科学发展观，加快推进工业化进程，大力发展循环经济，加快建设资源节约型、环境友好型社会。

环岛雕塑

投入使用的呼准铁路

伊泰煤制油项目厂区夜景

体育馆总平面图

伊泰煤制油项目厂区

乌拉特后旗

乌拉特后旗旗委苏和巴图书记

乌拉特后旗旗委副书记
政府旗长杜占贵

旗委书记苏和巴图接受颁奖现场

“幸福的泉水”—旗府所在地巴音宝力格镇

乌拉特后旗位于巴彦淖尔市西北部，南距市政府所在地50公里，东与乌拉特中旗交界，西邻阿拉善盟，北与蒙古国接壤，国境线长195公里，全旗总面积2.45万平方公里。现辖三镇两苏木、50个嘎查村，总人口65238人，其中蒙古族17245人，是一个以蒙古族为主体的少数民族边境旗。

阴山山脉横亘东西，把全旗自然分为三块地貌气候迥然不同的地区。山后为牧区，山前为农牧结合，阴山山脉以矿山工业为主。阴山以南为狭长的河套平原，面积大约470平方公里，约占全旗总面积的2%；中间为南北宽约35公里的阴山山脉，面积大约3000平方公里，约占全旗总面积的12%，蕴藏大量的矿产资源，仅有色金属矿藏量就约占内蒙古自治区的

50%以上；阴山以北为荒漠、半荒漠化草原，面积大约2.1万平方公里，约占全旗总面积的86%，地下资源和风能资源异常丰富。

近年来，乌拉特后旗立足资源优势,加大招商引资力度，不断延伸产业链条，加快风能、太阳能、石油等能源开发步伐，积极培育发展战略性新兴产业，全力打造有色金属和能源“两艘”航空母舰，经济社会实现了超常规、跨越式发展。2009年全旗地区生产总值实现57亿元，增长20%；财政总收入完成13.93亿元；固定资产投资完成70.24亿元，同比增长64.9%；城镇居民人均可支配收入达到14277元，增长25.2%；农牧民人均纯收入达到6130元，增长51.1%。2007—2009年我旗连续三年跨入中国西部县域经济基本竞争力百强旗县行列，排名分别为第99位、80位和63位。

西部较先进设施一流的乌拉特后旗一中落成典礼

日新月异的城镇建设

迅猛发展的工业经济

美丽的同歌乐歌景观河

迅猛发展的工业经济

迅猛发展的工业经济

中国西部百强县

——神奇富饶的阿拉善左旗

中共阿拉善左旗委员会书记

吴忠岩

阿拉善左旗人民政府旗长

魏巴依尔

阿拉善左旗地处内蒙古自治区西部，贺兰山西麓，东与宁夏相交，西南与甘肃毗邻，北与蒙古国接壤。全旗总面积80412平方公里，国境线长188.678公里。全旗13个苏木镇，总人口15万多人，有蒙古族、汉族、回族、满族等23个民族，是一个以蒙古族为主体，汉族占多数的少数民族聚居旗。

阿左旗资源极为丰富，具有分布广、品位高、易开采的特点。是一块亟待开发的宝地。已探明的矿产有61种，矿产地310处，其中大型矿床14处，中型矿床20处。石膏、石灰岩、铁、铜、金、白云岩等储量可观，花岗岩、冰洲石已探明储量居全区第一位，被誉为“煤中之王”的太西煤，在国际市场上独占鳌头。全旗拥有草原面积8219万亩，森林覆盖率6.16%，耕地面积39万亩，特别是贺兰山国家级自然保护区有原始次生林57万亩，是内蒙古自治区乃至华北的天然保护生态屏障。阿拉善双峰驼和白绒山羊是两大优势畜种，优质驼绒在国内外享有盛誉。阿拉善白山羊绒的细度、光度、白度三项指标均居世界同类产品之首。

阿左旗旅游资源丰富，景色宜人，名胜众多。全旗初步形成“以巴彦浩特为中心，南寺、北寺、月亮湖、通湖四大旅游景区为支撑”的旅游发展格局，目前全旗有4A级景区2家（1个5A级试点景区），3A级景区3家。2009年接待国内外游客85万人次，旅游收入达4.1亿元。

2009年，全旗地区生产总值达191.29亿元，增长23.6%。其中工业增加值达146.65亿元，增长27.8%，工业经济已成为全旗经济增长主导产业和财政税收的主渠道。财政收入25.38亿元，增长28%；全社会固定资产投资117.6亿元，增长33.98%；农牧民人均纯收入和城镇居民人均可支配收入分别达到6170.95元和16516.2元，分别增长15.04%和10.99%，城乡居民收入和增速都高于全区水平。2008年阿左旗综合经济实力在西部百强县排位由“十五”末的38位提升到第32位连续四次跨入西部百强县之列，排位持续上升。

阿拉善左旗有诸多资源亟待开发，有诸多领域有待拓展，发展空间巨大，投资前景十分广阔。西部大开发，又为我旗与国内外加强经济技术合作提供了新的契机。真诚欢迎国内外一切有意于开发阿拉善左旗的有识之人，与我们共同开发阿拉善左旗，建设阿拉善左旗。阿拉善的明天一定会更美好！

农区产业化经营成果

居民住宅小区

国家4A级旅游景区

风力发电

乌斯太经济开发区

国家4A级旅游景区——月亮湖

阿拉善大酒店

阿左旗九年制一贯制学校

科尔沁左翼中旗

卫生服务大楼

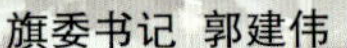

旗委书记 郭建伟

政府旗长 宝凤山

科左中旗位于内蒙古自治区东部，松辽平原西端，科尔沁草原腹地。总土地面积 9811平方公里，辖 18个苏木镇场，512个嘎查村。全旗总人口54万人，其中蒙古族人口38万人，是全国县级行政区域中蒙古族人口最多的地方。

科左中旗历史悠久，是我国北方草原开发较早的地区，是蒙古民族的发祥地之一。科左中旗人杰地灵，是清朝国母孝庄文皇后的故里，民族英雄嘎达梅林、国际著名马头琴大师齐宝力高的家乡，这里还是著名的民歌之乡、版画之乡，以民歌、马头琴为代表的璀灿的民族艺术已走向世界。

科左中旗土地辽阔、土壤肥沃，是以农为主的农牧结合经济类型区，是国家和自治区重要的商品粮基地。2004年被国家农业部列为部长联系点，2004–2009年连续六年被农业部评为“全国粮食生产先进县”，其中2006年、2008年、2009年被评为“全国粮食生产先进县标兵”。年均粮食产量达30亿斤以上，居内蒙古自治区的首位。

科尔沁黄牛

科左中旗是国家畜牧业生产基地、全国商品牛基地和全国秸秆养牛示范旗。科尔沁黄牛、科尔沁细毛羊闻名全国，全旗牲畜饲养量达到200万头（只、口），其中牛存栏30万头，羊存栏80万只，猪存栏40万口。科左中旗是全国三北防护林体系建设示范旗。全旗有林面积300万亩，其中用材林150万亩，林木畜积量450万立方米，全旗果园面积达到3.2万亩，年产各类水果340万公斤。天然麻黄草面积5万亩，年产150万公斤。

荷花湖

矿产资源。科左中旗矿产资源较丰富，目前已开发利用的矿产有煤炭、矽砂、建筑用玄武岩、砖瓦用粘土。煤炭位于宝龙山镇东北方向，已探明长焰煤储量5356万吨，现为宝龙山金田矿业有限公司以挂牌方式取得采矿权。矽砂位于门达镇境内，质量好、品味高，总储量约为10亿吨。建筑用玄武岩位于保康镇与巴彦塔拉镇交界处，基础储量为760万吨。砖瓦用粘土分布在全旗18个苏木镇场，共45处，基础储量约为900万立方米。

水利资源。科左中旗境内河流较多，西辽河、新开河、乌力吉木仁河3条河流贯穿全境，年径流量5.85亿立方米； 地下水储量达2.36亿立方米；有三八水库、胡力斯台水库、乃门塔拉水库、苏吐水库、都西庙5座中型水库，有自然水面9.7万亩，河网密度为0.04公里/平方公里。

风电场

风力资源。全旗现开发利用风场规划为东部和西部两个风电基地共22个风电场，规划面积1800平方公里，规划装机到2020年达到600万千瓦。目前全旗并网发电已达50万千瓦。

旅游资源。形成了以展示历史名人为主的孝庄园旅游区，以展示科尔沁民族文化为主的珠日河草原旅游区，以森林草原生态为主的乌斯吐自然保护区，以湿地保护为主的丰库湿地旅游区，以风电开发为主的代力吉风电旅游区等五大旅游景区。

2009年，全旗地区生产总值完成84亿元,同比增长20%，其中一、二、三产业增加值分别达到26亿元、33亿元和25亿元。财政总收入完成2.51亿元，同比增长21.9%。城镇居民可支配收入和农牧民人均纯收入分别达到10990元和4466元，增加1198元和216元。限额以上固定资产投资完成43.5亿元，同比增长43.1%。社会消费品零售总额17亿元，同比增长21.4%。

呼伦贝尔市陈巴尔虎旗

旗长　高　昇

陈巴尔虎旗位于呼伦贝尔市西北部，北部与俄罗斯隔额尔古纳河相望，中俄边境线总长193.9公里。G301线、S201线和滨洲铁路构成发达的交通网。

境内有蒙、汉、鄂温克等14个民族，6.9万人口，是以蒙古族为主体的边境少数民族牧业旗，土地总面积1.86万平方公里，辖2个苏木、3个镇、4个办事处，4个国营农牧场、5个煤炭有限责任公司、2个化工有限公司、2个发电有限公司。拥有1.58万平方公里天然草牧场，有“天堂草原”、“天鹅故乡”之美称，是呼伦贝尔市重要的畜产品生产基地。境内有“天下第一曲水”莫尔格勒河和海拉尔河、额尔古纳河等5条河流，大小湖泊317个，天然矿泉95处。森林面积965平方公里，木材蓄积量881万立方米。地表野生植物553种。矿产资源十分丰富，已探明煤炭地质储量170亿吨，另有金、铜、钼、石油、天然气等14种矿藏。

近年来，陈巴尔虎旗认真贯彻落实科学发展观，坚定不移地实施“有退有进，美丽与发展双赢”战略，加快推进能源重化工基地、绿色农畜产品基地、北疆风情旅游基地建设，实现了经济社会平稳快速发展，成为呼伦贝尔市最具发展潜力和活力的地区之一。

2009年地区生产总值完成40.3亿元，同比增长29%；财政总收入达到10.02亿元，同比增长144.3%，增速列全市第一；地方财政总收入完成6.6亿元，同比增长92.5%，增速列全区第一位；全社会固定资产投资达到55.5亿元，同比增长60.6%；城镇居民人均可支配收入达到12.754元，同比增长12.8%；牧民人均纯收入达到8，049元，同比增长11.6%。三次产业结构比为16.5：55.3：28.2。荣获了全市工业经济贡献一等奖，财政收入贡献一等奖，“六个一”幸福指数工程推进二等奖，新农牧林区改革发展、畜牧业、农牧业产业化、林业、水利和供销工作三等奖以及非公有制经济先进旗称号。

面临新的形式和挑战，任务更加繁重而艰巨，陈巴尔虎旗各族人民在党的政策指引下，众志成城，乘势而上，以饱满的热情、科学的态度、扎实的作风，推动全旗经济社会发展再上新的水平！

“天骄成吉思汗”实景演出

天牧肉联有机牛羊肉加工车间

日新月异的陈巴尔虎旗工业园区（图为东能产区）

霍林郭勒市

草原煤城换新颜

霍林郭勒市位于大兴安岭南麓，科尔沁草原腹地，与兴安盟、锡林郭勒盟交界。辖区总面积585平方公里，建成区面积18平方公里，城市化率达到90%以上。辖管5个街道办事处、21个社区，总人口11.03万。304国道、101省道在境内交汇，新建民用机场计划十二五期间建成使用。

霍林郭勒市依托储量丰富的煤炭资源，大力推进产业延伸、升级和多元。目前已经形成比较完善的煤电铝、煤化工、煤电硅循环产业链条。原煤生产能力达到4700万吨/年；投产电力装机260万千瓦；铝及铝后加工产能超过80万吨/年；煤化工生产能力达到300万吨/年。随着工业经济的强势拉动，全市经济社会各项事业全面发展。经济总量、财政收入等主要经济指标保持了强势增长，县域经济基本竞争力提升至全国第120位、蒙东地区第1位；人均GDP达到2.9万美元，人民生活基本达到小康水平。

霍林郭勒是中国优秀旅游城市，原汁原味、多姿多彩、独具魅力的草原风情吸引着八方宾客；霍林郭勒是中国最具投资潜力中小城市，“煤炭、电力、冶金、化工”四大产业集群提升着地区综合竞争力；霍林郭勒是中国金融生态城市，多元化、宽领域、开放式的金融环境助推着县域经济的可持续发展；霍林郭勒是中国最具区域带动力中小城市，高效、节能、环保的循环经济模式引领着低碳发展之路。这就是霍林郭勒，一颗闪耀在蒙古草原的新星。

冶金产业集聚人气

莽原玉带催羊肥

城市建设日新月异

不尽乌金滚滚来

草原不静夜

东胜卫古城墙一角

托克托县

大唐托克托电厂

县委书记　孙建国

政府县长　斯钦毕力

托克托南湖公园

托克托葡萄园

托克托县（简称托县）隶属内蒙古自治区首府呼和浩特市，位于自治区中部、阴山南麓、黄河上中游分界处北岸的土默川平原上，地处呼市、包头、鄂尔多斯“金三角开发区”腹地，是首府“一核双圈一体化”经济战略重点发展区。南北直距54.5公里，东西直距42公里，平均海拔1132米。全县总面积1416.8平方公里，辖5镇，13个居委会，120个村委会，居住着蒙、汉、回、满等25个民族，总人口20万人，其中农业人口15.3万人。现有耕地65万亩、林地56万亩、草地50万亩。黄河流经县境37.5公里，充足优质的水源可满足县内工农业生产、生活用水的需要。托克托县交通便利，呼准铁路、呼城高速公路贯穿全县南北，现已形成“五纵四横一环线”的交通网络。

托克托县历史悠久、人杰地灵、文化底蕴深厚。早在五、六千年前的新石器时代，就有人类在此生息繁衍。这里有被考古学家命名为“海生不浪文化”的新石器人类遗址；有中华民族的母亲河孕育的黄河文化；有秦始皇分天下为36郡之一的云中古城遗址，有浓郁江南风情的神泉生态旅游风景区，千亩湖泊、苇丛点缀的南湖水上公园，水面宽阔、气势恢弘的黄河上中游分界处；有品质优良、远近闻名的红辣椒、红萝卜、枸杞、葡萄、黄河鲤鱼等土特产品。在历史的进程中，这里曾先后孕育出孟舒、恰台吉、李裕智、苏谦益等历史名人和革命先驱。

近年来，特别是进入新世纪的几年来，在自治区、呼市两级党委、政府的正确领导下，托克托县牢固树立和全面落实科学发展观，围绕“团结奋进、建设托县、经济发展、惠泽百姓”的执政理念，以“争创全区第一经济强县、建设全区第一工业园区”为目标，紧紧抓住国家西部大开发和大唐托电建设带来的历史机遇，始终坚持“工业强县、城乡统筹、三化互动”的发展思路，在理性的探索中走出了一条发展产业集群，壮大县域经济之路。

国家宏观调控产业政策和国家重点工程大唐托电的建成投产，给托克托县带来了前所未有的发展机遇，托克托县确立了“支持托电，发展托县”、“依托托电，发展托克托工业园区”的发展思路，把工业确定为全县发展的主导产业，启动实施“工业强县”战略，开工建设托克托工业园区。托克托工业园区规划控制面积65.86平方公里，共分五个功能区，即电力能源、生物制药、金属冶炼、化工和综合服务区。是依托大唐托克托发电厂、园区自备电厂发展建设的高科技产业的新型工业园区，属自治区级工业园区。园区基础设施基本实现了配套完善，2009年投入1.4亿元，累计完成投资15.2亿元，建成区面积达到12平方公里，现已成为托县经济发展的最大平台，对全县财政贡献率达70%以上。通过几年的开发建设，托克托工业园区已初步形成了电力、生物制药、冶金、化工、光伏材料加工五大支柱产业，成为全区20个重点工业园区之一，位列第二位，被自治区批准为全区循环经济示范区、全区首批直购电试点园区，被农业部评为全国农产品加工创业基地，被国家科技部命名为国家火炬计划呼和浩特生物发酵特色产业基地。目前，托克托工业园区电力总装机容量已达到540万千瓦，年发电量突破230亿度，成为亚洲最大的火力发电基地；生物发酵总容积已达到2.5万立方米，成为国内最大的生物发酵基地；“煤-发电-高铝粉煤灰提取氧化铝-铝硅钛合金-铝硅钛合金材料深加工”、“农产品（玉米）-深加工（发酵）-食品药品”、“工业硅-多晶硅-单晶硅-光伏、电子材料-太阳能发电站”三大循环经济产业链基本形成。

2009年，全县地区生产总值完成146.3亿元，比上年增长13.6%，人均GDP达到10600美元，增长30.5%。财政收入突破20亿元大关，实际完成20.005亿元比上年增长30.7%。固定资产投资完成50.1亿元，比上年增长23.4%。城镇居民人均可支配收入达到17840元，比上年增长10.8%。农民人均纯收入达到8321元，比上年增长11.3%。紧紧把握国家应对国际金融危机、全面扩大内需的机遇，争取上级投资1.9亿元，是近年来争取上级资金和项目最多的一年。在第五届全国中小城市科学发展评价中，我县位列中国中小城市科学发展百强县第68位，前移2位，并跻身于全国最具区域带动力中小城市百强行列。

2010年，全县经济社会发展的奋斗目标是：地区生产总值达到172亿元，增长17%；财政收入达到25亿元，增长25%；城镇居民人均可支配收入达到20270元，增长13.6%；农民人均纯收入达到9270元，增长11.4%。单位生产总值能耗下降5.79%，城镇登记失业率控制在4%以内，人口自然增长率控制在10‰以内。

托县到2012年的奋斗目标是：全县地区生产总值达到450亿元，年均递增34.3%；人均GDP达到30000美元。财政收入达到55亿元（新口径），年均递增26.5%。城镇居民人均可支配收入达到31400元，年均递增20.4%。农民人均纯收入达到13100元，年均递增16%。招商引资累计完成400亿元。单位生产总值能耗年均下降5%，人口自然增长率控制在10‰以内，城镇登记失业率控制在3%以内。努力跻身于全国县域经济百强县行列，把托克托县建设成为经济繁荣、环境优美、社会稳定、人民富裕、和谐发展的首府卫星城市。

www.northnews.cn

内蒙古日记

北方新报

主流媒体 大报品格

持续创新 稳健发展

《北方新报》是由内蒙古日报社主管主办，北方新报社出版发行的都市类报纸，日报规格，四开加长报型，48版，全彩印刷，周日发行《新周末》文摘周刊，平均期印数达15万份以上，是内蒙古地区信息最全、发行量最大、广告经营收入最高、发展潜力最强的一张主流都市类报纸。

全社现有实名定岗员工569人，实行岗位管理制度。设有8个工作机构，25个业务部门。下辖北方传媒公司（在呼和浩特市的主要街道上设置了40个新媒体阅报栏）、北方新闻网络公司（不仅开通了手机报和新闻网站，同时组建了新闻会客厅和呼叫中心）等两个多媒体公司。

《北方新报》创刊的口号是“每天都是新的”。她新就新在市场定位上：是内蒙古首家以城镇读者为主体、以中心城市为核心，辐射全区各盟市的综合性都市报；新就新在她的服务宗旨是唱响时代主旋律，传播大众新闻，传播新知识、新观念、新思想，真实准确的反映都市生活，具体周到地服务都市生活，科学合理地引导都市生活；新就新在她的新闻风格是重大主题的策划性，一般新闻的权威性。《北方新报》以“内蒙古日记”为己任，每天忠实地记录内蒙古城镇居民生活的每一个细节，记录内蒙古社会发展变化的点点滴滴。

《北方新报》创刊以来，逐步培养了内蒙古城镇居民的读报习惯，并且以海量信息率先进入内蒙古厚报时代，为内蒙古的新闻事业做出了巨大贡献。内蒙古自治区党委书记储波称赞“《北方新报》是改革的产物，实行了新机制，希望《北方新报》尽快走出内蒙古，辐射周边地区。”现在《北方新报》已经深入到自治区内外的千家万户。

北方新报社有一支年轻的、能战斗、善于打硬仗的团队。为了抢抓新闻，《北方新报》把记者名片挂进了呼市各社区、街道办事处，真正走进了市民生活，全面反映市民心声，成了市民生活中离不开的一张报纸。

《北方新报》坚持“全年发行，全员发行，多元发行”的发行战略，在呼市建立了10个发行站，组建了300多人的发行团队，成为了内蒙古发行量最大的报纸。同时，开展了物流配送等业务。

《北方新报》在社会上的影响力和公信力不断扩大。先后牵头组织了救助贫困大学生活动，帮助800多名贫困大学生走进了大学校园，筹集善款900多万元；7次发起百人律师团为民工讨工钱活动，共为民工讨回工钱750多万元；开展了“五个100”（展示民族文化大区建设100个专题；为100个下岗职工提供再就业岗位；为100个贫困农牧民家庭各办一件实事；组织城市和农牧区100名好少年手拉手；在呼市设立100个《北方新报》阅报栏）等多项社会公益活动。

《北方新报》社现在又在进行着二次创业，以实名制进行了新一轮定岗核编；调整了高中层领导班子；进行了机构创新，取消了社聘、部聘用人机制，推行了依岗定酬+分值考核方法；广告全面实行了代理制；加强了报、网、栏的互动。《北方新报》正在进军新兴媒体，按照内蒙古日报党委办内蒙古传媒集团就是办北方新报的要求，正在探索走以报纸为核心的多媒体共同发展、多元化经营的发展之路。

《北方新报》社现已累计缴税3000多万元，获得了“第三届全国地方报社管理先进单位”、“自治区第一批首家文化产业示范基地”等多项重大荣誉。现已是年产值超亿元的内蒙古日报传媒集团的支柱企业。

内蒙古版面最多
发行量最大
覆盖范围最广

内蒙古发行量最大的平面媒体
国内统一刊号:CN15-0052
网址:www.northnews.cn
北方新报
主流媒体 大报品格
北方新闻网
www.northnews.cn
北方传媒
内蒙古日记
新周末

中共内蒙古自治区

书记 厂长 谢宝龙

中共内蒙古自治区委员会机关印刷厂（中共内蒙古自治区委员会办公厅文印中心）是隶属内蒙古党委办公厅的正处级事业单位，是国家秘密载体定点复制单位，是获准生产邮政标准用品用具单位，是省（自治区、直辖市）级书刊定点印刷企业，现有职工150人，已形成了印前、印中、印后一条龙的生产服务规模。

自1956年建厂以来，我们始终坚持艰苦奋斗，勤俭办厂和开拓、进取、求实、创新精神，培养了一支政治上可靠、业务上过硬的职工队伍；印刷设备不断更新换代，生产技术和管理水平不断提高。被全国印刷行业诚信建设组委会授予“全国诚信印刷企业”，被内蒙古自治区印刷技术协会授予“内蒙古诚信印刷企业”，被内蒙古新闻出版局评为“内蒙古新闻出版行业精神文明示范单位”，被国家民族事务委员会评为“全国民族团结进步先进集体”，被中共内蒙古自治区委员会评为“全区党的基层组织先进单位”，被内蒙古党委办公厅授予

命名 内蒙古党委机关印刷厂

为书刊印刷省(自治区、直辖市)级定点企业

发证机关：

一九九八年三月十七日

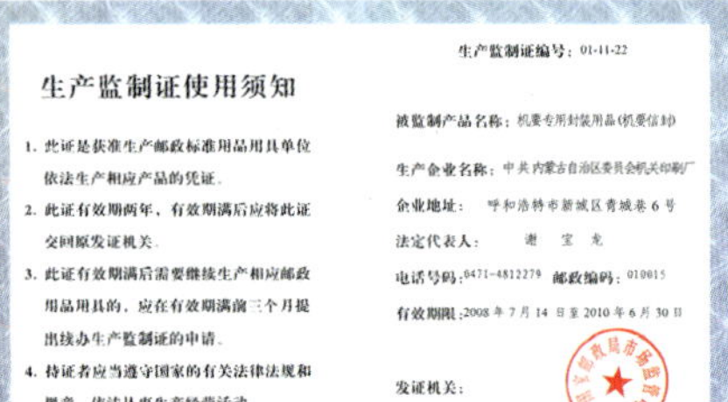

生产监制证编号：01-11-22

生产监制证使用须知

1. 此证是获准生产邮政标准用品用具单位依法生产相应产品的凭证。
2. 此证有效期两年，有效期满后应将此证交回原发证机关。
3. 此证有效期满后需要继续生产相应邮政用品用具的，应在有效期满前三个月提出续办生产监制证的申请。
4. 持证者应当遵守国家的有关法律法规和规章，依法从事生产经营活动。

被监制产品名称：机要专用封装用品(机要信封)

生产企业名称：中共内蒙古自治区委员会机关印刷厂

企业地址：呼和浩特市新城区青城巷6号

法定代表人：谢宝龙

电话号码：0471-4812279 邮政编码：010015

有效期限：2008年7月14日至2010年6月30日

发证机关：

国家邮政局市场监管司

二00八年七月十四日

授予：中共内蒙古自治区委员会机关印刷厂

全国诚信印刷企业

全国印刷行业诚信建设组委会

二〇〇五年十二月

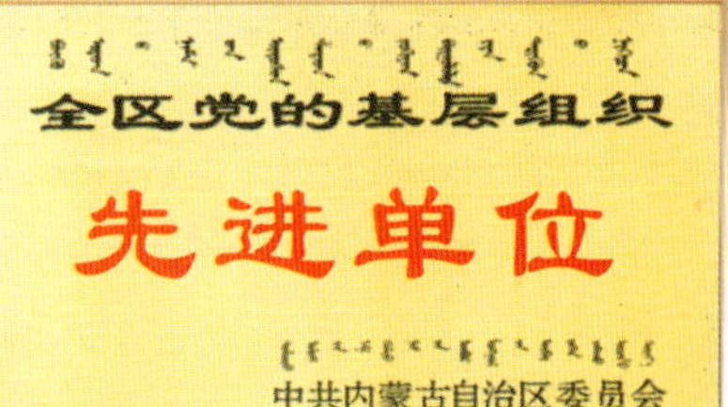

立足机关　服务社会是内蒙古政府机关印刷厂永恒不变的发展方向

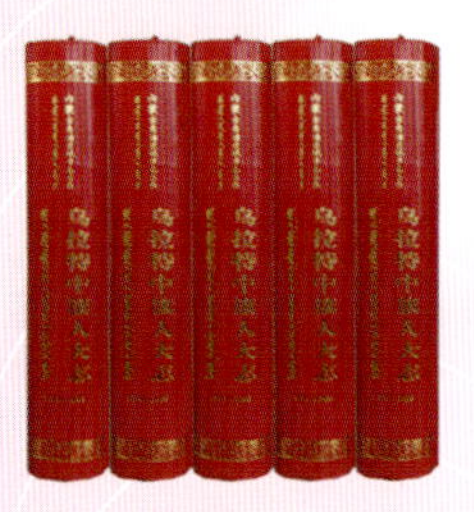

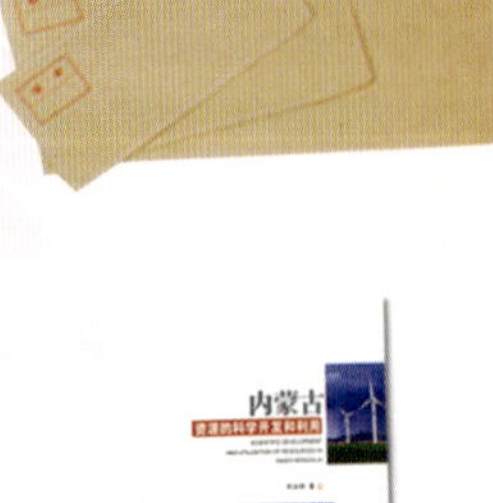

内蒙古自治区人民政府机关印刷厂（内蒙古政府办公厅文印中心）隶属于政府办公厅，是政府办公厅的正处级二级单位。政府机关印刷厂始建于 1948 年 5 月，建厂初期是一个人员少、设备简陋、印刷品单一的小厂。经过六十多年来的发展，目前已成为技术过硬、设备先进、产品多样及质量保证、拥有强大生产能力的自治区级书刊定点印刷单位，自治区行政事业单位定点印刷单位，国家保密载体定点复制单位，国家邮政局市场监管司批准的机要专用封装用品生产单位。

政府机关印刷厂始终坚持以搞好机关文印事业为根本，通过我们印制的文件、汇编、期刊来宣传党的各项基本路线和方针、政策，维护政府形象、保证政令畅通，已经成为我们神圣而义不容辞的责任。

多年来，通过强化服务意识，规范服务标准，细化服务流程，使印刷厂干部职工牢固树立为机关服务无小事，真正做到立足于机关，服务于机关。在完成政府机关文印任务的前提下，我们承揽二十多个委、办、厅、局的日常文印任务及出版社的大、中、小学的教课书印制任务。由于我们质量高、速度快、服务好、讲诚信，赢得客户的好评和信赖，获得了国家、自治区两级"诚信印刷企业"和"自治区五星级企业"、"文明经营单位"、"优秀印刷企业"等荣誉称号。我们印刷的蒙文"内蒙古妇女"获得北方地区优秀期刊奖，"乌拉特中旗年鉴"等30多种书获得部优和区优产品奖。

更新设备是印刷厂迎合市场形势，扩大知名度，提高印刷品质量的重要因素。现有设备：印前有激光照排、电脑分色、扫描、平面设计，蒙汉文书版 10.0、飞腾 4.1，彩喷打样机，双色一体机，复印机；印刷有 08 对开单面，02 对开双面，4 开四色、双色、单面胶印机，8 开单双色胶印机，名片机等；装订有骑马联动、自动配页，椭圆型胶订机，高速折页机，裁切刀，对开程控刀，对开单面刀，8 开单面刀，信封机，液压模切机，覆膜机等。

从 2000 年开始，小幅面单张胶印机受到数码印刷机的冲击后，我们陆续购置了四台单色数码机和一台彩色数码（其中柯尼卡 1050、奥西 K2110 型两台数码机安装在党政办公区文印室），充分发挥其短、平、快的性能，极大地满足了机关办公文印需求，方便了各处室工作。随着低碳经济时代的到来，节约能源、节约原材料、节约时间方面性能卓越的环保型设备必将成为我们今后更新改造设备的趋向。

印刷设备科技含量的提升，不断要求员工技术水平的提高，因此我们通过对现有技术人员进行学习、学习再学习，培训、培训再培训的方法，使印刷厂员工素质不断提高，结构不断优化。目前，印刷厂大专以上学历的有 41 人，占职工人数的 52%，其中有高级副译审一名，一级校对 1 名，会计师 2 名，助理工程师 1 名，高级技师 1 名，技师 29 名，占职工总人数的 50%；高级工、中级工 26 名，占职工总人数的 37%。我们的录入员和校对员曾在全国政府机关文印系统比赛中获得过录入个人第二、第四名，录入团体第三名，校对团体优胜奖的好成绩。

政府机关印刷厂的领导和全体干部职工以优质、高速、保密、安全、诚信的宗旨为政府，为机关，为社会服务将是我们永恒不变的发展方向。

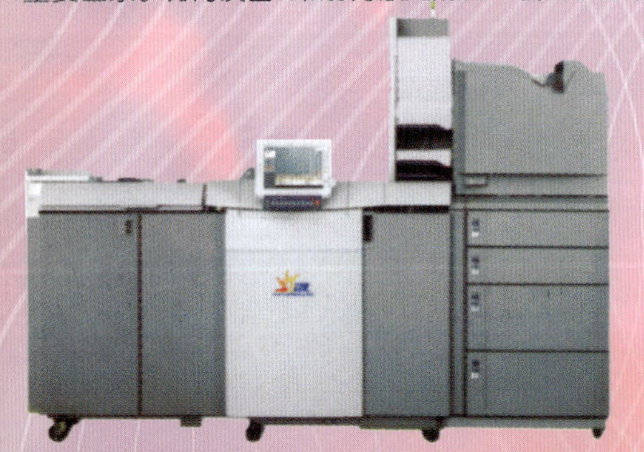

厂址：呼和浩特市新华大街 63 号院（原政府院内）　邮编：010055　电话：6945510、6964953
邮箱：nmzfwyzx@163.com

内蒙古教育出版社

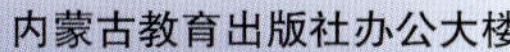

内蒙古教育出版社办公大楼

图书

信息化

内蒙古教育出版社创建于1960年4月25日，是一家以编译出版蒙汉文中小学各级各类教材为主要任务的专业出版社，是内蒙古自治区中小学教材供应基地，也是全国唯一的蒙古文教材建设基地。

内蒙古教育出版社以为基础教育、民族教育和社会主义精神文明建设服务为宗旨，始终把贯彻落实党的教育方针、出版方针放在第一位，编译出版了蒙、汉文教材图书数万种，建立健全了从幼儿园到中小学，从中等专业学校到高等院校以及各类成人教育、继续教育等完备的教材体系，为全国蒙古文教材及自治区的各类教材建设作出了突出贡献。

内教社人以“敬业、严谨、开拓、奉献”的精神，经过50年的努力，编译出版了蒙、汉、俄、日、英教材图书27000多种、蒙文期刊2种、汉文期刊1种，年出书品种近2000种，有400多种教材图书分别获得国家级、省部级和地区级等各种奖励，受到了广大师生的普遍赞誉和好评，也为民族文化大区建设做出了积极的贡献。

内蒙古教育出版社在市场变化和文化产业改革的形势下，面对严峻挑战和发展机遇，在传统产业链的基础上，突出信息化建设，实现了办公自动化和编辑手段现代化，并积极进行网站建设，同时以综合内容数据库为中心，围绕数字化出版、网络出版实现了传统出版业向数字技术为基础的现代出版业的升级。

内蒙古教育出版社现业务范围由传统的编、印、发扩展延伸至排版制版、印前制作、美术设计、印刷、数字按需印刷、图书批发零售、网上销售、录音录像、光盘磁带制作、大型数据库建设、网站建设、蒙古文数字软件开发、出版管理软件开发、酒店经营、资产经营、国外市场开发等多个领域。并在地方教材、校本教材、教辅图书、蒙古文学生用工具书、蒙汉英对照名词术语词典上形成了品牌和特色，确立了市场地位和优势。

建社50年来，内蒙古教育出版社基础设施建设已形成规模，目前占地258亩，拥有25600平方米的智能化综合大厦，3900平方米的现代化教材图书售后服务大楼，3400平方米的美术装潢及数字化制版大楼，28500平方米的住宅楼，4300平方米的库房，30000平方米的现代化书刊印刷基地，25000平方米的综合办公大楼。

知识改变命运，教育创造未来。内教社人正与时俱进，在改革中前进，在开拓中进取，在创新中发展，为教育事业再铸辉煌。

内蒙古爱信达教育印务有限责任公司

内蒙古日报印务中心

总经理郭明星

乌兰部长考察

外宾参观

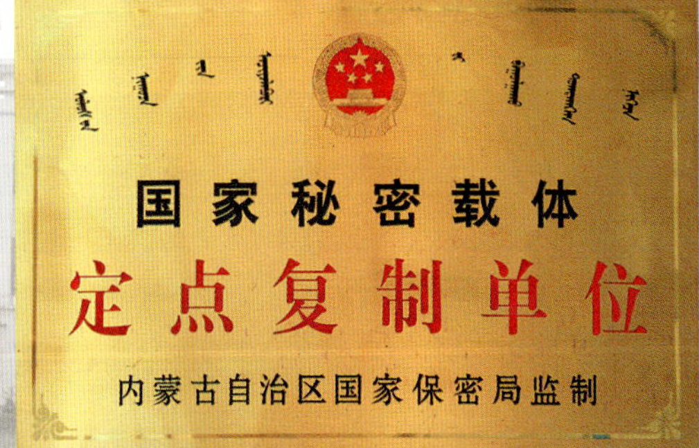

国家秘密载体定点复制单位牌匾

位于呼和浩特市金桥开发区的内蒙古日报印务中心(以下简称印务中心)隶属于内蒙古日报传媒集团，是一家有着60多年历史的印刷企业。经过半个多世纪的发展，印务中心已经成为内蒙古地区经济实力最强、技术设备最先进、生产规模最大的印刷企业。印务中心下设报纸印刷厂、北方印务公司、保密印刷厂、物资公司和包装印务公司五大子公司。《人民日报》、《参考消息》、《法制日报》、《经济日报》、《内蒙古日报》等中央和地方党报党刊都在印务中心印刷。在内蒙古地区颇有影响力的都市报《北方新报》、《内蒙古晨报》也由印务中心印刷。

印务中心多年来一直高度重视企业内部管理，不断强化企业内部的管理，创新管理方法，全面提升企业管理水平。2006年印务中心率先在内蒙古印刷行业中通过了ISO9001：2000国际质量管理体系认证。2007年， ERP电脑管理系统的推广使用使印务中心实现了管理、生产流程的数据化和电脑化。2008年 5S现场管理制度营造了愉悦舒适的办公环境和生产环境。质量管理体系认证、ERP系统和5S现场管理，标志着印务中心建立了一整套完善的现代企业管理制度。

进入21世纪以来，印务中心进入了快速发展时期。2000年，印务中心总产值仅仅为1000万元，2005年产值实现4500万元，2006年达到6000万元，2007年达到7600万元，到2008年总产值更是历史性地突破了1亿元，成为内蒙古日报传媒集团的支柱企业之一，为集团的发展，为内蒙古地区的出版印刷事业做出了巨大的贡献。

作为一家有重要社会影响力的企业，印务中心始终高度重视自身品牌形象建设，紧抓产品质量和客户服务工作，不断完善产品质量管理制度和客户服务制度，采取有效措施提高广大职工的质量意识和服务意识。印务中心代印的《人民日报》、《参考消息》、《法制日报》、《内蒙古日报》等报的印刷质量始终位列全国前列，多次被国家新闻出版总署和中国报业协会评为署优产品。印务中心强调自身的社会责任，始终坚持合法经营、文明经营和诚信经营，努力服务客户，造福社会，赢得了社会各界的广泛好评。1998年印务中心被内蒙古新闻出版局、内蒙报协评为全区“先进经营管理单位”，2003年获呼和浩特市印协和文化市场管理办公室授予的“科技进步先进单位”称号，2005年被内蒙古自治区印刷技术协会评为“内蒙古诚信印刷企业”，2006年分别被自治区印协、呼和浩特市印协授予“五星级印刷企业”称号和“企业发展进步奖”，2007年1月被中共呼市赛罕区委员会、赛罕区人民政府评为二○○六年度驻区社会“治安综合治理工作先进单位”，2008年被呼和浩特地区印刷协会评为“技术改造优秀奖”。 2009年6月印务中心党支部还被中共内蒙古自治区委员会组织部和中共内蒙古直属机关工作委员会授予“先进基层党组织”称号。近年来，印务中心与内蒙古大学、内蒙古工业大学、包头轻工职业学院等高校联手，着力将印务中心打造为高校的实践教学基地，积极接纳在校大学生到印务中心学习实践，为社会培养高素质人才。这些奖励和称号，表明印务中心在努力创造经济效益的同时也注重企业的社会效益，实现了社会效益和经济效益双丰收。

今后，印务中心还将坚持“与时俱进谋发展，科学管理出效益，优质高效求信誉，顾客至上臻完美”的质量方针，树立正确的经营理念，内抓管理，外树形象，为内蒙古的印刷行业的做大做强贡献自己应有的力量。

毛主席给内蒙古党委实践杂志的题字和复信

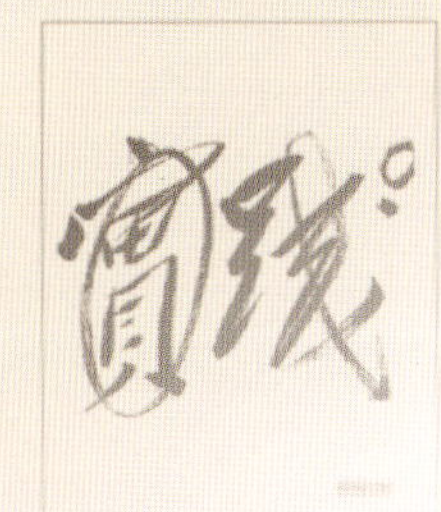

實踐

立足草原情 实践无止境

《实践》作为内蒙古自治区党委主办的机关刊物，是自治区党委指导全区工作的重要思想舆论工具，是党在全区思想理论、党的教育战线的重要阵地。刊物在宣传中坚持“三贴近”原则，坚持以科学的理论武装人，以正确的舆论引导人，以优秀的作品鼓舞人，在营造良好的舆论环境、推动自治区经济社会科学发展等方面，起到了很好的促进作用。

1958年6月，中共内蒙古自治区委员会根据党中央关于加强理论学习的指示和毛泽东同志关于创办理论刊物的提议，决定创办具有内蒙古自治区特点的理论刊物《实践》杂志。《实践》刊名为毛泽东主席题写，体现了党中央对内蒙古自治区思想理论建设和党的建设的关怀和鼓励。在《实践》杂志创刊之初，当时的自治区党委第一书记乌兰夫同志在《创刊号》撰写《代发刊词》，阐明了自治区党委创办这一刊物的意义、目的以及《实践》杂志的办刊宗旨和主要任务，体现了自治区党委对全区理论工作的高度重视。党的十一届三中全会以后，《实践》杂志围绕改革开放和建设有中国特色的社会主义主旋律，谱写出众多绚丽多彩的篇章，组织编发了大批质量较高的文章，赢得了上级部门和上级领导的赞誉，受到各级党组织和广大读者的好评。在党的民族理论和民族政策的宣传与研究方面，在刊物的宣传中不但占有很大比重，而且刊登的文章很有分量、很有价值，引起全国尤其是其它民族地区的关注。

2003年，内蒙古党委的另一个机关刊《党的教育》整建制划转实践杂志社。两刊整合有效拓展了《实践》杂志的宣传空间，由理论政策宣传为主扩展到党的建设的各个领域，宣传对象也更广泛深入地向基层延伸。

近些年来，《实践》杂志适应新形势、新任务，充分发挥了党的喉舌的功能和作用，为民族地区全面建设小康社会和社会主义现代化建设，营造了良好的和谐发展舆论环境。刊物宣传始终坚持中央倡导的“三贴近”的原则，根据读者的愿望和要求，切实改进文风，注重实用性、趣味性、可读性和互动性，一大批作品在全区、全国获奖，有的荣获自治区和全国“五个一工程”奖。《实践》杂志也连续多年荣获中国期刊方阵双效期刊、全国优秀社会科学期刊、华北地区优秀期刊、北方优秀期刊和自治区优秀期刊奖等。

气象服务再创新业绩

内蒙古自治区气象局局长　乌兰

气象防灾减灾服务效益显著 2009年，全区出现干旱、沙尘、寒潮、洪涝、雷电、冰雹、森林草原火灾等气象及衍生灾害，个别灾害达到20～50年一遇，呈现出多、重、广的特点。面对严峻形势，全区各级气象部门加强业务检查，完善预案体系，组织应急演练，为防灾减灾工作做好组织保障。同时，对重大天气过程作出较准确的预报、预测、预警，最大限度地避免或减少了气象灾害给各行各业造成的经济损失。

气候资源开发利用服务进一步推进向政府提交“国家主体功能区规划”、“自治区主体功能区规划”等修改建议和风能、太阳能资源详查评估报告。完成风电场选址保障业务系统和太阳能资源评估业务系统建设，启动风电功率预报研究。人影综合业务系统取得新进展。由政府购置的3架增雨飞机已投入使用。全区8架飞机累计作业145架次374小时，253部火箭作业1389次，发射火箭弹8844枚，677门高炮防雹作业710次，发射炮弹25798发，人影作业在抗旱、生态保护与建设、森林草原防扑火等工作中发挥了重要作用。

2009年全区气象工作得到中国气象局、各级党政部门、社会公众、服务单位认可。区局获得中国气象局目标管理综合考核优秀达标单位。各级党政领导多次听取专题汇报并给予充分肯定。各盟市政府、多家服务单位发来请奖函、感谢信。3个单位、4名同志受到省部级表彰。根据统计部门调查，社会公众对气象服务满意度达到90.1%。

2009年全区气象局长工作会议

巴彦淖尔市气象局技术人员帮助农民科学种田。

气象科技人员为建设风力发电塔进行现场服务

自治区气象局大型计算机组合柜

中国邮政储蓄银行内蒙古分行

邮储银行内蒙古分行与银联内蒙古分公司签订卡业务全面合作协议

工作会议

分行员工在"首届内蒙古金融业卓越理财团队评选活动"中取得佳绩

宣传

中国邮政储蓄银行内蒙古分行于2008年1月17日正式挂牌成立，从开办之初仅能办理储蓄、汇兑等基础业务，逐步发展到具有个人、公司、理财、外汇、资产等多项业务，服务功能日臻完善。储蓄规模不断增长，服务功能和经营水平不断增强，综合竞争能力不断提高，信息技术的运用和网络建设显著增强。

分行自成立以来，充分发挥自身优势，积极开拓为自治区经济社会发展人民群众服务的渠道，为自治区经济发展、金融服务业务服务水平的改善和方便人民群众生产生活等方面做出了积极的贡献。

一是以"优势互补、扩大合作、实现双赢"为目标，进一步加大与同业合作的深度与广度，针对政府投资和扶持重点，着重支持区内交通、煤炭、电网、电力设施建设等重大基础设施项目和农村、城镇基础设施建设，通过组建银团，发放银团贷款进行加大对符合国家导向的行业和项目的信贷支持力度，提高项目建设的参与度。

二是依托资金优势，全力支持中小企业、服务"三农"。截止到2009年底，我行小额贷款已在全区12个盟市及所有旗县全部开办，累计发放贷款32亿元，仅2009年就放款28亿元，存贷比例从零迅速上升为25%，累计放款量列全国第17位，支持的区内小企业达到3.2万户，小企业贷款占全部贷款总量的比重达到80%，成为全区针对小企业信贷服务覆盖面最广的一家银行。2010年3月，分行张少波行长荣膺"2009年度内蒙古十大经济人物"。

内蒙古分行全体员工始终扎根百姓、脚踏实地、蓄积进取精神，为建设实力强大、品牌卓越、和谐奋进的区内一流现代化商业银行而不懈努力。

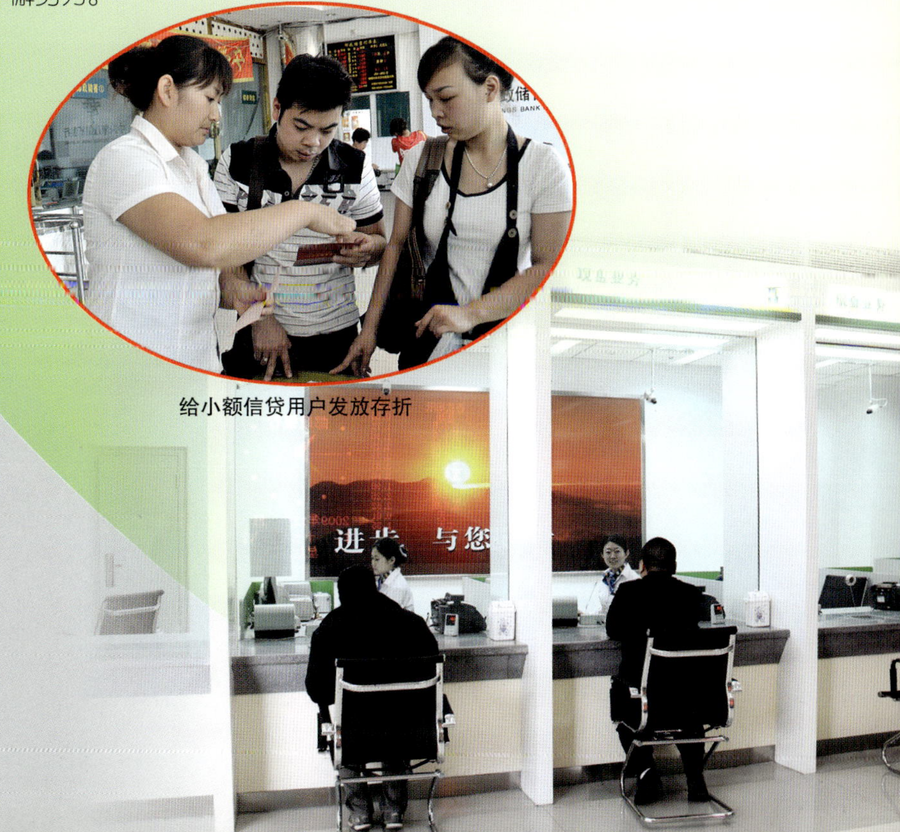

给小额信贷用户发放存折

认真履行央行职责
支持自治区经济又好又快发展

中国人民银行呼和浩特中心支行 赵志华

中国人民银行是中华人民共和国的中央银行。中国人民银行呼和浩特中心支行是中国人民银行的派出机构，承担着贯彻执行货币政策、维护地区金融稳定、提供金融服务和外汇管理职责。2009年，面对复杂多变的国际国内经济金融环境，中国人民银行呼和浩特中心支行认真贯彻落实国家的经济金融方针政策，开拓创新，结合自治区发展实际，积极探索在新形势下履行好基层央行职责的新思路、新方法、新举措，以优质高效的金融服务支持自治区经济又好又快发展。

一、不折不扣地贯彻落实适度宽松的货币政策，助推自治区经济平稳健康发展

国家实施适度宽松货币政策出台后，人民银行呼和浩特中心支行认真分析形势，立足地方经济金融实际，积极推进适度宽松货币政策的有效落实，发挥了货币政策在保增长、保民生、保稳定中的积极作用。

（一）加大信贷政策引导和窗口指导力度，积极推动金融机构信贷结构调整和服务水平的提高。按照人民银行总行积极发挥信贷政策的作用，引导金融机构用好新增信贷资金的总体要求，人民银行呼和浩特中心支行及时研究制定并下发了金融业支持“三农三牧”、改进对民营经济和中小企业金融服务、金融业支持产业结构调整等指导意见，引导金融机构坚持“区别对待、有保有压”信贷政策，科学把握信贷投放节奏和力度，重点加大对“三农”、中小企业、民营企业、第三产业的信贷支持力度，积极发挥了金融撬动自治区产业结构调整升级作用。截至2009年末全区金融机构人民币各项存款和贷款同比增长32.1%和38.97%，全年新增人民币贷款1784.2亿元，是2008年新增额的2倍。信贷的快速增长对自治区经济企稳回升起到了重要作用。同时积极推动信贷方式改进，在全区推广“信用协会+互助基金+风险补偿基金+农牧业保险+银行贷款”五位一体信贷运行新模式，努力寻找缓解农牧民“贷款难”的新途径，探索支持县域经济发展的新方式。2009年自治区金融机构累计向信用协会会员发放贷款2.6亿元，较好地缓解了制约农村牧区经济发展的资金“瓶颈”问题。继续推动小额贷款业务发展，加大对弱势群体信贷支持力度。稳步推进“小额贷款+创业培训+信用社区”长效联动机制建设，不断改进和完善对农民工、高校毕业生、零就业家庭的金融服务。2009年累计发放下岗失业人员小额担保贷款9.4亿元，同比多发放6.1亿元，增长2.9倍。积极协调和督促经办国家助学贷款的金融机构及时足额发放符合条件的国家助学贷款，鼓励金融机构发放生源地助学贷款，进一步扩大助学贷款发放范围。2009年累计发放助学贷款1.7亿元，共支持3.1万名贫困学生进入大学。

（二）积极发挥货币政策工具调节信用功能作用，增强金融机构服务能力。加强支农再贷款管理，确保支农再贷款放得出、收得回、有效益。2009年累计发放支农再贷款87.9亿元，有力地支持了自治区“三农三牧”经济的发展。灵活运用存款准备金政策，继续对涉农贷款比例较高的农村合作银行、农村信用社，执行比一般商业银行低的存款准备金率，2009年增加农村信用社可用资金35亿元，增强了农村金融机构对“三农”的信贷投放能力。稳步推行质押回购式再贴现业务，推动金融机构通过再贴现方式，加大对“三农”信贷投放和中小企业的资金支持力度。

（三）充分利用金融市场功能，加大企业融资力度。通过与自治区金融办联合举办短期融资券和中期票据业务推介座谈会等形式，积极推动发行短期融资券和中期票据。2009年自治区共有10家企业发行短期融资券66亿元，1家企业发行中期票据10亿元，增强了重点企业资金实力，支持了实体经济发展。

二、坚持金融支持经济发展与维护自身稳定并重，确保辖区金融平稳健康运行

维护金融稳定工作是人民银行职能调整以后一项新的重要工作。2009年人民银行呼和浩特中心支行立足新形势新任务，积极主动和创造性地开展工作，不断完善维护金融稳定体制机制，加大金融风险防控力度，维护了自治区金融稳定与安全。

（一）创新工作思路，构筑金融风险防范体系。在推动金融创新，提高服务水平，积极支持经济发展的同时，完善了自治区金融稳定协调机制，开展了金融机构突发事件应急预案演练，注重金融风险防控，做到了日常监督与深入实际监测相结合、系统金融评估与地方法人机构风险监测

相结合、风险预警与化解相结合、风险监测与金融调研相结合，运用定量评估方法对2008年内蒙古自治区金融稳定总体状况进行评估，全方位、多角度开展金融稳定工作，进一步提高了金融风险防范能力。

（二）以加强地方法人机构风险监测为重点，全力维护地区金融稳定。坚持“预防为主、积极应对、妥善解决”的方针，实施“属地监测+属地风险提示+全区风险排查、汇总、分析”的三级行共同参与的联动监测工作模式，把预防和化解风险关口前移，对法人金融机构提高风险意识、改善经营管理、降低经营风险起到了积极作用。2009年对16家法人金融机构进行风险提示30次（份），高度关注7起金融案件，并提出有效处置和化解风险的建议措施，较好地起到了预警作用。

（三）密切关注金融改革，继续推进农村信用社改革试点工作。进一步加强辖区2家政策性银行、各国有商业银行改制情况的跟踪调研，建立了从2002年至2008年内蒙古自治区农村合作金融机构经济金融数据库，密切监测农村合作金融机构经营状况和改革成效。加大专项中央银行票据兑付申请考核力度，稳步推进农村信用社改革。截至2009年末共对全区89家农村信用社兑付专项中央银行票据15.8亿元，占全区发行总额度的97%。农村信用社在产权改革、补偿资本、转换机制、提高质量、增强服务能力等方面取得了实质性进展，农村金融的主力军作用已充分显现。

三、扎实推进金融服务改革与创新，着力提高金融服务质量和水平

人民银行呼和浩特中心支行以提高金融服务质量和水平为抓手，在有效增强基层人民银行履行中央银行职责和促进地方经济发展方面想办法、下功夫，不断增强金融服务社会、服务经济的能力。

（一）加强支付结算基础设施建设，不断提高服务水平。 在加强现代化支付体系基础设施建设的同时，千方百计拓展农牧民工银行卡特色服务业务，延伸支付清算网络在农村、牧区的辐射范围，促进了农村牧区支付环境的改善。2009年内蒙古自治区农村信用社2286个网点及邮政储蓄银行440个网点开通了农牧民工银行卡业务，交易总金额3246.3万元。积极推动财政惠农惠牧补贴资金和城镇居民补贴“一卡通”业务。2009年全区财政补贴农牧民资金“一卡通”发放30.1亿元，惠及472万农牧户；城镇居民补贴“一卡通”发放130.3万元，惠及4089户居民。加强银行卡安全管理，推进自治区银行卡产业健康、快速发展。截至2009年末全区已累计发行银行卡2805万张，持卡消费450亿元，银行卡渗透率为22%。

（二）稳步推进货币发行管理改革，保障货币安全高效运行。认真做好发行基金调拨管理，保证发行基金合理供应。全年全区累计投放发行基金1336.4亿元、回笼1048.9亿元，净投放287.5亿元，同比增长11.5%。积极开展货币金银业务创新，实行回笼券集束包装入库模式，尝试开展硬币包装、清分、回收、调剂的管理，提高了回笼券入库效率和硬币管理水平。坚持打防并举，开展特色鲜明的反假货币宣传活动，全面推进“城市社区、农村牧区”两个反假货币宣传网络建设，全区反假宣传知晓率达到75%，同比提高3%。

（三）积极构建现代新型国库，不断提升国库公共服务功能。加强国库管理，切实防范国库资金风险。2009年全区共上划中央预算收入529.6亿元，办理自治区级预算收入入库1547.8亿元，办理自治区级财政库款支拨及财政集中支付清算资金1444.3亿元，发行国债25.3亿元，均做到了准确无误。积极推动自治区政府财税库银横向联网工作进程，呼和浩特市、包头市横向联网工程开始运行。及时启动国库应急预案，将自治区甲型H1N1流感防控资金257万元拨付到指定收款账户，保障了防控资金的及时有效使用，维护了群众的利益。

（四）加快信贷征信建设步伐，全面推进信用体系建设。加强对地方性金融机构征信系统数据质量实施有效监控，全区地方性金融机构企业征信系统数据上报通过率和个人征信系统数据上报入库率达到95%和99%以上，信贷征信系统数据质量进一步提高，应用范围不断扩大。截至2009年末企业系统共为全区11.8万户企业建立了信用档案，月均查询超过1.8万次；个人系统为990万个自然人建立了信用档案，月均查询量15.3万次。稳步推进农村征信体系建设，全区有1355个金融机构为225万农户建立了信用档案，对182万农户进行了信用等级评定，其中175万户获得贷款。目前征信系统在政府、金融、法院、企业等领域得到广泛应用，特别是在为金融机构防范风险、提供服务方面发挥了重要作用。继续加大非银行信息采集力度。截至2009年末共采集83.6万条住房公积金缴存账户信息，559户企业法院诉讼信息、企业环保执法行政信息和企业拖欠工资信息。积极征集中小企业信用信息，大力推进借款企业评级，推进企业信用体系建设。2009年全区共征集中小企业信用信息25123户，完成借款企业信用评级137户，有4178户企业取得银行授信、3289户企业获得银行融资。

（五）完善反洗钱工作体系建设，反洗钱工作取得较好成效。继续加强与检察院、海关、公安机关反洗钱合作力度，建立了中心支行与自治区人民检察院反洗钱协作机制，开通了“蒙冀辽”三省区三地市反洗钱信息交流网站，积极推进“黑蒙”三地县、“蒙陕晋”五县（旗）反洗钱合作机制建设，跨部门、跨省区反洗钱协调合作机制建设取得新突破。认真探索反洗钱非现场监管新模式。采取非现场监管质询、重点辅导、约谈高管等辅助监管手段，加强对金融机构的业务指导和政策传导，增强了金融机构开展反洗钱工作的自觉性和主动性。加大反洗钱调查和案件协查力度。按照可疑交易线索核查和报案程序，向公安机关报案3起，涉嫌案值9.8亿元。配合公安机关协查案件12起，案值15.7亿元。积极开展了“护航2009”反恐融资专项行动，密切监控跨区域可疑资金流动和跨境可疑外汇资金异常流动，关注国际“热钱”通过边境口岸出入境和国内地下钱庄与国外恐怖组织的关联，加大与口岸地区相关部门合作力度，2009年全区未发生一起涉恐资金案件。

四、认真做好“边”字文章，积极支持涉外经济健康发展

近年来，我区边境贸易总量超过了一般贸易，成为最主要的对外贸易形式。2009年，人民银行呼和浩特中心支行外汇管理部门从自治区实际出发，积极采取各种措施，不断促进和完善边境贸易外汇管理，强化服务职能，为自治区边境贸易发展提供了良好的外汇服务环境和强有力的政策支持。

（一）全面推广外汇金宏系统，提升国际收支统计分析水平。认真组织实施外汇金宏系统试点和上线的各项工作，确保辖内试点工作的顺利开展，目前全区14家银行已全部正式上线。加强结售汇统计现场核查，全区涉外收支申报率一直保持100%。

（二）改进外汇管理，便利企业进出口经营。采取切实措施，提高“来料加工收汇比例”，适当调整核销单发放比例，改进出口收汇联网核查管理，便利企业结汇，提高资金使用效率，支持企业扩大出口。积极开展可行性调研，经国家外汇管理局批准出台了边贸结算账户结售汇限额管理政策，解决了中蒙银行双边本币账户结算过程中形成的结售汇需求。不断拓宽边境地区银行跨境本外币结算渠道，积极申请开展跨境人民币结算试点。截至2009年末，自治区商业银行已与俄蒙21家商业银行建立了46个账户行关系，边贸银行结算渠道进一步畅通。

（三）寓管理于服务之中，积极推进投资贸易便利化。积极争取金融机构短期外债指标，帮助银行、企业解决融资难问题，2009年全区金融机构短期外债指标由2008年的120万美元调增至4000万美元。紧密联系实际，注重原则性与灵活性相结合，妥善解决了企业资本跨境运作、股权结构调整、境外B股回购等方面遇到的难题，保证企业对外贸易的顺利开展。

内蒙古分公司

中国银联内蒙古分公司总经理 戈 岚

自治区副主席布小林在北京金融博览会观看“银联惠农支付通”业务现场演示

中国银联内蒙古分公司与中国邮政储蓄银行内蒙古分行签署全面合作协议

推动银行卡受理市场规范，构建区内和谐受理环境

中国银联是经国务院同意，中国人民银行批准成立的中国银行卡联合组织，成立于2002年3月，总部位于上海。中国银联处于银行卡产业的核心和枢纽地位，对银行卡产业发展发挥基础性作用。各银行通过中国银联银行卡跨行交易清算系统，实现系统之间互联互通，进而实现银行卡跨银行、跨地区和跨境通用。中国银联建设和运营银行卡跨行交易清算系统，推广统一的银行卡标准规范，提供高效的跨行信息交换、清算数据处理、风险防范等基础服务，统一银行卡跨行技术标准和业务规范，形成银行卡产业资源共享机制和自律机制，促进市场主体之间业务联合、资源共享，推动银行卡产业集约化、规模化发展；同时联合商业银行，创建银行卡自主品牌，推动银行卡产业自主科学发展，维护国家经济、金融安全。银联受理网络覆盖全国范围，并延伸到境外90个国家和地区，银联自主品牌已成为国内普遍认可，国际具有影响力的银行卡品牌。

中国银联内蒙古分公司（以下简称内蒙银联）是中国银联在内蒙古自治区设立的分支机构，成立于2007年5月18日。在胡锦涛总书记视察中国银联提出的“不断扩大业务领域，提高服务水平，加快国际化进程，努力把‘银联’打造成为国际主要银行卡品牌，为我国经济社会发展做出更大贡献”的重要指示精神指引下，在自治区党委、政府及人民银行、银监局的重视和关怀下，内蒙银联致力于服务地方政府、服务地方特色经济、服务百姓和服务地方金融，打造内蒙古自治区银行卡网络服务“畅通工程”、公务卡“阳光工程”、公共支付“便民工程”、支持地方经济和特色企业“品牌工程”、银行卡知识“普及工程”，构建我区“银行卡跨行转接中心”、“银行卡数据分析中心”、“银行卡风险管理控制中心”，竭诚为全区人民提供优质、安全、高效的银行卡服务，让全区人民共享银行卡联网通用带来的便利。

热心公益事业，积极参与灾区捐款

2009年，经过内蒙银联的不懈努力，我区银行卡产业整体规模实现了超常规、跨越式的发展。截至2009年末，全区银行卡特约商户已达21103家，较上年同期增长114.06%；银行卡受理机具达33839台，较上年同期增长78%；银行卡存取现机具达3248台，较上年同期增加48.09%。当年实现银行卡跨行交易笔数和交易金额分别达到2582万笔和605.65亿元，较上年同期分别增长84.25%和124.83%，增长率在全国排名第2位。全区发卡机构达到15家，银行卡发行量累计达到3147万张，其中“62”字头银联标准卡累计发卡2418万张，已占全部银行卡发卡总量的76.8%。银行卡渗透率（即银行卡刷卡消费金额占社会消费品零售总额的比率）达到24%，提前一年完成《内蒙古银行卡产业五年规划（2006-2010）》中确定的主要目标。

银联员工走进农村推广“银联惠农支付通”业务

银行卡产业的发展有效地拉动了我区的居民消费，有力地促进我区的经济增长。2009年内蒙古银行卡产业发展拉动全区GDP增长近40亿元人民币；由于银行卡的使用节约了社会成本5.42亿元；银行卡产业的发展还培养了公众良好的支付习惯，提升了城市形象，提高了社会文明程度，推动了我区旅游城市的支付环境建设。银行卡已经影响到老百姓生活的方方面面。在内蒙银联不懈努力下，目前我区不仅实现了POS刷卡、ATM取现，也通过银联网络实现了互联网、手机、固定电话支付，今年下半年还将实现机顶盒、自助终端刷卡支付，我区老百姓“足不出户，实现支付”的理想正在变成现实。银行卡极大的方便了百姓的日常生活。银联推出的“惠农一卡通”、“农牧民工银行卡特色服务”业务以及“银联惠农支付通”的推广应用让广大农牧民也享受到了银联卡联网通用带来的便利。可以说，银行卡消费情况在一定程度上已经成为反映我区经济发展状况的“晴雨表”。

2009年用卡安全宣传活动

2009年内蒙银联从适应自治区银行卡产业飞速发展的需要出发，依托中国银联总公司第二代跨行交易清算系统，全面完善我区银行卡跨行服务网络，提升产业风险管理服务水平、数据挖掘和联合营销服务能力。银联控股子公司内蒙银联商务2009年在全区除阿拉善盟以外均设立了分支机构。目前，银联网络已覆盖我区所有盟市及旗县，一个横跨全区、支持城乡、服务三农、联通全国的安全、高效的自治区银行卡联网通用网络体系已建成，为不断提高我区银行卡支付服务水平打下坚实基础。

响应政策号召，助推经济健康快速发展
承担社会责任，开拓创新铸就辉煌业绩

——国家开发银行内蒙古自治区分行

2009年，国家开发银行内蒙古分行积极响应自治区党委、政府“保增长、扩内需、调结构、惠民生”号召，全面加大对自治区经济社会发展的金融支持力度；通过创新金融实践，有力地破解了政府热点、群众难点和社会瓶颈等领域的融资难题；主动承担社会责任，在积极应对金融危机给自治区经济社会带来的不利影响、促进经济继续保持健康快速发展的过程中，发挥了重要作用。

2009年，是国家开发银行内蒙古自治区分行实现跨越式发展的一年。截至2009年底，内蒙古分行管理资产余额达到1110亿元，增长31.6%，提前5个月完成年初制定的千亿行目标。表内外贷款发放595亿元，同比增长54.5%，其中表内发放437亿，同比增长91%。项目开发首次突破千亿，达到1103亿元，同比增长110%。评审承诺突破600亿元，达到692亿元，同比增103%。当期和累计回收率再次实现100%，连续10个季度保持了实际不良贷款率为零，连续5年保持高位运行。经营利润达到15.76亿元，人均利润首次突破1000万，达到1300万元。

2009年，是国家开发银行内蒙古分行金融创新成效最为显著的一年。内蒙古分行根据自治区经济社会发展实际，将政府的政治优势、组织优势与开发银行的融资优势相结合，在以融资推动解决自治区经济社会发展某一领域的筹资问题上做出重要尝试，开辟了以统贷模式快速高效地统一解决政府关注、百姓关心融资难点问题的新途径，对后续开展自治区基础设施领域的统一融资模式具有重要意义。

2009年，是国家开发银行内蒙古分行社会影响力全面提升的一年。先后获得了“全国五一劳动奖状”、“全系统小企业贷款业务先进集体、创新模式奖”、“自治区促进就业先进集体”；在人行呼和浩特中心支行“响应政策”三大项指标评价中均获得第一，在银监局评比全区中小企业贷款增量中排名第一年初以来，人民日报、中央电视台、内蒙古日报等主流媒体报道分行20多次，为历年来最多，社会影响力全面提升。

一、响应政策号召，加大对重点领域的信贷支持力度，创历史最好水平

2009年，为响应“保增长、扩内需、调结构”的政策号召，国家开发银行内蒙古分行加大了对自治区能源交通、公共基础设施、煤炭煤化工、装备制造业、农牧业等行业的支持力度，加快了自治区“农牧产业化、新型工业化、城镇化”的进程，在保障自治区应对国际金融危机冲击，实现主要经济指标继续保持在全国领先地位中发挥了重要作用。

（一）支持公共基础设施建设，全面提升城市化水平

2009年，开行累计向公共基础设施行业发放贷款229亿元，项目涵盖了城市供水、供热、垃圾处理、污水处理、城区道路等各个领域，覆盖了全区12个盟市40%以上的旗县区。分行贷款资金的先期进入，带动了社会资金投入基础设施建设，对建材业、冶金业、轻工业、制造业等产生强大的拉动作用，从而加快了城镇化进程，成为经济增长的不断推动力。

（二）支持能源交通基础设施建设，拉动经济快速增长

2009年，累计向赤峰-乌丹、巴彦浩特至银川、甘南-博克图等公路项目发放贷款193亿元，为2009年自治区300亿元公路投资贡献了重要力量；向铁路项目承诺贷款147亿并实现了部分发放，这是自2005年以来分行在铁路行业实现的首次评审承诺与贷款发放；向电源点、电网项目承诺贷款115亿元，发放贷款75亿元。这些能源交通基础设施的建成，将实现地区资源优势向经济优势的转化，成为拉动区域经济发展的增长点。

（三）支持煤炭煤化工等产业，助力能源基地建设

向神华煤制烯烃工程、伊泰煤基合成油一期工程、久泰甲醇二甲醚等煤化工项目发放人民币贷款37.6亿元和外汇贷款7047万美元；其中贷款支持的伊泰煤基合成油项目于去年正式投产，标志着我国具有完全自主知识产权的煤间接制油技术进入工业化生产示范阶段；承诺通过金煤化工年产20万吨煤制乙二醇项目6亿元，为自治区推动自主知识产权、提升产业升级的项目提供融资支持。

（四）支持装备制造等非资源型产业，促进产业结构调整和升级

2009年，累计向包头北重车身和车桥新建项目、欧意德10万台清洁型柴油发动机等装备制造项目发放人民币贷款3.92亿元；其中欧Ⅳ发动机及自动变速器项目，填补我国高端柴油发动机领域的空白；贷款支持的北方重工企业于去年7月成功挤出第一根合格的厚壁无缝钢管，标志着备受世人瞩目的360工程全面调试成功，项目突破了西方国家对我国的技术封锁，填补了国内该领域的技术空白。

（五）支持农牧产业化经营，把农牧产品生产优势转化为市场优势

2009年，分行累计向鄂尔多斯骑士牧场三千头奶牛养殖及万亩饲料基地、内蒙古大牧场食品公司年产1120吨食肉食品项目、内蒙古民丰薯业马铃薯种子工程等农牧产业累计投放贷款10.2亿元。这些项目的建成有力地推进了农村经济结构战略调整，实现了农业增效、农民增收和龙头企业实力增强。

二、落实自治区“十项民生工程”，全面推进基层金融业务，取得显著成效

（一）加强市县合作机制和平台建设，大力支持中小企业

2009年，开发银行着力构建市场化、可持续、多层次、能整合各方优势的基层金融业务融资体系， 推动完成53个旗县合作机制建设，组建投融资类、担保类、专业类、小额信贷类等39家合作机构，通过合作机构发放中小企业贷款13亿元，支持了覆盖自治区12个盟市 1.64万家中小企业、自然人和个体工商户，扩大了对中小企业贷款的支持力度

（二）开展全民创业促进以创业带动就业小额担保贷款

2009年，开发银行与自治区社会和劳动保障厅签署了《扶持全民创业促进以创业带动就业小额担保贷款合作协议》，确定未来三年发放15亿元小额担保贷款的目标。截至2009年11月底，开发银行累计向呼伦贝尔、通辽、兴安盟、集宁等盟市发放小额担保贷款3亿元，完成自治区全年发放任务的30%，直接支持创业个体工商户及劳动密集型小企业1.6万户，创造就业岗位6.3万个，支持了一大批“零就业”家庭、“4050”人员实现就业。

（三）开门办行，全面开展生源地助学贷款

2009年，国家开发银行内蒙古分行按照“开门办行”的思路，加强与自治区教育、财政、银监局等部门间的制度化合作，先后组织召开东、西片区12盟市、101个旗县学生资助管理中心的业务培训会，总计受训人员达到212名，推动建立学生资助管理中心93家，多方形成合力，社会化推动发放生源地助学贷款1.5亿元，支持呼和浩特等10个盟市93个旗县的28768名学生，得到了社会各界的广泛好评。

（四）开展应急贷款，支持自治区抗击自然灾害

面对2009年春秋两旱、雪灾等自然灾害，开发银行及时启动已覆盖全区12个盟市101个旗县区的应急贷款覆盖机制，第一时间向包头、巴彦淖尔、通辽、呼伦贝尔等地发放抗旱、雪灾等应急贷款共计2.28亿元，及时有效地帮助了受灾农牧民恢复生产，促进了农牧业平稳增收、农牧区和谐发展。

（五）大力开展教育、医疗、保障性住房工程

重点支持乌海、包头等棚户区改造和东胜区经济适用房等保障性安居工程，发放贷款66亿元；支持二连浩特国际语言学校、阿鲁科尔沁旗职业技术教育培训中心、兴安职业技术学院、乌兰察布市卫生学校等教育基础设施项目建设，发放贷款8.8亿元；支持翁牛特旗医院、赤峰市第二医院、海拉尔区医院等医疗基础设施建设，发放贷款5.21亿元。

三、创新融资模式，规划先行谋科学发展，破解重点领域融资难题

2009年，围绕国家和自治区“保增长、扩内需、调结构、惠民生”的宏观经济政策，国家开发银行内蒙古自治区分行创新融资模式，以统一贷款模式解决了内蒙古自治区污水处理设施、区廉租住房建设项目融资难题。

（一）融资模式创新的背景

按照国家节能减排工作的总体要求，到2010年内蒙古自治区全区化学需氧量（COD）排放总量需在2005年基础上削减6.7%，为完成自治区的减排目标，到“十一五”期末所有旗县政府所在地城镇需建有污水处理厂；而到2009年初，全区建成污水处理厂38座，仅占规划建设污水处理厂总数的33.9%，建设资金存在较大缺口。

廉租住房建设是切实解决城镇低收入家庭住房保障，改善民生的重要举措，2009年中央下达自治区新建廉租住房任务5万套，虽然国家将西部地区新建廉租住房项目中央投资补助标准提高到400元/平米，但是地方配套资金的严重不足仍制约着这一民生工程的顺利实施。时间紧、任务重，资金需求量大，自治区污水处理、廉租住房建设融资难题亟待破解。

（二）创新“规划先行、统筹考虑、综合授信”的融资理念

由于自治区污水处理、廉租住房建设项目多、覆盖范围广、进度不一致，银行资金难以在短时间内逐个项目完成审批授信，鉴于此，国家开发银行充分发挥规划先行的核心竞争力，大胆提出统筹考虑、综合授信的融资理念，即将全区污水处理、廉租住房建设项目分别作为一个大项目进行融资，对自治区级借款主体进行统一授信，一揽子解决全区12个盟市污水处理和廉租住房建设融资难题，为污水处理、廉租住房建设贷款全覆盖提供了开创性思路，这一理念得到自治区政府的高度认可并随即进入操作阶段。

（三)创新“统一评审、分项提款、委托代建、统贷统还”的融资模式

采用何种方式实现统一授信成为融资的又一难题，为实现这一目标，国家开发银行内蒙古分行创新性的提出“统一评审、分项提款、委托代建、统贷统还”的融资模式，建议搭建自治区级融资平台－内蒙古日信担保投资（集团）有限公司，平台与自治区财政厅、建设厅、发改委签订委托代建协议，以委托代建的模式运作全区污水处理、廉租住房建设项目。据此内蒙古分行以统贷模式向日信投资公司进行综合授信、发放贷款，贷款全部用于全区各盟市污水处理、廉租住房建设项目；还款由日信投资公司统一归集各子项目资金，统一还款。融资模式的创新突破性的打通了融资渠道。

（四）贷款适时顺利发放，影响深远成效显著

2009年7月，国家开发银行对全区污水处理、廉租住房建设项目通过授信审批。内蒙古自治区污水处理项目新建109个污水处理设施，覆盖全区12个盟市94个旗县区，可实现日处理污水157.43万m3。总投资83.14亿元，国家开发银行承诺贷款49.31亿元。

内蒙古自治区廉租住房建设项目在自治区12个盟市96个旗县区建设廉租住房51497套；总投资32.72亿元，国家开发银行承诺贷款19.78亿元。

2009年7月17日，全区污水处理项目实现首笔发放，10月21日，全区廉租住房项目发放第一笔贷款，截至2009年底，已向全区污水处理、廉租住房建设分别发放贷款12亿元、8亿元。

（五）项目影响广泛，示范意义深远。

内蒙古自治区污水处理、廉租住房建设项目覆盖范围广、社会影响大、实践成效快、示范效应强，是国家开发银行运用创新的金融理念和方法解决全区性城镇基础设施项目建设资金短缺的典型案例，基本实现了污水处理、廉租住房建设的全区覆盖。项目以创新的一揽子方式解决了自治区近期污水处理、廉租住房建设资金瓶颈制约问题，为全区节能减排和低收入住房建设任务的顺利完成提供了可靠的资金保障，是“自治区有史以来针对城市建设项目最多、数额最大的一次融资活动”。全区污水处理、廉租住房建设项目创造性提出了全区城镇基础设施建设项目统筹规划、统一融资的融资理念，成功搭建了第一个自治区级投融资平台，一举打通了全区公益类基础设施难点项目融资渠道，建立了城镇基础设施项目新的融资模式和机制，为后续全区城镇类项目融资提供了宝贵的经验。

四、响应“向北开放”战略，大力推进对蒙国际合作业务，取得实质进展

2006年初，国家开发银行站在国家发展和安全战略的全局高度，创造性地提出大力拓展国际合作业务这一蓝海领域，着眼长远，主动开辟海外市场。内蒙古分行及时贯彻总行党委号召，立足自治区“向北开放”发展实际，紧随国家战略，投棋布子，成立分行首个国际合作业务工作组——驻蒙工作组，积极开展对蒙国际合作业务。驻蒙工作组随即展开了对蒙古国政治、经济、法律、资源等国情调研，收集和分析大量的相关资料，对蒙古国开展信用评级工作。积极与我驻蒙大使馆、我驻蒙中资企业、蒙古财政部、蒙古中央银行等进行系列会谈，推动蒙方与中国政府、开发银行对接，开展合作。

国际金融危机爆发后，蒙古与我国合作的紧迫感空前增强，更加重视借鉴我国发展经验，更加看重我国的地位和作用，更加倚重我国市场、技术尤其是资金优势，这为开行进一步拓展蒙古合作业务提供了难得的历史机遇。

2009年1月，蒙古向中国政府提出30亿美元商业贷款融资需求。2009年2月27日，商务部等国家部委明确由开发银行牵头，以矿产能源项目为依托，按照市场化商业运作原则与蒙方就贷款问题进行协商。

2009年4月17日，国家开发银行与蒙古国财政部在中蒙两国总理的见证下，签署融资合作框架协议。6月25日，在中共中央政治局常委、中央纪委书记贺国强与蒙古国总理桑⊠巴雅尔共同见证下，分行马健行长与蒙古建设部部长巴特图拉嘎、中国建筑材料集团董事长宋志平签署《投资意向协议书》。这些事项加快了国内企业对蒙“走出去”进程，为融资推动中蒙矿产能源合作及边贸合作奠定了基础。

2009年是中国历经全球金融危机考验后经济企稳回升的一年，也是内蒙古自治区应对复杂形势摆脱阴影逆势发展的一年。这一年，国家开发银行内蒙古自治区分行与政府同舟共济、与企业同音共律、与同业同心协力，为创造强势发展、公平发展、可持续发展的内蒙古贡献了巨大的力量。这一年，也成为分行自成立以来发展最快的一年。2010年，国家开发银行内蒙古分行再接再厉、续写佳绩，为自治区经济社会的发展做出更大的贡献。

国家开发银行
内蒙古自治区分行

马健行长获自治区劳动模范荣誉称号

与自治区领导合影留念

2009年度全区促进就业先进单位

马健行长带领分行员工参观乌兰夫纪念馆

总行中小企业先进单位

国家开发银行内蒙古分行 呼和浩特市
政府签订开发性金融合作协议

陈元董事长来蒙考察

总行蒋超良行长视察分行

贷款支持高速公路项目

分行10周年行庆齐唱《草原上腾飞的开行》

国家开发银行内蒙古分行贷款支持伊敏电厂

发挥城乡联动优势
鼎力服务自治区富民强区战略

农行内蒙古分行党委书记、行长　许金超

全区农行2009年年初工作会议

2009年，农行内蒙古分行以党的十七大和十七届三中全会精神为指导，深入学习实践科学发展观，以“更新观念、严格管理、强化执行、加快发展”的总方针统领全行各项工作，切实解放思想，加快观念转变，坚持从严治行，防范经营风险，推进机制改革，统筹业务发展，抢抓发展机遇，提高经营效益，取得了又好又快的发展。特别是面对金融危机的冲击，全区农行坚定履行大型国有股份制商业银行的社会责任，始终立足于服务自治区经济社会发展的大局，牢牢把握自治区经济发展的特点，不断加大对自治区经济和社会发展的支持力度，全年累计发放贷款近600亿元，贷款增量超过200亿元，为自治区的富民强区发展战略做出了积极的贡献。

发挥城乡联动业务优势，积极履行国有商业银行社会责任

城乡二元的经营布局，是农业银行最大的行情；城乡联动的经营模式，是农业银行最大的优势。农行内蒙古分行顺应城乡经济双向融合的发展趋势，充分发挥我行横跨城乡两大市场的优势，利用好遍布城乡的网点和网络资源，坚持城市业务和“三农”业务并举，实现城乡业务联动，相辅相成、相互推进，促进了城乡业务持续、协调发展。

服务三农惠及万千农户。面向“三农”，是农业银行的使命和定位，实施“三农三牧”战略，是农业银行的核心内容和重要基础。让广大农牧民尽快富起来，是服务三农的根本目的，落实党中央的惠农政策，促进共同富裕，农业银行义不容辞，也大有作为。为此，2009年农行内蒙古分行紧密结合自治区农牧业、县域经济特色及资源优势，围绕现代“三农三牧”发展方向，以三农金融部改革为契机，以惠农卡为载体，以农户贷款为核心，以农牧业产业化龙头企业为依托，以县域中小企业为补充，全面实施县域“蓝海”市场发展战略，推进服务“三农”各项工作。全行确定了42个“三农”信贷业务重点县域，在业务授权、资源配置、绩效考评等方面实行差异化管理。突出重点区域和优势行业，重点围绕农牧业产业化龙头企业、农村牧区市场流通体系、中小企业产业集群、县域城镇化建设，加大自助设备在农村牧区的投放力度，不断扩大对农户信贷支持的覆盖面。到2009年末，全行涉农贷款余额302亿元，累计发放涉农贷款165亿元；共发放惠农卡43万多张，农户小额贷款余额10亿多元，惠及农户4.2万户；为伊利、蒙牛、鄂尔多斯羊绒集团等企业累计发放贷款近30亿元，对国家级龙头企业的金融服务覆盖面达到92%以上；累计发放农村公路、电网等基础设施建设贷款34亿多元，规模为近年来之最。

城市业务引领科学发展。在国际金融危机的大背景下，农行内蒙古分行坚定不移地贯彻落实国家和自治区保增长、调结构、扩内需、促改革、惠民生的政策举措，在有效控制风险的前提下，切实加大贷款营销与投放力度，在积极支持自治区经济发展的同时，实现了信贷结构的调整优化，抓住了国家扩大内需、拉动经济增长这一“危中之机”。我行以区域、行业信贷发展战略为核心，确立了以呼和浩特、包头、鄂尔多斯三个城市行为“龙头”，各盟市分行所在地中心城市行为重点的城市行业务经营转型机制，建立了3家“龙头行”定期联席会议制度，努力拓宽信息交流和资源共享渠道，发挥好城市行的辐射和带动作用。在区域上，明确以呼、包、鄂地区为重点，高度关注中东部地区新兴能源、矿产基地建设，确保优势地区信贷业务优先发展；在行业上，立足自治区资源优势和经济特点，加大对重点行业支持力度，择优支持了投资主体良好、项目手续齐全、符合国家行业和环保标准、经济效益和社会效益良好的重点项目，重点支持了以资源为依托的优势产业和特色产业，加大了对内蒙古电力、包钢、鄂尔多斯国投公司等优

质大客户的信贷投放力度。到2009年末，全行电力、煤炭、交通、城市基础设施、钢铁、有色金属等六个行业贷款余额434亿元。我行还积极关注自治区教育、卫生事业发展，为学校、医院等机构类客户提供全方位金融服务，累计发放学校、医院等机构事业法人类客户贷款近8亿元。

中小企业支持民生重点。中小企业是促进农牧业产业化的轻骑兵，是使农副产品直接转化增值的经济增长点。农行内蒙古分行积极落实信贷支持中小企业发展的各项政策，制定了小企业金融服务实施方案，在各级行建立了26家小企业金融服务中心和分中心、特色支行、专业支行，充实了小企业金融服务人员，构建了专业化的小企业金融服务平台。紧紧围绕中国银监会“六项机制”的要求，不断推进中小企业金融服务机制改革创新，出台了中小企业信贷业务管理办法，优化小企业信贷业务流程，为小企业量身订做特色产品、服务方案，推出了简式快速贷款、多户联保贷款、应收账款质押贷款等多种小企业融资产品。2009年，全区农行中小企业贷款比年初增加54亿元，增幅高于全行贷款增长率7个百分点；累计投放中小企业贷款161亿元，较年初增加54亿元。在缓解众多中小企业的资金难题同时，有效带动了地方经济发展和社会就业。

坚持城市和县域两大市场布局，鼎力服务自治区富民强区战略

展望2010年，我行将继续发挥农业银行在促进自治区城市和县域两大市场经济发展中的金融支持和服务作用，以科学发展观为指导，围绕3510发展战略目标，以提升企业价值为核心，以调整和优化结构为主线，以增强综合竞争力为目标，实施重点突破，促进稳健经营，强力推进全区农行城市行业务和“三农”金融业务，努力实现在促进全区经济社会平稳较快发展方面再上新的台阶。

以深化三农金融部改革为重点，努力提升县域金融市场支柱地位。为进一步促进我区农村金融的快速有效发展，今年我行将进一步加快三农金融部组织体系建设，通过推进县域支行改革发展，努力建立可持续发展体制和机制；以农户为重点，以惠农卡为载体，以农户小额贷款为推手，进一步推进农行金融工具和服务产品下乡，解决农户多层次的金融需求。积极探索、挖掘和创新农户小额贷款担保方式，解决农户小额贷款担保难的问题。借助龙头企业、经济强村、种养大户、供销合作社、专业协会等外部力量，快速扩大惠农卡的覆盖面，提升卡贷匹配率。同时积极拓展惠农信用卡、农村个人生产经营贷款、个人综合消费贷款、住房按揭贷款以及代理基金、“新农保”等业务，努力满足县域居民的多层次、多样化金融需求。年内确保完成惠农卡发卡70万张以上，授信8万户以上，新增农户小额贷款15亿元以上。到明年，发行金穗惠农卡要达到180万张以上，对农户的服务覆盖面要达到50%以上；其次，借助农业部与农总行签订战略合作协议的有利时机，认真落实对伊利、蒙牛、鲁花等农牧业产业化龙头企业的管理和服务，确保在支持农牧业产业化龙头企业发展方面取得新突破，对国家级和自治区级农牧业产业化龙头企业服务覆盖面分别达到90%和60%以上；对跨越城乡的骨干农资企业、农业部定点批发市场、商务部定点流通企业、全国千强镇的服务面要达到50％以上；认真落实地方政府及监管部门加快中小企业发展的有关意见，积极支持有市场、有销路、有效益、成长型的优质中小企业的发展，培育县域优质中小企业1500家；认真落实银监会关于推进空白乡镇金融服务的意见，科学合理地做好POS机具、转账电话的布放，加大非现金支付工具、新型电子支付工具的推广营销力度，在加快电话银行、手机银行、网上银行等新型支付工具的普及应用的同时，充分利用农牧区现有通信网络设施，自主或与专业化服务机构合作，开发面向广大农牧区、符合农牧民支付需要的电子支付产品，提高电子产品的使用效率。年内县域网点总量将保持稳定，服务三农的网点确保达到170个以上；投放到县域的自助设备不少于18000台，通过加强“三农三牧”金融服务渠道建设，努力推动全区农牧业、农牧区生产力水平的提高和农牧民收入水平的有效提高。

以大力发展城市行业务为突破，努力提升城市行的综合金融服务水平。围绕自治区政府推进呼包鄂经济一体化规划和促进优势特色产业升级、大力培育新兴产业发展等政策措施，我行将认真做好对经济和金融资源富集的重点地区、重点产业振兴、重大基础设施改造、企业技术改造、传统产业提升、战略性新兴产业培育和服务业发展的支持，积极介入绿色经济、循环经济、低碳经济产业。加快对总行与自治区政府战略合作协议项下具体项目的落实，在符合总行信贷政策指引要求并做好风险防控措施的前提下，集中精力拓展一大批优质客户和重点项目。同时积极加强与社保、部队、高校、医院、新闻媒体、广电等部门的联系，不断完善服务手段、改进服务质量。继续贯彻落实本外币一体化经营战略，完善国际业务经营管理体系，加速国际业务向城市领域进军。继续巩固满洲里、二连浩特分行边贸业务的优势地位，加强对俄、对蒙账户行合作，积极推广涉外担保和跨境贸易人民币结算产品。同时高度关注其他重点口岸的基础建设，把握商机，努力扩大边贸业务优势。大力调整优化现有网点布局，加快实施网点分类分级管理，大力推进网点分区服务，确保整体金融服务水平有明显提升。

以客户多元化的金融需求为核心，切实发挥各类金融产品的综合服务效能。在努力拓展常年财务顾问、中短期融资券、企业债发行顾问、对公理财等基础性金融业务的同时，进一步加强与优质保险公司、基金公司、证券公司和信托公司的合作，重点推动产业基金、私募基金等托管业务，积极开展农民养老金、新型农村合作医疗以及地方社保等各类资金的托管，以融资融券业务试点的启动为契机，为期货市场投资者做好金融服务。通过采取与银联商务公司合作等有效手段，努力拓展增量优质商户，提升商户收单业务市场份额，加快县域受理市场建设，做大做强信用卡消费和透支业务。优化现金类自助设备的布局和配置，加快推进重点城市行自助银行建设。丰富电子银行功能，积极拓展消息服务和电子支付，提高电子银行业务的分流能力和盈利能力。通过大力推行“银保通”系统，实现营销、操作、管理、监控功能的统一，不断提升对客户的综合金融服务能力。

中国农业银行

AGRICULTURAL BANK OF CHINA

内蒙古自治区分行

农行内蒙古分行党委书记、行长　许金超

中国农业银行股份有限公司内蒙古自治区分行自1979年7月恢复至今，历经30年的改革与发展，从一家功能单一的国有专业银行发展成为资金实力雄厚、服务功能齐全、员工队伍整齐、企业信誉卓著、经营效益良好的现代化国有股份制商业银行。现辖属13个二级分行、131个支行、598个营业机构，是唯一一家在全区所有101个旗县市区都设有分支机构的国有商业银行，所属员工12000余人。

作为一家面向“三农”、城乡联动、融入国际、综合经营的大型商业银行，农行内蒙古分行秉承“大行德广　伴您成长”的服务宗旨，立足城市和县域两大市场，充分发挥城乡联动优势，积极履行社会责任，情倾“三农”、惠助各业、服务万家，有力地支持了内蒙古经济建设和社会生活的发展，成为自治区一支重要的金融力量。

全区农行2009年年初工作会议

依托庞大的分支机构、电子化网络和金钥匙、金光道、金穗卡、金e顺、金益农“五金”多元化金融产品体系，农行内蒙古分行在对公业务、个人业务、卡业务以及电子银行业务等多领域为广大客户提供了集存、贷、汇等传统业务和新兴理财业务于一体的产品组合服务，为客户资产保值增值提供了新的工具和平台，已经成为全区范围内服务客户总量最多、网络覆盖最广、业务功能全面、服务品质优良的现代化全能型国有大型商业银行，荣获内蒙古自治区2009年百姓口碑金钻奖。

当前，在农业银行股份制改造新的起点上，农行内蒙古分行坚持“更新观念、严格管理、强化执行、加快发展”的工作方针，以全力促进“3510”发展战略的实现为目标，正在加快推进业务经营转型，全面实施精细化管理，全力推进“三农”金融业务和县域蓝海战略，巩固壮大城市业务，不断提升综合竞争实力，努力实现全区农行又好又快发展。

全区农行全面推进服务“三农”改革工作会议

农行内蒙古分行办公大楼

农行内蒙古分行许金超行长荣获“2009年第七届内蒙古十大经济年度人物”荣誉称号。图为许金超行长发表获奖感言

农行内蒙古分行行领导慰问时代领跑者—中华人民共和国成立60周年最具影响的劳动模范荣誉称号获得者、农行内蒙古分行营业部守押中心总经理智呼声同志

农行内蒙古分行召开银企合作促进会暨“大行德广 伴您成长 金钥匙春天行动”启动仪式

与内蒙古师范大学签订战略合作协议

农行苏尼特右旗支行客户经理在“垦博磊鑫”第四届骆驼文化节上宣传农业银行的金融产品

农行之声 新春音乐会

建设"平安和谐卓越"的内蒙古工行
为自治区经济社会快速发展再立新功

2008年7月29日，郝彬行长陪同中国工商银行杨凯生行长、刘立宪纪委书记拜会了自治区党委副书记、代主席巴特尔，双方就下一步银政合作相关事宜进行了交流

2010年1月13日，中国工商银行内蒙古自治区分行召开一届二次职工代表大会

2010年4月16日，中国工商银行内蒙古自治区分行召开全区二级分行行长座谈会，分析当前经营形势,研究部署下一阶段重点工作

2009年1月18日，中国工商银行内蒙古自治区分行与内蒙古自治区交通厅签署《300亿元金融合作框架协议》

中国工商银行是目前全球市值最大、赢利最高、存款最多的商业银行。工商银行内蒙古分行成立于1985年，现有各级经营机构442家，员工12380人，总资产1476亿元。内蒙工行成立25年来，在各级地方党政的亲切关怀和鼎立帮助下，在社会各界和广大客户的信任和支持下，通过几代工行人的艰苦创业和奋发图强，伴随着自治区经济社会的发展和腾飞，自身经历了从专业银行到国有商业银行、再到现代商业银行的辉煌历程，ICBC的卓越品牌形象深入人心，业已成为自治区服务手段最为先进、信息科技和网络技术最为领先、业务种类最为齐全、资金实力最为雄厚的商业银行。

上世纪90年代，由于承担了巨大的地方经济体制改革成本，内蒙工行自身经营陷入困境，不良资产率曾一度接近40%。进入新世纪，特别是2005年完成财务重组以来，内蒙工行科学统筹自身发展与有效支持地方经济社会快速发展的关系，正确处理拓展市场与控制风险的关系，坚持把解放思想和深化改革作为突破发展障碍的根本动力，坚持把转变发展方式作为可持续发展的根本途径，坚持把加快创新作为竞争发展的战略举措，坚持把加强管理作为实现健康发展的基础工程，坚持把加强党的建设和员工队伍建设作为改革发展顺利进行的重要保障，业务发展和综合改革取得了骄人的业绩，经营质态发生了明显改善。到2009年末，各项存款余额1381.55亿元，4年内增长了62%，各项贷款876.93亿元，4年内增长58.5%，中间业务收入6.07亿元，较05年增长2.72倍；4年来，人均存款、人均贷款分别增长1倍和4.58倍，人均拨备后利润、人均中间业务收入分别增长7.22倍和2.59倍；4年累计清收不良贷款近50亿元，不良贷款余额下降50%，不良率下降5.44个百分点，不良贷款率下降到1%左右的国际先进水平；在2006年结束连续13年账面亏损的基础上，2009年经营利润和经济增加值分别实现25.81亿元和12.90亿元。通过四年的艰苦创业，内蒙分行不但甩掉了经济体制转轨和粗放经营时期遗留的巨大历史包袱，而且为今后的升级发展奠定了坚实的思想基础、管理基础、物质基础和市场基础。

内蒙工行的改革发展历史，也是促进自治区经济和社会繁荣发展、推动建立良好地区金融生态环境的历史。多年来内蒙工行以支持地方经济建设和服务广大人民群众为已任，积极有效地履行对利益相关方、对促进社会与环境可持续发展所应承担的经济、法律、道德与慈善责任。在计划经济后期，我行在为广大城乡居民提供储蓄、结算等优质高效金融服务的同时，主动支持各级政府财政和工业企业，为全区煤炭、冶金、装备制造及商贸流通等领域的国有企业提供了大量资金，承担了近130亿元的国企改革成本，为国有经济的稳定发展做出了巨大贡献和牺牲。步入现代商业银行改革阶段以来，内蒙工行牢固树立“崇尚信誉、追求卓越、服务社会”的经营理念，从分销渠道、业务流程、IT系统、产品创新等环节持续改进产品和服务。建成了具有国际领先技术水平的数据集中和处理系统，以NOVA系统为核心搭建了多业务模块化运营平台，形成了覆盖全球的支付、结算和汇兑业务网络体系；创建了跨渠道、跨平台、标准统一的电子银行综合性金融服务渠道，在技术保障水平、产品供给能力以及支付安全方面达到了国内领先、国际一流；依托覆盖本外币资产负债业务、中间业务、投资银行业务等多系列700余种产品，为广大居民和企业客户提供综合理财、现金管理以及电子商务等综合化金融解决方案；通过网点柜面、自助银行、电子银行等一体化营销服务网络，竭诚为6万户法人客户和近千万个人客户提供全方位金融服务。自2008年以来，为应对国际金融危机对经济和企业带来的影响，内蒙工行积极履行大银行的社会责任，深入贯彻国家和自治区“保增长、促内需”的宏观政策，主动调整行业信贷政策，梳理优化融资审批流程，设立中小企业金融服务专营机构，全面加快信贷投放进度，两年来向城市基础设施、能源基础设施、交通运输、新农村建设以及广大中小企业累计投放各项贷款300多亿元。同时通过加大个人贷款投放规模有效刺激消费。在对符合条件的存量个人住房贷款执行七折利率的基础上，推出了首套住房利率七折、首付两成的优惠措施，同时进一步拓宽了个人经营性贷款、个人商用房贷款适用范围，新推出了个人房屋抵押贷款和个人商用车贷款，稳步推进个人信用贷款业务。两年来累计投放个人贷款110亿元，满足了广大居民多层次、多维度融资需求。

2009年6月3日，郝彬行长出席工商银行支持鄂尔多斯市精品移民小区及城市基础设施建设40亿元项目贷款启动签字仪式并致辞

2008年11月20日，郝彬行长在包头铝厂进行调研

2009年6月5日，郝彬行长深入华泰汽车公司了解企业生产情况

立足新起点，谋划新发展，实现新跨越。为实现自身竞争发展与自治区经济社会发展的协调同步，今后内蒙工行将依托自治区经济社会快速发展的优势，抓住西部大开发和振兴东北老工业基地战略深入实施的政策机遇，把科学发展观作为提升核心竞争力的重要推手，牢固树立敬业、进取、专业“三种精神”，主动增强市场营销、客户服务和风险管理“三种能力”，以结构调整、经营转型为着力点，努力提高可持续发展和市场竞争能力，全面建设“平安、和谐、卓越”的内蒙古分行。

在业务发展方面，把大产业、大项目作为资产业务升级发展的核心市场和主要目标，着眼煤炭、电力、煤化工等资源能源行业以及铁路、公路交通建设大型项目的龙头企业，全面提高服务产品供给能力，确保在这轮扩大内需中发展巩固一大批高端市场和优质客户。同时高度重视对新型融资需求的研究，加快对短期贷款用途、期限、利率和还款方式的创新组合，大力发展贸易融资业务。实现项目贷款、住房开发、票据、贸易融资、个人信贷业务的协调增长。

在结构调整方面，把中间业务、个人业务等低资本消耗型业务作为转变收入结构的战略着眼点，充分整合利用各种资源，加强资产负债业务、本外币业务联动，提高产品交叉销售能力，建立新型的大客户金融服务模式，做好公私理财、投资银行、国际业务、现金管理和企业年金等核心业务的深度开发，努力创建服务收入型银行。另一方面，把做大做强中小企业业务作为调整信贷结构、转变增长方式和可持续发展的战略选择，实现规模与结构相协调、发展与转型相统一。

在风险管理方面，把风险掌控能力作为业务发展的刚性约束，确保质量效益统筹兼顾、协调推进。在提高不良贷款精细化管理水平的基础上，深入完善全面风险管理体系，对各类业务和各项经营活动实行全过程监测考评，实施整体、全程和量化的贷款风险控制。进一步强化制度约束和内控管理，加快形成覆盖全行机构、全部业务和贯穿业务全过程的内控管理机制。

历史丰碑——辉煌的建设银行内蒙古分行

黄先俊行长荣获自治区和全国劳动模范

内蒙古分行被自治区消费者协会评选为质量服务双满意金融机构。图为内蒙古自治区政府副主席布小林(右)与区分行行长黄先俊(左)揭牌

内蒙古分行在内蒙古农业大学启动校园一卡通。图为内蒙古自治区副主席布小林（中）内蒙古分行行长黄先俊（左）内蒙古农业大学党委书记云荣布·扎木苏（右）共同开启“校园一卡通”

内蒙古分行与内蒙古自治区政府金融工作办公室签订促进中小企业融资金融合作框架协议。图为区分行行长黄先俊(右)与自治区金融办公室主任宋亮(左)签协议

建设银行内蒙古区分行是中国建设银行股份有限公司的一家一级分行。近年来，建设银行内蒙古区分行认真贯彻落实科学发展观，按照建设银行总行的发展战略和要求，紧密结合内蒙古自治区实际情况，在自治区各级党委政府、监管部门和广大客户及社会各界的大力支持下，努力实现让总行、地方党委政府、监管部门、客户、员工满意的“五个满意”工作目标，持续提高服务质量，不断创新金融产品，改革和发展取得了显著成就。

资产、存款、贷款超千亿，经营规模进一步扩大，市场份额继续提升，综合竞争实力、市场竞争和拓展能力明显增强。到2009年末，资产总额达1280.18亿元，比年初增加358.8亿元，增长38.94%；存款余额达1253.25亿元，比年初新增353.62亿元，增长39.31%。在地区同业四行中，我行全口径存款余额占比25.32%，比上年末提高了1.35个百分点；新增额占比29.59%，位居第一；贷款余额达1005.58亿元，比年初新增242.32亿元，增长31.75%，在地区同业四行中，贷款余额占比29.84%，继续保持第一。我行是区内唯一贷款超过千亿元的银行。

资产质量持续向好，继续领先地区同业，各类客户数量大幅增长，发展基础日益巩固，信贷风险防控能力、可持续发展能力明显增强。五级分类不良贷款额和不良贷款率继续双降。2009年末，不良贷款余额4.59亿元，比年初减少3.87亿元，不良率0.46%，比年初下降0.65个百分点，信贷资产质量在地区同业继续保持最好；全量个人客户总数达到360.8万户，剔除清理的38.8万户不动户，实际增加12.1万户。电子银行客户达到131.05万户，比年初新增69.92万户，增长114.38%，位居地区同业四行第一。

主要产品销售量大幅增长，品牌优势明显，市场营销能力明显增强。全年共销售个人理财产品125.7亿元，比2008年多销售30亿元，在地区同业四行中，销售量占比45.8%，销售收入占比达到74%。基金产品认购、申购额合计49亿元，比上年增加7.4亿元；在地区同业四行中，基金销售占比36.4%，排名第2位。个人黄金交易量达到9707公斤，交易金额20.54亿元；在地区同业四行中，全量黄金交易额占比达到35.7%，排名第二，其中个人实物黄金交易额占比第一。代理保险业务量和手续费收入分别实现3.6亿元和1504万元，收入增长率达到87%，增速排地区四行第一。代理国债销售20.58亿元，同比多销售14.62亿元，增长245%，在地区国债代销市场中占比68.4%，位居第一。

中间业务收入大幅增长，新兴产品贡献突出，经营效益稳步提升，资本回报水平进一步提高，创利能力、价值创造能力明显增强。全年实现中间业务净收入7.77亿元，同比增加2.31亿元，同比增长42.33%；继续位居地区四行第一；在地区同业四行16个可比产品中，我行理财产品、保函、承诺费、银团贷款、债券承销、财务顾问、销售黄金等7个产品的收入市场份额居第一，而且有绝对领先优势；全年实现账面利润27.82亿元，同比增加10.05亿元，同比增长56.56%，在地区同业四行占比31.16%，排名第一。

网点转型成效显现，战略性业务发展势头强劲，渠道竞争能力、长期盈利能力明显增强，2009年累计完成一代转型网点271个，二代转型网点22个；全年新增物理网点5个，跨城迁移网点4个，新增离行式自助银行53个，新增自助设备130台，目前已注册的自助设备1029台，位居同业第一。人民币对公结算账户新增5398户，个人结算账户新增1097230户，高校及医院基本结算户新增4户。电子银行交易量达2256万笔，比上年增长75.15%。个人贷款比年初新增36.14亿元，增长67.8%，委托性住房资金归集余额178.46亿元，比年初增长33.96%，新增市场占比72.87%，余额市场占比76.93%，均居地区同业四行第一。全年信用卡客户净新增98222户（含重点产品折算数），发卡存量达29.5万户；信用卡消费额43.6亿元，账户活动率57.68%，全年新增商户1100户，存量商户数达2606户。

完善各项工作措施，资金自给能力明显增强。继续深入开展了旺季营销、夏季营销、产品销售扫零、达标越级、“两金一汇”、客户推荐客户、秋季增存等主题活动，做到了“时时有主题，月月无淡季”；开展以“深化管理、精细经营、赢得客户”为主题，以“了解你的网点、了解你的产品、了解你的客户、了解你的流程”为主要措施的系列项目活动；始终把客户和结算账户拓展作为存款工作的重心，不断提升账户的活跃程度和客户的贡献度；加大了“民本通达”品牌业务推广力度，全区全日制本科高等院校中，有10所在我行开立基本结算账户，有4所与我行签订了《全面业务合作协议》和《“校园一卡通”建设合作协议》，医疗卫生行业客户有了突破性进展。

健全激励约束机制，员工工作的积极性和主动性明显增强。建立了以岗位为基础，全行统一的薪酬分配机制。新机制实现了薪酬分配保障有度、激励有力并向核心人才、一线及战略性业务倾斜的目的。在高度重视物质激励的同时，改进了激励方式，健全了奖励制度，拓展了激励手段。注重以非货币方式激励，发挥目标激励、工作激励、荣誉激励、情感激励等精神激励的作用。出台了优秀员工、优秀基层机构负责人、突出贡献等一系列奖励管理办法。激励广大员工以先进人物为榜样，立足本职，兢兢业业，锐意进取，开拓创新，为建设银行实现又好又快发展贡献自己的智慧和力量。

加强成本管理，不断细化财务管理措施，财务资源配置效力明显增强。完善了成本管理整体联动机制，强化了成本责任主体，明确成本开支责任。改进成本管理方法，加强成本定额和标准体系的建设，提高了预算执行的严肃性。推进主动负债管理。加强信贷成本管理，及时进行风险预警和控制，降低风险成本；强化了业务管理费管控措施，千方百计节约经常性费用，保证了全行刚性费用开支，推动了各项业务在“快车道”上迅速跃进。

强化基础管理和内部控制，继续保持“零”案件记录，案件防控能力明显增强。一是把2009年确定为“强化基础管理年”。在全辖区开展了以“强化基础管理，抓服务、讲合规、促发展”为主题的系列活动，在体制和机制、组织和流程、员工素质、执行力、运行支持系统、合规和风险文化建设等方面开展了扎实细致的工作。二是规范了基础工作，制定了《中国建设银行内蒙古区分行工作规则》等基础管理制度。三是进一步推进后台业务集中，有效释放营业网点营销服务能力。四是进一步规范业务运行管理，提升了会计和营运工作规范化、标准化和精细化水平。五是深入开展会计基础等级管理工作，加强对会计人员的考核和管理，对委派会计主管进行了聘任考核和轮岗。六是深入推进“平安建行”创建活动，持续加强安全隐患整治工作，“平安建行”创建达标率100%。七是坚持和完善案件查防工作联动机制，持续深入开展案件防控及整改工作，并对落实情况进行了重检和评估。八是进一步完善了安全营运与案件防控工作考核机制。九是建立了合规教育长效机制。采取“每周一课”、“每日合规一讲”、“基层合规建设大讨论”等形式，强化对员工的合规教育。

创新举措，不断完善全面风险管理机制，风险管理能力明显增强。一是强化风险限额管理，严守风险边界。运用信贷政策重检工具，在边界内调整客户结构，前瞻性地布局信贷业务。二是加强经济资本管理，积极引导各行主动调整结构，降低经济资本占用，提高资本回报水平。三是进一步完善了平行作业和项目评估制度，优化平行作业流程。四是进一步完善了信贷授信审批管理。细化了方案审批，强化了风险缓释措施；规范了授信审批权限管理，改进了审批方式。五是建立了新的贷后管理架构，完善了贷后管理工作机制。六是创新操作风险管理机制。整合了操作风险监督检查力量，加大了关键业务、关键流程、关键风险点的监控检查力度，并规范了检查和整改流程。七是全面推进业务持续性管理，增强了应急处置能力。八是建立了与业务发展相适应的市场风险管理架构，加强了市场风险研究分析和防范。

进一步加强员工队伍建设，不断提高员工队伍的素质，整体合力明显增强。以培养干部、带好队伍为主线，不断加强各级领导班子建设；进一步完善议事决策规则和程序，团结共事，形成了风正、气顺、心齐、劲足的良好局面；完善了干部考核管理机制，加强了后备人才队伍建设，建立了后备人才档案和培养机制；积极稳妥推进用工制度改革，优化员工队伍结构；进一步规范了劳动关系管理，防范用工风险。实施新一轮大规模员工教育培训，全年共举办培训项目64项91期，培训26420人次。完善了员工培训积分管理。开展了“送培训到基层”活动，提高了基层主动营销和客户服务能力。

全面加强党风廉政建设，切实加强信访维稳工作，大力营造和谐稳定发展环境，全员廉洁从业和合规守法意识、维护稳定的能力明显增强。认真贯彻落实中纪委和总行党委党风廉政建设的各项要求。继续实行党风廉政建设责任制。健全了惩治和预防腐败体系工作机制。持续推进行业作风建设；抓住学习教育、制度落实和监督等重点环节，不断增强领导人员的廉洁从业意识和自我约束能力；建立了领导人员任职前听取纪委意见的机制；加大对员工从业行为的管理和监督，进一步增强了员工合规守法意识。在全行范围内开展了员工签订“廉洁从业、合规操作”承诺书活动；转变工作思路，确保总行维稳工作要求落到实处。牢固树立“发展是第一要务，稳定是第一责任”，将信访维稳工作由“以稳控为主”转移到“稳控与帮扶、救助并重”上来。积极与自治区政府主管部门与地方主管部门协商沟通，密切配合，努力解决协解人员社保遗留问题，及时有效防范和化解非正常上访。从2008年起连续两年实现“零案件”和“无重大责任事故”；内部控制审计评价等级晋升一个台阶。

内蒙古分行党委书记行长黄先俊与内蒙古自治区教育厅厅长李东升签捐赠协议

内蒙古分行行长黄先俊向内蒙古自治区教育厅厅长李东生捐赠350万元奖（助）学金支票

内蒙古自治区副主席连辑与内蒙古分行行长黄先俊为建设银行成才计划奖揭牌.

充分发挥大型国有商业银行的实力和优势，始终支持国家和地方经济建设、社会发展、履行社会责任。近年来，建设银行内蒙古区分行，始终把支持国家和地方经济建设、社会发展、履行社会责任为己任，加大对自治区经济社会发展支持力度，认真贯彻落实国家宏观调控和保增长、保民生、保稳定的一系列政策措施，按照总行发展战略，加大对重点项目、优势项目、特色行业的信贷扶持，加大对中小企业、“三农”和个人住房金融业务的信贷投入力度，较好地实现了自身业务发展与支持自治区发展方式转变、与投资推动结构调整、与促进消费增长提高人民生活水平、与增加就业和改善民生、与自治区优势产业、与改善自治区经济发展中的“抓手”相结合的“六个结合”的发展思路。有力助推了自治区经济社会的发展。仅2009年，内蒙古区分行就新增贷款242亿元，增长幅度达到31%；其中，用于支持三农”项目贷款余额达56.99亿元，用于支持中小企业贷款新增51亿元，增长38%，余额达到181亿元，中小企业贷款投放取得了实质性的增长。对支持自治区优势产业链条的延伸，大幅提高自治区资源综合开发利用水平和就地加工转化率，提升产业整体效益水平，推动中小企业向“专、精、深、新”方向发展起到了重要作用。在支持自治区经济建设的同时，积极倡导公益事业，认真履行企业社会责任，努力推进和谐社会建设。先后持续开展了实施定点帮扶贫困苏木嘎查（乡、村）、资助贫困高中生、英模母亲、少数民族地区大学生成才等公益活动，累计捐款金额达到1200多万元，收到了良好的社会效益。

建设银行内蒙古区分行通过持续的提高金融服务水平，创新金融产品和支持国家、自治区经济社会发展，以及积极履行社会责任等一系列卓有成效的工作，得到了总行、自治区党委政府、监管部门、广大客户和社会各界的赞赏和肯定，先后荣获国家和自治区“中国诚信建设功勋单位”、“金融工作突出贡献奖”、“改革开放30年内蒙古先锋企业”、“内蒙古自治区诚信企业”、“质量服务双满意金融机构”、“内蒙古百姓口碑金奖单位”等荣誉称号。区分行党委书记、行长黄先俊同志先后获得“建设诚信内蒙古十大功臣”、内蒙古自治区劳动模范和全国劳动模范等荣誉称号。

建设银行内蒙古区分行将继续坚持“以客户为中心”的经营理念，认真贯彻落实党的十七届四中全会和中央经济工作会议精神，按照总行工作会议的统一部署，深入推进业务结构调整和发展方式转变，抓住自治区经济持续快速发展的有利时机，充分挖掘内外部潜力，提高发展的质量和效益，全面实现三年业务发展规划，为成为区域最大最好银行而努力奋斗。

内蒙古自治区农村信用社联合社

理事长　佟铁顺

自治区联社公开招聘部分旗县联社高管人员

佟铁顺理事长与诺贝尔和平奖获得者孟加拉格莱珉银行董事长尤努斯就开展技术合作亲切交谈(右二为佟铁顺理事长，左一为尤努斯)

蓬勃发展的内蒙古农村合作金融事业

内蒙古农村信用社成立于二十世纪50年代，是由农牧民、农村工商户和各类经济组织入股组成，为农民、农业和农村经济发展服务的地方性金融机构。目前，全区农村信用社共有机构网点2300多个，职工总数近2.5万人。内蒙古自治区农村信用社联合社成立于2005年8月20日，是由全区93家旗县农村合作金融机构入股组成，经自治区政府授权，履行对全区农村信用社的管理、指导、协调和服务职能，具有独立法人资格的地方性金融机构。

自治区联社成立以后，在自治区党委、政府的正确领导和有关部门的大力支持下，认真履行管理、指导、协调、服务职能，团结和带领全区农村信用社广大员工，奋力拼搏，锐意进取，形成了战略明晰、思想统一，改革深化、动力强劲，科技支撑、优势初显，员工干劲十足、渴望事业发展，外部环境向好、社会认知度不断提高的良好发展氛围。四年来，全区农村信用社资产、存款、贷款、利润分别以年均24%、31%、33%、91%的速度增长，其中存、贷款平均增速分别高于全国农村信用社10个百分点和11个百分点。到2009年底，资产总额和各项存款双双突破千亿元大关，资产总额达到1473亿元，比2005年增加836亿元，翻了一番还多，居全区金融机构第一位；存款、贷款余额达到1145亿元、755亿元,分别是2005年的2.9倍和3.1倍，占全区金融机构的14%和12%，均居第四位；实现利润24亿元，是2005年的13.3倍，四年共盈利48亿元，相当于前50多年盈利总额的两倍。不良贷款余额和占比分别是60.1亿元和8%，比开始实行贷款五级分类的2006年下降19.5亿元和11个百分点，在26家省级联社中分别居第6位和第8位；资本充足率、贷款损失准备充足率、拨备覆盖率分别比2006年提高 10个百分点、67个百分点和34个百分点，高于全国平均水平3个百分点、54个百分点和20个百分点，在26家省级联社中分别居第6位、第7位和第8位；四年共弥补历年亏损2.8亿元，在全国有历年亏损挂账的19个省份中，低于平均水平27亿元，居第4位。

自治区联社社员大会履行表决程序

自治区联社与鄂尔多斯市政府举行新农村新牧区建设合作协议签字仪式

自治区联社丰富的企业文化活动

我区农村信用社通过开展多种形式的企业文化活动，提升了企业凝聚力。图为全区农村信用社迎国庆“金牛杯”信合之声员工文艺晚会。

内蒙古银行党委书记、董事长　杨成林

内蒙古银行

内蒙古银行股份有限公司（简称内蒙古银行）是经中国银行业监督管理委员会批准的区域性股份制商业银行。注册资本15亿元，现辖1个直属营业部，包头、乌海、呼伦贝尔3家分行（两年内将在全区各盟市建立分支机构），20家支行，在呼和浩特市区共有60个营业网点。全行1000余名员工，其中本科以上学历占42%，中高级专业人员占18%。

十年砺剑，内蒙古银行在化解风险中成长，在激烈竞争中壮大，坚持“科学、稳健、安全”的经营原则，坚持“以利润为核心，以存款为基础，以质量为保证”的经营思想，把握信贷投放节奏和力度，强化风险管控，推进业务结构调整，拓展服务领域，充分发挥灵活多样的服务优势，形成了与百姓共富裕、与企业共繁荣、与社会共进步的多赢局面，为地方经济发展做出了应有的贡献。截止2009年末，总资产206亿元，是成立之初的17倍；各项存款余额176亿元，是成立之初的17.6倍；各项贷款余额109亿元，是成立之初的24倍；资本充足率17%，核心资本充足率16%，拨备覆盖率205%，不良贷款率2.2%；全年实现拨备前利润4.7亿元，净利润2.1亿元。

内蒙古银行小企业金融服务中心

十年发展，内蒙古银行不仅取得了显著的经济效益，也创造了良好的社会效益。作为企业的最高决策者，董事长杨成林同志更是一位有着远见卓识、充满开拓创新精神和富有独特经营管理理念的企业家，他认为，作为一个有责任心的人，不但要独善其身，更要兼济天下，最大限度地回报社会，作为一家金融企业，更应如此。多年来，杨

内蒙古银行干部员工踊跃为云南受灾地区捐款74250元

成林同志带领内蒙古银行以捐资助学、捐资义演、捐款、捐物等多种形式回报社会、奉献爱心。2010年4月，青海省玉树地区发生地震后，内蒙古银行积极响应党和国家的号召，捐助善款600万元，董事长杨成林说，伸出一只援手，就是握住一个生命，献出一份爱心，就能撑起一份希望，内蒙古银行时刻与祖国同呼吸共命运。内蒙古银行勇于担当和坚持履行社会责任的义举，赢得了广大客户和社会各界的一致认可和广泛赞誉。

“专注于心，高效于行”。内蒙古银行在自治区党委和政府的正确领导下，在人民银行、银监会的监管指导下，将继续提升核心竞争力和可持续发展能力，依托地区经济发展，发挥地缘、效率、机制优势，突出经营特色，努力打造民族金融品牌，建设一流的现代化银行，为社会各界提供更加方便、快捷、高效、优质的金融服务，为自治区经济又好又快发展做出新的贡献！

内蒙古银行开展植树造林活动

支持地方重点工程，呼市—武川公路

内蒙古银行总行办公大楼

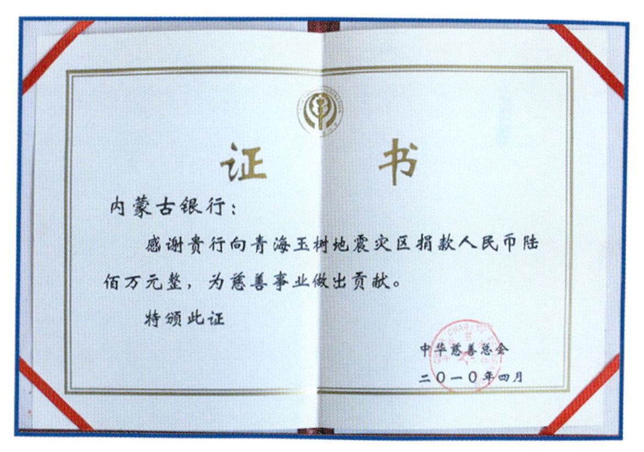

证 书

内蒙古银行：

感谢贵行向青海玉树地震灾区捐款人民币陆佰万元整，为慈善事业做出贡献。

特颁此证

中华慈善总会

二〇一〇年四月

内蒙古银行向青海玉树灾区捐款600万元，中华慈善总会特颁发证书

中国银行内蒙古分行

中国银行鄂尔多斯财富管理中心开业

鄂尔多斯政府合影留念

中行内蒙古分行为重点客户提供全方位金融服务

中国银行内蒙古分行员工欢庆七一

危机面前与客户共克时艰

2009年，面对金融危机影响，中国银行内蒙古分行审时度势，积极作为，全力支持企业走出困境。全年新增本外币贷款折合人民币达到320亿元，创历史新高。先后与呼包鄂等十个盟市政府签订了全面金融服务合作协议，投入200多亿元支持40余项地方基础设施建设项目，推动地方经济发展。

2009年，该行启动了104个网点的装修改造工作，在呼市、鄂尔多斯建成财富管理中心，成功引入“中银财富管理”服务品牌，为广大公司客户提供多形式融资、网上银行、企业年金、理财等各项新兴服务，多元服务为广大客户带来了全新的体验。

中行积极贯彻国家扩大内需的方针政策，实施个人客户差异化授信服务，2009年新增个人贷款超过42亿元，为老百姓住房、汽车“圆梦计划”提供包括咨询、贷款、保险在内的全方位服务。

在服务广大客户的同时，中行内蒙古分行积极履行企业公民的社会责任，2009年投入扶贫资金40万元，补贴100户贫困家庭购买基础母牛，通过实际项目帮贫困家庭脱贫；向贫困地区中小学生捐赠《名人名言软笔书法挂图》和《汉字硬笔书法字帖》，普及中华文化。

中行内蒙古分行良好的服务品质受到广大客户和社会公众的认可，荣获了2009年“内蒙古服务质量用户满意单位”、“内蒙古百姓口碑金奖单位”、“首府百姓最满意的国有商业银行品牌第一名”等称号。

中国人民银行阿拉善盟中心支行

人民银行阿拉善盟中心支行党委书记、行长 全江波

人民银行阿拉善盟中心支行领导班子成员检查保卫监控值班室

人民银行阿拉善盟中心支行办公大楼

中国人民银行阿拉善盟中心支行位于阿拉善左旗巴彦浩特镇额鲁特西路007号，下辖阿拉善右旗和额济纳旗两个支行，中心支行机关共设16个科室（部门），全行现有职工180人。

人民银行阿盟中心支行作为中国人民银行的派出机构，承担着“执行货币政策、维护金融稳定、提供金融服务”三大职能，同时履行推动辖区社会信用体系建设和管理辖区货币发行、支付结算、国库、反洗钱及外汇管理等多项工作职责。

在人民银行总行、天津分行、呼和浩特中心支行和自治区党委政府、阿盟盟委、行署的正确领导和大力支持下，人民银行阿盟中心支行认真贯彻执行党和国家的各项金融方针政策，维护辖区金融稳定，为促进阿盟经济社会又好又快发展提供了优质高效的金融服务。2009年末，全盟金融机构各项存款余额142.55亿元，比年初增加38.91亿元，增长37.5%；各项贷款余额159.12亿元，比年初增加51.92亿元，增长48.4%。1999年到2009年，人民银行阿盟中心支行累计投入支农再贷款32.1亿元，为阿盟新农村新牧区建设做出了应有的努力。

在为全盟经济建设保驾护航的同时，人民银行阿盟中心支行积极投入到阿拉善的各项社会公益事业中，据统计，从2000年至2009年底，全盟人行系统干部职工各类捐款累计50万元。同时积极致力于生态建设和环境保护，努力争取到人总行和天津分行的专项资金，建设了“人民银行青年林”、“阿拉善盟金融系统青年林”、“军银青年林”等12548亩，围栏封育植草固沙12100亩。

2007年，人民银行阿盟中心支行被人民银行总行授予“学习型组织标兵单位”，2008年，被全国总工会授予“全国金融系统学习型组织标兵单位”，2007年，被人民银行天津分行授予“文明单位”荣誉称号， 被自治区评为“金融服务标准化管理达标单位”，被阿盟盟委、行署授予“支持地方经济先进单位”。

人民银行阿拉善盟中心支行组织的歌咏比赛

中国人民财产保险公司内蒙古自治区分公司

中国人保财险内蒙古分公司党委书记、总经理　吴建林

2009年，中国人保财险内蒙古分公司以服务自治区经济社会发展大局为己任，紧紧围绕自治区“保增长、扩内需、调结构、惠民生”工作重点，积极发挥保险的经济补偿和社会管理职能，不断拓宽保险服务领域，提升保险保障能力和服务水平，为保障企业生产、安定人民生活、促进社会和谐做出了突出贡献,被评为“自治区级文明单位”，实现了企业经济效益与社会效益“两促进、双丰收”。

业务发展势头强劲，经营业绩再攀高峰。2009年，中国人保财险内蒙古分公司保费收入在2008年历史性突破25亿元，同比增幅21.2%的基础上，继续保持快速发展势头，去年年底，公司保费收入、实收保费双双突破30亿元大关，全区系统实现保费收入（含政策性农险）30.62亿元，公司发展又一次实现重大跨越。

积极服务民生，社会保障和经济补偿职能充分发挥。公司累计承担各类风险责任达10942.21亿元，为神华集团、包钢集团、电力系统、公路铁道、煤炭化工行业等众多大型企业和工程项目提供保险支持。累计处理各类赔案35.65万件，平均每个工作日处理赔案1698件；累计支付赔款14.10亿元，占内蒙古财险市场总赔款的43%，切实发挥了保险的补偿职能，为受损

公司与内蒙古自治区政府签订战略合作协议

中国人保财险内蒙古分公司冠名参加全区消防知识竞赛

中国人保财险内蒙古分公司为汶川地震缴纳特殊党费

公司举行“华诞中国人保欢歌”庆祝建司六十周年文艺晚会

企业、家庭及时恢复生产生活提供了有力支撑。

稳步发展农业保险，服务三农能力不断增强。认真贯彻执行各项农业保险政策要求，制定《科学发展农村保险指导意见》，围绕自治区农牧业产业化需求，积极发展种养两业保险。承保农作物面积达1332.6万亩，惠及农牧户75.39万户次；承保奶牛5.8万头，惠及农牧户0.89万户次；政策性能繁母猪保险累计承保生猪35万头次，占全区能繁母猪承保总数的87.32%以上，惠及农牧户11.96万户次，基本实现应保尽保，为调动养殖户积极性、保障生猪供应、稳定市场价格方面做出了较大贡献。在全区八个盟市独家开办了农村“治安保险”，共承保农牧区家庭50.96万户，并设立理赔“绿色通道”方便农牧民索赔，大大提高了农村牧区的安全防范能力和保障水平。

中国人保财险内蒙古分公司向巴彦淖尔市运通公司预付赔款100万元

加强服务创新，客户服务水平显著提升。深入推进理赔承诺服务活动，进一步优化理赔流程，精简理赔手续，推行“机动车‘一站式’索赔零手续”服务；完善全区施救网络，推行全国“异地出险、就地理赔”，开展同城赔款“通付”服务和理赔分中心建设，进一步加快理赔速度。同时，公司95518客户服务中心通过电话和短信形式对重要客户、各级政府部门和重要代理中介进行回访，短信回访52.6万条，电话回访24.8万人次，客户满意度达94%。

中国人保财险隆重举行2010年营销精英高峰会

坚持合规经营，风险管理能力切实提高。始终坚持依法合规经营理念，坚持“越发展越要规范经营，先规范经营再谋求发展”的原则，实现“在发展中不断规范，在规范中加快发展”的良性互动。同时，公司还充分发挥作为内蒙古保险行业协会会长单位的影响力和号召力，积极与监管部门、行业协会和业内其他主体积极协调沟通，共同探讨规范保险市场整体秩序的措施和办法，推进行业自律，努力营造良好的外部环境，引导和促进了市场秩序的好转。

中国人保财险内蒙古分公司展厅亮相内蒙古首届金融博览会

为客户提供周到、快速的理赔服务。图为查勘定损人员在为受损车辆核定损失项

公司开展形式多样的宣传活动

办事处在阿拉善盟与盟行署有关领导与部门负责人举行业务项目融资合作座谈会

中国华融资产管理公司呼和浩特办事处

办事处党委副书记、副总经理（主持全面工作） 孟玲虎

办事处副书记、副总经理孟玲虎与班子成员及部门负责人分别签订业务经营目标

办事处与中国工商银行内蒙古分行举行战略合作座谈会

办事处领导到阿拉善盟经济开发区考察

中国华融资产管理公司呼和浩特办事处，是中国华融资产管理公司在内蒙古自治区设立的分支机构，于2000年初筹建，同年4月26日挂牌成立，主要任务是收购、管理和处置金融机构的不良资产。

办事处现内部设有综合管理部、经营管理部、合规审查部和业务一、二、三、四部等七个职能部室。另设有业务审查、资产评估审查、财务审查、内部控制与风险管理四个专门委员会。

现有职员62人，其中：长期用工39人，短期从业人员23人。

2000年，我办首次收购工商银行内蒙古分行剥离的政策性不良资产1128户、金额83.03亿元，其中债转股11户，金额36.63亿元。划转表外利息10.3亿元。2005年，工行二次剥离财政部委托收购工行内蒙分行损失类资产。这次，我办共接收工行内蒙古分行损失类贷款和非信贷风险资产2550户金额51.83亿元。

经过近8年资产处置，政策性和财政委托不良债权资产处置已基本结束。

办事处对收购的不良贷款承继债权，依法合规行使债权主体权利，综合运用出售、置换、资产重组、债转股、证券化等方法对贷款及其抵押物进行处置；对债务人提供管理咨询、收购兼并、分立重组、等方面的服务，最大限度回收资产，减少损失，同时有效地支持了企业包括国有金融企业改革，为自治区经济发展做出了积极贡献。

根据国家对四家资产管理公司的发展政策取向，随着政策性资产处置任务的逐步完成，顺应向商业化转型的新形势，公司正在实施未来5年转型发展“三步走”战略：第一步，实施推进大客户战略，彻底走市场化路子；第二步，引进优秀的战略投资者，构建现代金融企业；第三步，择机改制上市，实现华融整体的跨越式发展。同时确定了以资产经营管理为主业，以投行业务为特色，资产经营、证券、金融租赁、信托、保险等全面发展的业务经营目标。

政策性及非政策性不良债权资产处置结束后，我办下一步的指导思想是认真学习贯彻十七大精神，以科学发展观为指导，以公司和公司业务发展平台为依托，积极推进办事处商业化转型，使办事处成为公司在内蒙古自治区开拓发展业务的一个重要分支机构，全力扩大业务经营规模，提高经营效益，继续为内蒙古经济建设作出应有的贡献。

办事处副总经理兼北方奔驰公司董事会副董事长孟玲虎深入生产车间进行考察调研

包商银行呼和浩特分行

呼和浩特分行首批微小企业贷款发放仪式

2010年1月22日呼和浩特分行正式开业

参加总行组织的2010年五四青年活动

包商银行于1998年12月成立，前身是包头市商业银行，是首家总部设在内蒙古自治区的全国性股份制商业银行。自成立以来，在各级党委、政府和监管部门的大力支持下，包商银行各项业务快速发展，资产规模和经营效益连年大幅度增长。目前，全行下辖赤峰、巴彦淖尔、通辽、鄂尔多斯、锡林郭勒、呼伦贝尔、呼和浩特、宁波、深圳、成都等10家异地分支机构。近年来，包商银行以“国际化”为标准，从“经营、管理、创新、企业文化、金融生态”五个方面入手，着力打造物质文明、制度文明和精神文明，同时重视并不断完善公司治理，主动学习国内外先进理念和技术，推进目标管理，设立首席官，推行事业部制，打造流程银行，创造性地开展小企业贷款工作，不断完善具有自身特色的企业文化，为繁荣地方经济做出了积极贡献。在《银行家》杂志2009年综合竞争力排名中列全国城市商业银行第7位，西部城商行第1位，在大型城商行中位列第5位。

2010年1月22日，包商银行呼和浩特分行正式开业，分行秉承“包容乃大、商赢天下”的核心理念，以“广大市民是基本客户，中小企业是核心客户，大型企业是高端客户”的市场定位，着力打造“没有不还款的客户，只有做不好的银行”、“只能我等客户，不能让客户等我”的信贷文化，为首府企业和广大市民提供全面的金融服务。

包商银行呼和浩特分行肩负总行重托，承载员工期望，面对社会责任。我们坚信，有各级党委、政府的大力支持和帮助，有人民银行和监管部门的正确指导和监督，富于开创精神的包商银行呼和浩特分行人，在未来的征程中必将以更加科学的经营理念、更加从容稳健的步伐，实现又好又快的发展，为首府经济社会的发展贡献自己的力量。

呼和浩特分行

兴业银行简介

行长　焦晓明

2010年2月9日，兴业银行呼和浩特分行党委书记、行长焦晓明在分行开业仪式上致辞

内蒙古自治区人民政府副主席布小林出席分行开业经典

兴业银行呼和浩特开业庆典

2010年6月9日焦晓明行长出席分行与内蒙古鼎新担保公司签约仪式并致辞

兴业银行成立于1988年8月，是经国务院、中国人民银行批准成立的首批股份制商业银行之一，总行设在福建省福州市，2007年2月5日正式在上海证券交易所挂牌上市（股票代码：601166），注册资本50亿元。

兴业银行主要业务经营范围包括：吸收公众存款；发放短期、中期和长期贷款；办理国内外结算；办理票据承兑与贴现；发行金融债券；代理发行、代理兑付、承销政府债券；买卖政府债券、金融债券；办理金融机构衍生产品交易业务(与股票和商品有关的衍生产品交易除外)；从事证券投资基金托管、全国社会保障基金托管业务；从事同业拆借；买卖、代理买卖外汇；结汇、售汇业务；从事银行卡业务；提供信用证服务及担保；代理收付款项；提供保管箱服务；经国务院银行业监督管理机构批准的其他业务。

开业二十多年来，兴业银行始终坚持与客户“同发展、共成长”和“服务源自真诚”的经营理念，致力于为客户提供全面、优质、高效的金融服务。截至2008年末，兴业银行资产总额为10208.99亿元，股东权益为490.22亿元，不良贷款比率为0.83%；全年累计实现税后利润113.85亿元。根据英国《银行家》杂志2008年7月发布的全球银行1000强排名，兴业银行按总资产排名列第124位，按一级资本排名147位。根据美国《福布斯》发布的2009全球上市公司2000强排名，兴业银行综合排名第389位，在307家上榜的全球银行中排名第62位。

截至2008年末，兴业银行已在北京、上海、广州、深圳、南京、杭州、天津、沈阳、郑州、济南、重庆、武汉、成都、西安、福州、厦门、太原、昆明、长沙、宁波、温州、义乌、台州、东莞、佛山、无锡、南昌、合肥、乌鲁木齐、大连、青岛、南宁、哈尔滨等全国主要城市设立了40家分行、441家分支机构；在上海、北京设有资金营运中心、信用卡中心、零售银行管理总部、资产托管部、银行合作服务中心、大型客户业务部和投资银行部等总行经营性机构，建立了网上银行“在线兴业”（www.cib.com.cn）、电话银行“95561”和手机银行“无线兴业”（wap.cib.com.cn），与全球1000多家银行建立了代理行关系。

截至2008年末，兴业银行前十大股东依次为：福建省财政厅、恒生银行有限公司、新政泰达投资有限公司、中粮集团有限公司、福建烟草海晟投资管理有限公司、国际金融公司、中国电子信息产业集团公司、上海上实（集团）有限公司、内蒙古西水创业股份有限公司、福建七匹狼集团有限公司。

兴业银行总行联系方式：
地址：福建省福州市湖东路154号（邮编：350003）
电话：(86)591-87839338 传真：(86)591-87841932

中国光大银行呼和浩特分行

——阳光在心 服务在行

中国光大集团董事长唐双宁、中国光大银行行长郭友在呼和浩特分行行长张翎的陪同下考察营业部

中国光大银行是光大集团的全资子公司，成立于1992年8月，总部设在北京，是经国务院批复并经人民银行批准设立的金融企业。中国光大银行自成立以来，坚持“以客户为中心，以市场为导向”的审慎经营理念，紧紧跟随中国经济金融业的改革发展历程，不断开拓创新，锐意进取，在为广大个人和社会提供优质金融服务的同时，取得了良好的经营业绩，在公司业务、资金业务、投行业务、理财业务、按揭业务等方面培育了比较竞争优势。2009年末，光大银行资产总额达到1.2万亿元，全年实现税后净利润76亿元，不良贷款率下降到1.25%，拨备覆盖率提升至195%，资本充足率保持在10%以上。

中国光大银行在全国23个省（市、自治区）45个主要经济中心城市设有30个一级分行426个营业网点，在香港设有1家代表处，从业人员1.7万人，其中大学本科毕业生占70%以上，形成了公司治理比较完善、股东背景实力雄厚、业务品牌形象突出、经营网络布局合理、风险管控能力不断增强，员工队伍综合素质较高、盈利水平大幅提升的有一定竞争力的全国性股份制商业银行。

中国光大银行呼和浩特分行营业部“阳光理财”服务专柜

光大银行在内蒙古的基本发展战略是抓住内蒙古新一轮经济增长机遇，发挥光大银行多元经营、特色产品、优质服务的竞争优势，在实现自身发展壮大的同时，有力支持内蒙古经济社会发展。

呼和浩特市忽降暴雨，光大银行呼和浩特分行营业部人性化服务，图为在伞架前，工作人员给顾客送上雨伞

呼和浩特分行将秉承光大银行“阳光在心、服务在行”的品牌理念，依托中国光大集团多元化经营、海内外一体的经营服务优势，以传统公司、个人金融业务为基础，以“阳光理财”系列产品为龙头，以投资银行、住房按揭、总对总工程机械按揭、汽车全程通、贸易融资与供应链融资、中小企业融资、全面代理财政支付、企业年金托管和管理等多方面产品与服务创新满足客户专属金融需求。同时，坚持经济效益与社会责任并重，在产品发行和推广中将感恩、大爱的慈善理念向广大客户传播。我们相信，在自治区党委、政府的关怀支持下，在总行党委的正确领导下，呼和浩特分行必将成为讲信用、负责任、产品丰富、服务优良，具备独特竞争优势的重要金融力量，为自治区经济社会建设做出应有的贡献。

顾客在光大银行呼和浩特分行营业部储蓄柜台前办理业务

光大银行呼和浩特分行营业部大堂经理正在给顾客讲解多功能电子回单柜系统的使用方法

内蒙古小额信贷协会

自治区金融办领导及协会领导左起：内蒙古小额信贷协会副会长云星光、内蒙古小额信贷协会监事长王杰、自治区金融办副主任李雅、自治区金融办主任宋亮、内蒙古小额信贷协会副会长乔玉华、自治区金融办副主任、内蒙古小额信贷协会会长李毅刚、内蒙古小额信贷协会副会长张俊

内蒙古小额信贷协会召开第一届第二次理事会

内蒙古小额信贷协会创立大会现场

开办全区小额贷款公司信贷员培训班

内蒙古小额信贷协会(Inner Mongolian Microfinance Association，英文缩写IMMA)成立于2009年7月22日，是全区性的小额信贷行业自律组织。会员由从事小额信贷业务或为小额信贷提供相关服务的机构或组织等组成。协会的业务活动接受内蒙古自治区金融工作办公室指导和监督，并接受内蒙古自治区民政厅的监督、管理。

内蒙古小额信贷协会提倡全心全意为会员服务、为小额贷款机构服务、为政府服务的价值观，围绕创办内蒙古自治区一流协会的目标，以“竭诚服务、不断创新、充满激情、追求卓越、群策群力、共同发展”的理念，把协会办成创新型、服务型、研究型、学习型的社会团体。

协会以开展行业自律、维护行业利益、提供会员服务、促进行业发展为宗旨。遵守国家宪法、法律、法规和经济金融方针政策，认真履行自律、维权、协调、服务、宣传职能。强化组织协调和服务水平，优化会员依法合规经营环境，维护会员合法权益，提高小额信贷从业人员素质，提升行业整体形象，促进小额信贷行业健康发展。

协会网址：http://www.imma-nmg.org/index.aspx

内蒙古东信小额贷款有限责任公司

东信小额贷款公司正在召开公司会议

业务经理正在热情接待来访客户

深入农户，积极支持三农发展

内蒙古东信小额贷款有限责任公司成立于2008年12月16日。由内蒙古东鸽实业集团有限公司、鄂尔多斯市东方路桥集团、内蒙古凯德伦泰投资有限公司等十几位投资人共同出资，经内蒙古自治区和呼和浩特市两级人民政府金融工作办公室批准，工商部门注册登记，依法成立的小额贷款公司,注册资金4亿元。

内蒙古东信小额贷款有限责任公司严格遵循国家金融方针和政策，在法律、法规允许的范围内办理抵押、质押、保证贷款、中间业务、资产租赁、信用担保和贴现等业务。该公司成立以来不断创新贷款产品、优惠贷款利率，在原有利率基础上（半年期月利率16.2‰，一年期月利率17.7‰，农牧民贷款月利率12.5‰），对优质客户实行下浮利率5%——15%，以优质、高效、安全、便捷的信贷服务为小企业、个体工商户、农牧民以及自然人解决融资之急。

一分耕耘，一分收获。内蒙古东信小额贷款有限责任公司在自治区、呼市两级政府金融办的大力支持下，在公司各位领导的正确带领下，公司经营业绩逐年攀升。2009年，公司累计放款7.3亿元，截止2010年上半年公司累计放款11.35亿元，其中向个人累放金额7.81亿；向企业累放金额3.54亿，发展至今没有形成一笔不良贷款。客户现已遍布建筑、餐饮、机械、农牧、服务等多个行业，满足了不同客户的贷款需求。2010年内蒙古东信小额贷款有限责任公司预计放款突破20亿，新的目标，新的希望，东信人将齐心协力，开拓创新，继续秉承“诚信、专业、创新、共赢”的经营理念，为地区经济建设做贡献，为客户提供更加优质、便捷的贷款服务，致力于将东信打造成具有核心竞争力，全国一流的小额贷款企业。

财富热线：0471——2300000
公司网址：www.nmgdongxin.com
公司地址：内蒙古呼和浩特市新城区昭乌达路11号
（奈伦办公楼三楼）

文化生活

朝气蓬勃、信心十足的东信人

内蒙古精储小额贷款有限责任公司

内蒙古精储小额贷款有限责任公司是经内蒙古自治区金融工作办公室批准成立的资本运作机构，主要开展农牧民、个体工商户和微小企业信用或担保贷款业务、中间业务、资产租赁业务、信用担保业务。

内蒙古精储小额贷款有限责任公司秉承诚信务实，开拓创新、稳健经营、持续发展的经营理念，遵循国家金融方针和政策，在法律、法规规定的范围内，开拓和延伸业务，逐步壮大企业实力。

为了更好地向客户提供优质服务，内蒙古精储小额贷款有限责任公司将根据自身的特点，不断加强企业制度建设，强化内部管理，提高服务水平，及时、便捷的满足客户的贷款需求，促进自治区微小经济主体的持续、健康发展。

2008年12月21日，第一届一次股东会议，确立公司章程、选举董事会成员、董事长、法定代表人、监事长等

2009年3月5日，呼和浩特市金融办领导莅临指导

2009年7月24日，与内蒙古润宇装饰城市场有限公司签订合作协议

联系地址：呼和浩特市赛罕区鄂尔多斯东街12号
银联大厦3层

联系电话：0471-3315666、3315111、3252886

传　　真：0471-3525855

邮　　箱：jingchuxedk@163.com

办公新址乔迁典礼

2009年11月26日，购买新办公楼并对办公楼进行装修装饰

和浩特市闽商小额贷款有限责任公司

2009年7月公司客户经理深入福建商会会员企业闽兴建材批发市场进行贷前调查。

内蒙古福建商会会员企业——闽兴建材批发市场

呼和浩特市闽商小额贷款有限责任公司办公区一角

在国家及内蒙古自治区小额贷款相关管理政策的指导下，在自治区各级金融办的大力支持下，内蒙古福建商会优质企业共同发起设立的呼和浩特市闽商小额贷款有限责任公司诞生了！

在这里，我谨代表公司董事长戴洪九、全体股东、全体员工向您送上我们的祝福和问候！

我们坚持“服务闽商、贡献社会、追求品质、行业领先”的经营宗旨，遵循政策，稳健经营，赢得您的信赖和社会的信誉是我们的责任所在。

我们依托福建商会，以服务闽籍驻蒙企业为主要客户目标，同时广泛营销社会优质客户，服务中小企业、个体工商户、农牧民及城镇居民。

在政策允许的范围内为他们提供小额贷款、资产租赁、中间业务和担保业务等服务。

我们以优质、高效、创新为服务标准，想您所想、及您所需，为您设计恰当的融资方式，我们将积极与各商业银行合作，依托其网络及产品优势，拓宽营销渠道，完善服务手段，让客户享受一流的专业服务品质。

公司坚持严格的内部治理和风险管理原则，规范内部控制体系，为实现长远经营目标、保证健康发展奠定良好的基础。

尊敬的客户，请相信我们，我们有福建人的勤劳和智慧，又有内蒙人的豪爽与忠诚，内蒙古已是我们的第二故乡，呼和浩特市闽商小额贷款公司将是您创业发展的忠实伙伴，让我们同心协力，共同创造内蒙古的美好明天！

2009年9月我公司接待由呼和浩特市金融办副主任王宣陪同的湖南省株洲市金融办小额贷款考察团。

2009年10月，我公司接待新疆克拉玛依市政府小额贷款考察团，内蒙古自治区金融办综合处申秀文处长和呼和浩特市金融办副土任王宣陪同考察。

内蒙古自治区残疾人联合会

内蒙古电视台手语新闻节目启动仪式杨志民理事长致辞

内蒙古电视台手语新闻节目启动仪式

中国残联副理事长孙先德在举重锦标赛开幕式上致辞

内蒙古自治区残联理事长杨志民赴基层调研

中国残联副理事长孙先德在举重锦标赛开幕式上致辞

内蒙古自治区残联理事长杨志民为残疾人培训中心的学员发放校服

内蒙古自治区残疾人联合会成立于1988年7月30日，是经国家法律确认，内蒙古自治区人民政府批准成立的，将残疾人自身代表组织、社会福利团体和事业管理机构融为一体的残疾人事业团体。具有“代表、服务、管理”职能。内蒙古自治区残联以弘扬人道主义，促进残疾人平等、充分参与社会生活，共享社会物质、文化成果为服务宗旨，代表残疾人共同利益，维护残疾人合法权益，开展各项业务和活动，直接为残疾人服务，承担政府委托的行政职能，发展和管理残疾人事业。在各级党委和政府的坚强领导下，在有关部门的密切配合和社会各界的大力支持下，内蒙古自治区残疾人事业不断发展，工作机构进一步健全，运作机制更加完善，工作和服务能力进一步提高。内蒙古自治区的残疾人工作者们始终秉承“人道、廉洁、服务、奉献”的理念，以“全心全意为残疾人服务”为己任，表现出了良好的职业道德和敬业精神。2009年2月，自治区党委、政府出台了《关于促进残疾人事业发展的实施意见》，就推进全区残疾人社会保障体系和服务体系建设提出了明确的要求，标志着自治区残疾人事业在新的起点上迈出了坚实的一步。内蒙古自治区残疾人联合会的最高权力机构是内蒙古自治区残疾人代表大会，每五年召开一次。2008年8月5日,内蒙古自治区召开了第五次残疾人代表大会.自治区政府副主席刘卓志任主席团主席，杨志民同志任执行理事会理事长，乔晓勇、张志新、冀育青同志任副理事长。

杨理事长与2009全国举重锦标赛获奖队员

启明行动内蒙古募捐晚会

内蒙古自治区残联举办爱国歌曲大家唱活动

中国残疾人联合会副主席、中国残疾人福利基金会理事长汤小泉、副理事长邢建绪、内蒙古自治区政府副主席刘卓志等领导共同启动内蒙古启明行动

内蒙古自治区律师协会

司法厅厅长徐呼和、副厅长律协党委书记岩英、副厅长王健与新当选的会长、副会长，监事会主席、副主席合影

司法厅厅长徐呼和在社会主义法治理念培训班上讲话

情系玉树

内蒙古自治区律师协会成立于1984年，是依法设立的社会团体法人，是自治区律师的自律性组织、依法对自治区律师执业机构和律师实施行业管理。自治区律师协会接受自治区司法厅、社会团体登记部门的监督和指导。自治区律师协会是中华全国律师协会的团体会员，接受中华全国律师协会的监督和指导。律师代表大会是律师协会的最高权利机构，理事会是律师代表大会的常设机构。现为第七届理事会，2009年由内蒙古自治区第七次律师代表大会选举产生，共有理事45名，常务理事25名，自治区律师协会会长巴布，副会长杨淑岚、邓连戈、靳要军，均为执业律师。自治区律师协会成立了律师协会党委和监事会。律师协会党委由自治区司法厅分管律师协会工作的副厅长、律公处处长、律师协会会长、监事会主席、秘书长、执业律师6人组成。自治区律师协会监事会由13人组成，监事会主席宋建中，副主席张伟建、曹克斌。律协党委和监事会为加强律师队伍党建工作，保障行业管理工作的顺利进行起到了重要作用。

自治区现有律师事务所262家，执业律师2798名。2009年，我区律师共办理刑事诉讼辩护及代理5937件，民事诉讼代理24070件，行政诉讼代理 1329 件，提供知识产权、房地产、公司业务、金融证券、期货、税务代理等各类非诉讼法律服务3822件，提供法律咨询及代写法律事务文书59843件，为各级政府、企事业单位、社会团体、公民个人担任法律顾问3058家，办理法律援助案件4442件，参与社会公益活动的律师达16197人次。今年以来，自治区律师协会的各项工作都有了新进展，受到了行业内外的充分肯定，为促进律师事业发展作出了贡献。

内蒙古巴运汽车运输有限责任公司

巴运公司董事长 高星明

内蒙古巴运汽车运输有限责任公司是自治区西部最大的运输企业，经营业务包括客运、物流（货运）、汽车销售、驾驶员培训、出租、旅游、汽车修理、保险代理、宾馆等，基本形成了以运为主、多种经营并举的发展格局。目前全公司客车、货车、出租车共有4800多台，从业人员10000多人,2009年实现利税总额6000多万元。巴运公司为国家一级物流企业、全国五A级物流企业，国家二级客运企业，荣膺全球华商交通行业500强、全国交通运输企业100强，2009年在全国百强诚信企业排名榜上名列第21位，被巴彦淖尔市评为“首届杰出企业”。巴运公司打造的“巴运情”服务商标被授予全国驰名商标、内蒙古交通运输第一服务品牌。

“巴运情”为中国驰名商标

巴运公司是巴彦淖尔市唯一具有长途客运、旅游出租、普货运输、危货运输、涉外运输、特种货物运输资质的综合运输企业。

客运线路遍及市内外及北京、天津、山东、河北、河南、宁夏、甘肃、陕西、山西、内蒙古等省区，形成了四通八达、迅速便利的客运运营网络。

依据GB/T19680-2005国家标准评估

内蒙古巴运汽车运输有限责任公司

CFLP

AAAAA

物流企业

核发号00320号

有效期限2008年11月~2010年11月

中国物流与采购联合会

巴运在全市各旗县设立物流分公司8个，在全国各大货物集散地设立货物配送站和信息服务中心30多个。近几年来，巴运公司投重资分别在临河、前旗、五原建立了共占地1200多亩的三大物流园区。这三个物流园区，集中了货运信息交易、停车理货、仓储配送、修理及配件销售、汽车新产品展销、驾驶员培训、生活服务等功能，将成为内蒙古西部地区占地面积最大的综合物流服务机构。

巴运公司在“立足巴彦淖尔，服务全国”发展宏愿的指引下，秉承“奉献社会，共创美好未来”的企业价值观，为发展地区交通事业，推动地方经济的蓬勃发展阔步前进。

巴运公司办公楼

呼和浩特市公共交通总公司

公司领导班子

总经理吕德育在公司一线安全检查、指导工作

新开通的公交线路、整装待发

为自治区成立60周年献礼

呼和浩特市公共交通总公司成立于1954年，是一个公益性的国有中型企业，现有员工4640人，营运车辆1622台，营运线路85条，线路长度1437.5公里，线网长度488.7公里，日均客运量72万人次，日均行驶里程31万公里。2009年全年实现总收入2.1亿元，总行驶里程达到1.2亿公里，总客运量达到4.2亿人次。总公司下设6个运营公司，一个出租汽车公司，一个公交保修厂，还有公交通和驾校，公交广告公司和印刷厂。

近年来，总公司先后被国家建设部评为“全国文明企业”，被中华全国总工会评为“全国模范职工之家”，被国家有关部委评为“中国企业诚信经营示范单位”，其中3路预备役文明号专线被中国人民解放军总参谋部总政治部评为“全国文明线路”，被中华全国总工会评为“全国巾帼建功示范岗”。总公司党委被自治区党委评为“全区道德建设先进单位”，“全区创建文明行业示范点”，“全区民族团结进步先进集体”，“全区双拥模范单位”，“自治区级文明单位”等。

多年来，呼市公交总公司以“乘客至上，服务第一”和“服务人民，奉献社会”为宗旨，借助国家优先发展大公交的东风，制定了“强化管理，务实基础，稳中求进，再创辉煌”的工作方针，深入学习实践科学发展观，以营运生产为中心，努力打造“公交优秀”，落实“公交优先”。一方面增车提速，注重公交场站等硬件基础设施建设；另一方面，不断强化服务理念，打造服务品牌，塑造企业形象，全面提升企业的经营管理和优质服务水平，努力为乘客提供“安全、快捷、方便、舒适和经济”的运营条件，进一步方便市民出行，充分发挥了首府公交的公益性职能，为首府经济社会发展做出了应有的贡献。

展望2010年，呼市公交总公司正在按照市委、政府的要求，努力打造首府一流公交企业，培育一流团队，努力为广大市民提供一流的服务。通过开展劳动竞赛和文明创建等一系列活动，不断提升服务质量，增强企业凝聚力，提高企业效益。目前，公交干群团结，齐心协力，以新的精神风貌，投入到企业各项工作当中，企业发展生机勃勃，企业面貌焕然一新，尽管在前进的道路上还会遇到各种各样的困难，但呼市公交总公司新一届领导班子决心紧紧抓住优先发展公交的大好机遇，朝着新的更高的目标迈进。

内蒙古体育彩票管理中心简介

内蒙古自治区体育彩票管理中心是内蒙古自治区体育局下属的自收自支型事业单位，负责在内蒙古自治区内中国体育彩票的发行销售管理工作。在全区12个盟市、两个计划单列市设立了分支管理站，建立了3000余个电脑体育彩票销售和750余个即开型体育彩票销售网点，直接提供就业岗位7000余个。彩票管理中心2007年通过ISO9001:2000质量管理体系认证，并连续数年被国家体育总局评为体育彩票销售优秀单位，2007在被内蒙地税局评为“诚信纳税企业”，2007、2008连续两年荣获“内蒙百姓口碑金奖单位”称号。初步形成了机构完善、管理高效、运行畅通的工作体系。

内蒙古自治区电脑型体育彩票于2002年5月18日开始发行。七年中，共有14种体彩玩法亮相内蒙古彩市，满足了广大彩民的各种需求。相继发行的数字型彩票有“七星彩”、“排列三”、“排列五”；乐透型“31选7”、“22选五”、“超级大乐透”、“生肖乐”；足球彩票有“胜负游戏”、“14场进球”、“9场进球”、“6场半胜负”；即开型彩票有“顶呱刮”；快速开奖游戏“泳坛夺金”以及“篮球彩票”玩法，各种玩法在体彩百花园中争相竞放、交相呼应，令内蒙古彩市异彩纷呈。

内蒙古自治区体育彩票管理中心遵循“公开、公平、公正”的发行原则和“取之于民、用之于民”的发行宗旨，截至2009年底共发行体育彩票44亿余元。其中，电脑型体育彩票35.4亿元，即开型体育彩票8.7亿元，筹集公益金近14亿元，有力地支持了内蒙占自治区体育事业和社会公益事业的发展。体育彩票公益除了用于奥运争光和全民健身计划的实施之外，还广泛地应用于我国残疾人事业、农村医疗救助、红十字人道主义救助、援助西部体育设施的“雪碳工程”建设、学生校外活动场所的建设、救助英雄遗孤和送文化下乡等诸多方面。

内蒙古体育彩票事业的发展，为内蒙古自治区经济发展和社会稳定做出了积极贡献。

内蒙古自治区体育彩票管理中心

务实奋进的内蒙古邮政公司

中国邮政集团公司李国华副总经理（右二）在内蒙古邮政公司王克俭总经理（左一）、凌志副总经理（左二）的陪同下，视察呼和浩特邮区中心局生产运行情况

2010年，在自治区党委、政府和中国邮政集团公司的正确领导下，内蒙古邮政努力克服宏观经济形势复杂、内外部市场环境多变带来的困难和影响，坚持狠抓发展不动摇，不断深化改革，努力争创业绩，积极融入地方经济，圆满完成了全年的各项工作任务，实现了经济效益和社会效益的双丰收。

全区邮政通过体制改革和机制创新，把握核心优势，积极发展邮务类业务；借助改革契机，快速发展速递物流类业务；抓住政策机遇，加快发展金融类业务。通过推动营销体系建设，积极开展项目营销、大客户营销活动，深入实施服务“三农”和中小企业战略工程，促进了邮政业务又好又快发展。全区邮政业务总收入完成15.5亿元（含邮储银行），收入绝对值全国排名第23位，完成集团公司下达预算的108%，超收绝对值1.11亿元，收入同比增长19.84%。

核心竞争能力得到提升，网路结构得到优化。从全力满足业务发展需要，积极支持速递物流专业化经营改革出发，组开了沈阳至通辽、赤峰至北京二频次的快速干线邮路，加快了通辽、赤峰省际特快邮件的出口速度；采取呼市至东部盟市航空运输包仓的方式，扩大了经济快递航空运输能力，促进了区域特快业务的发展。实施中心局内部信挂合台、平挂刷合台、业务交叉以及散件外走等作业方式，减少了运行成本，加快了邮件传递速度。信息化建设不断加快。完成了储蓄、代理保险物理大集中等30多个项目和系统的改造和新建，全区已上线运行的应用系统累计达到60余套，涉及三大板块类业务及经营管理的方方面面。初步建成了管理顺畅、职责到位、反应迅速、指挥有效的信息网运行维护体系，有力支撑了邮政业务的发展。

内蒙古邮政公司号召全体员工为青海玉树地震灾区献上一份爱心。图为王克俭总经理带头捐款

营投网建设取得新进展。紧紧抓住西部营业、投递网点改造的契机，新增营业网点5处，装修改造317处，对40处网点进行了电子化支局改造，使电子化支局达到795处，占自办网点比重达到81%。继续推进投递网建设达标和投递网优化工作，新增场地13处，改造场地12处，新增投递车辆175辆，新增信报箱5万格口，完成了144个县级以上投递部投递系统的上线，投递能力不断增强。

服务“三农”实现新突破

自治区政府在赤峰市组织召开了全区农村牧区邮政物流现场会，出台了《关于推动农村邮政物流发展的意见》，制定了发展农村牧区邮政物流业务的指导思想和目标，提出到2010年要初步建成“网络布局合理，双向流通高效，产品种类丰富，综合服务便利”的农村牧区邮政物流服务体系。将邮政正式纳入了自治区流通体系建设规划中，为邮政发展农村物流创造了良好的外部环境。此外，我们还积极参与“家电下乡”工程，通过整合仓储、运输、配送等资源，优化物流运作流程，搭建起农民与商家的联系纽带，一定程度上解决了商家物流配送成本高，农民购买家电运输不便的问题，受到了商家和农民的欢迎。目前，邮政农资品牌得到了广大农牧民的充分认可与肯定；邮政通过设立“三农”服务站、代办点、加盟店，还解决了一部分农村劳动力的就业问题。据统计，全区农村邮政物流配送网点已吸纳了1500多名农村劳动力就近创业和就业，增加了他们的有效收入。全区邮政服务“三农”的惠农效果已初步显现。

内蒙古邮政公司与人保财险、中国人寿、人民人寿、新华人寿、泰康人寿、中华财险等六家保险公司全面深化合作

同时，在自治区财政厅的大力支持下，邮政涉农资金“一卡通”代发业务成效明显，系统累计代发涉农资金105万户，代发金额6.9亿元，市场占有率达到20.7%，全区34个旗县争取到了涉农资金的代发资格。其中，乌海市邮政局争取到了全部代发资格，呼伦贝尔、通辽、鄂尔多斯等盟市局代发成效显著。邮政代发服务到位，把党中央的关怀迅速落实到农民手中。另外，代发涉农资金获取的400余万条农牧民数据库信息，也为代理金融、农资分销和数据库商函业务发展带来了巨大商机。通过积极整合业务资源，针对政府和相关企事业单位开展各种公关活动，有效促进了业务发展。

以“奋进、和谐”为主题的纪念改革开放30周年、邮政独立运营10周年、内蒙古邮政员工文艺演出

和谐企业氛围日益浓厚

学习实践科学发展观活动收到实效。区公司党组把贯彻落实自治区党委“保增长、惠民生、进百县、促落实”活动与企业自身实际结合起来，突出实践特色，落实整改方案，切实解决突出问题，促进了科学发展观活动的深入开展。区公司领导以“分组包片”的形式赴基层开展调研，指导工作，收到了较好成效；各盟市局党组把开展学习实践科学发展观活动作为一项重要的政治任务来加以落实，实现了“党员干部受教育、科学发展上水平、职工群众得实惠”的预期目标。

装饰一新的内蒙邮政11185客户服务中心

精神文明建设成绩斐然。一年来，我区邮政坚持以人为本，及时掌握改革发展关键时期广大干部员工的思想动态，把做好思想工作同化解矛盾和解决实际问题结合起来，深入开展学习先进模范，组织劳动竞赛活动，引导员工树立自强不息、拼搏奉献的创业精神，合力营造热爱邮政、和谐发展的企业氛围，全区邮政精神文明建设工作取得了优异成绩。区公司获得自治区“五一劳动奖状”称号，全区邮政共有6个单位荣获“自治区级文明单位”称号，有38个单位荣获“盟市级文明单位”称号。包头市昆区一分局光彩街支局荣获全国“工人先锋号”；巴彦淖尔市团结路支局、呼伦贝尔满洲里市五道街支局、呼和浩特市局投递中心麻花板投递部荣获自治区“工人先锋号”。

内蒙古通信管理局

内蒙古通信管理局党组书记、局长乌力吉荣获全国民族团结进步模范个人荣誉称号并受邀参加国庆60周年观礼活动

内蒙古通信管理局于2000年11月15日正式成立，是我区电信行业主管部门，实行工业和信息化部与自治区党委、政府双重领导、以工业和信息化部为主的管理体制，电信管理工作由工业和信息化部直接领导。

十年来，内蒙古通信管理局坚持“保护竞争、促进发展，依法行政、监管为民”的理念，全面履行经济调节、市场监管、社会管理和公共服务职能，为推动电信业发展改革、营造和谐的电信市场秩序和消费环境、服务自治区经济社会进步做出了积极贡献。截止2009年底，全区电话用户已经突破两千万大关达到2080.7万户，普及率达到86.2部/百人，位居西部第1位、全国第9位，分别超出西部19.9、全国5.3个百分点，有力提升了自治区经济社会发展环境和良好的外部形象。

内蒙古电信基础设施共建共享合作协议正式签署

十年来，内蒙古通信管理局坚持“内强素质，外树形象”，在全面履行政府职能的同时，高度重视和大力加强内部环境建设。积极开展“三创一落实”活动，从理论教育、组织建设、文明创建、反腐倡廉等方面入手，不断加强领导班子自身建设和干部队伍建设，机关内部形成了团结一致、干事创业的良好氛围，全局干部政治素质和业务技能进一步提高，电信监管能力得到有效提升，为做好电信监管工作奠定了良好基础，先后获得自治区 “文明机关”、“自治区直属机关党建工作先进厅局”和“全区民族团结进步模范集体”等光荣称号。

2010年3月12日，内蒙古电信行业纪念“3·15”消费者权益日

组织北疆一号应急演习,提高应急通信保障能力

2010年2月9日，全区电信行业工作会议召开

围绕电信日主题，引导青少年“文明上网、上文明网”

奋进中内蒙古农牧业科学院

内蒙古农牧业科学院领导班子

2010年，历经一个世纪的沧桑巨变，内蒙古农牧业科学院迎来了百年华诞。从其前身清末的归绥农林试验场（1910年），到今天的内蒙古农牧业科学院，几代农牧科技人不懈努力、奋发图强，开创了百年基业，实现了自治区农牧科技腾飞的世纪梦想。

新中国成立后，特别是改革开放30多年来，内蒙古农牧业科学院在自治区“科教兴区”战略指导下，以服务“三农三牧”为宗旨，以提升自主创新能力为手段，以发挥科技支撑作用为目的，适应建设新农村、新牧区的要求，围绕自治区农牧业主导产业，着力解决制约自治区农牧业发展的重大关键技术问题，积极开展基础研究、应用基础研究、应用研究，努力促进成果转化，为自治区农牧业高效、可持续发展做出了巨大的贡献。

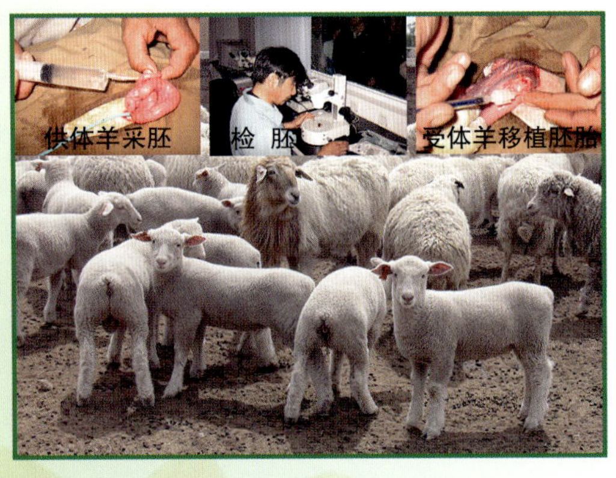

肉羊胚胎移植羔羊

全院内设8个职能处室，16个研究所，3个中心，1个杂志社，4个国家级研究中心，2个自治区重点实验室。现有在职职工736人，其中专业人员456人，研究员59人，副研究158人，博士44人，硕士88人，博士生导师3人，硕士生导师11人。获内蒙古杰出人才奖2人，乌兰夫基金奖2人，“新世纪百千万人才工程”国家级人选3人，自治区“321”人才工程人选22人，有突出贡献的中青年专家19人，享受国务院特殊津贴39人。

主要研究领域为农作物、畜牧兽医和草原。优势学科有小麦、玉米、油用向日葵、马铃薯、胡萝卜、旱作农业、肉牛、肉羊、绒毛用羊、动物营养、草原勘测设计规划。

经过多年努力，全院共主持和参与育成76个动植物新品种（其中农作物品种40个，动物品种28个，牧草品种8个）。提出10项农作物、畜牧、草原等重大新技术。获得国家省部级科技进步一等奖和全国农牧业丰收二等奖以科技成果27项，取得高产奶牛体细胞克隆技术应用等4项高新技术和5项生物技术最新研究成果。

超细型细毛羊育成羊群

“内葵杂三号”开花期后期

农麦2号麦穗

内蒙古自治区林业监测规划院

内蒙古自治区林业监测规划院院长滕晓光

内蒙古自治区林业监测规划院是一个具有农林行业、公路行业、建筑行业、市政公用行业的规划设计、工程勘察、工程咨询资质，以林业为主的大型综合调查规划设计院。可承担森林资源调查、荒漠化沙化土地监测、林业区划、林业调查规划设计、林业单项工程勘察设计等工作和森林资源监测、森林资源保护、森林资源评估、植被恢复、生态系统建设、碳汇机制造林、生物质能源、景观园林、生态建设工程监理、营林造林工程等林业建设规划设计工作。多年来，曾多次荣获国家优秀勘察设计质量奖、内蒙古自治区科技进步奖等殊荣。

全院现有森林资源调查中心、森林资源监测中心、规划设计一室（森林防火规划研究中心）、规划设计二、三、四室；计算机中心（内蒙古自治区森林资源信息中心）；景观园林规划室；森林资源资产评估中心；生态监理室；复制室等11个业务科室。现有在职职工72人，其中工程技术人员9人，具有高级职称24人，其中教授级高级工程师14人，中级职称28人。专业配套齐全，技术力量雄厚，技术装备先进。全院已实现计算机网络化，计算机辅助设计已达100%，3S技术应用率达到95%以上，基本实现了设计手段现代化。

沙尘暴监测

荒漠化、沙化土地监测

深林资源调查

内蒙古自治区城市规划市政设计研究院

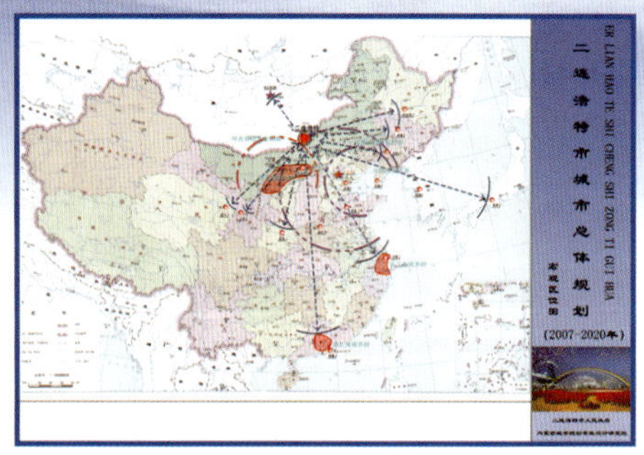

规划城市将向西发展，在西环路以西形成新区。新区路网仍为方格网式，逐渐调整为正南北东西向。在新华街西城中心区形成整个城市中心区，以现代商贸信息服务业为主，成为城市未来标志性城区之一。

从空间结构上，二连浩特市将形成“主轴南北、中心正向、新旧连接、四通八达、一个口岸、三个节点”的城市结构形态，其中三个节点分别为联检区、火车站和商贸中心区。规划城区将形成工业产业区、铁路产业区、国际物流区、商贸中心区、生活服务区和远景发展区六个功能区。

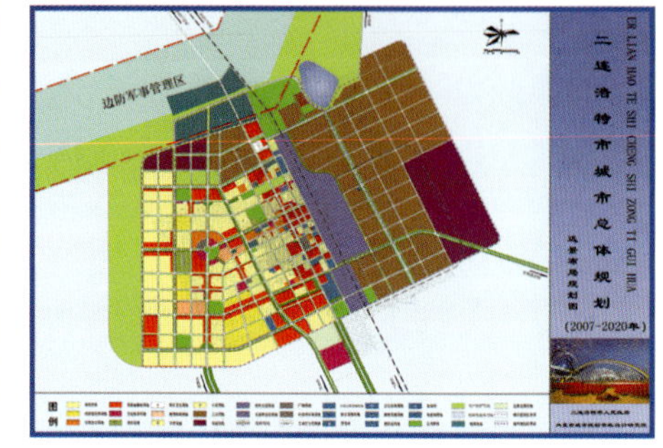

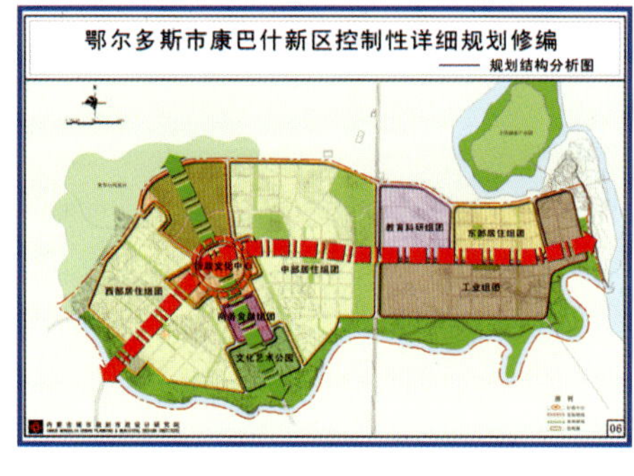

规划技术路线：加强城市功能培育，从源头上提升和完善城市功能，形成鄂尔多斯市的政治、文化、金融、科研教育中心和汽车制造业基地。构建商贸物流、金融保险、旅游会展、总部经济、电子商务、信息交流、汽车制造协调发展的城市经济格局。适当提高容积率，增加建筑高度，加大建筑退红线距离，降低建筑密度，并调整部分地块用地性质，改善城市空间形态。

空间发展结构：规划康巴什新区空间布局为“一心、两轴、两片、七组团”。

“一心”：由创业大厦及会展中心、民族剧院、博物馆、图书馆、文化艺术中心等公共设施组成的行政文化中心。

“两轴”：贯穿青春山和乌兰木伦河南北向的中心轴线和鄂尔多斯大道东西向连接的发展轴线。

“两片”：由景观大道将康巴什新区分为综合区、工业园区两个功能片区。

“七组团”：分为北部行政文化组团、南部商务金融组团、西部居住组团、中部居住组团、东部居住组团、教育科研组团、工业组团七个组团。

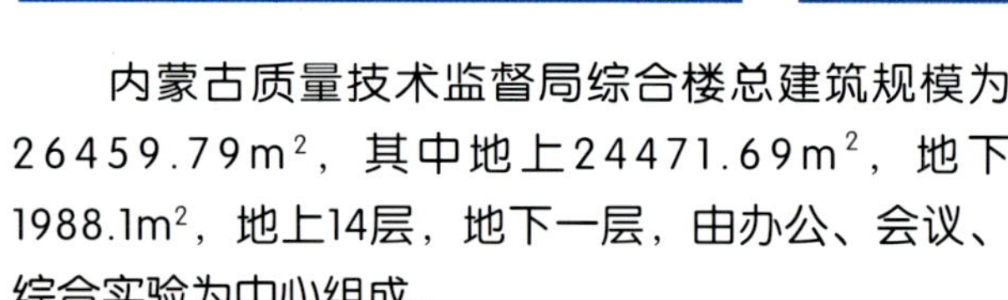

内蒙古质量技术监督局综合楼总建筑规模为26459.79m²，其中地上24471.69m²，地下1988.1m²，地上14层，地下一层，由办公、会议、综合实验为中心组成。

行政办公楼位于用地东侧规模为5969.91m²，地上6层，建筑呈“一”字形布局，使得办公室可以拥有良好的采光与通风，所有主要办公室均布置南侧，所有辅助用房置于北侧设计更加以人为本。

内蒙古自治区检察干部学校总建筑面积为17165.76平方米，其中地上十二层建筑面积为16155.96平方米，地下一层建筑面积为1009.8平方米。

建筑设计宗旨是体现简洁大方、庄重典雅的建筑形象，院内建筑取得形式及色彩的完整统一，突出主教学综合楼特点，外形在统一手法下力求多变化，多层次，多细部，以达到完美的空间和视觉效果。营造完整的空内空间效果，合理的人流疏散流线。

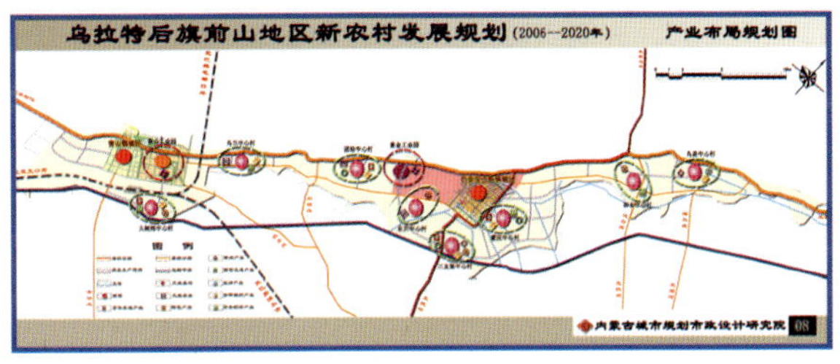

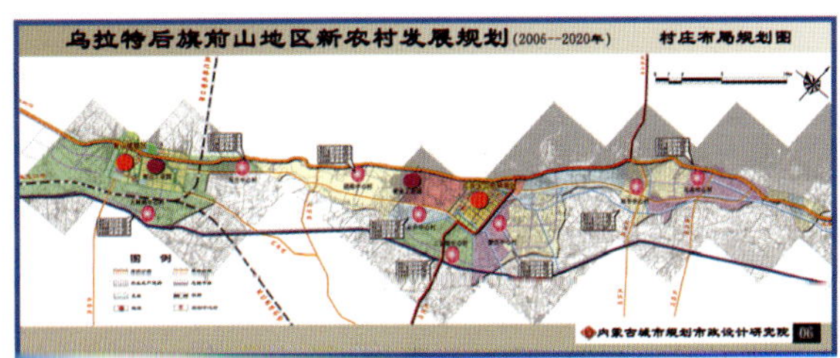

规划思路：从前山地区村庄的现状分析和背景分析入手，通过以行政村为单位的数据分析得出村庄的规模、产业和职能、空间、设施分布的类型与特点；结合乌拉特后旗城市化发展途径、城镇体系规划及城镇总体布局，明确城乡职能与空间的关系，结合各类自然资源与人文资源、区域性基础设施与社会服务设施的保护与开发、分布与发展要求，明确村庄功能与空间的关系。

村庄建设规则：村庄和并规划首先确定区域内的两个中心极点——巴音宝力格镇和呼和温都尔镇的城市发展方向和影响范围，进而确定中心极点对于周边农村的辐射影响，村庄合并规划以及农村意愿为基础，按照村镇规划理论，规划形成两个中心镇，8个中心村。分别为乌盖中心村、和丰中心村、蒙汉中心村、三支渠中心村、东升中心村、团结中心村、乌兰中心村和大树湾中心村。

《内蒙古自治区城镇体系规划》于2006年完成，规划在空间布局、基础设施建设、经济协调发展方面做了明确规定，以更好的指导自治区城镇体系发展。

内蒙古财经学院

学院党委书记　刘振洪教授

学院党委副书记 院长　张亚民教授

内蒙古财经学院始建于1960年，后几经更名，1979年恢复本科教育，1980年经国务院批准重建。1997年学院通过原国家教委的本科教学工作合格评估，2000年与原内蒙古经济管理干部学院合并组建成新的内蒙古财经学院，2005年取得硕士学位授予权，2006年原内蒙古财税职业学院和原内蒙古工商学校并入内蒙古财经学院，同年顺利通过国家教育部本科教学工作水平评估。经过近50年的建设和发展，学院办学规模越来越大，层次越来越高，实力越来越强，为自治区的经济建设和社会发展做出了重要贡献。

学院高度重视学科、专业、课程建设。目前，学院已经形成了以经济学、管理学学科为主，经济学、管理学、法学、文学、理学、工学六大学科相互支撑、协调发展的学科体系。学院现有商务学院等12个二级学院、中文系等4个直属系、1个直属教学部、经济与资源开发研究所等7个科研教辅机构。学院现有会计学等47个本科专业（含7个蒙语授课专业）和计算机应用技术等16个高职高专专业，有政治经济学、财政学、企业管理、会计学、统计学等5个硕士学位授权点。建成了会计学一个国家级特色专业，财政学、会计学、政治经济学、企业管理、统计学5个自治区重点学科，金融学、旅游管理2个自治区培育建设学科,和会计学、金融学、统计学、经济学、酒店管理等11个自治区品牌专业，财政学等25门自治区精品课程。

目前，学院有全日制硕士研究生、普通本专科生，有教职工1343人，其中专任教师762人。学院有具有硕士学位的专任教师417人，具有博士学位的专任教师127人，具有硕士以上学位的教师占专任教师的比例达到65.2%，具有高级职称的教师369人，占专任教师的48.4%。另外，先后聘请外籍专家41名。学院有自治区突出贡献中青年专家8名，享受政府特殊津贴9名，自治区“新世纪321人才工程”一、二层次人选11名，自治区高等教育人才培养“111”工程人选5名。

学院坐落在自治区首府呼和浩特市，占地2026.9亩，校舍总建筑面积近26万平方米，教学仪器设备值4741.7万元，教学用计算机1864台。学院建有经济管理实验实训中心、网络中心和各个专业的实验室或模拟训练教学设施，实验室面积达到4279平方米，多媒体教室、语音室座位数达到5353个。会计实验室、CAI实验室、计算机中心、硬件实验室被评为自治区“双基”合格实验室，自治区最大的文科实验中心——经济管理实验实训中心成为国家级实验教学示范中心建设项目。学院图书馆现有馆藏图书102万册，电子图书14万种（册），引进了CNKI系列数据库、书生之家数字图书馆等11个数据库；建成了1个馆藏中文图书书目数据库，2个电子阅览室，“汇文文献信息服务系统”全面运行，初步实现了图书信息管理服务现代化。

自治区文科实验示范中心

学校一角

为了进一步拓展办学空间，改善办学条件，学院正在建设新校区。新校区建设分两期进行，总建筑面积34万平方米，总投资近6亿元人民币。目前，一期工程基本完成，建筑面积12.37万平方米。

学院注重科学研究工作。现设有内蒙古经济与资源开发研究所等7个专业科研机构，出版《内蒙古财经学院学报》（经管版和综合版）和《内蒙古财院报》（蒙汉两种文字），其中《内蒙古财经学院学报》（经管版）被评为全国高校百强社科学报。2000年以来，共发表论文3000余篇，其中330余篇论文发表在《经济学动态》等国家级核心期刊，出版专著58部，主、参编教材64部，承担各级各类科研项目537项，获得国家和省部级科研成果奖励262项，其中，在自治区第八届、第九届哲学社会科学优秀成果评奖活动中有91项成果获奖，有25项获一、二等奖。

为全面推进素质教育，在突出抓好课堂教学和专业实践的同时，学院注重发挥“第二课堂”的作用，致力于学生多方面能力和素质的培养。大力营造浓厚自由的学术氛围，有计划地组织素质教育讲座。学生社团众多，形式多样、丰富多彩的校园文化活动为大学生发展个性和提升综合素质提供了宽阔的舞台。学生实践能力和创新能力不断增强，公开发表的研究成果逐年增多，在全国大学生“挑战杯”、课外科技学术作品竞赛和创业计划大赛、“CCTV”英语演讲大赛、数学建模大赛等活动中多次获奖。

学院坚持思想政治教育、专业教育与大学思想、文化教育并举，努力提高学生的政治素质、人文素质和科学素养。多年来，学院应届本科毕业生年底就业率一直在80%以上，位居自治区高校前列，毕业生考取硕士研究生的数量也不断增加。学院的毕业生遍及全国各地，他们以良好的政治素质、扎实的专业知识和实践创新能力博得了用人单位的好评，许多人已经成为单位的领导者、管理者和业务骨干。

面对高等院校百舸争流，千帆竞发的新形势，学院制定了“十一五”规划和2020年发展纲要。至“十一五”末，在校生规模要达到2万，硕士学位授权点扩展到20个左右，博士、教授分别达到百名以上。在“十一五”期间把学院建设成为一所以经济学和管理学为主，法学、文学、理学、工学等多学科协调发展，经济学和管理学两大主干学科居于自治区领先水平，具有民族和地区特色的多学科教学型财经大学。

内蒙古广播电视大学

内蒙古广播电视大学是根据邓小平同志关于创办广播电视大学的批示，于1979年2月经内蒙古自治区人民政府批准成立的一所自治区直属高等学校。经过30年的艰苦创业和不懈奋斗，现已发展成为一所运用广播、电视和网络等多种媒体，面向全区开展现代远程教育的新型高等学校。

内蒙古广播电视大学建校30年来，立足自治区经济社会发展的需要，坚持面向地方、面向基层、面向农村牧区、面向民族地区的办学方向，为自治区培养了各类学历教育毕业生18万人，燎原广播电视实用技术培训30万人次，非学历继续教育岗位培训约30万人次，截止2009年底，学校各类在籍学生近6万余名。现有开放教育本科、专科、成人大专、蒙语授课、一村一、中等专业教育、继续教育等多种学历教育和非学历教育形式。在我区118万平方公里的土地上，建立了以内蒙古广播电视大学为中心，16所盟（市）级电大和88个旗（县）工作站构成的内蒙古广播电视大学现代远程开放教育系统和网络。2007年1月，经自治区教育厅批准，“内蒙古现代远程开放教育中心”在我校成立，2008年自治区编委核准其职能。“中心”依托我校的系统、设施、网络、资源优势，逐步形成社会化的远程教育公共服务体系，为各类学历、非学历的远程教育项目提供教育支持、技术支持、资源建设、资源传输等方面的服务。

2009年，全区电大开放教育招生共计18543 人，比2008年同期增长13.4%。2009年秋季开放教育首次单季招生超万人。在开放教育规模增长的同时，服务功能同时得到健全，奥鹏全年招生总数2026人。“一村一名大学生计划” 全年招生1166 人。截止到2009年底，全区电大现有各类在籍生共计59260人，其中开放教育在籍生47516人，占全区高等教育在籍生数的10%。

内蒙古电大校长 韩竞

内蒙古电大三十周年庆祝大会

内蒙古副主席连辑 教育厅长李东升为我中心揭牌

中央广播电视大学党委书记阮智勇为我校题词—内蒙古电大党委书记孟和接词

内蒙古电大女教工合唱团

内蒙古电大新闻发布会

内蒙古电子信息职业技术学院

ERP实训室

正保教育大赛Dreamweaver网页设计获一等奖

图书馆

学院运动会

校园文化艺术节

内蒙古电子信息职业技术学院是一所工科综合性全日制普通高等职业技术院校，隶属于内蒙古自治区教育厅。学院占地面积686711m²，建筑面积315503m²，教学仪器设备总值4941万元。馆纸藏纸质图书69.77万册，电子图书491.52GB万册。学院全日制普通在校生11623人，其中高职生8550人，中专3073人，是全区规模最大的一所高职学院。学院现有教职工525人，专任教师450人，正高职称107人，副高职称137人，博士、硕士114人，双师型教师125名。学院还建有46000m²的实训中心，有物流配送实训基地、ERP实验室。另设有成都电子科技大学的本、专科网络教育学院；国家职业技能鉴定所。

长期以来，学院牢牢把握职业教育大发展的良好机遇，学院坚持确立“以就业为导向，以科学管理为基础，以教学质量为保障，以特色求发展”的办学理念；确立了“立足内蒙古，面向全国，贴近行业，以服务为宗旨，以就业为导向，结合信息化建设和信息产业发展的实际需要，走产学结合发展之路，为自治区信息化建设和信息产业发展培养一线需要的高素质技能型人才的办学定位。学院构建了具有职业教育培养方式，工学结合特点的创业中心+实训基地，学岗直通，企业一线实践不断”等人才培养模式，取得了学校与企业互动、专业与市场对接、生产为育人服务“的良好效果。与联想、中软、海尔、TCL、移动、内蒙古西蒙集团等70多家大中型企业建立了稳定的实训就业关系，与北京、常州、福建、青岛的4所国家示范性职业学院结成了对口支援关系。2003年被国家确定为“全国35所国家示范性软件职业技术学院”建设单位之一；当年被国家教育部、信息产业部批准的承担“计算机应用与软件技术专业技能型紧缺人才培养工程”的院校，2008年顺利通过教育部高等职业院校人才培养工作评估；连续五年被自治区教育厅评为全区高校学生工作、就业指导、资助管理、维护高校稳定综合治理等四项工作先进达标学校。学院先后获得全国职业教育先进单位，全国职业技术院校职业指导工作先进单位，全区文明单位标兵，全国高等职业院校就业工作星级示范校，连续五年蝉联首府百姓最满意的教育品牌，学生在国家、自治区各级比赛中屡获大奖，在第五届正保教育杯全国ITAT教育工程就业技能大赛一名学生参加的Dreamweaver网页设计科目获一等奖，在第四届正保教育杯全国ITAT教育工程就业技能大赛一名学生参加的Flash动画设计获二等奖。2009年，祁杜晓院长被评为全国职业教育杰出校长，受到了陈至立委员长的亲切接见。

学校以“提高就业能力，打造高职园区教育品牌”为目标，致力于高技能人才培养新模式的探索，初步形成了“校企行园四方联动，产学创用立体推进”办学模式，校企合作、校内成立大学生创新创业园的理念深入人心，近几年学生就业率均保持在98.90%，赢得了良好的社会声誉。

呼和浩特市土默特中学

教学大楼

呼和浩特市土默特中学，建校于1926年，是一所历史悠久，师资力量雄厚，教学设备先进，有着光辉办学历程的民族中学。是内蒙古自治区、呼和浩特市两级重点中学和对外开放学校，1992年被国家教育部列为“中国名校”，2006年被内蒙古自治区教育厅认为“内蒙古自治区示范性普通高级中学”。学校坐落在呼和浩特市海拉尔大街25号，占地面积8万平方米，总建筑面积39591平方米，环境清新幽雅，各种花木遍布校园，被评为“呼和浩特市最美校园”。

学校现有高中教学班48个，在校学生3200多名，招生范围为呼和浩特市所属各旗县区的少数民族学生和部分优秀汉族学生。专职教师182名，其中特技教师3名，高级教师87名，一级教师79名，二级教师14名，特技、高级、一级占专职教师总人数的91%，他们在各自的工作的岗位都能够出色的完成教学教育任务。

全国人大代表呼和浩特市土默特中学校长 李文阁

新中国成立以来，学校的历任领导本着“自强不息，厚德载物，宽收严教，最求卓越”的办学指导思想，带领全体师生精诚团结，艰苦奋斗，求真务实，为祖国培养了大批的各类优秀人才，因此，在内蒙古地区赢得了很高的社会声望，被誉为“塞外培养民族人才的摇篮”。学校先后获得“全区民族团结进步先进集体”（内蒙古自治区党委、政府1990年9月），“全国民族团结进步先进集体”（中华人民共和国国家民族事务委员会1990年10月），“现代技术教育实验学校”（中华人民共和国教育部2001年7月），“普通高中管理先进学校（内蒙古教育厅2002年12月），“全国群众体育先进单位”（国家体育总局2005年10月），内蒙古自治区“示范性普通高级中学”，（内蒙古自治区教育厅2006年5月），心桥图书室（中共中央统战部2007年7月），“中国科协——英特尔求知计划项目优秀项目执行奖（内蒙古青少年科技中心2007年12月），“教育教学管理先进集体”（中共呼和浩特市市委、人民政府）。

校园景区

在党的民族政策的光辉照耀下，土默特中学得以迅速发展壮大，教育教学质量稳步提高，教育设施有了重大改观，成为呼和浩特市地区民族教育的一面旗帜。

2006年现任领导班子组建以来，继承和发扬了土默特中学优良的办学传统，虚心学习先进的办学经验，坚持以人为本的科学发展观，以教学创优，管理优化、服务创优全面提升办学水平为目标，从思想上引导全体干部师生牢固树立“自强不息，厚德载物”的信念，敦促全体干部师生逐步养成质朴厚重的工作作风，是我小的师德、师风、学风、校风发生了可喜的变化。在学生管理上更加细化，操作上更加具体，奖罚分明，检查、评比、综合考核内容已进入学校量化记载管理，收效明显。

土中体育训练场馆

学校涌现出一批有突出贡献的人才，其中中共十四大代表1名、十一届全国人大代表1名、全国劳模1名、全国优秀教育工作者1名、全国优秀教师1名、全国模范教师1名、全国十杰教师1名、全国民族团结先进工作者1名、全国教育系统“巾帼建功标兵”1名、内蒙劳模3名、内蒙古优秀教师1名、内蒙古优秀班主任2名、内蒙古优秀教学能手3名、内蒙古民族教育先进工作者2名、内蒙古民族团结先进个人3名、呼市劳模6名、呼市教育局学科带头人13名、呼市优秀教学能手5名。

目前，土默特中学全体干部师生同心协力，本着“自强不息，厚德载物”的精神，求真务实，积极探索，深入贯彻落实科学发展观，大力推进素质教育，全面提高学生素质，培养民族人才，努力为内蒙古自治区的民族教育事业发展做出更大的贡献。

目　录
CONTENTS

第一部分 特载
PART ONE SPECIAL ARTICLES

第二部分 统计资料
PART TWO STATISTICS

三、国民经济核算
National Accounts

四、人口
Population

五、从业人员和职工工资
Employment and Wages

六、固定资产投资
Investment in Fixed Assets

七、能源生产和消费
Production and Consumption of Energy

八、财政
Government Finance

九、物价指数
Price Indices

十、人民生活
People's Livelihood

十一、城市概况
General Survey of Cities

十二、农业
Agriculture

十三、工业
Industry

十四、建筑业
Construction

十五、运输和邮电
Transportation, Postal and Telecommunications Services

十六、国内贸易
Domestic Trade

十七、对外经济贸易
Foreign Trade and Economic Cooperation

十八、旅游
Tourism

十九、金融和保险
Banking and Insurance

二十、教育、科技和文化
Education, Science and Culture

二十一、体育、卫生、社会福利、环境保护和其它
Sports, Public Health, Social Welfare, Environmental Protection and Others

二十二、盟市资料
Statistics of Leagues and Cities

二十三、旗县区资料
Statistics of Banners, Counties and Districts

二十四、附录
Appendix

第一部分

特 载

PART ONE SPECIAL ARTICLES

在全区经济工作会议上的讲话

Report by Comrade Hu Chunhua on the Conference of Autonomous Regional Economical Work

内蒙古自治区党委书记 胡春华

（2009年12月29日）

这次全区经济工作会议的主要任务是，深入学习贯彻中央经济工作会议精神，以科学发展观为指导，总结今年经济工作，分析当前经济形势，研究部署明年任务。

前不久中央召开了经济工作会议，胡锦涛总书记、温家宝总理发表了重要讲话。会议全面分析了当前国际国内经济形势，深刻阐述了加快经济发展方式转变的重要性和紧迫性，明确提出了明年经济工作的总体要求、重要原则、主要任务。

2009年是新世纪以来我国经济发展最为困难的一年。受国际金融危机严重冲击，我国经济社会发展遇到严重困难。面对严峻复杂的经济形势，党中央、国务院全面分析、准确判断、果断决策、从容应对，团结带领全国各族人民坚定信心、迎难而上、共克时艰，努力化挑战为机遇，有效遏止了经济增长明显下滑态势，在全球率先实现经济形势总体回升向好。在应对国际金融危机冲击、保持经济平稳较快发展这场重大考验中，我们既取得了显著经济成果，又积累了在复杂经济环境中推动经济社会又好又快发展的重要经验。中央经济工作会议要求我们，在充分肯定成绩的同时，也要清醒地认识到，当前我国经济回升的基础还不牢固，积极变化和不利影响同时显现，短期问题和长期问题相互交织，国内因素和国际因素相互影响，保持经济平稳较快发展、推动经济发展方式转变和经济结构调整难度增大。全党全国既要增强必胜信心，又要增强忧患意识，努力在新的起点上把改革发展稳定各项工作做得更好。

做好明年的经济工作，最根本的是要以科学发展观为指导，贯彻落实好中央经济工作会议精神。中央经济工作会议的精神十分重要，对明年经济工作的部署要求非常明确。全区各级党委、政府一定要认真学习、准确把握会议精神，切实把思想和行动统一到中央关于当前国内外经济形势的分析判断上来，统一到中央关于加快经济发展方式转变的战略要求上来，统一到中央对明年经济工作的决策和部署上来，紧密结合内蒙古的实际，把中央的各项方针、政策、决策和部署落实好，力争我区明年的经济工作取得更大的成绩。

下面，我就做好我区的经济工作谈几点意见。

一、正确把握当前的经济形势，明确明年经济工作的目标和任务

今年以来，面对国际金融危机冲击下的严峻经济形势，在党中央的坚强领导下，全区上下坚定信心、迎难而上，深入贯彻落实科学发展观，认真贯彻落实中央“保增长、扩内需、调结构”方针，采取一系列有针对性的措施，全区经济运行在经历去年四季度低谷后逐步企稳回升、日趋向好，整体形势好于年初预期，继续保持了近年来又好又快发展态势。预计全年完成地区生产总值9000亿元左右，同比增长17%。农牧业稳定发展，全区粮食产量达到396亿斤，获得历史上第二个高产年。工业增加值稳步增长，预计全年规模以上工业增加值实现4200亿元左右，增长23%。投资需求加快增长，预计全年固定资产投资完成7360亿元左右，增长34%。财政收入较快增长，预计全年地方财政总收入将达到1378亿元左右，增长24%以上。预计全年城镇居民人均可支配收入达到16000元左右，实际增长10%；农牧民人均纯收入达到5000元左右，实际增长8%。在困难情况下，取得这样的成绩极为不易。这是党中央、国务院坚强领导的结果，是自治区党委、政府综合施策、有效应对的结果，是全区广大干部群众和衷共济、共克时艰的结果。我们要认真总结今年经济工作的成绩和经验，发扬成绩，进一步坚定信心，鼓足干劲，做好今后的经济工作。

2010年是实施“十一五”规划的最后一年，是我区经济发展中非常关键的一年。做好明年经济工作，对夺取应对国际金融危机冲击全面胜利、保持经济平稳较快发展、为“十二五”规划启动实施奠定良好基础具有十分重要的意义。中央确定的明年经济工作的总体要求是：全面贯彻党的十七大和十七届三中、四中全会精神，以邓小平理论和“三个代表”重要思想为指导，深入贯彻落实科学发展观，保持宏观经济政策的连续性和稳定性，继续实施积极的财政政策和适度宽松的货币政策，根据新形势新情况着力提高政策的针对性和灵活性，特别是要更加注重提高经济增长质量和效益，更加注重推动经济发展方式转变和经济结构调整，更加注重推进改革开放和自主创新、增强经济增长活力和动力，更加注重改善民生、保持社会和谐稳定，更加注重统筹国内国际两个大局，努力实现经济平稳较快发展。

中央经济工作会议提出的总体要求，就是做好我们明年经济工作的指导思想。结合内蒙古实际，明年我区经济工作要始终坚持发展是第一要务的思想不动摇，继续保持经济发展的良好势头，实现经济社会平稳较快发展；要把加快经济发展方式转变作为深入贯彻落实科学发展观的重要目标和战略举措，继续推进工业化、城镇化、农牧业产业化进程，不断提高经济发展的质量和效益；要着力保障和改善民生，真正做到富民与强区并重，不断提高城乡居民的收入水平，让经济发展的成果惠及广大人民群众。

明年经济工作的主要预期目标是：全区生产总值增长13%以上，地方财政总收入增长 17%，城镇居民人均可支配收入实际增长 11%，农牧民人均纯收入实际增长 10%，单位生产总值能耗下降 4%以上，城镇登记失业率控制在 4.3%以内，居民消费价格指数涨幅控制在 3%左右。这些目标的提出，充分考虑了我区的实际和明年工作的要求，是积极稳妥的，在实际工作中我们要力争完成得更好一些。

做好明年的经济工作，完成上述目标和任务，需要我们付出艰苦的努力。随着全国经济形势的好转，大家对内蒙古明年的经济形势也跟着看好，但明年经济工作的难度并不小。明年国家宏观经济政策总体不变，但中央明确提出要根据新形势新情况提高政策的针对性和灵活性，实施的力度、节奏和重点肯定会有所调整。同时还要看到，随着山西煤炭产业的整合和恢复生产，煤炭市场也会发生一定的变化。经济发展中的不确定、不稳定因素还很多，我们一定不能掉以轻心，宁可把困难估计得充分一点，才能更好地做好工作。要采取积极有效的措施，妥善应对可能面临的挑战和困难，扎扎实实做好明年的经济工作。

二、坚持发展是第一要务的思想不动摇，保持经济平稳较快发展的良好势头

进入新世纪，自治区党委、政府认真贯彻落实科学发展观，内蒙古经济社会逐步走上了快速发展的轨道。2000 年至 2008 年，全区经济增长 2.66 倍，年均增幅 17.6%，以占全国 1.8%左右的人口创造了占全国 2.58%的经济总量和3.85%的经济增量。经济增长速度连续 7 年全国第一，生产总值由 2000 年全国第 24 位、西部第 6 位升至 2008 年全国第 16 位、西部第 2 位；人均生产总值居全国第 8 位，连续6 年保持西部第 1 位。在经济持续快速发展的同时，各项社会事业全面进步，人民生活不断改善，始终保持了民族团结、社会和谐、边疆安宁的良好局面。可以说，这一时期是内蒙古发展历史上综合实力提升最快、城乡面貌变化最大、社会建设成就最好、人民群众得到实惠最多的时期之一。实践证明，欠发达地区只要抓住机遇，充分发挥自己的优势，实现跨越式发展是完全可能的。

在看到成绩的同时，我们要保持清醒的头脑。我们是在低起点上的高增长，在经济高速增长的同时也出现了许多不容忽视的问题。我们的产业还没有得到充分的发展，结构单一，能源、冶金和农畜产品加工业占规模以上工业增加值的78%，除了煤化工、农畜产品加工等个别行业外，工业总体上处在产业链的中低端，“原字号”产品和初级产品比重高，多元发展、多极支撑的产业体系尚未建立起来。区域发展很不平衡，各盟市之间的发展差距明显。群众增收的步伐和社会事业的发展相对滞后于经济的增长，城乡居民收入低于全国平均水平。生态环境实现了“总体遏制、局部好转”，但是个别地区的生态仍然在不断退化，生态脆弱的局面没有根本改变。这些问题是发展中的问题，解决这些问题，最终还要靠以科学发展为指导，进一步加快发展。

我们还要清醒地认识到，增长和发展是两个概念，不能简单地把增长等同于发展。在实现经济快速增长的同时，我们经济发展的质量和效益并不高。人均 GDP 我们居全国第八位，但发展水平和沿海地区比，和中部省市比都还有相当大的差距。举例来说，我区万人在校大学生排在全国第 21 位，科技创新综合指标排在全国第 26 位，万人拥有病床床位排在全国第 12 位，城市污水处理能力居全国第 26 位。这些差距告诉我们，内蒙古作为欠发达地区的基本区情并没有得到根本改变。我们是在传统的农牧业基础上开始现代化建设的，内蒙古要加快推进工业化、城镇化，进而实现现代化，还有很长的路要走，需要十年、二十年乃至更长时间的奋斗。要达到国内先进地区的发展水平，我们还要付出十分艰苦的努力。

发展不足仍然是一段时间内我区经济社会发展中的主要矛盾，保持经济平稳较快发展将是我们的长期任务。我们现在已经处在一个较高的增长水平上，要实现进一步的发展，面临的任务更艰巨。2000 年我区 GDP 只有 1539 亿元，今年将达到 9000 亿元左右，在 1500 多亿元上实现高速增长和在 9000 亿元上实现平稳较快发展，任务和要求是完全不同的。我们必须牢固树立发展是第一要务的思想，牢牢扭住经济建设这个中心，不断解决我们遇到的问题，克服我们面临的困难，实现我区经济社会更好更快的发展。对此，各级党委、政府和领导干部，必须有清醒的认识，在坚持发展上，我们不能有丝毫动摇。要聚精会神搞建设，一心一意谋发展，始终保持时不我待、只争朝夕的精神，抢抓机遇、加快发展，保持一定的增长速度，保持平稳较快的发展势头，努力把内蒙古的科学发展提高到一个新的水平。

三、下大力推动经济发展方式转变，不断提高经济发展的质量和效益

贯彻中央经济工作会议的要求，我们既要保持经济平稳较快发展，又要加快经济发展方式的转变。明年乃至今后一个时期，我们工作的重点和难点都在这里。我们不能单纯地追求速度，经济社会发展中的种种问题，如果得不到及时有效的解决，我们的发展也走不远，必须调整经济结构，转变发展方式。但是作为一个欠发达地区，我们还没到停下来调整结构的时候，要想赶上先进地区的发展水平，又必须保持一定的速度。讲经济工作的“难”，难就难在这里，但我们不能因为难就不做。越早重视这个问题解决起来就越主动，越早着手解决这个问题我们付出的代价就越小。转变发展方式，调整经济结构，内涵十分丰富，是我们努力的大方向。从内蒙古实际出发，必须坚定不移地继续推进工业化、城镇化，促进区域经济协调发展，加强生态环境保护与建设。各级党政干部一定要进一步统一思想和行动，在转变发展方式上，务求取得新进展新突破。

（一）继续推进工业化进程。内蒙古经济发展，首要的是实现从传统农牧业为主的经济到现代工业经济的转变，这是我们转变发展方式十分重要的内容。工业化是实现现代化不可逾越的阶段。除了个别的国家和地区外，世界上绝大多数国家和地区都是通过工业化实现现代化的。对内蒙古这样一个地域广大并拥有 2400 万人口的地区，不通过工业化而达到现代化是不可想象的事情。西方发达国家最早开始工业化的历程，经过几个世纪的发展，现在进入到了所谓后工业化时期，经济发展呈现出新的特征。我们远远没有达到那样的阶段，也不可能一步达到这样的水平。要实现现代化，工业化是绕不过去的，是我们必须要经历的过程。

内蒙古推进工业化仍然面临着艰巨而繁重的任务。“一五”、“二五”期间国家在包头摆了几个重大项目，内蒙古工业开始起步，几十年来我们一直在努力，艰难地推进工业化进程。进入新世纪之后，随着全国经济的发展，随着国家西部大开发战略的实施，我们抓住机遇，顺势而为，适时提出工业化战略，开始全面推进工业化。这些年来内蒙古经济持续快速发展，主要得益于工业化的大力推进。推进工业化是内蒙古经济发展的大方向，是我们的战略选择，在相当长一段时间内，我们仍然要坚持不懈地推进工业化。

我们要尽快把各个产业发展壮大。要继续把煤炭及相关产业优化升级文章做足做好。煤炭资源丰富是内蒙古的优势，我区现有优势特色产业主要靠煤或与其相关。要充分发挥这一优势，大力推进煤电路化港一体化经营，不断拓展煤化工产业领域，延伸产业链，全面提高煤炭综合开发利用水平。要加大非煤产业的发展力度，把多元发展作为优化产业结构的重要突破口。靠“一煤独大”来支撑我区工业化发展是不够的，资源再丰富也是有限的，市场风险更是随时存在。我们必须努力在发展装备制造业、高新技术产业、战略性新兴产业等方面取得新进展，不断拓宽内蒙古工业化发展空间。要保持我们在农畜产品加工等传统产业上的优势，像鄂尔多斯、蒙牛、伊利这样的企业要进一步支持它们做强做大。由于能源产业投资见效快，回报率高，投资有不断从其他行业向能源产业集中的趋势，这一点要引起我们高度注意。要采取措施，支持非煤产业、传统产业进一步加快发展，形成多种产业协调发展的局面。

推进工业化，我们要依靠科学技术，重视科技创新，全面提升产业和行业的技术水平，不断提高产品的附加值，走新型工业化道路。不能只靠物质投入，走外延型的扩展模式，我们与国内先进地区相比，工业化起步比较晚，一开始就应该在一个较高的水平上推进工业化。总之，我们要通过坚持不懈的努力，充分发挥资源优势，优化产业结构，提升产业层次，扎实推进我区工业化进程，逐步建立起多元发展、多极支撑的现代产业体系，这是我们进行结构调整的重要任务。

（二）继续推进城镇化进程。城镇化和工业化是推进现代化的两个轮子，现代化的进程就是工业化和城镇化相互促进的过程。内蒙古地广人稀、生态脆弱，推进城镇化更具特殊重要意义。通过集中发展，我们可以实现用很少的土地开发换取大面积的生态保护，有利于从根本上保护和改善生态环境，促进人与自然协调发展和经济社会可持续发展。近几年，内蒙古城镇化进程呈现加速态势，城镇化率不断提高，已经超过 53%。城市建设步伐加快，老城区拆迁改造，大多数盟市都在规划建设新城区，有的已初具规模。内蒙古的城镇化已经具备一定的基础。我们要在这个基础上，进一步明确城镇化的思路，提高城镇化水平。

要加强区域中心城市的建设。中心城市是区域经济发展的“龙头”。长三角、珠三角地区的快速发展，离开上海、南京、苏州、杭州、宁波、广州、深圳、佛山、东莞等一批大城市，是不可能实现的。我区地域广大，高度分散，更需要加强区域中心城市的建设，培育更多的具有辐射带动能力的区域经济中心。目前我们只有呼和浩特、包头两个大城市，仅靠它们去辐射带动全区 118 万平方公里土地是不现实的。各级一定要把优先发展区域中心城市作为推进城镇化的首要任务来抓，以盟市所在地为重点，东、中、西部全面推进，人口、产业、服务综合跟进，不断增强区域中心城市的集聚和辐射功能。呼和浩特市要强化首府意识，完善首府功能，树立首府形象，提高首府经济的首位度，更好地承担起服务自治区、服务各盟市的作用。

要下大力提高城市规划和建设的水平。今后一个时期，内蒙古仍将处于城镇化加速发展阶段。我们不仅急需把城市做大做强，还要着眼于增强城市功能、改善城市环境，高起点规划，高水平建设，努力把城市做优做美。城市建设是百年大计，一定要慎重决策，精益求精。在规划上，要有超前眼光和开放胸怀，要舍得投入，科学编制并严格执行城市建设总体规划和各类控制性详细规划，使之能够体现时代特色和一流水平，经得起历史和实践的检验。在建设上，要切实加大对市政基础设施和公共服务设施的投入与建设力度，进一步完善城市功能，建设一批展示城市魅力的标志性建筑，提升城市形象和品位，解决好不通不畅、不美不亮、不干不净等问题，让广大群众充分享受城市建设与发展成果。

要高度重视和加强城市管理。在推进城镇化过程中，大批的农牧民转变为城市居民，有条件的地方还实施了农牧民整村甚至整乡转移进城，他们要实现从生产方式到生活方式，以至社会认同的多重转变。我们不仅要解决他们的居住、就业、社会保障等基本问题，还要帮助他们从农牧社会适应城市社会，进而完全融入到城市中来，真正成为城市的主人。这是一项艰巨而复杂的工作，处理不好会带来一系列的社会问题，甚至会影响到社会的和谐稳定。对此我们要高度重视，要通过持之以恒的努力和扎扎实实的工作，为他们提供实实在在的引导和服务，帮助他们尽快实现这种转变和融合。要逐步建立健全规范有效协调的城市管理机制，不断提高城市管理水平，使我们的城市成为人民群众的幸福之所。

（三）继续推进区域协调发展。统筹区域经济，推动区域协调发展，是我们面临的一项重要任务。近几年来，呼包鄂地区快速发展，迅速成为自治区经济发展的“金三角”，不仅成为区内率先崛起的增长极，同时也为全国所瞩目。其他各盟市这些年也获得了较快发展，但和呼包鄂地区比还有一定的差距，有的差距还很大，个别盟市的差距甚至有越拉越大的趋势，这必须引起我们的高度重视。

应该看到，内蒙古经济的地区差距是在发展中形成的，发展有先有后也是正常的现象。呼包鄂迅速成为全区的经济增长极，并在全国开始有了一定影响，这是我区经济发展中的一个积极的变化，对推动我区整体经济的发展有重要的意义。区域经济的发展平衡是相对的，总是要有一些地区率先发展起来，改革开放之初，国家实施的就是东部沿海率先发展战略。呼包鄂地区的发展，放在内蒙古看，大大的领先了一步，放在全国看，也才刚刚起步，和发达地区比，还有着不小的差距，还需要进一步加快发展。自治区有关部门要抓紧制定呼包鄂一体化发展的规划，推动呼包鄂地区实现更大的发展。解决区域发展不平衡的问题，最终还是要靠发展。其他盟市要充分发挥自己的优势，迎头赶上，“十一五”期间是呼包鄂，“十二五”期间我们希望有其他的盟市成为新的增长极，进入全区发展的前列。从经济发展的历史实践来看，这是完全可能的。我们只有靠这样一轮一轮的推进，最终才能实现全区经济全面协调发展。

自治区党委、政府要高度重视区域发展不平衡的问题，努力促进全区经济协调发展。只有少数地区实现较快发展，还不能带动全区全面发展；只有少数地区实现现代化，也不能代表内蒙古实现了现代化；只有少数地区富裕起来，内蒙古经济不可能实现健康可持续发展。目前，呼包鄂三市 GDP 占全区的 53.7%，财政收入占全区的 54.7%，个别盟市全年的财政收入还达不到鄂尔多斯一个月的财政收入水平。我们要采取切实的措施，帮助发展相对滞后的地方立足各自实际，进一步理清发展思路，找准发展的突破口，实现加快发展。要在规划指导、项目安排、财政转移支付、生态和基础设施建设、扶贫开发、保障民生等方面给予倾斜，不断加大支持力度。要高度重视县域经济发展，不断增强县域发展活力和综合实力。通过全区上下的共同努力，形成优势地区率先发展、后起地区加快发展，各地区赶超争先、共同进步的局面。

（四）继续加强生态环境保护和建设。内蒙古是我国北方的生态屏障。我们有大森林、大草原，还有大沙漠。保护好我区的生态环境，是党中央赋予我们的重大历史任务，不仅关系到我区的可持续发展，对全国也有着重要影响。我区的生态十分脆弱，一旦遭到破坏即很难恢复，虽然近年来全区生态环境实现了“整体遏制、局部好转”，但生态环境脆弱局面尚未根本改变，部分地区生态环境仍在退化，加强生态环境保护和建设的任务仍然十分艰巨。我区生态环境的重要性和脆弱性，要求我们一定要本着对国家、对民族、对子孙后代高度负责的精神，珍惜我们的生态环境，切实保护好内蒙古这块辽阔草原，保护好大兴安岭这片绿色林海，为建设祖国北方绿色生态屏障作出贡献。

加强生态环境保护和建设，要以重点生态区为核心，以重点生态工程建设为抓手，坚持自然修复与工程措施相结合，切实搞好综合治理。当下关键的是要强化保护意识，加大保护力度，坚决制止过度放牧、盲目开荒、乱采乱挖、肆意砍伐等行为。我们在工作指导上，要尽快实现从事后治理向事前保护转变，人工建设与自然恢复并重。在具体措施上，要扎实推进退耕还林、退牧还草、天然林保护等生态工程，坚持实施禁牧、休牧、轮牧等措施，大力发展林沙草产业，进一步巩固扩大生态保护和建设成果。自治区在编制“十二五”发展规划时，要编制我区草原保护和建设的专门规划，同时完善相关领域立法，建立健全草原保护和建设长效机制。

目前，我区正处在工业化和城镇化加速推进阶段。从总体上看，我区的工业化和城镇化对保护生态环境是有利的。工业化、城镇化的过程是人口规模集聚的过程，是农牧民从土地上、从传统农牧业转移出来的过程，通过局部的开发，换取绝大部分大自然的休养生息和自然恢复，是有利于生态建设的。我们要积极作为，通过推动工业化、城镇化强化对生态环境的保护，一些盟市在这方面已经有比较好的经验，要在全区大力推广。在这里同样需要强调的是，发展工业对环境一定会带来影响。只要是工业，尤其是像我区这样以重化为特征的工业，就一定会有污染排放，达到技术排放标准并不是不排放，高标准也只是少排放。我区地域广阔，环境容量相对较大，但也不是无限的，局部的环境破坏，其后果也同样是严重的，我们一定要高度重视控制工业污染的工作，抓好节能减排，优化产业布局，努力实现工业化、城镇化与生态环境保护互动共赢、良性循环。

四、坚持富民与强区并重，着力保障和改善民生

科学发展观的核心是以人为本。抓发展、搞建设，根本目的是让群众过上富足的生活。我国从 2004 年开始，城乡居民收入增速超过 GDP 增长，而我区城乡居民收入增长滞后于经济发展，没有做到“水涨船高”。2008 年，我区人均 GDP 排在全国第 8 位，而全部在岗职工平均工资、农牧民人均纯收入仅排在全国第 14 位，都低于全国平均水平。中央明确要求，明年经济工作要更加注重保障和改善民生，围绕保障和改善民生来谋划发展，通过保障和改善民生促进经济结构优化、增强经济发展动力。各级党委、政府要切实提高认识，把保障和改善民生作为发展的根本目的，作为最大的政绩，坚持富民与强区并重，让群众更加真切地感受到改革发展带来的变化，享受到改革发展带来的成果。

要强化富民指标，像抓强区一样抓富民。近年来，全区上下抓强区指标力度很大，成效明显，而抓富民指标相对不够。老百姓看经济发展，主要看收入而不是看GDP。老百姓富裕了，才有钱消费，扩内需也才有坚实基础。我们一定要像抓强区指标那样抓富民指标。城镇居民人均可支配收入、城镇在岗职工工资、农牧民人均纯收入、离退休人员养老金、城乡最低生活保障等指标，反映的是我们的实际收入和生活水平，政府要采取措施，第一步要尽快达到全国平均水平，然后逐步提高。要关注平均水平掩盖下的贫困问题，衡量收入水平，既要看平均数，更要看大多数。对特殊困难群体要有专门的解决办法。群众收入要实事求是，要实实在在拿到钱。我区的产业结构不合理，短期内很难使群众收入与经济增长同步，我们既要积极推进这项工作，也要防止不切实际的高指标。

解决就业问题是改善民生的根本，要大力发展就业富民产业。推进城镇化大量农牧民进城需要解决就业，城镇新增劳动力需要解决就业，大学毕业生需要解决就业，城镇下岗职工需要解决就业，就业解决不了，增加收入、提高生活水平就无从谈起。从我区的实际来看，现在主要是中小企业、非公有制经济、服务业发展不够，就业岗位供给不足。大企业代表我们工业化的水平，对整个国民经济的发展起着重要的支撑作用，要大力发展；中小企业在增加就业、搞活经济上有不可替代的作用，同样要大力发展。我们一定要积极引导，大力促进劳动密集型产业、中小企业、民营经济、各种服务业加快发展。要积极鼓励和支持干部下海、劳动者自主创业，推动本地企业家加快成长、更多地涌现。招商引资中，要注意引进各类劳动密集型企业。各级党政机关要改变干部作风，主动让利于民，扶持中小企业的发展。

要加强社会保障体系建设。内蒙古近年来在社会保障体系建设方面取得了很大成绩，但总体上仍处于初级阶段，存在覆盖面不够宽、保障水平不够高、网络和制度不健全等问题。我们要进一步提高社会保障体系建设的水平。财政要合理调整优化支出结构，尽力压缩一般性支出，优先保障民生，切实加大社会保障投入，积极探索建立社保投入随经济增长同步增加的长效机制。要加快完善城镇居民基本医疗保险和新型农村牧区合作医疗制度，加强廉租住房等保障性住房建设，积极改善农村牧区和贫困地区办学条件，统筹做好各项民生工作。在社会保障方面，凡是国家统一要求的“规定动作”，自治区都要全面执行。自治区每年安排“十大民生工程”，为老百姓办“十件实事”，这种做法很好，要继续坚持下去，并根据实际不断调整内容，增强实效。

五、统筹兼顾突出重点，切实做好明年的工作

关于明年的经济工作，巴特尔同志还要做全面的安排和部署，这些意见都是经过区党委、政府讨论研究过的，大家要认真抓好落实。下面，我重点强调几项工作。

第一，要大力加强“三农三牧”工作。内蒙古是我国重要的粮食和农畜产品生产加工基地，有近一半的人口生活在农村牧区，任何时候都不能放松“三农三牧”工作。要认真落实国家各项强农惠农政策措施，切实抓好粮食生产、提高主要农畜产品生产能力。要坚定不移地积极推进农牧业产业化，进一步调整农牧业结构，加快转变农牧业发展方式，积极发展设施农牧业、节水型农牧业，加快构建现代农牧业产业体系。要千方百计抓好农牧民增收这一中心任务，促进农牧民收入尽快达到全国水平。我区牧民收入水平偏低，惠牧补贴少，从明年起开始安排资金，采取多种措施逐步解决。要按照建设社会主义新农村新牧区的要求，加大农村牧区基础设施建设力度，加强公共服务体系建设，统筹推进农村牧区各项改革，加强农村牧区基层党组织建设和村民自治组织建设，维护农村牧区和谐稳定，为做好“三农三牧”工作提供有力保障。

第二，要全力抓好项目建设。解决我区发展不足的问题，必须抓好项目建设。今天的项目，就是明天的生产力；没有今天的增量，就没有明天的存量。近年来，全区上下抓项目的干劲很足，势头很好，要一如既往坚持下去，做到思想上更加重视，措施上更加有力，行动上更加主动，责任上更加明确，切实把项目建设放在经济社会发展的突出位置抓紧抓好。抓项目建设要全面推进，不仅要重视产业项目、基础设施项目，还要重视社会事业、民生工程项目，不仅要抓好大项目，也要抓好中小项目，除了明令禁止的“两高”项目外，各类项目都要紧紧盯住，抓在手上，务求实效。

第三，要高度重视加强与周边地区的经济技术合作。我区东西狭长，地跨“三北”，毗邻八省区，各地情况很不一样，很难在全区范围内形成一个统一的经济区域，对外开放是发展我区经济的战略选择，必须切实加强与周边地区的交流合作，在密切联系周边中加快自身发展。要加快和周边地区的通道建设，用两到三年时间建成和周边所有大城市联系的高速公路。要促进与相关省区市的经济联系、人员往来，努力在基础设施、重大产业项目、统一市场建设等方面加强对接，推动各层次各领域的合作，不断扩大合作领域，提升合作层次，在互利共赢中加快发展步伐，在开放合作中提高发展水平。要发挥口岸优势，进一步加强与俄蒙的经济技术合作。

第四，要毫不放松地抓好安全生产工作。当前，我区安全生产形势总体上是好的，但必须居安思危，不能有丝毫麻痹放松。要高度重视煤化工产业的安全生产。煤化工生产高温高压、易燃易爆、有毒有害，一旦发生安全事故，后果不堪设想。我区煤化工产业从无到有，大多数员工、甚至部分

管理人员都是从煤炭等行业转岗过来的，技术、经验都有欠缺。随着在建项目陆续投产，安全生产问题会更加突出。要把煤化工产业的安全生产放在突出位置来抓，运营前全面严格检查，运营中强化安全监控，下大力加强职业安全教育和培训，严防重特大事故发生。要加强煤矿安全生产工作，尽管我区煤矿机械化程度较高，大多是低瓦斯矿，安全生产形势也一直很好，但煤矿安全生产的隐患是始终存在的，我们要始终绷紧这根弦。森林防火历来是我区安全生产的重点，要继续总结以往的成功经验，充分发挥军警民联动的协调机制，坚持责任明确，防火在前，尽量减少和避免森林火灾的发生。要高度重视抓好食品药品安全，认真抓好企业生产、项目施工、交通运输等方面的安全工作。要认真落实安全生产责任制，党政同责，一岗双责，确保各项措施落到实处。

加强党的领导是我们做好一切工作的根本保证。做好明年经济工作，要切实加强党对经济工作的领导。一是要以科学发展观为指导，把握经济发展的方向。我区经济社会发展正处在高速增长与调整结构并行的阶段，我们必须牢固树立科学发展的理念，谋划全局，科学决策，避免经济发展出现大的起伏，注意提高经济发展的质量和效益，在发展中实现科学发展。二是要提高领导经济发展的能力和水平。我们正在从传统农牧业经济迈向现代工业经济，会遇到很多新情况、新问题，面临很多新领域、新挑战，我们必须加强对经济社会发展重大问题的研究，加强对新知识、新技术的学习，不断提高驾驭全局、推动发展的能力和水平。三是要转变作风，真抓实干。经济工作是实实在在的，必须一个一个产业抓发展，一个一个项目抓投资，一块钱一块钱抓增收。我们一定要干实事，求实效，不搞短期行为，不做表面文章，踏踏实实把各项工作做好。我们一定要求真务实，实事求是，不搞形象工程，不出虚假数字，把各项工作要求落到实处。四是要统筹协调，全面推进各项工作。坚持两手抓、两手都要硬，统筹做好精神文明、民主法制和党的建设等各项工作，正确处理改革发展稳定的关系，确保社会政治稳定。

同志们，做好明年的经济工作，任务繁重，责任重大。我们一定要更加紧密地团结在以胡锦涛同志为总书记的党中央周围，深入贯彻落实科学发展观，认真贯彻落实党中央、国务院对经济工作的重大部署，团结带领全区各族人民，迎难而上，奋发进取，为全面实现“十一五”经济社会发展目标、开创全面建设小康社会新局面而努力奋斗！

政府工作报告

Report on the Work of the Government

——在内蒙古自治区第十一届人民代表大会第三次会议上

内蒙古自治区主席　巴特尔

现在，我代表内蒙古自治区人民政府作工作报告，请予审议，并请自治区政协委员和列席会议的同志们提出意见。

一、2009 年工作回顾

2009 年是新世纪以来我区经济发展最为困难的一年，也是取得显著成绩的一年。一年来，面对国际金融危机的严重冲击，在党中央、国务院和自治区党委的正确领导下，全区上下深入贯彻落实科学发展观，认真落实中央应对国际金融危机的一系列政策措施，从实际出发创造性地开展工作，实现了经济社会又好又快发展。初步统计，全区生产总值 9725.8 亿元，增长 16.9%；地方财政总收入 1378.1 亿元，增长 24.5%；城镇居民人均可支配收入 15849 元，农牧民人均纯收入 4938 元，分别增长 9.8%和 6.1%；城镇登记失业率控制在 4.05%以内；节能减排完成了年初确定的目标。

一年来，我们主要做了以下几方面的工作。

（一）努力保持经济平稳较快增长。坚持把扩大内需作为保增长的重要着力点。全年完成 50 万元以上项目固定资产投资 7381 亿元，增长 33.8%，对经济企稳回升、持续向好发挥了重要作用。着力优化投资结构，引导资金投向基础产业、基础设施、社会事业和改善民生等领域。开工建设了大唐 40 亿立方米煤制天然气、中石油 500 万吨炼油扩能改造等一批有利于产业升级的重大项目。进一步改善基础设施条件，新增公路里程 3400 公里，其中高速公路 300 公里。新开工铁路里程 2600 公里，呼和浩特至北京、通辽和赤峰至北京快速客运通道等重大项目前期工作取得积极进展。完成了二连浩特机场新建和通辽、满洲里、锡林浩特机场扩建项目。海勃湾水利枢纽项目获得国家批复。农牧业、社会事业、节能减排、生态建设和民生领域投资力度明显加大。充分发挥消费对经济增长的拉动作用。认真落实家电、汽车、农机下乡等刺激消费政策，积极培育消费热点，拓展城乡消费市场。全社会消费品零售总额完成 2855 亿元，增长 19.2%。

坚持把保工业、保企业作为保增长、保就业的关键。制定并实施了促进工业增长的 12 项政策措施，在较短时间内遏制了工业增速大幅下滑的势头，呈现出逐月加快、稳定向好的态势。全年规模以上工业增加值完成 4400.5 亿元，增长 24.2%。及时制定实施了电力多边交易、大用户直供、易货贸易联动、生产适销对路产品等有针对性的措施，帮助企业改善了生产经营状况。采取联合重组、逐一帮扶等措施，使符合产业政策、产品适应市场需求的停产半停产企业基本恢复生产。实施了一系列力度大、含金量高的政策措施，有效缓解了“融资难”等制约中小企业发展的突出问题。2009 年末，全区中小企业贷款余额 1800 亿元，增长 41%。取消了一批行政事业性收费，缓缴、减缴困难企业社会保险费，减轻了企业负担。

（二）大力促进产业结构优化升级。积极发展现代农牧业。面对多年不遇的旱灾和农产品市场异常波动的不利影响，采取措施确保农牧业生产获得较好收成。粮食总产量达到 396 亿斤，是历史上第二个高产年；牧业年度牲畜总头数连续 5 年稳定在 1 亿头（只）以上，牲畜出栏数和肉产量明显增长。现代农牧业加快发展，设施蔬菜、设施马铃薯种植面积双双突破百万亩，优质高产作物、良种牲畜比重继续提高，新增有效灌溉面积和节水灌溉面积均创历史新高。农牧业产业化稳步推进，乳业生产销售基本恢复正常，羊绒临时收储政策初见成效。强化惠农惠牧政策，落实各类补贴资金 75.9 亿元，比上年增加 15.4 亿元。补贴资金全部实现“一卡通”发放，受到农牧民的欢迎。

调整优化工业结构。煤炭、电力等传统产业稳步增长，原煤产量 6 亿吨，电力装机 6100 万千瓦，分别增长 22.8%和 22.7%；外送电量 960 亿千瓦时，连续 5 年居全国首位。新能源、装备制造、现代煤化工等新兴产业快速发展，新增风电装机 200 万千瓦，总装机突破 500 万千瓦，居全国首位；装备制造业增长 40%以上；开工建设了一批具有较高技术水平的煤炭转化项目，煤化工形成产能 560 万吨甲醇当量。积极推进自主创新，在大口径厚壁无缝钢管制造、粉煤灰提取氧化铝等领域，取得了一批国内领先的技术成果。大力淘汰落后产能，关停小火电机组 20 万千瓦，淘汰水泥产能 360 万吨。煤炭安全生产水平继续保持全国前列。

加快发展服务业。完成第三产业增加值 3695.4 亿元，增长 15%。商贸流通业繁荣活跃，交通运输业稳步回升，旅游、物流、房地产等现代服务业发展加快。金融机构积极支持地方经济建设，全年新增贷款 1784 亿元，是上年的 2 倍。小额贷款公司等地方金融机构发展迅速，引进区外金融机构工作取得新进展。

（三）切实加强生态环境保护和建设。生态建设取得积极进展。完成林业生态建设面积 1300 多万亩，较常年增加 300 万亩。草原建设总规模达到 5610 万亩，依法将 8.4 亿亩草原划定为基本草原，新一轮草原普查全面展开。完成水土流失治理面积723万亩。节能减排取得明显进展，初步核定：单位GDP能耗下降7%左右，化学需氧量和二氧化硫排放量分别比上年净减0.8%和2.58%，均超额完成年度目标。全区火电机组全部完成脱硫改造，新增污水日处理能力22.93万吨，重点流域、重点城市环境质量进一步改善。煤田火区、沉陷区和矿山地质环境治理工作稳步推进。

（四）不断深化重点领域改革。国企改革取得重大进展。引入国电集团注资40亿元对蒙能公司实施重组，使蒙能公司重获新生。呼兴电网整体划转国家电网公司，成立了内蒙古东部电网公司，扩大了外送电量，对自治区电力外送通道建设和东部盟市煤电资源开发将产生重要推动作用。资源领域改革实现新突破。依法开征了煤炭价格调节基金，为资源开发的合理补偿、矿区生态保护恢复等进行了初步探索。进一步完善了煤炭资源配置政策，有力地促进了产业优化升级。金融领域改革明显推进。组建了内蒙古银行，对促进地方金融业发展具有重大意义。农村信用社产权制度改革基本完成。集体林权制度改革深入推进，大兴安岭国有林区剥离办社会和辅业改制取得重大突破。土地草牧场适度规模经营和农牧民合作组织发展明显加快。积极推进水利管理体制改革，搭建了水利建设投融资平台。医药卫生体制改革启动实施。文化体制改革迈出重大步伐，组建成立了内蒙古出版集团和影视集团。政府机构改革全面展开，基本完成自治区政府部门“三定”工作。事业单位全员聘用制稳步推进，在义务教育学校实施了绩效工资制度。

（五）全力保障和改善民生。积极应对就业工作面临的严峻挑战，制定实施了稳定就业岗位、以创业带动就业、扩大就业培训规模、开展就业援助、强化就业服务等一系列积极的就业政策，有效地推动了就业工作。全年城镇新增就业21.6万人；农村牧区劳动力转移就业235万人，其中转移就业6个月以上的168万人；培训城乡劳动者65万人。组织实施了高校毕业生服务基层、人才储备、扩大公务员考录、事业单位招聘等促进大学生就业的专项计划，使8万多名高校毕业生落实了就业去向。积极开展对“零就业家庭”、“零转移家庭”、“4050人员”及其他就业困难人员的就业援助。

社会保障工作扎实推进。各项社会保险覆盖面不断扩大，基本养老保险、医疗保险参保人数分别增加21.3万人和193.2万人，将国有关闭破产企业退休人员全部纳入城镇医保。城镇职工养老保险基本实现自治区级统筹，启动了国家和自治区新型农村牧区社会养老保险试点，参保人数达到100万人。新型农村牧区合作医疗参合人数达到1200万人。城乡低保水平进一步提高，202万低收入群众的基本生活得到了保障。积极推进医疗救助、教育救助、临时救助工作，加快社会福利项目建设，优抚对象、农村五保户生活补助标准进一步提高。

加快实施民生工程，努力为群众办实事。“十项民生工程”完成总投资377亿元，比上年增长1.7倍，1500多万群众受益。其中农村牧区公路投资97亿元，新增60个苏木乡镇通油路、1004个嘎查村通公路；解决了1.23万户农牧民通电问题；投入各类扶贫资金14.4亿元，15万低收入农牧民得到扶持；开工建设国有林区、垦区、煤矿棚户区改造项目401万平方米。安排资金104亿元，比上年增长46%，全面落实了“十件实事”。城镇低保标准每人每月提高45元；农村牧区低保补助标准每人每月提高18元；企业退休人员养老金标准人均每月提高125元；城镇居民基本医疗保险参保人数达到395万人；新型农村牧区合作医疗参合率达到96.4%；教育资助政策使36万困难大中专学生受益；农牧业保险实保面积6041万亩，增长34%；解决了120万人的安全饮水问题；取消地方制定的收费项目108项，累计为企业和群众减负1.6亿元；筹集廉租房源5万套，其中新开工建设4.2万套，城镇人均住房建筑面积13平方米以下的低保家庭实现应保尽保。

（六）着力加强社会建设。加快发展社会事业。免除了义务教育学校寄宿生住宿费。实施了义务教育学校标准化建设和中小学校舍安全工程。各类学校生均财政拨款标准进一步提高，办学条件继续改善。组织实施了中等职业教育基础能力建设工程，对农村贫困家庭和牧业旗中职学生实行免费教育。高等教育规模稳步扩大，普通本专科在校生达到35万人。高度重视人才工作，人才流入区建设取得新进展。基层卫生服务体系建设得到加强。开工建设了42所旗县综合医院、110个苏木乡镇中心卫生院和59个社区卫生机构项目。加强公共卫生体系建设，强化食品药品安全监管，甲型H1N1流感防控工作稳步推进。加大计划生育奖励扶助力度，低生育水平保持稳定。公共文化服务体系不断完善，规划建设了一批重大文化设施项目。艺术创作繁荣活跃，文化遗产保护得到加强，启动了元上都申报世界文化遗产工作。农家（草原）书屋、广播电视村村通工程扎实推进。体育事业稳步发展，我区健儿在第十一届全运会上取得较好成绩。

社会保持和谐稳定。全面落实党的民族宗教政策，各民族共同团结进步、共同繁荣发展的局面进一步巩固。深入开展平安内蒙古建设，圆满完成了国庆60周年安全维稳任务。国防动员建设、人防工作稳步推进，军地军民关系更加和谐。信访工作得到加强，矛盾纠纷调处机制不断健全。着力加强政府自身建设，坚持依法行政，严格履行职责，自觉接受人大、政协监督，认真听取各民主党派、工商联和无党派人士意见。政务公开取得积极进展，法制宣传教育深入推进。加大行政监察力度，确保了中央和自治区扩内需、保增长等重大决策的有效落实。加强预算执行、政府投资和专项资金审计，资金运行进一步规范。深入开展学习实践科学发展观活动，为自治区又好又快发展注入了强大动力。

各位代表，过去的一年，我们经受住了国际金融危机和各种不利因素的严峻考验，改革开放和现代化建设取得了新的重大进展。这些成绩的取得，是党中央、国务院和自治区党委正确领导的结果，是全区各族干部群众顽强拼搏、共同奋斗的结果，也是社会各界大力支持的结果。在此，我代表自治区人民政府，向辛勤工作的全区各族干部群众，向所有关心支持内蒙古现代化建设事业的同志们、朋友们，表示衷心的感谢和崇高的敬意！

在看到成绩的同时，我们也清醒地认识到存在的困难和问题。一是经济持续向好的基础还不稳固。部分行业和企业生产经营还比较困难，经济效益尚未明显改善。在基数比较大的情况下，实现投资增长难度加大。二是结构性矛盾依然比较突出。产业结构单一，优势特色产业发展不协调，非资源型产业发展滞后，多元发展、多极支撑的产业体系尚未建立；产业延伸不足，"原字号"和初级产品比重高，资源精深加工能力不强；中小企业和非公有制经济发展不足；农牧业基础仍然比较薄弱；服务业发展水平有待进一步提升。三是居民收入增长与经济增长不协调，城乡居民收入在国民收入中的比重不断下降，收入水平仍低于全国平均水平，部分群众生活还比较困难，涉及群众切身利益的许多问题亟待解决。四是协调发展和可持续发展水平需要进一步提高。城乡差距不断扩大，地区间发展差距明显，社会事业有待加强；生态脆弱的局面没有根本改变，部分地区生态环境仍在退化，生态保护建设任重道远。五是政府自身建设需要进一步加强。政府工作与形势的要求和人民群众的期望还有不小差距，政府职能转变还不到位，社会管理和公共服务比较薄弱，还不同程度地存在着虚报浮夸、形式主义、铺张浪费、以权谋私、消极腐败等现象。我们一定要以高度负责的精神，认真解决好这些问题，决不辜负各族群众的期望和重托！

二、2010年主要工作

今年是实施"十一五"规划的最后一年，我们面临的任务繁重而艰巨。随着世界经济逐步复苏、我国经济企稳向好，我区发展的外部环境有所好转，但不确定因素依然很多，发展中还有不少深层次问题亟待解决。我们既要坚定发展信心，又要增强忧患意识，更加奋发有为地做好各项工作。

今年政府工作的总体要求是，全面贯彻党的十七大和十七届三中、四中全会精神，以邓小平理论和"三个代表"重要思想为指导，深入贯彻落实科学发展观，坚持发展是第一要务的思想不动摇，继续推进"三化"进程和生态文明建设，着力扩大内需，巩固经济回升向好势头；着力转变经济发展方式，加快经济结构调整，提高经济增长的质量和效益；着力推进改革开放和自主创新，深入实施科教兴区和人才强区战略，增强经济增长的活力和动力；着力保障和改善民生，不断提高城乡居民收入水平，真正做到富民与强区并重。加强精神文明、民主法制和政府自身建设，保持社会和谐、边疆稳定，努力实现经济社会又好又快发展。

今年经济社会发展的主要预期目标是：全区生产总值增长13%以上，地方财政总收入增长17%，城镇居民人均可支配收入实际增长11%，农牧民人均纯收入实际增长10%，城镇登记失业率控制在4.3%以内，居民消费价格指数涨幅控制在3%左右，节能减排完成"十一五"规划确定的目标。

这些目标的确定，充分考虑了各方面因素。总的原则是积极稳妥，突出重点，发挥预期目标的导向作用。在实际工作中，我们要把握好以下几点：一是坚持经济平稳较快发展与调结构、促转变并举。近年来我区经济发展虽然取得重大进展，但欠发达的基本区情没有根本改变，发展不足仍然是我们面临的主要矛盾。因此在坚持发展上决不能有丝毫动摇，必须牢牢把握发展这个第一要务，努力加快发展步伐；同时积极推进经济结构调整和发展方式转变，不断提高经济增长的质量和效益，切实做到好字当头、又好又快。二是坚持富民与强区并重。改善民生既是发展的目的，也是发展的动力。要通过发展改善民生，使发展成果更多更好地惠及广大人民群众；同时要强化富民措施，通过保障和改善民生，有效促进消费，拉动经济增长，实现富民与强区协调推进。三是坚持自我发展与争取国家支持相统一。准确把握内蒙古在国家整体格局中的定位，充分发挥自身优势，培育经济发展的内生动力；同时积极争取国家支持，在服务国家发展大局中努力加快自身发展步伐。

今年要重点抓好以下八个方面的工作：

（一）坚持以扩大内需为重点，促进经济平稳较快发展，保持投资稳定增长。发挥政府投资的引导作用，调动各方面投资的积极性，拓宽投融资渠道，全年力争完成固定资产投资8700亿元。一是积极争取中央投资。落实好资金配套等各项条件，加快推进中央投资项目建设。积极筹划新的建设项目，继续争取中央新增投资、国债项目和专项资金。二是调动企业和社会投资积极性。大力优化投资环境，完善投资政策，保护投资者合法权益。凡是国家法律法规没有明文禁止的领域，都要向民间资本开放；凡是符合国家产业政策的项目，不论规模大小、企业性质，都要平等对待、积极争取。三是加大金融支持力度。完善信用担保体系，优化金融环境，鼓励金融机构拓宽信贷领域，增加信贷投放，支持地方经济发展。大力发展资本市场，支持企业通过上市、发行债券等途径，扩大直接融资规模。四是加大招商引资力度，全年力争引进区外资金2500亿元。

努力扩大消费需求。一是提高居民消费能力。要多渠道增加城乡居民收入，推进收入分配结构调整，扩大就业规模，完善社会保障体系，使群众有能力、有信心消费。健全企业职工工资正常增长机制，完善公务员津补贴政策，在全区事业单位推行绩效工资制度，提高低保、抚恤、养老金标准，努力缩小地区、城乡、行业收入差距。二是落实刺激消费的政策措施。完善住房消费和调控政策，大力发展中低价位普通商品住房，抑制房价过快上涨。继续实施家电下乡、汽车以旧换新等政策，积极支持我区产品开拓区内外市场。继续取消一批行政事业性收费，进一步优化消费环境。加大对关系群众生活的商品和服务价格的监管，努力保持物价水平基本稳定。三是大力开拓农村牧区消费市场。加快农村牧区商贸流通体系建设，深入实施“万村千乡市场工程”和“双百市场工程”。简化家电、汽车、摩托车下乡补贴手续，方便农牧民。大力培育农牧民改善性住房需求。

（二）加大结构调整力度，提高经济发展的质量和效益，促进优势特色产业升级。一是巩固提升传统资源型产业。煤炭工业要稳定产能，提高产业水平。严格落实煤炭资源就地转化一半的要求，继续推进煤制二甲醚、煤制乙二醇等煤化工项目建设。电力工业要坚持与市场需求和工业发展相适应并适度超前的原则，规划布局电网和电源点建设。继续推进大用户直供试点和电力多边交易，培育拓展区内用电市场。加快呼伦贝尔至辽宁外送通道建设，尽快启动锡林郭勒至江苏、鄂尔多斯至河北等电力通道建设，积极拓展区外用电市场。二是加快工业重大项目建设。力争完成工业投资 4560 亿元。自治区组织实施 170 个重点项目，其中续建项目 85 个、新开工项目 85 个。突出抓好 500 万吨炼油、300 万吨煤制化肥、200 万吨聚氯乙烯、15 万辆轿车等重大工业项目。严格项目管理，严防低水平重复建设和产能过剩。全面完成“十一五”淘汰落后产能目标。三是努力提高企业经济效益。加强对工业运行的协调与服务，引导企业加强管理，着力通过整合资源降低生产成本，着力通过开拓新市场提高占有率，着力通过技术改造提高产品附加值，实现重点亏损企业减亏增盈。

大力培育新兴产业。要把发展新兴产业作为调整结构、培育新增长点的重要举措，打造具有我区特色的新兴产业体系。一是大力发展清洁能源产业。加快千万千瓦风电基地规划和建设，着力解决电网接入等制约风电发展的突出问题。抓好太阳能、生物质能发电项目建设。积极实施煤制天然气、褐煤化学法提质等项目，着力提高煤的清洁利用、综合利用水平。积极发展甲醇下游产品，延伸甲醇产业链，建设清洁能源醇醚基地。二是大力发展新材料产业。打造以多晶硅、单晶硅、太阳能电池为主的硅材料产业链，推进百万千瓦光伏产业基地建设。加快发展稀土新材料，发挥包头稀土高新区龙头带动作用，加强稀土原料战略储备和资源整合，积极研发稀土应用产品。三是大力发展装备制造业。突出抓好煤矿机械、工程机械、汽车及其配套产业发展，积极承接先进制造业转移。四是大力发展生物和环保产业。加快建设生物发酵产业基地，做大做强生物制药产业。全面推进粉煤灰提取氧化铝等循环经济项目。

进一步提高自主创新能力。在资源综合利用、新能源、新材料等重点领域，组织实施一批重大科技专项，以技术突破带动产业转型升级。加大技术改造力度，投资 280 亿元，组织实施重点技改项目 100 个。大力推动工业化与信息化融合，推进“两化融合”创新试验区建设。强化企业的创新主体地位，发挥高等院校、科研院所作用，推进产学研结合，加快科技成果产业化应用。深入实施人才强区战略。着眼于经济社会发展需要，组织实施“草原英才”工程，强化人才储备制度，加快建设人才流入区。

积极扶持中小企业和非公有制经济发展。全面落实国家和自治区有关政策措施，为中小企业和非公有制经济发展创造更加宽松的环境。支持中小企业转型升级，调整产品结构，进行技术改造和产品创新。以推进“双百工程”为抓手，以工业园区为载体，鼓励和引导中小企业围绕大企业、大项目搞配套协作。完善中小企业信用担保体系，做大做强中小企业担保机构。建立金融机构中小企业贷款奖励和担保机构风险补偿激励机制，鼓励金融机构扩大对中小企业的信贷投放。加快发展非公有制经济。破除体制障碍，推进公平准入，鼓励支持非公有制经济参与国企重组、新兴产业、基础设施和农村牧区建设。

（三）做好“三农三牧”工作，促进农牧业稳定发展、农牧民持续增收，加快发展现代农牧业。一是提高农牧业综合生产能力。积极争取国家粮食增产工程建设任务，启动实施自治区新增百亿斤粮食生产能力规划。深入开展高产创建活动，建设粮油高产示范田 150 万亩以上。加快重点旗县肉牛、肉羊生产基地建设，继续实施畜牧业高产创建工程。积极推进规模化养殖，加快建设奶牛、生猪标准化养殖小区。二是转变农牧业发展方式。积极推广良种培育、高效栽培等适用技术，推进农牧业机械化作业。大力发展设施农牧业，继续扩大设施蔬菜和设施马铃薯种植面积。加快防灾减灾体系建设，积极发展避灾型农牧业，提高农牧业抵御自然灾害能力。三是提高农牧业产业化水平。坚持培育和引进相结合，做大做强龙头企业。加快建设一批集中连片的农畜产品生产基地，培育一批各具特色的专业苏木乡镇和嘎查村，创建一批具有地理标识的自主品牌，实现规模化、标准化生产。四是加强现代农牧业社会化服务体系建设。优化整合现有资源，建立完善适合我区特点的农牧业科技创新与推广体系。加快建设农村牧区新型流通网络，不断健全农畜产品市场体系。加强产品质量安全管理，做好动物防疫、饲料安全和农畜产品质量监管工作。

改善农村牧区生产生活条件。加强农田草牧场水利建设，大力发展节水灌溉，加快大型灌区续建配套和节水改造，在井灌区加快推广喷灌、管灌、滴灌等灌溉模式，以旱地改水浇地为重点实施中低产田改造，加强节水灌溉人工草牧场和饲草料基地建设。全年新增有效灌溉面积 200 万亩以上、节水灌溉面积 300 万亩以上。加快农村牧区危旧房改造，解决 1.3 万户农牧民通电问题，新增 30 个苏木乡镇通油路、300 个嘎查村通公路，基本实现乡乡通油路、村村通公路。

努力增加农牧民收入。提高主要粮食品种最低收购价格，扩大农牧业补贴规模，特别是对牧民和牧业的补贴，增加农牧民政策性收入。加强对涉农涉牧补贴资金的管理。完善产业化利益联结机制，使农牧民从农畜产品加工转化增值中更多受益。大力发展农村牧区二三产业，拓展农牧民就业增收渠道。加强农民工职业技能培训，有序组织劳务输出，努力增加农牧民工资性收入。加大扶贫开发投入，继续组织实施各项扶贫工程。

（四）加快发展服务业，推进城镇化和区域协调发展，提高服务业发展水平。坚持市场化、产业化、社会化方向，促进服务业增量提质。加快发展金融业，积极引进区外金融机构，做大做强地方金融骨干企业，重点支持内蒙古银行、包商银行等地方商业银行扩大覆盖范围。稳步推进小额贷款公司试点，实现旗县全覆盖。积极发展现代物流业，建设一批重点物流园区和物流配送中心。发挥民族和草原文化特色，加快文化产业发展。打造优秀传统民族文化精品，培育发展新兴文化业态，推进文化产业示范基地建设。大力发展旅游业，合理开发旅游资源，改善基础设施条件，加强重点旅游景区、线路建设。改造提升商贸流通、住宿餐饮等传统服务业，加快发展会展业、社区服务和市政公用事业，满足群众多层次、多样化需求。

提高城镇化水平。把推进城镇化作为扩大内需和调整经济结构的战略重点来抓，增强城镇综合承载能力，稳步推进农牧民向城镇转移，今年全区城镇化率要达到55%左右。一是突出抓好区域中心城市发展。以盟市所在地为重点，加快人口、产业集聚，增强区域中心城市的辐射带动能力。二是提高城市规划、建设和管理水平。科学制定并严格落实城市建设总体规划，提高控制性详细规划覆盖率。加快市政基础设施和公共服务设施建设，完善城市功能。加强城市治安、市容卫生、交通秩序综合整治和水电气热配套服务，提高城市管理水平。三是稳步推进农牧民向城镇转移。有计划、有步骤地解决农民工进城后的就业和生活问题，逐步实现在劳动报酬、子女就学、医疗、社保、住房等方面与城镇居民享有同等待遇。深化户籍制度改革，放宽城市落户条件，在有条件的地区开展试点并逐步在全区推开，使在城镇稳定就业和居住的农牧民有序转变为城镇居民。

提高区域协调发展水平。研究制定推进呼包鄂经济一体化规划，争取在交通通讯、信息资源、金融服务等一体化发展上取得新突破。加快东部盟市发展步伐，加强与周边省市的经济协作，积极培育自治区新的增长极。继续对基础薄弱地区给予倾斜支持，改善发展条件，增强自我发展能力。加大资金投入，扶持革命老区、边境地区和人口较少民族地区发展。高度重视县域经济发展，不断增强县域发展活力和综合实力。进一步完善财政转移支付制度，加大对财政困难旗县的均衡性转移支付。

（五）深入推进生态文明建设，提高可持续发展水平，加大生态保护和建设力度。认真编制并向国家上报自治区生态建设总体规划，保持生态建设投入稳定增长，促进生态环境持续恢复。坚持草畜平衡、禁牧休牧轮牧和基本草原保护制度，积极推进退耕还林、京津风沙源治理、退牧还草、“三北”防护林等重点生态工程建设，启动实施黄土高原综合治理工程试点，完成林业生态建设1000万亩，治理水土流失650万亩，深入开展荒漠化治理，继续扩大保护性耕作面积。严肃查处开垦草原、破坏生态的违法行为。加快建立草原生态恢复补偿机制，适时出台草原资源恢复补偿管理办法。大力发展林、沙、草产业。加强野生动植物和湿地保护。发挥我区森林、草原碳汇资源优势，积极开展碳汇核算、碳汇交易等方面的研究，探索发展低碳经济的现实途径。

大力推进节能减排。今年是完成“十一五”节能减排目标的最后一年，要明确责任，分解目标，确保全面完成。切实加强节能工作。加快实施建筑节能、绿色照明等重点节能工程，在重点领域和重点行业推广节能技术。打好减排治污攻坚战。加强燃煤电厂脱硫设施运行监管，推进非电行业减排工程建设。加快城镇污水处理设施建设，确保“十一五”规划确定的污水处理厂全部建成并正常运行。做好松花江等重点流域水污染防治工作。

加强资源保护和管理。加大资源开发管理力度，切实做到在保护中开发、在开发中保护。进一步完善煤炭资源配置政策，以资源配置促进产业结构优化调整和资源集约开发、节约利用，严格控制向产能过剩行业配置资源。建立健全资源开发利益分配和生态补偿机制，做好煤炭价格调节基金的征收、使用和管理。加大地勘工作力度，增强资源接续保障能力。超前谋划资源型城市经济转型和接续产业发展，促进资源型城市可持续发展。深入开展矿山地质环境治理和煤田灭火工作，年内煤田火区要有三分之一达到熄灭标准。加强土地资源管理，加大土地整理力度。规范土地市场行为，清理处置批而未用土地。高度重视水资源的保护节约，大力调整用水结构，全面推进节水型社会建设。

加快基础设施建设。水利方面，开工建设海勃湾水利枢纽等重点水利工程，加强黄河、辽河、嫩江等大江大河及重要支流治理。按期完成规划内病险水库除险加固任务。铁路方面，在抓好续建项目的同时，力争新开工呼和浩特至张家口快速客运等12个重点铁路项目，做好通辽和赤峰至北京快速客运通道开工准备工作。公路方面，突出抓好与周边省区市连通的高速公路、呼包鄂通畅工程和农村牧区公路建设，建设总规模1.7万公里，其中高速公路1790公里、一级公路1740公里。机场方面，开工建设霍林河机场、阿拉善通勤机场，建成巴彦淖尔机场和阿尔山机场。城镇建设方面，力争三年内完成城镇供热管网二次改造。以棚户区改造为重点，综合运用廉租住房和经济适用住房的相关政策，统筹推进保障性住房建设。

（六）着力保障和改善民生，加快发展社会事业，千方百计扩大就业。扎实推进新一轮就业政策的落实和完善，健全促进就业的长效机制，确保城镇新增就业22万人以上，农村牧区劳动力转移就业240万人，其中转移就业6个月以上180万人。坚持面向高校毕业生、城镇下岗失业人员和新增劳动力、转移就业农牧民三大群体，分类施策，完善措施，强化服务，努力增加就业。积极开展对“4050 人员”、“零就业家庭”、“零转移家庭”及其他就业困难群体的就业援助，形成常态化工作机制。积极扶持自主创业，落实好小额担保贷款、税费减免等各项优惠政策，促进以创业带动就业。大力开展职业技能培训。加强公共就业服务体系建设。

提高社会保障水平。继续做好社会保险扩面工作。全年基本养老、基本医疗保险参保人数分别达到 415 万人和 880 万人，新型农村牧区社会养老保险参保人数达到 160 万人以上。健全养老保险省级统筹办法，初步实现基本医疗保险盟市级统筹。完善社会救助体系，在保持城乡低保人数适度增长的基础上，提高保障标准，制定按标施保办法。加强医疗救助、教育救助和临时救助工作，重视发展社会福利、慈善和残疾人事业，做好老龄工作，如期完成妇女和儿童发展纲要的各项达标任务。

办好“十件实事”。预计各级将投入资金 116 亿元，比上年增加 12 亿元。建设农村牧区户用沼气 10 万户；解决 100 万农牧民的饮水安全问题；加大种养业保险保费补贴力度，其中种植业参保面积达到 6750 万亩；筹集廉租住房 5 万套，其中新建 3.6 万套，为 7.8 万户困难家庭发放租赁补贴；城镇居民基本医疗保险每人每年补助标准提高到 120 元；企业退休人员养老金标准月均提高 120 元以上；完善教育资助救助体系，使 32 万名大中专生得到资助；加大资金投入，加强城乡商贸流通网络建设；安排专项资金，用于补种乙肝疫苗、白内障患者手术补助等公共卫生项目；适度推进“一杯奶”健康工程，使农村牧区低收入人群中政策内孕期妇女受益。

实施“十项民生工程”。预计各级将投入资金 396 亿元，比上年增加 19 亿元，重点是覆盖面大、带动力强、周期较长的民生项目。一是改善农村牧区生产生活条件。做好整村推进、产业化扶贫、生态移民等扶贫工程；继续推进农村牧区公路建设，年内计划完成投资 70 亿元；扩大农村牧区公益事业“一事一议”财政奖补试点范围。二是组织实施促进牧民增收工程。对实施阶段性禁牧项目区的牧民，每人每年补贴金额不低于 3000 元，连续补贴五年；在草场资源较好的牧区开展划区轮牧补贴试点；加大对牧民购置良种牲畜、牧业机械的补贴力度；在牧区基础设施、公共服务等方面给予倾斜。三是加大社会保障力度。健全城乡低保水平增长机制；做好新型农村牧区社会养老保险试点工作；解决好关闭破产企业退休人员医疗保障问题。四是实施城乡居民安居工程。计划改造国有煤矿棚户区 3.1 万户、林区棚户区 1 万户、垦区危旧房 6000 户，实施农村牧区危房改造 3.7 万户，解决 4000 户游牧民定居问题。五是强化教育经费保障。继续推进中小学校舍安全工程；提高义务教育保障经费补助标准；继续增加职业教育投入。六是促进就业和再就业。加大就业资金投入，加强创业扶持、技能培训和就业援助；拓宽高校毕业生就业渠道。七是强化城乡社会救助。继续对困难群众实施医疗救助；提高部分优抚对象生活补助标准和“五保”对象供养标准。八是加强城乡公共卫生服务体系建设。提高新型农村牧区合作医疗补助标准；完善基层医疗卫生服务体系。九是推进社会公益事业发展。继续实施广播电视村村通工程；加强农村牧区通信和邮政设施建设，新建 300 个移动通信基站；建设 2000 个农家（草原）书屋。十是加强生态环境保护和节能减排。完成矿山地质治理恢复面积 25 平方公里；建成 23 个城镇污水处理厂；完成既有居住节能改造 200 万平方米；建设和改造城镇供热管网 150 公里；支持新能源和环保产业发展。

优先发展教育。保持教育投入稳定增长。全面实施素质教育，促进各类教育协调发展和教育公平。积极推进义务教育均衡发展，加快普及高中阶段教育。继续推进义务教育学校标准化建设工程，组织实施中等职业教育基础能力建设工程，深入推进高等职业教育特色院系建设。加强重点学科和专业建设，提升高等教育办学质量，加快建设高水平大学。认真研究化解高校债务问题。优先、重点发展民族教育，改善民族教育办学条件，加强“双语”师资队伍建设，逐步在民族语言授课高中阶段和民族幼儿教育阶段实现免费教育。鼓励社会力量办学，引导民办教育健康发展。重视特殊教育发展。

大力发展卫生事业。加快公共卫生体系建设，有效预防和控制重大疾病和突发公共卫生事件，继续做好甲型 H1N1 流感防控工作。加快发展社区卫生服务，引导卫生资源向社区流动，重点建设盟市所在地社区卫生服务机构。在农村牧区建设一批旗县级综合医院、苏木乡镇中心卫生院，努力实现每个苏木乡镇有一所标准卫生院、每个嘎查村有一所标准卫生室的目标。大力推进蒙、中医药事业发展，加快自治区蒙医医院建设。继续实施食品药品放心工程，确保群众饮食用药安全。加强人口和计划生育工作，深入开展出生人口缺陷干预和生育关怀行动，提高出生人口素质，稳定低生育水平，统筹解决人口问题。

加快发展文化事业。认真贯彻落实国务院关于进一步繁荣发展少数民族文化事业的意见，充分挖掘民族文化资源，丰富发展草原文化，加快建设民族文化大区。改善公共文化服务基础设施条件，推动内蒙古演艺中心等重大文化项目建设，全面完成苏木乡镇综合文化站工程，文化信息资源共享工程实现旗县全覆盖。广泛开展文化惠民活动，推动图书馆、科技馆、美术馆等公益性文化单位免费向社会开放。加大文化遗产保护力度，做好元上都申报世界文化遗产各项工作。继续实施无线覆盖、农村牧区电影放映工程。认真贯彻国务院《全民健身条例》，促进群众体育和竞技体育协调发展。

（七）全面推进改革开放，增强发展的活力和动力，推进重点领域改革。深化农村牧区改革。稳定和完善农村牧区基本经营制度。在依法自愿有偿的基础上，推进土地、草牧场承包经营权流转，积极发展多种形式的适度规模经营，扶持发展农牧民专业合作组织。深化集体林权制度改革，稳步推进集体公益林和国有林场改革。加快水利和水务管理体制改革。积极发展农村牧区金融组织，加快普及惠农惠牧基本金融服务。推进城乡统筹一体化发展综合配套改革试点。深化财政管理体制改革，完善公共财政体系。加快投资体制改革，对自治区本级投资非经营性项目开展代建制试点，切实解决工程建设“超规模、超标准、超概算”问题，发挥政府投资的最大效益。积极推进医药卫生体制改革，扩大基本药物制度实施范围，做好公立医院改革试点工作，促进基本公共卫生服务均等化。加快文化体制改革步伐，完成演艺集团组建，推进“全区一网”有线电视网络整合，认真做好广播电视制播分离和文化市场综合执法改革工作。

提升开放水平。巩固传统出口市场，开拓新兴市场，促进对外贸易恢复和增长。加快实施“走出去”战略，深入开展与俄蒙在矿产资源开发等重点领域的合作。加强边境公路、铁路和口岸通关能力建设，大力发展口岸加工贸易。抓住国内外产业加快转移的机遇，加强与发达地区和周边省区市的经济技术合作与交流。在资源延伸加工、装备制造业配套、农畜产品深加工等重点领域，积极承接先进生产力转移，坚决防止低水平、高污染项目向我区转移。积极引进有利于扩大就业、改善民生的各类项目，注重引进先进技术和高端人才。

（八）切实维护社会稳定，加强精神文明、民主法制和政府自身建设，做好维护社会稳定工作。严格落实维稳工作责任制，加强政法基层基础建设，完善社会治安防控体系，严厉打击违法犯罪活动。进一步强化信访工作，做好群体性事件预防处置。完善应急管理体制机制，提高预防和处置突发公共事件能力。重视和加强国家安全工作，确保边疆稳定。抓好人防工作和国防动员体系建设，深入开展双拥共建和优抚安置工作，巩固军政军民团结。

切实加强安全生产工作。牢固树立安全发展理念，健全各项安全生产制度，落实生产经营单位安全生产主体责任和各级政府部门安全监管责任，切实抓好重点行业、重点地区、重点企业的安全治理，加大对矿山、危险化学品、烟花爆竹、道路交通和人员密集场所的安全监管力度，坚决排除安全隐患。加强救援体系和应急预案体系建设，提高及时有效施救能力。

加强精神文明和民主法制建设。加快构建社会主义核心价值体系，广泛开展群众性精神文明创建活动。巩固学习实践科学发展观活动成果，不断增强干部群众科学发展的自觉性和坚定性。全面贯彻党的民族宗教政策，大力开展党的民族理论、民族政策宣传教育和民族团结进步创建活动，继续推进兴边富民行动，促进各民族共同团结进步、共同繁荣发展。加强民主法制建设。深入开展普法教育，做好对困难群众的法律援助工作。坚持依法治区方略，切实执行人大及其常委会的决议和决定，认真接受人大监督，自觉接受政协民主监督，积极听取各民主党派、工商联、无党派人士和各人民团体的意见，认真办理人大代表议案、建议和政协委员提案。完善基层民主管理制度，提高村民自治水平。加大社区建设和管理力度，更好地发挥社区在就业、社保及维护稳定等方面的重要作用。

加强政府自身建设。严格依法行政。按照法定权限和程序行使权力、履行职责，规范行政行为。加强行政立法，提高立法质量。进一步精简行政审批事项，简化审批程序，下放审批权限。健全政府部门协调配合机制，坚决杜绝推诿扯皮现象，提高行政效能。加快电子政务建设，深入推进政务公开，保障人民群众的知情权、参与权、表达权和监督权。加强作风建设。大兴调查研究、真抓实干之风。坚持深入实际、深入基层，切实解决好关系群众切身利益的突出问题。强化行政监察，确保政令畅通。坚持求真务实，坚决反对形式主义、官僚主义和弄虚作假、虚报浮夸行为。加强廉政建设。强化对政府投资项目、预算执行情况和民生领域资金的审计，确保资金安全规范运行。继续压缩政府部门经常性项目支出，严格控制会议、差旅、出国、接待等费用。坚持廉洁从政、从严治政，加强公务员队伍建设，树立为民、务实、清廉的良好形象。

明年是“十二五”的起步之年。要组织开展好重大问题研究和调研论证，认真做好“十二五”规划的编制工作，为自治区经济社会长远发展提供宏观战略指导。

各位代表，做好今年的工作，任务艰巨而繁重，责任重大而光荣。让我们紧密团结在以胡锦涛同志为总书记的党中央周围，高举中国特色社会主义伟大旗帜，解放思想，锐意进取，扎实工作，努力完成今年经济社会发展和“十一五”规划的各项目标，不断开创自治区改革开放和现代化建设的新局面！

关于内蒙古自治区2009年国民经济和社会发展计划执行情况与2010年国民经济和社会发展计划草案的报告

Report on the National Economic and Social Development for 2009 and the Draft Plan for 2010 in Inner Mongolia

——在内蒙古自治区第十一届人民代表大会第三次会议上

内蒙古自治区发展和改革委员会

受自治区人民政府委托，向大会提出2009年国民经济和社会发展计划执行情况与2010年国民经济和社会发展计划草案，请予审议，并请自治区政协委员和列席会议的同志们提出意见。

一、2009年国民经济和社会发展计划执行情况

过去的一年，在自治区党委的正确领导下，全区各地坚持以科学发展观为指导，全面落实中央应对国际金融危机的一揽子计划，经济运行持续向好，社会事业全面发展，保增长、调结构、扩内需、促改革、惠民生取得明显成效。

（一）经济增长整体呈回升态势。面对国际金融危机的严重冲击，自治区党委、政府坚决积极贯彻落实中央扩大内需的一系列政策措施，有效扭转了经济增速下滑的势头。

生产总值增长逐季加快。一季度生产总值增长15.8%，二季度增长16.5%，三季度增长17.9%。初步统计，全年实现生产总值9725.8亿元，增长16.9%。其中，第一产业增长2.3%，第二产业增长21.4%，第三产业增长15%。

停产半停产企业逐步恢复。停产工矿企业已经从2008年12月份最高1112户减少到91户，恢复率达到91.8%；停产半停产企业涉及职工人数从11.2万人减少到3.9万人。

用电量持续增加。发电量从7月份开始正增长，改变了之前几个月连续负增长的局面。全年累计发电2240亿千瓦小时，增长5%。用电量呈逐月增加趋势，12月份达到128亿千瓦小时，比上年同月增加33.3亿千瓦小时。

（二）产业结构调整取得积极进展。在金融危机形成的“倒逼”机制推动下，结构调整步伐明显加快。

农牧业生产得到加强。农作物播种面积和粮食播种面积进一步扩大，粮食生产在克服严重自然灾害的情况下获得较好收成，全年粮食产量396亿斤，比上年减产30亿斤。畜牧业稳定发展，牧业年度牲畜存栏1.09亿头只，连续5年稳定在1亿头只以上。全年肉类总产量240万吨，增加21万吨；牛奶产量850万吨，减产92万吨。

工业经济稳定回升。全年规模以上工业实现增加值4400.5亿元，增长24.2%。工业经济运行呈现以下特点：一是传统产业中煤炭继续较快增长，电力、钢铁、有色等行业增长有所放缓。全年煤炭产量6亿吨，增长22.8%；电力、钢铁、有色三个行业平均增长17.8%，所占比重由39.8%下降到34.5%，对工业增长的贡献由36.3%下降到26.8%。二是新兴行业增长加快。装备制造、新能源、现代煤化工等新兴产业快速成长，截至2009年底全区风电装机容量达到500万千瓦、风机产能500万千瓦、甲醇产能560万吨。三是淘汰落后产能步伐加快。累计关停小火电机组20万千瓦，淘汰电石产能10万吨，铁合金产能10万吨。预计全年万元生产总值能耗2.01吨标准煤，下降7%左右。

第三产业继续较快增长。初步统计，全年第三产业实现增加值3695.4亿元，增长15%。从第三产业内部看，交通运输业增长有所减缓，铁路货物发送量完成5.2亿吨，增长11.3%。商贸流通业较快增长，全年社会消费品零售总额2855亿元，增长19.2%。在积极的财政政策推动下，社会事业和公共服务支出增加，全年财政用于社会事业和公共服务的支出增长31.8%，比上年提高3.2个百分点。

（三）扩大内需政策得到有效落实。投资需求较快增长，消费需求逐渐升温，对经济发展的带动作用进一步增强。

投资需求较快增长。城乡50万元以上项目固定资产投资完成7381亿元，增长33.8%。从资金来源看，财政性投资力度加大，银行贷款大幅增加，但企业投资增长相对缓慢。全年财政性资金到位423.6亿元，增长80.5%；银行贷款到位786.6亿元，增长1.05倍；企事业单位自有资金到位2176.7亿元，增长14.9%。从资金投向看，农牧业、建筑业和基础设施投资增长加快，工业投资平稳增长。全年农牧业完成投资376亿元，增长49.5%；建筑业完成投资68.8亿元，增长95.9%；公路完成投资461.8亿元，增长44.6%；铁路完成投资277亿元，增长65.4%；工业完成投资3806.1亿元，增长30.5%。重点项目建设进展顺利，已累计新开工高速公路348公里、铁路2600公里。呼和浩特至北京快速客运通道预可研已通过铁道部审查并上报国家发展改革委，通辽、赤峰至北京快速客运通道铁道部已委托开展线路方案研究。

消费需求增长加快。在国家一系列消费政策的作用下，消费需求持续升温，城乡居民的消费热点集中表现在三个方面：一是家电。全区家用电器和音像器材类商品销售额完成45.9亿元，增长20.1%。二是汽车。完成零售额212.3亿元，增长50.8%。三是房地产。全年商品房销售面积2463万平方米，增长15%；商品房销售额733.2亿元，增长38.9%。

（四）财政金融形势较好。全年地方财政总收入完成1378.1亿元，比上年增加270.9亿元，增长24.5%。其中，一般预算收入850.8亿元，增加200.1亿元，增长30.7%；上划中央税收527.4亿元，增加70.8亿元，增长15.5%。一般预算收入中，税收收入完成576.7亿元，增长24.2%，占一般预算收入的67.8%；非税收入完成274亿元，增长47.1%，占32.2%。

12月末全区金融机构各项人民币存款余额达到8373.7亿元，比年初增加2056.1亿元，比上年增长32.1%。其中居民储蓄存款余额3913.6亿元，增加702.8亿元，增长33.7%。各项贷款余额6292.5亿元，增加1784亿元，增长39%。在适度宽松货币政策的作用下，金融机构贷款投放大幅增加，全年新增贷款是上年的2倍，银行贷款重点向保障性住房、重大基础设施项目、民生工程、产业升级和技术改造等领域倾斜。

（五）各项社会事业全面进步。教育得到优先发展，教育保障能力进一步增强，小学生生均公用经费达到300元/年，初中生达到500元/年，大学生生均经费从每人每年4200元提高到4700元。医疗卫生机构建设进一步加强，累计新开工7个地市级中蒙医院、18个县级中蒙医院、42个县级综合医院、110个乡镇中心卫生院和59个社区卫生机构项目。文化事业繁荣发展，成功举办了第十一届亚洲艺术节和第六届草原文化节，元上都申报世界文化遗产工作取得重大进展。村村通广播电视工程进入收尾阶段，广播综合覆盖率达到94.8%，电视综合覆盖率达到93.5%。全民健身运动蓬勃开展，竞技体育水平不断提高，在第十一届全运会上取得7块金牌的优异成绩。

（六）人民生活持续改善。城乡居民收入稳步提高。全年城镇居民人均可支配收入15849元，实际增长9.8%；农牧民人均纯收入4938元，实际增长6.1%。自治区党委、政府确定的“十件实事”和“十项民生工程”进展顺利，解决了120万人的安全饮水问题和1.23万户农牧民的通电问题，累计开工建设廉租住房200万平方米。社会保障体系建设加快，全区参加基本医疗保险人数比上年末增加193.2万人，参加基本养老保险人数增加21.3万人，农村牧区新型合作医疗参合率达到96.4%。社会保障水平进一步提高，企业退休人员养老金标准每人每月提高125元；城镇居民最低生活保障标准每人每月提高45元，比计划增加15元；农牧民最低生活补助标准每人每月提高18元，比计划增加3元。就业再就业政策全面落实，全年城镇新增就业21.6万人。

（七）重点领域改革取得新突破。投资体制改革迈出实质性步伐，凡地方出资或自筹资金建设的社会事业项目，下放到盟市投资主管部门负责审批和核准。国有企业改革取得新成果，成功完成蒙能公司重组工作，与国电公司合作成立了内蒙古国电能源投资有限公司，国电集团注入资金40亿元。呼兴电网整体划转国家电网，与赤峰、通辽电网共同组建了内蒙古东部电网公司。资源性产品价格改革稳步推进，从7月1日起开征煤炭价格调节基金，截止12月底累计征收25.8亿元。煤炭资源配置政策得到进一步完善，出台了《关于进一步完善煤炭资源管理的意见》，明确了配置原则，统一了配置标准。医药卫生体制改革全面展开，制定出台了医药卫生体制改革的实施意见和近期实施方案。文化体制改革积极推进，组建了内蒙古博物院、内蒙古影视集团和内蒙古出版集团。事业单位改革取得新进展，在全区义务教育学校、公共卫生和基层医疗卫生机构开始实施绩效工资制度。行政事业性收费制度改革取得积极进展，在落实国家取消和停征100项行政事业性收费的基础上，自治区于2009年3月1日起取消和停征108项地方性收费项目。

在肯定成绩的同时，我们也要充分认识到，我区作为欠发达地区的基本区情还没有得到根本改变，发展不足仍然是经济社会发展中的主要矛盾，特别是当前经济社会发展还面临一些突出的困难和问题：一是结构性矛盾仍然比较突出。以资源型产业为主的结构特征没有根本改变，煤炭行业的主导作用进一步强化，面临着较大的产业风险和市场风险。二是部分行业和企业生产经营还比较困难。1—11月份，全区规模以上工业企业实现利润653.2亿元，增长5.9%；亏损企业亏损额73.5亿元，增长26.9%。电力、钢铁、有色、化工等重点行业亏损较为严重。三是收入增长与经济增长不够协调。城乡居民收入在国民收入中的比重呈现不断下降的趋势，特别是受自然灾害和农畜产品价格下跌的影响，农牧民增收面临较大困难。四是财政收支压力较大。财政收入来源和地区结构不够平衡，非税收入所占比重偏高。2009年政策性减收因素较多，支出增长较快，财政收支矛盾突出。五是对外贸易受到较大冲击。全年完成进出口总额67.6亿美元，下降24.1%。其中，出口23.2亿美元，下降35.3%；进口44.4亿美元，下降16.6%。对于这些问题，我们将采取有效措施，逐步加以解决。

二、2010年国民经济和社会发展的主要任务

按照自治区经济工作会议的总体部署，2010年国民经济和社会发展的主要预期目标是：生产总值增长13%以上，地方财政总收入增长17%，城镇居民人均可支配收入实际增长11%，农牧民人均纯收入实际增长10%，城镇登记失业率控制在4.3%以内，居民消费价格总水平涨幅控制在3%左右，节能减排完成“十一五”规划确定的目标。实现上述目标，关键是认真贯彻落实中央和自治区经济工作会议精神，更加注重经济结构调整和发展方式转变，更加注重改革开放和自主创新，更加注重城乡统筹和区域协调发展，更加注重节能减排和生态建设，更加注重保障和改善民生，努力实现经济

平稳较快发展。

（一）进一步落实国家扩大内需的各项政策。在稳定扩大需求规模的基础上，着力优化需求结构，促进经济增长由主要依靠投资拉动向投资、消费协调拉动转变。

保持投资需求稳定增长。切实加强重点项目建设，突出抓好500万吨炼油、300万吨煤制化肥、200万吨聚氯乙烯等重大工业项目，力争全年工业投资增长20%左右。继续加强重点铁路、公路、电网和城镇污水垃圾等基础设施项目建设，推进呼和浩特至北京和通辽、赤峰至北京快速客运通道，鄂尔多斯至河北南网、锡林郭勒至山东、呼伦贝尔外送电二期工程等高压输变电通道前期工作，力争基础设施投资增长25%左右。大力优化投资结构，财政性投资要继续向“三农”、民生和社会事业等领域倾斜。切实加强中央投资项目管理，确保达到“三个100%”的要求。

努力扩大消费需求规模。一是切实增强居民消费能力。积极推进收入分配结构调整，进一步规范公务员津补贴标准，落实义务教育学校、公共卫生与基层医疗卫生事业单位绩效工资政策。改革企业内部收入分配关系，完善有利于提高劳动报酬的职工工资决定机制、正常增长机制和支付保障机制，稳步提高城镇居民收入水平。继续加大支农惠农政策力度，提高主要粮食品种最低收购价格，扩大涉农补贴规模，研究制定促进牧区发展和牧民增收的政策措施，不断提高农牧民收入水平。二是努力培育消费热点。继续实施鼓励家电、汽车、农机、节能产品消费的各项优惠政策，完善住房消费和调控政策，增加中低价格和限价商品房供应，保持家电、汽车、住房消费增长的良好势头，积极培育信息、旅游、文化等新的消费热点。三是进一步优化消费环境。继续推进“万村千乡市场工程”、“双百市场工程”和“农超对接”工程建设，健全农村牧区流通网络体系。全面清理垄断性经营服务收费，继续取消一批行政事业性收费项目，降低收费标准，营造良好消费环境。切实加强市场监管，保持市场价格基本稳定。

（二）保持农牧业稳定发展。坚持把“三农三牧”问题作为全部工作的重中之重，强化对“三农三牧”的支持，夯实农牧业持续稳定发展的基础。

提高农牧业综合生产能力。启动实施100亿斤粮食增产规划，粮食播种面积稳定在8000万亩以上。继续加强农田水利基本建设，重点抓好旱改水、井灌区配套、大中型灌区改造和牧区节水灌溉饲草料基地建设，全面完成病险水库除险加固任务。全年新增农田有效灌溉面积200万亩，节水灌溉面积300万亩。切实加强防灾减灾体系建设，有效增强农牧业防灾抗灾能力。

加强农畜产品基地建设。重点推进城市郊区设施蔬菜和乌兰察布市设施马铃薯建设，进一步扩大设施农业面积。加快推进百万奶牛、百万肉牛、千万肉羊高产工程建设，建成奶牛标准化养殖小区500个，生猪标准化养殖小区300个。

推进农畜产品质量安全体系建设。重点是加强农畜产品质量检测体系建设，建成自治区质量检测中心和24个旗县农产品质量安全检测站。继续加强动物疫病防控，完善乡镇苏木动物防疫体系。

（三）推动产业结构优化升级。认真贯彻落实国家重点产业调整振兴规划和国务院38号文件关于抑制部分行业产能过剩和重复建设的有关要求，加大传统产业改造力度，积极培育新兴产业，加快中小企业发展，促进产业结构优化升级。

加快传统产业技术改造步伐。煤炭工业要适当控制新开工规模，重点推进煤矿技改和煤田灭火项目建设，年内煤矿机械化水平提高到90%以上。电力工业要按照稳定产能、扩大外送的原则，借助特高压电网建设，努力扩大电力外送规模。继续推进电力多边交易和大用户直供试点，有效增加区内用电负荷。进一步落实重点产业调整和振兴规划实施意见，在钢铁、有色、化工、装备制造、轻工、电子等领域实施一批产业延伸和产业升级项目，加快调整产品结构，提高企业竞争力。

加快培育战略性新兴产业。一是加快发展新能源产业。着力打造千万千瓦风电基地和百万千瓦光伏产业基地，全年新投产风电装机200万千瓦。二是加快洁净煤开发利用。进一步加快煤转化步伐，积极推进煤气化、煤制油和煤液化项目建设，重点建设几个大型煤制天然气项目。三是加快培育新材料工业。重点支持发展稀土、粉煤灰提取氧化铝、特种合金等新材料产业。

促进中小企业加快发展。一是强化对中小企业的政策支持。认真贯彻《国务院关于进一步促进中小企业发展的若干意见》和自治区《关于进一步促进中小企业发展的意见》，加大中小企业技术进步贴息资金和中小企业专项发展资金投入，支持中小企业发展。二是切实解决中小企业融资难的问题。实施中小企业融资联席会议制度，建立小企业贷款风险补偿基金，发展多层次的中小企业信用担保体系，规范发展小额贷款公司，争取小额贷款公司覆盖全部旗县（市、区）。三是优化中小企业发展环境。切实加强和改善政府服务，进一步减少、合并行政审批事项，加强中小企业服务平台、信息服务网络和小企业创业基地建设。

大力发展第三产业。创新服务业发展方式，推动服务业集聚区快速发展，提升服务业发展的水平和层次。一是加快发展物流业。认真落实《内蒙古自治区贯彻落实国家物流业调整和振兴规划的实施意见》，积极推动多式联运和转运设施工程、物流园区工程、城市配送工程、物流标准和技术配送工程、物流公共信息工程和应急物流工程等八大工程建设，培育物流龙头企业和服务品牌。二是积极发展金融业。积极推动兴业、光大、民生银行及区外保险公司在我区设立分支机构。促进内蒙古银行尽快发展成为覆盖全区的区域性股份制银行，推进鄂尔多斯、乌海城市商业银行增资扩股。

支持企业直接融资，进一步扩大股票、企业债券和创业投资规模。三是繁荣发展文化产业。认真落实自治区政府《关于加快文化产业发展的若干政策意见》，加强文化产业基地和园区建设，鼓励支持文化企业兼并重组，完成演艺集团组建工作。四是促进旅游业较快发展。继续抓好阿尔山、成陵等重点景区建设，建成一批年接待游客能力 50 万人以上的国内知名旅游景区，不断提高旅游接待能力。进一步加强省际旅游合作，多渠道增加旅游客源，扩大旅游消费规模。

（四）努力推进节能减排和生态环境建设。今年是实现“十一五”节能减排约束性指标的最后一年，必须进一步加大力度，强化目标责任管理，确保全面完成“十一五”规划的各项目标。

继续淘汰落后产能。综合运用行业准入、清洁生产审核、差别电价、补偿奖励等措施，全面完成“十一五”淘汰产能目标。全年确保淘汰铁合金产能 2 万吨，电石产能 10 万吨。

加强重点节能工程建设。加快实施十大重点节能工程，在煤炭、电力、冶金、化工等行业着力推广国家推荐的 50 项节能技术。加强城镇现有住房节能改造，完成 200 万平方米的住房改造任务。全面实施节能产品惠民工程，继续以财政补贴方式推广高效节能空调和节能灯具。积极推进合同能源管理，先行在电力、钢铁等行业开展试点。

全面落实污染物减排的各项措施。强化对燃煤电厂脱硫设施的运行监管，确保脱硫设施稳定运行。加快钢铁、有色等非电行业减排工程建设进度，确保按时建成并投入运行。抓好城镇污水处理设施建设，提高污水处理能力，大力削减造纸、化工、酿造、印染行业水污染物排放量。加大黄河、辽河、海河和松花江流域水污染防治力度。

加强生态环境建设。积极争取国家支持，继续抓好退牧还草、京津风沙源治理等生态重点工程建设，启动实施黄土高原综合治理工程试点，研究建立草原生态补偿机制，巩固和扩大生态建设成果，力争全年完成林业生态建设 1000 万亩，治理水土流失面积 650 万亩。

（五）促进区域经济协调发展。突出重点，加强薄弱环节，抓好各类区域规划和政策的落实，推动城乡之间、区域之间全面协调可持续发展。

推进呼包鄂一体化发展。研究制定《呼包鄂经济一体化发展规划》，争取在交通通讯、信息资源、金融服务等一体化发展上取得突破。

促进东部盟市加快发展。研究制定贯彻落实《国务院关于进一步实施东北地区等老工业基地振兴战略的若干意见》的实施意见，加强资源型城市经济转型项目的储备和建设。推进大兴安岭生态保护和经济转型，编制完成《内蒙古大兴安岭林区生态保护与经济转型规划》。

加快城乡统筹步伐。在加快推进鄂尔多斯城乡统筹步伐的同时，选择一批有条件的旗县开展旗县城乡统筹试点。积极稳妥推进城镇化，以呼包鄂城镇群和区域性中心城市为重点，加强城镇基础设施建设，提高城镇综合承载能力。推动大中小城市和小城镇协调发展，逐步将有稳定职业和收入的农民工及其子女转为城镇户口，并纳入城镇社会保障、住房保障等公共服务体系。

（六）加强以民生为重点的社会建设。把促进就业作为经济社会发展的优先目标，进一步完善社会保障体系，加快社会事业发展，推进和谐社会建设。

加强就业和再就业工作。就业是民生之本、收入之源，要实施更加积极的政策，采取更加灵活的方式，营造更加宽松的环境，努力做好各项就业工作。要引导和促进劳动密集型企业、中小企业、民营经济和各类服务业加快发展，大力支持自谋职业和自主创业，推进各种形式的灵活就业，创造更多的就业岗位。鼓励高校毕业生到城乡基层、中小企业就业，高度重视解决贫困大学生的就业问题。强化农民工就业培训，促进农村牧区劳动力就地转移就业和外出务工就业。建立健全公共投资带动就业增长的机制，大力开发公益性就业岗位，积极开展对零就业家庭和就业困难群体的就业援助。力争城镇新增就业 22 万人。

大力发展各项社会事业。教育方面，组织实施中小学校舍安全工程，推进义务教育阶段校舍标准化建设，今年完成全部工程 60%的建设任务。加强职业教育发展，继续实施“中等职业教育基础能力建设工程”，加快普及高中阶段教育。扩大高等教育规模，2010 年全区普通高等学校计划招生 11.1 万人。卫生方面，继续加强基层卫生服务体系建设，实施一批旗县医院、苏木乡镇卫生院和社区卫生服务中心项目，重点建设 42 所县级综合医院、242 个乡镇中心卫生院、468 个社区卫生服务机构，启动以全科医生为重点的基层医疗卫生队伍建设规划。文化方面，重点落实好《国务院关于进一步繁荣发展少数民族文化事业的若干意见》，加快实施苏木乡镇综合文化站等五大公共文化服务工程，推动文化大区建设。

切实加强社会保障工作。以基本养老、基本医疗和最低生活保障为重点，加快完善覆盖城乡居民的社会保障体系。进一步提高企业退休人员养老金水平，稳步推进事业单位养老保险制度改革，完善农民工参加养老保险和关系转移接续办法，做好新型农村牧区养老保险试点工作。加强城乡社会救助体系建设，加大对低收入群体的帮扶救助力度，进一步提高城乡低保标准。

继续推进民生工程建设。围绕人民群众最迫切需要解决的问题，继续开展为民办实事和民生工程建设。积极改善农村牧区生产生活条件，解决 100 万人的安全饮水问题、1.3 万户农牧民通电问题，新增户用沼气 10 万户。加强通乡油路建设，基本实现乡镇苏木通油路。继续推进扶贫开发，对 430 个贫困村实施“整村推进”扶贫，扶贫移民搬迁 3.56 万人。加大保障性住房建设力度，继续组织实施保障性安居工程、棚户区改造和游牧民定居工程，力争新开工廉租住房

160 万平方米以上，完成煤矿棚户区改造 3.1 万户、国有林区棚户区改造 1 万户、国有垦区危旧房改造 6000 户和游牧民定居工程 4000 户的建设任务。

（七）加快推进改革开放。进一步深化重点领域和关键环节改革，逐步消除制约经济发展的体制机制性障碍，不断提高对外开放水平。

继续深化各项改革。一是积极推进医药卫生体制改革。加强基本医疗保障制度建设，城镇基本医疗保险参保率达到 90%以上，农村牧区新型合作医疗参合率稳定在 95%以上，政府对城镇居民基本医疗保险和农村牧区新型合作医疗保险补助标准提高到每人每年 120 元。进一步扩大基本药物制度实施范围，配备使用基本药物的政府办城市社区和旗县（基层）医疗机构达到 60%，实现统一招标、统一配送、零差率销售。继续向城乡居民免费提供基本公共卫生和重大公共卫生服务项目，做好公立医院改革试点工作。二是继续深化资源性产品价格改革。全面推行居民用电阶梯价格制度，完善居民阶梯式水价和非居民超定额用水累进加价制度，适当调整草原植被恢复费征收标准，做好天然气价格调整的各项准备工作。三是进一步深化投融资体制改革。完善投资项目后评价、重大项目公示和责任追究制度，制定代建制管理办法。加快完善创业投资机制，推进多层次资本市场体系建设。四是进一步整顿和规范市场价格秩序。全面清理涉及企业的行政事业和经营服务收费，进一步减轻企业负担。积极稳妥推进取消政府还贷二级公路收费工作。

进一步扩大对外开放。一是认真贯彻落实国家稳定外需的各项政策措施，在改善进出口产品结构的基础上，实现对外贸易稳定增长。二是积极承接国内产业转移。认真落实自治区政府《关于做好承接发达地区产业转移的指导意见》，实施好《全区工业重点领域承接发达地区产业转移工作方案》。切实加强与东北地区及环渤海地区的经济合作，争取引进国内（区外）资金到位 2500 亿元。三是加快实施“走出去”战略。重点抓好与俄罗斯、蒙古等国在资源开发领域的合作，支持有实力的企业开发境外资源以及并购境外资源开发企业，扩大煤炭等资源性产品进口规模，增加战略性资源储备。研究制定利用俄蒙资源发展加工产业规划，推动口岸经济加快回升。

2010 年是“十一五”规划的最后一年，也是应对国际金融危机非常关键的一年，我们要在党中央、国务院和自治区党委的领导下，深入贯彻落实科学发展观，坚定信心，迎难而上，扎实工作，为全面完成今年及“十一五”规划的各项任务、实现富民强区的目标而奋斗。

关于2009年预算执行情况和2010年预算草案的报告

Report on the Implementation of Budgets for 2009 and Draft Budgets for 2010 in Inner Mongolia

——在内蒙古自治区第十一届人民代表大会第三次会议上

内蒙古自治区财政厅

受自治区人民政府委托，现将2009年预算执行情况和2010年预算草案的报告提请本次人民代表大会审议，并请自治区政协各位委员提出意见。

一、2009年全区预算执行情况

2009年是进入新世纪以来我国经济社会发展最为困难的一年，也是财政收支矛盾十分尖锐的一年。在自治区党委的正确领导下，各地区、各部门坚持以科学发展观为指导，认真贯彻落实中央应对国际金融危机的一揽子计划，以及自治区十一届人大二次会议的有关决定和决议，积极应对各种困难和挑战，自治区经济持续稳步回升，民生等社会事业加快发展，全区及自治区本级预算执行情况良好，圆满完成了2009年预算确定的各项任务和目标。

2009年年初提请人代会审议的全区地方财政总收入预算为1285亿元，根据2009年12月31日汇总的国库数据，2009年全区地方财政总收入入库1378.1亿元，完成年度预算的107.2%，比上年增加270.9亿元，增长24.5%，其中：一般预算收入850.7亿元，完成年度预算的112.7%，比上年增加200.1亿元，增长30.7%；上划中央税收收入527.4亿元，比上年增加70.8亿元，增长15.5%。

2009年中央财政对我区各类补助收入1022.2亿元，比上年增加237亿元，增长30.2%，其中：返还性和财力性转移支付530.4亿元，比上年增加72亿元；各类专项转移支付491.8亿元，比上年增加165亿元。

2009年，经自治区人大常委会批准，由中央财政代我区发行地方政府债券57亿元，其中：自治区本级留用20亿元，转贷盟市37亿元。

2009年自治区财政下达盟市补助收入911.8亿元，比上年增加171.3亿元，增长23.1%，其中：返还性和财力性转移支付419.8亿元，比上年增加2.8亿元；各类专项转移支付492亿元，比上年增加168.5亿元。

汇总全区地方财政一般预算收入、中央补助收入、地方政府债券收入和上年财政结转结余以及调入资金，2009年全区总财力为2163.6亿元，其中：一般预算收入850.7亿元，中央财政各类补助收入1022.2亿元，发行地方政府债券收入57亿元，调入预算稳定调节基金11.4亿元，上年财政结转结余等222.3亿元。

2009年年初全区地方财政支出预算为1379亿元。根据2009年12月31日汇总的国库数据，2009年全区地方财政支出1925.1亿元，比上年增加470.6亿元，增长32.3%，转入预算稳定调节基金17亿元后，全区地方财政支出完成调整预算的90%。2009年全区财政结转结余资金221.5亿元，主要是为了有效应对国际金融危机的影响，国家实施了积极的财政政策，但由于收支矛盾突出，从第三季度财政收入形势逐步好转开始，中央专项资金才陆续下达，部分新增项目资金甚至是在第四季度下达，导致部分资金未能在当年及时拨付到位。2009年结转资金，将按规定用途陆续拨付，结余资金将由各级政府统筹安排，经法定程序批准后使用。

2009年，自治区本级一般预算收入完成180亿元，完成年度预算的139.5%，加上中央各类补助列自治区本级收入、发行地方政府债券收入以及上年财政结转结余资金等，自治区本级总财力422.6亿元。自治区本级一般预算支出327.9亿元，比上年增加107.9亿元，增长49%，转入自治区本级预算稳定调节基金17亿元后，完成调整预算的82%。2009年自治区本级财政结余结转资金77.7亿元，主要是由于中央部分专项转移支付资金下达较晚，在本级形成结转，2010年将继续下达盟市或安排本级支出。

与2009年年初预算相比，自治区本级超收51亿元，全部为列收列支的探矿权、采矿权价款及使用费收入，按照财政部规定，重点用于地质资源勘查、矿山环境治理等支出。盟市、旗县超收收入的使用情况，分别由各级政府向同级人大常委会报告。

2009年，自治区本级政府性基金收入完成52.1亿元，完成年度预算的179.7%，同口径比上年增加19.6亿元，增长60.3%（2009年政府性基金收入项目取消了养路费和公路客货运附加费，为使比较口径一致，2008年收入中剔除了这两项收入31.4亿元）。2009年自治区本级政府性基金收入超预算较多，主要是由于按照自治区政府印发的《内蒙古自治区煤炭价格调节基金征收使用管理办法》（内政发〔2009〕53号）的规定，从2009年7月1日开始征收的煤炭价格调节基金本级入库11.5亿元，带动政府性基金收入增长较多。2009年，自治区本级政府性基金支出完成8亿元，同口径比上年增加3.8亿元，增长90.5%。

上述各类收支数据，待财政部批复决算后，还会有一些变化，届时向同级人大常委会报告。

2009 年全区预算执行的主要情况是：

（一）财政经济协调发展，财政收入总体保持平稳较快增长

2009 年，随着应对国际金融危机一揽子计划的实施，自治区经济逐步企稳回升，全年地区生产总值增长17%左右，增幅连续八年位居全国第一；固定资产投资逐月累计增幅均在 30%以上；全年规模以上工业增加值和社会消费品零售总额实际增长分别达到 24.2%和 19.2%。随着财政收入来源基础的逐步巩固，2009 年，全区财政收入总体保持平稳较快增长，一般预算收入逐月累计增幅均在 30%以上，其中：增值税、营业税、企业所得税和个人所得税四大主体税种共实现收入 384.2 亿元，占一般预算收入的 45.2%。此外，城镇土地使用税、耕地占用税、车船税等地方税以及行政事业性收费、罚没收入等非税收入也都保持了较高的增长速度。由于受结构性减税政策的影响，一般预算收入中，税收收入完成 576.7 亿元，增长 24.2%，占一般预算收入的 67.8%，比 2008 年下降 3.6 个百分点，其中：作为最大税种的增值税仅增长 6%。财政收入平稳增长主要是经济形势回暖向好的反映，但也存在一次性、政策性因素。如：深化矿产资源有偿使用制度改革，探矿权、采矿权价款及使用费收入增加较多等。扣除这些因素，财政收入增长与经济发展情况是基本相适应的。

（二）贯彻落实积极财政政策，支持自治区经济平稳较快增长

紧紧围绕中央“保增长、扩内需、调结构、惠民生”的方针，贯彻落实积极的财政政策，积极扩大投资和消费需求，促进自治区经济回升向好。2009 年全区财政用于城乡社区、采掘电力信息、交通运输、商业流通等事务方面的公共投资支出469.9亿元，比上年增加148.4亿元，增长46.2%。

扩大政府公共投资规模。积极争取中央扩大内需新增投资 110.2 亿元，落实配套资金 67.1 亿元，加大对农村牧区民生工程、教育医疗卫生等社会事业、保障性住房、节能减排和生态环境等方面的投入。争取财政部代理发行地方政府债券 57 亿元，重点解决中央扩大内需投入配套资金。这些投资直接增加了即期需求，加强了经济社会发展的薄弱环节，为长期发展夯实了基础。

促进经济结构调整和经济发展方式转变。加快实施科技重大专项，自治区本级财政下达科技创新引导奖励资金等科技专项 3.9 亿元，重点支持节能减排、新能源开发利用等方面的关键技术研究。支持节能减排和环境保护，争取中央节能减排专项资金 11.9 亿元，自治区安排资金 6.4 亿元，加快城镇污水处理设施配套管网建设；完成既有建筑节能改造 506 万平方米；奖励企业节能技术改造项目 96 个，淘汰落后产能项目 323 个；启动实施金太阳工程项目 7 个，总装机 10411 千瓦。支持中小企业发展壮大，投入资金 3.6 亿元，加快实施“一个产业带动百户中小企业工程”。

增强居民消费能力。增加城乡居民尤其是低收入群体的收入，提高对农牧民、城乡低保对象、企业退休人员和优抚对象等群体的补贴和补助水平。进一步加大家电、汽车、摩托车下乡推广力度，及时拨付财政补贴资金 4.4 亿元，全区共销售补贴类家电产品 35 万台（部），汽车摩托车 6.5 万辆，实现销售额 18.9 亿元。下达服务业发展专项资金 2.3 亿元，重点支持“万村千乡市场工程”等城乡流通网络建设。完善和落实扩大消费的财税优惠政策。

实行结构性减税政策。实施消费型增值税，降低小规模纳税人的增值税征收率，促进企业扩大投资、加快技术改造。顺利推进成品油税费改革，公平税费负担，推进节能减排，促进科学发展。取消和停征了国家和自治区的 208 项行政事业性收费。继续执行 2008 年已实施的提高个人工资薪金所得减除费用标准、降低住房交易税费等政策。2009 年实施的各项税费减免政策共减轻企业和居民负担 100 亿元左右，有效促进了企业扩大投资，刺激居民消费。

（三）增加“三农三牧”投入，推动农村牧区改革与发展

认真落实中央和自治区两个 1 号文件精神，按照统筹城乡发展的要求，加大对“三农三牧”的投入力度，支持农村牧区改革发展。2009 年全区财政用于农林水、粮油事务及生态建设方面的支出 342.9 亿元，比上年增加 84.2 亿元，增长 32.5%。

继续加大各项惠农惠牧补贴政策的实施力度。落实各类惠农惠牧补贴资金 75.9 亿元，增加 15.4 亿元，基本实现玉米、水稻、小麦、大豆、棉花良种补贴全覆盖，对牧民购买牧机具在中央补贴标准基础上再增加 10-20%，累计对 180 万头生猪、奶牛等畜牧业良种进行补贴。推行财政补贴农牧民资金支出管理和支付方式改革，全面实现补贴资金“一卡通”发放，确保惠农惠牧补贴政策落实到位。

支持现代农牧业发展。投入现代农牧业资金 11.9 亿元，按照集中连片、重点建设的原则，专项用于扶持东部玉米、中部马铃薯、西部农区和东部牧区肉羊产业发展。

着力改善农村牧区生产生活条件。投入农业综合开发资金 12 亿元，全区共改造中低产田 117.5 万亩，实施人工种草 8.5 万亩，改良草场 24.1 万亩，实施农牧业产业化经营项目 210 个。下达土地整理项目资金 12 亿元，全区新增耕地 9231 公顷。落实资金 7.9 亿元，重点解决重砷、重氟区 120 万人安全饮水问题。

加大财政扶贫开发和防灾救灾投入力度。投入财政扶贫资金 9.8 亿元，通过整村推进、移民扩镇、农村牧区劳动力转移培训等方式，重点解决了 15 万低收入农牧民的温饱问题。及时拨付农牧业防灾救灾资金 6 亿元，用于灾民生活救助、防凌防汛、动物疫病防治等经费补助。

加快推进生态建设。落实生态建设补助资金 44.8 亿元，进一步完善和落实财政支持天然林保护工程、森林生态效益补偿、退耕还林、退牧还草等政策措施。

完善农村牧区财政奖补制度和政策。全面推开嘎查村级公益事业建设一事一议财政奖补工作，投入资金 4.5 亿元，政府激励引导、农牧民筹资筹劳、社会力量支持的村级公益事业投入新机制初步形成。推进农牧业保险保费补贴工作，下拨补贴资金 11.5 亿元，全区种植业参保面积达到 6041 万亩，参保农户 263 万户；养殖业能繁母猪参保 42.1 万头，奶牛参保 21.5 万头。

（四）切实保障和改善民生，努力实现社会和谐稳定

紧紧围绕自治区党委 2009 年年初确定的“十件实事”和“十项民生工程”，加快推进以改善民生为重点的社会建设。2009 年，全区用于教育、社会保障和就业等各类民生支出 684.3 亿元，比上年增加 184.2 亿元，增长 36.8%。

大力支持就业和再就业。实施更加积极的就业政策，落实就业补助经费 11 亿元，促进大学生、农民工就业，稳定困难企业就业局势。通过提高生活补助标准等政策，支持高校毕业生面向基层、非公有制企业和中小企业就业。支持对返乡农民工和城镇失业人员开展实用技能培训。设立创业投资政府引导基金，加大小额担保贷款财政投入力度，鼓励自谋职业和自主创业。

继续提高社会保障水平。2009 年，全区社会保障支出 262.2 亿元，比上年增长 43.9%。落实企业职工基本养老保险调标政策，自治区下达补助资金 43.7 亿元，确保全区 106 万名企业退休职工养老金每人每月平均提高 125 元，月平均水平达到 1210 元。启动新型农村牧区社会养老保险试点，自治区财政下拨补助资金 5600 万元，全区参保人数达到 100 万人。提高城乡居民最低生活保障标准，下拨补助资金 25.2 亿元，城乡居民低保标准每人每月分别提高 45 元和 18 元，保障了 202 万城乡低收入群众的基本生活。在适度调整低保标准的同时，对城乡低保对象和优抚对象等困难群体发放一次性生活补贴 3.3 亿元。继续扩大廉租住房实施范围，下达补贴资金 4.8 亿元，城镇人均住房建筑面积 13 平方米以下的低保家庭实现应保尽保，受益家庭 15.2 万户。实施农村牧区危房改造项目，投入资金 3.4 亿元，完成农村危房改造 3.7 万户。

加快教育事业发展。2009 年，全区教育事业支出 243.3 亿元，比上年增长 17.9%。继续深化农村牧区义务教育经费保障机制改革，免除了义务教育学校寄宿生住宿费，提高了农村牧区义务教育阶段中小学生均公用经费定额，小学生均每年 300 元，初中生均每年 500 元。下达资金 6.3 亿元，启动了中小学校舍安全建设工程。加快职业教育发展，自治区本级财政安排资金 3.4 亿元，实施了中等职业教育基础能力建设工程，对农村贫困家庭和牧业旗中职学生实行免费教育。支持高等教育提高办学质量，加快高等院校重点学科和重点实验室建设，将高等院校生均定额标准由 4200 元提高到 4700 元。

深化医药卫生体制改革。2009 年，全区医疗卫生支出 102.1 亿元，比上年增长 70.7%。加快推进基本医疗保障制度建设，落实补助资金 20.6 亿元，统筹解决城乡各类人员医疗保障问题。巩固和完善新型农村牧区合作医疗制度，参合人数达到 1200 万人，各级财政补助标准达到 80 元，在此基础上，将牧业旗参合牧民财政补助标准再提高 20 元，达到每人每年 100 元。全面建立城镇居民基本医疗保险制度，将全区 14 个盟（市）全部纳入国家级试点范围，同时将在校大学生全部纳入城镇居民医疗保险范围，实际参保人数达到 390 万人。全面解决关闭破产国有企业退休人员医疗保障问题。完善城乡医疗救助制度。支持健全基层医疗卫生服务体系，下拨补助资金 6122 万元，支持基层医疗卫生机构设备购置、人员培训和人才培养，提高服务能力和水平。促进基本公共卫生服务逐步均等化，下拨补助资金 3.2 亿元，按照人均基本公共卫生服务经费标准不低于 15 元的标准，建立健全城乡基本公共卫生服务经费保障机制。投入资金 1.3 亿元，实施 15 岁以下人群补种乙肝疫苗、农村改水改厕等重大公共卫生服务项目。

（五）加大转移支付力度，促进了区域经济社会协调发展

按照财力与事权相匹配的原则，进一步加大转移支付力度，重点向困难地区、困难基层、困难群众倾斜。2009 年自治区下达盟市、旗县一般性转移支付 378.5 亿元，比上年增加 2.7 亿元。

以保障津补贴发放为重点，下达盟市、旗县均衡性转移支付 149.6 亿元，增加 23.2 亿元，增长 18.3%。按照国家主体功能区政策要求，新增下达盟市、旗县生态功能区转移支付 9.9 亿元，增强禁止开发区与限制开发区旗县政府提供基本公共服务的财政保障能力。实施成品油税费改革，下达盟市、旗县成品油价格和税费改革转移支付 5.9 亿元，保障交通部门基本支出，加大自治区公路建设投资。支持资源枯竭城市社会保障、环境与生态建设、棚户区改造等，下达资源枯竭型城市转移支付 0.5 亿元。推进农村牧区义务教育经费保障机制改革，下达盟市、旗县义务教育转移支付 10.6 亿元，增加 3.3 亿元，增长 44.8%。全面启动全区政法经费保障体制改革，下达盟市、旗县政法转移支付 15.7 亿元，为基层公检法司机关履行职责提供了资金保障。研究省直管县财政管理体制改革，继续完善“乡财县管”管理方式。建立健全县级基本财力保障制度，进一步完善村级组织运转经费保障机制。支持边境贸易和口岸建设，下达专项转移支付 12.6 亿元，比上年增加 0.8 亿元，加强边境旗县和一类口岸基础设施建设，支持边贸及边贸企业发展。

（六）稳步推进各项财税改革，公共财政体系进一步完善

稳步推进各项财政改革，公共财政体系进一步完善，依法理财和科学理财水平有了新的提高。

深化部门预算改革。进一步完善基本支出定额标准体系和以人员为核心的基础信息库，提高预算编制的科学性和准确性。启动了专项资金项目库管理工作，稳步推进项目预算滚动管理。改进和加强政府结余资金和超收收入的管理，发挥好自治区本级预算稳定调节基金的作用。

推进国库集中支付制度改革。自治区本级 100 个部门 1260 多个基层预算单位已经纳入国库集中支付改革范围；全区 12 个盟市本级，96 个旗县实施了改革。加快推进公务卡改革步伐，自治区本级 85 个一级预算单位、465 个基层预算单位实施了公务卡改革；全区 8 个盟市启动了公务卡改革试点工作。启动财税库银税收收入电子缴库横向联网工作，并已正式上线运行。

深化非税收入收缴管理制度改革。全区 12 个盟市本级、100 个旗县区实施了非税收入收缴管理制度改革。发挥非税收入的政策调节功能，出台了煤炭价格调节基金征收管理和预算管理办法，为促进我区煤炭资源的节约利用和煤炭工业的可持续发展提供了制度保障。

完善收入分配制度改革。进一步规范公务员津贴补贴和义务教育阶段中小学教师绩效工资改革，认真落实艰苦边远地区津贴政策和行政事业单位离退休人员的住房补贴政策。

继续推进其他财政领域改革。继续扩大政府采购范围和规模。全区政府采购规模达到 175.7 亿元，节约资金 18.3 亿元，资金节约率 10%。深化行政事业单位资产管理改革，房地产、车辆及大型设备等大额国有资产处置基本实现进场交易，自治区本级及 10 个盟市 9000 多户行政事业单位实现了资产管理的信息化、网络化。按照中央厉行节约八项要求，严格控制一般性支出，压缩出国（境）经费、车辆购置及运行费、公务接待费等支出。强化地方政府性债务管理，防范和化解财政风险。加强财政监督管理和追踪问效，重点对扩大内需、现代农业、家电下乡等涉及人民群众切身利益的项目进行了监督检查，并在全区组织开展了“小金库”专项治理。此外，启动了国有资本经营预算编制工作，进一步加大财政政务公开力度。

2009 年财政运行中也存在着一些亟待解决的问题，如：财政收支矛盾比较突出，特别是一些资源禀赋差的旗县财政还比较困难；财政支出进度不均衡，预算执行效率有待提高；财政体制仍需健全，自治区以下财政管理体制需进一步规范；政府性债务不断累积，财政风险不容忽视，等等。我们必须高度重视这些问题，通过不断加快发展、深化改革、严肃法纪和规范管理等综合措施，着力加以解决。

二、2010 年预算草案

根据自治区党委、人大对财政经济工作的总体部署，2010 年全区财政预算安排的总体要求是：以邓小平理论和“三个代表”重要思想为指导，深入贯彻落实科学发展观，全面贯彻党的十七大、十七届三中、四中全会及全区经济工作会议精神，继续落实好国家积极财政政策，扩大政府公共投资，促进经济结构调整，支持自治区经济平稳较快发展；坚持统筹兼顾、增收节支的方针，调整优化财政支出结构，严格控制一般性支出，着力保障以改善民生为重点的社会事业发展，提高城乡居民收入水平；推进财税制度改革，加快形成有利于科学发展的财政体制机制；坚持依法理财，加强财政科学化精细化管理，提高财政管理绩效。

根据自治区宏观经济发展预期以及目前掌握的政策性调整因素， 2010 年全区地方财政总收入安排 1610 亿元，比 2009 年实际完成数增加 232 亿元，增长 17%，高于今年地区生产总值预期增幅 4 个百分点，高于全国财政收入增幅 9 个百分点。2010 年全区地方财政支出预算安排 1710 亿元，加上上年结转和预算执行中中央增加的各类补助，2010 年全年实际总支出将达到 2210 亿元左右，比 2009 年实际支出数增加 285 亿元，增长 15%。

根据《预算法》的规定，各级财政预算由同级人民政府编制，报同级人民代表大会审查批准。下面，重点报告自治区本级公共财政预算和政府性基金预算的安排情况：

根据现行财政体制划定的收入范围和中央明确的补助数额， 2010 年自治区本级财政一般预算总财力安排 879.5 亿元，其中：一般预算收入 155 亿元；中央财力性补助收入 557.1 亿元；中央专项补助收入 157.6 亿元；盟市上解收入 6 亿元；调入资金 3.8 亿元。

根据收支平衡的原则，2010 年自治区本级财政一般预算总支出安排 879.5 亿元，其中：按政策和体制规定返还和补助盟市 586.8 亿元；本级一般预算支出安排 292.7 亿元，比上年年初预算数增加 106.1 亿元，增长 56.9%。剔除新增燃油税费改革转移支付 38.5 亿元之后，本级一般预算支出实际增长 36.2%。

2010 年自治区本级财政支出预算按经济分类和功能分类分别编制，从不同角度反映政府的支出活动。按经济分类划分，自治区本级一般预算支出安排情况是：基本支出预算安排 79.6 亿元，占 27.2% ；各类专项支出安排 213.1 亿元，占 72.8%。在基本支出预算中，行政事业单位工资福利支出 35.2 亿元，商品和服务支出即公用经费 21.8 亿元，对个人和家庭的补助支出 22.6 亿元。

按功能分类划分，自治区本级一般预算支出主要安排情况是：

——安排一般公共服务支出 31.2 亿元，比上年年初预算增加 2.9 亿元，增长 10.1%，其中专项资金安排 7 亿元。主要用于保障自治区党政机关及其所属职能部门的基本支出。完善人口和计划生育利益导向机制，加大对农村牧区及城镇无业人员独生子女父母奖励扶助力度，继续支持“一杯奶”生育关爱行动。加大人才开发、培训和引进投入，鼓励高校毕业生到基层、非公有制企业和中小企业就业和锻炼。落实上海世博会参展经费。

——安排公共安全和国防支出 21.4 亿元，比上年年初预算增加 3.2 亿元，增长 17.6%。其中专项资金安排 10.7 亿元，重点用于推动政法经费保障体制改革，支持公检法司基层单位办案业务开支、执法装备购置和开展各种专项斗争；支持民兵和预备役部队训练；加强消防、森林警察、公安边防装备和基础设施建设。

——安排教育支出 39.6 亿元，比上年年初预算增加 13 亿元，增长 48.9%，高于经常性财政收入的增长，符合《教育法》规定的增长要求。其中专项资金安排 27.2 亿元，重点用于巩固和完善农村牧区义务教育经费保障机制改革，提高农村牧区义务教育阶段中小学公用经费补助标准，减免义务教育阶段中小学寄宿生住宿费，实施全区中小学校舍安全工程。加快中等职业教育基础能力建设，对中等职业学校农村家庭经济困难学生、涉农专业学生以及牧业旗中等职业学校学生实行免费教育。认真落实普通本科高校、高等及中等职业学校家庭经济困难学生资助政策和国家助学贷款政策。支持高等院校重点学科和重点实验室建设，继续对自治区直属高等院校银行贷款给予贴息补助，逐步建立控制高校财务风险的长效机制。

——安排科学技术支出 6.6 亿元，比上年年初预算增加 1.8 亿元，增长 36.8%，高于经常性财政收入的增长，符合《科技进步法》规定的增长要求。其中专项资金安排 6 亿元，主要用于继续设立科技发展创新引导奖励资金和自然科学基金；保障自治区重大科技专项顺利实施；鼓励企业加大新材料、可再生能源、节能环保等方面的研发投入；支持内蒙古科技馆建设。

——安排文化体育与传媒支出 5.2 亿元，比上年年初预算增加 7771 万元，增长 17.5%。其中专项资金安排 3 亿元，主要用于推动自治区文化体制改革；继续实施广播电视“无线覆盖”工程、文化信息资源共享工程等重点文化项目；继续对全区博物馆、纪念馆实行免费开放；支持全区第十一届运动会和全民体育健身工程。

——安排社会保障和就业支出、住房保障支出 37.2 亿元，比上年年初预算增加 7.1 亿元，同口径增长 28.3%（2009 年预算代中央安排城乡居民低保补助资金 1.1 亿元，剔除此项因素，社保支出同口径增长 28.3%）。其中专项资金安排 19.5 亿元，重点用于落实企业退休人员养老金调标政策；继续提高城乡居民最低生活保障财政补助标准，每人每月分别提高 30 元和 15 元；提高优抚对象等人员抚恤和生活补助标准；扩大廉租住房补贴范围；全面完成行政事业单位退休人员住房补贴发放工作；继续实施农村牧区危房改造工程；扩大新型农村牧区社会养老保险试点范围，参保人数达到 160 万人以上。建立创业小额担保贷款基金，加强就业实训基地建设，继续安排小额担保贷款资金，大力支持就业和再就业。

——安排医疗卫生支出 13 亿元，比上年年初预算增加 2.9 亿元，增长 28.1%。其中专项资金安排 8.2 亿元，重点用于支持医药卫生体制改革，巩固和完善新型农村牧区合作医疗制度、城镇居民基本医疗保险制度，将各级财政补助标准由 80 元提高到 120 元；支持城乡公共卫生服务体系建设；适当提高城乡困难群众医疗救助水平；加大对关闭破产国有企业退休人员医疗保险的补助水平；实施农村改厕等中央重大公共卫生项目。

——安排环境保护、国土资源气象、城乡社区事务支出 28.5 亿元，比上年年初预算增加 11.5 亿元，增长 67.6%。其中专项资金安排 26.2 亿元，主要用于支持节能技术改造、淘汰落后产能、建筑节能等重点节能工程建设；加快实施新建城镇污水处理配套设施和城镇供热管网建设等重点减排项目；积极扶持新能源产业发展；支持城镇建设规划、维护以及“城中村”改造奖励；全面推进矿产资源有偿使用制度改革，加大矿产资源勘查、矿山地质环境治理等方面的投入。

——安排农林水事务支出 25.2 亿元，比上年年初预算增加 7.4 亿元，增长 41.6%，高于经常性财政收入的增长，符合《农业法》规定的增长要求。其中专项资金安排 23.4 亿元，主要用于支持现代农牧业发展，巩固农畜产品保障供给能力；完善牧业旗肉羊良种补贴等各项惠农惠牧补贴政策；加大农牧业基础设施和农业综合开发投入力度，提高农业综合生产能力；加大扶贫开发投入力度；完善农牧业保险保费补贴制度和政策；全面推进嘎查村公益事业建设一事一议财政奖补工作。

——安排交通运输、资源勘探电力信息和商业服务业等事务支出 58.4 亿元，比上年年初预算增加 44.2 亿元，增长 311.3%。其中专项资金安排 56.4 亿元，主要用于推进成品油税费改革，加大交通资本金以及农村牧区公路建设和养护资金投入。落实企业优惠政策，鼓励企业扩大投资；支持工业重点项目建设，扶持中小企业发展壮大。加快现代物流、旅游、金融等服务业发展。继续安排粮食风险基金及粮食挂账利息等各类政策性补贴资金。

——安排其他支出 26.4 亿元，比上年年初预算增加 11.3 亿元，增长 74.8%。其中专项资金安排 25.5 亿元，主要包括预算内基本建设投资 8 亿元；中央扩大内需偿债准备金 5 亿元；政府预备费 3.5 亿元，增加 5000 万元；扶持边贸经济发展专项 1 亿元。

根据现行政府性基金政策规定，2010 年自治区本级政府性基金收入预算安排 72 亿元，比 2009 年预算数增加 43 亿元，其中：新增编列煤炭价格调节基金增加 35 亿元，将彩票公益金收入纳入政府性基金预算（原列财政专户）增加 4 亿元，剔除这两项因素，同口径比 2009 年预算数增长 14%。基金收入来源主要是新增建设用地土地有偿使用费、地方水利建设基金、煤炭价格调节基金。

按照“以收定支、专款专用”的原则，2010 年自治区本级政府性基金支出预算相应安排 72 亿元，同口径增长14%。基金支出重点用于企业剥离办社会、矿山环境综合整治、土地整理和水利基础设施建设等。

三、坚持依法理财，强化科学管理，确保圆满完成 2010 年预算

（一）继续加强和改善财政宏观调控，促进自治区经济平稳较快发展

从自治区经济发展正处于回升向好关键时期的客观需要出发，牢固树立功能财政的思想，把支持自治区经济平稳较快发展与促进结构调整结合起来，进一步巩固经济回升基础和宏观调控成果。继续实施积极财政政策，保持政府公共投资力度，优化投资结构，足额落实中央新增项目配套资金，继续加大对保障性安居工程、农村牧区民生工程及农牧业基础设施、教科文卫等社会事业、环境保护等重点领域的投入力度。同时，完善项目资金管理方式，对地方建设项目更多采用切块下达的方式，强化盟市、旗县管理责任。积极支持搭建政府投融资平台，引导社会资金投向政府鼓励的项目和符合国家产业政策的领域。继续实施结构性减税（费）政策，减轻企业和居民负担。加快实施重大科技专项，支持科技创新和节能减排，加快发展可再生能源和新能源，加强资源节约和生态环境保护，推动自治区新型工业化发展。贯彻落实汽车以旧换新政策，促进资源综合利用和拉动居民消费。积极运用补贴、转移支付、税收等财税手段，扩大财政补助规模，完善社会保障制度，改善居民消费预期，努力提高农牧民、城乡低保对象等低收入群体的消费能力。支持农村现代流通体系建设，通过家电下乡补贴、农机购置补贴等多种方式，培育和发展农村消费市场。落实国家和自治区统筹城乡区域协调发展的各项财税政策，把统筹城乡区域协调发展与推进城镇化结合起来，进一步扩展经济发展空间，增强经济发展后劲。

（二）加强财政收支管理，确保完成今年财政预算任务

在继续落实结构性减免税费政策的基础上，支持税务部门依法加强税收征管，防止税收流失，确保应收尽收。继续推进财税库银税收收入电子缴库横向联网工作，提高税款入库速度，实现税收收入信息共享。贯彻执行自治区非税收入管理条例，建立规范的非税收入体系，逐步将非税收入全部纳入预算管理，并实行国库集中收缴，确保财政收入稳定增长。坚持扩大财政收入总量与优化财政收入结构并重，增强财政收入增长的稳定性、均衡性和可持续性。狠抓预算执行管理，强化部门 预算支出责任，加快预算支出进度，及时拨付“三农三牧”、教育、医疗卫生、社会保障等方面的资金，提高预算执行效率，确保重点支出需要。严格控制一般性支出，自治区部门公用经费继续保持零增长，继续压缩出国（境）经费、车辆购置及运行费、公务接待费等行政开支，进一步控制行政成本。

（三）加强政府性基金管理，健全政府预算体系

按照财政部的要求，对应纳入基金预算管理的收入要全部纳入基金预算编制范围。继续深化部门预算改革，细化基金预算编制，严格按照修订后的基金预算收支科目以及“两上两下”预算编制程序，全面编制政府性基金预算，通过预算编制形成资金合力，加大对政府性基金的统筹安排力度。同时，加强对政府性基金的监督管理，建立财政部门内部及财政部门与预算单位之间的沟通协作机制，并及时向各级人大报告基金预算管理情况。要按照自治区政府相关管理办法的要求，做好煤炭价格调节基金的预算编制、资金使用和监督管理工作。在完善公共财政预算、规范政府性基金预算编制的同时，全面推进国有资本经营预算，加快建立社会保险基金预算，逐步将本级政府全部收入和支出纳入预算，提高预算的完整性和透明度。

（四）积极探索有效的财政保障方式，逐步建立与经济发展同步增长的民生改善长效机制

坚持富民与强区并重，进一步优化财政支出结构，着力保障和改善民生，集中更多的财政资源用于改善民生和发展社会事业，建立健全保障和改善民生的长效机制，推动基本公共服务均等化，把改善民生作为保增长的出发点和落脚点。认真落实自治区每年安排的为群众办的“十件实事”和“十项民生工程”，注重实效，着力解决就业、社会保障、教育、医疗、住房等涉及群众切身利益的问题，让广大人民群众共享改革发展成果，同沐公共财政阳光。充分发挥财政调节收入分配的职能作用，稳步规范公务员津贴补贴，加快推进事业单位绩效工资改革，加大各项惠农惠牧补贴政策的实施力度，促进城乡居民收入水平与经济发展同步增长。就业为民生之本，要实施更加积极的就业政策，对受金融危机影响较大的困难企业，实施缓缴社会保险费、降低社会保险费率等政策，帮助企业渡过难关，稳定用工岗位；运用财税政策，安排和鼓励高校毕业生到基层和中小企业工作，支持自主创业、自谋职业；强化对农民工就业的公共服务和技能培训；加大就业援助，重点做好就业困难人群、零就业家庭和受灾地区劳动力就业的帮扶工作。进一步完善以基本养老、基本医疗、最低生活保障为核心的社会保障体系，提高社会保障的普惠性和覆盖面，建立社保投入随经济增长同步增加的长效机制。

（五）完善转移支付办法，促进地区间基本公共服务均等化

围绕推进基本公共服务均等化和主体功能区建设，健全财力与事权相匹配的体制。落实国家主体功能区转移支付政策，加大对列入国家限制开发区旗县的转移支付力度，为限制开发区基本公共服务和保护生态环境提供财力保障。按照国务院《关于完善村级组织运转经费保障机制促进村级组织建设的意见》（中办发（ 2009 ）21 号）精神，增加自治区

对村级组织运转的财政补助经费，并督促和引导县乡承担起对村级组织运转经费保障的主要责任。以缩小地区间财力差距和促进城乡居民收入提高为重点，继续加大对财政困难旗县、边境旗县、少数民族聚居旗县和革命老区旗县的均衡性转移支付力度，增强财力薄弱地区落实各项民生政策的能力。

（六）继续深化各项财政改革，进一步提高财政科学化精细化管理水平

深化预算管理制度改革，细化项目支出预算，逐步实现“一上”预算编制全部细化到具体项目和落实到具体单位，涉及政府采购的要同时编制政府采购预算；全面推进旗县部门预算改革，建立部门预算责任制度；提高基本支出和项目支出执行的均衡性，并选择重点项目、民生项目，推行预算支出绩效评价试点。制定行政事业单位资产配置标准和实物费用定额，继续推进行政事业单位资产管理与预算管理有机结合的机制和流程。健全财力与事权相匹配的体制，完善自治区以下财政体制，进一步规范自治区以下政府间分配关系。加快国库集中收付制度改革，2010 年要将自治区本级所有基层预算单位、全区所有旗县（市、区）纳入国库集中支付制度改革范围。继续推进公务卡改革。尽快完善并应用国库动态监控系统，建立对预算单位资金支付的事前监督机制。与全区经济发展水平相适应，逐步扩大政府采购范围和规模，充分发挥政府采购促进中小企业发展、节能减排等方面的政策功能。推进农村牧区综合改革，健全嘎查村级公益事业建设一事一议财政奖补制度；全面实现财政补贴农牧民资金“一卡通”发放；鼓励各地区开展其他乡村公益性债务清理、核实和化解工作。研究健全政府性债务信息统计、规模控制和风险预警等基本制度框架，防范财政债务风险。

（七）严格财政监督，规范财政资金运行机制

继续开展重大财税政策实施情况专项检查调研，保障中央宏观调控政策的有效落实。建立健全覆盖所有政府性资金和财政运行全过程的监督机制，特别是要强化事前和事中监督，促进监督与管理的有机融合。在加强对财政日常业务监督管理的同时，要强化对农业、教育、社保、政府投资等重点部门、行业、资金的监督检查。自觉依法接受人大、审计的监督，进一步扩大向人代会报送部门预算草案的范围，并对预算草案中涉及民生的重点支出要逐步细化到“款”级科目。认真整改审计发现的问题，不断提高财政管理水平。深入推进“小金库”治理工作，研究建立“小金库”治理长效机制。进一步完善政务公开制度，主动公开财政规范性文件以及有关的财政政策、发展规划等，增强财政工作的透明度。严格注册会计师行业管理，加强对企业和行政事业单位财务管理、会计信息质量、会计师事务所和资产评估机构执业质量的监督。

各位代表，今年是全面实现“十一五”规划目标、衔接“十二五”发展的重要一年，我们要深入贯彻落实科学发展观，紧紧围绕自治区经济社会发展大局，按照自治区党委的决策部署和本次会议对财政工作提出的各项要求，充分利用有利条件，积极克服各种困难，努力完成 2010 年各项财政工作任务，为促进自治区经济社会平稳较快发展做出更大的贡献。

内蒙古自治区
2009年国民经济和社会发展统计公报
Statistical Bulletin of the National Economic and Social Development in Inner Mongolia for 2009

内蒙古自治区统计局

（2010年2月27日）

2009年，全区各族人民在自治区党委、政府的正确领导下，以邓小平理论和“三个代表”重要思想为指导，深入学习实践科学发展观，努力构建社会主义和谐社会。面对国际金融危机对我国的严峻挑战，我区各地结合实际认真贯彻落实中央和国务院应对危机刺激经济发展的各项政策措施，全区经济增长下滑趋势得到有效遏制，国民经济总体形势回升向好，民生状况不断改善，社会各项事业全面进步。

一、综　　合

初步核算，全年生产总值9725.78亿元，按可比价格计算，比上年增长16.9%。其中，第一产业增加值929.02亿元，增长2.3%；第二产业增加值5101.39亿元，增长21.4%；第三产业增加值3695.37亿元，增长15%。第一产业对经济增长的贡献率为1.3%，第二产业对经济增长的贡献率为62.2%，第三产业对经济增长的贡献率为36.5%。全区生产总值中一、二、三次产业比例由上年的10.7：51.5：37.8调整为9.6：52.4：38。按常住人口计算，全年人均生产总值40225元，比上年增长16.5%，按年平均汇率折算达5888美元。

全年居民消费价格总水平比上年下降0.3%。其中，食品类价格上涨1.3%，烟酒及用品类价格上涨0.8%，医疗保健及个人用品类价格上涨1%，其它消费品和服务类价格均比上年下降。工业品出厂价格和原材料、燃料及动力购进价格分别比上年下降3.8%和0.9%，固定资产投资价格下降1.5%，农产品生产价格下降0.3%。[详见附表1]

年末全区就业人员1142.21万人，比上年末增加38.92万人，增长3.5%。其中，城镇就业人员439.24万人，比上年末增加24.34万人，增长5.9%。城镇私营个体从业人员193.67万人，比上年末增加23.6万人，增长13.9%。全年领取再就业优惠证的下岗失业人员再就业12.35万人，比上年减少2.03万人。年末城镇登记失业率为4.05%，比上年末下降0.05个百分点。

全年完成地方财政总收入1378.12亿元，其中地方财政一般预算收入850.75亿元，分别比上年增长24.5%和30.7%。全年地方财政支出1925.13亿元，比上年增长32.3%。公共与民生领域成为支出的重点，其中，一般公共服务支出299.83亿元，比上年增长24.1%；社会保障和就业支出274.57亿元，增长43.4%；医疗卫生支出102.09亿元，增长70.7%；教育支出243.32亿元，增长17.9%；环境保护支出96.99亿元，增长21.7%。

国民经济和社会发展中存在的主要问题是：一是经济持续向好的基础还不稳固。部分行业和企业生产经营还比较困难，经济效益尚未明显改善。二是结构性矛盾依然比较突出。产业结构单一，优势特色产业发展不协调，非资源型产业发展滞后，多元发展、多极支撑的产业体系尚未建立；产业延伸不足，“原字号”和初级产品比重高，资源精深加工能力不强；农牧业基础仍然比较薄弱；服务业发展水平有待进一步提升。三是居民收入增长与经济增长不协调，城乡居民收入在国民收入中的比重不断下降。四是协调发展和可持续发展水平需要进一步提高。城乡差距不断扩大，地区间发展差距明显，社会事业有待加强；生态脆弱的局面没有根本改变，部分地区生态环境仍在退化，生态保护建设任重道远。

二、农　　业

全年农作物种植面积692.78万公顷，比上年增加6.68万公顷。其中，粮食作物种植面积542.4万公顷，比上年增加16.95万公顷。全年粮食总产量1981.7万吨，比上年减产149.6万吨，下降7%。全年油料产量119.62万吨，增长1.8%；甜菜产量109.58万吨，下降35.6%；蔬菜产量1380.61万吨，增长1.5%；水果（含果用瓜）产量210.67万吨，下降11.5%。

牧业年度全区牲畜存栏头数达10858.5万头（只），比上年同期增长1.7%；牲畜总增6564.7万头（只），牲畜总增率达61.5%，比上年同期提高3.7个百分点。牧业年度良种及改良种牲畜总头数10285.4万头(只)，比重为94.7%，比上年同期提高1.4个百分点。全年肉类总产量233.91万吨，比上年增长6.6%；牛奶产量903.1万吨，下降3.4%；山羊绒产量7375吨，下降3.5%；禽蛋产量48.9万吨，增长8.3%；水产品产量10.59万吨，增长7.8%。[详见附表2]

林业全年完成营造林面积86.2万公顷。其中，人工造林35.3万公顷，飞播造林9.6万公顷，封山育林41.3万公顷。全年完成退耕还林和荒山荒地造林面积5.2万公顷，完成天然林资源保护工程造林面积23.8万公顷，完成京津风沙源治理工程造林面积29.2万公顷，完成“三北”防护林四期工程造林面积23.4万公顷，幼林抚育(作业)面积84.4万公顷。年末全区森林面积2366.4万公顷，森林覆盖率达20%。全年实现林业产业产值179.5亿元。

三、工业和建筑业

全年全部工业增加值4503.31亿元，比上年增长21.2%。其中，规模以上工业企业完成增加值4400.45亿元，比上年增长24.2%。在规模以上工业企业中，国有企业增加值增长13.1%，集体企业增加值增长31.3%，股份合作企业增加值增长5.7%，股份制企业增加值增长26.2%，外商及港澳台商投资企业增加值增长24.6%，其它经济类型企业增加值增长6%。在规模以上工业企业中，轻工业增加值795.83亿元，增长21.8%；重工业增加值3604.62亿元，增长24.7%。

全年规模以上工业新产品产值107.85亿元，比上年增长10.6%；出口交货值141.07亿元，比上年下降35.6%。能源、冶金、化工、装备制造、农畜产品加工业和高新技术六大优势特色产业增加值占规模以上工业的87.4%，成为拉动工业生产快速增长的主要动力。从工业产品产量看，全区原煤产量首次突破6亿吨，达6.01亿吨，比上年增长22.8%；发电量达到2239.85亿千瓦小时，增长5%；啤酒产量突破10亿升，达11.04亿升，增长12.3%。此外，水泥、钢材和化肥产量分别比上年增长48.1%、30.1%和94.5%，载货汽车增长8.4%，其他主要工业产品产量均有不同程度增长。[详见附表3]

2009年，全区规模以上工业企业主营业务收入10581.37亿元，比上年增长24.9%；实现利润812.03亿元，比上年增长12.9%。其中，国有及国有控股企业实现利润262.36亿元，同比增长15.9%；规模以上工业亏损企业亏损额71.1亿元，同比下降18.7%。全年规模以上工业企业产品销售率97.3%，比上年提高0.2个百分点。

全年建筑业增加值598.08亿元，比上年增长22.7%。全区具有建筑业资质等级的建筑施工企业827个，比上年增加37个；施工企业房屋建筑施工面积5691.20万平方米，比上年增长7.8%；竣工房屋面积2861.46万平方米，下降11.7%；房屋建筑竣工率50.3%。全年具有建筑业资质等级的建筑企业实现利润68亿元，比上年增长27.2%；实现税金37.52亿元，比上年增长4.9%。

四、固定资产投资

全年全社会固定资产投资总额7464.72亿元，比上年增长33.2%。其中，城乡50万元以上项目完成固定资产投资7380.57亿元，增长33.8%，快于上年增速6.4个百分点。从投资主体看，国有经济单位投资2925.80亿元，增长38.6%；集体单位投资71.42亿元，增长11%；个体投资100.61亿元，与上年持平；其他经济类型单位投资4366.89亿元，增长31.2%。按项目隶属关系分，地方项目完成投资6638.27亿元，增长38.4%；中央项目完成投资826.45亿元，增长2.2%。

在全区固定资产投资中，第一产业投资421.55亿元，增长44.7%；第二产业投资3847.12亿元，增长31.9%；其中，工业投资3774.36亿元， 增长30.9%；第三产业投资3196.05亿元，增长33.3%。从城乡看，城镇固定资产投资7270.21亿元，比上年增长33.2%；全年房地产开发投资815.46亿元，比上年增长9.6%；其中，经济适用房投资53.85亿元，下降21.7%；农村固定资产投资194.51亿元，增长31.1%；其中，非农户投资110.37亿元，增长62.4%。从主要行业投资看，农林牧渔业投资421.55亿元，增长44.7%；电力、燃气及水的生产和供应业投资1157.28亿元，增长53.4%；交通运输、仓储及邮政业投资850.99亿元，增长56%；水利、环境和公共设施管理业投资612.21亿元，增长44.8%。

全年新开工项目11056个，在建项目投资总规模18154.75亿元，分别比上年增长35%和66.9%。在全区城乡50万元以上项目固定资产投资中，全部建成投产项目9845个，项目建成投产率75.1 %；新增固定资产4638.57亿元，固定资产交付使用率62.2%。城镇住宅施工面积7811.65万平方米，比上年增长9.5%；城镇住宅竣工面积2586.05万平方米，比上年增长13.4%；其中，经济适用房213.97万平方米，增长24.2%。商品房竣工面积2237.32万平方米，比上年增长12.9%；商品房销售面积2463.01万平方米，增长2.8%；农村牧区竣工住宅面积394万平方米，下降37%。

五、国内贸易

全年社会消费品零售总额2855.31亿元，比上年增长19.2%。分城乡看，城市消费品零售额1954.7亿元，增长19.7%；县的消费品零售额562.5亿元，增长18.9%；县以下消费品零售额338.1亿元，增长17.3%。分行业看，批发零售贸易业零售额2223.3亿元，增长18.9%；住宿和餐饮业零售额574.2亿元，增长20.9%；其他行业零售额57.8亿元，增长13.9%。

消费品市场呈现两大亮点：一是消费结构呈现积极变化，汽车、居住、家庭装饰等消费不断扩大。全年汽车类零售额182.3亿元，比上年增长54.2%；家电和通讯类消费品升级步伐加快，家用电器和音像器材类零售额比上年增长15.9%。二是“家电下乡”政策在内蒙古实施以来，有力带动了全区农村牧区的消费市场。2009年全区已备案家电下乡销售网点2514家，覆盖近80%的乡镇苏木，累计销售9大类家电下乡产品37.16万台，销售金额达6.32亿元，兑付补贴资金6900多万元。全年县及县以下实现零售额比上年增长18.3%。

六、对外经济

全年海关进出口总额67.64亿美元，比上年下降24.1%。其中，出口总额23.16亿美元，下降35.3%；进口总额44.48亿美元，下降16.6%。从主要贸易方式看，一般贸易进出口额达31.4亿美元，占46.4%，比上年下降35.5%；加工贸易进出口额达2.62亿美元，占3.9%，比上年下降11.5%。

全年实际利用外商直接投资29.84亿美元，比上年增长13%。年内全区在工商部门注册的“三资”企业3675家，比上年增加1349家。

全年共签订对外工程承包、劳务合作合同金额3889万美元，完成营业额4776万美元。

七、交通、邮电和旅游业

全年各种运输方式完成货运量116508.48万吨，比上年增长16.5%。其中，铁路45675.48万吨，增长16.9%；公路70832万吨，增长16.2%；民航1万吨，与上年持平。全年各种运输方式完成货物周转量3963.22亿吨公里，比上年增长11.7%。其中，铁路2077.87亿吨公里，增长8.7%；公路1885.25亿吨公里，增长15.1%；民航0.1亿吨公里，与上年持平。全年各种运输方式完成客运量22809.56万人，增长12.6%。其中，铁路4643.36万人，增长19.8%；公路17998万人，增长11.1%；民航168.2万人，下降4.2%。全年各种运输方式完成旅客周转量377.29亿人公里，比上年增长7.4%。其中，铁路161.84亿人公里，增长4.6%；公路198.38亿人公里，增长10.4%；民航17.07亿人公里，增长0.4%。年末民用汽车保有量199.50万辆，比上年增长17.4%。其中，私人轿车保有量85.56万辆，增长36.8%。

全年邮电业务总量（2000年不变价）554.21亿元，比上年增长21.7%。其中，电信业务总量542.56亿元，增长22.3%；邮政业务总量11.65亿元，下降1.9%。年末（本地电话）局用交换机总容量714.2万门，下降0.7%。年末本地网固定电话用户442万户，下降4.3％。年末移动电话用户1639万户，增长21.9%。年末全区固定及移动电话用户总数达到2081万户，比上年末增加275万户。全区电话普及率（包括固定和移动电话）达到85.91部/百人，增长14.7%。年末全区互联网络用户176万户，增长30.4%。

全年实现旅游总收入611.35亿元，比上年增长30.4%。接待入境旅游人数128.96万人次，下降16.8%；旅游外汇收入5.58亿美元，下降3.3%。国内旅游人数3880.18万人次，比上年增长21.3%；国内旅游收入573.22亿元，增长33.5%。

八、金融、证券和保险业

年末全区金融机构各项人民币存款余额8373.7亿元，比上年末增加2056.07亿元，增长32.1%。其中，企业存款余额2659.09亿元，比上年末增加912.99亿元，增长51.7%；储蓄存款余额3913.95亿元，比上年末增加702.82亿元，增长21.9%。年末全区金融机构各项人民币贷款余额6292.52亿元，比上年末增加1784.2亿元，增长39%。其中，短期贷款余额2286.78亿元，比上年末增加511.23亿元，增长28.7%；中长期贷款余额3895.18亿元，比上年末增加1324.49亿元，增长50.4%；个人消费贷款余额445.9亿元，比上年末增加189.66亿元，增长73.6%。

2009年，受股市震荡上行等因素影响，全区证券公司开户数和交易额均大幅度增长。全年全区证券公司开户数为58.65万户，比上年末增加11.55万户，增长24.5%；证券交易额为4753.9亿元，比上年增长88.1%。

全年保险业实现保费收入171.31亿元，比上年增长21.2%，比上年提高8.7个百分点。其中，财产险实现保费收入67.34亿元，增长25.7%；人寿险实现保费收入103.97亿元，增长18.5%。全年保险业赔付累计支出57.02亿元，增长31%。

九、教育和科学技术

年末全区共有普通高等学校41所，比上年增加2所；全年招收学生11.39万人，比上年增长6.4%；年末在校学生35.19万人，比上年末增长11.1%，其中，少数民族在校学生9.97万人，在少数民族在校学生中有蒙古族8.69万人，分别增长1.9%和1.1%；全年毕业学生7.58万人，增长3%。年末全区有研究生培养单位9个，全年招收研究生4733人，比上年增长25.1%；年末在校研究生12491人，比上年末增长15.5%，其中，少数民族在校研究生4158人，在少数民族在校研究生中有蒙古族研究生3703人，分别增长8.5%和9.5%。年末有中等职业教育学校304所，比上年增加4所；招收学生16.16万人，比上年增长52%；年末在校学生32.7万人，比上年末增长21.4%，其中，少数民族在校学生6.07万人，增长26.7%；全年毕业学生7.71万人，增长2.9%。年末有普通高中306所，全年招收学生17.43万人，比上年下降4%；年末在校学生51.96万人，比上年末下降4%，其中，少数民族学生14.35万人，少数民族学生中有蒙古族学生12.51万人；全年毕业学生18.31万人，下降2.4%。年末有普通初中905所，全年招收学生27.98万人，比上年增长2.7%；年末在校学生83.94万人，比上年末下降4.1%，其中，少数民族学生19.95万人，少数民族学生中有蒙古族学生17.48万人；全年毕业学生29.22万人，比上年下降6.1%。全区初中阶段毛入学率100.78%，比上年提高0.93个百分点。年末有小学3139所，全年招收学生22.88万人，比上年下降8.6%；年末在校学生149.3万人，比上年末下降3.8%；年末毕业学生27.92万人，比上年增长2.6%。全年小学适龄儿童入学率99.76%，基本与上年持平。全区幼儿园在园幼儿33.8万人，比上年增长10.1%。

全年共取得重大科技成果232项，其中，基础理论成果22项，应用技术成果207项，软科学成果3项。全年专利申请2479项，授权专利1486项，分别比上年增长11.6%和11.9%；年内签订各类技术合同2461项，技术合同成交金额66.5亿元。其中，向区外输出技术成交金额1亿元，全区吸纳技术成果金额46.5亿元。

年末全区拥有产品质量检验机构707个，比上年增加27个。其中国家检测中心4个。拥有产品质量认证机构1个。

十、文化、卫生和体育

年末全区有艺术事业机构150个，从业人员5820人，分别比上年增长1.4%和0.9%；艺术表演团体112个，其中乌兰牧骑69个。全年生产故事片10部，制作蒙语译制片50部。现拥有文化馆102座，公共图书馆113座，博物馆38座，档案馆140座，已开放各类档案165万卷。年末全区拥有广播电台13座，中短波广播发射台和转播台57座，广播人口覆盖率94.75%，比上年提高0.7个百分点；拥有电视台14座，一千瓦以上电视发射台和转播台92座，电视人口覆盖率93.53%，比上年提高0.8个百分点；年末全区有线电视用户291.71万户，比上年增长3.1%。自治区和盟市两级全年出版报纸25794万份，其中蒙文版1429万份；出版各类期刊1237万册，其中蒙文版127万册；出版图书6862万册，其中蒙文版816万册。

年末全区共有卫生机构7781个，比上年增加358个。其中，医院471个，农村牧区卫生院1328个，疾病预防控制机构133个，妇幼卫生机构116个，专科疾病防治院（所）50个。年末全区医疗卫生单位拥有病床7.84万张，比上年下降3.7%。其中，医院拥有病床6.21万张，乡镇卫生院拥有病床1.56万张，妇幼卫生机构拥有病床0.29万张。年末全区拥有卫生技术人员 11.69 万人，比上年末增长 6.2%。其中，医院拥有6.51万人，乡镇卫生院拥有1.73万人，疾病预防控制机构拥有0.5万人，妇幼卫生机构拥有0.51万人；执业医师、助理医师5.18万人，注册护士3.48万人，分别比上年增长 3.9%和 10.1%。农村牧区卫生事业不断加强，拥有农村牧区村卫生室1.47万个，拥有乡村医生和卫生员2.04万人，分别比上年增长3.6%和12.9%。年内开展新型农村合作医疗试点的旗县达到95个，覆盖农村牧区人口1435.7万人，其中，实际参加农村合作医疗的农牧民1108万人。

年内全区体育健儿在国内外重大竞赛中获奖牌 1506 枚。其中，国外获奖牌11枚，国内获奖牌1495枚，破自治区记录4项。

十一、环境保护

全区确定的自然保护区 185 个。其中，国家级自然保护区23个，自治区级自然保护区61个。自然保护区面积1382.37 万公顷，其中国家级自然保护区面积 384.37 万公顷。全区拥有生态示范区 25 个。年末全区环境保护系统拥有职工5225人，比上年末增长0.4%；年末全区拥有各级环境监测站108个，环境监测人员1361人。全区监测的15个城市空气质量达到二级标准的13个，达到三级标准的2个。

十二、人口、人民生活和社会保障

全年出生人口23.14万人，人口出生率9.57‰；死亡人口13.56万人，人口死亡率5.61‰；人口自然增长率3.96‰，比上年下降0.31个千分点。年末全区常住人口2422.07万人，比上年增加8.34万人，其中少数民族人口540.61万人，在少数民族人口中有蒙古族人口442.49万人。城镇人口 1293.45 万人，比上年增长 3.6%，占全区总人口的比重53.4%；乡村人口1128.62万人，比上年下降3.2%，占全区总人口的比重 46.6%。男性人口 1244.94 万人，女性人口1177.13万人。在总人口中，65岁及以上老年人口达180.20万人，占全区总人口的比重为7.4%，比上年提高0.12个百分点。

全年城镇居民人均可支配收入 15849 元，比上年增加1416元，增长9.8%，扣除价格因素实际增长10.1%。其中，人均财产性收入363.81元，人均转移性收入3583.1元，分别增长12.1%和18.2%。城镇居民人均消费性支出12370元，增长14.3%。城镇居民家庭恩格尔系数为30.5%，比上年下降2.3个百分点。全年农牧民人均纯收入4938元，比上年增加282元，增长6.1%，扣除价格因素实际增长6.3%。其中，人均工资性收入900.4元，增长11.6%；人均家庭经营性收入 3277.5 元，增长 1.9%；人均转移性和财产性收入759.9元，增长20.3%。农牧民人均生活消费支出3967元，增长9.7%。农村牧区居民家庭恩格尔系数为39.8%，比上年下降1.2个百分点。城乡居民每百户主要耐用品拥有量均有不同程度增长。[详见附表4]

年末全区参加基本养老保险人数410.83万人，比上年增长 5.5%；参加失业保险职工 229.7 万人，领取失业保险金人数为 6.08 万人；全年参加基本养老保险的离退休人员112.78 万人，比上年增长 9.6%；养老金社会发放率达到100%；全年参加基本医疗保险人数410.36万人，比上年增长9.8%；全年有292.84万职工和117.52万退休人员参加了基本医疗保险，分别比上年增长10.5%和8.2%。全年共有207.28万人得到国家最低生活保障救济，比上年增加8.35万人。

年末全区各类社会福利院床位4.26万张，比上年增长1.3%，收养3.39万人，增长1.8%；年末全区城镇建立各种社区服务设施3526个，比上年增加133个。其中社区服务中心506个，比上年增加81个。全年筹集社会福利资金6.46亿元，销售社会福利彩票19.37亿元，分别比上年增长27.4%和17.2%；接受社会捐赠1614.07万元。

注：1、本公报为初步统计数。

2、生产总值及分产业增加值数据根据第二次经济普查结果进行了调整，绝对数按现价计算，增长速度按可比价格计算。

3、根据内蒙古自治区交通厅公路运输量专项调查结果对 2008 年公路运输量数据（货运量、客运量、货物周转量和旅客周转量）进行了修订。

附表1：居民消费价格变动情况

类　　别	2009年
居民消费价格指数（上年=100）	99.7
城市	9.7
农村牧区	99.8
食品类	101.3
粮食	106.5
肉禽及其制品	92.9
蛋	101.9
水产品	98.0
鲜　菜	115.2
鲜　果	107.2
烟酒及用品	100.8
衣着类	99.7
家庭设备用品及服务	99.3
医疗保健及个人用品	101.0
交通和通讯	97.2
娱乐教育文化用品及服务	98.7

居　住	98.0
服务项目	99.0
城市	98.1
农村	100.5

附表 2：主要农畜产品产量和牲畜存栏数

产品名称	计量单位	2009 年	比上年增长%
粮食	万吨	1981.70	-7.0
其中：小麦	万吨	171.22	11.2
玉米	万吨	1341.27	-4.9
稻谷	万吨	64.80	-8.1
大豆	万吨	114.44	7.9
薯类	万吨	161.28	-17.6
油料	万吨	119.62	1.8
甜菜	万吨	109.58	-35.6
水果（含果用瓜）	万吨	210.67	-11.5
蔬菜	万吨	1380.61	1.5
肉类总产量	万吨	233.91	6.6
猪牛羊肉产量	万吨	204.20	5.3
猪肉	万吨	68.60	0.9
牛肉	万吨	47.40	6.3
羊肉	万吨	88.20	8.4
禽蛋	万吨	48.90	8.3
牛奶	万吨	903.10	-3.4
绵羊毛	万吨	10.20	5.9
山羊绒	吨	7375.00	-3.5
牧业年度牲畜存栏	万头（只）	10858.5	1.7
大牲畜	万头	1084.6	2.0
羊	万只	8512.2	0.8
猪	万口	1261.7	7.8

附表 3：主要工业产品产量

产品名称	计量单位	2009 年	比上年增长%
精制食用植物油	万吨	47.43	38.4
成品糖	万吨	15.42	-31.0
液体乳	万吨	348.49	5.5
乳制品	万吨	379.55	5.9
原盐	万吨	211.99	-9.3
卷烟	亿支	240.00	7.9
纱	万吨	2.03	20.8
布	万米	8030.40	45.0
白酒	万升	34360.30	37.8
啤酒	万升	110391.40	12.3
彩色电视机	万部	217.42	-41.3
原煤	万吨	60058.45	22.8
天然原油	万吨	188.85	8.0
汽油	万吨	49.65	18.3
柴油	万吨	51.13	19.8
天然气	亿立方米	146.31	45.7
发电量	亿千瓦小时	2239.85	5.0
生铁	万吨	1381.29	10.6
粗钢	万吨	1261.94	3.0
钢材	万吨	1294.87	30.1
铁合金	万吨	332.44	10.1
十种有色金属	万吨	180.75	21.1
水泥	万吨	4275.52	48.1
平板玻璃	万重量箱	1550.89	6.3
化肥（折纯）	万吨	261.53	94.5
载货汽车	辆	27362	8.4

附表 4：城乡人民生活

项　目	计量单位	2009 年	比上年增长%
城镇居民平均每百户耐用消费品拥有量			
彩色电视机	台	110.36	0.2
电冰箱	台	94.70	1.5
洗衣机	台	95.27	0.6
家用电脑	台	43.24	12.5
家用汽车	辆	9.51	11.0

项　目	计量单位	2009 年	比上年增长%
农牧民平均每百户耐用消费品拥有量			
电视机	台	102.3	-0.2
其中：彩电	台	97.5	2.8
电冰箱	台	37.0	26.2
洗衣机	台	54.9	5.0
摩托车	辆	66.2	4.4

第二部分

统计资料

PART TWO STATISTICS

2010 NEI MENG GU

一、行政区划和自然资源

Divisions of Administraive Areas and Natural Resources

资料整理：蔡雨成

Arranged By Cai Yucheng

1-1 自然资源
Natural Resources

项目	Item	2009
土地资源	**Land Resources**	
土地总面积(万平方公里)	Total Land Area(10 000 sq.km)	118.3
#年末实有耕地面积(万公顷)	Cultivated Land at the Year-end(10 000 hectares)	714.9
耕地面积占土地面积的比重(%)	Composition of Cultivated Land in Total Land Area(%)	6.0
林业用地面积(万公顷)	Area of Afforestated Land(10 000 hectares)	4394.93
森林资源	**Forests Resources**	
森林面积(万公顷)	Forest Area(10 000 hectares)	2366.4
森林覆盖率(%)	Forest-Coverage Rate(%)	20.0
活立木蓄积量(亿立方米)	Stock Volume of the Forest(100 million cu.m)	13.61
草原资源	**Prairie Resources**	
草原总面积(万公顷)	Prairie Area(10 000 hectares)	8666.7
#可利用面积(万公顷)	Utilizable Area(10 000 hectares)	6818.0
水利资源	**Water Resources**	
水资源总量(亿立方米)	Total Water Resources Volume(100 million cu.m)	378.15
地表水资源量	Surface Water Volume	263.36
地下水资源量	Ground Water Volume	214.36
矿产资源	**Mineral Resources**	
煤保有储量(亿吨)	Coal Ensured Reserves(100 million tons)	3465.83
铁矿石保有储量(亿吨)	Iron Ore Ensured Reserves(100 million tons)	36.17
磷矿石保有储量(亿吨)	Phosphate Ore Ensured Reserves(100 million tons)	2.76
稀土氧化物保有储量(万吨)	Rare-earth Ensured Reserves(10 000 tons)	7646.56
铜保有储量(万吨)	Copper Ensured Reserves(10 000 tons)	623.53
铅保有储量(万吨)	Lead Ensured Reserves(10 000 tons)	814.36
锌保有储量(万吨)	Zinc Ensured Reserves(10 000 tons)	2037.31
盐保有储量(万吨)	Salt Ensured Reserves(10 000 tons)	17571.63

注：地表水资源量与地下水资源量之和不等于水资源总量，有重复计算部分。

a)Total Water Resources Volume is not equal to Surface Water Volume plus Ground Water Volume,there is Duplicated Measurement between Surface Water and Ground Water.

1-2 全区行政区划

地区	Region	旗县级个数（个）Number of Areas at County Level (unit)	旗县(市、区)及名称
全区合计	**Total**	**101**	**旗52个、县17个、盟(市)辖县级市11个、区21个。**
呼和浩特市	Hohhot City	9	新城区、回民区、玉泉区、赛罕区、土默特左旗、托克托县、和林格尔县、清水河县、武川县。
包头市	Baotou City	9	东河区、昆都仑区、青山区、石拐区、白云矿区、九原区、土默特右旗、固阳县、达尔罕茂明安联合旗。
呼伦贝尔市	Hulunbeier City	13	海拉尔区、满洲里市、扎兰屯市、牙克石市、额尔古纳市、根河市、阿荣旗、莫力达瓦达斡尔族自治旗、鄂伦春自治旗、鄂温克族自治旗、新巴尔虎右旗、新巴尔虎左旗、陈巴尔虎旗。
兴安盟	Xingan League	6	乌兰浩特市、阿尔山市、科尔沁右翼前旗、科尔沁右翼中旗、扎赉特旗、突泉县。
通辽市	Tongliao City	8	科尔沁区、霍林郭勒市、科尔沁左翼中旗、科尔沁左翼后旗、开鲁县、库伦旗、奈曼旗、扎鲁特旗。
赤峰市	Chifeng City	12	红山区、元宝山区、松山区、阿鲁科尔沁旗、巴林左旗、巴林右旗、林西县、克什克腾旗、翁牛特旗、喀喇沁旗、宁城县、敖汉旗。
锡林郭勒盟	Xilinguole League	12	二连浩特市、锡林浩特市、阿巴嘎旗、苏尼特左旗、苏尼特右旗、东乌珠穆沁旗、西乌珠穆沁旗、太仆寺旗、镶黄旗、正镶白旗、正蓝旗、多伦县。
乌兰察布市	Wulanchabu City	11	集宁区、丰镇市、卓资县、化德县、商都县、兴和县、凉城县、察哈尔右翼前旗、察哈尔右翼中旗、察哈尔右翼后旗、四子王旗。
鄂尔多斯市	Erdos City	8	东胜区、达拉特旗、准格尔旗、鄂托克前旗、鄂托克旗、杭锦旗、乌审旗、伊金霍洛旗。
巴彦淖尔市	Bayannaoer City	7	临河区、五原县、磴口县、乌拉特前旗、乌拉特中旗、乌拉特后旗、杭锦后旗。
乌海市	Wuhai City	3	海勃湾区、海南区、乌达区。
阿拉善盟	Alashan League	3	阿拉善左旗、阿拉善右旗、额济纳旗。

Divisions of Administrative Areas in Inner Mongolia

Name of Areas at County(Banner, City and District)

52 Banners, 17 Counties.11 Cities at County Level, 21 Districts under Jurisdiction of Cities.

Xincheng District, Huimin District, Yuquan District, Saihan District, Tumotezuo Banner, Tuoketuo County, Helingeer County, Qingshuihe County, Wuchuan County.

Donghe District, Kundulun District, Qingshan District, Shiguai District, Baiyun Mineral District, Jiuyuan District, Tumoteyou Banner, Guyang County, Daerhanmaomingan Union Banner.

Hailaer District, Manzhouli City, Zhalantun City, Yakeshi City, Eerguna City, Genhe City, Arong Banner, Molidawadawoer Nationality Autonomous Banner, Elunchun Nationality Autonomous Banner, Ewenke Nationality Autonomous Banner, Xinbaerhuyou Banner, Xinbaerhuzuo Banner, Chenbaerhu Banner.

Wulanhaote City, Aershan City, Keerqinyouyiqian Banner, Keerqinyouyizhong Banner, Zhalaite Banner, Tuquan County.

Keerqin District, Huolinguole City, Keerqinzuoyizhong Banner, Keerqinzuoyihou Banner, Kailu County, Kulun Banner, Naiman Banner, Zhalute Banner.

Hongshan District, Yuanbaoshan District, Songshan District, Alukeerqin Banner, Balinzuo Banner, Balinyou Banner, Linxi County, Keshiketeng Banner, Wengniute Banner, Kalaqin Banner, Ningcheng County, Aohan Banner.

Erlianhaote City, Xilinhaote City, Abaga Banner, Sunitezuo Banner, Suniteyou Banner, Dongwuzhumuqin Banner, Xiwuzhumuqin Banner, Taipusi Banner, Xianghuang Banner, Zhengxiangbai Banner, Zhenglan Banner, Duolun County.

Jining District, Fengzhen City, Zhuozi County, Huade County, Shangdu County, Xinghe County, Liangcheng County, Chahaeryouyiqian Banner, Chahaeryouyizhong Banner, Chahaeryouyihou Banner, Siziwang Banner.

Dongsheng District, Dalate Banner, Zhungeer Banner, Etuokeqian Banner, Etuoke Banner, Hangjin Banner, Wushen Banner, Yijinhuoluo Banner.

Linhe District, Wuyuan County, Dengkou County, Wulateqian Banner, Wulatezhong Banner, Wulatehou Banner, Hangjinhou Banner.

Haibowan District, Hainan District, Wuda District.

Alashanzuo Banner, Alashanyou Banner, Ejina Banner.

1-3 边境、牧区、山老区旗县市

地区	Region	旗县级个数 (个) Number of Areas at County Level (unit)	旗县(市、区)及名称
边境旗市	**Banners & Cities of Frontier**	**20**	
包头市	Baotou City	1	达尔罕茂明安联合旗。
呼伦贝尔市	Hulunbeier City	6	根河市、陈巴尔虎旗、满洲里市、新巴尔虎右旗、新巴尔虎左旗、额尔古纳市。
兴安盟	Xingan League	2	科尔沁右翼前旗、阿尔山市。
锡林郭勒盟	Xilinguole League	5	东乌珠穆沁旗、阿巴嘎旗、苏尼特左旗、二连浩特市、苏尼特右旗。
乌兰察布市	Wulanchabu City	1	四子王旗。
巴彦淖尔市	Bayannaoer City	2	乌拉特中旗、乌拉特后旗。
阿拉善盟	Alashan League	3	阿拉善左旗、阿拉善右旗、额济纳旗。
牧区旗市	**Banners & Cities of Pastoral Area**	**33**	
包头市	Baotou City	1	达尔罕茂明安联合旗。
呼伦贝尔市	Hulunbeier City	4	鄂温克族自治旗、新巴尔虎右旗、新巴尔虎左旗、陈巴尔虎旗。
兴安盟	Xingan League	1	科尔沁右翼中旗。
通辽市	Tongliao City	3	科尔沁左翼中旗、科尔沁左翼后旗、扎鲁特旗。
赤峰市	Chifeng City	5	阿鲁科尔沁旗、巴林左旗、巴林右旗、克什克腾旗、翁牛特旗。
锡林郭勒盟	Xilinguole League	9	锡林浩特市、阿巴嘎旗、苏尼特左旗、苏尼特右旗、东乌珠穆沁旗、西乌珠穆沁旗、镶黄旗、正镶白旗、正蓝旗。
乌兰察布市	Wulanchabu City	1	四子王旗。
鄂尔多斯市	Erdos City	4	鄂托克前旗、鄂托克旗、杭锦旗、乌审旗。
巴彦淖尔市	Bayannaoer City	2	乌拉特中旗、乌拉特后旗。
阿拉善盟	Alashan League	3	阿拉善左旗、阿拉善右旗、额济纳旗。
半牧区旗市	**Banners & Cities of Semi-Pastoral Area**	**21**	
呼伦贝尔市	Hulunbeier City	3	扎兰屯市、阿荣旗、莫力达瓦达斡尔族自治旗。
兴安盟	Xingan League	3	科尔沁右翼前旗、扎赉特旗、突泉县。
通辽市	Tongliao City	4	科尔沁区、开鲁县、库伦旗、奈曼旗。
赤峰市	Chifeng City	2	林西县、敖汉旗。
锡林郭勒盟	Xilinguole League	1	太仆寺旗。
乌兰察布市	Wulanchabu City	2	察哈尔右翼中旗、察哈尔右翼后旗。
鄂尔多斯市	Erdos City	4	东胜区、达拉特旗、准格尔旗、伊金霍洛旗。
巴彦淖尔市	Bayannaoer City	2	磴口县、乌拉特前旗。
山老区旗县	**Counties & Banners of Mountain & Old Liberated Area**	**25**	
呼和浩特市	Hohhot City	5	土默特左旗、赛罕区、武川县、和林格尔县、清水河县。
包头市	Baotou City	3	土默特右旗、固阳县、达尔罕茂明安联合旗。
赤峰市	Chifeng City	2	喀喇沁旗、宁城县。
乌兰察布市	Wulanchabu City	8	卓资县、兴和县、丰镇市、凉城县、察哈尔右翼前旗、察哈尔右翼中旗、察哈尔右翼后旗、四子王旗。
鄂尔多斯市	Erdos City	6	达拉特旗、准格尔旗、鄂托克前旗、鄂托克旗、杭锦旗、乌审旗。
巴彦淖尔市	Bayannaoer City	1	乌拉特前旗。

Banners, Counties and Cities of Frontier, Pure Pastoral Area, Mountain Area and Old Liberated Area

Name of Areas at County(Banner, City & District)

Daerhanmaomingan Union Banner.

Genhe City, Chenbaerhu Banner, Manzhouli City, Xinbaerhuyou Banner, Xinbaerhuzuo Banner, Eerguna City.

Keerqinyouyiqian Banner, Aershan City.

Dongwuzhumuqin Banner, Abaga Banner, Sunitezuo Banner, Erlianhaote City, Suniteyou Banner.

Siziwang Banner.
Wulatezhong Banner, Wulatehou Banner.
Alashanzuo Banner, Alashanyou Banner, Ejina Banner.

Daerhanmaomingan Union Banner.

Ewenke Nationality Autonomous Banner, Xinbaerhuyou Banner, Xinbaerhuzuo Banner, Chenbaerhu Banner.

Keerqinyouyizhong Banner.
Keerqinzuoyizhong Banner, Keerqinzuoyihou Banner, Zhalute Banner.

Alukeerqin Banner Balinzuo, Banner, Balinyou Banner, Keshiketeng Banner, Wengniute Banner.

Xilinhaote City, Abaga Banner, Sunitezuo Banner, Suniteyou Banner, Dongwuzhumuqin Banner, Xiwuzhumuqin Banner, Xianghuang Banner, Zhengxiangbai Banner, Zhenglan Banner.
Siziwang Banner.
Etuokeqian Banner, Etuoke Banner, Hangjin Banner, Wushen Banner.
Wulatezhong Banne, Wulatehou Banner.
Alashanzuo Banner, Alashanyou Banner, Ejina Banner.

Zhalantun City, Arong Banner, Molidawadawoer Nationality Autonomous Banner.
Keerqinyouyiqian Banner, Zhalaite Banner, Tuquan County.
Keerqin District, Kailu County, Kulun Banner, Naiman Banner.
Linxi County, Aohan Banner.
Taipusi Banner.
Chahaeryouyizhong Banner, Chahaeryouyihou Banner.
Dongsheng City, Dalate Banner, Zhungeer Banner, Yijinhuoluo Banner.
Dengkou County, Wulateqian Banner.

Tumotezuo Banner, Saihan District, Wuchuan County, Helingeer County, Qingshuihe County.
Tumoteyou Banner, Guyang County, Daerhanmaomingan Union Banner.
Kalaqin Banner, Ningcheng County.
Zhuozi County, Xinghe County, Fengzhen City, Liangcheng County, Chahaeryouyiqian Banner, Chahaeryouyizhong Banner, Chahaeryouyihou, Siziwang Banner.

Dalate Banner, Zhungeer Banner, Etuokeqian Banner, Etuoke Banner, Hangjin Banner, Wushen Banner.

Wulateqian Banner.

1-4 主要城市气温(2009年)

Monthly Average Temperature of Major Cities(2009)

单位：摄氏度 (°C)

城市	City	1月 Jan.	2月 Feb.	3月 Mar.	4月 Apr.	5月 May	6月 June	7月 July	8月 Aug.	9月 Sept.	10月 Oct.	11月 Nov.	12月 Dec.	年平均 Annual Average
呼和浩特	Hohhot	-10.3	-2.8	1.3	12.0	17.2	22.0	23.8	21.7	16.3	8.6	-4.0	-10.1	8.0
包 头	Baotou	-10.3	-2.8	2.2	12.9	17.8	22.6	24.4	21.1	16.2	8.8	-4.3	-9.8	8.2
海拉尔	Hailaer	-25.6	-21.0	-11.8	6.0	13.5	15.8	19.4	18.0	10.1	1.3	-14.3	-23.7	-1.0
乌兰浩特	Wulanhaote	-14.7	-10.9	-3.5	10.5	18.7	18.5	23.0	22.5	14.9	6.9	-6.5	-15.3	5.3
通 辽	Tongliao	-11.9	-8.0	-1.2	11.0	19.2	20.8	23.9	23.9	17.3	8.9	-4.7	-12.6	7.2
赤 峰	Chifeng	-9.8	-5.3	0.9	11.4	19.7	21.6	24.1	23.8	17.9	8.7	-3.2	-9.1	8.4
锡林浩特	Xilinhaote	-18.6	-11.6	-4.7	7.4	16.1	17.4	21.9	20.7	13.5	3.7	-10.4	-17.4	3.2
集 宁	Jining	-12.3	-5.7	-1.5	8.6	14.8	18.9	21.6	19.6	13.6	6.4	-6.8	-12.0	5.4
东 胜	Dongsheng	-9.1	-2.4	1.2	11.1	15.6	21.5	22.5	19.5	15.0	9.3	-3.6	-9.4	7.6
临 河	Linhe	-8.5	-2.0	3.0	13.5	18.8	23.9	25.1	22.6	17.0	10.6	-3.0	-8.4	9.4
乌 海	Wuhai	-9.0	-2.0	4.1	14.2	18.9	24.6	26.5	22.9	17.8	10.7	-2.2	-8.3	9.9
巴彦浩特	Bayanhaote	-7.4	0.1	4.0	13.3	17.1	23.2	24.4	21.1	16.9	10.4	-2.0	-6.4	9.6

1-5 主要城市平均相对湿度(2009年)

Monthly Average Relative Humidity of Major Cities(2009)

单位：% (%)

城市	City	1月 Jan.	2月 Feb.	3月 Mar.	4月 Apr.	5月 May	6月 June	7月 July	8月 Aug.	9月 Sept.	10月 Oct.	11月 Nov.	12月 Dec.	年平均 Annual Average
呼和浩特	Hohhot	48	36	40	36	37	33	49	53	52	43	53	49	44
包 头	Baotou	52	36	36	34	35	30	49	57	55	44	58	54	45
海拉尔	Hailaer	67	67	68	43	30	60	66	65	64	59	66	68	60
乌兰浩特	Wulanhaote	52	41	41	30	25	62	59	55	49	41	44	54	46
通 辽	Tongliao	43	34	40	44	37	57	66	58	49	45	48	52	48
赤 峰	Chifeng	39	37	35	42	35	45	58	51	45	44	44	43	43
锡林浩特	Xilinhaote	70	49	48	45	32	47	49	49	44	55	65	68	52
集 宁	Jining	52	40	40	39	39	37	49	52	56	46	59	51	47
东 胜	Dongsheng	43	36	35	33	35	26	48	57	56	39	55	52	43
临 河	Linhe	48	36	32	31	30	25	43	49	48	38	57	57	41
乌 海	Wuhai	55	40	28	29	33	23	38	50	53	39	58	61	42
巴彦浩特	Bayanhaote	41	29	23	23	29	20	36	44	49	35	50	47	36

1-6 主要城市降水量(2009年)

Monthly Precipitation of Major Cities(2009)

单位：毫米 (millimeters)

城市	City	1月 Jan.	2月 Feb.	3月 Mar.	4月 Apr.	5月 May	6月 June	7月 July	8月 Aug.	9月 Sept.	10月 Oct.	11月 Nov.	12月 Dec.	全年 Annual Total
呼和浩特	Hohhot			14.5	15.3	31.8	15.4	77.5	55.6	48.7	0.8	5.4		265.0
包　头	Baotou	0.3		6.7	18.1	34.5	9.2	84.1	43.1	76.4	0.4	3.2		276.0
海拉尔	Hailaer	5.5	6.2	15.3	5.8	2.3	114.1	59.6	95.5	29.8	15.0	9.5	9.9	368.5
乌兰浩特	Wulanhaote	2.6	1.1	7.3	14.8	24.4	96.2	46.6	115.7	23.1	3.5	3.7	7.4	346.4
通　辽	Tongliao		0.8	4.0	56.1	14.6	69.4	78.0	25.6	1.5	13.3	1.0	2.0	266.3
赤　峰	Chifeng		5.7	3.0	31.5	22.4	44.0	115.8	10.4	2.9	7.5	6.0	0.9	250.1
锡林浩特	Xilinhaote	0.1		3.1	49.6	7.3	58.1	43.0	45.6	7.4	18.7	4.4	3.5	240.8
集　宁	Jining	0.3	0.1	1.2	10.2	24.8	17.0	27.6	36.6	62.1	1.5	3.1		184.5
东　胜	Dongsheng	0.5		8.6	19.8	38.0	1.3	72.6	85.5	48.2	13.6	10.1	0.1	298.3
临　河	Linhe	1.2		3.1	0.6	13.6	0.8	17.2	19.6	26.4		5.2	0.2	87.9
乌　海	Wuhai	0.5		1.1	1.5	21.1	0.2	37.3	20.6	26.4	0.2	6.5	0.7	116.1
巴彦浩特	Bayanhaote	0.5		1.2	4.5	31.6	2.4	19.0	39.8	14.5	11.5	8.7	1.1	134.8

1-7 主要城市日照时数(2009年)

Monthly Sunshine Hours of Major Cities(2009)

单位：小时 (hours)

城市	City	1月 Jan.	2月 Feb.	3月 Mar.	4月 Apr.	5月 May	6月 June	7月 July	8月 Aug.	9月 Sept.	10月 Oct.	11月 Nov.	12月 Dec.	全年 Annual Total
呼和浩特	Hohhot	173.2	160.2	225.5	266.4	260.8	306.1	248.0	246.5	198.1	234.0	144.5	110.8	2574.1
包　头	Baotou	225.2	201.9	252.3	278.1	308.8	324.9	268.6	280.3	213.3	259.1	193.0	172.0	2977.5
海拉尔	Hailaer	123.9	162.8	233.8	254.6	247.1	210.7	231.4	216.5	176.5	200.6	160.2	107.3	2325.4
乌兰浩特	Wulanhaote	206.6	196.2	248.2	280.3	311.6	229.8	298.7	305.1	247.6	248.8	176.4	167.6	2916.9
通　辽	Tongliao	208.0	218.5	249.2	235.2	319.3	288.4	324.8	324.1	286.9	253.1	199.4	183.4	3090.3
赤　峰	Chifeng	234.6	224.1	293.3	264.7	341.7	317.6	303.0	343.7	270.4	263.8	224.0	191.6	3272.5
锡林浩特	Xilinhaote	208.7	201.4	264.9	245.0	301.5	278.9	311.0	297.1	261.5	227.4	199.6	152.6	2949.6
集　宁	Jining	222.3	216.2	262.7	264.3	266.5	314.1	250.4	268.0	222.0	254.7	194.4	158.6	2894.2
东　胜	Dongsheng	240.7	211.0	266.9	307.4	326.5	361.0	306.3	276.3	222.1	266.1	223.8	213.5	3221.6
临　河	Linhe	227.2	220.7	253.2	287.3	325.2	361.9	316.3	301.9	245.8	287.2	231.4	197.1	3255.2
乌　海	Wuhai	215.6	197.9	268.0	287.2	315.2	348.7	293.7	268.0	205.4	266.7	217.6	158.1	3042.1
巴彦浩特	Bayanhaote	229.4	194.3	252.9	290.4	318.8	332.5	267.3	250.4	210.0	259.7	205.7	186.9	2998.3

主要统计指标解释

行政区划 指国家对行政区域的划分。根据宪法规定，我国的行政区域划分如下：(1)全国分为省、自治区、直辖市；(2)省、自治区分为自治州(盟)、县(旗)、自治县(旗)、市；(3)自治州分为县、自治县、市；(4)旗、县、自治县(旗)分为乡、民族乡、镇；(5)直辖市和较大的市分为区、县(旗)；(6)国家在必要时设立的特别行政区。

国土 指一个主权国家管辖下的领土、领海和领空。

气候 指地球与大气之间长期能量交换与质量交换所形成的一种自然环境状态，它是多种因素综合作用的结果。气候既是人类生活和生产的环境要素之一，又是供给人类生活和生产的重要资源。气温、降水、湿度等气象要素的多年平均值是用来描述一个地区气候状况的主要参数，而各种气象要素某年、某月的平均值(或总量)则可以反映出该时期天气气候状况的重要特征。

自然资源 指人类可以直接从自然界获得 ，并用于生产和生活的物质资源。自然资源一般可以分成可再生资源和非再生资源两大类。可再生资源指在较短时间内可以再生、可以循环利用的资源，包括土地资源、水资源、气候资源、生物资源和海洋资源等。非再生资源指在使用后不能再生的资源，包括矿产资源和地热能源。

土地资源 土地指陆地的表层部分，它主要由岩石、岩石的风化物和土壤构成。土地资源按利用类型可以分为农用地、建筑用地和未利用地。农用地包括耕地、园地、林地、牧草地和水面。建筑用地包括居民点及工矿用地、交通用地和水利设施用地。未利用地指农用地和建筑用地以外的土地，包括滩涂、荒漠、戈壁、冰川和石山等。

耕地面积 指种植各种农作物的土地面积，包括灌溉水田、望天田、水浇地、旱地、菜地等。

林业用地面积 指生长乔木、竹类、灌木、沿海红树林等林木的土地面积，包括有林地、灌木林、疏林地、未成林造林地、迹地、苗圃等。

草地面积 指牧区和农区用于放牧牲畜或割草，植被盖度在 5%以上的草原、草坡、草山等面积。包括天然的和人工种植或改良的草地面积。

森林资源 指森林、林木、林地以及依托森林、林木、林地生存的野生动物、植物和微生物。林木指树木和竹子。森林指以乔木为主体的植物群落，是集生的乔木及与共同作用的植物、动物、微生物和土壤、气候等的总体。

活立木总蓄积量 指一定范围内土地上全部树木蓄积的总量，包括森林蓄积、疏林蓄积、散生木蓄积和四旁树蓄积。

森林面积 指由乔木树种构成，郁闭度 0.2 以上(含 0.2)的林地或冠幅宽度 10 米以上的林带的面积，即有林地面积。森林面积包括天然起源和人工起源的针叶林面积、阔叶林面积、针阔混交林面积和竹林面积，不包括灌木林地面积和疏林地面积。

森林蓄积量 指一定森林面积上存在着的林木树干部分的总材积。它是反映一个国家或地区森林资源总规模和水平的基本指标之一，也是反映森林资源的丰富程度、衡量森林生态环境优劣的重要依据。

森林覆盖率 指一个国家或地区森林面积占土地面积的百分比。在计算森林覆盖率时，森林面积包括郁闭度 0.2 以上的乔木林地面积和竹林地面积，国家特别规定的灌木林地面积、农田林网以及四旁(村旁、路旁、水旁、宅旁)林木的覆盖面积。森林覆盖率是反映森林资源的丰富程度和生态平衡状况的重要指标。计算公式为：

森林覆盖率(%)=森林面积/土地总面积×100%

水资源 水在自然界中以固体、液体和气态三种聚集状态存在，分布于海洋、陆地(包括土壤)以及大气之中，通过水循环形成水资源。水资源包括经人类控制并直接可供灌溉、发电、给水、航运、养殖等用途的地表水和地下水，以及江河、湖泊、井、泉、潮汐、港湾和养殖水域等。水资源是发展国民经济不可缺少的重要自然资源。

地表水和地下水 陆地上的水因空间分布不同，可以分为地表水和地下水。地表水指分别存在于河流、湖泊、沼泽、冰川和冰盖等水体中水分的总称，又称陆地水。地下水指储存在地面以下饱和岩土孔隙、裂隙及溶洞中的水。

内陆水域总面积 指江、河、湖泊、池塘、塘堰、水库等各种流水或蓄水的水面占地面积。

径流 指大气降水扣除损耗外，从地表和地下向流域出口断面汇集的水流。径流可分为地表径流、地下径流和壤中流。地表径流指沿地表向河流、湖泊、沼泽、海洋等汇集的水流；地下径流指沿潜水层或隔水层间的含水层，向河流、湖泊、沼泽、海洋等汇集的地下水水流。

径流量 指在一定时段内通过河流某一过水断面的水量，用以反映一个国家或地区水资源的丰欠程度。计算公式为：

径流量=降水量-蒸发量

矿产资源 矿产指由地质作用形成，富集于地壳中或出露于地表达到工农业利用要求的有用矿物。矿产是一种重要的自然资源，是社会发展的重要物质基础。从某种意义上讲，一个国家对矿产资源开发利用的广度和深度，可以作为这个国家经济发展水平的标志。

矿产保有储量 指探明的矿产储量(包括工业储量和远景储量)，扣除已开采部分和地下损失量后的年末实有储量，是反映国家矿产资源现状的重要指标。

流域 每条河流都有自己的干流和支流，干支流共同组成这条河流的水系。每条河流都有自己的集水区域，这个集水区域就称为该河流的流域。

外流河 指直接或间接流入海洋的河流，供给外流河水的区域称为外流区域。

内陆河 指在陆地内部干燥地区，河水沿途消失于沙漠或注入内陆湖泊的河流。供给内陆河河水的区域称为内陆区域。

气温 指空气的温度，我国一般以摄氏度(℃)为单位表示。气象观测的温度表是放在离地面约 1.5 米处通风良好的百叶箱里测量的。因此，通常说的气温指的是离地面 1.5 米处百叶箱中的温度。其统计计算方法为：

月平均气温是将全月各日的平均气温相加，除以该月的天数而得。

年平均气温是将 12 个月的月平均气温累加后除以 12 而得。

相对湿度 指空气中实际水气压与当时气温下的饱合水气压之比。其统计方法与气温相同。

降水量 指从天气降落到地面的液态或固态(经融化后)水，未经蒸发、渗透、流失而在地面上积聚的深度。其统计计算方法为：

月降水量是将全月各日的降水量累加而得。

年降水量是将 12 个月的月降水量累加而得。

日照时数 指太阳实际照射地面的时间。其统计方法与降水量相同。

Explanatory Notes on Main Statistical Indicators

Administrative Division refers to the division of administrative areas by the state. The Constitution of the People's Republic of China stipulates that the administrative areas in China are divided as:1) The whole country is divided into provinces, autonomous regions and municipalities directly under the central government; 2) Provinces and autonomous regions are divided into autonomous prefectures (leagues) , counties (banners) , autonomous counties and cities; 3) Autonomous Prefectures are divided into counties , autonomous counties and cities; 4) Counties and autonomous counties are divided into townships, nationality townships and towns; 5) Municipalities and large cities are divided into districts and counties, 6) The state establish special administrative regions when necessary.

Territory refers to territorial land, sea and air space under the administration of a sovereign state.

Climate refers to the natural environmental status formed by the long-time exchange of energy and mass between the earth and the air, and is the results of interaction of many factors. Climate is both one of the environment factors and the important resources for the living and production activities of the human being. The average values across several years of meteorological factors such as temperature, rainfall and humidity are used as important parameters to describe the climate of a region, while the average values (or total values) of a given year or month of meteorological factors reflect the key characteristics of climate for that period of time.

Natural Resources refer to material resources that could be obtained from the nature by human being and used for production and living. Natural resources in general can be classified as renewable resources and non-renewable resources. Renewable resources refer to resources that could be renewed and recycled during a relatively short period of time, including land resource, water resource, climate resource, biology resource and marine resource. Non-renewable resources include resources that could not be renewed, such as minerals and geothermal resource.

Land Resource Land refers to the surface of the earth, consisting of mainly rocks and its weathering and earth. Land resource can be classified, by its utilization, as land for agriculture, land for construction and unused land. Land for agriculture includes cultivated land, plantation land, forestland, grassland and waters. Land for construction includes land for residential purpose, for manufacturing and mining, for transportation and for water conservancy projects. Unused land refers to land other than land for agriculture and construction, including beaches, deserts, Gobi, glaciers and Rock Mountains.

Area of Cultivated Land refers to land for the cultivation of various farm crops, including irrigated land, manual-watered land, dry Land and vegetable land.

Area of Afforestated Land refer to land for trees, bamboo, bushes and mangrove, including forest-cover land, bush-covered land, sparse forest land, land Planned for afforestation and nurseries of young trees.

Area of Grassland refers to areas of grassland, grass-slopes and grass-covered hills with a vegetation-covering rate of over 5% that are used for animal husbandry or harvesting of grass. It includes natural, cultivated and improved grassland areas.

Forest Resource refers to forests, trees, forest land and wild animals, plants and microorganism that live on forest and trees. Trees include trees and bamboo. Forest refers to the population of clusters of trees and other plants, animals and microorganism as well as the earth and climate that have interactions with the trees.

Total Standing Stock Volume refers to the total stock volume of trees growing in land, including trees in forest, tress in sparse forest, scattered trees and trees planted by the side of farm houses and along the roads, rivers and fields.

Forest Area refers to the area of forest land where trees and bamboo grow with canopy density above 0. 2, including land of natural woods and planted woods, but excluding bush land and thin forest land. It reflects the total areas of afforestation.

Stock Volume of Forest refers to total stock volume of wood growing in forest area, which shows the total size and level of forest resources of a country or a region. It is also an important indicator illustrating the richness of forest resource and the status of forest ecological environment.

Forest Coverage Rate refers to the ratio of area of afforested land to total land area. This indicator shows the forest resources and afforestation progress of a country or a region. According to regulations of the government, in addition to afforested land, the area of bush forest, the area of forest land inside farm land and the area of trees planted by the side of farm houses and along the roads, rivers and fields should also be included in the area of afforested land in the calculation of the forest coverage-rate. The formula for calculating forest coverage rate is as follows:

Forestry coverage rate (%)=

Area of afforested Land/ Area of Total Land × 100%

Water Resource Water exists in the nature in solid, liquid and gaseous states, is distributed in the ocean, land (including earth) /and air, and constitutes the water resource through the circulation of water. Water resource includes the surface water and underground water that is controlled by the human being for irrigation, power-generation, water supply, navigation and cultivation. It also includes rivers, lakes, wells, springs, tides, gulf and water area for cultivation. Water resource as an important natural resource is indispensable for the development of the national economy.

Surface Water and Underground Water Water on earth can be divided into surface water and underground water according to its distribution. Surface water refers to moisture exists in rivers, lakes, swamps, glaciers, icecaps and so on. It is also called land water. The underground water refers to water deposited underground in the cranny and the hole of saturated rock soil and in the water-eroded cave.

Inland Water Area refers to water area of rivers, lakes, ponds, reservoir, etc.

Runoff refers to the water gathered at the way out of the cross section of drainage area either from the surface or underground after deducting the wastage of the precipitation. Runoff can be divided into surface runoff, underground runoff and within soil runoff. Surface runoff refers to water flow to the rivers, lakes, swamps, and seas on the surface of the earth. Underground runoff refers to water flow to rivers, lakes, swamps, and seas through the water-bearing stratum of confined layer or unconfined layer.

Volume of Runoff refers to the total volume of water running through a certain cross section of a river during a certain period of time, reflecting the water resource condition in a country or a region. The formula for calculating volume or runoff is as follows:

Runoff = Precipitation - Evaporation

Mineral Resources refer to useful minerals that can be used for industrial or agricultural purposes enriched in lithosphere or on earth due to the geological process.

Ensured Mineral Reserves refer to the actual mineral reserves, which equal to the proven mineral reserves (including industrial reserves and prospective reserves) minus extracted parts and underground losses. This indicator shows the current condition of the mineral resources of a country.

Drainage Area Each river has its own main stream and branches to form the water system of the river. Each river has its own catchments area, which is also called as the drainage area of the river.

Out-flowing Rivers refer to rivers directly or indirectly flowing into the sea. The area providing water to the out-flowing rivers is called as out-flowing area.

Inland Rivers refer to rivers in inland dry areas that die away in desert on the way or infuse into inland lakes. The area providing water to the inland rivers is called as inland area.

Temperature refers to the air temperature. China uses centigrade (^{0}C) as the unit. The thermometry used for weather observation is put in a breezy shutter, which is 1. 5 meters high from the ground. Therefore, the commonly used temperature refers to the temperature in the breezy shutter 1. 5 meters away from the ground. The calculation method is as follows:

Monthly average temperature is the summation of average daily temperature of one month divided by the actual days of that particular month.

Annual average temperature is the summation of monthly average of a year divided by 12 months.

Relative Humidity refers to the ratio of actual water vapor pressure to the saturation water vapor pressure under the current temperature. The calculation method is the same as that of temperature.

Volume of Precipitation refers to the deepness of liquid state or solid state (thawed) water falling from the sky to the ground that has not been evaporated, infiltrated or run off. The calculation method is as follows:

Monthly precipitation is the summation of daily precipitation of a month.

Annual precipitation is the summation of 12 months , precipitation of a year.

Sunshine Hours refer to the actual hours of sun irradiating the earth. The calculation method is the same as that of the precipitation.

二、综合

General Survey

资料整理：崔京英
Arranged By Cui Jingying

2-1 平均每天主要社会经济活动

Major Indicators on Average Daily Social and Economic Activities

指　　标	Item	1990	1995	2000	2005	2009
全区每天创造的财富	**Autonomous Regional Daily Production**					
生产总值(万元)	Gross Domestic Product(10 000 yuan)	8748	23481	42168	106987	266856
第一产业	Primary Industry	3084	7128	9611	16152	25468
第二产业	Secondary Industry	2806	8460	15961	48581	140110
工 业	Industry	2388	6983	13265	40490	123379
建筑业	Construction	418	1477	2695	8091	16731
第三产业	Tertiary Industry	2858	7893	16596	42254	101278
# 运输邮电业	Transportation, Postal & Telecommunications Services	567	1900	4807	11659	24090
商业饮食业	Commerce	683	2275	5353	12551	32263
财政收入(万元)	Government Revenue(10 000 yuan)	904	2092	4263	14695	37745
财政支出(万元)	Government Expenditures(10 000 yuan)	1668	2799	7152	20126	52790
粮食(吨)	Grain(ton)	26657	28915	34025	45540	54293
油料(吨)	Oil-bearing Grops(ton)	1901	1923	3189	3348	3277
肉类(吨)	Meat(ton)	1469	2243	3929	6299	6330
牛奶(吨)	Cow Milk(ton)	1012	1331	2186	18934	24743
水产品(吨)	Aquatic Products(ton)	83	130	198	226	290
布(万米)	Cloth(10 000 m)	29.55	23.42	9.01	22.84	22.00
乳制品(吨)	Dairy products(ton)	60	83	182	8425	10399
原煤(万吨)	Coal(10 000 tons)	13.05	19.33	19.86	70.16	165.41
发电量(万千瓦小时)	Electricity(10 000 kwh)	4645	7631	12033	28948	61440
钢(吨)	Steel(ton)	7480	9736	11605	22068	34574
成品钢材(吨)	Steel Products(ton)	4807	7062	10381	20487	35476
水泥(吨)	Cement(ton)	6246	9569	17260	44719	118733
每天消费量	**Daily Consumption**					
最终消费(万元)	Final Consumption Expenditure(10 000 yuan)	5937	14778	23936	49576	108488
居民消费(万元)	Resident Consumption(10 000 yuan)	4652	11314	17427	32815	64042

2-1 续表 continued

指 标	Item	1990	1995	2000	2005	2009
农民	Peasants	2368	4984	6517	8477	12568
非农业居民	Non-agricultural Residents	2284	6330	10910	24338	51474
政府消费(万元)	Government Consumption Expenditure (10 000 yuan)	1285	3464	6508	16761	44446
能源消费量 (万吨标准煤)	Energy Consumption (10 000 tons of SCE)	6.64	8.95	10.79	29.49	47.87
社会消费品零售总额 (万元)	Total Retail Sales of Consumer Goods(10 000 yuan)	3577	8083	13260	37208	78228
每天其他经济活动	**Other Daily Economic Activities**					
资产形成总额(万元)	Gross Capital Formation(10 000 yuan)	3416	10219	17591	77947	205354
固定资产形成	Fixed Capital Formation	1939	7484	12039	73568	203429
存货增加	Changes in Stock	1477	2735	5552	4379	1925
城镇新建住宅面积 (万平方米)	Residential Buildings Completed in Urban Areas(10 000 sq.m)	0.96	1.65	2.78	3.40	7.32
农牧民个人新建住宅面积 (万平方米)	Private Residential Building Complated in Rural Areas(10 000 sq.m)	1.36	2.65	2.36	1.40	1.08
货运量(万吨)	Freight Traffic(10 000 tons)	73.09	89.68	122.27	200.22	319.20
客运量(万人)	Passenger Traffic(10 000 persons)	28.70	50.06	64.52	87.98	62.49
进出口总额(万美元)	Total Imports and Exports(USD 10 000)	132.68	307.70	557.80	1414.22	1853.14
邮电业务总量(万元)	Volume of Postal and Telecoms Services(10 000 yuan)	58.07	264.50	1541.00	5471.78	15173.94
城乡存款新增额 (万元)	Outstanding Amount of Savings Deposit (10 000 yuan)	822	2496	2140	10129	19241
图书出版(万册)	Books Published(10 000 copy)	21.78	17.97	20.34	24.35	18.80
杂志出版(万册)	Magazines Issued(10 000 copy)	3.46	2.84	4.34	3.79	2.81
报纸出版(万份)	Newspapers Issued(10 000 copy)	44.36	44.62	49.23	169.37	120.97
邮寄函件(万件)	Letters Delivered(10 000 piece)	22.14	45.83	26.51	8.61	10.07
每天人口变动与婚姻	**Daily Population Changes & Marriages**					
出生(人)	Births(person)	1117	1073	645	659	634
死亡(人)	Deaths(person)	293	417	359	357	372
结婚(对)	Marriages(couple)	435	475	416	423	516
离婚(对)	Divorces(couple)	60	75	89	107	142

2-2 社会经济主要指标人均水平

Major per Capita Indicators on Society and Economy

指 标	Item	1985	1990	1995	2000	2005	2009
生产总值(元)	**Gross Domestic Product(yuan)**	**809**	**1478**	**3772**	**6502**	**16371**	**40282**
财政收入(元)	**Government Revenue(yuan)**	**67**	**154**	**336**	**657**	**2249**	**5698**
农牧业生产	**Agriculture Production**						
耕地面积(公顷)	Cultivated Land(hectare)	0.25	0.23	0.24	0.31	0.31	0.30
粮食产量(千克)	Output of Grain(kg)	301.37	454.15	464.40	524.60	696.82	819.60
油料产量(千克)	Output of Oil-bearing Crops(kg)	39.66	32.38	30.90	49.20	51.23	49.46
甜菜产量(千克)	Output of Beet Roots(kg)	126.80	110.36	116.00	59.69	57.98	45.33
年末大牲畜(头)	Large Animals at the Year-end(head)	0.37	0.33	0.31	0.26	0.33	0.36
年 末 羊(只)	Sheep and Goats at the Year-end(head)	1.23	1.41	1.46	1.50	2.27	2.14
年末生猪(口)	Hogs at the Year-end(head)	0.23	0.24	0.34	0.31	0.29	0.28
肉类产量(千克)	Output of Meat(kg)	17.90	25.02	36.03	60.58	96.38	95.56
#牛肉产量(千克)	Output of Beef(kg)	2.35	3.99	4.10	9.23	14.09	19.62
羊肉产量(千克)	Output of Mutton(kg)	4.20	5.96	7.42	13.44	30.37	36.49
猪肉产量(千克)	Output of Pork(kg)	10.88	13.43	20.97	32.37	36.90	28.38
牛奶产量(千克)	Output of Cow Milk(kg)	12.18	17.25	21.37	33.70	289.71	373.51
羊 毛(千克)	Wool(kg)	2.53	2.87	2.64	2.89	4.30	4.98
主要工业产品产量	**Output of Major Industrial Products**						
原 煤(吨)	Coal(ton)	1.60	2.22	3.10	3.06	10.74	24.97
原 盐(吨)	Salt(ton)	0.03	0.04	0.03	0.05	0.09	0.09
发 电 量(千瓦小时)	Electricity(kwh)	401	791	1225	1855	4429	9275
糖(千克)	Sugar(kg)	8.92	7.64	7.51	5.09	6.18	6.38
乳 制 品(千克)	Dairy Products(kg)	0.71	1.03	1.33	2.81	128.90	156.98
呢 绒(米)	Woolen Fabric(m)	0.40	0.49	0.65	0.18	0.26	0.51
水 泥(吨)	Cement(ton)	0.09	0.11	0.15	0.27	0.68	1.79
钢(吨)	Steel(ton)	0.09	0.13	0.16	0.18	0.34	0.52
生 铁(吨)	Pig Iron(ton)	0.09	0.13	0.15	0.19	0.39	0.59
社会消费品零售额(元)	**Total Retail Sales of Consumer Goods(yuan)**	**377**	**610**	**1379**	**2571**	**5693**	**11809**
人民生活	**People's Livelihood**						
职工平均工资(元)	Average Wage of Staff & Workers(yuan)	1095	1846	4134	6974	15985	30699
#国 有(元)	State-owned Units(yuan)	1169	1971	4407	7261	16598	32326
集 体(元)	Urban Collective-owned Units(yuan)	872	1441	3001	4826	10804	24344
城镇居民可支配收入(元)	Annual Disposable Income of Urban Residents(yuan)	666	1155	2846	5129	9137	15849
城镇居民消费支出(元)	Living Expenditure of Urban(yuan)	595	982	2482	3928	6929	12370
农牧民家庭纯收入(元)	Net Income of Rural Residents(yuan)	400	647	1300	2038	2989	4938
农牧民家庭生活消费支出(元)	Living Expenditure of Residents(yuan)	325	539	1261	1615	2446	3967
城乡居民储蓄存款年末余额(元)	Outstanding Amount of Saving Deposits of Residents at the Year-end(yuan)	144	515	1804	3875	8274	16187

2-3 国民经济和社会发展总量与速度

指 标	Item	总量指标				
		1978	1990	1995	2000	2005
人口与就业	**Population and Employment**					
人口(万人)	**Population(10 000 persons)**					
年末总人口	Population at the Year-end	1823.4	2162.6	2284.4	2372.4	2386.4
市镇人口	Urban	397.5	781.1	873.1	1001.1	1126.4
乡村人口	Rural	1425.9	1381.4	1411.3	1371.3	1260.0
男性人口	Male	957.8	1127.6	1187.6	1227.2	1229.3
女性人口	Female	865.6	1035.0	1096.8	1145.2	1157.1
就业(万人)	**Employment(10 000 persons)**					
从业人数	Employment	652.8	924.6	1029.4	1061.6	1041.1
# 职工人数	Staff and Workers	227.6	369.7	383.7	263.9	239.6
城镇登记失业人数	Unemployed in Urban Areas		15.2	14.0	12.7	17.8
宏观经济	**Macroeconomic Indicator**					
国民经济核算(亿元)	**National Accounting (100 million yuan)**					
生产总值	Gross Domestic Product	58.04	391.31	857.06	1539.12	3905.03
第一产业	Primary Industry	18.96	112.57	260.18	350.80	589.56
第二产业	Secondary Industry	26.37	102.43	308.78	582.57	1773.21
第三产业	Tertiary Industry	12.71	104.31	288.10	605.74	1542.26
固定资产投资(亿元)	**Investment in Fixed Assets (100 million yuan)**					
全社会固定资产投资总额	Investment in Fixed Assets		70.77	273.06	430.42	2687.84
# 国有单位	State-owned Units		56.77	210.00	275.06	1644.71
集体单位	Collective-owned Units		3.06	11.14	27.15	41.14
个体经济	Individuals		10.94	44.09	51.64	84.26
财政(亿元)	**Public Finance(100 million yuan)**					
财政收入	Government Revenue	6.90	32.98	76.35	155.59	536.36
财政支出	Government Expenditures	18.69	60.90	102.18	261.06	734.61
物价总指数(上年=100)	**Price Indices(preceding year=100)**					
商品零售价格总指数	General Retail Price Index	101.0	102.9	116.8	98.8	101.5
居民消费价格总指数	General Consumer Price Index		102.3	117.5	101.3	102.4
农产品生产者价格总指数	Price Indices of Farm Products by Category of Commodities	101.6	95.2	124.7	99.7	103.2
能源生产与消费(万吨标准煤)	**Production and Consumption of Energy(10 000 tons of SCE)**					
能源生产总量	Total Energy production	1070.63	2821.61	4642.02	4701.23	19082.33
能源消费总量	Total Energy Consumption		2423.51	3268.44	3937.54	10764.90

Principal Aggregate Indicators on National Economic and Social Development and Their Related Indices and Growth Rates

Aggregate Data	速度指标(%) Indices and Growth Rates(%)								
2009	指数(2009年比以下各年) Index(2009 as Percentage of the following years)					平均增长速度 Average Annual Growth Rate			
	1978	1990	1995	2000	2005	1979-2009	1991-1995	1996-2000	2001-2005
2422.1	132.8	112.0	106.0	102.1	101.5	0.9	1.1	0.8	0.1
1293.5	325.4	165.6	148.2	129.2	114.8	3.9	2.3	2.8	2.4
1128.6	79.2	81.7	80.0	82.3	89.6	-0.8	0.4	-0.6	-1.7
1244.9	130.0	110.4	104.8	101.4	101.3	0.8	1.0	0.7	0.03
1177.1	136.0	113.7	107.3	102.8	101.7	1.0	1.3	1.2	0.2
1142.5	175.0	123.6	111.0	107.6	109.7	1.8	2.2	0.6	-0.4
241.8	106.2	65.4	63.0	91.6	100.9	0.2	0.7	-7.2	-1.9
20.1		132.5	143.9	158.6	113.1		-1.6	-1.9	6.9
9740.25	3637.1	1187.3	728.0	430.9	195.5	12.3	10.3	11.1	17.1
929.60	685.9	268.8	220.7	161.9	117.9	6.4	4.0	6.4	6.6
5114.00	4753.0	1994.8	1090.0	637.3	235.8	13.3	12.8	11.3	22.1
3696.65	7665.0	1402.8	745.7	329.9	179.0	15.0	13.5	13.7	17.0
7535.15		10647.4	2759.5	1750.7	280.3		31.0	9.5	44.2
3699.67		6516.9	1761.7	1345.0	224.9		29.9	5.5	43.0
71.12		2324.2	638.4	262.0	172.9		29.5	19.5	8.7
100.61		919.7	228.2	194.8	119.4		32.1	3.2	10.3
1377.70	19953.4	4177.4	1804.6	885.5	256.9	18.6	18.3	15.3	28.1
1926.84	10310.1	3163.9	1885.8	738.1	262.3	16.1	10.9	20.6	23.0
99.5	411.1	203.0	115.8	112.9	109.4	4.7	11.9	0.5	0.6
99.7		259.1	140.0	124.0	111.9		13.1	2.5	2.0
99.8							15.5	-3.6	
40185.85	3753.5	1424.2	865.7	854.8	210.6	12.4	10.5	0.3	32.3
17473.68		721.0	534.6	443.8	162.3		6.2	3.8	22.3

2-3 续表 1

指 标	Item	总量指标				
		1978	1990	1995	2000	2005
产 业	**Industry**					
农林牧渔业	**Farming, Forestry, Animal Husbandry & Fishery**					
耕地面积(万公顷)	Cultivated Areas(10 000 hectares)	532.60	496.6	549.1	731.70	735.50
从业人员(万人)	Persons Engaged in (10 000 persons)	393.80	477.5	503.0	524.30	529.18
总产值(亿元)	Gross Output(100 million yuan)	28.35	156.92	373.59	543.16	980.21
主要农畜产品产量	Output of Major Farm & Livestock					
粮食(万吨)	Grain(10 000 tons)	499.00	972.97	1055.40	1241.90	1662.20
油料(万吨)	Oil Bearing Crops(10 000 tons)	12.50	69.38	70.20	116.40	122.20
甜菜(万吨)	Beet Roots(10 000 tons)	43.10	236.44	263.50	141.30	138.30
造林面积(万公顷)	Forested Areas(10 000 hectares)	29.79	29.75	40.25	58.90	38.38
肉类(万吨)	Meat(10 000 tons)		53.61	81.89	143.40	229.91
牛奶(万吨)	Cow milk(10 000 tons)		36.95	48.57	79.80	691.08
羊毛(万吨)	Wool(10 000 tons)		6.15	5.99	6.85	10.25
羊绒(吨)	Cashmere(ton)		2076	3114	3815	6646
水产品(万吨)	Aquatic Products(10 000 tons)	1.50	3.04	4.76	7.21	8.26
六月末牲畜总数(万头只)	Livestock(10 000 heads)	4162.3	5307.5	6065.7	7300.47	10615.3
大牲畜(万头)	Large Animals(10 000 heads)	697.5	784.5	783.8	803.31	934.20
羊(万只)	Sheep and Goats(10 000 heads)	2860.5	3955.2	4302.5	5406.23	8713.00
生猪(万口)	Hogs(10 000 heads)	604.30	567.2	979.4	1090.92	968.10
工业生产	**Industrial Production**					
工业总产值(亿元)	Gross Output(100 million yuan)	52.96	263.33	626.52	1202.85	3861.58
轻工业(亿元)	Light Industry(100 million yuan)	22.05	108.51	215.92	464.26	1171.70
重工业(亿元)	Heavy Industry(100 million yuan)	30.91	154.82	410.61	738.59	2689.88
工业增加值(亿元)	Value Added(100 million yuan)	21.84	87.18	254.88	484.19	1477.88
主要工业产品产量	Output of Industrial Products					
原煤(万吨)	Raw Coal(10 000 tons)	2194	4762	7055	7247	25608
原油(万吨)	Crude Oil(10 000 tons)				90.50	146.92
原盐(万吨)	Raw Salt(10 000 tons)	65.18	93.28	76.13	126.68	215.84
发电量(亿千瓦小时)	Electricity(100 million kwh)	37.38	169.54	278.54	439.21	1056.59
糖(包括土糖)(万吨)	Sugar(10 000 tons)	4.23	16.37	17.07	12.04	14.75
乳制品(万吨)	Dairy Products(10 000 tons)	0.31	2.2	3.03	6.65	307.53
呢绒(万米)	Woolen Fabric(10 000 m)	336.80	1041.85	1477.00	421.20	611.76
服装(万件)	Garments(10 000 units)		1046	4868	1794.70	1980.72
机制纸及纸板(万吨)	Machine Made Paper(10 000 tons)	4.25	13.59	19.15	12.19	25.74
水泥(万吨)	Cement(10 000 tons)	91.91	227.97	349.27	630.00	1632.25
钢(万吨)	Steel(10 000 tons)	99	273.01	355.36	423.59	805.49
生铁(万吨)	Pig Iron(10 000 tons)	107	280.66	345.78	440.83	922.69
成品钢材(万吨)	Steel Products(10 000 tons)	36.23	175.47	257.77	378.91	747.77
电视机(万台)	Television Sets(10 000 sets)	0.10	38.45	32.68	51.80	239.09
建筑业	**Construction**					
建筑业从业人数(万人)	Employed Persons(10 000 persons)		27.02	30.98	35.30	26.35
建筑企业总产值(亿元)	Gross output Value(100 million yuan)		27.89	85.52	138.80	381.30
施工房屋面积(万平方米)	Building Floor Space(10 000 sq.m)		1490.00	1010.92	1816.94	2958.88
竣工房屋面积(万平方米)	Completed Floor Space(10 000 sq.m)		1159.80	511.86	1130.00	1623.38
交通运输	**Transportation**					
货运量(万吨)	Freight Traffic(10 000 tons)	8213	26676	32732	44629	73082
铁路	Railways	3861	6909	8347	9648	22060
公路	Highways	4352	19767	24384	34979	51020
空运	Civil Aviation		0.17	1.13	2.00	2.00
客运量(万人)	Passenger Traffic(10 000 persons)	3422	10475	18273	23549	32114
铁路	Railways	1753	2433	2909	3378	3259
公路	Highways	1669	8012	15248	20061	28604
空运	Civil Aviation		30	116	110	251

continued

Aggregate Data	速度指标(%) Indices and Growth Rates(%)								
2009	指数(2009年比以下各年) Index(2009 as Percentage of the following years)					平均增长速度 Average Annual Growth Rate			
	1978	1990	1995	2000	2005	1979-2009	1991-1995	1996-2000	2001-2005
714.90	134.2	144.0	130.2	97.7	97.2	1.0	2.0	5.9	0.1
528.19	134.1	110.6	105.0	100.7	99.8	1.0	1.0	0.8	0.2
1570.58	692.8	309.2	245.4	172.5	118.8	6.4	4.7	7.3	7.7
1981.70	397.1	203.7	187.8	159.6	119.2	4.5	1.6	3.3	6.0
119.60	956.8	172.4	170.4	102.7	97.9	7.6	0.2	10.6	1.0
109.60	254.3	46.4	41.6	77.6	79.2	3.1	2.2	-11.7	-0.4
86.19	289.3	289.7	214.1	146.3	224.6	3.5	6.2	7.9	-8.2
234.06		436.6	285.8	163.2	101.8		8.8	11.8	9.9
903.12		2444.2	1859.4	1131.7	130.7		5.6	10.4	54.0
12.05		195.9	201.2	175.9	117.6		-0.5	2.7	8.4
7375		355.3	236.8	193.3	111.0		8.4	4.1	11.7
10.60	706.7	348.7	222.7	147.0	128.3	6.5	9.4	8.7	2.8
10858.5	260.9	204.6	179.0	148.7	102.3	3.1	2.7	3.8	7.8
1084.6	155.5	138.3	138.4	135.0	116.1	1.4	-0.02	0.5	3.1
8512.2	297.6	215.2	197.8	157.5	97.7	3.6	1.7	4.7	10.0
1261.70	208.8	222.4	128.8	115.7	130.3	2.4	2.3	11.5	-2.4
12707.52	6105.1	2073.4	1179.5	672.6	250.6	14.2	11.8	11.9	21.8
3685.18	6142.8	1976.0	1171.6	572.6	216.4	14.2	11.0	15.4	21.5
9022.34	5514.6	1961.0	1086.3	705.5	263.5	13.8	12.5	9.0	21.8
4503.33	4926.9	2063.9	1185.8	655.5	248.0	13.4	11.7	12.6	21.5
60375	2751.8	1268.0	855.8	833.1	235.8	11.3	8.2	0.5	28.7
193.45				213.8	131.7				10.2
216.98	332.9	232.6	285.0	171.3	100.5	4.0	-4.0	10.7	11.2
2242.57	5999.4	1322.7	805.1	510.6	212.2	14.1	10.4	9.5	19.2
15.42	364.5	94.2	90.3	128.1	104.5	4.3	0.8	-6.7	4.1
379.55	122435.5	17252.3	12526.4	5707.5	123.4	25.8	6.6	17.0	115.3
1233.44	366.2	118.4	83.5	292.8	201.6	4.3	7.2	-22.2	7.8
2605.23		249.1	53.5	145.2	131.5		36.0	-18.1	2.0
77.97	1834.6	573.7	407.2	639.6	302.9	9.8	7.1	-8.6	16.1
4333.75	4715.2	1901.0	1240.8	687.9	265.5	13.2	8.9	12.5	21.0
1261.94	1274.7	462.2	355.1	297.9	156.7	8.6	5.4	3.6	13.7
1437.07	1343.1	512.0	415.6	326.0	155.7	8.7	4.3	5.0	15.9
1294.87	3574.0	737.9	502.3	341.7	173.2	12.2	8.0	8.0	14.6
217.42	217420.0	565.5	665.3	419.7	90.9	28.1	-3.2	9.7	35.8
49.89		184.6	161.0	141.3	189.3		2.8	2.6	-5.7
964.73		3459.1	1128.1	695.1	253.0				22.4
5823.40		390.8	576.0	320.5	196.8		-7.5	12.4	10.2
3140.56		270.8	613.6	277.9	193.5		-15.1	17.2	7.5
116508	1418.6	436.8	355.9	261.1	159.4	8.9	4.2	6.4	10.6
45675	1183.0	661.1	547.2	473.4	207.0	8.3	3.9	2.9	18.0
70832	1627.6	358.3	290.5	202.5	138.8	9.4	4.3	7.5	7.8
1.00		588.2	88.5	50.0	50.0		46.1	12.1	
22259	650.5	212.5	121.8	94.5	69.3	6.2	11.8	5.2	6.4
4093	233.5	168.2	140.7	121.2	125.6	2.8	3.6	3.0	-0.7
17998	1078.4	224.6	118.0	89.7	62.9	8.0	13.7	5.6	7.4
168		560.0	144.8	152.7	66.9		31.1	-1.1	17.9

2-3 续表 2

指 标	Item	总量指标				
		1978	1990	1995	2000	2005
邮电通信业	**Postal & Telecoms Services**					
邮电业务总量(亿元)	Total Revenue(100 million yuan)	0.42	2.12	9.66	56.25	199.72
函 件(万件)	Letters Delivered(10 000 pieces)	6658	8080	16728	9677	3143
报刊期发数(万份)	Newspapers and Magazines Distributed(10 000 copies)	253	346	486	395	194
局用交换机容量(万门)	Capacity of office Telephone Exchange(10 000 lines)	5.08	24.13	105.92	254.30	430.45
电话机(万部)	Telephone sets(10 000 units)	9.96	29.66	85.49	322.20	1254.30
国内贸易	**Domestic Trade**					
社会消费品零售总额(亿元)	Total Retail Sales of Consumer Goods(100 million yuan)	36.83	130.58	313.31	608.55	1358.1
对外经济贸易	**Foreign Trade**					
进出口总额(亿美元)	Exp. & Imp.(USD100 million)	0.16	4.84	11.23	20.36	51.62
进口额	Imports	0.05	1.60	5.15	10.14	30.97
出口额	Exports	0.11	3.25	6.08	10.22	20.65
实际利用外资额(万美元)	Amount of Foreign Capital Actually Utilized(USD 10 000)		2530	10838	54819	140007
国际旅游	**International Tourism**					
来华旅游人数(万人)	Tourists(10 000 persons)		2.04	30.09	39.19	100.16
旅游外汇收入 (万美元)	Earnings (USD 10 000)		648	9052	12645	35207
金融保险	**Finance and Insurance**					
金融机构各项存款(亿元)	Deposits of Banking (100 million yuan)	16.47	169.77	566.34	1270.13	3298.15
金融机构各项贷款(亿元)	Loans of Banking (100 million yuan)	40.33	272.92	819.87	1340.74	2588.57
中资保险公司保险金额(亿元)	Amount Insured (100 million yuan)			1426	1624	10504
中资保险公司保费收入(亿元)	Insurance Premium (100 million yuan)			9.11	24.63	60.87
中资保险公司赔款及给付(亿元)	Chaim and Paymen (100 million yuan)			4.87	7.92	10.76
教育、科技、文化	**Education, Sci., Tech & Culture**					
教育	**Education**					
专任教师数(人)	Full-teachers(person)					
普通高等学校	Higher Education	2949	6755	7070	8856	16189
中等学校	Secondary Schools	81208	96166	98437	101036	107704
小学	Primary Schools	121364	153799	153461	129242	118988
在校学生数(人)	Students Enrollment(person)					
普通高等学校	Higher Education	12567	32428	37248	71967	229354
中等学校	Secondary Schools	1624573	1234474	1304852	1621258	1798804
小学	Primary Schools	2917772	2342865	2343129	2015076	1596381
教育经费支出 (亿元)	Expenditures(100 million yuan)			31.7	55.28	116.22
科技	**Science and Technology**					
科学家、工程师数(人)	Scientists & Engineers(person)			5748	20543	25501
研究与发展经费支出(万元)	Expenditures on R&D (10 000 yuan)			2023.0	24605.8	113208
技术市场成交额(万元)	Transaction in Technical Markets(10 000 yuan)			25000	60287	310620
文化	**Culture**					
出版数量	Publications					
图书(万册·张)	Books(10 000 copies)	3200.00	7948.00	6560.00	7423.34	8888.15
杂志(万册)	Magazines(10 000 copies)		1264.00	1036.00	1585.46	1384.00
报纸(万份)	Newspapers(10 000 copies)		16192.00	16286.00	17967.23	61819.00
电视节目制作时间(小时)	Time for TV Programs(hours)			9843	12916	71091

continued

Aggregate Data	速度指标(%) Indices and Growth Rates(%)								
2009	指数(2009比以下各年) Index(2009 as Percentage of the following years)					平均增长速度 Average Annual Growth Rate			
	1978	1990	1995	2000	2005	1979-2009	1991-1995	1996-2000	2001-2005
553.85	73699.0	26134.4	5739.8	985.1	277.3	23.7	35.4	42.2	37.5
3675	55.2	45.5	22.0	38.0	116.9	-1.9	15.7	-10.4	-20.1
233	92.1	67.3	47.9	59.0	120.1	-0.3	7.0	-4.1	-13.3
713.74	14050.0	2957.9	673.8	280.7	165.8	17.3	34.4	19.1	20.0
2057.58	20658.4	6937.2	2406.8	638.6	164.0	18.8	23.6	30.4	31.2
2855.31	7752.7	2186.6	911.3	469.2	210.2	15.1	19.1	14.2	17.2
67.64	42275.0	1397.5	602.3	332.2	131.0	21.5	18.3	12.6	20.5
44.48	88960.0	2780.0	863.7	438.7	143.6	24.5	26.3	14.5	25.0
23.16	21054.5	712.6	380.9	226.6	112.2	18.8	13.3	10.9	15.1
318019		12569.9	2934.3	580.1	227.1		33.8	38.3	20.6
128.96		6321.6	428.6	329.1	128.8		71.3	5.4	20.6
55831		8615.9	616.8	441.5	158.6		69.4	6.9	22.7
8373.70	50842.1	4932.4	1478.6	659.3	253.9	22.3	27.2	17.5	21.0
6292.52	15602.6	2305.6	767.5	469.3	243.1	17.7	24.6	10.3	14.1
32543			2282.1	2003.5	309.8			2.6	45.3
171.31			1880.5	695.5	281.4			22.0	19.8
57.02			1170.8	719.9	529.9			10.2	6.3
22327	757.1	330.5	315.8	252.1	137.9	6.7	0.9	4.6	12.8
111046	136.7	115.5	112.8	109.9	103.1	1.0	0.5	0.5	1.3
114848	94.6	74.7	74.8	88.9	96.5	-0.2	-0.04	-3.4	-1.6
351928	2800.4	1085.3	944.8	489.0	153.4	11.3	2.8	14.1	26.1
1686000	103.8	136.6	129.2	104.0	93.7	0.1	1.1	4.4	2.1
1493013	51.2	63.7	63.7	74.1	93.5	-2.1	0.002	-3.0	-4.6
309.56			976.5	560.0	266.4			11.8	16.0
								-1.6	4.4
								30.7	35.7
								19.3	38.8
6862.00	214.4	86.3	104.6	92.4	77.2	2.5	-3.8	2.5	3.7
1024.79		81.1	98.9	64.6	74.0		-3.9	8.9	-2.7
44153.15		272.7	271.1	245.7	71.4		0.1	2.0	8.1
65686			667.3	508.6	92.4			5.6	40.6

2-3 续表 3

指 标	Item	总量指标				
		1978	1990	1995	2000	2005
家庭、生活、环境	**Family, Livelihood & Environment**					
家庭	**Family**					
城镇居民平均每户家庭人口(人)	Average Household Size in Urban Areas(person)		3.73	3.34	3.08	3.00
农村居民平均每户家庭人口(人)	Average Household Size in Rural Areas(person)	5.78	5.00	4.50	4.10	3.78
婚姻	**Marriages and Divorces**					
结婚数(万对)	Number of Marriages(10 000 couples)		15.88	17.35	15.20	15.45
离婚数(万对)	Number of Divorces(10 000 couples)		2.19	2.75	3.25	3.92
居住	**Housing**					
城市居民人均居住面积(平方米)	Per Capita Net Floor Space of Urban Residents(sq.m)	3.50	8.98	12.06	15.54	26.09
农村居民人均居住面积(平方米)	Per Capita Net Floor Space of Rural Residents(sq.m)		11.90	15.29	17.00	19.70
生活	**People's Livelihood**					
城镇居民人均可支配收入(元)	Per Capita Annual Income of Urban Households(yuan)	301.01	1155.00	2845.72	5129.10	9136.80
农村牧区居民人均纯收入(元)	Per Capita Net Income of Rural Residents(yuan)	131.37	647.45	1300.00	2038.21	2988.87
农民人均纯收入(元)	Farmers(yuan)	126.07	607.15	1208.38	1869.00	2813.35
牧民人均纯收入(元)	Herdsmen(yuan)	188.00	905.67	1870.97	3355.00	4341.18
城乡储蓄存款余额(亿元)	Amount of Saving Deposits in Urban & Rural(100 million yuan)	2.53	93.44	410.82	875.74	1973.60
工资和福利	**Wages and Welfare**					
工资总额(亿元)	Total Wages(100 million yuan)	14.98	66.22	156.12	185.96	387.73
职工平均工资(元)	Average Wage of Staff & Workers(yuan)	712	1846	4134	6974	15985
卫生	**Health Care**					
医院、卫生院(个)	Number of Hospitals(unit)	1723	1856	2003	1988	1834
医生(人)	Number of Doctors(person)	26724	41453	49345	52299	50308
医院、卫生院床位数(张)	Number of Hospital Beds(unit)	24079	57558	61933	63156	64002
市政建设	**City Construction**					
自来水供应量(亿吨)	Tap Water Supply(100 million tons)	0.88	1.88	6.32	6.18	6.11
下水道长度(公里)	Length of Sewer Pipelines(km)		1751	2156	2693	4505
城市煤气和天然气供气量(万立方米)	Volume of Coal & Natural Gas Supply in Urban Areas(10 000 cu.m)		2581	5694	7485	16330
公共汽车总数(辆)	Total Number of Public Buses(unit)	425	911	2078	2128	3594
铺装道路长度(公里)	Length of Paved Roads(km)	677	1509	2229	2771	3867
绿地面积(公顷)	Areas of Green Land(hectare)	2143	7132	13394	16541	24632
环境、灾害	**Environment and Disaster**					
污染治理项目本年完成投资额(亿元)	Investment of Pollution Treatment in the Year(100 million yuan)				5.59	2.57
火灾发生数(起)	Number of Fire Disasters(times)				2096	5422
火灾损失(万元)	Fire Loss(10 000 yuan)				1365	1687
交通事故发生数(起)	Number of Traffic Accidents(times)				9521	8452
交通事故损失(万元)	Loss of Traffic Accidents(10 000 yuan)				2539	2785

continued

Aggregate Data	速度指标(%) Indices and Growth Rates(%)								
2009	指数(2009年比以下各年) Index(2009 as Percentage of the following years)					平均增长速度 Average Annual Growth Rate			
	1978	1990	1995	2000	2005	1979-2009	1991-1995	1996-2000	2001-2005
2.83		75.9	84.7	91.9	94.3		-2.2	-1.6	-0.5
3.52	60.9	70.4	78.2	85.9	93.1	-1.6	-2.1	-1.4	-1.6
18.84		118.6	108.6	123.9	121.9		1.8	-2.6	0.3
5.20		237.4	189.1	160.0	132.7		4.7	3.4	3.8
30.34	866.9	337.9	251.6	195.2	116.3	7.2	3.3	16.3	10.9
22.20		186.6	145.2	130.6	112.7		5.1	2.0	3.0
15849.20	988.3	521.3	404.9	256.2	156.3	13.6	19.8	12.5	12.2
4937.80	771.3	343.9	281.5	188.7	146.6	12.4	15.0	9.4	8.0
4656.36	660.7	317.5	275.1	193.9	147.0	12.3	14.8	9.1	8.5
7071.29	755.3	308.5	258.6	166.3	144.5	12.4	15.6	12.4	5.3
3913.95	154701.6	4188.7	952.7	446.9	198.3	26.7	30.0	16.4	17.6
753.51	5030.1	1137.9	482.6	405.2	194.3	13.5	18.7	3.6	15.8
30699	4311.7	1663.0	742.6	440.2	192.0	12.9	17.5	11.0	18.0
1798	104.4	96.9	89.8	90.4	98.0	0.1	1.5	-0.2	-1.6
51947	194.4	125.3	105.3	99.3	103.3	2.2	3.5	1.2	-0.8
77671	322.6	134.9	125.4	123.0	121.4	3.9	1.5	0.4	0.3
5.52	627.3	293.6	87.3	89.3	90.3	6.1	27.4	-0.4	-0.2
6628		378.5	307.4	246.1	147.1		4.2	4.5	10.8
50051		1939.2	879.0	668.7	306.5		17.1	5.6	16.9
5558	1307.8	610.1	267.5	261.2	154.6	8.6	17.9	0.5	11.1
5611	828.8	371.8	251.7	202.5	145.1	7.1	8.1	4.4	6.9
29585	1380.5	414.8	220.9	178.9	120.1	8.8	13.4	4.3	8.3
17.83				319.0	693.8				-14.4
9326				444.9	172.0				20.9
5449				399.2	323.0				4.3
4193				44.0	49.6				-38.3
1557				61.3	55.9				1.9

2-4 国民经济和社会发展结构

Structural Indicators on National Economic and Social Development

单位：%　　(%)

指标	Item	1985	1990	1995	2000	2005	2009
人口城乡结构	**Urban and Rural Structure of Population**						
城镇	Urban	43.4	36.1	38.2	42.2	47.2	53.4
乡村	Rural	56.6	63.9	61.8	57.8	52.8	46.6
人口性别结构	**Sexual Structure of Population**						
男	Male	51.8	52.1	52.0	51.7	51.5	51.4
女	Female	48.2	47.9	48.0	48.3	48.5	48.6
就业产业结构	**Industrial Structure of Employment**						
第一产业	Primary Industry	60.4	55.8	52.1	52.2	53.8	48.8
第二产业	Secondary Industry	20.4	21.8	21.9	17.1	15.6	16.9
第三产业	Tertiary Industry	19.2	22.4	26.0	30.7	30.5	34.3
生产总值三次产业结构	**Industrial Structure of GDP**						
第一产业	Primary Industry	32.7	35.3	30.4	22.8	15.1	9.5
第二产业	Secondary Industry	34.8	32.1	36.0	37.9	45.4	52.5
第三产业	Tertiary Industry	32.5	32.6	33.6	39.3	39.5	38.0
国民总支出中总投资和总消费结构	**Investment and Consumption as Percentage of National Expenditures**						
总投资	Investment	37.6	39.0	43.5	41.7	72.9	77.0
总消费	Consumption	77.5	67.9	62.9	56.8	46.3	40.7
工农业总产值中农、轻、重结构	**Structure of Gross Output Value of Agriculture, Light Industry and Heavy Industry**						
农业	Agriculture	39.3	37.3	38.2	31.1	20.2	11.0
轻工业	Light Industry	24.5	25.8	21.6	27.0	24.2	25.8
重工业	Heavy Industry	36.2	36.9	45.3	43.0	55.6	63.2
农、林、牧、渔业产值结构	**Structure of Gross Output Value of Agriculture**						
农业	Farming	63.9	65.7	62.0	56.8	48.3	46.6
林业	Forestry	6.6	4.0	3.2	4.3	4.1	5.0
牧业	Animal Husbandry	29.2	29.6	34.0	37.8	45.4	45.9
渔业	Fishery	0.6	0.7	0.8	1.1	0.7	0.8
工业总产值中轻、重工业结构	**Structure of Gross Output Value of Industry**						
轻工业	Light Industry	40.3	41.2	34.5	38.6	30.3	29.0
重工业	Heavy Industry	59.7	58.8	65.5	61.4	69.7	71.0
固定资产投资额三次产业投资结构	**Type of Industry as Percentage of Total Investment in FixedAssets Capital Construction**						
第一产业	Primary Industry	9.3	7.6	8.6	11.1	5.2	6.0
第二产业	Secondary Industry	49.0	57.3	64.8	34.3	58.9	56.4
第三产业	Tertiary Industry	41.7	35.1	26.6	54.6	35.9	37.6
教育经费占财政支出的比例	**Educational Expenses as Percentage in Financial Expenditures**	**13.4**	**14.1**	**16.2**	**11.6**	**10.7**	**16.1**

2-4 续表 continued

单位：% (%)

指标	Item	1985	1990	1995	2000	2005	2009
建筑业总产值结构	**Structure of Gross Output Value of Construction Enterprises**						
土木工程建筑业	Civil Engineering Construction	95.7	96.9	90.0	90.1	94.7	94.7
线路管道设备安装业	Line and Equipment Installation	4.3	3.1	9.5	9.3	4.5	4.9
建筑物装修装饰业	Building Decoration			0.5	0.6	0.8	0.4
货运量结构(按运输方式分)	**Structure of Freight Traffic by Means of Transportation**						
铁路	Railways	48.0	26.0	27.5	21.6	30.2	39.2
公路	Highways	52.0	74.0	72.5	78.4	69.8	60.8
航空	Civil Aviation						
管道	Pipelines						
社会消费品零售总额构成	**Composition of Retail Sales of Consumer Goods**						
市	Cities	50.0	55.0	58.0	60.0	66.9	68.5
县	Counties	27.0	25.9	24.0	24.0	20.7	19.7
县以下	Below Counties	23.0	19.1	18.0	16.0	12.4	11.8
学校在校学生结构	**Structure of Student Enrollment**						
大学生	College and University Students	0.8	0.9	1.0	4.8	6.3	10.0
中学生	Secondary School Students	32.7	34.2	35.4	40.9	49.6	47.7
小学生	Primary School Students	66.5	64.9	63.6	54.3	44.1	42.3
科技经费内部支出结构	**Structure of Internal Expenditures on Scientific and Technological Activities**						
#劳务费	Service Fees				44.6	19.7	
研究与发展经费支出	Expenditures of Research and Development				35.6	34.0	
城镇居民消费结构	**Consumption Structure of Urban Residents**						
食品类	Food	46.1	48.3	48.4	34.5	31.4	30.5
衣着类	Clothing	20.0	16.5	16.3	14.3	15.1	15.0
用品及其他	Articles for Daily Use and Others	33.9	35.2	29.0	42.6	43.1	44.4
居住	Residence			6.3	8.6	10.4	10.1
农牧民消费结构	**Consumption Structure of Rural Residence**						
食品类	Food			59.7	44.8	43.1	39.8
衣着类	Clothing			7.3	6.9	6.1	6.9
用品及其他	Articles for Daily Use and Others			19.7	32.9	37.1	38.0
居住	Residence			13.3	15.4	13.7	15.3
卫生技术人员结构	**Medical Technical Personnel**						
医生	Doctors	41.9	42.8	48.3	51.9	41.5	44.3
护师、护士	Nurses	14.5	22.9	24.1	25.6	22.3	30.0

2-5 国民经济和社会发展比例和效益
Indicators on Proportions and Efficiency in National Economic and Social Development

指标	Item	1990	1995	2000	2005	2009
人口与就业	**Population and Employment**					
人口	Population					
出生率(‰)	Birth Rate(‰)	21.2	17.2	12.1	10.1	9.6
死亡率(‰)	Death Rate(‰)	7.2	6.7	5.9	5.5	5.6
自然增长率(‰)	Natural Growth Rate(‰)	14.0	10.5	6.1	4.6	4.0
就业	Employment					
就业者负担人数(人)	Dependency Ratio(person)	1.89	1.86	1.92	1.91	1.94
三次产业从业者比例(以第一产业为100)	Employment Ratio by type of Industry (Employment in Primary industry=100)					
第一产业	Primary Industry	100	100	100	100	100
第二产业	Secondary Industry	39.1	41.9	33.0	29.0	34.6
第三产业	Tertiary Industry	40.3	50.0	58.8	56.7	70.1
城镇登记失业率(%)	Unemployment Rate in Urban Areas(%)	3.49	3.17	3.34	4.26	4.05
宏观经济	**Macro Economy**					
国民经济核算	National Accounting					
三次产业增加值比例(以第一产业为100)	Ratio of Value-added by Type of Industry (Value added in Primary industry=100)					
第一产业	Primary Industry	100	100	100	100	100
第二产业	Secondary Industry	91.0	118.7	166.1	300.8	550.1
第三产业	Tertiary Industry	92.7	110.7	172.7	260.0	397.7
人均生产总值(元)	Per Capita GDP(yuan)	1478	3772	6502	16371	40282
固定资产投资	Investment in Fixed Assets					
全社会固定资产投资占生产总值比例(%)	Proportion of Investment in Fixed Assets to GDP(%)	22.2	31.9	28.0	68.8	77.4
全社会房屋建筑面积竣工率(%)	Rate of Total Floor Space of Buildings Completed in Construction(%)	77.8	80.7	75.5	53.5	35.0
财政	Finance					
地方财政总收入占生产总值比例(%)	Proportion of Local Government Revenue to GDP(%)	10.3	5.1	7.2	8.6	14.1
地方财政总支出占生产总值比例(%)	Proportion of Local Government Expenditures to GDP(%)	19.1	11.9	17.0	18.8	19.8
能源生产与消费	Production and Consumption of Energy					
能源生产弹性系数	Elasticity Ratio of Energy Production	0.66	1.61	0.27	0.94	1.19
能源消费弹性系数	Elasticity Ratio of Energy Consumption	1.09	1.61	0.77	1.13	0.52
每万元生产总值消耗的能源(吨标准煤)	Energy Consumption Per 10 000 yuan GDP(ton of SCE)	7.59	3.81	2.31	2.48	2.01

2-5 续表 1 continued

指标	Item	1990	1995	2000	2005	2009
产业	**Industrial**					
农牧业	Agriculture					
人均耕地面积(公顷)	Per Capita Cultivated Land(hectare)	0.23	0.24	0.31	0.31	0.30
农业从业者人均耕地面积(公顷)	Cultivated Land per Agricultural Laborer(hectare)	1.06	1.10	1.39	1.65	1.62
每公顷耕地农业机械总动力(千瓦)	Total Power of Agricultural Machinery per Hectare of Cultivated Land(kw)	1.53	1.64	1.85	2.61	4.05
每公顷耕地用电量(万千瓦小时)	Electric Power Consumption per Hectare of Cultivated Land(10 000 kwh)	229	305	291	398	576
每公顷耕地化肥用量(千克)	Chemical Fertilizer Consumption per Hectare of Cultivated Land(kg)	70	98	102	159	240
每公顷耕地生产的农业产值(元)	Agricultural Output Value per Hectare of Cultivated Land(yuan)	2077	4210	4214	6443	10238
农业从业者人均农产品产量(千克)	Output of Farm products per Agricultural Laborer(kg)					
粮 食	Grain	2070	2105	2366	3719	4496
油 料	Oil-bearing Crops	148	140	222	273	271
甜 菜	Beet Roots	503	525	269	309	249
肉 类	Meat	114	163	273	514	524
每公顷播种面积农产品产量(千克)	Output of Farm Crops per Hectare of Sown Area(kg)					
粮 食	Grain	2511	2547	2800	3800	3654
油 料	Oil-bearing Crops	1340	1260	1324	1759	1704
甜 菜	Beet Roots	24884	18821	23998	36328	33141
建筑业	Construction					
技术装备率(元/人)	Machinery per Laborer(yuan/person)	2434	3053	5844	11822	8629
产值利税率(%)	Ratio of Per-tax Profits to Gross Output Value(%)	6.2	3.6	4.2	8.3	3.7
全员劳动生产率(元/人)(按总产值计算)	Overall Labor Productivity(yuan/person) (in terms of gross output value per employee)	1369	28440	39319	81750	128869
交通运输业	Transportation					
铁路网密度(公里/万平方公里)	Railway Density(km/10 000 sq.km)	47	49	61	65	65
公路网密度(公里/万平方公里)	Highway Density(km/10 000 sq.km)	366	378	569	1052	1274
铁路货运密度(吨/公里)	Railway Freight Traffic Density(ton/km)	12338	14391	14705	29186	59862
公路货运密度(吨/公里)	Highway Freight Traffic Density(ton/km)	4597	5443	5194	6456	4701
邮电通信业	Postal & Telecommunications Services					
固定电话普及率(部/百人)	Access to Telephones(set/100 persons)	0.8	2.9	8.7	22.7	18.2
移动电话普及率(部/百人)	Access to Mobile Phones(set/100 persons)		0.1	4.9	29.9	67.8
国内贸易	Domestic Trade					
人均社会消费品零售额(元)	Per Capita Retail Sales of Consumer Goods(yuan)	610	1298	2045	5635	11809
对外经济贸易	Foreign Trade					
进出口总额占生产总值比例(%)	Proportion of Total Imports & Exports to GDP(%)	7.9	10.9	11.0	10.7	4.7

2-5 续表 2 continued

指 标	Item	1990	1995	2000	2005	2009
金融保险	Finance and Insurance					
金融机构存款占生产总值比例(%)	Bank Deposits as Percentage of GDP(%)	53.2	66.1	82.5	84.5	86.0
金融机构贷款占生产总值比例(%)	Bank Loans as Percentage of GDP(%)	85.5	95.7	87.1	66.3	64.6
教育、科技、文化	**Education, Science, Tech & Culture**					
教育	Education					
学龄儿童入学率(%)	Rate of School-age Children Enrollment(%)	97.9	98.9	99.5	99.4	99.8
小学升学率(%)	Rate of Graduates of primary Schools Entering Junior Secondary Schools(%)	81.8	90.0	96.1	100.0	100.2
初中升学率(%)	Rate of Graduates of Junior Secondary Schools Entering Senior Secondary Schools(%)	42.1	48.6	60.2	73.0	91.4
学校教师负担系数(%)	Student-teacher Ratio(in percentage)(%)					
高等学校	Colleges and Universities	4.8	5.3	8.1	14.2	15.8
中等学校	Secondary Schools	12.7	13.2	16.1	16.7	15.2
小学学校	Primary Schools	15.2	15.3	15.6	13.4	13.0
科技	Science and Technology					
研究与开发经费支出占生产总值比例(%)	R&D Expenditures as Percentage of GDP(%)		0.09	0.16	0.29	
文化	Culture					
每百万人有艺术表演团体(个)	Number of Troupes per Million Persons(unit)	5.8	5.2	4.9	4.6	4.4
每百万人有公共图书馆(个)	Number of Public Libraries per million Persons(unit)	4.9	4.7	4.6	4.6	4.7
每百万人有博物馆(个)	Number of Museums per million Persons (unit)	0.5	0.7	1.1	1.4	1.9
家庭、生活、环境	**Family, People's Livelihood & Environment**					
家庭	Family					
负担少儿系数(%)	Dependency Ratio of Children(%)	42.1	38.2	29.0	22.4	20.9
负担老年系数(%)	Dependency Ratio of the Aged(%)	5.9	6.8	7.3	8.8	9.7
卫生	Health Care					
每万人医院数(个)	Number of Hospitals per 10 000 Persons(unit)	0.9	0.9	0.9	0.8	0.8
每万人医生数(个)	Number of Doctors per 10 000 Persons(unit)	19	22	22	21	22
每万人医院床位数(张)	Number of Hospital Beds per 10 000 Persons (unit)	26.6	27.3	28.2	29.1	32.1
市政建设	City Construction					
城市自来水普及率(%)	Percentage of Households with Access to Tap Water(%)	73.4	80.7	89.1	83.9	87.9
城市用气普及率(%)	Percentage of Households with Access to Tap Gas(%)	16.8	40.5	58.6	68.2	75.5
每万人绿地面积(公顷)	Public Green Areas per 10 000 Persons(hectare)	3.3	5.9	7.0	7.8	11.7

主要统计指标解释

可比价格 指计算各种总量指标所采用的扣除了价格变动因素的价格，可进行不同时期总量指标的对比。按可比价格计算总量指标有两种方法：一种是直接用产品产量乘某一年的不变价格计算；另一种是用价格指数进行缩减。

不变价格 指以同类产品某年的平均价格作为固定价格，用于计算各年的产品价值。按不变价格计算的产品价值消除了价格变动因素，不同时期对比可以反映生产的发展速度，新中国成立后，随着工农业产品价格水平的变化，国家统计局先后五次制定了全国统一的工业产品不变价格和农业产品不变价格。从 1952 年到 1957 年使用 1952 年工(农)业产品不变价格。从 1957 年到 1970 年使用 1957 年不变价格，从 1971 年到 1980 年使用 1970 年不变价格，从 1981 年到 1990 年使用 1980 年不变价格，从 1991 年开始使用 1990 年不变价格。

平均增长速度 我国计算平均增长速度有两种方法：一种是习惯上经常使用的“水平法”，又称几何平均法，是以间隔期最后一年的水平同基期水平对比来计算平均每年增长(或下降)速度；另一种是“累计法”，又称代数平均法或方程法，是以间隔期内各年水平的总和同基期水平对比来计算平均每年增长(或下降)速度。在一般正常情况下，两种方法计算的平均每年增长速度比较接近，但在经济发展不平衡、出现大起大落时，两种方法计算的结果差别较大。

本《年鉴》内所列的平均增长速度，除固定资产投资用“累计法”计算外，其余均用“水平法”计算。从某年到某年平均增长速度的年份，均不包括基期年在内。如建国四十三年的平均增长速度是以 1949 年为基期计算的，则写为 1950-1992 年平均增长速度，其余类推。

企业(单位)登记注册类型 是以在工商行政管理机关登记注册的各类企业为划分对象，以工商行政管理部门对企业登记注册的类型为依据，将企业登记注册类型分为内资企业、港澳台商投资企业和外商投资企业三大类。内资企业包括国有企业、集体企业、股份合作企业、联营企业、有限责任公司、股份有限公司、私营公司和其他企业；港澳台商投资企业和外商投资企业分别包括合资经营企业、合作经营企业、独资经营企业和股份有限公司。对不在工商行政管理部门进行登记注册的行政机关、事业单位和社会团体，主要按其经费来源和管理方式进行划分。

国有企业 指企业全部资产归国家所有，并按《中华人民共和国企业法人登记管理条例》规定登记注册的非公司制的经济组织。不包括有限责任公司中的国有独资公司。

集体企业 指企业资产归集体所有，并按《中华人民共和国企业法人登记管理条例》规定登记注册的经济组织。

股份合作企业 指以合作制为基础，由企业职工共同出资入股，吸收一定比例的社会资产投资组建，实行自主经营，自负盈亏，共同劳动，民主管理，按劳分配与按股分红相结合的一种集体经济组织。

联营企业 指两个及两个以上相同或不同所有制性质的企业法人或事业单位法人，按自愿、平等、互利的原则，共同投资组成的经济组织。联营企业包括国有联营企业、集体联营企业、国有与集体联营企业和其他联营企业。

有限责任公司 指根据《中华人民共和国公司登记管理条例》规定登记注册，由两个以上、五十个以下的股东共同出资，每个股东以其所认缴的出资额对公司承担有限责任，公司以其全部资产对其债务承担责任的经济组织。有限责任公司包括国有独资公司以及其他有限责任公司。

股份有限公司 指根据《中华人民共和国公司登记管理条例》规定登记注册，其全部注册资本由等额股份构成并通过发行股票筹集资本，股东以其认购的股份对公司承担有限责任，公司以其全部资产对其债务承担责任的经济组织。

私营企业 指由自然人投资设立或由自然人控股，以雇佣劳动为基础的营利性经济组织。包括按照《公司法》、《合伙企业法》、《私营企业暂行条例》规定登记注册的私营有限责任公司、私营股份有限公司、私营合伙企业和私营独资企业。

其他内资企业 指上述企业之外的其他内资经济组织。

与港澳台商合资经营企业 指港澳台地区投资者与内地企业依照《中华人民共和国中外合资经营企业法》及有关法律的规定，按合同规定的比例投资设立、分享利润和分担风险的企业。

与港澳台商合作经营企业 指港澳台地区投资者与内地企业依照《中华人民共和国中外合作经营企业法》及有关法律的规定，依照合作合同的约定进行投资或提供条件设立、分配利润和分担风险的企业。

港澳台商独资经营企业 指依照《中华人民共和国外资企业法》及有关法律的规定，在内地由港澳台地区投资者全额投资设立的企业。

港澳台商投资股份有限公司 指根据国家有关规定，经外经贸部依法批准设立，其中港、澳、台商的股本占公司注册资本的比例达 25%以上的股份有限公司。凡其中港、澳、台商的股本占公司注册资本的比例小于 25%的，属于内资企业中的股份有限公司。

中外合资经营企业 指外国企业或外国人与中国内地企业依照《中华人民共和国中外合资经营企业法》及有关法律的规定，按合同规定的比例投资设立、分享利润和分担风险的企业。

中外合作经营企业 指外国企业或外国人与中国内地企业依照《中华人民共和国中外合作经营企业法》及有关法律的规定，依照合作合同的约定进行投资或提供条件设立、分配利润和分担风险的企业。

外资企业 指依照《中华人民共和国外资企业法》及有关法律的规定，在中国内地由外国投资者全额投资设立的企业。

外商投资股份有限公司 指根据国家有关规定，经外经贸部依法批准设立，其中外资的股本占公司注册资本的比例达 25%以上的股份有限公司。凡其中外资股本占公司注册资本的比例小于 25%的，属于内资企业中的股份有限公司。

行政机关、事业单位和社会团体 参照企业登记注册类型，主要按其经费来源和管理方式划分。具体规定如下：

(1)行政机关：包括国家机关和政党机关，原则上均列为“国有”。但有特殊规定的，如供销社等，则列为“集体”。

(2)事业单位：包括经国家机构编制部门和有关业务主管部门批准成立的各类事业单位，不包括实行企业化管理的事业单位。事业单位的划分办法如下：

①由国家财政预算拨款或列入财政预算外资金管理以及经费主要来源于国有主管部门或国有上级单位的事业单位，列为“国有”。

②经费主要来源于集体单位的事业单位，列为“集体”。

③公民个人(或个人合伙)开办的事业单位，列为“私营”。

④上述以外的其他事业单位，如果其经费来源不明确，按管理方式进行归类。

(3)社会团体：包括经民政部门批准成立以及未纳入社会团体管理条例范围的工会、妇联等各类社会团体。社会团体的划分办法如下：

①未纳入民政部社会团体管理条例范围的工会、妇联、共青团、青联、工商联、科协、侨联等社会团体，国家拨款设立的基金会或基金管理组织以及经费主要来源于国有业务主管部门或国有上级单位的社会团体，列入“国有”。

②经费主要来源于集体单位的社会团体，列为“集体”。

③公民个人(或个人合伙)开办的社会团体，划为“私营”。

④上述以外的其他社会团体，如果其经费来源不明确，改按管理方式进行归类。

Explanatory Notes on Main Statistical Indicators

Comparable Prices refer to prices that are used to remove the factors of price change in calculating economic aggregates, so as to facilitate comparison of aggregates over time. Two methods are used for calculating economic aggregates at comparable prices: 1. Multiplying the output of products by their constant prices of certain year; 2. Deflation of data at current prices by relevant price index.

Constant Price refers to the average price of a given product in certain year, which is used for comparison of output value over time. As the output value at constant prices removes the factor of price changes, it reflects the trend of production development over time. Since 1949, with the changes in general price level, the State Statistical Bureau has issued nationally unified constant prices five times; the 1952 constant prices for 1952-1957; the 1957 constant prices for 1957-1971; the 1970 constant prices for 1971-1980; the 1980 constant prices for 1981-1990; and the 1990 constant prices have been used since 1991.

Average Annual Growth Rate Two methods for calculating average annual growth rate are applied in China, one is often called "level approach" or the method of calculating geometric average, which is derived by comparing the level of the last year of the interval with that of the beginning year; the other is called accumulative approach or algebraic average or equation method, which is derived by the summation of the actual figure of each year in the interval divided by the figure in the base year.

Usually the results calculated by the two methods are fairly close, but they differed sharply when uneven economic development occurred with striking fluctuations in growth.

The average annual growth rates listed in this statistical yearbook are calculated by "level approach" except for the growth rate of investment in fixed assets. The base years are not listed when the years are listed for average annual growth rates. For instance, the average annual growth rate of 43 years since 1949 is listed as average annual growth rate of 1950-1992 without listing the base year 1949. And the analogy of this is also the same for the rest of the years.

Registration Status of Enterprises Enterprises are classified into 3 categories, namely domestic- funded enterprises, enterprises with investment from Hong Kong, Macao and Taiwan, and enterprises with foreign investment, in the light of the registration status of an enterprise in industrial and commercial administration agencies. Domestic funded enterprises include state owned enterprises, collective owned enterprises, cooperative enterprises, joint ownership enterprises, limited liability corporations, share holding corporations Ltd. , private enterprises and other enterprises. Included in the enterprises with investment from Hong Kong, Macao and Taiwan and enterprises with foreign investment are joint venture enterprises, cooperative enterprises, sole investment enterprises and share holding corporations Ltd. For government agencies, institutions and social organizations which are not requested to be registered in industrial and commercial administration agencies, they are classified mainly by their sources of funds and way of management.

State-owned Enterprises refer to non- corporation economic units where the entire assets are owned by the state and which have registered in accordance with the Regulation of the People's Republic of China on the Management of Registration of Corporate Enterprises. Excluded from this category are sole state funded corporations in the limited liability corporations.

Collective-owned Enterprises refer to economic units where the assets are owned collectively and which have registered in accordance with the Regulation of the People's Republic of China on the Management of Registration of Corporate Enterprises.

Cooperative Enterprises refer to a form of collective economic units (enterprises) where capitals come mainly from employees as their shares, with certain proportion of capital from the outside, where production is organized on the basis of independent operation, independent accounting for profits and losses, joint work, democratic management, and a distribution system that integrates remuneration according to work with dividend according to capital share.

Joint Ownership Enterprises refer to economic units established by two or more corporate enterprises or corporate institutions of the same or different ownership, through joint investment on the basis of equality, voluntary participation and mutual benefits. They include state joint ownership enterprises, collective joint ownership enterprises, joint state-collective enterprises, other joint ownership enterprises.

Limited Liability Corporations refer to economic units established with investment from 2-50 investors and registered in accordance with the Regulation of the people's Republic of China on the Management of Registration of Corporations, each investor bearing limited liability to the corporation depending on its share of investment, and the corporation bearing liability to its debt to the maximum of its total assets. Limited liability corporations include exclusive state-funded limited liability corporations and other limited liability corporations.

Share-holding Corporations Ltd refer to economic units registered in accordance with the Regulation of the People's Republic of China on the Management of Registration of Corporations, with total registered capitals divided into equal shares and raised through issuing stocks. Each investor bears limited liability to the corporation depending on the holding of shares, and the corporation bears liability to its debt to the maximum of its total assets.

Private Enterprises refer to profit-making economic units invested and established by natural persons, or controlled by natural persons using employed labour. Included in this category are private limited liability corporations, private share-holding corporations Ltd. , private partnership enterprises and private funded enterprises registered in accordance with the Corporation Law, Partnership Enterprises Law and Interim Regulations on private Enterprises.

Other Domestic-funded Enterprises refer to domestic-funded economic units other than those mentioned above.

Joint-venture Enterprises with Funds from Hong Kong, Macao and Taiwan refer to enterprises jointly established by investors from Hong Kong, Macao and Taiwan with enterprises in the mainland of China in accordance with the Law of the People's Republic of China on Sino-foreign Joint Venture Enterprises and other relevant laws, where the share of investment, profits and risks is stipulated in the contract.

Cooperative Enterprises with Funds from Hong Kong, Macao and Taiwan established by investors from Hong Kong, Macao and Taiwan with enterprises in the mainland of China in accordance with the Law of the People's Republic of China on Sino-foreign Cooperative Enterprises and other relevant laws, where the investment or provision of facilities, and the share of profits and risks is stipulated in the cooperative contract.

Enterprises with Sole (exclusive) Investment from Hong Kong, Macao and Taiwan refer to enterprises established in the mainland of China with exclusive investment from investors from Hong Kong, Macao and Taiwan in accordance with the Law of the People's Republic of China on Foreign-Funded Enterprises and other relevant laws.

Share-holding Corporations Ltd. with Investment from Hong Kong, Macao and Taiwan refer to established with the approval by organization and staffing departments of the government, but exclude institutions share-holding corporations Ltd. established with the approval from the Ministry of Foreign Trade and Economic Relations in line with relevant state regulations, where the share of investment from Hong Kong, Macao or Taiwan businessmen exceeds 25% of the total registered capital of the corporation. In case the share of investment from Hong Kong, Macao or Taiwan is less than 25% of the total registered capital, the enterprise is to be classified as domestic funded share holding corporation Ltd.

Joint-venture Enterprises with Foreign Investment refer to enterprises jointly established by foreign enterprises of foreigners with enterprises in the mainland of China in accordance with the Law of the People's Republic of China on Sino-foreign Joint Venture Enterprises and other relevant laws, where the share of investment, profits and risks is stipulated in the contract.

Cooperation Enterprises with Foreign Investment refer to enterprises jointly established by foreign enterprises or foreigners with enterprises in the mainland of China in accordance with the Law of the People's Republic of China on Sino-foreign Cooperative Enterprises and other relevant laws, where the investment or provision of facilities, and the share of profits and risks is stipulated in the cooperative contract.

Enterprises with Sole (exclusive) Foreign Investment refer to enterprises established in the mainland of China with exclusive investment from foreign investors in accordance with the Law of the People's Republic of China on Foreign-Funded Enterprises and other relevant laws.

Share-holding Corporations Ltd. with Foreign Investment refer to share-holding corporations Ltd. established with the approval from the Ministry of Foreign Trade and Economic Relations in line with relevant state regulations, where the share of investment from foreign investors exceeds 25% of the total registered capital of the corporation. In case the share of foreign investment is less than 25% of the total registered capital, the enterprise is to be classified as domestic–funded share–holding corporation Ltd.

Government Agencies, Institutions and Social Organizations are classified into following categories by source of funds and way of management taking reference of the registration status of enterprises:

(1) Government agencies include state and party agencies, classified in principles as " state-owned ". There are exceptions, such as supply and marketing cooperatives which are classified as "collective".

(2) Institutions: include institutions of various types where enterprise management system is introduced. Institutions are further classified as follows:

(a) Institutions whose main budget is listed in the Government budget appropriations or extra-budget funds, or allocated from the budget of their competent government agencies. Such institutions are classified as "state-owned".

(b) Institutions whose budget mainly comes from collective units. Such institutions are classified as "collective".

(c) Institutions Established by Individual(group of Citizen) are classified as " Private ".

(d) Institutions other than those mentioned above whose source of budget is not clear. Such institutions are classified by way of management.

(3) Social organizations: include social organizations established with the approval from the Ministry of Civil Affairs, and organizations that are not covered by social organization management regulations such as trade unions, women's federations etc. Social organizations are further classified as follows:

(a) Social organizations that are not covered by social organization management regulations of the Ministry of Civil Affairs such as trade unions, women's federations, communist youth leagues, youth associations, industrial and commerce associations, scientists associations, overseas Chinese associations, etc. , foundations and fund management organizations established with funds from the state, and social organizations whose funds mainly come from the budget of their competent government agencies. Such institutions are classified as "state-owned".

(b) Social organizations whose budget mainly comes from collective units. Such institutions are classified as "collective".

(c) Social organizations established by individual or a group of citizens, which are classified as "private".

(d) Social organizations other than those mentioned above whose source of budget is not clear. Such organizations are classified by way of management.

三、国民经济核算

National Accounts

资料整理：张文军　高　坤
Arranged By Zhang Wenjun , Gao Kun

3-1 生产总值

Gross Domestic Product

本表按当年价格计算。
Data in value terms in this table are calculated at current prices.

单位：亿元 (100 million yuan)

年 份 Year	生产总值 Gross Domestic Product	第一产业 Primary Industry	第二产业 Secondary Industry	工业 Industry	建筑业 Cons-truction	第三产业 Tertiary Industry	# 交通运输仓储邮电通讯业 Transp-ortation, Post and Telecom-munica-tions	# 批发和零售贸易餐饮业 Whole-sale, Retail & Catering Trade	人均生产总值(元) Per Capita GDP (yuan)
1952	12.16	8.64	1.37	0.99	0.38	2.15	0.41	0.59	173
1953	15.57	10.44	2.25	1.57	0.68	2.88	0.56	1.02	211
1954	19.46	12.37	3.65	2.57	1.08	3.44	0.77	1.20	249
1955	17.49	10.25	3.53	2.73	0.80	3.71	0.78	1.18	213
1956	24.60	14.11	5.43	3.95	1.48	5.06	1.05	1.57	283
1957	21.27	11.29	5.05	3.80	1.25	4.93	0.65	1.78	232
1958	28.10	12.55	9.65	7.04	2.61	5.90	1.54	2.17	292
1959	35.76	14.75	13.41	9.90	3.51	7.60	2.59	2.65	349
1960	36.56	11.80	17.11	13.17	3.94	7.65	2.17	2.81	325
1961	25.25	11.40	7.25	6.06	1.19	6.60	1.44	2.18	215
1962	25.12	12.75	6.56	5.80	0.76	5.81	1.29	1.61	215
1963	29.02	12.71	9.90	8.24	1.66	6.41	1.49	2.04	243
1964	32.55	14.04	11.43	9.37	2.06	7.08	1.67	2.30	262
1965	35.41	15.21	12.08	9.65	2.43	8.12	2.26	2.57	275
1966	38.32	17.12	13.01	10.33	2.68	8.19	2.00	2.71	289
1967	31.80	13.87	10.43	8.46	1.97	7.50	1.58	2.16	233
1968	32.96	14.87	10.54	8.49	2.05	7.55	1.57	2.11	235
1969	32.90	14.78	10.52	8.40	2.12	7.60	1.56	2.07	227
1970	39.17	17.69	12.94	9.87	3.07	8.54	2.03	2.69	263
1971	41.61	16.82	15.99	12.50	3.49	8.80	2.18	2.56	271
1972	39.36	14.56	15.54	12.12	3.42	9.26	2.13	2.66	247
1973	44.07	16.22	18.14	14.29	3.85	9.71	2.38	2.58	269
1974	43.26	15.97	17.30	13.35	3.95	9.99	2.24	2.74	256
1975	48.55	18.15	20.02	15.52	4.50	10.38	2.49	2.66	280
1976	48.09	18.51	18.77	15.11	3.66	10.81	2.49	2.69	272
1977	51.65	18.91	21.60	16.48	5.12	11.14	2.56	2.73	287

3-1 续表 continued

本表按当年价格计算。

Data in value terms in this table are calculated at current prices.

单位：亿元 (100 million yuan)

年 份 Year	生产总值 Gross Domestic Product	第一产业 Primary Industry	第二产业 Secondary Industry	工 业 Industry	建筑业 Construction	第三产业 Tertiary Industry	#交通运输仓储邮电通讯业 Transportation, Post and Telecommunications	#批发和零售贸易餐饮业 Wholesale, Retail & Catering Trade	人均生产总值(元) Per Capita GDP (yuan)
1978	58.04	18.96	26.37	21.84	4.53	12.71	2.76	2.87	317
1979	64.14	21.03	28.37	23.52	4.85	14.74	2.85	3.25	343
1980	68.40	18.03	32.26	27.30	4.96	18.11	4.12	4.01	361
1981	77.91	27.14	32.04	27.92	4.12	18.73	3.71	4.00	407
1982	93.22	33.32	37.21	32.35	4.86	22.69	5.12	5.20	480
1983	105.88	35.90	41.98	35.90	6.08	28.00	6.58	6.32	535
1984	128.20	42.98	47.74	39.04	8.70	37.48	8.28	10.34	640
1985	163.83	53.54	56.95	45.90	11.05	53.34	10.85	19.65	809
1986	181.58	54.64	61.55	49.74	11.81	65.39	12.59	24.11	888
1987	212.27	62.21	70.42	58.26	12.16	79.64	12.77	32.91	1025
1988	270.81	90.20	85.72	70.28	15.44	94.89	14.30	38.88	1291
1989	292.69	89.08	98.96	83.66	15.30	104.65	18.63	35.58	1377
1990	319.31	112.57	102.43	87.18	15.25	104.31	20.69	24.92	1478
1991	359.66	117.19	124.03	102.74	21.29	118.44	26.84	27.76	1642
1992	421.68	126.86	152.56	120.85	31.71	142.26	32.65	35.04	1906
1993	537.81	149.96	203.46	162.53	40.93	184.39	44.21	47.44	2423
1994	695.06	208.53	254.52	205.98	48.53	232.01	53.93	63.14	3094
1995	857.06	260.18	308.78	254.88	53.90	288.10	69.36	83.03	3772
1996	1023.09	312.82	364.77	304.81	59.96	345.50	89.13	103.70	4457
1997	1153.51	322.52	422.39	355.10	67.29	408.60	114.08	126.82	4980
1998	1262.54	341.62	458.86	382.44	76.42	462.06	126.06	144.96	5406
1999	1379.31	342.91	510.47	425.13	85.34	525.93	145.98	168.59	5861
2000	1539.12	350.80	582.57	484.19	98.38	605.74	175.46	195.39	6502
2001	1713.81	358.89	655.68	541.02	114.66	699.24	204.42	226.46	7216
2002	1940.94	374.69	754.78	614.89	139.89	811.47	244.28	266.54	8162
2003	2388.38	420.10	967.49	773.50	193.99	1000.79	296.80	312.12	10039
2004	3041.07	522.80	1248.27	1015.37	232.90	1270.00	360.39	382.66	12767
2005	3905.03	589.56	1773.21	1477.88	295.33	1542.26	425.57	458.10	16371
2006	4944.25	634.94	2374.96	2025.72	349.24	1934.35	507.69	585.17	20693
2007	6423.18	762.10	3193.67	2781.78	411.89	2467.41	628.50	762.22	26777
2008	8496.20	907.95	4376.19	3879.42	496.77	3212.06	793.00	1007.76	35263
2009	9740.25	929.60	5114.00	4503.33	610.67	3696.65	879.28	1177.61	40282

注：从2004年开始第一产业为农业、林业、牧业、渔业及农林牧渔服务业。

a)The Primary Industry has included Farming,Forestry, Animal Husbandry, Fishery and Their Services Since 2004.

3-2 生产总值构成

Composition of Gross Domestic Product

本表按当年价格计算。

Data in value terms in this table are calculated at current prices.

单位：% (%)

年份 Year	生产总值 Gross Domestic Product	第一产业 Primary Industry	第二产业 Secondary Industry	工业 Industry	建筑业 Cons-truction	第三产业 Tertiary Industry	#交通运输仓储邮电通讯业 Transp-ortation, Post and Telecomm-unications	#批发和零售贸易餐饮业 Wholesale, Retail & Catering Trade
1952	100	71.1	11.3	8.1	3.1	17.6	3.4	4.9
1953	100	67.1	14.5	10.1	4.4	18.4	3.6	6.6
1954	100	63.6	18.8	13.2	5.5	17.6	4.0	6.2
1955	100	58.6	20.2	15.6	4.6	21.2	4.5	6.7
1956	100	57.4	22.1	16.1	6.0	20.5	4.3	6.4
1957	100	53.1	23.7	17.9	5.9	23.2	3.1	8.4
1958	100	44.7	34.3	25.1	9.3	21.0	5.5	7.7
1959	100	41.2	37.5	27.7	9.8	21.3	7.2	7.4
1960	100	32.3	46.8	36.0	10.8	20.9	5.9	7.7
1961	100	45.1	28.7	24.0	4.7	26.2	5.7	8.6
1962	100	50.8	26.1	23.1	3.0	23.1	5.1	6.4
1963	100	43.8	34.1	28.4	5.7	22.1	5.1	7.0
1964	100	43.1	35.1	28.8	6.3	21.8	5.1	7.1
1965	100	43.0	34.1	27.3	6.9	22.9	6.4	7.3
1966	100	44.7	34.0	27.0	7.0	21.3	5.2	7.1
1967	100	43.6	32.8	26.6	6.2	23.6	5.0	6.8
1968	100	45.1	32.0	25.8	6.2	22.9	4.8	6.4
1969	100	44.9	32.0	25.5	6.4	23.1	4.7	6.3
1970	100	45.2	33.0	25.2	7.8	21.8	5.2	6.9
1971	100	40.4	38.4	30.0	8.4	21.2	5.2	6.2
1972	100	37.0	39.5	30.8	8.7	23.5	5.4	6.8
1973	100	36.8	41.2	32.4	8.7	22.0	5.4	5.9
1974	100	36.9	40.0	30.9	9.1	23.1	5.2	6.3
1975	100	37.4	41.2	32.0	9.3	21.4	5.1	5.5
1976	100	38.5	39.0	31.4	7.6	22.5	5.2	5.6
1977	100	36.6	41.8	31.9	9.9	21.6	5.0	5.3

3-2 续表 continued

本表按当年价格计算。
Data in value terms in this table are calculated at current prices.
单位：% (%)

年 份 Year	生产总值 Gross Domestic Product	第一产业 Primary Industry	第二产业 Secondary Industry	工 业 Industry	建筑业 Cons-truction	第三产业 Tertiary Industry	# 交通运输仓储邮电通讯业 Transpor-tation, Post and Telecomm-unications	# 批发和零售贸易餐饮业 Wholesale, Retail & Catering Trade
1978	100	32.7	45.4	37.6	7.8	21.9	4.8	4.9
1979	100	32.8	44.2	36.7	7.6	23.0	4.4	5.1
1980	100	26.4	47.2	39.9	7.3	26.4	6.0	5.9
1981	100	34.8	41.1	35.8	5.3	24.1	4.8	5.1
1982	100	35.8	39.9	34.7	5.2	24.3	5.5	5.6
1983	100	33.9	39.6	33.9	5.7	26.5	6.2	6.0
1984	100	33.5	37.2	30.5	6.8	29.3	6.5	8.1
1985	100	32.7	34.8	28.0	6.7	32.5	6.6	12.0
1986	100	30.1	33.9	27.4	6.5	36.0	6.9	13.3
1987	100	29.3	33.2	27.4	5.7	37.5	6.0	15.5
1988	100	33.3	31.7	26.0	5.7	35.0	5.3	14.4
1989	100	30.4	33.8	28.6	5.2	35.8	6.4	12.2
1990	100	35.3	32.1	27.3	4.8	32.6	6.5	7.8
1991	100	32.6	34.5	28.6	5.9	32.9	7.5	7.7
1992	100	30.1	36.2	28.7	7.5	33.7	7.7	8.3
1993	100	27.9	37.8	30.2	7.6	34.3	8.2	8.8
1994	100	30.0	36.6	29.6	7.0	33.4	7.8	9.1
1995	100	30.4	36.0	29.7	6.3	33.6	8.1	9.7
1996	100	30.6	35.7	29.8	5.9	33.7	8.7	10.1
1997	100	28.0	36.6	30.8	5.8	35.4	9.9	11.0
1998	100	27.1	36.3	30.3	6.0	36.6	10.0	11.5
1999	100	24.9	37.0	30.8	6.2	38.1	10.6	12.2
2000	100	22.8	37.9	31.5	6.4	39.3	11.4	12.7
2001	100	20.9	38.3	31.6	6.7	40.8	11.9	13.2
2002	100	19.3	38.9	31.7	7.2	41.8	12.6	13.7
2003	100	17.6	40.5	32.4	8.1	41.9	12.4	13.1
2004	100	17.2	41.0	33.4	7.6	41.8	11.9	12.6
2005	100	15.1	45.4	37.8	7.6	39.5	10.9	11.7
2006	100	12.8	48.1	41.0	7.1	39.1	10.3	11.8
2007	100	11.9	49.7	43.3	6.4	38.4	9.8	11.9
2008	100	10.7	51.5	45.7	5.8	37.8	9.3	11.9
2009	100	9.5	52.5	46.2	6.3	38.0	9.0	12.1

3-3 生产总值指数

Indices of Gross Domestic Product

本表按可比价格计算。

The indices in this table are calculated at constant prices.

(上年=100) (Preceding year=100)

年份 Year	生产总值 Gross Domestic Product	第一产业 Primary Industry	第二产业 Secondary Industry	工业 Industry	建筑业 Construction	第三产业 Tertiary Industry	#交通运输仓储邮电通讯业 Transportation, Post and Telecommunications	#批发和零售贸易餐饮业 Wholesale, Retail & Catering Trade	人均生产总值 Per Capita GDP
1953	116.3	107.5	159.9	153.7	176.3	127.4	140.6	174.3	110.6
1954	119.4	111.3	160.4	162.3	156.1	117.6	137.8	117.1	112.8
1955	90.7	83.7	97.5	107.0	74.8	107.4	101.6	98.0	86.0
1956	138.7	136.6	152.3	143.2	183.3	131.4	133.3	133.8	131.0
1957	110.9	117.5	98.3	101.7	89.1	106.2	61.9	113.1	105.3
1958	125.3	105.3	184.0	178.6	200.5	127.1	238.5	121.9	119.4
1959	122.9	112.6	139.2	140.7	135.0	125.2	166.9	122.0	115.3
1960	95.8	77.9	126.6	132.1	111.2	86.5	84.1	106.0	87.3
1961	65.3	80.7	39.3	42.6	28.0	95.5	66.1	77.6	62.3
1962	94.7	105.2	84.3	89.1	59.9	86.5	90.4	73.7	95.5
1963	119.7	108.9	148.6	140.0	214.3	115.0	114.4	126.7	117.0
1964	113.2	111.8	117.1	115.5	125.5	111.3	112.6	112.9	108.9
1965	109.8	105.9	113.6	110.8	126.8	112.6	135.1	111.8	105.8
1966	110.0	112.4	114.4	113.7	117.4	99.7	88.4	105.6	106.8
1967	83.3	81.1	81.2	83.0	74.5	91.2	79.4	79.8	81.1
1968	99.9	98.9	102.6	102.0	105.4	98.3	99.2	97.8	96.9
1969	100.8	99.5	103.4	102.5	107.4	99.8	99.2	97.7	97.7
1970	123.3	119.7	140.2	134.0	164.8	105.6	129.6	130.0	120.0
1971	102.1	95.0	106.5	109.1	98.2	108.7	108.0	95.3	99.0
1972	107.8	117.0	97.2	97.0	97.9	110.4	93.1	99.4	104.1
1973	111.7	110.8	116.8	117.9	112.8	105.0	111.7	96.9	108.3
1974	96.2	94.3	95.4	93.5	102.6	101.8	94.0	106.1	93.3
1975	111.3	111.7	115.6	116.2	113.9	103.1	111.1	97.3	108.6
1976	99.4	101.8	94.7	98.4	82.1	103.2	100.0	100.9	97.4
1977	107.0	102.2	114.5	108.5	139.2	103.7	103.2	101.5	105.2

3-3 续表 continued

本表按可比价格计算。

The indices in this table are calculated at comparabl prices.

上年=100 (Preceding year=100)

年 份 Year	生产总值 Gross Domestic Product	第一产业 Primary Industry	第二产业 Secondary Industry	工 业 Industry	建筑业 Construction	第三产业 Tertiary Industry	# 交通运输仓储邮电通信业 Transportation, Post and Telecommunications	# 批发和零售贸易餐饮业 Wholesale, Retail & Catering Trade	人均生产总值 Per Capita GDP
1978	108.0	98.8	117.2	127.3	84.6	108.9	107.7	105.2	106.3
1979	109.8	107.7	108.6	108.4	110.0	116.0	103.3	113.1	107.4
1980	101.7	76.0	113.3	116.6	97.6	122.9	144.5	123.5	100.2
1981	110.6	141.8	96.3	98.2	85.7	103.4	90.0	99.9	109.4
1982	118.6	118.2	117.4	117.3	117.9	121.1	138.1	129.9	116.9
1983	109.8	105.0	109.9	108.5	118.8	116.7	117.4	116.1	107.8
1984	116.1	114.0	110.2	107.3	127.7	128.1	119.3	156.8	116.2
1985	117.2	114.1	108.2	105.5	121.7	133.0	129.3	175.1	114.6
1986	105.9	91.7	105.4	106.4	101.2	120.4	115.6	120.0	104.8
1987	109.0	106.8	107.0	109.3	96.5	112.5	96.2	125.6	107.7
1988	109.8	117.3	111.1	108.1	126.6	103.2	111.9	99.5	108.4
1989	102.7	95.1	104.9	107.2	94.9	106.8	121.6	102.6	101.4
1990	107.5	124.4	99.4	99.2	100.5	103.1	101.1	93.4	105.8
1991	107.5	104.0	110.8	108.2	126.0	107.9	121.4	102.5	106.0
1992	111.0	104.0	115.4	110.7	138.8	113.8	118.4	117.1	109.9
1993	111.7	105.0	113.9	112.3	120.5	115.7	119.2	120.9	111.3
1994	111.2	103.2	113.1	114.8	106.9	116.1	121.6	118.6	109.8
1995	110.1	103.9	111.0	112.7	104.2	114.1	118.8	116.4	108.9
1996	114.4	121.4	111.4	115.2	95.5	112.3	114.3	114.3	113.2
1997	110.8	102.0	114.0	114.9	109.4	114.3	119.0	117.8	109.8
1998	110.7	106.2	109.6	110.0	107.2	114.7	116.8	115.9	109.7
1999	108.8	101.0	110.0	110.7	105.9	112.7	113.5	116.3	108.0
2000	110.8	102.6	111.7	112.2	108.9	114.5	117.4	117.0	110.1
2001	110.7	102.0	110.9	110.2	114.1	115.5	116.1	115.9	110.3
2002	113.2	104.4	115.7	113.9	124.3	115.3	120.2	117.3	113.0
2003	117.9	105.9	127.7	121.8	153.3	114.5	120.3	116.2	117.9
2004	120.5	111.7	122.8	124.9	115.6	122.0	122.1	119.3	120.4
2005	123.8	109.1	134.9	138.5	121.3	118.1	117.5	117.9	123.6
2006	119.1	103.2	127.1	129.8	113.6	115.9	114.1	117.3	118.9
2007	119.2	103.9	126.0	128.3	112.7	116.0	116.2	114.2	118.7
2008	117.8	107.5	121.6	123.6	109.0	115.8	117.7	115.4	117.3
2009	116.9	102.3	121.1	120.5	125.2	115.0	109.9	116.5	116.5

3-4 生产总值指数

Indices of Gross Domestic Product

本表按可比价格计算。

The indices in this table are calculated at comparable prices

1952年=100　　(1952=100)

年 份 Year	生产总值 Gross Domestic Product	第一产业 Primary Industry	第二产业 Secondary Industry	工 业 Industry	建筑业 Construction	第三产业 Tertiary Industry	# 交通运输仓储邮电通信业 Transportation, Post and Telecommunications	# 批发和零售贸易餐饮业 Wholesale, Retail & Catering Trade	人均生产总值 Per Capita GDP
1952	100	100	100	100	100	100	100	100	100
1953	116.3	107.5	159.9	153.7	176.3	127.4	140.6	174.3	110.6
1954	138.9	119.6	256.6	249.5	275.2	149.8	193.8	204.1	124.8
1955	125.9	100.1	250.1	266.9	206.0	160.9	196.9	200.0	107.4
1956	174.6	136.8	380.9	382.1	377.5	211.3	262.5	267.6	140.7
1957	193.6	160.8	374.2	388.7	336.3	224.5	162.5	302.7	148.2
1958	242.6	169.3	688.6	694.0	674.2	285.4	387.5	368.9	176.9
1959	298.1	190.6	958.4	976.7	910.2	357.3	646.9	450.0	204.1
1960	285.6	148.5	1213.1	1289.8	1011.9	309.1	543.8	477.0	178.1
1961	186.4	119.9	476.5	549.9	283.7	295.1	359.4	370.3	111.0
1962	176.5	126.1	401.8	490.1	169.9	255.4	325.0	273.0	106.0
1963	211.3	137.3	597.2	685.9	364.1	293.8	371.9	345.9	124.0
1964	239.3	153.5	699.5	791.9	457.0	327.0	418.8	390.5	135.1
1965	262.7	162.5	795.0	877.1	579.3	368.3	565.6	456.8	143.0
1966	288.9	182.6	909.8	997.2	680.4	367.2	500.0	460.8	152.7
1967	240.8	148.1	739.2	827.7	506.7	334.9	396.9	367.6	123.8
1968	240.6	146.5	758.6	844.1	534.2	329.1	393.8	359.5	120.1
1969	242.6	145.7	784.6	864.9	573.6	328.3	390.6	351.4	117.3
1970	299.1	174.4	1100.0	1159.0	945.1	346.6	506.3	456.8	140.7
1971	305.3	165.7	1171.8	1264.8	927.7	376.6	546.9	435.1	139.2
1972	329.1	193.9	1138.9	1226.7	908.3	415.8	509.4	432.4	144.9
1973	367.5	214.8	1329.8	1446.2	1024.3	436.5	568.8	418.9	157.0
1974	353.7	202.6	1268.7	1351.8	1050.6	444.4	534.4	444.6	146.5
1975	393.8	226.3	1467.3	1570.2	1197.1	458.4	593.8	432.4	159.1
1976	391.2	230.4	1389.9	1544.8	983.0	473.1	593.8	436.5	155.0
1977	418.7	235.4	1591.6	1676.8	1367.9	490.7	612.5	443.2	163.1

3-4 续表 continued

本表按可比价格计算。

The indices in this table are calculated at comparable prices.

1952年=100 (1952=100)

年 份 Year	生产总值 Gross Domestic Product	第一产业 Primary Imdustry	第二产业 Secondary Industry	工业 Industry	建筑业 Construction	第三产业 Tertiary Industry	# 交通运输仓储邮电通信业 Transportation, Post and Telecommunications	# 批发和零售贸易餐饮业 Wholesale, Retail & Catering Trade	人均生产总值 Per Capita GDP
1978	452.2	232.5	1865.3	2134.7	1157.6	534.2	659.4	466.2	173.4
1979	496.3	250.5	2026.3	2241.9	1459.9	619.5	680.9	527.1	186.3
1980	504.6	190.5	2295.8	2682.5	1280.1	761.5	983.9	651.1	186.7
1981	558.1	270.1	2210.8	2566.6	1276.3	787.4	886.0	650.4	204.2
1982	661.8	319.3	2595.1	3006.4	1514.7	953.9	1223.3	844.7	238.8
1983	726.9	335.4	2850.8	3166.6	2021.3	1113.2	1435.9	980.9	257.5
1984	844.4	382.4	3135.9	3613.9	1900.0	1425.5	1712.8	1538.0	299.1
1985	989.8	436.3	3399.5	3811.0	2318.8	1896.5	2215.0	2692.8	342.7
1986	1048.0	400.2	3582.7	4053.5	2345.9	2282.8	2561.1	3232.3	359.1
1987	1142.1	427.6	3832.2	4429.5	2263.1	2568.3	2463.2	4060.2	386.6
1988	1254.0	501.6	4259.3	4789.9	2865.3	2651.2	2755.3	4038.8	419.2
1989	1288.3	476.7	4470.0	5136.7	2718.9	2831.2	3351.4	4142.3	425.0
1990	1385.2	593.2	4444.5	5095.8	2733.6	2919.0	3386.7	3867.8	449.5
1991	1488.7	616.9	4926.5	5513.1	3445.2	3149.9	4111.9	3965.6	476.5
1992	1652.6	641.8	5687.2	6102.3	4780.7	3584.0	4869.8	4642.3	523.7
1993	1845.3	673.9	6480.5	6855.9	5747.0	4145.0	5804.3	5611.2	582.9
1994	2051.2	695.5	7329.5	7870.2	6143.6	4810.9	7058.0	6652.8	640.1
1995	2259.3	722.6	8133.5	8869.4	6400.8	5490.7	8387.3	7742.0	697.0
1996	2584.3	877.2	9064.7	10218.5	6110.4	6165.5	9589.8	8847.1	789.3
1997	2862.1	894.8	10333.8	11740.1	6686.7	7046.3	11414.7	10423.6	866.4
1998	3167.0	950.2	11322.7	12915.0	7169.1	8080.3	13335.9	12078.4	950.8
1999	3446.7	959.7	12452.7	14299.5	7591.5	9105.7	15130.4	14045.7	1026.8
2000	3817.3	984.7	13912.2	16045.4	8266.6	10422.5	17764.3	16427.2	1130.6
2001	4225.8	1003.9	15423.1	17681.2	9435.2	12033.7	20628.9	19032.6	1246.8
2002	4782.1	1048.1	17842.6	20135.5	11725.3	13879.9	24793.4	22329.2	1409.1
2003	5638.0	1109.9	22784.9	24520.4	17977.0	15886.5	29823.7	25944.0	1661.3
2004	6793.8	1239.8	27878.8	30625.9	20781.0	19381.5	36414.7	30963.5	2005.2
2005	8411.3	1352.7	37602.8	42417.1	25216.9	22881.4	42787.3	36506.0	2479.0
2006	10014.6	1396.1	47801.1	55065.6	28651.4	26509.5	48826.0	42837.7	2946.7
2007	11941.2	1450.3	60205.5	70628.6	32298.1	30750.5	56746.9	48918.0	3497.7
2008	14069.4	1558.9	73224.6	87266.9	35205.0	35598.2	66786.8	56459.8	4102.8
2009	16447.1	1594.7	88658.4	105174.1	44071.5	40946.4	73398.7	65775.7	4779.8

3-5 第三产业增加值
Value-added of the Tertiary Industry

本表按当年价格计算。
Data in value terms in this table are calculated at current prices.

单位：亿元 (100 million yuan)

行 业	Sector	2008	2009
总 计	**Total**	**3212.06**	**3696.65**
交通运输、仓储和邮政业	Transportation and Postal Services	698.15	773.29
信息传输、计算机服务和软件业	Information Transmission,Computer Services & Software	104.31	117.12
批发和零售业	Wholesale and Retail Trade	781.95	915.89
住宿和餐饮业	Hotel and Restaurants	254.34	294.73
金融业	Banking	219.09	291.10
房地产业	Real Estate	273.30	286.65
租赁和商务服务业	Leasing and Business Services	93.51	104.97
科学研究、技术服务和地质勘查业	Scientific Research, Technical Services & Geological Prospecting	52.75	61.53
水利、环境和公共设施管理业	Water Conservancy, Environment and Public Facilities Administraion	31.02	36.21
居民服务和其他服务业	Services to Households and Other Services	104.00	116.77
教育	Education	177.92	207.60
卫生、社会保障和社会福利业	Health Care, Social Security and Social Welfare	89.24	104.14
文化、体育和娱乐业	Culture, Sports and Entertainment	29.88	33.54
公共管理和社会组织	Public Administration and Social Organizations	302.61	353.11
国际组织	International Organizations		

3-6 第三产业增加值构成
Composition of Value-added of the Tertiary Industry

本表按当年价格计算。
Data in value terms in this table are calculated at current prices.
单位：%　　(%)

行业	Sector	2008	2009
总计	**Total**	**100.0**	**100.0**
交通运输、仓储和邮政业	Transportation and Postal Services	21.7	20.9
信息传输、计算机服务和软件业	Information Transmission,Computer Services & Software	3.3	3.2
批发和零售业	Wholesale and Retail Trade	24.3	24.8
住宿和餐饮业	Hotel and Restaurants	7.9	8.0
金融业	Banking	6.8	7.9
房地产业	Real Estate	8.5	7.8
租赁和商务服务业	Leasing and Business Services	2.9	2.8
科学研究、技术服务和地质勘查业	Scientific Research, Technical Services & Geological Prospecting	1.6	1.6
水利、环境和公共设施管理业	Water Conservancy, Environment and Public Facilities Administraion	1.0	1.0
居民服务和其他服务业	Services to Households and Other Services	3.2	3.2
教育	Education	5.5	5.6
卫生、社会保障和社会福利业	Health Care, Social Security and Social Welfare	2.8	2.8
文化、体育和娱乐业	Culture, Sports and Entertainment	1.0	0.9
公共管理和社会组织	Public Administration and Social Organizations	9.5	9.5
国际组织	International Organizations		

3-7 第三产业增加值指数
Indices of Value-added of the Tertiary Industry

本表按可比价格计算。
The indices in this table are calculated at comparable prices

上年=100 (Preceding year=100)

行业	Sector	2008	2009
总计	**Total**	**115.8**	**115.0**
交通运输、仓储和邮政业	Transportation and Postal Services	118.8	109.6
信息传输、计算机服务和软件业	Information Transmission,Computer Services & Software	111.0	111.7
批发和零售业	Wholesale and Retail Trade	115.7	117.8
住宿和餐饮业	Hotel and Restaurants	113.9	113.3
金融业	Banking	120.2	134.2
房地产业	Real Estate	112.0	104.6
租赁和商务服务业	Leasing and Business Services	110.9	113.6
科学研究、技术服务和地质勘查业	Scientific Research, Technical Services & Geological Prospecting	115.0	117.8
水利、环境和公共设施管理业	Water Conservancy, Environment and Public Facilities Administraion	96.5	117.7
居民服务和其他服务业	Services to Households and Other Services	110.1	113.4
教育	Education	116.0	117.0
卫生、社会保障和社会福利业	Health Care, Social Security and Social Welfare	117.3	117.5
文化、体育和娱乐业	Culture, Sports and Entertainment	114.3	114.7
公共管理和社会组织	Public Administration and Social Organizations	116.7	117.9
国际组织	International Organizations		

3-8 支出法生产总值和结构

本表按当年价格计算。
Data in value terms in this table are calculated at current prices.

年份 Year	支出法生产总值(亿元) Gross Domestic Product by Expenditure Approach (100 million yuan)	#最终消费 Final Consumption Expenditure	#资本形成总额 Gross Capital Formation	资本形成率(投资率)(%) Capital Formation Rate (%)	最终消费率(消费率)(%) Final Consumption Rate (%)	最终消费 绝对数(亿元) Absolute Figure (100 million yuan) 居民消费 Household Consumption Expenditure	农村居民 Rural House	城镇居民 Urban House	政府消费 Government Consumption Expenditure
1978	58.04	42.91	21.20	36.5	73.9	37.76	17.73	20.03	5.15
1979	64.14	50.84	23.18	36.1	79.3	44.68	20.96	23.72	6.16
1980	68.40	62.10	18.88	27.6	90.8	55.83	28.22	27.61	6.27
1981	77.91	76.51	18.80	24.1	98.2	67.08	34.52	32.56	9.43
1982	93.22	88.01	26.10	28.0	94.4	79.07	43.66	35.41	8.94
1983	105.88	94.01	35.58	33.6	88.8	83.79	46.17	37.62	10.22
1984	128.20	106.57	45.81	35.7	83.1	89.38	48.80	40.58	17.19
1985	163.83	127.04	61.60	37.6	77.5	105.12	57.88	47.24	21.92
1986	181.58	144.84	60.22	33.2	79.8	118.22	59.54	58.68	26.62
1987	212.27	166.12	67.84	32.0	78.3	135.28	68.71	66.57	30.84
1988	270.81	184.46	110.15	40.7	68.1	149.57	77.59	71.98	34.89
1989	292.69	199.14	115.48	39.5	68.0	160.50	81.50	79.00	38.64
1990	319.31	216.70	124.68	39.0	67.9	169.79	86.44	83.35	46.91
1991	359.66	245.90	137.00	38.1	68.4	188.61	93.35	95.26	57.29
1992	421.68	271.08	196.10	46.5	64.3	208.10	101.92	106.18	62.98
1993	537.81	328.42	288.52	53.6	61.1	253.40	108.73	144.67	75.02
1994	695.06	420.89	331.11	47.6	60.6	327.89	135.91	191.98	93.00
1995	857.06	539.41	372.98	43.5	62.9	412.97	181.91	231.06	126.44
1996	1023.09	609.65	446.26	43.6	59.6	468.29	201.49	266.80	141.36
1997	1153.51	685.71	474.80	41.2	59.4	517.07	220.25	296.82	168.64
1998	1262.54	721.60	542.31	43.0	57.2	539.13	226.71	312.42	182.47
1999	1379.31	800.77	577.78	41.9	58.1	592.94	224.28	368.66	207.83
2000	1539.12	873.65	642.07	41.7	56.8	636.10	237.88	398.22	237.55
2001	1713.81	974.44	679.54	39.7	56.9	681.07	229.92	451.15	293.37
2002	1940.94	1135.65	862.20	44.4	58.5	794.46	239.68	554.78	341.19
2003	2388.38	1257.47	1339.07	56.1	52.6	848.04	257.25	590.79	409.43
2004	3041.07	1492.27	1945.29	64.0	49.1	962.85	270.61	692.24	529.42
2005	3905.03	1809.52	2845.06	72.9	46.3	1197.75	309.42	888.33	611.77
2006	4944.25	2131.20	3466.11	70.1	43.1	1385.90	350.46	1035.44	745.30
2007	6423.18	2631.52	4494.40	70.0	41.0	1693.96	398.90	1295.06	937.56
2008	8496.20	3287.31	5721.74	67.3	38.7	2044.15	428.92	1615.23	1243.16
2009	9740.25	3959.82	7495.42	77.0	40.7	2337.55	458.74	1878.81	1622.27

Gross Domestic Product and Structure by Expenditure Approach

Final Consumption Expenditure				资本形成总额 Gross Capital Formation			
比重 Proportion				绝对数(亿元) Absolute Figure (100 million yuan)		比重 (资本形成总额=100) Proportion (Gross Capital Formation=100)	
最终消费=100 Final Consumption Expenditure=100		居民消费=100 Household Consumption=100					
居民消费 Household Consumption Expenditure	政府消费 Government Consumption Expenditure	农村居民 Rural Households	城镇居民 Urban Households	固定资本形成总额 Gross Fixed Capital Formation	存货增加 Changes in Inventories	固定资本形成总额 Gross Fixed Capital Formation	存货增加 Changes in Inventories
88.0	12.0	47.0	53.0	16.56	4.64	78.1	21.9
87.9	12.1	46.9	53.1	17.65	5.53	76.1	23.9
89.9	10.1	50.5	49.5	15.78	3.10	83.6	16.4
87.7	12.3	51.5	48.5	15.53	3.27	82.6	17.4
89.8	10.2	55.2	44.8	20.94	5.16	80.2	19.8
89.1	10.9	55.1	44.9	29.66	5.92	83.4	16.6
83.9	16.1	54.6	45.4	40.85	4.96	89.2	10.8
82.7	17.3	55.1	44.9	50.94	10.66	82.7	17.3
81.6	18.4	50.4	49.6	47.57	12.65	79.0	21.0
81.4	18.6	50.8	49.2	53.32	14.52	78.6	21.4
81.1	18.9	51.9	48.1	72.05	38.10	65.4	34.6
80.6	19.4	50.8	49.2	70.68	44.80	61.2	38.8
78.4	21.6	50.9	49.1	70.77	53.91	56.8	43.2
76.7	23.3	49.5	50.5	100.66	36.34	73.5	26.5
76.8	23.2	49.0	51.0	149.24	46.86	76.1	23.9
77.2	22.8	42.9	57.1	219.39	69.13	76.0	24.0
77.9	22.1	41.4	58.6	250.23	80.88	75.6	24.4
76.6	23.4	44.0	56.0	273.16	99.82	73.2	26.8
76.8	23.2	43.0	57.0	276.04	170.22	61.9	38.1
75.4	24.6	42.6	57.4	318.97	155.83	67.2	32.8
74.7	25.3	42.1	57.9	353.40	188.90	65.2	34.8
74.0	26.0	37.8	62.2	389.97	187.80	67.5	32.5
72.8	27.2	37.4	62.6	439.42	202.65	68.4	31.6
69.9	30.1	33.8	66.2	510.02	169.52	75.1	24.9
70.0	30.0	30.2	69.8	729.37	132.83	84.6	15.4
67.4	32.6	30.3	69.7	1228.26	110.81	91.7	8.3
64.5	35.5	28.1	71.9	1817.73	127.56	93.4	6.6
66.2	33.8	25.8	74.2	2685.22	159.84	94.4	5.6
65.0	35.0	25.3	74.7	3353.88	112.23	96.8	3.2
64.4	35.6	23.5	76.5	4356.39	138.01	96.9	3.1
62.2	37.8	21.0	79.0	5522.72	199.02	96.5	3.5
59.0	41.0	19.6	80.4	7425.16	70.26	99.1	0.9

3-9 工农业总产出及指数

Gross Output of Industry and Agriculture & Related Indices

年份 Year	工农业总产出(亿元, 当年价) Gross Output of Industry and Agriculture (100 million yuan, at Current prices)			指数(以1952年为100, 可比价) Indices of Output of Industry & Agriculture (1952=100, at comparable Prices)		
	总计 Total	农业总产出 Gross Output of Agriculture	工业总产出 Gorss Output of Industry	工农业总产出 Gross Output of Industry & Agriculture	农业总产出 Gross Output of Agriculture	工业总产出 Gross Output of Industry
1952	13.70	12.10	1.60	100.0	100.0	100.0
1953	16.90	14.35	2.55	109.2	106.0	152.0
1954	20.54	19.77	3.77	123.9	116.2	224.7
1955	20.01	15.60	4.41	120.2	109.2	264.0
1956	25.57	19.52	6.05	151.3	135.7	356.7
1957	17.50	11.20	6.30	134.0	114.1	394.7
1958	27.63	15.60	12.03	191.4	150.9	722.7
1959	36.92	18.14	18.78	236.0	168.0	1127.3
1960	45.14	16.57	28.57	259.7	149.4	1704.7
1961	32.97	17.04	15.93	181.8	128.5	880.0
1962	31.31	17.05	14.26	164.4	120.9	734.7
1963	38.69	17.43	21.26	202.0	134.9	1080.7
1964	43.87	20.82	23.05	235.6	163.1	1186.7
1965	46.20	19.40	26.80	243.0	148.4	1482.7
1966	50.49	20.93	29.56	272.0	160.1	1738.7
1967	41.74	21.46	20.28	238.4	164.2	1210.0
1968	43.27	22.08	21.19	235.9	156.0	1284.0
1969	42.27	19.95	22.32	230.3	140.9	1401.3
1970	51.80	24.00	27.80	298.9	169.8	1990.7
1971	54.76	23.67	31.09	318.9	167.2	2306.7
1972	52.74	21.17	31.57	302.0	146.3	2342.7
1973	60.39	27.72	32.67	348.8	190.5	2424.0
1974	59.35	29.57	29.78	337.4	194.6	2210.0
1975	67.70	30.80	36.90	379.3	199.4	2737.3
1976	68.90	31.29	37.61	387.5	202.0	2819.3
1977	72.51	28.43	44.08	403.5	183.5	3286.7

3-9 续表 continued

年份 Year	工农业总产出(亿元, 当年价) Gross Output of Industry and Agriculture (100 million yuan, at Current Prices)			指数(以1952年为100, 可比价) Indices of Output of Industry Agriculture (1952=100, at Comparable Prices)		
	总计 Total	农业总产出 Gross Output of Agriculture	工业总产出 Gorss Output of Industry	工农业总产出 Gross Output of Industry & Agriculture	农业总产出 Gross Output of Agriculture	工业总产出 Gross Output of Industry
1978	81.30	28.40	53.00	440.9	183.9	3810.0
1979	88.98	31.58	57.40	465.8	194.3	4024.0
1980	90.10	30.70	59.40	447.9	168.5	4110.0
1981	101.20	39.40	61.80	479.6	201.8	4120.7
1982	120.90	47.20	73.70	553.2	233.6	4741.3
1983	134.00	52.40	81.50	601.1	250.5	5196.7
1984	151.30	61.30	90.00	659.0	280.7	5617.3
1985	186.10	73.20	112.90	752.1	309.6	6552.7
1986	203.70	77.30	126.50	781.4	293.3	7178.7
1987	238.60	87.70	150.80	856.0	305.3	8072.7
1988	316.20	122.40	193.90	975.9	348.6	9197.3
1989	371.50	128.30	243.10	1056.5	347.0	10356.0
1990	420.30	156.90	263.30	1147.0	412.0	10780.7
1991	468.50	164.10	304.40	1222.3	428.4	11648.9
1992	544.00	180.30	363.70	1336.5	453.2	12965.2
1993	691.16	220.80	470.36	1487.9	484.9	14756.1
1994	831.42	309.32	522.10	1642.0	500.7	16821.9
1995	1013.72	387.20	626.52	1797.9	521.2	18840.5
1996	1210.88	465.32	745.56	2070.8	644.8	21007.2
1997	1361.73	489.43	872.30	2297.6	660.9	24158.3
1998	1476.46	534.38	942.08	2504.3	704.8	26574.1
1999	1587.44	532.31	1055.13	2707.1	712.4	29497.3
2000	1746.01	543.16	1202.85	2961.2	729.9	33036.9
2001	1903.09	555.90	1347.19	3205.9	744.3	36704.0
2002	2122.77	586.97	1535.80	3545.0	780.7	41842.6
2003	2591.05	655.94	1935.11	4246.6	826.1	52297.6
2004	3656.51	851.30	2805.21	5704.0	942.3	73380.7
2005	4841.79	980.21	3861.58	7200.8	1048.1	95923.2
2006	6259.62	1058.50	5201.12	8878.5	1084.6	123097.0
2007	8513.32	1276.45	7236.87	11148.7	1132.1	159913.3
2008	11869.72	1525.74	10343.98	13531.6	1220.8	197652.8
2009	14278.10	1570.58	12707.52	15991.3	1249.7	238322.4

3-10 居民消费水平

Household Consumption

本表绝对数按当年价格计算，指数按可比价格计算。

Absolute figures in this table are calculated at current prices, while indices are calculated at comparable prices.

年份 Year	绝对数(元/人) Value(yuan/person)			指数(上年=100) Index(Preceding year=100)			指数(1952=100) Index(1952=100)		
	全部居民 All House-holde	农村居民 Agricul-tural House-holds	城镇居民 Non-agricul-tural House-holds	全部居民 All House-holde	农村居民 Agricul-tural House-holds	城镇居民 Non-agricul-tural House-holds	全部居民 All House-holds	农村居民 Agricul-tural House-holds	城镇居民 Non-agricul-tural House-holds
1952	99	88	171				100.0	100.0	100.0
1953	103	93	165	105.0	105.0	96.4	105.0	105.1	96.4
1954	106	93	173	102.8	100.1	105.0	108.0	105.2	101.3
1955	101	85	179	95.3	91.5	103.5	102.9	96.3	104.8
1956	118	98	205	116.3	114.9	114.5	119.7	110.6	120.0
1957	120	99	209	102.1	101.5	101.9	122.3	112.2	122.3
1958	125	99	228	104.0	99.9	109.2	127.1	112.1	133.5
1959	131	99	232	104.5	99.9	101.3	132.8	112.1	135.3
1960	126	93	205	96.5	93.8	88.6	128.2	105.2	119.9
1961	125	96	191	98.6	103.0	92.9	126.4	108.4	111.3
1962	121	98	187	97.5	102.8	97.9	123.3	111.4	109.0
1963	119	96	183	97.7	97.7	98.0	120.5	108.9	106.8
1964	118	96	190	99.2	99.7	103.9	119.5	108.6	111.0
1965	119	95	190	101.2	99.2	100.3	121.0	107.7	111.3
1966	131	102	212	109.7	107.6	111.1	132.7	115.9	123.6
1967	139	108	225	106.3	105.8	106.2	141.1	122.5	131.2
1968	132	100	221	94.9	92.3	98.2	134.0	113.1	128.9
1969	129	88	236	97.5	88.6	107.2	130.6	100.1	138.2
1970	139	99	241	108.0	111.7	101.9	141.0	111.8	140.8
1971	146	98	273	105.0	99.1	113.1	148.1	110.8	159.3
1972	156	97	303	106.8	99.3	111.2	158.2	110.0	177.2
1973	169	113	305	108.5	116.9	100.5	171.6	128.6	178.0
1974	170	115	310	100.3	101.1	101.6	172.2	130.1	181.0
1975	179	122	321	105.6	106.3	103.6	181.8	138.2	187.5
1976	190	128	343	106.1	105.2	107.0	192.8	145.3	200.7
1977	200	135	355	105.1	105.5	103.5	202.7	153.3	207.6

3-10 续表 continued

本表绝对数按当年价格计算, 指数按可比价格计算。

Absolute figures in this table are calculated at current prices, while indices are calculated at comparable prices.

年份 Year	绝对数(元/人) Value(yuan/person)			指数(上年=100) Index(Preceding year=100)			指数(1952=100) Index(1952=100)		
	全部居民 All House-holde	农村居民 Agricul-tural House-holds	城镇居民 Non agricul-tural House-holds	全部居民 All House-holde	农村居民 Agricul-tural House-holds	城镇居民 Non-agricul-tural House-holds	全部居民 All House-holds	农村居民 Agricul-tural House-holds	城镇居民 Non-agricul-tural House-holds
1978	207	138	370	103.4	101.8	104.2	209.7	156.1	216.4
1979	239	161	420	115.8	116.8	113.4	242.8	182.3	245.4
1980	295	213	484	123.2	132.5	115.3	299.1	241.5	282.8
1981	350	257	567	115.5	116.2	115.0	345.4	280.7	325.2
1982	407	318	619	115.7	124.1	107.9	399.5	348.2	350.9
1983	423	334	632	104.1	106.3	100.4	416.0	370.3	352.4
1984	446	349	671	100.0	99.0	101.1	416.2	366.7	356.3
1985	519	412	762	105.2	105.5	104.3	438.0	386.8	371.6
1986	578	418	942	107.9	100.5	117.2	472.6	388.9	435.5
1987	653	480	1039	105.2	107.9	101.6	497.3	419.4	442.5
1988	713	541	1086	94.1	97.7	89.4	468.1	409.7	395.4
1989	755	565	1157	92.6	89.8	95.0	433.5	368.1	375.6
1990	786	592	1189	99.3	97.0	101.3	430.5	357.0	380.4
1991	861	633	1330	107.0	107.9	105.7	460.7	385.1	402.2
1992	941	686	1461	103.1	104.2	101.6	474.9	401.4	408.7
1993	1142	779	1755	103.1	100.1	105.2	487.6	402.4	429.8
1994	1460	967	2284	103.2	100.7	104.7	503.4	405.2	450.0
1995	1817	1289	2683	105.3	111.1	100.4	529.9	450.2	451.8
1996	2040	1424	3031	104.2	102.5	104.9	552.2	461.4	474.0
1997	2232	1551	3311	105.7	105.3	105.5	583.8	485.9	500.0
1998	2309	1603	3391	103.9	103.8	103.0	606.8	504.3	515.0
1999	2520	1601	3871	110.0	100.2	115.2	667.3	505.3	593.3
2000	2687	1720	4045	105.3	106.2	103.1	702.7	536.7	611.7
2001	2868	1694	4431	106.2	98.0	108.9	746.1	525.9	666.2
2002	3341	1793	5327	113.9	100.6	118.9	850.2	529.1	792.1
2003	3565	1945	5593	104.7	105.1	103.6	890.3	556.1	820.6
2004	4042	2077	6415	110.7	103.7	111.9	985.3	576.6	918.2
2005	5021	2426	8004	111.6	114.6	108.5	1099.6	660.8	996.3
2006	5800	2816	9043	113.7	113.7	111.4	1250.2	751.3	1109.9
2007	7062	3286	10930	116.5	110.9	115.9	1456.5	833.2	1286.3
2008	8284	3628	13162	110.7	111.2	108.2	1612.3	926.5	1391.8
2009	9668	3999	14784	114.9	108.1	114.2	1852.6	1001.5	1589.4

主要统计指标解释

地区收入总值 指一个地区所有常住单位在一定时期内收入初次分配的最终结果。一地区常住单位从事生产活动所创造的增加值在初次分配中主要分配给该地区的常住单位，但也有一部分以生产税及进口税（扣除生产和进口补贴）、劳动者报酬和财产收入等形式分配给非常住单位；同时，地区外生产所创造的增加值也有一部分以生产税及进口税（扣除生产和进口补贴）、劳动者报酬和财产收入等形式分配给该地区的常住单位，从而产生了地区收入总值的概念。它等于地区生产总值加上来自地区外的净要素收入。与地区生产总值不同，地区收入总值是个收入概念，而地区生产总值是个生产概念。

地区生产总值 是按市场价格计算的地区生产总值的简称。它是一个地区所有常住单位在一定时期内生产活动的最终成果。地区生产总值有三种表现形式，即价值形态、收入形态和产品形态。从价值形态看，它是所有常住单位在一定时期内所生产的全部货物和服务价值超过同期投入的全部非固定资产货物和服务价值的差额，即所有常住单位的增加值之和；从收入形态看，它是所有常住单位在一定时期内所创造并分配给常住单位和非常住单位的初次分配收入之和；从产品形态看，它是最终使用的货物和服务减去进口货物和服务。在实际核算中，地区生产总值的三种表现形态表现为三种计算方法，即生产法、收入法和支出法。三种方法分别从不同的方面反映地区生产总值及其构成。

支出法地区生产总值 指一个地区所有常住单位在一定时期内用于最终消费、资本形成总额，以及货物和服务的净出口总额，它反映本期生产的地区生产总值的使用构成。

最终消费 指常住单位在一定时期内对于货物和服务的全部最终消费支出，也就是常住单位为满足物质、文化和精神生活的需要，从本国经济领土和国外购买的货物和服务的支出；不包括非常住单位在本国经济领土内的消费支出。最终消费分为居民消费和政府消费。

居民消费 指常住住户对货物和服务的全部最终消费支出。居民消费按市场价格计算，即按居民支付的购买者价格计算。购买者价格是购买者取得货物所支付的价格，包括购买者支付的运输和商业费用。居民消费除了直接以货币形式购买货物和服务的消费之外，还包括以其他方式获得的货物和服务的消费支出，即所谓的虚拟消费支出。居民虚拟消费支出包括以下几种类型：单位以实物报酬及实物转移的形式提供给劳动者的货物和服务；住户生产并由本住户消费了的货物和服务，其中的服务仅指住户的自有住房服务；金融机构提供的金融媒介服务；保险公司提供的保险服务。

政府消费 指政府部门为全社会提供公共服务的消费支出和免费或以较低价格向住户提供的货物和服务的净支出。前者等于政府服务的产出价值减去政府单位所获得的经营收入的价值，政府服务的产出价值等于它的经常性业务支出加上固定资产折旧；后者等于政府部门免费或以较低价格向住户提供的货物和服务的市场价值减去向住户收取的价值。

资本形成总额 指常住单位在一定时期内获得的减去处置的固定资产加存货的变动，包括固定资本形成总额和存货增加。

固定资本形成总额 指常住单位购置、转入和自产自用的固定资产，扣除固定资产的销售和转出后的价值，分有形固定资产形成总额和无形固定资产形成总额。有形固定资产形成总额包括一定时期内完成的建筑工程、安装工程和设备工器具购置（减处置）价值，以及土地改良、新增役、种、奶、毛、娱乐用牲畜和新增经济林木价值。无形固定资产形成总额包括矿藏的勘探、计算机软件、娱乐和文学艺术品原件等获得减处置。

存货增加 指常住单位存货实物量变动的市场价值，即期末价值减期初价值的差额。存货增加可以是正值，也可以是负值；正值表示存货上升，负值表示存货下降。它包括生产单位购进的原材料、燃料和储备物资等存货，以及生产单位生产的产成品、在制品等存货等。

货物和服务净出口 指货物和服务出口减货物和服务进口的差额。出口包括常住单位向非常住单位出售或无偿转让的各种货物和服务的价值；进口包括常住单位从非常住单位购买或无偿得到的各种货物和服务的价值。由于服务活动的提供与使用同时发生，因此服务的进出口业务并不发生出入境现象，一般把常住单位从国外得到的服务作为进口，非常住单位从本国得到的服务作为出口。货物的出口和进口都按离岸价格计算。

劳动者报酬 指劳动者因从事生产活动所获得的全部报酬。包括劳动者获得的各种形式的工资、奖金和津贴，既包括货币形式的，也包括实物形式的；还包括劳动者所享受的公费医疗和医药卫生费、上下班交通补贴和单位支付的社会保险费等。对于个体经济来说，其所有者所获得的劳动报酬和经营利润不易区分，这两部分统一作为劳动者报酬处理。

生产税净额 指生产税减生产补贴后的余额。生产税指政府对生产单位生产、销售和从事经营活动以及因从事生产活动使用某些生产要素（如固定资产、土地、劳动力）所征收的各种税、附加费和规费。生产补贴与生产税相反，指政府对生产单位的单方面收入转移，因此视为负生产税，包括政策亏损补贴、粮食系统价格补贴、外贸企业出口退税收入等。

固定资产折旧 指一定时期内为弥补固定资产损耗按照核定的固定资产折旧率提取的固定资产折旧，或按国民经济核算统一规定的折旧率虚拟计算的固定资产折旧。它反映了固定资产在当期生产中的转移价值。各类企业和企业化管理的事业单位的固定资产折旧是指实际计提并计入成本费中的折旧费；不计提折旧的政府机关、非企业化管理的事业单位和居民住房的固定资产折旧是按照统一规定的折旧率和固定资产原值计算的虚拟折旧。原则上，固定资产折旧应按固定资产的重置价格计算，但是目前我国尚不具备对全社会固定资产进行重估价的基础，所以暂时只能采用上述办法。

营业盈余 指常住单位创造的增加值扣除劳动者报酬、生产税净额和固定资产折旧后的余额。它相当于企业的营业利润加上生产补贴，但要扣除从利润中开支的工资和福利等。

直接消耗系数 指某一个部门生产单位总产出需要直接消耗各部门产品和服务的数量，也称为投入系数。它反映该部门与其他部门之间直接的技术经济联系和直接依赖关系。

完全消耗系数 指增加某一个部门单位总产出需要完全消耗各部门产品和服务的数量。完全消耗系数等于直接消耗系数和全部间接消耗系数之和，它是全面揭示国民经济各部门之间技术经济的全部联系和相互依赖关系的主要指标。

Explanatory Notes on Main Statistical Indicators

Gross National Product (GNP) refers to the final result of the primary distribution of the income created by all the resident units of a region during a certain period of time. The value added created by the resident units of a region engaged in production activities is mainly distributed to the resident units of that region while a part of it is distributed to the non resident units in the form of production tax and import duties (minus subsidies to production and import), remuneration for the laborers and property income. At the meantime, a part of the value added created abroad is distributed to the resident units of the region in the form of production tax and import duties (minus subsidies to production and import), remuneration for the laborers and property income. Thus the concept of gross national product is formed, which equals to gross domestic product plus net factor income from abroad. Unlike gross domestic product, which is a concept of production, gross national product is a concept of income.

Gross Domestic Product (GDP) refers to the final products of all resident units in a region during a certain period of time. Gross domestic product is expressed in three different forms, i.e. value, income, and products respectively. The form of value refers to the total value of all products and services produced by all resident units during a certain period of time minus total value of intimidate input of materials and services of the nature of non fixed assets or the summation of the value added of all resident units; the form of income includes all the income created by all resident units and distributed primarily to all resident and non resident units; the form of products refers to the value of all final goods and services for final use by all resident units plus the value of net exports of goods and services during a given period of time. In the practice of national accounting, gross domestic product is calculated with three approaches, i. e. production approach, income approach, and expenditure approach, which reflect gross domestic product and its composition from different aspects.

GDP Calculated with Expenditure Approach refers to total expenditure on final consumption, total capital formation and net export of goods and services by resident units of a region in a certain period of time. It reflects the composition of GDP by its use.

Final Consumption refers to the total expenditure of resident units on final consumption of goods and services in a certain period, namely the expenditure of the resident units for purchases of goods and services from domestic economic territory and abroad to meet the requirements of material, cultural and spiritual life. It excludes the expenditure of non-resident units on consumption in the economic territory of the country. The final consumption is classified into household consumption and government consumption.

Households Consumption refers to the total expenditure of resident households on the final consumption of goods and services. The households consumption is calculated at market prices, namely the purchaser's prices which the households pay; the purchasers' prices of goods are the prices the households pay when they obtain the goods, including the transport and commercial expenses paid by the households. In addition to the consumption of goods and services bought by the households directly with money, the expenditure on goods and services obtained by the households in other ways, i. e. the so called imputed expenditure on consumption, is also included in the households consumption. The imputation expenditure of the households on consumption includes the following types:(a) the goods and services provided to the households by the units in the form of payment in kind and transfer in kind; (b) the goods and services produced and consumed by the households themselves, in which the services refer only to the services provided by the residential buildings owned by the households; (c) the services of financial intermediary provided by the financial institutions; (d) the insurance services provided by the insurance companies.

Government Consumption refers to the expenditure on the consumption of the public services provided by the government to the whole society and the net expenditure on the goods and services provided by the government to the households at free charge or lower prices. The former equals to the output value of the government services minus the value of operating income obtained by the government departments. (The output value of the government services equals to its current operating expenditure plus depreciation of fixed assets) . The latter equals to the market value of the goods and services provided by the government free of charge or at low prices to the households minus the value received by the government from the households.

Total Capital Formation refers to the fixed assets acquired minus those disposed and the change in inventory, including the total fixed assets formation and the increase in inventory.

Total Fixed Capital Formation refers to the value of fixed assets purchased, transferred in by the resident units and those produced and used by themselves deducting the value of fixed assets sold and transferred out.

It can be classified into total tangible assets formation and total intangible assets formation. The total tangible assets formation include the value of the construction projects, installation projects completed and the equipment, apparatus and instruments purchased as well as the value of land improved, the value of draught animals, breeding stock, milk, wool and recreational animals and the newly increased economic forest in a certain period. The total intangible assets formation includes the prospecting of minerals, the acquisition of computer software, the originals of recreational works and works of literature and arts minus the disposal of them.

Increase in Inventory refers to the market value of the change in inventory, i. e. the difference of value between the beginning and the end of the period. The increase in inventory can be positive or negative. A positive value indicates the increase in inventory while a negative value indicates the decrease in stock. The inventory includes the raw materials, fuels and reserve materials purchased by the production units as well as the inventory of finished products, semi finished products, work in progress, etc.

Net Export of Goods and Services refers to the difference of the exports of goods and services minus the imports of goods and services. The imports include the value of various goods and services sold or gratuitously transferred by the resident units to the non-resident units. The imports include the value of various goods and services purchased or gratuitously acquired by the resident units from the non-resident units. Because the provision of services and the use of them happen simultaneously, the import and export of services do not appear to have the phenomena of crossing the border of the country. The acquisition of services by the resident units from abroad is usually treated as import while the acquisition of services by non-resident units in this country is usually treated as export. The export and import of goods are calculated at FOB.

Laborers' Remuneration refers to the whole payment of various forms earned by the laborers from the productive activities they are engaged in. It includes wages, bonuses and allowances the laborers earned in monetary form and in kind. It also includes the free medical services provided to the laborers and the medicine expenses, traffic subsidies and social insurance fee paid by the laborers , working units for them. As the individual economy is concerned, since the laborers , remuneration is not easily distinguished from the operating profit, both are treated as laborers remuneration.

Net Taxes on Production refers to the residual of the taxes on production minus the subsidies on production. The taxes on production refers to the various taxes, extra charges and fees levied on the production units on their production, sale and business activities as well as on some factors of production, such as fixed assets, land and labor force, used in the production activities they are engaged in. In contrast to the taxes on production, the subsidies on production refer to the unilateral transfer of part of the government's revenue to the production units and is therefore regarded as negative taxes on production. They include subsidies on the loss due to implementation of government policies, price subsidies to the grain institutions, foreign trade corporations receipts from drawback, etc.

Depreciation of Fixed Assets refers to the depreciation of fixed assets of a given period, drawn in accordance with the stipulated depreciation rate for the purpose of compensating the wear loss or the fixed assets or the depreciation of fixed assets calculated in a fictitious way in accordance with the stipulated unified depreciation rate in the national economic accounting system. It reflects the value of transfer of the fixed assets in the production of the current period. The depreciation of fixed assets in various enterprises and institutions managed as enterprises refers to the depreciation expenses actually drawn and calculated as part of the coast. In government agencies and institutions not managed as enterprises, which do not draw the depreciation expenses, as well as for the houses of residents, the depreciation of fixed assets is the imputed depreciation, which is calculated in accordance with the stipulated unified depreciation rate. In principle, the depreciation of fixed assets should be calculated on the basis of the re purchased value of the fixed assets. However, there is no actual condition to re-evaluate all the fixed assets in China. Therefore, the above-mentioned methods are temporarily adopted at present.

Operating Surplus refers to the balance of the value added created by the resident units deducting the labourers' remuneration, net taxes on production and the depreciation of fixed assets. It is equivalent to the business profit of the enterprises plus subsidies on production, but the wages and welfare expenses paid from the profits should be deducted.

Direct Input Coefficient refers to the volume of products and services of all sectors consumed directly by a certain sector's productive units, which are needed for their total output. It is also named as technical coefficient. It represents the direct technical economical ties and direct interdependence between the sector and other sectors.

Total Input Coefficient refers to the volume of products and services of all sectors needed for a certain

sectors productive units to increase their total output. Total input coefficient is equal to the sum of direct input coefficient and total indirect input coefficient. It is a major indicator to disclose the technical economical ties and interdependence between sectors of the national economy.

四、人口

Population

资料整理：马莉莉
Arranged By Ma Lili

4-1 历次全国人口普查内蒙古人口基本情况

Basic Statistics on All Region Population Census in 1953, 1964, 1982, 1990 and 2000

单位：万人 (10 000 persons)

指 标	Item	1953	1964	1982	1990	2000
总人口	**Total Population**	**610.02**	**1233.41**	**1927.43**	**2145.65**	**2375.54**
男	Male	343.19	669.28	1005.29	1115.57	1228.90
女	Female	266.83	564.13	922.14	1030.08	1146.64
总户数(万户)	**Total Number of Households (10 000 households)**	**138.70**	**261.39**	**420.00**	**529.34**	**708.16**
家庭户	Family Households			418.75	527.31	695.48
集体户	Non-family Households			1.25	2.03	12.68
各年龄组人口	**Population by Age**					
0-5岁	Age 0-5			237.01	246.92	151.13
6-14岁	Age 6-14			447.58	363.45	354.43
15-64岁	Age 15-64			1173.22	1449.29	1742.85
65岁及以上	Age 65 and Over			69.62	85.99	127.13
民族人口	**Nationality Population**					
汉族	Han Nationality	512.00	1072.94	1627.76	1729.00	1882.39
蒙古族	Mongolian Nationality	88.82	138.45	248.94	337.97	402.92
其他少数民族	other Minority Nationalities	7.24	22.00	50.73	78.67	90.23
15岁及以上人口	**Population Aged 15 and Over**			**1242.84**	**1535.28**	**1869.98**
6岁及以上人口按受教育程度分组	**Population Aged 6 and Over by Educational Level**			**1690.42**	**1898.73**	**2224.41**
大学本科	University				10.83	24.47
大学专科	Three Years College			11.00	20.90	65.88
中专	Specialized Secondary School				42.97	89.66
高中	Senior Secondary School			143.68	173.07	237.22
初中	Junior Secondary School			371.99	546.55	826.65
小学	Primary School			631.58	716.68	739.60
不识字或识字很少	Illiterate and Semi-Illiterate			422.29	332.82	240.93
市镇乡村人口	**Population of Cities, Towns & Countyside**					
市镇人口	City & Town		305.10	556.14	779.69	1013.88
乡村人口	County		928.31	1371.29	1365.96	1361.66

注：1953、1964、1982和1990年数据为年中数(7月1日零时)，2000年数据为2000年11月1日零时快速汇总数。

a)Data on 1953,1964,1982 and 1990 is year-middle data(at zero hour of Jul.1). Data on 2000 is Data at zero hour of Nov.1.

4-2 年末总人口数及构成

Population and Its Composition at Year-end

单位：万人 (10 000 persons)

年 份 Year	年末总人口 Total Population (year-end)	按性别分 By sex		按农业、非农业分 By Agricultural & Non-agricultural Population		按城乡分 By Residence	
		男 Male	女 Female	农业人口 Agricultural	非农业人口 Non-agricaltural	市镇人口 Urban	乡村人口 Rural
1947	561.7	313.9	247.8			68.4	493.3
1949	608.1	334.0	274.1			75.2	532.9
1952	715.9	394.3	321.6			91.9	624.0
1957	936.0	519.3	416.7			175.4	760.6
1965	1296.4	700.1	596.3			268.3	1028.1
1970	1491.0	799.0	692.0			320.8	1170.2
1975	1737.9	918.6	819.3	1306.3	431.6	379.3	1358.6
1978	1823.4	957.8	865.6	1360.8	462.6	397.5	1425.9
1980	1876.5	981.2	895.3	1380.8	495.7	433.1	1443.4
1981	1902.9	994.9	908.0	1390.6	512.3	445.2	1457.7
1982	1941.6	996.0	945.6	1414.6	527.0	565.2	1376.4
1983	1969.8	1009.8	960.0	1431.9	537.9	573.8	1396.0
1984	1993.1	1022.7	970.4	1444.9	548.2	847.1	1146.0
1985	2015.9	1043.6	972.3	1441.2	574.7	874.1	1141.8
1986	2040.7	1058.0	982.7	1451.7	589.0	932.2	1108.5
1987	2066.4	1062.3	1004.1	1456.7	609.7	1004.5	1061.9
1988	2093.9	1083.2	1010.7	1461.9	632.0	1033.8	1060.1
1989	2122.2	1102.4	1019.8	1470.8	651.5	1055.8	1066.5
1990	2162.6	1127.6	1035.0	1496.8	665.7	781.1	1381.4
1991	2183.9	1132.8	1051.0	1506.9	677.0	807.4	1376.4
1992	2206.6	1142.1	1064.5	1519.5	687.1	817.1	1389.5
1993	2232.4	1149.8	1082.6	1525.2	707.2	831.8	1400.6
1994	2260.5	1161.5	1099.0	1534.6	725.9	849.3	1411.2
1995	2284.4	1187.6	1096.8	1541.3	743.1	873.1	1411.3
1996	2306.6	1198.0	1108.6	1546.8	759.8	887.2	1419.4
1997	2325.7	1207.5	1118.2	1549.6	776.1	905.6	1420.1
1998	2344.9	1216.7	1128.2	1552.1	792.8	936.7	1408.2
1999	2361.9	1224.6	1137.3	1553.7	808.2	967.8	1394.1
2000	2372.4	1227.2	1145.2	1535.4	837.0	1001.1	1371.3
2001	2377.5	1228.6	1148.9	1525.9	851.6	1035.1	1342.4
2002	2378.6	1228.3	1150.3	1514.5	864.1	1047.9	1330.7
2003	2379.6	1228.2	1151.4	1500.6	879.0	1064.6	1315.0
2004	2384.4	1229.9	1154.5	1472.6	911.8	1093.5	1290.9
2005	2386.4	1229.3	1157.1	1436.1	950.3	1126.4	1260.0
2006	2392.4	1231.3	1161.1	1435.7	956.7	1163.6	1228.7
2007	2405.1	1237.8	1167.3	1434.4	970.7	1206.1	1198.9
2008	2413.7	1240.2	1173.6	1436.9	976.8	1248.3	1165.5
2009	2422.1	1244.9	1177.1	1437.5	984.6	1293.5	1128.6

注：1985-1989年数据是根据1982年、1990年第三、第四次人口普查数据调整的，1990年以后数据是人口变动抽样调查调整数，其余年份为户籍统计数(下表同)。

a)Data in 1985-1989 were adjusted on the basis of the 1982 and 1990 National Population Censuses.Since 1990, data have been stimated on the basis of the annual National Sample Surveys on Population Changes.Data of other years were taken from the annual reports of the Ministry of public Security.(The next table is the same).

4-3 人口出生率、死亡率、自然增长率

Birth Rate, Death Rate and Natural Growth Rate

年 份 Year	出生率 Birth Rate(‰)	死亡率 Death Rate(‰)	自然增长率 Natural Growth Rate(‰)	人口机械增长率 Migratory Growth Rate(‰)
1954	58.8	20.9	37.9	17.4
1955	37.5	11.4	26.1	24.4
1956	29.5	7.9	21.6	40.0
1957	37.2	10.5	26.7	16.3
1958	28.4	7.9	20.5	31.7
1959	30.8	11.0	19.8	54.8
1960	29.4	9.4	20.0	94.1
1961	22.1	8.8	13.3	-37.1
1962	38.2	9.0	29.2	-21.7
1963	41.3	8.5	32.8	3.7
1964	41.9	11.8	30.1	0.9
1965	40.0	9.3	30.7	2.8
1966	36.1	8.1	28.0	-2.8
1967	34.9	7.7	27.2	3.5
1968	34.9	7.3	27.6	1.2
1969	32.5	6.8	25.7	8.4
1970	32.3	6.2	26.1	-5.1
1971	29.7	5.6	24.1	18.0
1972	30.7	6.6	24.1	6.3
1973	28.3	5.7	22.6	7.1
1974	25.9	6.1	19.8	12.4
1975	23.3	6.1	17.2	1.8
1976	20.1	5.5	14.6	3.3
1977	18.1	5.4	12.7	3.5
1978	18.5	5.2	13.3	0.6
1979	18.1	4.9	13.2	-0.3
1980	16.5	4.9	11.5	
1981	17.3	4.9	12.4	1.3
1982	21.2	5.7	15.5	-0.8
1983	20.0	5.5	14.5	
1984	18.9	5.5	13.4	-1.7
1985	17.2	5.7	11.5	-0.1
1986	19.1	5.9	13.2	-1.0
1987	19.7	6.1	13.6	-1.1
1988	19.0	5.7	13.3	-0.1
1989	19.3	5.8	13.5	-0.7
1990	21.2	7.2	14.0	-1.1
1991	16.8	7.0	9.8	-1.2
1992	17.1	6.7	10.3	-1.3
1993	18.5	6.8	11.7	-0.5
1994	19.0	6.5	12.5	-0.3
1995	17.2	6.7	10.5	-0.1
1996	16.1	6.4	9.7	0.1
1997	15.2	7.0	8.3	0.1
1998	14.4	6.2	8.2	
1999	13.3	6.1	7.2	-0.2
2000	12.1	5.9	6.1	-0.6
2001	10.8	5.8	5.0	-0.4
2002	9.6	5.9	3.7	-0.7
2003	9.2	6.2	3.1	-1.1
2004	9.5	6.0	3.6	-1.6
2005	10.1	5.5	4.6	-3.8
2006	9.9	5.9	4.0	-1.5
2007	10.2	5.7	4.5	0.8
2008	9.8	5.5	4.3	-0.7
2009	9.6	5.6	4.0	-0.5

4-4 年末总人口及人口变动

Population and Its Changes at Year-end

项 目	Item	2008	2009	2009年比2008年增长(%) Growth Rate
一、总人口(万人)	**Total Population (10 000 persons)**	**2413.73**	**2422.07**	**0.35**
#蒙古族	Mongolian Nationality	436.47	442.49	1.38
其他少数民族	Other Minority Nationalities	97.21	98.12	0.94
按性别分	**By sex**			
男(万人)	Male(10 000 persons)	1240.18	1244.94	0.38
女(万人)	Female(10 000 persons)	1173.55	1177.13	0.31
按城乡分	**By Residence**			
市镇人口(万人)	Urban(10 000 persons)	1248.26	1293.45	3.62
乡村人口(万人)	Rural(10 000 persons)	1165.47	1128.62	-3.16
按农业非农业分	**By Agriculture and Non-agriculture**			
农业人口(万人)	Agriculture(10 000 persons)	1436.89	1437.5	0.04
非农业人口(万人)	Non-agriculture (10 000 persons)	976.84	984.57	0.79
二、人口自然变动	**Population Natural Changes**			
出生人口(万人)	Briths(10 000 persons)	23.63	23.14	-2.07
男	Male	12.29	12.05	-1.95
女	Female	11.34	11.09	-2.20
死亡人口(万人)	Deaths(10 000 persons)	13.34	13.56	1.65
出生率(‰)	Birth Rate(‰)	9.81	9.57	-0.24
死亡率(‰)	Death Rate(‰)	5.54	5.61	0.07
自然增长率(‰)	Natural Growth Rate(‰)	4.27	3.96	-0.31

注：本表数据根据人口变动情况抽样调查资料推算。

a)Date in the table have been estimated on the basis of the annual Autonomous Regional Sample Surveys on population Changes.

4-5 民族人口及构成
Population Nationality and Its Composition

单位：人 (person)

项目	Item	2008	2009	构成% Composition 2008	构成% Composition 2009
汉族	Han	19132798	19214183	78.54	78.33
蒙古族	Mongolian	4335362	4415945	17.80	18.00
回族	Hui	213868	215189	0.88	0.88
满族	Man	513674	519256	2.11	2.12
朝鲜族	Korean	24353	24318	0.10	0.10
达斡尔族	Daur	84478	83127	0.35	0.34
鄂温克族	Ewenki	29589	30163	0.12	0.12
鄂伦春族	Oroqen	5032	4561	0.02	0.02
壮族	Zhuang	1876	1864	0.01	0.01
藏族	Tibetan	1694	1719	0.01	0.01
锡伯族	Xibe	2860	3119	0.01	0.01
苗族	Miao	1493	1593	0.01	0.01
土家族	Tujia	1538	1565	0.01	0.01
彝族	Yi	1048	1182		
维吾尔族	Uygur	214	226		
其他少数民族	Other Minority Nationalities	10342	10655	0.04	0.04
外国人加入中国籍	Foreigners Naturalized China	165	532		

注:本表数据为公安户籍统计数。

a) Date in the Table is Registered Statistics

4-6 年末民族人口数

Population by Nationality at Year-end

年 份 Year	在人口总数中 Total Populational Including							
	汉 族(万人) Han(10000 persons)	蒙古族(万人) Mongolian (10000 persons)	回 族(万人) Hui(10000 persons)	满 族(万人) Man(10000 persons)	朝鲜族 (人) Korean (person)	达斡尔族 (人) Daur (person)	鄂温克族 (人) Ewenki (person)	鄂伦春族 (人) Oroqen (person)
1947	469.6	83.2	4.4	1.7	5601	16281	4998	905
1948	485.8	83.4	4.4	1.7	5679	16374	5056	909
1949	515.4	83.5	4.5	1.8	5718	16484	5118	911
1950	565.9	84.7	4.6	1.8	5921	16932	5269	916
1951	589.6	87.1	4.7	1.9	6242	18060	5546	919
1952	614.4	91.2	5.0	2.0	6590	19129	5611	929
1953	649.3	98.5	5.2	2.1	6841	19480	5667	953
1954	687.6	102.7	5.4	2.2	7120	21304	5976	989
1955	725.6	105.5	5.8	2.3	7589	21883	6313	1067
1956	775.7	108.6	6.2	2.0	10213	22253	5665	1009
1957	811.2	111.6	6.7	2.1	11247	24278	6178	949
1958	857.1	114.1	7.5	2.5	12674	27656	6723	1025
1959	930.7	115.5	8.0	3.0	13209	29884	6593	1124
1960	1049.8	121.4	9.4	3.2	14056	30420	6935	1135
1961	1021.0	123.5	10.5	2.8	12457	30918	7508	1143
1962	1023.5	129.7	10.0	3.2	11934	31201	8558	1129
1963	1061.1	134.6	10.3	3.8	11827	32509	8469	1145
1964	1091.4	140.3	11.2	5.0	11328	34819	9038	1205
1965	1129.4	144.5	11.3	5.3	11412	35980	9191	1272
1966	1158.3	148.3	11.4	5.5	11513	36620	9591	1318
1971	1358.2	169.7	13.2	6.8	13884	40440	11038	1364
1972	1401.7	172.9	13.4	6.9	13426	42966	11195	1409
1973	1444.5	178.5	13.8	7.1	13864	44971	11268	1454
1974	1493.4	182.6	14.2	7.4	14400	46420	11639	1499
1975	1521.7	186.6	14.3	7.6	14862	48333	12426	1544
1976	1549.0	189.5	14.6	7.8	15750	48967	13554	1592
1977	1573.9	193.1	14.7	7.9	15420	52733	12753	1524
1978	1592.9	198.6	15.0	8.0	15403	55372	12657	1579
1979	1617.0	202.1	14.6	8.7	20881	53954	15592	1600
1980	1632.7	209.0	15.3	10.3	16193	56399	14722	1699
1981	1651.5	215.3	15.8	11.0	16062	56801	15245	1754
1982	1637.9	253.2	17.0	23.7	17337	56883	17525	2186
1983	1657.5	260.3	17.0	24.9	17800	59500	18000	2200
1984	1671.0	268.1	17.6	26.0	18400	60500	18300	2300
1985	1686.2	274.7	17.1	27.1	18600	61500	18900	2300
1986	1696.8	285.5	17.7	29.4	19485	64129	19840	2483
1987	1706.9	297.2	18.3	32.3	19743	65167	20412	2561
1988	1721.8	307.3	18.5	34.4	20152	66462	20499	2686
1989	1729.9	315.7	18.8	35.7	21147	69579	20853	2793
1990	1749.1	328.5	18.7	40.0	22380	70959	22494	2976
1991	1758.7	333.1	19.0	40.9	22047	71598	23138	3171
1992	1766.1	338.3	19.5	41.4	22161	72432	23321	3262
1993	1779.4	343.4	19.7	42.1	21963	73574	23928	3242
1994	1791.6	349.6	19.7	42.8	22735	73354	24427	3302
1995	1803.4	356.5	19.9	43.7	22741	72680	24545	3447
1996	1820.0	364.2	20.0	44.8	22772	73689	25059	3436
1997	1836.8	371.8	20.4	45.5	22759	74992	25632	3599
1998	1851.0	378.6	20.4	46.2	23068	73797	25578	3568
1999	1865.5	382.8	21.0	46.0	23825	73818	26001	3813
2000	1832.5	386.0	20.9	47.0	23278	76374	26546	3704
2001	1843.7	391.8	20.8	48.1	23841	77145	26870	3846
2002	1855.0	396.0	21.1	47.8	24009	79202	27423	3968
2003	1860.6	404.0	21.1	48.7	23863	79195	27915	3998
2004	1866.5	408.0	21.3	48.7	24117	79960	28285	4229
2005	1853.8	412.7	21.0	49.1	23503	79248	27931	4791
2006	1880.9	414.4	21.1	49.9	23800	82342	28774	4816
2007	1898.0	427.7	21.3	50.6	24117	83610	29085	5000
2008	1913.3	433.5	21.4	51.4	24353	84478	29589	5032
2009	1921.4	441.6	21.5	51.9	24318	83127	30163	4561

注：本表数据为公安户籍统计数。

a) Date in the Table is Registered Statistics

主要统计指标解释

人口数 指一定时点、一定地区范围内的有生命的个人的总和。

年度统计的年末人口数指每年 12 月 31 日 24 时的人口数。

市镇总人口和乡村总人口

其定义有两种口径：

第一种口径(按行政建制)

市人口：市管辖区域内的全部人口(含市辖镇，不含市辖区县)；

镇人口：县辖镇的全部人口(不含市辖镇)；

县人口：县辖乡人口。

第二种口径(按常住人口划分)

市人口：设区的市的区人口和不设区的市所辖的街道人口；

镇人口：不设区的市所辖镇的居民委员会人口和县辖镇的居民委员会人口；

县人口：除上述两种人口以外的全部人口。

1952-1980 年数据为第一种口径的数据，1982 年以后的数据为第二种口径的数据。

出生率(又称粗出生率) 指在一定时期内(通常为一年)平均每千人所出生的人数的比率，一般用千分率表示。计算公式为：

出生率=年出生人数/年平均人数×1000‰

式中：出生人数指活产婴儿，即胎儿脱离母体时(不管怀孕月数)，有过呼吸或其他生命现象。年平均人数指年初、年底人口数的平均数，也可用年中人口数代替。

死亡率(又称粗死亡率) 指在一定时期内(通常为一年)一定地区的死亡人数与同期平均人数(或期中人数)之比，一般用千分率表示。计算公式为：

死亡率=年死亡人数/年平均人数×1000‰

人口自然增长率 指在一定时期内(通常为一年)人口自然增加数(出生人数减死亡人数)与该时期内平均人数(或期中人数)之比，一般用千分率表示。计算公式为：

人口自然增长率=(本年出生人数-本年死亡人数)/年平均人数×1000‰

人口自然增长率=人口出生率 – 人口死亡率

在业人口(又称就业人口) 指十五周岁及十五周岁以上人口中从事一定的社会劳动并取得劳动报酬或经营收入的人口。

不在业人口 指十五周岁及十五周岁以上人口中未从事社会劳动的人口，包括在校学生、料理家务、待升学、市镇待业、离退休、退职、丧失劳动能力等非在业人口。

Explanatory Notes on Main Statistical Indicators

Total Population refers to the total number of people alive at a certain point of time within a given area.

The annual statistics on total population is taken at midnight, the 3lst of December.

Urban Population and Rural Population There are two definitions. The first definition (according to the administrative organizational system) :

City population: Total population under the jurisdiction of city (including population of the town under the jurisdiction of city. excluding the population of counties under the jurisdiction of city) .

Town population: Total population of town under the jurisdiction of county (excluding the population of town under the jurisdiction of city) .

County population: Total population of country under the jurisdiction of county) .

The second definition (classified by the permanent population) :

City population: Total population of districts under the jurisdiction of city with district establishment and the population of street under the jurisdiction of city without district establishment.

Town population: Total resident committees population of towns under the jurisdiction of city without district establishment and the resident committee's population of towns under the jurisdiction of county.

County population: Total population except city population and town population.

Data from 1952 to 1980 is the figures according to the first definition. Data since 1982 are the figure according to the second definition.

Birth Rate of (Crude Birth Rate) refers to the ratio of the number of births to the average population during a certain period of time (usually a year) which is often expressed in‰. The following formula is used:

Birth Rate = Number of Births /Average Number of Population ×1000‰

Number of births refers to live births i. e. the births when babies had showed any vital phenomena regardless of the length of pregnancy.

Annual Average Number of Population is the average of the number of population at the beginning of the year and that at the end of the year. Sometimes it is substituted for with the mid year population.

Death Rate (or Crude Death Rate) refers to the ratio of the number of deaths to the average population (or mid year population) during a certain period of time (usually a year) which is often expressed in‰. The following formula is used:

Death Rate =Number of Deaths /Annual Average Number of Population ×1000‰

Natural Growth Rate of Population refers to the ratio of natural increase in population (number of births minus number of deaths) in a certain period of time (usually a year) to the average population (or mid year population) of the same period which is often expressed in‰. The following formulas are applied:

Natural Growth of Population =(Number of Births - Number of Deaths) / Average Number of Population ×1000‰

Natural Growth Rate of Population=Birth Rate–Death Rate

Employed Population refers to population aged 15 or over engaging in social labor which generates income.

Unemployed Population refers to population aged 15 or over not engaging in any social labor which generates income, including students enrolled in schools, house wives, students waiting for entering schools with higher level, urban job seekers, retirees job quitters, disabled, etc.

五、从业人员和职工工资

Employment and Wages

资料整理：金　玮
Arranged By Jin Wei

5-1 就业基本情况

Employment

项目	Item	1995	2000	2005	2009
就业人员总计(万人)	**Total Number of Employed Persons(10 000 persons)**	**1029.4**	**1061.6**	**1041.1**	**1142.5**
第一产业	Primary Industry	536.8	553.7	560.5	558.0
第二产业	Secondary Industry	225.0	182.4	162.7	193.3
第三产业	Tertiary Industry	267.6	325.5	317.9	391.2
就业人员构成(总计=100)	**Composition of Employed Persons(total=100)**				
第一产业	Primary Industry	52.1	52.2	53.8	48.8
第二产业	Secondary Industry	21.9	17.1	15.6	16.9
第三产业	Tertiary Industry	26.0	30.7	30.5	34.3
按城乡分就业人员(万人)	**Number of Employed Persons by Urban and Rural Areas(10 000 persons)**	**1029.4**	**1061.6**	**1041.1**	**1142.5**
城镇就业人员	**Urban Employed Persons**	**440.0**	**430.1**	**350.3**	**439.5**
# 国有单位	State-owned Units	302.3	201.1	162.0	166.7
城镇集体单位	Urban Collective-owned Units	70.8	25.6	12.4	9.2
股份合作单位	Share Holding Units	5.9	2.9	1.8	1.9
联营单位	Joint-owned Units	0.3	0.6	0.3	0.2
有限责任公司	Limited Liability Corporations		26.0	47.0	44.5
股份有限公司	Share-holding Corporations Ltd.		8.2	14.3	17.9
私营企业	Private Enterprises	7.6	28.6	47.1	89.2
港澳台商投资单位	Units Funded by Entrepreneurs from Hong Kong, Macao & Taiwan	2.0	1.7	1.6	1.5
外商投资单位	Foreign Funded Units	2.2	2.2	2.5	2.9
个体	Self-employed Individuals	36.7	88.2	60.2	104.5
乡村从业人员	**Rural Employed Persons**	**589.4**	**631.5**	**690.8**	**703.0**
# 私营企业	Private Enterprises	2.5	12.8	21.1	16.2
个体	Self-employed Individuals	26.6	71.5	22.1	24.4
职工人数(万人)	**Number of Staff and Workers(10 000 persons)**	**383.7**	**263.9**	**239.6**	**241.8**
国有单位	State-owned Units	302.3	197.3	159.7	164.4
城镇集体单位	Urban Collective-owned Units	70.8	25.4	12.2	9.1
其他单位	Units of Other Types of Ownership	10.6	41.2	67.7	68.3
城镇单位女性就业人员(万人)	**Number of Female Employment in Urban Units(10 000 persons)**	**149.9**	**102.9**	**91.8**	**90.9**
城镇登记失业人数(万人)	**Number of Registered Unemployed Persons in Urban Areas (10 000 persons)**	**13.97**	**12.65**	**17.75**	**20.14**
城镇登记失业率(%)	**Registered Unemployment Rate in Urban Areas(%)**	**3.17**	**3.34**	**4.26**	**4.05**

注：1. 1998年及以后城镇单位就业人员、职工人数统计口径有调整，详见本篇末指标解释。

2. 全社会就业人员中不包括社会自由从业人员。

a)Statistical coverage of staff and workers employed in urban units was adjusted after 1998.Please refer to the explanatory notes at the end of this chapter.

b)Social total number of employed persons doesn't include social self-employed persons .

5-2 按三次产业划分的年末就业人员

Number of Employed Persons at Year-end by Type of Industry

年份 Year	就业人员 (万人) Total (10 000 persons)	第一产业 Primary Industry	第二产业 Secondary Industry	第三产业 Tertiary Industry	构成(合计=100) Composition in Percentage(total=100) 第一产业 Primary Industry	第二产业 Secondary Industry	第三产业 Tertiary Industry
1952	345.3	302.6	13.0	29.7	87.63	3.76	8.61
1957	400.6	347.4	21.1	32.1	86.72	5.27	8.01
1965	476.8	379.7	45.3	51.8	79.64	9.50	10.86
1970	524.4	405.2	63.6	55.6	77.27	12.13	10.60
1975	607.5	441.6	95.5	70.4	72.69	15.72	11.59
1978	652.8	438.0	120.5	94.3	67.10	18.45	14.45
1980	698.4	460.7	129.7	108.0	65.97	18.57	15.46
1981	731.2	478.8	136.4	116.0	65.48	18.66	15.86
1982	762.4	501.5	140.1	120.8	65.78	18.38	15.84
1983	798.8	515.8	146.7	136.3	64.57	18.37	17.06
1984	827.8	524.5	154.5	148.8	63.36	18.66	17.98
1985	856.6	517.8	174.8	164.0	60.45	20.40	19.15
1986	875.4	521.7	184.6	169.1	59.60	21.08	19.32
1987	891.0	490.3	188.0	212.7	55.03	21.10	23.87
1988	909.7	490.0	200.1	219.6	53.86	22.00	24.14
1989	910.3	491.3	199.1	219.9	53.97	21.87	24.16
1990	924.6	515.5	201.4	207.7	55.76	21.78	22.46
1991	962.9	537.9	208.8	216.2	55.86	21.68	22.45
1992	976.0	531.4	217.1	227.5	54.45	22.24	23.31
1993	1008.2	535.4	220.4	252.4	53.10	21.86	25.04
1994	1033.4	536.5	225.1	271.8	51.92	21.78	26.30
1995	1029.4	536.8	225.0	267.6	52.15	21.85	26.00
1996	1039.0	546.8	223.4	268.8	52.63	21.50	25.87
1997	1050.3	544.6	213.2	292.5	51.85	20.30	27.85
1998	1050.3	542.6	207.1	300.6	51.66	19.72	28.62
1999	1056.7	555.4	185.5	315.8	52.56	17.55	29.89
2000	1061.6	553.7	182.4	325.5	52.20	17.10	30.70
2001	1067.0	550.5	179.3	337.2	51.60	16.80	31.60
2002	1086.1	552.3	173.7	360.1	50.90	16.00	33.10
2003	1005.2	548.7	152.5	303.9	54.59	15.17	30.24
2004	1026.1	559.3	153.0	313.8	54.51	14.91	30.58
2005	1041.1	560.5	162.7	317.9	53.83	15.64	30.53
2006	1051.2	565.3	168.0	317.8	53.78	15.98	30.23
2007	1081.5	569.3	183.6	328.6	52.64	16.98	30.38
2008	1103.3	556.7	186.2	360.4	50.45	16.88	32.67
2009	1142.5	558.0	193.3	391.2	48.84	16.92	34.24

注：1. 2003年以后就业人员中不包括社会自由就业人员。

2. 2004年三次产业就业人员和构成按相关数据进行了调整。

a)Social total number of employed persons doesn't include social self-employed persons after 2003.

b)The number of employed persons in tertiary industry and its composition in 2004 is adjusted by relation data.

5-3 分行业城镇单位年末女性就业人员(2009年)

Number of Female Employed in Urban Units at Year-end by Sector(2009)

单位：人 (person)

项 目	Item	合 计 Total	国有单位 State-owned Units	城镇集体单位 Urban Collective-owned Units	其他单位 Units of Other Types of Ownership
总 计	**Total**	**909109**	**651528**	**36193**	**221388**
按企、事业和机关分组	**Grouped by Enterprises, Institutions and Agencies**				
企业	Enterprises	448098	199982	27987	220129
事业	Institutions	364981	355859	8187	935
机关	Agencies & Organizations	95687	95687		
按国民经济行业分组	**Grouped by Sector**				
农、林、牧、渔业	Farming, Forestry, Animal Husbandry and Fishery	88431	85467	111	2853
采矿业	Mining	30883	12102	900	17881
制造业	Manufacturing	136104	8889	8899	118316
电力、燃气及水的生产和供应业	Production & Supply of Electric Power, Gas and Water	32355	22293	235	9827
建筑业	Construction	21443	6145	3024	12274
交通运输、仓储和邮政业	Transportation, Storage and Postal Services	40451	35198	429	4824
信息传输、计算机服务和软件业	Information Transmission, Computer Service & Computer Software	17777	14711	12	3054
批发和零售业	Wholesale and Retail Trade	31903	13110	1473	17320
住宿和餐饮业	Quarters and Catering	13406	5982	1001	6423
金融业	Banking	51974	22148	10655	19171
房地产业	Real Estate	5509	3252	36	2221
租赁和商务服务业	Leasing and Commercial Services	8968	5715	403	2850
科学研究、技术服务和地质勘查业	Scientific Research,Technical Services & Geological Prospecting	15044	14413	71	560
水利、环境和公共设施管理业	Water Conservancy, Environment and Public Facilities Administration	32380	29842	1690	848
居民服务和其他服务业	Resident Services and Other Services	6267	4871	682	714
教育	Education	187735	186195	124	1416
卫生、社会保障和社会福利业	Health Care, Social Security and Social Welfare	69905	62855	6432	618
文化、体育和娱乐业	Culture, Sports & Recreational Services	14886	14687	16	183
公共管理和社会组织	Public Administration and Social Organizations	103688	103653		35
国际组织	International Organizations				

5-4 按登记注册类型和城乡划分的年末就业人员

单位：万人

年份 Year	总计 Total	城镇						
		小计 Subtotal	# 国有单位 State-owned Units	# 集体单位 Collective-owned Units	# 股份合作单位 Share Holding Units	# 联营单位 Joint-owned Units	# 有限责任公司 Limited Liability Corporations	# 股份有限公司 Share-holding Corporations Ltd.
1952	345.3	49.9	16.9					
1957	400.6	56.3	46.1	9.4				
1965	476.8	101.2	86.5	13.4				
1970	524.4	124.8	110.9	13.9				
1975	607.5	176.9	143.8	32.9				
1978	652.8	227.8	183.2	44.4				
1980	698.4	225.4	200.6	53.7				
1985	856.6	335.6	241.4	79.0				
1987	891.0	359.7	260.2	82.5		0.1		
1988	909.7	373.3	268.3	84.7		0.2		
1989	910.3	375.4	271.0	86.0		0.3		
1990	924.6	386.6	282.3	87.0		0.4		
1991	962.9	404.2	293.2	89.3		0.6		
1992	976.0	415.7	302.1	89.6		1.0		
1993	1008.2	434.2	301.1	87.4	1.2	0.3		
1994	1033.4	453.8	301.7	76.1	5.0	0.4		
1995	1029.4	440.0	302.3	70.8	5.9	0.3		
1996	1039.0	434.7	302.1	66.8	5.9	0.3		
1997	1050.3	444.9	291.9	59.4	7.1	0.2		
1998	1050.3	443.4	252.4	45.7	2.9	0.8	18.1	6.9
1999	1056.7	435.7	232.4	37.8	2.9	0.9	23.4	8.0
2000	1061.6	430.1	201.1	25.6	2.9	0.6	26.0	8.2
2001	1067.0	434.5	188.9	20.5	2.2	0.5	29.3	9.3
2002	1086.1	435.6	177.8	17.7	1.9	0.4	34.4	11.1
2003	1005.2	352.9	169.2	15.8	2.0	0.3	40.2	12.0
2004	1026.1	350.3	166.6	13.5	1.7	0.3	43.3	13.0
2005	1041.1	350.3	162.0	12.4	1.8	0.3	47.0	14.3
2006	1051.2	365.0	160.5	11.5	1.5	0.3	49.3	14.3
2007	1081.5	383.5	162.0	11.1	1.9	0.3	48.1	17.7
2008	1103.3	414.9	163.5	10.1	1.4	0.3	45.5	18.3
2009	1142.5	439.5	166.7	9.2	1.9	0.2	44.5	17.9

Number of Employed Persons at Year-end by Status of Registration and Residence in Urban and Rural Areas

(10 000 persons)

Urban Area				乡 村Rural Area		
# 私营企业 Private Enterprises	# 港澳台商投资单位 Economic Units Funded by Entrepreneurs from Hong Kong, Macao and Taiwan	# 外商投资单位 Foreign Funded Economic Units	# 个 体 Self-employed individuals	合 计 Sub-total	# 私营企业 Private Enterprises	# 个体 Self-employed Individuals
			33.0	295.4		
			0.8	344.3		
			1.3	375.6		
				399.6		
			0.2	430.6		
			0.2	425.0		
			1.1	443.0		
			15.2	521.0		
			16.9	531.3		
			20.1	536.4		
			18.1	534.9		
			16.9	538.0		
			21.1	558.7		
			23.0	560.3		
3.8	1.0	1.1	28.7	574.0		
5.5	1.4	1.7	38.1	579.6		
7.6	2.0	2.2	36.7	589.4	2.5	26.6
10.8	1.9	2.7	40.7	604.3	3.2	32.9
14.0	2.1	2.8	57.9	605.4	3.7	37.1
23.0	2.3	1.7	73.2	606.9	5.9	48.8
25.1	2.0	2.1	88.0	621.0	13.6	59.7
28.6	1.7	2.2	88.2	631.5	12.8	71.5
30.4	1.7	1.8	96.2	632.5	15.2	73.7
29.0	1.8	2.0	87.9	650.5	22.8	77.6
35.7	1.7	2.5	72.8	652.3	15.6	35.6
44.2	1.1	2.7	56.1	675.8	17.0	21.8
47.1	1.6	2.5	60.2	690.8	21.1	22.1
53.3	1.3	2.7	69.0	686.2	20.3	18.8
61.8	1.5	2.7	75.2	698.0	21.1	18.4
80.4	1.4	2.8	89.6	688.4	18.0	20.1
89.2	1.5	2.9	104.5	703.0	16.2	24.4

5-5 分行业年末职工(2009年)

Number of Staff and Workers at Year-end by Sector(2009)

单位：人 (person)

项 目	Item	合 计 Total	国 有 单 位 State-owned Units	城镇集体单位 Urban Collective-owned Unit	其 他 单 位 Units of Other Types of Ownership
总 计	**National Total**	**2417756**	**1644362**	**90411**	**682983**
按企、事业和机关分组	**Grouped by Enterprises, Institutions and Agencies**				
企业	Enterprises	1375310	620119	74486	680705
事业	Institutions	729603	712020	15866	1717
机关	Agencies & Organizations	312223	312223		
按国民经济行业分组	**Grouped by Sector**				
农、林、牧、渔业	**Farming, Forestry, Animal Husbandry and Fishery**	**267220**	**258757**	**1357**	**7106**
农业	Farming	109748	106919	481	2348
林业	Forestry	91646	91646		
畜牧业	Animal Husbandry	29003	24323	18	4662
渔业	Fishery	4513	4457		56
农、林、牧、渔服务业	Agricultural Services	32310	31412	858	40
采矿业	**Mining**	**177975**	**60798**	**2966**	**114211**
制造业	**Manufacturing**	**373309**	**23844**	**21853**	**327612**
电力、燃气及水的生产和供应业	**Production and Supply of Electric Power, Gas and Water**	**99480**	**65235**	**560**	**33685**
建筑业	**Construction**	**133889**	**26645**	**14701**	**92543**
房屋和土木工程建筑业	Housing and Civil Engineering Construction	124525	23301	13332	87892
建筑安装业	Installation of Buildings	7799	2908	1345	3546
建筑装饰业	Decoration of Buildings	350	62	24	264
其他建筑业	Other Construction	1215	374		841
交通运输、仓储和邮政业	**Transportation, Storage and Postal Services**	**161167**	**144967**	**2787**	**13413**
铁路运输业	Railway Transport	87929	86941	719	269
道路运输业	Roadway Transport	33932	27298	362	6272
城市公共交通业	Public traffic in Cities	12245	6525	36	5684
水上运输业	Waterway Transport	180	176		4
航空运输业	Air Transport	3693	3548		145
装卸搬运和其他运输服务业	Loading,Unloading, Carrying and Transport	3609	1111	1670	828
仓储业	Storage	6423	6212		211
邮政业	Postal Services	13156	13156		
信息传输、计算机服务和软件业	**Information Transmission, Computer Service & Computer Software**	**38276**	**32200**	**16**	**6060**
电信和其他信息传输服务	Telecommunication and other Information Transmission	37842	31993		5849
计算机服务业	Computer Services	233	163	16	54
软件业	Software	201	44		157
批发和零售业	**Wholesale & Retail Trade**	**65399**	**31783**	**3751**	**29865**
批发业	Wholesale Trade	34931	24640	1633	8658
零售业	Retail Trade	30468	7143	2118	21207
住宿和餐饮业	**Quarters and Catering**	**22710**	**10434**	**1573**	**10703**
住宿业	Quarters	16886	9708	1077	6101
餐饮业	Catering	5824	726	496	4602

5-5 续表 continued

单位：人 (person)

项 目	Item	合 计 Total	国有单位 State-owned Units	城镇集体单位 Urban Collective-owned Unit	其他单位 Units of Other Types of Ownership
金融业	**Finance**	**86868**	**41194**	**21519**	**24155**
银行业	Banking	69278	33299	21251	14728
证券业	Bond	565	214		351
保险业	Insurance	15191	6819		8372
其他金融活动	Others	1834	862	268	704
房地产业	**Real Estate**	**14426**	**8042**	**70**	**6314**
房地产开发经营	Development & Management	5897	1208	38	4651
租赁和商务服务业	**Leasing and Commercial Services**	**28190**	**18497**	**1831**	**7862**
租赁业	Leasing Services	500	466		34
商务服务业	Commercial Services	27690	18031	1831	7828
科学研究、技术服务和地质勘查业	**Scientific Research ,Technical Services & Geological Prospecting**	**41892**	**39801**	**166**	**1925**
研究与试验发展	Research and Development	9060	9055		5
专业技术服务业	Special Technical Services	19069	17051	148	1870
科技交流和推广服务业	Science and Technological Exchanging and Spreading	3692	3624	18	50
地质勘查业	Geological Prospecting	10071	10071		
水利、环境和公共设施管理业	**Water Conservancy, Environment and Public Facilities Administration**	**65659**	**60826**	**2562**	**2271**
水利管理业	Water Conservancy	17151	16754	65	332
环境管理业	Environment	36682	33732	2483	467
公共设施管理业	Public Facilities Administration	11826	10340	14	1472
居民服务和其他服务业	**Resident Services and Other Services**	**18888**	**15426**	**2095**	**1367**
居民服务业	Resident Services	5796	3809	1252	735
其他服务业	Other Services	13092	11617	843	632
教育	**Education**	**340115**	**337396**	**278**	**2441**
卫生、社会保障和社会福利业	**Health Care, Social Security and Social Welfare**	**115894**	**102641**	**12285**	**968**
卫生	Health Care	108254	95049	12241	964
社会保障业	Social Security	4689	4689		
社会福利业	Social Welfare	2951	2903	44	4
文化、体育和娱乐业	**Culture, Sports and Recreational Services**	**32519**	**32101**	**41**	**377**
新闻出版业	Press	4500	4483		17
广播、电视和音像业	Radio ,Television and Audio-visual	12272	12070		202
文化艺术业	Culture and Arts	13762	13724	25	13
体育	Sports	1554	1549		5
娱乐业	Recreational Services	431	275	16	140
公共管理和社会组织	**Public Administration and Social Organization**	**333880**	**333775**		**105**
中国共产党机关	Chinese Communist Party Agencies	16809	16809		
国家机构	Government Agencies	307567	307567		
人民政协和民主党派	People's Politics Consultative Conference and Democratic Parties	3899	3899		
群众团体、社会团体和宗教组	Mass Organization ,Social Organization and Religious Organization	5605	5500		105
基层群众自治组织	Basic Mass Autonomous Organization				

5-6 私营企业年末就业人员(2009年)

Number of Employed Persons in Private Enterprises at Year-end(2009)

单位：户、人 (household)(person)

项 目	Item	合 计 Total 户数 Number of Enterprises	合 计 Total 就业人员 Number of Employed Persons	合 计 Total #投资者 Employers	# 城 镇 Urban Areas 户数 Number of Enterprises	# 城 镇 Urban Areas 就业人员 Number of Employed Persons	# 城 镇 Urban Areas #投资者 Employers
总 计	**Total**	**94844**	**1053277**	**221041**	**85576**	**891683**	**197856**
农、林、牧、渔业	Farming, Forestry, Animal Husbandry and Fishery	3776	34376	8863	2917	21516	6905
采矿业	Mining	3021	52883	7114	2065	30921	4715
制造业	Manufacturing	13147	203834	35861	10950	155659	28497
电力、燃气及水的生产和供应业	Production & Supply of Electric Power,Gas & Water	704	10532	1812	595	8584	1596
建筑业	Construction	4216	68875	12777	4062	63505	12275
交通运输、仓储业和邮电业	Transportation, Storage & postal Services	3278	29636	8071	2751	23655	6687
信息传输、计算机服务和软件业	Information Transmission,Compute-Service & Software	2795	20575	4819	2673	19764	4660
批发和零售业	Wholesale & Retail	39521	382436	83979	36226	342151	77296
住宿和餐饮业	Quarters & Catering	3048	48668	6346	2865	44109	5903
金融业	finance	932	7448	2685	885	6764	2607
房地产业	Real Estate	4367	47177	11083	4268	42885	10825
租赁和商业服务业	Leasing & Commercial Services	8123	70685	19539	7865	66590	18801
科学研究、技术服务和地质勘查业	Science,Technical Services Geological Survey	1761	16957	5427	1680	15609	5243
水利、环境和公共设施管理业	Water Conservancy, Environment Public Facilities	410	3520	1075	385	3107	1015
居民服务和其他服务业	Resident Services & Other Services	3928	37863	7503	3733	31417	7101
教育	Education	231	2961	458	226	2905	451
卫生、社会保障和社会福利业	Health Care, Social Security & Social Welfare	108	1260	193	103	971	183
文化、体育和娱乐业	Culture, Sports & Recreational Services	589	5418	1089	534	4218	999
其他行业	Others	889	8173	2347	793	7353	2097

注：本资料由工商部门提供。

a)The Statistics are provided by the Department of Industry and Commerce.

5-7 个体年末就业人员(2009年)

Number of Self-employed Individuals at Year-end(2009)

单位:户、人 (household)(person)

项目	Item	合计 Total		#城镇 Urban Areas	
		户数 Number of Households	就业人员 Number of Employed Individuals	户数 Number of Households	就业人员 Number of Employed Individuals
总计	**Total**	**693841**	**1289303**	**560410**	**1045031**
农、林、牧、渔业	Farming, Forestry, Animal Husbandry and Fishery	3380	13647	2257	8407
采矿业	Mining	1170	7968	607	5179
制造业	Manufacturing	32826	87360	24744	66029
电力、燃气及水的生产和供应业	Production & Supply of Electric Power,Gas & Water	72	199	43	139
建筑业	Construction	440	1672	391	1085
交通运输、仓储和邮电业	Transportation, Storage & postal Services	68313	102243	54801	82541
信息传输、计算机服务和软件业	Information Transmission,Computer Service & Computer Software	6214	14765	5391	9329
批发零售业	Wholesale & Retail	379449	647081	307106	527410
住宿和餐饮业	Quarters & Catering	83921	195813	68386	162726
金融业	finance	26	158	24	59
房地产业	Real Estate	4411	8628	4127	8108
租赁和商业服务业	Leasing & Commercial Services	3962	8149	3719	7570
科学研究、技术服务和地质勘查业	Science,Technical Services Geological Survey	97	154	92	149
水利、环境和公共设施管理业	Water Conservancy, Environment Public Facilities	63	98	40	59
居民服务和其他服务业	Resident Services & Other Services	90374	163023	73434	134998
教育	Education	1140	1920	1004	1763
卫生、社会保障和社会福利业	Health Care, Social Security & Social Welfare	3641	6886	3062	5877
文化、体育和娱乐业	Culture, Sports & Recreational Services	4855	9927	4290	8829
其他行业	Others	9487	19612	6892	14774

注:本资料由工商部门提供。

a)The Statistics are provided by the Department of Industry and Commerce.

5-8 城镇就业及失业人数

Employment and Unemployment in Urban Areas

年 份 Year	当年需要安置人数(人) Number of Need Settled down(person)	当年就业人数(人) New Employment in the Year(person)	年末城镇失业人数(人) Unemployment at year-end(person)		失业女性占城镇失业人数(%) Percentage of Female Unemployed Persons to Total Unemployed Persons In Urban Areas	登记失业率(%) Registered Unemployment Rate in Urban Areas
			合计 Total	# 女性 Female		
1979		212267	429080			15.01
1980	429100	202696	367280			12.62
1981	464100	344573	283181			9.39
1982	488300	202958	285369			9.11
1983	464100	179283	267539			8.18
1984	427500	198995	177568			5.34
1985	335600	178336	138773			3.97
1986	347000	207440	127726			3.51
1987	307800	161514	129753			3.48
1988	268100	140598	123579			3.69
1989	266700	116515	143681			3.78
1990	282800	124582	151916			3.49
1991	292500	140710	146319			2.68
1992	275300	154848	114894			3.49
1993	226400	107653	113405			2.62
1994	215400	88637	123660			2.86
1995	232084	87033	139713			3.17
1996	263436	86341	144107	79201	54.96	3.47
1997	258299	105927	145253	85024	58.54	3.40
1998	265256	115162	131138	70463	53.73	3.13
1999	222695	96002	123858	61124	49.35	3.10
2000	239620	106020	126478	66932	52.92	3.34
2001	274460	116527	144687	74641	51.59	3.65
2002	345500	174300	162700	83703	51.45	4.10
2003	406755	215118	175889	93556	53.19	4.50
2004	430454	245309	185118	96233	51.98	4.59
2005	451039	261359	177483	81080	45.68	4.26
2006	527624	320781	179786	88842	49.42	4.13
2007	511642	319431	184573	98785	53.52	4.00
2008	513101	314011	199167	97800	49.10	4.10
2009	492987	290897	201428	103173	51.22	4.05

注：本资料由劳动社会保障厅提供。

a)The Statistics are provided by the Bureau of Labour and Social Insurance

5-9 职工工资总额和指数

Total Wages of Staff and Workers and Related Index

年份 Year	工资总额(万元) Total Wages(10 000 yuan)				指数(上年=100) Index(preceding year=100)			
	总计 Total	国有单位 State-owned Units	城镇集体单位 Urban Collective-owned Units	其他单位 Units of Other Types of Ownership	总计 Total	国有单位 State-owned Units	城镇集体单位 Urban Collective-owned Units	其他单位 Units of other Types of Ownership
1952	10337	7099	3238					
1957	39634	34054	5580					
1965	70670	63788	6882					
1970	77531	71047	6484					
1975	111072	99489	11583					
1978	149779	128019	21760		112.7	115.5	98.6	
1980	198255	164897	33358		110.0	109.0	115.0	
1981	210486	175079	35407		104.2	104.2	104.2	
1982	230005	189964	40041		107.4	106.7	111.2	
1983	247989	203182	44807		106.5	105.7	110.6	
1984	292787	234455	58332		112.5	110.0	124.1	
1985	339534	271875	67619	40	106.5	106.5	106.4	
1986	405310	324839	80423	48	113.1	113.3	112.7	113.8
1987	436260	350557	85628	75	99.2	99.5	98.1	143.2
1988	531584	429383	102028	173	104.1	104.7	101.8	196.5
1989	589385	475264	113791	330	96.2	96.0	96.7	165.4
1990	662156	540255	121270	631	110.4	111.7	104.7	187.9
1991	755609	615184	139230	1194	107.7	107.4	108.3	178.6
1992	897992	735751	160172	2069	109.3	110.0	105.8	159.3
1993	1090634	894747	185691	10196	104.3	104.5	99.6	423.4
1994	1410664	1178947	201545	30172	104.1	106.0	87.3	238.1
1995	1561199	1312079	208706	40414	94.5	95.0	88.4	114.4
1996	1758549	1483936	227478	47136	104.6	105.1	101.3	108.4
1997	1853641	1586052	210134	57455	100.8	102.2	88.3	116.5
1998	1747030	1375390	161525	210115	96.2	88.5	77.9	376.2
1999	1779688	1379154	141567	258967	101.6	100.0	87.3	122.9
2000	1859617	1442792	125315	291510	103.2	103.3	87.4	111.1
2001	2105277	1633364	121820	350093	118.3	118.4	86.1	135.2
2002	2374765	1791830	112018	490918	112.8	109.7	92.0	140.2
2003	2723285	1988162	115527	619597	114.7	111.0	103.1	126.2
2004	3230903	2339836	122021	769046	118.6	117.7	105.6	124.1
2005	3877342	2656826	136088	1084428	120.0	113.5	111.5	141.0
2006	4469480	3078254	141470	1249756	115.3	115.9	104.0	115.3
2007	5365887	3660690	159016	1546181	120.1	118.9	112.4	123.7
2008	6384902	4402592	190267	1792043	119.0	120.3	119.7	115.9
2009	7535111	5338087	227203	1969821	118.0	121.3	119.4	109.9

注：1998年及以后职工工资总额为在岗职工的工资总额，指数按可比口径计算(以下各表同)。

a)Data on total wages since1998 refer to wages of fully employed staff and workers, and the index was calculated on the basis of comparable coverage (similarly in the following tables).

5-10 职工平均工资及指数
Average Wages of Staff and Workers and Related Index

年 份 Year	职工平均工资(元) Average Wages(yuan)				指数(上年=100) Index(preceding year=100)			
	总计 Total	国有单位 State-owned Units	城镇集体单位 Urban Collective-owned Units	其他单位 Units of Other Types of Ownership	总计 Total	国有单位 State-owned Units	城镇集体单位 Urban Collective-owned Units	其他单位 Units of Other Types of Ownership
1952	400	454	319					
1957	691	729	505					
1965	728	751	544					
1970	648	671	475					
1975	667	707	495					
1978	712	749	563		100.0	105.1	102.1	
1980	796	839	635		104.8	105.4	103.4	
1981	807	851	642		99.5	99.5	99.2	
1982	826	869	669		100.6	100.4	102.5	
1983	862	903	714		103.1	102.7	105.5	
1984	986	1047	801		109.0	110.5	106.9	
1985	1095	1169	872	1023	102.0	102.5	100.0	
1986	1239	1325	982	1034	107.3	107.4	106.7	95.8
1987	1301	1410	1053	1000	96.8	98.1	98.8	89.1
1988	1548	1641	1251	1105	101.7	99.5	101.5	94.4
1989	1685	1779	1381	1451	94.4	94.0	95.7	113.9
1990	1846	1971	1441	1858	107.6	108.8	102.5	125.8
1991	2012	2148	1573	1984	102.8	102.8	103.0	100.7
1992	2339	2493	1823	2292	106.9	106.8	106.6	106.3
1993	2796	2998	2107	2940	102.7	103.2	99.3	110.2
1994	3675	3942	2667	3299	105.7	105.8	101.9	90.3
1995	4134	4407	3001	3906	96.1	95.5	96.1	101.1
1996	4716	4996	3508	4283	106.0	105.4	108.6	102.0
1997	5124	5462	3551	4687	103.9	104.5	96.8	104.6
1998	5792	5979	4184	6367	102.9	101.5	99.5	119.3
1999	6347	6580	4548	6526	109.3	109.7	108.4	102.2
2000	6974	7261	4826	6947	108.5	108.9	104.8	105.1
2001	8250	8737	5525	7579	117.6	119.6	113.8	108.4
2002	9683	10287	6431	8777	116.4	116.8	115.4	114.9
2003	11279	11929	7620	10391	114.8	114.2	116.7	116.6
2004	13324	14209	9010	11965	115.2	116.2	115.4	112.3
2005	15985	16598	10804	15514	120.0	116.8	119.9	129.7
2006	18469	19386	12469	17391	115.5	116.8	115.4	112.1
2007	21884	22822	14338	20980	118.5	117.7	115.0	120.6
2008	26114	27316	18809	24476	119.3	119.7	131.2	116.7
2009	30699	32326	24344	27750	117.6	118.3	129.4	113.4

注：职工平均工资指数考虑价格因素。

a)When index of average wages of staff and workers was calculated ,the factor of price was considered.

5-11 分行业全部在岗职工平均工资

Average Wage of All Staff and Workers Being on Duty by Sector

单位：元 (yuan)

项 目	Item	2008	2009	2009年比2008年增长(%) Growth Rate
总 计	**Total**	**26114**	**30699**	**17.6**
按企、事业和机关分组	**Grouped by Enterprises, Institutions & Agencies**			
企业	Enterprises	24503	28419	16.0
事业	Institutions	27578	33021	19.7
机关	Agencies & Organizations	30368	35656	17.4
按国民经济行业分组	**Grouped by Sector**			
农、林、牧、渔业	Farming, Forestry, Animal Husbandry & Fishery	13192	15027	13.9
采矿业	Mining	32246	37291	15.6
制造业	Manufacturing	22423	25650	14.4
电力、燃气及水的生产和供应业	Production and Supply of Electric Power, Gas & Water	41241	44584	8.1
建筑业	Construction	17730	23288	31.3
交通运输、仓储和邮政业	Transportation, Storage & Postal Services	31320	34606	10.5
信息传输、计算机服务和软件业	Information Transmission, Computer Service and Computer Software	29692	32940	10.9
批发和零售业	Wholesale and Retail Trade	18563	21658	16.7
住宿和餐饮业	Quarters and Catering	16092	18202	13.1
金融业	Banking	37404	43496	16.3
房地产业	Real Estate	20651	23455	13.6
租赁和商务服务业	Leasing and Commercial Services	22904	26901	17.5
科学研究、技术服务和地质勘查业	Scientific Research,Technical Services & Geological Prospecting	31094	35269	13.4
水利、环境和公共设施管理业	Water Conservancy, Environment & Public Facilities Administration	20802	25526	22.7
居民服务和其他服务业	Resident Services & Other Services	27970	31047	11.0
教育	Education	30566	37452	22.5
卫生、社会保障和社会福利业	Health Care, Social Security and Social Welfare	29042	33820	16.5
文化、体育和娱乐业	Culture, Sports and Recreational Services	27947	32689	17.0
公共管理和社会组织	Public Administration and Social Organization	30101	35274	17.2
国际组织	International Organizations			

5-12 分行业职工平均工资(2009年)
Average Wage of Staff and Workers by Sector(2009)

单位：元 (yuan)

项 目	Item	合 计 Total	国有单位 State-owned Units	城镇集体单位 Urban Collective-owned Units	其他单位 Units of Other Types of Ownership
总 计	**Total**	**30699**	**32326**	**24344**	**27750**
按企、事业和机关分组	**Grouped by Enterprises, Institutions & Agencies**				
企业	Enterprises	28419	29546	25401	27748
事业	Institutions	33021	33331	19116	31436
机关	Agencies & Organizations	35656	35656		
按国民经济行业分组	**Grouped by Sector**				
农、林、牧、渔业	Farming, Forestry, Animal Husbandry & Fishery	15027	15124	10957	12361
采矿业	Mining	37291	43002	20801	34679
制造业	Manufacturing	25650	24314	17247	26339
电力、燃气及水的生产和供应业	Production and Supply of Electric Power, Gas & Water	44584	43033	18483	48012
建筑业	Construction	23288	28877	22054	21822
交通运输、仓储和邮政业	Transportation, Storage & Postal Services	34606	36238	15081	21104
信息传输、计算机服务和软件业	Information Transmission, Computer Service and Computer Software	32940	32924	31938	33025
批发和零售业	Wholesale and Retail Trade	21658	25942	17362	17454
住宿和餐饮业	Quarters and Catering	18202	18150	16300	18541
金融业	Banking	43496	44320	43135	42393
房地产业	Real Estate	23455	28050	10286	19597
租赁和商务服务业	Leasing and Commercial Services	26901	28617	20861	24269
科学研究、技术服务和地质勘查业	Scientific Research,Technical Services & Geological Prospecting	35269	35688	31963	27069
水利、环境和公共设施管理业	Water Conservancy, Environment & Public Facilities Administration	25526	25509	8969	47851
居民服务和其他服务业	Resident Services & Other Services	31047	33946	15732	21832
教育	Education	37452	37544	23155	26042
卫生、社会保障和社会福利业	Health Care, Social Security and Social Welfare	33820	35456	21408	18711
文化、体育和娱乐业	Culture, Sports and Recreational Services	32689	32689	16049	34439
公共管理和社会组织	Public Administration and Social Organization	35274	35276		28505
国际组织	International Organizations				

5-13 国有单位年末就业人员和劳动报酬(2009年)

Employed Persons at Year-end & Earnings in State-owned Units(2009)

项 目	Item	就业人员（人）Number of Employed (person)	# 女 性 Female	在就业人员中 In Employed Persons # 在岗职工（人）Fully Employed Staff & Workers (person)	# 其他从业人员（人）Other Employed Persons
总 计	**Total**	**1666703**	**651528**	**1644362**	**22341**
按企、事业和机关分组	**Grouped by Enterprises, Institutions & Agencies**				
企业	Enterprises	628775	199982	620119	8656
事业	Institutions	721729	355859	712020	9709
机关	Agencies & Organizations	316199	95687	312223	3976
按国民经济行业分组	**Grouped by Sector**				
农、林、牧、渔业	Farming, Forestry, Animal Husbandry & Fishery	259195	85467	258757	438
采矿业	Mining	61065	12102	60798	267
制造业	Manufacturing	23984	8889	23844	140
电力、燃气及水的生产和供应业	Production & Supply of Electric Power, Gas & Water	66171	22293	65235	936
建筑业	Construction	27352	6145	26645	707
交通运输、仓储和邮政业	Transportation, Storage & Postal Services	146212	35198	144967	1245
信息传输、计算机服务和软件业	Information Transmission, Computer Service & Computer Software	32729	14711	32200	529
批发和零售业	Wholesale & Retail Trade	32021	13110	31783	238
住宿和餐饮业	Quarters & Catering	10467	5982	10434	33
金融业	Banking	44079	22148	41194	2885
房地产业	Real Estate	8078	3252	8042	36
租赁和商务服务业	Leasing & Commercial Services	18713	5715	18497	216
科学研究、技术服务和地质勘查业	Scientific Research,Technical Services & Geological Prospecting	40309	14413	39801	508
水利、环境和公共设施管理业	Water Conservancy, Environment & Public Facilities Administration	63484	29842	60826	2658
居民服务和其他服务业	Resident Services & Other Services	17075	4871	15426	1649
教育	Education	339702	186195	337396	2306
卫生、社会保障和社会福利业	Health Care, Social Security & Social Welfare	104029	62855	102641	1388
文化、体育和娱乐业	Culture, Sports & Recreational Services	32370	14687	32101	269
公共管理和社会组织	Public Administration & Social Organization	339668	103653	333775	5893
国际组织	International Organizations				

5-13 续表 continued

单位：万元　　　　(10 000 yuan)

行 业	Sector	单位从业人员劳动报酬 Total Remuneration	在岗职工工资总额 Wages of Fully Employed Staff & Workers	其他从业人员劳动报酬 Remuneration for Other Employed Persons
总 计	**Total**	**5371457**	**5338087**	**33370**
按企、事业和机关分组	**Grouped by Enterprises, Institutions & Agencies**			
企业	Enterprises	1875926	1857465	18461
事业	Institutions	2388174	2377320	10855
机关	Agencies & Organizations	1107357	1103302.7	4054
按国民经济行业分组	**Grouped by Sector**			
农、林、牧、渔业	Farming, Forestry, Animal Husbandry & Fishery	393429	393024	406
采矿业	Mining	261149	260216	933
制造业	Manufacturing	59983	59251	732
电力、燃气及水的生产和供应业	Production & Supply of Electric Power, Gas & Water	279191	277955	1236
建筑业	Construction	100111	99655	456
交通运输、仓储和邮政业	Transportation, Storage & Postal Services	531897	527975	3922
信息传输、计算机服务和软件业	Information Transmission, Computer Service &Software	104798	104213	585
批发和零售业	Wholesale & Retail Trade	83835	82868	966
住宿和餐饮业	Quarters & Catering	18936	18859	76
金融业	Banking	187208	182537	4671
房地产业	Real Estate	22633	22574	59
租赁和商务服务业	Leasing & Commercial Services	52558	52333	226
科学研究、技术服务和地质勘查业	Scientific Research,Technical Services & Geological Prospecting	143295	141807	1487
水利、环境和公共设施管理业	Water Conservancy, Environment & Public Facilities Administration	157942	156228	1714
居民服务和其他服务业	Resident Services & Other Services	57753	52976	4777
教育	Education	1275637	1272525	3112
卫生、社会保障和社会福利业	Health Care, Social Security & Social Welfare	364468	362015	2453
文化、体育和娱乐业	Culture, Sports & Recreational Services	104643	104234	409
公共管理和社会组织	Public Administration & Social Organization	1171994	1166844	5150
国际组织	International Organizations			

5-14 城镇集体单位年末就业人员和劳动报酬(2009年)

Employed Persons at Year-end & Earnings in Urban Collective-owned Units(2009)

项 目	Item	就业人员（人）Number of Employed (person)	# 女 性 Female	在就业人员中 In Employed Persons # 在岗职工（人）Fully Employed Staff & Workers (person)	# 其他从业人员（人）Other Employed Persons
总 计	**Total**	**91762**	**36193**	**90411**	**1351**
按企、事业和机关分组	**Grouped by Enterprises, Institutions & Agencies**				
企业	Enterprises	75154	27987	74486	668
事业	Institutions	16549	8187	15866	683
机关	Agencies & Organizations				
按国民经济行业分组	**Grouped by Sector**				
农、林、牧、渔业	Farming, Forestry, Animal Husbandry and Fishery	1413	111	1357	56
采矿业	Mining	2966	900	2966	
制造业	Manufacturing	22014	8899	21853	161
电力、燃气及水的生产和供应业	Production & Supply of Electric Power, Gas & Water	565	235	560	5
建筑业	Construction	14765	3024	14701	64
交通运输、仓储和邮政业	Transportation, Storage & Postal Services	2788	429	2787	1
信息传输、计算机服务和软件业	Information Transmission, Computer Service & Software	16	12	16	
批发和零售业	Wholesale & Retail Trade	3798	1473	3751	47
住宿和餐饮业	Quarters & Catering	1586	1001	1573	13
金融业	Banking	21708	10655	21519	189
房地产业	Real Estate	70	36	70	
租赁和商务服务业	Leasing & Commercial Services	1940	403	1831	109
科学研究、技术服务和地质勘查业	Scientific Research,Technical Services & Geological Prospecting	166	71	166	
水利、环境和公共设施管理业	Water Conservancy, Environment & Public Facilities Administration	3062	1690	2562	500
居民服务和其他服务业	Resident Services & Other Services	2118	682	2095	23
教育	Education	278	124	278	
卫生、社会保障和社会福利业	Health Care, Social Security & Social Welfare	12468	6432	12285	183
文化、体育和娱乐业	Culture, Sports & Recreational Services	41	16	41	
公共管理和社会组织	Public Administration & Socia Organization				
国际组织	International Organizations				

5-14 续表 continued

单位：万元 (10 000 yuan)

行业	Sector	单位从业人员劳动报酬 Total Remuneration	在岗职工工资总额 Wages of Fully Employed Staff & Workers	其他从业人员劳动报酬 Remuneration for Other Employed Persons
总计	**Total**	**228645**	**227203**	**1442**
按企、事业和机关分组	**Grouped by Enterprises, Institutions & Agencies**			
企业	Enterprises	197880	197019	861
事业	Institutions	30607	30026	581
机关	Agencies & Organizations			
按国民经济行业分组	**Grouped by Sector**			
农、林、牧、渔业	Farming, Forestry, Animal Husbandry and Fishery	1482	1462	20
采矿业	Mining	6234	6234	
制造业	Manufacturing	40121	39905	216
电力、燃气及水的生产和供应业	Production & Supply of Electric Power, Gas & Water	1013	1007	6
建筑业	Construction	37297	37208	89
交通运输、仓储和邮政业	Transportation, Storage & Postal Services	4135	4134	2
信息传输、计算机服务和软件业	Information Transmission, Computer Service & Software	51	51	
批发和零售业	Wholesale & Retail Trade	6556	6516	40
住宿和餐饮业	Quarters & Catering	2611	2592	19
金融业	Banking	91631	91330	301
房地产业	Real Estate	72	72	
租赁和商务服务业	Leasing & Commercial Services	3968	3820	148
科学研究、技术服务和地质勘查业	Scientific Research,Technical Services & Geological Prospecting	521	521	
水利、环境和公共设施管理业	Water Conservancy, Environment & Public Facilities Administration	2563	2250	313
居民服务和其他服务业	Resident Services & Other Services	3294	3274	20
教育	Education	644	644	
卫生、社会保障和社会福利业	Health Care, Social Security & Social Welfare	26388	26120	268
文化、体育和娱乐业	Culture, Sports & Recreational Services	66	66	
公共管理和社会组织	Public Administration & Social Organization			
国际组织	International Organizations			

5-15 其他单位年末就业人员和劳动报酬(2009年)

Employed Persons at Year-end and Earnings in other Types of Ownership(2009)

项 目	Item	就业人员（人）Number of Employed (person)	#女性 Female	在就业人员中 In Employed Persons #在岗职工（人）Fully Employed Staff & Workers (person)	#其他从业人员（人）Other Employed Persons
总 计	**Total**	**699811**	**221388**	**682983**	**16828**
按企、事业和机关分组	**Grouped by Enterprises, Institutions & Agencies**				
企业	Enterprises	697469	220129	680705	16764
事业	Institutions	1770	935	1717	53
机关	Agencies & Organizations				
按国民经济行业分组	**Grouped by Sector**				
农、林、牧、渔业	Farming, Forestry, Animal Husbandry and Fishery	7106	2853	7106	
采矿业	Mining	114731	17881	114211	520
制造业	Manufacturing	331577	118316	327612	3965
电力、燃气及水的生产和供应业	Production & Supply of Electric Power, Gas & Water	34002	9827	33685	317
建筑业	Construction	94826	12274	92543	2283
交通运输、仓储和邮政业	Transportation, Storage & Postal Services	13429	4824	13413	16
信息传输、计算机服务和软件业	Information Transmission, Service & Software	6334	3054	6060	274
批发和零售业	Wholesale & Retail Trade	29932	17320	29865	67
住宿和餐饮业	Quarters & Catering	10724	6423	10703	21
金融业	Banking	33399	19171	24155	9244
房地产业	Real Estate	6319	2221	6314	5
租赁和商务服务业	Leasing & Commercial Services	7865	2850	7862	3
科学研究、技术服务和地质勘查业	Scientific Research,Technical Services & Geological Prospecting	1970	560	1925	45
水利、环境和公共设施管理业	Water Conservancy, Environment & Public Facilities Administration	2271	848	2271	
居民服务和其他服务业	Resident Services & Other Services	1369	714	1367	2
教育	Education	2497	1416	2441	56
卫生、社会保障和社会福利业	Health Care, Social Security & Social Welfare	978	618	968	10
文化、体育和娱乐业	Culture, Sports & Recreational Services	377	183	377	
公共管理和社会组织	Public Administration & Social Organization	105	35	105	
国际组织	International Organizations				

5-15 续表 continued

单位：万元 (10 000 yuan)

行 业	Sector	单位从业人员劳动报酬 Total Remuneration	在岗职工工资总额 Wages of Fully Employed Staff & Workers	其他从业人员劳动报酬 Remuneration for Other Employed Persons
总 计	**Total**	**2018011**	**1969821**	**48191**
按企、事业和机关分组	**Grouped by Enterprises, Institutions & Agencies**			
企业	Enterprises	2011436	1963474	47962
事业	Institutions	5501	5281	220
机关	Agencies & Organizations			
按国民经济行业分组	**Grouped by Sector**			
农、林、牧、渔业	Farming, Forestry, Animal Husbandry and Fishery	9120	9120	
采矿业	Mining	395879	393304	2575
制造业	Manufacturing	875842	867279	8563
电力、燃气及水的生产和供应业	Production & Supply of Electric Power, Gas & Water	160502	160234	269
建筑业	Construction	270973	256171	14801
交通运输、仓储和邮政业	Transportation, Storage & Postal Services	28815	28798	16
信息传输、计算机服务和软件业	Information Transmission, Computer Service & Software	20315	19765	550
批发和零售业	Wholesale & Retail Trade	50194	50127	67
住宿和餐饮业	Quarters & Catering	19645	19533	111
金融业	Banking	121847	101026	20820
房地产业	Real Estate	18324	18315	9
租赁和商务服务业	Leasing & Commercial Services	18762	18753	10
科学研究、技术服务和地质勘查业	Scientific Research,Technical Services & Geological Prospecting	5477	5316	161
水利、环境和公共设施管理业	Water Conservancy, Environment & Public Facilities Administration	9116	9116	
居民服务和其他服务业	Resident Services & Other Services	3167	3166	1
教育	Education	6482	6258	224
卫生、社会保障和社会福利业	Health Care, Social Security & Social Welfare	1944	1931	13
文化、体育和娱乐业	Culture, Sports & Recreational Services	1309	1309	
公共管理和社会组织	Public Administration & Social Organization	299	299	
国际组织	International Organizations			

主要统计指标解释

经济活动人口 指在16岁以上，有劳动能力，参加或要求参加社会经济活动的人口；包括从业人员和失业人员。

从业人员 指从事一定社会劳动并取得劳动报酬或经营收入的人员，包括全部职工、再就业的离退休人员、私营业主、个体户主、私营和个体从业人员、乡镇企业从业人员、农村从业人员、其他从业人员(包括民办教师、宗教职业者、现役军人等)。这一指标反映了一定时期内全部劳动力资源的实际利用情况，是研究我国基本国情国力的重要指标。

各单位的从业人员 指在各级国家机关、政党机关、社会团体及企业、事业单位中工作，取得工资或其他形式的劳动报酬的全部人员。包括在岗职工、再就业的离退休人员、民办教师以及在各单位中工作的外方人员和港澳台方人员、兼职人员、借用的外单位人员和第二职业者。不包括离开本单位仍保留劳动关系的职工。各单位的从业人员反映了各单位实际参加生产或工作的全部劳动力。

城镇私营和个体从业人员 城镇私营从业人员指在工商管理部门注册登记，其经营地址设在县城关镇(含城关镇)以上的私营企业从业人员；包括私营企业投资者和雇工。城镇个体从业人员指在工商管理部门注册登记，并持有城镇户口或在城镇长期居住，经批准从事个体工商经营的从业人员；包括个体经营者和在个体工商户劳动的家庭帮工和雇工。

城镇登记失业人员 指有非农业户口，在一定的劳动年龄内，有劳动能力，无业而要求就业，并在当地就业服务机构进行求职登记的人员。

城镇登记失业率 指城镇登记失业人数同城镇从业人数与城镇登记失业人数之和的比。计算公式为：

城镇登记失业率=城镇登记失业人数/(城镇从业人数+城镇登记失业人数)×100%

职工 指在国有经济、城镇集体经济、联营经济、股份制经济、外商和港、澳、台投资经济、其他经济单位及其附属机构工作，并由其支付工资的各类人员，不包括返聘的离退休人员、民办教师、在国有经济单位工作的外方人员和港、澳、台人员(1998年以后的数据均为在岗职工数据，其他相关指标如职工工资总额，职工平均工资等指标也从1998年按此口径进行了相应调整)。

国有单位职工 指在国有经济单位及其附属机构工作，并由其支付工资的各类人员。

城镇集体单位职工 指在城镇集体经济单位及其管理部门工作，并由其支付工资的各类人员。

其他单位职工 指在联营经济、股份制经济、外商投资经济、港、澳、台投资经济单位工作，并由其支付工资的各类人员。

在岗职工 指在本单位工作并由单位支付工资的人员，以及有工作岗位，但由于学习、病伤产假等原因暂未工作，仍由单位支付工资的人员。

职工工资总额 指各单位在一定时期内直接支付给本单位全部职工的劳动报酬总额。工资总额的计算原则应以直接支付给职工的全部劳动报酬为根据。各单位支付给职工的劳动报酬以及其他根据有关规定支付的工资，不论是计入成本的还是不计入成本的，不论是按国家规定列入计征奖金税项目的，还是未列入计征奖金税项目的，不论是以货币形式支付的还是以实物形式支付的，均包括在工资总额内。

奖金 指支付给职工的超额劳动报酬和增收节支的劳动报酬。

津贴和补贴 指为了补偿职工特殊或额外的劳动消耗和因其他特殊原因支付给职工的津贴，以及为了保证职工工资水平不受物价影响支付给职工的物价补贴。

职工平均工资 指企业、事业、机关单位的职工在一定时期内平均每人所得的货币工资额。它表明一定时期职工工资收入的高低程度，是反映职工工资水平的主要指标。计算公式为：

职工平均工资=报告期实际支付的全部职工工资总额/报告期全部职工平均人数

职工平均工资指数 指报告期职工平均工资与基期职工平均工资的比率，是反映不同时期职工货币工资水平变动情况的相对数。计算公式为：

职工平均工资指数=报告期职工平均工资/基期职工平均工资

职工平均实际工资指数 职工平均实际工资指扣除物价变动因素后的职工平均工资。职工平均实际工资指数是反映实际工资变动情况的相对数，表明职工实际工资水平提高或降低的程度。计算公式为：

职工平均实际工资指数=报告期职工平均工资指数/报告期城镇居民消费价格指数×100%

Explanatory Notes on Main Statistical Indicators

Economically Active Population refers to the population aged 16 and over who are capable to work, are participating in or willing to participate in economic activities, including employed persons and unemployed persons.

Employees refers to the persons who are engaged in social labor and receive remuneration payment or earn business income, including: total staff and workers, re-employed retirees, employers of private enterprises, self-employed workers, employers in private and individual economy, employees in township, employed persons in the rural areas, and other employed persons (including teachers in the schools run by the local people, people engaged in religious profession and the servicemen, etc.) . This indicator reflects the actual utilization of total labor force during a certain period of time and is often used for the research on China's economic affairs and national power.

Persons Employed in Various Units refer to all the persons working in government agencies of various levels, political and party organizations, social organizations, enterprises and institutions, and receiving wages or other forms of payment. They include fully employed staff and workers, re-employed retirees, teachers in schools run by the local people, foreigners and Chinese compatriots from Hong Kong, Macao and Taiwan working in various units, part time employees, employees of other units working temporarily at current posts, and employees holding the second job, but exclude staff and workers who have left their working units while keeping their labor contract (employment relation) unchanged. This indicator reflects the total number of laborers actually engaged in production or other operations in various units.

Persons-Employed in Private Enterprises and Self Employed Individuals in Urban Areas Persons employed in private enterprises refer to the persons employed in the private enterprises which have been registered at the departments of industrial and commercial administration and are situated at a county town (i. e. a town where the county government is located) for business operation or at urban areas with the level higher than a county town. The self employed individuals in urban areas refer to persons who hold the certificates of residence in urban areas or have resided in the urban areas for a long time and have been registered at the departments of industrial and commercial administration and approved to be engaged in individual industrial or commercial business, including self-employed persons as well as helpers and hired laborers who work in the individual households engaged in industrial or commercial business.

Registered Urban Unemployed Persons The registered unemployed persons in urban areas refer to the persons who are registered as permanent residents in the urban areas engaged in non agricultural activities, aged within the range of working age, capable to labor, unemployed but desirous to be employed and have been registered at the local employment service agencies to apply for a job.

Registered Urban Unemployment Rate Registered unemployment rate in urban areas refers to the ratio of the number of the registered unemployed persons to the sum of the number of employed persons and the registered unemployed persons. The formula is as follows:

Registered urban unemployment rate = number of registered urban unemployed persons / (urban employed person number + registered urban unemployed person number) ×100%

Staff and Workers refer to the persons who work in (and receive payment there from) enterprises and institutions of state ownership, collective ownership, joint ownership, share holding, foreign ownership, and ownership by entrepreneurs from Hong Kong, Macao, and Taiwan, and other types of ownership and their affiliated units, excluding the retired persons invited to work in the units again, teachers in the schools run by the local people and foreigners and persons coming from Hong Kong, Macao, and Taiwan and working in the state owned economic units. (The figures since 1998 refer to those of fully employed staff and workers. Other relative figures since 1998, such as total wages of staff and workers, average wage of staff and workers, etc. , were adjusted according to the standard) .

Staff and Workers in State owned-Economic Units refer to the persons who work in the state owned economic units or their attached units and are listed in their payrolls.

Staff and Workers of Collective Owned Units in Urban Areas refer to the persons who work in collective owned units in urban areas and their administration departments and receive payment there from.

Staff and Workers in Units of Other types of Ownership refer to those who work in (and receive payment there from) enterprises and institutions of joint ownership, share holding, foreign ownership, and ownership by entrepreneurs from Hong Kong, Macao, and Taiwan.

Fully Employed Staff and Workers refer to persons who work in, and receive wages from their working units, as well as persons who have their work posts, but are temporarily absent from work for reasons of study or on sick, injury or maternal leave and still receive wages from their working units.

Total Wages of Staff and Workers refer to the total remuneration payment to staff and workers in various units during a certain period of time. The calculation of total wages is based on the total remuneration payment to the staff and workers. Therefore, all the wages and salaries and other payments to staff and workers are included in the total wages regardless of their sources, category, and forms (in kind or cash) .

Bonus refers to remuneration payment to workers for extra work and for increasing earnings and practicing economy.

Subsidies and Allowances refer to subsidies paid to staff and workers for compensating special or extra labor and allowances paid to staff and workers to offset the impact of inflation on real wages.

Average Wage of Staff and Workers refers to the average wage in money terms per person during a certain period of time for staff and workers in enterprises, institutions, and government agencies, which reflects the general level of wage income during a certain period of time and is calculated as follows:

Average Wage of Staff and Workers = Total Wages of Staff and Workers in Reference Period / Average Number of Staff and Workers in Reference Period

Index of Average Wage of Staff and Worker refers to the ratio of average wage of staff and workers at the report time to that at the reference time. It reflects the relative changing degree of average wage in money terms at the several of time, which is calculated as following:

Index of Average Wage of Staff and Worker = average wage of staff and workers at the report time / average wage of staff and workers at the reference time

Index of Average Real Wage of Staff and Worker refers to the average wage which has removed the factor of price change. Index of average real wage of staff and worker reflects the relative changing degree of average real wage, and indicates the degree of the rising or declining degree of real wage of staff and worker, which is calculated as following:

Index of Average Real Wage of Staff and Worker = Index of Average Wage of Staff and Worker at the Report Time / Urban Consumer Prices Index at the Report Time $\times 100\%$

六、固定资产投资

Investment in Fixed Assets

资料整理：云俊生　张春燕
Arranged By Yun Junsheng , Zhang Chunyan

6-1 全社会固定资产投资
Total Investment in Fixed Assets

指标	Item	2008	2009	2009年比2008年增长% Increase Rate in 2009 over 2008(%)
投资总额(亿元)	**Total Investment(100 million yuan)**	**5604.67**	**7535.15**	**34.44**
按登记注册类型分	Grouped by Status of Registration			
国有	State-owned Units	2110.81	2923.50	38.50
集体	Collective-owned Units	64.32	71.12	10.57
股份合作	Cooperative Units	42.59	51.54	21.01
联营	Joint-ownership Economic Units	29.06	17.06	-41.29
# 国有联营	State Joint-ownership Economic Units	17.86	8.65	-51.57
集体联营	Collective Joint-ownership Enterprises	1.98	3.46	74.75
国有与集体联营	Joint State-collective	8.50	4.61	-45.76
有限责任公司	Limited Liability Corporations	1709.63	2512.25	46.95
# 国有独资	Exclusive State-funded	183.78	204.23	11.13
股份有限公司	Share-holding Corporations	599.96	657.82	9.64
私营	Private Enterprises	723.30	899.54	24.37
其他	Others	53.57	107.86	101.34
港澳台商投资	Economic Units Funded by Entrepreneurs from Hong Kong.Macao and Taiwan	64.70	88.77	37.20
外商投资	Foreign Funded Economic Units	106.02	105.09	-0.88
个人投资	Individuals	100.70	100.61	-0.09
# 农村个人（农户）	Rural Individuals	80.41	84.15	4.65
按城乡分组	Grouped by Urban and Rural Area			
城镇	Urban	5456.30	7340.64	34.54
#房地产开发	Real Estate Development	744.30	815.46	9.56
农村	Rural	148.37	194.51	31.10
#非农户	Non-AgriculturalHouseholds	67.95	110.37	62.43
按资金来源分	Grouped by Source of Funds			
国家预算内资金	State Budgetary Appropriation	234.16	427.20	82.44
国内贷款	Domestic Loans	394.24	749.90	90.21
利用外资	Foreign Investment	46.67	15.99	-65.74
自筹资金	Fund Raising	4498.95	6000.07	33.37
其他资金	Others	269.16	309.89	15.13
按构成分	Grouped by Use of Funds			
建筑安装工程	Construction and Installation	3789.75	5090.91	34.33
设备工器具购置	Purchase of Equipment and Instruments	1258.92	1701.63	35.17
其他费用	Others	556.00	742.61	33.56
房屋建筑面积(万平方米)	**Floor Space of Buildings(10 000 sq.m)**			
施工面积	Floor Space under Construction	12870.75	14869.49	15.53
竣工面积	Floor Space Completed	4975.19	5211.68	4.75
# 住宅	Residential Buildings	2919.21	3089.78	5.84

注：按资金来源分组为财务拨款数，各项相加不等于投资总额。以下各表同。

a)Total investment grouped by sources of finance refers to financial appropriation, and the broken down figures do not add up to the total. The same as in the following tables.

6-2 全社会固定资产投资(按登记注册类型和产业分)

单位：亿元

年 份 Year	投资总额 Total Investment	# 住宅 Residential Buildings	按登记注册类型分		
			国有及国有控股 State-owned or Controlling Share Hold Units	集体 Collective-owned Units	#城镇集体 Urban
1985	52.42	11.17	39.10	2.51	1.38
1986	47.57	7.76	37.00	2.52	1.54
1987	53.32	9.65	39.06	3.07	1.86
1988	72.05	12.61	49.23	4.44	2.43
1989	70.68	12.71	52.92	3.98	2.06
1990	70.77	13.71	56.77	3.06	1.32
1991	100.66	19.64	81.63	4.72	1.98
1992	149.24	15.38	123.61	6.52	3.29
1993	217.40	41.26	178.41	7.93	3.72
1994	250.99	46.65	200.74	8.29	2.41
1995	273.06	51.93	210.00	11.14	2.42
1996	275.54	59.47	208.10	11.96	2.87
1997	317.50	59.63	223.35	12.37	2.83
1998	350.16	77.27	225.69	14.69	2.60
1999	383.37	87.06	241.76	24.51	2.63
2000	430.42	87.38	275.06	27.15	3.61
2001	496.43	96.04	269.69	28.00	4.01
2002	715.09	98.35	370.96	27.94	7.54
2003	1209.44	114.27	630.70	33.04	11.16
2004	1808.91	154.19	1191.80	35.69	13.48
2005	2687.84	206.01	1644.71	41.14	14.84
2006	3406.35	374.17	1724.00	61.69	28.73
2007	4404.75	523.85	2222.19	88.61	45.46
2008	5604.67	743.67	2786.99	64.32	59.08
2009	7535.15	743.78	3699.67	71.12	62.32

Total Investment in Fixed Assets by Status of Registration and Industry

(100 millon yuan)

			按隶属关系分 By Administrative Relationship	
个体 Indivi duals	#农村个人投资(农户) Indivdual Invest-ment in Rural Areas	其他类型投资 Others	中央项目 Central Government Projects	地方项目 Local Projects
10.81	8.74		23.44	28.98
8.05	6.00		17.48	30.09
11.19	8.86		17.96	35.36
18.38	14.91		24.63	47.42
13.78	10.84		29.31	41.37
10.94	8.13		29.81	40.96
14.31	11.03		42.16	58.50
19.11	13.27		62.50	86.74
19.68	12.66	11.38	78.02	139.38
30.46	23.23	11.50	92.55	158.44
44.09	36.53	7.83	98.50	174.56
44.18	36.66	11.30	96.53	179.01
45.90	39.01	35.88	142.34	175.16
53.03	40.94	56.75	109.49	240.67
55.06	43.01	62.04	90.28	293.09
51.64	45.88	76.57	60.41	370.01
86.25	48.74	112.49	60.31	436.12
100.57	52.16	215.62	103.75	611.34
138.86	55.68	406.84	129.78	1079.66
79.67	58.24	501.75	150.82	1658.09
84.26	62.05	917.73	255.66	2432.18
76.11	65.57	1544.55	412.73	2993.62
88.38	74.73	2005.58	507.23	3897.52
100.70	80.41	2652.66	808.69	4795.98
100.61	84.15	3663.75	829.24	6705.91

6-2 续表 Continued

单位：亿元 (100 million yuan)

年 份 Year	按三次产业分 Grouped by Type of Industry			房屋建筑面积 Floor Space of Buildings		
	第一产业 Primary Industry	第二产业 Secondary Industry	第三产业 Tertiary Industry	施工面积 (万平方米) Floor space under Construction (10 000 sq.m)	竣工面积 (万平方米) Floor Space Completed (10 000 sq.m)	# 住 宅 Residential Buildings
1985	4.85	25.69	33.05	2524.6	2064.4	1379.2
1986	3.49	23.66	28.18	1769.8	1359.5	931.6
1987	1.92	26.55	34.50	1892.3	1518.8	1023.8
1988	5.58	38.89	40.19	1953.1	1513.5	1088.9
1989	5.38	42.05	35.96	1638.0	1282.4	912.5
1990	5.39	40.55	38.54	1490.0	1159.8	844.4
1991	8.02	54.53	57.75	2122.2	1570.8	1167.8
1992	10.18	81.05	73.39	1408.0	1409.7	959.8
1993	7.62	106.17	103.61	1752.9	1885.1	1230.1
1994	11.25	132.09	106.65	2419.0	1907.2	1413.8
1995	18.95	143.34	110.77	2744.2	2216.0	1569.3
1996	16.75	128.90	129.89	2749.9	2099.7	1584.2
1997	24.15	145.14	148.22	2972.9	2476.6	1709.1
1998	29.44	131.69	221.67	3276.4	2638.7	1788.7
1999	37.27	101.92	240.25	3342.6	2555.1	1825.2
2000	38.03	117.76	274.63	3444.1	2599.9	1874.9
2001	40.79	152.86	302.78	3633.2	2618.2	1807.8
2002	80.83	245.55	388.72	3942.5	2805.0	1783.0
2003	90.78	508.49	610.17	5138.3	3416.0	2028.1
2004	110.72	920.37	777.82	5735.2	3542.2	1991.6
2005	129.48	1462.36	1096.00	6448.6	3453.1	1882.5
2006	171.92	1815.51	1418.92	8093.4	4223.0	2444.8
2007	183.41	2222.96	1998.38	10343.9	4922.5	2900.4
2008	286.77	2895.44	2422.47	12870.7	4975.2	2919.2
2009	407.72	3831.77	2551.88	14869.5	5211.7	3089.8

6-3 全社会固定资产投资(按资金来源和构成分)

Total Investment of Fixed Assets by Source of Finance & Use of Fund

年 份 Year	按资金来源分 Grouped by Source of Finance				按构成分 Grouped by Use of Funds		
	国家预算内资金 State Budgetary Appropriations	国内贷款 Domestic Loans	利用外资 Foreign Investment	自筹和其他资金 Fund Raising and Others	建筑安装工程 Construction and Installation	设备工具器具购置 Purchase of Equipment & Instruments	其他费用 Others
投资额(万元) Investment (10 000 yuan)							
1990	148453	132199	57241	369846	466990	160187	80562
1991	177154	212819	129313	515106	692780	206234	105747
1992	187841	399716	217757	744941	1003377	330977	158877
1993	145484	524756	228825	1153498	1475388	495323	203289
1994	190289	646675	172001	1442919	1538978	657469	278796
1995	175546	583256	232002	1617671	1609643	749927	370991
1996	150246	710872	76386	1661729	1666690	664510	424171
1997	143587	997032	79710	1880868	1937796	753100	484275
1998	266157	888211	45659	2211536	2306538	708744	486673
1999	442502	689372	144490	2442264	2627258	735037	417817
2000	435776	761680	155448	2732802	2985528	870546	448109
2001	437274	1066975	301567	2867155	3439701	939451	585138
2002	1130966	1106042	184314	4071758	4678575	1521943	950372
2003	1242788	2285156	96546	7811394	7896627	2562501	1635268
2004	1289467	3042138	144704	13065722	12162580	4069938	1856578
2005	1553343	5175125	153742	19267580	18378345	5917539	2582513
2006	1575533	4024239	218262	27502516	23918688	6986773	3158053
2007	1627300	4525908	302027	36602031	30974513	9065513	4007482
2008	2341617	3942397	466725	47681029	37897517	12589188	5559989
2009	4271961	7498506	159927	63099684	50909126	17016267	7426136
构成(%) Percentage							
1990	21.0	18.7	8.1	52.2	66.0	22.6	11.4
1991	17.1	20.6	12.5	49.8	69.0	20.5	10.5
1992	12.1	25.8	14.0	48.1	67.2	22.2	10.6
1993	7.1	25.6	11.1	56.2	67.9	22.8	9.3
1994	7.8	26.4	7.0	58.8	62.2	26.6	11.2
1995	6.7	22.4	8.9	62.0	58.9	27.5	13.6
1996	5.8	27.3	2.9	63.9	60.5	24.1	15.4
1997	4.6	32.2	2.6	60.6	61.0	23.7	15.3
1998	7.8	26.1	1.3	64.8	65.9	20.2	13.9
1999	11.9	18.5	3.9	65.7	69.5	19.4	11.1
2000	10.7	18.6	3.8	66.9	69.4	20.2	10.4
2001	9.3	22.8	6.5	61.4	69.3	18.9	11.8
2002	17.4	17.0	2.8	62.8	65.4	21.3	13.3
2003	10.9	20.0	0.8	68.3	65.3	21.2	13.5
2004	7.4	17.3	0.8	74.5	67.2	22.5	10.3
2005	5.9	19.8	0.6	73.7	68.4	22.0	9.6
2006	4.7	12.1	0.7	82.5	70.2	20.5	9.3
2007	3.8	10.5	0.7	85.0	70.3	20.6	9.1
2008	4.3	7.2	0.9	87.6	67.6	22.5	9.9
2009	5.7	10.0	0.2	84.1	67.6	22.6	9.8

6-4 按登记注册类型分的全社会固定资产投资(2009年)

指标	Item	总计 Total	内资 国有 State-owned Units	集体 Collective-owned Units	股份合作 Coopeative Units
投资总额(万元)	**Total Investment(10 000 yuan)**	**75351529**	**29235028**	**711177**	**515447**
按资金来源分	Grouped by Source of Funds				
国家预算内资金	State Appropriations	4271961	3616709	8571	1234
国内贷款	Domestic Loans	7498506	3116552	900	44478
利用外资	Foreign Investment	159927	24067	0	0
自筹资金	Fund Raising	60000739	20529718	672650	433047
其他资金	Others	3098945	1158154	30647	9760
按城乡分组	Grouped by Urban and Rural Area				
城镇	Urban	73406401	28710455	623233	514447
#房地产开发	Real Estate Development	8154562	131957	5810	16092
农村	Rural	1945128	524573	87944	1000
# 农村个人	Rural Individuals	841470			
按构成分	Grouped by Use of Funds				
建筑安装工程	Construction and Installation	50909126	21161346	521554	313777
设备、工具器具购置	Purchase of Equipment & Instruments	17016267	5150362	96935	132629
其他费用	Others	7426136	2923320	92688	69041
新增固定资产(万元)	**Newly Increased Fixed Assets (10 000 yuan)**	**48964643**	**17677011**	**683150**	**280379**
房屋建筑面积(万平方米)	**Floor Space of Buildings (10 000 sq.m)**				
施工面积	Floor Space Under Construction	14869.49	3420.88	279.80	35.10
竣工面积	Floor Space Completed	5211.68	1392.65	174.14	17.18
# 住宅	Residential Buildings	3089.78	560.85	115.08	9.03

Total Investment in Fixed Assets by Status of Registration(2009)

Domistic-funded Enterprises					港澳台投资 Economic Units Funded by Entrepreneurs from HK,Macao & Taiwan	外商投资 Foreign Funded Economic Units	个人投资 Indivi-duals	
联营经济 Joint-owned Economic Units	有限责任公司 Limited Liabibity Corp.	股份有限公司 Share-holding Corp.Ltd.	私营 Private Enter-prises	其他 Others				#个体经营 Manage by Individuals
170589	**25122513**	**6578166**	**8995350**	**1078623**	**887654**	**1050872**	**1006110**	**122511**
153105	431250	10710	19307	8501	22279	100	195	55
0	2048949	1164672	800748	69325	169927	2173	80782	840
0	27170	0	3000	0	37223	68467	0	0
51869	21783699	5243761	7822114	963173	684416	953908	862384	99683
2000	1001196	142423	595940	45801	43489	6944	62591	21824
170589	25063261	6578166	8726063	928201	887654	1050872	153460	115590
0	4958919	362972	2554278	54948	48316	21270		
	59252	0	269287	150422			852650	6921
							841470	
144248	16113776	4050707	6413936	818143	404811	456132	510696	95913
14116	6455911	2060384	1640382	177368	453180	475497	359503	20292
12225	2552826	467075	941032	83112	29663	119243	135911	6306
38500	**16312606**	**4116380**	**6758214**	**629478**	**447499**	**1074249**	**947177**	**105558**
0.00	6191.73	580.58	3405.98	185.40	88.15	144.10	537.77	58.55
0.00	1633.20	146.63	1182.52	125.27	26.72	45.00	468.37	26.37
0.00	1031.26	88.59	771.95	91.78	19.72	5.27	396.25	1.36

6-5 按各种分组的国有经济固定资产投资
Investment in Fixed Assets of State-owned Units

指 标	Item	1995	2000	2005	2009
投资总额(万元)	**Total Investment(10 000 yuan)**	**2099845**	**2750621**	**11253580**	**29235028**
按资金来源分	Grouped by Source of Funds				
国家预算内资金	State Budgetary Appropriations	167282	375824	1354101	3616709
国内贷款	Domestic Loans	514959	509425	2641703	3116552
利用外资	Foreign Investment	207128	127053	61032	24067
自筹资金	Fund Raising	939696	1139959	5584185	20529718
其他资金	Others	153491	454853	1133247	1160284
按构成分	Grouped by Use of Funds				
建筑安装工程	Construction and Installation	1173494	1925160	8604982	21161346
设备、工具器具购置	Purchase of Equipment and Instruments	615448	554610	1644986	5150362
其他费用	Others	310903	270851	1003612	2923320
按建设性质分	Grouped by Type of Construction				
# 新建	New Construction	820541	588067	6674345	20775021
扩建	Expansion	917390	1258468	2655493	4199342
改建	Reconstruction	242964	604524	1522155	2980763
按产业分	Grouped by Type of Industry				
第一产业	Primary Industry	22483	162552	739787	2353141
第二产业	Secondary Industry	1350248	774968	3969509	10050559
第三产业	Tertiary Industry	488069	1460516	6134414	15719664
按国民经济主要行业分	Grouped by Main Sector				
农业	Agriculture	22483	162552	739787	2484684
工业	Industry	1341029	767129	3950737	9799323
# 能源工业	Energy	800786	427666	3473684	7544795
运输邮电业	Transportation, Postal and Telecommunications Services	280048	866275	2996162	6167875
新增固定资产(万元)	**Newly Increased Fixed Assets(10 000 yuan)**	**1766780**	**1877577**	**8086849**	**17677011**
房屋建筑面积(万平方米)	**Floor Space of Buildings(10 000 sq.m)**				
施工面积	Floor Space Under Construction	874.36	1177.96	1688.92	3420.88
竣工面积	Floor Space Completed	493.23	757.69	928.08	1392.65
# 住宅	Residential Buildings	281.08	466.73	365.35	560.85

注：1.改建投资中不含单纯建造生活设施投资。

2.按国民经济行业分、按建设性质分和按产业分不含房地产投资和住宅投资，其他统计分组的含。

a) The investment in reconstruction includes the investment in construction of facilities simply for the improvement of residents'life.

b) The investment in the real estate development is not included in the investment grouped by main sector and by Type of Industry.

6-6 按各种分组的城镇固定资产投资

Investment in Fixed Assets in Urban Area by Group

指 标	Item	2005	2007	2008	2009
投资总额(万元)	**Total Investment(10 000 yuan)**	**25908651**	**42868733**	**54563029**	**73406401**
隶属关系分	By Administrative Relationship				
中央项目	Central Government Projects	2552077	5072316	8086908	8292392
地方项目	Local Projects	23356574	37796417	46476121	65114009
按资金来源分	Grouped by Source of Funds				
国家预算内资金	State Budgetary Appropriations	1513537	1600779	2320866	4156794
国内贷款	Domestic Loans	5075839	4409272	3787073	7351050
利用外资	Foreign Investment	151830	302027	466725	159927
自筹资金	Fund Raising	16388628	33277131	43812057	58426334
其他资金	Others	2053712	2292847	2806371	3044745
按构成分	Grouped by Use of Funds				
建筑安装工程	Construction and Installation	17883378	30342484	37031611	49725151
设备、工具器具购置	Purchase of Equipment and Instruments	5568811	8731774	12240253	16550521
其他费用	Others	2456462	3794475	5291165	7130729
按产业分	Grouped by Type of Industry				
第一产业	Primary Industry	943719	1277005	1917259	2738987
第二产业	Secondary Industry	14428784	22053332	28885464	38232840
第三产业	Tertiary Industry	8727722	14585492	16656726	25293933
按国民经济主要行业分	Grouped by Main Sector				
农业	Agriculture	943719	1327825	1961498	2871320
工业	Industry	14366710	22055069	28783871	37693048
#能源工业	Energy	7912901	12034870	15935693	19253201
运输邮电业	Transportation, Postal and Telecommunications Services	3723972	5692283	5471548	8247155
新增固定资产(万元)	**Newly Increased Fixed Assets(10 000 yuan)**	**16383857**	**30901797**	**33765169**	**47323088**
房屋建筑面积(万平方米)	**Floor Space of Buildings(10 000 sq.m)**				
施工面积	Floor Space Under Construction	5463.91	9400.56	11875.95	14283.48
竣工面积	Floor Space Completed	2509.92	4029.85	4073.16	4691.85
#住宅	Residential Buildings	1241.76	2264.30	2279.79	2672.58

注：按国民经济行业分、按产业分不含房地产投资和住宅投资，其他统计分组的含。

a) The investment in the real estate development is not included in the investment grouped by main sector and by Type of Industry.

6-7 国民经济各行业按建设性质分的城镇固定资产投资(2009年)

Investment in Fixed Assets in Urban Area by Type of Construction (2009)

单位：万元 (10 000 yuan)

行业	Sector	投资额 Investmert	# 新建 New Constr-uction	# 扩建 Expa-nsion	# 改建 Recons-truction
全　区	**Autonomous Regional Total**	**65251839**	**46460742**	**9092581**	**7549540**
农、林、牧、渔业	**Farming, Forestry, Animal Husbandry & Fishery**	**2871320**	**1892028**	**673010**	**257450**
农业	Farming	536242	401242	59175	73808
林业	Forestry	655316	329725	246110	66825
畜牧业	Animal Husbandry	857881	587829	234858	25942
渔业	Fishery	140	140		
农、林、牧、渔服务业	Agricultural Services	821741	573092	132867	90875
采矿业	**Mining**	**9959114**	**6659927**	**2230177**	**900235**
煤炭开采和洗选业	Coal Mining & Processing	5448187	3660070	988003	636089
石油和天然气开采业	Extraction of Petroleum & Natural Gas	1883741	1546264	304977	32500
黑色金属矿采选业	Mining & Dressing of Ferrous Metals	1141706	560847	422970	154239
有色金属矿采选业	Mining & Dressing of Nonferrous Metals	861826	450162	358872	52792
非金属矿采选业	Mining & Dressing of Nonmetal Minerals	622154	442584	155355	23115
其他采矿业	Mining of Other Mineral	1500			1500
制造业	**Manufacturing**	**16263966**	**11505302**	**1877363**	**2537604**
农副食品加工业	Processing of Agricultural Side-line Food	919013	586484	109957	205456
食品制造业	Food Manufacturing	530207	316843	82536	129028
饮料制造业	Beverage Manufacturing	448858	240059	45096	152608
烟草制品业	Tobacco Products	46303			
纺织业	Textile Industry	151293	89564	20785	29160
纺织服装、鞋、帽制造业	Textile Products, Clothes, Shoes & Hats	42845	30639	2526	9680
皮革、毛皮、羽毛（绒）及其制品业	Leather, Furs, Down & Related Products	107206	98756		8450
木材加工及木、竹、藤、棕、草制品业	Timber Processing, Bamboo, Cane, Palm Fiber & Straw Products	157489	89707	29472	36660
家具制造业	Furniture Manufacturing	28940	25840	100	3000
造纸及纸制品业	Paper-making & Paper Products	202425	101717	50916	37562
印刷业和记录媒介的复制	Printing & Record Pressing	38140	13493	7050	11440
文教体育用品制造业	Cultural, Educational & Sports Goods	383	383		
石油加工、炼焦及核燃料加工业	Petroleum Processing , Coke Products & Processing of Nuclear Fuel	1560679	1398808	100654	61217
化学原料及化学制品制造业	Raw Chemical Materials & Products	2980323	2273680	567239	132054
医药制造业	Medicine Manufacturing	354065	227323	110443	16199
化学纤维制造业	Chemical Fiber Manufacturing	4140	4140		

注：此表未包括房地产投资。

a)Data in this table doesn't include real estate development.

6-7 续表 1 continued

单位：万元 (10 000 yuan)

行 业	Sector	投资额 Investment	# 新 建 New Constr-uction	# 扩 建 Expan-sion	# 改 建 Recons-truction
橡胶制品业	Rubber Products	40588	12538	3200	24250
塑料制品业	Plastic Products	481055	284028	114572	75550
非金属矿物制品业	Nonmetal Mineral Products	1969562	1363540	305197	261023
黑色金属冶炼及压延加工业	Smelting & Pressing of Ferrous Metals	1125738	697744	41302	369072
有色金属冶炼及压延加工业	Smelting & Pressing of Nonferrous Metals	1848646	1394547	64571	326625
金属制品业	Metal Products	410924	276796	21651	112477
通用设备制造业	Manufacturing of General Purpose Equipment	934263	420574	96285	377541
专用设备制造业	Special Purposes Equipment Manufacturing	356973	288509	17290	48454
交通运输设备制造业	Transportation Equipment Manufacturing	873990	744402	28757	77848
电气机械及器材制造业	Electric Equipment & Machinery	492678	430717	19245	14750
通信设备、计算机及其他电子设备制造业	Manufacturing of Telecommunications, Computer & Other Electronic Equipment	50450	38397	5871	6182
仪器仪表及文化、办公用机械制造业	Instruments, Meters, Cultural & Office Machinery	30060	23175		4085
工艺品及其他制造业	Handicrafts & Other Production	16983	1200	6300	5533
废弃资源和废旧材料回收加工业	Recovering of Abandoned Resource & Waste Materical	59747	31699	26348	1700
电力、燃气及水的生产和供应业	**Production & Supply of Electric Power,Gas & Water**	**11469968**	**9243687**	**1386222**	**745020**
电力、热力的生产和供应业	Electric Power and Heating Power	9669368	7751223	1226622	605677
燃气生产和供应业	Production & Supply of Gas	691226	636584	34149	14283
水的生产和供应业	Production & Supply of Water	1109374	855880	125451	125060
建筑业	**Construction**	**669352**	**343337**	**47787**	**112430**
房屋和土木工程建筑业	Housing & Civil Engineering Construction	535045	292160	32577	59380
建筑安装业	Installation of Buildings	19226	550	2426	11910
建筑装饰业	Decoration of Buildings	24401	551	4810	13440
其他建筑业	Other Construction	90680	50076	7974	27700
交通运输、仓储和邮政业	**Transportation, Storage & Postal**	**8488268**	**6808676**	**561030**	**985773**
铁路运输业	Railway Transport	2800246	2552282	82480	153600
道路运输业	Roadway Transport	4685044	3428149	417323	744900
城市公共交通业	Public Traffic in Cities	60258	46989		9431
水上运输业	Waterway Transport				
航空运输业	Air Transport	103228	73018	19329	10881
管道运输业	Pipeline Transport	64535	63686		849
装卸搬运和其他运输服务业	Loading,Unloading,Carrying & Transport	64652	38872	6100	11080
仓储业	Storage	706628	602003	35798	55032
邮政业	Postal Services	3677	3677		
信息传输、计算机服务和软件业	**Information Transmission,Computer Service & Computer Software**	**491528**	**131373**	**246837**	**78102**
电信和其他信息传输服务	Tele. & other Information Transmission	465515	121756	246837	66302
计算机服务业	Computer Services	8125	5425		1200
软件业	Software	17888	4192		10600
批发和零售业	**Wholesale & Retail Trade**	**2171874**	**1397027**	**216526**	**471419**
批发业	Wholesale Trade	1412837	895335	131526	321941
零售业	Retail Trade	759037	501692	85000	149478
住宿和餐饮业	**Quarters & Catering**	**616262**	**293998**	**119244**	**167384**
住宿业	Quarters	288454	156833	50877	60862
餐饮业	Catering	327808	137165	68367	106522

6-7 续表 2 continued

单位：万元 (10 000 yuan)

行业	Sector	投资额 Investmert	# 新建 New Constr-uction	# 扩建 Expan-sion	# 改建 Recons-truction
金融业	**Banking**	**235263**	**62148**	**12213**	**61987**
银行业	Banking	162393	22248	11378	52417
证券业	Bond	27675	7730		
保险业	Insurance	9605	8370	735	500
其他金融活动	Others	35590	23800	100	9070
房地产业	**Real Estate**	**1200584**	**857974**	**56313**	**54396**
房地产业	Real Estate	1200584	857974	56313	54396
租赁和商务服务业	**Leasing & Commercial Services**	**277166**	**149004**	**22917**	**67765**
租赁业	Leasing Services	33175	11860		12315
商务服务业	Commercial Services	243991	137144	22917	55450
科学研究、技术服务和地质勘查业	**Scientific Research ,Technical Services & Geological Prospecting**	**399477**	**187589**	**113641**	**63341**
研究与试验发展	Research & Development	60573	29462	551	30560
专业技术服务业	Special Technical Services	39840	9809		8231
科技交流和推广服务业	Science & Technology Exchanging & Spreading	18755	6789	2800	5250
地质勘查业	Geological Prospecting	280309	141529	110290	19300
水利、环境和公共设施管理业	**Water Conservancy, Environment & Public Facilities Administration**	**6068772**	**4335081**	**992579**	**725430**
水利管理业	Water Conservancy	977659	592836	297262	87561
环境管理业	Environment	334785	275779	18754	35062
公共设施管理业	Public Facilities Administration	4756328	3466466	676563	602807
居民服务和其他服务业	**Resident Services & Other Services**	**281880**	**176118**	**47732**	**49070**
居民服务业	Resident Services	153490	59648	45002	39880
其他服务业	Other Services	128390	116470	2730	9190
教育	**Education**	**977990**	**671317**	**169266**	**63638**
教育	Education	977990	671317	169266	63638
卫生、社会保障和社会福利业	**Health Care, Social Security &Social Welfare**	**455230**	**253992**	**68910**	**73548**
卫生	Health Care	367593	177696	58359	73443
社会保障业	Social Security	13186	13186		
社会福利业	Social Welfare	74451	63110	10551	105
文化、体育和娱乐业	**Culture, Sports & Recreational Services**	**789862**	**602489**	**84408**	**68082**
新闻出版业	Press	2213	500		
广播、电视和音像业	Radio ,Television & Audio-visual	99165	62475	1910	26180
文化艺术业	Culture & Arts	405147	333404	35568	18605
体育	Sports	135185	134010	501	674
娱乐业	Recreational Services	148152	72100	46429	22623
公共管理和社会组织	**Public Administration & Social Organization**	**1563963**	**889675**	**166406**	**66866**
中国共产党机关	Chinese Communist Party Agencies	9450	750	8700	
国家机构	Government Agencies	1299319	692199	151421	54223
人民政协和民主党派	People's Politics Consultative Conference & Democratic Parties	885	25		860
群众团体、社会团体和宗教组织	Mass Organization ,Social Organization and Religious Organization	79940	42726	2191	8381
基层群众自治组织	Basic Mass Autonomous Organization	174369	153975	4094	3402
国际组织	**International Organizations**				
国际组织	International Organizations				

6-8 国民经济各行业城镇固定资产投资和新增固定资产(2009年)

Investment in Fixed Assets in Urban Area & Newly Increased Fixed Assets by Sector(2009)

单位：万元 (10 000 yuan)

行 业	Sector	投资额 Invest-ment	#地方项目 Local Proiects	新增固定资产 Newly Increased Fixed Assets	#地方项目 Local Proiects
全　　区	**Autonomous Regional Total**	**65251839**	**56987290**	**42730748**	**40050494**
农、林、牧、渔业	**Farming, Forestry, Animal Husbandry & Fishery**	**2871320**	**2864502**	**2428800**	**2426262**
农 业	Farming	536242	536242	397912	397912
林 业	Forestry	655316	648498	632184	629646
畜牧业	Animal Husbandry	857881	857881	721937	721937
渔 业	Fishery	140	140	140	140
农、林、牧、渔服务业	Agricultural Services	821741	821741	676627	676627
采矿业	**Mining**	**9959114**	**6851673**	**5298533**	**4581406**
煤炭开采和洗选业	Coal Mining & Processing	5448187	3853443	2282953	1915343
石油和天然气开采业	Extraction of Petroleum & Gas	1883741	393201	766354	701583
黑色金属矿采选业	Mining & of Ferrous Metals	1141706	1141706	823580	823580
有色金属矿采选业	Mining & of Nonferrous Metals	861826	839669	971887	687141
非金属矿采选业	Mining of Nonmetal Minerals	622154	622154	452259	452259
其他采矿业	Mining of Other Mineral	1500	1500	1500	1500
制造业	**Manufacturing**	**16263966**	**15136388**	**11839301**	**11595127**
农副食品加工业	Processing of Agricultural Food	919013	919013	813198	813198
食品制造业	Food Manufacturing	530207	530207	953335	953335
饮料制造业	Beverage Manufacturing	448858	430858	258185	258185
烟草制品业	Tobacco Products	46303	41137	5166	
纺织业	Textile Industry	151293	151293	111097	111097
纺织服装、鞋、帽制造业	Textile, Clothes, Shoes & Hats	42845	42845	46532	46532
皮革、毛皮、羽毛（绒）及其制品业	Leather, Furs, Down & Related Products	107206	107206	112981	112981
木材加工及木、竹、藤、棕、草制品业	Timber Processing, Bamboo, Cane, Palm Fiber & Straw Products	157489	157489	149285	149285
家具制造业	Furniture Manufacturing	28940	28940	29030	29030
造纸及纸制品业	Paper-making & Paper Products	202425	193956	213062	204593
印刷业和记录媒介的复制	Printing & Record Pressing	38140	38140	37587	37587
文教体育用品制造业	Cultural, Educational & Sports Goods	383	383	383	383
石油加工、炼焦及核燃料加工业	Petroleum Processing , Coke Products & Processing of Nuclear Fuel	1560679	1148925	2192178	2083252
化学原料及化学制品制造业	Raw Chemical Materials & Products	2980323	2595761	848132	839465
医药制造业	Medicine Manufacturing	354065	354065	237564	237564
化学纤维制造业	Chemical Fiber Manufacturing	4140	4140	4140	4140

注：此表未包括房地产投资。

a)Data in this table doesn't include real estate development.

6-8 续表 1 continued

单位：万元 (10 000 yuan)

行业	Sector	投资额 Invest-ment	# 地方项目 Local Projects	新增固定资产 Newly Increased Fixed Assets	# 地方项目 Local Projects
橡胶制品业	Rubber Products	40588	40588	38438	38438
塑料制品业	Plastic Products	481055	481055	198918	198918
非金属矿物制品业	Nonmetal Mineral Products	1969562	1969562	1454708	1454708
黑色金属冶炼及压延加工业	Smelting of Ferrous Metals	1125738	1113564	1118370	1118370
有色金属冶炼及压延加工业	Smelting of Nonferrous Metals	1848646	1821592	933452	921565
金属制品业	Metal Products	410924	410924	332815	332815
通用设备制造业	Manufacturing of General Equipment	934263	734985	715659	665729
专用设备制造业	Special Equipment Manufacturing	356973	355523	200190	198740
交通运输设备制造业	Transportation Equipment Manufacturing	873990	815436	359594	309915
电气机械及器材制造业	Electric Equipment & Machinery	492678	492094	369403	369403
通信设备、计算机及其他电子设备制造业	Manufacturing of Telecommunications, Computer & Other Electronic Equipment	50450	50450	18440	18440
仪器仪表及文化、办公用机械制造业	Instruments, Meters, Cultural & Office Machinery	30060	30060	14785	14785
工艺品及其他制造业	Handicrafts & Other Production	16983	16450	15250	15250
废弃资源和废旧材料回收加工业	Recovering of Abandoned Resource & Waste Materical	59747	59747	57424	57424
电力、燃气及水的生产和供应业	**Production & Supply of Electric Power,Gas & Water**	**11469968**	**9654914**	**7395162**	**6259519**
电力、热力的生产和供应业	Electric Power and Heating Power	9669368	7860804	6325124	5195781
燃气生产和供应业	Production & Supply of Gas	691226	690525	253773	253072
水的生产和供应业	Production & Supply of Water	1109374	1103585	816265	810666
建筑业	**Construction**	**669352**	**639981**	**446456**	**437106**
房屋和土木工程建筑业	Housing & Civil Construction	535045	505674	372919	363569
建筑安装业	Installation of Buildings	19226	19226	21806	21806
建筑装饰业	Decoration of Buildings	24401	24401	18201	18201
其他建筑业	Other Construction	90680	90680	33530	33530
交通运输、仓储和邮政业	**Transportation, Storage & Postal**	**8488268**	**6837062**	**4016567**	**3942912**
铁路运输业	Railway Transport	2800246	1221366	312847	265953
道路运输业	Roadway Transport	4685044	4625647	3069554	3051994
城市公共交通业	Public Traffic in Cities	60258	60258	46254	46254
水上运输业	Waterway Transport				
航空运输业	Air Transport	103228	103228	73180	73180
管道运输业	Pipeline Transport	64535	64535	6580	6580
装卸搬运和其他运输服务业	Loading,Unloading,Carrying & Transport	64652	64652	55750	55750
仓储业	Storage	706628	693699	448725	439524
邮政业	Postal Services	3677	3677	3677	3677
信息传输、计算机服务和软件业	**Information Transmission,Computer Service & Computer Software**	**491528**	**208165**	**425552**	**164270**
电信和其他信息传输服务	Tele.& other Information Transmission	465515	182152	404796	143514
计算机服务业	Computer Services	8125	8125	4960	4960
软件业	Software	17888	17888	15796	15796
批发和零售业	**Wholesale & Retail Trade**	**2171874**	**2164374**	**1688735**	**1683165**
批发业	Wholesale Trade	1412837	1406537	1068435	1064065
零售业	Retail Trade	759037	757837	620300	619100
住宿和餐饮业	**Quarters & Catering**	**616262**	**605101**	**614414**	**522487**
住宿业	Quarters	288454	277293	324525	232598
餐饮业	Catering	327808	327808	289889	289889

6-8 续表 2 continued

单位：万元　　　　　　　　　　　　　　　　　　　　　　(10 000 yuan)

行 业	Sector	投资额 Investment	# 地方项目 Local Projects	新增固定资产 Newly Increased Fixed Assets	# 地方项目 Local Projects
金融业	**Banking**	**235263**	**126977**	**183073**	**86163**
银行业	Banking	162393	54107	142598	45688
证券业	Bond	27675	27675	3400	3400
保险业	Insurance	9605	9605	1585	1585
其他金融活动	Others	35590	35590	35490	35490
房地产业	**Real Estate**	**1200584**	**1195183**	**684060**	**678659**
房地产业	Real Estate	1200584	1195183	684060	678659
租赁和商务服务业	**Leasing & Commercial Services**	**277166**	**277166**	**243469**	**243469**
租赁业	Leasing Services	33175	33175	33175	33175
商务服务业	Commercial Services	243991	243991	210294	210294
科学研究、技术服务和地质勘查业	**Scientific Research ,Technical Services & Geological Prospecting**	**399477**	**366273**	**262959**	**238913**
研究与试验发展	Research & Development	60573	51364	48359	47808
专业技术服务业	Special Technical Services	39840	39840	37850	37850
科技交流和推广服务业	Science & Technology Exchanging & Spreading	18755	18700	16506	16451
地质勘查业	Geological Prospecting	280309	256369	160244	136804
水利、环境和公共设施管理业	**Water Conservancy, Environment & Public Facilities Administration**	**6068772**	**6037808**	**3997226**	**3994881**
水利管理业	Water Conservancy	977659	949040	512979	512979
环境管理业	Environment	334785	334505	182387	182107
公共设施管理业	Public Facilities Administration	4756328	4754263	3301860	3299795
居民服务和其他服务业	**Resident Services & Other Services**	**281880**	**281880**	**153673**	**153673**
居民服务业	Resident Services	153490	153490	110683	110683
其他服务业	Other Services	128390	128390	42990	42990
教育	**Education**	**977990**	**956312**	**696895**	**693297**
教育	Education	977990	956312	696895	693297
卫生、社会保障和社会福利业	**Health Care, Social Security & Social Welfare**	**455230**	**454770**	**403322**	**402862**
卫生	Health Care	367593	367533	357901	357841
社会保障业	Social Security	13186	12786	18006	17606
社会福利业	Social Welfare	74451	74451	27415	27415
文化、体育和娱乐业	**Culture, Sports & Recreational Services**	**789862**	**789732**	**491415**	**490215**
新闻出版业	Press	2213	2213	1713	1713
广播、电视和音像业	Radio ,Television & Audio-visual	99165	99165	41856	41856
文化艺术业	Culture & Arts	405147	405017	283117	281917
体育	Sports	135185	135185	82571	82571
娱乐业	Recreational Services	148152	148152	82158	82158
公共管理和社会组织	**Public Administration & Social Organization**	**1563963**	**1539029**	**1461136**	**1456108**
中国共产党机关	Chinese Communist Party Agencies	9450	9450	9650	9650
国家机构	Government Agencies	1299319	1274385	1164232	1159204
人民政协和民主党派	People's Politics Consultative Conference & Democratic Parties	885	885	860	860
群众团体、社会团体和宗教组织	Mass Organization ,Social Organization and Religious Organization	79940	79940	70739	70739
基层群众自治组织	Basic Mass Autonomous Organization	174369	174369	215655	215655
国际组织	**International Organizations**				
国际组织	International Organizations				

6-9 按行业分城镇50万元以上施工、投产项目个数(2009年)

Number of Construction Projects over 500 Thousand Yuan under Construction and Put into Use in Urban Area by Sector (2009)

行 业	Sector	施工项目(个) Number of Projects Under Construction (unit)	#新开工项目 Started This Year	全部建成投产项目(个) Number of Projects Started This Year (unit)	项目建成投产率(%) Percentage of Projects Completed and Put into Use
全　　区	**Autonomous Regional Total**	**12762**	**10493**	**9405**	**73.7**
农、林、牧、渔业	**Farming, Forestry, Animal Husbandry & Fishery**	**1202**	**1070**	**972**	**80.9**
农 业	Farming	192	169	138	71.9
林 业	Forestry	310	256	277	89.4
畜牧业	Animal Husbandry	332	315	262	78.9
渔 业	Fishery	1	1	1	100.0
农、林、牧、渔服务业	Agricultural Services	367	329	294	80.1
采矿业	**Mining**	**993**	**708**	**674**	**67.9**
煤炭开采和洗选业	Coal Mining & Processing	349	189	190	54.4
石油和天然气开采业	Extraction of Petroleum & Natural Gas	40	26	23	57.5
黑色金属矿采选业	Mining & Dressing of Ferrous Metals	197	160	152	77.2
有色金属矿采选业	Mining & Dressing of Nonferrous Metals	181	152	147	81.2
非金属矿采选业	Mining & Dressing of Nonmetal Minerals	225	180	161	71.6
其他采矿业	Mining of Other Mineral	1	1	1	100.0
制造业	**Manufacturing**	**2661**	**2040**	**1845**	**69.3**
农副食品加工业	Processing of Agricultural Side-line Food	375	306	287	76.5
食品制造业	Food Manufacturing	111	82	92	82.9
饮料制造业	Beverage Manufacturing	97	83	62	63.9
烟草制品业	Tobacco Products	1	1		
纺织业	Textile Industry	44	34	27	61.4
纺织服装、鞋、帽制造业	Textile Products, Clothes, Shoes & Hats	19	15	17	89.5
皮革、毛皮、羽毛（绒）及其制品业	Leather, Furs, Down & Related Products	18	12	14	77.8
木材加工及木、竹、藤、棕、草制品业	Timber Processing, Bamboo, Cane, Palm Fiber & Straw Products	83	76	78	94.0
家具制造业	Furniture Manufacturing	12	8	10	83.3
造纸及纸制品业	Paper-making & Paper Products	42	37	35	83.3
印刷业和记录媒介的复制	Printing & Record Pressing	16	15	15	93.8
文教体育用品制造业	Cultural, Educational & Sports Goods	1	1	1	100.0
石油加工、炼焦及核燃料加工业	Petroleum Processing , Coke Products & Processing of Nuclear Fuel	61	25	23	37.7
化学原料及化学制品制造业	Raw Chemical Materials & Products	241	167	148	61.4
医药制造业	Medicine Manufacturing	52	39	38	73.1
化学纤维制造业	Chemical Fiber Manufacturing	1	1	1	100.0

6-9 续表 1 continued

行 业	Sector	施工项目(个) Number of Projects Under Construction (unit)	# 新开工项目 Started This Year	全部建成投产项目(个) Number of Projects Started This Year (unit)	项目建成投产率(%) Percentage of Projects Completed and Put into Use
橡胶制品业	Rubber Products	14	10	10	71.4
塑料制品业	Plastic Products	63	50	45	71.4
非金属矿物制品业	Nonmetal Mineral Products	392	319	286	73.0
黑色金属冶炼及压延加工业	Smelting & Pressing of Ferrous Metals	162	81	107	66.0
有色金属冶炼及压延加工业	Smelting & Pressing of Nonferrous Metals	197	147	95	48.2
金属制品业	Metal Products	122	103	100	82.0
通用设备制造业	General Purpose Equipment	232	198	171	73.7
专用设备制造业	Special Purposes Equipment	72	62	49	68.1
交通运输设备制造业	Transportation Equipment	111	82	75	67.6
电气机械及器材制造业	Electric Equipment & Machinery	75	46	31	41.3
通信设备、计算机及其他电子设备制造业	Telecommunications, Computer & Other Electronic Equipment	14	11	7	50.0
仪器仪表及文化、办公用机械制造业	Instruments, Meters, Cultural & Office Machinery	7	5	3	42.9
工艺品及其他制造业	Handicrafts & Other Production	7	7	3	42.9
废弃资源和废旧材料回收加工业	Recovering of Abandoned Resource & Waste Materical	19	17	15	78.9
电力、燃气及水的生产和供应业	**Production & Supply of Electric Power,Gas & Water**	**979**	**743**	**617**	**63.0**
电力、热力的生产和供应业	Electric Power and Heating Power	622	450	385	61.9
燃气生产和供应业	Production & Supply of Gas	78	66	52	66.7
水的生产和供应业	Production & Supply of Water	279	227	180	64.5
建筑业	**Construction**	**183**	**162**	**132**	**72.1**
房屋和土木工程建筑业	Housing & Civil Engineering	154	135	110	71.4
建筑安装业	Installation of Buildings	6	5	6	100.0
建筑装饰业	Decoration of Buildings	10	10	9	90.0
其他建筑业	Other Construction	13	12	7	53.8
交通运输、仓储和邮政业	**Transportation, Storage & Postal**	**1278**	**1097**	**960**	**75.1**
铁路运输业	Railway Transport	92	59	27	29.3
道路运输业	Roadway Transport	1014	895	814	80.3
城市公共交通业	Public Traffic in Cities	9	9	7	77.8
水上运输业	Waterway Transport	1			
航空运输业	Air Transport	10	5	5	50.0
管道运输业	Pipeline Transport	5	2	2	40.0
装卸搬运和其他运输服务业	Loading,Unloading,Carrying & Transport	16	14	13	81.3
仓储业	Storage	129	111	90	69.8
邮政业	Postal Services	2	2	2	100.0
信息传输、计算机服务和软件业	**Information Transmission,Computer Service & Computer Software**	**113**	**103**	**97**	**85.8**
电信和其他信息传输服务	Tele. & other Information Transmission	102	92	89	87.3
计算机服务业	Computer Services	5	5	3	60.0
软件业	Software	6	6	5	83.3
批发和零售业	**Wholesale & Retail Trade**	**767**	**708**	**658**	**85.8**
批发业	Wholesale Trade	470	437	404	86.0
零售业	Retail Trade	297	271	254	85.5
住宿和餐饮业	**Quarters & Catering**	**273**	**238**	**225**	**82.4**
住宿业	Quarters	126	99	95	75.4
餐饮业	Catering	147	139	130	88.4

6-9 续表 2 continued

行 业	Sector	施工项目（个）Projects Under Construction (unit)	# 新开工项目 Started This Year	全部建成投产项目（个）Projects Started This Year (unit)	项目建成投产率（%）Percentage of Projects Completed and Put into Use
金融业	**Banking**	**65**	**63**	**57**	**87.7**
银行业	Banking	49	47	45	91.8
证券业	Bond	3	3	2	66.7
保险业	Insurance	6	6	4	66.7
其他金融活动	Others	7	7	6	85.7
房地产业	**Real Estate**	**320**	**277**	**196**	**61.3**
房地产业	Real Estate	320	277	196	61.3
租赁和商务服务业	**Leasing & Commercial Services**	**103**	**92**	**85**	**82.5**
租赁业	Leasing Services	6	6	6	100.0
商务服务业	Commercial Services	97	86	79	81.4
科学研究、技术服务和地质勘查业	**Scientific Research ,Technical Services & Geological Prospecting**	**143**	**130**	**124**	**86.7**
研究与试验发展	Research & Development	21	17	15	71.4
专业技术服务业	Special Technical Services	25	23	20	80.0
科技交流和推广服务业	Science & Technology Exchanging & Spreading	18	17	14	77.8
地质勘查业	Geological Prospecting	79	73	75	94.9
水利、环境和公共设施管理业	**Water Conservancy, Environment & Public Facilities Administration**	**1830**	**1566**	**1378**	**75.3**
水利管理业	Water Conservancy	361	314	264	73.1
环境管理业	Environment	123	87	69	56.1
公共设施管理业	Public Facilities Administration	1346	1165	1045	77.6
居民服务和其他服务业	**Resident Services & Other Services**	**82**	**76**	**71**	**86.6**
居民服务业	Resident Services	56	52	51	91.1
其他服务业	Other Services	26	24	20	76.9
教育	**Education**	**443**	**340**	**320**	**72.2**
教育	Education	443	340	320	72.2
卫生、社会保障和社会福利业	**Health Care, Social Security & Social Welfare**	**319**	**275**	**240**	**75.2**
卫生	Health Care	269	233	208	77.3
社会保障业	Social Security	5	4	4	80.0
社会福利业	Social Welfare	45	38	28	62.2
文化、体育和娱乐业	**Culture, Sports & Recreational Services**	**255**	**196**	**174**	**68.2**
新闻出版业	Press	1			
广播、电视和音像业	Radio ,Television & Audio-visual	18	16	12	66.7
文化艺术业	Culture & Arts	136	100	94	69.1
体育	Sports	48	38	30	62.5
娱乐业	Recreational Services	52	42	38	73.1
公共管理和社会组织	**Public Administration & Social Organization**	**753**	**609**	**580**	**77.0**
中国共产党机关	Chinese Communist Party Agencies	4	3	3	75.0
国家机构	Government Agencies	619	498	464	75.0
人民政协和民主党派	People's Politics Consultative Conference & Democratic Parties	2	2	1	50.0
群众团体、社会团体和宗教组织	Mass ,Social Organization and Religious Organization	43	34	33	76.7
基层群众自治组织	Basic Mass Autonomous	85	72	79	92.9
国际组织	**International Organizations**				
国际组织	International Organizations				

6-10 城镇固定资产投资新增主要生产能力(2009年)

Newly Increased Productive Capacities ThroughInvestment in Fixed Assets in Urban Area(2009)

能力名称	Item	2009
原煤开采(万吨/年)	Coal Mining (10 000 tons/year)	8444
洗煤(万吨/年)	Washer Coal (10 000 tons/year)	2781
焦炭(万吨/年)	Coke (10 000 tons/year)	469.48
天然原油开采(万吨/年)	Petroleum Extraction (10 000 tons/year)	116.46
铁矿开采(原矿)(万吨/年)	Iron-ore Mining (10 000 tons/year)	1022
生铁(万吨/年)	Iron Smelting (10 000 tons/year)	260.5
粗钢(万吨/年)	Crude Steel (10 000 tons/year)	26
铁合金(折标吨/年)	Iron Alloy,Electric Furnace (10 000 tons/year)	5412
铜采矿(原矿)(万吨/年)	Copper Ore Mining (10 000 tons/year)	1090.5
铜选矿：	Copper Ore Dressing	
处理原矿(万吨/年)	Crude Ore Dressing (10 000 ton/year)	21.38
铜含量(吨/年)	Copper Content (ton/year)	3500
铜冶炼(吨/年)	Copper Smelting (ton/year)	35000
铅冶炼 (吨/年)	Piumbum Smeiting (ton/year)	2000
铅锌采矿(原矿)(万吨/年)	Plumbum / Zinc Ore Mining (10 000 tons/year)	364.1
铅锌选矿：	Plumbum and Zinc Ore Dressing	
处理原矿(万吨/年)	Crude Ore Dressing (10 000 tons/year)	154.5
铅含量(吨/年)	Plumbum Content (ton/year)	25250
锌含量(吨/年)	Zinc Content (ton/year)	39625
锌冶炼(吨/年)	Zinc Smelting (ton/year)	30000
镍冶炼	Nickel Smelting	16000
氧化铝	Aluminum oxide	280000
电解铝	Electrolytic Aluminium	151200
铝加工	Aluminium Processing	281000
银选矿：	Silver Ore Dressing	
处理原矿(吨/年)	Crude Ore Dressing(ton/year)	61080
银含量(公斤/年)	Silver Content(kg/year)	920
黄金(公斤/年)	Gold (kg/year)	637
火力发电(万千瓦)	Thermal Power (10 000 kw)	285.8
其他发电(万千瓦)	Other Power (10 000 kw)	590.7
输电线路长度(11万伏及以上)(公里)	Length of Electric Cable (over 110 000 va)(km)	1584.4
水泥(万吨/年)	Cement (10 000 tons/year)	1819.9
石墨及炭素制品(吨/年)	Product of Graphite (ton/year)	66690

6-10 续表 continued

能力名称	Item	2009
电石(吨/年)	Calcium Carbide (ton/year)	1000800
氮肥(吨/年)	Nitrogen Fertlizers (ton/year)	73000
磷肥(吨/年)	Phosphate (ton/year)	16000
化学农药原药(吨/年)	Chemical Medicine(ton/year)	5000
精甲醇(吨/年)	Extracted Methanol (ton/year)	1290000
塑料树脂及共聚物(吨/年)	Plastic Resin and Copolymer (ton/year)	25930
内燃机(台/年)	Internal Combustion Engine(unit/year)	600000
白酒(万吨/年)	Liquor (10 000 tons/year)	0.95
机制纸浆(万吨/年)	Machine-made Pulp (10 000 tons/year)	3
新建铁路投产里程(公里)	Length of Newly Built and Operation Railway(km)	1167.42
新建公路(公里)	Length of New Railway (km)	8713.3
#高速公路(公里)	Expressway (km)	609
一级公路(公里)	First Class Highway (km)	179.7
二级公路(公里)	Second Class Highway (km)	319.4
改建公路(公里)	Length of Reconstructed Highways (km)	8093.56
#一级公路(公里)	First Class Highway (km)	15.66
二级公路(公里)	Second Class Highway (km)	378.4
新建独立公路桥梁(延长米)	New-built Separate Highway and Bridge (extended meter)	6474.14
新建独立公路桥梁(座)	New-built Separate Highway and Bridge (unit)	41.5
新(扩)建公路客、货运站(个)	New-built or Expanded Passenger & Freight Stations(unit)	31
新(扩)建公路客、货运站(平方米)	New-built or Expanded Passenger & Freight Stations(sq.m)	64248
民航机场跑道(条)	Civil Airport Runway(line)	1
民航机场跑道(米)	Civil Airport Runway(metre)	2800
候机楼(座)	Terminal Buildings(unit)	1
候机楼(平方米)	Terminal Buildings(sq.m)	5024
城市自来水供水能力(万吨/日)	Capacity of City Tap Water Supply (10 000 tons/day)	170.47
城市公共交通车辆购置(辆)	purchase of City Communiting Vehicles (unit)	222
城市污水处理能力(万吨/日)	Disposal Capacity of Sewage (10 000 tons/day)	77.24

6-11 按各种分组的农村固定资产投资

Investment in Fixed Assets in Rural by Group

指 标	Item	2009
投资总额(万元)	**Total Investment(10 000 yuan)**	**1103658**
按资金来源分	Grouped by Source of Funds	
国家预算内资金	State Budgetary Appropriations	115167
国内贷款	Domestic Loans	68104
利用外资	Foreign Investment	
自筹资金	Fund Raising	844633
其他资金	Others	67984
按构成分	Grouped by Use of Funds	
建筑安装工程	Construction and Installation	798437
设备、工具器具购置	Purchase of Equipment and Instruments	133208
其他费用	Others	172013
按建设性质分	Grouped by Type of Construction	
# 新建	New Construction	680600
扩建	Expansion	155235
改建	Reconstruction	259635
按产业分	Grouped by Type of Industry	
第一产业	Primary Industry	919158
第二产业	Secondary Industry	46140
第三产业	Tertiary Industry	109630
按国民经济主要行业分	Grouped by Main Sector	
农业	Agriculture	925154
工业	Industry	45828
# 能源工业	Energy	14895
运输邮电业	Transportation, Postal and Telecommunications Services	800
新增固定资产(万元)	**Newly Increased Fixed Assets(10 000 yuan)**	**840085**
房屋建筑面积(万平方米)	**Floor Space of Buildings(10 000 sq.m)**	
施工面积	Floor Space Under Construction	118.01
竣工面积	Floor Space Completed	86.83
# 住宅	Residential Buildings	23.20

注: 1.改建投资中不含单纯建造生活设施投资。

2.按国民经济行业分、按建设性质分不含房地产投资和住宅投资，其他统计分组的含。

3.本表统计范围为城市以下非农户投资项目。

a) The investment in reconstruction includes the investment inconstruction of facilities simply for the improvement of esidents'life.

b) The investment in the real estate development is not included in the investment grouped by main sector and by type of construction.

c)Framework in this table is non-farmer Investment.

6-12 国民经济各行业按建设性质分的农村固定资产投资(2009年)

Investment in Fixed Assets of Rural by Construction & Sector(2009)

单位：万元 (10 000 yuan)

行 业	Sector	投资额 Investment	#新建 New Construction	#扩建 Expansion	#改建 Reconstruction	新增固定资产 Newly Increased Fixed Assets
全 区	**Total**	**1103658**	**680600**	**155235**	**259635**	**840085**
农、林、牧、渔业	**Farming, Forestry, Animal Husbandry & Fishery**	**925154**	**580151**	**123610**	**219393**	**676464**
农 业	Farming	359847	191623	97922	70302	277727
林 业	Forestry	9612	8932	300	380	9612
畜牧业	Animal Husbandry	341572	228444	21145	91983	234375
渔 业	Fishery	4210	2910	1300		1600
农、林、牧、渔服务业	Agricultural Services	209913	148242	2943	56728	153150
采矿业	**Mining**					
煤炭开采和洗选业	Coal Mining & Processing					
石油和天然气开采业	Petroleum & Natural Gas					
黑色金属矿采选业	Mining of Ferrous Metals					
有色金属矿采选业	Mining of Nonferrous Metals					
非金属矿采选业	Mining of Nonmetal Minerals					
其他采矿业	Mining of Other Mineral					
制造业	**Manufacturing**	**25321**	**18070**	**6501**	**750**	**29701**
农副食品加工业	Processing of Agricultural Food	25060	17810	6500	750	24010
食品制造业	Food Manufacturing	1		1		5431
饮料制造业	Beverage Manufacturing					
烟草制品业	Tobacco Products					
纺织业	Textile Industry					
纺织服装、鞋、帽制造业	Textile , Clothes, Shoes & Hats					
皮革、毛皮、羽毛（绒）及其制品业	Leather, Furs, Down & Related Products					
木材加工及木、竹、藤、棕、草制品业	Timber, Bamboo, Cane, Palm Fiber & Straw Products	60	60			60
家具制造业	Furniture Manufacturing					
造纸及纸制品业	Paper-making & Paper Products					
印刷业和记录媒介的复制	Printing & Record Pressing					
文教体育用品制造业	Cultural, Educational & Sports					
石油加工、炼焦及核燃料加工业	Petroleum, Coke Products & Processing of Nuclear Fuel					
化学原料及化学制品制造业	Raw Chemical Materials & Products					
医药制造业	Medicine Manufacturing					
化学纤维制造业	Chemical Fiber					

6-12 续表 1 continued

单位：万元 (10 000 yuan)

行 业	Sector	投资额 Investment	# 新建 New Construction	# 扩建 Expansion	# 改建 Reconstruction	新增固定资产 Newly Increased Fixed Assets
橡胶制品业	Rubber Products					
塑料制品业	Plastic Products					
非金属矿物制品业	Nonmetal Mineral Products	200	200			200
黑色金属冶炼及压延加工业	Smelting & Pressing of Ferrous Metals					
有色金属冶炼及压延加工业	Smelting & Pressing of Nonferrous Metals					
金属制品业	Metal Products					
通用设备制造业	General Purpose Equipment					
专用设备制造业	Special Purposes Equipment Manufacturing					
交通运输设备制造业	Transportation Equipment Manufacturing					
电气机械及器材制造业	Electric Equipment & Machinery					
通信设备、计算机及其他电子设备制造业	Manufacturing of Telecommunications, Computer & Other Electronic Equipment					
仪器仪表及文化、办公用机械制造业	Instruments, Meters, Cultural & Office Machinery					
工艺品及其他制造业	Handicrafts & Other Production					
废弃资源和废旧材料回收加工业	Recovering of Abandoned Resource & Waste Materical					
电力、燃气及水的生产和供应业	**Production & Supply of Electric Power,Gas & Water**	**20507**	**14074**	**3118**	**3315**	**20507**
电力、热力的生产和供应业	Electric Power and Heating Power	6359	2964	80	3315	6359
燃气生产和供应业	Production & Supply of Gas	8536	7996	540		8536
水的生产和供应业	Production & Supply of Water	5612	3114	2498		5612
建筑业	**Construction**	**1099**	**1099**			**1099**
房屋和土木工程建筑业	Housing & Civil Engineering Construction	1099	1099			1099
建筑安装业	Installation of Buildings					
建筑装饰业	Decoration of Buildings					
其他建筑业	Other Construction					
交通运输、仓储和邮政业	**Transportation, Storage & Postal**	**800**	**800**			**800**
铁路运输业	Railway Transport					
道路运输业	Roadway Transport	800	800			800
城市公共交通业	Public Traffic in Cities					
水上运输业	Waterway Transport					
航空运输业	Air Transport					
管道运输业	Pipeline Transport					
装卸搬运和其他运输服务业	Loading,Unloading,Carrying & Transport					
仓储业	Storage					
邮政业	Postal Services					
信息传输、计算机服务和软件业	**Information Transmission,Computer Service & Computer Software**					
电信和其他信息传输服务	Tele. & other Information Transmission					
计算机服务业	Computer Services					
软件业	Software					
批发和零售业	**Wholesale & Retail Trade**	**4810**	**1170**		**3640**	**4810**
批发业	Wholesale Trade	4640	1000		3640	4640
零售业	Retail Trade	170	170			170
住宿和餐饮业	**Quarters & Catering**	**283**	**283**			**283**
住宿业	Quarters					
餐饮业	Catering	283	283			283

6-12 续表 2 continued

单位：万元 (10 000 yuan)

行业	Sector	投资额 Investment	#新建 New Construction	#扩建 Expansion	#改建 Reconstruction	新增固定资产 Newly Increased Fixed Assets
金融业	**Banking**					
银行业	Banking					
证券业	Bond					
保险业	Insurance					
其他金融活动	Others					
房地产业	**Real Estate**	**19244**	**14227**			**27977**
房地产业	Real Estate	19244	14227			27977
租赁和商务服务业	**Leasing & Commercial Services**					
租赁业	Leasing Services					
商务服务业	Commercial Services					
科学研究、技术服务和地质勘查业	**Scientific Research ,Technical Services & Geological Prospecting**	**21079**	**11934**		**9145**	**13785**
研究与试验发展	Research & Development					
专业技术服务业	Special Technical Services					
科技交流和推广服务业	Science & Technology Exchanging & Spreading	21079	11934		9145	13785
地质勘查业	Geological Prospecting					
水利、环境和公共设施管理业	**Water Conservancy, Environment & Public Facilities Administration**	**48447**	**26878**		**21569**	**31502**
水利管理业	Water Conservancy	33773	12304		21469	19428
环境管理业	Environment	1576	1576			1576
公共设施管理业	Public Facilities Administration	13098	12998		100	10498
居民服务和其他服务业	**Resident Services & Other Services**	**870**	**870**			**370**
居民服务业	Resident Services					
其他服务业	Other Services	870	870			370
教育	**Education**	**6218**		**6218**		**6218**
教育	Education	6218		6218		6218
卫生、社会保障和社会福利业	**Health Care, Social Security & Social Welfare**	**1072**	**125**	**95**	**52**	**1025**
卫生	Health Care	1072	125	95	52	1025
社会保障业	Social Security					
社会福利业	Social Welfare					
文化、体育和娱乐业	**Culture, Sports & Recreational Services**	**224**	**224**			**224**
新闻出版业	Press					
广播、电视和音像业	Radio ,Television & Audio-visual					
文化艺术业	Culture & Arts	224	224			224
体育	Sports					
娱乐业	Recreational Services					
公共管理和社会组织	**Public Administration & Social Organization**	**28530**	**10695**	**15693**	**1771**	**25320**
中国共产党机关	Chinese Communist Party Agencies					
国家机构	Government Agencies	21659	5060	14693	1771	18449
人民政协和民主党派	People's Politics Consultative Conference & Democratic Parties					
群众团体、社会团体和宗教组织	Mass Organization ,Social Organization and Religious Organization	172	172			172
基层群众自治组织	Basic Mass Autonomous Organization	6699	5463	1000		6699
国际组织	**International Organizations**					
国际组织	International Organizations					

6-13 按行业分农村施工、投产项目个数(2009年)

Number of Construction Projects Under Construction and Put into Use in Rural by Sector (2009)

行 业	Sector	施工项目(个) Number of Projects Under Construction (unit)	# 新开工项目 Started This Year	全部建成投产项目(个) Number of Projects Started This Year (unit)	项目建成投产率(%) Percentage of Projects Completedand Put into Use
全 区	**Autonomous Regional Total**	**575**	**560**	**499**	**86.8**
农、林、牧、渔业	**Farming, Forestry, Animal Husbandry & Fishery**	**437**	**426**	**376**	**86.0**
农 业	Farming	141	139	126	89.4
林 业	Forestry	6	6	6	100.0
畜牧业	Animal Husbandry	205	198	177	86.3
渔 业	Fishery	4	4	3	75.0
农、林、牧、渔服务业	Agricultural Services	81	79	64	79.0
采矿业	**Mining**				
煤炭开采和洗选业	Coal Mining & Processing				
石油和天然气开采业	Petroleum & Natural Gas				
黑色金属矿采选业	Mining of Ferrous Metals				
有色金属矿采选业	Mining of Nonferrous Metals				
非金属矿采选业	Mining of Nonmetal Minerals				
其他采矿业	Mining of Other Mineral				
制造业	**Manufacturing**	**19**	**17**	**16**	**84.2**
农副食品加工业	Processing of Agricultural Food	15	15	13	86.7
食品制造业	Food Manufacturing	1		1	100.0
饮料制造业	Beverage Manufacturing	1			
烟草制品业	Tobacco Products				
纺织业	Textile Industry				
纺织服装、鞋、帽制造业	Textile , Clothes, Shoes & Hats				
皮革、毛皮、羽毛（绒）及其制品业	Leather, Furs, Down Products				
木材加工及木、竹、藤、棕、草制品业	Timber Processing, Bamboo, Cane, Palm Fiber & Straw Products	1	1	1	100.0
家具制造业	Furniture Manufacturing				
造纸及纸制品业	Paper-making & Paper Products				
印刷业和记录媒介的复制	Printing & Record Pressing				
文教体育用品制造业	Cultural, Educational & Sports Goods				
石油加工、炼焦及核燃料加工业	Petroleum Processing , Coke Products & Processing of Nuclear Fuel				
化学原料及化学制品制造业	Raw Chemical Materials & Products				
医药制造业	Medicine Manufacturing				
化学纤维制造业	Chemical Fiber Manufacturing				

6-13 续表 1 continued

行 业	Sector	施工项目(个) Number of Projects Under Construction (unit)	# 新开工项目 Started This Year	全部建成投产项目(个) Number of Projects Started This Year (unit)	项目建成投产率(%) Percentage of Projects Completed Put into Use
橡胶制品业	Rubber Products				
塑料制品业	Plastic Products				
非金属矿物制品业	Nonmetal Mineral Products	1	1	1	100.0
黑色金属冶炼及压延加工业	Smelting & Pressing of Ferrous Metals				
有色金属冶炼及压延加工业	Smelting of Nonferrous Metals				
金属制品业	Metal Products				
通用设备制造业	General Purpose Equipment				
专用设备制造业	Special Purposes Equipment				
交通运输设备制造业	Transportation Equipment				
电气机械及器材制造业	Electric Equipment & Machinery				
通信设备、计算机及其他电子设备制造业	Manufacturing of Telecommunications, Computer & Other Electronic Equipment				
仪器仪表及文化、办公用机械制造业	Instruments, Meters, Cultural & Office Machinery				
工艺品及其他制造业	Handicrafts & Other Production				
废弃资源和废旧材料回收加工业	Recovering of Abandoned Resource & Waste Materical				
电力、燃气及水的生产和供应业	**Production & Supply of Electric Power,Gas & Water**	**21**	**21**	**21**	**100.0**
电力、热力的生产和供应业	Electric Power and Heating Power	3	3	3	100.0
燃气生产和供应业	Production & Supply of Gas	7	7	7	100.0
水的生产和供应业	Production & Supply of Water	11	11	11	100.0
建筑业	**Construction**	**3**	**3**	**3**	**100.0**
房屋和土木工程建筑业	Housing & Civil Construction	3	3	3	100.0
建筑安装业	Installation of Buildings				
建筑装饰业	Decoration of Buildings				
其他建筑业	Other Construction				
交通运输、仓储和邮政业	**Trans, Storage & Postal Services**	**1**	**1**	**1**	**100.0**
铁路运输业	Railway Transport				
道路运输业	Roadway Transport	1	1	1	100.0
城市公共交通业	Public Traffic in Cities				
水上运输业	Waterway Transport				
航空运输业	Air Transport				
管道运输业	Pipeline Transport				
装卸搬运和其他运输服务业	Loading,Unloading,Carrying & Transport				
仓储业	Storage				
邮政业	Postal Services				
信息传输、计算机服务和软件业	**Information Transmission,Computer Service & Computer Software**				
电信和其他信息传输服务	Tele. & other Information Transmission				
计算机服务业	Computer Services				
软件业	Software				
批发和零售业	**Wholesale & Retail Trade**	**3**	**3**	**3**	**100.0**
批发业	Wholesale Trade	2	2	2	100.0
零售业	Retail Trade	1	1	1	100.0
住宿和餐饮业	**Quarters & Catering**	**1**	**1**	**1**	**100.0**
住宿业	Quarters				
餐饮业	Catering	1	1	1	100.0

6-13 续表 2 continued

行 业	Sector	施工项目(个) Number of Projects Under Construction (unit)	# 新开工项目 Started This Year	全部建成投产项目(个) Number of Projects Started This Year (unit)	项目建成投产率(%) Percentage of Projects Completedand Put into Use
金融业	**Banking**				
银行业	Banking				
证券业	Bond				
保险业	Insurance				
其他金融活动	Others				
房地产业	**Real Estate**	**8**	**7**	**8**	**100.0**
房地产业	Real Estate	8	7	8	100.0
租赁和商务服务业	**Leasing & Commercial Services**				
租赁业	Leasing Services				
商务服务业	Commercial Services				
科学研究、技术服务和地质勘查业	**Scientific Research ,Technical Services & Geological Prospecting**	**7**	**7**	**5**	**71.4**
研究与试验发展	Research & Development				
专业技术服务业	Special Technical Services				
科技交流和推广服务业	Science & Technology Exchanging & Spreading	7	7	5	71.4
地质勘查业	Geological Prospecting				
水利、环境和公共设施管理业	**Water Conservancy, Environment & Public Facilities Administration**	**46**	**46**	**41**	**89.1**
水利管理业	Water Conservancy	34	34	30	88.2
环境管理业	Environment	2	2	2	100.0
公共设施管理业	Public Facilities Administration	10	10	9	90.0
居民服务和其他服务业	**Resident Services & Other Services**	**2**	**2**	**1**	**50.0**
居民服务业	Resident Services				
其他服务业	Other Services	2	2	1	50.0
教育	**Education**	**1**	**1**	**1**	**100.0**
教育	Education	1	1	1	100.0
卫生、社会保障和社会福利业	**Health Care, Social Security & Social Welfare**	**4**	**4**	**3**	**75.0**
卫生	Health Care	4	4	3	75.0
社会保障业	Social Security				
社会福利业	Social Welfare				
文化、体育和娱乐业	**Culture, Sports & Recreational Services**	**1**	**1**	**1**	**100.0**
新闻出版业	Press				
广播、电视和音像业	Radio ,Television & Audio-visual				
文化艺术业	Culture & Arts	1	1	1	100.0
体育	Sports				
娱乐业	Recreational Services				
公共管理和社会组织	**Public Administration & Social Organization**	**21**	**20**	**18**	**85.7**
中国共产党机关	Chinese Communist Party Agencies				
国家机构	Government Agencies	12	11	9	75.0
人民政协和民主党派	People's Politics Consultative Conference & Democratic Parties				
群众团体、社会团体和宗教组织	Mass Organization ,Social Organization and Religious Organization	1	1	1	100.0
基层群众自治组织	Basic Mass Autonomous Organization	8	8	8	100.0
国际组织	**International Organizations**				
国际组织	International Organizations				

6-14 农村个人固定资产投资和建房

Individual Investment in Fixed Assets & Building Construction in Rural Areas

年份 Year	投资总额 (万元) Total Investment (10 000 yuan)	# 竣工房屋投资 Investment in Buildings Completed		施工房屋建筑面积 (万平方米) Floor Space of Buildings Under Construction (10 000 sq.m)	竣工房屋建筑面积 (万平方米) Floor Space of Buildings Completed (10 000 sq.m)		竣工房屋造价 (元/平方米) Cost of Buildings Completed (yuan/sq.m)	
		小 计 Subtotal	# 住宅 Residential Buildings		总 计 Total	# 住宅 Residential Buildings	总 计 Total	# 住宅 Residential Buildings
1985	87369	48929	35718	1112	1112	812		44.0
1986	59978		17787	636	590	549		32.4
1987	88573		31132	749	719	613		50.8
1988	149132		38671	696	684	635		60.9
1989	108402		45730	692	668	572		79.9
1990	81263	45120	42971	552	552	495	81.7	86.8
1991	110319	74186	66180	1010	910	782	81.5	84.6
1992	132675	74766	56356	813	770	656	97.1	85.8
1993	126581	62776	53630	1258	900	629	99.8	85.3
1994	195856	109418	102269	1007	967	789	113.2	129.6
1995	365345	193582	177824	1239	1221	967	158.5	183.9
1996	381618	239963	208326	1238	1224	1020	196.0	204.2
1997	390141	230023	174965	1344	1344	1018	171.1	171.9
1998	409854	207169	179393	1382	1216	875	170.4	205.0
1999	430084	231832	196678	1173	1051	863	220.6	227.9
2000	458815	220926	200248	1092	985	860	224.3	232.8
2001	502098	253278	229572	1151	1079	916	234.6	250.6
2002	521562	223103	199163	1117	1047	869	213.1	229.2
2003	556773	220324	195820	1109	1018	848	207.0	221.6
2004	582376	188669	163294	923	880	728	214.4	224.3
2005	620529	207046	170065	738	710	510	291.6	333.5
2006	655749	252738	211770	780	769	583	328.7	363.2
2007	747324	284341	238955	814	794	596	358.1	400.9
2008	804120	334000	304610	905	813	621	410.8	490.5
2009	841470	365019	332142	468	433	394	843.0	843.0

6-15 房地产开发情况
Main Indicators of Real Estate Development

指 标	Item	2008	2009
企业个数(个)	**Number of Enterprises(unit)**	**2243**	**1893**
内资	Domestic Funded	2232	1883
# 国有	State-owned Enterprises	36	32
集体	Collective-owned Enterprises	5	4
股份有限公司	Share-holding Corporations Ltd.	121	94
私营	Private Enterprises	831	714
港、澳、台投资	Funded by Entrepreneurs From H.K,Macao & Taiwan	6	6
外商投资	Foreign Funded	5	4
平均从业人员(人)	**Average Number of Employed Persons(person)**	**65588**	**47210**
内资	Domestic Funded	65139	46819
# 国有	State-owned Enterprises	770	874
集体	Collective-owned Enterprises	136	51
股份有限公司	Share-holding Corporations Ltd.	6269	4928
私营	Private Enterprises	28909	20981
港、澳、台投资	Funded by Entrepreneurs From H.K,Macao & Taiwan	288	249
外商投资	Foreign Funded	161	142
土地开发及购置	**Land Development and Purchase**		
本年土地开发面积(万平方米)	Land Space Developed This Year(10 000 sq.m)	1261.13	607.84
土地购置费用(万元)	Land Space Purchased Costs(10 000 yuan)	1055384	1088787
待开发的土地面积(万平方米)	Land Space Needed to Development(10 000 sq.m)	570.27	749.25
本年土地购置面积(万平方米)	Land Space Purchased This Year(10 000 sq.m)	1770.63	1109.33
房地产开发建设投资总规模及完成投资(万元)	**General Scale of & Actually Completed Investment in Real Estate Development(10 000 yuan)**		
实际需要总投资	Total Investment Actually Needed	16691362	22674858
自开始建设至本年底累计完成投资	Accumulative Investment Actually Made Since Starting of Construction up to the End This Year	11578612	14743365
# 本年完成投资	Investment Made This Year	7442976	8154562
全部建成尚需投资	Further Investment for the Completion of Construction	5112750	7931493
按用途分的房地产开发完成投资额(万元)	**Actually Completed Investment of Enterprises for Real Estate Development by Use(10 000 yuan)**		
本年完成投资额	Investment Made This Year	7442976	8154562
住宅	Residential Buildings	5791929	5737815
# 别墅、高档公寓	Villas and Good Apartments	498042	380931
经济适用房屋	Economical Houses	687640	538418
办公楼	Office Buildings	245480	384229
商业营业用房	Houses for Business Use	1002976	1482151
其他	Others	402591	550367

6-15 续表 continued

指 标	Item	2008	2009
房屋建筑面积(万平方米)	**Floor Space of Buildings(10 000 sq.m)**		
施工面积	Floor Space under Construction	7099.08	8288.36
竣工面积	Floor Space Completed	1981.40	2314.76
# 住宅	Residential Buildings	1670.35	1958.74
# 经济适用房屋	Economical Houses	156.90	192.95
竣工房屋价值(万元)	Value of Buildings Completed(10 000 yuan)	2879768	4083596
按用途分新开工房屋面积(万平方米)	**Floor Space Started by Use(10 000 sq.m)**		
本年新开工房屋面积	Floor Space of Selling House	3831.26	4387.6
住 宅	Residential Buildings	3108.19	3212.22
#别墅、高档 公 寓	Villas and Good Apartments	144.74	158.9
#经济适用房屋	Economical Houses	419.77	254.74
办公楼	Office Buildings	94.25	160.48
商业营业用 房	Houses for Business Use	470.8	776.81
其 他	Others	158.02	238.09
商品房屋销售情况	**Selling of Commercial Houses**		
房屋销售面积(万平方米)	Floor Space of Selling House(10 000 sq.m)	2396.37	2581.68
# 住宅	Residential Buildings	2093.34	2253.98
# 经济适用房屋	Economical Houses	262.25	241.33
商品房销售额(万元)	Total Sales Of Commercial House (10 000 yuan)	5950600	7672360
# 住宅	Residential Buildings	4741826	5970070
# 经济适用房屋	Economical Houses	443261	516581
房地产开发企业资产负债(万元)	**Asset Balance of Enterprises (10 000 yuan)**		
实收资本合计	Total Capital Hold	2554366	2928909
# 国家资本金	State Capital	111246	244304
资产总计	Total Assets	13608172	16030522
累计折旧	Total Depreciation	100859	90995
# 本年折旧	Depreciation This Year	34389	28193
负债总计	Total Liabilities	9866768	11807570
所有者权益	Creditors Equity	3741404	4222952
资产负债率(%)	Ratio of Liabilities to Assets	72.5	73.7
经营总收入(万元)	**Total Revenue(10 000 yuan)**	**5583220**	**7563858**
# 土地转让收入	Land Transferred	91497	44271
资金来源(万元)	**Source of Funds(10 000 yuan)**	**7416240**	**8525857**
# 国内贷款	Domestical Loans	304243	836524
利用外资	Foreign Investment		
自筹资金	Fund Raising	6183499	6424626
其他资金来源	Others	928498	1264707

6-16 按登记注册类型分的房地产开发投资(2009年)

指 标	Item	总 计 Total	内资 国 有 State-owned Units	 集 体 Collective-owned Units
企业个数(个)	**Number of Enterprises(unit)**	**1893**	**32**	**4**
#亏损企业个数	Loss-Making Enterprises	536	8	3
本年完成投资额（万元）	**Investment Completed This Year(10 000yuan)**			
#商品房建设投资	Investment for Commercial Housing Construction			
#土地开发投资	Investment for Land Development	655383	4554	
按构成分	Grouped by Use of Funds			
建筑工程	Construction Projects	6435175	114441	5810
安装工程	Installation Projects	152568	10370	
设备工器具购置	Purchase of Equipment, Tools and Instruments	97968	731	
其他费用	Other Funds	1468851	6415	
#土地购置费	Purchase of Land	1088787	3642	
按构成用途分	Grouped by Use of Project			
住宅	Residential Buildings	5737815	117939	4395
#经济适用房	Economical Houses	538418	31928	
别墅、高档公寓	Villa, Top Grade Flat	380931		
办公楼	Office Buildings	384229	360	1415
商业营业用房	Business Buildings	1482151	7678	
其他	Others	550367	5980	
本年新增固定资产(万元)	**Newly Increased This Year(10 000 yuan)**	**4592340**	**123454**	
资金来源(万元)	**Finance Sources(10 000yuan)**			
国内贷款	Domestic Loans	836524	22527	
利用外资	Foreign Investment			
自筹资金	Fund Raising	6424626	85410	2700
#自有资金	Self-owned	2966841	66894	2700
其他资金来源	Others	1264707	24370	3110
#定金及预收款	Fund Ordered and Pre-received	786428	7670	3110
土地开发(平方米)	**Land Development (sq.m)**			
本年土地开发面积	Area of Land Development This Year	6078437	127880	
待开发土地面积	Area of Land to be Developed	7492499	70980	
本年购置土地面积	Area of Land Purchased This Year	11093345	104828	
本年土地成交价款(万元)	Value of Land Transaction(10 000yuan)	1418094	13277	

Investment in Real Estate Development by Type of Registration(2009)

Domistic-funded Enterprises						港澳台投资 Economic Units Funded by Entrepreneurs from HK,Macao & Taiwan	外商投资 Foreign Funded Economic Units
股份合作 Coopeative Enterprises	联营经济 Joint-owned Economic Units	有限责任公司 Limited Liabiblity Corp.	股份有限公司 Share-holding Corp.Ltd.	私营 Private Enter-prises	其他 Others		
6	**1**	**1025**	**94**	**714**	**7**	**6**	**4**
1		262	24	235		1	2
		416044	12660	222125			
12302		3938183	305623	1946257	48163	47926	16470
		88470	6961	44039	2450	78	200
		60243	270	33097	2515	312	800
3790		872023	50118	530885	1820		3800
1750		674587	43480	359978	1550		3800
12583		3400813	259912	1828933	48423	43854	20963
200		313758	8955	150224	33353		
		269932	9600	101399			
		310315	320	71609			210
2450		950402	61282	455957	900	3392	90
1059		297389	41458	197779	5625	1070	7
11092		**2607393**	**155024**	**1539165**	**53865**	**73000**	**29347**
1440		268550	39710	500297	1000	3000	
11492		3966383	328105	1922723	48973	41800	17040
8192		1826132	178883	823527	43473		17040
3160		786031	45749	393782	4975		3530
60		525946	35892	208775	4975		
		3874334	182277	1893946			
		5637257	409711	1374551			
65460		6085200	678453	4066978	13000		79426
1750		638103	51778	708986	400		3800

主要统计指标解释

全社会固定资产投资 固定资产投资是社会固定资产再生产的主要手段。通过建造和购置固定资产的活动，国民经济不断采用先进技术装备，建立新兴部门，进一步调整经济结构和生产力的地区分布，增强经济实力，为改善人民物质文化生活创造物质条件。这对我国的社会主义现代化建设具有重要意义。

固定资产投资额是以货币表现的建造和购置固定资产活动的工作量，它是反映固定资产投资规模、速度、比例关系和使用方向的综合性指标。全社会固定资产投资按经济类型可分为国有、集体、个体、联营、股份制、外商、港澳台商、其他等。

城镇固定资产投资 指城镇各种登记注册类型的企业、事业、行政单位及个体户进行的计划总投资(或实际需要总投资)50万元及50万元以上的建设项目投资、房地产开发投资、城镇和工矿区私人建房投资。县城及以上区域内发生的投资，县及县以上各级政府及主管部门直接领导、管理的建设项目和企业事业单位的投资均为城镇固定资产投资。

房地产开发投资 指房地产开发公司、商品房建设公司及其他房地产开发法人单位和附属于其他法人单位实际从事房地产开发或经营的活动单位统一开发的包括统代建、拆迁还建的住宅、厂房、仓库、饭店、宾馆、度假村、写字楼、办公楼等房屋建筑物和配套的服务设施，土地开发工程(如道路、给水、排水、供电、供热、通讯、平整场地等基础设施工程)的投资；不包括单纯的土地交易活动。

农村投资 包括在农村区域范围内进行固定资产投资活动的企业、事业、行政单位及农村个人投资。

建设总规模 是指在报告期内所有施工项目的计划总投资。这个指标和施工项目相对应。

在建总规模 是指在报告期末所有在建项目的计划总投资。

在建净规模 是指报告期末所有在建项目建成投产尚需的投资总量。

在建净规模＝在建总规模－累计完成投资。

固定资产投资的资金来源 根据固定资产投资的资金来源不同，分为国家预算内资金、国内贷款、利用外资、自筹资金和其他资金来源。

(1)国家预算内资金：指中央财政和地方财政中由国家统筹安排的基本建设拨款和更新改造拨款，以及中央财政安排的专项拨款中用于基本建设的资金和基本建设拨款改贷款的资金等。

(2)国内贷款：指报告期内企、事业单位向银行及非银行金融机构借入的用于固定资产投资的各种国内借款。包括银行利用自有资金及吸收的存款发放的贷款、上级主管部门拨入的国内贷款、国家专项贷款(包括煤代油贷款、劳改煤矿专项贷款等。)、地方财政专项资金安排的贷款、国内储备贷款、周转贷款等。

(3)利用外资：指报告期内收到的用于固定资产投资的国外资金，包括统借统还、自借自还的国外贷款，中外合资项目中的外资，以及对外发行债券和股票等。国家统借统还的外资指由我国政府出面同外国政府、团体或金融组织签订贷款协议、并负责偿还本息的国外贷款。

(4)自筹资金：指建设单位报告期内收到的，用于进行固定资产投资的上级主管部门、地方和企、事业单位自筹资金。

(5)其他资金来源：指报告期内收到的除以上各种拨款、借款、自筹资金之外，其他用于固定资产投资的资金。

固定资产投资按国民经济行业分 建设项目归哪个行业，按其建成投产后的主要产品或主要用途及社会经济活动性质来确定。基本建设按建设项目划分国民经济行业，更新改造、国有单位其他固定资产投资及城镇集体投资根据整个企业、事业单位所属的行业来划分。一般情况下，一个建设项目或一个企业、事业单位只属于一种国民经济行业。为了更准确地反映国民经济各行业之间的比例关系，联合企业(总厂)所属分厂属于不同行业的，原则上按分厂划分行业。

固定资产投资按建设性质分 建设项目的性质一般分为新建、扩建、改建、迁建、恢复。基本建设按建设项目划分建设性质，更新改造、国有单位其他固定资产投资及城镇集体投资等按整个企业、事业单位的建设情况确定建设性质，房地产开发单位、农村投资、城镇工矿区私人建房等投资不划分建设性质。

(1)新建：一般是指从无到有、“平地起家”新开始建设的单位。有的单位原有的基础很小，经过建设后其新增加的固定资产价值超过原有固定资产价值(原值)三倍以上的也算新建。

(2)扩建：一般是指为扩大原有产品的生产能力，在厂内或其他地点增建主要生产车间(或主要工程)、独立的生产线或分厂的企业；事业单位和行政单位在原单位增建业务用房(如学校增建教学用房、医院增建门诊部或病床用房、行政机关增建办公楼等)也作为扩建。

(3)改建：一般是指现有企业、事业单位为了技术进步，提高产品质量，增加花色品种，促进产品升级换代，降低消耗和成本，加强资源综合利用和三废治理、劳保安全等，采用新技术、新工艺、新设备、新材料等对现有设施、工艺条件进行技术改造或更新(包括相应配套的辅助性生产、生活福利设施)。有的企业为充分发挥现有生产能力，进行填平补齐而增建不增加本单位主要产品生产能力的车间等，也属于改建。

固定资产投资按构成分 固定资产投资活动按其工作内

容和实现方式分为建筑安装工程，设备、工具、器具购置，其他费用三个部门。

(1)建筑安装工程(建筑安装工作量)：指各种房屋、建筑物的建造工程和各种设备、装置的安装工程。包括各种房屋建造工程，各种用途设备基础和各种工业窑炉的砌筑工程；为施工而进行的各种准备工作和临时工程以及完工后的清理工作等；铁路、道路的铺设，矿井的开凿及石油管道的架设等；水利工程；防空地下建筑等特殊工程；以及各机械设备的安装工程；为测定安装工程质量，对设备进行的试运工作。在安装工程中，不包括被安装设备本身的价值；

(2)设备、工具、器具购置：指购置或自制达到固定资产标准的设备、工具、器具的价值，固定资产的标准按财务部门规定。新建单位、扩建单位的新建车间按照设计和计划要求购置或自制的全部设备、工具、器具，不论是否达到固定资产标准均计入“设备、工具、器具购置”中。

(3)其他费用：指在固定资产建造和购置过程中发生的，除建筑安装工程和设备、工具、器具购置以外的各种应摊入固定资产的费用。

施工项目 指报告期内曾进行建筑或安装工程施工活动的建设项目，包括报告期内新开工项目、报告期以前开工跨人报告期继续施工的项目以及报告期施过工并在报告期内全部建成投产或停缓建的项目。

全部建成投产项目 工业项目是指设计文件规定形成生产能力的主体工业及其相应配套的辅助设施全部建成，经负荷试运转，证明具备生产设计规定合格产品的条件，并经过验收鉴定合格或达到竣工验收标准，与生产性工程配套的生活福利设施可以满足近期正常生产的需要，正式移交生产的建设项目。非工业项目是指设计文件规定的主体工程和相应的配套工程全部建成，能够发挥设计规定的全部效益，经验收鉴定合格或达到竣工验收标准，正式移交作用的建设项目。

新增生产能力 指通过固定资投资活动而增加的设计能力或工程效益，它是用实物形态表示的固定资产投资的成果，也是考核投资经济效果的重要依据。新增生产能力的计算，是以能独立发挥生产能力或工程效益的单项工程(或项目)为对象。当单项工程(或项目)建成，经有关部门鉴定合格，正式移交投入生产，即可算新增生产能力。

新增生产能力或工程效益有以下几种表现形式：

(1) 用产品数量表示，以工程在单位时间内（一般是一年）所能生产的产品数量（即年产量）表示。如原煤开采用万吨/年表示。

(2) 用单位时间内所能处理的原料数量表示，以工程每天（或小时）所能处理原料的数量表示。

(3) 以新增的主要设备数量或容量表示，如棉纺锭锭数、发电机组容量等。

(4) 以节约的原材料、燃料、动力实物量表示，适用于反映更新改造节约项目的效益。

(5) 以建筑物容积、容量、面积或长度表示，是非工业项目或工程新增效益的一种表现形式。如水库容量、铁路公路里程等。

根据工程的特点，有时需要用两种或两种以上的复合计量单位表示新增生产能力（或工程效益），如新增内燃机生产能力同时用年产台数、千瓦数表示等。

房屋建筑面积 指从房屋外墙线算起的各层平面面积的总和，包括可供使用的有效面积和房屋结构(如柱、墙)占用的面积。多层建筑按各层(包括地下室)面积总和计算。

住宅建筑面积 指施工和竣工房屋建筑面积中供居住用的施工和竣工房屋建筑面积。

施工面积 指报告期内施工的全部房屋建筑面积。包括本期新开工的面积、上期跨入本期继续施工的房屋面积、上期停缓建在本期恢复施工的房屋面积、本期竣工的房屋面积及本期施工后又停缓建的房屋面积。

竣工面积 指在报告期内房屋建筑按照设计要求已全部完工，达到住人和使用条件，经验收鉴定合格，正式移交使用单位的建筑面积。

房屋建筑面积竣工率 批一定时期内房屋竣工面积占同期房屋施面积的比率。它是从房屋建筑施工速度的角度反映投资效果和建筑业经济效益的指标。

新增固定资产 指通过投资活动所形成的新的固定资产价值，包括已经建成投入生产或交付使用的工程价值和达到固定资产标准的设备、工具、器具的价值及有关应摊入的费用。它是以价值形式表示的固定资产投资成果的综合性指标，可以综合反映不同时期、不同部门、不同地区的固定资产投资成果。

建设项目投产率 指一定时期内全部建成投入生产项目个数与同期正式施工项目个数的比率。它是从项目建设速度的角度反映投资效果的指标。

商品房销售面积 指报告期内出售商品房屋的合同总面积(即双方签署的正式买卖合同中所确定的建筑面积)。由现房销售建筑面积和期房销售建筑面积两部分组成。

商品房销售额 指报告期内出售商品房屋的合同总价款(即双方签署的正式买卖合同中所确定的合同总价)。该指标与商品房销售面积同口径，由现房销售额和期房销售额两部分组成。

固定资产交付使用率 指一定时期新增固定资产与同期完成投资额的比率。它是反映各个时期固定资产动用速度，衡量建设过程中投资效果的一个综合性指标。

Explanatory Notes on Main Statistical Indicators

Total Investment in Fixed Assets in the Whole Country Investment in fixed assets is the essential means for Social reproduction of fixed assets. By means of construction and purchase of fixed assets, more advanced technologies and equipment are adopted in the national economy, and new sectors are established, which promote the adjustment of economic structure and the regional distribution of productive forces and enhance the economic strengths so as to provide the material conditions for improving people's livelihood. This is significant for speeding up the drive of socialist modernization in China.

Amount of investment in fixed assets refers to the volume of activities in construction and purchases of fixed assets in monetary terms. It is a comprehensive indicator which shows the size, pace, proportional relations and use orientation of the investment in fixed assets. Total investment in fixed assets in the whole country includes, by status of economic ownership, the investment by the state owned units, collective units, individuals, joint ownership units, share holding units, as well as investment by businessmen from foreign countries and from Hong Kong, Macao and Taiwan, and by other units.

Urban Investment in Fixed Assets refers to construction projects involving a total planned (or required) investment of 500,000 yuan and over by urban enterprises and institutions of various types of ownership, by administrative units and by individuals, investment in real estate development, and housing investment by individuals in urban areas and in industrial and mining areas. In other words, all investments that take place in county towns and urban areas, investment in construction projects under the direct leadership and management of government agencies at and above county levels and investments by enterprises and institutions at and above county levels are covered in urban investment in fixed assets.

Investment in Real Estate Development It includes the investment by the real estate development companies, commercial buildings construction companies and other real estate development units of various types of ownership in the construction of house buildings, such as residential buildings, factory buildings, warehouses, hotels, guesthouses, holiday villages, office buildings, and the complementary service facilities and land development projects, such as roads, water supply, water drainage, power supply, heating, telecommunications, land leveling and other projects of infrastructure. It excludes the activities in simple land transactions.

Investment in Rural Areas refers to investment in fixed assets by enterprises, institutions and individuals in rural areas.

Total Size of Construction refers to the planned total investment for all construction projects during the reference period.

Total Size of Investment in Projects under Construction refers to the planned total investment of all projects under construction at the end of the reference period.

Net Size of Investment in Projects under Construction refers to the required investment of all projects under construction at the end of the reference period.

Net Size of Investment = Total Size of Investment – accumulated completed investment

Sources of funds for Investment in Fixed Assets State budgetary appropriation, domestic loans, foreign investment, self raised funds, and others.

(1) State budgetary appropriation refers to appropriation in the budget of the central and local governments earmarked for capital construction and for innovation projects, and the special appropriation from the budget of the central government for capital construction and for the transfer fund to banks to be issued as loans for capital construction projects.

(2) Domestic loans refer to various funds borrowed by enterprises and institutions from banks and non bank financial institutions during the reference period for the purpose of investment in fixed assets, including loans issued by banks from their self owned funds and deposit, loans appropriated by higher responsible authorities, special loans by government (including loan for replacing petroleum with coal, special loan for reform through labor coal mines) , loans arranged by local government from special funds, domestic reserve loan, and working loan, etc. .

(3) Foreign Investment refers to foreign funds received during the reference period for the purpose of investment in fixed assets, including foreign funds borrowed and managed by the government, by individual units, foreign fund in joint venture program, and issue of bonds and stocks at the international financial markets. The foreign funds borrowed and managed by the government refer to foreign loans borrowed by the government from foreign governments, organizations, or financial institutions under official agreements signed by both parties, under which government is responsible for the repayment of both the principal and interests of the foreign loans.

(4) Self-raised funds refer to funds received by construction enterprises from their higher responsible authorities, local governments, or raised by enterprises or institutions themselves for the purpose of investment in fixed assets during the reference period.

(5) Others refer to funds received during the reference period which are not included in the above mentioned sources.

Investment in Fixed Assets by Sector The classification of construction projects by sector is determined by the major products or the purpose of the projects when they are put into production or use, and by the nature of their social economic activities. The investment in capital construction is classified by construction projects, while investment in innovation, other investment by state owned units and urban collective units are classified according to the sector which the whole enterprise or institution belongs to. In general, one project or one enterprise or institution can only belong to one sector. In order to reflect more accurately the proportions among various sectors, the branch factories of integrated complex are classified into different sectors according to their economic activities.

Investment in Fixes by Type of Construction The construction projects in general can be classified by the type of construction into new construction, expansion, reconstruction and moving away. In capital construction, the type of construction is determined by the condition of the project. In investment in innovation, in other investment by state owned units and investment by collective owned units, the type of construction is determined by the condition of the whole enterprise or institutions. Investment by type of construction is not applied to investment by real estate development units, investment in rural areas and investment in housing by urban individuals.

(1) New construction in general refers to newly constructed units. In the case in which the value of the original fixed assets is quite small, and the value of newly added fixed assets exceeds the original ones by three times, the expansion construction is considered as new construction.

(2) Expansion refers to construction of new major production workshop or independent production line within a factory or in other locations, or construction of a branch factory so as to increase the production capacity of the original products. Newly constructed business houses in institutions and administrative organizations (such as the newly constructed teaching buildings in schools, clinics or bed building in hospitals, and office buildings in administrative agencies, etc.) Are also classified as expansion.

(3) Reconstruction refers to technical innovation and transformation of the existing equipment and technical conditions undertaken by enterprises and institutions for the purposes of technological advancement, improvement in product quality, enlarging variety of products, promoting new generation of products, reducing production consumption and cost, promoting comprehensive utilization of resources, strengthening treatment of waste gas, waste water and solid wastes, and safety in production, etc. through application of new technologies and techniques, use of new equipment and new materials(including accessory facilities for production or for living and welfare purposes) . Construction of new workshops for improving existing production capacity rather than increasing production capacity is also considered as reconstruction.

Investment in Fixed Assets by Structure refers to the three major parts of investment activities, i. e. construction and installation, purchase of equipment and instrument, and other expenses.

(1) Construction and installation (work volume of construction and installation) refers to the construction of various houses and buildings and installation of various kinds of equipment and instruments, including construction of various houses, equipment foundations and industrial kilns and stoves, preparation works for project construction, and clearing up works post project construction, pavement of railways and roads, drilling of mines and putting up of oil pipes, construction of projects of water conservancy, construction of underground air raid shelters and construction of other special projects, installation of various machinery the quality of installation projects, The value of equipment installed is not included in the value of installation projects.

(2) Purchase of equipment and instruments refers to the total value of equipment, tools, and vessels purchased or self produced which come up to standards for fixed assets. Equipment, tools and vessels purchased or self produced for new work shops by newly established or expanded units are categorized as" purchase of equipment and instruments" no matter whether they come up to the standards for fixed assets or not.

(3) Other expenses refer to expenses occurring during the construction or purchase of fixed assets other than construction, installation or purchase of equipment and instruments.

Projects Under Construction refer to projects having construction and installation activities undertaken in the reference period, including projects started in the reference period, or continued from the previous period, or completed and put into production or suspended in the reference period.

Projects Completed and Put into Use Industrial projects refer to the major projects and accessory facilities completed which result in forming production capacity and have been checked and accepted while the living and welfare facilities have been completed and can ensure normal production and formally put into production.

Non-industrial projects refer to the major projects and accessory facilities completed which possess the designed capacity and have been checked, accepted and formally put into production.

Newly Increased Production Capacity refers to the increase of designed capacity and project efficiency through investment in fixed assets, which reflects the accomplishment of investment in fixed assets in kind. The calculation of newly increased production capacity is based on individual project which operates independently and efficiently. When an individual project is completed and checked and accepted and put into production, it is counted as newly increased production capacity.

The newly increased production capacity and project efficiency are usually expressed in one of the following forms:

(1) output of products, i. e. the output that the project can produce during a given period (usually a year) . For instance, the capacity in coal mining is expressed in 10, 000 tons/year, etc;

(2) raw materials processing capacity, i. e. the volume of raw materials that could be processed by the project per day (or per hour) , such as tons of materials processed per day by a sugar refining project or edible vegetable oil project, or tons of urban sewage processed per day;

(3) number or capacity of major equipment increased, such as number of cotton or silk looms increased, wool spindles increased, or capacity (in kilowatt s) of power generators increased;

(4) saved raw materials, fuels or power, which are mainly used for the efficiency of innovation and transformation projects; and

(5) physical measures (volume, capacity, area, and length) of construction, which is typical for non industrial projects, for instance, the length of new railways, etc.

Features of projects sometimes call for combined use of two or more measurement to reflect the increased production capacity (or project efficiency) , for instance, the new capacity for the production of internal combustion engines are expressed in sets per year and kilowatts per year simultaneously.

Floor Space of Buildings under Construction and Completed refers to total floor space in each story of buildings calculated from the outside line of building walls, including both usable space and the space occupied by constructions like pillars or walls. The floor space of multi story buildings includes the total floor space of each story (including basement) .

Floor Space of Residential Buildings refers to the floor space of the residential buildings under construction and completed among the total space of buildings under construction and completed.

Floor Space Under Construction refers to total floor space of all buildings under construction during the reference period, including floor space of newly started buildings during the reference period, floor space of construction extended from the previous period to the current period, floor space of construction suspended during the previous period and resumed in the current period, floor space of construction completed in the current period, and floor space of construction started and then suspended in the current period.

Floor Space of Buildings Completed refers to the floor space of buildings completed in the reference period, which have come up to the designed standards and have been put into use.

Completion Rate of Floor Space of Buildings refers to the ratio of the floor space of buildings completed in certain period of time to the floor space of buildings under construction in the same period, which reflects the investment result and economic efficiency of the construction industry from the angle of the speed of project construction.

Newly Increased Fixed Assets refer to the newly increased value of fixed assets through investment, including the value of projects completed and put into production, the value of equipment, tools, and vessels considered as fixed assets, as well as the relevant expenses as investment in fixed assets. This is a comprehensive indicator of investment in fixed assets, reflecting the achievements of investment in fixed assets in different periods, different sectors, and different regions.

Rate of Construction Projects Completed and put into Use refers to the ratio of the number of construction projects completed and put into use in certain period of time to the number of projects under construction in the same period, this reflects the investment efficiency from the angle of the speed of projects construction.

Area of Commercial Housing Sold refers to total contracted area of commercial housing (i.e. area of floor space as designated in the formal contracts signed by both sides) during the reference time. It constitutes floor space of completed housing and floor space of future housing.

Value of Commercial Housing Sold refer to total value of contracts (i.e. value of sales/purchase for selling/purchase of commercial housing as designated in the contracts signed by both sides) during the reference time. It has the same coverage as the area of commercial housing sold, constituting completed housing and floor space of future housing

Rate of Projects of Fixed Assets Completed and Put into Operation refers to the ratio of the newly increased fixed assets to the total investment made in the same period. This is a comprehensive indicator, reflecting the speed of the employment of fixed assets and the investment efficiency.

2010 NEI MENG GU

七、能源生产和消费

Production and Consumption of Energy

资料整理：斯　琴
Arranged By Si Qin

7-1 能源生产总量及构成

Total Production of Energy and Its Composition

年 份 Year	能源生产总量 (万吨标准煤) Total Energy Production (10 000 tons of SCE)	占能源生产总量的比重(%)As Percentage of Total Energy Production(%)			
		原 煤 Coal	原 油 Crude Oil	天然气 Natural Gas	水 电 Hydro-power
1978	1070.63	99.83			0.17
1980	1078.94	99.81			0.19
1985	2027.75	99.99			0.19
1986	2007.72	99.85			0.15
1987	2092.12	99.82			0.18
1988	2252.60	99.88			0.12
1989	2688.70	99.90			0.10
1990	2821.61	99.81			0.19
1991	3069.14	99.81			0.19
1992	3221.65	95.43			0.13
1993	3647.44	94.05	3.96		0.04
1994	3994.00	94.27	5.69		0.05
1995	4642.02	94.55	5.41		0.03
1996	4767.47	95.48	4.49		0.03
1997	5354.63	96.46	3.53		0.03
1998	5019.91	96.28	3.66		0.06
1999	4566.42	96.34	3.59		0.05
2000	4701.23	95.90	2.75		0.12
2001	6047.84	96.40	2.01	1.41	0.13
2002	8428.61	97.21	1.40	1.22	0.10
2003	10814.13	97.14	1.22	1.30	0.29
2004	15586.70	97.32	1.04	1.34	0.23
2005	19082.33	95.86	1.10	2.69	0.27
2006	22298.37	95.33	1.10	3.17	0.09
2007	26725.88	94.71	0.89	3.51	0.18
2008	33440.86	94.52	0.75	4.00	0.01
2009	40185.85	92.87	0.67	4.84	0.12

注：电力折算标准煤的系数根据当年平均发电煤耗计算。

a) The coefficient for conversion of electric power into SCE(standard coal equivalent)is calculated on the basic of the data on the average coal consumption in generating electric power in the same year.

7-2 能源消费总量及构成(当量值)

Total Consumption of Energy and Its Composition

年份 Year	能源消费总量 (万吨标准煤) Total Energy Production (10 000 tons of SCE)	占能源消费总量的比重(%) As Percentage of Total Energy Consumption(%)			
		原煤 Coal	原油 Crude Oil	天然气 Natural Gas	水电 Hydro-power
1985	1870.66				
1986	1856.66	57.38	0.11		0.16
1987	1967.11	55.76	0.07		0.20
1988	2035.52	54.25	0.04		0.14
1989	2250.36	54.89	0.04		0.12
1990	2423.51	52.77	0.04		0.22
1991	2505.19	53.30	0.03		0.20
1992	2554.99	50.50	1.65		0.17
1993	2676.11	93.00	4.94		0.05
1994	2812.19	94.63	4.87		0.07
1995	3268.44	82.38	3.82		0.05
1996	3144.36	93.87	4.56		0.05
1997	3708.95	93.23	4.36		0.05
1998	3440.06	95.44	4.78		0.09
1999	3634.88	94.97	4.96		0.06
2000	3937.54	93.14	4.58		0.14
2001	4453.48	93.34	4.27	0.04	0.16
2002	5190.12	93.47	3.47	0.05	0.16
2003	6612.77	95.58	2.78	0.41	0.15
2004	8601.81	96.71	1.14	0.05	0.16
2005	10788.37	92.28	1.75	0.78	0.17
2006	12835.27	89.91	1.55	1.49	0.13
2007	14703.32	90.54	1.38	2.40	0.32
2008	16407.63	90.20	1.65	2.47	0.01
2009	17473.68	87.23	1.57	3.37	0.27

7-3 单位能源消费(等价值)

Consumption of Energy Per Unit(Equivalent Value)

年 份 Year	单位GDP能耗 (吨标准煤/万元) Energy Consumption Per Unit of GDP (ton of SCE/10 000 yuan)	单位工业 增加值能耗 (吨标准煤/万元) Energy Consumption Per Unit of Industrial Value-added(ton of SCE/10 000 yuan)	单位GDP电耗 (千瓦时/万元) Electricity Consumption Per Unit of Industrial Value-added (kw/10 000 yuan)
1985	13.96		
1986	13.08		
1987	12.71		
1988	11.98		
1989	12.90		
1990	7.59		
1991	7.30		
1992	6.71		
1993	6.29		
1994	5.94		
1995	6.27		
1996	5.27		
1997	5.62		
1998	4.71		
1999	4.57		
2000	2.31		
2001	2.30		
2002	2.35		
2003	2.42		
2004	2.51	6.33	1761.20
2005	2.48	5.67	1710.44
2006	2.41	5.37	1903.29
2007	2.31	4.88	2092.81
2008	2.16	4.19	1868.65
2009	2.01	3.56	1686.72

注：单位能耗指标中GDP用不变价计算。

a)Unit GDP energy consumption indicator calculated using constant prices.

7-4 综合能源平衡表
Overall Energy Balance

单位：万吨标准煤 (10 000 tons of SCE)

项 目	Item	1990	1995	2000	2005	2009
可供消费的能源总量	**Total Energy Available for Consumption**	**2418.00**	**2922.20**	**3996.41**	**9493.38**	**15563.81**
一次能源生产量	Primary Energy Output	2821.61	4642.02	4701.23	19082.33	40185.85
回收量	Recovery of Energy			193.37	391.33	1627.14
进口量	Imports	3.33	4.56		228.02	558.61
出口量(-)	Exports(-)	-16.81	-48.38	-141.96	-11.21	-0.16
年初年末库存差额	Stock Changes in the Year	-57.33	-61.74	47.81	416.06	365.19
能源消费总量	**Total Energy Consumption**	**2423.51**	**3268.44**	**3937.54**	**9666.11**	**15343.55**
在总量中：	Consumption by Sector					
1.农、林、牧、渔业	1.Farming, Forestry, Animal Husbandry & Fishery	83.39	100.09	128.62	319.53	457.12
2.工业	2.Industry	1368.62	1338.90	2059.93	6936.80	10682.07
3.建筑业	3.Construction	29.69	35.69	57.57	105.80	182.23
4.交通运输、仓储及邮电通信业	4.Transportation, Storage, Post & Telecommunications Services	152.46	154.58	151.07	688.87	1170.30
5.批发、零售业和住宿餐饮业	5.Wholesale，Retail Trade, Quarters & Catering	43.72	73.44	92.87	308.58	870.82
6.其他	6.Others	115.66	128.19	80.27	277.08	448.21
7.生活消费	7.Residential Consumption	437.18	155.45	225.40	1022.10	1532.79
在总量中：	Consumption by Usage					
(一)终端消费	(Ⅰ)Final Consumption	2230.72	1986.38	2795.70	8831.74	14705.47
# 工业	Industry	1368.62	1338.90	2059.93	6109.78	10044.00
(二)加工转换损失量	(Ⅱ)Losses in Processing & Transformation	135.67	905.20	1119.59	827.02	638.07
# 炼焦	Coking	43.91	36.52	16.30	255.60	164.42
炼油	Petroleum Refining		1.11	24.69	4.12	71.23
(三)损失量	(Ⅲ)Other Losses	57.12	376.86	22.25	7.34	5.90
平衡差额	**Balance**	**-5.51**	**-346.24**	**58.87**	**-172.73**	**220.26**

7-5 石油平衡表
Petroleum Balance

单位：万吨 (10 000 tons)

项目	Item	2008	2009
可供量	**Total Energy Available for Consumption**	**1012.34**	**1093.03**
生产量	Output	174.94	188.85
外省(区、市)调入量	Transfer From Other Province(Region、City)	850.25	922.50
本省(区、市)调出量(-)	Transfer to Other Province(Region、City)(-)	-109.77	-150.24
年初年末库存差额	Stock Changes in the Year	15.93	2.03
消费量	**Total Energy Consumption**	**1012.34**	**1093.03**
在消费总量中：	Consumption by Sector		
1.农、林、牧、渔业	1.Farming, Forestry, Animal Husbandry and Fishery	95.93	97.57
2.工业	2.Industry	154.08	158.93
3.建筑业	3.Construction	32.18	46.62
4.交通运输、仓储及邮电通信业	4.Transportation, Storage, Post and Telecommunications Services	564.16	613.35
5.批发、零售业和住宿餐饮业	5.Wholesale，Retail Trade, Quarters and Catering	98.87	107.38
6.其他	6.Others	38.17	39.73
7.生活消费	7.Residential Consumption	28.94	29.45
在消费总量中：	Consumption by Usage		
(一)终端消费	(Ⅰ)Final Consumption	992.53	1082.88
# 工业	Industry	134.28	148.78
(二)中间消费	(Ⅱ)Intermediate Consumption	177.24	177.30
(用于加工转换)	(Consumed in Transformation)		
发电	Power Generation	0.37	2.79
供热	Heating	0.03	0.04
炼焦	Coking		
制气	Gas Production		
(三)洗选损耗	(Ⅲ)Losses in Coal Washingand Dressing		
平衡差额	**Balance**		

注：生产量为原油产量。

a)Data on output refer to the output of crude oil.

7-6 煤炭平衡表
Coal Balance Sheet

单位：万吨　　(10 000 tons)

项 目	Item	1995	2000	2005	2009
可供量	**Total Energy supply**	**4342.19**	**5817.19**	**13706.67**	**24393.51**
生产量	Output	7055.21	7247.29	25607.69	60058.45
进口量	Imports			248.80	604.39
出口量(-)	Exports(-)	-71.51	-197.59		
年初年末库存差额	Stock Changes in the Year		117.49	584.06	490.37
消费量	**Total Energy Consumption**	**4329.02**	**5739.52**	**13953.78**	**24047.30**
在消费总量中：	Consumption by Sector				
1.农、林、牧、渔业	1.Farming,Forestry,Animal Husbandry & Fishery	57.87	75.25	127.82	205.09
2.工业	2.Industry	934.94	1420.45	12369.47	21337.71
3.建筑业	3.Construction	30.75	30.55	76.96	140.45
4.交通运输、仓储及邮电通信业	4.Transport, Storage, Post & Telecomm Services	186.65	99.99	181.59	220.22
5.批发、零售业和住宿餐饮业	5.Wholesale，Retail Trade, Quarters & Catering	65.87	37.58	187.24	868.88
6.其他	6.Others	92.11	38.00	178.16	303.10
7.生活消费	7.Residential Consumption	144.00	143.44	832.54	971.84
在消费总量中：	Consumption by Usage				
(一)终端消费	(Ⅰ)Final Consumption	1512.19	1845.26	4472.04	5952.25
# 工业	Industry	934.94	1420.45	2887.73	3242.67
(二)中间消费	(Ⅱ)Intermediate Consumption	2786.83	3864.26	9471.74	18095.05
(用于加工转换)	(Consumed in Transformation)				
发电	Power Generation	1882.61	2566.34	6277.23	12643.26
供热	Heating	275.56	366.26	808.20	1443.42
炼焦	Coking	60.45	126.06	1590.07	2496.07
制气	Gas Production			1.96	6.30
(三)洗选损耗	(Ⅲ)Losses in Coal Washing				
平衡差额	**Balance**	**13.17**	**77.67**	**-247.11**	**372.70**

注：生产量为原煤产量。

a)Data on output refer to the output of raw coal.

7-7 电力平衡表

Electricity Balance Sheet

单位：亿千瓦小时 (100 million kwh)

项 目	Item	1990	1995	2000	2005	2009
可供量	**Total Energy supply**	**169.54**	**278.54**	**439.22**	**1025.27**	**1287.93**
生产量	Output	169.54	278.54	439.22	1025.27	2239.85
水电	Hydro-power	1.34	1.43	5.59	11.38	12.30
火电	Thermal Power	168.50	277.11	432.09	1010.21	2073.49
核电	Nuclear Power					
进口量	Imports					
出口量(-)	Exports(-)					-0.04
消费量	**Total Energy Consumption**	**121.82**	**186.83**	**256.07**	**667.72**	**1287.93**
在消费总量中：	Consumption by Sector					
1.农、林、牧、渔业	1.Farming, estry,Animal Husbandry & Fishery	9.10	11.59	16.99	27.73	36.08
2.工业	2.Industry	95.28	145.52	195.65	566.67	1118.69
3.建筑业	3.Construction	1.50	1.79	4.27	2.43	4.00
4.交通运输、仓储及邮电通信业	4.Transportation, Storage, Post & Telecommunications Services	1.45	2.50	4.22	6.14	12.65
5.批发、零售业和住宿餐饮业	5.Wholesale，Retail Trade, Quarters & Catering	1.50	2.94	5.65	8.75	20.60
6.其他	6.Others	4.20	6.88	7.36	14.41	26.51
7.生活消费	7.Residential Consumption	8.79	15.61	22.36	41.80	69.40
在消费总量中：	Consumption by Usage					
(一)终端消费	(Ⅰ)Final Consumption	115.84	186.83	256.07	667.72	1287.93
# 工业	Industry	95.28	145.52	195.65	566.67	1118.69
(二)输配电损失量	(Ⅱ)Losses in Transmission	5.98				

7-8 规模以上工业分行业综合能源消费

Consumption of Overall Energy by Industrial Branch above Designated

单位：万吨标准煤 (10 000 tons of SCE)

行业	Sector	2008	2009
总计	**Total**	**9849.09**	**10456.24**
按工业行业门类分	**By Industrial Branch**		
轻工业	**Light Industry**	**421.50**	**405.23**
重工业	**Heavy Industry**	**9427.60**	**10051.01**
采矿业	**Mining**	**1063.60**	**1128.34**
煤炭开采和洗选业	Mining and Washing of Coal	897.86	988.77
石油和天然气开采业	Extraction of Petroleum and Natural Gas	19.27	16.02
黑色金属矿采选业	Mining and Processing of Ferrous Metal Ores	63.55	58.41
有色金属矿采选业	Mining and Processing of Non-Ferrous Metal Ores	46.61	34.45
非金属矿采选业	Mining and Processing of Non-metal Ores	35.87	30.29
其他采矿业	Mining of Other Ores	0.44	0.40
制造业	**Manufacturing**	**4767.39**	**5101.11**
农副食品加工业	Processing of Food from Agricultural Products	97.02	91.09
食品制造业	Manufacture of Foods	133.53	128.17
饮料制造业	Manufacture of Beverages	51.93	41.87
烟草制品业	Manufacture of Tobacco	0.95	1.02
纺织业	Manufacture of Textile	24.29	21.98
纺织服装、鞋、帽制造业	Manufacture of Textile Wearing Apparel, Footware and Caps	1.83	1.82
皮革、毛皮、羽毛(绒)等	Manufacture of Leather, Fur, Feather and Related Products	0.81	0.81
木材加工及木、竹、藤等	Processing of Timber, Manufacture of Wood, Bamboo, Rattan, Palm, and Straw Products	26.69	27.00
家具制造业	Manufacture of Furniture	1.31	0.95
造纸及纸制品业	Manufacture of Paper and Paper Products	34.17	34.32
印刷业和记录媒介的复制	Printing, Reproduction of Recording Media	0.46	0.56

7-8 续表 continued

单位：万吨标准煤 (10 000 tons of SCE)

行 业	Sector	2008	2009
文教体育用品制造业	Manufacture of Articles For Culture, Education and Sport Activities		
石油加工炼焦及核燃料	Processing of Petroleum, Coking, Processing of Nuclear Fuel	376.95	357.66
化学原料及化学制品制造	Manufacture of Raw Chemical Materials and Chemical Products	1061.80	1207.31
医药制造业	Manufacture of Medicines	54.13	57.48
化学纤维制造业	Manufacture of Chemical Fibres		
橡胶制品业	Manufacture of Rubber	0.60	0.36
塑料制品业	Manufacture of Plastics	54.73	51.69
非金属矿物制品业	Manufacture of Non-metallic Mineral Products	436.43	487.55
黑色金属冶炼及压延	Smelting and Pressing of Ferrous Metals	1806.12	1947.24
有色金属冶炼及压延	Smelting and Pressing of Non-ferrous Metals	537.78	574.77
金属制品业	Manufacture of Metal Products	6.41	8.21
通用设备制造业	Manufacture of General Purpose Machinery	14.21	16.43
专用设备制造业	Manufacture of Special Purpose Machinery	33.10	30.99
交通运输设备制造业	Manufacture of Transport Equipment	5.87	5.94
电气机械及器材制造业	Manufacture of Electrical Machinery and Equipment	2.49	2.22
通信设备、计算机及其他	Manufacture of Communication Equipment, Computers and Other Electronic Equipment	1.36	1.35
仪器仪表及文化、办公用	Manufacture of Measuring Instruments and Machinery for Cultural Activity and Office Work	0.01	0.01
工艺品及其他制造业	Manufacture of Artwork and Other Manufacturing	1.52	1.45
废弃资源和废旧材料回收	Recycling and Disposal of Waste	0.90	0.87
电力、煤气及水的生产	**Electric Power, Gas and Water Production and Supply**	**4018.11**	**4226.79**
电力、热力的生产和供应	Production and Supply of Electric Power and Heat Power	4008.19	4205.96
燃气生产和供应业	Production and Supply of Gas	5.60	15.75
水的生产和供应业	Production and Supply of Water	4.31	5.09

7-9 分行业能源消费总量和主要能源品种消费量(2009年)

Consumption of Total Energy & Its Main Varieties by Sector(2009)

行业	Sector	能源消费总量(万吨标准煤) Total Energy Consumption (10 000 tons of SCE)	煤炭消费量(万吨) Coal Consumption (10 000 tons)	焦炭消费量(万吨) Coke Consumption (10 000 tons)	原油消费量(万吨) Crude Oil Consumption (10 000 tons)	汽油消费量(万吨) Gasoline Consumption (10 000 tons)
消费总量	**Total Consumption**	**15344**	**24047**	**1554**	**192**	**280**
农、林、牧、渔业	**Farming, Forestry, Animal Husbandry & Fishery**	**457**	**205**	**6**		**29**
工业	**Industry**	**10682**	**21338**	**1546**	**192**	**15**
采矿业	**Mining**	**1076**	**2154**	**3**	**7**	**5**
煤炭开采和洗选业	Coal Mining & Processing	820	2017	1		1
石油和天然气开采业	Extraction of Petroleum & Natural Gas	43	6		7	0
黑色金属矿采选业	Mining & Dressing of Ferrous Metals	92	53			1
有色金属矿采选业	Mining & Dressing of Nonferrous Metals	76	35	1		2
非金属矿采选业	Mining & Dressing of Nonmetal Minerals	34	42			0
其他采矿业	Mining of Other Mineral	11	1			0
制造业	**Manufacturing**	**8438**	**6730**	**1543**	**177**	**8**
农副食品加工业	Processing of Agricultural Side-line Food	149	177	0		2
食品制造业	Food Manufacturing	140	251	0		0
饮料制造业	Beverage Manufacturing	73	90			0
烟草制品业	Tobacco Products	8	3			0
纺织业	Textile Industry	33	39			1
纺织服装、鞋、帽制造业	Textile Products, Clothes, Shoes & Hats	6	4			0
皮革、毛皮、羽毛(绒)及其制品业	Leather, Furs, Down & Related Products	12	1			0
木材加工及木、竹、藤、棕、草制品业	Timber Processing, Bamboo, Cane, Palm Fiber & Straw Products	50	26			0
家具制造业	Furniture Manufacturing	3	1			0
造纸及纸制品业	Paper-making & Paper Products	44	68			0
印刷业和记录媒介的复制	Printing & Record Pressing	4	1			0
文教体育用品制造业	Cultural, Educational & Sports Goods	2				

7-9 续表 1 continued

行 业	Sector	煤油消费量(万吨) Kerosene Consumption (10 000 tons)	柴油消费量(万吨) Diesel Oil Consumption (10 000 tons)	燃料油消费量(万吨) Fuel Oil Consumption (10 000 tons)	天然气消费量(亿立方米) Natural Gas Consumption (100 million cu.m)	电力消费量(亿千瓦小时) Electricity Consumption (100 million kwh)
消费总量	**Total Consumption**	**8**	**739**	**20**	**44**	**1288**
农、林、牧、渔业	**Farming, Forestry, Animal Husbandry & Fishery**		**69**			**36**
工业	**Industry**	**0**	**95**	**20**	**37**	**1119**
采矿业	**Mining**	**0**	**71**	**1**		**78**
煤炭开采和洗选业	Coal Mining & Processing		58	1		39
石油和天然气开采业	Extraction of Petroleum & Natural Gas		1			7
黑色金属矿采选业	Mining & Dressing of Ferrous Metals	0	6			12
有色金属矿采选业	Mining & Dressing of Nonferrous Metals	0	4			11
非金属矿采选业	Mining & Dressing of Nonmetal Minerals	0	2	0		5
其他采矿业	Mining of Other Mineral		0			3
制造业	**Manufacturing**	**0**	**16**	**17**	**31**	**780**
农副食品加工业	Processing of Agricultural Side-line Food		2			7
食品制造业	Food Manufacturing		0	0		3
饮料制造业	Beverage Manufacturing		0			3
烟草制品业	Tobacco Products		0		0	1
纺织业	Textile Industry	0	0		0	2
纺织服装、鞋、帽制造业	Textile Products, Clothes, Shoes & Hats		0		0	1
皮革、毛皮、羽毛(绒)及其制品业	Leather, Furs, Down & Related Products		0			3
木材加工及木、竹、藤、棕、草制品业	Timber Processing, Bamboo, Cane, Palm Fiber & Straw Products	0	1			2
家具制造业	Furniture Manufacturing		0			0
造纸及纸制品业	Paper-making & Paper Products		0	0	0	2
印刷业和记录媒介的复制	Printing & Record Pressing		0			1
文教体育用品制造业	Cultural, Educational & Sports Goods					1

7-9 续表 2 continued

行业	Sector	能源消费总量（万吨标准煤）Total Energy Consumption (10 000 tons of SCE)	煤炭消费量（万吨）Coal Consumption (10 000 tons)	焦炭消费量（万吨）Coke Consumption (10 000 tons)	原油消费量（万吨）Crude Oil Consumption (10 000 tons)	汽油消费量（万吨）Gasoline Consumption (10 000 tons)
石油加工、炼焦及核燃料加工业	Petroleum Processing , Coke Products & Processing of Nuclear Fuel	285	1552	6	177	0
化学原料及化学制品制造业	Raw Chemical Materials & Chemical Products	2229	881	321		0
医药制造业	Medicine Manufacturing	98	108	1		0
化学纤维制造业	Chemical Fiber Manufacturing	2				
橡胶制品业	Rubber Products	17	0			0
塑料制品业	Plastic Products	50	66			0
非金属矿物制品业	Nonmetal Mineral Products	751	904	3		2
黑色金属冶炼及压延加工业	Smelting & Pressing of Ferrous Metals	3372	1608	1196		0
有色金属冶炼及压延加工业	Smelting & Pressing of Nonferrous Metals	973	900	14		0
金属制品业	Metal Products	20	11	0		0
通用设备制造业	Manufacturing of General-Purpose Equipment	23	18	0		0
专用设备制造业	Special Purposes Equipment Manufacturing	68	12	0		0
交通运输设备制造业	Transportation Equipment Manufacturing	8	2	0		0
电气机械及器材制造业	Electric Equipment & Machinery	6	2			0
信设备、计算机及其他电子设备制造业	Manufacturing of Telecommunications, Computer & Other Electronic Equipment	4	1			0
仪器仪表及文化、办公用机械制造业	Instruments, Meters, Cultural & Office Machinery					
工艺品及其他制造业	Handicrafts & Other Production	6	3	0		0
废弃资源和废旧材料回收加工业	Recovering of Abandoned Resource & Waste Materical	1	1	0		0
电力、燃气及水的生产和供应业	**Production & Supply of Electric Power, Gas & Water**	**1168**	**12454**		**8**	**2**
电力、热力的生产和供应业	Production & Supply of Electric Power & Heating Power	1079	12409		8	2
燃气生产和供应业	Production & Supply of Gas	74	46			0
水的生产和供应业	Production & Supply of Water	16	0			0
建筑业	**Construction**	**182**	**140**			**16**
交通运输、仓储及邮电通信业	**Transportation,Storage, Postal & Telecommunications Services**	**1170**	**220**			**131**
批发、零售业和住宿、餐饮业	**Wholesale，Retail Trade, Quarters & Catering**	**871**	**869**			**51**
其他	**Others**	**448**	**303**			**25**
生活消费	**Residential Consumption**	**1533**	**972**	**2**		**13**

7-9 续表 3 continued

行业	Sector	煤油消费量(万吨) Kerosene Consumption (10 000 tons)	柴油消费量(万吨) Diesel Oil Consumption (10 000 tons)	燃料油消费量(万吨) Fuel Oil Consumption (10 000 tons)	天然气消费量(亿立方米) Nat ural Gas Consumption (100 million cu.m)	电力消费量(亿千瓦小时) Electricity Consumption (100 million kwh)
石油加工、炼焦及核燃料加工业	Petroleum Processing , Coke Products & Processing of Nuclear Fuel	0	0			5
化学原料及化学制品制造业	Raw Chemical Materials & Chemical Products	0	1		28	275
医药制造业	Medicine Manufacturing		0			9
化学纤维制造业	Chemical Fiber Manufacturing					1
橡胶制品业	Rubber Products		0			4
塑料制品业	Plastic Products		0			0
非金属矿物制品业	Nonmetal Mineral Products	0	4	15	1	39
黑色金属冶炼及压延加工业	Smelting & Pressing of Ferrous Metals	0	4	1	0	197
有色金属冶炼及压延加工业	Smelting & Pressing of Nonferrous Metals	0	1	1	1	210
金属制品业	Metal Products		0	0	0	3
通用设备制造业	Manufacturing of General-Purpose Equipment	0	0	0	0	1
专用设备制造业	Special Purposes Equipment Manufacturing	0	0		1	6
交通运输设备制造业	Transportation Equipment Manufacturing	0	1		0	0
电气机械及器材制造业	Electric Equipment & Machinery	0	0			1
通信设备、计算机及其他电子设备制造业	Manufacturing of Telecommunications, Computer & Other Electronic Equipment		0		0	1
仪器仪表及文化、办公用机械制造业	Instruments, Meters, Cultural & Office Machinery					
工艺品及其他制造业	Handicrafts & Other Production		0	0	0	1
废弃资源和废旧材料回收加工业	Recovering of Abandoned Resource & Waste Materical		0			0
电力、燃气及水的生产和供应业	**Production & Supply of Electric Power, Gas & Water**		**8**	**1**	**6**	**261**
电力、热力的生产和供应业	Production & Supply of Electric Power & Heating Power		8	1	2	254
燃气生产和供应业	Production & Supply of Gas		0		4	3
水的生产和供应业	Production & Supply of Water		0			4
建筑业	**Construction**		**21**		**0**	**4**
交通运输、仓储及邮电通信业	**Transportation,Storage, Postal & Telecommunications Services**	**8**	**474**		**1**	**13**
批发、零售业和住宿、餐饮业	**Wholesale，Retail Trade, Quarters & Catering**		**56**		**0**	**21**
其他	**Others**		**14**		**0**	**27**
生活消费	**Residential Consumption**		**9**		**5**	**69**

7-10 能源生产弹性系数

Elasticity Ratio of Energy Production

年份 Year	能源生产比上年增长% Growth Rate of Energy Production over Preceding Year (%)	电力生产比上年增长% Growth Rate of Electricity Production over Preceding Year (%)	生产总值比上年增长% Growth Rate of Gross Domestic Product(GDP) over Preceding Year (%)	能源生产弹性系数 Elasticity Ratio of Energy Production	电力生产弹性系数 Elasticity Ratio of Electricity Production
1984	10.15	14.35	16.4	0.62	0.89
1985	20.49	15.69	18.2	1.15	0.91
1986	-0.99	39.54	5.9	-0.17	6.30
1987	4.20	13.76	9.0	0.47	1.53
1988	7.67	9.33	9.8	0.78	0.95
1989	19.36	11.12	2.7	7.17	4.12
1990	4.94	10.51	7.5	0.66	1.40
1991	8.77	11.31	7.5	1.17	1.51
1992	4.97	17.63	11.0	0.45	1.60
1993	13.22	5.82	11.7	1.13	0.50
1994	9.50	11.07	11.2	0.85	0.99
1995	16.22	6.61	10.1	1.61	0.65
1996	2.70	16.32	14.4	0.19	1.13
1997	12.32	5.62	10.8	1.14	0.52
1998	-6.25	2.39	10.7	-0.58	0.22
1999	-9.03	8.62	8.8	-1.03	0.98
2000	2.95	16.87	10.8	0.27	1.56
2001	28.64	5.98	10.6	2.68	0.56
2002	39.37	11.27	13.2	2.98	0.85
2003	27.99	25.05	17.6	1.59	1.42
2004	44.13	26.09	20.9	2.11	1.25
2005	22.43	31.01	23.8	0.94	1.30
2006	18.96	38.13	19.1	0.99	2.00
2007	19.86	30.36	19.2	1.03	1.58
2008	25.13	11.45	17.8	1.41	0.64
2009	20.17	4.96	16.9	1.19	0.29

7-11 能源消费弹性系数

Elasticity Ratio of Energy Consumption

年份 Year	能源消费比上年增长% Growth Rate of Energy Consumption over Preceding Year (%)	电力消费比上年增长% Growth Rate of Electricity Consumption over Preceding Year (%)	生产总值比上年增长% Growth Rate of Gross Domestic Product(GDP) over Preceding Year (%)	能源消费弹性系数 Elasticity Ratio of Energy Consumption	电力消费弹性系数 Elasticity Ratio of Electricity Consumption
1986	1.97	7.94	5.9	0.33	1.35
1987	5.95	9.70	9.0	0.66	1.08
1988	3.48	14.15	9.8	0.36	1.44
1989	10.03	13.95	2.7	3.71	5.17
1990	8.21	13.55	7.5	1.09	1.81
1991	3.37	3.87	7.5	0.45	0.52
1992	1.98	10.65	11.0	0.18	0.97
1993	4.74	39.43	11.7	0.41	3.37
1994	5.08	-17.23	11.2	0.45	-1.54
1995	16.22	-18.43	10.1	1.61	-1.82
1996	-3.80	49.76	14.4	-0.26	3.46
1997	17.96	4.68	10.8	1.66	0.43
1998	-7.25	-10.42	10.7	-0.68	-0.97
1999	5.66	24.91	8.8	0.64	2.83
2000	8.33	8.15	10.8	0.77	0.75
2001	13.10	9.22	10.6	1.24	0.87
2002	16.54	14.57	13.2	1.25	1.10
2003	27.41	26.89	17.6	1.56	1.53
2004	30.08	31.72	20.9	1.44	1.52
2005	26.81	24.67	23.8	1.13	1.04
2006	16.08	32.48	19.1	0.84	1.70
2007	13.87	31.11	19.2	0.72	1.62
2008	10.36	5.20	17.8	0.58	0.29
2009	8.82	5.52	16.9	0.52	0.33

主要统计指标解释

能源生产总量 指一定时期内全区一次能源生产量的总和，是观察全区能源生产水平、规模、构成和发展速度的总量指标。一次能源生产量包括原煤、原油、天然气、水电、核能及其他动力能(如风能、地热能等)发电量，不包括低热值燃料生产量、生物质能、太阳能等的利用和由一次能源加工转换而成的二次能源产量。

能源消费总量 指一定时期内全区物质生产部门、非物质生产部门和生活消费的各种能源的总和，是观察能源消费水平、构成和增长速度的总量指标。能源消费总量包括原煤和原油及其制品、天然气、电力，不包括低热值燃料、生物质能和太阳能等的利用。能源消费总量分为终端能源消费量、能源加工转换损失量和损失量三部分。

(1)终端能源消费量：指一定时期内全区生产和生活消费的各种能源在扣除了用于加工转换二次能源消费量和损失量以后的数量。

(2)能源加工转换损失量：指一定时期内全区投入加工转换的各种能源数量之和与产出各种能源产品之和的差额，是观察能源在加工转换过程中损失量变化的指标。

(3)能源损失量：指一定时期内能源在输送、分配、储存过程中发生的损失和由客观原因造成的各种损失量，不包括各种气体能源放空、放散量。

能源生产弹性系数 是研究能源生产增长速度与国民经济增长速度之间关系的指标。计算分式为：

能源生产弹性系数=能源生产总量年平均增长速度/国民经济年平均增长速度

国民经济年平均增长速度，可根据不同的目的或需要，用地区收入总值、地区生产总值等指标来计算，本年鉴是采用国内生产总值指标计算的。

电力生产弹性系数 是研究电力生产增长速度与国民经济增长速度之间关系的指标。一般来说，电力的发展应当快于国民经济的发展，也就是说电力应超前发展。计算公式为：

电力生产弹性系数=电力生产量年平均增长速度/国民经济年平均增长速度

能源消费弹性系数 是反映能源消费增长速度与国民经济增长速度之间比例关系的指标。计算公式为：

能源消费弹性系数=能源消费量年平均增长速度/国民经济年平均增长速度

电力消费弹性系数 反映电力消费增长速度与国民经济增长速度之间比例关系的指标。计算公式为：

电力消费弹性系数=电力消费量年平均增长速度/国民经济年平均增长速度

能源加工转换效率 指一定时期内能源经过加工、转换后，产出的各种能源产品的数量与同期内投入加工转换的各种能源数量的比率。它是观察能源加工转换装置和生产工艺先进与落后、管理水平高低等的重要指标。计算公式为：

能源加工转换效率=能源加工、转换产出量/能源加工、转换投入量×100%

Explanatory Notes on Main Statistical Indicators

Total Energy Production refers to the total production of primary energy by all energy producing enterprises in the autonomous region in a given period of time. It is a comprehensive indicator to show the capacity, scale, composition and development of energy production of the country. The production of primary energy includes that of coal, crude oil, natural gas, hydropower and elect recite generated by nuclear energy and other means such as wind power and geothermal power. However, it excludes the production of fuels of low calorific value, bio-energy, solar-energy and the secondary energy converted from the primary energy.

Total Domestic Energy Consumption refers to the total consumption of energy of various kinds by material production sectors, nonmaterial production sectors and households in the autonomous region in a given period of time. It is a comprehensive indicator to show the scale, composition and development of energy consumption. The total energy consumption includes that of coal, crude oil and their products, natural gas and electricity. However, it excludes the consumption of fuel of low calorific value, bio-energy and solar energy. Total domestic energy consumption can be divided into three parts:

(1) Final Energy Consumption: It refers to the total energy consumption by material production sectors. Non material production sectors and households in the autonomous region in a given period of time, but excludes the consumption in conversion o f the primary energy into the secondary energy and the loss in the process of energy conversion.

(2) Loss During the Process of Energy Conversion: It refers to the total input of various kinds of energy for conversion, minus the total output of various kinds of energy in the autonomous region in a given period of time. It is an indicator to show the loss that occurs during the process of energy conversion.

(3) Loss: It refers to the total of the loss of energy during the course of energy transport, distribution and storage and the loss caused by any objective reason in a given period of time. The loss of various kinds of gas due to gas discharges and stocktaking is excluded.

Elasticity Ratio of Energy Production is an indicator to show the relationship between the growth rate of energy production and the growth rat e of the national economy. The formula is:

Elasticity Ratio of Energy Production=Average Annual Growth Rate of Energy Production ÷ Average Annual Growth Rate of National Economy

The average annual growth rate of the national economy can be shown by the gross national product, gross domestic product and other indicators, depending upon the purposes or needs. The gross domestic product is used in calculation of the ratio in this chapter.

Elasticity Ratio of Electricity Production is an indicator to show the relations hip between the growth rate of electricity production and the growth rate of the national economy. Generally speaking, the growth rate of electricity production should be higher than that of the national economy. Its formula is:

Elasticity Ratio of Electricity Production = Average Annual Growth Rate of Electricity Production ÷ Average Annual Growth Rate of National Economy

Elasticity Ratio of Energy Consumption is an indicator to show the relationship between the growth rate of energy consumption and the growth r ate of the national economy. The formula is:

Elasticity Ratio of Energy Consumption=Average Annual Growth Rate of Energy Consumption ÷ Average Annual Growth Rate of National Economy

Elasticity Ratio of Electricity Consumption is an indicator to show the relation ship between the growth rate of electricity consumption and the growth rate of t he national economy. The formula is:

Elasticity Ratio of Electricity Consumption = Average Annual Growth Rate of Electricity ÷ Average Annual Growth Rate of National Economy

Efficiency of Energy Processing and Conversion refers to the ratio of the total output of energy products of various kinds after processing and conversion and the total input of energy of various kinds for processing and conversion in the same reference period. It is an important indicator to show the current conditions of energy processing and conversion equipment, production technique and management. The formula is:

Efficiency of Energy Processing and Conversion = Output of Energy After Processing and Conversion ÷ Input of Energy for Processing and Conversion×100%

八、财政

Government Finance

资料整理：包利军
Arranged By Bao Lijun

8-1 地方财政收支总额及增长速度

Local Government Revenue and Expenditures and Their Increase Rate

年份 Year	地方财政总收入 (万元) Local Government Revenue (10 000 yuan)	地方财政总支出 (万元) Local Government Expenditures (10 000 yuan)	增长速度(%) Incease Rate(%)	
			地方财政总收入 Local Government Revenue	地方财政总支出 Local Government Expenditures
1947	9	39		
1948	110	262	1122.2	571.8
1949	739	786	571.8	200.0
1950	5347	4562	623.5	480.4
1951	5376	6025	0.5	32.1
1952	13335	10280	148.0	70.6
1953	8657	13997	-35.1	36.2
1954	18503	18045	113.7	28.9
1955	21090	17489	14.0	-3.1
1956	27597	29032	30.9	66.0
1957	31385	26771	13.7	-7.8
1958	42764	64432	36.3	140.7
1959	70269	99357	64.3	54.2
1960	89917	122162	28.0	23.0
1961	49529	56471	-44.9	-53.8
1962	33590	37641	-32.2	-33.3
1963	38345	39952	14.2	6.1
1964	43219	49683	12.7	24.4
1965	45967	51808	6.4	4.3
1966	48455	59224	5.4	14.3
1967	40232	47949	-17.0	-19.0
1968	38882	41477	-3.4	-13.5
1969	27680	61706	-28.8	48.8
1970	44088	78582	59.3	27.3
1971	36543	90915	-17.1	15.7
1972	31314	97994	-14.3	7.8
1973	34123	114983	9.0	17.3
1974	26863	124842	-21.3	8.6
1975	27375	129157	1.9	3.5
1976	26587	138332	-2.9	7.1
1977	29339	140470	10.4	1.5

8-1 续表 continued

年 份 Year	地方财政总收入 (万元) Local Government Revenue (10 000 yuan)	地方财政总支出 (万元) Local Government Expenditures (10 000 yuan)	增长速度(%) Incease Rate(%)	
			地方财政总收入 Local Government Revenue	地方财政总支出 Local Government Expenditures
1978	69046	186888	135.3	33.0
1979	45553	210416	-34.0	12.6
1980	41284	183721	-9.4	-12.7
1981	41585	163506	0.7	-11.0
1982	51842	203074	24.7	24.2
1983	69891	228273	34.8	12.4
1984	84556	308604	21.0	35.2
1985	131789	341832	55.9	10.8
1986	160206	438955	21.6	28.4
1987	194326	455597	21.3	3.8
1988	241343	510137	24.2	12.0
1989	286679	558124	18.8	9.4
1990	329763	609023	15.0	9.1
1991	393966	666190	19.5	9.4
1992	390775	720731	-0.8	8.2
1993	561177	882773	43.6	22.5
1994	362969	928235	-35.3	5.1
1995	437028	1021780	20.4	10.1
1996	572571	1263825	31.0	23.7
1997	731774	1429118	27.8	13.1
1998	897747	1817593	22.7	27.2
1999	1008228	2128369	12.3	17.1
2000	1106808	2610629	9.8	22.7
2001	1173825	3359808	6.1	28.7
2002	1329097	4133327	13.2	23.0
2003	1627213	4710924	22.4	14.0
2004	2382753	6027524	46.4	27.9
2005	3350925	7346079	40.6	21.9
2006	5945874	9149716	77.4	24.6
2007	8354915	10823054	40.5	18.3
2008	11072700	14545732	32.5	34.4
2009	13777018	19268365	24.4	32.5

8-2 地方财政总收入占生产总值的比重
Local Government Revenue as Percentage to Gross Domestic Product

年 份 Year	地方财政总收入 (亿元) Local Government Revenue (100 million yuan)	生产总值 (亿元) Gross Domestic Products (100 million yuan)	地方财政总收入占生产总值的比重(%) Percentage of Local Government Revenue to GDP(%)
1949	0.07	5.37	1.4
1952	1.33	12.16	11.0
1953	0.87	15.57	5.6
1957	3.14	21.27	14.8
1962	3.36	25.12	13.4
1965	4.60	35.41	13.0
1970	4.41	39.17	11.3
1975	2.74	48.55	5.6
1978	6.90	58.04	11.9
1979	4.56	64.14	7.1
1980	4.13	68.40	6.0
1981	4.16	77.91	5.3
1982	5.18	93.22	5.6
1983	6.99	105.88	6.6
1984	8.46	128.20	6.6
1985	13.18	163.83	8.0
1986	16.02	181.58	8.8
1987	19.43	212.27	9.2
1988	24.13	270.81	8.9
1989	28.67	292.69	9.8
1990	32.98	319.31	10.3
1991	39.40	359.66	11.0
1992	39.08	421.68	9.3
1993	56.12	537.81	10.4
1994	36.30	695.06	5.2
1995	43.70	857.06	5.1
1996	57.26	1023.09	5.6
1997	73.18	1153.51	6.3
1998	89.77	1262.54	7.1
1999	100.82	1379.31	7.3
2000	110.68	1539.12	7.2
2001	117.38	1713.81	6.8
2002	132.91	1940.94	6.8
2003	162.72	2388.38	6.8
2004	238.28	3041.07	7.8
2005	335.09	3905.03	8.6
2006	594.59	4944.25	12.0
2007	835.49	6423.18	13.0
2008	1107.27	8496.20	13.0
2009	1377.70	9740.25	14.1

8-3 地方财政分项收入

Local Government Revenue by Source

单位：万元 (10 000 yuan)

年份 Year	地方财政总收入 Local Government Revenue	一般预算收入 General Budgetary Financial Revenue	#工商税收 Industrial and Commercial Tax	#契税和耕地占用税 Contract Tax and Tax on The Occupancy of Cultuvated Land	#企业所得税 Income Tax of Enterprises	#国有企业上缴利润 Payed Profits by State-owned Enterprises
1947	9	9			1	
1948	110	110			20	
1949	739	739	149		196	
1950	5347	5347	1852		1568	
1951	5376	5376	2266		1306	
1952	13335	13335	3744		5049	
1953	8657	8657	4507		2550	
1954	18503	18503	7725		5260	
1955	21090	21090	8549		6324	
1956	27597	27597	11797		9328	
1957	31385	31385	12535		9409	
1958	42764	42764	15174		17065	
1959	70269	70269	19237		39150	
1960	89917	89917	24690		52872	
1961	49529	49529	16531		24238	
1962	33590	33590	18027		7788	
1963	38345	38345	19929		9734	
1964	43219	43219	20196		12499	
1965	45967	45967	22577		13144	
1966	48455	48455	21712		16086	
1967	40232	40232	20303		9058	
1968	38882	38882	20537		7549	
1969	27680	27680	20168		1509	
1970	44088	44088	27399		6076	
1971	36543	36543	29455		-1820	
1972	31314	31314	31085		-5822	
1973	34123	34123	34954		-9309	
1974	26863	26863	34257		-16136	
1975	27375	27375	40295		-21044	
1976	26587	26587	43142		-25703	
1977	29339	29339	49579		-29193	

8-3 续表 continued

单位：万元 (10 000 yuan)

年 份 Year	地 方 财政总收入 Local Government Revenue	一般预算 收 入 General Budgetary Financial Revenue	#工商税收 Industrial and Commercial Tax	#契税和耕地占用税 Contract Tax and Tax on The Occupancy of Cultuvated Land	#企业所得税 Income Tax of Enterprises	#国有企业上缴利润 Payed Profits by State-owned Enterprises
1978	69046	69046	54486		3234	
1979	45553	45553	54648		-20749	
1980	41284	41284	58537		-26724	
1981	41585	41585	62493		-32579	
1982	51842	51842	71540		-35624	
1983	69891	69891	78370		-25171	
1984	84556	84556	86862		-20618	
1985	131789	131789	119871		36495	7429
1986	160206	160206	145866		37092	706
1987	194326	194326	176890		35797	9344
1988	241343	241343	214128		41206	11050
1989	286679	286679	261270		40045	3193
1990	329763	329763	278480		40954	17895
1991	393966	393966	299621		39320	16833
1992	390775	390775	335490		38992	12382
1993	561177	561177	511777		37311	9745
1994	362969	362969	261719		43005	4900
1995	437028	437028	278344		62222	4070
1996	572571	548777	339614		56853	5230
1997	731774	660777	415328		60554	5964
1998	897747	776654	492585		50815	12083
1999	1008228	865714	502477		80821	13766
2000	1106808	950320	546435		105983	12815
2001	1173825	994313	571829		151985	19489
2002	1329097	1128546	673679		90287	40610
2003	1627213	1387157	857381		71615	60521
2004	2382753	1967589	1220909		86995	147494
2005	3350925	2774553	1768690		193550	147758
2006	5945874	3433774	2183213	148893	272831	188849
2007	8354915	4923615	3342205	134741	419186	234394
2008	11072700	6506764	4401399	241064	592789	415549
2009	13777018	8508588	5263903	502465	748129	707123

注： 1.1984年以前企业所得税包括国有企业上缴利润和国有企业亏损补贴；

2.1994年以来地方财政收入为分税制财政体制统计口径。

a)Before 1984, Enterprises income tax including payed profits and planned subsidies for the losses of the state-owned enterprises;

b)Since 1994, Revenue of the local governments has been counted by the classification of the structure of the government finance.

8-4 地方财政支出及主要支出项目

Local Government Expenditures by Accounting Item

单位：万元 (10 000 yuan)

项目	Item	2008	2009
地方财政支出	**Local Government Expenditure**	**14545732**	**19268365**
一般公共服务	General Public Services	2433914	2952230
外交	Foreign Affairs	354	206
国防	National Defense	15909	32586
公共安全	Public Security	764478	969021
教育	Education	2064017	2434800
科学技术	Science and Technology	153634	180652
文化体育与传媒	Operating Expenses of Culture , Sports and Media	316243	473307
# 文化	Culture	122536	213578
新闻出版	News Published	12024	14352
社会保障和就业	Social Security and Employment	1915179	2749737
# 社会福利	Social Welfare	16252	25514
医疗卫生	Public Health	598205	1029385
环境保护	Environment Protection	796815	978972
城乡社区事务	City and Countryside Community Business	1704399	2100252
农林水事务	Expenses of Agriculture,Forestry,Water	1607177	2223599
交通运输	Transportation	493087	1328976
工业商业金融等事务	Operating Expenses of Industrial, Commercial & Finanial Departments	1253567	1373720
其他支出	Others	428754	440922

注：数据来自于自治区财政厅年度总决算报表，以下各表同。

a)Date are from final accounts report form of provincial finance department .The same as in the following tables.

8-5 财政用于科学技术的支出
Government Expenditure for Scientific and Technological

单位：万元 (10 000 yuan)

项目	Item	2008	2009
合计	**Total**	**153634**	**180652**
科学技术管理事务	Administrative Affairs of Scientific and Technological	12697	13897
基础研究	Basic Research	3511	4662
应用研究	Applied Research	10832	13449
技术研究与开发	Technological Research and Development	100019	105887
科技条件与服务	Condition and Service of Scientific and Technological	2883	3495
社会科学	Social Sciences	3434	3250
科学技术普及	Scientific and Technological Popularization	9587	10460
科技交流与合作	Scientific and Technological International Exchange and Cooperation	22	953
其他	Others	10649	24599

8-6 财政用于教育支出
Government Expenditure for Education

单位：万元 (10 000 yuan)

项目	Item	2008	2009
合计	**Total**	**2064017**	**2434800**
教育管理事务	Administrative Affairs of Education	41039	46500
普通教育	General Education	1634858	1865660
职业教育	Vocational Education	179514	250705
成人教育	Adult Education	364	372
广播电视教育	Radio and Television Education	3584	4307
特殊教育	Special Education	6794	10554
教师进修及干部继续教育	Teacher Further Education and Cadre Continuing Education	34693	44247
教育附加及基金支出	Education Surcharge and Fund Expenditure	136396	169681
其他	Others	26775	42774

8-7 财政用于社会保障和就业的支出

Government Expenditure for Social Security and Employment

单位：万元 (10 000 yuan)

项目	Item	2008	2009
合计	**Total**	**1915179**	**2749737**
社会保障和就业管理事务	Administrative Affairs of Social Security and Employment	54827	67393
民政管理事务	Administrative Affairs of Civil Affairs	35992	41811
财政对社会保险基金的补助	Subsidy of Social Insurance Fund from Government Finance	500725	547449
行政事业单位离退休	Expenditure for Retired Persons in Administrative Department	814536	961184
企业改革补助	Subsidy of Enterprise Reform	2987	99971
就业补助	Subsidy of Employment	93145	126327
抚恤	Pensions for Disable and Bereaved Families	43073	55823
退役安置	Retirement Places	33718	43557
社会福利	Social Welfare	16252	25514
残疾人事业	Disabled Persons Enterprise	11231	12517
城市居民最低生活保障	Receiving Minimum Living Allowance in Urban Area	168055	232949
其他城镇社会救济	Others Social Relief In Urban Area	9086	12563
自然灾害生活救助	Life Salvation of Natural Disaster	19540	27841
红十字事业	Red Cross	5809	5048
农村最低生活保障	Receiving Minimum Living Allowance in Rural Area	78938	124635
其他农村社会救济	Others Social Relief In Rural Area	16675	21569
其他	Others	10590	343586

8-8 财政用于农林水事务支出
Government Expenditure for Agriculture,Forestry and Water Conservation

单位：万元 (10 000 yuan)

项目	Item	2008	2009
合计	**Item**	**1607177**	**2223599**
农业	Agriculture	840362	1143959
林业	Forestry	184163	301569
水利	Water Conservation	354543	480684
南水北调	South-to-North Water Diversion	90393	
扶贫	Poverty Alleviation	128020	162966
农业综合开发	Comprehensive Agricultural Development	94002	126823
其他	Others	6087	7598

8-9 财政用于工业商业金融等事务支出
Government Expenditure for Industry,Trade and Financial

单位：万元 (10 000 yuan)

项目	Item	2008	2009
合计	**Total**	**1253567**	**1373720**
# 采掘业	Mining	34424	33204
制造业	Manufacturing	89796	79885
建筑业	Construction	20988	25014
电力	Production	34121	111150
信息产业	Information Industries	8847	8425
旅游业	Tourism	29155	45136
金融业	Financial Intermediation	7088	44151
安全生产	Production Safety	25255	18687

8-10 各项税收收入
Government Tax Revenue

单位：万元 (10 000 yuan)

年份 Year	税收总额 Total Tax	地方税收 Local Government Tax	工商税收 Industrial and Commercial Tax	农业各税 Agricultural and Related	企业所得税 Income Tax of Enterprises	税收总额占地方财政总收入比重(%) Percentage of Government Tax Revenue to Government Revenue(%)
1947	4	4	4		1	44.4
1948	69	69	26	43	20	62.7
1949	431	431	149	282	196	58.3
1950	3588	3588	1908	1680	1568	67.1
1951	2871	2871	2361	510	1306	53.4
1952	6544	6544	3856	2700	5049	49.1
1953	4981	4981	4546	450	2550	57.5
1954	12373	12373	7867	4544	5260	66.9
1955	14249	14249	8904	5370	6324	67.6
1956	17834	17834	12334	5512	9328	64.6
1957	21579	21579	16209	5550	9409	68.8
1958	25331	25331	19733	5598	17065	59.2
1959	29277	29277	22771	6506	39150	41.7
1960	34050	34050	27640	6410	52872	37.9
1961	23348	23348	18421	4297	24238	47.1
1962	24442	24442	19442	5000	7788	72.8
1963	27163	27163	21167	5996	9734	70.8
1964	29705	29705	22205	7500	12499	68.7
1965	31784	31784	25656	6128	13144	69.1
1966	31722	31722	24744	6978	16086	65.5
1967	30754	30754	23235	7519	9058	76.4
1968	30590	30590	23954	6636	7549	78.7
1969	25668	25668	20403	5265	1509	92.7
1970	37427	37427	27800	9627	6076	84.9
1971	37573	37573	29830	7743	-1820	102.8
1972	36369	36369	31524	4845	-5822	116.1
1973	42897	42897	35397	7500	-9309	125.7
1974	42330	42330	34726	7604	-16136	157.6
1975	47743	47743	40849	6894	-21044	174.4
1976	51665	51665	43677	7988	-25703	194.3
1977	57440	57440	50169	7271	-29193	195.8

8-10 续表 continued

单位：万元 (10 000 yuan)

年 份 Year	税收总额 Total Tax	地方税收 Local Government Tax	工商税收 Industrial and Commercial Tax	农业各税 Agricultural and Related	企业所得税 Income Tax of Enterprises	税收总额占地方财政总收入比重(%) Percentage of Government Tax Revenue to Government Revenue(%)
1978	60750	60750	55111	5639	3234	88.0
1979	63755	63755	57597	6158	-20749	140.0
1980	64858	64858	61190	3668	-26724	157.1
1981	71049	71049	65071	6022	-32579	170.9
1982	81872	81872	75171	6701	-35624	157.9
1983	89833	89833	82205	7628	-25171	128.5
1984	99926	99926	91152	8774	-20618	118.2
1985	130558	130558	119865	10688	36495	99.1
1986	155167	155167	145866	9432	37092	96.9
1987	187130	187130	176890	10483	35797	96.3
1988	228758	228758	214128	15117	41206	94.8
1989	317150	317150	261270	16397	40045	110.6
1990	342192	342192	278480	23565	40954	103.8
1991	355665	355665	299621	23181	39320	90.3
1992	363571	363571	335490	29712	38992	93.0
1993	540247	540247	511777	29736	37311	96.3
1994	631630	312432	261719	58722	43005	174.0
1995	672614	346184	278344	66469	60801	153.9
1996	870713	510884	339614	113751	57519	152.1
1997	988192	607219	415328	130023	61868	135.0
1998	1085216	670633	492585	127233	50815	120.9
1999	1144680	716021	502477	134371	80821	113.5
2000	1226549	777459	546435	126444	105983	110.8
2001	1315328	811744	571829	105819	151985	112.1
2002	1624794	885794	673679	121828	90287	122.2
2003	2018522	1065414	857381	136418	71615	124.0
2004	2704290	1440390	1220909	132486	86995	113.5
2005	4082530	2069822	1768690	107582	193550	121.8
2006	5118845	2606745	2183213	148893	272831	86.1
2007	6910357	3479057	3342205	134741	419186	82.7
2008	9210300	4644481	4401399	241064	592789	83.2
2009	11036736	5768306	5263903	502465	748129	80.1

注：1.农业各税包括农业税、牧业税、耕地占用税、农业特产税和契税。从2006年，农业各税不包括农业税、牧业税和农业特产税。

2.企业所得税中1985-1993年包括国有企业调节税，1994年以后包括地方金融企业所得税，2002年以后包括上划中央税收收入。

a)The agricultural and retail taxes include the agricultural tax, the animal husbandry tax, the tax on the use of cultivated land, the tax on special agricultural products and the contract tax.Since2006,the agricultural and retail taxes do not include the agricultural tax, the animal husbandry tax and the tax on special agricultural products

b)During the Years 1985 to 1993, the income tax levied on state-owned enterprises included the tax for adjusting income. Since 1994,it has also included the income tax levied on banking institutions.

主要统计指标解释

财政收入 指国家财政参与社会产品分配所取得的收入，是实现国家职能的财力保证。财政收入所包括的内容几经变化，目前主要包括：

(1)各项税收：包括增值税、营业税、消费税、土地增值税、城市维护建设税、资源税、城市土地使用税、印花税、个人所得税、企业所得税、关税、农牧业税和耕地占用税等。

(2)专项收入：包括征收排污费收入、征收城市水资源费收入、教育费附加收入等。

(3)其他收入：包括基本建设贷款归还收入、基本建设收入、捐赠收入等。

(4)国有企业计划亏损补贴：这项为负收入，冲减财政收入。

财政支出 国家财政将筹集起来的资金进行分配使用，以满足经济建设和各项事业的需要，主要包括：

(1)基本建设支出：指按国家有关规定，属于基本建设范围内的基本建设有偿使用、拨款、资本金支出以及经国家批准对专项和政策性基建投资贷款，在部门的基建投资额中统筹支付的贴息支出。

(2)企业挖潜改造资金：指国家预算内拨给的用于企业挖潜、革新和改造方面的资金。包括各部门企业挖潜改造资金和企业挖潜改造贷款资金，为农业服务的县办“五小”企业技术改造补助，挖潜改造贷款利息支出。

(3)地质勘探费用：指国家预算用于地质勘探单位的勘探工作费用，包括地质勘探管理机构及其事业单位经费、地质勘探经费。

(4)科技三项费用：指国家预算用于科技支出的费用，包括新产品试制费、中间试验费、 重要科学研究补助费。

(5)支援农村生产支出：指国家财政支援农村集体(户)各项生产的支出。包括对农村举办的小型农田水利和打井、喷灌等的补助费，对农村水土保持措施的补助费，对农村举办的小水电站的补助费，特大抗旱的补助费，农村开荒补助费，扶持乡镇企业资金，农村农技推广和植保补助费，农村草场和畜禽保护补助费，农村造林和林木保护补助费，农村水产补助费，发展粮食生产专项资金。

(6)农林水利气象等部门的事业费用：指国家财政用于农垦、农场、农业、畜牧、农机、林 业、森工、水利、水产、气象、乡镇企业的技术推广、良种推广(示范)、动植物(畜禽、森 林)保护、水质监测、勘探设计、资源调查、干部训练等项费用，园艺特产场补助费，中等专业学校经费，飞播牧草试验补助费，营林机构、气象机构经费，渔政费以及农业管理事业费等。

(7)工业交通商业等部门的事业费：指国家预算支付给工交商各部门用于事业发展的经费， 包括勘探设计费、中等专业学校经费、技术学校经费、干部训练费。

(8)文教科学卫生事业费：指国家预算用于文化、出版、文物、教育、卫生、中医、公费医疗、体育、档案、地震、海洋、通讯、电影电视、计划生育、党政群干部训练、自然科学、 社会科学、科协等项事业的经费支出和高技术研究专项经费。主要包括工资、补助工资、福利费、离退休费、助学金、公务费、设备购置费、修缮费、业务费、差额补助费。

(9)抚恤和社会福利救济费：指国家预算用于抚恤和社会福利救济事业的经费。包括由民政部门开支的烈士家属和牺牲病残人员家属的一次性、定期抚恤金，革命伤残人员的抚恤金，各种伤残 补助费，烈军属、复员退伍军人生活补助费，退伍军人安置费，优抚事业单位经费，烈士纪念建筑物管理、维修费，自然灾害救济事业费和特大自然灾害灾后重建补助费等。

(10)行政事业单位离退休支出：指实行归口管理的行政事业单位离退休经费。

(11)社会保障补助支出：指国家预算用于社会保障的补助支出，包括对社会保障基金的补助、促进就业补助、国有企业下岗职工补助、补充全国社会保障基金等。

(12) 国防支出：指国家预算用于国防建设和保卫国家安全的支出，包括国防费、国防科研事业费、民兵建设以及专项工程支出等。

(13)行政管理费：包括行政管理支出，党派团体补助支出，外交支出、公安安全支出，司法 支出、法院支出，检察院支出和公检法办案费用补助。

(14) 政策性补贴支出：指经国家批准，由国家财政拨给的政策性补贴支出。主要包括粮、棉、油差价补贴，平抑物价和储备糖补贴，农业生产资料价差补贴，粮食风险基金，副食品风险基金，地方煤炭风险基金等。

(15)债务利息支出：指国家预算中用于偿还国内外债务利息的支出。

中央财政收入和地方财政收入 指按财政体制划分的中央本级收入和地方本级收入。1994 年分税制财政体制以后，属于中央财政的收入包括关税、海关代征消费税和增值税，消费税，中央企业所得税，地方银行和外资银行及非银行金融企业所得税，铁道、银行总行、保险总公司等集中缴纳的营业税、所得税、利润和城市维护建设税，增值税的 75%部分，证券交易税(印花税)94%部分和海洋石油资源税。属于地方财政的收入包括营业税，地方企业所得税，个人所得税，城镇土地使用税，固定资产投资方向调节税，城镇维护建设税，房产税，车船使用税，印花税、屠宰税，农牧业税，农业特产税，耕地占用税，契税，增值税 25%部分，证券交易税(印花税)6%部分和除海洋石油资源税以外的其他资源税。

中央财政支出和地方财政支出 指根据政府在经济和社会活动中的不同职责，划分中央和地方政府的责权，按照政府的责权划分确定的支出。中央财政支出包括国防支出，武装警察部队支出，中央级行政管理费和各项事业费，重点建设支出以及中央政府调整国民经济结构、协调地区发展、实施宏观调控的支出。地方财政支出主要包括地方行政管理和各项事业费，地方统筹的基本建设、技术改造支出，支援农村生产支出，城市维护和建设经费，价格补贴支出等。

预算外资金收支 预算外资金指国家机关、事业单位和社会团体为履行或代行政府职能，依据国家法律、法规和具有法律效力的规章而收取、提取和安排使用 的未纳入国家预算管理的各种财政性资金。其范围主要包括：法律、法规规定的行政事业性收费、基金和附加收入等；国务院或省级人民政府及其财政、计划(物价)部门审批的行政事业性收费；国务院及财政部审批建立的基金、附加收入等；主管部门所属单位集中上缴资金 ；用于乡镇政府开支的乡自筹和乡统筹资金；其他末纳入预算管理的财政性资金。社会保障基金在国家财政尚未建立社会保障预算制度以前，先按预算外资金管理制度进行管理，专款 专用。财政部门在银行开设统一的专户，用于预算外资金收入和支出管理。部门和单位的预算外收入必须上缴同级财政专户，支出由同级财政按预算外资金收支计划和单位财务收支计划统筹安排，从财政专户中拨付，实行收支两条线管理。

Explanatory Notes on Main Statistical Indicators

Government Revenue refers to the revenue of the government finance by means of participating in the distribution of the social products, which are the financial resources for ensuring the government to function. The contents of government revenue have been changed several times. Now it includes the following main items:

(1) Various tax revenues, including value added tax, business tax, consumption tax, land value added tax, tax on city maintenance and construction, resources tax, tax on use of urban land, stamp tax, personal income tax, enterprise income tax, tariff, tax on agriculture and animal husbandry and tax on occupancy of cultivated l and, etc.

(2) Special revenues, including revenue collected from imposing fee on sewage treatment, revenue collected from imposing fee on urban water resources, and extra charges for education, etc.

(3) Other revenues, including revenue from the repayment of capital construction l loan, revenue from capital construction projects, and donations and grants.

(4) Planned subsidies for the losses of the state owned enterprises. This is s an item of negative revenue, used to eat up part of the government revenue.

Government Expenditure refers to the distribution and use of the funds the government finance has raise d, so as to meet the needs of economic construction and various causes. It include s the following main items:

(1) Expenditure for capital construction: It refers to the non gratuitous use and appropriation of funds for capital construction in the range of capital construction, outlay of capital as well as the loans on capital construction approved by the government for special purpose or policy purpose and the expenditure with discount paid in an overall way within the amount of the funds appropriated to the departments for capital construction.

(2) Innovation funds of the enterprises: They refer to the funds appropriated from the government budget for the enterprises to tap the latent power, upgrade the technology and carry out innovation, including the innovation fund of the departments, loan of the enterprises for innovation, subsidies on the innovation of the small fertilizer plant, small cement plant, small coal mines, small machinery plant and small steel plant, the expenditure of interest for the loan for innovation.

(3) Geological prospecting expenses: They refer to the expenses appropriated from the government budget to the geological prospecting units for the expenditure of the prospecting work, including the expenditures of the administrative agencies for geological prospecting and their institutional units as well as the geologic al prospecting expenditure.

(4) Expenditures for science and technology promotion: They refer to the expense s appropriated from the government budget for the scientific and technological expenditure, including new products development expenditure, expenditure for intermediate trial and subsidies on important scientific researches.

(5) Expenditure for supporting rural production: It refers to the expenditures appropriated from the government budget for supporting the various expenditures of the rural collective units or households for production, including the subsidies to the small water conservancy projects and well drilling, sprinkling irrigation projects run by the villages; subsidies on the rural water and soil conserving measures; subsidies to the small power stations run by the villages; subsidies to the expenditure for fighting against particularly severe draughts; subsidies on the rural was the land exclamation; fund for supporting the township enterprises; subsidies to the expenditure for popularization of the agricultural technologies and plant protection in the rural areas; subsidies to the expenditure for the protection of grasslands and cattle and fowls; subsidies on afforestation and forest protection in rural areas; subsidies on the rural aquatic products industry; special fund for developing grain production.

(6) Operating expenses of the departments of farming, forestry, water conservancy and meteorology etc. : They refer to the expenses appropriated from the government budget for the expenditures of agricultural exclamation, farms, agriculture, animal husbandry, agricultural machinery, forestry, timber industry, water conservancy, aqua tic products industry, meteorology, technology popularization in township enterprises, popularization (demonstration) of improved varieties, plant (cattle and fowls, forest) protection, water quality monitoring, prospecting and designing, resources investigation, cadres training, subsidies to horticulture gardens, expenditure of specialized secondary schools, subsidies on the experiments of sowing herbage seeds by flights, expenditures of afforestation agencies and meteorology agencies, expenses for fishery administration and operating expenses for agricultural administration, etc.

(7) Operating expenses of the departments of industry, transport and commerce: They refer to the expenses appropriated from the government budget to the departments of industry, transport and commerce for the expenditure of business development, including expenses for prospecting and designing, expenditures of specialized

secondary schools, expenditures of the technical training schools and expenditures or cadres training, etc.

(8) Operating expenses of the departments of culture, education, science and public health: They refer to the expenses appropriated from the government budget for t he expenditures of the causes of culture, publication, cultural relics, education, public health, traditional Chinese medical science, free medical services, sports, archives, earthquake, ocean, communications, broadcasting, film and television, family planning; expenditure for training of cadres of government, party and mass organization; expenditures for natural sciences, social sciences, associations for science and technology and the special expenditure for the high tech researches. They include mainly wages, extra wages, welfare funds, pension for the retirees, stipend, expenses for official business, expenses for equipment purchases, expenses for repairs, business expenses and subsidies to the un its which are unable to support their expenditures by their own earnings.

(9) Pension for the disabled or for the families of the bereaved and relief funds for social welfare: They refer to the funds appropriated from the government bud get for the expenditures of pension for the disabled or for the families of the bereaved and relief funds for social welfare, including the lump sum or regular pension paid by the departments of civil affairs to the members of martyrs families and families of those who died for the public interest, pension to the revolutionary disabled, subsidies for permanent disability of various kinds, subsidies to the military martyrs dependents and the demobilized servicemen, expenditure for settling down the demobilized servicemen, operating expenses of the consoling institutions, expenses for management and repair of the commemorative buildings for the martyrs, the expenses managed by the departments of civil affairs for the retirees and those who have quitted their work, expenses for social relief in rural and urban areas, operating expenses for providing relief to the areas of natural calamity and subsidies on the reconstruction after the particularly severe natural calamities, etc.

(10) Expenditures on retiree : It refers to the expenditures of government agencies and institutions that covered by the state budget.

(11) Expenditures on subsidies to social security system: It refers to expenditure from the state budget for subsidies to the social insurance fund, subsidies to promoting employment, subsidies to laid-off workers of state-owner enterprises, supplement to national social security funds, etc.

(12) Expenditures for national defence: They refer to the funds appropriated from the government budget for the expenditures for building up national defence and safeguarding national security, including expenses of national defence, expenses o f scientific researches on national defence, expenses for building up people's militia and expenditure for special projects, etc.

(13) Administrative expenses: They include expenditure for administration, subsidies to the parties and mass organizations, diplomatic expenditure, expenditure for public security, judicial expenditure, law court expenditure, procuratorial expenditure and subsidies to the expenses for treating the cases by the public security departments, procuratorial organs and law courts.

(14) Expenditure for price subsidies: It refers to the expenditure appropriated, with the approval of the government, from the government budget for the policy subsidies to price adjustment, including the fund for the increase of grain prices, the subsidies to the difference between the selling prices and purchasing prices o f grains, cotton and edible oil, awards in addition to the purchasing prices of cotton, risk fund for non staple food, subsidies on the prices of meat and meat products, subsidies on the price difference for curbing the high market prices of meat, meat products and vegetables and the subsidies approved by the government on the prices of textbooks and newsprint of newspapers and periodicals.

(15) Expenditure on interest of debts: It refers to expenses from the state budget on paying interest of domestic and foreign debts.

Revenue of the central government and revenue of the local governments In accordance with the classification of the structure of the government finance in 1994 on the basis of the classification of channels for collection of tax revenues, the revenue of the central government and the revenue of the local governments have different coverage. The revenue of the central government includes tariff, consumption tax and value added tax levied by the customs, consumption tax, income tax of the enterprises subordinate to the central government, income taxes of the local banks, foreign funded banks and non bank financial institutions, business tax, income tax and profits of railways, head offices of banks, head office of insurance company, which are handed over to the government in a centralized way, tax on city maintenance and construction, 75% of the value added tax, tax on ocean petroleum resources, 94% of the tax on stock dealing (stamp tax) . The revenue of the local governments includes business tax, income tax of the enterprises subordinate to the local government, personal income tax, tax on the use of urban land, tax on the adjustment of the investment in fixed assets, tax on town maintenance and construction, tax on real estates, tax on the use of vehicles and ships, stamp tax, slaughter tax, tax on agriculture and animal husbandry, tax on special agricultural products, tax on the occupancy of cultivated land, contract tax, 25% of the value added tax, 6% of the tax on stock dealing(stamp tax) and tax on resources other than the ocean petroleum resources.

Expenditure of the central government and expenditure of the local governments according to the different functions of the central government and local governments in the economic and social activities, the rights of affairs administration are classified between the central government and local governments; and the classification of the expenditure between the central government and local governments are made on the basis of the classification of the rights of affairs administration between them. The expenditure of the central government includes the expenditure for national defence, expenditure for armed police forces, the administrative expenses and various operating expenses at the level of central government, expenditure for key projects and the expenditure of the central government for adjusting the national economic structure, coordinating the development among different regions and exercising the macro economic regulation and control. The expenditure of the local governments includes mainly the administrative expenses and various operating expenses at the level of local governments, the expenditure for capital construction and technological innovation with the funds raised by the local government, expenditure for supporting rural production, expenditure for city maintenance and construction and expenditure for price subsidies, etc.

Extra-budgetary revenue and expenditure Extra-budgetary fund refers to financial fund of various types not covered by the regular government budgetary management, which is collected, allocated or arranged by government agencies, institutions and social organizations while performing duties delegated to them or on behalf o f the government in accordance with laws, rules and regulations. It mainly covers following items: administrative and institutional fees, funds and extra charges that are stipulated by laws and regulations; administrative and institutional fees approved by the State Council and provincial governments and their financial and planning (price management) departments; funds and extra charges established by the State Council and the Ministry of Finance; funds turned over to competent departments by their subordinate institutions; self raised and collected funds by township governments for their own expenditure; and other financial funds that a re not covered in budgetary management. Social security funds are treated as extra budget fund and managed for its exclusive use, given the circumstance that separate government budgetary system for social security is yet to be designed. Special accounts are opened by the financial departments in banks for the management of revenue and expenditure of extra budgetary fund. Extra budgetary revenue and expenditure is managed separately, namely, revenue of institutions and departments must enter into the special accounts of the financial department s at the same administrative level, and their extra budgetary expenditure is arranged in line with the extra budget plans and appropriated from these accounts.

九、物价指数

Price Indices

资料整理：浩毕斯　赵桂梅　张宝明　刘世友　杨月梅　郭　松
Arranged By Hao Bisi , Zhao Guimei , Zhang Baoming , Liu Shiyou , Yang Yuemei , Guo Song

9-1 各种价格总指数
General Price Indices

(上年=100) (preceding year=100)

年 份 Year	居民消费价格指数 General Consumer Price Index	城市居民消费价格指数 Urban Areas	农村居民消费价格指数 Rural Areas	商品零售价格指数 General Retail Price Index	农产品收购价格指数 General Purchasing Price Index of Farm Products	农村工业品零售价格指数 General Rural Retail Price Index of Industrial Products	工农业商品综合比价指数 General Price Parity Index of Industrial & Farm Products
1952		110.7		109.4	100.1	109.8	109.7
1953		104.7		103.2	113.3	102.2	90.2
1957		97.8		99.3	105.1	98.3	93.5
1962		104.9		108.2	101.7	107.9	106.1
1965		98.6		99.6	99.1	98.1	99.0
1970		100.4		100.1	101.1	100.4	99.3
1975		101.4		100.7	101.8	99.5	98.0
1978		101.5		101.0	101.6	100.0	98.8
1979		102.3		101.9	120.2	99.6	82.9
1980		106.1		105.5	112.0	100.4	89.6
1981		101.9		101.8	106.3	100.9	94.9
1982		101.7		101.7	99.9	101.4	101.5
1983		101.2		101.0	101.6	100.9	99.3
1984	104.0	104.9	102.2	104.4	106.9	103.6	96.9
1985	109.3	108.9	110.0	108.5	113.5	103.9	91.5
1986	105.2	105.5	104.5	105.0	114.1	103.1	90.4
1987	107.8	108.5	106.0	108.1	118.6	105.7	89.1
1988	116.3	117.0	115.0	116.3	124.6	114.3	91.7
1989	115.7	114.7	118.3	115.9	105.1	117.9	112.2
1990	102.3	101.8	103.4	102.9	95.2	107.0	112.4
1991	104.6	106.0	102.5	104.5	95.0	103.4	108.8
1992	107.4	108.7	103.9	106.8	104.0	102.4	98.5
1993	114.1	114.7	112.5	112.5	115.5	110.5	95.7
1994	122.9	124.3	121.3	119.6	144.6	116.7	80.7
1995	117.5	117.1	118.0	116.8	124.7	112.8	90.5
1996	107.6	107.5	107.7	105.8	96.3	105.8	109.9
1997	104.5	104.6	104.3	102.3	94.9	102.7	108.2
1998	99.3	99.3	99.2	98.1	97.3	99.0	101.7
1999	99.8	100.3	99.1	97.7	93.8	97.3	103.7
2000	101.3	101.3	101.2	98.8	99.7	99.6	99.9
2001	100.6	100.6	100.5	100.0	105.7	99.4	94.0
2002	102.3	100.8	105.4	99.4	99.0	99.3	100.3
2003	102.2	101.5	103.5	99.6			
2004	102.9	102.5	103.9	102.7			
2005	102.4	102.0	103.3	101.5			
2006	101.5	101.3	102.0	101.4			
2007	104.6	104.3	105.2	103.6			
2008	105.7	105.4	106.3	104.7			
2009	99.7	99.7	99.8	99.5			

注：工农业商品综合比价指数是以农产品收购价格指数为100，下表同。

a)The general purchasing price index of farm products is taken as 100 in calculating the general price parity index of industrial and farm products.The same as in the following table.

9-2 居民消费价格分类指数(2009年)
Consumer Price Indices by Category(2009)

(上年=100) (preceding year=100)

项目	Item	全区 Autonomous Regional Indices	城市 Urban Indices	农村 Rural Indices
居民消费价格总指数	**General Consumer Price Index**	**99.7**	**99.7**	**99.8**
非食品价格指数	Non-food Price Index	99.1	98.7	99.6
服务项目价格指数	Service Index	99.0	98.1	100.5
扣除鲜菜鲜果总指数	General Index Except Fresh Vegetables & Fruits	99.2	99.0	99.4
消费品价格指数	Consumer Goods Price Index	99.9	100.1	99.7
食品	**Food**	**101.3**	**101.8**	**100.6**
粮食	Grain	106.5	108.0	105.0
# 大米	Rice	108.4	111.0	105.5
面粉	Flour	106.4	107.6	105.2
淀粉	Starches	98.1	101.4	95.6
干豆类及豆制品	Bean and Its Products	100.9	100.2	101.5
油脂	Oil or Fat	84.8	86.2	82.7
# 食用植物油	Edible Vegetable Oil	84.4	85.6	82.8
肉禽及其制品	Meal, Poultry and Their Products	92.9	92.4	93.5
食用畜肉及副产品	Meal and Its Products	90.3	89.4	91.3
# 猪肉	Pork	78.5	79.0	77.8
牛肉	Beef	100.3	99.3	101.7
羊肉	Mutton	101.5	101.0	102.0
禽	Poultry	99.2	99.3	99.1
加工肉禽	Products of Meal and Poultry	101.2	100.6	102.4
蛋	Eggs	101.9	101.8	102.0
水产品	Aquatic Products	98.0	98.9	96.2
鱼	Fish	95.5	95.8	94.9
其它水产品	Other Aquatic Products	106.1	107.8	101.6
菜	Vegetables	112.4	112.7	112.1
调味品	Flavoring	101.5	101.4	101.6
# 盐	Salt	100.4	101.9	99.6
糖	Carbohydrate	100.2	101.5	98.9
# 食糖	Sugar	98.5	102.9	94.7
糖果	Candy	100.8	99.5	101.6
茶及饮料	Tea and Beverages	101.7	101.6	101.9
茶叶	Tea	102.0	100.5	103.1
饮料	Beverages	101.6	101.9	100.9
干鲜瓜果	Dried and Fresh Melon and Fruits	107.4	111.1	103.2

9-2 续表 1 continued

(上年=100) (preceding year=100)

项目	Item	全区 Autonomous Regional Indices	城市 Urban Indices	农村 Rural Indices
# 鲜瓜果	Fresh Fruits	107.2	111.0	103.0
糕点饼干	Cake & Biscuit	101.7	101.8	101.4
液体乳及乳制品	Milk and Its Products	100.6	100.7	100.5
# 杀菌或消毒奶	Sterilized or Disinfected Milk	99.2	99.4	98.4
奶粉	Milk Powder	102.9	102.9	102.9
在外用膳食品	Outdoor Food	102.1	101.8	102.7
# 主食	Staple Food	100.8	100.7	101.0
炒菜	Fried Dishes	101.2	100.8	102.2
其它食品	Other Food	101.5	100.6	102.9
烟酒及用品	**Tobacco and Liquor and Articles for Them**	**100.8**	**101.3**	**100.3**
烟草	Tobacco	100.0	100.4	99.7
# 国产卷烟	Cigarette Made in China	99.9	100.2	99.7
酒	Alcoholic Drink	101.9	103.0	101.0
# 白酒	Liquor	102.4	104.2	101.0
啤酒	Beer	101.3	101.2	101.3
吸烟饮酒用品	Articles for Smoking and Drinking	99.6	99.2	100.3
衣着	**Clothing**	**99.7**	**99.6**	**99.8**
服装	Garments	99.6	99.5	99.8
男式服装	Men's Garment	99.9	99.6	100.4
女式服装	Women's Garment	99.3	99.3	99.2
儿童服装	Children's Garment	100.4	100.8	100.1
衣着材料	Clothing Material	99.6	99.9	99.5
# 棉布	Cotton Cloth	100.2	99.9	100.3
化纤布	Chemical Fiber Cloth	100.0	99.9	100.0
毛线	Wool	97.8	99.7	96.6
鞋袜帽	Footwear and Hats	99.5	99.6	99.4
鞋	Shoes	99.3	99.5	99.0
袜子	Socks and Stockings	100.4	99.5	101.0
帽子	Hats	100.4	100.1	100.6
衣着加工服务费	Service Charges of Clothing Processing	104.1	104.0	104.3
家庭设备用品及维修服务	**Household Facilities and Repairing Services**	**99.3**	**99.3**	**99.3**
耐用消费品	Durable Consumer Goods	98.3	98.3	98.2
家具	Furniture	100.0	100.1	99.8
家庭设备	Household Facilities	97.4	97.2	97.6

9-2 续表 2 continued

(上年=100) (preceding year=100)

项目	Item	全区 Autonomous Regional Indices	城市 Urban Indices	农村 Rural Indices
# 洗衣机	Washing Machine	96.3	96.6	96.1
电冰箱(柜)	Refrigerator	97.8	96.8	99.0
电炊具	Electric Cooking Appliances	96.0	92.7	99.2
室内装饰品	Interior Decorations	99.6	99.8	99.4
床上用品	Bed Articles	97.9	97.9	98.0
家庭日用杂品	Daily Use Household Articles	100.5	100.4	100.7
家庭服务及加工维修服务	Family Service and Repairing Service	103.2	104.0	102.4
医疗保健和个人用品	**Medicine & Medical Articles and Personal Necessities**	**101.0**	**100.7**	**101.5**
医疗保健	Medical and Health Care	100.7	100.7	100.8
医疗器具及用品	Medical Appliances and Articles	100.9	103.2	100.3
中药材及中成药	Traditional Chinese Medicine	102.6	103.0	102.0
西药	Western Medicine	100.2	100.0	100.5
保健器具及用品	Health Care Appliances and Articles	100.0	100.0	100.0
医疗保健服务	Medical and Health Care Services	100.0	100.0	100.0
# 挂号费	Registration Fee	100.0	100.0	100.0
手术费	Operation Fee	100.0	100.0	100.0
住院费	Hospitalization Expenses	100.0	100.0	100.0
个人用品及服务	Personal Necessities and Services	101.6	100.8	102.8
化妆美容用品	Cosmetic and Beauties	100.2	100.3	100.2
清洁化妆用品	Articles for Daily Use	100.9	100.8	100.9
个人饰品	Personal Decorations	97.6	97.3	98.1
个人服务	Personal Services	107.7	104.2	112.2
交通和通讯	**Transportation and Communication**	**97.2**	**97.1**	**97.3**
交通	Transportation	98.9	99.2	98.5
交通工具	Means of Transportation	97.8	98.6	97.2
# 摩托车	Motor	96.7	99.0	95.5
自行车	Bike	100.2	100.0	100.3
轿　车	Automobile	96.7	95.6	98.7
车用燃料及零配件	Fuel and Spares of Vehicles	97.2	97.6	96.9
# 汽油	Gasoline	96.1	97.0	95.2
柴油	Diesel Oil	95.5	95.9	95.3
车辆使用及维修费	Utilize and Repair Costs of Vehicles	99.6	99.2	100.5

9-2 续表 3 continued

(上年=100) (preceding year=100)

项目	Item	全区 Autonomous Regional Indices	城市 Urban Indices	农村 Rural Indices
市区公共交通费	Public Traffic in City	100.1	100.0	100.3
#公共汽车票	Bus Ticket	100.0	100.0	100.0
出租汽车	Taxi	100.0	100.0	99.8
城市间交通费	Traffic between Cities	101.0	100.1	101.6
#火车票	Train Ticket	100.0	100.0	100.0
长途汽车	Long Distance Bus	102.3	101.0	103.0
通信	Communication	95.2	95.4	94.8
通信工具	Means of Communication	81.6	81.5	81.9
通信服务	Service of Communication	100.0	99.9	100.2
娱乐教育文化用品及服务	**Recreation, Education and Culture Articles & Services**	**98.7**	**97.9**	**99.9**
文娱用耐用消费品及服务	Durable Consumer Goods for Recreation Use and Service	91.1	88.6	94.6
#电视机	Television	85.6	83.5	89.3
激光视盘机	Video Disc Player	93.6	89.2	96.9
照相机	Camera	95.8	94.7	97.5
电　脑	Computer	90.8	88.7	96.0
教育	Education	100.7	100.2	101.4
教材及参考书	Teaching Materials and Reference Books	101.2	100.1	102.5
学杂托幼费	Tuition and Child Care	100.6	100.2	101.2
文化娱乐类	Cultural and Recreational Articles	101.4	101.8	100.7
文化娱乐用品	Culture and Recreation	100.0	99.9	100.2
书报杂志	Newspapers and Magazines	104.8	107.0	101.8
文娱费	Recreational Fee	101.0	101.2	100.4
旅游	Tourism	98.9	97.6	101.4
居住	**Residence**	**98.0**	**97.2**	**99.3**
建房及装修材料	Housing and Building Decoration Material	101.9	102.4	101.5
#木材	Wood	101.3	102.5	100.6
水泥	Cement	104.0	107.5	102.4
涂料	Paint	101.5	101.3	101.7
玻璃	Glass	104.3	106.0	102.5
租房	Rent	101.9	101.3	103.9
自有住房	Individual-own House	87.5	83.9	93.2
水、电、燃料	Water, Electricity and Fuels	100.9	101.3	100.3
#水	Water	101.5	102.4	100.0
电	Electricity	100.0	100.0	100.0

9-3 商品零售价格分类指数(2009年)

Retail Price Indices by Category of Commodities(2009)

(上年=100) (preceding year=100)

项 目	Item	全区 Autonomous Regional Indices	城市 Urban Indices	农村 Rural Indices
商品零售价格指数	**General Retail Price Index**	**99.5**	**99.4**	**99.6**
食品	**Food**	**101.4**	**101.7**	**100.7**
粮食	Grain	106.7	107.8	104.9
淀粉	Starch	100.0	101.8	96.1
干豆类及豆制品	Dry Beans and Bean Products	99.9	99.3	101.0
油脂	Oil or Fat	85.4	87.2	81.7
肉禽及制品	Meal, Poultry	93.0	92.2	94.4
蛋	Eggs	102.2	102.2	102.1
水产品	Aquatic Products	97.2	97.3	97.1
菜	Vegetables	113.3	113.7	112.4
调味品	Condiments	101.8	101.8	101.8
糖	Sugar	100.7	100.8	100.5
干鲜瓜果	Dried and fresh Fruits	107.3	109.1	103.5
糕点饼干面包	Cake, Biscuits and Bread	101.7	101.7	101.7
液体乳及乳制品	Mike and Its Products	101.2	101.3	100.9
在外用膳食品	Out-of-home Food	102.2	101.8	103.2
其他食品	Other Food	101.3	100.8	102.9
饮料烟酒	**Beverages, Tobacco and Liquor**	**100.8**	**100.9**	**100.5**
茶及饮料	Tea and Beverages	101.1	100.7	101.7
烟草	Tobacco	100.0	100.1	99.8
酒	Liquor	101.5	101.9	100.9
服装鞋帽	**Garments, Shoes and Hats**	**99.4**	**99.3**	**99.6**
服装	Garments	99.7	99.6	99.8
鞋袜帽	Shoes, Sock and Cap	98.7	98.5	99.3
其他	Others	99.0	99.4	98.0
纺织品	**Textiled**	**98.8**	**99.0**	**98.5**
衣着材料	Material of Cloth	99.8	100.0	99.5
床上用品	Bedding	97.9	98.2	97.3
家用电器及音像器材	**Household Appliances**	**94.0**	**92.9**	**96.2**
文化办公用品	**Cultural and Office Goods**	**97.0**	**96.2**	**99.2**
日用品	**Articles for Daily Use**	**100.3**	**100.0**	**100.9**
体育娱乐用品	**Sports Entertainment Goods**	**99.7**	**99.4**	**100.1**
交通通信用品	**Transportation and communication**	**93.4**	**92.6**	**95.1**
家　具	**Furniture**	**99.3**	**99.1**	**99.8**
化妆品	**Cosmetics**	**101.3**	**101.2**	**101.5**
金银珠宝	**Jewelry**	**91.6**	**90.5**	**94.2**
中西药品及医疗保健用品	**Traditional Chinese and Western Medicines**	**101.1**	**101.1**	**101.0**
医疗器具及用品	Medical Appliances and Articles	102.2	103.1	100.4
中药材及中成药	Traditional Chinese Medicine	102.8	103.1	102.1
西药	Western Medicines	100.0	99.9	100.4
保健品及器具	Health Care Appliances and Articles	100.0	99.9	100.1
书报杂志及电子出版物	**Newspapers,Magazines and Electronic Publications**	**101.7**	**102.0**	**100.9**
燃料	**Fuels**	**100.5**	**100.7**	**99.8**
建筑材料及五金电料	**Building Materials and Hardwares**	**100.2**	**100.3**	**100.1**

9-4 主要农产品生产价格指数

Yielding Price Indices of Main Farm Products

(上年=100) (preceding year=100)

项 目	Item	2008	2009
总指数	**General Index**	**111.0**	**99.8**
农业产品	**Farm Products**	**106.9**	**102.9**
谷物(原粮)	Grain(Primary Grain)	108.4	100.3
小麦	Wheat	109.8	100.0
稻谷	Rice	98.8	103.3
玉米	Corn	108.6	99.9
杂粮	Other grain	110.7	102.1
马铃薯	Potatos	100.5	101.9
豆类	Legume	105.5	98.3
# 大豆	Soybean	110.8	96.0
油料	Edible Oil	114.7	97.3
甜菜	Sugar Beet	111.1	99.0
牧草	Herbage	110.9	72.0
蔬菜	Vegetables	99.2	122.7
水果	Fruits	104.5	122.6
中药材	Raw Material of Traditional Chinese Medicine	110.7	100.2
林业产品	**Forest Products**	**116.6**	**102.4**
畜牧业产品	**Livestock Products**	**115.9**	**95.8**
牛	Cattles	120.7	104.4
羊	Sheep and Goats	118.4	103.1
猪	Hogs	123.3	92.1
家禽	Poultry	114.2	100.5
禽蛋	Poultry's egg	102.7	101.8
牛奶	Milk	124.4	93.6
绵羊毛	Sheep's wool	95.1	86.0
山羊绒	Cashmere	80.4	86.6
渔业产品	**Fishing Products**	**111.1**	**99.0**

9-5 农业生产资料价格分类指数
Price Indices of Agricultural Means of Production by Category

(上年=100) (preceding year=100)

项 目	Item	2006	2007	2008	2009
总指数	**General Index**	**101.1**	**103.0**	**114.9**	**99.7**
小农具	Small Farm Tools	100.1	100.4	104.1	100.9
饲料	Forage	102.9	104.7	118.8	102.4
幼禽家畜	Young Livestock & Fowls	89.4	121.5	127.6	89.7
大牲畜	Large Animal				
半机械化农具	Semi-mechanized Farm Tools	100.2	100.4	102.5	100.8
机械化农具	Mechanized Farm Tools	100.3	100.6	102.3	101.7
化学肥料	Chemical Fertilizer	101.0	101.1	129.1	95.4
农药及农药械	Pesticide & Its Appliances	100.6	100.0	111.0	98.9
化学农药	Chemical Pesticide	100.6	99.9	113.6	98.6
农药械具	pesticidal Appliance	100.4	100.2	100.6	99.6
农机用油	Oil for Farm Machinery	109.2	103.9	111.4	97.3
其他	Others	101.3	102.3	104.4	101.1

9-6 工业品出厂价格分类指数
Ex-factory Price Indices of Industrial Products

(上年=100) (preceding year=100)

项 目	Item	2006	2007	2008	2009
全部工业品	**Total Industry Products**	**103.0**	**105.7**	**112.5**	**96.2**
生产资料	**Means of Production**	**103.8**	**105.9**	**112.7**	**95.3**
采掘工业	Mining & Quarrying Industry	111.7	107.6	117.1	98.4
原材料工业	Raw Materials Industry	103.0	105.1	109.9	94.5
加工工业	Manufacturing Industry	99.5	105.5	113.1	93.8
生活资料	**Consumer Goods**	**100.7**	**104.8**	**111.7**	**100.6**
食品类	Food	101.4	106.0	115.3	101.7
衣着类	Clothing	101.2	102.1	102.9	100.0
一般日用品	Articles for Daily Uses	102.0	104.8	107.3	103.8
耐用消费品	Durable Consumer Goods	90.9	98.6	95.1	92.0

9-7 主要工业原材料购进价格指数
Purchasing Price Index of Majority Industrial Raw Materials

(上年=100) (preceding year=100)

项 目	Item	2006	2007	2008	2009
原材料、燃料、动力购进价格总指数	**General Purchasing Price Index of Raw Materials and Energy**	**105.9**	**104.8**	**111.7**	**99.1**
燃料、动力	Fuels and Energy	109.8	105.3	113.8	106.5
黑色金属材料	Ferrous Metals	99.7	105.3	115.0	90.4
#钢 材	Steel Products	98.1	103.8	119.4	92.8
有色金属材料和电线	Nonferrous Metals and Wires	117.7	99.4	98.0	71.4
化工原料	Chemical Raw Materials	100.8	105.0	109.7	98.3
木材及纸浆	Wood and Paper Pulps	102.5	102.6	106.2	102.5
建筑材料类及非金属矿	Construction Materials	102.1	102.8	107.2	102.9
其它工业原材料类及半成品	Other Industrial Raw Materials and Semi-products	104.1	104.7	110.7	99.4
农副产品类	Farm and Sideline Products	101.6	106.7	113.8	98.5
纺织原料类	Textile Raw Materials	104.2	102.0	99.6	92.8

9-8 固定资产投资价格指数
Price Indices of Investment in Fixed Assets

(上年=100) (preceding year=100)

项 目	Item	2006	2007	2008	2009
固定资产投资	**Investment in Fixed Assets**	**103.3**	**103.8**	**108.1**	**98.5**
建筑安装工程	Construction and Installation	104.1	104.6	110.6	98.1
设备、工器具购置	Purchase of Equipment,Tools & Instruments	100.7	100.3	101.1	98.0
其他费用	Others	103.9	105.2	106.2	102.4

主要统计指标解释

商品零售价格指数 是反映城乡商品零售价格变动趋势的一种经济指数。零售物价的调整变动直接影响到城乡居民的生活支出和国家的财政收入，影响 居民购买力和市场供需平衡，影响消费与积累的比例。因此，计算零售价格指数，可以从一个侧面对上述经济活动进行观察和分析。

居民消费价格指数 是反映一定时期内城乡居民所购买的生活消费品价格和服务项目价格变动趋势和程度的相对数，是对城市居民消费价格指数和农村居民消费价格指数进行综合汇总计算的结果。利用居民消费价格指数，可以观察和分析消费品的零售价格和服务价格变动对城乡居民实际生活费支出的影响程度。

城市居民消费价格指数 是反映城市居民家庭所购买的生活消费品价格和服务项目价格变动趋势和程度的相对数。城市居民消费价格指数可以观察和分析消费品的零售价格和服务项目价格变动对职工货币工资的影响，作为研究职工生活和确立工资政策的依 据 。

农村居民消费价格指数 是反映农村居民家庭所购买的生活消费品价格和服务项目价格变动趋势和程度的相对数。农村居民消费价格指数可以观察农村消费品零售价格和 服务项目价格变动对农村居民生活消费支出的影响，直接反映农民生活水平的实际变化情况，为分析和研究农村居民生活问题提供依据。

农产品收购价格指数 是反映国有商业、集体商业、个体商业、外贸部门、国家机关、社会团体等各种经济类型的商业企业和有关部门收购农产品价格的变动趋势和程度的相对数。农产品收购价格指数可以观察和研究农产品收购价格总水平的变化情况，以及 对农民货币收入的影响，作为制订和检查农产品价格政策的依据。

农村工业品零售价格指数 是反映农村市场工业品零售价格水平变动趋势和程度的相对数。通过农村工业品零售价格指数，可以观察工业品零售价格变动对农民货币支 出的影响。

工业品出厂价格指数 是反映全部工业产品出厂价格总水平变动趋势和程度的相对数，包括工业企业售给本企业以外所有单位各种产品和直接售给居民用于生 活消费的产品。通过工业品出厂价格指数能观察出厂价格变动对工业总产值的影响。

固定资产投资价格指数 是反映固定资产投资额价格变动趋势和程度的相对数。固定资产投资额是由建筑安装工程投资完成额、设备、工器具购置投资完成额和其他费用投资完成额三部分组成的。编制固定资产投资价格指数应首先分别编制上述三部分投资 的价格指数，然后采用加权算术平均法求出固定资产投资价格总指数。

编制固定资产投资价格指数可以准确地反映固定资产投资中涉及的各类商品和取费项目价格变动趋势和变动幅度，消除按现价计算的固定资产投资指标中的价格变动因素，真实地反映固定资产投资的规模、速度、结构和效益，为国家科学地制定、检查固定资产投资计划并提 高宏观调控水平，为完善国民经济核算体系提供科学的、可靠的依据。

Explanatory Notes on Main Statistical Indicators

Retail Price Index reflects the general change in retail prices of commodities. The change and adjustment in retail prices directly affect the living expenditure of urban and rural residents, government revenue, purchasing power of residents and the equilibrium of market supply and demand, and the ratio of consumption to accumulation. Therefore, the calculation of retail p rice index is useful to analyze the changes of the above economic activities.

Consumer Price Index reflects the trend and degree of changes in prices of consumer goods and services purchased by urban and rural residents, and is a composite index derived from the urban consumer price index and the rural consumer price index. Consumer price index can be used to analyze the impact of consumer price change on actual expenditure for living cost of urban and rural residents.

Urban Consumer Price Index reflects the trend and degree of changes in prices of consumer goods and services purchased by urban households. It can be used to observe and analyze the impact of price changes in consumer goods and services on money wages of staff and workers, and provide basis for policy making concerning t he living cost and wages of staff and workers.

Rural Consumer Price Index reflects the trend and degree of changes in prices of consumer goods and services purchased by rural households. It can be used to observe the impact of change in retail prices of consumer goods and service prices in rural areas on living expenditure of rural households, and t o show the changes in the living standard of peasants. It provides basis for analysis and research on condition of life in rural areas.

Index of Purchasing Prices of Farm Products reflects the trend and degree of changes in purchasing prices of farm products purchased by state owned, collective owned, and individual commercial enterprises, foreign trade sectors, government agencies, social organizations and other units of various types of ownership. It is used to observe the impact of change in purchasing prices of farm products on the cash income of peasants, and serves as basis for the formulation and supervision of pricing policies for farm products.

Retail Price Index of Rural Industrial Products reflects the t rend and degree of changes in prices of industrial products in rural market and can be used to observe the impact of the price change on farmers money expenditure.

Ex-Factory Price Index of Industrial Products reflects the trend and degree of changes in general ex factory prices of all industrial products, including sales of industrial products by an industrial enterprise to all units outside the enterprise, as well as sales of consumer goods to residents. It can be used to analyze the impact of ex-factory prices on gross industrial output value.

Price Index of Investment in Fixed Assets reflects the trend and degree of changes in prices of investment in fixed assets. The investment in fixed assets consists of three components, namely the investment in construction and installation, the investment in Purchases of equipment and instrument, and the investment in other items. Price index of investment in fixed assets is calculated as the weighted arithmetic mean of the price indices of the three components of investment in fixed assets. Removing the factor of price change in the aggregates of investment at current prices, this indicator shows the changes in the pr ices of commodities and fees involved in the investment of fixed assets, and can be used to observe the actual size, growth, structure, and efficiency of investment in fixed assets and provides reliable and scientific data for government planning, management, decision making, and further improving the current national accounting system.

2010

NEI MENG GU

十、人民生活

People’s Livelihood

资料整理：高志宇　陈宝华　谢瑞平　刘　军　李凤明　朝　鲁
Arranged By Gao Zhiyu , Chen Baohua , Xie Ruiping , Liu Jun ,
Li Fengming , Chao Lu

10-1 人民物质文化生活情况
People's Material & Cultural Life

项 目	Item	1990	1995	2000	2005	2009
就 业	**Employment**					
每一农村劳动力负担人数(人)	Dependents per Rural Laborer(person)	1.68	1.55	1.48	1.42	1.35
每一城镇就业者负担人数(人)	Dependents per Urban Employee(person)	1.89	1.86	1.92	1.91	1.94
城镇登记失业率(%)	Urban Unemployment Rate(%)	3.80	3.17	3.34	4.26	4.05
收 入	**Income of Rural & Urban Residents**					
农村牧区人均纯收入(元)	Per Capita Net Income of Rural(yuan)	647	1300	2038	2989	4938
农民人均纯收入	Peasants	607	1208	1869	2813	4656
牧民人均纯收入	Herdermen	906	1871	3355	4341	7071
农村牧区居民家庭人均纯收入指数(1978=100)	Index of Per Capita Net Income of Rural Residents(1978=100)	224.3	274.0	408.7	526.1	771.3
城镇居民人均可支配收入(元)	Per Capita Disposable Income of Urban Residents(yuan)	1155	2846	5129	9137	15849
城镇居民人均可支配收入指数(1978=100)	Index of Annual Per Capita Disposable Income of Urban Residents(1978=100)	189.6	244.1	385.8	632.3	988.3
职工年平均工资(元)	Average Wages of Staff & Workers (yuan)	1846	4134	6974	15985	30699
消 费	**Consumption**					
农村牧区居民人均消费支出(元)	Expenditure of Rural Residents(yuan)	539	1261	1615	2446	3967
农村居民人均消费支出	Peasants	492	1181	1442	2244	3633
牧区居民人均消费支出	Herdsmen	843	1762	2959	4006	6497
城镇居民人均消费支出(元)	Expenditure of Urban Residents(yuan)	982	2482	3928	6929	12370
恩格尔系数(%)	Engel Coefficient(%)					
城镇居民	Urban Residerts	48.3	48.4	34.5	31.4	30.5
农民家庭	Households of Peasant	59.2	59.7	47.7	45.1	41.7
牧民家庭	Households of Herdsman	48.3	48.1	33.8	34.3	31.8
储 蓄	**Savings**					
城乡居民年底储蓄余额(亿元)	Balance of Savings Deposit of Rural & Urban Residents (100 million yuan)	110	410	876	1974	3914
平均每人储蓄存款余额(元)	Per Capita Balance of Saving Deposit(yuan)	515	1804	3875	8274	16187
住房面积(平方米)	**Per Capita Floor Space(sq.m)**					
农村牧区平均每人居住	Rural Areas	11.9	15.3	17.0	19.7	22.2
城市平均每人居住	Urban Areas	8.98	12.06	15.54	26.09	30.34
城市公用事业	**Public Utilities in Urban Areas**					
自来水普及率(%)	Rate of Access to Tap Water(%)	73.4	80.7	89.1	83.9	87.9
燃气普及率(%)	Rate of Access to Gas(%)	16.8	40.5	58.6	68.2	75.5
每万人拥有绿地面积(公顷)	Green Area per 10 000 Persons(hectare)	3.3	5.9	7.0	7.8	11.7
文 化	**Culture**					
城镇每百户有彩色电视机(台)	Number of Color TV Set per 100 Households in Urban Areas(unit)	53.43	84.22	106.66	113.34	110.36
农村每百户有电视机(台)	TV sets per 100 Households in Rural Areas(unit)	42.14	84.89	96.07	102.00	102.33
广播综合人口覆盖率(%)	Broadcast Covering Rate (%)			85.6	92.6	97.8
电视综合人口覆盖率(%)	TV Covering Rate of Population(%)			81.4	90.2	93.5
每人每年拥有报纸(份)	Newspapers per Capita(copy)	2.06	7.17	7.56	25.92	18.26
每人每年拥有图书杂志(册)	Books & Magazines per capita(copy)	4.30	3.34	3.79	4.31	3.26
教 育	**Education**					
学龄儿童入学率(%)	Enrollment Ratio of School Age Children(%)	97.90	98.90	99.50	99.40	99.76
每万人口中在校大学生数(人)	Number of University Students per 10 000 Persons(person)	15.10	16.39	29.60	96.15	145.55
卫 生	**Public Health**					
每万人有医院、卫生院病床(张)	Number of Hospital Beds per 10 000 Persons(unit)	26.62	27.25	28.24	26.83	32.12
每万人有卫生技术人员(人)	Number of Medical Technical Personnel per 10 000 Persons(person)	45.10	44.97	42.39	43.01	48.47
每万人有医生数(人)	Doctors per 10 000 Persons(person)	19	22	22	21	22

10-2 城乡居民家庭人均收入及指数

年 份 Year	农牧民人均纯收入 Annual Net Income of Rural Households per Capita			
	农牧民 Peasant and Herdsman		农 民 Peasant	
	绝对数(元) Value(yuan)	指数(1978=100) Index	绝对数(元) Value(yuan)	指数(1978=100) Index
1978	131	100.0	126	100.0
1979	164	115.8	156	114.9
1980	192	123.9	181	121.6
1981	241	146.1	228	144.0
1982	288	163.8	273	162.0
1983	325	174.1	294	163.6
1984	368	189.0	336	179.6
1985	400	192.3	360	180.0
1986	382	171.3	340	157.7
1987	426	185.7	389	175.8
1988	547	219.3	500	209.4
1989	553	214.5	478	179.9
1990	647	224.3	607	208.1
1991	651	242.1	618	208.7
1992	719	251.8	672	222.3
1993	829	254.1	778	225.2
1994	1062	266.2	970	228.6
1995	1300	274.0	1208	240.2
1996	1602	314.5	1552	288.7
1997	1780	335.9	1705	304.6
1998	1982	379.2	1911	341.5
1999	2003	403.5	1903	350.3
2000	2038	408.7	1869	340.8
2001	1973	393.2	1784	323.4
2002	2086	411.7	1948	350.3
2003	2268	436.5	2133	373.1
2004	2606	474.0	2465	406.9
2005	2989	526.1	2813	449.6
2006	3342	578.7	3188	501.4
2007	3953	655.0	3750	564.2
2008	4656	725.7	4457	631.3
2009	4938	771.3	4656	660.7

Per Capita Annual Income of Urban and Rural Household and Related Index

牧 民 Herdsman		城镇居民可支配收入 Annual Disposable Income of Urban Residents per Capita	
绝对数(元) Value(yuan)	指数(1978=100) Index	绝对数(元) Value(yuan)	指数(1978=100) Index
188	100.0	301.0	100.0
236	116.8	350.1	115.5
265	118.8	407.1	124.7
326	137.2	418.3	124.7
387	153.0	452.7	133.6
530	199.5	474.2	138.5
573	206.5	548.8	152.8
650	219.9	666.0	173.0
649	205.1	773.6	187.4
662	203.3	819.7	183.0
850	233.4	915.8	174.8
1038	249.0	1052.8	175.9
906	244.8	1155.0	189.6
868	230.8	1294.7	200.5
1022	264.1	1478.9	210.7
1164	262.5	1883.3	235.2
1664	314.5	2503.0	251.5
1871	292.1	2845.7	244.1
1951	278.1	3431.8	273.9
2345	321.8	3944.7	300.9
2516	345.2	4353.0	334.5
2698	370.5	4770.5	365.5
3354	454.2	5129.1	385.8
3277	441.0	5535.9	411.9
3052	403.9	6051.0	446.7
3201	418.0	7012.9	509.6
3571	444.2	8123.1	575.9
4341	522.8	9136.8	632.3
4502	532.7	10358.0	708.2
5510	624.9	12378.0	811.6
6194	660.5	14433.0	897.6
7071	755.3	15849.2	988.3

10-3 城镇居民家庭基本情况

Basic Conditions of Urban Households

项 目	Item	1990	1995
调查户数(户)	**Number of Households Surveyed (household)**	**1400**	**1400**
平均每户家庭人口(人)	**Average Household Size(person)**	**3.73**	**3.34**
平均每户就业人口(人)	**Average Number of Employed Persons per Household(person)**	**1.97**	**1.80**
平均每户就业面(%)	**Percentage of Employment per Household(%)**	**52.79**	**53.89**
平均每一就业者负担人数 (包括就业者本人)(人)	**Number of Persons Supported by Each Employee including the employee himself or herself(person)**	**1.89**	**1.86**
平均每人全部年收入(元)	**Per Capita Annual Income(yuan)**	**1160**	**2874**
#可支配收入	Disposable Income	1155	2846
薪水	Salary		
国有单位职工工资	Wages of Staff & Workers in State-owned Units	704	1941
集体及其它经济类型单位职工工资	Wages of Staff and Workers in Collective owned Units and Units of Other Type of Ownership	104	147
职工从工作单位得到的其他收入	Other Income of Staff and Workers from Their Working Units	61	103
个体经营劳动者收入	Income of Individual Laborers	16	62
被聘用或留用的离退休人员收入	Income of Re employed Retirees	7	16
其他就业者收入	Income of Other Employees	4	2
其他劳动收入	Part time Income	28	84
财产性收入	Property Income	11	39
转移性收入	Transfer Income	180	474
其他收入	Other Income		
平均每人消费性支出(元)	**Per Capita Annual Living Expenditures for Consumption(yuan)**	**982**	**2482**
#食 品	Food	474	1202
衣 着	Clothing	162	405
家庭设备用品及服务	Household Facilities, Articles and Service		168
医疗保健	Medicine and Medical Service	20	100
交通通讯	Transportation and Communications		123
娱乐教育文化服务	Recreation, Education & Cultural Service		224
居 住	Residence		156
杂项商品与服务	Miscellaneous Commodities and Services		104

10-3 续表 continued

项 目	Item	2000	2005	2009
调查户数(户)	**Number of Households Surveyed (household)**	**2300**	**2420**	**2350**
平均每户家庭人口(人)	**Average Household Size(person)**	**3.08**	**3.00**	**2.83**
平均每户就业人口(人)	**Average Number of Employed Persons per Household(person)**	**1.61**	**1.57**	**1.46**
平均每户就业面(%)	**Percentage of Employment per Household(%)**	**52.2**	**52.3**	**51.6**
平均每一就业者负担人数(包括就业者本人)(人)	**Number of Persons Supported by Each Employee including the employee himself or herself(person)**	**1.92**	**1.91**	**1.94**
平均每人全部年收入(元)	**Per Capita Annual Income(yuan)**	**5151**	**9565**	**16951.4**
#可支配收入	Disposable Income	5129	9137	15849.2
薪水	Salary		6669	11267
国有单位职工工资	Wages of Staff & Workers in State owned Units	2909		
集体及其它经济类型单位职工工资	Wages of Staff and Workers in Collective-owned Units and Units of Other Type of Ownership	191		
职工从工作单位得到的其他收入	Other Income of Staff and from Their Working Units		508	
个体经营者净收入	Income of Individuals	495	858	1737.04
被聘用或留用的离退休人员收入	Income of Re employed Retirees	93		
其他就业者收入	Income of Other Employees	13		
其他劳动收入	Part time Income	187		979
财产性收入	Property Income	59	161	364
转移性收入	Transfer Income	1110	1877	3583
其他收入	Other Income			
平均每人消费性支出(元)	**Per Capita Annual Living Expenditures for Consumption(yuan)**	**3928**	**6929**	**12370**
#食 品	Food	1353	2178	3773
衣 着	Clothing	561	1048	1857
家庭设备用品及服务	Household Facilities, Articles and Service	289	394	798
医疗保健	Medicine and Medical Service	287	533	993
交通通讯	Transportation and Communications	359	756	1557
娱乐教育文化服务	Recreation, Education & Cultural Service	488	969	1504
居 住	Residence	339	723	1246
杂项商品与服务	Miscellaneous Commodities and Services	252	328	642

10-4 城镇居民家庭基本情况(2009年)

项 目	Item	全 区 All Regional Cities and County Towns
调查户数(户)	**Number of Households Surveyed(household)**	**2350**
平均每户家庭人口(人)	Average Household Size(person)	2.83
平均每户就业人口(人)	Average Number of Employees per Household(person)	1.46
平均每户就业面(%)	Percentage of Employed Persons per Household(%)	0.52
平均每一就业者负担人数(包括就业者本人)(人)	Number of Persons Supported by Each Employee (including the employee himsel for herself)(person)	1.94
平均每人全部年收入(元)	Per Capita Annual Income(yuan)	16951.35
平均每人可支配收入(元)	Per Capita Disposable Income(yuan)	15849.19
平均每人消费性支出(元)	Per Capita Annual Living Expenditure(yuan)	12369.87

10-5 城镇居民家庭平均每人全年消费性支出及构成(2009年)

单位：元

项 目	Item	总平均 Average	最低收入户 lowest Income Households (first decile)	# 困 难 户 Difficult Households (first five percent)
消费性支出	**Total Living Expenditures**	**12369.9**	**5424.48**	**4695.48**
食 品	Food	3772.63	1919.57	1721.92
# 粮 食	Grain	348	308.24	302.45
肉禽及其制品	Meat, Poultry and Related Products	650.78	358.93	305.76
蛋 类	Eggs	60.55	46.92	43.63
水产品	Aquatic Products	87.51	37.96	28.43
奶及奶制品	Milk and Dairy Products	175.51	84.04	71.88
衣 着	Clothing	1857.19	708.88	569.12
# 服 装	Garments	1327.09	462.96	355.72
家庭设备用品及服务	Household Facilities, Articles and Services	797.77	286	204.15
# 耐用消费品	Durable Consumer Goods	364.6	88.48	51.9
医疗保健	Medicine and Medical Services	992.73	464.08	392.28
交通和通讯	Transportation and Communications	1557.03	399.46	347.9
娱乐教育文化服务	Recreation, Education and Cultural Services	1504.36	632.92	590.07
# 文娱用耐用消费品	Durable Consumer Goods for Recreational Use	412.4	114.53	94.03
居 住	Residence	1246.21	775.55	653.98
# 住 房	Housing	422.52	233.04	168.99
杂项商品和服务	Miscellaneous Commodities	641.96	238.03	216.07

Basic Conditions of Urban Households(2009)

按收入等级分 Grouped by Percentile of Households							
最低收入户 lowest Income (first decile)	# 困难户 Difficult (first five percent)	低收入户 Low Income (second decile)	中等偏下户 Lower Middle Income (second quintile)	中等收入户 Middle Income (third quintile)	中等偏上户 Upper Middle Income (fourth quintile)	高收入户 High Income (ninth decile)	最高收入户 Highest Income (tenth decile)
236	**118**	**234**	**471**	**471**	**471**	**235**	**234**
3.08	3.18	3.21	2.9	2.8	2.65	2.47	2.3
1.25	1.18	1.44	1.53	1.51	1.53	1.4	1.37
0.41	0.37	0.45	0.53	0.54	0.58	0.57	0.60
2.46	2.68	2.25	1.90	1.87	1.74	1.77	1.71
5978.83	4998	9373.5	12643.8	16989.71	22216.32	28523	45822.56
5579.71	4659.48	8783.64	11896.22	15802.88	20559.97	26481.05	43595.27
5424.48	4695.48	7274.16	9203.55	11727.32	15933.28	19795.25	34096.03

Per Capita Annual Living Expenditure of Urban Households and its Composition(2009)

(yuan)

低收入户 Low Income Households (second decile)	中等偏下户 Lower Middle Income Households (second quintile)	中等收入户 Middle Income Households (third quintile)	中等偏上户 Upper Middle Income Households (fourth quintile)	高收入户 High Income Households (ninth decile)	最高收入户 Highest Income Households (tenth decile)
7274.16	**9203.55**	**11727.32**	**15933.28**	**19795.25**	**34096.03**
2451.52	3140.25	3818.28	4643.58	5546.79	8547.04
308.96	348.14	357.49	371.45	373.9	401.89
481.8	612.34	724.63	803.65	827.38	974.99
49.73	61.45	62.42	63.66	71.37	85.45
61.38	69.88	74.93	109.04	152.84	220.85
119.59	147.52	189.28	213.05	306.13	309.93
1061.65	1539.19	1853.36	2550.38	2748.05	4407.29
710.72	1042.35	1313.67	1825.42	2058.97	3474.05
361.99	546.35	693.75	1103.87	1312.48	2684.31
106.31	200.01	300.5	495.05	738.13	1548
805.92	726.33	869.57	1262.49	2072.34	1898.48
775.55	853.06	1465.44	1845.64	2560.99	6726.59
786.86	1089.03	1366.42	2062.83	2360.11	4421.31
210.43	302.11	336.98	605.76	685.04	1294.3
724.82	885.63	1009.54	1528.29	2057.73	3739.91
102.19	148.31	195.69	516.76	866.84	2443.79
305.85	423.72	650.97	936.19	1136.77	1671.1

10-6 按收入等级分的城镇居民家庭平均每人全年现金收入(2009年)

单位：元

项 目	Item	总平均 Average	最低收入户 lowest Income Households (first decile)	# 困难户 Difficult Households (first five percent)
实际收入	**Real Income**	**16951.35**	**5978.83**	**4998**
# 可支配收入	Disposable Income	15849.19	5579.71	4659.48
薪水	Salary	11267.4	3990.48	3543.78
财产收入	Property Income	363.81	100.31	69.3
# 利 息	Interest	53.98	1.92	0.19
红 利	Bonus	86.2	4.69	8.14
其它财产租金收入	Other Property and Rent Income	42.85	1.45	2.39
转移收入	Transfer Income	3583.1	1074.13	997.84
# 离退休金	Pension	2966.04	622.96	405.77
赡养收入	Supporting Income	97.69	36	48.26
赠送收入	Giving Income	281.71	42.24	57.28
借贷收入	**Loan Income**	**5114.39**	**2003.77**	**1685.45**
# 提取储蓄存款	Withdraw Saving Deposit	4569.34	1700.23	1256.5
收回借出款	Paid back Loan	62.01	13.69	21.5
收回储蓄性保险本金	Withdraw Saving Premium	0.77		
兑售有价证券	Securities Encashed and Sold	9.91		
为购置房屋从银行贷款	Loan from Bank for Buying Housing	168.19	1.96	
其它借贷收入	Other Loan Income	0.9		

Per Capita Annual Cash Income of Urban Households by Level of Income(2009)

(yuan)

低收入户 Low Income Households (second decile)	中等偏下户 Lower Middle Income Households (second quintile)	中等收入户 Middle Income Households (third quintile)	中等偏上户 Upper Middle Income Households (fourth quintile)	高收入户 High Income Households (ninth decile)	最高收入户 Highest Income Households (tenth decile)
9373.5	**12643.8**	**16989.71**	**22216.32**	**28523**	**45822.56**
8783.64	11896.22	15802.88	20559.97	26481.05	43595.27
6463.18	9023.13	11992.43	15628.81	18855.29	23363.53
60.22	109.63	178.98	373.42	533.23	2867.82
2.82	12.73	34.7	78.56	102.19	366.24
21.69	33.19	46.84	53.45	101.15	791.54
4.71	13.21	9.86	15.5	34.13	509.49
1754.85	2128.14	3223.1	4387.45	7500.11	12798.06
1495.09	1883.13	2919.7	3605.47	6376.26	9790.14
32.1	90.07	84.19	97.29	324.48	188.63
88.87	48.08	91.4	334.82	621.75	2101.97
2177.65	**2627.13**	**5003.43**	**6213.64**	**8380.97**	**21125.05**
2028.4	2456.25	4164.82	5518.72	7744.03	19168.7
17.2	16.81	15.26	63.81	40.27	589.58
	2.44			0.51	2.89
	0.37	18.03			104.02
	5.86	418.4	267.33	137.36	537.68
0.93					12.18

10-7 城镇居民家庭平均每人全年购买的主要商品数量
Per Capita Annual Purchases of Major Commodities in Urban Households

项 目	Item	1990	1995	2000	2005	2009
粮　　食(千克)	Grain(kg)	134.98	101.17	77.72	80.99	57.54
食用植物油(千克)	Edible Vegetable Oil(kg)	4.45	5.82	5.56	6.14	6.51
猪　　肉(千克)	Pork(kg)	11.43	11.82	11.59	11.61	11.61
牛 羊 肉(千克)	Beef and Mutton(kg)	6.39	5.02	6.61	8.33	8.63
家　　禽(千克)	Poultry(kg)	0.59	1.77	3.25	3.82	3.15
鲜　　蛋(千克)	Fresh Eggs(kg)	2.31	7.92	9.67	8.71	8.07
水 产 品(千克)	Aquatic Products(kg)		3.44	4.30	4.29	4.41
鲜　　菜(千克)	Fresh Vegetables(kg)	162.03	125.87	107.45	103.85	101.06
干　　菜(千克)	Dry Vegetables(kg)					
食　　糖(千克)	Sugar(kg)	1.44	1.14	1.08	0.90	
糖　　果(千克)	Candy(kg)	0.68		0.53	0.63	
卷　　烟(盒)	Cigarettes(pack)	38.06	29.71	26.13	21.69	
白　　酒(千克)	Strong White Spirit(kg)	3.77	3.78	3.17	2.75	3.06
啤　　酒(千克)	Beer(kg)	3.91	6.31	4.95	6.25	5.89
茶　　叶(千克)	Tea(kg)					0.25
鲜 瓜 果(千克)	Fresh Melons and Fruits(kg)	41.50	42.77	63.11	61.19	57.74
鲜　　奶(千克)	Fresh Milk(kg)	2.80	5.83	12.58	20.71	18.29
夹 克 衫(件)	Jackets(piece)					
毛 线 衣(件)	Woollen Sweater(piece)					
衬　　衫(件)	Shirts(piece)					
裤　　子(条)	Pants(piece)			0.54		
棉　　布(米)	Cotton Cloth(m)					
化 纤 布(米)	Chemical Fiber Cloth(m)	1.74		0.50		
呢　　绒(米)	Woolen Fabric(m)					
绸　　缎(米)	Silk and Satin(m)					
毛　　线(千克)	Knitting Wool(kg)					
皮　　鞋(双)	Leather Shoes(pair)	0.55	0.86	0.97		
旅 游 鞋(双)	Jogging Shoes(pair)					
布　　鞋(双)	Cloth Shoes(pair)	0.93				
肥　　皂(块)	Soap(piece)	3.57		1.28		
洗 衣 粉(千克)	Washing Powder for Clothes(kg)	1.43		1.47		
煤　　炭(千克)	Coal(kg)	480.64		205.07	224.54	187.26
液化石油气(千克)	Liquefied Gas(kg)	2.17		8.27	12.53	8.45

10-8 城镇居民家庭平均每百户耐用消费品年末拥有量
Number of Major Durable Consumer Goods Owned Per 100 Urban Households at Year-end

项 目	Item	2008	2009
组合家具(套)	Composite Furniture		
摩托车(辆)	Motorcycle	28.82	28.8
自行车(辆)	Bicycle		
家用汽车(辆)	Automobile	8.04	9.51
洗衣机(台)	Washing Machine	93.04	95.27
电风扇(台)	Electric Fan		
电冰箱(台)	Refrigerator	91.07	94.7
冰 柜(台)	Freezer		
彩色电视机(台)	Color TV Set	109.40	110.36
影碟机(台)	Video Disc Player		
录放像机(台)	Video recorder		
家用电脑(台)	Computer	37.28	43.24
组合音响(套)	Hi -Fi Stereo Component System	18.37	19
摄相机(架)	Pickup Camera	4.36	5.95
照相机(架)	Camera	31.50	34.85
钢 琴(架)	Piano	1.90	1.39
中高档乐器(件)	Other High Grade Music Instrument	4.96	5.39
微波炉(台)	Micro Wave Oven	33.88	36.97
空调器(台)	Air Conditioner	7.72	10.23
电炊具(台)	Electric Cooking Utensils		
淋浴热水器(台)	Shower	46.16	50.98
排油烟机(台)	Kitchen Ventilator		
洗碗机(台)	Washing-up Machine	0.24	0.27
消毒碗柜(台)	Sterilized Cupboard	2.52	2.42
饮水机(台)	Drinking Machine		
吸尘器(台)	Dust Catcher		
健身器材(件)	Healthy Equipment	2.59	3.01
移动电话(部)	Mobile Telephone	161.98	170.85
普通电话(部)	Telephone	62.49	65.18
传真机(部)	Fax Machine		

10-9 按收入等级分的城镇居民家庭平均每人全年购买商品数量(2009年)

Per Capita Annual Purchases of Major Commodities of Urban Households by Level of Income(2009)

项 目	Item	总平均 Average	最低收入户 lowest Income Households	# 困难户 Difficult Households	低收入户 Low Income Households	中等偏下户 Lower Middle Income Households	中等收入户 Middle Income Households	中等偏上户 Upper Middle Income Households	高收入户 High Income Households	最高收入户 Highest Income Households
淀粉及薯类(千克)	Starches & Tubers(kg)									
大米(千克)	Rice(kg)	30.34	28.78	27.82	30.85	33.19	30.22	30.71	25.35	27.43
面粉(千克)	Flour(kg)	27.2	32.51	33.34	26.94	28.85	27.05	23.55	24.87	23.51
食用植物油(千克)	Edible Vegetable Oil(kg)	6.51	5.63	5.25	5.69	6.78	6.86	6.44	7.8	7.11
猪肉(千克)	Pork(kg)	11.61	8.46	7.39	10.32	11.69	11.43	12.91	14.1	15.24
牛肉(千克)	Beef(kg)	3.61	1.64	1.29	2.51	4.06	5.06	4.08	3.38	3.65
羊肉(千克)	Mutton(kg)	5.02	2.53	2.17	3.3	4.11	6.18	6	6.89	9.39
家禽(千克)	Poultry(kg)	3.15	2.19	1.86	2.84	3.05	3.31	3.85	3.23	3.7
鸡(千克)	Chicken(kg)	3.02	2.15	1.84	2:71	2.96	3.16	3.66	3.08	3.53
禽制品(千克)	Products of Poultry(kg)									
鲜蛋(千克)	Fresh Eggs(kg)	8.07	6.72	6.23	6.89	8.49	8.49	8.37	8.78	9.29
鱼(千克)	Fish(kg)	4.13	2.98	2.37	3.47	4.26	4.23	4.98	4.6	4.55
虾(千克)	Shrimp(kg)	0.28	0.09	0.04	0.18	0.25	0.28	0.39	0.39	0.51
水产制品(千克)	Aquatic Products(kg)									
鲜菜(千克)	Fresh Vegetables(kg)	101.06	93.77	90.23	86.9	98.41	104.96	106.82	114.04	116.81
干菜(千克)	Dried Vegetables(kg)									
菜制品(千克)	Products of Vegetables(kg)									
白酒(千克)	liquor(kg)	3.06	2.02	1.72	2.67	3.12	3.42	2.89	3.68	4.71
果酒(千克)	Fruit Wine(kg)	0.09	0.05	0.01	0.05	0.08	0.08	0.08	0.18	0.22
啤酒(千克)	Beer(kg)	5.89	3.4	2.29	5.86	6.92	8.04	5.71	3.66	4.53
其他酒(千克)	Other Liquor(kg)									
鲜果(千克)	Fresh Fruits(kg)	41.29	22.82	20.54	32.2	43.75	40.25	49.15	56.1	57.96
鲜瓜(千克)	Melons(kg)	16.45	13.39	10.54	12.98	15.89	18.6	17.79	19.41	19.83
糕点(千克)	Cake(kg)	4.2	3.54	3.21	3.24	3.82	4.67	5.09	4.8	4.66
鲜乳品(千克)	Fresh Dairy Products(kg)	18.29	10.78	8.48	13.53	18.86	20.37	21.62	22.42	23.6
奶粉(千克)	Milk Powder(kg)	0.36	0.18	0.15	0.32	0.32	0.37	0.51	0.72	0.2
酸奶(千克)	Yogurt Milk(kg)	3.13	1.11	0.71	2.21	2.87	3.22	4.31	4.21	5.81
男士服装(件)	Men's Clothing(piece)									
女士服装(件)	Women's Clothing(piece)									
儿童服装(件)	Children's Clothing (piece)									
鞋类(双)	Shoes(pair)	3.17	2.48	2.31	2.65	3.29	3.12	3.68	3.29	4

10-10 按收入等级分的城镇居民家庭平均每百户耐用消费品年末拥有量(2009年)

Number of Durable Consumer Goods Owned Per 100 Urban Households at Year-end by Level of Income(2009)

项 目	Item	总平均 Average	最低收入户 lowest Income Households	# 困难户 Difficult Households	低收入户 Low Income Households	中等偏下户 Lower Middle Income Households	中等收入户 Middle Income Households	中等偏上户 Upper Middle Income Households	高收入户 High Income Households	最高收入户 Highest Income Households
组合家具(套)	Composite Furniture									
摩托车(辆)	Motorcycle	28.8	20.95	16.36	37.49	35.95	31.34	24.27	19.12	22.14
自行车(辆)	Bicycle									
家用汽车(辆)	Automobile	9.51	2.76	1.76	9.41	4.43	7.59	12.12	12.78	30.37
洗衣机(台)	Washing Machine	95.27	88.53	87.22	89.96	95.66	94.77	98.39	100.02	102.61
电风扇(台)	Electric Fan									
电冰箱(台)	Refrigerator	94.7	69.97	63.66	90.65	94.25	98.71	102.5	105.86	103.23
冰 柜(台)	Freezer									
彩色电视机(台)	Color TV Set	110.36	102.66	102.95	114.42	110.34	110.82	110.73	112.49	112.13
影碟机(台)	Video Disc Player									
录放像机(台)	Video recorder									
家用电脑(台)	Computer	43.24	8.29	5.68	30.22	42.77	45.57	60.39	52.51	67.33
组合音响(套)	Hi -Fi Stereo Component System	19	6.58	6.75	20.85	17.28	20.77	21.35	24.68	25.5
摄相机(架)	Pickup Camera	5.95	0.27	0.49	1.98	2.96	6.43	9.1	10.91	16.43
照相机(架)	Camera	34.85	6.65	2.48	25.96	33.02	37.31	45.79	49.36	53.75
钢 琴(架)	Piano	1.39				0.84	1.65	2.31	1.95	4.17
中高档乐器(件)	Other High Grade Music Instrument	5.39	0.2		2.01	8.49	5.03	5.23	8.85	8.12
微波炉(台)	Micro Wave Oven	36.97	8.06	8.21	18.28	35.3	37.87	48.12	64.12	62.23
空调器(台)	Air Conditioner	10.23	0.27	0.49	4.06	7.14	11.94	12.5	18.64	27.26
电炊具(台)	Electric Cooking Utensils									
淋浴热水器(台)	Shower	50.98	10.49	5.67	38.18	48.37	54.76	65.28	77.19	74.97
排油烟机(台)	Kitchen Ventilator									
洗碗机(台)	Washing-up Machine	0.27					0.4	0.33	0.28	1.45
消毒碗柜(台)	Sterilized Cupboard	2.42			1.58	1.57	2.39	3.92	3.07	6.02
饮水机(台)	Drinking Machine									
吸尘器(台)	Dust Catcher									
健身器材(件)	Healthy Equipment	3.01			0.19	2.52	2.27	4.37	8.29	6.86
移动电话(部)	Mobile Telephone	170.85	120.88	108.64	161.35	173.64	169.09	196.05	183.02	191.77
普通电话(部)	Telephone	65.18	52.91	56.46	59.22	64.45	64.39	72.37	72.56	74.04
传真机(部)	Fax Machine									

10-11 农村牧区居民家庭基本情况

Basic Conditions of Rural Households

项 目	Item	1995	2000	2005	2009
调查户数(户)	**Number of Households Surveyed(Household)**	**2060**	**2036**	**2060**	**2060**
调查户常住人口(人)	**Number of Permanent Residentsin the Households Surveyed(person)**	**9293**	**8351**	**7782**	**7242**
平均每户常住人口(人)	Average Number of Permanent Residents per Household(person)	4.50	4.10	3.78	3.52
平均每户整半劳力(人)	Average Number of Able-bodied and Semi-able-bodied Laborers per Household(person)	2.90	2.77	2.67	2.60
平均每个劳动力负担人口(含本人)(人)	Average Number of Persons Supported by a Laborer(including the laborer himself)(person)	1.55	1.48	1.42	1.35
平均每人年收入(元)	**Per Capita Annual Income(yuan)**				
总收入	Total Revenue	2272.40	3440.31	5345.92	8403.43
纯收入	Net Income	1300.00	2038.21	2988.87	4937.80
现金收入	Cash Income		2448.89	4235.13	7155.29
按纯收入分组户数	**Percentage of Households Grouped by**				
占调查户比重(%)	**Per Capita Annual Net Income(%)**				
500元以下	Under 500 Yuan		4.17	4.17	4.32
500-1000元	500-1000 Yuan		6.78	7.14	4.47
1000-2000元	1000-2000 Yuan		7.17	21.99	11.65
2000-3000元	2000-3000 Yuan		22.94	25.39	12.48
3000-4000元	3000-4000 Yuan		8.94	16.99	14.90
4000-5000元	4000-5000 Yuan		10.56	10.44	11.36
5000-6000元	5000-6000 Yuan		13.31	5.68	8.83
6000-7000元	6000-7000 Yuan		8.69	2.96	7.09
7000-8000元	7000-8000 Yuan		8.60	1.65	6.21
8000元以上	8000 Yuan and Over		8.84	3.59	18.69
平均每人年支出(元)	**Per Capita Annual Expenditure(yuan)**				
总支出	Total Expenditure	2236.50	3123.29	5091.91	8145.27
家庭经营费用支出	Expenditure for Household Business		1009.60	2084.79	3097.74
生活消费支出	Expenditure for Consumption		1614.91	2446.17	3967.17
其他非生产性支出	Other Nonproductive Expenditures		158.68	560.95	681.37
现金支出	Cash Expenditure	1826.71	2355.68	4174.02	7070.92
生产费用	Productive Costs	509.33	833.36	1910.02	2988.68
缴纳税金和上交集体承包费支出等	Taxes and Payments to Collective Units		219.15	9.09	6.53
生活消费支出	Expenditure for Consumption	798.80	1170.97	1992.06	3394.85

10-12 农民家庭基本情况
Basic Conditions of Households of Peasants

项 目	Item	1995	2000	2005	2009
调查户数(户)	**Number of Households Surveyed(Household)**	**1820**	**1820**	**1840**	**1840**
调查户常住人口(人)	**Number of Permanent Residentsin the Households Surveyed(person)**	**7999**	**7398**	**6888**	**6398**
平均每户常住人口(人)	Average Number of Permanent Residents per Household(person)	4.40	4.06	3.74	3.48
平均每户整半劳力(人)	Average Number of Able-bodied and Semi-able-bodied Laborers per Household(person)	2.80	2.75	2.66	2.58
平均每个劳动力负担人口(含本人)(人)	Average Number of Persons Supported by a Laborer(including the laborer himself)(person)	1.57	1.48	1.41	1.35
平均每人年收入(元)	**Per Capita Annual Income(yuan)**				
总收入	Total Revenue	2053.80	3006.58	4872.38	7729.22
纯收入	Net Income	1208.40	1868.62	2813.35	4656.36
现金收入	Cash Income		2089.00	3809.72	6453.23
按纯收入分组户数	**Percentage of Households Grouped by**				
占调查户比重(%)	**per Capita Annual Net Income(%)**				
500元以下	Under 500 Yuan		4.45	4.51	3.86
500-1000元	500-1000 Yuan		7.31	7.45	4.73
1000-2000元	1000-2000 Yuan		7.64	22.34	12.66
2000-3000元	2000-3000 Yuan		24.00	26.03	13.42
3000-4000元	3000-4000 Yuan		9.45	17.39	15.54
4000-5000元	4000-5000 Yuan		10.93	10.54	11.52
5000-6000元	5000-6000 Yuan		13.20	5.43	8.97
6000-7000元	6000-7000 Yuan		8.02	2.72	6.96
7000-8000元	7000-8000 Yuan		7.47	1.30	6.03
8000元以上	8000 Yuan and Over		7.53	2.28	16.30
平均每人年支出(元)	**Per Capita Annual Expenditure(yuan)**				
总支出	Total Expenditure	2098.10	2679.38	4604.97	7352.67
家庭经营费用支出	Expenditure for Household Business	664.00	804.80	1825.09	2755.52
生活消费支出	Expenditure for Consumption	1180.50	1441.78	2243.79	3633.39
现金支出	Cash Expendiure	1584.30	1992.27	3710.85	6256.46
生产费用	Productive Costs	535.60	690.67	1667.96	2577.92
缴纳税金和上交集体承包费支出等	Taxes and Payments to Collective Units	104.20	176.14	8.32	7.34
生活消费支出	Expenditure for Consumption	689.20	995.18	1780.32	3063.20

10-13 牧民家庭基本情况
Basic Conditions of Households of Herdsmen

项 目	Item	1995	2000	2005	2009
调查户数(户)	**Number of Households Surveyed(Household)**	**240**	**216**	**220**	**220**
调查户常住人口(人)	**Number of Permanent Residentsin the Households Surveyed(person)**	**1294**	**953**	**894**	**844**
平均每户常住人口(人)	Average Number of Permanent Residents per Household(person)	5.39	4.41	4.06	3.84
平均每户整半劳力(人)	Average Number of Able-bodied and Semi-able-bodied Laborers per Household(person)	3.00	2.92	2.72	2.73
平均每个劳动力负担人口(含本人)(人)	Average Number of Persons Supported by a Laborer(including the laborer himself)(person)	1.80	1.51	1.49	1.41
平均每人年收入(元)	**Per Capita Annual Income(yuan)**				
总收入	Total Revenue	3364.60	6807.26	8994.41	13514.35
纯收入	Net Income	1871.00	3354.71	4341.18	7071.29
现金收入	Cash Income	3474.10	5234.96	7512.81	12477.27
按纯收入分组户数	**Percentage of Households Grouped by**				
占调查户比重(%)	**Per Capita Annual Net Income(%)**				
500元以下	Under 500 Yuan		1.85	1.36	8.18
500-1000元	500-1000 Yuan		2.32	4.55	2.27
1000-2000元	1000-2000 Yuan		3.24	19.09	3.18
2000-3000元	2000-3000 Yuan		13.89	20.00	4.55
3000-4000元	3000-4000 Yuan		4.63	13.64	9.55
4000-5000元	4000-5000 Yuan		7.41	9.55	10.00
5000-6000元	5000-6000 Yuan		9.26	7.73	7.73
6000-7000元	6000-7000 Yuan		14.35	5.00	8.18
7000-8000元	7000-8000 Yuan		18.06	4.55	7.73
8000元以上	8000 Yuan and Over		25.00	14.55	38.64
平均每人年支出(元)	**Per Capita Annual Expenditure(yuan)**				
总支出	Total Expenditure	3348.90	6569.29	8843.59	14153.62
家庭经营费用支出	Expenditure for Household Business	1092.50	2599.41	4085.68	5692.00
生活消费支出	Expenditure for Consumption	1762.20	2958.94	4005.48	6497.43
其他非生产性支出	Other Nonproductive Expenditures	75.90	149.92	329.10	1237.51
现金支出	Cash Expendiure	3312.50	5176.73	7742.65	13244.94
生产费用	Productive Costs		1941.02	3775.01	6102.49
缴纳税金和上交集体承包费支出等	Taxes and Payments to Collective Units		553.01	15.06	0.36
生活消费支出	Expenditure for Consumption		2535.55	3623.48	5908.92

10-14 农村牧区居民家庭平均每人总收入和纯收入

Per Capita Annual Gross and Net Income of Rural Households

单位：元 (yuan)

项目	Item	2008	2009
总收入	**Gross Income**	**8059.17**	**8403.43**
工资性收入	Laborers'Remuneration	806.48	900.42
在非企业组织中劳动得到	Obtained from Non-enterprises	157.19	187.41
在本地企业中劳动得到	Obtained from Native Enterprises	342.69	381.88
外出从业得到	Obtained from Going on Business	306.60	331.13
其他	Others		
家庭经营收入	Income from Household Business Operation	6590.34	6702.53
农业收入	Farming	3841.19	3714.67
林业收入	Forestry	32.12	23.76
牧业收入	Animal Husbandry	2502.35	2691.06
渔业收入	Fishery		
工业收入	Industry	22.43	27.02
建筑业收入	Construction	22.41	23.52
交通运输和邮电业收入	Transportation Telecommunication	47.64	76.74
批发零售贸易餐饮业收入	Wholesale and Retail Trade and Catering Services	65.76	85.68
社会服务业收入	Social Services	15.96	23.58
文教卫生业收入	Culture, Education and Health Care	9.16	21.82
其他家庭经营收入	Others	29.90	14.22
转移性和财产性收入	Transfer Income and Property Income	662.34	800.49
纯收入	**Net Income**	**4656.18**	**4937.80**
按收入来源分	**By Source**		
工资性收入	Laborers' Remuneration	806.48	900.42
家庭经营纯收入	Net Income from Household Business	3218.01	3277.50
转移性和财产性收入	Transfer Income and Property Income	631.69	759.89

10-15 农民家庭平均每人总收入和纯收入

Per Capita Annual Gross and Net Income of Household of Peasants

单位：元 (yuan)

项 目	Item	2008	2009
总收入	**Gross Income**	**7536.03**	**7729.22**
基本收入	Basic Income		
劳动者报酬收入	Laborers' Remuneration	832.81	906.45
在非企业组织中劳动得到	Obtained from Non enterprises	163.54	189.24
在本地企业中劳动得到	Obtained from Native Enterprises	352.94	391.73
外出从业得到	Obtained from Going on Business	316.33	325.49
其他	Others		
家庭经营收入	Income from Household Business Operation	6053.07	6050.55
农业收入	Farming	4130.84	4027.03
林业收入	Forestry	32.91	25.78
牧业收入	Animal Husbandry	1685.88	1755.76
渔业收入	Fishery		
工业收入	Industry	8.43	11.28
建筑业收入	Construction	24.99	26.62
交通运输和邮电业收入	Transportation Telecommunication	39.95	57.51
批发零售贸易餐饮业收入	Wholesale and Retail Trade and Catering Services	70.73	85.91
社会服务业收入	Social Services	18.03	26.69
文教卫生业收入	Culture, Education and Health Care	7.89	18.66
其他家庭经营收入	Others	32.9	14.79
转移性和财产性收入	Transfer Income and Property Income	650.16	772.21
按收入来源分	**Net Income By Source**		
纯收入	**Net Income**	**4456.53**	**4656.36**
基本收入	Basic Income		
劳动者报酬收入	Laborers' Remuneration	832.81	906.45
家庭经营纯收入	Net Income from Household Business	3003.36	3007.63
转移性和财产性收入	Transfer Income and Property Income	620.36	742.27

10-16 牧民家庭平均每人总收入和纯收入

Per Capita Annual Gross and Net Income of Households of Herdsmen

单位：元 (yuan)

项 目	Item	2008	2009
总收入	**Gross Income**	**12089.30**	**13514.35**
基本收入	Basic Income		
劳动者报酬收入	Laborers' Remuneration	603.71	854.64
在非企业组织中劳动得到	Obtained from Non-enterprises	108.25	173.51
在本地企业中劳动得到	Obtained from Native Enterprises	263.76	307.24
外出从业得到	Obtained from Going on Business	231.70	373.90
其他	Others		
家庭经营收入	Income from Household Business Operation	10729.37	11644.90
农业收入	Farming	1609.76	1346.83
林业收入	Forestry	26.02	8.45
牧业收入	Animal Husbandry	8792.16	9781.12
渔业收入	Fishery		
工业收入	Industry	130.29	146.30
建筑业收入	Construction		
交通运输和邮电业收入	Transportation Telecommunication	106.87	222.51
批发零售贸易餐饮业收入	Wholesale and Retail Trade and Catering Services	27.44	83.99
社会服务业收入	Social Services		
文教卫生业收入	Culture, Education and Health Care	18.97	45.79
其他家庭经营收入	Others	6.76	9.91
转移性和财产性收入	Transfer Income and Property Income	756.22	1014.81
纯收入	**Net Income**	**6194.29**	**7071.29**
按收入来源分	**By Source**		
基本收入	Basic Income		
劳动者报酬收入	Laborers' Remuneration	603.71	854.64
家庭经营纯收入	Net Income from Household Business	4871.58	5323.23
转移性和财产性收入	Transfer Income and Property Income	719.01	893.42

10-17 农村牧区居民家庭平均每人生活消费支出
Per Capita Living Expenditure of Rural Households

单位：元 (yuan)

项 目	Item	2008	2009
生活消费支出	**Living Expenditure**	**3618.11**	**3967.17**
按消费类别分	**By Category of Consumption**		
食品	Food	1483.61	1578.57
# 主食	Staple Food	340.49	356.10
副食	Non-staple Food	666.82	698.28
其他食品	Other Food	302.05	330.83
衣着	Clothing	239.96	271.88
居住	Residence	569.60	608.04
家庭设备用品及服务	Household Facilities, Articles and Services	128.80	148.03
医疗保健	Medicine and Medical Services	320.62	416.87
交通通讯	Transportation and Communications	406.74	466.34
文教娱乐用品及服务	Cultural, Education and Recreational Articles and Services	399.35	390.85
其他商品及服务	Other Commodities and Services	69.43	86.59
按消费性质分	**By Source of Consumption**		
货币性消费	**Consumption Paid by Money**	**3057.30**	**3394.85**
食品	Food	957.29	1046.87
衣着	Clothing	239.64	271.65
居住	Residence	535.52	567.65
家庭设备用品及服务	Household Facilities, Articles and Services	128.72	148.03
医疗保健	Medicine and Medical Services	320.62	416.87
交通通讯	Transportation and Communications	406.74	466.34
文教娱乐用品及服务	Cultural, Education and Recreation Articles and Services	399.35	390.85
其他商品及服务	Other Commodities and Services	69.43	86.59
实物性消费	**Consumption in kind**	**560.81**	**572.32**
食品	Food	526.32	531.70
衣着	Clothing	0.32	0.23
居住	Residence	34.08	40.39

10-18 农民家庭平均每人生活消费支出
Per Capita Living Expenditure of Households of Peasants

单位：元 (yuan)

项 目	Item	1995	2000	2005	2009
生活消费支出	**Living Expenditure**	**1180.50**	**1441.78**	**2243.79**	**3633.39**
按消费类别分	**By Category of Consumption**				
食品	Food	704.70	687.72	1012.84	1514.00
#主食	Staple Food	362.90	300.46	289.29	358.04
副食	Non-staple Food	239.00	243.29	430.55	665.79
其他食品	Other Food	84.00	106.05	199.70	311.96
衣着	Clothing	86.20	90.85	130.13	240.14
居住	Residence	157.00	216.17	316.94	590.02
家庭设备用品及服务	Household Facilities, Articles and Services	50.00	50.67	70.28	131.99
医疗保健	Medicine and Medical Services	48.50	90.13	151.05	354.78
交通通讯	Transportation and Communications	22.40	62.56	231.86	346.76
文教娱乐用品及服务	Cultural, Education and Recreational Articles and Services	97.50	212.63	292.16	383.49
其他商品及服务	Other Commodities and Services	14.20	31.05	38.52	72.21
按消费性质分	**By Source of Consumption**				
货币性消费	**Consumption Paid by Money**	**689.20**	**995.18**	**1780.32**	**3063.20**
食品	Food	232.90	298.33	595.80	982.46
衣着	Clothing	85.70	90.83	128.58	239.88
居住	Residence	137.90	158.99	274.30	551.63
家庭设备用品及服务	Household Facilities, Articles and Services	50.00	50.67	70.28	131.99
医疗保健	Medicine and Medical Services	48.50	90.13	151.05	354.78
交通通讯	Transportation and Communications	22.40	62.56	231.86	346.76
文教娱乐用品及服务	Cultural, Education and Recreation, Articles and Services	97.50	212.63	292.16	383.49
其他商品及服务	Other Commodities and Services	14.30	31.05	36.29	72.21
实物性消费	**Consumption in kind**	**491.30**	**446.60**	**461.23**	**570.19**
食品	Food	471.80	389.39	417.04	531.54
衣着	Clothing	0.50	0.02	1.55	0.26
居住	Residence	19.10	57.18	42.64	38.39

10-19 牧民家庭平均每人生活消费支出

Per Capita Living Expenditure of Households of Herdsmen

单位：元 (yuan)

项 目	Item	2008	2009
生活消费支出	**Living Expenditure**	**5764.55**	**6497.43**
按消费类别分	**By Category of Consumption**		
食品	Food	1992.86	2068.06
# 主食	Staple Food	350.06	341.40
副食	Non-staple Food	904.13	944.56
其他食品	Other Food	439.93	473.88
衣着	Clothing	456.37	512.53
居住	Residence	868.96	744.65
家庭设备用品及服务	Household Facilities, Articles and Services	261.33	269.59
医疗保健	Medicine and Medical Services	555.24	887.62
交通通讯	Transportation and Communications	977.66	1372.78
文教娱乐用品及服务	Cultural, Education and Recreational Articles and Services	498.82	446.62
其他商品及服务	Other Commodities and Services	153.31	195.57
按消费性质分	**By Source of Consumption**		
货币性消费	**Consumption Paid by Money**	**5132.11**	**5908.92**
食品	Food	1411.24	1535.13
衣着	Clothing	456.33	512.49
居住	Residence	818.17	689.11
家庭设备用品及服务	Household Facilities, Articles and Services	261.33	269.59
医疗保健	Medicine and Medical Services	555.24	887.62
交通通讯	Transportation and Communications	977.66	1372.78
文教娱乐用品及服务	Cultural, Education and Recreation, Articles and Services	498.82	446.62
其他商品及服务	Other Commodities and Services	153.31	195.57
实物性消费	**Consumption in kind**	**632.44**	**588.51**
食品	Food	581.62	532.93
衣着	Clothing		0.04
居住	Residence	50.79	55.54

10-20 农村牧区居民家庭平均每人主要消费品消费量
Per Capita Consumption of Major Consumer Goods in Rural Households

项 目	Item	2008	2009
粮食(公斤)	Grain(kg)	196.81	188.51
蔬菜(公斤)	Fresh Vegetables(kg)	79.25	70.90
食油(公斤)	Edible Oil(kg)	4.32	4.16
猪牛羊肉(公斤)	Pork, Beef and Mutton(kg)	22.73	27.97
家禽(公斤)	Poultry(kg)	2.66	2.79
蛋及制品(公斤)	Eggs and Related Products(kg)	5.92	5.36
水产品(公斤)	Fish and Shrimp(kg)	1.88	2.06
食糖(公斤)	Sugar(kg)	0.99	1.01
酒 (公斤)	Liquor(kg)	14.50	14.50

10-21 农民家庭平均每人主要消费品消费量
Per Capita Consumption of Major Consumer Goods in Households of Peasants

项 目	Item	2008	2009
粮 食(公斤)	Grain(kg)	201.64	193.62
蔬 菜(公斤)	Fresh Vegetables(kg)	83.60	73.53
食 油(公斤)	Edible Oil(kg)	4.10	4.29
猪牛羊肉(公斤)	Pork, Beef and Mutton(kg)	20.35	26.47
家 禽(公斤)	Poultry(kg)	2.81	2.96
蛋及制品(公斤)	Eggs and Related Products(kg)	6.45	5.86
鱼 虾(公斤)	Fish and Shrimp(kg)	2.03	2.23
食 糖(公斤)	Sugar(kg)	0.95	1.00
酒(公斤)	Liquor(kg)	15.09	14.90

10-22 牧民家庭平均每人主要消费品消费量
Per Capita Consumption of Major Consumer Goods in Households of Herdsmen

项 目	Item	2008	2009
粮 食(公斤)	Grain(kg)	159.64	149.77
蔬 菜(公斤)	Fresh Vegetables(kg)	45.77	50.99
食 油(公斤)	Edible Oil(kg)	5.99	3.17
猪牛羊肉(公斤)	Pork, Beef and Mutton(kg)	41.11	39.33
家 禽(公斤)	Poultry(kg)	1.48	1.53
蛋及制品(公斤)	Eggs and Related Products(kg)	1.79	1.57
鱼 虾(公斤)	Fish and Shrimp(kg)	0.74	0.74
食 糖(公斤)	Sugar(kg)	1.29	1.12
酒(公斤)	Liquor(kg)	9.96	11.47

10-23 农村牧区居民家庭平均每百户耐用消费品年末拥有量
Number of Durable Consumer Goods Owned Per 100 Rural Households at Year-end

品 名	Item	2008	2009
电话机(部)	Telephone(unit)	41.21	35.15
洗衣机(台)	Washing Machine(unit)	52.33	54.85
家用电冰箱(台)	Refrigerator(unit)	29.32	36.99
摩托车(辆)	Motorcycle(unit)	63.35	66.21
黑白电视机(台)	Black and White TV Set(unit)	7.72	4.85
彩色电视机(台)	Color TV Set(unit)	94.81	97.48
影碟机(台)	Video Disc Player(unit)	21.60	22.67
照相机(架)	Camera(unit)	2.43	2.52

10-24 农民家庭平均每百户耐用消费品年末拥有量
Number of Durable Consumer Goods Owned Per 100 Households of Peasants at Year-end

品名	Item	2008	2009
自行车(辆)	Bicycle(unit)	66.47	66.96
电话机(部)	Telephone(unit)	41.20	35.33
洗衣机(台)	Washing Machine(unit)	53.80	55.22
家用电冰箱(台)	Refrigerator(unit)	28.32	35.43
摩托车(辆)	Motorcycle(unit)	57.17	59.29
黑白电视机(台)	Black and White TV Set(unit)	6.85	4.29
彩色电视机(台)	Color TV Set(unit)	95.92	97.55
影碟机(台)	Video Disc Player(unit)	19.40	19.62
照相机(架)	Camera(unit)	1.14	1.20

10-25 牧民家庭平均每百户耐用消费品年末拥有量
Number of Durable Consumer Goods Owned Per 100 Households of Herdsmen at Year-end

品名	Item	2008	2009
自行车(辆)	Bicycle(unit)	12	12
电话机(部)	Telephone(unit)	41	34
洗衣机(台)	Washing Machine(unit)	40	52
家用电冰箱(台)	Refrigerator(unit)	38	50
摩托车(辆)	Motorcycle(unit)	115	124
电视机(台)	TV Set(unit)	100	106
#彩色电视机(台)	Color TV Set(unit)	85	97
影碟机(台)	Video Disc Player(unit)	40	48
照相机(架)	Camera(unit)	13	14

10-26 农牧民家庭房屋使用情况
Housing Conditions of Rural Households

项 目	Item	2008	2009
牧民家庭	**Households of Herdsmen**		
本年新建购房屋面积(平方米/户)	**Rooms Newly Built Within the Year Per Household Floor Space of Houses(sq.m/househole)**	**3.59**	**4.20**
# 砖木结构	Brick and Wood Structure	0.55	0.73
每平方米价值(元)	Value per Square Meter(yuan)	373.42	409.19
年末使用房屋	**Rooms Used at the End of Year**		
居住面积(平方米/人)	Per Capita Floor Space(sq.m/person)	23.56	24.28
# 砖木结构	Brick and Wood Structure	14.47	14.91
钢筋混凝土结构	Reinforced Concrete Structures	1.02	1.21
房屋价值(元/平方米)	Value per Room(yuan/sq.m)	275.48	302.68
农民家庭	**Households of Peasants**		
本年新建房屋面积(平方米/户)	**Rooms Newly Built Within the Year Per Capita Floor Space of Houses(sq.m/person)**	**1.28**	**1.23**
# 砖木结构	Brick and Wood Structure	1.16	1.16
钢筋混凝土结构	Reinforced Concrete Structure	0.12	0.01
每平方米价值(元)	Value per Square Meter(yuan)	563.96	513.55
年末使用房屋	**Rooms Used at the End of Year**		
居住面积(平方米/人)	Per Capita Floor Space(sq.m/person)	21.20	21.97
# 砖木结构	Brick and Wood Structure	13.57	14.20
钢筋混凝土结构	Reinforced Concrete Structures	0.33	0.41
房屋价值(元/平方米)	Value per Room(yuan/sq.m)	207.76	220.92

注：本表为农村抽样调查资料。
a)Data in this table are obtained from the sample surveys on rural households.

主要统计指标解释

城镇居民家庭全部收入 指被调查城镇居民家庭全部的实际收入，包括经常或固定得到的收入和一次性收入。不包括周转性收入，如提取银行存款、向亲友借款、收回借出款以及其他各种暂收款。

城镇居民家庭可支配收入 指被调查的城镇居民家庭在支付个人所得税、财产税及其他经常性转移支出后所余下的实际收入。

城镇居民家庭消费性支出 指被调查的城镇居民家庭用于日常生活的全部支出，包括购买商品支出和文化生活、服务等非商品性支出。不包括罚没、丢失款和缴纳的各种税款(如个人所得税、牌照税、房产税等)，也不包括个体劳动者生产经营过程中发生的各项费用。

城镇居民家庭购买商品支出 指被调查的城镇居民家庭为自用或赠送亲友而购买商品的全部支出，包括从商店、工厂、饮食业、工作单位食堂、集市以及直接从农民手中购买各种商品的开支。商品支出分为以下八类：食品；衣着；家庭设备用品及服务；医疗保健；交通与通信；娱乐、教育、文化服务；居住；杂项商品和服务。

农村牧区居民家庭纯收入 指农村牧区常住居民家庭总收入中，扣除从事生产和非生产经营费用支出、缴纳税款和上交承包集体任务金额以后剩余的，可直接用于进行生产性、非生产性建设投资、生活消费和积蓄的那一部分收入。农村牧区居民家庭纯收入包括从事生产性和非生产性的经营收入，取自在外人口寄回带回和国家财政救济、各种补贴等非经营性收入；既包括货币收入，又包括自产自用的实物收入。但不包括向银行、信用社和向亲友借款等属于借贷性的收入。

农村牧区居民家庭生活消费支出 指农村牧区常住居民家庭用于日常生活的全部开支，是反映和研究农牧民家庭实际生活消费水平高低的重要指标。

城镇居民储蓄存款余额 指某一时点城乡居民存入银行及农村信用社的储蓄金额，包括城镇居民储蓄存款和农牧民个人储蓄存款，不包括居民的手存现金和工矿企业、部队、机关、团体等单位存款。

Explanatory Notes on Main Statistical Indicators

Total Income of Urban Households refers to the total actual income of the sample households, including regular or fixed income and occasional income. The income of a circulating nature such as withdrawal from bank deposits, loans borrowed from relatives or friends, repayment of loans received and various temporary collection of money are excluded.

Disposable Income of Urban Households refers to the income of the sample households which can be used for daily expenses, i. e. . total income minus income tax, property tax and other current transfers.

Expenditure for Consumption of Urban Households refers to total expenditure of the sample households for consumption in daily life, including expenditure for various commodities and expenses for non commodity items such as culture and service, etc. , but excluding fines and confiscation, loss, tax payments(such as income tax, license tax, real estates tax, etc.) And various expenses by individual laborers for business purposes.

Expenditure for Purchases of Commodities of Urban Households refers to total expenses of the sample households for the purchases of commodities, for their own use or as gifts to relatives and friends, from shops, factories, catering trade, canteens, markets and from the peasants. Such expenditure is classified into eight categories: food, clothing, household appliances and services, health care and medical services, transport and communications, recreation, education and cultural services, housing, miscellaneous goods and services.

Net Income of Rural Households refers to the total income of the permanent residents of the rural households during a year after the deduction of the expenses for productive and non-productive business operation, the payment for taxes and the payment for collective units for their contracted tasks, which can then be spent for investments in productive and non-productive construction, for consumption in daily life and for savings deposit. It is a comprehensive indicator to show the actual level of the income of the peasants' household. The net income of the rural households includes not only the income from the productive and non-productive business operation, but also the income from the non business operation, such as the money remitted or brought back by the members of the household who are in other places, the government relief payment and various subsidies. It includes not only the money income, but also the income in kind. But the income from borrowing from banks, friends and relatives is excludes.

Expenditure of Rural Households for Consumption refers to total expenses of rural households on daily life, including expenses on food, clothing, housing, fuel, articles for daily use, and expenses on cultural life and services. This indicator is used to show the actual consumption level of peasants.

The Savings Deposits of Urban and Rural Residents refers to the total value of Savings deposits of urban and rural households in banks and rural credit cooperatives at a given point of time, including the savings deposit of urban residents and the savings deposit of rural residents. The cash in hand by residents and the deposits of organizations such as enterprises, military units, government agencies, institutions, etc. are not included.

十一、城市概况

General Survey of Cities

资料整理：杨力英
Arranged By Yang Liying

11-1 城市社会经济指标(2009年)

Main Social and Economic Indicators of Cities(2009)

指标	Item	2009
年末人口数(万人)	**Population (year-end) (10 000 persons)**	**868.97**
#非农业人口	Non-agricultural Population	609.40
全社会从业者人数(万人)	**Number of Employed Persons(10 000 persons)**	**503.12**
#单位职工人数	Staff and Workers	129.87
按产业分的从业人员	Grouped by Industry	503.12
第一产业	Primary Industry	118.47
第二产业	Secondary Industry	138.72
第三产业	Tertiary Industry	245.92
土地面积(万平方公里)	**Total Area (10 000 sq.km)**	**15.00**
生产总值(亿元)	**Gross Domestic Product (100 million yuan)**	**5693.97**
第一产业	Primary Industry	227.75
第二产业	Secondary Indutry	2633.62
#工业	Industry	2307.68
第三产业	Tertiary Industry	2832.60
生产总值指数(上年=100)	Indices of Gross Domestic Product (Preceding year=100)	118.8
农林牧渔业总产值 (当年价格,亿元)	**Gross Agricultural Output Value (at current prices) (100 million yuan)**	**407.41**
年末实有耕地面积(万公顷)	**Area of Cultivated land year-end (10 000 hectares)**	**145.78**
主要农产品产量	**Output of Major Agricultural Products**	
粮食产量(万吨)	Gain (10 000 tons)	413.53
猪牛羊肉产量(万吨)	Pork, Beef and Mutton (10 000 tons)	43.44
水 果(万吨)	Fruits (10 000 tons)	10.58
水产品(万吨)	Aquatic Products (10 000 tons)	2.83
规模以上工业	**Industry of All State-owned & Non-state-owned Industrial Enterprises above Designated Size**	
工业总产值(当年价格,亿元)	Gross Output Value (100 million yuan)	5308.48
工业增加值(当年价，亿元)	Value Added (100 million yuan)	2070.60
工业产品销售收入(亿元)	Sales Revenue (100 millon yuan)	5085.56
工业利润总额(亿元)	Total Profits(100 million yuan)	228.67
运输邮电	**Transportation, Postal and Telecom**	
客运量(发送)(亿人)	Passenger Traffic (100 million persons)	0.63
货运量(发送)(亿吨)	Freight Traffic (100 million tons)	4.30

注：本表数据不包括市辖县统计数。

a)Data in this table don't include the data of county directly under the city.

11-1 续表 continued

指 标	Item	2009
邮电业务总量(2000年不变价.亿元)	Revenud of Postal and Telecommunications Services (at 2000 constant prices) (100 million yuan)	125.00
本地网电话机部数(万部)	Number of Telephons Sets(10 000 sets)	348.81
固定资产投资额(亿元)	**Total Investment in Fixed Assets (100 million yuan)**	**3367.27**
社会消费品零售总额(亿元)	**Total Retail Sales of Consumer Goods (100 million yuan)**	**2003.03**
实际利用外资金额(亿美元)	**Amount of Foreign Capital Actually Utilized (USD 100 million)**	**15.64**
在校学生数(万人)	**Student Enrollment (10 000 persons)**	
普通高等学校	Number of Regular Institutes of Higher Education	32.31
中等专业学校	Number of Specialized Secondary Schools	22.83
普通中学	Number of Regular Secondary Schools	63.30
小 学	Number of Primary Schools	63.17
成人高等学校	Noumber of Schools Higher Education for Aduals	7.68
医院、卫生院数(个)	**Number of Hospitals (units)**	**729**
医院、卫生院床位数(万张)	**Number of Beds in Hospitals (10 000 units)**	**4.50**
卫生技术人员数(万人)	**Number of Medical Technical Personnel in Hospitals (10 000 persons)**	**5.13**
专业技术人员数(万人)	**Number of Technical Personnel (10 000 persons)**	**33.75**
在岗职工工资总额(亿元)	**Total Wages of Fully Emploged Staff and Workers (100 million yuan)**	**432.90**
年底城乡储蓄存款余额(亿元)	**Outstanding Amount of Savings Deposit in Urban and Rural Areas at year end(100 million yuan)**	**2792.59**
地方财政一般预算收入(亿元)	**Budgetary Reuenue of Local Governments (100 million yuan)**	**351.80**

11-2 城市主要经济指标(2009年)

Main Economic Indicators of Cities(2009)

城市名称	City	土地面积 (万平方公里) Total Area (10 000 Sq.km)	年末总人口 (万人) Population (year-end) (10 000 persons)	年末非农业人口 (万人) Nonagricultural Population (year-end) (10 000 persons)	生产总值 (不包括市辖县) (亿元) Gross Domestic Product (100 million yuan)
合 计	**Total**	**68.52**	**2275.71**	**953.07**	**5693.97**
呼和浩特市	Hohhot City	1.72	270.85	108.01	1181.93
包头市	Baotou City	2.77	257.21	136.07	1800.97
呼伦贝尔市	Hulunbeier City	25.30	269.75	179.57	130.45
通辽市	Tongliao City	5.95	308.26	123.14	319.95
赤峰市	Chifeng City	9.00	432.80	108.52	377.93
乌兰察布市	Wulanchabu City	5.50	289.72	73.14	88.94
鄂尔多斯市	Erdos City	8.68	162.54	47.54	507.40
巴彦淖尔市	Bayannaoer City	6.44	173.27	79.46	157.33
乌海市	Wuhai City	0.17	48.76	45.86	311.21
满洲里市	Manzhouli City	0.07	16.69	16.69	120.39
扎兰屯市	Zhalantun City	1.68	42.99	16.72	86.18
牙克石市	Yakeshi City	2.76	37.49	36.10	90.22
根河市	Genhe City	1.97	16.09	16.08	23.28
额尔古纳市	Eerguna City	2.80	8.19	7.77	23.94
乌兰浩特市	Wulanhaote City	0.27	31.74	23.84	69.66
阿尔山市	Aershan City	0.74	4.82	4.82	7.52
霍林郭勒市	Huolinguole City	0.06	8.24	6.85	150.93
二连浩特市	Erlianhaote City	0.40	8.99	8.40	40.10
锡林浩特市	Xilinhaote City	1.58	17.00	14.70	124.75
丰镇市	Fengzhen City	0.27	34.29	9.71	80.89

11-2 续表 1 continued

城市名称	City	农业总产值(亿元) Gross Agricultural Output Value (100 million yuan)	不包括市辖县 Counties Excluded	工业总产值(亿元) Gross Industrial Output Value (100 million yuan)	不包括市辖县 Counties Excluded	客运总量(万人) Total Passenger Traffic (10 000 persons)	货运总量(万吨) Total Freight Traffic (10 000 tons)	固定资产投资(亿元) Investment in Fixed Assets (10000 million yuan)	不包括市辖县 Counties Excluded
合 计	**Total**	**1409.09**	**407.41**	**9933.36**	**5308.48**	**20673**	**118547**	**5286.96**	**3367.27**
呼和浩特市	Hohhot City	137.78	32.27	1146.94	632.16	2145	8184	780.24	556.40
包头市	Baotou City	96.73	27.75	2222.23	1933.24	1941	22493	1475.26	1096.05
呼伦贝尔市	Hulunbeier City	251.21	8.96	536.77	108.15	514	41	499.38	59.16
通辽市	Tongliao City	249.53	54.60	1236.31	498.80	2895	8477	543.90	218.80
赤峰市	Chifeng City	248.94	59.56	969.27	427.88	4146	9554	645.85	215.56
乌兰察布市	Wulanchabu City	134.54	4.32	579.05	84.95	1173	4013	230.66	43.05
鄂尔多斯市	Erdos City	102.13	27.33	2032.48	317.98	2068	32970	154.54	400.53
巴彦淖尔市	Bayannaoer City	161.18	43.84	601.58	181.58	2145	2860	551.18	111.37
乌海市	Wuhai City	5.17	5.17	398.73	398.73	573	6779	181.16	181.16
满洲里市	Manzhouli City	4.07	4.07	60.22	60.22	162	3420	65.00	65.00
扎兰屯市	Zhalantun City	40.10	40.10	74.52	74.52	844	973	55.50	55.50
牙克石市	Yakeshi City	32.20	32.20	56.22	56.22	441	3445	42.55	42.55
根河市	Genhe City	10.23	10.23	6.66	6.66	103	235	8.53	8.53
额尔古纳市	Eerguna City	14.98	14.98	10.71	10.71	38	51	9.00	9.00
乌兰浩特市	Wulanhaote City	8.39	8.39	74.54	74.54	235	690	43.07	43.07
阿尔山市	Aershan City	2.87	2.87	0.15	0.15	41	150	14.80	14.80
霍林郭勒市	Huolinguole City	3.61	3.61	198.94	198.94	26	6066	65.30	65.30
二连浩特市	Erlianhaote City	0.64	0.64	23.67	23.67	78	575	26.02	26.02
锡林浩特市	Xilinhaote City	9.98	9.98	111.64	111.64	362	4715	140.90	140.90
丰镇市	Fengzhen City	16.54	16.54	107.74	107.74	199	498	14.52	14.52

注：工业总产值为规模以上工业企业。

a) The gross industrial output value is covered all state-owned and Non-state-owned industrial enterprises above designated size.

11-2 续表 2 continued

城市名称	City	地方财政一般预算收入(亿元) Budgetary Revenueof Local Governments (100 million yuan)	#不包括市辖县 Counties Excluded	城乡居民年底储蓄余额(亿元) Outstanding Amount of Savings Deposit of Urban and Rural Residents year-end(100 million yuan)	在岗职工人数(万人) Number of Fully-empolyec Staff and Workers (10 000 persons)	#不包括市辖县 Counties Excluded	在岗职工工资总额(亿元) Total Wages of Fully-empolyed Staff and Workers (100 million yuan)	#不包括市辖县 Counties Excluded
合 计	**Total**	**622.21**	**351.80**	**3745.25**	**207.09**	**129.87**	**651.05**	**432.90**
呼和浩特市	Hohhot City	106.79	78.61	775.89	29.87	23.16	105.72	87.91
包头市	Baotou City	130.31	105.45	686.00	32.30	27.87	118.62	103.66
呼伦贝尔市	Hulunbeier City	49.29	4.37	378.71	27.20	4.36	78.20	13.58
通辽市	Tongliao City	47.66	12.93	213.24	23.20	8.70	51.13	18.50
赤峰市	Chifeng City	45.82	24.65	444.72	29.86	11.70	85.28	39.86
乌兰察布市	Wulanchabu City	13.99	2.64	229.45	13.78	5.63	40.01	15.65
鄂尔多斯市	Erdos City	162.04	45.28	463.75	15.69	5.03	68.79	22.73
巴彦淖尔市	Bayannaoer City	30.00	7.29	232.44	14.75	6.61	38.18	17.74
乌海市	Wuhai City	23.24	23.24	170.05	10.81	10.81	37.52	37.52
满洲里市	Manzhouli City	10.55	10.55	126.54	3.17	3.17	10.08	10.08
扎兰屯市	Zhalantun City	2.93	2.93	32.65	2.42	2.42	6.29	6.29
牙克石市	Yakeshi City	5.28	5.28	60.36	2.74	2.74	7.90	7.90
根河市	Genhe City	0.65	0.65	25.12	3.21	3.21	7.26	7.26
额尔古纳市	Eerguna City	1.62	1.62	12.76	1.71	1.71	4.35	4.35
乌兰浩特市	Wulanhaote City	1.92	1.92	61.41	3.65	3.65	9.83	9.83
阿尔山市	Aershan City	0.39	0.39	6.26	0.62	0.62	1.16	1.16
霍林郭勒市	Huolinguole City	10.82	10.82	19.36	1.75	1.75	6.89	6.89
二连浩特市	Erlianhaote City	2.00	2.00	26.64	0.59	0.59	2.46	2.46
锡林浩特市	Xilinhaote City	8.77	8.77	56.67	4.77	4.77	14.15	14.15
丰镇市	Fengzhen City	2.43	2.43	25.61	1.37	1.37	5.38	5.38

11-3 城市公用事业基本情况
Basic Statistics on Urban Public Utilities

项 目	Item	2008	2009
城市及建筑物面积	**Cities Areas and Floor Space of Buildings**		
建成区面积(平方公里)	Developed Areas(sq.km)	885.42	975.48
城市人口密度(人/平方公里)	Population Density of Urban Districts(person/sq.km)	649	951
年末实有房屋建筑面积(万平方米)	Total Floor Space of Buildings(yearend)(10 000 sq.m)	45409.03	42640.99
年末实有住宅建筑面积(万平方米)	Total Floor Space of Residential Buildings (year-end)(10 000 sq.m)	28514.68	26273.05
供水、供气及供热	**Water Supply, Gas Supply and Heating**		
自来水年供水量(万吨)	Annual Supply of Tap Water(10 000 tons)	49900.72	55196.87
#生活用水量	Water Consumption for Residentialuse	13194.33	14201.61
平均每人日生活用水(升)	Per Capita Water Consumption for Residential use(liter)	85.65	85.99
用水普及率(%)	Percentage of Population with Access to Tap Water(%)	82.03	87.89
煤气供气量(万立方米)	Coal Gas Supply(10 000 cu.m)	3601.69	3914.69
#家庭用量	Consumption of Coal Gas for Residential Use	3481.00	3781.00
天然气供气量(万立方米)	Natural Gas Supply(10 000 cu.m)	38134.00	46136.10
#家庭用量	Consumption of Natural Gas for Residedtial Use	18804.34	6336.14
液化石油气供气量(吨)	Liquefied Petroleum Gas(ton)	72278.85	84206.32
#家庭用量(吨)	Consumption of Liquefied Gas for Residential use(ton)	50345.51	63376.00
煤气管道长度(公里)	Length of Gas Pipelines(km)	461	470
用气普及率(%)	Percentage of Population with Access to Gas(%)	74.25	75.51
集中供热面积(万平方米)	Heated Area(10 000 sq.m)	18447.90	20769.40
市政工程	**Municipal Engineering**		
铺装道路长度(公里)	Length of Paved Roads(km)	5175.00	5611.30
平均每万人拥有道路长度(公里)	Length of Paved Roads per 10000 Population(km)	6.05	6.65
铺装道路面积(万平方米)	Area of Paved Roads(10 000 sq.m)	9776.00	10789.20
人均铺装道路面积(平方米)	Area of Paved Roads per Population(sq.m)	12.76	13.62
下水道长度(公里)	Length of Sewer Pipelines(km)	6269.00	6628.00
平均每万人拥有下水道(公里)	Length of Sewer Pipelines per 10000 Population(km)	7.33	7.86
公共交通	**Public Traffic**		
公共汽车总数(辆)	Number of Public Transportation Vehicles(unit)	5343	5558
平均每万人拥有(辆)	Number of Public Transportation Vehicles Per 10 000 Population(unit)	7.50	6.59
出租汽车(辆)	Taxi(unit)	36517	43084
城市绿化	**Afforestation in Cities**		
绿地面积(公顷)	Public Green Areas(hectare)	29849	38999
人均绿地面积(平方米)	Public Green Areas per(Population(sq.m)	11.10	11.65
公园动物园个数(个)	Number of Parks and Zoos(unit)	105	121
公园动物园面积(公顷)	Area of Parks and Zoos(hectare)	6954.00	7143.00
环境卫生	**Environmental Sanitation**		
清运垃圾(万吨)	Volume of Garbage Disposal(10 000 tons)	358.07	366.52
清运粪便(万吨)	Disposal of Excrement and Urine(10 000 tons)	104.29	125.69
每万人有公厕(座)	Public Lavatories per 10 000 Population(unit)	5.12	4.88

注：人均拥有指标按城市人口计算。

a)Data on the public utilities per 10 000 population are based on population in urban areas.

11-4 城市面积和房屋建筑及住房(2009年)
Basic Statistics on Building Construction and Housing Condition in Cities(2009)

地 区	Region	建成区面积(平方公里) Developed Areas (sq.km)	征用土地面积(平方公里) Land Put in Requisition for State Construction Projects (sq.km)	市区人口密度(人/平方公里) Population Density of Urban Districts (person/sq.km)	年末城市实有房屋建筑面积(万平方米) Total Floor Space of Buildings (year-end) (10 000 sq.m)	年末城市实有住宅建筑面积(万平方米) Total Floor Space of Residential Buildings (year-end) (10 000 sq.m)
合 计	**Total**	**975.48**	**31.74**	**951**	**42640.99**	**26273.05**
呼和浩特市	Hohhot City	154.00		5122	8096.16	3813.72
包头市	Baotou City	182.00		1954	7538.71	4123.98
呼伦贝尔市	Hulunbeier City	28.00		2212	6184.59	4234.35
通辽市	Tongliao City	65.80	0.03	6884	1726.56	996.44
赤峰市	Chifeng City	79.00	4.77	1502	5983.00	3888.90
乌兰察布市	Wulanchabu City	40.75	1.85	2592	1728.78	1230.55
鄂尔多斯市	Erdos City	109.58	20.00	3451	4001.10	2957.67
巴彦淖尔市	Bayannaoer City	38.00		457	3082.19	2073.50
乌海市	Wuhai City	37.51		293	1944.61	1463.29
满洲里市	Manzhouli City	27.06		292	952.99	539.34
扎兰屯市	Zhalantun City	19.20		481	569.45	401.79
牙克石市	Yakeshi City	19.00		418	1658.00	851.20
根河市	Genhe City	17.50		211	383.15	305.03
额尔古纳市	Eerguna City	10.38		181	309.17	189.94
乌兰浩特市	Wulanhaote City	24.26	1.24	954	993.91	623.80
阿尔山市	Aershan City	10.44		176	127.39	67.75
霍林郭勒市	Huolinguole City	18.00		203	219.34	163.58
二连浩特市	Erlianhaote City	36.00	0.50	4045	318.67	137.04
锡林浩特市	Xilinhaote City	34.00		411	915.32	662.06
丰镇市	Fengzhen City	25.00	3.35	486	680.80	247.00

11-5 城市自来水(2009年)

Basic Statistics on Tap Water Supply in Cities(2009)

地 区	Region	年末自来水生产能力(万吨/日) Production Capacity of Tap Water (year-end) (10 000 tons/day)	年末供水管道长度(公里) Length of Water Supply Pipelines (year-end) (km)	全年供水总量(万吨) Total Annual Volume of Water Supply (10 000 tons)	# 生活用水 For Residential Use	# 生产用水 For Productive Use	用水人口(万人) Number of Residents with Access to Tap Water (10 000 persons)	人均日生活用水量(升) Per Capita Daily Consumption of Tap Water for Residedtial Use(litre)
合 计	**Total**	**344.66**	**8217**	**55197**	**14202**	**21956**	**696.48**	**85.99**
呼和浩特市	Hohhot City	55.50	704	12602	2614	3866	127.67	98.21
包头市	Baotou City	52.70	1461	12414	2390	5856	157.00	63.53
呼伦贝尔市	Hulunbeier City	12.70	135	2127	679	1118	20.20	132.92
通辽市	Tongliao City	45.80	540	5352	1315	2588	39.80	159.15
赤峰市	Chifeng City	39.71	668	6252	1247	2805	71.11	64.27
乌兰察布市	Wulanchabu City	6.10	292	1476	486	510	28.00	67.12
鄂尔多斯市	Erdos City	16.60	822	2312	719	663	57.45	75.85
巴彦淖尔市	Bayannaoer City	4.40	141	1609	964	242	28.50	110.84
乌海市	Wuhai City	48.40	1846	4237	923	2501	51.37	60.64
满洲里市	Manzhouli City	7.30	383	1682	896	310	21.14	145.71
扎兰屯市	Zhalantun City	1.20	66	357	120	90	11.21	42.77
牙克石市	Yakeshi City	1.60	35	220	104	10	5.57	86.08
根河市	Genhe City	7.10	44	180	68	52	5.70	51.84
额尔古纳市	Eerguna City	0.17	40	75	26	23	1.94	60.73
乌兰浩特市	Wulanhaote City	16.15	107	1329	695	44	21.68	154.68
阿尔山市	Aershan City	0.57	28	60	19	15	1.30	63.22
霍林郭勒市	Huolinguole City	4.60	283	486	350	63	9.35	117.06
二连浩特市	Erlianhaote City	4.00	74	335	110	43	16.30	27.90
锡林浩特市	Xilinhaote City	13.80	433	1173	357	430	13.19	105.31
丰镇市	Fengzhen City	6.26	115	920	120	727	8.00	56.51

11-6 城市煤气、液化石油气、天然气(2009年)
Basic Statistics on Supply of Gas, Liquefied Petroleum Gas and Natural Gas in Cities(2009)

地区	Region	人工煤气生产能力(万立方米/日) Production Capacity of Coal Gas(10 000 cu.m/day)	管道长度(公里) Length of Gas Pipelines(km)		全年供气总量 Total Gas Supply			用气人口(万人) Population with Access to Gas(10 000 persons)		
			人工煤气 Coal Gas	天然气 Natural Gas	人工煤气(万立方米) Coal Gas (10 000 cu.m)	液化石油气(吨) Liquefied Petroleum Gas(ton)	天然气(万立方米) Natural Gas (10 000 cu.m)	人工煤气 Coal Gas	液化石油气 Liquefied Petroleum Gas	天然气 Natural Gas
合 计	**Total**	**179.00**	**470**	**1942**	**3915**	**84206**	**46136**	**63.18**	**356.45**	**178.72**
呼和浩特市	Hohhot City			690		20000	21281		28.54	94.59
包头市	Baotou City	164.00	317	494	3084	11190	18868	52.41	54.97	48.31
呼伦贝尔市	Hulunbeier City					2834			17.30	
通辽市	Tongliao City			64		3030	604		29.07	11.24
赤峰市	Chifeng City					11871			76.25	
乌兰察布市	Wulanchabu City			160		2004	340		16.00	0.33
鄂尔多斯市	Erdos City			392		2738	3687		28.00	17.00
巴彦淖尔市	Bayannaoer City			16		15010	2		25.10	0.13
乌海市	Wuhai City	15.00	153	66	831	1510	1165	10.77	8.60	5.71
满洲里市	Manzhouli City					5214			18.50	
扎兰屯市	Zhalantun City					770			9.50	
牙克石市	Yakeshi City					1820			8.15	
根河市	Genhe City					618			3.00	
额尔古纳市	Eerguna City					337			3.60	
乌兰浩特市	Wulanhaote City					3091	4		14.78	0.02
阿尔山市	Aershan City						185			0.60
霍林郭勒市	Huolinguole City					440			5.50	
二连浩特市	Erlianhaote City					610			2.40	
锡林浩特市	Xilinhaote City			60		420			4.50	0.79
丰镇市	Fengzhen City					700			2.69	

11-7 城市集中供热(2009年)

Basic Statistics on Heating in Cities(2009)

地区	Region	供应能力 Heating Capacity		供热总量 Volume Supplied		管道长度(公里) Length of Pipelines(km)		供热面积(万平方米) Heated Area (10 000 sq.m)
		蒸汽(吨/小时) Steam (ton/hour)	热水(兆瓦) Hot Water (mw)	蒸汽(万吉焦) Steam (10 000 gigajouies)	热水(万吉焦) Hot Water (10 000 gigajoules)	蒸汽 Steam	热水 Hot Water	
合计	**Total**	**214**	**21364**	**92**	**15417**	**20**	**4273**	**20769.4**
呼和浩特市	Hohhot City		4686		3450		591	4060.1
包头市	Baotou City		6034		2775		800	4647.0
呼伦贝尔市	Hulunbeier City		453		550		124	791.2
通辽市	Tongliao City		982		772		303	1212.3
赤峰市	Chifeng City	212	2517	87	1434	14	209	2093.6
乌兰察布市	Wulanchabu City		298		593		240	600.0
鄂尔多斯市	Erdos City		1440		716		273	2331.1
巴彦淖尔市	Bayannaoer City		444		300		380	800.0
乌海市	Wuhai City		679		507		346	1073.0
满洲里市	Manzhouli City		690		662		313	674.0
扎兰屯市	Zhalantun City		98		195		32	197.0
牙克石市	Yakeshi City		202		440		178	327.0
根河市	Genhe City		130		299		20	84.2
额尔古纳市	Eerguna City		70		52		17	70.0
乌兰浩特市	Wulanhaote City		965		476		117	625.5
阿尔山市	Aershan City		17		91		11	16.0
霍林郭勒市	Huolinguole City		126		610		76	195.0
二连浩特市	Erlianhaote City		360		300		51	168.0
锡林浩特市	Xilinhaote City		1173		1195		192	763.0
丰镇市	Fengzhen City	2		5		6		41.4

11-8 城市市政工程(2009年)

Basic Statistics on Municipal Engineering in Cities(2009)

地 区	Region	年末实有铺装道路长度(公里) Length of Paved Roads (year-end) (km)	年末实有铺装道路面积(万平方米) Area of Paved Roads (year-end) (10 000 sq.m)	城市桥梁(座) Number of Bridges (unit)	城市排水管道长度(公里) Length of Sewer Pipelines (km)	城市污水日处理能力(万吨) Daily Disposal Capacity of Sewage (10 000 tons)	城市路灯(千盏) Number of Street Lights (1000 unit)
合 计	**Total**	**5611**	**10789**	**305**	**6628**	**136.70**	**540**
呼和浩特市	Hohhot City	630	1520	51	897	21.00	135
包头市	Baotou City	1280	2075	38	1665	26.50	61
呼伦贝尔市	Hulunbeier City	185	288	9	171	5.00	9
通辽市	Tongliao City	204	658	7	506	20.00	84
赤峰市	Chifeng City	353	744	30	372	15.00	50
乌兰察布市	Wulanchabu City	180	369	18	191	6.30	35
鄂尔多斯市	Erdos City	660	1572	9	959	7.50	37
巴彦淖尔市	Bayannaoer City	369	714	9	456	6.00	40
乌海市	Wuhai City	428	686	48	245	6.00	27
满洲里市	Manzhouli City	397	682	8	244	2.00	6
扎兰屯市	Zhalantun City	86	120	28	41	4.00	8
牙克石市	Yakeshi City	62	87	3	63	3.40	5
根河市	Genhe City	40	62	4	11		1
额尔古纳市	Eerguna City	77	76	3	4		2
乌兰浩特市	Wulanhaote City	129	202	2	195	4.00	12
阿尔山市	Aershan City	53	47	7	30		2
霍林郭勒市	Huolinguole City	70	192	10	207	4.00	3
二连浩特市	Erlianhaote City	117	172	2	78		16
锡林浩特市	Xilinhaote City	152	407	2	200	4.00	6
丰镇市	Fengzhen City	140	117	17	93	2.00	2

11-9 城市公共汽车、出租汽车(2009年)
Basic Statistics on Buses and Taxis in Cities(2009)

地 区	Region	年末实有公共汽车(辆) Public Transportation Vehicles(year-end) (unit)	运 客 总 数 (万人次) Number of Passengers Carried (10 000 Person times)	出租汽车 (辆) Number of Taxis (unit)
合 计	**Total**	**5558**	**65668**	**43084**
呼和浩特市	Hohhot City	1559	27600	5166
包头市	Baotou City	1300	11000	5850
呼伦贝尔市	Hulunbeier City	250	1000	2120
通辽市	Tongliao City	230	1370	4300
赤峰市	Chifeng City	500	12000	3500
乌兰察布市	Wulanchabu City	89	1100	2800
鄂尔多斯市	Erdos City	600	3620	6500
巴彦淖尔市	Bayannaoer City	120	1000	936
乌海市	Wuhai City	385	4000	950
满洲里市	Manzhouli City	44	255	1252
扎兰屯市	Zhalantun City	70	600	2000
牙克石市	Yakeshi City	38	70	1400
根河市	Genhe City	36	255	290
额尔古纳市	Eerguna City			243
乌兰浩特市	Wulanhaote City	121	304	2142
阿尔山市	Aershan City	14	3	445
霍林郭勒市	Huolinguole City	42	150	500
二连浩特市	Erlianhaote City	20	275	490
锡林浩特市	Xilinhaote City	123	886	1750
丰镇市	Fengzhen City	17	180	450

11-10 城市园林绿化(2009年)

Basic Statistics on Parks, Gardens and Green Areas in Cities(2009)

地 区	Region	城市园林绿地面积(公顷) Total Area (hectare)	公共绿地面积(公顷) Public Green Areas (hectare)	公 园(个) Number of Parks (unit)	公园面积(公顷) Area of Parks (hectare)
合 计	**Total**	**29585**	**38999**	**121**	**7143**
呼和浩特市	Hohhot City	5183	5697	20	2146
包头市	Baotou City	7043	7596	20	1537
呼伦贝尔市	Hulunbeier City	885	900	3	484
通辽市	Tongliao City	1823	2007	3	288
赤峰市	Chifeng City	2308	2548	13	253
乌兰察布市	Wulanchabu City	1388	6359	2	597
鄂尔多斯市	Erdos City	3229	3598	22	585
巴彦淖尔市	Bayannaoer City	950	1140	9	155
乌海市	Wuhai City	1241	1238	5	236
满洲里市	Manzhouli City	725	838	4	48
扎兰屯市	Zhalantun City	655	2397	1	68
牙克石市	Yakeshi City	514	553	1	66
根河市	Genhe City	326	424	1	25
额尔古纳市	Eerguna City	300	353	1	10
乌兰浩特市	Wulanhaote City	675	700	2	340
阿尔山市	Aershan City	122	314	1	16
霍林郭勒市	Huolinguole City	310	353	5	20
二连浩特市	Erlianhaote City	227	228	1	28
锡林浩特市	Xilinhaote City	1129	1132	3	145
丰镇市	Fengzhen City	552	624	4	96

11-11 城市公共卫生(2009年)

Basic Statistics on Urban Sanitation in Cities(2009)

地 区	Region	清扫面积(万平方米) Area Under Cleaning Program (10 000 sq.m)	生活垃圾清运量(万吨) Volume of Garbage Disposal (10 000tons)	粪便清运量(万吨) Volume of Excrement and Urine Disposal (10 000 tons)	环卫机械总数(台) Environmental Sanitation Equipment (unit)	公共厕所(座) Number of Public Lavatories (unit)
合 计	**Total**	**10157**	**366.5**	**125.69**	**1379**	**4114**
呼和浩特市	Hohhot City	2484	53.1	30.00	240	445
包头市	Baotou City	1579	77.2	23.00	236	186
呼伦贝尔市	Hulunbeier City	225	18.0	2.70	75	163
通辽市	Tongliao City	600	20.7	8.80	64	220
赤峰市	Chifeng City	1097	25.5	4.52	72	211
乌兰察布市	Wulanchabu City	301	14.6	4.00	67	253
鄂尔多斯市	Erdos City	1067	18.3	14.56	165	327
巴彦淖尔市	Bayannaoer City	445	14.3	5.22	64	390
乌海市	Wuhai City	775	22.3	18.19	70	575
满洲里市	Manzhouli City	309	18.5	2.00	66	350
扎兰屯市	Zhalantun City	100	9.9	1.00	28	248
牙克石市	Yakeshi City	96	7.9	0.26	29	33
根河市	Genhe City	51	5.0	2.00	12	30
额尔古纳市	Eerguna City	58	3.5	1.60	33	
乌兰浩特市	Wulanhaote City	184	14.0	2.00	17	167
阿尔山市	Aershan City	19	2.8	0.60	7	39
霍林郭勒市	Huolinguole City	52	13.0		29	52
二连浩特市	Erlianhaote City	250	7.1	0.90		28
锡林浩特市	Xilinhaote City	294	12.0	2.88	26	170
丰镇市	Fengzhen City	171	8.8	1.46	79	227

11-12 城市设施水平(2009年)
Level of Public Facilities in Cities(2009)

地 区	Region	城市人口用水普及率(%) Percentage of Population with Access to Tap Water(%)	城市用气普及率(%) Percentage of Population with Access to Gas(%)	每万人拥有公共汽车辆(标台) Number of Public Buses per 10 000 Persons (st.set)	人均拥有铺装道路面积(平方米) Per Capita Area of Paved Roads (sq.m)	人均公共绿地面积(平方米) Per Capita Public Green Areas (sq.m)	每万人拥有公共厕所(座) Number of Public Lavatories per 10 000 Population (unit)
全 区	**All Region**	**87.89**	**75.51**	**6.59**	**13.62**	**11.65**	**4.88**
呼和浩特市	Hohhot City	95.41	92.02	13.12	11.36	16.04	3.75
包头市	Baotou City	90.80	90.04	7.52	12.00	11.60	1.08
呼伦贝尔市	Hulunbeier City	67.65	57.94	9.29	9.64	18.39	6.05
通辽市	Tongliao City	87.86	88.98	5.08	14.52	10.35	4.86
赤峰市	Chifeng City	84.54	90.66	4.01	8.84	6.82	1.69
乌兰察布市	Wulanchabu City	93.93	54.78	2.93	12.39	20.03	8.33
鄂尔多斯市	Erdos City	85.11	66.67	10.54	23.29	13.19	5.75
巴彦淖尔市	Bayannaoer City	93.26	82.56	2.24	23.36	7.36	7.29
乌海市	Wuhai City	100.00	48.82	8.75	13.36	9.19	13.07
满洲里市	Manzhouli City	98.79	86.45	2.65	31.86	10.05	21.08
扎兰屯市	Zhalantun City	79.84	67.66	4.43	8.54	10.11	15.70
牙克石市	Yakeshi City	42.04	61.51	2.53	6.57	5.13	2.20
根河市	Genhe City	77.03	40.54	4.86	8.31	4.73	4.05
额尔古纳市	Eerguna City	42.36	78.60		16.59	8.73	
乌兰浩特市	Wulanhaote City	87.07	59.44	3.81	8.10	13.65	5.26
阿尔山市	Aershan City	43.33	20.00	2.37	15.67	1.33	6.61
霍林郭勒市	Huolinguole City	78.57	46.22	4.12	16.13	2.61	5.10
二连浩特市	Erlianhaote City	100.00	14.72	2.00	10.57	3.01	2.80
锡林浩特市	Xilinhaote City	78.51	31.49	7.26	24.23	9.58	10.03
丰镇市	Fengzhen City	58.74	19.75	0.53	8.59	16.15	7.07

主要统计指标解释

年末自来水生产能力　指年底城建部门管理的自来水厂和自备水源的社会单位取水、净化、送水、出厂输水干管等环节的实际生产能力。

年末供水管道长度　指从送水泵到用户水表之间所有管道的长度。全年供水总量指公用自来水厂和自备水源的社会单位全年的供水总量，包括有效供水量及损失水量。

年末供水总量　指报告期供水企业（单位）供出的全部水量，包括有效供水量及损失水量。

生活用水量　指居民日常生活与公共福利设施的用水量，包括居民、饮食店、旅馆、医院、理发店、浴池、洗衣店、游泳池、商店、学校、机关、部队等单位的用水量。

城市人口用水普及率　指城市用水的非农业人口数(不包括临时人口和流动人口)与城市非农业人口总数之比。计算公式为：

用水普及率=城市用水的非农业人口数/城市非农业人口数×100%

人工煤气生产能力　指城市煤气厂制气、净化、输送等环节的综合实际生产能力。

输气管道长度　指由压缩机、鼓风机、储气罐的出口到用户煤气表之间的全部管道长度。

全年供气总量　指全年售给各类用户的全部煤气量，包括工业用量、家庭用量和其他用量。

城市用气普及率　指使用煤气(包括人工煤气、液化石油气、天然气)的城市非农业人口数(不包括临时人口和流动人口)与城市非农业人口总数之比。计算公式为：

城市煤气普及率=城市用气的非农业人口数/城市非农业人口总数×100%

城市供热能力　指热电厂、热力公司和达到标准的集中采暖锅炉房和城市输送的供热源的设计能力，即每小时向城市输送蒸汽、热水的能力。

城市供热总量　指热电厂、热力公司和达到标准的集中采暖锅炉房向城市输送的全部蒸汽、热水量。

城市供热管道长度　指热电厂、热力公司和达到标准的集中采暖锅炉房管理的集中供热热源到用户之间的全部供气、供热水的管道长度。

年底实有铺装道路长度　指除土路外，路面经过铺装宽度在 3.5 米以上的道路，包括高级、次高级道路和普通道路。

城市桥梁　指城市范围内，修建在河道上的桥梁和道路与道路立交、道路跨越铁路的立交桥及人行天桥。包括永久性桥和半永久性桥，不包括临时性桥、铁路桥、涵洞。

城市下水道总长度　指所有排水总管、干管、支管及暗渠、检查井、连接井进出水口等长度之和。

城市污水日处理能力　指污水处理厂每昼夜处理污水量的设计能力。

年末实有公共汽车　指年底可参加营运的全部车辆数，包括营运车辆数和库存查封未参加营运的车辆。不包括非营运车辆，如架线车、油罐车、工程车、货车及其他专用车辆和借入的客运车辆。

城市园林绿地面积　指城市公共绿地、专用绿地、生产绿地、防护绿地、郊区风景名胜区的全部面积。

公共绿地　指供游览休息的各种公园、动物园、植物园、陵园以及花园、游园和供游览休息用的林荫道绿地、广场绿地，不包括一般栽植的行道树及林荫道的面积。

Explanatory Notes on Main Statistical Indicators

Production Capacity of Tap Water at the Year-end refers to the actual comprehensive production capacity of the waterworks administered by the urban construction department and those owned by enterprises or institutions, taking the capacity of the main links, such as water inflow, purification, conveyance and outflow of the trunk pipelines into account.

Length of Water Supply Pipelines at the Year-end refers to the total length of all the pipelines between the water pumps and the users water meters.

Annual Volume of Water Supply refers to the total volume of water supplied by the public water works and those owned by individual enterprises and institutions during the whole year, including both the effective water supply and loss during the water supply.

Consumption of Water for Residential Use refers to the water consumption of households for daily life and the water consumption of public welfare facilities, including the consumption of restaurants, hotels, hospitals, barber shops, public bathhouses, laundries, swimming pools, shops, schools, institutions, army units and other units.

Percentage of Urban Population with Access to Tap Water refers to the ratio of the urban non-agricultural population (excluding temporary and mobile population) with access to tap water to the total urban non-agricultural population. The formula is:

Percentage of Population with Access to Tap Water = Urban Non-agricultural Population with Access to Tap Water ÷ Urban Non-agricultural Population×100%

Production Capacity of Gasworks Gas refers to the actual comprehensive production capacity of the urban gasworks in gas generation, purification and delivery.

Length of Gas Pipelines refers to the total length of pipelines between the outlet of the compressor, blower or gas tank and the gas meters of users.

Volume of Gas Supply refers to the total volume of gas sold to users in a year, including the volume for industrial use, residential use and other uses.

Percentage of Urban Population with Access to the Gas refers to ratio of the urban non-agricultural population with access to gas(including gas, liquefied petroleum gas and natural gas) to the urban non agricultural population(excluding temporary and mobile population) . The formula is:

Percentage of Population with Access to Gas = Urban Non-agricultural Population with Access to Gas ÷ Urban Non-agricultural Population×100%

Heating Capacity in Urban Area refers to the capacity of hourly supply of steam and hot water to cities by thermal power plants, heating corporations and centralized heating boiler rooms which meet certain standard.

Heating Volume in Urban Area refers to the total volume of steam and hot water supplied to cities every year by thermal power plants, heating corporations and centralized heating boiler rooms which meet certain standard.

Length of Heating Pipelines refers to the total length of pipelines for centralized supply of steam and hot water from the thermal power plants, heating corporations and centralized heating boiler rooms which meet certain standard to the users.

Length of Paved Roads at the Year-end refers to the length of roads with a paved surface, and with a width of more than 3.5 meters, including high quality, medium quality and ordinary roads.

Urban Bridges refer to bridges over river courses, great separated junctions and overpasses in urban areas. Permanent bridges and semi permanent bridges are included. Temporary bridges, railway bridges and culverts are excluded.

Length of Urban Sewage Pipes refers to the total length of general drainage, trunks. Branch and blind drainage, inspection wells, connection wells, inlets and outlets, etc.

Daily Disposal Capacity of Urban Sewage refers to the designed 24-hour capacity of sewage disposal at the sewage treatment works.

Number of Public Vehicles at the Year-end refers to the total number of operational buses available at the year-end, including the year-end operational vehicles and vehicles in stock. Non-operational vehicles such astringing cars, tank cars, machine shop cars, trucks and other special vehicles and the borrowed passenger vehicles are excluded.

Area of Urban Gardens and Green Areas refers to the total area of urban public green land, special green land, production green land, protection green land and suburban scenic spots.

Public Green Area refers to green areas of various parks, zoos, botanical gardens, cemeteries, amusement parks, tree flanked boulevards' Greenland squares for tourism and relaxing. Areas with trees planted along side the streets and boulevards are excluded.

十二、农业

Agriculture

资料整理：范志生　陈　旭　徐蒙生　共　青　李丽萍　秦文忠
刘世友　罗　钢　邱艳丽
Arranged By Fan Zhisheng , Chen Xu , Xu Mengsheng , Gong Qing,
Li Liping , Qin Wenzhong , Liu Shiyou , Luo Gang , Qiu Yanli

12-1 农村牧区基层组织和农牧业基本情况(2009年)

Basic Conditions of Rural Grassroots Units, Farming &Animal Husbandry(2009)

指标	Item	总计 Total	农村 Farm Area	牧区 Pastoral Area
农村牧区基层组织情况	**Basic Conditions of Rural Grassroots Units**			
乡镇(苏木)(个)	Number of Township &Town Governments(unit)	600	424	176
# 镇(个)	Number of Town Governments(unit)	419	332	87
村委会(嘎查)(个)	Number of Villages' Committees(unit)	11235	8891	2344
农村牧区社会基础设施	**Rural Fundamental Facilities of Society**			
自来水受益村(个)	Number of Villages Benefiting from Pipewater(unit)	5574	5031	543
通汽车村(个)	Number of Villages Automobiles Arriving at(unit)	10746	8674	2072
通电话村(个)	Number of Villages with Telecomm Services(unit)	10799	8688	2111
农村牧区人口与从业人口	**Rural Population &Employment**			
乡村户数(万户)	Number of Rural Households(10 000 households)	357.82	316.54	41.29
乡村人口(万人)	Rural Population(10 000 persons)	1310.21	1161.19	149.02
乡村劳动力资源(万人)	Resource of Rural Laborers(10 000 persons)	791.23	699.80	91.43
乡村从业人员(万人)	Number of Rural Employed Persons(10 000 persons)	702.97	622.37	80.60
男(万人)	Male(10 000 persons)	388.06	343.65	44.42
女(万人)	Female(10 000 persons)	314.91	278.72	36.18
按行业分乡村劳动力	**Rural Employed Persons by Sector**			
农林牧渔业从业人员(万人)	Number of Rural Employee of Farming, Foresting, Animal Husbandry & Fishery(10 000 persons)	528.19	456.91	71.29
# 农业从业人员(万人)	Farming(10 000 persons)	440.73	408.18	32.56
牧业从业人员(万人)	Animal Husbandry(10 000 persons)	77.51	39.75	37.76
工业从业人员(万人)	Employed Persons of Industry(10 000 persons)	31.99	30.61	1.38
建筑业从业人员(万人)	Employed Persons of Construction(10 000 persons)	48.78	47.05	1.72
交通运输业、仓储及邮电通信从业人员(万人)	Employed Persons of Transport, Storage, Post &Telecommunication Services(10 000 persons)	15.09	14.31	0.77
批零贸易及餐饮从业人员(万人)	Employed Persons of Wholesale, Retail Trade & Catering Service(10 000 persons)	42.73	39.76	2.98
其他非农行业人员(万人)	Employed Persons of Other Non-agricultural Trades(10 000 persons)	36.19	33.73	2.46
农牧业生产条件	**Productive Condition of Farming & Animal Husbandry**			
年末实有耕地面积(万公顷)	Cultivated Areas at Year-end(10 000 hectares)	714.90		
农作物总播种面积(万公顷)	Total Sown Areas(10 000 hectares)	692.80		
年末草场面积(万公顷)	Areas of Grassland at Year end(10 000 hectares)	8800.00		
有效灌溉面积(万公顷)	Irrigated Areas(10 000 hectares)	294.98		
农牧业机械总动力(万千瓦)	Total Power of Machinery for Farming &Animal Husbandry(10 000 kw)	2893.51		
化肥施用量(折纯)(万吨)	Consumption of Chemical Fertilizers(10 000 tons)	171.42		
农村牧区用电量(亿千瓦小时)	Electricity Consumed in Rural Area &Pastoral Area(100 Million kwh)	41.15		
主要农牧业生产情况	**Output of Farming &Animal Husbandry**			
粮食总产量(万吨)	Gross Yield of Grain(10 000 tons)	1981.7		
牲畜总增头数(万头只)	Total Number of Livestocks Added(10 000 heads)	5508.97		
肉类总产量(万吨)	Gross Output of Meat(10 000 tons)	231.06		
蔬菜总产量(万吨)	Gross Output of Vegetables(10 000 tons)	1380.6		

12-2 农林牧渔业总产值

Gross Output Value of Farming, Forestry, Animal Husbandry and Fishery

单位:万元 (10 000 yuan)

年份 Year	农林牧渔业总产值 Total	#农业 Farming	#种植业 Plant Products Industry	#林业 Forestry	#畜牧业 Animal Husbandry	#渔业 Fishery
1947	47200	37335	35588	48	9770	47
1949	60100	47780	46217	60	12200	60
1952	120600	96601	94430	844	22914	241
1957	112000	82992	25712	1792	26992	224
1962	170500	116281	100084	2387	50639	1193
1965	194000	129980	109998	4656	58200	1164
1970	240000	158160	140160	9360	72000	480
1975	308300	198545	169256	8016	101122	617
1978	283500	187961	173786	10490	84200	849
1979	315800	206533	189796	11369	97266	632
1980	306844	197403	181340	13460	95199	782
1981	394274	255550	232657	22848	114744	1132
1982	471608	307328	274780	31393	131391	1496
1983	524301	347389	299604	38108	136887	1917
1984	612772	408789	341956	44356	157230	2397
1985	731955	465638	401175	48284	214048	3985
1986	772500	483567	402848	43670	239908	5355
1987	877426	544449	450608	36254	290178	6545
1988	1223765	729359	614262	38582	447432	8392
1989	1267208	763517	639781	39968	453357	10366
1990	1569192	1031256	888314	62298	464131	11507
1991	1640837	1066021	918894	66705	494474	13637
1992	1802705	1156550	1005362	78040	552787	15328
1993	2208047	1420784	1265080	91549	677461	18253
1994	3093195	1892180	1682500	103350	1070005	27659
1995	3735936	2311734	2080477	121176	1271609	31417
1996	4653285	2995270	2731580	139653	1485617	32745
1997	5043396	3142026	2833824	152632	1712322	36416
1998	5343765	3353206	3032350	168785	1773911	47863
1999	5323166	3187204	2852798	210062	1871452	54448
2000	5431645	3083645	2725199	236071	2054581	57349
2001	5559041	3075703	2706529	260696	2162426	60216
2002	5869716	3321447	3043459	288371	2205642	54256
2003	6663815	3359567	2640337	479357	2671028	49373
2004	8513045	4115399	3334515	465808	3746932	59527
2005	9802098	4738918	3837514	397888	4445801	72420
2006	10584953	5422303	4338302	490057	4392499	91053
2007	12764437	6204176	4752347	636860	5596517	109486
2008	15257369	7166075	5683542	727163	6996335	117788
2009	15705841	7319020	5281536	782452	7214442	127069

注：本表绝对数按当年价格计算。

a)Data value terms in this table are calculated at current prices.

12-3 主要年份农林牧渔业总产值指数

Indices of Gross Output Value of Farming, Forestry, Animal Husbandry and Fishery

上年=100 (Preceding year=100)

年份 Year	农林牧渔业总产值 Total	# 农业 Farming	# 种植业 Plant Products Industry	# 林业 Forestry	# 畜牧业 Animal Husbandry	# 渔业 Fishery
1979	104.8	102.8	102.8	102.3	108.4	70.5
1980	87.1	81.4	96.3	87.1	96.9	96.3
1981	120.2	123.2	123.2	151.9	112.2	131.1
1982	115.8	115.2	115.2	113.8	111.9	101.6
1983	107.2	106.8	106.8	120.4	99.6	109.7
1984	112.1	110.1	110.1	113.3	105.1	106.7
1985	110.3	113.0	113.0	104.2	113.6	129.5
1986	94.7	88.9	88.9	85.8	104.1	121.6
1987	104.1	103.3	103.3	83.2	104.6	105.6
1988	114.2	120.2	120.2	95.6	109.0	109.6
1989	98.3	91.9	91.9	101.5	108.5	121.6
1990	120.2	133.7	133.7	114.1	102.4	100.8
1991	104.0	101.3	101.3	104.3	108.8	112.8
1992	105.8	106.8	106.7	113.0	105.2	110.0
1993	107.1	123.4	109.1	111.4	104.3	115.7
1994	103.3	99.3	96.7	104.7	108.4	124.7
1995	103.5	99.9	98.1	106.7	110.9	111.7
1996	123.7	131.4	136.0	103.8	114.9	99.7
1997	104.0	98.7	98.0	110.1	112.7	103.9
1998	106.5	108.5	108.8	105.3	103.1	126.2
1999	101.3	97.4	96.7	111.6	106.3	113.6
2000	102.5	100.3	99.9	115.0	104.1	104.8
2001	102.0	99.3	98.7	109.5	104.9	105.5
2002	104.9	106.5	114.1	110.8	102.0	102.2
2003	106.2	94.8	91.6	110.1	122.0	87.2
2004	114.9	109.4	110.5	93.0	126.0	107.4
2005	111.2	110.6	110.2	82.6	115.2	116.0
2006	103.7	107.9	106.1	112.8	97.5	116.1
2007	104.0	100.7	96.3	117.1	106.0	117.9
2008	107.6	108.6	110.9	106.1	106.6	104.1
2009	102.4	97.4	93.0	105.1	107.0	107.9

注：按可比价格计算。

a)Indices are calculated at comparable prices.

12-4 年末主要农牧业机械拥有量

Major Machinery for Farming & Animal Husbandry at Year-end

项 目	Item	2008	2009
农牧业机械原值(万元)	Original Value of Machinery for Farming and Animal Husbandry(10 000 yuan)	2232243	2427921
农牧业机械净值(万元)	Net Value of Machinery for Farming & Animal Husbandry (10 000 yuan)	1634810	1783489
农牧业机械总动力(万千瓦)	Total Power of Machinery for Farming & Animal Husbandry (10 000 kw)	2779	2894
大中型农用拖拉机(混合台)	Large & Medium Agricultural Tractors (mixed unit)	451943	482657
大中型农用拖拉机(万千瓦)	Large & Medium Agricultural Tractors(10 000 kw)	892	977
小型拖拉机(台)	Mini -Tractors (unit)	510829	500677
小型拖拉机(万千瓦)	Mini -Tractors (10 000 kw)	621	610
联合收割机(台)	Combine Harvesters (unit)	5566	6320
联合收割机(万千瓦)	Combine Harvesters (10 000 kw)	36	41
农用运输车(万辆)	Trucks for Agricultural Use (10000unit)	39	40
农用运输车(万千瓦)	Trucks for Agricultural Use (10 000 kw)	642	652
排灌用电动机(台)	Electric Motor for Irrigating & Draining (unit)	333138	356306
排灌用电动机(万千瓦)	Electric Motor for Irrigating & Draining (10 000 kw)	330	334
排灌用柴油机(台)	Diesel Engine for Irrigating & Draining (unit)	188978	190018
排灌用柴油机(万千瓦)	Diesel Engine for Irrigating & Draining (10 000 kw)	193	199
大中型拖拉机配套农具(部)	Number of Large & Medium Agricultural Tractor Towing Farm Machinery (unit)	639440	735843
小型拖拉机配套农具(部)	Number of Mini-tractor Towing Farm Machinery (unit)	806373	820282
机动脱粒机(台)	Motorized Threshing Machines (unit)	79043	84361
机动割晒机(台)	Motorized Harvesters (unit)	30425	34545
机引牧草收割机(部)	Towed Harvesters for Grass (unit)	50770	66335
饲料粉碎机(部)	Smashing Machines for Feed (unit)	105943	143884
机动剪毛机(台)	Motorized Sheepshears (unit)	342	731
农 用 水 泵(万台)	Water Pumps for Agricultural Use (10 000 unit)	35	37

12-5 灌溉、化肥施用量、农村牧区用电、水库和治理水土情况

Irrigation, Consumption of Chemical Fertilizers, Electricity Consumption of Rural Area, Number of Reservoirs and Areas of Soil Erosion under Control

项 目	Item	2008	2009
有效灌溉面积(万公顷)	Effective Irrigated Areas(10 000 hectares)	287.13	294.98
# 灌区有效灌溉面积(万公顷)	Effective Irrigated Areas in Irrigation Area(10 000 hectares)	130.29	130.81
节水灌溉面积(万公顷)	Watersaving Irrigated Areas(10 000 hectares)	200.91	216.58
喷灌和滴灌(万公顷)	Jetting Irrigation Dropping Irrigatation(10000 hectares)	44.86	48.53
管道输水(万公顷)	Pipeline Transportation(10 000 hectares)	86.41	93.81
化肥施用量(万吨)	Consumption of Chemical Fertilizers(10 000 tons)	154.10	171.43
氮肥(万吨)	Nitrogenous Fertilizer(10 000 tons)	73.00	79.93
磷肥(万吨)	Phosphate Fertilizer(10 000 tons)	25.02	28.95
钾肥(万吨)	Potash Fertilizer(10 000 tons)	12.83	13.47
复合肥(万吨)	Compound Fertilizer(10 000 tons)	43.25	49.07
农村用电量(万千瓦时)	Electricity Consumption in Rural Area(10 000 kwh)	365014	411454
水库个数(座)	Number of Reservoirs(unit)	491	493
大型水库(座)	Large(unit)	10	10
中型水库(座)	Medium-sized(unit)	78	79
小型水库(座)	Small(unit)	403	404
水库容量(亿立方米)	Capacity of Reservoirs(100 million cu.m)	76.69	77.14
大型水库(亿立方米)	Large(100 million cu.m)	41.54	41.54
中型水库(亿立方米)	Medium-Sized(100 million cu.m)	27.95	28.16
小型水库(亿立方米)	Small(100 million cu.m)	7.19	7.44
治理水土面积(万公顷)	Areas of Soil Erosion under Control(10 000 hectares)	1024.78	1056.74

12-6 农牧民家庭平均每户年末固定资产原值
Original Value of Fixed Assets Owned Per Rural Household (End of Year)

单位:元 (yuan)

项 目	Item	2008	2009
年末生产性固定资产原值	**Original Value of Productive Fixed Assets at year-end**	**16117.65**	**16914.80**
役畜、产品畜	Draught Animals, Commodity Animals	3777.80	3582.60
大中型铁木农具	Large and Medium Wood and Iron Farm Tools	952.06	1042.45
农林牧渔业机械	Machinery for Farming, Forestry, Animal Husbandry and Fishery	5115.06	5463.71
工业机械	Industrial Machinery	140.04	203.13
运输机械	Transport Machinery	291.92	408.42
生产用房	Building for Productive Purpose	4505.56	4720.43
其他生产用固定资产	Others	1335.21	1494.06

12-7 农牧民家庭平均每百户年末拥有固定资产数量
Number of Fixed Assets Owned Per 100 Rural Households (End of Year)

项 目	Item	2008	2009
汽 车(辆)	Automobiles(unit)	2	2
大中型拖拉机(台)	Large and Medium Tractors(unit)	5	5
小型和手扶拖拉机(台)	Mini - tractors and Walking Tractors(unit)	48	50
机动脱粒机(台)	Motorized Threshing Machines(unit)	4	4
胶 轮 大 车(辆)	Carts with Rubber Tires(unit)	29	31
水 泵(台)	Pumps(unit)	35	37
役 畜(头)	Draught Animals(head)	77	62
产 品 畜(头)	Commodity Animals(head)	249	246

12-8 农民家庭平均每户年末生产性固定资产原值
Original Value of Productive Fixed Assets Owned Per Peasant Household (End of Year)

单位:元 (yuan)

项 目	Item	2008	2009
年末生产性固定资产原值	**Original Value of Productive Fixed Assets at Year-end**	**13805.56**	**14607.32**
役畜、产品畜	Draught Animals, Commodity Animals	3610.78	3372.13
大中型铁木农具	Large and Medium Wood and Iron Farm Tools	841.92	943.16
农林牧渔业机械	Machinery for Farming, Forestry, Animal Husbandry and Fishery	4700.42	5034.20
工业、建筑业机械	Industrial Machinery	156.78	241.00
运输机械	Transport Machinery	242.04	391.71
生产用房	Building for Productive Purpose	3576.68	3793.17
其他生产用固定资产	Others	676.94	831.95

12-9 农民家庭平均每百户固定资产拥有量
Number of Fixed Assets Owned Per 100 Peasant Households (End of Year)

项 目	Item	2008	2009
汽 车(辆)	Automobiles(unit)	1	1
大中型拖拉机(台)	Large and Medium Tractors(unit)	4	4
小型和手扶拖拉机(台)	Mini - tractors and Walking Tractors(unit)	48	49
机动脱粒机(台)	Motorized Threshing Machines(unit)	3	4
胶 轮 大 车(辆)	Carts with Rubber Tires(unit)	32	33
水 泵(台)	Pumps(unit)	35	37
役 畜(头)	Draught Animals(head)	65	64
产 品 畜(头)	Commodity Animals(head)	94	78

12-10 牧民家庭年末生产性固定资产原值及固定资产拥有量
Original Value and Number of Productive Fixed Assets Owned Herdsman Households (End of Year)

项 目	Item	2008	2009
生产性固定资产原值(平均每户)(元)	**Original Value of Productive Fixed Assets Owned Per Herdsman Household(yuan)**	**35455**	**36214**
役畜、产品畜(元)	Draught Animals, Commodity Animals(yuan)	5175	5336
大中型牧业工具(元)	Large and Medium Animal Husbandry Tools(yuan)	1834	1873
农林牧业机械(元)	Machinery for Farming, Forestry and Animal Husbandry(yuan)	8583	9056
运 输 机 械(元)	Transport Machinery(yuan)		
生产资料拥有量(平均每百户)	**Number of Productive material (Per 100 Households)**		
汽 车(辆)	Automobiles(unit)	6	7
大中型拖拉机(台)	Large and Medium -Tractors(unit)	9	6
小型拖拉机(台)	Mini -Tractors(unit)	55	61
水 泵(台)	Pumps (unit)	33	37

12-11 农业机械化、电气化情况
Basic Statistics on Agricultural Mechanization and Electrification

项 目	Item	2008	2009
农业机械化程度	**Level of Agricultural Mechanization**		
机耕地面积(万公顷)	Areas of Tractor Plowing(10 000 hectares)	523.33	556.79
占耕地面积的比重(%)	Percentage to Cultivated Areas(%)	81.40	
机械播种面积(万公顷)	Areas of Mechine Sowing(10 000 hectares)	491.40	537.47
占农作物总播种面积的比重(%)	Percentage to Total Sown Areas(%)	69.00	
机械收割面积(万公顷)	Areas of Machine Harvesting(10 000 hectares)	205.69	233.51
占农作物总播种面积的比重(%)	Percentage to Total Sown Areas(%)	30.00	
每公顷耕地拥有农业机械总动力(瓦特)	Total Power of Machinery for Per Hectare(w)	3888.11	
农业电气化情况	**Level of Agricultural Electrification**		
农村用电量(亿千瓦小时)	Electricity Consumption by Rural Area (100 million kwh)	36.50	41.15
平均每公顷耕地用电量(千瓦小时)	Electricity Consumption Per Hectare(kwh)	510.61	
乡村(嘎查)及村以下办水电站个数(个)	Number of Hydroelectric Stations Run by Villiges and Lower Level (unit)	3	3
发 电 量(万千瓦小时)	Number of Generating Electricity(10 000 kwh)	361.30	361.30

12-12 耕地面积、造林面积和播种面积

Cultivated Areas, Afforested Areas and Sown Areas

单位：万公顷 (10 000 hectares)

年份 Year	年末实有耕地面积 Cultivated Areas at Year end	水田 Paddy Fields	旱地 Dry Fields	#水浇地 Irrigated Fields	当年造林面积 Annual Afforested Hilly Areas	总播种面积 Total Sown Areas	粮食作物播种面积 Sown Areas of Grain Crops	经济作物播种面积 Sown Areas of Industrial Crops
1947	396.7	0.8	395.9	29.5		347.9	318.9	20.4
1948	417.0	0.9	416.1	31.6		372.7	337.2	27.1
1949	433.1	1.4	431.7	32.1		389.6	352.8	28.0
1950	472.6	2.0	470.6	33.5	0.53	423.8	388.8	28.3
1951	506.3	1.8	504.5	39.8	1.66	469.7	416.0	46.2
1952	517.4	1.5	515.9	52.9	4.43	494.9	436.0	49.7
1953	531.9	1.6	530.3	54.3	3.68	477.6	428.7	40.5
1954	531.6	1.1	530.5	55.5	3.93	484.9	437.8	36.6
1955	542.3	1.4	540.9	57.9	3.73	488.6	435.8	41.9
1956	569.9	3.3	566.6	68.0	12.79	531.0	472.9	42.8
1957	571.5	4.3	567.2	64.5	8.27	527.9	463.2	48.6
1958	555.3	9.4	545.9	104.1	37.13	505.5	445.2	40.9
1959	539.3	9.7	529.6	100.1	31.93	487.0	414.2	56.6
1960	602.0	9.8	592.2	108.3	39.10	575.0	486.2	56.1
1961	609.7	7.0	602.7	78.3	7.41	580.0	503.1	43.8
1962	586.7	4.0	582.7	55.4	4.73	544.6	484.7	39.0
1963	554.2	3.6	550.6	56.3	5.23	526.1	471.6	36.4
1964	561.4	3.1	558.3	67.4	15.86	534.2	478.4	39.5
1965	561.5	1.9	559.6	86.9	20.00	528.1	470.9	37.9
1966	548.0	1.7	546.3	110.7	16.32	510.0	449.4	33.7
1967	540.3	1.7	538.6	99.4	15.55	510.2	448.5	35.9
1968	531.2	2.3	528.9	91.5	11.10	497.1	443.4	34.0
1969	534.3	2.9	531.4	87.0	9.61	499.3	445.7	35.7
1970	545.0	2.8	542.2	93.6	11.71	508.4	453.5	35.3
1971	544.1	1.9	542.2	95.1	16.33	503.5	451.0	32.2
1972	542.7	2.1	540.6	100.5	16.20	499.8	444.1	33.9
1973	541.2	1.7	539.5	107.0	18.77	498.9	441.0	35.5
1974	537.7	1.5	536.2	113.1	20.59	496.3	436.1	36.4
1975	534.1	1.5	532.6	124.7	23.68	490.9	429.0	37.7
1976	526.7	2.0	524.7	130.3	26.19	480.7	410.1	42.9
1977	525.1	2.7	522.4	122.8	34.52	478.1	406.5	44.7

12-12 续表 continued

单位：万公顷 (10 000 hectares)

年 份 Year	年末实有耕地面积 Cultivated Areas at Year-end	水 田 Paddy Fields	旱 地 Dry Fields	# 水浇地 Irrigated Fields	当年造林面积 Annual Afforested Hilly Areas	总播种面积 Total Sown Areas	粮食作物播种面积 Sown Areas of Grain Crops	经济作物播种面积 Sown Areas of Industrial Crops
1978	532.6	1.7	530.9	120.9	29.79	482.4	409.4	44.9
1979	534.7	1.7	533.0	115.2	30.47	488.1	404.2	52.8
1980	525.2	1.5	523.7	106.0	29.81	479.7	388.2	61.1
1981	518.6	1.7	516.9	103.2	38.12	466.2	385.4	55.6
1982	510.9	1.6	509.3	101.1	51.65	464.1	384.3	58.2
1983	506.5	1.7	504.8	100.5	60.94	463.1	383.7	58.5
1984	500.6	1.9	498.7	96.1	69.91	463.1	376.2	63.9
1985	493.0	2.3	490.7	94.2	70.41	454.9	342.2	91.4
1986	489.5	2.7	486.8	97.9	22.63	455.6	358.1	71.6
1987	485.1	2.8	482.3	101.0	24.83	447.4	355.6	64.3
1988	487.1	3.6	483.5	104.3	26.60	455.9	363.6	66.8
1989	491.2	5.1	486.1	110.2	23.70	457.6	372.1	61.9
1990	496.6	7.6	489.0	117.3	29.80	472.2	387.5	62.6
1991	500.5	8.7	491.8	123.6	41.08	476.8	387.9	68.9
1992	508.1	9.5	498.6	127.3	51.82	485.4	392.5	72.4
1993	517.1	7.4	509.7	130.8	39.68	486.8	398.7	67.3
1994	531.0	6.5	524.5	132.1	37.19	492.5	402.7	66.3
1995	549.1	8.4	540.7	135.8	40.25	507.9	414.3	71.3
1996	592.4	9.1	583.3	146.5	43.59	529.1	442.4	64.9
1997	746.3	11.3	735.0	173.5	46.44	583.8	490.6	80.4
1998	722.4	11.3	711.0	171.7	47.78	602.7	503.1	85.9
1999	752.4	11.6	740.8	191.9	53.40	607.7	495.1	97.2
2000	731.7	12.1	719.6	194.6	59.00	591.4	443.6	122.9
2001	709.1	11.1	698.0	195.5	73.19	570.7	438.3	92.4
2002	709.1	11.6	697.5	202.1	90.74	588.7	434.3	104.0
2003	686.3	10.1	676.3	207.9	83.60	574.9	405.1	103.6
2004	711.5	10.9	700.6	244.7	63.09	592.4	418.1	100.0
2005	735.5	9.3	726.2	249.4	38.38	621.6	437.4	104.0
2006	713.3	8.3	525.9	179.1	47.98	659.0	493.7	87.8
2007	714.8	8.3	526.6	179.9	59.01	676.2	510.2	85.7
2008	714.9	8.4	514.4	192.1	71.86	686.1	525.4	110.6
2009	714.9	8.4	514.4	192.1	86.19	692.8	542.4	109.0

注：2006年以后耕地面积为国土资源厅提供的数据；且耕地面积=水 田+旱 地+水浇地

a)The Culitiaved Areas after 2006 are Provided by the Bureau of Land and Resource, Culitaved Area=Paddy Field+Dry Field+Irrigated Field

12-13 主要粮食作物播种面积

Sown Areas of Major Grain Crops

单位：万公顷 (10 000 hectares)

年份 Year	农作物总播种面积 Total Sown Area	粮食作物播种面积 Sown Areas of Grain Crops	谷物 Cereal	小麦 Wheat	玉米 Corn	稻谷 Rice	谷子 Millet	莜麦 Sweet-oats	糜黍 Broom Corn Millet	薯类 Tubers	豆类 Beans	#大豆 Soybean
1947	347.9	318.9		22.6	19.1	0.8	61.0	32.0	42.0	15.1		14.7
1948	372.7	337.2		25.0	20.1	0.9	63.8	33.1	46.0	16.2		14.9
1949	389.6	352.8		26.7	22.4	1.4	65.7	35.3	46.7	16.6		16.5
1950	423.8	388.8		29.6	24.7	2.0	73.3	40.3	49.3	17.1		11.7
1951	469.7	416.0		33.9	19.1	1.6	73.5	52.7	56.5	21.8		11.1
1952	494.9	436.0		43.9	22.9	1.5	79.8	60.8	71.5	22.1		15.8
1953	477.6	428.7		47.6	24.4	0.8	77.0	62.0	69.1	21.1		21.7
1954	484.9	437.8		58.0	26.4	1.0	73.3	60.4	70.4	20.6		22.7
1955	488.6	435.8		60.2	31.9	1.4	71.9	64.7	68.8	19.8		26.9
1956	531.0	472.9		60.1	50.6	2.9	88.7	59.6	71.9	21.9		24.2
1957	527.9	463.2		64.0	36.2	4.0	84.7	64.2	68.1	22.4		26.8
1958	505.5	445.2		57.9	57.6	8.9	81.8	55.5	48.1	39.4		21.2
1959	487.0	414.2		59.7	35.1	8.9	68.2	61.4	53.6	27.1		20.5
1960	575.0	486.2		73.7	52.2	8.9	79.1	63.2	66.6	29.6		23.0
1961	580.0	503.1		80.8	48.7	6.3	73.0	67.8	73.2	31.2		23.1
1962	544.6	484.7		67.1	50.1	3.9	79.7	69.7	68.8	26.7		23.5
1963	526.1	471.6		67.1	45.0	3.5	76.8	70.7	66.0	27.1		
1964	534.2	478.4		71.4	47.7	3.4	83.1	71.3	63.4	26.0		26.6
1965	528.1	470.9		72.5	50.1	1.8	85.3	66.3	63.9	24.2		24.4
1966	510.1	449.4		71.4	66.4	1.6	80.3	62.2	55.9	32.2		21.7
1967	510.2	448.5		74.1	62.3		82.2	63.3	52.4	24.4		
1968	497.1	443.4		72.3	56.2		78.1	61.7	55.1	23.7		
1969	499.3	445.7		78.3	53.3		81.1	64.2	45.7	22.5		
1970	508.4	453.5		84.8	52.4		82.1	65.2	53.7	21.8		
1971	503.5	451.0		85.7	63.5		79.7	58.7	50.3	22.9		
1972	499.8	444.1		83.8	61.6		72.3	54.8	53.1	23.6		
1973	498.9	441.0		86.9	59.7		78.0	50.5	51.1	25.6		
1974	496.3	436.1		87.0	66.5		74.7	48.6	45.0	25.6		
1975	490.9	429.0		92.1	70.9		68.5	47.3	40.3	26.9		
1976	480.7	410.1		105.5	70.7		57.2	39.1	34.7	25.3		
1977	478.1	406.5		108.4	65.2		55.9	40.4	31.2	26.6		

12-13 续表 continued

单位：万公顷 (10 000 hectares)

年份 Year	农作物总播种面积 Total Sown Area	粮食作物播种面积 Sown Areas of Grain Crops	谷物 Cereal	小麦 Wheat	玉米 Corn	稻谷 Rice	谷子 Millet	莜麦 Sweet-oats	糜黍 Broom Corn Millet	薯类 Tubers	豆类 Beans	#大豆 Soybean
1978	482.4	409.4		108.6	66.8		56.7	38.6	29.6	29.2		
1979	488.1	404.2		95.2	67.0	1.6	56.4	45.4	37.6	27.7		18.3
1980	479.7	388.2		95.7	65.3	1.5	50.2	47.4	36.0	25.2		17.1
1981	466.2	385.4		90.3	59.2	1.6	53.4	43.8	41.5	23.2		19.4
1982	464.1	384.3		87.8	50.5	1.6	57.0	44.4	39.7	24.3		23.9
1983	463.1	383.7		91.1	49.4	1.7	55.9	45.0	38.2	25.4		21.9
1984	463.1	376.3		93.2	46.4	1.8	51.9	41.4	40.9	24.6		19.3
1985	454.9	342.2		92.7	43.4	2.4	46.3	36.5	31.1	22.7		21.9
1986	455.6	358.1		93.7	54.8	2.7	41.4	34.0	32.4	22.5		26.4
1987	447.4	355.7		92.1	66.0	2.8	38.7	33.8	26.8	22.9		27.5
1988	455.9	363.6		97.4	66.9	3.5	38.5	28.9	26.8	25.3		31.1
1989	457.6	372.1		100.8	69.6	5.3	37.4	26.8	13.0	24.7		31.8
1990	472.2	387.5		115.4	77.4	7.9	35.7	26.5	11.7	24.6		30.1
1991	476.8	387.9		119.2	81.2	8.8	33.4	25.2	11.0	23.9		30.1
1992	485.4	392.5	318.8	133.4	77.5	9.4	28.5	18.7	9.8	25.0	48.7	35.6
1993	486.8	398.7	293.6	118.9	76.2	7.3	25.8	17.2	7.9	26.3	78.8	57.1
1994	492.5	402.7	292.1	103.4	83.7	6.8	23.3	16.9	8.5	25.3	85.3	60.4
1995	507.9	414.3	300.9	101.7	99.2	7.9	23.7	13.7	8.2	35.5	77.9	55.7
1996	529.1	442.4	323.2	109.4	111.6	9.0	25.2	13.0	17.1	41.6	77.6	55.5
1997	583.8	490.6	339.0	116.5	127.9	12.2	25.7	11.3	20.7	46.4	105.2	75.8
1998	602.7	503.1	340.5	109.3	147.1	11.8	22.4	10.2	14.9	50.1	112.5	77.1
1999	607.7	495.1	330.9	93.8	157.2	11.7	20.7	9.3	12.4	58.2	106.0	73.7
2000	591.4	443.6	264.8	61.7	129.8	11.8	16.4	6.2	12.8	65.0	113.7	79.4
2001	570.7	438.3	263.8	51.6	151.9	8.6	17.6	3.3	11.5	56.7	117.9	75.5
2002	588.7	434.3	271.8	46.5	156.2	9.0	17.7	4.5	10.0	58.0	104.6	59.6
2003	574.9	405.1	243.4	31.8	159.1	6.7	14.2	4.4	8.1	53.6	108.2	69.7
2004	592.4	418.1	258.3	41.9	167.6	8.1	12.6	3.8	7.4	52.8	107.0	75.3
2005	621.6	437.4	273.4	46.1	180.6	8.4	12.5	3.9	6.1	56.2	107.7	79.7
2006	659.0	493.7	302.4	48.4	191.6	9.1	14.3	5.0	6.9	59.5	131.8	97.3
2007	676.2	510.2	330.3	56.8	201.2	10.8	13.7	6.4	6.8	62.2	117.6	74.7
2008	686.1	525.4	351.8	45.2	234.0	9.8	14.4	5.8	5.5	69.9	103.7	66.8
2009	692.8	542.4	363.2	52.8	245.1	10.2	15.0	5.0	4.8	66.7	112.5	84.0

12-14 主要经济作物播种面积

Sown Areas of Major Industrial Crops

单位：万公顷 (10 000 hectares)

年份 Year	经济作物播种面积 Sown Areas of Industrial Crops	油料 Oil bearing Crops	葵花籽 Sunflo-wer Seeds	胡麻籽 Flax Seeds	油菜籽 Rape Seeds	甜菜 Beet-roots	烟叶 Tob-acco	麻类 Fiber Crops	蔬菜 Vege-table	果用瓜 Melons (use on Fruit)	其它作物播种面积 Sown Areas of other Crops	#青饲料 Green fodder
1947	20.4	18.7		7.8	2.3		0.2	0.8	2.3		38.6	
1948	27.1	25.0		8.5	2.4		0.2	1.0	4.7		8.4	
1949	28.0	25.8		9.2	1.9		0.2	1.0	5.0		8.8	
1950	28.3	25.0		9.4	3.4		0.1	0.8	3.7		6.6	
1951	46.2	36.4		14.3	5.0		0.2	0.9	4.2		7.5	
1952	49.7	46.6		17.7	6.9		0.2	1.5	5.1		9.3	
1953	40.5	38.4		17.2	6.0		0.2	1.2	4.7		8.3	
1954	36.7	34.9		17.3	4.8		0.2	0.9	5.6		10.4	
1955	41.9	39.6		21.5	4.8	0.8	0.3	0.9	6.0		11.0	
1956	42.8	39.8		21.6	5.6	1.0	0.3	0.9	6.3		15.3	
1957	48.6	43.1		22.7	5.4	1.4	0.3	1.7	6.6		16.1	
1958	40.9	35.9		18.9	4.6	1.6	0.3	1.6	7.4		19.4	
1959	56.6	48.6		23.8	5.8	2.4	0.4	2.1	8.8		16.1	
1960	56.1	48.1		21.8	8.1	3.7	0.3	2.0	15.2		32.7	
1961	43.8	38.3		16.6	7.3	1.9	0.5	1.9	19.1		33.1	
1962	39.0	34.4		14.3	6.3	0.7	0.5	2.1	12.2		20.8	
1963	36.4	31.8		14.9	4.5	0.8	0.4	2.1	9.5		18.1	
1964	39.5	33.5		14.8	5.1	1.5	0.4	1.9	8.1		16.3	
1965	37.9	31.4		14.7	4.7	1.9	0.3	1.8	7.9		19.3	
1966	33.7	27.8		13.1	4.1	2.2	0.3	1.6	8.2		26.9	
1967	35.9	28.9				2.8					25.8	
1968	34.0	27.4				2.8					19.7	
1969	35.7	38.3				3.1					17.9	
1970	35.3	28.9				2.9					19.6	
1971	32.2	26.7				2.4					20.3	
1972	33.9	27.2				3.6					21.8	
1973	35.5	27.2				4.6					22.4	
1974	36.4	28.4				4.1					23.8	
1975	37.7	28.8				4.7					24.2	
1976	42.9	32.4				5.7					27.7	
1977	44.7	34.2				5.3					26.9	

12-14 续表 continued

单位：万公顷 (10 000 hectares)

年 份 Year	经济作物播种面积 Sown Areas of Industrial Crops	油料 Oil-bearing Crops	葵花籽 Sunflo-wer Seeds	胡麻籽 Flax Seeds	油菜籽 Rape Seeds	甜菜 Beet-roots	烟叶 Tob-acco	麻类 Fiber Crops	蔬菜 Vege-table	果用瓜 Melons (use on Fruit)	其它作物播种面积 Sown Areas of other Crops	# 青饲料 Green fodder
1978	44.9	34.8				4.8					28.1	
1979	52.8	41.9	5.7	19.1	7.1	4.5	0.4	1.6	8.9	2.0	31.1	15.3
1980	61.1	52.0	16.3	18.9	7.9	5.6	0.3	1.2	8.5	1.4	30.4	14.0
1981	55.6	46.9	14.3	14.6	8.1	5.7	0.4	0.9	7.3	1.6	25.2	10.4
1982	58.2	49.3	15.0	16.4	7.8	6.1	0.5	0.4	6.8	1.5	21.6	9.7
1983	58.5	49.0	15.4	16.3	6.8	6.1	0.2	0.3	6.7	1.3	20.9	9.6
1984	63.9	54.3	21.5	15.4	6.9	6.1	0.2	0.2	6.1	1.7	23.0	11.8
1985	91.4	76.6	30.1	18.3	8.8	10.0	0.4	0.3	5.8	2.0	21.4	11.4
1986	71.6	60.4	25.8	15.6	6.7	7.5	0.4	0.3	5.7	2.0	26.0	14.4
1987	64.3	54.6	22.3	16.6	6.6	7.5	0.3	0.1	6.4	1.6	27.4	16.7
1988	66.8	53.7	19.0	17.4	7.3	10.3	0.5	0.1	6.1	1.7	25.6	14.6
1989	61.9	51.1	17.7	16.4	4.9	8.2	0.7	0.1	6.3	1.2	23.6	13.0
1990	62.6	51.8	17.2	16.8	6.0	9.5	0.5	0.3	6.4	0.9	22.2	12.4
1991	68.9	55.1	19.7	17.2	7.5	11.9	0.7	0.4	5.9	0.9	20.1	11.2
1992	72.4	58.2	22.6	16.9	9.1	10.8	0.4	0.5	7.8	1.5	20.5	9.8
1993	67.3	50.3	18.3	15.2	7.9	10.9	0.4	0.1	8.2	1.5	20.9	9.5
1994	66.3	53.1	20.7	15.2	10.8	11.8	0.2	0.4	7.1	1.3	23.5	10.6
1995	71.3	55.7	20.7	15.1	13.5	14.0	3.0	0.8	1.3	1.3	9.9	
1996	64.9	50.6	18.9	14.6	11.8	12.7	0.8	0.4	8.8	1.5	21.8	8.4
1997	78.8	49.9	21.6	13.5	11.7	12.6	1.6	0.4	11.8	1.8	14.4	9.8
1998	84.3	56.7	27.1	11.5	15.6	11.7	0.6	0.3	11.5	2.6	15.3	9.3
1999	97.2	68.0	35.1	10.5	17.5	6.6	0.7	0.6	16.4	4.1	15.4	9.0
2000	122.9	87.9	36.3	10.1	29.5	5.9	0.8	0.1	20.9	4.8	25.0	13.1
2001	92.4	60.8	32.0	3.8	19.9	5.8	0.6	0.3	18.2	3.5	40.0	33.3
2002	104.0	68.9	34.5	7.6	22.5	7.1	0.5	0.4	20.8	3.6	50.4	43.8
2003	103.6	72.3	32.8	6.8	28.0	3.7	0.7	0.5	19.2	3.8	66.2	56.5
2004	100.0	67.1	29.5	5.9	27.8	3.6	0.6	0.8	20.4	3.5	74.3	65.5
2005	104.0	69.5	35.6	5.6	25.6	3.8	0.8	1.0	22.1	3.9	80.2	72.2
2006	87.8	59.2	25.7	4.9	23.0	3.0	0.4	0.7	17.2	5.3	77.5	62.4
2007	85.7	53.3	26.3	3.8	15.2	3.0	0.3	0.4	21.8	4.7	80.3	60.1
2008	110.6	70.5	40.8	4.8	22.1	4.9	0.5	0.3	26.0	5.3	50.1	39.0
2009	109.0	70.2	40.2	4.9	21.9	3.3	0.4	0.1	26.9	5.3	41.4	31.9

12-15 主要年份主要农产品产量

Yield of Major Farm Crops in Major Years

单位:万吨 (10 000 tons)

年份 Year	粮食 Grain	谷物 Cereal	小麦 Wheat	玉米 Corn	稻谷 Rice	谷子 Millet	莜麦 Sweet-oats	糜子 Broom Corn Millet	薯类 Tubers	豆类 Beans	#大豆 Soybean
1947	184.5		10.0	19.0	1.2	43.5	16.9	13.0	14.8		6.3
1949	212.5		13.0	24.0	2.0	43.5	18.6	19.2	18.1		8.0
1952	348.5		25.5	28.5	2.5	72.0	33.0	42.7	42.9		12.2
1957	302.5		52.5	34.5	4.2	51.0	32.7	33.8	29.2		14.6
1965	382.0		59.5	81.0	2.8	64.0	35.9	34.6	22.2		16.0
1970	469.5		66.0	101.0		95.0	46.5	42.0	25.0		
1975	519.5		93.5	157.0		71.5	34.0	36.0	37.5		
1978	499.0		88.0	173.5	3.6	60.0	25.0	26.5	42.0		
1980	396.5		82.7	139.2	4.1	39.7	21.3	19.0	30.0		12.4
1981	510.0		99.8	142.6	4.0	59.9	37.8	36.3	37.6		19.3
1982	530.0		126.7	105.9	4.7	71.2	37.2	23.3	41.6		24.3
1983	560.2		120.9	142.9	4.2	79.2	20.9	26.4	41.9		24.3
1984	594.4		144.2	148.3	6.0	73.6	32.5	26.4	49.9		24.3
1985	604.1		148.5	159.8	7.8	78.6	28.6	18.1	48.2		28.8
1986	528.5		130.8	192.7	8.3	38.3	15.9	12.3	36.4		41.0
1987	607.0		125.7	273.3	7.7	52.1	7.3	10.1	33.7		36.7
1988	738.3		163.4	305.5	12.0	46.4	20.9	15.5	61.2		47.5
1989	677.9		187.5	285.1	19.2	31.3	9.0	10.0	42.5		36.9
1990	973.0		261.7	393.1	31.1	59.4	25.3	13.6	61.3		47.7
1991	958.5		280.2	413.7	35.2	45.1	17.0	9.3	46.5		45.1
1992	1046.8	937.4	330.3	435.4	41.4	44.3	13.3	12.4	58.7	50.7	40.0
1993	1108.3	930.9	298.5	453.9	33.0	48.4	12.1	9.2	63.8	113.6	90.1
1994	1083.5	910.4	234.8	482.3	30.5	41.4	10.0	10.7	55.3	117.8	94.0
1995	1055.4	914.1	262.2	518.4	39.6	23.9	8.8	7.3	74.3	67.0	52.5
1996	1535.3	1301.7	318.9	751.5	51.0	49.3	13.4	11.4	124.0	109.6	83.4
1997	1421.0	1188.0	307.9	677.9	70.6	41.1	7.6	11.0	114.4	118.7	97.4
1998	1575.4	1319.9	282.7	839.8	60.3	44.3	10.0	10.8	127.0	128.5	93.8
1999	1428.5	1210.6	273.1	771.4	68.8	29.2	6.4	5.5	110.7	107.2	82.5
2000	1241.9	947.9	181.8	629.2	72.2	15.0	2.7	5.3	184.3	109.7	85.8
2001	1239.1	1016.5	127.1	757.0	56.7	25.7	1.3	5.1	108.8	113.8	83.4
2002	1406.1	1097.7	121.5	821.5	56.0	30.3	3.9	5.3	168.5	139.9	96.4
2003	1360.7	1092.3	79.0	888.7	45.0	21.4	5.9	5.5	174.5	93.9	53.6
2004	1505.4	1180.4	110.5	948.0	54.5	19.9	5.6	5.1	189.8	135.1	103.1
2005	1662.2	1342.1	143.6	1066.2	62.1	23.4	2.8	4.5	156.0	164.1	130.9
2006	1806.7	1486.0	172.2	1134.6	65.3	26.6	7.0	2.9	178.6	142.1	103.7
2007	1811.1	1528.0	175.9	1161.4	81.4	23.1	2.1	5.4	153.9	129.1	85.7
2008	2131.3	1780.0	154.0	1410.7	70.5	30.3	2.6	3.9	195.7	155.7	106.1
2009	1981.7	1677.2	171.2	1341.3	64.8	14.4	1.7	2.5	161.3	143.2	114.4

12-15 续表 continued

单位：万吨 (10 000 tons)

年 份 Year	油 料 Oil-bearing Crops	葵花籽 Sunflower Seeds	胡麻籽 Flax Seeds	油菜籽 Rape-seeds	甜 菜 Beet-roots	烟 叶 Tobacco	麻 类 Fiber Crops	蔬 菜 Veget-ables	果用瓜 Melons (Use on Fruit)
1947	6.0		1.6	0.7		0.2	0.3	21.1	
1949	9.0		2.5	0.7		0.1	0.4	44.9	
1952	17.5		5.2	2.1	0.1	0.1	0.8	46.4	
1957	13.0		7.5	1.5	22.1	0.2	0.6	66.4	
1965	9.0		4.7	0.9	20.9	0.2	0.5	110.7	
1970	10.5				34.0				
1975	10.5				37.1				
1978	12.5				43.1				
1980	25.0	16.5	4.6	1.8	81.2	0.2	0.4	157.6	9.7
1981	36.5	23.7	4.7	2.2	82.3	0.6	0.4	147.1	17.5
1982	49.0	32.0	8.2	3.0	115.2	0.9	0.2	156.8	16.3
1983	54.0	38.7	5.7	1.5	135.1	0.3	0.1	199.0	19.4
1984	60.0	42.1	8.4	3.0	141.0	0.3	0.1	158.5	23.3
1985	79.5	49.5	10.8	4.6	254.2	0.6	0.3	182.7	33.4
1986	66.0	48.4	7.6	2.2	159.0	0.6	0.2	220.9	36.9
1987	54.0	38.6	6.4	2.2	167.8	0.4	0.1	195.4	34.1
1988	56.5	35.0	10.3	3.2	219.0	0.8	0.1	203.0	36.3
1989	48.6	33.8	6.0	1.7	177.6	0.9	0.1	226.8	30.0
1990	69.4	41.7	11.5	4.4	236.4	0.8	0.7	243.3	22.8
1991	71.8	50.1	10.8	3.3	302.8	1.2	0.8	220.5	27.9
1992	81.4	56.8	11.1	5.5	260.1	0.8	1.4	271.2	50.9
1993	72.6	49.8	9.6	5.7	278.6	1.3	0.2	327.6	44.5
1994	65.0	44.5	8.7	8.3	233.6	0.9	0.9	267.9	121.8
1995	70.2	47.2	8.0	9.5	263.5	0.5	1.5	308.3	40.5
1996	81.4	53.9	11.2	10.5	320.7	1.8	1.0	365.4	49.6
1997	73.1	53.5	8.5	8.9	306.4	4.1	0.6	420.4	61.9
1998	90.3	59.4	10.6	14.1	259.2	1.3	0.3	433.4	84.4
1999	100.9	71.6	7.2	18.5	136.8	1.6		594.9	121.8
2000	116.4	69.1	6.5	30.5	141.3	1.4	0.1	759.9	161.7
2001	80.6	61.0	1.9	13.0	133.1	1.0	0.4	768.7	106.9
2002	108.9	70.4	6.5	28.2	195.0	1.0	1.0	755.3	120.8
2003	102.3	62.6	6.9	25.3	99.4	1.6	1.2	846.8	103.2
2004	103.7	58.9	7.3	31.3	96.3	1.3	1.9	872.8	109.6
2005	122.2	85.3	4.6	28.3	138.3	2.0	2.5	1009.1	156.8
2006	101.1	56.7	5.6	23.5	105.5	2.6	1.7	1171.4	190.8
2007	79.4	48.7	2.5	12.8	118.5	1.6	1.4	1277.5	181.1
2008	117.5	75.6	3.4	20.2	170.0	1.4	2.1	1360.8	210.6
2009	119.6	90.0	2.9	22.4	109.6	1.2	1.0	1380.6	179.2

12-16 主要农产品产量及单位面积产量

Yield of Major Farm Crops and Yield of Major Farm Crops Per Hectare

年 份	Item	2008		2009	
		总产量 (万吨) Total Yield (10000 tons)	单位面积产量 (公斤/公顷) Yield Per Hectare (kg/hectare)	总产量 (万吨) Total Yield (10000 tons)	单位面积产量 (公斤/公顷) Yield Per Hectare (kg/hectare)
粮 食	**Grain**	**2131.3**	**4056**	**1981.7**	**3654**
谷 物	Cereal	1780.0	5060	1677.2	4618
#稻 谷	Rice	70.5	7204	64.8	6366
小 麦	Wheat	154.0	3406	171.2	3241
玉 米	Corn	1410.7	6029	1341.3	5472
高 粱	Sorghum	49.7	4412	38.5	3087
谷 子	Millet	30.3	2109	14.4	961
莜 麦	Sweet Oats	2.6	446	1.7	335
糜 子	Broom Corn Millet	3.9	1921	2.5	1331
荞 麦	Buckwheat	20.5	1751	6.5	752
豆 类	Beans	155.7	1501	143.2	1273
#大 豆	Soybean	106.1	1588	114.4	1362
薯 类	Tubers	195.7	2798	161.3	2417
油 料	**Oil bearing Crops**	**117.5**	**1667**	**119.6**	**1704**
#葵 花 籽	Sunflower Seeds	75.6	1855	90.0	2239
油 菜 籽	Rape seeds	20.2	916	22.4	1022
胡 麻 籽	Flax Seeds	3.4	697	2.9	599
甜 菜	**Beetroots**	**170.0**	**34920**	**109.6**	**33141**
棉 花	**Cotton**	**0.3**	**1429**	**0.1**	**1444**
麻 类	**Fiber Crops**	**2.2**	**6913**	**1.0**	**10029**
蔬 菜	**Vegetables**	**1360.8**	**52289**	**1380.6**	**51380**
瓜类(果用瓜)	**Melons (Use on Fruit)**	**210.6**	**39911**	**179.2**	**34036**
水 果	**Fruits**	**27.6**	**5259**	**29.5**	**5644**

12-17 自然灾害面积

Areas Covered by Natural Disaster

单位：万公顷 (10 000 hectares)

项 目	Item	2008	2009
农作物受灾面积	**Areas Covered**	**372.56**	**575.74**
#旱　灾	Drought	180.94	492.95
洪涝灾	Flood	87.79	45.63
风雹灾	Windstorm and Hail	37.61	47.55
低温冷冻灾	Freeze Injury	16.18	9.59
病虫害	Plant Diseases and Insect Pests	50.04	26.12
农作物绝收面积	**Areas Without Output**	**105.78**	**186.63**
#旱　灾	Drought	46.20	152.27
洪涝灾	Flood	34.19	12.11
风雹灾	Windstorm and Hail	12.42	15.55
低温冷冻灾	Freeze Injury	4.84	1.91
病虫害	Plant Diseases and Insect Pests	8.13	8.64

12-18 造林面积和封山育林面积(2009年)

Area of Afforestation and Closing Hill for Afforestation(2009)

单位：万公顷 (10 000 hectares)

地 区	Region	造林面积 Area of Afforestation	人工造林 Artificial Afforestation	飞播造林 Afforestation by Plane	无林地和疏林地新封 No forest & woodland to the new closure
总　计	**Total**	**86.19**	**35.31**	**9.60**	**41.28**
呼和浩特市	Hohhot City	6.19	1.59		4.60
包头市	Baotou City	5.27	1.41		3.87
呼伦贝尔市	Hulunbeier City	5.65	3.65		2.00
兴安盟	Xingan League	4.02	3.09		0.93
通辽市	Tongliao City	9.40	7.68		1.71
赤峰市	Chifeng City	13.02	4.75	0.27	8.00
锡林郭勒盟	Xilinguole League	8.29	0.96	2.67	4.67
乌兰察布市	Wulanchabu City	9.32	4.25		5.07
鄂尔多斯市	Erdos City	9.11	4.25	0.40	4.47
巴彦淖尔市	Bayannaoer City	9.52	2.52	2.93	4.07
乌海市	Wuhai City	1.04	0.21		0.83
阿拉善盟	Alashan League	5.33	0.92	3.33	1.07
内蒙古森工集团	Inner Mongolia Forest Group	0.03	0.03		0.00

12-19 林业基本情况

Basic Statistics on Forestry

单位：万公顷、个　　(10 000 hectares、unit)

项目	Item	2008	2009
造林、封育面积	**Areas of Afforesting and closing hill for afforestation**	**71.86**	**86.19**
人工造林	Artificial Afforestation	37.73	35.30
飞播造林	Afforestation by Plane	5.74	9.60
当年封山育林面积	Area of Closing Hill for Afforestation this Year	28.39	41.28
按六大林业重点工程分	**Classified by Six Key Projects**		
天然林资源保护工程造林、封山育林	Afforestation of Protection of Natural Forest and Closing Hill for Afforestation	11.97	23.80
退耕还林工程造林、封山育林	Afforestation of Returning Land for Farming to Forestry and Closing Hill for Afforestation	10.14	5.25
#退耕地造林	Afforesting on the Returned Farmland		
京津风沙源治理工程造林、封山育林	Afforestation & Closing Hill for Afforestation of Controlling Sand Sround Beijing & Tianjin	25.57	29.15
"三北"四期防护林工程造林、封山育林	Afforestation & Closing Hill for Afforestation of the Forth Stage of "The Three North Shelter Forest Project"	7.22	23.41
自然保护区个数	Number of Nature Reserve	135.00	
#国家级	National Nature Reserve	17.00	
自然保护区面积	Area of Nature Reserve	1038.41	
造林面积按经济成份分	**Afforestation by Sector of the Economy**		
公有经济造林	Aforestation by Publicily-owned	40.16	55.77
国有经济造林	Aforestation by State-owned	10.60	24.35
集体经济造林	Aforestation by Collective-owned	29.56	31.42
非公有经济造林	Aforestation by Non-publicily-owned	31.69	30.42
造林面积按林种分	**Areas of Afforestation classified by sorts of forests**		
用材林	Timber Forest	2.90	2.12
经济林	Economic Forest	0.99	0.82
防护林	Shelter Forest	67.73	83.12
薪炭林	Firewood Forest	0.23	0.13
其他林	Others	0.00	
森林覆盖率(%)	**Forest Cover Rate(%)**	**20.00**	**20.00**

12-20 草原建设及利用情况
Basic Statistics on Construction and Utilization of Grasslands

项 目	Item	2008	2009
草场面积(万公顷)	**Areas of Grasslands(10 000 hectares)**	**8800.00**	**8800.00**
# 承包到户面积(万公顷)	Areas Contracted with Households (10 000 hectares)	5853.33	5828.15
草库伦面积(围栏草场面积)(万公顷)	**Areas of Fenced Grasslands(10 000 hectares)**	**2742.76**	**2770.33**
# 当年新增面积(万公顷)	Annual Newly Increased Areas (10 000 hectares)	217.50	187.21
人工种草保有面积(万公顷)	**Areas of Grasslands Planted and Surviving (10 000 hectares)**	**137.80**	**302.92**
# 当年种草面积(万公顷)	Annual Areas of Planted Grasslands (10 000 hectares)	71.11	162.39
飞机播种面积(万公顷)	Aircraft Sowing(10 000 hectares)	8.53	9.40
当年打草量(万吨)	**Annual Quantity of Harvested Grass(10 000 tons)**	**1190.56**	
现有畜棚数(万间)	**Number of Animal Sheds in Present(10 000 units)**	**276.52**	**411.70**
畜棚面积(万平方米)	Areas of Animal Sheds(10 000 sq.m)	6631.92	10347.68
每平米畜棚拥有牲畜数(只/平方米)	Number of Animals per Square meter in Sheds(head/sq.m)	0.72	
现有畜圈数(万座)	**Number of Animal Corrals in Present (10 000 units)**	**219.11**	**463.60**
畜圈面积(万平方米)	Areas of Animal Corrals(10 000 sq.m)	9530.45	13486.40
每平米畜圈拥有牲畜数(只/平方米)	Number of Animals per Square meter in Corrals(head/sq.m)	1.05	
草原利用率	**Utilization Rate of Grasslands**		
草原(可利用草原)载畜量(只/万公顷)	Animal Loading Capacity of Grasslands (head/10 000 hectares)		

注:每平方米畜棚、畜圈拥有牲畜及草原载畜量均按标准羊单位计算;草原载畜量为每万公顷草场饲养牲畜数量。

a) Number of Animals per S.m in Sheds, Number of Animals per S.m Corrals and Animal Loading Capacity of Grasslands are Calculated at standardized sheep; Animal Loading Capacity of Grasslands is the number of animals which per 10000 hectares grassland can load.

12-21 牲畜总头数和总增头数

Total Number of Livestock and Livestock Added

单位:万头(只) (10 000 heads)

项目	Item	2008 总头数 年中数 Year-middle	2008 总头数 年末数 Year-end	2008 总增头数 Total Number Added of Live-stocks	2009 总头数 年中数 Year-middle	2009 总头数 年末数 Year-end	2009 总增头数 Total Number Added of Live-stocks
大牲畜和羊合计	**Total Number of Large Animals, Sheep and Goats**	**9506.67**	**5844.13**	**5314.84**	**9596.77**	**6064.87**	**5508.97**
大牲畜	Large Animals	1063.76	883.20	348.27	1084.61	686.9	377.93
牛	Cattles	838.89	688.05	300.83	881.79	663.9	328.27
# 良种及改良种乳牛	Fine Breed and Improved Milk Cows	318.91	299.60	114	314.4	227.3	117.92
马	Horses	78.65	70.04	18.13	70.93	70.66	17.63
驴	Donkeys	96.22	90.40	24.27	88.24	90.54	27.03
骡	Mules	38.66	37.89	3.27	32.09	34.17	3.09
骆驼	Camels	11.34	8.82	1.78	11.56	9.57	1.92
羊	Sheep and Goats	8442.92	5125.30	4966.57	8512.17	5197.2	5131.04
绵羊	Sheep	5440.98	2481.30	3580.47	5552.52	2554.62	3706.14
#细毛羊及改良羊	Nap Sheep or Improved Sheep	1854.97	1058.84		1926.76	1151.04	
半细毛羊及改良羊	Semi-nap Sheep or Improved Sheep	704.06	401.25		646.82	403.72	
山羊	Goats	3001.94	2644.00	1386.1	2959.65	2642.6	1424.9
猪	**Hogs**	**1170.55**	**675.28**	**960.08**	**1261.74**	**683.7**	**1055.74**

注：总增头数是指牧业年度繁殖成活仔畜头数减去期内成幼畜死亡头数。

a) Total Number of Livestoks Added refers to survival number of newborn livestocks in the period subtract death livestocks.

12-22 牲 畜 总 头 数

Total Number of Livestock

单位：万头(只) (10 000 heads)

年 份 Year	年中数 Year-middle				年末数 Year-end			
	合 计 Total	大牲畜 Large Animals	羊 Sheep & Goats	猪 Hogs	合 计 Total	大牲畜 Large Animals	羊 Sheep & Goats	猪 Hogs
1947	931.9	271.0	570.8	90.1	851.8	262.9	510.8	78.1
1948	949.9	286.5	571.6	91.8	869.1	277.9	511.6	79.6
1949	1058.6	313.7	642.6	102.3	968.6	304.3	575.6	88.7
1950	1191.4	343.1	731.8	116.5	1068.4	331.1	636.3	101.0
1951	1418.1	388.0	902.0	128.1	1278.6	372.5	795.0	111.1
1952	1749.9	450.6	1143.2	156.1	1467.6	430.3	902.0	135.3
1953	2105.2	504.5	1434.4	166.3	1844.7	442.5	1235.0	167.2
1954	2428.6	558.4	1672.2	198.0	1959.0	494.7	1292.6	171.7
1955	2501.3	586.9	1724.4	190.0	1912.3	514.7	1232.9	164.7
1956	2635.2	591.6	1874.9	168.7	2094.4	496.9	1451.2	146.3
1957	2438.9	552.7	1713.9	172.3	1809.9	450.5	1210.0	149.4
1958	2674.0	550.7	1879.7	243.6	2184.9	468.1	1505.6	211.2
1959	3070.8	589.0	2244.2	237.6	2576.7	537.2	1833.5	206.0
1960	3315.5	612.9	2431.7	270.9	2709.4	553.5	1921.0	234.9
1961	3305.4	623.4	2494.8	187.2	2671.2	550.5	1958.4	162.3
1962	3497.3	643.3	2621.0	233.0	2801.4	568.1	2031.3	202.0
1963	3981.7	699.7	3005.5	276.5	3242.4	628.3	2374.4	239.7
1964	4282.5	750.1	3242.1	290.3	3315.5	664.6	2399.2	251.7
1965	4488.4	787.9	3388.3	312.2	3606.1	716.2	2619.2	270.7
1966	4012.8	748.5	2969.0	295.3	3231.4	680.4	2295.0	256.0
1967	4164.6	730.0	3140.6	294.0	3469.4	680.9	2531.0	257.5
1968	4150.7	750.2	3067.6	332.9	3288.2	679.8	2349.0	259.4
1969	3844.5	721.7	2823.1	299.7	3213.0	665.1	2311.2	236.7
1970	3865.2	726.4	2840.3	298.5	3319.6	689.1	2356.4	274.1
1971	4032.5	754.3	2922.0	356.2	3419.7	712.2	2363.4	344.1
1972	4197.2	775.6	2985.5	436.1	3478.5	717.2	2372.3	389.0
1973	4317.2	781.3	3092.7	443.2	3654.6	738.2	2519.4	397.0
1974	4425.5	805.8	3160.3	459.4	3707.0	752.3	2532.6	422.1
1975	4628.5	820.3	3307.9	500.3	3757.6	766.8	2638.1	352.7
1976	4465.4	808.4	3058.0	599.0	3649.0	748.7	2397.8	502.5
1977	4428.6	784.1	3056.4	588.1	3643.4	715.3	2394.6	533.5

12-22 续表 continued

单位：万头(只) (10 000 heads)

年份 Year	年中数 Year-middle				年末数 Year-end			
	合计 Total	大牲畜 Large Animals	羊 Sheep & Goats	猪 Hogs	合计 Total	大牲畜 Large Animals	羊 Sheep & Goats	猪 Hogs
1978	4162.3	697.5	2860.5	604.3	3586.5	659.3	2378.1	549.1
1979	4513.4	724.6	3177.6	611.2	3873.1	685.3	2633.2	554.6
1980	4656.8	741.3	3317.0	598.5	3753.3	681.3	2553.4	518.6
1981	4565.6	723.2	3307.2	535.2	3817.2	678.9	2670.0	468.3
1982	4721.9	744.3	3474.0	503.6	3903.9	708.0	2735.0	460.9
1983	4413.6	739.9	3177.9	495.8	3539.8	694.7	2418.0	427.1
1984	4259.5	740.9	3053.7	464.9	3488.3	698.2	2377.3	412.8
1985	4341.8	775.3	3060.7	505.8	3667.4	736.6	2468.4	462.4
1986	4434.5	799.5	3082.7	552.3	3734.5	751.3	2502.2	481.0
1987	4555.2	811.5	3219.9	523.8	3731.0	730.8	2544.7	455.5
1988	4685.9	792.3	3408.8	484.8	4093.8	734.6	2892.8	466.4
1989	5301.5	812.7	3945.0	543.8	4215.4	718.6	3009.5	487.3
1990	5307.5	784.9	3955.2	567.4	4254.4	707.5	3023.9	523.0
1991	5568.2	783.8	4160.0	624.4	4220.5	699.8	2960.9	559.8
1992	5558.0	774.4	4067.4	716.2	4168.4	690.2	2856.7	621.5
1993	5577.9	771.8	3942.1	864.0	4231.9	685.7	2860.3	685.9
1994	5711.3	756.6	4038.9	915.8	4450.7	682.4	3028.1	740.2
1995	6065.7	783.8	4302.5	979.4	4795.0	708.3	3321.0	765.7
1996	6697.7	825.5	4804.3	1067.9	5066.8	734.9	3561.8	770.1
1997	7112.4	840.8	5164.8	1106.8	5180.4	714.0	3656.7	809.7
1998	7387.2	817.8	5383.5	1185.9	5206.3	677.3	3712.9	816.1
1999	7436.2	802.8	5491.6	1141.7	5147.6	667.4	3702.6	777.6
2000	7300.5	803.3	5406.2	1090.9	4912.0	622.1	3551.6	738.3
2001	7135.0	702.3	5427.8	1004.9	4817.6	536.3	3515.9	765.4
2002	7260.1	652.0	5675.2	932.9	5176.9	543.4	3951.7	681.8
2003	7987.6	718.1	6396.1	873.5	5713.3	615.4	4450.1	647.7
2004	9274.4	814.5	7514.7	945.2	6722.9	718.2	5318.5	686.2
2005	10615.3	934.2	8713.0	968.1	6903.5	783.2	5420.0	700.3
2006	11050.5	986.8	9002.6	1061.1	6508.8	786.2	5102.5	620.1
2007	10854.4	1039.4	8774.6	1040.5	6524.3	822.7	5064.2	637.4
2008	10677.7	1063.8	8442.9	1170.5	6519.4	883.2	5125.3	675.3
2009	10858.5	1084.6	8512.2	1261.7	6748.6	868.9	5197.2	683.7

12-23 大牲畜和羊(年中数)

Total Number of Large Animals, Sheep and Goats(Year-middle)

单位：万头(只) (10 000 heads)

年份 Year	合计 Total	牛 Cattles	马 Horses	驴 Donkeys	骡 Mules	骆驼 Camels	绵羊 Sheep	山羊 Goats
1947	841.8	174.6	48.7	33.7	3.0	11.0	342.6	228.2
1948	858.1	186.7	48.1	37.6	3.2	10.9	348.0	223.6
1949	956.3	208.5	45.3	44.9	3.2	11.8	403.8	238.8
1950	1074.9	232.1	45.0	94.1	3.7	13.2	457.3	274.5
1951	1290.1	262.6	50.5	56.3	4.3	14.3	550.2	351.9
1952	1593.8	307.1	59.7	63.6	4.9	15.3	692.4	450.8
1953	1938.9	348.9	67.0	66.4	5.4	16.8	853.7	580.7
1954	2230.6	385.6	73.8	74.7	6.2	18.1	991.3	680.9
1955	2311.3	394.2	83.5	81.2	7.8	20.2	1030.6	693.8
1956	2466.5	389.0	90.9	82.1	8.5	21.2	1098.8	776.1
1957	2266.6	353.2	94.5	74.6	8.1	22.3	992.5	721.4
1958	2430.4	346.9	95.9	77.5	8.2	22.2	1097.9	781.8
1959	2833.2	380.7	103.1	73.5	8.5	23.2	1281.0	963.2
1960	3044.6	402.8	109.5	66.0	9.0	25.6	1379.0	1052.7
1961	3118.2	415.7	116.3	57.1	8.9	25.4	1417.8	1077.0
1962	3264.3	421.2	125.3	61.1	8.9	26.8	1453.3	1167.7
1963	3705.2	454.2	140.4	68.6	9.3	27.2	1696.3	1309.2
1964	3992.2	476.7	155.6	78.7	10.4	28.7	1875.7	1366.4
1965	4176.2	493.2	166.9	85.3	11.6	30.9	2017.4	1370.9
1966	3717.5	454.3	165.9	88.6	13.4	26.3	1844.2	1124.8
1967	3870.6	436.7	163.0	88.8	16.0	25.5	1952.8	1187.8
1968	3817.8	427.5	180.7	92.2	19.2	30.6	1935.8	1131.8
1969	3544.8	396.9	184.9	86.0	22.4	31.5	1755.1	1068.0
1970	3566.7	390.5	196.7	86.7	23.2	29.3	1815.4	1024.9
1971	3676.3	400.2	205.5	88.8	27.2	32.6	1887.8	1034.2
1972	3761.1	409.8	212.7	90.9	28.8	33.4	1974.6	1010.9
1973	3874.0	410.2	218.9	90.6	30.6	31.0	2119.0	973.7
1974	3966.1	418.1	231.4	93.1	32.3	30.9	2186.8	973.5
1975	4128.2	422.7	239.0	91.2	34.2	33.2	2304.2	1003.7
1976	3866.4	423.2	231.2	84.4	35.2	34.4	2162.4	895.6
1977	3840.5	412.3	224.9	76.3	34.7	35.9	2183.5	872.9

12-23 续表 continued

单位：万头(只)　　(10 000 heads)

年份 Year	合计 Total	牛 Cattles	马 Horses	驴 Donkeys	骡 Mules	骆驼 Camels	绵羊 Sheep	山羊 Goats
1978	3558.0	358.5	192.8	75.9	34.4	35.9	1986.7	873.8
1979	3902.2	376.2	198.2	78.0	34.1	38.2	2212.4	965.2
1980	4058.3	391.1	196.3	80.9	34.1	38.9	2354.7	962.3
1981	4030.4	381.6	187.7	79.8	33.9	40.2	2408.7	898.5
1982	4218.3	404.2	189.1	75.2	35.0	40.8	2543.8	930.2
1983	3917.8	407.4	185.1	74.3	37.6	35.6	2394.8	783.1
1984	3794.6	404.0	184.2	78.1	40.8	33.8	2273.4	780.3
1985	3836.0	424.0	189.4	85.2	44.6	32.2	2263.2	797.5
1986	3882.2	437.3	192.3	90.8	48.5	30.6	2255.5	827.2
1987	4031.4	445.2	194.2	93.2	51.9	27.0	2365.3	854.6
1988	4201.1	438.4	184.1	91.4	53.8	24.6	2454.1	954.7
1989	4757.7	457.8	180.9	92.1	56.5	25.4	2776.0	1169.0
1990	4740.1	439.8	169.2	93.0	58.2	24.7	2734.3	1220.9
1991	4943.8	434.9	166.8	96.7	61.8	23.6	2847.4	1312.6
1992	4841.9	426.4	164.1	97.6	65.3	21.0	2779.8	1287.7
1993	4713.8	424.2	161.9	100.1	68.0	17.7	2652.3	1289.8
1994	4795.5	415.4	158.2	96.8	69.7	16.6	2694.6	1344.3
1995	5086.3	442.7	158.0	97.6	69.4	16.1	2779.6	1522.9
1996	5629.8	477.2	161.5	100.4	70.1	16.3	3083.4	1720.9
1997	6005.6	488.0	161.3	102.9	72.2	16.5	3285.0	1879.9
1998	6201.3	478.6	149.9	101.8	71.8	15.7	3419.0	1964.5
1999	6294.5	475.2	140.4	100.9	71.6	14.8	3544.0	1947.6
2000	6209.6	490.2	130.5	99.5	69.5	13.6	3537.4	1868.8
2001	6130.1	431.4	108.4	87.9	62.3	12.3	3408.1	2019.7
2002	6327.2	419.6	87.6	80.4	55.5	8.9	3476.8	2198.4
2003	7114.1	499.3	79.2	81.1	49.4	9.1	3974.0	2422.1
2004	8329.2	600.0	74.6	82.9	47.0	10.1	4936.7	2578.0
2005	9647.2	721.9	74.5	84.3	43.0	10.6	5904.3	2808.7
2006	9989.4	780.1	73.5	80.1	41.9	11.2	6054.3	2948.3
2007	9814.0	820.1	75.9	91.3	40.7	11.4	5724.1	3050.5
2008	9506.7	838.9	78.7	96.3	38.7	11.3	5441.0	3001.9
2009	9596.8	881.8	70.9	88.2	32.1	11.6	5552.5	2959.7

12-24 牲畜增减变化情况(2009年, 年末数)

Number of Newly Increased and Decreased Livestock(End of 2009)

单位:万头(只) (10 000 heads)

项 目	Item	繁殖仔畜 New Born Stocks	成活仔畜 Survival New Born Stocks		成幼畜死亡 Death Number of Young and Adult Stocks	
			头数 Number	成活率 (%) Survival Rate	头数 Number	死亡率 (%) Death Rate
大牲畜和羊合计	**Total Number of Large Animals, Sheep and Goats**	**4897.99**	**4786.59**	**97.73**	**71.36**	**1.22**
大牲畜	Large Animals	341.14	330.01	96.74	5.42	0.61
牛	Cattles	288.22	278.49	96.62	4.25	0.63
# 良种及改良种乳牛	Fine Breed and Improved Milk Cows	127.01	123.59	97.3	1.81	0.6
马	Horses	18.27	17.76	97.19	0.54	0.77
驴	Donkeys	29.32	28.54	97.36	0.48	0.53
骡	Mules	3.38	3.31	98.04	0.1	0.28
骆驼	Camels	1.95	1.9	97.7	0.05	0.56
羊	Sheep and Goats	4556.85	4456.58	97.8	65.94	1.33
绵羊	Sheep	3459.90	3387.57	97.91	43.78	1.4
山羊	Goats	1096.95	1069.01	97.45	22.16	1.2
猪	**Hogs**	**928.55**	**909.1**	**97.9**	**15.23**	**2.26**

12-24 续表 continued

单位:万头(只) (10 000 heads)

项 目	Item	自宰自食 killed for Self-use	出卖 Selling	#出卖肉畜 Sold Meat Stocks	出栏率 (%) Slaughter Rate	商品率 (%) Commodity Rate
大牲畜和羊合计	**Total Number of Large Animals, Sheep and Goats**	**446.31**	**5785.15**	**5290.59**	**98.17**	**98.99**
大牲畜	Large Animals	20.38	505.37	382.36	45.60	57.22
牛	Cattles	17.10	414.79	308.39	48.15	61.35
马	Horses	0.47	30.92	26.77	38.90	44.15
驴	Donkeys	2.23	46.59	37.73	44.20	51.53
骡	Mules	0.35	11.53	8.08	22.26	30.43
骆驼	Camels	0.23	1.54	1.39	18.34	17.49
羊	Sheep and Goats	425.93	5279.78	4908.22	107.52	106.43
绵羊	Sheep	285.50	3820.77	3571.99	123.61	122.44
山羊	Goats	140.43	1459.01	1336.24	80.24	79.28
猪	**Hogs**	**243.16**	**921.83**	**655.85**	**133.13**	**136.51**

12-25 牲畜总增情况(年中数)

Total Number of Newly Increased Livestock(Middle of Year)

单位:万头(只) (10 000 heads)

项 目	Item	总增头数 Total Number of Livestocks Added		总增率(%) Growth Rate	
		2008	2009	2008	2009
大牲畜和羊合计	**Total Number of Large Animals, Sheep and Goats**	**5314.84**	**5508.97**	**54.16**	**57.95**
大牲畜	Large Animals	348.27	377.93	33.51	35.53
牛	Cattles	300.83	328.27	36.68	39.13
#良种及改良种乳牛	Fine Breed and Improved Milk Cows	114	117.92	37.93	37.08
马	Horses	18.13	17.63	23.88	22.41
驴	Donkeys	24.27	27.03	26.58	28.09
骡	Mules	3.27	3.09	8.03	7.99
骆驼	Camels	1.78	1.92	15.67	16.92
羊	Sheep and Goats	4966.57	5131.04	56.6	60.77
绵羊	Sheep	3580.47	3706.14	62.55	68.18
山羊	Goats	1386.1	1424.9	73.01	47.39
猪	**Hogs**	**960.08**	**1055.74**	**150.62**	**90.19**

12-26 牲畜增减变化情况(2009年,年中数)

Number of Newly Increased and Decreased Livestock(Middle of 2009)

单位:万头(只) (10 000 heads)

项 目	Item	繁殖成活仔畜 New Born Stocks And Survival New Born Stocks				成幼畜死亡 Death Number of Stocks	
		繁殖仔畜 New Born Stocks	成活仔畜 Survival New Born Stocks	成活率(%) Surv-ival Rate	繁成率(%) Rate of Breeding and Surviving	头数 Number	死亡率(%) Death Rate
大牲畜和羊合计	**Total Number of Large Animals, Sheep and Goats**	**5772.99**	**5616.25**	**97.28**	**140.05**	**107.28**	**1.13**
大牲畜	Large Animals	391.12	384.28	98.25	82.65	6.35	0.6
牛	Cattles	338.81	333.2	98.35	85.81	4.94	0.59
#良种及改良种乳牛	Fine Breed and Improved Milk Cows	132.28	119.81	90.57	65.61	1.89	0.59
马	Horses	18.79	18.32	97.54	61.72	0.7	0.89
驴	Donkeys	28.10	27.51	97.88	63.78	0.48	0.5
骡	Mules	3.31	3.23	97.67		0.14	0.37
骆驼	Camels	2.12	2.02	95.18	52.26	0.1	0.86
羊	Sheep and Goats	5381.87	5231.97	97.21	147.58	100.93	1.2
绵羊	Sheep	3877.37	3773.66	97.33	163.75	67.52	1.24
山羊	Goats	1504.50	1458.31	96.93	117.54	33.41	1.11
猪	**Hogs**	**1100.32**	**1073.94**	**97.60**	**973.09**	**18.2**	**1.55**

12-27 能繁殖母畜、耕畜及改良畜(2009年, 年中数)

Female Parent Stocks, Plow Stocks and Improved Stock(Middle of 2009)

单位: 万头(只) (10 000 heads)

项 目	Item	能繁殖母畜 Female Parent Stocks	耕 畜 Plow Stocks	良种牲畜 Fine Breed Stocks	改良种牲畜 Improved Stocks
大牲畜和羊合计	**Total Number of Large Animals, Sheep and Goats**	**5556.56**	**140.79**	**3468.40**	**5644.10**
大牲畜	Large Animals	568.16	140.79	288.47	653.62
牛	Cattles	489.97	27.35	246.41	567.11
# 良种及改良种乳牛	Fine Breed and Improved Milk Cows	199.44			
马	Horses	32.04	31.78	13.63	36.47
驴	Donkeys	41.31	56.16	21.32	49.61
骡	Mules		24.80		
骆驼	Camels	4.83	0.70	7.12	0.43
羊	Sheep and Goats	4988.40		3179.92	4990.48
绵羊	Sheep	3302.16		2111.27	3227.11
# 细毛羊及改良羊	Nap Sheep or Improved Sheep	917.05			
半细毛羊及改良羊	Semi nap Sheep or Improved Sheep	226.79			
山羊	Goats	1686.25		1068.65	1763.37
猪	**Hogs**	**137.60**		**348.14**	**824.72**

12-28 能繁殖母畜、耕畜及改良畜(2009年, 年末数)

Female Parent Stocks, Plow Stocks and Improved Stock(End of 2009)

单位:万头(只) (10 000 heads)

项 目	Item	能繁殖母畜 Female Parent Stocks	耕 畜 Plow Stocks	良种牲畜 Fine Breed Stocks	改良种牲畜 Improved Stocks
大牲畜和羊合计	**Total Number of Large Animals,Sheep and Goats**	**4167.94**	**126.58**	**2378.44**	**3319.58**
大牲畜	Large Animals	512.69	126.58	298.70	463.90
牛	Cattles	435.62	22.13	256.81	373.38
马	Horses	29.01	28.16	14.91	35.49
驴	Donkeys	43.91	51.05	21.44	54.07
骡	Mules		24.87		
骆驼	Camels	4.15	0.36	5.53	0.95
羊	Sheep and Goats	3655.25		2079.74	2855.68
绵羊	Sheep	2500.59		1381.13	1880.62
山羊	Goats	1154.66		698.60	975.06
猪	**Hogs**	**90.10**		**238.86**	**424.72**

12-29 主要畜禽产品产量
Output of Major Livestock and Poultry

项 目	Item	2008	2009
当年出栏肉猪头数(万头)	Annual Number of Sold Fatten Hogs (10 000head)	856.39	883.01
当年出栏和自宰的肉用牛(万头)	Annual Number of Sold and Killed Meat Cattles (10 000head)	277.35	294.49
当年出售和自宰的肉用羊(万只)	Annual Numberof Sold and Killed Mutton Goats and Sheep (10 000head)	5020.78	5339.2
当年肉类总产量(吨)	Annual Output of Meat (ton)	2193745	2340613
# 猪肉产量(吨)	Pork (ton)	680012	686220
牛肉产量(吨)	Beef (ton)	446052	474472
羊肉产量(吨)	Mutton (ton)	813859	882319
奶类产品(吨)	Milks (ton)	9439247	9340665
# 牛 奶(吨)	Cow Millk (ton)	9349282	9031202
山羊毛产量(吨)	Goat Wool (ton)	9790	18455
绵羊毛产量(吨)	Sheep Wool (ton)	96385	102027
山羊绒产量(吨)	Cashmere (ton)	7642	7375
蜂蜜产量(吨)	Honey (ton)	4558	4522
禽蛋产量(吨)	Poultry Eggs (ton)	451377	489420
年末实有家禽(万只)	Number of Poultry at Yearend (10 000 heads)	5197.4	4334.5
年内牛皮产量(万张)	Annual Output of Cattle Skin (10 000unit)	271.01	313.07
绵羊皮产量(万张)	Output of Sheep Skin (10 000unit)	3637.85	3845.95
山羊皮产量(万张)	Output of Goat Skin (10 000unit)	1281.66	1415.72
驼绒产量(吨)	Output of Fine Hair of Camel (ton)	378.00	423.00
出售肉类总量(吨)	Products of Sold Meat (ton)	1920437	2084372
# 出售猪肉(吨)	Pork (ton)	534540	573349
出售牛肉(吨)	Beef (ton)	400901	439267
出售羊肉(吨)	Mutton (ton)	721951	780979
出售牛羊奶数量(吨)	Products of Sold Milk (ton)	8602984	8003356
出售羊毛数量(吨)	Products of Sold Wool of Sheep and Goats (ton)	92122	94275
出售家禽只数(万只)	Number of Sold Poultry (10 000 heads)	7966.89	8594.7
水 产 品(吨)	Aquatic Products (ton)	98212	105979

主要统计指标解释

农林牧渔业总产值 指以货币表现的农、林、牧、渔业全部产品的总量，它反映一定时期内农业生产总规模和总成果。农业总产值的计算方法通常是按农林牧渔业产品及其副产品的产量分别乘以各自单位产品价格求得；少数生产周期较长，当年没有产品或产品产量不易统计的，则采用间接方法匡算其产值；然后将四业产品产值相加即为农业总产值。

粮食产量 指全社会的产量。包括国有经济经营的、集体统一经营的和农民家庭经营的粮食产量，还包括工矿企业办的农场和其他生产单位的产量。粮食除包括稻谷、小麦、玉米、高粱、谷子及其他杂粮外，还包括薯类和豆类。其产量计算方法，豆类按去豆荚后的干豆计算；薯类(包括甘薯和马铃薯，不包括芋头和木薯)1963 年以前按每 4 公斤鲜薯折 1 公斤粮食计算，从 1964 年开始改为按 5 公斤鲜薯折 1 公斤粮食计算。城市郊区作为蔬菜的薯类(如马铃薯等)按鲜品计算，并且不作粮食统计。其他粮食一律按脱粒后的原粮计算。

油料产量 指全部油料作物的生产量。包括花生、油菜籽、芝麻、向日葵籽、胡麻籽(亚麻籽)和其他油料。不包括大豆，木本油料和野生油料。花生以带壳干花生计算。

水产品产量 指人工养殖的水产品和天然生长的水产品的捕捞量。包括海水的鱼类、虾蟹类、贝类和藻类以及内陆水域的鱼类、虾蟹类和贝类，不包括淡水生植物。

猪、牛、羊肉产量 指当年出栏并已屠宰、除去头蹄下水后带骨肉(即胴体重)的重量。

牲畜总增头数 是反映牲畜的总体增长情况、牲畜头数增殖情况和死亡损失情况的一项数量指标，以大畜、小畜和猪分畜种计算。

总增头数=期内繁殖成活仔畜头数—期内成幼畜死亡头数

期末牲畜存栏头数 指调查期末农村各种合作经济组织和国营农场，农民个人，机关、团体、学校、工矿企业，部队等单位以及城镇居民饲养的大牲畜、猪、羊的存栏头数。

耕地面积 指可以用来种植农作物、经常进行耕锄的田地，包括熟地、当年新开荒地、连续撂荒未满三年的耕地和当年的休闲地(轮歇地)，还包括以种植农作物为主并附带种植桑树、茶树、果树和其他林木的土地，以及沿海、沿湖地区已围垦利用的“海涂”、“湖田”等面积。不包括属于专业性的桑园、茶园、果园、果木苗圃、林地、芦苇地、天然或人工草地面积。

农作物播种面积 指实际播种或移植有农作物的面积。凡是实际种植有农作物的面积，不论种植在耕地上还是种植在非耕地上，均包括在农作物播种面积中。在播种季节基本结束后，因遭灾而重新改种和补种的农作物面积，也包括在内。

有效灌溉面积 指具有一定的水源，地块比较平整，灌溉工程或设备已经配套，在一般年景下当年能够进行正常灌溉的耕地面积。

农用化肥施用量 指本年内实际用于农业生产的化肥数量，包括氮肥、磷肥、钾肥和复合肥。化肥施用量要求按折纯量计算数量。折纯量是把氮肥、磷肥、钾肥分别按含氮、含五氧化二磷、含氧化钾的百分之一百成份进行折算后的数量。复合肥按其所含主要成分折算。

农业机械总动力 指主要用于农、林、牧、渔业的各种动力机械的动力总和。包括耕作机械、排灌机械、收获机械、农用运输机械、植物保护机械、牧业机械、林业机械、渔业机械和其他农业机械［内燃机按引擎马力折成瓦(特)计算、电动机按功率折成瓦(特)计算］。不包括专门用于乡、镇、村、组办工业、基本建设、非农业运输、科学试验和教学等非农业生产方面用的动力机械与作业机械。

农林牧渔业劳动力 指全社会直接参加农林牧渔业生产活动的劳动力。

Explanatory Notes on Main Statistical Indicators

Gross Output Value of Farming, Forestry, Animal Husbandry and Fishery refers to the total value of products of farming, forestry, animal husbandry and fishery, which reflects the total scale and result of agricultural production during a given period. Gross output value of agriculture is obtained by first multiplying the output of each product or by product by its price, resulting in the output value of each single item. For a small number of products, annual output of which is not available or difficult to get due to the long production growing process involved, the output value is estimated through an indirect approach. The sum of output value of all products of farming, forestry, animal husbandry, and fishery is then equal to the gross output value of agriculture.

Grain Yield refers to the yield in the whole country including grains produced by state farms, collective units, industrial enterprises and mines. Grain includes rice, wheat, corn, sorghum, millet and other miscellaneous grains as well as tubers and beans. Output of beans refers to dry beans without pods. The output of tubers (sweet potatoes and potatoes, not including taros and cassava) was converted into that of grain at the ratio 4:1, i. e. 4 kilograms of fresh tubers was equivalent to 1 kilogram of grain up to 1963. Since 1964 the ratio for conversion has been 5:1. Tubers supplied as vegetables (such as potatoes) in cities and suburbs are calculated as fresh vegetables and their output is not included in the output of grain . Output of all other grains refers to husked grain.

Yield of Oil-bearing Crops refers to the total yield of oil bearing crops of various kinds, including peanuts, (dry, in shell) rape seeds, sesame, sunflower seeds, flax seeds, and other oil bearing crops, Soybeans, oil bearing woody plants, and wild oil bearing crops are not included.

Output of Aquatic Products refers to catches of both artificially cultured and naturally grown aquatic products, including fish, shrimps, crabs and shellfish in sea and inland water as well as seaweed. Freshwater plants are not included.

Output of pork, Beef, and Mutton refers to the meat of slaughtered hogs, cattle, sheep and goats with head, feet, and offal taken away.

Total Number of Livestock Added is a kind of numeral index which reflects the total statistics of increase, breeding and death of livestock, it is calculated at different kinds of livestock.

Total Number of Livestock Added = Survival Number of Newborn Livestock in the given Period-Death Number of Livestock

Number of Livestock in stock at Beginning(or End) refers to the total number of large animals, pigs, sheep, etc. raised by rural cooperative organizations, state farms, rural individuals, government agencies, schools, industrial and mining enterprises, army, and urban residents at the beginning(or end) of the reference period.

Cultivated Area (Area under cultivation) refers to farmland which is plowed constantly for growing crops, including cultivated land, newly cultivated land in the current year, farmland left without cultivation for less than three years and fallow land in the current year, rotation land, rotation land of grass and crops, farmland with some fruit trees, mulberry trees and other trees and cultivated seashore land, lake land and etc. The land of mulberry fields, tea plantations, orchards, nurseries of young plants, forestland, reed land, natural and manmade grassland and other land are not included in cultivated land.

Sown Area of Crops refers to area of land sown or transplanted with crops regardless of being in cultivated area or non-cultivated area. Area of land re sown due to natural disasters is also included.

Irrigated Area refers to areas that are effectively irrigated, i. e. level land which has water source and complete sets of irrigation facilities to lift and move adequate water for irrigation purpose under normal conditions.

Consumption of Chemical Fertilizers in Agriculture refers to the quantity of chemical fertilizers applied in agriculture in the year, including nitrogenous fertilizer, phosphate fertilizer, potash fertilizer, and compound fertilizer. The consumption of chemical fertilizers is required in calculation to convert the gross weight into weight containing 100% effective component. Compound fertilizer is converted with its major component.

Total Power of Farm Machinery refers to total mechanical power of machinery used in farming, forestry, animal husbandry, and fishery, including ploughing, irrigation and drainage, harvesting, transport, plant protection, stock breeding, forestry and fishery. The power of internal combustion engines is required to convert horsepower into watts and the power of electric motors is required. to be converted into watts. Machinery employed for non-agricultural purposes, such as the machines used in township run and village run industry, construction, non agricultural transport, scientific experiments and teaching, is excluded.

Labour Force Engaged in Farming, Forestry, Animal Husbandry and Fishery refers to the total laborers who are directly engaged in production of farming, forestry, animal husbandry and fishery.

十三、工业

Industry

资料整理：梁卫国　刘　洁
Arranged By Liang Weiguo , Liu Jie

13-1 工业企业单位数和工业总产值
Number of Industrial Enterprises and Gross Industrial Output Value by Ownership

项目	Item	2000	2005	2009
企业单位数(个)	**Number of Industrial Enterprises(unit)**	**147769**	**130898**	**122702**
在总计中：	Of the Total:			
国有及国有控股企业	State-owned Enterprises(including enterprises with controlling share hold by the state)	757	525	515
在总计中：	Of the Total:			
轻工业	Light Industry	97464	81391	75621
重工业	Heavy Industry	50305	49507	47081
在总计中：	Of the Total:			
国有企业	State-owned Enterprises	545	353	230
集体企业	Collective-owned Enterprises	3874	1207	2042
个体企业	Individual-owned Enterprises	133421	119446	106626
其他经济类型企业	Enterprises of Other Types of Ownership	9929	9892	13804
#股份制经济	Share-holding Corporations	371	2382	1721
外商及港澳台商投资企业	Enterprises Funded by Foreigners or by Entrepreneurs from Hong Kong, Macao and Taiwan	90	245	228
工业总产值(亿元)	**Gross Industrial Output Value (100 million yuan)**	**1202.85**	**3861.58**	**12707.52**
在总计中：	Of the Total:			
国有及国有控股企业	State-owned Enterprises(including enterprises with controlling share hold by the state)	636.95	1684.26	4955.94
在总计中：	Of the Total:			
轻工业	Light Industry	464.26	1171.70	3685.18
重工业	Heavy Industry	738.59	2689.88	9022.34
在总计中：	Of the Total:			
国有企业	State-owned Enterprises	245.68	415.17	1256.66
集体企业	Collective-owned Enterprises	65.64	60.94	163.87
个体企业	Individual-owned Enterprises	245.29	405.69	1166.35
其他经济类型企业	Enterprises of Other Types of Ownership	646.24	2979.78	10120.65
#股份制经济	Share-holding Corporations	410.35	1927.37	8153.33
外商及港澳台商投资企业	Enterprises Funded by Foreigners or by Entrepreneurs from Hong Kong, Macao and Taiwan	58.10	358.39	1176.62

注：工业总产值按核算口径工业总产出计算。

a)The gross industrial output value is calculated at gross industrial output of national accounts .

13-2 工业总产值

Gross Industrial Output Value

本表按当年价计算。

Data in this table are calculated at current prices.

单位：亿元 (100 million yuan)

年份 Year	工业总产值 Total Industry	按轻重工业分 Grouped by Light & Heavy Industry		按经济类型分 Grouped by Ownership			
		轻工业 Light Industry	重工业 Heavy Industry	国有及国有控股企业 State-owned or Controlling Share Hold Industry	集体企业 Collective-owned Industry	个体企业 Individual-Owned Industry	其他经济类型企业 Industry of Other Types of Ownership
1952	1.63	1.06	0.57	0.91	0.01	0.71	
1957	6.33	3.48	2.85	5.23	1.02	0.08	
1962	14.26	7.84	6.42	11.78	2.29	0.18	
1965	26.79	9.61	17.18	24.15	2.60	0.03	
1970	27.80	8.85	18.95	25.16	2.64		
1975	36.89	15.28	21.61	30.22	6.67		
1978	52.96	22.05	30.91	40.89	10.78		
1979	57.40	23.90	33.50	44.32	11.68		
1980	59.39	24.58	34.81	46.23	13.13	0.02	0.01
1981	61.76	28.41	33.35	49.10	12.60	0.04	0.02
1982	73.73	31.45	42.28				
1983	81.53	34.06	47.47	65.76	15.62	0.13	0.03
1984	90.02	36.99	53.03	75.57	17.09	0.35	0.02
1985	112.93	45.78	67.15	91.86	20.38	0.65	0.04
1986	126.46	52.69	73.77	97.87	25.67	2.84	0.07
1987	150.84	64.10	86.74	115.86	30.93	3.94	0.11
1988	193.86	86.41	107.45	144.60	42.21	6.76	0.28
1989	243.13	105.31	137.82	178.22	55.03	9.20	0.68
1990	263.33	108.51	154.82	193.14	57.69	11.55	0.94
1991	304.43	108.98	195.45	233.55	55.15	13.03	2.70
1992	363.72	131.55	234.91	276.33	67.11	15.98	4.30
1993	470.36	141.87	328.49	371.91	70.25	20.77	7.42
1994	522.10	169.98	352.12	392.39	94.14	24.44	11.13
1995	626.52	215.92	410.61	389.89	121.40	63.86	51.37
1996	745.56	293.21	452.35	454.64	145.67	78.81	66.45
1997	872.30	347.20	525.10	505.74	162.26	116.68	87.62
1998	942.08	371.08	571.00	472.70	162.87	176.56	129.95
1999	1055.13	383.65	671.48	559.69	87.03	206.43	201.97
2000	1202.85	464.26	738.59	636.95	65.64	245.29	254.97
2001	1347.19	536.76	810.43	689.16	53.92	269.87	334.24
2002	1535.80	614.38	921.42	767.98	61.46	307.63	398.73
2003	1935.11	754.71	1180.40	849.26	77.44	387.60	620.81
2004	2805.21	893.21	1912.00	1182.28	52.38	358.06	1212.50
2005	3861.58	1171.70	2689.88	1684.26	60.94	405.69	1710.69
2006	5201.12	1506.72	3694.40	1972.38	67.07	477.35	2684.32
2007	7143.37	2069.37	5074.00	2708.92	92.12	655.61	3686.72
2008	9894.76	2869.48	7025.28	3858.96	127.60	908.18	5000.02
2009	12707.52	3685.18	9022.34	4955.94	163.87	1166.35	6421.36

注：工业总产值按核算口径工业总产出计算。

a)The gross industrial output value is calculated at gross industrial output of national accounts.

13-3 工业总产值指数

Indices of Gross Industrial Output Value

(上年=100) (preceding year=100)

年份 Year	工业总产值 Total Industry	按轻重工业分 Grouped by Light & Heavy Industry		按经济类型分 Grouped by Ownership			
		轻工业 Light Industry	重工业 Heavy Industry	国有及国有控股企业 State-owned or Controlling Share Hold Industry	集体企业 Collective-owned Industry	个体企业 Individual-Owned Industry	其他经济类型企业 Industry of Other Types of Ownership
1978	116.2	109.0	121.9	114.2	110.1		
1979	106.7	101.5	110.3	108.4	112.9		
1980	104.8	112.3	99.9	104.0	107.5		
1981	100.6	110.9	92.9	102.7	92.8	191.7	300.0
1982	115.1	107.9	121.1	114.9	115.5	200.5	96.7
1983	109.6	108.4	110.5	110.3	106.3	173.2	120.0
1984	108.1	107.4	108.6	108.0	107.1	252.9	87.0
1985	116.6	116.8	116.6	113.9	93.6	444.7	157.5
1986	109.6	112.8	107.2	107.7	146.0	168.3	188.7
1987	112.5	115.6	110.0	111.5	113.5	130.8	136.2
1988	113.9	116.1	112.2	110.7	121.1	152.1	229.2
1989	112.6	107.7	116.7	110.7	117.0	122.1	217.9
1990	104.1	102.8	105.0	104.1	100.7	120.7	134.0
1991	108.1	108.1	108.0	106.4	107.8	138.4	156.1
1992	111.3	108.0	113.5	107.9	118.4	133.8	148.5
1993	113.8	106.0	117.2	105.1	124.5	143.9	272.5
1994	114.0	118.0	113.2	103.7	122.1	142.0	295.0
1995	112.0	115.5	111.0	107.2	97.0	186.8	126.3
1996	111.5	112.5	110.1	101.6	124.6	158.9	161.1
1997	115.0	117.2	112.0	101.5	118.0	127.4	140.0
1998	110.0	109.7	110.4	106.5	86.6	114.8	145.3
1999	111.0	117.2	105.9	109.6	91.3	111.1	123.6
2000	112.0	120.7	106.8	106.7	67.2	125.5	135.6
2001	111.1	114.1	108.6	106.3	76.6	110.3	125.4
2002	114.0	116.8	112.5	115.1	108.4	112.4	137.4
2003	125.0	123.6	125.9	109.1	119.9	108.3	146.1
2004	129.7	127.5	130.8	126.2	68.0	93.1	149.6
2005	130.7	126.0	133.2	134.7	113.4	111.0	133.6
2006	132.1	126.1	134.7	122.6	126.9	115.4	153.9
2007	127.8	122.3	130.1	125.0	129.6	129.9	141.1
2008	123.1	113.7	125.5	117.0	133.5	125.7	136.9
2009	120.6	123.4	119.8	113.5	118.7	131.8	121.9

注：本表按可比价格计算，以上年为100。

a)Data in this table are calculated at comparable prices, preceding year=100.

13-4 规模以上工业企业分行业职工人数(2009年)
Number of Staff & Workers in Industrial Enterprises above Designated Size by Industrial Branch(2009)

单位：万人 (10 000 persons)

项 目	Item	2009
总 计	**Total**	**110.40**
按登记注册类型分	**Grouped by Ownership**	
国有	State-owned	14.51
集体	Collective-owned	2.22
其他	Other Ownership	93.67
按行业分	**Grouped by Sector**	
采矿业	**Mining**	**30.66**
煤炭开采和洗选业	Coal Mining & Processing	20.79
石油和天然气开采业	Petroleum & Natural Gas Pumped	0.57
黑色金属矿采选业	Mining & Dressing of Ferrous Metals	4.16
有色金属矿采选业	Mining & Dressing of Nonferrous Metals	3.42
非金属矿采选业	Mining & Dressing of Nonmetal Minerals	1.70
其他采矿业	Mining of Other Mineral	0.02
制造业	**Manufacturing**	**68.41**
农副食品加工业	Processing of Agricultural Side-Line Food	6.42
食品制造业	Food Manufacturing	4.62
饮料制造业	Beverage Manufacturing	2.85
烟草制品业	Tobacco Products	0.22
纺织业	Textile Industry	4.63
纺织服装、鞋、帽制造业	Textile Products, Clothes, Shoes & Hats	1.00
皮革、毛皮、羽毛（绒）及其制品业	Leather, Furs, Down & Related Products	0.23
木材加工及木、竹、藤、棕、草制品业	Timber Processing, Bamboo, Cane, Palm Fiber & Straw Products	1.75
家具制造业	Furniture Manufacturing	0.10
造纸及纸制品业	Paper-making & Paper Products	0.69
印刷业和记录媒介的复制	Printing & Record Pressing	0.21
文教体育用品制造业	Cultural, Educational & Sports Goods	
石油加工、炼焦及核燃料加工业	Petroleum Processing ,Coke Products & Processing of Nuclear Fuel	1.49
化学原料及化学制品制造业	Raw Chemical Materials & Chemical Products	7.34
医药制造业	Medicine Manufacturing	1.94
化学纤维制造业	Chemical Fiber Manufacturing	
橡胶制品业	Rubber Products	0.06
塑料制品业	Plastic Products	0.65
非金属矿物制品业	Nonmetal Mineral Products	6.25
黑色金属冶炼及压延加工业	Smelting & Pressing of Ferrous Metals	11.13
有色金属冶炼及压延加工业	Smelting & Pressing of Nonferrous Metals	5.82
金属制品业	Metal Products	1.13
通用设备制造业	Manufacturing of General-Purpose Equipment	2.32
专用设备制造业	Special Purposes Equipment Manufacturing	4.10
交通运输设备制造业	Transportation Equipment Manufacturing	1.51
电气机械及器材制造业	Electric Equipment & Machinery	0.98
通信设备、计算机及其他电子设备制造业	Manufacturing of Telecoms,Computer & Other Electronic Equipment	0.37
仪器仪表及文化、办公用机械制造业	Instruments, Meters, Cultural & Office Machinery	0.01
工艺品及其他制造业	Handicrafts & Other Production	0.50
废弃资源和废旧材料回收加工业	Recovering of Abandoned Resource & Waste Materical	0.09
电力、燃气及水的生产和供应业	**Production & Supply of Electric Power,Gas & Water**	**11.33**
电力、热力的生产和供应业	Production & Supply of Electric Power & Heating Power	9.87
燃气生产和供应业	Production & Supply of Gas	0.30
水的生产和供应业	Production & Supply of Water	1.16

注：规模以上工业是指全部年主营业务收入500万元及以上的工业法人企业(下同)。

a)Industrial enterprises above designated size refer to the industiral enterprises with an annual operating income of over 5 million yuan(The next table is the same)

13-5 规模以上工业企业工业总产值

Gross Industrial Output Value of Industrial Enterprises above Designated Size

单位：万元 (10 000 yuan)

行 业	Item	2008年工业总产值(现价) Gross Industrial Output Value in 2008 (at current prices)	2009年工业总产值(现价) Gross Industrial Output Value in 2009 (at current prices)
总 计	**Total**	**85768101**	**106994398**
按经济类型分	**Grouped by Ownership**		
在总计中：	Of the Total:		
国有及国有控股企业	State-owned Enterprises(including with controlling share hold by the state)	33770986	38097907
在总计中：	Of the Total:		
集体企业	Collective-owned Enterprises	685266	820559
股份有限公司	Share-holding Corporation	14175299	15089803
外商投资企业	Foreign Funded Enterprises	6534438	7995979
港澳台商投资企业	Enterprises Funded by Entrepreneurs from Hong Kong, Macao and Taiwan	2297649	2869047
按轻重工业分	**Grouped by Light & Heavy Industry**		
轻工业	Light Industry	18220449	23347167
重工业	Heavy Industry	67547652	83647231
按企业规模分	**Grouped by Size of Enterprises**		
大型企业	Large	24862886	32081668
中型企业	Medium-sized	25395159	32028990
小型企业	Small	35510056	42883740
按行业分	**Grouped by Sector**		
煤炭开采和洗选业	Coal Mining and Processing	13719886	17857213
石油和天然气开采业	Petroleum and Natural Gas Pumped	827981	691933
黑色金属矿采选业	Mining and Dressing of Ferrous Metals	2160443	2714172
有色金属矿采选业	Mining and Dressing of Nonferrous Metals	2159489	2349882
非金属矿采选业	Mining and Dressing of Nonmetal Minerals	764519	944481
其他采矿业	Mining of Other Mineral	19568	14295
农副食品加工业	Processing of Agricultural Side-line Food	5480861	7643799
食品制造业	Food Manufacturing	4873319	5582560
饮料制造业	Beverage Manufacturing	1129243	1597323

13-5 续表 1 continued

单位：万元 (10 000 yuan)

行 业	Item	2008年工业总产值(现价) Gross Industrial Output Value in 2008 (at current prices)	2009年工业总产值(现价) Gross Industrial Output Value in 2009 (at current prices)
烟草制品业	Tobacco Products	370755	419198
纺织业	Textile Industry	2874313	3429628
纺织服装、鞋、帽制造业	Textile Products, Clothes, Shoes and Hats	211265	255661
皮革、毛皮、羽毛(绒)及其制品业	Leather, Furs, Down & Related Products	156241	234857
木材加工及木、竹、藤、棕、草制品业	Timber Processing, Bamboo, Cane, Palm Fiber & Straw Products	840033	1076453
家具制造业	Furniture Manufacturing	97755	131439
造纸及纸制品业	Paper-making and Paper Products	388539	622883
印刷业和记录媒介的复制	Printing and Record Pressing	58482	77584
文教体育用品制造业	Cultural, Educational and Sports Goods		
石油加工、炼焦及核燃料加工业	Petroleum Processing , Coke Products & Processing of Nuclear Fuel	2435665	2803988
化学原料及化学制品制造业	Raw Materials & Chemical Products	4846739	6288161
医药制造业	Medicine Manufacturing	940743	1326203
化学纤维制造业	Chemical Fiber Manufacturing	870	
橡胶制品业	Rubber Products	16924	29977
塑料制品业	Plastic Products	462602	587119
非金属矿物制品业	Nonmetal Mineral Products	2841305	4228240

13-5 续表 2 continued

单位：万元 (10 000 yuan)

行 业	Item	2008年工业总产值(现价) Gross Industrial Output Value in 2008 (at current prices)	2009年工业总产值(现价) Gross Industrial Output Value in 2009 (at current prices)
黑色金属冶炼及压延加工业	Smelting and Pressing of Ferrous Metals	12835032	14232749
有色金属冶炼及压延加工业	Smelting and Pressing of Nonferrous Metals	8080241	9385012
金属制品业	Metal Products	397176	945342
通用设备制造业	Manufacturing of General Purpose Equipment	851574	1520491
专用设备制造业	Special Purposes Equipment Manufacturing	2179128	2595795
交通运输设备制造业	Transportation Equipment Manufacturing	1237809	1688802
电气机械及器材制造业	Electric Equipment and Machinery	437518	1076040
通信设备、计算机及其他电子设备制造业	Manufacturing of Telecomm ,Computer & Other Electronic Equipment	932503	1011908
仪器仪表及文化、办公用机械制造业	Instruments, Meters, Cultural & Office Machinery	2651	23113
工艺品及其他制造业	Handicrafts and Other Production	203332	264506
废弃资源和废旧材料回收加工业	Recovering of Abandoned Resource & Waste Materical	46884	48667
电力、热力的生产和供应业	Production & Supply of Electric Power & Heating Power	9499489	11159886
燃气生产和供应业	Production and Supply of Gas	1245902	1876535
水的生产和供应业	Production and Supply of Water	141325	258502

13-6 规模以上工业企业主要经济指标(2009年)

单位:万元

项 目	Item	企业单位数(个) Number of Enterprises (unit)	工业总产值(现价) Gross Industrial Output Value (at current prices)
总 计	**Total**	**4465**	**106994398**
在总计中：	Of the Total:		
亏损企业	Enterprises at Lose	823	17013824
按轻重分	**Grouped by Light & Heavy Industry**		
轻工业	Light Industry	1415	23347167
重工业	Heavy Industry	3050	83647231
按行业分	**Grouped by Sector**		
采矿业	Mining	852	24571977
制造业	Manufacturing	3263	69127498
电力、燃气及水的生产和供应业	Production & Supply of Electric Power,Gas & Water	350	13294923
按企业规模分	**Grouped by Size of Enterprises**		
大型企业	Large	65	32081668
中型企业	Medium sized	536	32028990
小型企业	Small	3864	42883740
按登记注册类型分组	**Grouped by Registration Status**		
内资企业	Domestic-funded Enterprise	4237	96129372
国有企业	State-owned Enterprises	230	10495156
中央企业	Central Enterprises	43	4159714
地方企业	Local Enterprises	187	6335442
集体企业	Collective-owned Enterprises	89	820559
股份合作企业	Cooperative Enterprises	25	883172
联营企业	Joint Ownership Enterprises	6	74541
国有联营企业	State joint Ownership Enterprises		
集体联营企业	Collective Joint Ownership Enterprises	2	3317
国有与集体联营企业	Joint State Collective Enterprises	2	58431
其他联营企业	Other Joint Ownership Enterprises	2	12792
有限责任公司	Limited Liability Corporations	1532	42730069
国有独资公司	Exclusive State-funded Limited Liability Corporations	38	5994198
股份有限公司	Share-holding Corporations Ltd.	189	15089803
私营企业	Private Enterprises	2152	25797351
其他企业	Other Enterprises	14	238720
港澳台商投资企业	Enterprises Funded by Entrepreneurs from Hong Kong, Macao and Taiwan	73	2869047
外商投资企业	Enterprises Funded by Foreigners	155	7995979

Main Indicators of Industrial Enterprises above Designated Size(2009)

(10 000 yuan)

资产合计 Total Assets	流动资产合计 Circulating Funds	固定资产原价 Original Value of Fixed Assets	固定资产净值年平均余额 Annual Average Balance of Net Value of Fixed Assets	流动负债合计 Liquid Liabilities
116509397	**38488243**	**75754815**	**52621681**	**41739388**
22061061	6992845	17785865	10562317	9662717
14873998	6668340	7456601	5282275	6663429
101635399	31819903	68298214	47339406	35075959
32134828	12819430	14562564	10399927	9707503
52991988	21791198	30015083	18896841	23117859
31382581	3877615	31177168	23324913	8914026
43820679	15651570	28440510	16438120	14297920
38551744	12230679	24504526	18002722	15172119
34136974	10605994	22809779	18180839	12269349
102854184	33822463	68249400	46778879	36120247
18105163	3593901	14938597	10922291	4558799
7769636	1751976	5566439	3867181	1900020
10335528	1841925	9372157	7055110	2658780
339439	200902	153432	89996	159123
1235344	495119	276107	217066	380497
20376	5982	21367	13242	10373
2658	2077	1104	506	2197
11953	1422	15933	9455	5928
5764	2483	4330	3281	2248
51500395	16702722	33958153	23086138	17768097
13001567	4824800	7738178	5026298	4410846
15395814	5891228	10462662	5908499	6098316
15696948	6817235	8003644	6195233	6845507
560707	115375	435438	346413	299534
3188966	1025079	2176415	1791693	1474737
10466247	3640702	5329001	4051109	4144404

13-6 续表

单位:万元

项 目	Item	长期负债合计 Long-term Liabilities	所有者权益 Creditors Equity	实收资本 Total Capital Hold
总 计	**Total**	**23884046**	**45872224**	**23595713**
在总计中：	Of the Total:			
亏损企业	Enterprises at Lose	5695129	6411543	5360826
按轻重分	**Grouped by Light & Heavy Industry**			
轻工业	Light Industry	999770	6968478	3055052
重工业	Heavy Industry	22884276	38903746	20540661
按行业分	**Grouped by Sector**			
采矿业	Mining	4072857	17131001	6333859
制造业	Manufacturing	6479338	21610769	11544362
电力、燃气及水的生产和供应业	Production & Supply of Electric Power,Gas & Water	13331852	7130454	5717492
按企业规模分	**Grouped by Size of Enterprises**			
大型企业	Large	8275140	19373662	8697373
中型企业	Medium-sized	8245460	13221655	6893294
小型企业	Small	7363446	13276907	8005046
按登记注册类型分组	**Grouped by Registration Status**			
内资企业	Domestic funded Enterprise	21431956	40664160	20893185
国有企业	State-owned Enterprises	7100003	4968507	3158591
中央企业	Central Enterprises	2687991	2426638	1396830
地方企业	Local Enterprises	4412012	2541870	1761762
集体企业	Collective-owned Enterprises	5373	129384	64969
股份合作企业	Cooperative Enterprises	256645	593969	251300
联营企业	Joint Ownership Enterprises	2523	7475	9940
国有联营企业	State joint Ownership Enterprises			
集体联营企业	Collective Joint Ownership Enterprises		461	178
国有与集体联营企业	Joint State Collective Enterprises	2514	3511	7340
其他联营企业	Other Joint Ownership Enterprises	9	3502	2421
有限责任公司	Limited Liability Corporations	9814950	21718107	11429807
国有独资公司	Exclusive State-funded Limited Liability Corporations	2679738	5768667	1741799
股份有限公司	Share-holding Corporations Ltd.	2771003	6221242	2585507
私营企业	Private Enterprises	1337018	6908745	3311737
其他企业	Other Enterprises	144441	116732	81333
港澳台商投资企业	Enterprises Funded by Entrepreneurs from Hong Kong, Macao and Taiwan	510718	1014813	601884
外商投资企业	Enterprises Funded by Foreigners	1941373	4193251	2100645

continued

(10 000 yuan)

主营业务收入 Revenues of Main Business	主营业务成本 Cost of Main Business	主营业务税金及附加 Sales Tax and Extra Charges	利润总额 Total Profits	本年应交增值税 Value Added Tax Payable
104101506	**82537756**	**1564797**	**9881741**	**3749642**
16166403	15675367	81740	-838582	417733
22679515	18085853	424902	1540345	498926
81421991	64451903	1139895	8341396	3250717
24782096	15819540	552184	5124684	1549652
67231318	57443001	938513	3182498	1570503
12088092	9275215	74100	1574559	629487
31543786	25103879	500697	3517590	1655530
31486766	24795454	609845	3214202	1455245
41070954	32638423	454255	3149949	638867
93088103	73609817	1480283	8832512	3322585
9920739	7195620	287655	1265276	585857
4158004	2760289	186286	502670	269933
5762735	4435331	101370	762606	315924
807895	661933	7690	54171	16831
1030333	720009	10686	189477	63172
71545	68004	109	402	
3595	3097	13	-180	
57956	56929	67	-315	
9994	7978	29	896	
40795795	31764880	575656	4561206	1462569
5732213	3998243	75057	1034227	403501
14828581	12360815	292659	1032922	710087
25412321	20692840	304216	1709662	477727
220895	145716	1612	19396	6341
2761887	2387699	17167	124732	76222
8251515	6540241	67347	924497	350836

13-7 国有及国有控股工业企业主要经济指标(2009年)

单位:万元

项 目	Item	企业单位数(个) Number of Enterprises (unit)	工业总产值(现价) Gross Industrial Output Value (at curent prices)
总 计	**Total**	**515**	**38097907**
在总计中:亏损企业	Of the Total：Enterprises at Lose	123	9858406
在总计中：轻工业	Of the Total:Light Industry	94	2623932
重工业	Heavy Industry	421	35473975
在总计中:	Of the Total:		
采矿业	Mining	75	9059446
制造业	Manufacturing	221	18713867
电力、燃气及水的生产和供应业	Production & Supply of Electric Power,Gas & Water	219	10324594
在总计中:	Of the Total:		
大型企业	Large	39	21669618
中型企业	Medium-sized	162	10608253
小型企业	Small	314	5820036

13-7 续表

单位：万元

行 业	Item	长期负债合计 Long-term Liabilities	所有者权益 Creditors Equity
总 计	**Total**	**17561583**	**22739367**
在总计中:亏损企业	Of the Total:Enterprises at Lose	4428496	4381160
在总计中:中央企业	Of the Total:Central Enterprises		
地方企业	Local Enterprises		
在总计中：轻工业	Of the Total:Light Industry	364652	1481916
重工业	Heavy Industry	17196931	21257451
在总计中:	Of the Total:		
采矿业	Mining	1397709	8997828
制造业	Manufacturing	4181503	8489654
电力、燃气及水的生产和供应业	Production & Supply of Electric Power,Gas & Water	11982371	5251885
在总计中:	Of the Total:		
大型企业	Large	6275405	13897263
中型企业	Medium-sized	6025233	5448598
小型企业	Small	5260945	3393506

Main Indicators on Economic Benefit of State-owned and State Holding Majority Shares Industrial Enterprises(2009)

(10 000 yuan)

资产合计 Total Assets	流动资产合计 Circulating Funds	固定资产原价 Original Value of Fixed Assets	固定资产净值年平均余额 Annual Average Balance of Net Value of Fixed Assets	流动负债合计 Liquid Liabilities
63999695	**17050603**	**49962608**	**32809587**	**20406909**
14597079	4111435	13446404	7118059	5614105
3467682	1535786	1414533	972311	1580744
60532013	15514817	48548075	31837276	18826165
15240357	5265601	8505834	5525443	3893436
22675036	9131440	13999989	7167407	9417860
26084302	2653562	27456785	20116737	7095613
31916966	10806352	23314843	12518951	10137789
19292697	4325832	15458758	11269509	6671643
12790032	1918419	11189007	9021127	3597477

continued

(10 000 yuan)

实收资本 Total Capital Hold	主营业务收入 Revenues of Main Business	主营业务成本 Cost of Main Business	主营业务税金及附加 Sales Tax and Extra Charges	利润总额 Total Profits	本年应交增值税 Value Added Tax Payable
13533442	**36059491**	**28583604**	**665362**	**3485942**	**1923313**
3518256	9322286	9272074	50185	-524791	313136
701494	2558328	1702337	214834	200411	142584
12831948	33501163	26881267	450529	3285531	1780729
3540548	8617879	5382035	184736	1942395	720486
5376579	18296203	16270019	420479	299163	631355
4616315	9145409	6931550	60147	1244384	571472
7109574	20836974	16679253	345519	2095597	1143308
3410249	10619739	8168541	284042	1142805	651332
3013619	4602778	3735810	35801	247540	128673

13-8 规模以上集体工业企业主要经济指标(2009年)

单位:万元

项 目	Item	企业单位数(个) Number of Enterprises (unit)	工业总产值(现价) Gross Industrial Output Value (at current prices)
总计	**Total**	**89**	**820559**
在总计中：亏损企业	Of the Total: Enterprises at Lose	20	66374
在总计中：轻工业	Of the Total: Light Industry	10	92716
重工业	Heavy Industry	79	727843
在总计中：	Of the Total:		
采矿业	Mining	23	241339
制造业	Manufacturing	64	572829
电力、燃气及水的生产和供应业	Production & Supply of Electric Power,Gas & Water	2	6391
在总计中：	Of the Total:		
大型企业	Large		
中型企业	Medium-sized	10	374663
小型企业	Small	79	445896

13-8 续表

单位：万元

项 目	Item	长期负债合计 Long-term Liabilities	所有者权益 Creditors Equity
总 计	**Total**	**5373**	**129384**
在总计中：亏损企业	Of the Total: Enterprises at Lose	312	20580
在总计中：轻工业	Of the Total: Light Industry	3220	12028
重工业	Heavy Industry	2153	117356
在总计中：	Of the Total:		
采矿业	Mining	766	59371
制造业	Manufacturing	4285	68792
电力、燃气及水的生产和供应业	Production & Supply of Electric Power,Gas & Water	322	1221
在总计中：	Of the Total:		
大型企业	Large		
中型企业	Medium-sized	469	50533
小型企业	Small	4904	78851

Main Indicator on Economic Benefit of Collective-owned Enterprises above Designated Size(2009)

(10 000 yuan)

资产合计 Total Assets	流动资产合计 Circulating Funds	固定资产原价 Original Value of Fixed Assets	固定资产净值年平均余额 Annual Average Balance of Net Value of Fixed Assets	流动负债合计 Liquid Liabilities
339439	**200902**	**153432**	**89996**	**159123**
68633	38846	26717	14704	36603
29624	16797	17162	11969	14350
309815	184105	136271	78027	144773
125247	71591	38764	28413	54064
209474	127119	110279	59058	101883
4718	2192	4389	2525	3176
134877	77986	63689	34787	54962
204562	122916	89743	55209	104161

continued

(10 000 yuan)

实收资本 Total Capital Hold	主营业务收入 Revenue of Main Business	主营业务成本 Cost of Main Business	主营业务税金及附加 Sales Tax and Extra Charges	利润总额 Total Profits	本年应交增值税 Value Added Tax Payable
64969	**807895**	**661933**	**7690**	**54171**	**16832**
14289	64260	60941	471	-4201	2
8040	85872	61814	287	2373	31
56929	722023	600119	7403	51798	16801
25699	237166	159360	4849	41208	5640
38217	564291	497504	2786	12626	11192
1053	6438	5069	55	337	
16603	371907	320837	3132	25326	16801
48366	435988	341096	4558	28845	31

13-9 规模以上工业企业分行业主要经济指标(2009年)

单位:万元

行业	Item	企业单位数(个) Enterprise (unit)	工业总产值(现价) Gross Industrial Output Value (at current prices)
总计	**Total**	**4465**	**106994398**
采矿业	**Mining**	**852**	**24571977**
煤炭开采和洗选业	Coal Mining & Processing	374	17857213
石油和天然气开采业	Petroleum & Natural Gas Extraction	8	691933
黑色金属矿采选业	Mining & Dressing of Ferrous Metals	214	2714172
有色金属矿采选业	Mining & Dressing of Nonferrous Metals	132	2349882
非金属矿采选业	Mining & Dressing of Nonmetal Minerals	122	944481
其他采矿业	Mining of Other Mineral	2	14295
制造业	**Manufacturing**	**3263**	**69127498**
农副食品加工业	Processing of Agricultural Side-Line Food	550	7643799
食品制造业	Food Manufacturing	171	5582560
饮料制造业	Beverage Manufacturing	124	1597323
烟草制品业	Tobacco Products	2	419198
纺织业	Textile Industry	228	3429628
纺织服装、鞋、帽制造业	Textile Products, Clothes, Shoes & Hats	44	255661
皮革、毛皮、羽毛（绒）及其制品业	Leather, Furs, Down & Related Products	19	234857
木材加工及木、竹、藤、棕、草制品业	Timber Processing, Bamboo, Cane, Palm Fiber & Straw Products	136	1076453
家具制造业	Furniture Manufacturing	11	131439
造纸及纸制品业	Paper-making & Paper Products	40	622883
印刷业和记录媒介的复制	Printing & Record Pressing	25	77584
文教体育用品制造业	Cultural, Educational & Sports Goods		
石油加工、炼焦及核燃料加工业	Petroleum Processing , Coke Products & Processing of Nuclear Fuel	38	2803988
化学原料及化学制品制造业	Raw Chemical Materials & Chemical Products	385	6288161
医药制造业	Medicine Manufacturing	81	1326203
化学纤维制造业	Chemical Fiber Manufacturing		
橡胶制品业	Rubber Products	5	29977
塑料制品业	Plastic Products	61	587119
非金属矿物制品业	Nonmetal Mineral Products	423	4228240
黑色金属冶炼及压延加工业	Smelting & Pressing of Ferrous Metals	220	14232749
有色金属冶炼及压延加工业	Smelting & Pressing of Nonferrous Metals	205	9385012
金属制品业	Metal Products	105	945342
通用设备制造业	Manufacturing of General-Purpose Equipment	131	1520491
专用设备制造业	Special Purposes Equipment Manufacturing	75	2595795
交通运输设备制造业	Transportation Equipment Manufacturing	50	1688802
电气机械及器材制造业	Electric Equipment & Machinery	82	1076040
通信设备、计算机及其他电子设备制造业	Manufacturing of Telecommunications, Computer & Other Electronic Equipment	20	1011908
仪器仪表及文化、办公用机械制造业	Instruments, Meters, Cultural & Office Machinery	5	23113
工艺品及其他制造业	Handicrafts & Other Production	18	264506
废弃资源和废旧材料回收加工业	Recovering of Abandoned Resource & Waste Matérical	9	48667
电力、燃气及水的生产和供应业	**Production & Supply of Electric Power,Gas & Water**	**350**	**13294923**
电力、热力的生产和供应业	Production & Supply of Electric Power & Heating Power	301	11159886
燃气生产和供应业	Production & Supply of Gas	12	1876535
水的生产和供应业	Production & Supply of Water	37	258502

Main Indicators of Industrial Enterprises above Designated Size by Industrial Branch(2009)

(10 000 yuan)

资产合计 Total Assets	流动资产合计 Circulating Funds	固定资产原价 Original Value of Fixed Assets	固定资产净值年平均余额 Annual Average Balance of Net Value of Fixed Assets	流动负债合计 Liquid Liabilities
116509397	**38488243**	**75754815**	**52621681**	**41739388**
32134828	**12819430**	**14562564**	**10399927**	**9707503**
25609245	10347740	10739201	7718647	7351311
1200829	390488	1163877	533958	340972
2278312	1021236	970889	777874	915688
2384796	812333	1380529	1132969	773822
655899	246251	303844	233591	325276
5747	1383	4223	2888	434
52991988	**21791198**	**30015083**	**18896841**	**23117859**
3108501	1103814	1928843	1446193	1158648
3893234	1877709	1669370	1076534	2053921
1091435	446880	573098	413655	403842
264873	120849	130464	79136	69933
2769685	1261357	1153406	812506	1289397
151786	104748	49015	32946	75534
67563	32431	48789	28784	14060
434670	169715	281602	204259	177683
39140	15352	30521	22228	17966
446154	159264	315566	250090	215980
61292	23667	47671	32142	25373
2053551	940654	837680	650421	848463
5986749	2085565	3386408	2519642	2469254
1037070	369695	686780	489744	471835
12700	8345	5019	3566	7029
707381	137881	85993	63368	202133
4011952	1414132	2031537	1495195	1701998
11987751	4478189	9422676	4699381	4702012
6934998	2276879	3804238	2431547	3121243
436441	185656	243499	165101	183091
909213	516211	354685	250442	469137
3215681	1987860	1545428	806712	1778018
1951368	1087653	946141	635773	945046
522184	273849	245637	169435	234136
564083	518249	57186	29162	366362
2981	1199	2445	1492	935
293090	178202	106163	67646	98992
36434	15196	25225	19743	15837
31382581	**3877615**	**31177168**	**23324913**	**8914026**
29545415	3256778	30243011	22620882	8345659
1065671	310608	444796	339530	284653
771495	310229	489360	364501	283714

13-9 续表

单位：万元

行业	Item	长期负债合计 Long-term Liabilities	所有者权益 Creditors Equity	实收资本 Total Capital Hold
总计	**Total**	**23884046**	**45872224**	**23595713**
采矿业	**Mining**	**4072857**	**17131001**	**6333859**
煤炭开采和洗选业	Coal Mining & Processing	3538187	13646041	4630833
石油和天然气开采业	Petroleum & Natural Gas Extraction	13383	844474	448754
黑色金属矿采选业	Mining & Dressing of Ferrous Metals	274198	983609	581431
有色金属矿采选业	Mining & Dressing of Nonferrous Metals	228224	1353762	541928
非金属矿采选业	Mining & Dressing of Nonmetal Minerals	18778	298691	129576
其他采矿业	Mining of Other Mineral	88	4424	1338
制造业	**Manufacturing**	**6479337**	**21610769**	**11544362**
农副食品加工业	Processing of Agricultural Side-Line Food	177391	1726198	730195
食品制造业	Food Manufacturing	243576	1538994	586190
饮料制造业	Beverage Manufacturing	52613	579687	291141
烟草制品业	Tobacco Products	809	194130	124042
纺织业	Textile Industry	203585	1264880	488627
纺织服装、鞋、帽制造业	Textile Products, Clothes, Shoes & Hats	3205	70156	43042
皮革、毛皮、羽毛（绒）及其制品业	Leather, Furs, Down & Related Products	6206	36921	14216
木材加工及木、竹、藤、棕、草制品业	Timber Processing, Bamboo, Cane, Palm Fiber & Straw Products	34353	217638	102359
家具制造业	Furniture Manufacturing	5910	11513	5134
造纸及纸制品业	Paper-making & Paper Products	7465	220972	126370
印刷业和记录媒介的复制	Printing & Record Pressing	440	31368	18969
文教体育用品制造业	Cultural, Educational & Sports Goods			
石油加工、炼焦及核燃料加工业	Petroleum Processing , Coke Products & Processing of Nuclear Fuel	210594	860356	389563
化学原料及化学制品制造业	Raw Chemical Materials & Chemical Products	810827	2304251	1617257
医药制造业	Medicine Manufacturing	82395	459959	289791
化学纤维制造业	Chemical Fiber Manufacturing			
橡胶制品业	Rubber Products	28	5642	4568
塑料制品业	Plastic Products	38499	196778	163186
非金属矿物制品业	Nonmetal Mineral Products	534876	1642973	857854
黑色金属冶炼及压延加工业	Smelting & Pressing of Ferrous Metals	2124575	4990531	3134721
有色金属冶炼及压延加工业	Smelting & Pressing of Nonferrous Metals	869786	2814285	1190764
金属制品业	Metal Products	18603	181362	91661
通用设备制造业	Manufacturing of General-Purpose Equipment	56674	356875	237754
专用设备制造业	Special Purposes Equipment Manufacturing	546438	869832	553081
交通运输设备制造业	Transportation Equipment Manufacturing	339470	464268	232461
电气机械及器材制造业	Electric Equipment & Machinery	45342	233187	184367
通信设备、计算机及其他电子设备制造业	Manufacturing of Telecommunications, Computer & Other Electronic Equipment	4486	187168	34891
仪器仪表及文化、办公用机械制造业	Instruments, Meters, Cultural & Office Machinery		2046	930
工艺品及其他制造业	Handicrafts & Other Production	55683	133714	22644
废弃资源和废旧材料回收加工业	Recovering of Abandoned Resource & Waste Materical	5510	15086	8586
电力、燃气及水的生产和供应业	**Production & Supply of Electric Power, Gas & Water**	**13331852**	**7130454**	**5717492**
电力、热力的生产和供应业	Production & Supply of Electric Power & Heating Power	13018899	6189139	5339034
燃气生产和供应业	Production & Supply of Gas	183957	585061	188035
水的生产和供应业	Production & Supply of Water	128996	356255	190423

continued

(10 000 yuan)

主营业务收入 Revenues of Main Business	主营业务成本 Cost of Main Business	主营业务税金及附加 Sales Tax & Extra Charges	利润总额 Total Profits	本年应交增值税 Value Added Tax Payable
104101506	**82537756**	**1564797**	**9881741**	**3749642**
24782096	**15819540**	**552184**	**5124684**	**1549652**
18353175	11048168	450510	4373636	1283183
670802	545386	9758	115997	80211
2614886	2087274	42442	238222	92185
2223607	1437041	38008	355679	71699
908050	693535	11353	40352	21902
11576	8137	115	798	471
67231318	**57443001**	**938513**	**3182498**	**1570503**
7393859	6130659	54539	428559	52914
5308226	4207964	22099	419856	163046
1732820	1124766	87352	130452	50335
418303	149064	192860	39990	50909
3259504	2691025	47672	253672	47300
280378	232863	629	8028	2536
227733	191251	534	9053	1182
1042092	817816	7629	31669	6029
124583	102336	1103	5452	252
613120	517032	923	30743	16024
79326	66474	1442	5564	572
2703342	2204642	153207	150742	85008
6100937	5189605	27061	236369	125650
1259561	1003652	6739	70382	41726
28664	24869	813	830	935
578519	437314	72736	60348	18307
4179105	3283742	33762	338786	99719
13438737	12766665	107156	53926	383167
9111060	8171003	58068	474028	177875
937927	772542	8182	82918	11349
1501771	1343137	12560	58948	48139
2699278	2400078	7970	48243	67786
1870657	1625277	24437	80216	59697
990447	845577	3228	54993	8617
1023760	895342	897	57256	46636
22121	21506	51	200	234
252041	177969	4637	49275	4297
53447	48833	228	2001	261
12088092	**9275215**	**74100**	**1574559**	**629487**
9939193	7517454	68758	1270524	571756
1902653	1573216	3373	280921	43165
246247	184546	1969	23113	14566

13-10 国有及国有控股工业企业分行业主要经济指标(2009年)

单位:万元

行 业	Item	企业单位数(个) Number of Enterprise (unit)	工业总产值(现价) Gross Industrial Output Value (at current prices)
总计	**Total**	**515**	**38097907**
采矿业	**Mining**	**75**	**9059446**
煤炭开采和洗选业	Coal Mining & Processing	42	7708677
石油和天然气开采业	Petroleum & Natural Gas Extraction	5	587223
黑色金属矿采选业	Mining & Dressing of Ferrous Metals	5	245786
有色金属矿采选业	Mining & Dressing of Nonferrous Metals	15	288289
非金属矿采选业	Mining & Dressing of Nonmetal Minerals	8	229472
其他采矿业	Mining of Other Mineral		
制造业	**Manufacturing**	**221**	**18713867**
农副食品加工业	Processing of Agricultural Side-Line Food	13	187745
食品制造业	Food Manufacturing	17	1225971
饮料制造业	Beverage Manufacturing	8	192155
烟草制品业	Tobacco Products	2	419198
纺织业	Textile Industry	7	153827
纺织服装、鞋、帽制造业	Textile Products, Clothes, Shoes & Hats	5	44080
皮革、毛皮、羽毛（绒）及其制品业	Leather, Furs, Down & Related Products	1	23946
木材加工及木、竹、藤、棕、草制品业	Timber Processing, Bamboo, Cane, Palm Fiber & Straw Products		
家具制造业	Furniture Manufacturing		
造纸及纸制品业	Paper-making & Paper Products	1	13085
印刷业和记录媒介的复制	Printing & Record Pressing	4	8870
文教体育用品制造业	Cultural, Educational & Sports Goods		
石油加工、炼焦及核燃料加工业	Petroleum Processing , Coke Products & Processing of Nuclear Fuel	4	1244667
化学原料及化学制品制造业	Raw Chemical Materials & Chemical Products	23	703088
医药制造业	Medicine Manufacturing	8	158146
化学纤维制造业	Chemical Fiber Manufacturing		
橡胶制品业	Rubber Products	1	16128
塑料制品业	Plastic Products	1	18804
非金属矿物制品业	Nonmetal Mineral Products	30	639638
黑色金属冶炼及压延加工业	Smelting & Pressing of Ferrous Metals	7	6798951
有色金属冶炼及压延加工业	Smelting & Pressing of Nonferrous Metals	21	2291360
金属制品业	Metal Products	5	60698
通用设备制造业	Manufacturing of General-Purpose Equipment	23	642498
专用设备制造业	Special Purposes Equipment Manufacturing	16	2197117
交通运输设备制造业	Transportation Equipment Manufacturing	8	1366000
电气机械及器材制造业	Electric Equipment & Machinery	12	228209
通信设备、计算机及其他电子设备制造业	Manufacturing of Telecommunications, Computer & Other Electronic Equipment	2	12334
仪器仪表及文化、办公用机械制造业	Instruments, Meters, Cultural & Office Machinery		
工艺品及其他制造业	Handicrafts & Other Production	2	67351
废弃资源和废旧材料回收加工业	Recovering of Abandoned Resource & Waste Materical		
电力、燃气及水的生产和供应业	**Production & Supply of Electric Power,Gas & Water**	**219**	**10324594**
电力、热力的生产和供应业	Production & Supply of Electric Power & Heating Power	195	10120761
燃气生产和供应业	Production & Supply of Gas	1	103193
水的生产和供应业	Production & Supply of Water	23	100640

Main Indicators on Economic Benefit of State-owned and State Holding Majority Shares Industrial Enterprises by Industrial Branch(2009)

(10 000 yuan)

资产合计 Total Assets	流动资产合计 Circulating Funds	固定资产原价 Original Value of Fixed Assets	固定资产净值年平均余额 Annual Average Balance of Net Value of Fixed Assets	流动负债合计 Liquid Liabilities
63999695	**17050603**	**49962608**	**32809587**	**20406909**
15240357	**5265601**	**8505834**	**5525443**	**3893436**
13059993	4505854	6873667	4589973	3085874
1140502	362282	1117324	502174	313632
381661	161536	233957	197453	157279
374395	152840	178091	149320	181053
283807	83090	102795	86523	155599
22675036	**9131440**	**13999989**	**7167407**	**9417860**
471460	115821	198833	143661	131185
1541012	759003	427266	296607	930529
166196	59759	116022	72222	49947
264873	120849	130464	79136	69933
54823	31961	29075	20201	27296
63969	43526	20196	13095	37608
2538	1312	1226	1159	1154
15572	7083	14131	8182	3205
16891	2711	18659	13097	8916
653952	226779	408420	290565	219818
1819079	422986	1093530	712823	631090
202082	105648	80915	59515	79806
6859	5471	1751	1388	3749
2254	1223	1265	995	699
1056132	331209	621606	485698	352468
7086272	2633359	6359766	2365118	2480982
3686520	981416	1817263	1049306	1525455
97013	41031	45031	34836	29279
505971	301554	211752	144739	251106
3014361	1855602	1464033	762131	1693089
1594772	894966	785944	507437	748025
160589	84454	60469	50225	62667
11330	3248	14438	7929	3937
180514	100470	77937	47344	75917
26084302	**2653562**	**27456785**	**20116737**	**7095613**
25484083	2409424	27096936	19849823	6905565
157391	70588	91261	74153	38318
442828	173550	268588	192761	151730

13-10 续表

单位:万元

行业	Item	长期负债合计 Long-term Liabilities	所有者权益 Creditors Equity
总计	**Total**	**17561583**	**22739367**
采矿业	**Mining**	**1397709**	**8997828**
煤炭开采和洗选业	Coal Mining & Processing	1298239	7748242
石油和天然气开采业	Petroleum & Natural Gas Extraction	13383	811487
黑色金属矿采选业	Mining & Dressing of Ferrous Metals	52725	164144
有色金属矿采选业	Mining & Dressing of Nonferrous Metals	30758	150009
非金属矿采选业	Mining & Dressing of Nonmetal Minerals	2604	123946
其他采矿业	Mining of Other Mineral		
制造业	**Manufacturing**	**4181503**	**8489654**
农副食品加工业	Processing of Agricultural Side-Line Food	35223	304949
食品制造业	Food Manufacturing	135187	436823
饮料制造业	Beverage Manufacturing	3937	111683
烟草制品业	Tobacco Products	809	194130
纺织业	Textile Industry	5528	21922
纺织服装、鞋、帽制造业	Textile Products, Clothes, Shoes & Hats	2506	23856
皮革、毛皮、羽毛（绒）及其制品业	Leather, Furs, Down & Related Products		1384
木材加工及木、竹、藤、棕、草制品业	Timber Processing, Bamboo, Cane, Palm Fiber & Straw Products		
家具制造业	Furniture Manufacturing		
造纸及纸制品业	Paper-making & Paper Products		12367
印刷业和记录媒介的复制	Printing & Record Pressing		7976
文教体育用品制造业	Cultural, Educational & Sports Goods		
石油加工、炼焦及核燃料加工业	Petroleum Processing , Coke Products & Processing of Nuclear Fuel	69020	231570
化学原料及化学制品制造业	Raw Chemical Materials & Chemical Products	351212	822124
医药制造业	Medicine Manufacturing	19096	103179
化学纤维制造业	Chemical Fiber Manufacturing		
橡胶制品业	Rubber Products		3109
塑料制品业	Plastic Products		1555
非金属矿物制品业	Nonmetal Mineral Products	291231	338921
黑色金属冶炼及压延加工业	Smelting & Pressing of Ferrous Metals	1681825	2922379
有色金属冶炼及压延加工业	Smelting & Pressing of Nonferrous Metals	631436	1461545
金属制品业	Metal Products		30595
通用设备制造业	Manufacturing of General-Purpose Equipment	29872	207743
专用设备制造业	Special Purposes Equipment Manufacturing	544252	775965
交通运输设备制造业	Transportation Equipment Manufacturing	307139	339529
电气机械及器材制造业	Electric Equipment & Machinery	21749	75843
通信设备、计算机及其他电子设备制造业	Manufacturing of Telecommunications, Computer & Other Electronic Equipment		7393
仪器仪表及文化、办公用机械制造业	Instruments, Meters, Cultural & Office Machinery		
工艺品及其他制造业	Handicrafts & Other Production	51483	53114
废弃资源和废旧材料回收加工业	Recovering of Abandoned Resource & Waste Materical		
电力、燃气及水的生产和供应业	**Production & Supply of Electric Power, Gas & Water**	**11982371**	**5251885**
电力、热力的生产和供应业	Production & Supply of Electric Power & Heating Power	11818837	5006333
燃气生产和供应业	Production & Supply of Gas	73130	45944
水的生产和供应业	Production & Supply of Water	90404	199608

continued

(10 000 yuan)

实收资本 Total Capital Hold	主营业务收入 Revenues of Main Business	主营业务成本 Cost of Main Business	主营业务税金及附加 Sales Tax and Extra Charges	利润总额 Total Profits	本年应交增值税 Value Added Tax Payable
13533442	**36059491**	**28583604**	**665362**	**3485942**	**1923313**
3540548	**8617879**	**5382035**	**184736**	**1942395**	**720486**
2914695	7305840	4333185	162727	1765810	623808
423024	566092	489478	8719	103293	71954
95397	246770	174763	6507	22754	8995
60438	286670	212043	3688	44790	6441
46994	212508	172567	3095	5747	9289
5376579	**18296203**	**16270019**	**420479**	**299163**	**631355**
125986	181254	148713	2004	18898	1887
158329	1169638	826331	4217	71320	64130
69875	185577	122642	12410	26600	12000
124042	418303	149064	192860	39990	50909
21183	160200	122500	534	32820	981
12581	50681	41761	28	3611	646
100	23946	17363	40	1134	78
1600	13063	10716	78	625	782
7841	8365	6706	65	187	
115532	1220546	907063	143424	82113	49680
797543	670121	572192	1918	33958	16365
75713	152280	104099	731	583	8144
1883	15334	13423	702	506	815
300	18762	17539	21	940	
239735	643770	509934	7662	56708	24528
2061235	6341047	6382949	25505	-221055	198653
605933	2359545	2143568	9561	77303	57606
20520	63397	52263	344	5011	373
157913	636670	584267	5075	4078	24563
504557	2326417	2088365	5997	24967	60779
180625	1380263	1235657	6426	19780	58079
76774	177475	149133	371	13793	3
3390	12360	8893	304	3115	355
13389	67190	54878	201	2178	
4616315	**9145409**	**6931550**	**60147**	**1244384**	**571472**
4527332	8917783	6749991	57993	1226943	568445
24000	128796	110192	846	12737	
64983	98830	71367	1308	4703	3027

13-11 规模以上集体工业企业分行业主要经济指标(2009年)

单位:万元

行 业	Item	企业单位数(个) Number of Enterprise (unit)	工业总产值(现价) Gross Industrial Output Value (at current prices)
总计	**Total**	**89**	**820559**
采矿业	**Mining**	**23**	**241339**
煤炭开采和洗选业	Coal Mining & Processing	19	210882
石油和天然气开采业	Petroleum & Natural Gas Extraction		
黑色金属矿采选业	Mining & Dressing of Ferrous Metals	2	5527
有色金属矿采选业	Mining & Dressing of Nonferrous Metals	1	24261
非金属矿采选业	Mining & Dressing of Nonmetal Minerals	1	669
其他采矿业	Mining of Other Mineral		
制造业	**Manufacturing**	**64**	**572829**
农副食品加工业	Processing of Agricultural Side-Line Food	6	57955
食品制造业	Food Manufacturing		
饮料制造业	Beverage Manufacturing		
烟草制品业	Tobacco Products		
纺织业	Textile Industry		
纺织服装、鞋、帽制造业	Textile Products, Clothes, Shoes & Hats	2	7867
皮革、毛皮、羽毛（绒）及其制品业	Leather, Furs, Down & Related Products		
木材加工及木、竹、藤、棕、草制品业	Timber Processing, Bamboo, Cane, Palm Fiber & Straw Products		
家具制造业	Furniture Manufacturing		
造纸及纸制品业	Paper-making & Paper Products	1	2101
印刷业和记录媒介的复制	Printing & Record Pressing		
文教体育用品制造业	Cultural, Educational & Sports Goods		
石油加工、炼焦及核燃料加工业	Petroleum Processing , Coke Products & Processing of Nuclear Fuel		
化学原料及化学制品制造业	Raw Chemical Materials & Chemical Products	9	35548
医药制造业	Medicine Manufacturing	1	24794
化学纤维制造业	Chemical Fiber Manufacturing		
橡胶制品业	Rubber Products		
塑料制品业	Plastic Products		
非金属矿物制品业	Nonmetal Mineral Products	12	77540
黑色金属冶炼及压延加工业	Smelting & Pressing of Ferrous Metals	6	19356
有色金属冶炼及压延加工业	Smelting & Pressing of Nonferrous Metals	5	259403
金属制品业	Metal Products	7	18823
通用设备制造业	Manufacturing of General-Purpose Equipment	7	31723
专用设备制造业	Special Purposes Equipment Manufacturing		
交通运输设备制造业	Transportation Equipment Manufacturing	3	5867
电气机械及器材制造业	Electric Equipment & Machinery	5	31853
通信设备、计算机及其他电子设备制造业	Manufacturing of Telecommunications, Computer & Other Electronic Equipment		
仪器仪表及文化、办公用机械制造业	Instruments, Meters, Cultural & Office Machinery		
工艺品及其他制造业	Handicrafts & Other Production		
废弃资源和废旧材料回收加工业	Recovering of Abandoned Resource & Waste Matercal		
电力、燃气及水的生产和供应业	**Production & Supply of Electric Power,Gas & Water**	**2**	**6391**
电力、热力的 生产和供应业	Production & Supply of Electric Power & Heating Power	2	6391
燃气生产和供应业	Production & Supply of Gas		
水的生产和供应业	Production & Supply of Water		

Main Indicators on Economic Benefit of Collective-owned Enterprises above Designated Size by Industrial Branch(2009)

(10 000 yuan)

资产合计 Total Assets	流动资产合计 Circulating Funds	固定资产原价 Original Value of Fixed Assets	固定资产净值年平均余额 Annual Average Balance of Net Value of Fixed Assets	流动负债合计 Liquid Liabilities
339439	**200902**	**153432**	**89996**	**159123**
125247	**71591**	**38764**	**28413**	**54064**
120803	69609	35899	25990	50167
2036	946	1299	1081	1687
2223	896	1472	1297	2102
185	140	94	45	108
209474	**127119**	**110279**	**59058**	**101883**
18272	8745	10601	8687	9058
1896	1027	1188	851	1185
760	748	29	12	800
28429	13580	7018	4665	12740
8696	6277	5345	2419	3306
34501	18295	22347	11681	15528
18104	13536	7525	1824	12163
30606	18653	27117	11885	4155
14132	9703	8276	3994	7933
29860	20035	9563	7161	16977
6356	4271	2967	1809	7013
17862	12250	8306	4070	11024
4718	**2192**	**4389**	**2525**	**3176**
4718	2192	4389	2525	3176

13-11 续表

单位：万元

行业	Item	长期负债合计 Long-term Liabilities	所有者权益 Creditors Equity
总计	**Total**	**5373**	**129384**
采矿业	**Mining**	**766**	**59371**
煤炭开采和洗选业	Coal Mining & Processing	749	58851
石油和天然气开采业	Petroleum & Natural Gas Extraction		
黑色金属矿采选业	Mining & Dressing of Ferrous Metals		340
有色金属矿采选业	Mining & Dressing of Nonferrous Metals		120
非金属矿采选业	Mining & Dressing of Nonmetal Minerals	17	60
其他采矿业	Mining of Other Mineral		
制造业	**Manufacturing**	**4285**	**68792**
农副食品加工业	Processing of Agricultural Side-Line Food	2542	6645
食品制造业	Food Manufacturing		
饮料制造业	Beverage Manufacturing		
烟草制品业	Tobacco Products		
纺织业	Textile Industry		
纺织服装、鞋、帽制造业	Textile Products, Clothes, Shoes & Hats		711
皮革、毛皮、羽毛（绒）及其制品业	Leather, Furs, Down & Related Products		
木材加工及木、竹、藤、棕、草制品业	Timber Processing, Bamboo, Cane, Palm Fiber & Straw Products		
家具制造业	Furniture Manufacturing		
造纸及纸制品业	Paper-making & Paper Products		-40
印刷业和记录媒介的复制	Printing & Record Pressing		
文教体育用品制造业	Cultural, Educational & Sports Goods		
石油加工、炼焦及核燃料加工业	Petroleum Processing , Coke Products & Processing of Nuclear Fuel		
化学原料及化学制品制造业	Raw Chemical Materials & Chemical Products		4881
医药制造业	Medicine Manufacturing	678	4712
化学纤维制造业	Chemical Fiber Manufacturing		
橡胶制品业	Rubber Products		
塑料制品业	Plastic Products		
非金属矿物制品业	Nonmetal Mineral Products	183	17800
黑色金属冶炼及压延加工业	Smelting & Pressing of Ferrous Metals		5611
有色金属冶炼及压延加工业	Smelting & Pressing of Nonferrous Metals		6091
金属制品业	Metal Products	56	6144
通用设备制造业	Manufacturing of General-Purpose Equipment	181	10703
专用设备制造业	Special Purposes Equipment Manufacturing		
交通运输设备制造业	Transportation Equipment Manufacturing	50	-707
电气机械及器材制造业	Electric Equipment & Machinery	595	6242
通信设备、计算机及其他电子设备制造业	Manufacturing of Telecommunications, Computer & Other Electronic Equipment		
仪器仪表及文化、办公用机械制造业	Instruments, Meters, Cultural & Office Machinery		
工艺品及其他制造业	Handicrafts & Other Production		
废弃资源和废旧材料回收加工业	Recovering of Abandoned Resource & Waste Materical		
电力、燃气及水的生产和供应业	**Production & Supply of Electric Power,Gas & Water**	**322**	**1221**
电力、热力的生产和供应业	Production & Supply of Electric Power & Heating Power	322	1221
燃气生产和供应业	Production & Supply of Gas		
水的生产和供应业	Production & Supply of Water		

continued

(10 000 yuan)

实收资本 Total Capital Hold	主营业务收入 Revenues of Main Business	主营业务成本 Cost of Main Business	主营业务税金及附加 Sales Tax and Extra Charges	利润总额 Total Profits	本年应交增值税 Value Added Tax Payable
64969	**807895**	**661933**	**7690**	**54171**	**16832**
25699	**237166**	**159360**	**4849**	**41208**	**5640**
17419	206853	132336	4640	39855	5640
250	5383	4393	40	126	
8000	24261	22051	150	1226	
30	669	579	19	2	
38217	**564291**	**497505**	**2786**	**12626**	**11192**
4200	56382	38515	86	1139	31
490	7532	7196	6	62	
12	2097	2036	9	-162	
7355	33927	30797	178	-1255	
3339	19861	14068	186	1335	
2986	78220	63100	415	3546	
2395	19439	16278	311	4	
4549	260114	252023	834	5078	8730
1527	18280	16259	167	118	281
4119	35007	31146	280	1622	1729
1974	4629	3819	112	-839	2
5273	28805	22268	203	1979	419
1053	**6438**	**5069**	**55**	**337**	
1053	6438	5069	55	337	

13-12 主要工业产品产量

年 份 Year	原煤(万吨) Coal (10000 tons)	原盐(万吨) Salt (10000 tons)	发电量(亿千瓦小时) Electricity (100 million kwh)	钢(万吨) Steel (10000 tons)	成品钢材(万吨) Steel Products (10000 tons)	生铁(万吨) Pig Iron (10000 tons)	水泥(万吨) Cement (10000 tons)	木材(万立方米) Timber (10000 cu·m)	平板玻璃(万重量箱) Plate Glass (10000 Weight cases)	小型拖拉机(台) Small Tractors (unit)
1947	35	6.84	0.13					6.47		
1949	46	6.51	0.12					17.47		
1952	75	11.91	0.15					42.71		
1957	217	43.89	0.92			0.02		186.67		
1965	806	8.16	12.55	34	1.76	51.00	3.06	391.36		
1970	1215	63.58	22.01	81	16.02	66.00	11.14	244.43		
1975	1699	38.03	28.26	49	27.44	50.00	57.64	378.65	6.74	361
1978	2194	65.18	37.78	99	36.23	107.00	91.91	378.17	11.83	193
1980	2211	43.00	49.05	133	41.32	138.00	109.85	414.55	23.66	537
1981	2180	45.53	54.50	132	37.71	137.00	104.40	427.15	23.99	370
1982	2382	48.79	58.40	129	54.94	137.00	124.43	448.71	40.75	1365
1983	2487	61.61	60.82	134	60.47	151.00	145.88	480.48	121.60	6196
1984	2740	62.74	69.55	149	74.80	160.00	151.40	478.47	175.53	12118
1985	3204	66.34	80.46	170	100.14	182.00	185.11	502.07	112.84	16025
1986	3292	99.13	111.24	186	106.85	214.00	207.97	626.99	154.54	12045
1987	3410	97.29	126.54	216	130.53	257.00	218.84	596.00	157.41	17073
1988	3734	86.88	138.47	221	137.70	227.00	239.62	594.74	118.82	23780
1989	4382	109.97	153.72	242	157.27	255.00	250.55	527.89	235.32	12488
1990	4762	93.28	169.54	273	175.47	281.00	227.97	525.96	250.20	12464
1991	4923	100.66	189.04	269	179.69	271.00	270.60	483.87	254.92	14520
1992	5039	116.05	222.29	309	210.97	302.00	319.61	494.19	163.64	12852
1993	5514	111.93	235.23	346.11	244.58	329.95	371.50	500.02	341.07	3700
1994	6052	107.09	261.27	335.75	267.11	328.88	312.00	500.00	393.55	4522
1995	7055	76.13	278.54	355.36	257.77	345.78	349.27	504.35	445.42	7903
1996	7317	83.22	324.01	431.95	291.44	428.12	399.84	540.73	388.14	3948
1997	8303	100.00	342.23	453.32	339.94	450.84	465.76	524.15	399.77	5070
1998	7769	148.28	350.41	404.36	342.10	408.74	486.82	486.86	339.49	2881
1999	7071	132.07	380.61	416.30	365.80	424.86	549.70	379.23	390.93	5809
2000	7247	126.68	439.22	423.60	378.91	440.84	630.00	321.65	371.58	8419
2001	8163	136.75	465.50	453.75	388.39	476.06	698.00	280.72	464.33	5266
2002	11471	149.18	517.98	515.58	484.71	556.12	787.22	274.61	752.61	4175
2003	14707	148.72	647.73	576.83	560.36	606.90	947.86	255.35	852.49	1335
2004	21235	161.82	816.75	626.54	604.62	678.46	1282.83	377.75	1074.45	572
2005	25608	215.84	1056.59	805.49	747.77	922.69	1632.25	340.96	1144.59	
2006	29760	206.45	1416.00	861.86	823.97	1108.33	2215.59	350.52	999.52	
2007	35438	246.45	1931.95	1040.36	912.32	1260.09	2871.17	416.66	1395.72	16730
2008	47270	236.81	2136.00	1211.03	1047.34	1256.55	3424.06	342.39	1458.32	17750
2009	60375	216.98	2242.57	1261.94	1294.87	1437.07	4333.75	393.23	1564.89	11750

注:1)1979年以后化肥产量按折合100%计算。

Output of Major Industrial Products

化 肥 (万吨) Chemical Fertilizer (10000 tons)	机制纸及纸板 (万吨) Machine-made Paper and Paperboards (10000 tons)	合成洗涤剂 (吨) Synthetic Detergents (ton)	糖 (万吨) Sugar (10000 tons)	电视机 (台) Television Sets (unit)	彩色电视机 (台) Color Television Sets (unit)	自行车 (辆) Bicycle (unit)	纱 (吨) Yarn (ton)	布 (万米) Cloth (10000 m)
	0.37		1.83					
0.49	0.69		0.16				104	37
0.88	1.83		4.17				706	238
2.91	1.88		5.80				10267	5562
8.19	3.08	1352	3.28	150			8559	4741
16.65	4.25	2042	4.23	1020			14278	7604
4.00	4.24	2646	6.92	13803		1121	14814	7950
6.22	4.02	2641	10.93	26736		18189	15328	8270
9.54	4.67	3322	9.58	41360		13559	14884	8448
10.16	2.50	4851	12.87	52992	3000	6206	13475	8202
10.81	7.16	6417	17.28	100111	8676	15317	12851	7168
9.81	9.53	7898	17.88	175087	66889	25074	14951	7104
10.16	10.70	8261	20.60	155047	84448	62038	16860	8109
12.13	10.92	11919	17.15	220168	108858	61500	19334	8814
12.84	11.73	19354	15.22	276936	135286	51276	21612	10313
12.18	13.02	16353	19.76	342102	134548	44004	22581	10548
13.48	13.59	11936	16.37	384451	157331	19110	23950	10785
12.50	15.05	9530	23.54	286128	170647	7732	24090	10826
13.44	15.64	10454	29.23	293761	213085	10552	20912	9537
13.03	14.45	11686	26.43	333600	229200	5000	17742	8782
17.92	14.90	13130	18.34	410000	305285	10000	19343	9232
17.35	19.15	17326	17.07	326833	270907	600	19105	8548
20.95	20.14	10588	27.21	228718	170210	2524	18921	8728
16.87	16.03	7730	26.70	156560	115779	1955	19782	8271
21.12	13.76	4240	20.12	34307	34307	1548	18241	7197
43.72	14.27	2252	11.95	127796	125396	1627	18312	6191
35.54	12.19	1929	12.04	518000	518000	504	15718	3287
39.58	14.33	1064	19.67	961388	961388		20523	4078
48.70	18.59	127	18.77	1267016	1267016		23814	5275
50.93	18.92	329	14.74	1342993	1342993		22560	4685
57.87	25.17		10.67	2374871	2374871		22171	4203
65.58	25.74		14.75	2390900	2390900		32194	8337
68.95	19.73	1994	25.88	3337425	3337425		14512	13576
84.30	25.88	263	19.46	8302633	8302633		45580	14810
89.05	35.53		22.37	8667513	8667513		16762	5537
259.13	77.97		15.42	2174236	2174236		20250	8030

a)The output of chemical fertilizer is calculated on the basis of 100% effective content since 1979.

13-13 主要工业产品产量

Output of Major Industrial Products

项　　目	Item	2008	2009
原 煤(万吨)	Coal(10 000 tons)	47269.66	60375.46
汽 油(万吨)	Gasoline(10 000 tons)	41.97	49.65
柴 油(万吨)	Diesel Oil(10 000 tons)	42.66	51.13
天然气(亿立方米)	Natural Gas(100 million cu.m)	100.21	146.31
原 油(万吨)	Crude Oil(10 000 tons)	174.94	193.45
发电量(亿千瓦小时)	Electricity(100 million kwh)	2136.00	2242.57
食用植物油(万吨)	Edible Vegetable Oil(10 000 tons)	34.00	54.52
罐 头(万吨)	Canned Food(10 000 tons)	0.04	0.09
乳 制 品(万吨)	Dairy Products(10000 tons)	355.94	379.55
液体乳（万吨）	Liquid Dairy(10 000 tons)	325.71	348.49
啤 酒(千升)	Beer(1000 litres)	982837.67	1103913.99
白 酒(千升)	Liquor(1000 litres)	242945.50	343602.59
卷 烟(万支)	Cigarettes(10000 pcs)	2225000.00	2400000.00
呢 绒(万米)	Woolen Piece Goods(10 000 m)	2051.26	1233.44
服 装(万件)	Garments(10 000 pcs)	2684.22	2605.23
中成药(万吨)	Traditional Chinese Medicine(10 000 tons)	0.54	1.12
化学原料药(万吨)	Chemical Medicine(10 000 tons)	19.94	22.56
胶合板(万立方米)	Plywood(10 000cu·m)	33.25	75.05
纤 维 板(万立方米)	Fiberboard(10 000cu·m)	33.09	45.83
焦 炭(万吨)	Coke(10 000 tons)	1324.44	1838.39
硫 酸(万吨)	Sulfuric Acid(10 000 tons)	148.27	189.98
烧碱(氢氧化钠)(万吨)	Caustic Soda(10 000 tons)	94.58	90.06
纯碱(无水碳酸钠)(万吨)	Soda Ash(10 000 tons)	71.76	71.98
农用化学肥料(万吨)	Chemical Fertilizer(10 000 tons)	89.05	259.13
氮 肥(万吨)	Nitrogen Fertilizers(10 000 tons)	74.67	241.45
磷 肥(万吨)	Phosphate Fertlizers(10 000 tons)	14.11	17.33

注：生产量包括规模以下工业企业工业产品产量。

a)The output of products includes the products of industrial enterprises below designated size.

13-13 续表 continued

项　　目	Item	2008	2009
合 成 氨(万吨)	Synthetic Ammonia(10 000 tons)	73.04	81.00
水 泥(万吨)	Cement(10 000 tons)	3424.06	4333.75
平板玻璃(万重量箱)	Plate Glass(10 000 weight cases)	1458.32	1564.89
铝(万吨)	Aluminum(10 000 tons)	127.26	128.09
生 铁(万吨)	Pig Iron(10 000 tons)	1256.55	1437.07
钢(万吨)	Steel(10 000 tons)	1211.03	1261.94
成品钢材(万吨)	Steel Products(10 000 tons)	1047.34	1294.87
载货汽车(辆)	Trucks(unit)	25245	27362
铁路货车(万辆)	Railway Freight Coaches(10 000 units)	0.32	0.58
彩色电视机(万部)	Color Television Sets(10 000 sets)	866.75	217.42
铁合金(万吨)	Ferroalloy(10 000 tons)	303.70	332.44
精甲醇(万吨)	Purified Carbinol(10 000 tons)	103.41	157.43
化学农药原药(万吨)	Original Chemical Peoticide(10 000 tons)	2.85	5.47
碳化钙(电石)(万吨)	Calcium Carbide(10 000 tons)	444.40	459.97
铁矿石原矿量(万吨)	Crudeiron Ore(10 000 tons)	6638.26	7347.41
洗煤(万吨)	Washed Coal(10 000 tons)	2815.89	4216.26
硫铁矿石(万吨)	Pyritel Ore(10 000 tons)	86.05	76.13
配混合饲料(万吨)	Forage(10 000 tons)	348.87	539.15
精炼铜(万吨)	Refined Copper(10 000 tons)	14.60	21.08

13-14 主要工业产品生产能力(2009年)
Production Capacity of Major Industrial Products(2009)

产品名称	Item	2009
原煤(万吨)	Coal(10 000 tons)	67866.88
焦炭(万吨)	Coke(10 000 tons)	2857.58
天然原油(万吨)	Crude Oil(10 000 tons)	260.98
炭化钙(电石)(万吨)	Calcium Carbide (10 000 tons)	763.20
发电设备容量总计(万千瓦)	Capacity Of Generator (10 000 kw)	4986.66
卷烟(万支)	Cigarettes(10 000 pieces)	3365000.00
农用氮磷钾化学肥料(万吨)	Chemical Fertilizer(10 000 tons)	355.99
棉布织机(万台)	Looms(10 000 sets)	0.40
原铝(万吨)	Aluminum(10 000 tons)	162.00
水泥(万吨)	Cement(10 000 tons)	7271.07
平板玻璃(万重量箱)	Plate Glass(10 000 weight cases)	1592.78
生铁(万吨)	Pig Iron(10 000 tons)	1544.45
钢(万吨)	Steel(10 000 tons)	1573.29
钢材(万吨)	Rolled Steel(10 000 tons)	3430.10
铁合金(万吨)	Ferroalloy(10 000 tons)	508.40
汽车(辆)	Vehicle(unit)	100000.00
电视机(万台)	Television Sets(10 000 sets)	320.00
#彩色电视机(万台)	Color TV Sets(10 000 sets)	320.00

主要统计指标解释

工业 指从事自然资源的开采，对采掘品和农产品进行加工和再加工的物质生产部门。具体包括：(1)对自然资源的开采，如采矿、晒盐、森林采伐等(但不包括禽兽捕猎和水产捕捞)(2)对农副产品的加工、再加工，如粮油加工、食品加工、轧花、缫丝、纺织、制革等；(3)对采掘品的加工、再加工，如炼铁、炼钢、化工生产、石油加工、机器制造、木材加工等，以及电力、自来水、煤气的生产和供应等；(4)对工业品的修理、翻新，如机器设备的修理，交通运输工具(包括小卧车)的修理等。

工业统计调查单位 工业统计调查单位分为两类：独立核算法人工业企业和工业活动单位。

(1)独立核算法人工业企业 是指从事工业生产经营活动的单位。独立核算法人工业企业应同时具备以下条件：①依法成立，有自己的名称、组织机构和场所，能够承担民事责任；②独立拥有和使用资产，承担负债，有权与其他单位签订合同；③独立核算盈亏，并能够编制资产负债表。

(2)工业活动单位 是指在一个场所从事一种或主要从事一种工业生产活动的经济单位。它包括独立核算工业企业按主营业务活动(即工业生产活动)划分的主营业务活动单位和非工业企业所属的工业生产活动单位(即原非独立核算工业生产单位)。工业活动单位，一般应同时具备以下三个条件：①具有一个场所，从事一种或主要从事一种工业活动；②单独组织工业生产、经营或业务活动；③单独核算收入和支出。

轻工业 指主要提供生活消费品和制作手工工具的工业。按其所使用的原料不同，可分为两大类：(1)以农产品为原料的轻工业，是指直接或间接以农产品为基本原料的轻工业。主要包括食品制造、饮料制造、烟草加工、纺织、缝纫、皮革和毛皮制作、造纸以及印刷等工业；(2)以非农产品为原料的轻工业，是指以工业品为原料的轻工业。主要包括文教体育用品、化学药品制造、合成纤维制造、日用化学制品、日用玻璃制品、日用金属制品、手工工具制造、医疗器械制造、文化和办公用机械制造等工业。

重工业 是指为国民经济各部门提供物质技术基础的主要生产资料的工业。按其生产性质和产品用途，可以分为下列三类：(1)采掘(伐)工业，是指对自然资源的开采，包括石油开采、煤炭开采、金属矿开采、非金属矿开采和木材采伐等工业；(2)原材料工业，指向国民经济各部门提供基本材料、动力和燃料的工业。包括金属冶炼及加工、炼焦及焦炭、化学、化工原料、水泥、人造板以及电力、石油和煤炭加工等工业；(3)加工工业，是指对工业原材料进行再加工制造的工业。包括装备国民经济各部门的机械设备制造工业、金属结构、水泥制品等工业，以及为农业提供的生产资料如化肥、农药等工业。

根据上述划分原则，修理业中以重工业产品为修理作业对象的划为重工业，反之划为轻工业。

工业总产值 是以货币表现的工业企业在一定时期内生产的已出售或可供出售工业产品总量，它反映一定时间内工业生产的总规模和总水平。它包括：在本企业内不再进行加工，经检验、包装入库(规定不需包装的产品除外)的成品价值，对外加工费收入，自制半成品、在产品期末期初差额价值。工业总产值采用"工厂法"计算，即以工业企业作为一个整体，按企业工业生产活动的最终成果来计算，企业内部不允许重复计算，不能把企业内部各个车间(分厂)生产的成果相加。但在企业之间、行业之间、地区之间存在着重复计算。

工业增加值 是指工业行业在报告期内以货币表现的工业生产活动的最终成果。

实收资本 指企业实际收到的投资人投入的资本。按投资主体可分为国家资本、集体资本、法人资本、个人资本、港澳台资本和外商资本等。

资产合计 指企业拥有或控制的能以货币计量的经济资源。包括各种财产、债权和其他权利。资产按其流动性划分为流动资产、长期投资、固定资产、无形及递延资产和其他资产。

(1)流动资产 指企业可以在一年内或者超过一年的一个生产周期内变现或耗用的资产合计。包括现金及各种存款、短期投资、应收及预付款项、存货等。

(2)固定资产 指企业固定资产净值、固定资产清理、在建工程、待处理固定资产损失所占用的资金合计。

(3)无形资产 指企业长期使用而没有实物形态的资产。包括专利权、非专利技术、商标权、著作权、土地使用权、商誉等。

负债合计 指企业承担的能以货币计量，将以资产或劳务偿付的债务。负债一般按偿还期长短分为流动负债和长期负债、递延税项等。

(1)流动负债 指企业在一年内或者超过一年的一个营业周期内需要偿还的债务合计，其中包括短期借款、应付及预收款项、应付工资、应交税金和应交利润等。

(2)长期负债 指企业在一年以上或者超过一年的一个营业周期以上需要偿还的债务合计，其中包括长期借款、应付债务、长期应付款项等。

所有者权益 指企业投资人对企业净资产的所有权。企业净资产等于企业全部资产减去全部负债后的余额，其中包括投资者对企业的最初投入，以及资本公积金、盈余公积金和未分配利润，对股份制企业即为股东权益。

固定资产原价 指企业在建造、购置、安装、改建、扩建、技术改造某项固定资产时所支出的全部货币总额。它一般包括买价、包装费、运杂费和安装费等。

固定资产净值 是指固定资产原价减去历年已提折旧额后的净额。

流动资产 是指可以在一年或者超过一年的一个营业周期内变现或者耗用的资产，包括现金及各种存款、短期投资、应收及预付货款、存货等。

产品销售收入 指企业销售产品和提供劳务等主要经营业务取得的业务总额。

产品销售成本 指企业销售产品和提供劳务等主要经营业务的实际成本。

产品销售税金及附加 指企业销售产品和提供工业性劳务等主要经营业务应负担的城市维护建设税、消费税、资源税和教育费附加。

产品销售利润 指企业销售产品和提供工业性劳务等主要经营业务收入扣除其成本、费用、税金后的利润。

利润总额 指企业实现的利润。

应交增值税 指企业在报告期内应交纳的增值税额。

总资产贡献率 反映企业全部资产的获利能力，是企业经营业绩和管理水平的集中体现，是评价和考核企业盈利能力的核心指标。计算公式为：

总资产贡献率(%)=(利润总额+税金总额+利息支出)/平均资产总额×100%

资产负债率 该指标既反映企业经营风险的大小，也反映企业利用债权人提供的资金从事经营活动的能力。计算公式为：

总资产负债率(%)=负债总额/资产总额×100%

工业成本费用利润率 指在一定时期内实现的利润与成本费用之比，是反映工业生产成本及费用投入的经济效益指标，同时也是反映降低成本的经济效益的指标。

计算公式为：

工业成本费用利润率(%)=利润总额/成本费用总额×100%

工业增加值率 指在一定时期内工业增加值占同期工业总产值的比重，反映降低中间消耗的经济效益。计算公式为：

工业增加值率(%)=工业增加值(现价)/工业总产值(现价)×100%

流动资金周转次数 指在一定时期内流动资产完成的周转次数，反映流动资产的周转速度。计算公式为：

流动资金周转次数=产品销售收入/全部流动资产平均余额

产品销售率 指报告期工业销售产值与同期全部工业总产值之比，是反映工业产品已实现销售的程度，分析工业产销衔接情况，研究工业产品满足社会需求程度的指标。计算公式为：

产品销售率(%)=工业销售产值/工业总产值(现价)×100%

全员劳动生产率 指根据产品的价值量指标计算的平均每一个从业人员在单位时间内的产品生产量。是考核企业经济活动的重要指标，是企业生产技术水平、经营管理水平、职工技术熟练程度和劳动积极性的综合表现。目前我国的全员劳动生产率是将工业企业的工业增加值除以同一时期全部从业人员的平均人数来计算的。计算公式为：

全员劳动生产率=工业增加值/全部从业人员平均人数

为了使各年度的全员劳动生产率数字可以比较，1990年以前各年的全员劳动生产率均按指数换算成1990年不变价格。

单位生产总值能耗 是指某地区总能耗与生产总值之比，也就是每产生万元生产总值所消耗的能源消费量。它是衡量能源利用水平和效率的综合性指标。计算公式是万元生产总值能耗=能源消费量(吨标准煤)/地区生产总值(万元)。

Explanatory Notes on Main Statistical Indicators

Industry refers to the material production sector which is engaged in extraction of natural resources and processing and reprocessing of minerals and agricultural products, including (1) extraction of natural resources, such as mining, salt production, logging (but not including hunting and fishing) ; (2) processing and reprocessing of farm and sideline produces, such as rice husking, flour milling, wine making, oil pressing, cotton ginning, silk reeling, spinning and weaving, and leather making; (3) manufacture of industrial products, such as steel making, iron smelting, chemicals manufacturing, petroleum processing, machine building, timber processing; water and gas production and electricity generation and supply; (4) repairing of industrial products such as the repairing of machinery and means of transport(including cars) .

Units of Industrial Statistics and Inquiry They are classified into two categories (1) corporate industrial enterprises with independent accounting system (2) industrial establishments.

(1) Corporate industrial enterprises with independent accounting system refer to enterprises engaging in industrial production activities, which meet the following requirements: ①They are established legally, having their own names, organizations, location, able to take civil liability; ②They possess and use their assets independently, assume liabilities, and are entitled to sign contracts with other units; ③They are financially independent and compile their own balance sheets.

(2) Industrial establishments refer to economic units which located in one single place and engaged entirely or primarily in one kind of industrial activity, including financially independent industrial enterprises and units engaged in industrial activities under the non industrial enterprises (or financially dependent) . Industrial establishments generally meet the following requirements: ①They have each one location and are engaged in one kind of industrial activity each; ②They operate and manage their industrial production activities separately; ③They have accounts of income and expenditures separately.

Light Industry refers to the industry that produces consumer goods and hand tools. It consists of two categories, depending on the materials used:

(1) Industries using farm products as raw materials. These are branches of light industry which directly or indirectly use farm products as basic raw materials, including the manufacture of food and beverages, tobacco processing, textile, clothing, fur and leather manufacturing, paper making printing, etc.

(2) Industries using non-farm products as raw materials. These are branches of light industry which use manufactured goods as raw materials, including the manufacture of cultural, educational articles and sports goods, chemicals, synthetic fiber, chemical products for daily use, glass products for daily use, metal products for daily use, hand tools, medical apparatus and instruments, and the manufacture of cultural and clerical machinery

Heavy Industry refers to the industry which produces capital goods, and provides various sectors of the national economy with necessary material and technical basis. It consists of the following three branches according to the purpose of production or the use of products:

(1) Mining, quarrying and logging industry refers to the industry that extracts natural resources, including extraction of petroleum, coal, metal and non metal and logging.

(2) Raw materials industry refers to the industry that provides various sectors of the national economy with raw materials, fuels and power. It includes smelting and processing of metals, coking and coke chemistry, chemical materials and building materials such as cement, plywood, and power, petroleum refining and coal dressing.

(3) Manufacturing industry refers to the industry that processes raw materials. It includes machine building industry which equips sectors of the national economy, industries of metal structure and cement products, industries producing means of agricultural production, such as chemical fertilizers and pesticides. According to the above principle of classification, the repairing trades which are engaged primarily in repairing products of heavy industry are classified into heavy industry while these engaged in repairing products of light industry are classified into light industry.

Gross Industrial Output Value is the total volume of industrial products sold or available for sale in value terms which reflects the total achievements and overall scale of industrial production during a given period. It includes the value of the finished products, which are not to be further processed in the enterprises and have been inspected, packed and put in storage, the value of industrial services rendered to other units, and the changes in the value of the semi finished products and products in process between the beginning and closing of the period. The gross industrial output value is calculated with "factory method". No double calculations are to be made within the same enterprise. However, double counting does occur among different enterprises.

Value-added of Industry refers to the final results

of industrial production of the industrial trade in money terms during the reference period.

Capital Obtained refers to capital actually received by the enterprise from investors. It can be further classified by investors as state capital, collective capital, corporate capital, individual capital, capital from Hong Kong, Macao and Taiwan and foreign capital.

Total Assets refer to all economic resources, owned or controlled by enterprises that could be measured in monetary terms, including properties, creditors equity and other economic rights of all forms. Classified by the degree of equitability, total assets include circulating assets, long term investment, fixed assets, intangible assets and deferred assets, and other assets.

(1) Circulating assets (working capital) refer to assets which can be cashed in or spent or consumed in an operating cycle of one year or over one year, including cash, all kinds of deposits, short term investment, receivables, advance payment, stock, etc.

(2) Fixed assets refer to the net value of fixed assets, clearance of fixed assets, project under construction, fixed assets losses in suspense. These are corporations, fund holdings.

(3) Intangible assets refer to the assets without material form used by enterprises over a long time, such as patents, non patent technologies, trade marks, copyright, land use right, business reputation, etc.

Total Liabilities refer to the debts, measured in monetary terms, that enterprises are responsible for repayment in the form of cash, assets or labour. Classified by terms of repayment, liability includes liquid liabilities and long-term liabilities.

(1) Liquid liabilities (also called quick liabilities or immediate liabilities) refer to enterprises' total debt payable within an operating cycle of one year or over one year, including short term loans, payables and advance payments, wages payable, taxes payable and profit payable, etc.

(2) Long term liabilities refers to total debt payable within an operating cycle of one year or over one year, including long term loans, payable liabilities, long term payables, etc.

Creditors' Equity refers to investors' ownership of net assets of the enterprise. It is equal to the total assets of the enterprise minus its total liabilities, including the primary input from investors, capital accumulation fund, surplus accumulation fund and undistributed profit. It is the shareholder's equity in shareholding companies.

Original Value of Fixed Assets refers to the original value of all fixed assets owned by industrial enterprises, calculated at the cost paid at the time of purchase, installation, reconstruction, expansion, and technical innovation and transformation of the said assets, which includes expenses on purchase, package, transportation, and installation, etc.

Net Value of Fixed Assets is obtained by deducting depreciation over years from the original value of fixed assets.

Working Capital (Circulating Assets) refers to assets which can be cashed in or spent or consumed in an operating cycle of one year or over one year, which includes cash, various deposits, short term investment, and receivable payments, and advance payments, stock, etc.

Sales Revenue of Industrial Products refers to the revenue from the sales of products by industrial enterprises and the revenue from services provided and etc.

Sales Cost of Industrial Products refers to the actual cost of products of industrial enterprises and industrial services provided, etc. .

Tax and Extra Charges on Sales of Products refer to the tax on city maintenance and construction, consumption tax, resources tax and extra charges for education, which should be borne by the enterprises in selling products and providing industrial services.

Sales Profit of Products refers to the profit gained by the enterprises by deducting cost, charges and taxes from the business income of the enterprises obtained in selling products and providing industrial services.

Total Profits refer to the profits gained by the enterprises.

Value-added Tax Payable refers to the amount of the value added tax which should be paid by the enterprises in the reporting period.

Ratio of Profits, Taxes and Interests to Average Assets reflects the profit making capability of all assets of the enterprise and is a key indicator manifesting the performance and management and evaluating the profit making potential of the enterprise. It is calculated as follows:

Ratio of profits, taxes and interests to average assets(%) =[(Total profits + total Taxes + interest payment) ÷ average assets] ×100%

Ratio of Debts to Assets reflect both the operation risk and the capability of the enterprise in making use of the capital from the creditors. It is calculated as follows:

Ratio of debts to assets (%) =(Total debts ÷ total assets) ×100%

Ratio of Profits to Total Industrial Costs refers to the ratio of profits realized in a given period to the total costs in the same period, which reflects the economic efficiency of input cost and is calculated as follows:

Ratio of Profits to Total Industrial Cost(%) =(Total

Profits ÷ Total Costs) ×100%

Value-added Rate of Industry refers to the ratio of value added of industry in a given period to the gross output value in the same period, which reflects the economic efficiency of cutting down the intermediate input and is calculated as follows:

Value added Rate of Industry(%) = [Value added of Industry(at current prices)] ÷ [Gross Output Value(at Current Prices)] ×100%

Turnover of Working Capital refers to the number of times of turnover of working capital in a given period of time, which reflects the speed of the turnover of working capital and is calculated as follows:

Turnover of Working Capital (%) =(Sales Revenue of Products) ÷(Average Balance of Total Working Capital) ×100%

Ratio of Sales to Gross Output Value refers to the sales of industrial products to the gross industrial output value during the reference period, and is important in reflecting the linkage between production and sales and the extent of the needs of the society that has been met by the supply of industrial products. It is calculated as follows:

Ratio of Sales to Gross Output Value=Industrial sales ÷ Gross industrial output value (at current prices) ×100%

Overall Labour Productivity of Industrial Enterprises refers to the average output per employed person in industrial enterprises in value terms. At present, the value added and the average number of staff and workers of an industrial enterprise in a given period are used to calculate the overall labour productivity. The formula used is:

Overall Labour Productivity=(Value Added of Industry) ÷(Average Number of Staff and Workers)

For the purpose of comparison of the overall labour productivity among different years, the data on the overall labour productivity of the years prior to 1990 have been adjusted on the basis of 1990 constant prices.

Energy Consumption of 10 000 yuan GDP refers to the ratio of the bobal energy consumption to GDP,means to produce per-10 000 yuan of GDP consuming how much energy. It is a general indicator to show the relationship between utiltity and efficiency of energy . the formula is:

Energy Consumption of 10 000 yuan GDP=Total Energy Consumption (ton of SCE)/GDP (10 000 yuan)

十四、建筑业

Construction

资料整理：云俊生　胡梅林
Arranged By Yun Junsheng , Hu Meilin

14-1 建筑业企业基本情况

Basic Statistics on Construction Enterprises

年 份 Year	总 计 Total	国 有 State-owned	城镇集体 Urban Collective-owned	其他经济 Others
企业单位数(个) Number of Enterprises(unit)				
2000	984	140	211	633
2001	919	112	192	615
2002	726	56	67	603
2003	674	39	31	604
2004	674	18	9	647
2005	676	20	14	642
2006	703	17	7	679
2007	734	18	11	705
2008	790	14	7	769
2009	820	14	9	797
年末从业人员(万人) Number of Persons Engaged(10 000 persons)				
2000	35.30	9.20	6.68	19.42
2001	39.37	9.40	6.71	23.26
2002	27.68	5.00	1.88	20.80
2003	26.63	2.10	0.67	23.86
2004	27.53	1.69	0.15	25.69
2005	26.35	1.57	0.32	24.26
2006	29.62	2.84	0.14	26.64
2007	38.62	3.88	0.22	34.52
2008	42.8	4.74	0.24	37.82
2009	49.89	4.83	0.37	44.69
建筑业总产值(亿元) Gross Output Value (100 million yuan)				
2000	138.80	50.11	21.29	67.40
2001	178.26	61.12	23.96	93.18
2002	220.02	50.53	13.68	155.81
2003	257.66	36.34	9.92	211.40
2004	354.51	29.42	2.44	322.65
2005	381.30	38.78	3.10	339.42
2006	467.00	38.17	2.74	426.09
2007	681.10	76.64	2.53	601.93
2008	780.05	69.9	4.13	706.02
2009	964.73	66.6	6.21	891.91

14-2 建筑业企业主要经济指标

Main Economic Indicators on Construction Enterprices

指标	Item	2008	2009
建筑业企业个数(个)	Number of Construction Enterprises(unit)	790	820
签订的合同额(万元)	Value of Contracts(10 000 yuan)	10289928	13386295
建筑业总产值(万元)	Gross Output Value(10 000 yuan)	7800495	9647255
其中：装饰装修产值	Output of Decoration	151807	162022
其中：在外省完成的产值	Output Value Outside the Province	673579	662446
竣工产值(万元)	Output of Buildings Completed(10 000 yuan)	5653905	6675016
房屋建筑施工面积(万平方米)	Floor Space of Constructing(10 000 sq.m)	5277.39	5823.4
房屋建筑竣工面积(万平方米)	Floor Space of Buildings Completed(10 000 sq.m)	3238.71	3140.56
房屋建筑面积竣工率(%)	Rate of Floor Space of Buildings Completed(%)	61.4	53.9
自有机械设备净价(万元)	Machinery & Equipment Owned (net valued)(10 000 yuan)	407141	430525
自有机械设备台数(万台)	Machinery and Equipment Owned(10 000 set)	11.72	8.83
自有机械设备总功率(万千瓦)	Total Power of Machinery and Equipment Owned(10 000 kw)	235.5	200.76
技术装备率(元/人)	Value of Machines per Laborer(yuan/person)	9512	8629
动力装备率(千瓦/人)	Power of Machines per Laborer(kw/person)	5.5	4.02
按总产值计算的劳动生产率(元/人)	Overall Labor Productivity by Gross Output Value(yuan/person)	112223	128869
年末从业人员(万人)	Number of Persons Engaged(10 000 persons)	42.8	49.89
其中：工程技术人员	Engineering Techinal Personel	5.78	5.93
其中：一级建造师	First Construction Engineer	0.28	0.31
利润总额(万元)	Total Profits(10 000 yuan)	534731	743906
税金总额(万元)	Total Tax(10 000 yuan)	357633	355929
产值利润率(%)	Ratio of Profit to Gross Output Value(%)	6.9	7.7
产值利税率(%)	Ratio of Pre-tax Profit to Gross Output Value(%)	11.4	11.4

14-3 劳务分包建筑业企业主要经济指标(2009年)

Main Economic Indicators on Constructional Labour Subcontractors(2009)

项 目	Item	企业个数（个）Enterprises (unit)	建筑业总产值（万元）Gross Output (10 000 yuan)	期末从业人数（人）Engaged Persons (person)
总 计	**Total**	**105**	**18555**	**5494**
按企业登记注册类型分	**Grouped by Type Registered**			
内资企业	Domestic Investment	105	18555	5494
国有企业	State-owned	1	71	31
集体企业	Collective-owned	2		251
股份合作企业	Share Holding Cooperative			
联营企业	Joint-owned			
有限责任公司	Limited-liability Company	34	4298	1748
股份有限公司	Share Holding Company	3	153	317
私营企业	Private	65	14032	3147
其他企业	Others			
港、澳、台商投资企业	Hong kong, Macao & Taiwan Funded			
外商投资企业	Foreign Funded			
按行业类别分	**Grouped by Sector**			
房屋和土木工程建筑业	Housing Construction and Civil Engineering Industry	51	3043	1725
建筑安装业	Construction and Installation Industry	18	597	432
建筑装饰业	Construction and Decoration Industry	6	165	148
其他建筑业	Other Construction Industries	30	14750	3189
按企业资质等级分	**Grouped by Intelligent Grade**			
一 级	First	46	15772	3897
二 级	Second	15	748	229
三 级及以下	Third and below	44	2035	1368

14-4 建筑施工企业主要生产指标(2009年)

项 目	Item	建筑业企业个数(个) Enterprises (persons)	签订的合同额(万元) Value of Contracts (10 000 yuan)		
				上年结转合同额 Signed in Last year	本年新签合同额 Signed in this Year
总 计	**Total**	**820**	**13386295**	**3469719**	**9916576**
按企业登记注册类型分	**Grouped by Type Registered**				
内资企业	Domestic Investment	819	13385445	3469469	9915976
国有企业	State-owned	14	1013554	253723	759831
集体企业	Collective-owned	9	54037	222	53816
股份合作企业	Share Holding Cooperative	6	86680	13615	73065
联营企业	Joint-owned	1	41853	21040	20813
有限责任公司	Limited-liability Company	407	6815795	1965914	4849881
股份有限公司	Share Holding Company	40	1203883	294735	909148
私营企业	Private	342	4169643	920220	3249422
其他企业	Others				
港、澳、台商投资企业	Hong kong, Macao & Taiwan Funded				
外商投资企业	Foreign Funded	1	850	250	600
按行业类别分	**Grouped by Sector**				
房屋和土木工程建筑业	Housing Construction and Civil Engineering Industry	679	12802767	3274029	9528738
建筑安装业	Construction and Installation Industry	81	433488	168196	265293
建筑装饰业	Construction and Decoration Industry	35	46726	15444	31282
其他建筑业	Other Construction Industries	25	103314	12051	91263
按企业资质等级分	**Grouped by Intelligent Grade**				
施工总承包	General Contractors	621	12556459	3288226	9268232
特 级	Special Grade	1	718009	298000	420009
一 级	First	40	4950836	1741169	3209667
二 级	Second	143	3878886	763045	3115841
三 级	Third	437	3008728	486012	2522715
专业承包	Professional Contractors	167	624420	118948	505472
一 级	First	10	182353	40218	142135
二 级	Second	48	266405	64247	202158
三 级	Third	107	160351	11402	148950

Main Production Indicators on Construction Enterprises(2009)

建筑业总产值(万元) Gross Output Value (10 000 yuan)	其中：装饰装修产值 Decoration	其中：在外省完成的产值 Outside the Province	建筑业总产值按构成分 By Composition of Gross Value of Construction		
			建筑工程产值 Building	安装工程产值 Installation	其他产值 Others
9647255	**162022**	**662446**	**8477399**	**675403**	**494453**
9646402	162022	662446	8476546	675403	494453
665981	25	130082	614285	6231	45465
62135			31778	29513	844
77287			75743	985	559
21587			21587		
4984447	72378	485501	4320161	486489	177797
751112	1623	18973	702850	19402	28860
3083852	87997	27890	2710143	132782	240927
853			853		
9135518	132397	657876	8237058	466924	431536
376597	519	1371	150653	171810	54134
39659	29107	3200	25592	6205	7863
95480			64096	30464	920
8964930	130329	641211	8126243	487437	351251
367703	12010	140718	322027	45677	
3121306	39312	320530	2730058	312988	78260
2934164	30308	163157	2699660	66244	168260
2541757	48699	16806	2374498	62528	104731
498384	27681	21235	269462	154084	74837
120180	7605	7800	94249	1733	24198
204975	13438	3854	101710	77652	25612
154061	6638	9581	66653	64692	22716

14-4 续表

项 目	Item	竣工产值(万元) Output of Buildings Completed (10 000 yuan)	房屋建筑施工面积(万平方米) Floor Space Constructing Buildins (10 000 sq.m)	实行投标承包面积 Bidding Contracting Space
总 计	**Total**	**6675016**	**5823.4**	**5138.8**
按企业登记注册类型分	**Grouped by Type Registered**			
内资企业	Domestic Investment	6674836	5823.4	5138.8
国有企业	State-owned	249514	16.1	16.1
集体企业	Collective-owned	38387	25	14.3
股份合作企业	Share Holding Cooperative	77287	60.4	50.5
联营企业	Joint-owned	13684	39.2	39.2
有限责任公司	Limited-liability Company	3638349	3113.9	2750.9
股份有限公司	Share Holding Company	482777	462.7	455.7
私营企业	Private	2174839	2106.1	1812
其他企业	Others			
港、澳、台商投资企业	Hong kong, Macao & Taiwan Funded			
外商投资企业	Foreign Funded	180		
按行业类别分	**Grouped by Sector**			
房屋和土木工程建筑业	Housing Construction and Civil Engineering Industry	6327254	5718.8	5041.9
建筑安装业	Construction and Installation Industry	266567	102.2	94.5
建筑装饰业	Construction and Decoration Industry	32997	2.4	2.4
其他建筑业	Other Construction Industries	48198		
按企业资质等级分	**Grouped by Intelligent Grade**			
施工总承包	General Contractors	6160671	5623.1	4945.5
特 级	Special Grade	266244	134.3	134.3
一 级	First	1545209	1485.7	1436.7
二 级	Second	2192470	1842.7	1665.1
三 级	Third	2156748	2160.4	1709.4
专业承包	Professional Contractors	402908	128.8	126.2
一 级	First	99081	3.5	1.6
二 级	Second	174108	100.2	99.7
三 级	Third	110550	25	24.9

continued

房屋建筑竣工面积（万平方米）Buildings Completed (10 000 sq.m)	自有机械设备 Machinery & Equipment Owned 净价(万元) net valued (10 000 yuan)	台数(万台) Number (10 000 yuan)	总功率(万千瓦) Numbers (10 000 kw)	期末从业人数（万人）Engaged Persons (10 000 persons)	其中：工程技术人员 Engineer	其中：一级建造师 First Engineer
3140.6	**430525**	**8.83**	**200.76**	**49.89**	**5.93**	**0.31**
3140.6	430432	8.82	200.62	49.86	5.93	0.31
15.5	27387	0.27	10.77	4.83	0.32	0.02
25	1004	0.04	0.24	0.37	0.03	
52.7	8282	0.09	4.87	0.36	0.07	
11.1	2664	0.05	1.99	0.25	0.01	
1791.6	244232	5.61	133.29	25.85	3.17	0.17
187.2	20431	0.58	11.1	4.15	0.41	0.03
1057.4	126432	2.18	38.37	14.05	1.91	0.09
	94	0.01	0.13	0.03		
3087.9	409643	8.27	191.58	46.93	5.48	0.29
52.1	13765	0.44	7.63	2.16	0.34	0.02
0.6	1585	0.08	0.54	0.29	0.05	
	5532	0.04	1.01	0.5	0.06	
2999.9	390322	8.14	187.08	46.12	5.28	0.27
28.6	11511	0.26	4.54	0.47	0.06	0.01
471.5	134632	1.99	63.39	16.38	1.22	0.1
1036.6	124594	2.67	60.39	14.69	1.88	0.09
1463.2	119585	3.22	58.76	14.58	2.12	0.07
85.1	28707	0.44	7.85	2.81	0.46	0.03
3.5	8289	0.08	2.38	0.39	0.11	0.01
70	8184	0.2	2.28	1.29	0.17	0.01
11.6	9119	0.15	3.08	1.06	0.17	0.01

14-5 建筑施工企业主要财务指标(2009年)

单位:万元

项 目	Item	资产合计 Total Assets	流动资产合计 Total Circulating Assets	#存 货 Stock	长期投资 Longterm Investment
总 计	**Total**	**7485161**	**5402897**	**863134**	**329918**
按企业登记注册类型分	**Grouped by Type Registered**				
内资企业	Domestic Investment	7484325	5402154	863091	329918
国有企业	State-owned	382869	295492	55356	1138
集体企业	Collective-owned	27120	21137	1840	54
股份合作企业	Share Holding Cooperative	43979	29874	4712	215
联营企业	Joint-owned	16048	12512	831	
有限责任公司	Limited-liability Company	3631583	2658232	512339	111973
股份有限公司	Share Holding Company	748645	492584	15793	83977
私营企业	Private	2634080	1892323	272220	132562
其他企业	Others				
港、澳、台商投资企业	Hong kong, Macao & Taiwan Funded				
外商投资企业	Foreign Funded	837	743	43	
按行业类别分	**Grouped by Sector**				
房屋和土木工程建筑业	Housing Construction and Civil Engineering Industry	6984792	5023017	804291	305294
建筑安装业	Construction and Installation Industry	394415	303337	49058	22263
建筑装饰业	Construction and Decoration Industry	48717	36687	4678	2122
其他建筑业	Other Construction Industries	57238	39856	5107	239
按企业资质等级分	**Grouped by Intelligent Grade**				
施工总承包	General Contractors	6901531	4979441	784411	322021
特 级	Special Grade	402262	333946	95259	
一 级	First	2589710	1898664	201968	161717
二 级	Second	2276883	1605392	299454	147545
三 级	Third	1632676	1141439	187730	12759
专业承包	Professional Contractors	408879	296855	49188	6297
一 级	First	110849	82759	4876	1795
二 级	Second	138912	107682	25965	3835
三 级	Third	148610	100243	18041	592

Main Financial Indicators on Construction Enterprises with Independent Accounting System(2009)

(10 000 yuan)

固定资产合计 Total Fixed Assets	固定资产原价合计 Original Value of Fixed Assets	# 生产经营用 for Production Use	累计折旧 Accumulative Depreciation	# 本年折旧 Of this Year	在建工程 Under Construction	无形及递延资产合计 Intangible & Deffered Assets	# 无形资产 Intangible	其它资产 others
1449503	**1767136**	**1356900**	**541696**	**79882**	**146011**	**266497**	**219818**	**36346**
1449409	1766782	1356546	541435	79862	146011	266497	219818	36346
68276	109083	78986	47149	6709		17963	17963	
5798	6556	4943	2803	274	93			131
13890	14894	14894	3803	1127				
3536	6331	4132	2795	498				
689024	940022	748171	319474	41208	31693	161951	119533	10404
138368	118705	90133	35669	7893	53256	31375	31338	2342
530517	571193	415288	129741	22154	60968	55208	50984	23470
94	355	355	261	20				
1367332	1646297	1256481	500977	74421	144871	256297	212788	32852
57305	85108	71233	28912	3762	474	8115	4948	3395
8942	11184	7809	2835	471	331	963	962	3
15923	24547	21378	8972	1228	334	1122	1120	97
1311373	1574053	1197143	475919	68606	141818	255710	210538	32988
26906	42529	38276	17082	2875	1459	41411	40084	
366533	456185	374976	170962	23012	74428	150517	130216	12279
472472	558444	411461	161982	22726	47588	35234	23898	16240
445462	516895	372430	125893	19993	18343	28548	16340	4469
95776	133830	105525	46465	8873	3576	7343	6483	2609
25389	43675	38424	18387	4027		905	905	
24297	30922	22094	10012	1685	2881	871	734	2228
42974	54046	41283	15995	2746	695	4420	3697	381

14-5 续表 1

单位：万元

项 目	Item	负债合计 Total Liability	流动负债合计 Total Circulating Liability	长期负债合计 Total Longterm Liability	所有者权益合计 Ownership Interest
总 计	**Total**	**4431216**	**4134378**	**296838**	**3053946**
按企业登记注册类型分	**Grouped by Type Registered**				
内资企业	Domestic Investment	4431182	4134344	296838	3053143
国有企业	State-owned	258308	255152	3156	124561
集体企业	Collective-owned	14604	12971	1633	12516
股份合作企业	Share Holding Cooperative	26120	25799	321	17859
联营企业	Joint-owned	9197	8546	651	6851
有限责任公司	Limited-liability Company	2279615	2138460	141155	1351968
股份有限公司	Share Holding Company	507771	411041	96731	240874
私营企业	Private	1335566	1282375	53192	1298514
其他企业	Others				
港、澳、台商投资企业	Hong kong, Macao & Taiwan Funded				
外商投资企业	Foreign Funded	34	34		803
按行业类别分	**Grouped by Sector**				
房屋和土木工程建筑业	Housing Construction and Civil Engineering Industry	4102695	3807252	295443	2882097
建筑安装业	Construction and Installation Industry	278148	277104	1044	116267
建筑装饰业	Construction and Decoration Industry	23493	23156	337	25224
其他建筑业	Other Construction Industries	26880	26865	15	30358
按企业资质等级分	**Grouped by Intelligent Grade**				
施工总承包	General Contractors	4111067	3821964	289103	2790464
特 级	Special Grade	317146	270215	46931	85117
一 级	First	1827902	1692249	135653	761807
二 级	Second	1187577	1108753	78824	1089306
三 级	Third	778442	750747	27695	854234
专业承包	Professional Contractors	213040	210552	2488	195840
一 级	First	69132	67421	1710	41717
二 级	Second	70013	69444	569	68899
三 级	Third	68067	67858	209	80543

continued

(10 000 yuan)

实收资本 Contributed Capital	国家资本 State	集体资本 Collective	法人资本 Institutionnal Units	个人资本 Individuals	港澳台资本 Hong kong, Macao & Taiwan	外商资本 Foreign	工程结算收入 Revenue of Settlement of Projects
1729835	**262291**	**135561**	**457865**	**873534**		**585**	**9466202**
1729033	262291	135561	457865	873316			9465348
66949	66949						655798
10763		9445	1318				60575
13813		12896	712	205			77287
6851				6851			21587
954778	192669	101962	315789	344357			4913977
106915	2674	11258	16861	76123			714623
568965			123185	445780			3021502
803				218		585	853
1619064	242054	123411	440918	812681			8970619
72986	12344	10275	10555	39813			367235
16721	687	174	5132	10144		585	37259
21064	7207	1700	1260	10896			91088
1560988	232896	108794	428793	789919		585	8802007
68329	68329						366479
315607	91457	10876	47700	165574			3105611
632322	52413	65432	245151	269325			2856383
544730	20697	32486	135942	355020		585	2473534
122907	20100	22891	13696	66220			479030
27988	11750		528	15710			121761
37544	5191	7598	7962	16794			189350
53170	3159	11538	5206	33267			148751

14-5 续表 2

单位：万元

项 目	Item	工程结算成本 Cost of Settlement of Projects	工程结算税金及附加 Tax and Extra Charges of Settlement of Projects	工程结算利润 Profits of Settlement of Projects
总 计	**Total**	**8002476**	**331889**	**1106001**
按企业登记注册类型分	**Grouped by Type Registered**			
内资企业	Domestic Investment	8001673	331863	1105977
国有企业	State-owned	598956	21611	34747
集体企业	Collective-owned	47908	3417	8196
股份合作企业	Share Holding Cooperative	65918	3727	7570
联营企业	Joint-owned	20050	737	797
有限责任公司	Limited-liability Company	4304127	165828	430684
股份有限公司	Share Holding Company	585928	24646	102475
私营企业	Private	2378785	111898	521508
其他企业	Others			
港、澳、台商投资企业	Hong kong, Macao & Taiwan Funded			
外商投资企业	Foreign Funded	803	26	24
按行业类别分	**Grouped by Sector**			
房屋和土木工程建筑业	Housing Construction and Civil Engineering Industry	7589453	315254	1041482
建筑安装业	Construction and Installation Industry	306534	12141	47568
建筑装饰业	Construction and Decoration Industry	28605	1221	7241
其他建筑业	Other Construction Industries	77884	3274	9710
按企业资质等级分	**Grouped by Intelligent Grade**			
施工总承包	General Contractors	7439544	305819	1032518
特 级	Special Grade	337764	11997	16438
一 级	First	2694001	100695	306705
二 级	Second	2368074	93878	388674
三 级	Third	2039705	99249	320701
专业承包	Professional Contractors	402450	17526	57886
一 级	First	103791	4557	13364
二 级	Second	160066	7205	21599
三 级	Third	122530	5347	20437

continued

(10 000 yuan)

其他业务收入 Revenue of Other Business	其他业务利润 Profits of Other Business	管理费用 Management Expenses	#税金 Taxes	#财产保险费 Premium of Property	财务费用 Financial Expense	#利息支出 Interest Expenditure	营业利润 Operating Profits	利润总额 Total Profits
100191	**25736**	**314040**	**24040**	**1412**	**58320**	**43955**	**759377**	**743906**
100191	25736	314017	24038	1411	58320	43955	759376	743905
2650	2275	17127	1075	36	2150	746	17744	16822
1639	296	3005	792	2	209	126	5279	5312
10	10	2625	102	24	555	456	4401	4401
2	1	142	22		8	1	648	648
80512	13066	168043	12128	822	21395	11733	254313	279749
8510	8240	29930	3012	175	13724	13499	67061	48757
6868	1847	93145	6908	352	20279	17395	409932	388217
		23	2	2			1	1
95725	23958	286369	22012	1315	56172	43158	722899	707618
4323	1664	20333	1548	91	1547	319	27352	27298
78	58	2454	189	5	507	422	4339	4236
66	56	4884	292	2	94	57	4788	4754
84903	23889	277723	22052	1232	55807	42206	722878	707430
37667	2918	11226	583		2668	2668	5462	5282
17832	12958	95226	8122	520	22942	19722	201495	196917
19284	5067	78425	5347	315	18246	11965	297071	295305
10120	2946	92846	8000	397	11951	7851	218850	209926
14143	1469	28389	1590	171	1518	1090	29448	29150
222	154	6745	354	53	638	561	6135	6070
949	526	10950	683	69	421	327	10754	10829
12960	780	8365	514	23	457	202	12394	12071

14-5 续表 3

单位：万元

项 目	Item	应交所得税 Income Tax Payable	应付利润 Profits Payable	劳动待业保险费 Premium for Employment
总 计	**Total**	**147880**	**477814**	**34796**
按企业登记注册类型分	**Grouped by Type Registered**			
内资企业	Domestic Investment	147880	477814	34796
国有企业	State-owned	2529	10773	2095
集体企业	Collective-owned	628	3011	920
股份合作企业	Share Holding Cooperative	1405	2958	180
联营企业	Joint-owned	32	616	
有限责任公司	Limited-liability Company	45079	169314	25220
股份有限公司	Share Holding Company	7515	30493	2125
私营企业	Private	90692	260649	4256
其他企业	Others			
港、澳、台商投资企业	Hong kong, Macao & Taiwan Funded			
外商投资企业	Foreign Funded			
按行业类别分	**Grouped by Sector**			
房屋和土木工程建筑业	Housing Construction and Civil Engineering Industry	144308	461845	32356
建筑安装业	Construction and Installation Industry	2163	9853	2021
建筑装饰业	Construction and Decoration Industry	470	2266	154
其他建筑业	Other Construction Industries	939	3850	265
按企业资质等级分	**Grouped by Intelligent Grade**			
特 级	Special Grade	141446	457500	32505
一 级	First	35	5247	
二 级	Second	30655	130184	8067
三 级	Third	67363	203458	17627
专业承包	Professional Contractors	43393	118611	6811
一 级	First	4799	16544	1501
二 级	Second	1375	3591	134
三 级	Third	1294	5842	1137
三 级	Third	2117	6961	217

continued

(10 000 yuan)

本年应付工资总额 Total Wages Payable in the Year	# 主营业务应付工资 Wage Payable of Major Business	本年应付福利费总额 Welfares Payable in the Year	# 主营业务应付 of Major Business	建筑业增加值 Value Added of Construction
1459170	**1442579**	**111676**	**109918**	**2782481**
1458854	1442374	111663	109915	2782224
112292	112292	11369	11369	172895
10360	10360	1112	1112	22154
13139	13139	890	890	23566
6476	6476	604	604	8985
682124	669336	57255	55846	1223879
121621	120221	11832	11767	236725
512843	510550	28601	28326	1094024
316	205	13	3	257
1374316	1358359	103184	101456	2626757
56601	56102	5738	5722	108648
7125	6989	632	618	13981
21129	21129	2122	2122	33098
1347033	1337708	99609	98636	2588204
14836	14636	270	267	35820
472666	471208	41257	41257	853856
459734	457949	29557	29324	923922
399797	393915	28525	27788	774606
88162	85351	9265	9255	153544
29566	29566	3867	3866	48639
33692	33504	3755	3749	58717
23093	20469	1446	1444	43131

主要统计指标解释

建筑业统计单位 指从事房屋、构筑物建造和设备安装活动的法人企业。建筑业法人企业应同时具备的条件是：①依法成立，有自己的名称、组织机构和场所，能够承担民事责任；②独立拥有和使用资产，承担负债，有权与其他单位签订合同；③独立核算盈亏，能够编制资产负债表。

建筑业总产值(即自行完成施工产值) 是以货币表现的建筑安装企业在一定时期内生产的建筑业产品的总和。建筑业总产值包括：

(1)建筑工程产值： 指列入建筑工程预算内的各种工程价值。

(2)安装工程产值：指设备安装工程价值，不包括被安装设备本身价值。

(3)其他产值：建筑业总产值中，除建筑工程、安装工程以外的产值。包括房屋、构筑物修理产值、非标准设备制造产值、总包企业向分包企业收取的管理费以及不能明确划分的施工活动所完成的产值。

a 房屋、构筑物修理产值：指房屋、构筑物修理所完成的价值，但不包括被修理房屋、构筑物本身的价值和生产设备的修理价值。

b 非标准设备制造产值：指加工制造没有定型的、非标准的生产设备的加工费和原材料价值，以及附属加工厂为本企业承建工程制作的非标准设备的价值。

建筑业增加值 指建筑业企业在报告期内以货币表现的建筑业生产经营活动的最终成果。目前建筑业增加值采用分配法(收入法)计算，即从收入的角度出发，根据生产要素在生产过程中应得的收入份额计算。具体计算公式为：

建筑业增加值=本年提取的固定资产折旧+主营业务应付工资+主营业务应付福利费+管理费用中的劳动待业保险金、税金+工程结算税金及附加+工程结算利润

房屋建筑施工面积 指在报告期内施工的全部房屋建筑面积、包括本期新开工的房屋面积、上期施工跨入本期继续施工的房屋面积、上期停缓建在本期恢复施工的房屋面积、本期竣工的房屋面积及本期施工后又停缓建的房屋面积。

房屋建筑竣工面积 指在报告期内房屋建筑按照设计要求全部完工，达到了住人和使用条件，经验收鉴定合格，正式移交使用单位的房屋建筑面积。

自有机械设备年末总台数 指归本企业所有，属于本企业固定资产的生产性机械设备年末总台数。包括施工机械、生产设备、运输设备以及其他设备。

自有机械设备年末总功率 指本企业自有施工机械、生产设备、运输设备以及其他设备等列为在册固定资产的生产性机械设备年末总功率，按设定能力或查定能力计算。包括机械本身的动力和为该机械服务的单独动力设备，如电动机等。计算单位用千瓦，动力换算可按 1 马力=0.735 千瓦折合成千瓦数。电焊机、变压器、锅炉不计算动力。

工程结算收入 指企业承包工程实现的工程价款结算收入，以及向发包单位收取的除工程价款以外的按规定列作营业收入的各种款项，如临时设施费、劳动保险费、施工机械调迁费等以及向发包单位收取的各种索赔款。

工程结算利润 指已结算工程实现的利润，如亏损以“-”号表示。计算公式为：

工程结算利润=工程结算收入-工程结算成本-工程结算税金及附加

企业总收入 指与企业生产经营直接有关的各项收入，包括工程结算收入和其他业务收入。计算公式为：

企业总收入=工程结算收入+其他业务收入

Explanatory Notes on Main Statistical Indicators

Statistical Unit in Construction refers to corporate enterprise engaged in the construction of buildings and structures and in the installation of equipment. A corporate construction enterprise should meet the following requirements: ①being set up in line with relevant legal basis, having its full name, organization and location, and capable of taking civil liabilities; ②independently possessing and using its assets and assuming its liabilities, and entitled to sign contracts with other institutions; ③ making independent accounts of its profits and losses, and capable of compiling its own balance sheet.

Gross Output Value of Construction (Output Value of Projects Under Construction) refers to total of construction products, expressed in money terms, completed by construction and installation enterprises during a given period of time. It includes:

(1) Output value of construction projects, that is the value of projects covered by the project budgets;

(2) Output value of installation projects, that is the value of the installation of equipment, (excluding the value of the equipment to be installed) ;

(3)Other Output value:

a 、Output value of repair of buildings and structures, that is the value created through the repairs of buildings or structures, but does not include the value of buildings or structures being repaired and the value of the repair of production equipment;

b 、Output value of manufactured nonstandard equipment, that is the value of nonstandard production equipment which including raw materials and manufacturing cost made for the construction project, and the equipment manufactured by subsidiary workshops.

Value added of Construction refers to the final result of the activities of production and management of construction in monetary terms in the reference period. At present, the value added of construction is calculated with the income approach. In other words, it is the sum of income of various production factors in the production process. The formula is as follows:

Value added of construction = depreciation of fixed assets in the year + wages payable of the major operation + welfare expenses payable of the major operation + insurance premium and tax for waiting for employment in the administrative expenses + taxes and surcharges on project settlement + profit gained from Project settlement.

Floor Space of Buildings Under Construction refers to floor space of buildings under construction during the reference period, including newly started buildings, buildings started earlier and continued during the reference period, and buildings suspended earlier but restarted during the reference period, buildings completed during the reference period, and buildings under construction , and then suspended during the reference period.

Floor Space of Buildings Completed refers to the floor space of buildings that are completed in the reference period in accordance with the requirements of the design, up to the standard for putting them into use, and have been checked and accepted by concerned departments as qualified ones.

Total Number of Machinery and Equipment Owned by the End of Year refers to the number of machines and equipment owned by the enterprises, and listed as the fixed assets of the enterprises by the end of the year, including machinery and equipment for construction, production and transportation.

Total Power of Machinery and Equipment Owned by the End of Year refers to the total power of machinery and equipment owned by the enterprises, and listed as the fixed assets of the enterprises by the end of the year, including machinery and equipment for construction, production and transportation. The power of the machinery is calculated on basis of the designed or verified capacity, covering the power of the machinery/equipment and the separate power equipment serving the machinery/equipment(such as electric motors) , but excluding welders, transformers and boilers. The unit used for the calculation of power is kilowatt, with horsepower converted to kilowatt by 1 horse power = 0. 735 kilowatt.

Income from Settlement of Projects refers to the income received by the construction enterprise from the contracted project through settlement procedures, and other charges to the contractoree as operational costs in addition to the value of the project, such as temporary facility fee, labour insurance premium, moving cost of construction equipment, as well as various types of claims to the contractee.

Profit from Settlement of Projects refers to profit realized through settled projects. It is calculated with the following formula:

Profit from Settlement of Projects=Income from Settlement of Projects - Cost - Taxes and Other Cost

Total Revenue of Enterprises refers to the sum of income from production and operation of enterprises, including income from settlement of projects and other operational income, namely:

Total Revenue of Enterprises = Income from Settlement of Projects + Other Operational Income

2010 NEI MENG GU

十五、运输和邮电

Transportation,Postal and Telecommumications Services

资料整理：贾金辉
Arranged By Jia Jinhui

15-1 交通运输业基本情况

Basic Conditions of Transportation

指标	Item	2008	2009
运输线路长度(公里)	**Length of Transportation Routes(km)**		
中央铁路营业里程	Railways in Operation	6256	6469
地方铁路	Local Railways	966	1162
公路	Highways	147288	150756
内河	Navigable Inland Waterways	2517	2517
民航	Total Civil Aviation Routes	20029	311231
客运量总计(万人)	**Total Passenger Traffic(10 000 persons)**	**20259**	**22259**
铁路	Railways	3876	4093
公路	Highways	16207	17998
民用航空	Civil Aviation	176	168
旅客周转量总计(亿人公里)	**Total Passenger Kilometers(100 million passenger-km)**	**354.43**	**377.29**
铁路	Railways	154.77	161.84
公路	Highways	179.66	198.38
民用航空	Civil Aviation	17.00	17.07
货运量总计(万吨)	**Total Freight Traffic(10 000 tons)**	**100012**	**116508**
铁路	Railways	39070	45675
公路	Highways	60941	70832
民用航空	Civil Aviation	1	1
货物周转量总计(亿吨公里)	**Total Freight Ton-kilometers(100 million ton-km)**	**3548.46**	**3963.22**
铁路	Railways	1911.00	2077.87
公路	Highways	1637.36	1885.25
民用航空	Civil Aviation	0.10	0.10
民用汽车拥有量(辆)	**Number of Civil Motor Vehicles Owned(unit)**	**1699901**	**1994959**
# 私人汽车拥有量(辆)	Number of Motor Vehicles Owned by Individuals(unit)	1352113	1614642
载客汽车辆数(辆)	Number of Buses and Cars(unit)	811922	1061527
# 私人	Private-owned	637246	868187
载货汽车辆数(辆)	Number of Trucks(unit)	338015	421962
# 私人	Private-owned	225317	269609
民用运输船舶拥有量(艘)	**Number of Civil Transport Vessels(unit)**	**863**	**908**

注：公路部门营运汽车统计口径为全社会营运汽车。

a)The statistical coverage of number of motor vehicles owned by highway departments has extended to motor vehicles of all society.

15-2 主要交通运输工具和线路里程
Major Tools and Length of Transports

年份 Year	载货汽车(辆) Trucks (unit)	载客汽车(辆) Buses and Cars (unit)	铁路 Railways		飞机(架) Number of Civil Aircraft(unit)	铁路正线延展里程(公里) Extention Length of the Trunk Lines(km)	公路线路里程(公里) Total Length of Highways (km)
			机车(台) Locomotives (unit)	客车(辆) Passenger Coaches (unit)			
1947	76	18				1557	1974
1948	81	25				1557	1872
1949	89	25				1557	2394
1950	227	53				1557	3259
1951	343	78				1557	4037
1952	344	101				1574	4821
1953	617	173				1574	5495
1954	1066	269				1912	6253
1955	1750	391				1912	8325
1956	2459	496				2106	11501
1957	2828	641				2404	13020
1958	3492	797				2644	18020
1959	4100	996				3091	18752
1960	5198	1061				3222	21131
1961	5446	970				3219	21131
1962	5595	1003				3222	22804
1963	5398	1033				3190	22195
1964	5871	1000				3299	22103
1965	6335	1348				3541	25688
1966	7335	1718				3635	25180
1967	6905	1605				3496	24407
1968	7110	1669				3496	25234
1969	7007	1781				3590	25676
1970	8174	2027				3593	27605
1971	9140	2316				3491	31355
1972	11061	2852				3537	34676
1973	14388	3733				3747	29043
1974	15496	4237				3747	30308
1975	19611	5172				3747	31362
1976	23281	6046				3697	33414
1977	25001	6448				3755	36471

15-2 续表 continued

年 份 Year	载货汽车(辆) Trucks (unit)	载客汽车(辆) Buses and Cars (unit)	铁 路 Railways 机 车(台) Locomo-tives (unit)	铁 路 Railways 客 车(辆) Passenger Coaches (unit)	飞 机(架) Number of Civil Aircraft (unit)	铁路线路里程(公里) Length of the Railway Lines(km)	公路线路里程(公里) Total Length of Highways (km)	民航通航里程(公里) Length of Civil Aviation Routes(km)
1978	29027	7669				3803	37535	
1979	33011	8476				3760	23769	
1980	38647	9969				4361	35016	3734
1981	42482	11842	341	601	16	4379	35856	3734
1982	47125	13254	500	910	16	4360	36828	2933
1983	49674	14087	507	955	18	4360	37939	2933
1984	51663	15405	562	1003	18	4355	37456	7565
1985	57354	19078	532	838	21	4364	38198	7565
1986	66258	23409	627	1121	21	4405	40380	8824
1987	68618	24883	667	1282	19	4821	41984	10005
1988	71856	29940	706	1275	18	4825	42800	23193
1989	77909	32634	691	1339	19	5445	43080	21745
1990	87161	35763	676	1471	19	5596	43274	21431
1991	95489	41081	686	1522	21	5653	43396	20506
1992	103757	47958	661	1473	20	5770	43704	22496
1993	115807	58084	641	1561	19	5800	43789	38976
1994	118985	65374	668	1661	19	5733	44202	51951
1995	131055	85825	759	1802	18	5790	44753	48136
1996	111675	94187	789	1802	18	7588	45744	76116
1997	130350	118978	650	1771	19	7031	49992	66532
1998	142255	144216	745	1694	19	7083	58430	61199
1999	157377	169241	838	1595	13	7331	63824	64426
2000	167004	188154	883	1818	9	7179	67346	40469
2001	180481	241364	865	1886	11	7240	70408	51476
2002	182971	237719	898	1903	11	7475	72673	56890
2003	202306	286481	912	1757	10	7476	74135	78705
2004	240591	341371	892	1753	13	7885	75976	76725
2005	248809	384575	892	1753	15	7689	124465	55218
2006	284285	513375	980	1492	15	7839	128762	20656
2007	305163	643648	1123	1324	15	6683	138610	17701
2008	338015	811922	1715	2033	11	7222	147288	19444
2009	421962	1061527	837	1391	12	7630	150756	65140

15-3 运输线路长度

Length of Transports Routes

单位：公里 (km)

项 目	Item	2008	2009
铁路延展长度	**Length of Railways Routes**	**8859**	**9481**
中央铁路	Central Railways		
正线延展里程	Extention Length of the Trunk Lines	7824	8231
营业里程	Length of Railways in Operations	6256	6469
# 呼铁局	Huhhot Railway Bureau	1602	1631
哈铁局(内蒙地段)	Harbin Railway Bureau(Section of Inner Mongolia)	1736	1921
沈铁局(内蒙地段)	Shengyang Railway Bureau(Section of Inner Mongolia)	1631	1632
地方铁路线路里程	Local Railways Length of Routes	966	1162
公路	**Highways**		
公路里程	Total Length of Highways	147288	150756
等级公路	Expressway and Class I to IV Highway	109645	122231
#高速公路	Expressway	1879	2176
一级公路	First Class	2888	3137
二级公路	Second Class	11582	11821
等外路	Highway Below Class IV	37643	28525
内河	**Inland Rivers**		
航道里程	Length of Navigabe Inland Waterways	2517	2517
民用航空	**Civil Aviation**	**20029**	**311230**
国内航线	Domestic Routes	19444	311230
国际航线	International Routes	585	

15-4 民用车辆船舶年末拥有量

Figure of Civil Vehicles and Shipping at Year-end

项 目	Item	2008 合计 Total	2008 #私人 Private-owned	2009 合计 Total	2009 #私人 Private-owned
铁路运输工具	**Tool of Railway Transport**				
中央铁路：机车(台)	Central Railways:Locomotives(unit)	1288		680	
客车(辆)	Passenger Coaches(unit)	2022		1356	
地方铁路：机车(台)	Local Railways:Locomotives(unit)	141		157	
客车(辆)	Passenger Coaches(unit)	11		35	
民用汽车(辆)	**Number of Civil Motor Vehicles(unit)**	**1699901**	**1352113**	**1994959**	**1614642**
#载货汽车(辆)	Number of Trucks(unit)	338015	225317	421962	269609
载客汽车(辆)	Buses and Cars(unit)	811922	637246	1061527	868187
轮胎式拖拉机(台)	**Type Tractors(unit)**	**952159**	**952159**	**983334**	**983334**
摩托车(辆)	**Motors(unit)**	**1540229**	**1526150**	**1570847**	**1557880**
#两轮摩托车	Two-wheel Motors	1540229	1526150	1570847	1557880
载货车挂车(辆)	**Trailer(unit)**	**88467**	**37006**	**93918**	**39627**
民用运输船(艘)	**Civil Transport Vessels(unit)**	**863**		**908**	
#机动运输船(艘)	Motor Vessels(unit)	340		392	
非机动船(艘)	Non-motor Vessels(unit)	415		436	
挂浆船(艘)	Vessels with Oar(unit)	108		80	
民航飞机(架)	**Civil Aircraft(unit)**	**11**		**12**	
#通用飞机	General Aircraft	11		12	

15-5 客货运输量

Passenger Traffic and Freight Traffic

年份 Year	客运量 (万人) Passenger Traffic (10 000 persons)	铁路 Railways	公路 Highways	货运量 (万吨) Freight Traffic (10 000 tons)	铁路 Railways	公路 Highways
1949			0.6		0.2	0.2
1950			0.8	0.2		0.2
1951			3.0	396	391	5
1952			16	447	417	30
1953			39	755	526	229
1954			58	1168	694	474
1955			87	1433	496	937
1956			131	2093	622	1471
1957			189	2224	739	1485
1958			181	3390	1039	2351
1959	1238	993	245	6911	2657	4254
1960	1754	1456	298	5986	3289	2697
1961	2022	1723	299	3749	2355	1394
1962	1869	1585	284	2729	1754	975
1963	1416	1118	298	2235	1434	801
1964	1268	914	354	2759	1640	1116
1965	1320	852	468	3614	2060	1554
1966	1463	836	627	4160	2425	1735
1967	1688	978	710	4409	2881	1528
1968	1651	990	661	3284	1889	1395
1969	1546	1046	500	3200	1792	1408
1970	1688	1016	672	4625	2882	1743
1971	1865	1080	785	4964	2749	2215
1972	2223	1164	1059	5387	2859	2528
1973	2338	1199	1139	5477	2668	2709
1974	2364	1161	1203	5453	2604	2849
1975	2599	1324	1275	6325	3190	3135
1976	2588	1300	1288	6487	3114	3373
1977	3017	1564	1453	7399	3529	3870

15-5 续表 continued

年份 Year	客运量 (万人) Passenger Traffic (10 000 persons)	铁路 Railways	公路 Highways	航空 Civil Aviation	货运量 (万吨) Freight Traffic (10 000 tons)	铁路 Railways	公路 Highways	航空 Civil Aviation
1978	3422	1753	1669		8213	3861	4352	
1979	3470	1689	1781		8046	3924	4122	
1980	4162	1994	2164	4	7653	4142	3511	0.05
1981	4250	2071	2176	3	7305	3989	3316	0.05
1982	4926	2288	2635	3	8314	4317	3997	0.04
1983	5703	2556	3145	2	9103	4542	4561	0.04
1984	6313	2738	3573	2	10149	4957	5192	0.03
1985	6673	2784	3884	5	11588	5510	6078	0.13
1986	7612	2833	4775	4	15348	5638	9710	0.06
1987	8493	2965	5509	19	16979	6065	10914	0.06
1988	9518	3242	6242	34	18533	5296	13237	0.06
1989	9411	2997	6405	9	22515	6678	15837	0.06
1990	10475	2433	8012	30	26676	6909	19767	0.17
1991	9148	2565	6543	40	25678	7027	18651	0.24
1992	10406	2801	7567	38	29126	7198	21928	0.34
1993	11165	3014	8108	43	31708	7587	24121	0.41
1994	15294	3042	12162	90	31386	7812	23573	0.90
1995	18273	2909	15248	116	32732	8347	24384	1.13
1996	18099	2563	15418	118	34321	9435	24885	1.15
1997	19148	2735	16287	126	39008	9960	29047	1.27
1998	20205	2542	17552	111	39564	8227	31336	1.17
1999	21498	2824	18576	98	41652	8747	32903	1.90
2000	23549	3378	20061	110	44629	9648	34979	2.00
2001	24133	2956	21041	136	45970	9816	36145	0.90
2002	25376	2824	22421	132	47879	10639	37239	1.00
2003	23521	2552	20831	138	50046	11513	38532	1.10
2004	28954	3235	25510	209	61259	18560	42697	1.60
2005	32114	3259	28604	251	73082	22060	51020	2.00
2006	35512	3437	31817	258	84137	25157	58978	1.98
2007	38781	3489	35039	253	102907	29605	73300	1.79
2008	20259	3876	16207	176	100012	39070	60941	1.07
2009	22259	4093	17998	168	116508	45675	70832	1.00

15-6 客货周转量
Passenger-kilometers and Freight Ton-kilometers

年份 Year	旅客周转量 (亿人公里) Passenger-kilometers (100 million passenger-km)	铁路 Railways	公路 Highways	航空 Civil Aviation	货物周转量 (亿吨公里) Freight Ton-kilometers (100 milion ton km)	#铁路 Railways	#公路 Highways
1978	31.80	22.38	9.42		224.55	214.96	9.59
1980	43.19	31.84	11.35		174.92	164.78	10.14
1981	45.55	34.33	11.22	0.15	252.36	243.98	8.38
1982	52.06	37.50	14.40	0.16	299.40	288.62	10.78
1983	61.41	43.92	17.36	0.13	348.97	335.57	13.40
1984	70.63	50.29	20.34	0.13	391.94	376.45	15.49
1985	82.53	58.34	23.86	0.32	442.51	424.30	18.20
1986	90.85	62.57	28.03	0.25	470.56	449.30	21.26
1987	100.92	65.55	33.78	1.59	492.62	469.12	23.50
1988	115.69	74.49	37.58	3.62	491.93	466.08	25.85
1989	111.29	68.18	39.84	3.27	579.63	501.93	77.70
1990	99.01	57.54	38.07	3.40	621.90	519.41	102.49
1991	104.90	60.64	40.06	4.20	608.08	505.15	102.93
1992	113.60	69.24	40.26	4.10	655.89	515.18	137.56
1993	152.95	74.44	74.03	4.48	697.86	546.50	151.36
1994	174.86	75.09	89.55	10.22	734.25	586.94	143.85
1995	173.58	71.97	89.85	11.76	785.12	625.56	159.56
1996	167.10	63.79	90.68	12.63	832.66	658.96	170.11
1997	180.27	69.14	97.69	13.43	881.49	695.86	182.18
1998	187.91	76.13	100.44	11.34	844.35	657.08	187.27
1999	205.50	88.00	108.18	9.26	898.80	701.00	197.75
2000	219.10	92.30	116.30	10.50	1041.20	828.60	211.80
2001	225.30	89.70	121.90	13.70	1090.10	869.70	220.30
2002	236.80	92.70	130.70	13.40	1132.00	900.50	231.40
2003	222.06	85.74	122.14	14.18	1218.22	976.18	241.91
2004	290.24	108.63	155.28	26.33	1441.39	1171.39	269.84
2005	323.12	113.22	178.98	30.92	1604.31	1280.75	323.35
2006	354.24	122.20	199.47	26.24	1798.35	1414.03	384.12
2007	377.11	134.75	219.46	22.90	2121.40	1629.40	492.00
2008	351.43	154.77	179.66	17.00	3548.36	1911.00	1637.36
2009	377.29	161.84	198.38	17.07	3963.12	2077.87	1885.25

15-7 邮电业务基本情况

Basic Conditions of Post and Telecommunications Services

指标	Item	2008	2009
邮电业务总量(万元)	Business Volume of Post and Telecommunications Service(10 000 yuan)	4576036	5538489
邮政业务总量	Business Volume of Post Service	118798	116468
电信业务总量	Business Volume of Telecommunications Service	4457238	5422021
函件(万件)	Number of Letters(10 000 pcs)	4186	3675
包件(万件)	Number of Parcels(10 000 pcs)	113	105
特快专递(万件)	Pieces of Express Mail Services(10 000 pcs)	410	579
报刊期发数(万份)	Number of Newspapers and Magazines Circulation(10 000 copies)	224	233
国内长途电话通话时长(万分钟)			107836
本地电话年末用户(万户)	Local Telephone Subscribers at Year-end (10 000 subscribers)	462	442
年末市内电话用户(万户)	Local(Urban)Telephone Subscribers at Year-end (10 000 subscribers)	388.3	373.0
# 住宅电话用户	Residential Telephone Subscribers	343.1	264.0
年末农村电话用户(万户)	Number of Rural Telephones Subscribers at Year-end (10 000 subscribers)	67.0	68.7
年末移动电话用户(万户)	Number of Mobile Telephones Subscribers at Year-end (10 000 subscribers)	1344.4	1616.0
年末互联网用户(万户)	Number of Subscribers of Internet Service at Year-end (10 000 subscribers)	135.0	176.0
邮电局所(处)	Number of Post &Telecommunications Offices(unit)	1570	1599
邮路总长度(公里)	Length of Postal Routes (km)	67905	72245
# 汽车邮路	Highway Routes	43746	46726
铁路邮路	Railway Routes	5836	6403
长话电路(路)	Number of Long-distance Telephone Lines(line)	3993105	14542350
局用交换机容量(万门)	Capacity of Office Telephone Exchanges(10 000 lines)	719.0	714.0
中央国有	Central State-owned	719.0	714.0
地方国有	Local State-owned		
电话机(含移动电话)(万部)	Number of Telephone Sets(10 000 units)	1806.4	2058.0
中央国有	Central State-owned	1806.4	2058.0
地方国有	Local State-owned		

注：邮电业务总量按2000年不变价格计算。

a)The business volume of post and telecommunications is calculated at 2000 constant prices.

15-8 城乡邮电局所和电话机数

Number of Post and Telecommunications Office and Telephones

年份 Year	邮电局所(处) Number of Telecommunications Offices (unit)	城市 Urban	乡村 Rural	每万人口中邮电局所(处) Number of Post and Telecoms Offices per 10 000 Person (unit)	本地网电话机部数(万部) Number of Telephone in Local Network (10 000 set)	城市本地网 Urban	乡村本地网 Rural	每万人口中电话机数(部) Number of Telephones per 10 000 persons (set)
1949	114	100	14	0.19	0.04		0.04	0.66
1952	353	330	23	0.49	0.04		0.04	0.56
1957	563	149	414	0.60	1.03	0.90	0.13	18.71
1958	799	308	481	0.82	1.31	1.17	0.14	25.69
1965	951	161	790	0.73	3.33	2.23	1.10	13.88
1970	1111	216	895	0.75	2.07	1.49	0.58	15.13
1975	835	151	684	0.48	2.66	1.98	0.68	14.59
1978	857	163	694	0.48	3.10	2.36	0.74	17.00
1979	1513	206	1307	0.82	5.87	4.16	1.71	31.70
1980	1515	212	1303	0.81	6.04	4.34	1.70	32.19
1981	1519	212	1307	0.80	6.13	4.57	1.56	32.21
1982	1520	218	1302	0.78	6.47	4.97	1.50	33.32
1983	1517	216	1301	0.77	6.98	5.46	1.52	35.44
1984	1545	232	1313	0.78	7.63	6.14	1.49	38.28
1985	1603	232	1371	0.80	8.51	7.00	1.51	42.21
1986	1634	254	1380	0.80	9.07	7.56	1.51	44.45
1987	1615	229	1386	0.78	10.31	8.71	1.60	49.89
1988	1632	236	1396	0.78	12.67	10.98	1.69	60.51
1989	1636	232	1404	0.77	14.70	12.81	1.89	69.27
1990	1638	225	1413	0.76	16.83	14.80	2.03	77.82
1991	1645	230	1415	0.75	18.48	16.34	2.14	84.62
1992	1648	228	1420	0.75	21.18	18.66	2.52	95.98
1993	1651	233	1418	0.74	28.05	25.08	2.97	125.65
1994	1765	247	1518	0.78	62.47	59.51	2.96	276.35
1995	1804	419	1385	0.79	65.89	63.59	2.26	289.94
1996	1831	424	1407	0.80	85.98	85.07	0.91	374.60
1997	1837	407	1430	0.79	105.64	89.44	16.20	454.23
1998	1815	414	1401	1.20	150.08	128.66	21.42	640.05
1999	1739	413	1326	0.74	155.26	127.63	27.63	657.35
2000	1728	417	1311	0.73	206.90	166.35	40.55	872.11
2001	1671	446	1215	0.70	258.00	203.00	55.00	1087.51
2002	1671	521	1150	0.70	311.20	242.60	68.60	1308.64
2003	1678	551	1127	0.71	430.04	345.09	84.95	1807.19
2004	1672	559	1113	0.70	501.96	399.86	102.10	2107.30
2005	1743	600	1143	0.73	541.90	433.98	107.92	2270.78
2006	1711	615	1096	0.72	540.83	425.91	114.86	2260.49
2007	1702	617	1085	0.71	525.22	411.38	113.84	2183.85
2008	1570	516	1054	0.65	462.46	388.32	74.14	1914.05
2009	1599	561	1038	0.66	442.00	373.00	68.00	1824.93

15-9 邮电业务量

Telecommunications Services

年 份 Year	邮电业务总量 (万元) Business Volume of post & Tele-communications (10 000 yuan)	邮政业务总量 Business Volume of Post	电信业务总量 Business Volume of Telecommu-nications	邮电业务总量指数 (1978年=100) Index of Business Volume of Post & Telecommunica-tions(1978=100)	函 件 (万件) Number of Letters (10 000 pcs)	特快专递 (万件) Pieces of Express Mail Services (10 000 pcs)	报刊期发数 (万份) Newspapers & Magazines Circulation (10 000 copies)
1978	7515			100	6658		253
1980	8216			109	7146		329
1985	11471			153	9416		605
1986	11953			159	9589		507
1987	14436			192	9778		596
1988	17119			228	9946	1	515
1989	18652			248	8637	1	342
1990	21194	7373	13821	282	8080		
1991	25096	8126	16970	334	7782	3	419
1992	32195	10093	22102	428	8001	9	412
1993	46809	11866	34943	623	9539	28	560
1994	69688	15317	54371	927	10858	55	567
1995	96552	19031	77521	1284	16728	95	486
1996	128846	21677	107169	1714	10277	153	625
1997	174001	25413	148588	2314	9479	157	650
1998	247762	29003	218759	3295	8521	115	408
1999	391291	34591	356700	5204	8332	100	341
2000	562463	59463	523000	7481	9677	111	395
2001	580521	76007	504515	10956	12249	147	268
2002	903848	80448	823400	17058	14002	167	249
2003	1085474	85115	1000359	20486	22066	205	249
2004	1566250	86250	1480000	20842	6229	230	218
2005	1997246	89351	1907895	26577	3143	251	194
2006	2545460	98860	2446600	33872	4273	272	215
2007	3640097	107785	3532312	48438	4270	322	246
2008	4576036	118798	4457238	60892	4186	410	224
2009	5538489	116468	5422021	73699	3675	579	233

注：邮电业务总量2000年及以前按1990年不变价格计算，2001年以后按2000年价格计算。

a)Business Volume of Post and telecommunications before 2000 is calculated at 1990 constant Prices,and after 2001 it is calculated at 2000 constant Prices.

15-9 续表 1 continued

年 份 Year	集邮业务 (万元) Philately (10 000 yuan)	长途电话 (万次) Number of Long Distance Telephone Calls(10 000 times)	无线寻呼用户 (户) Number of Subscribers of Pageing Service (subscriber)	移动电话用户 (户) Number of Mobile Telephone Subscribers (subscriber)	国际互联网络用户 (户) Number of Subscribers of Internet Service (subscriber)
1978		451			
1980		495			
1985		792			
1986		856			
1987		923	175		
1988	287	1100	558		
1989		1071	1120		
1990	1373	1257	1747		
1991	2149	1722	3799	70	
1992	3959	2615	8246	636	
1993	4829	4856	24549	2298	
1994	4944	7623	52794	8351	
1995	4935	10422	102653	21852	
1996	6248	14349	179383	52388	25
1997	10173	15686	300692	127630	382
1998	11158	17429	420108	258881	1454
1999	10024	19101	530011	533000	10306
2000	7830	21088	780008	1153000	56556
2001	11768	22160	430000	2090000	161420
2002	12527	23358	315000	3172000	330133
2003	7095	23696	104000	4790500	547046
2004	4833	51408	51500	5945700	824000
2005	4996	49600	3000	7123000	1061143
2006	2759	34500	1467	8741300	1432319
2007	5301	77033		10469307	1417322
2008	11303	33071		13444000	1390000
2009	8901			16160000	1760000

15-9 续表 2 continued

年 份 Year	本地电话年末用户(户) Number of Subscribers of Local Telephone at Year-end (subscribers)	城市电话用户 Number of Urban Telephone Subscribers	# 住宅电话 Residential Telephone Subscribers	乡村电话用户 Rural Telephone Subscribers	# 住宅电话 Residential Telephone Subscribers	公用电话(户) Public Telephone (Subscribers)
1978	30991	23561		7430		218
1980	60483	43435		17048		95
1985	86230	71101	733	15129	87	317
1986	97947	82004	2096	15943	156	386
1987	110409	93869	3047	16540	366	436
1988	127372	109781	6484	17591	484	467
1989	147108	128187	24732	18921	398	391
1990	168328	147964	32003	20364	518	278
1991	184856	163414	41193	21442	1785	376
1992	211796	186574	64151	25222	3319	679
1993	280512	250772	118788	29740	6139	1480
1994	440361	409220	265776	31141	10482	2958
1995	658577	635945	441383	22632	10586	6887
1996	859754	850652	615126	9102	3349	11759
1997	1056355	894372	697425	161983	118986	20400
1998	1254391	1040109	845015	214282	172736	32451
1999	1552582	1276323	1027119	276259	236006	41271
2000	2069000	1664000	1339000	405000	358000	48039
2001	2580000	2030000	1620000	550000	490000	70000
2002	3112000	2426000	1884000	686000	616000	74000
2003	4300400	3450900	2607300	849500	765400	168063
2004	5019600	3998600	3223000	1021000	823300	268800
2005	5420000	4340000	3455000	1079000	824000	382600
2006	5408300	4259700	3341200	1148600	1066500	430500
2007	5252301	4113873	3224093	1138428	1050367	408798
2008	4624600	3883200	3431200	741400	670000	350000
2009	4750681	3728456	2642711	687467	614185	334758

15-10 年末邮电局所数及邮递线路
Postal and Telecommunications Services Facilities(Year-end)

年 份 Year	邮电局所(处) Number of Post and Telecommunications Offices (unit)	信筒信箱 (处) Number of Post Boxes (unit)	邮路总长度 (公里) Length of Postal Routes (km)	# 汽车邮路 Highway Routes	# 铁路邮路 Railway Routes	农村投递线路 (公里) Rural Delivery Routes (km)
1978	857		94978	19250	2674	
1980	1515	3220	70944	35115	5740	
1985	1603	3557	59292	36174	6726	117800
1986	1634	3554	60831	37480	7023	110363
1987	1615	3671	60591	36485	7174	111786
1988	1632	3721	59203	35843	7024	110093
1989	1636	3637	63017	36037	7025	116686
1990	1638	3549	64495	36666	6802	109926
1991	1645	3600	67048	37235	6772	108231
1992	1648	3496	66966	37230	6772	107295
1993	1651	3590	66139	36401	6772	105501
1994	1765	3561	67551	39339	7050	101706
1995	1804	3576	68751	41030	6929	102757
1996	1831	3641	68873	43729	6929	104694
1997	1837	3616	71006	45955	6623	103991
1998	1815	3471	69261	44286	5936	107262
1999	1739	3059	64183	43747	5173	107280
2000	1728	3096	63759	43232	5514	106539
2001	1671	4502	72499	42969	5838	111394
2002	1671	3478	62307	42558	5764	111395
2003	1678	3022	62344	42799	5764	111636
2004	1672	5541	57762	43074	5699	110812
2005	1743	8630	60713	43895	6196	109398
2006	1711	8767	58523	44027	5946	109635
2007	1702	2567	61900	43851	5946	111007
2008	1570	2565	67905	43746	5836	111911
2009	1599	2521	72245	46726	6403	112612

15-11 年末电信电路及长途电信线路

Line of Telecommunications Facilities(Year-end)

年份 Year	长话业务电路(路) Long Distance Telephone Lines(line)	#光缆电路 Optical Cable Lines	#数字电路 Digital Lines	长途光缆线路长度(公里) Length of Long Distance Optical Cable Lines(km)
1990	1736			
1991	2349	351		309
1992	3191	611	881	309
1993	6593	1663	2154	950
1994	10043	4230	1658	3274
1995	11669	6765	8578	8074
1996	17174	13760	15920	9282
1997	19199	17220	18833	9846
1998	30569	27320	30559	11416
1999	26053		26053	11625
2000	48309		48309	16420
2001	84036		84036	15890
2002	166749		166749	25018
2003	247110		247110	28597
2004	213030		213030	31114
2005	364200		364200	35400
2006	451770		451770	38031
2007	2837160		2837160	34416
2008	3993105		3993105	48146
2009	14542350		14542350	42626

15-12 邮电通信水平

Level of Postal and Telecommunications Services

指标	Item	1995	2000	2005	2009
全区邮电通信水平	**Autonomous Regional Level**				
平均每人每年发函件数(件)	Annual Average Number of Letters Mailed per Capita(piece)	4.72	4.09	1.32	1.51
平均每百人每年订报刊数(份)	Annual Average Number of Newspaper and Magazine Subscribed per 100 Persons(copy)	21.39	16.69	8.13	9.62
平均每百人拥有本地网电话机部数(部)	Number of Local Telephone Sets Owned per 100 Persons(set)	2.90	8.75	22.7	18.25
农村邮电通信水平	**Rural Level**				
设有邮电局、所的乡(镇)比重(%)	Percentage of Townships with Post and Telephone Communications Offices(%)		100	100	100
通电话的乡(镇)比重(%)	Percentage of Townships with Telephone Communication(%)	94.20	100	100	100
进入长话自动网的乡(镇)比重(%)	Percentage of Townships with Connected Autoexchange Net of Long Distance Call(%)	37.60	100	100	100

15-13 电信设备年末拥有量

Telecommunications Facilities at Year-end

年 份 Year	长途自动交换机容量(路端) Capacity of Long-distance Telehone Exchanges (circuit)	本地电话局用交换机容量(门) Capacity of Local-office Telehone Exchanges (line)	# 中央国有 Central State-owned	# 地方国有 Local State-owned	电话机(部) Number of Telephone (set)	# 中央国有 Central State-owned	# 地方国有 Local State-owned
1978		50830	312180	19550	99636	42726	56910
1980		104050	60450	43600	106473	74235	32238
1985		156280	108230	48050	156929	128360	28569
1986		163960	113930	50030	181936	149191	32745
1987		179070	128820	50250	164123	129670	34453
1988	200	193155	141190	51965	232159	194589	37570
1989	1560	222675	169540	53135	266627	226723	39904
1990	1560	241305	188020	53285	296601	253525	43076
1991	2249	268605	212950	55655	329689	283773	45916
1992	5342	351793	251230	100563	363537	312632	50905
1993	9906	449154	358984	90170	454013	398342	55671
1994	25895	682979	618964	64015	624729	595081	29648
1995	68127	1059151	1029828	29323	854869	838265	16604
1996	70336	1284301	1260288	24013	1100640	1088151	12489
1997	81050	1554614	1226356	328258	1313097	1063609	249488
1998	92200	1889691	1508344	381347	1500674	1200539	300135
1999	94200	2119776	1769500	350276	2086000	1748959	337041
2000	96320	2543000	2122789	420211	3222000	2577600	644400
2001	110000	3034400	3034400		4670000	4670000	
2002	137060	3463000	3463000		6284000	6284000	
2003	68640	3705538	3705538		9090500	9090500	
2004	74000	7224000	7224000		10966000	10966000	
2005	79211	4304500	4304500		12543000	12543000	
2006	158974	4277900	4277900		14149600	14149600	
2007	339509	7230000	7230000		15721608	15721608	
2008	344765	7290000	7290000		18064000	18064000	
2009	248814	7137435	7137435		20575837	20575837	

主要统计指标解释

铁路营业里程 又称营业长度(包括正式营业和临时营业里程)，指办理客货运输业务的铁路正线总长度。凡是全线或部分建成双线及以上的线路，以第一线的实际长度计算；复线、站线、段管线、岔线和特殊用途线以及不计算运费的联络线都不计算营业里程。铁路营业里程是反映铁路运输业基础设施发展水平的重要指标，也是计算客货周转量、运输密度和机车车辆运用效率等指标的基础资料。

铁路正线延展里程 指正线第一线、第二线、第三线和其他正线建筑里程之和，不包括站线、段管线、岔线及特殊用途线的延展里程。它是作为计算铁路上钢轨、枕木及路基砂石需要量的主要依据。

铁路电气化里程 指在全部铁路营业里程中已安装了供电线路及设备，可以供电力机车牵引列车运行的区段的总里程。

铁路自动、半自动闭塞里程 为保证列车安全运行，在一个区间、同一时间内，一般只允许一列列车运行，这种保证列车在这个区间安全间隔运行的技术方法称为“闭塞”。自动和半自动闭塞里程是指装有列车自动或人工完成闭塞状态的铁路设备里程。自动或半自动闭塞里程占铁路营业里程的比重是反映铁路现代化的重要标志之一。

公路里程 指在一定时期内实际达到《公路工程技术标准 JTJ01-88》规定的等级公路，并经公路主管部门正式验收交付使用的公路里程数。包括大中城市的郊区公路以及通过小城镇街道部分的公路里程和桥梁、渡口的长度，不包括大中城市的街道、厂矿、林区生产用道和农业生产用道的里程。两条或多条公路共同经由同一路段，只计算一次，不得重复计算里程长度。它是反映公路建设发展规模的重要指标，也是计算运输网密度等指标的基础资料。

内河航道里程 也称内河通航里程，指在一定时期内，能通航运输船舶及排筏的天然河流、湖泊水库、运河及通航渠道的长度。包括全年季节性通航累计三个月以上的航道，不包括仅供零散流放竹、木排的河道。它是内河水运网规模、水平和发展情况的主要指标。

民用航空线里程 指民航运输定期班机飞行的航线长度的总和。航线长度按机场之间的距离计算，通常有两种计算方法：一是将每条航线长度相加称为重复计算航线里程；二是将两线或两条以上航线经过同一区段里程，只计算一次航线长度称为不重复计算航线里程，一般常用的是后者，它能确切反映民航运输网的规模，是表明民航事业为国民经济服务和方便人民生活程度的主要指标。

输油(气)管道长度 也称输油(气)里程，指油品(或天然气)的实际输送距离，一般按输油(气)管道的单线长度计算。若包括复线和备用线长度则称为输油(气)管道延展长度，是指管道铺设的实际长度。我们通常使用的是不包括复线的“输油(气)管道里程”，它是反映管道运输发展规模和水平的主要指标。

货(客)运量 指在一定时期内，各种运输工具实际运送的货物(旅客)数量。它是反映运输业为国民经济和人民生活服务的数量指标，也是制定和检查运输生产计划、研究运输发展规模和速度的重要指标。货运按吨计算，客运按人计算。货物不论运输距离长短、货物类别，均按实际重量统计。旅客不论行程远近或票价多少，均按一人一次客运量统计；半价票、小孩票也按一人统计。

货(客)运密度 指在一定时期内某种运输方式在营运线路的某一区段平均每公里线路通过的货物(旅客)运输周转量。计算公式为：

货(客)运密度=货物(旅客)周转量/营业线路长度

货(客)运密度是反映交通运输线路上货物(旅客)运输量运输繁忙程度的主要指标，是平衡运输线路运输能力和通过能力，规划线路建设及改造、配备技术设备，研究运输网布局的重要依据。

货物(旅客)周转量 指在一定时期内，由各种运输工具运送的货物(旅客)数量与其相应运输距离的乘积之总和。它是反映运输业生产总成果的重要指标，也是编制和检查运输生产计划，计算运输效率、劳动生产率以及核算运输单位成本的主要基础资料。计算货物周转量通常按发出站与到达站之间的最短距离，也就是计费距离计算。计算公式为：

货物(旅客)周转量=Σ货物(旅客)运输量×运输距离

铁路货车平均静载重 指铁路货车在始发站静止状态下平均每年装载的货物重量，用以分析货车完成装车时车辆载重力的利用情况。计算公式为：

货车平均静载重=货物发送吨数/装车数

静载重的多少取决于运送货物的性质、种类、车辆的类型和装载技术的高低。根据货车的平均标记载重与静载重进行对比，可以反映货车载重能力的利用程度。计算公式为：

货车载重力利用率(%)=货车平均静载重/货车平均标记载重×100%

铁路货运机车日产量 指在一定时期内，平均每台货运机车在一昼夜内所完成的总重吨公里数，包括载运货物的重量和车辆本身的自重。它从时间和牵引能力两方面反映了机车运用效率。计算公式为：

货运机车平均日产量=货运总重吨公里数/货运机车台日数

邮电业务总量 指以价值量形式表现的邮电通信企业为社会提供各类邮电通信服务的总数量。邮电业务量按专业分类包括函件、包件、汇票、报刊发行、邮政快件、特快专递、邮政储蓄、集邮、公众电报、用户电报、传真、长途电话、出租电路、市话无线寻呼、移动电话、分组交换数据通信、出租代维等。计算方法为各类产品乘以相应的平均单价(不变价)之和，再加上出租电路和设备、代用户维护电话交换机和线路等的服务收入。它综合反映了一定时期邮电业务发展的总成果，是研究邮电业务量构成和发展趋势的重要指标。计算公式为：

邮电业务总量=Σ(各类邮电业务量×不变单价)+出租代维及其他业务收入

无线寻呼电话用户 指携带小型寻呼机、接收市话用户通过无线寻呼中心，在规定范围内向其发出声音、数字或文字显示信息的用户。在寻呼台办理登记手续的无线寻呼用户，每一部寻呼机按一户计算。

移动电话用户 指在移动电话营业部门登记，通过移动电话交换机进入电话网、占有移动电话号码的电话用户。用户数量以实际办理登记手续进入邮电部门移动电话网的户数进行计算，一部或一台移动电话统计为一户。

电话用户 指接入国家公众固定资产电话网，并按固定电话业务进行经营管理的电话用户。1997 年以前，电话用户分为市内电话用户和农村电话用户。市内电话用户是指接入县城及县以上城市电话网上的电话用户；农村电话用户是指接入县邮电局农话台及县以下农村电话交换点，以县城为中心(除市话用户外)联通县、乡(镇)、行政村、村民小组的用户。从 1997 年起，电话用户数分组调整为以用户所在区域划分为“城市电话用户”和“乡村电话用户”与过去的按市内电话和农村电话划分方法不同。而电话用户数、电话机部数统计方法不变。

住宅电话 指话机装在居民住宅里的电话，包括私人付费、公费和免费三个部分。

私人付费电话 指住宅居民自费安装并自己缴纳通话费的电话。

Explanatory Notes on Main Statistical Indicators

Length of Railways in Operation refers to the total length of the trunk line under passenger and freight transportation (including both full operation and temporary operation) . The calculation is based on the actual length of the first line even if this line has a full or partial double track or more tracks, excluding double tracks, station sidings, tracks under the charge of station, branch lines, special purpose lines and the non payable connecting lines, The length of railways in operation is an important indicator to show the development of the infrastructure for the railway transport, and also the essential data to calculate volume of passenger freight transport, traffic density and utilization efficiency of the locomotives and carriages.

Extenuation Length of Trunk Lines refers to the sum of the first, the second, the third lines and other constructed length of the trunk railways, excluding the extenuation length of the station lines, lines under the jurisdiction of depots, sidings and lines for special purpose. It provides important information for the calculation of the needs for rails, sleepers, sand and stone for the construction of railways.

Length of Electrified Railways refers to the length of the section of railways in operation in which the power supply lines and other equipment are installed for the running of electrified locomotives. The proportion of the length of electrified railways to the total length of railways in operation is an important indicator to show the modernization of railways.

Automatic-blocking and Semi-automatic blocking Length of Railways Blocking is a spacing technique by which a section of the railway only allows one train to pass at a time, in order to ensure the traffic safety. Automatic (semiautomatic) blocking length of railways refers to railways installed with equipment to perform automatic or manual blocking of trains, the proportion of automatic/semi automatic blocking length to the total length of railways in operation is an important indicator to show the modernization of railways.

Length of Highways refers to the length of highways which are built in conformity with the grades specified by the highway engineering standard formulated by the Ministry of Communications, and have been formally checked and accepted by departments of highways and put into use. The length of highways includes that of the suburb highways at large and medium sized cities, highways passing through streets at small cities and towns, and also the length of bridges and ferries. It does not include the length of streets in big and medium sized cities and highways built for the production purpose at factories, mines, forest areas and agricultural areas. If two or more highways go the same section of the way, the length of the section is only calculated for once and no duplication is allowed. The length of highways is an important indicator to show the development of the highway construction and to provide essential information to calculate the transport network density.

Length of Navigable Inland Waterways an indicator reflecting the size and development of inland water network, it refers to the length of the natural rivers, lakes, reservoirs, canals, and ditches open to navigation during a given period, which enables the transport by ships and rafts. It includes the channels open to navigation for over an accumulative 3 months in a year, yet this does not include the river courses which are only used to float odd logs and bamboo rafts.

Length of Civil Aviation Routes refers to the length of all routes for regular civil aviation flights. There are usually two ways to calculate the distance between airports connected by the route length: One is to put the length of all air routes together, called duplicated calculation of the length of the routes, the other is not to allow the duplication in calculation when two or more routes passing the same section of aviation routes. The latter is usually used, as it can precisely show the size of the civil aviation network and indicate the extent of civil aviation serving the national economy and the people.

Length of Oil (Gas) Pipelines used as an indicator to show the development, scale and level of the pipeline transportation, it refers to the actual transport distance of oil (or gas) products, and is in general calculated in the length of single pipeline. If the length of the double pipelined and alternate pip-line is included, it is called the extension length of the oil (gas) pipelines, which indicates the actual length of the pipelines built, excluding double pipelines.

Freight (Passenger) Traffic refers to the volume of freight (passenger) transported with various means. Freight transport is calculated in tons and passenger traffic is calculated in the number of persons. Despite the type of freight and traveling distance, the freight transport is calculated in the actual weight of the goods: and despite the traveling distance and ticket price, the passenger traffic is calculated by the principle that one person can be counted only once in one travel. The passenger who travels a half price ticket or a child ticket is also calculated as one person. The freight (passenger) traffic provides a quantitative measure to show how the transport industry serves the national economy and people, and is also an important indicator for planning the transport industry and for studying the development scale and speed of the transport industry.

Freight (Passenger) Traffic Density refers to the freight(passenger) traffic volume carried by a particular means of transportation during a given period through one kilometer of a specific section of transportation route. The formula is as follows.

Freight (Passenger) Traffic Density =[Freight Ton-kilometers (Passenger-kilometers)] ÷(Length of Route in Operation)

Freight (passenger) traffic density reflects the degree of business of freight (passenger) traffic on transportation routes, and therefore provides important information for balancing transport capability, planning construction and upgrading of transport routes and studying the distribution of transport network.

Freight Ton-kilometers (Passenger kilometers) refer to the sum of the products of the volume of transported cargo(passengers) multiplying by the transport distance, usually using ton kilometer and passenger kilometer as units for measurement. Normally, the shortest distance between the departure station and the destination station (i. e, the payable distance) is the basis to calculate the freight Ton kilometers. This is an important indicator to show the total results of the transport industry, to prepare and examine the transport plan and to measure the efficiency, the labour productivity and the unit cost of transport. The formula is as follows:

Freight Ton kilometers(Passenger kilometers) = {Freight (Passenger) Traffic × Distance of Transportation}

Measuring unit: ton kilometer(person kilometer)

Static Load of Freight Cars refers to the average cargo weight as loaded by each freight car under the static condition at the departure station. It is used to show the utilization extent of the loading capacity of the freight cars. The formula is:

Static Load (ton) of Freight Car=(Tonnage of Goods Dispatched) ÷(Number of Freight Cars Loaded)

The static load of freight cars is determined by the nature and type of goods loaded, the type of vehicles, and the technique of loading. The difference between the average marked load and the static load of freight cars reflects the utilization of loading capacity of freight cars. For its calculation the following formula is applied:

Utilization Rate of Capacity of Freight Cars(%) =Σ [(Average Static Load)] ÷(Average Marked Load) ×100%

Average Daily Haul of Freight Locomotives refers to the average total ton kilometers accomplished by each freight transport locomotive over day and night during a given period of time. It includes both the weight of the goods carried and the dead weight of the train itself. It is a comprehensive indicator reflecting the locomotive efficiency in terms of both time and the pulling force.

Average Daily Haul of Freight Transport Locomotive(ton kilometer) = [(Total Ton (Kilometers of Freight)] ÷(Daily Number of Freight Transport Locomotive).

Business Volume of Post and Telecommunications refers to the total amount of post telecommunications services, expressed in value terms, provided by the post and telecommunications departments for the society. Post and telecommunication services can be classified as letters, parcels, remittance, issue of newspapers and magazines, fast mail service, express mail service, savings deposits, stamps for collection, public and individual telegraph service, facsimiles, long distance telephone service, leasing of telephone lines, urban paging service, mobile telephone service, data transfer and transmission, etc. The accounting approach is to multiply the service products of all types with their average unit price (constant price) to get sum of business value, plus income from other services such as leasing of telephone lines and equipment, maintenance of telephone switchboards and lines on behalf of customers. This indicator reflects the overall results of post and telecommunications service during a given period, and is important to study the composition of business service and the development of post and telecommunications service.

The formula is follows:

Business Volume of Post and Telecommunications

= Σ(Transaction of Post and Telecommunication Service × Constant Price) + Income from Leasing, Maintenance and other Services

Subscribers of Paging Services refer to subscribers who carry small size pagers and receive audio signals, digital signals or character signals sent out by telephone through wireless paging center within assigned area. Each pager is counted as a subscriber.

Mobile Telephone Subscribers refer to the persons who own mobile telephone number connected with the mobile telephone communication network and have registered in mobile communication enterprises. The number of subscribers is calculated only when the subscribers who have gone through all the register formalities and entered into the mobile telephone network. One mobile telephone is treated as a subscriber.

Telephones Subscribers refer to subscribers that are connected to the public line telephone network provided with telephone services. Before 1997, telephone subscribers were classified as city subscribers and village subscribers. City subscribers referred to those connected to city telephone networks in county towns and cities, while village subscribers referred to those connected to village telephone stations at and below counties. Since 1997, the classification of telephone subscribers was modified on the basis of physical location of the subscribers as "urban telephone subscribers "and" rural telephone subscribers", which is different from the previous classification of categorizing "local telephones "and "rural telephones", while the definition of total subscribers and total number of telephones remain unchanged.

Household telephone subscribers refer to telephone sets installed in the dwelling units of residents, include 3 types of payment for the service: private payment, public payment and free service.

Private-paid telephone subscribers refer to subscribers of households who pay for the installation and service of telephones.

十六、国内贸易

Domestic Trade

资料整理：王亦兵　柏　丽
Arranged By Wang Yibing , Bai Li

16-1 社会消费品零售总额(按销售单位所在地和行业分)

Total Retail Sale of Consumer Goods by Location of Retailers and by Sector

单位：万元　　(10 000 yuan)

年 份 Year	社会消费品零售总额 Total Retail Sales of Consumer Goods	市 City	县 County	县以下 Under County Level
1978	368336	109765	173880	84691
1979	396306	115097	212109	69100
1980	443085	134370	234472	74243
1981	473558	154209	220104	102245
1982	521169	168509	184330	168330
1983	576479	213026	190936	172517
1984	682854	272508	219274	191072
1985	756373	379587	204430	172356
1986	848809	435847	226870	186092
1987	963006	493222	257461	212323
1988	1188967	615424	319333	254210
1989	1256875	674326	333493	249056
1990	1305760	718633	338223	248904
1991	1455207	847989	378809	228409
1992	1686851	978585	421058	287208
1993	2222885	1274436	520515	427934
1994	2656752	1556018	612519	488215
1995	3133114	1787351	764355	581408
1996	3644208	2046368	935855	661985
1997	4171634	2494448	987127	690059
1998	4699727	2834462	1093481	771784
1999	5326021	3274132	1212618	839271
2000	6085451	3782591	1382488	920372
2001	6959858	4408005	1549876	1001977
2002	8253061	5255468	1805237	1192356
2003	9561995	6208135	2036284	1317576
2004	11607118	7720880	2398047	1488191
2005	13581000	9086000	2813000	1682000
2006	16286000	11052000	3328000	1906000
2007	19640000	13436000	3916000	2288000
2008	24630000	16957000	4844000	2829000
2009	28553067	19546789	5625019	3381259

16-1 续表 continued

单位：万元 (10 000 yuan)

年份 Year	批发零售贸易业 Wholesale and Retail Sale Trade	住宿餐饮业 Hotels and Catering	制造业 Manufacturing	农业生产者 Agriculture	其他行业 Others
1978	324557	9176	18424	4500	11679
1979	349203	9873	19823	4806	12601
1980	377210	12425	26812	11745	14893
1981	395242	13436	32747	12613	19520
1982	429129	15383	40642	16000	20015
1983	468060	17180	49112	18419	23708
1984	540456	21996	64587	28201	27614
1985	639621	26309	83076	43560	34446
1986	717482	31180	83815	51319	42686
1987	822095	37134	84602	60161	50035
1988	1022036	45026	110832	72734	54327
1989	1097906	44454	121209	81943	40349
1990	1154732	46081	126464	93257	41615
1991	1277458	54716	138160	111773	49581
1992	1424440	61275	166494	138677	74718
1993	1812421	274859			135605
1994	2182469	326337			147946
1995	2558304	396339			178471
1996	2972167	472720			199321
1997	3400261	563531			207842
1998	3807265	658848			233614
1999	4284513	786023			255485
2000	4875210	941049			269192
2001	5569681	1102355			287822
2002	6609147	1348192			295722
2003	7640622	1601569			319804
2004	9207247	2026590			373281
2005	10780965	2364654			435381
2006	12890755	2899876			495369
2007	15486890	3682236			470874
2008	21081000	3028000			520000
2009	22232878	5741781			578408

16-2 限额以上住宿业企业及个体户经营情况（2009年）

Above Designated Size Hotel Enterprises and Self-Employed Trade(2009)

单位：万元　　(10 000 yuan)

指标	Item	营业额 Business Revenue	#客房收入 Revenue from Hotel Rooms	#餐费收入 Revenue from Meals	#商品销售收入 Revenue from Commodities
总　计	**Total**	**347689**	**159501**	**162150**	**11966**
旅游饭店	Tourist Hotel	257346	108165	127085	9990
一般旅馆	General Hotel	85111	48287	33285	1774
其他住宿服务	Others	5232	3050	1780	202

16-3 限额以上餐饮业企业及个体户经营情况（2009年）

Above Designated Size Catering Enterprises and Self-Employed Trade(2009)

单位：万元　　(10 000 yuan)

指标	Item	营业收入 Business Revenue	# 商品零售额 Retail Sales of Commodities
总 计	**Total**	**503607**	**441230**
正餐服务	Dinner Services	498492	436411
快餐服务	Fast Food Services	4418	4121
饮料及冷饮服务	Cold/Ice drink,and Services	60	60
其他餐饮服务	Others	637	637

16-4 亿元以上商品交易市场情况(2009年)

Statistics on Commodity Exchange Markets of Transaction Value Over 100 Million Yuan(2009)

指标	Item	市场数（个）Markets (unit)	总摊位数（个）Booths (unit)	年末出租摊位（个）Rent Booths At Year-end (unit)	成交额（万元）Turn Over (100 million yuan)
总 计	**Total**	**66**	**38305**	**35469**	**5072932**
综合市场	**Integrated Markets**	**6**	**4066**	**3968**	**351965**
生产资料	Productions Markets	2	75	75	33700
工业消费品	Industrial Markets	2	3110	3110	290000
农产品	Farm Produce Markets				
其他	Others	2	881	783	28265
专业市场	**Special Markets**	**60**	**34239**	**31501**	**4720967**
生产资料	Productions Markets	12	1761	1665	2410750
农业生产用具	Agricultural implements	1	45	45	25600
农用生产资料	Agricultural Productions	2	162	162	31280
煤炭	Coal and Charcoal	1	29	29	480000
木材	Wood	1	132	132	200000
建材	Building Materials	3	766	670	129540
化工材料及制品	Chemical Materials				
金属材料	Metal Materials	3	443	443	1466000
机械设备	Mechanical Equipment	1	184	184	78330
其他生产资料	Others				
农产品	Farm Produce Markets	22	12573	10213	925241
粮油	Grain & Oil	6	1830	1830	115700
肉禽蛋	Meat,Poultry & Eggs	3	649	649	76771
水产品	Aquatic Products				
蔬菜	Vegetables	6	3642	3553	307671
干鲜果品	Dried & Fresh Fruits	1	12	12	80000
棉麻土畜、烟叶	Local & lives tocks	1	300	300	23600
其他农产品	Others	5	6140	3869	321499
食品、饮料及烟酒	Food,Beverages,Tobacco & Liquor	1	228	228	15230
纺织、服装、鞋帽	Textile,Garments,Footwear & Hat Wear	14	14861	14654	764653
日用品及文化用品	Commodity & Cultural Articles	1	718	648	95583
黄金、珠宝、玉器等首饰	Jewelry				
电器、通讯器材、电子设备	Electrical Equipment	1	240	235	29520
医药、医疗用品及器材	Medicament	1	180	180	21000
家具、五金及装饰材料	Furniture,Hardware,Decorating	3	1373	1373	184670
汽车、摩托车及零配件	Autocar,Accessories	1	43	43	19520
花、鸟、鱼、虫	Flower,Bird,Fish & Insect				
旧货	Second Hand				
其他专业市场	Others	4	2262	2262	254800

16-5 限额以上批发和零售业、住宿和餐饮业企业及个体户基本情况 (2009年, 按登记注册类型分)

Basic Conditions of Enterprises above Designated Size of Wholesale , Retail Sale, Hotels ,Catering Trades and Self-employed by Registration(2009)

指 标	Item	法人企业(个) Number of Corporation Unit (unit)	产业活动单位数及个体户(个) Number of Active Unit and Self-Employed (unit)	从业人数(人) Persons Engaged (person)
总 计	**Total**	**1883**	**455**	**201532**
一、 批发业合计	**Wholesale Trade**	**461**	**10**	**43184**
内资企业	**Domestic Funded Enterprises**	**458**	**4**	**42947**
国有企业	State-owned Enterprises	77	1	14044
集体企业	Collective-owned Enterprises	8		683
股份合作企业	Cooperative Enterprises	1		8
联营企业	Joint Ownership Enterprises	1		44
国有联营公司	State Joint Ownership Enterprises	1		44
集体联营企业	Collective Joint Ownership Enterprises			
国有与集体联营企业	Joint State collective Enterprises			
其他联营企业	Other Joint Ownership Enterprises			
有限责任公司	Limited Liability Corporations	138	1	8740
国有独资企业	State funded Corporations	2		863
其他有限责任公司	Other Limited Liability Corporations	136	1	7877
股份有限公司	Share-holding Corporations Ltd.	27	1	7841
私营企业	Private Enterprises	205	1	11572
私营独资企业	Private-funded Enterprises	9		590
私营合伙企业	Private Partnership Enterprises	11		1402
私营有限责任公司	Private Limited Liability Corporations	171		7565
私营股份有限公司	Private Share-holding Corporations Ltd.	14	1	2015
其他企业	Other Enterprises	1		15
港、澳、台商投资企业	**Enterprises with Investment from Hong Kong, Macao & Taiwan**	**1**		**72**
港澳台资合资经营	Joint-venture Enterprises	1		72
港澳台资合作经营	Cooperative Enterprises			
港澳台商独资企业	Sole Investment			
港澳台商投资股份有限公司	Share-holding Co.,Ltd			
外商投资企业	**Enterprises With Foreign Investment**	**2**		**117**
中外合资经营	Joint venture Enterprises	2		117
中外合作经营	Cooperation Enterprises			
外资企业	Enterprises with Sole			
外商投资股份有限公司	Share-holding Co., Ltd.			
个体工商户	**Self-employed Individuals**		**6**	**48**
二、 零售业合计	**Retail Trade**	**707**	**128**	**75045**
内资企业	**Domestic Funded Enterprises**	**706**	**7**	**72490**
国有企业	State-owned Enterprises	39		10815
集体企业	Collective-owned Enterprises	8		487
股份合作企业	Cooperative Enterprises	7		567
联营企业	Joint Ownership Enterprises	1		53
国有联营公司	State Joint Ownership Enterprises			
集体联营企业	Collective Joint Ownership Enterprises	1		53
国有与集体联营企业	Joint-State-collective Enterprises			
其他联营企业	Other Joint Ownership Enterprises			
有限责任公司	Limited Liability Corporations	207	2	20006
国有独资企业	State funded Corporations			
其他有限责任公司	Other Limited Liability Corporations	207	2	20006
股份有限公司	Share-holding Corporations Ltd.	50		6507

16-5 续表 1 continued

指 标	Item	法人企业(个) Number of Corporation Unit (unit)	产业活动单位及个体户(个) Number of Active Unit and Self-Employed (unit)	从业人数(人) Persons Engaged (person)
私营企业	Private Enterprises	386	5	33313
私营独资企业	Private funded Enterprises	54		3138
私营合伙企业	Private Partnership Enterprises	8		166
私营有限责任公司	Private Limited Liability Corporations	299	5	27935
私营股份有限公司	Private Share holding Corporations Ltd.	25		2074
其他企业	Other Enterprises	8		742
港、澳、台商投资企业	**Enterprises with Investment from Hong Kong, Macao & Taiwan**	**1**		**30**
港澳台资合资经营	Joint-venture Enterprises	1		30
港澳台资合作经营	Cooperative Enterprises			
港澳台商独资企业	Sole Investment			
港澳台商投资股份有限公司	Share-holding Co.,Ltd.from			
外商投资企业	**Enterprises With Foreign Investment**		**3**	**141**
中外合资经营企业	Joint venture Enterprises		1	83
中外合作经营企业	Cooperation Enterprises			
外资企业	Enterprises with Sole Foreign Investment		2	58
外商投资股份有限公司	Share-holding Co., Ltd.			
个体工商户	**Self-employed Individuals**		**118**	**2384**
三、住宿业合计	**Hotels**	**311**	**65**	**36650**
内资企业	**Domestic Funded Enterprises**	**304**	**20**	**33170**
国有企业	State owned Enterprises	64	4	8341
集体企业	Collective owned Enterprises	8		694
股份合作企业	Cooperative Enterprises	5	1	577
联营企业	Joint Ownership Enterprises	1		19
国有联营公司	State Joint Ownership Enterprises	1		19
集体联营企业	Collective Joint Ownership Enterprises			
国有与集体联营企业	Joint State collective Enterprises			
其他联营企业	Other Joint Ownership Enterprises			
有限责任公司	Limited Liability Corporations	52	5	8436
国有独资企业	State funded Corporations	1	1	505
其他有限责任公司	Other Limited Liability Corporations	51	4	7931
股份有限公司	Share holding Corporations Ltd.	15	1	1182
私营企业	Private Enterprises	151	8	12913
私营独资企业	Private funded Enterprises	45		2551
私营合伙企业	Private Partnership Enterprises	6		367
私营有限责任公司	Private Limited Liability Corporations	87	8	9003
私营股份有限公司	Private Share holding Corporations Ltd.	13		992
其他企业	Other Enterprises	8	1	1008
港、澳、台商投资企业	**Enterprises with Investment from Hong Kong, Macao Taiwan**	**2**		**936**
港澳台资合资经营	Joint-venture Enterprises	1		445
港澳台资合作经营	Cooperative Enterprises			
港澳台商独资企业	Sole Investment	1		491
港澳台商投资股份有限公司	Share-holding Co.,Ltd.			
外商投资企业	**Enterprises With Foreign Investment**	**5**		**1121**
中外合资经营企业	Joint venture Enterprises	3		472
中外合作经营企业	Cooperation Enterprises			
外资企业	Enterprises with Sole Foreign Investment	2		649
外商投资股份有限公司	Share-holding Co., Ltd.			
个体工商户	**Self-employed Individuals**		**45**	**1423**

16-5 续表 2 continued

指 标	Item	法人企业(个) Number of Corporation Unit (unit)	产业活动单位及个体户(个) Number of Active Unit and Self-Employed (unit)	从业人数(人) Persons Engaged (person)
四、餐饮业合计	**Catering Trade**	**404**	**252**	**46653**
内资企业	**Domestic Funded Enterprises**	**395**	**10**	**36720**
国有企业	State owned Enterprises	15	1	2069
集体企业	Collective owned Enterprises	1	1	103
股份合作企业	Cooperative Enterprises	5		472
联营企业	Joint Ownership Enterprises	1		82
国有联营公司	State Joint Ownership Enterprises			
集体联营企业	Collective Joint Ownership Enterprises			
国有与集体联营企业	Joint State collective Enterprises			
其他联营企业	Other Joint Ownership Enterprises	1		82
有限责任公司	Limited Liability Corporations	81	2	8486
国有独资企业	State funded Corporations			
其他有限责任公司	Other Limited Liability Corporations	81	2	8486
股份有限公司	Share holding Corporations Ltd.	14		1715
私营企业	Private Enterprises	257	5	22019
私营独资企业	Private funded Enterprises	83	1	6771
私营合伙企业	Private Partnership Enterprises	13		964
私营有限责任公司	Private Limited Liability Corporations	150	4	13498
私营股份有限公司	Private Share holding Corporations Ltd.	11		786
其他企业	Other Enterprises	21	1	1774
港、澳、台商投资企业	**Enterprises with Investment from Hong Kong, Macao Taiwan**	**3**		**250**
港澳台资合资经营	Joint-venture Enterprises			
港澳台资合作经营	Cooperative Enterprises			
港澳台商独资企业	Sole Investment	3		250
港澳台商投资股份有限公司	Share-holding Co.,Ltd.			
外商投资企业	**Enterprises With Foreign Investment**	**6**	**1**	**869**
中外合资经营企业	Joint venture Enterprises	1		40
中外合作经营企业	Cooperation Enterprises			
外资企业	Enterprises with Sole Foreign Investment	4	1	320
外商投资股份有限公司	Share-holding Co., Ltd.	1		509
个体工商户			**241**	**8814**

16-6 限额以上批发、零售贸易业企业及个体户商品销售总额(2009年,按行业分)

Total Sales of Enterprise above Designated Size in Wholesale, Retail Trade and Self-employed by Sector(2009)

单位：万元 (10 000 yuan)

指 标	Item	销售总额 Total Sales	批 发 Whole sale	零 售 Retail
总 计	**Total**	**23202209**	**14215570**	**8986639**
批发业合计	**Wholesale Trade**	**15671085**	**13545859**	**2125226**
农畜产品	Workstock Products	1227480	873053	354427
#谷物、豆及薯类	Cereal,Beans & Tubers	318527	290076	28451
食品、饮料及烟草制品	Food, Beverages & Tobaccos	1914989	1502883	412106
#米、面制品及食用油	Grains & Edible Oil	55789	54896	892
果品、蔬菜	Fruits & Vegetables	201428	95445	105983
肉、禽、蛋及水产品	Meat,Poultry,Eggs & Aquatic	26845	16039	10806
纺织、服装及日用品	Textile, Garment & Household	114166	65572	48595
#纺织品、针织品及原料	Textile,Kintwear	3473	3473	
服装	Garment	89383	53158	36225
文化、体育用品及器材	Cultural,Sports & Equipment	52285	52040	244
医药及医疗器材	Medicines & Medical Appliances	173274	162671	10603
矿产品、建材及化工产品	Minerals,Building & Chemicals	11427714	10195298	1232416
#石油及制品	Petroleum & Related Products	2308131	1636194	671937
煤炭及制品	Coal & Related Products	6300132	6206053	94079
化肥	Chemical Materials	279359	279059	300
机械设备、五金交电及电子产品	Machinery,Hardware,Electrics	664703	614459	50244
#汽车、摩托车及零配件	Automobile,Motorcycles & Parts	163606	126965	36641
贸易经纪与代理	Trading Brokerage & Agency	26785	19422	7363
其他	Others	69690	60462	9228
零售业合计	**Retail Trade**	**7531123**	**669711**	**6861412**
综合零售	Comprehensive Retail	1068746	10769	1057976
#百货	Consumer Goods	820790	10234	810555
食品、饮料及烟草制品专门零售	Food, Drink & Tobaccos	74556	12201	62355
#粮油	Grains & Edible Oil	42915	11472	31443
纺织、服装及日用品专门零售	Textile , Garment & Household	164596		164596
#纺织品及针织品	Textile & Kintwear Products	15040		15040
服装	Garments	117825		117825
鞋帽	Shoes & Hats	8158		8158
文化、体育用品及器材专门零售	Cultural,Sports Goods	47218	5	47214
#文具用品	Cultural Goods	120		120
体育用品	Sports Goods	390		390
图书	Books	28386	5	28381
报刊	Newspapers & Magazines			
医药及医疗器材专门零售	Medicines & Medical Appliances	109346	28761	80585
汽车、摩托车、燃料及零配件专门零售	Auto,Motorbikes,Fuel & Accessory	5370333	590376	4779957
家用电器及电子产品专门零售	Electronic Products	389705	20533	369172
#计算机、软件及辅助设备	Computers, Software	27202	2272	24930
五金、家具及室内装修材料专门零售	Hardware,Furniture & Home Decoration Material	194752	6969	187783
无店铺及其他零售	Non-Shop Retail & Other Retails	111873	98	111775

16-7 限额以上批发零售贸易业商品分类销售额

Total Sales of Enterprises above Designated Size in Wholesale and Retail Sale by Category of Main Commodities

单位：万元 (10 000 yuan)

项 目	Item	合计 Total		批发 Wholesale		零售 Retail Sale	
		2008	2009	2008	2009	2008	2009
食品类	Food	2377015	1359513	2181419	1159180	195596	200333
# 肉禽蛋类	Meat, Poultry and Eggs	45716	81185	7628	35335	38088	45850
饮料类	Beverages	61450	81395	30953	57155	30497	24240
烟酒类	Tobacco and Liquor	1291413	1657437	1258247	1607202	33166	50235
服装、鞋帽类	Garments, Footwear and Hats	503842	730041	2312	93297	501530	636744
针、纺织品类	Knitwear and Textiles	62497	102990	1580	19281	60917	83709
化妆品类	Cosmetics	33667	48300			33667	48300
金银珠宝类	Gold, Silver and Jewelry	42715	72917	34	6998	42681	65919
日用品类	Articles for Daily Use	155051	211973	9592	60742	145459	151231
# 洗涤用品类	Washing Articles	27337	30978	7285	6932	20052	24046
五金、电料类	Hardware and Electrical Materials	28868	32512	619	7593	28249	24919
体育、娱乐用品类	Sports and Recreation Articles	11801	21134	963	112	10838	21022
书报杂志类	Newspapers and Magazines	53058	44153	21741	12216	31317	31937
电子出版物及音像制品类	E journal and Video Products	4529	4985		464	4529	4521
家用电器和音像器材类	Household Appliances and Video Appliances	382431	459090	25820	64286	356611	394804
中西药品类	Traditional Chinese and Western Medicines	194721	657561	126593	560286	68128	97275
文化、办公用品类	Cultural and Official Goods	90648	94857	12111	52272	78537	42585
家具类	Furniture	39780	77799			39780	77799
通讯器材类	Communication Appliances	33043	55038	4277	13919	28766	41119
煤炭及制品类	Coal and Related Product	4646482	4961951	4642339	4943974	4143	17977
木材及制品类	Wood and Wooden Product	161815		152763		9052	
石油及制品类	Petroleum and Related Product	3923085	5103666	2271299	3095001	1651786	2008665
化工材料类	Raw Chemical Materials	368482	409088	367481	409088	1001	
黑色金属材料类	Ferrous Metals Materials						
有色金属材料类	Nonferrous Metals						
建筑及装潢材料类	Building and Decoration Materials	149462	396844	123062	339344	26400	57500
机电产品设备类	Mechanical and Electrical Products	190633	501173	165390	465310	25243	35863
# 农机类	Agricultural Machinery	33146	62259	33146	62259		
种子饲料类	Seed and Feedstuff	16980	36644	16980	36644		
棉麻、土畜类	Cotton, Hemp and Local livestock						

16-8 限额以上批发零售贸易企业资产及负债(2009年,按登记注册类型分)

Assets and Liability of Enterprises above Designated Size in Whole sale and Retail Sale by Registration(2009)

单位：万元 (10 000 yuan)

指 标	Item	资产合计 Total Assets	#流动资产 Circula-ting Funds	#固定资产 Fixed Asset	负债合计 Total Liabi-lities
总 计	**Total**	**7446353**	**4915902**	**1365740**	**5266592**
一、批发业合计	**Wholesale Trade**	**4564079**	**3171536**	**773679**	**3236422**
内资企业	**Domestic-Funded Enterprises**	**4560233**	**3167732**	**773636**	**3233594**
国有企业	State-owned	1426552	1051703	222873	924724
集体企业	Collective owned	37056	21596	2492	12430
股份合作企业	Cooperative	921	921		650
联营企业	Joint Ownership	3731	3115	616	2906
国有联营公司	State Joint Ownership	3731	3115	616	2906
集体联营企业	Collective Joint Ownership				
国有与集体联营企业	Joint State collective				
其他联营企业	Other Joint Ownership				
有限责任公司	Limited Liability Co.	1042772	790440	121405	680653
国有独资企业	State funded	2790	1825	765	1000
其他有限责任公司	Other Limited Liability Co.	1039982	788615	120640	679653
股份有限公司	Share holding Co. Ltd.	877320	457111	286202	790797
私营企业	Private Enterprises	1123343	794306	140048	804429
私营独资企业	Private funded	21210	12030	7714	13767
私营合伙企业	Private Partnership	116518	63763	2149	96621
私营有限责任公司	Private Limited Liability Co.	932854	694424	116150	658868
私营股份有限公司	Private Share holding Co. Ltd.	52761	24090	14035	35174
其他企业	Other Enterprises	48539	48539	1	17005
港、澳、台商投资企业	**Enterprises with Investment from Hong Kong, Macao & Taiwan**	**1027**	**1022**	**6**	**912**
港澳台资合资经营	Joint-venture	1027	1022	6	912
港澳台资合作经营	Cooperative				
港澳台商独资企业	Sole Investment				
港澳台商投资股份有限公司	Share-holding Co.Ltd.				
外商投资企业	**Enterprises With Foreign Investment**	**2819**	**2782**	**37**	**1916**
中外合资经营企业	Joint venture	2819	2782	37	1916
中外合作经营企业	Cooperation				
外资企业	Enterprises with Sole				
外商投资股份有限公司	Share-holding Co. Ltd.				

16-8 续表 continued

单位：万元 (10 000 yuan)

指 标	Item	资产合计 Total Assets	# 流动资产 Circulating Funds	# 固定资产 Fixed Asset	负债合计 Total Liabilities
二、 零售业合计	**Retail Trade**	**2882273**	**1744367**	**592062**	**2030170**
内资企业	**Domestic Funded Enterprises**	**2880196**	**1743208**	**591222**	**2027546**
国有企业	State owned	353271	150956	126616	335320
集体企业	Collective owned	8270	5386	996	7626
股份合作企业	Cooperative	21547	16871	1460	15768
联营企业	Joint Ownership	8954	8746	208	7936
国有联营公司	State Joint Ownership				
集体联营企业	Collective Joint Ownership	8954	8746	208	7936
国有与集体联营企业	Joint State collective				
其他联营企业	Other Joint Ownership				
有限责任公司	Limited Liability Co.	907468	553142	112616	672527
国有独资企业	State funded				
其他有限责任公司	Other Limited Liability Co.	907468	553142	112616	672527
股份有限公司	Share holding Co. Ltd.	246096	115897	82839	196305
私营企业	Private Enterprises	1289415	876105	247571	772637
私营独资企业	Private funded	61648	33438	20468	32929
私营合伙企业	Private Partnership	10053	7581	1586	7046
私营有限责任公司	Private Limited Liability Co.	1175236	805422	218128	706338
私营股份有限公司	Private Share holding Co. Ltd.	42479	29663	7389	26324
其他企业	Other Enterprises	45175	16106	18916	19427
港、澳、台商投资企业	**Enterprises with Investment from Hong Kong, Macao & Taiwan**	**2078**	**1158**	**840**	**2624**
港澳台资合资经营	Joint-venture	2078	1158	840	2624
港澳台资合作经营	Cooperative				
港澳台商独资企业	Sole Investment				
港澳台商投资股份有限公司	Share-holding Co.Ltd.				
外商投资企业	**Enterprises With Foreign Investment**				
中外合资经营企业	Joint venture				
中外合作经营企业	Cooperation				
外资企业	Enterprises with Sole				
外商投资股份有限公司	Share-holding Co. Ltd.				

16-9 限额以上批发、零售贸易企业资产及负债(2009年,按行业分)
Assets and Liability of Enterprises above Designated Size in Wholesale and Retail by Sector(2009)

单位：万元 (10 000 yuan)

指标	Item	资产合计 Total Assets	#流动资产 Circula-ting Funds	#固定资产 Fixed Asset	负债合计 Total Liabi-lities
总 计	**Total**	**7446353**	**4915902**	**1365740**	**5266592**
批发业合计	**Wholesale Trade**	**4564079**	**3171536**	**773679**	**3236422**
农畜产品	Workstock Products	641377	488043	78330	533960
#谷物、豆及薯类	Cereal,Beans & Tubers	586315	462577	56452	498223
食品、饮料及烟草制品	Food, drink & Tobaccos	785684	514237.9	132042	372796
#米、面制品及食用油	Grains & Edible Oil	211189	186631	16164	183189
果品、蔬菜	Fruits & Vegetables	33856	17431	13822	18157
肉、禽、蛋及水产品	Meat,Poultry,Eggs & Aqui- Products	6361	4541	1680	3652
纺织、服装及日用品	Textile,Garment & Household Goods	39929	14399	23217	33534
#纺织品、针织品及原料	Textile,Kintwear & Material	487	49	23	31
服装	Garment	33141	9580	21891	27777
文化、体育用品及器材	Cultural,Sports Goods & Equipment	47720	23774	18407	18080
医药及医疗器材	Medicines & Medical Appliances	92846	52954	17432	61907
矿产品、建材及化工产品	Minerals,Building Materials & Chemicals	2639692	1816573	475122	1968376
#石油及制品	Petroleum & Related Products	305528	117454	111045	242440
煤炭及制品	Coal & Related Products	1247737	982175	97599	895290
化肥	Chemical Materials	249576	232504	6793	215625
机械设备、五金交电及电子产品	Machinery, Equipment, Hardware, Electrical Products	259635	210642	26584	204667
#汽车、摩托车及零配件	Motor Vehicles,Motorcycles & Parts	136358	108744	14809	106873
贸易经纪与代理	Trading Brokerage & Agency	10940	9668	1272	8768
其他	Others	46257	41245	1273	34333
零售业合计	**Retail Trade**	**2882273**	**1744367**	**592062**	**2030170**
综合零售	Comprehensive Retail	630886	348146	171939	432789
#百货零售	Consumer Goods	472911	254872	132939	313806
食品、饮料及烟草制品	Food, Beverages & Tobaccos Products	58854	31907	12728	35565
#粮油	Grains & Edible Oil	40589	20744	8903	27089
纺织、服装及日用品	Textile , Garment & Household Goods	47140	22456	16478	32756
#纺织品及针织品	Textile & Kintwear Products	4848.7	1481.2	2577	2754
服装	Garments	37207	19419	12155	27109
鞋帽	Shoes & Hats	3144	732	900	2255
文化、体育用品及器材	Cultural,Sports Goods	52127	16762	17237	38168
#文具用品	Cultural Goods				
体育用品	Sports Goods				
图书	Books	37073	9166	15481	29923
报刊	Newspapers & Magazines				
医药及医疗器材	Medicines & Medical Appliances	47640	36353	8580	36837
汽车、摩托车、燃料及零配件	Auto,Motorbikes, Fuel & Spare & Accessory & Parts	1521390	953510	311452	1166222
家用电器及电子产品	Household Appliances & Electronic Products	300622	167842	14577	228756
#计算机、软件及辅助设备	Computers, Software & Appliances	10996	7123	2168	6106
五金、家具及室内装修材料	Hardware,Furniture and Interior Decoration Material	161761	128562	30536	17448
无店铺及其他	Non-Shop Retail & Other Retails	61855	38828	8535	41630

16-10 限额以上餐饮企业资产及负债(2009年,按登记注册类型和行业分)

Assets and Liability of Enterprises above Designated Size in Catering Trades by Registration and by Sector(2009)

单位：万元 (10 000 yuan)

指标	Item	资产合计 Total Assets	# 流动资产 Circulating Funds	# 固定资产 Fixed Asset	负债合计 Total Liabi-lities
总计	**Total**	**535006**	**169175**	**221321**	**299812**
按登记注册类型分	**By Status of Registration**				
内资企业	**Domestic Funded Enterprises**	**530990**	**166796**	**220561**	**297144**
国有企业	State owned	32432	4995	26473	14201
集体企业	Collective owned	1196	297	725	861
股份合作企业	Cooperative	8648	1118	6450	4202
联营企业	Joint Ownership	1189	123	1066	1065
国有联营公司	State Joint Ownership				
集体联营企业	Collective Joint Ownership				
国有与集体联营企业	Joint State collective				
其他联营企业	Other Joint Ownership	1189	123	1066	1065
有限责任公司	Limited Liability Co.	140148	41265	48948	89110
国有独资企业	State funded Co.				
其他有限责任公司	Other Limited Liability Co.	140148	41265	48948	89110
股份有限公司	Share holding Co. Ltd.	58915	27912	19996	37055
私营企业	Private Enterprises	261193	86450	103082	132140
私营独资企业	Private funded	106547	36972	25392	66437
私营合伙企业	Private Partnership	7314	3224	3930	3186
私营有限责任公司	Private Limited Liability Co.	143844	44452	72297	61715
私营股份有限公司	Private Share holding Co. Ltd.	3488	1802	1463	802
其他企业	Other .	27269	4636	13821	18510
港、澳、台商投资企业	**Enterprises with Investment from HK , Macao & Taiwan**	**1452**	**879**	**367**	**1108**
港澳台资合资经营	Joint-venture Enterprises (HK,Macao & Taiwan)				
港澳台资合作经营	Cooperative Enterprises (HK,Macao & Taiwan)				
港澳台商独资企业	Sole Investment from HK, Macao & Taiwan	1452	879	367	1108
港澳台商投资股份有限公司	Share-holding Co.,Ltd.from HK, Macao & Ttaiwan				
外商投资企业	**Enterprises With Foreign Investment**	**2563**	**1499**	**393**	**1560**
中外合资经营企业	Joint venture	571	495	9	608
中外合作经营企业	Cooperation				
外资企业	Enterprises with Sole Foreign Investment	1328	445	329	844
外商投资股份有限公司	Share-holding Co.Ltd. with Foreign Investment	665	559	55	108
按服务业分	**By Business Categories**				
正餐服务	Dinner Services	532855	168118	220587	298547
快餐服务	Fast Food Services	1580	562	725	658
饮料及冷饮服务	Cold drink Services				
其他餐饮服务	Others	571	495	9	608

16-11 限额以上批发零售贸易企业主要财务指标（2009年,按登记注册类型分）

Main Financial Indicators of Enterprises above Designated Size in Wholesale and Retail Sale by Registration(2009)

单位：万元 (10 000 yuan)

指 标	Item	商品销售收入 Sales Revenue	商品销售成本 Cost of Sales	经营费用 Management Cost	商品销售税金及附加 Sales Tax & Extra Changes	商品销售利润 Total Profits
批发零售贸易业总计	**Total**	**21890309**	**18639738**	**657897**	**176321**	**2936212**
一、 批发业合计	**Wholesale Trades**	**14834444**	**12641728**	**381608**	**145660**	**1965142**
内资企业	**Domestic Funded Enterprises**	**14804880**	**12615012**	**380311**	**145642**	**1962313**
国有企业	State owned	2940609	2424945	100045	52163	441172
集体企业	Collective owned	103091	89565	2410	1176	11627
股份合作企业	Cooperative	7294	6272	2	21	1001
联营企业	Joint Ownership	4971	4737	588	5	229
国有联营公司	State Joint Ownership	4971	4737	588	5	229
集体联营企业	Collective Joint Ownership					
国有与集体联营企业	Joint State collective					
其他联营企业	Other Joint Ownership					
有限责任公司	Limited Liability Co.	2944326	2589712	87496	7039	314581
国有独资企业	State funded Co.	58532	42511	102	447	9063
其他有限责任公司	Other Limited Liability Co.	2885793	2547201	87393	6592	305518
股份有限公司	Share holding Corporations Ltd.	6070277	5196850	63985	60850	836240
私营企业	Private	2713471	2283355	125699	24343	356241
私营独资企业	Private funded	50648	41952	1519	383	8314
私营合伙企业	Private Partnership	265691	192189	32297	1294	66011
私营有限责任公司	Private Limited Liability Co.	2209713	1894473	83521	19424	254335
私营股份有限公司	Private Share holding Co. Ltd.	187419	154742	8363	3242	27582
其他企业	Other Enterprises	20844	19577	85	45	1222
港、澳、台商企业	**Enterprises from HK, Macao & Taiwan**	**12481**	**11233**	**19**	**6**	**1243**
港澳台资合资经营	Joint-venture Enterprises (HK,Macao & Taiwan)	12481	11233	19	6	1243
港澳台资合作经营	Cooperative Enterprises (HK,Macao & Taiwan)					
港澳台商独资企业	Sole Investment from HK, Macao & Taiwan					
港澳台商投资股份有限公司	Share-holding Co.,Ltd.from HK, Macao & Ttaiwan					
外商企业	**Enterprises Foreign Investment**	**17082**	**15483**	**1279**	**12**	**1587**
中外合资经营企业	Joint venture	17082	15483	1279	12	1587
中外合作经营企业	Cooperation					
外资企业	Sole Foreign Investment					
外商投资股份有限公司	Share-holding Co. Ltd.with Foreign Investment					

16-11 续表 continued

单位：万元 (10 000 yuan)

指标	Item	商品销售收入 Sales Revenue	商品销售成本 Cost of Sales	经营费用 Manag-ement Cost	商品销售税金及附加 Sales Tax & Extra Changes	商品销售利润 Total Profits
二、零售企业合计	**Retail Sale Trades**	**7055866**	**5998010**	**276288**	**30661**	**971070**
内资企业	**Domestic Funded Enterprises**	**7052969**	**5995658**	**275877**	**30657**	**970529**
国有企业	State owned	2343388	2020226	108555	4766	195995
集体企业	Collective owned	16491	14926	649	72	1493
股份合作企业	Cooperative	62527	49461	1074	138	12928
联营企业	Joint Ownership	49490	39060		23	10408
国有联营公司	State Joint Ownership					
集体联营企业	Collective Joint Ownership	49490	39060		23	10408
国有与集体联营企业	Joint State collective					
其他联营企业	Other Joint Ownership					
有限责任公司	Limited Liability Co.	1625084	1396565	64241	9460	213058
国有独资企业	State funded Co.					
其他有限责任公司	Other Limited Liability Co.	1625084	1396565	64241	9460	213058
股份有限公司	Share holding Corporations Ltd.	645368	556780	31642	2017	165259
私营企业	Private	2258372	1879584	68049	14072	358407
私营独资企业	Private funded	110626	91660	2632	1884	17127
私营合伙企业	Private Partnership	28892	25858	530	65	2170
私营有限责任公司	Private Limited Liability Co.	2005820	1667248	60874	11373	321109
私营股份有限公司	Private Share holding Co. Ltd.	113034	94819	4013	750	18000
其他企业	Other Enterprises	52249	39057	1668	110	12983
港、澳、台商投资企业	**Enterprises with Investment from Hong Kong, Macao & Taiwan**	**2897**	**2352**	**411**	**4**	**541**
港澳台资合资经营	Joint-venture Enterprises (HK,Macao & Taiwan)	2897	2352	411	4	541
港澳台资合作经营	Cooperative Enterprises (HK,Macao & Taiwan)					
港澳台商独资企业	Sole Investment from HK, Macao & Taiwan					
港澳台商投资股份有限公司	Share-holding Co.,Ltd.from HK, Macao & Ttaiwan					
外商投资企业	**Enterprises With Foreign Investment**					
中外合资经营企业	Joint venture					
中外合作经营企业	Cooperation					
外资企业	Sole Foreign Investment					
外商投资股份有限公司	Share-holding Co. Ltd.with Foreign Investment					

16-12 限额以上批发、零售贸易企业主要财务指标(2009年,按行业分)

Main Financial Indicators of Enterprises above Designated Size in Wholesale and Retail Sale by Sector(2009)

单位：万元 (10 000 yuan)

指 标	Item	商品销售收入 Sales Revenue	商品销售成本 Cost of Sales
总 计	**Total**	**21890309**	**18639738**
批发业合计	**Wholesale Trade**	**14834444**	**12641728**
农畜产品批发	Workstock Products	1169720	987740
#谷物、豆及薯类批发	Cereal,Beans & Tubers	307040	270983
食品、饮料及烟草制品批发	Food, Beverages & Tobaccos	1870334	1410495
#米、面制品及食用油批发	Grains & Edible Oil	55789	53594
果品、蔬菜批发	Fruits & Vegetables	200461	177294
肉、禽、蛋及水产品批发	Meat,Poultry,Eggs & Aquatic Products	26845	21400
纺织、服装及日用品批发	Textile Products, Garment & Household Goods	112842	87591
#纺织品、针织品及原料批发	Textile,Kintwear Products & Material	3473	2792
服装批发	Garment	89383	69029
文化、体育用品及器材批发	Cultural,Sports Goods & Equipment	47298	43391
医药及医疗器材批发	Medicines & Medical Appliances	174640	154230
矿产品、建材及化工产品批发	Minerals,Building Materials & Chemical Products	10694912	9321323
#石油及制品批发	Petroleum & Related Products	2256020	2113005
煤炭及制品批发	Coal & Related Products	6290741	5254023
化肥批发	Chemical Materials	279574	247869
机械设备、五金交电及电子产品批发	Machinery, Equipment,Hardware,Communication, Electrical Appliances & Products	668251	560328
#汽车、摩托车及零配件批发	Motor Vehicles,Motorcycles & Parts	175979	154477
贸易经纪与代理	Trading Brokerage & Agency	24701	22500
其他批发	Others	71746	54131
零售业合计	**Retail Trade**	**7055866**	**5998010**
综合零售	Comprehensive Retail	975702	801218
#百货零售	Consumer Goods	761799	627210
食品、饮料及烟草制品专门零售	Special Retail of Food, Beverages & Tobaccos Products	58257	50943
#粮油零售	Grains & Edible Oil	40467	37309
纺织、服装及日用品专门零售	Special Retail of Textile Products, Garment & Household Goods	130158	103416
#纺织品及针织品零售	Textile & Kintwear Products	14583	10887
服装零售	Garments	106886	86504
鞋帽零售	Shoes & Hats	5860	4059
文化、体育用品及器材专门零售	Special Retail of Cultural,Sports Goods and Equipment	42925	32746
#文具用品零售	Cultural Goods		
体育用品零售	Sports Goods		
图书零售	Books	26896	20486
报刊零售	Newspapers & Magazines		
医药及医疗器材专门零售	Special Retail of Medicines & Medical Appliances	103379	78581
汽车、摩托车、燃料及零配件专门零售	Special Retail of Auto,Motorbikes, Fuel & Spare & Accessory & Parts	5093773	4374455
家用电器及电子产品专门零售	Special Retail of Household Appliances & Electronic Products	377658	327594
#计算机、软件及辅助设备零售	Computers, Software & Office Appliances	27202	22696
五金、家具及室内装修材料专门零售	Special Retail of Hardware,Furniture and Interior Decoration Material	171155	140293
无店铺及其他零售	Non-Shop Retail & Other Retails	102859	88765

16-12 续表 continued

单位：万元 (10 000 yuan)

指标	Item	经营费用 Management Cost	商品销售税金及附加 Sales Tax & Extra Changes	商品销售利润 Total Profits
总计	**Total**	**657897**	**176321**	**2936212**
批发业合计	**Wholesale Trade**	**381608**	**145660**	**1965142**
农畜产品批发	Workstock Products	19121	3630	168897
#谷物、豆及薯类批发	Cereal,Beans & Tubers	14547	2751	25377
食品、饮料及烟草制品批发	Food, Beverages & Tobaccos	69991	55972	387935
#米、面制品及食用油批发	Grains & Edible Oil	1961	673	1819
果品、蔬菜批发	Fruits & Vegetables	2506	253	22914
肉、禽、蛋及水产品批发	Meat,Poultry,Eggs & Aquatic Products	240	1230	4215
纺织、服装及日用品批发	Textile, Garment & Household Goods	3891	2948	22243
#纺织品、针织品及原料批发	Textile,Kintwear Products & Material	741	6	675
服装批发	Garment	2680	2807	17547
文化、体育用品及器材批发	Cultural,Sports Goods & Equipment	1360	105	3802
医药及医疗器材批发	Medicines & Medical Appliances	5241	1620	17903
矿产品、建材及化工产品批发	Minerals,Building Materials & Chemical Products	261686	78882	1251838
#石油及制品批发	Petroleum & Related Products	71268	3080	161158
煤炭及制品批发	Coal & Related Products	130266	64898	909934
化肥批发	Chemical Materials	6687	1000	30688
机械设备、五金交电及电子产品批发	Machinery, Hardware,Electrical	15824	2029	99378
#汽车、摩托车及零配件批发	Motor Vehicles,Motorcycles & Parts	5489	1021	15415
贸易经纪与代理	Trading Brokerage & Agency	1012	70	2132
其他批发	Others	3483	402	11016
零售业合计	**Retail Trade**	**276288**	**30661**	**971070**
综合零售	Comprehensive Retail	37444	7744	165684
#百货零售	Consumer Goods	24888	5576	128220
食品、饮料及烟草制品专门零售	Special Retail of Food, Beverages & Tobaccos Products	1809	549	6429
#粮油零售	Grains & Edible Oil	949	345	2442
纺织、服装及日用品专门零售	Special Retail of Textile Products, Garment & Household Goods	5147	2163	23481
#纺织品及针织品零售	Textile & Kintwear Products	1020	127	3569
服装零售	Garments	3798	1942	17342
鞋帽零售	Shoes & Hats	50	42	1759
文化、体育用品及器材专门零售	Special Retail of Cultural,Sports Goods and Equipment	1957	712	9660
#文具用品零售	Cultural Goods			
体育用品零售	Sports Goods			
图书零售	Books	1550	152	6154
报刊零售	Newspapers & Magazines			
医药及医疗器材专门零售	Medicines & Medical Appliances	8408	2023	20748
汽车、摩托车、燃料及零配件专门零售	Special Retail of Auto,Motorbikes, Fuel & Spare & Accessory & Parts	196445	15323	654011
家用电器及电子产品专门零售	Special Retail of Household Appliances & Electronic Products	15639	1062	47884
#计算机、软件及辅助设备零售	Computers, Software & Office Appliances	387	92	3343
五金、家具及室内装修材料专门零售	Special Retail of Hardware,Furniture and Interior Decoration Material	5161	784	29898
无店铺及其他零售	Non-Shop Retail & Other Retails	4280	302	13276

16-13 限额以上住宿企业主要财务指标
(2009年,按登记注册类型和行业分)
Main Financial Indicators of Enterprises above Designated Size in Hotel by Registration and by Sector(2009)

单位：万元 (10 000 yuan)

指 标	Item	商品销售收入 Sales Revenue	商品销售成本 Cost of Sales	经营费用 Manag-ement Cost	商品销售税金及附加 Sales Tax & Extra Changes	商品销售利润 Total Profits
总 计	**Total**	**317407**	**141496**	**79248**	**15359**	**158286**
按登记注册类型分	**By Status of Registration**					
内资企业	**Domestic Funded Enterprises**	**281436**	**124831**	**71250**	**13974**	**140367**
国有企业	State owned	73416	34231	18256	3785	34478
集体企业	Collective owned	5103	1803	1072	179	2667
股份合作企业	Cooperative	5566	2621	1429	316	2629
联营企业	Joint Ownership	213	122	1	11	80
国有联营公司	State Joint Ownership	213	122	1	11	80
集体联营企业	Collective Joint Ownership					
国有与集体联营企业	Joint State collective					
其他联营企业	Other Joint Ownership					
有限责任公司	Limited Liability Co.	81180	30970	24013	4026	45212
国有独资企业	State funded Co.	2097	2158	757	136	-197
其他有限责任公司	Other Limited Liability Co.	79083	28812	23256	3890	45409
股份有限公司	Share holding Co.Ltd.	10570	4834	2471	532	5203
私营企业	Private Enterprises	99333	47327	23169	4707	47383
私营独资企业	Private funded	20746	11448	2784	1031	8230
私营合伙企业	Private Partnership	3136	1118	887	153	1865
私营有限责任公司	Private Limited Liability Co.	68831	31980	17300	3233	33647
私营股份有限公司	Private Share holding Co. Ltd.	6621	2781	2198	290	3641
其他企业	Other	6057	2923	839	418	2716
港、澳、台商投资企业	**Enterprises with Investment from HK , Macao & Taiwan**	**15484**	**7932**	**3975**	**744**	**6807**
港澳台资合资经营	Joint-venture Enterprises (HK,Macao & Taiwan)	4385	877	3415	203	3306
港澳台资合作经营	Cooperative Enterprises (HK,Macao & Taiwan)					
港澳台商独资企业	Sole Investment from HK, Macao & Taiwan	11098	7056	561	542	3501
港澳台商投资股份有限公司	Share-holding Co.,Ltd.from HK, Macao & Ttaiwan					
外商投资企业	**With Foreign Investment**	**20487**	**8733**	**4022**	**641**	**11113**
中外合资经营企业	Joint venture	12321	6418	2421	255	5648
中外合作经营企业	Cooperation					
外资企业	Sole Foreign Investment	8166	2315	1601	386	5465
外商投资股份有限公司	Share-holding Co. Ltd. with Foreign Investment					
按国民经济行业分	**By Sector**					
旅游饭店	Tourist Hotel	246362	108513	63091	12184	123705
一般旅馆	General Hotel	66276	30446	15538	2993	32522
其他住宿服务	Others	4768	2537	619	182	2059

16-14 限额以上餐饮企业主要财务指标 (2009年,按登记注册类型和行业分)

Main Financial Indicators of Enterprises above Designated Size in Catering Trades by Registration and by Sector(2009)

单位：万元 (10 000 yuan)

指 标	Item	商品销售收入 Sales Revenue	商品销售成本 Cost of Sales	经营费用 Manag-ement Cost	商品销售税金及附加 Sales Tax & Extra Changes	商品销售利润 Total Profits
总 计	**Total**	**387835**	**206247**	**61735**	**18290**	**160584**
按登记注册类型分	**By Status of Registration**					
内资企业	**Domestic Funded Enterprises**	**377188**	**201232**	**60376**	**17757**	**155488**
国有企业	State owned	14006	6641	3103	646	6500
集体企业	Collective owned	344	167	100	20	157
股份合作企业	Cooperative	4106	3879	155	210	17
联营企业	Joint Ownership	480	202	189	36	242
国有联营公司	State Joint Ownership					
集体联营企业	Collective Joint Ownership					
国有与集体联营企业	Joint State collective					
其他联营企业	Other Joint Ownership	480	202	189	36	242
有限责任公司	Limited Liability Co.	69409	36094	13231	3761	28346
国有独资企业	State funded Co.					
其他有限责任公司	Other Limited Liability Co.	69409	36094	13231	3761	28346
股份有限公司	Share holding Co.Ltd.	57108	33918	7457	2029	21261
私营企业	Private Enterprises	214262	112792	33382	10071	90055
私营独资企业	Private funded	62550	34942	8539	2719	24777
私营合伙企业	Private Partnership	10557	5706	1697	375	4476
私营有限责任公司	Private Limited Liability Co.	132502	67788	21776	6578	56902
私营股份有限公司	Private Share holding Co. Ltd.	8654	4356	1371	399	3899
其他企业	Other	17473	7539	2760	983	8911
港、澳、台商投资企业	**Enterprises with Investment from HK , Macao & Taiwan**	**2890**	**1252**	**749**	**146**	**1492**
港澳台资合资经营	Joint-venture Enterprises (HK,Macao & Taiwan)					
港澳台资合作经营	Cooperative Enterprises (HK,Macao & Taiwan)					
港澳台商独资企业	Sole Investment from HK, Macao & Taiwan	2890	1252	749	146	1492
港澳台商投资股份有限公司	Share-holding Co.,Ltd.from HK, Macao & Ttaiwan					
外商投资企业	**Enterprises With Foreign Investment**	**7757**	**3763**	**611**	**388**	**3604**
中外合资经营企业	Joint venture	637	255	5	32	351
中外合作经营企业	Cooperation					
外资企业	Sole Foreign Investment	2069	1060	605	103	903
外商投资股份有限公司	Share-holding Co. Ltd. with Foreign Investment	5052	2449		253	2350
按国民经济行业分	**By Sector**					
正餐服务	Dinner Services	384597	204738	61286	18105	159041
快餐服务	Fast Food Services	2601	1255	444	154	1192
饮料及冷饮服务	Cold drink Services					
其他餐饮服务	Others	637	255	5	32	351

主要统计指标解释

社会消费品零售总额 指国民经济各行业直接售给城乡居民和社会集团的消费品总额。它是反映各行业通过多种商品流通渠道向居民和社会集团供应的生活消费品总量，是研究国内零售市场变动情况、反映经济景气程度的重要指标。

社会消费品零售总额包括：(1)售给城乡居民作为生活用的商品和修建房屋用的建筑材料；(2)售给社会集团的各种办公用品和公用消费品；(3)售给机关、团体、学校、部队、企业、事业单位的职工食堂和旅店(招待所)附设专门供本店旅客食用，不对外营业的食堂的各种食品、燃料；企业、单位和国营农场直接售给本单位职工和职工食堂的自己生产的产品；(4)售给部队干部、战士生活用的粮食、副食品、衣着品、日用品、燃料；(5)售给来华的外国人、华侨、港澳台同胞的消费品；(6)居民自费购买的中、西药品、中药材及医疗用品；(7)报社、出版社直接售给居民和社会集团的报纸、图书、杂志，集邮公司出售的新、旧纪念邮票、特种邮票、首日封、集邮册、集邮工具等；(8)旧货寄售商店自购、自销部分的商品；(9)煤气公司、液化石油气站售给居民和社会集团的煤气灶具和罐装液化石油气；(10)农民售给非农业居民和社会集团的商品。不包括售给国民经济各部门企业、事业单位(包括国有经济的农场)生产经营用的各种原材料、燃料、设备、工具等和售给批发零售贸易业、餐饮业作为转卖用的商品，旧货寄售商店受托寄售卖出的商品，服务业的营业收入，邮局出售邮票的收入，自来水、电力、煤气生产(供应)单位的产品供应收入，也不包括农民之间的商品销售。

批发零售贸易业商品购、销、存总额 指各种登记注册类型的批发、零售贸易业(不包括个体)企业(单位)以本企业(单位)为总体的商品购进、销售、库存总额。

商品购进总额 指从本企业(单位)以外的单位和个人购进(包括从境外直接进口)作为转卖或加工后转卖的商品总额。它反映批发零售贸易业从国内、国外市场上购进商品的总量。商品购进总额包括：(1)从工农业生产者购进的商品；(2)从出版社、报社的出版发行部门购进的图书、杂志和报纸；(3)从各种登记注册类型的批发零售贸易企业(单位)购进的商品；(4)从其他单位购进的商品，如从机关、团体、企业等单位购进的剩余物资，从餐饮业、服务业购进的商品，从海关、市场管理部门购进的缉私和没收的商品，从居民手中收购的废旧商品等；(5)从国(境)外直接进口的商品。不包括企业(单位)为自身经营用和未通过买卖行为而收入的商品以及销售退回、商品升溢等。

商品销售总额 指对本企业(单位)以外的单位和个人出售(包括对境外直接出口)的商品总额。它反映批发零售贸易业在国内市场上销售商品以及出口商品的总量。商品销售总额包括：(1)售给城乡居民和社会集团消费用的商品；(2)售给工业、农业、建筑业、运输邮电业、批发零售贸易业、餐饮业、服务业等作为生产、经营使用的商品；(3)售给批发零售贸易业作为转卖或加工后转卖的商品；(4)对国(境)外直接出口的商品。不包括出售本企业(单位)自用的废旧包装用品；未通过买卖行为付出的商品；经本单位介绍，由买卖双方直接结算，本单位只收取手续费的业务；购货退出的商品以及商品损耗和损失等。

批发零售贸易业库存 指报告期末各种登记注册类型的批发零售贸易企业(单位)已取得所有权的商品。它反映批发零售贸易企业(单位)的商品库存情况和对市场商品供应的保证程度。期末库存包括：(1)存放在批发零售贸易业经营单位(如门市部、批发站、经营处)仓库、货场、货柜和货架中的商品；(2)挑选、整理、包装中的商品；(3)已记入购进而尚未运到本单位的商品，即发货单或银行承兑凭证已到而货未到的部分，(4)寄放他处的商品，如因购货方拒绝承付而暂时存放在购货方的商品和已办完加工成品收回手续而未提回的商品；(5)委托其他单位代销(未作销售或调出)尚未售出的商品；(6)代其他单位购进尚未交付的商品。不包括所有权不属于本单位的商品、拨付除批发零售贸易业以外的其他行业所属独立核算加工厂等加工生产尚未收回成品的商品、代国家物资储备部门保管的商品等。

库存总额采用的计算价格是：农副产品采购单位按购进价计算；批发单位按进货价计算；零售单位按核算价格计算，即按什么价格核算就按什么价格计算。

餐饮业营业收入 指餐饮企业、活动单位或个体户的全部营业额，包括商品零售额和其他服务性收入。其主要反映餐饮企业、活动单位或个体户的经营情况及发展变化趋势。

餐饮业商品零售额 指餐饮企业、活动单位或个体户直接对居民和社会集团零售的各种商品。包括：（1）经烹饪、调制加工后出售的各种食品，如主食、炒菜、凉拌菜等；（2）不经加工直接转卖的各种外购商品，如卷烟、酒、饮料、熟食、水果等；（3）附设非独立核算的销售商品的小卖部出售的各种食品及其他商品。

消费品市场成交额 指从事消费品交易的商品市场的全部商品成交金额。消费品市场包括农副产品市场和工业消费品市场。

Explanatory Notes on Main Statistical Indicators

Total Retail Sales of Consumer Goods refer to the sum of retail sales of consumer goods sold by all sectors of the national economy to urban and rural residents and social groups. This indicator is used to show the supply of consumer goods through various channels to households and institutions, and is very important for the study on changes at the domestic retail market, and on economic cycles

The retail sales of consumer goods include:(1) commodities sold to urban and rural residents for their daily use and building materials sold to them for the construction or repair of houses; (2) office appliances and supplies sold to institutions; (3) food and fuels sold to canteens of institutions, enterprises, schools, military units and to canteens of hotels and hostels that only serve their guests, and commodities produced by enterprises, institutions or state farms and sold directly to their employees or their canteens; (4) grain and non staple food, clothing, daily articles and fuels sold to military personnel; (5) consumer goods sold to foreigners, overseas Chinese, and Chinese compatriots from Taiwan, Hong Kong and Macao during their stay in the mainland of China; (6) Chinese and western medicines, herbs and medical facilities purchased by residents; (7) newspapers, books and magazines directly sold to residents and social groups by publishers, new and old commemorative stamps, special stamps, first day covers, stamp albums and other stamp collection articles sold by stamp companies; (8) consumer goods purchased and then sold by second hand shops; (9) stoves and other heating facilities and liquefied gas sold by gas companies to households and institutions; and (10) commodities sold by farmers to non agricultural residents and social groups . Excluded under this heading are: raw materials, fuels, equipment, tools sold to enterprises, institutions and state farms for production purpose; commodities sold to trade establishments for reselling; commissioned sales at second hand shops; operational income of urban public utilities; stamps sold at post offices; income of water, power, gas production and supply establishments from the supply of their products; and sales of commodities among farmers.

Purchase, Sales and Stock of Commodities by Wholesale and Retail Trade refer to the purchase, sales and stock of commodities by wholesale and retail establishments of different status of registration (excluding individual sellers) .

Total Purchases of Commodities refer to the total value of purchases of commodities by the establishments from other establishments or individuals (including direct import from abroad) for the purpose of re selling, either with or without further processing of the commodities purchased. This indicator is used to show the total value of purchases of commodities by wholesale and retail establishments from domestic and overseas markets. The total purchases include: (1)agricultural and industrial products purchased from producers; (2)books, magazines and newspapers purchased from distribution departments of the publishers;(3)commodities purchased from wholesale and retail establishments of different status of registration; (4)commodities purchased from other units, such as surplus materials purchased from government agencies, enterprises or institutions, commodities purchased from catering and service establishments, confiscated goods purchased from customs authorities or market management agencies, second hand goods and wastes purchased from residents; and (5)commodities directly imported from abroad. Excluded are commodities purchased by establishments (units) for use in their own business operation, commodities obtained without buying or selling procedures, rejected commodities, etc.

Total Sales of Commodities refer to value of commodities sold by the establishments to other establishments and individuals (including direct export) . This indicator is used to show the total value of sales of commodities at domestic markets and export. The total sales include:(1) commodities sold to urban and rural residents and social groups for their consumption; (2) commodities sold to establishments in industry, agriculture, construction, transportation, post and telecommunications, wholesale and retail trades, catering trade and public utility for their production and operation; (3) commodities sold to wholesale and retail establishments for re selling, with or without further processing; and (4) commodities for direct export to other countries. Excluded are selling of waste packaging materials used by the establishments (units) themselves, commodities transferred without buying or selling procedures, commission income from brokerage in transactions whose settlement is directly handled by buyers and sellers, rejected commodities in the purchase, loss in commodities, etc.

Commodity Stock of Wholesale and Retail Enterprises refers to total commodities possessed by wholesale and retail enterprises (units) of various types of registration status at the end of the reference period, which reflects the commodity stock level of various wholesale and retail enterprises and the potential for market supply. It includes:(1) commodities located in storage, garages, counters, and shelves of operating units(such as sale stores, wholesale centers, and operating offices) of wholesale and retail enterprises; (2) commodities in the process of selecting, sorting, and packing; (3) commodities not arrived but recorded as purchase in the account, i. e. . commodities not arrived but payment receipts for the commodities from the sellers or the banks arrived; (4) commodities deposited in other places rather than places mentioned above, for instance: commodities in the hold of purchasers temporarily due to the refusal of payment and commodities not taken back after going through the formalities; (5) commodities entrusted to other units to sell but not sold yet; (6) commodities purchased for other units but not delivered yet. Commodities not included as stock are those not owned by the enterprises (units) , those allocated to financially independent factories rather than wholesale and retail enterprises for processing but not taken back yet, and finally those put in stock by wholesale and retail enterprises on behalf of the state material reserves units.

For the calculation of the value of commodities stock,the value is calculated at purchasing prices in agricultural goods purchasing units and wholesale units, and at the accounting prices in retail units.

Business Income of Catering Industryrefer to the total turnover of catering businesses, establishments or individuals, including retail sales and other services income. It reflects the operational and managerial conditions and development trend of catering businesses, establishment s and individuals in t his sector.

Retail Sales of Commodities in Catering Industryrefer to retail sales to residents and social groups by catering enterprises, establishments and individual, including: (1) various food sold after cooking and processing, such as: staple food, cooked dishes, cold and dressed dishes and so on. (2) re-selling commodities without further processing, such as: cigarettes, liquor, beverage, cooked food, fruit s and son on. (3) various food and other commodities sold in and ascent buffets with dependant accounting system.

Volume of Transaction at Free Markets for Consumer Goods refers to the value of transaction or all goods at the free trade markets for consumer goods, where markets include both free markets for farm and sideline products and for manufactured consumer goods.

十七、对外经济贸易

Foreign Trade and Economic Cooperation

资料整理：钱新源
Arranged By Qian Xinyuan

17-1 对外经济贸易
Foreign Trade and Economic Cooperation

指标	Item	2000	2005	2009
进出口总额(万元人民币)	**Total Imports and Exports (RMB10 000 yuan)**	**1687811**	**4165757**	**4618493**
出口总额	Total Exports	847114	1666408	1581088
进口总额	Total Imports	840697	2499349	3037405
进出口总额(万美元)	**Total Imports and Exports(USD 10 000)**	**203596**	**516190**	**676395**
出口总额	Total Exports	102185	206489	231556
进口总额	Total Imports	101411	309701	444839
外商投资企业进出口额(万美元)	**Total Imports and Exports of Foreign-funded Enterprises(USD 10 000)**	**13597**	**82872**	**108158**
出口总额	Total Exports	11535	41547	52317
进口总额	Total Imports	2062	41325	55841
对外签订利用外资协议(合同)项目(个)	**Number of Projects for Utilization of Foreign Capital in the Signed Agreements & Contracts(unit)**	**127**	**209**	**53**
对外借款	Foreign Loans	32	12	
外商直接投资	Foreign Direct Investments	95	197	53
对外签订利用外资协议(合同)金额(万美元)	**Total Amount of Foreign Capital to Be Utilized in the Signed Agreements & Contracts(USD 10 000)**	**51273**	**161700**	**75452**
对外借款	Foreign Loans	25475	23369	
外商直接投资	Foreign Direct Investments	25798	138331	75452
外商其他投资	Other Foreign Investments			
实际利用外资额(万美元)	**Total Amount of Foreign Capital Actually Used(USD 10 000)**	**54819**	**140007**	**318019**
外债余额（年末）	External Debt(Year-end)	43583	21430	19634
外商直接投资	Foreign Direct Investments	11236	118577	298385
外商其他投资	Other Foreign Investments			
外商投资企业基本情况	**Registered Foreign-funded Enterprises**			
年底登记户数(户)	Number of Registered Enterprises(unit)	874	914	3675
投资总额(万美元)	Total Investment(USD 10 000)	253634	1264645	2399401
注册资本(万美元)	Registered Capital(USD 10 000)	171773	627138	1316291
# 外方	Capital from Foreign Partners	84084	407333	945656
对外经济合作(万美元)	**Economic Cooperation with Foreign Countries & Territories(USD 10 000)**			
合同金额	Contracted Value	5157	18017	3889
# 对外承包工程	Contracted Projects	1730	4613	701
对外劳务合作	Labor Services	3427	13404	3188
完成营业额	Value of Business Fulfilled	2549	6100	4776
# 对外承包工程	Contracted Projects	404	1986	3126
对外劳务合作	Labor services	2145	4114	1650

17-2 外贸进出口贸易总额

Total Imports and Exports

年 份 Year	按人民币计算(万元) RMB 10 000 Yuan			按美元计算(万美元) USD 10 000		
	进出口总额 Total Imports & Exports	出口总额 Total Exports	进口总额 Total Imports	进出口总额 Total Imports & Exports	出口总额 Total Exports	进口总额 Total Imports
1952				1062		1062
1957				1754		1754
1965				333		333
1970				554	158	396
1975				925	394	531
1978	2674	1768	906	1552	1026	526
1980	6555	3970	2585	4397	2663	1734
1981	10676	8100	2576	6008	4558	1450
1982	15733	13881	1852	8173	7211	962
1983	17615	11176	6439	9001	5711	3290
1984	28557	20661	7896	10912	7895	3017
1985	59053	43880	15173	18448	13708	4740
1986	89086	63656	25430	23937	17104	6833
1987	113130	84310	28820	30398	22654	7744
1988	141303	109390	31913	37968	29393	8575
1989	161191	125158	36033	43312	33630	9682
1990	252898	169483	83415	48430	32456	15974
1991	321692	224597	97095	59964	41865	18099
1992	507068	319168	187901	93555	58887	34668
1993	1041650	561843	479807	120283	64878	55405
1994	914685	513373	401312	106128	59565	46563
1995	937671	506785	430886	112310	60840	51470
1996	1038914	569132	469782	124981	68590	56391
1997	1086188	609458	476730	131027	73519	57508
1998	1147173	681635	465538	138581	82343	56238
1999	1330986	750028	580958	160786	90605	70181
2000	1687811	847114	840697	203596	102185	101411
2001	2109035	943996	1165039	254819	114056	140763
2002	2487279	1134776	1352503	300494	137095	163399
2003	2576975	1192581	1384394	311353	144089	167264
2004	3350865	1391710	1959155	404865	168152	236713
2005	4165757	1666408	2499349	516190	206489	309701
2006	4643967	1672155	2971812	594717	214140	380577
2007	5657121	2152965	3504156	774460	294741	479719
2008	6105451	2446445	3659006	893315	357950	535365
2009	4618493	1581088	3037405	676395	231556	444839

注：本表2003年以后数据由呼和浩特海关提供（下同）。

a) Data after 2003 in this table were obtained from the Hohhot Customs statistics.The same as in the following table.

17-3 对外贸易出口总额

Total Amount of Export Commodities

单位:万美元 (USD 10 000)

项 目	Item	2008	2009
出口总额	**Total Amount**	**357950**	**231556**
按商品类别分	**By Category of Commodities**		
活动物;动物产品	Live Animals & Animal Products	6103	2876
植物产品	Vegetables, Fruits & Cereals	10222	10870
动植物油脂及分解产品; 精制食用油脂; 动植物蜡	Animal & Vegetable Oils, Fats & Wax, Refined Edible Oils & Fats	37	30
食品、饮料、酒及醋; 烟草及代用品的制品	Food, Beverages, Liquor & Vinegar, Tobacco & Tobacco Substitutes	9029	9872
矿产品	Minerals	4225	2385
化学工业及其相关工业的产品	Chemicals & Related Products	39424	30611
塑料及其制品;橡胶及其制品	Plastics & Related Products,Rubber & Related Products	3803	3719
生皮、皮革、毛皮及制品;鞍具挽具;旅行用品、手提包及类似物品;动物肠线制品	Raw Hides, Leather, Furs & Related Products, Saddle,Travel Articles, Handbags and Similar Containers	2271	3754
木及木制品;木炭;软木及制品;稻草、秸杆、针茅或其他编结材料制品;篮筐及柳条编结品	Wood & Wooden Products, Charcoal, Cork & Related Products, Straws, Plaited Products, Baskets & Wickerwork	1795	4413
木浆及其他纤维状纤维素浆;纸及纸板的废碎品;纸、纸板及其制品	Paper Pulp & Cellulose Pulp, Paper and Waste Paper,Paperboard & Related	422	818
纺织原料及纺织制品	Textile Materials & Products	48484	70824
鞋、帽、伞、杖、鞭及其零件;已加工的羽毛及其制品;人造花;人发制品	Footwear, Headgear, Umbrellas, Canes, Whips, Processed Feather, Artificial Flowers, Wigs	2956	4307
石料石膏水泥石棉云母及类似材料的制品;陶瓷产品;玻璃及其制品	Gypsum, Cement, Asbestos, Mica, Ceramic Glass	6267	3373
天然或养殖珍珠、宝石或半宝石、贵金属、包贵金属及其制品，仿首饰硬币	Pearls, Precious or , Jewelry Metal or Rolled Precious Metal, Artificial Jewelry,Coins	1017	4197
贱金属及其制品	Base Metals & Related Products	170006	50039
机器、机械器具、电气设备及零件;录音机及放声机、电视图象声音的录制和重放设备及零附件	Machinery, Electric Equipment & Accessories, Recorders, Video Recorder & Accessories	19802	8924
车辆、航空器、船舶及有关运输设备	Locomotives, Vehicles, Aircraft, Ship and Related Transportation Equipment	27416	13049
光学、照相、电影、计量、检验、医疗或外科用仪器设备、精密仪器及设备;钟表;乐器;及其零附件	Optical, Photos, Film, Measuring & Medical Instruments & Equipment,Clocks, Musical Instruments,Related Parts & Accessories	1341	2631
其他	Others	3330	4864
主要贸易国别、地区（按出口值排）	**Main Trade Countries or Regions**		
蒙　古	Mongolia	28912	54409
日　本	Japan	57510	27115
俄罗斯	Russia	27811	19528
美　国	United States	28338	15949
韩　国	South Korea	28638	15419
越　南	Vietnam	6649	8314
中国香港	Hong Kong, China	9267	7950
印　度	India	12784	6808
意大利	Italy	13237	6335
英　国	United Kingdom	5958	5546
法　国	France	5594	4044
印度尼西亚	Indonesia	4345	3707
马达加斯加	Madagascar	3419	3636
泰　国	Thailand	18470	3360
德　国	Germany	4147	3243

17-4 对外贸易出口主要商品(按出口总值排)

Main Export Commodities of Foreign Trade Ranked by Value

单位：万美元 （USD 10 000）

项 目	Item	2008	2009
针织或钩编的套头衫、开襟衫、马甲及类似品	Pullover, Carligan, Vest	20848	16349
铁合金	Ferroalloy	61822	12482
披巾、头巾、围巾、披纱、面纱及类似品	Scarf	8659	8533
针或钩织女西便服套装，上衣，裙，裙裤，长短裤	Sets of Clothes,Pants For Woman	985	8446
抗菌素	Antibiotics	7964	7856
非醋方法制作或保藏的番茄	Tomato	4680	7138
宽≥600mm经包、镀或涂层的普通钢铁板材	Steel Plate	11743	7039
其他合金钢板材，宽≥600mm	Alloy Steel Plates	651	7034
货运机动车辆	Freight Moter Rehicles	15298	5652
不规则盘卷的其他合金钢热轧条、杆	Alloy	19563	5127
稀土金属、钇、钪及其混合物的化合物	Rare Earth	7879	4709
铝箔，厚度不超过0.2毫米	Aluminum Foil	3390	4205
动物细毛纱线，非供零售用	Animal fine Wool Yarn	4466	4082
仅热轧，宽≥600mm普通钢铁板材	Steel Plate	24711	3776
针或钩织男西或便服套装，上衣，长短裤，马裤	Sets of Clothes,Pants For Man	554	3148
床上、餐桌、盥洗及厨房用的织物制品	Fabric Products	171	3047
碳酸盐；过碳酸盐；含氨基甲酸铵商品碳酸铵	Carbonate	2931	2983
经纵锯、纵切、刨切或旋切的木材，厚＞6mm	Woods	825	2898
无缝钢铁管及空心异型材	Seul Pipe	9285	2741
橡、塑、皮革或再生革外底，皮革鞋面的鞋靴	Footwear, Leather Shoes	2264	2635
牵引车、拖拉机	Tractor	5924	2619
银，未锻造、半制成或粉末状	Raw Silver	920	2311
已梳的羊毛及动物细毛或粗毛	Wool	2993	2135
铁道及电车道铺轨用钢铁材料	Steel Materials for Railraod	9667	2115

17-5 对外贸易进口总额及主要商品

Main Import Commodities of Foreign Trade in Amount & Volume

单位：万美元 （USD 10 000）

项 目	Item	2008	2009
进口总额	**Total Import Amount**	**535365**	**444839**
按主要商品类别分	**By Categories of Commodities**		
活动物；动物产品	Live Animals & Animal Products	2789	3073
植物产品	Vegetables; Fruits & Cereals	295	670
动植物油脂及分解产品；精制食用油脂；动植物蜡	Animal & Vegetable Oils; Fats & Wax; Refined Edible Oils & Fats	4394	1320
食品、饮料、酒及醋；烟草及代用品的制品	Food; Beverages; Liquor & Vinegar; Tobacco & Tobacco Substitutes	290	130
矿产品	Minerals	224856	186304
化学工业及其相关工业的产品	Chemicals & Related Products	57711	15011
塑料及其制品；橡胶及其制品	Plastics & Related Products; Rubber & Related Products	7202	6292
生皮、皮革、毛皮及制品；鞍具挽具；旅行用品、手提包及类似物品； 动物肠线制品	Raw Hides; Leather; Furs & Related Products; Saddle;Travel Articles; Handbags & Similar Containers	1795	2028
木及木制品；木炭；软木及制品；稻草 、秸杆、针茅 或其他编结材料制品；篮筐及柳条编结品	Wood & Wooden Products; Charcoal; Cork & Related Products; Straws; Plaited Products; Baskets & Wickerwork	144533	129266
木浆及其他纤维状纤维素浆；纸及纸板的废碎品；纸、纸板及其制品	Paper Pulp & Cellulose Pulp;Paper & Waste Paper;Paperboard & Related	6867	9524
纺织原料及纺织制品	Textile Materials & Products	1398	4045
鞋、帽、伞、杖、鞭及其零件；已加工的羽毛及其制品；人造花；人发制品	Footwear; Headgear; Umbrellas;Canes; Whips; Processed Feather;Artificial Flowers; Wigs	5	
石料石膏水泥石棉云母及类似材料的制品；陶瓷产品；玻璃及其制品	Gypsum; Cement; Asbestos; Mica; Ceramic Glass	216	162
天然或养殖珍珠、宝石或半宝石、贵金属、包贵金属及其制品，仿首饰硬币	Natural or Cultivated Pearls; Precious or Semi-Stones; Jewelry of Precious Metal or Rolled Precious Metal;Artificial Jewelry;Coins	825	2500
贱金属及其制品	Base Metals & Related Products	16785	9064
机器、机械器具、电气设备及零件；录音机及放声机、电视图象声音的录制和重放设备及零附件	Machinery; Electric Equipment & Accessories; Recorders; Video Recorder & Accessories	56038	62522
车辆、航空器、船舶及有关运输设备	Locomotives; Vehicles; Aircraft; Ship & Related Transportation Equipment	3400	7812
光学、照相、电影、计量、检验、医疗或外科用仪器设备、精密仪器及设备；钟表；乐器；及其零附件	Optical,Photographic, Film; Measuring,Medical,Music Instruments & Equipment;Clocks;Parts & Accessories	3964	5075
其他	Others	2002	41
主要进口商品（按进口总值排）	**Main Import Commodities(Ranked by Value)**		
原 木	Logs	115917	87886
石油原油及从沥青矿物提取的原油	Grude Oil	69944	58860
铜矿砂及其精矿	Copper Ores	39021	43173
锯材	Wood Sawn	27127	40444
煤炭	Coal	24211	32334
铁矿砂及其精矿	Iron Ores	56517	28930
石油，沥青矿物油类及制品	Petroleum, Asphalt	9709	9233

17-6 利用外资

Utilization of Foreign Capital

单位：万美元 (USD 10 000)

年 份 Year	实际利用外资额 Total Amount of Foreign Capital Actually Used	外债余额 External Debt	外商直接投资 Direct Foreign Investments	外商其他投资额 Other Foreign Investments
1984	178	178		
1985	530			530
1986	664	230	136	298
1987	1120	468	109	543
1988	961	491	337	133
1989	3050	2415	42	593
1990	2530	1199	1064	267
1991	5532	5422	110	
1992	7910	7300	610	
1993	19213	10713	8093	407
1994	29086	17484	11602	
1995	61801	37696	10605	13500
1996	38355	32931	5424	
1997	44209	29076	8433	6700
1998	44253	31771	9082	3400
1999	40133	30683	9450	
2000	54819	43583	11236	
2001	47342	36466	10876	
2002	58211	35410	22801	
2003	66529	29724	36805	
2004	89664	26921	62743	
2005	140007	21430	118577	
2006	196863	22797	174066	
2007	238780	23891	214889	
2008	285556	20482	265074	
2009	318019	19634	298385	

17-7 利用外资(按方式分,2009年)

Utilization of Foreign Capital and Investment(by Pattern 2009)

单位:万美元 (USD 10 000)

指标	Item	实际使用金额 Used Value
总 计	**Total**	**318019**
外债余额（年末）	**External debt(Year-end)**	**19634**
外国政府贷款	Government Loans	14048
国际金融机构贷款	Loans from International Financial Organizations	
国际商业贷款	International Commercial Loans	
贸易信贷	Trade Credit	5586
外商直接投资	**Foreign Direct Investments**	**298385**
合资经营企业	Joint Ventures Enterprises	81434
合作经营企业	Cooperative Operation Enterprises	5227
外资企业	Foreign Investment Enterprises	113859
外商投资股份制企业	Foreign Investment Share Enterprises	97865
合作开发	Cooperative Development	
其 他	Others	
外商其他投资	**Other Foreign Investment**	
对外发行股票	Sale Share	
国际租赁	International Lease	
补偿贸易	Compensation Trade	
加工装配	Processing and Assembly	

17-8 按行业分外商实际直接投资额(2009年)

Actually Used Amount of Foreign Direct Investment by Sector(2009)

单位：万美元 (USD 10 000)

行 业	Sector	2009
总 计	**Total**	**298385**
农、林、牧、渔业	Farming, Forestry, Animal Husbandry & Fishery	830
采矿业	Mining	21428
制造业	Manufacturing	135326
电力、燃气及水的生产和供应业	Production & Supply of Electric Power, Gas & Water	81924
建筑业	Construction	
交通运输、仓储和邮政业	Transportation, Storage & Postal Services	
信息传输、计算机服务和软件业	Information Transmission, Computer Service & Computer Software	
批发和零售业	Wholesale & Retail Trade	16964
住宿和餐饮业	Quarters & Catering	17532
金融业	Banking	
房地产业	Real Estate	22131
租赁和商务服务业	Leasing & Commercial Services	85
科学研究、技术服务和地质勘查业	Scientific Research,Technical Services & Geological Prospecting	724
水利、环境和公共设施管理业	Water Conservancy, Environment & Public Facilities Administration	1370
居民服务和其他服务业	Resident Services & Other Services	71
教育	Education	
卫生、社会保障和社会福利业	Health Care, Social Security & Social Welfare	
文化、体育和娱乐业	Culture, Sports & Recreational Services	
公共管理和社会组织	Public Administration & Social Organization	
国际组织	International Organizations	

17-9 年末登记外商投资企业行业分布(2009年)
Sector Distribution Registered of Foreign-Funded Enterprises(2009)

行 业	Sector	企业数(户) Number of Registered Enterprises (unit)	投资总额 (万美元) Total Investment (USD 10 000)	注册资本 (万美元) Registeres Capital (USD 10 000)	#外方 Capital Invested by Foreign Partner
总 计	**Total**	**3675**	**2399401**	**1346294**	**945656**
农、林、牧、渔业	Farming, Forestry, Animal Husbandry & Fishery	75	49888	30576	26229
采矿业	Mining	75	92594	59835	48415
制造业	Manufacturing	449	786718	422985	297553
电力、燃气及水的生产和供应业	Production & Supply of Electric Power, Gas & Water	75	1046343	584643	368025
建筑业	Construction	17	3561	3255	1368
交通运输、仓储和邮政业	Transportation, Storage & Postal Services	85	4558	1859	1028
信息传输、计算机服务和软件业	Information Transmission, Computer Service & Software	2053	56087	35795	35503
批发和零售业	Wholesale & Retail Trade	169	120328	72939	47595
住宿和餐饮业	Quarters & Catering	69	68982	35294	32043
金融业	Banking	34	1082	957	461
房地产业	Real Estate	36	49222	26951	22921
租赁和商务服务业	Leasing & Commercial Services	65	53062	35626	34675
科学研究、技术服务和地质勘查业	Scientific Research,Tech Services & Geological Prospecting	34	36595	19138	15447
水利、环境和公共设施管理业	Water Conservancy, Environment & Public Facilities Administration	8	19101	10320	9770
居民服务和其他服务业	Resident Services & Other Services	27	5723	4011	2691
教育	Education	5	24	21	6
卫生、社会保障和社会福利业	Health Care, Social Security & Social Welfare	2	246	165	79
文化、体育和娱乐业	Culture, Sports & Recreational Services	9	5287	1924	1847
公共管理和社会组织	Public Administration & Social Organization				
其他行业	Others	388			

17-10 对外经济合作

Economic Cooperation with Foreign Countries or Territories

年份 Year	合同数 (份) Number of Contracts (copy)	合同金额 (万美元) Contracted Value (USD 10 000)	完成营业额 (万美元) Value of Business Fulfilled (USD 10 000)
总计 Total	**2339**	**238274**	**92231**
1976-1988	2	613	337
1989-1999	1332	74124	40190
2000	80	5157	2549
2001	84	5403	2511
2002	110	7440	5092
2003	120	7510	2742
2004	120	55958	6082
2005	92	18017	6100
2006	109	19800	6710
2007	129	22131	8032
2008	120	18232	7110
2009	41	3889	4776
对外承包工程			
Contracted Projects			
1976-1988			
1989-1999	111	15079	8954
2000	9	1730	404
2001	10	3630	1561
2002	24	5040	2622
2003	16	3366	1385
2004	2	21	735
2005	8	4613	1986
2006	15	13595	4177
2007	3	13645	5057
2008	9	5233	4481
2009	2	701	3126
对外劳务合作			
Labor Cooperation			
1976-1988	2	613	337
1989-1999	1207	58111	31054
2000	71	3427	2145
2001	74	1773	950
2002	86	2400	2470
2003	104	4144	1357
2004	118	55937	5347
2005	84	13404	4114
2006	94	6205	2533
2007	126	8486	2975
2008	111	12999	2629
2009	39	3188	1650

主要统计指标解释

进出口总额 海关进出口总额指实际进出我国国境的货物总金额。包括对外贸易实际进出口货物，来料加工装配进出口货物，国家间、联合国及国际组织无偿援助物资和赠送品，华侨、港澳台同胞和外籍华人捐赠品，租赁期满归承租人所有的租赁货物，进料加工进出口货物，边境地方贸易及边境地区小额贸易进出口货物(边民互市贸易除外)，中外合资经营企业、中外合作经营企业、外商独资企业进出口货物和公用物品，到日离岸价格在规定限额以上的进出口货样和广告品(无商业价值、无使用价值和免费提供出口的除外)，从保税仓库提取在中国境内销售的进口货物，以及其他进出口货物。进出口总额用以观察一个国家在对外贸易方面的总规模。我国规定出口货物按离岸价格统计，进口货物按到岸价格统计。

商品经营单位所在地进、出口额 指所在地海关注册登记的有进出口经营权的企业实际进、出口额。

利用外资 指我国各级政府、部门、企业和其他经济组织通过对外 借款、吸收外商直接投资以及用其他方式筹措的境外现汇、设备、技术等。

对外借款 是我国利用外资的重要部分。指通过对外正式签订借款 协议，从境外筹措的资金 ，包括外国政府贷款、国际金融组织贷款、外国银行商业贷款、出口信贷以及对外发行债券等。1996 年及以前还包括对外发行股票。

外商直接投资 指外国企业和经济组织或个人(包括华侨、港澳台胞以及我国在境外注册的企业)按我国有关政策、法规，用现汇、实物、技术等在我国境内开办外商独资企业、与我国境内的企业或经济组织共同举办中外合资经营企业，合作经营企业或合作开发资源的投资 (包括外商投资收益的再投资)，以及经政府有关部门批准的项目投资总额内企业从境外借入的资金。

外商其他投资 指除对外借款和外商直接投资以外的各种利用外资的形式。包括企业在境内外股票市场公开发行的以外币计价的股票(目前主要是在香港证券市场发行的 H 股和在境内证券市场发行的 B 股)发行价总额，国际租赁进口设备的应付款，补偿贸易中外商提供的进口设备、技术、物料的价款，加工装配贸易中外商提供的进口设备、物料的价款。

对外承包工程 指各对外承包公司以招标议标承包方式承揽的下列业务：(1)承包国外工程建设项目，(2)承包我国对外经援项目，(3)承包我国驻外机构的工程建设项目，(4)承包我国境内利用外资进行建设的工程项目，(5)与外国承包公司合营或联合承包工程项目时我国公司分包部分，(6)对外承包兼营的房屋开发业务。对外承包工程的营业额是以货币表现的本期内完成的对外承包工程的工作量，包括以前年度签订的合同和本年度新签订的合同在报告期内完成的工作量。

对外劳务合作 指以收取工资的形式向业主或承包商提供技术和劳动服务的活动。我国对外承包公司在境外开办的合营企业，中国公司同时又提供劳务的，其劳务部分也纳入劳务合作统计。劳务合作营业额按报告期向雇主提交的结算数(包括工资、加班费和奖金等)统计。

对外设计咨询 指以服务成果向业主收费的技术服务项目。包括承担地形地貌测绘，地质资源勘探与普查，建设区域规划，提供设计文件、图纸、生产工艺技术资料和工程技术经济咨询，工程项目的可行性考察、研究和评估，进行技术指导和培训人员等；也包括承担国(境)内利用外资进行建设的工程项目的上述规定的设计咨询项目的收取外币部分。

Explanatory Notes on Main Statistical Indicators

Total Imports and Exports at Customs refer to the value of commodities imported into and exported from the boundary of China. They include the actual imports and exports through foreign trade, imported and exported goods under the processing and assembling trades and materials, supplies and gifts as aid given gratis between governments and by the United Nation and other international organizations, and contributions donated by over seas Chinese, compatriots in Hong Kong and Macao and Chinese with foreign citizenship, leasing commodities owned by tenant at the expiration of leasing period, the imported and exported commodities processed with imported materials, commodities trading in border areas(excluding mutual exchange goods) , the imported and exported commodities and articles for public use of the Sino foreign joint ventures, cooperative enterprises and ventures exclusively with foreign own investment. Also included are import or export of samples and advertising goods for whose CIF or FOB value are beyond the permitted ceiling (excluding goods of no trading or use value and free commodities for export) , imported goods sold in China from bonded warehouses and other imported or exported goods. The indicator of the total imports and exports at customs can be used to ob serve the total size of external trade in a country. In accordance with the stipulation of the Chinese government, imports are calculated at CIF, while exports are calculated at FOB

Import and Export Value by Location of China's Foreign Trade Managing Units refers to actual value of imports and exports carried out by corporations which have been registered by the local customhouse and are vested with right to run import export business.

Utilization of Foreign Capital refers to remittance, equipment and technology financed from abroad, by loans, foreign direct investment and other forms undertaken by the Chinese governments at all levels by various departments, enterprises and other economic units.

Foreign Borrowings an important part of China's utilization of foreign capital, it refers to funds borrowed from abroad through formal signing o f borrowing agreements with foreign institutions, including loans of foreign governments, loans of international financial institutions, commercial loans of foreign banks, export credit, and funds raised by Chinese bonds (and shares before 1996) issued abroad.

Direct Investment by Foreign Entrepreneurs refers to the investments inside China by foreign enterprises and economic organizations or individuals (including overseas Chinese, compatriots from Hong Kong and Macao, and Chinese enterprises registered abroad) , following the relevant policies and laws of China, for the establishment of ventures exclusively with foreign own investment, Sino-foreign joint ventures and cooperative enterprises or for co operative exploration of resources with enterprises or economic organizations in China. It includes the re investment of the foreign entrepreneurs with the profits gained fro m the investment an d the funds that enterprises borrow from abroad in the total investment of projects which are approved by the relevant department of the government.

Other Investment by Foreign Entrepreneurs refers to all forms of utilization of foreign capitals other than foreign borrowings and foreign direct investment. It includes the total value of stock shares in foreign currencies issued by enterprises at domestic or foreign stock exchanges (now mainly consisting of H shares issued at Hong Kong Security Market and B shares issued at domestic security markets) , rent payable for the imported equipment through international leasing arrangement, cost of imported equipment, technology and materials provided by foreign counterparts in compensation trade and processing and assembly trade.

Contracted Projects with Foreign Countries refer to projects undertaken by Chine se contractors (project contracting companies) through bidding process. They include:(1) overseas civil engineering construction projects financed by foreign investors;(2) overseas projects financed by the Chinese government through its foreign aid programs;(3) construction projects of Chinese diplomatic missions, trade offices and other institutions stationed abroad;(4) construction projects in China financed by foreign investment;(5) subcontracted projects to be taken by Chinese contractors through a joint umbrella project with foreign contractor;(6) housing development projects. The business income from international contracted projects is the work volume of contracted projects completed during the reference period, expressed in monetary terms, including completed work on projects signed in previous years.

Service Cooperation with Foreign Countries refers to the activities of providing technology and labour services to employers or contractors in the forms of receiving salaries and wages. Labour services providing by contractual joint venture s of Chinese international contracting corporations should be included in the statistics of service cooperation with foreign countries. The business income of labour service co-operation is the income in the form of wages and salaries, over time pay, bonuses and other remuneration received from the employers during the reference period.

Overseas Design and Consultation Service refers to projects wit h charges for technical services from overseas operators. It includes geographic and topographic mapping, geological resource prospecting and survey, planning of construction areas, provision of design documents, blueprints, materials on production process and techniques, as well as engineering, technical and economic consultation, and feasibility study, research and evaluation of projects. Also included under this category are the abovementioned services of foreign financed projects in China that are paid in foreign currencies.

2010 NEI MENG GU

十八、旅游

Tourism

资料整理：王秀云

Arranged By Wang Xiuyun

18-1 旅游业基本情况
Basic Statistics on Tourism

指标	Item	2000	2005	2009
旅行社总数(个)	**Total Number of Agencies(unit)**	**88**	**404**	**616**
国际旅行社	International Travel Agencies	25	40	
国内旅行社	Domestic Travel Agencies	63	364	
旅行社职工人数(人)	**Number of Staff and Workers of Travel Agencies(person)**	**1075**	**2051**	**5384**
国际旅行社	International Travel Agencies	562	480	
国内旅行社	Domestic Travel Agencies	513	1571	
星级宾馆个数(个)	**Total Number of Stars Hotel(unit)**		**202**	**249**
入境旅游人数(人次)	**Total Number of International Tourists Inbound (person-times)**	**391970**	**1001635**	**1289600**
外国人	Foreigners	384000	995007	1266149
华侨	Overseas Chinese			
港澳同胞	Compatriots from Hong Kong and Macao	2814	5550	16447
台湾同胞	Compatriots from Taiwan	5156	1078	7037
国内居民出境总人数(人次)	**Total Number of Domestic Resident Outbound(person-times)**	**19425**	**25808**	**24900**
#旅行社组织出境游	For Private Purpose	19425	25808	24900
国内旅游人数(万人次)	**Number of Domestic Tourism (10 000 person times)**	**735**	**2062**	**3880**
旅游总收入(亿元人民币)	**Income of Tourism(100 million yuan)**	**42.72**	**208.09**	**611.35**
国际旅游外汇收入 (万美元)	Earnings from International Tourism (USD 10 000)	12645	35207	55831
国内旅游收入(万元人民币)	Earnings from Domestic Tourism (10 000 yuan)	322300	1797200	5732200
人均花费(元/天)	Per Capita Spending(yuan/day)	410.4	477	500

18-2 各地区旅行社单位数和国内旅游情况(2009年末)

Number of Travel Agencies and Domestic Tourism by Region(End of 2009)

地区	Region	旅行社数(个) Total Number of Travel Agencies (unit)	国内旅游人数（万人次） Number of Tourists (10 000 person times)	国内旅游收入（亿元） Earnings (10 000 yuan)
全　区	**Autonomous Regional Total**	**616**	**3880.18**	**573.22**
呼和浩特市	Hohhot City	168	708.67	136.28
包　头　市	Baotou City	82	525.16	94.93
呼伦贝尔市	Hulunbeier City	112	710.24	104.89
兴　安　盟	Xingan League	28	117.59	20.14
通　辽　市	Tongliao City	24	239.17	36.31
赤　峰　市	Chifeng City	50	342.79	52.65
锡林郭勒盟	Xilinguole League	28	457.29	41.64
乌兰察布市	Wulanchabu City	26	154.72	12.52
鄂尔多斯市	Erdos City	56	368.65	54.1
巴彦淖尔市	Bayannaoer City	20	104.67	9.66
乌　海　市	Wuhai City	12	66.31	5.43
阿拉善盟	Alashan League	10	84.92	4.67

18-3 各地区星级宾馆个数(2009年末)

Number of Stars Hotels by Region(End of 2009)

单位：个　　　　(unit)

地区	Region	星级宾馆个数 Total Number of Stars Hotels	五星级 Five Stars	四星级 Four Stars	三星级 Three Stars	二星级 Two Stars	一星级 One Stars
全　区	**Autonomous Regional Total**	**249**	**7**	**14**	**73**	**142**	**13**
呼和浩特市	Hohhot City	31	4	6	11	10	
包　头　市	Baotou City	35	2	2	16	15	
呼伦贝尔市	Hulunbeier City	38		1	17	19	1
兴　安　盟	Xingan League	8				8	
通　辽　市	Tongliao City	19		1	4	13	1
赤　峰　市	Chifeng City	30		2	5	23	
锡林郭勒盟	Xilinguole League	28			6	15	7
乌兰察布市	Wulanchabu City	13			1	12	
鄂尔多斯市	Erdos City	24	1	1	8	12	2
巴彦淖尔市	Bayannaoer City	9				7	2
乌　海　市	Wuhai City	7		1	1	5	
阿拉善盟	Alashan League	7			4	3	

18-4 接待外国旅游人数
Number of Foreign Tourists by Country

国别(地区)	country(district)	2008	2009
入境旅游人数总计(人次)	**Total Number of Entry Tourists(person times)**	**1549328**	**1289600**
外国人(包括外籍华人)	Foreigners(Including Chinese owning foreign nationality)	1532302	1266149
日 本	Japan	36473	42092
菲 律 宾	Philippines	1352	787
新 加 坡	Sigapore	2211	3478
美 国	United States	10171	12695
加 拿 大	Canada	3942	3607
英 国	United Kingdom	5557	4725
德 国	Federal Republic of Germany	8162	8844
法 国	France	4148	4065
意 大 利	Italy	2363	2756
瑞 士	Switzerland	991	1303
荷 兰	Netherlands	226	75
澳 大 利 亚	Australia	4938	4241
新 西 兰	New Zealand	409	
俄 罗 斯	Russia	615780	389727
蒙 古	Mongolia	787029	738743
华 侨	Overseas Chinese		
港澳台同胞	Chinese Compatriots from Hong Kong, Macao and Taiwan	20026	23484
旅游者平均逗留天数(天)	**Average Days of Tourist Staying(day)**	**2.77**	**2.70**
外国人(包括外籍华人)	Foreigners(Including Chinese owing foreign nationality)	2.77	2.68
华 侨	Overseas Chinese		
港澳台同胞	Chinese Compatriots from Hong Kong, Macao and Taiwan	3.40	3.20

18-5 入境旅游外汇收入
Foreign Exchange Earnings

项 目	Item	2008	2009
旅游外汇收入总额(万美元)	**Foreign Exchange Earnings (USD 10000)**	**57718**	**55831**
长途交通费	Long Distance Transportation	9004	13957
#飞 机	Air	5425	10552
火 车	Railway	2539	1898
汽 车	Highway	1040	1507
住 宿	Accommodation	6406	4634
餐 饮	Cater	4098	3462
景区游览	Visiting	1674	1787
娱 乐	Entertainment	1385	2233
购 物	Shopping	25396	22332
市内交通	Local Transportation	347	614
邮电通讯	Postal and Communication	2039	2345
其 他	Other	7369	4187

18-6 入境旅游情况
Condition of International Tourism

项 目	Item	2008	2009
入境旅游总人数(万人次)	**Overseas Visitor Arrivals (10 000 person-times)**	**154.93**	**128.96**
满洲里	Manzhouli City	60.33	37.83
二连浩特	Erlianhaote City	69.57	61.95
入境旅游创汇(万美元)	**Foreign Exchange Earning (10 000 yuan)**	**57718**	**55831**
满洲里	Manzhouli City	23043	17356
二连浩特	Erlianhaote City	20888	20140

主要统计指标解释

旅游人数 包括入境国际旅游者人数、出境居民人数和国内旅游者人数。

(1)入境国际旅游者人数：指来中国参观、访问、旅行、探亲、访友、休养、考察、参加会议和从事经济、科技、文化、教育、宗教等活动的外国人、华侨、港澳同胞和台湾同胞的人数。不包括外国在我国的常驻机构，如使领馆、通讯社、企业办事处的工作人员；来我国常住的外国专家、留学生以及在岸逗留不过夜人员。

(2)出境居民人数：指大陆居民因公务活动或私人事务短期出境的人数。公务活动出境居民人数包括在国际交通工具上的中国服务员工，因私出境居民人数不包括在国际交通工具上的中国服务员工。

(3)国内旅游者人数：指我国大陆居民和在我国常住 1 年以上的外国人、华侨、港澳台同胞离开常住地在境内其他地方的旅游设施内至少停留一夜，最长不超过 6 个月的人数。

国际旅游(外汇)收入 指入境旅游的外国人、华侨、港澳同胞和台湾同胞在中国大陆旅游过程中发生的一切旅游支出，对于国家来说就是国际旅游(外汇)收入。

国际旅行社 指经营对外招徕并接待外国人、华侨、港澳同胞和台湾同胞来中国、归国或回内地旅游业务的旅行社。

国内旅行社 指负责经营招徕、组团、接待国内旅客的旅游业务，以及不对外招徕，负责经营接待国际旅行社或其它涉外部门组织的外国人、华侨、港澳同胞和台湾同胞来中国、归国或回内地的旅游业务的旅行社。

星级饭店 指已评定星级的饭店。

Explanatory Notes on Main Statistical Indicators

Number of Tourists include international tourists entering into China, Chinese residents going abroad and domestic tourists.

(1) International tourists refer to foreigners, overseas Chinese, Chinese compatriots from Hong Kong, Macao and Taiwan coming to China for sightseeing, visits, tours, family reunions, vacations, study tours, conferences and other activities of a business, scientific and technological, cultural, educational and religious nature. It does not include representatives and employees of resident institutions of foreign countries in China such as embassies, consulates, news agencies and offices of foreign companies and organizations, nor does it include long term foreign experts or students residing in China, or persons in transition without spending a night in China.

(2) Chinese residents going abroad refer to Chinese residents going abroad for short terms for either public business or private purposes. Chinese employees working on international transport carriers are included in those going abroad for public business purpose, not in those for private purpose.

(3) Domestic tourists refer to residents of the mainland of China who stay for one night at least, but no more than 6 months at tourist facilities in other places than their permanent residence within the territory of the mainland China, including foreigners, overseas Chinese and Chinese compatriots from Hong Kong, Macao and Taiwan who have resided in China for over one year.

Foreign Exchange Earnings from International Tourism refer to the total expenditures of foreigners, overseas Chinese, Chinese compatriots from Hong Kong, Macao and Taiwan during their stay in the mainland of China, which are earnings of foreign exchange from international tourism from the point of view from China.

International Travel Agencies refer to travel agencies engaged in the promotion, solicitation, organization and reception of tours to the mainland of China by foreigners, overseas Chinese, Chinese compatriots from Hong Kong, Macao and Taiwan.

Domestic Travel Agencies refer to travel agencies engaged in the promotion, solicitation, organization and reception of domestic tourists, and in the reception of foreigners, overseas Chinese, Chinese compatriots from Hong Kong, Macao and Taiwan organized by international travel agencies or other departments concerned, without their own promotion and solicitation programs.

Star-hotels refer to hotels rated with stars.

十九、金融和保险

Banking and Insurance

资料整理：包利军
Arranged By Bao Lijun

19-1 银行业金融机构、人员数(2009年末)

Number of Institutions and Persons Engaged in Finance System(End of 2009)

项 目	Item	机构数(个) Number of Institutions (unit)	年末人数(人) Number of Staff and Workers (person)
总计	**Total**	**4549**	**74809**
中国工商银行	Industrial and Commercial Bank of China	442	12380
中国农业银行	Agricultural Bank of China	597	12805
中国银行	Bank of China	240	5018
国家开发银行	State Development Bank	1	118
中国建设银行	Construction Bank of China	285	7892
中国农业发展银行	Agricultural Development Bank of China	84	1924
交通银行	Bank of Communications	14	480
华夏银行	Hua Xia Bank	5	204
浦发银行	Bank	6	177
中信银行	China Citic Bank	5	252
招商银行	China Merchants Bcmk	6	284
城市商业银行	City Commercial Bank	199	4712
农村信用社	Rural Credit Cooperatives	1974	21762
农村合作银行	Rural Coopeyation Bank	226	2326
农村商业银行	Rural Commercial Bank	44	463
农村资金互助社	Rural Fund Cooperation Society	2	14
村镇银行	Rural and Taon Bank	11	191
邮政储蓄银行	Postal Sauings Bank	401	3435
资产管理公司	Asset Management Corporation	3	138
信托投资公司	Trust and Investment Corporation	2	196
贷款公司	Loan Corporation	1	27
财务公司	Finance Company	1	11

19-2 金融机构现金收入(2009年)

Cash Income of Financial Institutions(2009)

单位：万元 (10 000 yuan)

项 目	Item	2009
收入总计	**Total Income**	**217653877**
商品销售收入	Income from Commodity Sales	15080480
服务业收入	Income from Service Trade	6156758
行政税费收入	Income from Taxes and Fees	1959049
城乡个体经营收入	Income from Urban and Rural Individual Business	4367518
储蓄存款收入	Income from Savings Deposits	170858291
其他金融性公司收入	Income from Other Financial Compays	608973
居民归还贷款收入	Income from Repayment of Loans by Residents	5437011
汇兑收入	Income from Remittances	1402761
有价证券收入及其他投资性收入	Income from Securities and Ofher Investmeut Iname	133778
其他收入	Other Income	11649258
# 兑换外币收入	Income from Exchange of Foreign Currencies	48195

19-3 金融机构现金支出(2009年)

Cash Expenditures of Financial Institutions(2009)

单位：万元 (10 000 yuan)

项 目	Item	2009
支出总计	**Total**	**220392534**
工资性及个人其他支出	Wages and Other Personnae Expenditures	9557696
农副产品采购支出	Purchases of Agricultural and Sideline Products	4090682
工矿及其他产品采购支出	Expenditures for Purchases of Industrial and Mineral Products	3135656
行政企业管理与经营费支出	Government and Enterprises Overhead	6458836
城乡个体经营支出	Expenditures for Individual Business	4698317
储蓄存款支出	Expenditure for Savings Deposits	176264242
其他金融性公司支出	Expenditure for Other Financial Compays	735928
居民提取贷款支出	Expenditure for Loans by Residents	3032566
汇兑支出	Expenditure for Remittances	656026
有价证券支出	Expenditure for Securitizes	186075
其他支出	Other Expenditure	11576508

19-4 金融机构现金投放回笼差额

Cash Statistics of Financial Institutions

单位：万元 (10 000 yuan)

年份 Year	现金收入 Cash Income	现金支出 Cash Expenditures	投放 Currency Issuance
1957	96679	100217	3538
1962	143970	152371	8401
1965	145337	149936	4599
1970	176281	179675	3394
1975	248013	266734	18721
1978	298013	321277	23264
1980	418115	462285	44170
1986	1250322	1379167	128845
1987	1602153	1714137	111984
1988	2270253	2481981	211728
1989	2508577	2744153	235576
1990	2847454	3149857	302403
1991	3434787	3772786	337999
1992	4569761	5150855	581094
1993	6802651	7642020	839369
1994	9564614	10546016	981402
1995	13031467	14186247	1154780
1996	15761966	17020632	1258666
1997	34244200	35993800	1749200
1998	41387500	43300600	1913100
1999	34243414	35993245	1749831
2000	41387490	43300578	1913088
2001	49696827	51539283	1842456
2002	58538869	60426223	1887354
2003	75397042	77336143	1939101
2004	96818901	98403367	1584466
2005	115366652	117562936	2196284
2006	142164120	144261481	2097361
2007	177212301	179577080	2364779
2008	189056087	191529793	2473706
2009	217653877	220392534	2738657

19-5 金融机构人民币存、贷款年末余额

Saving Deposits and Loans of Financial Institutions at Year-end

单位：万元 (10 000 yuan)

年 份 Year	各项存款余额合计 Depoits	# 企业存款 Depoits of Enterprises	# 城乡储蓄存款 Urban and Rural Savings Deposits	各项贷款余额合计 Loans	# 工业贷款 Loans to Industrial Enterprises	# 商业贷款 Loans to Commercial Enterprises	# 农业贷款 Agricultural Loans
1949	140	120		195	92	91	12
1950	1525	635	119	767	75	459	233
1951	4227	1619	219	3312	402	2163	747
1952	9034	3161	397	7089	593	5017	1479
1953	9937	3543	590	16492	1367	13360	1765
1954	12477	4223	1256	33777	2146	29908	1723
1955	17259	4126	1235	40223	2445	36242	1536
1956	15456	6427	2426	40576	3745	30496	6330
1957	19212	5527	3456	45042	3536	36810	4696
1958	50202	14707	5481	66279	12923	48083	5273
1959	62204	11976	7776	140589	49725	86119	4745
1960	83174	14756	10272	177063	85910	84703	6450
1961	76297	19608	5616	173300	59865	105884	7551
1962	66097	31248	3708	140530	37211	93696	9623
1963	63565	27446	4144	107154	25294	73514	8346
1964	86304	19796	5885	98027	25451	72465	111
1965	76946	22060	6913	102246	24133	77336	777
1966	91036	29410	7386	134554	30299	92977	11278
1967	85323	29687	7814	146590	44634	89084	12872
1968	94204	34411	8380	154190	51580	89045	13565
1969	84049	33112	7068	174312	61467	97906	14939
1970	98931	35109	7844	233001	68242	150137	14622
1971	105614	39136	9504	268530	82034	172315	14181
1972	102931	40288	11994	260678	77738	165836	17104
1973	127154	51746	14163	279108	88418	167532	23158
1974	123097	50332	15959	292432	91734	174258	26440
1975	148439	68452	17464	318410	92559	196711	29140
1976	153865	70737	18552	345268	95167	216124	33977
1977	162209	67821	21908	367586	97370	231722	38494

19-5 续表 continued

单位：万元 (10 000 yuan)

年 份 Year	各项存款余额合计 Deposits	# 企业存款 Deposits of Enterprises	# 城乡储蓄存款 Urban & Rural Savings Deposits	各项贷款余额合计 Loans	# 工业贷款 Loans to Industrial Enterprises	# 商业贷款 Loans to Commercial Enterprises	# 农业贷款 Agricultural Loans	# 基建贷款 Loans for Capital Construction	# 技改贷款 Loans for Technical Innovation
1978	164678	67214	25307	403314	110930	246495	45889		
1979	206997	75522	33092	436393	120396	256689	52236		
1980	231227	82688	48642	492949	129636	289980	67516		5677
1981	296065	103970	63106	558697	141810	330354	68239		14667
1982	364613	114791	84452	620194	148745	355038	73375	15587	26437
1983	442119	121952	112569	710563	175272	402264	75706	24778	28525
1984	500609	169826	155599	809114	219008	434714	86724	24767	32332
1985	560822	165393	210077	905412	275658	490451	89030	22465	42905
1986	782114	291284	290738	1291351	373446	590163	99373	48935	82523
1987	971166	337985	389691	1520239	436267	689530	114882	93458	188982
1988	1198527	401268	508287	1802119	537013	819194	126932	66132	119188
1989	1360860	382088	679584	2127588	681802	944070	139861	78510	139794
1990	1697712	424678	934355	2729173	869405	1272231	158545	109050	158675
1991	2057796	483906	1193618	3268535	1017327	1447576	188438	229244	201602
1992	2628246	783031	1497165	3951616	1153695	1683779	229783	353655	275853
1993	3505394	773581	2321390	5297191	1379014	2033053	427737	603560	327876
1994	4577562	1135970	3183199	6743662	1617514	2290203	229180	1054354	382402
1995	5663419	1303563	4108239	8198675	1879398	2566713	428884	1535360	466283
1996	7037693	1651490	5053804	10029833	2215841	3025593	510457	2011886	547128
1997	8455291	1993334	6050130	11721737	2518926	3467961	582678	2565495	587911
1998	9966107	2233337	7075160	13187511	2813556	3764324	533490	2885535	652933
1999	10923695	2512228	7976283	13641685	2649791	3794411	614282	3005261	636275
2000	12701349	3041165	8757399	13407383	2313181	3565930	692289	2513615	577427
2001	14987869	3750596	9867305	14707493	2570704	3437091	874092	3041254	594685
2002	17352559	4227073	11381038	16497795	2795982	3402539	1041324	4280175	139797
2003	20909846	5442363	13556610	19241312	3264636	3121745	1136558	5342779	222438
2004	25763691	6900717	16038752	22397621	3330576	2956277	1412981	6897652	302228
2005	32981538	8448175	19735996	25885704	3216173	3465313	1750056	8841665	358323
2006	40365605	10326769	22713442	32051943	4561123	3548955	1921286	11503692	259640
2007	49537024	13645713	25419224	37677360	4953807	3763969	2294291	13216458	188389
2008	63410312	17526198	32116628	45278595	5447082	4196462	3138133	15953891	410905
2009	83736999	26590936	39139510	62925233	6408156	4908094	4514951	23102340	668800

19-6 金融机构人民币信贷收支

Sources and Uses of Credit Funds of Financial Institutions

单位:万元　　(10 000 yuan)

项 目	Item	2009
各 项 存 款	**Deposits**	**83736999**
# 企业存款	Deposits of Enterprises	26590936
财政存款	Treasury Deposits	4417515
机关团体存款	Deposits of Government Agencies and Organizations	5651696
储蓄存款	Savings Deposits	3913951
# 定 期	Fixed Deposits	17541390
农业存款	Agricultural Deposits	2143972
其他类存款	Other Deposits	5779842
各 项 贷 款	**Loans**	**62925233**
短期贷款	Short-term Loans	22867848
工业贷款	Loans to Industrial Enterprises	6408156
商业贷款	Loans to Commercial Enterprises	4908094
建筑业贷款	Loans to Construction Enterprises	640855
农业贷款	Agricultural Loans	4514951
乡镇企业贷款	Loans to Urban Collective Enterpises	33568
三资企业贷款	Loans to Sino-foreign Joint Venture and Cooperative Enterprises and Foreign funded Enterprises	28676
私营及个体工商企业贷款	Loans to Private Enterprises and Individuals	1503970
其他短期贷款	Other Short-term Loans	4829577
中长期贷款	Medium-term & Long term Loans	38951794
基本建设贷款	Loans to Capital Construction	23102340
技术改造贷款	Loans to Technical Updates and Transformation	668800
其他中长期贷款	Other Medium-term & Long-term Loans	15180654
融资租赁	Renting by Circulated Fund	24
票据融资	Circulated Fund by Bills	1102243
各项垫款	Money Advanced	3325

19-7 国有商业银行人民币信贷收支(年末余额, 2009年)

Sources and Uses of Credit Funds of Stated-owned Commercial Banks At the End of Year(2009)

单位：万元 (10 000 yuan)

项 目	Item	2009
各项存款	**Deposits**	**47171266**
#企业存款	Deposits of Enterprises	15867411
机关团体存款	Deposits of Government Agencies and Organizations	4142438
储蓄存款	Savings Deposits	24170862
#定期	Fixed Deposits	11049169
农业存款	Agricultural Deposits	58864
其他类存款	Other Deposits	2931691
各项贷款	**Loans**	**33045877**
短期贷款	Short-term Loans	7012242
工业贷款	Loans to Industrial Enterprises	4831356
商业贷款	Loans to Commercial Enterprises	348118
建筑业贷款	Loans to Construction Enterprises	225454
农业贷款	Agricultural Loans	103123
乡镇企业贷款	Loans to Urban Collective Enterpises	
三资企业贷款	Loans to Sino-foreign Joint Venture and Cooperative Enterprises and Foreign funded Enterprises	13983
私营及个体工商企业贷款	Loans to Private Enterprises and Individuals	188923
其他短期贷款	Other Short-term Loans	1301285
中长期贷款	Medium-term & Long-term Loans	25463304
基本建设贷款	Loans to Capital Construction	15369287
技术改造贷款	Loans to Technical Updates and Transformation	512485
其他中长期贷款	Other Medium-term & Long-term Loans	9581531
票据融资	Circulated Fund by Bills	568912
各项垫款	Money Advanced	1420

19-8 金融机构法定存款利率

Legal Interest Rates on Deposits of Financial Institutions

单位：年利率% (annual interest rate %)

项 目	Item	2007年 3月18日 Mar. 18, 2007	2007年 5月19日 May. 19, 2007	2007年 7月21日 Jul. 21, 2007	2007年 8月22日 Aug. 22, 2007	2007年 9月15日 Sep. 15, 2007	2007年 12月21日 Dec. 21, 2007	2008年 12月23日 Dec. 23, 2008
个人人民币储蓄存款	**Household Deposits**							
活期	Demand	0.72	0.72	0.81	0.81	0.81	0.72	0.36
定期	Time							
三个月	3Months	1.98	2.07	2.34	2.61	2.88	3.33	1.71
半年	6Months	2.43	2.61	2.88	3.15	3.42	3.78	1.98
一年	1Year	2.79	3.06	3.33	3.6	3.87	4.14	2.25
二年	2Year	3.33	3.69	3.96	4.23	4.50	4.68	2.79
三年	3Year	3.96	4.41	4.68	4.95	5.22	5.40	3.33
五年	5Year	4.41	4.95	5.22	5.49	5.76	5.85	3.6
企业单位	**Enterprises Deposits**							
活期	Demand	0.72	0.72	0.81	0.81	0.81	0.72	0.36
定期	Tirne							
三个月	3Months	1.98	2.07	2.34	2.61	2.88	3.33	1.71
半年	6Months	2.43	2.61	2.88	3.15	3.42	3.78	1.98
一年	1Year	2.79	3.06	3.33	3.6	3.87	4.14	2.25
二年	2Year	3.33	3.69	3.96	4.23	4.50	4.68	2.79
三年	3Year	3.96	4.41	4.68	4.95	5.22	5.40	3.33
五年	5Year	4.41	4.95	5.22	5.49	5.76	5.85	3.6
大额可转让定期存单	**CDs**							
1个月	1Months							
3个月	3Months	1.98	2.07	2.34	2.61	2.88	3.33	1.71
6个月	6Months	2.43	2.61	2.88	3.15	3.42	3.78	1.98
9个月	9Months							
12个月	12Months	2.79	3.06	3.33	3.6	3.87	4.14	2.25

19-9 金融机构法定贷款利率

Legal Interest Rates on Loans of Financial Institutions

单位：年利率% (annual interest rate%)

项 目	Item	2004年 10月29日 Oct. 29, 2004	2006年 8月19日 Aug. 19, 2006	2007年 7月21日 Jul. 21, 2007	2007年 8月22日 Aug. 22, 2007	2007年 9月15日 Sep. 15, 2007	2007年 12月21日 Dec. 21, 2007	2008年 12月23日 Dec. 23, 2008
流动资金贷款	**Working Capital Loans**							
一般流动资金	Ordinary							
六个月	6 Months	5.22	5.58	6.03	6.21	6.48	6.57	4.86
一年	1 Year	5.58	6.12	6.84	7.02	7.29	7.47	5.31
个体工商户贷款	Individuals Enterprises							
固定资产投资贷款	**Fixed Asset Investment Loans**							
技术改造贷款	Technical Innovation	c	c	c	c	c	c	c
基本建设贷款	Capital Construdtion							
一年以内及一年	1 Year or Less	5.22-5.58	2.58-6.12	6.84	6.21-7.02	6.48-7.29	6.57-7.47	4.86-5.31
一年以上至三年	1 Year to 3 Years	5.76	6.30	7.02	7.20	7.47	7.56	5.40
三年以上至五年	3 Years to 5 Years	5.85	6.48	7.20	7.38	7.65	7.74	5.76
五年以上	More than 5 Year	6.12	6.84	7.38	7.56	7.83	7.83	5.94

注：c与同档次基本建设贷款相同。

a) "c" Same as interest rates on capital construction loans with corresponding maturity

19-10 上市公司情况

Summary for Number of Listed Companies

单位：个 (unit)

年 份 Year	全区合计 All Region	上交所 Shanghai Stock Exchange	深交所 Shenzhen Stock Exchange	#仅发A股公司 A share Only	#仅发B股公司 B share Only	H股 H share	增发A股公司 A Share Add
1994	1	1		1			
1995	1	1			1		
1996	4	1	3	4			
1997	5	3	2	4	1		
1998	2	2		2			
1999	1	1		1			
2000	5	5		5			
2001	1	1		1			1
2002							2
2003							
2004	2	1		1		1	
2005	1	1		1			
2006							
2007	1		1	1			
2008							
2009							

19-11 股票发行筹资情况

Issuing Summary for Stocks

年 份 Year	股票发行量 (万股) Amount Issued (10 000 shares)	A股 A share	B股 B share	A、B股配股 A & B Shares Rights Issued	H股 H share	股票筹资额 (亿元) Raised Capital (100 million yuan)	A股 A share	B股 B share	A、B股配股 A & B Shares Rights Issued	H股 H share
1989	1820	1820				0.5	0.5			
1994	5000	5000				1.95	1.95			
1995	11000		11000			4.38	4.38			
1996	6520	5020		1500		3.46	2.86		0.60	
1997	51800	22200	16600	13000		25.36	10.83	5.61	8.92	
1998	32852	13100	19752	22.72		8.37		14.35		
1999	13095			13095		9.71		9.71		
2000	38230	30800		7430		32.58	24.10		8.48	
2001	44720	43000		1720		33.84	31.57		2.27	
2002	15896	15896				17.95	17.95			
2003	1258			1258		7.84			7.84	
2004	40000	5000			35000	17.78	3.49			14.29
2005	14000	14000				4.68	4.68			
2006										
2007	7800	7800				8	8			
2008						57.21	57.21			
2009						47.88	47.88			

19-12 中资保险公司业务技术指标(2009年)

Economic and Technical Indicators of Insurance Companies Funded With Chinese Capital(2009)

项 目	Item	保险金额 (亿元) Amount Insured (100 million yuan)	保费收入 (万元) Premium (10 000 yuan)	赔款及给付 (万元) Claim and Payment (10 000 yuan)
总 计	**Total**	**32543**	**1713104**	**570243**
财产保险	**Property Insurance**	**15018**	**673405**	**342730**
企业财产险	Enterprise Property Insurance	4462	41066	16431
家庭财产险	Family Property Insurance	454	6506	1197
机动车辆险	Motor Vehicle Insurance	4326	454863	219850
货物运输险	Freight Transport Insurance	287	4453	1585
建筑、安装工程	Construction and Installation Projects	582	9625	2420
其它财产保险	Other Property Insurance	6	237	341
责任险	Liability Insurance	4687	13088	4992
产品责任险	Products Liability Insurance	12	403	70
雇主责任险	Employers Liability Insurance	75	2666	986
公众责任险	Public Liability Insurance	4468	8706	3315
其它责任险	Other Liability Insurance	132	1313	620
信用保险	Credit Insurance			
保证保险	Guarantee Insurance	48	2793	243
农业保险	Agriculture Insurance	165	140773	95670
人身保险	**Life Insurance**	**17525**	**1039699**	**227513**
寿险	Life Insurance	1424	925089	192014
健康险	Health Insurance	3134	75918	23294
人身意外伤害险	Unforeseen Human Injury Insurance	12967	38692	12205

19-13 财产保险业务收入与赔付(2009年)

Premiums and Claim & Payment of Property Insurance(2009)

单位：万元 (10 000 yuan)

项 目	Item	保险金额 Amount Insured	保费收入 Promiums	已决赔款 Indrmnity	未决赔款 Loss Asse-ssment of Unsrttled Claims
财产保险	**Property Insurance**	**150176840**	**673405**	**326892**	**89530**
# 企业财产险	Enterprise Property	44623532	41066	16238	7547
家庭财产险	Family Property	4543912	6506	1033	380
机动车辆险	Motor Vehicle Insurance	43263425	454863	207204	73695
货物运输保险	Freight Transport Insurance	2867903	4453	1535	586
责任险	Liability Insurance	46867429	13088	5123	3704
# 产品责任险	Products Liability Insurance	118183	403	68	44
雇主责任险	Employers Liability Insurance	748168	2666	1008	443
公众责任险	Public Liability Insurance	44677183	8706	3290	2626
其他责任险	Other Liability Insurance	1323895	1313	758	591
保证保险	Guarantee Insurance	483316	2793	193	313
农业保险	Agriculture Insurance	1646010	140773	92771	892
# 种植业险	Planting Insurance	1430743	126509	9018	718
养殖业险	Animal Husbandry Insurance	215267	14265	83753	174

19-14 人身保险业务收入与赔付(2009年)

Premiums and Claim & Payment of Accident in Surance Insurance(2009)

项 目	Item	新保承保人数(万人) New Person of Insurance (10 000 persons)	保费收入(万 元) Premiums (10 000 yuan)	赔 款(万 元) Claim (10 000 yuan)	满期给付(万 元) Value of Expiration Payment (10 000 yuan)
总 计	**Total**	**1619**	**1017129**		**196753**
寿险	Life Insurance	113	925089		192014
# 非分红产品	Non-Share out Bonus Products	61	239320		55052
分红产品	Share out Bonus Products	44	573187		112581
投资连接产品	Products Link to Insvestment	0	2800		22
万能产品	All-purpose Products	8	109783		24359
意外伤害保险	Unforeseen Human Injury Insurance	797	23675	6365	
# 一年期以内	Less than one Year	154	1521	67	
一年期	One Year	643	21827	6298	
健康保险	Health Insurance	709	68364	13965	4739
# 一年期(及一年期以内)	One Year(Less than one Year)	680	17348	13965	
一年期以上	Over One Year	30	51016		4739

注:此表未包括财产保险公司中的人身保险业务。

a)Property Insurance Companies' life insurance is not included in this table.

主要统计指标解释

信贷资金 指金融机构以信用方式积聚和分配的货币资金。金融机构信贷资金的来源有各项存款、对国际金融机构负债、流通中货币、银行自有资金及当年结益等；信贷资金的运用有各项贷款、黄金占款、外汇占款、财政借款及在国际金融机构中的资产等。

存款 指企业、机关、团体或居民根据资金必须收回的原则，把货币资金存入银行或其他信用机构保管并取得一定利息的一种信用活动形式。根据存款对象的不同可划分为企业存款、财政存款、机关团体存款、基本建设存款、城镇储蓄存款、农村存款等科目。它是银行信贷资金的主要来源。

贷款 指银行或其他信用机构根据资金必须归还的原则，按一定利率，为企业、个人等提供资金的一种信用活动形式。我国银行贷款分为流动资金贷款、固定资产贷款、城乡个体工商户贷款以及农业贷款等科目。

中资保险公司 指中国公民、法人或其他组织出资(含外资参股)设立的保险公司。

保险金额 指保险人承担赔偿或者给付保险金责任的最高限额。

保费 指投保人为取得保险人在约定范围内所承担赔偿责任而支付给保险人的费用。

赔款 指保险人根据保险合同的规定，向被保险人支付的赔偿保险责任损失的金额。

给付 包括死伤医疗给付和满期给付。死伤医疗给付是指保险人根据人寿保险及长期健康保险合同的规定，因被保险人在保险期内发生保险责任范围内的保险事故支付给被保险人(或受益人)的金额。满期给付是指被保险人生存期满，保险人按人寿保险合同规定支付给被保险人的满期保险金额。

Explanatory Notes on Main Statistical Indicators

Credit Funds refer to the funds issued as loans by banking institutions. The sources of credit funds of the banking institutions included deposits, Liabilities to international financial institutions, currency in circulation, self-owned funds and current retained profits, etc. The credit funds can be used in forms of loans, gold, foreign exchange, government debt and assets in the international financial institutions.

Deposit is a form of credit by which enterprises, institutions, organizations or households can put money into banks and other credit institutions for safekeeping and interest earning under the principle of free withdrawal. According to different depositors, deposits are divided into enterprise deposits, treasury deposits, deposits of government agencies and organizations, capital construction deposits, urban savings deposits, rural deposits and other deposits. Deposits are major sources of the credit funds of banks.

Loan is a form of credit by which banks and other credit institutions provide funds at certain interest rate to enterprises and individuals in the light of the principle of unconditional repayment. Loans from Chinese banks include circulating capital loans, fixed assets loans, loans to urban and rural individuals engaged in industrial and commercial business and agricultural loans.

Insurance Companies Funded with Chinese Capital refer to insurance companies established with capitals from Chinese citizens, corporate institutions or other organizations (including companies with shares from foreign capital) .

Amount Insured refers to the maximum that the insurant will get for the claim of the case insured.

Premium is the fee paid by the insurant to the insurer to obtain the obligation of compensation from the insurance within the agreed terms.

Settled Claim is the compensation paid by the insurer to the insurant in accordance with the insurance contract.

Payment includes payment for death, injury or medical treatment and mature payment. Payment for death, injury or medical treatment refers to the money paid to the insurant (or the beneficiary) in accordance with the life or health insurance contract when the insurant encounters accidents within the insured period covered in the contract. Mature payment refers to the mature payment to the insurant in accordance with the life insurance contract at the end of the insured period.

二十、教育和文化

Education and Culture

资料整理：毅　茹　邰焱焱

Arranged By Yi Ru , Tai Yanyi

20-1 教育事业基本情况
Basic Statistics on Education

项 目	Item	2008	2009
学校数(所)	**Number of Schools(unit)**		
普通高等学校	Regular Institutions of Higher Education	39	41
普通中等学校	Secondary Schools	1550	1453
# 中等专业学校	Specialized Secondary Schools	87	99
中等技术学校	Technical Secondary Schools	85	97
中等师范学校	Teacher Secondary Schools	2	2
普通中学	Regular Secondary Schools	1291	1196
职业中学	Vocational Secondary Schools	172	158
小 学	Primary Schools	3605	3139
幼儿园	Kindergartens	1664	1911
特殊教育	Special Schools	27	29
专任教师(人)	**Number of Full time Teachers(person)**		
普通高等学校	Regular Instiutions of Higher Education	20946	22327
普通中等学校	Secondary Schools	108469	111046
# 中等专业学校	Specialized Secondary Schools	4750	7108
中等技术学校	Technical Secondary Schools	4607	5167
中等师范学校	Teacher Secondary Schools	143	179
普通中学	Regular Secondary Schools	94811	95356
职业中学	Vocational Secondary Schools	8908	8582
小 学	Primary Schools	115170	114848
幼儿园	Kindergartens	14022	15585
特殊教育	Special Schools	757	840
招生数(人)	**New Student Enrollment(person)**		
普通高等学校	Regular Institutions of Higher Education	107080	113890
普通中等学校	Secondary Schools	553893	615670
# 中等专业学校	Specialized Secondary Schools	44497	82875
中等技术学校	Technical Secondary Schools	43657	72333
中等师范学校	Teacher Secondary Schools	840	929
普通中学	Regular Secondary Schools	450034	451720
职业中学	Vocational Secondary Schools	59362	81075
小 学	Primary Schools	250153	228806
幼儿园	Kindergartens	195505	203440
特殊教育	Special Schools	709	550
在校学生(人)	**Student Enrollment(person)**		
普通高等学校	Regular Institutions of Higher Education	316700	351928
普通中等学校	Secondary Schools	1678260	1686000
# 中等专业学校	Specialized Secondary Schools	127262	165282
中等技术学校	Technical Secondary Schools	125071	151040
中等师范学校	Teacher Secondary Schools	2191	2476
普通中学	Regular Secondary Schools	1403360	1351859
高 中	Senior Secondary Schools	541084	519643
初 中	Junior Secondary Schools	862276	832216
职业中学	Vocational Secondary Schools	147638	168859
小 学	Primary Schools	1552708	1493013
幼儿园	Kindergartens	306872	338049
特殊教育	Special Schools	4072	4122
毕业生数(人)	**Graduates(person)**		
普通高等学校	Regular Institutions of Higher Education	73554	75805
普通中等学校	Secondary Schools	568507	552368
# 中等专业学校	Specialized Secondary Schools	35726	41702
中等技术学校	Technical Secondary Schools	35243	36229
中等师范学校	Teacher Secondary Schools	483	755
普通中学	Regular Secondary Schools	491850	471755
高 中	Senior Secondary Schools	187557	183055
初 中	Junior Secondary Schools	304293	288700
职业中学	Vocational Secondary Schools	40931	38911
小 学	Primary Schools	272053	279222
幼儿园	Kindergartens	158713	145713
特殊教育	Special Schools	563	387

注：1、普通中学的高中学校数包括高级中学和完全中学.

2、毕业生数、招生数、在校学生数包括成人高校附设普通班学生数。

a)Number of senior secondary schools in regular secondary schools include senior secondary schools & whole secondary schools.

b)The number of graduates,new student enrollment and student enrollment studiing in general class belonging to adult university.

20-2 在校学生民族构成
Composition of Student Enrollment by Nationality

单位:人 (person)

项　　目	Item	2008	2009
普通高等教育	**Regular Institutions of Higher Education**	**316700**	**351928**
蒙古族	Mongolian	86032	87302
其他少数民族	Other Minority Nationality	11797	12418
高等教育中研究生	Postgradate Students Enrollment	10812	12491
蒙古族	Mongolian	3382	3703
其他少数民族	Other Minority Nationality	449	455
中等专业学校	**Specialized Secondary Schools**	**127262**	**153516**
中等技术学校	Technical Schools	125071	151040
蒙古族	Mongolian	18959	27267
其他少数民族	Other Minority Nationality	3174	3205
中等师范学校	Teacher Training Schools Secondary	2191	2476
蒙古族	Mongolian	395	280
其他少数民族	Other Minority Nationality	23	16
普通中学	**Rogular Secondary Schools**	**1403360**	**1351859**
高中	Senior	541084	519643
蒙古族	Mongolian	124768	125116
其他少数民族	Other Minority Nationality	21152	18381
初中	Junior	862276	832216
蒙古族	Mongolian	182544	173570
其他少数民族	Other Minority Nationality	27227	24673
职业中学	**Vocational Secondary Schools**	**147638**	**168859**
蒙古族	Mongalian	22511	22772
其他少数民族	Other Minority Nationality	3173	2694
小学	**Primary Schools**	**1552708**	**1493013**
蒙古族	Mongolian	325134	325918
其他少数民族	Other Minority Nationality	41084	34591

20-3 普通高等学校分类情况(2009年)

Basic Statistics of Colleges and Universities by Different Types(2009)

项　目	Item	学校数(所) Number (unit)	毕业生数(人) Graduates (person)	招生数(人) New Student Enrollment (person)	在校学生(人) Student Enrollment (person)
普通高校	**Colleges and Universities**	**41**	**75805**	**108156**	**351928**
综合大学	Comprehensive Universities	16	22686	34615	109309
理工院校	Science and Engineering	14	30158	40847	132838
农业大学	Agricultural Universities	1	5253	7828	27820
医药院校	Medicinal Universities	2	2931	3339	13169
师范院校	Normal Universities	2	8405	11439	37055
财经院校	Economics and Finance	3	5173	9094	28899
政法院校	Law Universities	1	521	282	885
体育院校	Physical Universities	1	280	298	967
艺术院校	Arts Universities	1	398	414	986

注：毕业生、在校生数不含成人高校附设普通班学生数。

a)The number of student does not include the number of student who as studing in general class belonging to adult university.

20-3 续表 continued

项 目	Item	教职工合计(人) Number of Staff and Workers (person)	# 专任教师 Teachers	# 正、副教授 Professors and Asso.Prof.	# 讲师 Lecturers	# 助教、教员 Assistants and Instructors
普通高校	**Universities and Colleges**	**34932**	**22327**	**8284**	**7218**	**6825**
综合大学	Comprehensive Universities	13466	8100	3020	2733	2347
理工院校	Science and Engineering	11399	7983	2734	2451	2798
农业大学	Agricultural Universities	2556	1537	753	512	272
医药院校	Medicinal Universities	1455	875	374	234	267
师范院校	Normal Universities	3126	1947	745	760	442
财经院校	Economics & Finance	2184	1353	515	355	483
政法院校	Law Universities	275	169	75	76	18
体育院校	Physical Universities	213	171	29	52	90
艺术院校	Arts Universities	258	192	39	45	108

20-4 普通高等院校基本情况(2009年)

Basic Statistics of Colleges and Universities(2009)

项　目	Item	毕业生数(人) Graduates (person)	招生数(人) New Student Enrollment (person)	在校生数(人) Student Enrollment (person)
内蒙古大学	Inner Mongolia University	3557	5626	18054
内蒙古科技大学	Inner Mongolia Sci. & Tech. University	7961	10922	39910
内蒙古工业大学	Inner Mongolia Eng. University	4831	5984	22712
内蒙古农业大学	Inner Mongolia Agriculture University	5253	7884	27820
内蒙古医学院	Inner Mongolia Medicinal College	2931	3307	12678
内蒙古师范大学	Inner Mongolia Normal University	5978	8354	28471
内蒙古民族大学	Inner Mongolia Nationality University	3517	4956	17867
赤峰学院	Chifeng College	2110	2244	8236
内蒙古财经学院	Inner Mongolia Eco & Finance College	3107	5328	17489
呼伦贝尔学院	Hulunbeier College	2945	3242	11479
内蒙古建筑职业技术学院	Inner Mongolia Pro. And Tech. College	2255	3112	8753
集宁师范学院	Jining Teacher Training Academy	2427	3307	8584
内蒙古丰州职业学院	Inner Mongolia Fengzhou College	626	976	2641
河套大学	Hetao University	1835	2606	7176
呼和浩特民族学院	Inner Mongolia Nationality Academy	1240	1816	5285
包头职业技术学院	Baotou Pro.& Tech. College	2359	3399	9840
兴安职业技术学院	Xingan Pro. & Tech. College	484	1426	3435
呼和浩特职业学院	Hohhot Vocational College	2980	3982	11336
包头轻工职业技术学院	Baotou Light Industry Professional and Technical College	2214	3153	8207
内蒙古电子信息职业技术学院	Inner Mongolia Electronics College	2314	3150	8550
内蒙古机电职业技术学院	Inner Mongolia Machinery & Electronics Professional and Technical College	3126	3500	9522
内蒙古化工职业学院	Inner Mongolia Chemical Eng. College	2216	3327	9091
内蒙古商贸职业学院	Inner Mongolia Trade College	1728	3154	9060
锡林郭勒职业学院	Xilingguole Vocational College	953	2324	5605
内蒙古警察职业学院	Inner Mongolia Police College	521	282	885
内蒙古体育职业学院	Inner Mongolia Sport College	280	299	967
乌兰察布职业学院	Wulanchabu Vocational College	1103	1724	4447
通辽职业学院	Tongliao Vocational College	891	2128	5477
科尔沁艺术职业学院	Keerqin Arts Vocational College	398	501	986
内蒙古交通职业技术学院	Inner Mongolia Transport Tech College	1130	2347	5657
包头钢铁职业技术学院	Baotou Iron and Steel Vocational College	813	1390	3731
乌海职业技术学院	Wuhai Vocational College	692	1292	3374
内蒙古科技职业学院	Inner Mongolia Sci & Tech College	247	598	1818
内蒙古北方职业技术学院	Inner Mongolia North Tech College	259	939	2262
赤峰职业技术学院	Chifeng Vocational College	186	536	1862
包头铁道职业技术学院	Baotou Railway Vocational & Tech College		702	1173
内蒙古大学创业学院	Pioneer College of Inner Mongolia University		1097	1963
内蒙古师范大学鸿德学院	Honder of Inner Mongolia Normal University		1160	2184
乌兰察布医学高等专科学校	Wulanchabu Medicine Academy		491	491
鄂尔多斯职业学院	Erdos Vocational College		500	500
内蒙古经贸外语职业学院	Inner Mongolia Trade & Language College	338	825	2350

注：学生数中不含成人高校附设普通班学生数。

a)The number of student does not include the number of student who was studing in general class belonging toadult university.

20-4 续表 continued

项　目	Item	教职工总数（人）Number of Staff & Workers (person)	#专任教师 Teacher	#中级职称以上教师 Medium over Professional Certification
内蒙古大学	Inner Mongolia University	2707	1473	1160
内蒙古科技大学	Inner Mongolia Sci. & Tech. University	3540	2441	1695
内蒙古工业大学	Inner Mongolia Eng. University	2034	1354	1079
内蒙古农业大学	Inner Mongolia Agriculture University	2556	1537	1265
内蒙古医学院	Inner Mongolia Medicinal College	1200	739	478
内蒙古师范大学	Inner Mongolia Normal University	2322	1437	1196
内蒙古民族大学	Inner Mongolia Nationality University	1762	1034	705
赤峰学院	Chifeng College	1647	993	709
内蒙古财经学院	Inner Mongolia Eco & Finance College	1422	814	647
呼伦贝尔学院	Hulunbeier College	1217	863	545
内蒙古建筑职业技术学院	Inner Mongolia Pro. And Tech. College	554	375	222
集宁师范学院	Jining Teacher Training Academy	804	510	309
内蒙古丰州职业学院	Inner Mongolia Fengzhou College	109	57	50
河套大学	Hetao University	998	508	352
呼和浩特民族学院	Inner Mongolia Nationality Academy	498	322	246
包头职业技术学院	Baotou Pro.& Tech. College	827	515	339
兴安职业技术学院	Xingan Pro. & Tech. College	554	428	328
呼和浩特职业学院	Hohhot Vocational College	996	635	409
包头轻工职业技术学院	Baotou Light Industry Professional and Technical College	828	608	229
内蒙古电子信息职业技术学院	Inner Mongolia Electronics College	525	450	262
内蒙古机电职业技术学院	Inner Mongolia Machinery & Electronics Professional and Technical College	616	489	313
内蒙古化工职业学院	Inner Mongolia Chemical Eng. College	608	487	252
内蒙古商贸职业学院	Inner Mongolia Trade College	634	483	202
锡林郭勒职业学院	Xilingguole Vocational College	806	472	318
内蒙古警察职业学院	Inner Mongolia Police College	275	169	151
内蒙古体育职业学院	Inner Mongolia Sport College	213	171	81
乌兰察布职业学院	Wulanchabu Vocational College	490	356	262
通辽职业学院	Tongliao Vocational College	694	450	294
科尔沁艺术职业学院	Keerqin Arts Vocational College	258	192	84
内蒙古交通职业技术学院	Inner Mongolia Transport Tech College	484	390	214
包头钢铁职业技术学院	Baotou Iron and Steel Vocational College	450	236	162
乌海职业技术学院	Wuhai Vocational College	226	206	122
内蒙古科技职业学院	Inner Mongolia Sci & Tech College	124	68	32
内蒙古北方职业技术学院	Inner Mongolia North Tech College	259	35	
赤峰职业技术学院	Chifeng Vocational College	162	87	61
包头铁道职业技术学院	Baotou Railway Vocational & Tech College	385	250	162
内蒙古大学创业学院	Pioneer College of Inner Mongolia University	357	262	241
内蒙古师范大学鸿德学院	Honder of Inner Mongolia Normal University	210	125	73
乌兰察布医学高等专科学校	Wulanchabu Medicine Academy	255	136	130
鄂尔多斯职业学院	Erdos Vocational College	198	114	102
内蒙古经贸外语职业学院	Inner Mongolia Trade & Language College	128	56	21

20-5 地方国有单位各类专业技术人员

Special Technical Personnel of State-owned Units

单位:人 (person)

年份 Year	合 计 Total	工程技术人员 Engineering	农业技术人员 Agriculture	科学研究人员 Scientific Research	卫生技术人员 Health Care	教学人员 Teaching
1986	298360	50544	16026	1561	43130	137854
1987	344667	58353	17665	1794	44962	166079
1988	385181	66901	18436	1646	47332	158905
1989	428612	71848	18649	1845	49311	175621
1990	442659	75686	19644	1803	51184	180408
1991	453193	78705	20168	1839	53585	184784
1992	461901	79224	20710	2174	54257	187739
1993	454591	77474	18534	2043	54236	192023
1994	463501	77624	19096	2026	54873	199488
1995	471197	78640	18781	1877	56045	205952
1996	476610	78450	18946	1832	56854	214200
1997	477411	77127	19010	1792	60806	218651
1998	476012	74538	18499	1762	60990	223704
1999	504045	78903	19246	1992	65578	242551
2000	509470	77348	19076	2002	68954	250740
2001	497202	69548	18979	2084	69156	257165
2002	486215	64635	18288	1927	68725	260445
2003	514746	68669	22202	2029	72508	274565
2004	532891	65362	26978	2631	80287	286581
2005	534906	62700	27393	2401	81181	291842
2006	536071	59529	27465	1985	81658	300322
2007	553733	70527	27645	2160	82346	303470
2008	559013	67777	32659	2431	86965	302841
2009	556413	64790	32144	2205	88058	305803

20-6 文化艺术和文物事业机构、人员(2009年)

Number of Institutions and Personnel in Culture, Art and Cultural Relics(2009)

机构类别	Category of Institution	机构数(个) Number of Institutions (unit)	从业人数(人) Number of Persons Engaged (person)
文化事业合计	**Culture**	**1309**	**12347**
艺术事业	Art Institutions	135	5691
艺术表演团体	Art Performance Troupes	107	5229
话剧、儿童剧、滑稽剧团	Drama, Children Plays ,Comedy	1	39
歌剧、舞剧、 歌舞剧团	Opera, Ballet and Dance Troupes	3	128
歌舞团、轻音乐团	Song and Dance Troupe, Light Music	15	1539
文工团、文宣队、乌兰牧骑	Cultural and Performance Troupes and Ulanmuchi (equestrain art troupes)	74	2654
戏曲剧团	Local Opera Troupes	8	636
#京剧	Local Beijing Opera Troupes	1	64
曲艺、杂技、木偶、皮影团	Recitation and Ballad, Acrobatics and Circus, Puppet Show, and Shadow Play Troupes	2	120
综合性艺术表演团体	Comprehensive performing arts	4	113
艺术表演场所	Art Centers	28	462
剧场、影剧院	Theaters and Music Halls	28	462
书场、曲艺场	Storytelling Places, Recitation and Ballad Places		
杂技、马戏场	Acrobatics, Circus Places		
音乐厅	Concert Halls		
图书馆事业	Libraries	113	1822
群众文化事业	Mass Culture	1020	3920
群众艺术馆	Mass Art Centers	13	469
文化馆	Cultural Centers	102	1343
文化站	Cultural Stations	905	2108
#乡文化站	Township Cultural Stations	744	1728
艺术教育事业	Culture and Education	4	358
其他文化事业	Other Cultural Units	30	525
艺术创作机构	Art Creation Institutions	7	38
艺术研究机构	Art Research Institutions	9	120
艺术展览机构	Art Exhibition Institutions	4	205
#美术馆	Art Gallery	2	87
其他	Others	10	162
文化艺术经纪与代理业	Brokers and Agents for Cultural and Arts Activities	7	31
文物事业合计	**Cultural Relics**	**133**	**1836**
文物保护管理机构	Agency of Historical Relics Preservation	84	617
文物科研机构	Scientific and Research Historical Relics	1	46
其他文物机构	Other Historical Relics Agency	1	16
博物馆	Museums	46	1146
综合性博物馆	Comprehensive Museum	42	998
历史类博物馆	Special Museum	2	61
自然科技类博物馆	Nature Science and Technology Museum	1	3
其他博物馆	Memorial Museum	1	84
文物商店	Cultural Relics Agencies	1	11

20-7 图书、杂志、报纸出版

Books, Magazines and Newspapers Published

项 目	Item	2008	2009
图 书	**Books Published**		
种 数(种)	Number of Publications(kind)	2423	2357
#蒙 文(种)	Mongol(kind)	976	969
新 出(种)	New Books(kind)	1247	1105
重 印(种)	Republication(kind)	1176	1252
总印数(万册)	Total Printed Copies(10 000 copies)	6730	6862
总印张数(万印张)	Printed Sheets(10 000 sheets)	48609	50840
定价总金额(万元)	Total of Fixed Price(10 000 yuan)	50825	52790
杂 志	**Magazines Publised**		
种 数(种)	Number of Publications(kind)	149	147
#蒙 文(种)	Mongol(kind)	47	47
总印数(万册)	Total Printed Copies(10 000 copies)	1229.05	1024.79
总印张数(万印张)	Printed Sheets(10 000 sheets)	5175.57	4980.84
定价总金额(万元)	Total of Fixed Price(10 000 yuan)	6297.65	5693.48
报 纸	**Newspapers Publised**		
种 数(种)	Number of News Published(kind)	61	79
#蒙 文(种)	Mongol(kind)	13	13
总印数(万份)	Total Printed Copies(10 000 copies)	26364.00	44153.15
总印张数(万印张)	Printed Signatures(10 000 sheets)	62146.30	46589.07
定价总金额(万元)	Total of Fixed Price(10 000 yuan)	17689.00	30454.10

20-8 广播电视事业

Statistics on Broadcasting and Television Stations

项 目	Item	2008	2009
广 播	**Broadcasting**		
广播电台(座)	Number of Broadcasting Stations(set)	13	13
调频转播发射台座数(座)	Transmission Stations of Frequency Modulation(set)	461	511
中短波转播发射台座数(座)	Transmission Stations of Short and medium Wave(set)	57	57
广播人口覆盖率(%)	Listener Rating(%)	94.05	97.75
节目套数(套)	Number of Programs(set)	119	126
广播节目全年播出情况	**Annual Statistics on Broadcasting**		
新闻资讯类（小时：分）	News Programs(hour:minute)	107046:18	108362:48
专题服务类（小时：分）	Special Subject Programs(hour:minute)	125598:20	135216:01
综艺类（小时：分）	Programs of Entertainment(hour:minute)	203500:19	187977:51
广播剧类（小时：分）	Radio Play(hour:minute)	17268:08	22840:35
广告类（小时：分）	Programs of Advertisment(hour:minute)	31408:57	41747:50
其他类（小时：分）	Other Programs(hour:minute)	86648:44	121624:37
广播节目全年制作情况	**Annual Statistics on Production of Broadcasting**		
新闻资讯类（小时）	News Programs(hour)	34148	36387
专题服务类（小时）	Special Subject Programs(hour)	70673	81661
综艺类（小时）	Programs of Entertainment(hour)	54969	60279
广播剧类（小时）	Radio Play(hour)	1255	3315
广告类（小时）	Programs of Advertisment(hour)	19640	29746
其他类（小时）	Other Programs(hour)	17420	25995
电 视	**Television**		
电 视 台(座)	Number of Television Stations(set)	14	14
电视转播发射台座数(座)	Transmission and Relaying Stations(set)	1532	1383
卫星地球站(座)	Satellits Television Station(set)	1	1
卫星收转站(座)	Satellits Transmission Stations(set)	371095	395911
电视人口覆盖率(%)	Viewer Rating(%)	92.73	93.53
节 目 套 数(套)	Number of Programs(set)	119	125
电视节目全年播出情况	**Annual Statistics on Dissemination of TV Programs**		
新闻资讯类（小时：分）	News Programs(hour:minute)	62645:37	72329:10
专题服务类（小时：分）	Special Subject Programs(hour:minute)	60131:15	63054:27
综艺益智类（小时：分）	Programs of Entertainment(hour:minute)	51270:41	49126:30
影视剧类（小时：分）	Programs of Film and TV Play (hour:minute)	267201:35	277703:40
广告类（小时：分）	Programs of Advertisment(hour:minute)	70992:08	66693:47
其他类（小时：分）	Other Programs(hour:minute)	73315:25	86819:33
电视节目全年制作情况	**Annual Statistics on Production of TV Programs**		
新闻资讯类（小时）	News Programs(hour)	17598	18273
专题服务类（小时）	Special Subject Programs(hour)	14637	15517
综艺益智类（小时）	Programs of Entertainment(hour)	7650	7857
影视剧类（小时）	Programs of Film and TV Play (hour)	130	59
广告类（小时）	Programs of Advertisment(hour)	17011	17202
其他类（小时）	Other Programs(hour)	5802	6778

主要统计指标解释

普通高等学校 指按照国家规定的设置标准和审批程序批准举办，通过国家统一招生考试，招收高中毕业生为主要培养对象，实施高等教育的全日制大学、独立设置的学院和高等专科学校、短期职业大学。

成人高等学校 指按照国家有关规定审批，招收通过全国成人高教统一招生考试的具有高中毕业或同等学历的在职从业人员，利用脱产、半脱产、业余或函授等多种形式对其实施高等学历教育，培养高等教育专科或本科毕业水平的专门人才，修业年限，课程设置和总学时数均按高等学历教育要求付诸实施的学校。包括广播电视大学、职工高等学校、农民高等学校、管理干部学院、教育学院、独立设备的函授学院等。

小学学龄儿童入学率 指调查范围内已入小学学习的学龄儿童占校内外学龄儿童总数(包括弱智儿童，不包括盲聋哑儿童)的比重。计算公式为：

小学学龄儿童入学率=已入学的小学学龄儿童数/校内外小学学龄儿童总数×100%

科技活动 指在自然科学、农业科学、医药科学、工程与技术科学、人文与社会科学领域(简称科学技术领域)中，与科技知识的产生、发展、传播和应用密切相关的有组织的活动。可分为研究与试验发展(R&D)、研究与试验发展成果应用及相关的科技服务三类活动。该定义是联合国教科文组织考虑成员国特别是发展中国家开展科技统计工作的需要，而对科技活动所作的统计界定。

科技活动人员 指直接从事科技活动、以及专门从事科技活动管理和为科技活动提供直接服务，累计的实际工作时间占全年制度工作时间 10%及以上的人员。(1)直接从事科技活动的人员包括：在独立核算的科学研究与技术开发机构、高等学校、各类企业及其他事业单位内设的研究室、实验室、技术开发中心及中试车间(基地)等机构中从事科技活动的研究人员、工程技术人员、技术工人及其它人员；虽不在上述机构工作，但编入科技活动项目(课题)组的人员；科技信息与文献机构中的专业技术人员；从事论文设计的研究生等。(2)专门从事科技活动管理和为科技活动提供直接服务的人员，包括：独立核算的科学研究与技术开发机构、科技信息与文献机构、高等学校、各类企业及其他事业单位主管科技工作的负责人，专门从事科技活动的计划、行政、人事、财务、物资供应、设备维护、图书资料管理等工作的各类人员，但不包括保卫、医疗保健人员、司机、食堂人员、茶炉工、水暖工、清洁工等为科技活动提供间接服务的人员。该指标用来反映投入科技活动人力的规模。

科学家与工程师 指科技活动人员中具有高、中级技术职称(职务)的人员和不具有高、中级技术职称(职务)的大学本科及以上学历人员。该指标用来反映投入科技活动人力的素质。

专业技术人员 指从事专业技术工作和专业技术管理工作的人员，即企事业单位中已经聘任专业技术职务从事专业技术工作和专业技术管理工作的人员，以及未聘任专业技术职务，现在专业技术岗位上工作的人员。包括工程技术人员，农业技术人员，科学研究人员，卫生技术人员，教学人员，经济人员，会计人员，统计人员，翻译人员，图书资料、档案、文博人员，新闻出版人员，律师、公证人员，广播电视播音人员，工艺美术人员，体育人员，艺术人员及企业政治思想工作人员，共十七个专业技术职务类别。用来反映科技人力资源情况。

研究与试验发展(R&D) 指在科学技术领域，为增加知识总量、以及运用这些知识去创造新的应用进行的系统的创造性的活动，包括基础研究、应用研究、试验发展三类活动。国际上通常采用 R&D 活动的规模和强度指标反映一国的科技实力和核心竞争力。

科技活动经费筹集 指从各种渠道筹集到的计划用于科技活动的经费，包括政府资金、企业资金、事业单位资金、金融机构贷款、国外资金和其他资金等。反映各社会经济主体对促进科技进步所做的努力。

专利 是专利权的简称，是对发明人的发明创造经审查合格后，由专利局依据专利法授予发明人和设计人对该项发明创造享有的专有权。包括发明、实用新型和外观设计。反映拥有自主知识产权的科技和设计成果情况。

发明 是专利法及其实施细则所称的发明，指对有关产品、方法或其改进所提出的新的技术方案。

实用新型 是专利法及其实施细则所称的实用新型，指对产品的形状、构造或者其结合所提出的适于实用的新的技术方案。

外观设计 是专利法及其实施细则所称的外观设计，指对产品的形状、图案、色彩或者其结合所作出的富有美感并适于工业上应用的新设计。

文化事业机构 指从事专业文化工作和为专业文化工作服务的独立建制的单位。不包括这些单位另外举办独立核算的其他机构和各部门的业余文化组织。

艺术表演团体 指从事戏曲、音乐、舞蹈、杂技等专业艺术表演，有独立帐户的单位，不包括半工半艺、半农半艺和民间职业剧团。

电影放映单位 指具有放映机器设备、固定或不固定的放映场所与专职或兼职的放映技术人员，经有关部门登记批准，经常为一定的观众对象放映电影的机构。

艺术表演观众人数(人次) 指售票、包场演出或民族地区免费演出的艺术表演观众人次数，不包括彩排审查和内部观摩演出的观看人次数。

Explanatory on Main Statistical Indicators

Regular Institutions of Higher Learning refer to educational establishments set up according to the government evaluation and approval procedures, enrolling graduates from senior secondary schools and providing higher education courses and training for senior professionals. They include fulltime universities, colleges, high professional schools and short-term professional universities.

Institutions of Higher Learning for Adults refer to educational establishments, set up in line with relevant rules approved by the government, enrolling staff and workers with senior secondary school or equivalent education, and providing higher education courses in many forms of full time, pray time, spare time, or correspondence for adults. Professionals thus trained receive a qualification equivalent to graduates studying regular courses at regular universities, colleges and professional colleges. Institutions of higher learning for adults include Radio and TV universities, schools of high education for staff and workers and peasants, colleges for management cadres, pedagogical colleges, independent correspondence colleges.

Enrollment Rate of Primary School age Children refers to the proportion of school age children enrolled at schools to the total number of school age children both in and outside schools (including retarded children, but excluding blind, deaf and mute children) . The formula is: Enrollment Rate of Primary School age Children=(Total Primary School age Children at Schools) ÷(Total Primary School age Children Both at and Outside Schools) ×100%

Scientific and Technological Activities (S&T Activities) refer to organized activities which are closely related with the creation, development, dissemination and application of the scientific and technical knowledge in t he fields of natural sciences, agricultural science, medical science, engineering and technological science, humanities and social sciences (referred to as scientific and technological fields) . S&T activities can be classified in to 3 categories: research and development (R&D) activities, application of R&D results, and related S&T services. This statistical definition is made by UNICHIEF for scientific and technological activities to meet the need of carrying out statistical work in this field for its member countries in particular those developing countries.

Personnel Engaged in S&T Activities refer to personnel directly engaged in S&T activities, in the management of S&T activities, and in providing direct service to S&T activities, who sp end over 10% of the total working hours in a year in S&T activities. (1) Personnel directly engaged in S&T activities include researchers, engineers, technicians and other related personnel engaged in S&T activities in independent-accounting R&D institutions, institutions of higher learning, and in research institutes, laboratories, technology development centers and central experiment workshops under enterprises and institutions. Also included are people working in S&T research project teams, professional and technical personnel working in S&T information archiving institutes, and graduate students working on the design of their thesis. (2) Personnel engaged in the management of S&T activities and in providing direct service to S&T activities include senior management people responsible for S&T activities in independent -accounting R&D institutions, S&T information archiving institutes, institutions of higher learning, and in enterprises and institutions where S&T activities are undertaken. Also included are people responsible for the planning, administration, personnel management, financial management, logistics supply, equipment maintenance, information and library management that are related with S&T activities. People providing indirect services are excluded, such as security, medical service, drivers, plumbers, cleaners and those providing catering and related service. This indicator reflects the size of personnel engaged in S&T activities.

Scientists and Engineers refer to persons engaged in S&T activities who have obtained titles of senior and middle level professional positions, and those without such position but have completed university or higher education. This indicator reflects the quality of personnel engaged in S&T activities.

Professional and Technical Personnel refer to persons engaged in professional and technical work or in the management of professional and technical activities, i. e. , people with professional or technical posit ions who are engaged in professional and technical work or in the management of professional and technical activities, and people without professional or technical positions but are working on professional or technical posts. They include professionals and technicians working in 17 categories of technical occupations including engineering, agriculture, scientific researches, medical service, teaching, economic research and application, accounting, statistics, translation, libraries, archives, cultural and museum service, journalism and publication, lawyers, notarization service, radio and television broadcasting, handicraft and fine arts, sports, performing art, and political workers in enterprises. This indicator reflects the condition of human resources in S&T.

Research and Development (R&D) refers to systematic and creative activities in the field of science and technology aiming at increasing the knowledge and using the knowledge for new application. R&D includes 3 categories of activities: basic research, applied research and experiments and development. The scale and intensity of R&D are widely us ed internationally to reflect the strength of S&T and the core competitiveness of a country in the world.

Funding for S&T Activities refers to funds obtained from various sources for S&T activities, including government funds, self-raised funds by enterprises, self-raised funds by institutions, loans from financial institutions, foreign funds and other funds . This indicator reflects the efforts made by various social economic entities in promoting the development of S&T.

Patent is an abbreviation for the patent right and refers to the exclusive right of ownership by the inventors or designers for the creation or inventions, given from the patent offices after due process of assessment and approval in accordance wit h the Patent Law. Patents are grant ed for inventions, utility model sand designs. This indicator reflects the achievements of S&T and design with in dependent intellectual property.

Inventions refer to the inventions as specified by the patent law and its detailed rules and regulations for implementation. They refer to the new technical proposals to the products or methods or their modifications.

Utility Models refer to the utility models as specified by the patent law and its detailed rules and regulations for implementation. They refer to the practical and new technical proposals on the shape and structure of the product or the combination of both.

Designs refer to the designs as specified by the Patent law and its detailed rules and regulation for implementation. They refer to the aesthetics and industry applicable new designs for the shape, pattern and color of the product, or their combinations.

Cultural Institutions refer to units which have their own organizational system and independent accounting system and specialize in or serve cultural development. They exclude other establishments run by these cultural institutions and amateur cultural groups established by various departments.

Art Troupe refers to the troupe which is engaged in drama, opera, music, dance, acrobatics or other art performance, opens independent accounts with banks and has self supporting accounting system; excluding the troupes which are engaged partly in industrial or agricultural activities, partly in art performance and the professional troupes organized by the people.

Film Projection Units refer to units with film projection equipment, full or part time projectionists, permanent or non permanent places, approved by related administrative departments to show films regularly for certain groups of audience, including those film projection units which have been approved to give commercial shows and run business with independent accounting system as well as those film renting units of the military system.

Number of Spectators at Art performance refers to the number of attendants at commercial shows, completely booked shows or free shows given in minority national areas, and does not include the number of spectators at rehearsals for examination and internal shows for study.

二十一、体育、卫生、社会福利、环境保护和其它

Sports,Pudlic Health, Social Welfare,Environmental Protection and Others

资料整理：毅 茹 邰焱燚 唐子荣
Arranged By Yi Ru , Tai Yanyi , Tang Zirong

21-1 等级运动员分项发展情况(2009年)

Development of Athletes in Grade By Type of Sports(2009)

单位:人 (person)

项目	Item	合计 Total	国际级健将 International Master of Sports	国家级运动健将 National Master of Sports	一级 First Grade Sportsmen	二级 Second Grade Sportsmen
总计	**Total**	**800**	**3**	**76**	**85**	**636**
#田径	Track and Field	222	1	3	18	200
游泳	Swimming	41			6	35
曲棍球	Hockey	9		9		
举重	Weightlifting	8				8
拳击	Boxing	18	1	2		15
国际式摔跤	Wrestling	69		2	10	57
跆拳道	Tackwonde	41			1	40
柔道	Judo	45		8	1	36
射击	Shooting	32	1	3	14	14
足球	Football	61				61
篮球	Basketball	42				42
排球	Volleyball	20			13	7
乒乓球	Table Tennis	41		1	2	38
羽毛球	Badminton	8				8
铁人三项	Iron Man Three Items					
网球	Tennis	36				36
软式网球	Soft Tennis					
速度滑冰	Speed Skating	4				4
越野滑雪	Cross-country Skiing	3			3	
冬季两项	Winter Two Items	4			2	2
航空模型	Aero Model	2			2	
航海模型	Marine Modelling	1				1
武术	Wu Shu	24		2	1	21
马术	Horsemanship					
围棋	Encirclement Chess					
国际象棋	Chess					
中国式摔跤	Chinese-style Wrestling	58		44	8	6
射箭	Archery	9		1	3	5
健美	Healthy					
健美操	Aerobics	1			1	
轮滑	Roller Skating	1		1		

21-2 运动员获奖牌情况(2009年)

Medals Won by Athletes(2009)

单位：枚 (piece)

项目	Item	金牌 Gold Medal	银牌 Silver Medal	铜牌 Copper Medal
总计	**Total**	**32**	**29**	**52**
国际比赛	International Race	5	6	
国内比赛	National Race	27	23	52

21-3 等级裁判员分项发展情况(2009年)

Development of Referees in Grades by Type of Sports(2009)

单位:人 (person)

项 目	Item	合计 Total	国际裁判 International Referees	国家级 National Referees	一级 First Grade Referees	二级 Second Grade Referees
总 计	**Total**	**778**		**8**	**147**	**623**
# 田 径	Track and Field	175			19	156
游 泳	Swimming					
体 操	Gymnastics					
举 重	Weightlifting	19				19
拳 击	Boxing	29			9	20
国际式摔跤	Wrestling	20			11	9
中国式摔跤	Chinese Wrestling	9				9
柔道	Judo	36			15	21
跆拳道	Tackwonde	29		2	7	20
射 击	Shooting	1				1
射 箭	Archery	29				29
足 球	Football	21		1	12	8
篮 球	Basketball	128				128
排 球	Volleyball	36				36
乒 乓 球	Table Tennis	62		1	20	41
羽 毛 球	Badminton	12			1	11
网 球	Tennis	11			7	4
软式网球	Soft Tennis	1				1
毽 球	Shuttlecock	1		1		
速度滑冰	Speed Skating					
越野滑雪	Cross-country Sking	1			1	
台球	Billiards	4			4	
武 术	Wu Shu	23			4	19
马 术	Horsemanship					
汽 车	Automobile	5			5	
围 棋	Encirclement Chess					
国际象棋	Chess	1				1
中国象棋	Chinese Chess	19		1	2	16
桥 牌	Bridge					
钓鱼	Fishing	17				17
健身气功	Breathing Exercises	1		1		
马 球	Polo					
无线电测向	Radio Goniometry					
门球	Doorball	71			24	47
体育舞蹈	Physical Dance					
信鸽	Pigeon	7				7
轮 滑	Roller Skating					
健美操	Aerobics	2				2
飞镖	Dart	1				1
风筝	Kite	6			6	
拔 河	Tug-of-War	1		1		

21-4 医疗卫生事业
Basic Statistics of Public Health

项 目	Item	2008	2009
卫生机构(个)	**Health Institutions(unit)**	**7423**	**7919**
# 医院、卫生院	Hospitals	1799	1803
县及县以上医院	Hospitals at County and Higher Levels	471	471
乡镇卫生院	Health Center at Town	1324	1327
疗养院、所	Sanatoriums	6	6
门诊部	Clinics	72	66
社区卫生服务中心（站）	Health Service Center for Community	690	873
妇幼保健所、站	Maternity and Child Care Centers	115	116
疾病预防控制机构	CDC(Center for Disease Control)	137	133
床位(张)	**Beds(unit)**	**81407**	**87321**
# 医院、卫生院	Hospitals	73205	77702
县及县以上医院	Hospitals at County and Higher Levels	58754	62103
乡镇卫生院	Health Center at Town	14400	15568
疗养院、所	Sanatoriums	670	910
职工人数(人)	**Persons Engaged in Health Institution(person)**	**131879**	**139488**
# 卫生技术人员	Medical Technical Personnel	110042	117197
# 执业医师	Permitted Doctors	41990	43964
助理执业医师	Assistant Permitted Doctors	7816	7983
注册护师、护士	Registered Senior and Junior Nurses	31652	34895
药剂人员	Pharmacists	7799	8507
检验人员	Laboratory Technical	6304	6684
其他技术人员	Other Technical Personnel	5438	5681
管理人员	Managerical Personnel	6714	7284
工勤人员	Logistics Workers	9339	9326

21-5 卫生机构

Number of Health Care Institutions

单位：个 (unit)

年份 Year	总计 Total	医院、卫生院 Hospitals & Public Health Clinic	疗养院所 Sanat-oriums	专科防治所站 Specialized Prevention & Treatment Centers or Stations	疾病预防控制中心 CDC	妇幼保健所站 Maternity & Child Care Centers	每万人口拥有卫生机构数 Number of Health Institutions Per 10000 Population
1947	55	28			1		0.10
1949	78	25	1	4	12		0.13
1952	538	103	9	14	5	93	0.75
1957	2152	136	3	28	59	234	2.30
1965	3820	436	16	18	116	116	2.95
1970	4952	1582	4	4	88	50	3.32
1975	3621	1612	9	8	113	110	2.08
1978	4000	1723	8	26	118	117	2.19
1979	4146	1743	8	34	117	116	2.24
1980	4350	1760	9	39	126	118	2.32
1981	4630	1794	12	42	136	120	2.43
1982	4660	1796	14	43	138	121	2.41
1983	4632	1819	14	45	135	120	2.37
1984	4711	1841	14	53	139	121	2.37
1985	4749	1763	14	55	141	120	2.37
1986	4905	1770	13	57	140	122	2.42
1987	4991	1780	12	60	143	123	2.42
1988	5120	1787	13	61	144	123	2.45
1989	5152	1810	11	62	150	118	2.43
1990	5161	1856	12	64	153	122	2.39
1991	5172	1927	12	66	155	122	2.37
1992	5253	1928	12	61	157	120	2.38
1993	4932	1987	11	64	190	119	2.21
1994	4918	2000	11	65	189	119	2.18
1995	4915	2003	11	64	188	117	2.16
1996	5037	2016	11	53	143	107	2.19
1997	4863	1991	11	63	183	113	2.10
1998	4641	1991	11	63	182	110	1.99
1999	4468	1982	11	63	183	108	1.89
2000	4427	1988	11	63	185	108	1.87
2001	4296	1892	11	61	187	107	1.85
2002	3768	1857	10	58	147	118	1.58
2003	3595	1819	9	57	146	117	1.51
2004	3715	1831	9	54	147	117	1.56
2005	3774	1834	9	54	146	116	1.58
2006	3693	1820	8	51	140	113	1.54
2007	7853	1815	8	54	140	114	3.30
2008	7423	1799	6	54	137	115	3.09
2009	7919	1803	6	50	133	116	3.29

21-6 卫生机构床位

Number of Beds in Health Institutions

单位：张 (unit)

年份 Year	总计 Total	医院、卫生院 Hospitals & Public Health Clinic	疗养院所 Sanat-oriums	专科防治所站 Specialized Prevention & Treatment Centers or Stations	疾病预防控制中心 CDC	妇幼保健所站 Maternity & Child Care Centers	每万人口卫生机构床位数 Number of Public Health Orgon Beds Per 10 000 Population
1947	519	519					0.92
1949	726	639	70				1.05
1952	2890	1274	1567				1.78
1957	7733	5700	194				6.09
1965	23241	15820	1669				12.20
1970	25614	24833	280				16.66
1975	22198	21089	500				21.87
1978	25023	24079	500				24.23
1979	48769	46495	1290				25.11
1980	49630	47271	1295				25.19
1981	51319	47942	1948				25.19
1982	51002	47339	2270				24.44
1983	52436	48739	2217				24.92
1984	52911	49307	2274				24.84
1985	53572	50567	2194				25.20
1986	54726	51566	2053			344	25.41
1987	57651	54354	1933	6		401	26.30
1988	59414	55867	2143	36		421	26.68
1989	60090	56776	1863	88		402	26.75
1990	60727	57558	1871	87		404	26.62
1991	62929	59268	2182	66	4	452	27.14
1992	64446	60730	2182	66	4	514	27.52
1993	65221	60893	2062	97	12	584	27.28
1994	65464	61425	2007	65		500	27.17
1995	66515	61933	2124	144	15	574	27.25
1996	65247	61667	2260	105	4	716	26.86
1997	65387	61918	2260	123		749	26.73
1998	65794	62499	2080	83		766	26.76
1999	66367	62832	2102	147		740	28.10
2000	66903	63156	1984	176		1000	28.24
2001	66682	63071	1884	191	25	1580	28.75
2002	64742	61909	1773	409	54	1944	27.30
2003	65072	60438	1768	224	26	1920	27.37
2004	66699	61155	1757	174	95	2269	28.00
2005	69440	64002	1554	234	77	2422	29.10
2006	70284	64816	1397	253	150	2388	29.38
2007	73830	65780	1217	202		2441	30.76
2008	81407	73205	670	201	24	2600	33.85
2009	87321	77702	910	246		2921	36.05

注：医院、卫生院2002年以前为医院口径。

a)The Data about Hospitals and Public Health Clinic Refer to Date of Hospitals before 2002.

21-7 卫生机构人员

Number of Persons Engaged in Health Institutions

单位：人 (person)

年份 Year	总计 Total	卫生技术人员 Medical Technical Personnel	#医生 Doctors	#执业医师 Certified Doctors	#助理执业医师 Certified Assistant Doctors	#注册护师、护士 Registered Senior and Junior Nurses	每万人口医生数 Number of Doctors per 10 000 Population
1947	6158	5979	4483			128	8
1949	7529	7204	4736			201	8
1952	12233	10727	6097			552	9
1957	21848	18290	10556			1977	11
1965	40695	33215	18027			4664	14
1970	42097	33333	17101			6490	11
1975	60529	47845	22114			7932	13
1978	75123	59277	26724			8225	15
1979	82855	65615	28417			7949	16
1980	88188	70022	31068			9129	17
1981	98165	77647	32184			10426	17
1982	101637	80450	32975			10969	17
1983	104446	82873	33456			11768	17
1984	107234	85185	34903			12264	18
1985	109210	87130	36467			12598	18
1986	112011	89257	38103			13427	19
1987	115164	91437	37781			14458	18
1988	117779	94095	42794			18605	20
1989	119044	94969	44579			21310	21
1990	121443	96764	41453			22123	19
1991	123935	97984	42520			22797	19
1992	126859	100365	46612			23157	21
1993	127494	99878	47171			23425	21
1994	129101	102220	48962			24575	22
1995	129483	102187	49345			24617	22
1996	130368	103606	50263			25313	22
1997	129306	102983	52438			25953	22
1998	129765	104890	56384			26163	24
1999	125632	101312	51602			25766	22
2000	124362	100688	52299			25726	22
2001	131931	109147	53021			26755	22
2002	120628	100665	48866	39901	8965	25740	21
2003	120264	101073	49304	40241	9063	25555	21
2004	120253	101730	50177	41252	8925	26517	21
2005	121180	102587	50308	41646	8662	27052	21
2006	120571	102336	50409	42116	8293	27601	21
2007	126155	105790	48403	40398	8005	29732	20
2008	131879	110042	49806	41990	7816	31652	21
2009	139488	117197	51947	43964	7983	34895	22

21-8 社会保障基本情况
Basic Statistics on Social Security

项目	Item	2008	2009
一、最低生活保障	**Minimum Standard of Living for Residents**		
城镇居民(万人)	Residents in Urban Area(10 000 persons)	85.06	87.47
城镇居民(万户)	Housholds in Urban Area(10 000 households)	42.41	44.90
农村居民(万人)	Residents in Rural Area(10 000 persons)	113.87	121.08
农村居民(万户)	Housholds in Rural Area(10 000 households)	75.79	86.09
二、社会福利事业	**Social Welfare**		
收养性单位(个)	Adopting Social Welfare Institutions(unit)	756	768
优抚类单位	Adopting Institution of Social Special Relief	33	35
福利类单位	Adopting Institution of Social Welfare	723	733
收养性单位床位数(张)	Adopting Social Welfare Instiutions(bed)	44230	45560
优抚类单位	Adopting Institution of Social Special Relief	2196	2453
福利类单位	Adopting Institution of Social Welfare	42034	43107
年末收养人数(人)	Persons Adopted at the year-end(person)	34634	36448
优抚类单位	Adopting Institution of Social Special Relief	1301	1539
福利类单位	Adopting Institution of Social Welfare	33333	34909
社会福利事业支出(万元)	Expenditure for Social Welfare(10 000 yuan)	429115	575898
# 抚恤、离退休和社会福利救济	Pensions and Relief Funds for Social Welfare	375941	521861
自然灾害生活救助	Life Salvation of Natural Calamity	23399	26235
社会福利企业(个)	Social Welfare Enterprises(unit)	288	212
社会福利企业工作人员(人)	Staff of Social Welfare Enterprises(person)	12885	10383
三、社区服务	**Community Service**		
城镇社区服务设施(个)	Number of Urban Welfare Facilities(unit)	3393	4270
城镇便民利民服务网点(个)	Number of Urban Service Points for Civilian(unit)	24714	25223

21-8 续表 continued

项目	Item	2008	2009
四、社会保障	**Social Security**		
基本养老保险	**Basic Pension Insurance**		
参加基本养老保险人数(万人)	Persons joined(10 000 persons)	389	411
#城镇居民养老保险参保人数(万人)	Contributors of Urban(10 000 persons)		8
#参加基本养老保险离退休人数(万人)	Retirees joined(10 000 persons)	103	113
基本养老保险基金当年支出额(亿元)	Expenses of Insurance Fund(100 million yuan)	174.55	208.00
农村社会养老保险	**Rural Social Pension Insurance**		
农村社会养老保险参保人数(万人)	Contributors (10 000 persons)	105	100
农村社会养老保险基金当年支出额(亿元)	Expenses of Insurance Fund(100 million yuan)	4.45	0.52
失业保险	**Unemployment Insurance**		
参加失业保险人数(万人)	Persons joined(10 000 persons)	226	230
累计领取失业金人数(万人)	Beneficiaries(10 000 persons)	8	6
失业保险基金当年支出额(亿元)	Expenses of Insurance Fund(100 million yuan)	5.19	8.31
医疗保险	**Basic Medical Insurance**		
参加基本医疗保险人数(万人)	Persons joined(10 000 persons)	374	805
#参加大病统筹的人数(万人)	Contributors of Comprehensive Arrangement for Serious Disease(10 000 persons)	304	33
#城镇居民参加基本医疗保险人数(万人)	Persons joined(10 000 persons)	239	395
基本医疗保险基金当年支出额(亿元)	Expenses of Insurance Fund(100 million yuan)	28.23	42.24
农村新型合作医疗参合人数(万人)	Persons joined(10 000 persons)	1180	1202
农村新型合作医疗收入额(亿元)	Revenue of Medical Insurance in Rural(100 million yuan)	10.85	12.90
农村新型合作医疗支出额(亿元)	Expenses of Medical Insurance in Rural(100 million yuan)	9.73	13.39
农村新型合作医疗参合率(%)	Rate of Medical Insurance in Rural(%)	94.96	97.36
工伤保险	**Work Injury Insurance**		
参加工伤保险人数(万人)	Persons joined(10 000 persons)	185	200
#参加工伤保险的农牧民人数(万人)	Farmers and Herdsmen(10 000 persons)	38	48
工伤保险基金当年支出额(亿元)	Expenses of Insurance Fund(100 million yuan)	2.06	2.85
生育保险	**Maternity Insurance**		
参加生育保险人数(万人)	Persons joined(10 000 persons)	155	183
生育保险基金当年支出额(亿元)	Expenses of Insurance Fund(100 million yuan)	0.66	0.9
养老、失业、医疗、工伤、生育保险基金收入(亿元)	Revenue of Pension, Unemployment, Medical, Work injury, Maternity insurance Fun(100 million yuan)	289.36	334.91
养老、失业、医疗、工伤、生育保险基金支出(亿元)	Expenses of Pension, Unemployment, Medical, Work injury, Maternity insurance Fun(100 million yuan)	215.14	262.82
养老、失业、医疗、工伤、生育保险基金累计节余(亿元)	Balance of Pension, Unemployment, Medical, Work injury, Maternity insurance Fun(100 million yuan)	241.92	309.8

21-9 社会福利事业、企业单位和工作人员
Number of Social Welfare Institutions and Enterprises and Persons Engaged

项目	Item	机构(个) Number of Institutions or Enterprises(unit)		工作人员(人) Number of Persons Engaged(person)	
		2008	2009	2008	2009
全区总计	**Autonomous Regional Total**	**1650**	**1909**	**21741**	**22393**
收养性福利事业单位	Adopting Social Welfare Institutions	756	768	4322	5244
优抚类收养性单位	Adopting Institution of Social Special Relief	33	35	648	708
福利类收养性单位	Adopting Institution of Social Welfare	723	733	3674	4536
社会救助单位	Social Salvation Organizations	35	33	403	388
殡葬事业单位	Funeral and Intermert Instiutions	124	127	1928	1901
福利彩票发行单位	Welfare Lottery Ticket	16	16	135	179
慈善团体	Philanthropic Organizations	6		21	
社区服务中心	Community Service Center	425	753	2047	4298
社会福利企业	Social Welfare Enterprises	288	212	12885	10383

21-10 收养性社会福利事业单位基本情况(2009年)
Basic Statistics on Social Welfare Institutions(2009)

项目	Item	院数(个) Homes (unit)	工作人员(人) Staff and Workers (person)	床位(张) Beds (unit)	年末收养人数(人) Persons Housed year-end (person)
全区总计	**Autonomous Regional Total**	**768**	**5244**	**45560**	**36448**
优抚类单位	Institution of Social Special Relief	35	708	2453	1539
荣誉军人康复医院	Disable Veteran Hospital	1	67	100	26
复员军人疗养院	Sanatorium of Demobilized Soldier	2	70	240	33
复退军人精神病院	Psychiatric Hospital of Veteran	3	211	513	425
光荣院	Homes for Disabled Veterans	29	360	1600	1055
福利类单位	Institution of Social Welfare	733	4536	43107	34909
社会福利院	Social Welfare Homes	47	807	4670	3571
儿童福利机构	Baby Welfare Homes	6	159	1194	626
社会福利医院	Social Welfare Hospitals	4	312	700	512
城镇老年福利机构	Urban Adopting Elderly Units	63	451	3794	2629
农村老年福利机构	Rural Adopting Elderly Units	590	2644	31526	26446
其他老年福利机构	Others	23	163	1223	1125

21-11 享受补助、救济人员情况(2009年)

Persons Receiving Subsidies or Relief Funds(2009)

单位：人、户、人次 (person)(household)(person-time)

项　目	Item	2009
城镇社会救济情况	**Social Relief in Urban Area**	
城镇居民最低生活保障人数	Number of Persons Receiving Lowest Cost-of-Living in Urban Area	874684
城镇居民最低生活保障家庭数	Number of Households Receiving Lowest Cost-of-Living in Urban Area	448978
城镇临时救济人次数	Number of Poor Person-times Receiving Temporary Almsgiving in Urban Area	12499
农村社会救济情况	**Social Relief in Rural Area**	
农村居民最低生活保障人数	Number of Persons Receiving Lowest Cost-of-Living in Rural Area	1210818
农村居民最低生活保障家庭数	Number of Housholds Receiving Lowest Cost-of-Living in Rural Area	860936
农村五保救济人数	Number of Persons of Rural Guaranteed Five Aspects	90321
农村传统救济人数	Number of Persons Receiving Traditional Relief Funds	40833
农村临时救济人次数	Number of Poor Persons Receiving Temporary Almsgiving in Rural Area	99398

21-12 城镇社区服务设施

Basic Statistics on Urban Welfare Facilities

单位：个，人 (unit)(person)

项　目	Item	2008	2009
城镇社区服务设施数	Number of Urban Welfare Facilities	3393	4270
社区从业人员数	Number of People with Jobs in Community	64461	66237
# 安置下岗职工	Unemployed Workers Employed again	18736	19487
社区服务志愿者组织数	Number of Organization of Service Volunteer in Community	4541	4868
社区服务志愿者人数	Number of Service Volunteers in Community	78889	99636
城镇便民利民服务网点数	Urban Service Points for Civilian	24714	25223

21-13 工业"三废"排放及治理
Discharge and Treatment of Waste Water, Waste Gas and Solid Wastes by Industry Enterprises

项 目	Item	2008	2009
废 水	**Waste Water**		
工业废水排放总量(万吨)	Total Volume of Industrial Waste Water Discharged (10 000 tons)	29167.00	28616.22
工业废水排放达标量(万吨)	Volume of Industrial Waste Water up to the Standards for Discharge(10 000 tons)	24092.40	24366.42
工业废水排放达标率(%)	Percentage of Industrial Waste Water up to the Standards for Discharge(%)	82.6	85.2
废 气	**Waste Gas**		
工业废气排放总量(亿标立方米)	Total Volume of Industrial Waste Gas Diffused (100 Million cu.m)	20189.79	24844.36
工业二氧化硫排放量(万吨)	Volume of Sulphur Dioxide Emission(10 000 tons)	125.86	120.40
工业二氧化硫排放达标率(%)	Standard Rate of Sulphur Dioxide Emission(%)	89.5	89.6
工业烟尘排放量(万吨)	Volume of Soot Emission(10 000 tons)	42.84	32.05
工业烟尘排放达标率(%)	Standard Rate of Soot Emission(%)	78.7	81.7
工业粉尘排放量(万吨)	Volume of Industrial Dust Emission(10 000 tons)	20.96	16.41
工业粉尘排放达标率(%)	Standard Rate of Industrial Dust Emission(%)	92.50	91.37
固体废物	**Solid Wastes**		
工业固体废物产生量(万吨)	Volume of Industrial Solid Wastes Produced (10 000 tons)	10622.08	12108.32
工业固体废物综合利用量(万吨)	Volume of Industrial Solid Wastes Utilized in a Comprehensive way(10 000 tons)	5242.34	6367.91
工业固体废物综合利用率(%)	Percentage of Industrial Solid Wastes Utilized in a Comprehensive way(%)	49.3	52.6
工业固体废物贮存量(万吨)	Volume of Industrial Solid Wastes Accumulated (10 000 tons)	2000.69	1235.62
工业固体废物处置量(万吨)	Volume of Industrial Solid Wastes Treated (10 000 tons)	4137.70	4513.04
工业固体废物排放量(万吨)	Volume of Industrial Solid Wastes Discharged (10 000 tons)	39.55	9.22
"三废"综合利用产品产值(万元)	Output Value of Products Made from Waste Gas, Waste Water and Solid Wastes(10 000 yuan)	218529.00	217935.70
污染治理	**Pollution Treatment**		
当年安排污染治理项目数(个)	Number of Projects for Pollution Treatment in the Year(unit)	202	174
污染治理项目本年完成投资额(万元)	Actual Investment in Pollution Treatment in the Year(10 000 yuan)	219189.20	178258.10
# 治理废水	Treatment of Waste Water	46063.80	33154.60
治理废气	Treatment of Waste Gas	152410.30	69089.10
治理固体废物	Treatment of Solid Wastes	532.00	10193.60
治理噪声	Noise Abatmenet	126.00	120.00
治理其他	Others	20057.10	11031.40
排污收费及使用	**Fee for Discharging Waste and Fines for Pollution**		
排污费交纳单位(个)	Number of Units Charged levied(unit)	10573	8155.00
排污费征收额(万元)	Amount of Pollution Charges(10 000 yuan)	69625.00	72983.00

21-14 分行业“三废”排放及处理情况(2009年)

行 业	Branch	汇总企业数(个) Industrial Enterprises (unit)	工业废水处理量(万吨) Treatment of Waste Water (10 000 tons)
总 计	**Total**	**2394**	**104952.58**
林业	**Forestry**		
畜牧业	**Animal Husbandry**		
采矿业	**Mining**	**337.00**	**4660.55**
煤炭开采和洗选业	Coal Mining & Processing	200	2295.51
石油和天然气开采业	Petroleum & Natural Gas Pumped	6	78.75
黑色金属矿采选业	Mining & Dressing of Ferrous Metals	43	924.54
有色金属矿采选业	Mining & Dressing of Nonferrous Metals	70	1359.25
非金属矿采选业	Mining & Dressing of Nonmetal Minerals	14	2.50
其他采矿业	Mining of Other Mineral	4	
制造业	**Manufacturing**	**1587.00**	**90371.02**
农副食品加工业	Processing of Agricultural Side-Line Food	214	1802.87
食品制造业	Manufacturing of Food	101	2028.59
饮料制造业	Manufacturing of Beverage	70	861.56
烟草制品业	Tobacco Products	2	10.46
纺织业	Textile Industry	50	198.54
纺织服装、鞋、帽制造业	Textile, Clothes, Shoes & Hats	5	
皮革、毛皮、羽毛(绒)及其制品业	Leather, Furs, Down & Related Products	4	4.00
木材加工及木、竹、藤、棕、草制品业	Timber Processing, Bamboo, Cane, Palm Fiber & Straw Products	21	
造纸及纸制品业	Paper-making & Paper Products	27	4165.64
印刷业和记录媒介的复制	Printing & Record Pressing	2	
石油加工、炼焦及核燃料加工业	Petroleum Processing, Coke Products & Processing of Nuclear Fuel	38	567.33
化学原料及化学制品制造业	Chemical Materials & Products	322	8092.26
医药制造业	Manufacturing of Medicine	45	1327.07
塑料制品业	Plastic Products	1	
非金属矿物制品业	Nonmetal Mineral Products	405	310.00
其中：水泥制造	Cement Manufacturing	75	73.56
黑色金属冶炼及压延加工业	Smelting & Pressing of Ferrous Metals	143	66344.36
有色金属冶炼及压延加工业	Smelting & Pressing of Nonferrous Metals	33	4264.24
金属制品业	Metal Products	3	18.23
通用设备制造业	General-Purpose Equipment	13	2.37
专用设备制造业	Special Equipment	3	144.13
交通运输设备制造业	Transported Equipment	5	1.24
电气机械及器材制造业	Electric Equipment & Machinery	1	47.81
通信设备、计算机及其他电子设备制造业	Manufacturing of Telecoms, Computer & Other Electronic Equipment	4	106.76
仪器仪表及文化、办公用机械制造业	Instruments, Meters, Cultural & Office Machinery		
电力、燃气及水的生产和供应业	**Production & Supply of Electric Power,Gas & Water**	**463.00**	**9901.77**
电力、热力的生产和供应业	Production & Supply of Electric Power	350	4813.36
火力发电	Thermal Power	108	5087.68
燃气生产和供应业	Production & Supply of Gas	3	
水的生产和供应业	Production & Supply of Water	2	0.73
房屋和土木工程建筑业	**Housing & Civil Construction**		
铁路运输业	**Railway Transport**		
其他行业	**Other Sectors**	**7**	**19.24**

Emission and Treatment of Waste Gas, Water and Solid by Branch(2009)

工业废水排放量(万吨) Waste Water Discharged (10 000 tons)	工业废水排放达标量(万吨)Waste Water up to Standard for Discharge (10 000tons)	化学需氧量去除量(吨) COD Removed (ton)	化学需氧量排放量(吨) COD Emission (ton)	工业废气排放总量(万标立方米) Waste Gas Emission (10 000 cu.m)	废气治理设施数(套) Facilities (set)
30010.38	**26321.29**	**363172.56**	**107097.56**	**406955215**	**6098**
5694.46	**3780.48**	**1029.99**	**19294.48**	**4082600.00**	**424.00**
3439.79	3021.86	853.19	2517.97	946677	205
17.12	16.95	54.12	51.36	143451	12
360.77	313.50	10.45	87.63	1352469	97
1866.51	417.96	107.23	16632.76	136697	90
10.24	10.18	5.00	4.72	1499073	19
0.03	0.03		0.04	4233	1
16634.68	**15094.46**	**358990.01**	**83634.01**	**169458057.00**	**3873.00**
2239.16	2018.44	17886.34	10596.96	567333	176
2119.71	1941.91	23310.91	5582.17	1893736	155
1093.16	710.27	15234.01	10546.42	275067	90
0.88	0.80		0.54	9950	4
248.52	235.62	608.75	1461.07	211213	50
0.01	0.01		0.01	7789	7
50.31	50.21	4.54	79.78	12193	3
45.51	33.39		46.70	72330	129
4153.97	3798.65	251761.05	44346.10	726740	39
				1225	3
150.16	140.92	2108.83	346.82	10809617	141
1588.79	1311.03	7267.38	4215.51	13142695	514
1354.93	1341.61	19792.56	3505.63	794832	85
				299	1
290.99	263.12	41.52	356.92	47773775	856
55.99	52.15	0.62	187.92	41460012	684
2676.35	2636.34	20300.08	1955.32	37449677	565
287.72	283.01	540.70	177.45	13811008	254
17.34	17.17	0.30	60.87	5136	3
9.20	9.07		26.37	260114	19
144.13	144.13	131.35	106.86	126828	66
1.24			1.00	20584	15
2.37	2.37		0.55	21939	11
104.24	104.24	1.07	33.04	3965	3
7624.08	**7408.28**	**3129.92**	**3886.73**	**233363107.00**	**1749.00**
3548.62	3493.82	1581.70	1874.70	116250730	1272
3800.73	3639.73	1546.54	1741.35	117055338	461
				50943	15
274.73	274.73	1.68	270.68	6096	1
57.16	**38.07**	**22.82**	**282.34**	**51451**	**52**

21-14 续表

行 业	Branch	工业二氧化硫去除量(吨) SO2 Removed(ton)	工业二氧化硫排放量(吨) SO2 Emission(ton)
总 计	**Total**	**2849449.66**	**1953451.77**
林业	**Forestry**		
畜牧业	**Animal Husbandry**	**1335.30**	**17496.39**
采矿业	**Mining**		
煤炭开采和洗选业	Coal Mining & Processing	527.08	9333.67
石油和天然气开采业	Petroleum & Natural Gas Pumped	48.16	3731.63
黑色金属矿采选业	Mining & Dressing of Ferrous Metals	7.69	1589.86
有色金属矿采选业	Mining & Dressing of Nonferrous Metals	361.56	1503.83
非金属矿采选业	Mining & Dressing of Nonmetal Minerals	390.81	1278.66
其他采矿业	Mining of Other Mineral		58.74
制造业	**Manufacturing**	**479871.33**	**315097.09**
农副食品加工业	Processing of Agricultural Side-Line Food	1060.64	5217.80
食品制造业	Manufacturing of Food	358.92	12925.29
饮料制造业	Manufacturing of Beverage	208.09	2550.79
烟草制品业	Tobacco Products	18.34	67.25
纺织业	Textile Industry	440.21	2264.90
纺织服装、鞋、帽制造业	Textile, Clothes, Shoes & Hats		46.88
皮革、毛皮、羽毛(绒)及其制品业	Leather, Furs, Down & Related Products	106.70	122.91
木材加工及木、竹、藤、棕、草制品业	Timber Processing, Bamboo, Cane, Palm Fiber & Straw Products		1031.07
造纸及纸制品业	Paper-making & Paper Products	29.57	6440.63
印刷业和记录媒介的复制	Printing & Record Pressing		15.20
石油加工、炼焦及核燃料加工业	Petroleum Processing, Coke Products & Processing of Nuclear Fuel	15417.88	34193.77
化学原料及化学制品制造业	Chemical Materials & Products	21513.62	58797.61
医药制造业	Manufacturing of Medicine	2882.42	6757.45
塑料制品业	Plastic Products		2.21
非金属矿物制品业	Nonmetal Mineral Products	4955.05	51740.16
其中：水泥制造	Cement Manufacturing	4601.34	25563.69
黑色金属冶炼及压延加工业	Smelting & Pressing of Ferrous Metals	57571.09	76269.05
有色金属冶炼及压延加工业	Smelting & Pressing of Nonferrous Metals	370667.93	30660.81
金属制品业	Metal Products		78.87
通用设备制造业	General-Purpose Equipment		191.33
专用设备制造业	Special Equipment		31.68
交通运输设备制造业	Transported Equipment	25.55	93.49
电气机械及器材制造业	Electric Equipment & Machinery	13.98	10.76
通信设备、计算机及其他电子设备制造业	Manufacturing of Telecoms, Computer & Other Electronic Equipment		23.49
仪器仪表及文化、办公用机械制造业	Instruments, Meters, Cultural & Office Machinery		
电力、燃气及水的生产和供应业	**Production & Supply of Electric Power,Gas & Water**	**2367957.03**	**1620327.40**
电力、热力的生产和供应业	Production & Supply of Electric Power	1169596.21	809719.36
火力发电	Thermal Power	1198360.82	809879.19
燃气生产和供应业	Production & Supply of Gas		656.00
水的生产和供应业	Production & Supply of Water		72.85
房屋和土木工程建筑业	**Housing & Civil Construction**		
铁路运输业	**Railway Transport**		
其他行业	**Other Sectors**	**286.00**	**530.89**

continued

工业烟尘 去除量(吨) Industrial Soot Removed(ton)	工业烟尘 排放量(吨) Industrial Soot Emission (ton)	工业烟尘 排放达标量 Volume of Industrial Soot Diffused up to Standard	工业粉尘 去除量(吨) Industrial Dust Removed(ton)	工业粉尘 排放量(吨) Industrial Dust Emission(ton)	工业粉尘 排放达标量 Volume of Industrial Dust Diff-used up to Standard
48122721.27	**422771.97**	**366842.19**	**3416941.78**	**214616.61**	**199253.70**
64328.45	**11814.60**	**4563.84**	**5137.55**	**14046.56**	**9238.28**
43654.53	6737.29	2941.66		9553.99	8093.78
2086.40	419.61	21.09			
6417.24	2267.11	710.51	1313.81	4217.69	991.48
6265.26	1600.31	280.87	82.70	137.34	15.48
5859.30	718.29	599.93	3741.04	137.54	137.54
45.72	71.99	9.8			
2245248.73	**131559.54**	**102801.61**	**3411763.23**	**200418.81**	**189921.32**
24300.94	3265.39	2306.58	161.19	27.34	5.24
200405.39	6181.22	5221.38	0.45	0.40	0.22
13210.94	2449.07	1053.03	60.65	10.10	6.28
621.88	133.24	109.14			
16594.56	1111.01	1022.92		0.40	0.27
461.34	15.73	15.73			
513.60	16.40	16.40			
3889.80	443.20	97.36			
11408.51	981.94	686.48			
91.97	16.98	12.80	1.16	0.80	0.55
24031.00	13481.43	8333.50	28429.57	3784.81	3732.81
639097.86	41184.55	32126.21	52565.59	3100.34	2867.37
43453.13	2900.38	2121.82	0.70	1.02	0.55
15.81	0.69	0.69			
164162.71	29856.67	23761.88	1078953.09	72743.67	67479.07
115119.9	6040.98	4695.17	1072919.44	62105.03	59792.25
289631.77	17175.89	15444.79	1080143.28	55166.36	52611.99
694771.89	6131.93	5630.17	97849.54	3447.63	3396.11
372.56	21.57	19.04			
1669.88	57.53	57.46	274.70	5.78	3.48
180.02	27.85	23.17	400.41	22.47	22.47
866.52	54.14	34.14			
85.41	9.41	9.41	3.46	2.66	2.66
291.34	2.34	2.34			
45810796.09	**278746.40**	**259193.10**	**41.00**	**149.74**	**93.30**
22383196.10	151128.59	136617.53	41.00	149.74	93.30
23425602.81	127400.92	122495.00			
1976.70	81.35	80.57			
20.48	135.54				
2348.00	**651.43**	**283.64**		**1.50**	**0.80**

21-15 火灾、交通事故情况(2009年)

Basic Statistics on Fires and Traffic Accidents(2009)

项　目	Item	发生(起) Accured (case)	死亡(人) Death (person)	受伤(人) Injuries (person)	财产损失(万元) Property Loss (10 000 yuan)
一、火灾事故情况	**Fires**				
特 大	Extraordinarily				
重 大	Serious				
较 大	Larger	2	6		7.21
一 般	Ordinary	9324	30	9	5441.29
二、交通事故情况	**Traffic Accidents**				
死亡事故	Deaths	1172	1462	883	900.46
伤人事故	Injuries	2751		3773	577.63
财产损失事故	Property Loss	270			78.91

21-16 民间组织管理情况(2009年)

Statistics on Non Governmental Organizations(2009)

单位：个、人　(unit)(person)

项 目	Item	2009
社团管理	**Mass Organizations**	
年末实有社团数	The Number of Mass Organizations at Year-end	5337
社团负责人	The Number of Leaders of Mass Organizations	8479
# 女性	Female	1717
民办非企业单位	**Nonbusinesses Run by Local People**	
年末实有民办非企业单位	Nonbusinesses Run by Local People at Year-end	2371
民办非企业单位负责人	Leaders of Nonbusinesses	3753
# 女性	Female	1099

主要统计指标解释

等级运动员人数　指经考核正式批准授予等级运动员称号的人数。运动员等级分为国际级运动健将，运动健将、一级运动员、二级运动员、三级运动员、少年级运动员。

等级裁判员人数　指经考核正式批准授予等级裁判员称号的人数。裁判员等级分为国际裁判、国家级裁判、一级裁判、二级裁判、三级裁判。

体育场　指有 400 米跑道(中心含足球场)，有固定道牙，跑道 6 条以上，并有固定看台的室外田径场地。体育场按看台容纳观众人数分为：甲级 25000 人以上，乙级 15000-25000 人，丙级 5000-15000 人，丁级 5000 人以下。

体育馆　指有固定看台，可供篮球、排球、羽毛球、乒乓球、体操等项目训练比赛活动用的室内运动场地。体育馆按看台容纳观众人数分为：甲级 6000 人以上，乙级 4000-6000 人，丙级 2000-4000 人，丁级 2000 人以下。

卫生机构　包括医疗机构、疾病预防控制中心(防疫站)、采供血机构、卫生监督及监测(检验)机构、医学科研和在职培训机构、健康教育所等。医疗机构包括医院、社区卫生服务中心(站)、疗养院、卫生院、门诊部、诊所(卫生所、医务室)、妇幼保健院(所、站)、专科疾病防治院(所、站)、急救中心(站)和临床检验中心。医疗机构分为非赢利性医疗机构和赢利性医疗机构。

医院　包括综合医院、中医医院、中西医结合医院、民族医院、各类专科医院和护理院。

卫生技术人员　指卫生机构中医生、护理人员、药剂人员、检验人员等卫生技术人员。

医生　指在医疗、预防保健机构工作且取得《执业医师证书》的执业医师和执业助理医师。

卫生服务总费用　反映全国当年用于医疗卫生保健服务所消耗的资金总额，用筹资来源法测算。政府预算卫生支出指各级政府用于卫生事业的财政预算拨款。社会卫生支出指政府预算外的卫生资金投入，主要表现为社会医疗保险。其中包括如企事业单位和乡村集体经济单位举办医疗卫生机构设施建设费，企业职工医疗卫生费，行政事业单位负担的职工公费医疗超支部分等。居民个人卫生支出指城乡居民用自己可支配的经济收入支付的各项医疗卫生费用和医疗保险费用。

社会福利事业单位　指集中收养社会孤老、残、幼的机构，包括由民政部门管理的社会福利院、儿童福利院、精神病人福利院和城镇集体举办的福利院及农村集体举办的敬老院以及优抚医院和具有收养能力的社区服务中心等。该指标主要反映我国在社会福利性单位投入的水平。

社会福利事业单位收养人数　包括民政部门管理和城镇、农村集体举办的社会福利事业单位中收养的老人、少年儿童、缺乏生活自理能力的残疾人员和精神病人。

社会福利企业单位　指以安置城镇有一定劳动能力的盲、聋、哑和肢体残疾人员就业为目的，享受国家减免税待遇的国有或集体企业。包括福利工厂、福利商业和服务业、假肢厂和安置农场等单位。

农村五保户　指农村中既无劳动能力，又无经济来源的老、弱、孤、残的农民，其生活由集体供养，实行保吃、保穿、保住、保医、保葬(孤儿保教)，简称“五保”。享受五保待遇的家庭叫五保户。

双扶户　包括被扶持的优抚户和贫困户。主要是对具有一定劳动能力且生活困难的两户给予一定的救济金以扶持其通过生产自救达到脱贫的目的。

基本养老保险

1. 参加保险人数：指报告期末按照国家法律、法规和有关政策规定参加基本养老保险的职工人数。包括不能正常缴费、已中断缴费但未终止保险关系的职工人数。

2. 社会统筹基金收入：指根据国家规定，由纳入基本养老保险范围的单位，按照国家规定的缴费基数和缴费比例缴纳的社会统筹基金， 以及通过其他方式取得的形成基金来源的收入，包括：单位缴纳的社会统筹基金收入、财政补贴收入、利息收入、其他收入。

3. 社会统筹基金支出：指按照国家政策规定的开支范围和开支标准从社会统筹基金中支付给参加基本养老保险的离休、退休、退职人员个人的养老金、丧葬抚恤补助，以及由于保险关系转移、上下级之间调剂资金等原因而发生的支出。包括：基础性养老金、过渡性养老金、离休金、退休金、退职金、补贴、丧葬抚恤补助、其他支出。

4. 社会统筹基金结余：指截止报告期末基本养老保险的社会统筹基金结余金额。包括银行存款、财政专户、债券投资和其他。

基本医疗保险

1. 参加保险人数：指报告期末按国家有关规定参加基本医疗保险的人数。包括参加保险的职工人数和退休人员人数。

2. 社会统筹基金收入：指根据国家有关规定，由纳入基本医疗保险范围的缴费单位， 按国家规定的缴费基数和缴费比例缴纳的社会统筹基金，以及通过其他方式取得的形成基金来源的款项，包括：单位缴纳的社会统筹基金收入、财政补贴收入、利息收入、其他收入。

3. 社会统筹基金支出：指按照国家政策规定的开支范围和开支标准从社会统筹基金中支付给参加基本医疗保险的职工和退休人员的医疗保险待遇支出及其他支出。包括：住院医疗费用支出、门急诊医疗费用支出、其他支出。

4. 社会统筹基金结余：指截止报告期末基本医疗保险的社会统筹基金结余金额。包括银行存款、财政专户、债券投资和其他。

失业保险

1. 参加保险人数：指报告期末按照国家法律、法规和有关政策规定参加了失业保险的城镇企业事业单位的职工及地方政府规定参加失业保险的其他人员的人数。

2. 失业保险金：指为保障失业人员的基本生活而按规定支付的失业保险金金额。保险福利费用总额指各单位在工资以外支付给职工和离休、退休、退职人员个人和用于集体的保险福利费用，不包括用于职工的劳动保护费用，由保险福利费用开支的医务人员工资，集体福利机构工作人员和病伤休息期满6个月以上人员的工资。

保险福利费用总额 指各单位在工资以外支付给职工和离休、退休、退职人员、个人和集体的保险福利费用，不包括用于职工的劳动保护费用，由保险福利费用开支的医务人员工资，具体福利机构工作人员和病伤休息期满 6 个月以上人员的工资。

离休、退休、退职人员 指正式办理了离休、退休、退职手续，并享受相应的离休、退休、退职待遇的人员。

离休、退休、退职人员保险福利费用 包括：

1.离休金：指发给离休干部的工资和按 1982 年国务院《关于老干部离职休养制度的几项规定的通知》发给符合规定的离休干部相当于一至两个月标准工资的生活补贴及1988年增发的生活补贴。

2.退休金：指按照国家有关规定发给退休职工的退休费和 1988 年增发的生活补贴。

3.退职生活费：指按照 1978 年国务院《关于工人退休、退职的暂行办法》发给退职人员的生活费用和 1988 年增发的生活补贴。

以上离退休、退职人员的离退休金、退职生活费还应包括发给离退休、退职人员的生活补贴和物价补贴。

4.医疗卫生费：指离休、退休、退职人员的医疗费、住院费以及住院伙食补助等费用。

5.其他：指上述费用以外的其他保险福利费用，如丧葬抚恤救济费、交通费补贴、冬季取暖补贴等。

工业废水排放量 指经过企业厂区所有排放口排到企业外部的工业废水量。包括生产废水、外排的直接冷却水、超标排放的矿井地下水和与工业废水混排的厂区生活污水，不包括外排的间接冷却水(清污不分流的间接冷却水应计算在内)。

工业废水排放达标量 指各项指标都达到国家或地方排放标准的外排工业废水量，包括未经处理外排达标和经过处理后外排达标两部分。

工业废水处理量 指报告期内各种水治理设施实际处理的工业废水量，包括处理后外排和处理后回用的工业废水量和虽经处理但未达到国家或地方排放标准的废水量。如车间和厂排放口均有治理设施，并对同一废水分级处理时，不应重复计算工业废水处理量。

工业废气排放量 指企业厂区内燃料燃烧和生产工艺过程中产生的各种排入空气的含有污染物的气体总量，按标准状态［273K，101325pa］计算。

工业二氧化硫排放量 指企业在燃料燃烧和生产工艺过程中排入大气的二氧化硫数量。 烟尘排放量 指企业厂区内燃料燃烧产生的烟气中夹带的颗粒物数量。

工业粉尘排放量 指企业在生产工艺过程中排放的颗粒物重量，如钢铁企业的耐火材料粉尘、焦化企业的筛焦系统粉尘、烧结机的粉尘、石灰窑的粉尘、建材企业的水泥粉尘等。不包括电厂排入大气的烟尘。

工业固体废物产生量 指企业在生产过程中产生的固体状、半固体状和高浓度液体状废弃物的总量，包括危险废物、冶炼废渣、粉煤灰、炉渣、煤矸石、尾矿、放射性废物和其他废物等；不包括矿山开采的剥离废石和掘进废石(煤矸石和呈酸性或碱性的废石除外)。酸性或碱性废石指采掘的废石其流经水、雨淋水的 PH 值小于 4 或 PH 值大于 10.5 者。

危险废物 指列入国家危险废物名录或根据国家规定的危险废物鉴别标准和鉴别方法认定的，具有爆炸性、易燃性、易氧化性、毒性、腐蚀性、易传染疾病等危险特性之一的废物。

工业固体废物综合利用量 指通过回收、加工、循环、交换等方式，从固体废物中提取或者使其转化为可以利用的资源、能源和其他原材料的固体废物量(包括当年利用往年的工业固体废物累计贮存量)，如用作农业肥料、生产建筑材料、筑路等。综合利用量由原产生固体废物的单位统计。

工业固体废物贮存量 指以综合利用或处置为目的，将固体废物暂时贮存或堆存在专设的贮存设施或专设的集中堆存场所内的数量。专设的固体废物贮存场所或贮存设施必须有防扩散、防流失、防渗漏、防止污染大气、水体的措施。

工业固体废物处置量 指将固体废物焚烧或者最终置于符合环境保护规定要求的场所，并不再回取的工业固体废物量(包括当年处置往年的工业固体废物累计贮存量)。处置方法有填埋(其中危险废物应安全填埋)、焚烧、专业贮存场(库)封场处理、深层灌注、回填矿井等。

工业固体废物排放量 指将所产生的固体废物排到固体废物污染防治设施、场所以外的数量，不包括矿山开采的剥离废石和掘进废石(煤矸石和呈酸性或碱性的废石除外)。

“三废”综合利用产品产值 指利用“三废”(废液、废气、废渣)作为主要原料生产的产品价值(现行价)，已经销售或准备销售的应计算产品价值，留作生产自用的不应计算产品价值。

“三废”综合利用产品利润 指利用“三废”(废液、废气、废渣)生产的产品，销售后所得到的利润。

环境污染与破坏事故 指由于违反环境保护法规的经济、社会活动与行为，以及意外因素的影响或不可抗拒的自然灾害等原因，致使环境受到污染，国家重点保护的野生动植物、自然保护区受到破坏，人体健康受到危害，社会经济和人民财产受到损失，造成不良社会影响的突发性事件。

Explanatory Notes on Main Statistical Indicators

Number of Athletes in Grades refers to the number of athletes who have been given titles through examination. The titles of athletes include international masters of sports, masters of sports, first grade, second grade and third grade sportsmen and young athletes.

Number of Referees in Grades refers to the number of referees who have been given titles after examination. They are classified as international referees, national referees and referees of the first, second and third grades.

Stadiums refer to stadiums for track and field events with six lane 400 meter tracks around soccer fields, permanent track marks and permanent bleachers. Stadiums are classified according to seating capacity. They include: Class A stadiums seating 25000 people each. Class B stadiums seating 15000 to 25000 people each. Class C stadiums seating 5000 to 15000 people each, and Class D stadiums seating fewer than 5000 people.

Gymnasiums refer to indoor sports grounds with permanent seats in which basketball, volleyball. Badminton, table tennis and gymnastics competitions can be held. Gymnasiums are classified according to seating capacity. They include Class A gymnasiums seating over 6000 people. Class B gymnasiums seating 4000 to 6000 people. Class C gymnasiums seating 2000 to 4000 people, and Class D gymnasiums seating fewer than 2000 people.

Medical Organizations include: hospitals, health service centers (stations) of communities, nursing homes, health centers, clinics, clinics (health stations and infirmaries) , maternity and child care agencies (centers and stations) , special disease prevention and curing agencies (centers and stations) , first aid centers (stations) and clinical inspection centers. Medical organizations are grouped by two types: profit- making and non- profit-making medical organizations.

Hospitals include: polyclinics, traditional Chinese medical hospitals, hospitals integrated with traditional Chinese therapeutics and western therapeutics, ethical hospitals, various specialties hospitals and nursing hospitals.

Medical Technical Personnel refers to doctors, assistant nurses, pharmacists, and laboratory technicians working in medical institutions.

Doctors refer to certified physicians and certified assistant physicians with certifications working in medical and health care and prevention agencies.

Total Cost of Health Services reflects the total expenditures on medical and health care services for the whole country, calculated on basis of sources of funding. Health expenditure from government budget refers to budgetary allocation for health undertakings by governments at all levels. Social health expenditure refers to non-government budgetary cap ital input, mainly the health insurance. It includes expenditure on health institutions run by enterprises and rural collective entities, expenditure on medical and health care of employees of enterprises, and excessive health expenditure of government employees that could be covered by the government health care system. Health expenditure on individuals refers to expenditure on health service and health insurance paid by residents from their disposable income.

Social Welfare Institutions refer to institutions taking care of old pople without children, handicapped people and orphans. They include social welfare institutions run by civil affairs departments, children welfare institutions, social welfare institutions for mental patients, collective-owned old peoples homes in rural areas, convalescent homes and community service centers with the capaCity of receiving those people. This indicator reflects the input in social welfare institutions.

Number of People Taken in by Social Welfare Institutions refers to the number of old people, children, totally dependent handicapped people and mental patients taken in by social welfare institutions run by civil affairs departments and those run by collective units in urban and rural areas.

Social Welfare Enterprises are collective-owned enterprises which employ the blind, deaf mute, and other handicapped people who are able to work in cities and towns and enjoy exemption from state taxes, including welfare plants, welfare commercial services, artificial limb plants and farms, etc.

Rural Households with Livelihood Guaranteed in Five Aspects refer to the households in which there are old people without child, orphans and handicapped people who are unable to work and without financial resources in rural areas. They are taken care of by the collective units and their food, clothing, housing, medical care, funeral expenses (or schooling for orphans) are guaranteed to be provided for.

Households in the Poor Household Support Program refer to the households of martyrs and disabled servicemen, and poor households, who are able to work but in poor conditions, receiving government or collective relief funds. In this way, the households can get to work and make them break away from poverty.

Basic Endowment Insurance

1. Number of people participating in the insurance program: by the end of reference period, number of staff

and workers participating in the insurance program in line with national laws, regulations and related policies, including those who can not make regular payment or interrupt payment but not terminate the insurance program.

2. Revenue of social comprehensive funds: according to national provision, payments made by units covered in basic endowment insurance program, and income from other resources, including: income of social comprehensive funds paid by unites, financial subsidies, interest income and others.

3. Expenditure of social comprehensive funds: refer to payment made to those retired and resigned people covered in endowment insurance program in terms of pens ion or compensation within the expenditure scope and standards according to related national policies, and the expenditure occurred due to shift of the insurance relationship or adjustment funds among agencies, including: basic pension, transitional pension, pension for resigned people, pension for retired people, pension for people quitting jobs, subsidies, funeral subsidies and other expenditure.

4. Balance of social comprehensive funds: refer to the balance of basic endowment insurance of social comprehensive funds at the end of the reference period, including: bank savings, special fiscal account, investment in bonds and others.

Basic Medical Care Insurance:

1. Number of people participated in the insurance program: refer to number of people participated in the basic medical care insurance program according to related regulation by the end of reference period, including: number of staff and workers and retired persons participated in this insurance program.

2. Revenue of social comprehensive funds: according to national provision, payments made by units covered in basic medical care insurance program, and income from other resources, including: income of social comprehensive funds paid by unites, financial subsidies, interest income and others.

3. Expenditure of social comprehensive funds: refer to payment made to those retired and resigned people covered in basic medical care insurance within the expenditure scope and standards according to related national policies, including: expenditure on fee-for-service in hospital, expenditure on fee-for-service in clinic and other expenditure.

4. Balance of social comprehensive funds: refer to the balance of medical care insurance of social comprehensive funds at the end of the reference period, including: bank savings, special fiscal account, investment in bonds and others.

Unemployment Insurance

1. Number of people participated in unemployment insurance program: number of staff and workers in urban enterprises or institutions and other people according to local government regulations participated in unemployment insurance program in line with national law, regulations and related policies by the end of the reference period.

2. Sum of Unemployment Insurance: refer to total amount of insurance paid to un-employees to guarantee their basic lives according to related regulations.

Insurance and Welfare Funds refers to labor insurance and welfare fund paid by enterprises, organizations and institutions to their staff and workers as well as retired and resigned persons in addition to their wages and salaries excluding labor protection fees, wages paid to medical workers from insurance and welfare fund and wages paid to staff members working in collective welfare agencies and to people with over 6 months of sick-leave.

Retired or Resigned Personnel refers to the persons who have formally gone through the formalities for their retirement or quitting work and enjoy the corresponding treatments.

Insurance and Welfare Funds for Retired and Resigned Staff and Workers

1. Pensions for retired veteran cadres: They refer to pensions, other subsidies, and additional allowances paid to retired in line with relevant government documents.

2. Pensions for Retirement: They refer to living allowance; other subsidies and additional allowances paid to retired staff and workers in line with the relevant government documents.

3. Resignation Allowances for Living Expenses: They refer to living allowance, and additional allowances subsidies paid to resigned staff and workers in line with relevant government instructions.

It also includes living subsidies and prices subsidies paid to retired and resigned staff and workers.

4. Medical Care Allowance: refer to fee-for-service, cost of medical care and per diem subsidies during hospitalizations of retired and resigned staff and workers.

5. Others: They refer to other expenses, including other types of insurance and welfare fund, fees for funerals, traveling subsidies and heating subsidies during the winter time.

Volume of Industrial Waste Water Discharged refers to the volume of industrial waste water discharged, through all outlets, to the outside of industrial enterprises, including waste water produced, direct cooling water, underground water from mines that does not meet the standard of discharge, and the domestic sewage mixed up with industrial waste water when discharged, but excluding discharged indirect cooling water.

Volume of Treated Industrial Waste Water refers to the volume of industrial waste water after being treated and purified through various water treatment facilities in the reference period, including the volume discharged or recovered after being treated. The volume of waste water that fails to meet the national or local standards after treatment is also included. If there are treatment facilities both at the outlets of workshops and at the outlets of the factory, and the same volume of waste water has been treated twice, duplication should be avoided in the calculation of the volume of treated industrial waste water.

Volume of Waste Industrial Gas Emission refers to waste gas emitted from burning of fuels and from production process in the area of the factory, and is measured by 10000 standard cubic meters each year under normal condition.

Volume of Industrial Sulphur Dioxide Discharged refers to the volume of sulphur dioxide discharged to the air in the process of fuel burning or in the production process.

Volume of Industrial Soot Discharged refers to the volume of solid soot in the smoke discharged in the process of fuel burning in the area of the factory.

Industrial Dust Discharged refers to the total weight of solid dust discharged by industrial enterprises in the production process, such as dust of refractory materials from iron plants, dust from coke screening system or from sintering machines of coking plants, dust from lime kilns, cement dust from building material enterprises, etc. but excluding smoke and dust discharged by power plants.

Volume of Industrial Solid Wastes Produced refers to the total volume of solid, semi solid or high concentration liquid residue produced by industrial enterprises in their production process, including dangerous wastes, residues from melting, slag, powdered coal ash, gangue, chemical residues, tailings, radio active residues and other residues, but excluding stripped or dug stones in mining(except gangue and acid or alkali stones which are stones washed or soaked by water with a pH value smaller than 4 or larger than 10. 5)

Dangerous Wastes refers to the wastes which are listed by the government as the dangerous wastes or the

Profit Obtained from Utilization of Waste Gas, Waste Water and Industrial Solid Wastes refers to profit obtained from selling or own consumption of products made by industrial enterprises using recovered waste water, waste gas or solid wastes as main raw mate-

wastes which are explosive, inflammable, oxidizable, poisonous, corrosive or liable to cause infectious diseases or have other dangerous characteristics specified in accordance with the standards or methods stipulated by the government for identifying the dangerous wastes.

Volume of Industrial Solid Wastes Utilized in a Comprehensive Way refers to the volume of solid wastes from which useful materials can be extracted or which can be changed to be utilizable resources, energy or other materials, including the volume of industrial solid wastes stored up in the previous years and utilized in the current year, such as the solid wastes utilized as fertilizers, building materials, for making roads or for other purpose. Statistical data on utilization of industrial solid wastes are collected by solid wastes producing units.

Volume of Industrial Stored up Solid Wastes refers to the volume of industrial solid wastes temporarily stored up or piled with special facilities or piled in the special sites for purpose of utilization or treatment in future. The special facilities or special sites for the storing up solid wastes should have the measures against spreading or being washed away to other places, permeating the soil or causing air pollution or water contamination.

Volume of Industrial Solid Wastes Treated refers to solid wastes disposed of in a non recoverable place that meet the requirement of environmental protection, such as burying (The dangerous wastes should be buried safely) , burning, piling in designated sites, pouring water into the deep strata, filling of old mines, etc. (including treatment of solid wastes piled up in the previous years) .

Volume of Industrial Solid Wastes Discharged refers to the volume of industrial solid wastes produced and discharged at the places outside the special facilities or special sites for preventing against pollution, excluding stripped or dug stones in mining(except gangue and acid or alkali waste stones) .

Output Value of Products Made from Utilization of Waste Gas, Waste Water and Industrial Solid Wastes refers to the value of products (calculated at current prices) made by industrial enterprises using recovered waste water, waste gas or solid wastes as main raw materials. Only the value of the products which have been sold or are ready to be sold should be included. The value of the products which will be used in the production of the enterprises should not be included.
rials.

Accidents of Environment Pollution and Destruction refer to sudden accidents, due to economic and social behavior or activities in contrast with environment protection legislation, unexpected factors or irresistible natural disasters, that cause the pollution of environment, the destruction of natural protection zones, wild plants and animals, the danger to the health of people, and the loss in the property of the society and people.

2010 NEI MENG GU

二十二、盟市资料

Statistics of Leagues and Cities

资料整理：包利军 包建钢

Arranged By Bao Lijun , Bao Jiangang

22-1 各盟市行政区域土地面积和城市建设(2009年)
Administrative Areas and Construction in Cities by Region(2009)

地 区	Region	行政区域土地面积(万平方公里) Gross Area (10 000 sq.km)	城市面积(平方公里) Areas of City (sq.km)	城市建成区面积(平方公里) Urban Developed Area (sq.km)	公园个数(个) Parks (unit)	公园面积(公顷) Area of Parks (hectare)	建成区绿化覆盖面积(公顷) Green Coverage Developed Area(hectare)
总 计	**Total**	**118.30**	**8330.05**	**975.48**	**121**	**7143**	**31648**
呼和浩特市	Hohhot City	1.72	261.26	154.00	20	2146	5459
包 头 市	Baotou City	2.77	885.00	182.00	20	1537	7098
呼伦贝尔市	Hulunbeier City	25.30	2079.80	121.14	11	701	3763
兴 安 盟	Xingan League	5.98	431.31	34.70	3	356	1010
通 辽 市	Tongliao City	5.95	650.80	83.80	8	308	2360
赤 峰 市	Chifeng City	9.00	560.00	79.00	13	253	2548
锡林郭勒盟	Xilinguole League	20.26	449.30	70.00	4	173	1360
乌兰察布市	Wulanchabu City	5.50	395.00	65.75	6	693	2074
鄂尔多斯市	Erdos City	8.68	195.58	109.58	22	585	3598
巴彦淖尔市	Bayannaoer City	6.44	668.00	38.00	9	155	1140
乌 海 市	Wuhai City	0.17	1754.00	37.51	5	236	1238
阿拉善盟	Alashan League	27.02					

22-2 各盟市年末常住人口(2009年)
Number of Population at Year-end by Region(2009)

地 区	Region	年末常住人口(万人) Total Population(10 000 persons)			出生人口(万人) Birth (10 000 persons)	死亡人口(万人) Death (10 000 persons)
		合 计 Total	男 Male	女 Female		
呼和浩特市	Hohhot City	270.85	140.07	130.78	2.62	1.37
包 头 市	Baotou City	257.21	132.12	125.09	2.29	1.26
呼伦贝尔市	Hulunbeier City	269.75	138.05	131.70	2.45	1.52
兴 安 盟	Xingan League	160.09	82.01	78.08	1.68	0.90
通 辽 市	Tongliao City	308.26	156.94	151.32	3.22	1.64
赤 峰 市	Chifeng City	432.80	222.31	210.49	4.43	2.44
锡林郭勒盟	Xilinguole League	103.60	53.17	50.43	1.03	0.55
乌兰察布市	Wulanchabu City	212.55	110.32	102.23	1.61	1.58
鄂尔多斯市	Erdos City	162.54	84.70	77.84	1.68	0.87
巴彦淖尔市	Bayannaoer City	173.27	88.58	84.69	1.49	1.05
乌 海 市	Wuhai City	48.76	25.04	23.72	0.45	0.25
阿拉善盟	Alashan League	22.39	11.63	10.76	0.19	0.11

22-3 各盟市生产总值(2009年)

Gross Domestic Product by Region(2009)

单位：亿元 (100 million yuan)

地区	Region	生产总值 Gross Domestic Product	第一产业 Primary Industry	第二产业 Secondary Industry	工业 Industry	建筑业 Construction	第三产业 Tertiary Industry	人均生产总值(元) Per Capita GDP(yuan)
呼和浩特市	Hohhot City	1643.99	78.09	593.25	487.08	106.17	972.65	61108
包头市	Baotou City	2168.80	55.34	1175.15	1055.28	119.87	938.31	84979
呼伦贝尔市	Hulunbeier City	779.27	154.69	304.16	259.08	45.08	320.42	28881
兴安盟	Xingan League	216.12	69.52	69.88	55.54	14.34	76.72	13498
通辽市	Tongliao City	961.39	150.05	533.19	485.34	47.85	278.15	31147
赤峰市	Chifeng City	912.89	148.94	451.39	394.12	57.27	312.56	21037
锡林郭勒盟	Xilinguole League	485.00	52.14	316.36	268.84	47.52	116.50	47019
乌兰察布市	Wulanchabu City	500.01	78.19	261.70	236.17	25.53	160.12	23489
鄂尔多斯市	Erdos City	2161.00	60.61	1260.49	1132.11	128.38	839.90	134361
巴彦淖尔市	Bayannaoer City	509.86	99.36	279.90	232.26	47.64	130.60	29384
乌海市	Wuhai City	311.21	3.11	214.25	197.27	16.98	93.85	64147
阿拉善盟	Alashan League	245.11	7.34	192.33	180.52	11.81	45.44	110311

注：本表按当年价格计算。

a)Data in value terms in this table are calculated at current prices.

22-4 各盟市生产总值指数(2009年)

Indices of Gross Domestic Product by Region(2009)

(上年=100) (preceding year=100)

地区	Region	生产总值 Gross Domestic Product	第一产业 Primary Industry	第二产业 Secondary Industry	工业 Industry	建筑业 Construction	第三产业 Tertiary Industry	人均生产总值 Per Capita GDP
呼和浩特市	Hohhot City	115.9	104.3	117.2	116.0	123.0	116.1	114.3
包头市	Baotou City	117.6	105.9	119.6	119.6	122.2	116.0	115.8
呼伦贝尔市	Hulunbeier City	117.1	106.2	125.9	125.4	128.3	115.5	117.3
兴安盟	Xingan League	115.8	102.1	126.7	124.7	135.2	118.6	115.9
通辽市	Tongliao City	116.9	102.6	126.9	126.6	128.7	113.4	117.1
赤峰市	Chifeng City	116.6	104.4	124.7	123.0	135.4	113.3	117.3
锡林郭勒盟	Xilinguole League	121.5	106.3	128.0	128.1	127.8	115.3	120.4
乌兰察布市	Wulanchabu City	113.5	97.5	117.9	119.7	107.6	114.8	113.9
鄂尔多斯市	Erdos City	123.0	105.2	122.9	122.0	130.1	125.0	120.0
巴彦淖尔市	Bayannaoer City	119.3	106.1	128.7	126.2	140.5	113.5	119.6
乌海市	Wuhai City	122.8	103.5	127.7	127.3	131.3	115.2	121.5
阿拉善盟	Alashan League	123.0	104.0	126.9	128.9	111.7	116.8	121.1

注：本表按可比价格计算。

a)The indices in this table are calculated at comparable prices.

22-5 各盟市按三次产业分的年末就业人员(2009年)

Number of Employed Persons at Year-end by Type of Industry and by Region(2009)

地 区	Region	就业人员(万人) Number of Employed Persons (10 000 persons)	第一产业 Primary Industry	第二产业 Secondary Industry	第三产业 Tertiary Industry	构 成(合计=100) Composition in Percentage(total=100) 第一产业 Primary Industry	第二产业 Secondary Industry	第三产业 Tertiary Industry
呼和浩特市	Hohhot City	159.30	43.10	47.80	68.40	27.1	30.0	42.9
包 头 市	Baotou City	137.70	21.30	42.10	74.30	15.5	30.6	54.0
呼伦贝尔市	Hulunbeier City	103.52	52.88	13.95	36.69	51.1	13.5	35.4
兴 安 盟	Xingan League	73.91	51.04	6.08	16.79	69.1	8.2	22.7
通 辽 市	Tongliao City	154.20	93.60	20.40	40.20	60.7	13.2	26.1
赤 峰 市	Chifeng City	232.33	124.04	46.22	62.07	53.4	19.9	26.7
锡林郭勒盟	Xilinguole League	48.00	23.70	5.50	18.80	49.4	11.5	39.2
乌兰察布市	Wulanchabu City	105.80	63.20	10.50	32.10	59.7	9.9	30.3
鄂尔多斯市	Erdos City	93.10	29.10	25.40	38.60	31.3	27.3	41.5
巴彦淖尔市	Bayannaoer City	89.00	49.40	12.70	26.90	55.5	14.3	30.2
乌 海 市	Wuhai City	25.25	1.93	9.78	13.54	7.6	38.7	53.6
阿拉善盟	Alashan League	11.14	3.90	1.99	5.25	35.0	17.9	47.1

22-6 各盟市城镇年末就业人员(2009年)

Number of Employed Persons at Year-end in Urban Areas by Region(2009)

单位：人 (person)

地 区	Region	合 计 Total	国有单位 State-owned Units	集体单位 Collective-owned Units	其他单位 Units of Other Types of Ownership
呼和浩特市	Hohhot City	651726	208089	9852	85967
包 头 市	Baotou City	762435	127145	25061	176998
呼伦贝尔市	Hulunbeier City	442648	203757	5035	65032
兴 安 盟	Xingan League	180115	90377	4299	16421
通 辽 市	Tongliao City	350359	183419	9643	41678
赤 峰 市	Chifeng City	527476	195841	10967	93852
锡林郭勒盟	Xilinguole League	215823	81562	3343	26673
乌兰察布市	Wulanchabu City	256980	108467	4130	30828
鄂尔多斯市	Erdos City	310673	105365	3539	50500
巴彦淖尔市	Bayannaoer City	249429	103418	5042	39989
乌 海 市	Wuhai City	170059	53885	172	54028
阿拉善盟	Alashan League	84291	27227	501	17766
直报单位	Units of Direct Reporting	192954	178151	10178	79

22-6 续表 continued

单位：人 (person)

地 区	Region	# 港澳台商投资单位 Economic Units Funded by Entrepreneurs from H. K,Macao and Taiwan	# 外商投资单位 Foreign Funded Units	私营企业 Private Enterprises	个 体 Self-employed Individuals
呼和浩特市	Hohhot City	2262	4446	206584	141234
包 头 市	Baotou City	3460	5035	240765	192466
呼伦贝尔市	Hulunbeier City	739	1770	47326	121498
兴 安 盟	Xingan League	703	314	19766	49252
通 辽 市	Tongliao City	921	3707	35963	79656
赤 峰 市	Chifeng City	932		89850	136966
锡林郭勒盟	Xilinguole League	557	734	41561	62684
乌兰察布市	Wulanchabu City	1559	1058	43079	70476
鄂尔多斯市	Erdos City	1611	7413	62251	89018
巴彦淖尔市	Bayannaoer City	1665	1696	44046	56934
乌 海 市	Wuhai City		2576	33914	28060
阿拉善盟	Alashan League	448	495	22032	16765
直报单位	Units of Direct Reporting			4546	

22-7 各盟市登记注册类型年末职工人数(2009年)

Number of Staff and Workers at Year-end by Status of Registration and by Region(2009)

单位：人 (person)

地 区	Region	合 计 Total	国有单位 State-owned Units	城镇集体单位 Urban Collective-owned Units	其他单位 Units of Other Types of Ownership
呼和浩特市	Hohhot City	298707	207027	9845	81835
包 头 市	Baotou City	320631	125493	24919	170219
呼伦贝尔市	Hulunbeier City	271952	202226	4929	64797
兴 安 盟	Xingan League	109032	88824	4185	16023
通 辽 市	Tongliao City	233720	182681	9613	41426
赤 峰 市	Chifeng City	298551	194009	10898	93644
锡林郭勒盟	Xilinguole League	109091	79415	3227	26449
乌兰察布市	Wulanchabu City	137830	103695	3569	30566
鄂尔多斯市	Erdos City	156903	104119	3519	49265
巴彦淖尔市	Bayannaoer City	147522	102709	4947	39866
乌 海 市	Wuhai City	104543	53315	172	51056
阿拉善盟	Alashan League	44530	26271	501	17758
直报单位	Units of Direct Reporting	184744	174578	10087	79

22-8 各盟市登记注册类型女性年末就业人员(2009年)
Number of Female Employed by Registration Status and by Region at Year-end(2009)

单位：人 (person)

地 区	Region	合 计 Total	国有单位 State-owned Units	城镇集体单位 Urban Collective-owned Units	其他单位 Units of Other Types of Ownership
呼和浩特市	Hohhot City	135146	92330	4370	38446
包 头 市	Baotou City	129584	56487	10902	62195
呼伦贝尔市	Hulunbeier City	103535	84284	2259	16992
兴 安 盟	Xingan League	44751	37634	2008	5109
通 辽 市	Tongliao City	87768	72009	3740	12019
赤 峰 市	Chifeng City	110741	83163	4263	23315
锡林郭勒盟	Xilinguole League	43778	33859	1361	8558
乌兰察布市	Wulanchabu City	48083	38154	1535	8394
鄂尔多斯市	Erdos City	63462	44668	1571	17223
巴彦淖尔市	Bayannaoer City	60386	45321	2603	12462
乌 海 市	Wuhai City	33010	19573	76	13361
阿拉善盟	Alashan League	15783	12256	237	3290
直报单位	Units of Direct Reporting	33082	31790	1268	24

22-9 各盟市私营企业年末就业人员(2009年)
Number of Employed Persons in Private Enterprises at the Year-end by Region(2009)

单位：户、人 (enterprise, person)

地 区	Region	合 计 Total			城 镇 Urban Areas			乡 村 Rural Areas		
		户 数 Enterprises	就业人数 Employed Persons	# 投资者 Employers	户 数 Enterprises	就业人数 Employed Persons	# 投资者 Employers	户 数 Enterprises	就业人数 Employed Persons	# 投资者 Employers
总 计	**Total**	**94844**	**1053277**	**221041**	**85576**	**891683**	**197856**	**9268**	**161594**	**23185**
呼和浩特市	Hohhot City	20830	225784	51347	19757	206584	48153	1073	19200	3194
包 头 市	Baotou City	16076	269336	40564	14636	240765	36673	1440	28571	3891
呼伦贝尔市	Hulunbeier City	6956	55547	16334	6219	47326	15112	737	8221	1222
兴 安 盟	Xingan League	2254	22412	4672	2065	19766	4353	189	2646	319
通 辽 市	Tongliao City	6434	46146	11761	5823	35963	10595	611	10183	1166
赤 峰 市	Chifeng City	10930	112565	24509	8867	89850	19926	2063	22715	4583
锡林郭勒盟	Xilinguole League	3987	45514	8074	3721	41561	7199	266	3953	875
乌兰察布市	Wulanchabu City	5088	74029	11097	4654	43079	10141	434	30950	956
鄂尔多斯市	Erdos City	12979	85380	29258	11420	62251	25407	1559	23129	3851
巴彦淖尔市	Bayannaoer City	3948	54143	10576	3114	44046	7603	834	10097	2973
乌 海 市	Wuhai City	3173	33914	6473	3173	33914	6473			
阿拉善盟	Alashan League	1567	23092	3378	1531	22032	3274	36	1060	104

22-10 各盟市年末个体就业人员(2009年)
Number of Self-Employed Individuals at Year-end by Region(2009)

单位：户、人 (enterprise, person)

地 区	Region	合 计 Total		城 镇 Urban Areas		乡 村 Rural Areas	
		户 数 Number of Households	就业人数 Number of Employed Individuals	户 数 Number of Households	就业人数 Number of Employed Individuals	户 数 Number of Households	就业人数 Number of Employed Individuals
总 计	**Total**	**693841**	**1289303**	**560410**	**1045031**	**133431**	**244272**
呼和浩特市	Hohhot City	78906	153772	70918	141234	7988	12538
包 头 市	Baotou City	73275	217558	66245	192466	7030	25092
呼伦贝尔市	Hulunbeier City	94602	155083	75837	121498	18765	33585
兴 安 盟	Xingan League	36550	61187	28513	49252	8037	11935
通 辽 市	Tongliao City	70356	106718	55082	79656	15274	27062
赤 峰 市	Chifeng City	119798	191134	82003	136966	37795	54168
锡林郭勒盟	Xilinguole League	40204	68794	36360	62684	3844	6110
乌兰察布市	Wulanchabu City	44084	79611	40688	70476	3396	9135
鄂尔多斯市	Erdos City	71738	132253	50383	89018	21355	43235
巴彦淖尔市	Bayannaoer City	35678	77440	26287	56934	9391	20506
乌 海 市	Wuhai City	18569	28082	18569	28082		
阿拉善盟	Alashan League	10081	17671	9525	16765	556	906

22-11 各盟市城镇年末实有登记失业人数
Number of Registered Unemployed Persons at the Year-end in Urban Areas by Region

单位：人 (person)

地 区	Region	1995	2000	2005	2009
总 计	**Total**	**139713**	**126478**	**177483**	**201428**
呼和浩特市	Hohhot City	11781	13120	24465	26885
包 头 市	Baotou City	27205	20412	31972	37388
呼伦贝尔市	Hulunbeier City	25887	29283	24601	27835
兴 安 盟	Xingan League	4079	5564	8539	11164
通 辽 市	Tongliao City	12559	8696	15027	16112
赤 峰 市	Chifeng City	14266	14374	21000	24130
锡林郭勒盟	Xilinguole League	4783	4943	7809	8544
乌兰察布市	Wulanchabu City	11337	9155	14271	16448
鄂尔多斯市	Erdos City	5900	3653	9620	9361
巴彦淖尔市	Bayannaoer City	11511	9562	11074	12434
乌 海 市	Wuhai City	8359	5715	6860	8268
阿拉善盟	Alashan League	2046	2001	2245	2859

22-12 各盟市城镇登记失业率

Registered Unemployment Rate in Urban Areas by Region

单位：%　　(%)

地 区	Region	1995	2000	2005	2006	2007	2008	2009
总 计	**Total**	**3.17**	**3.34**	**4.26**	**4.13**	**4.00**	**4.10**	**4.05**
呼和浩特市	Hohhot City	2.41	3.01	4.29	4.11	3.85	3.85	3.85
包 头 市	Baotou City	3.81	3.44	4.14	3.92	3.82	3.90	3.88
呼伦贝尔市	Hulunbeier City	4.83	4.24	4.36	4.25	4.09	4.27	4.15
兴 安 盟	Xingan League	1.88	2.48	4.30	4.17	4.44	4.46	4.39
通 辽 市	Tongliao City	3.14	2.46	4.20	3.95	3.87	3.99	3.97
赤 峰 市	Chifeng City	3.13	2.90	4.22	4.20	4.14	4.20	4.17
锡林郭勒盟	Xilinguole League	2.77	3.25	4.65	4.27	3.90	4.19	3.80
乌兰察布市	Wulanchabu City	3.63	4.01	4.40	4.40	4.12	4.24	4.16
鄂尔多斯市	Erdos City	3.13	2.07	3.97	3.98	3.71	4.00	2.92
巴彦淖尔市	Bayannaoer City	4.49	3.84	4.25	4.13	4.11	4.20	4.06
乌 海 市	Wuhai City	5.12	4.40	4.50	4.50	4.28	4.50	4.40
阿拉善盟	Alashan League	4.00	3.46	4.12	3.92	3.99	4.19	4.15

22-13 各盟市职工工资总额和指数(2009年)

Total Wages of Staff and Workers and Related Index by Region(2009)

地 区	Region	工资总额(万元) Total Wages(10 000 yuan)				指 数(上年=100) Index(preceding year=100)			
		合 计 Total	国有单位 State-owned Units	城镇集体单位 Urban Collect-iveowned Units	其他单位 Units of Other Types of Owner ship	合 计 Total	国有单位 State-owned Units	城镇集体单位 Urban Collect-iveowned Units	其他单位 Units of Other Types of Owner ship
呼和浩特市	Hohhot City	1057177	836802	26865	193510	112.8	114.0	116.3	107.6
包 头 市	Baotou City	1186242	516559	65521	604162	113.6	117.0	127.1	109.5
呼伦贝尔市	Hulunbeier City	782046	611111	15430	155506	119.7	119.4	157.1	118.0
兴 安 盟	Xingan League	232222	193720	6816	31686	111.8	114.2	120.5	98.0
通 辽 市	Tongliao City	511295	387005	20736	103554	112.7	114.1	107.9	108.6
赤 峰 市	Chifeng City	852777	576032	28151	248595	126.1	125.5	114.3	129.2
锡林郭勒盟	Xilinguole League	342288	261873	10111	70305	125.5	125.3	111.0	128.5
乌兰察布市	Wulanchabu City	400072	311419	7746	80907	116.1	111.5	95.2	141.8
鄂尔多斯市	Erdos City	687923	487944	14116	185863	127.3	129.9	128.8	120.9
巴彦淖尔市	Bayannaoer City	381788	265539	14520	101730	120.4	124.2	135.4	109.9
乌 海 市	Wuhai City	375186	231539	242	143405	130.2	291.6	15.1	69.3
阿拉善盟	Alashan League	146511	93813	2216	50482	119.8	116.4	107.3	127.4

22-14 各盟市职工平均工资及指数(2009年)

Average Wage of Staff and Workers and Related Indices by Region(2009)

地区	Region	平均货币工资(元) Average Money Wage(yuan) 合计 Total	国有单位 State-owned Units	城镇集体单位 Urban Collective-owned Units	其他单位 Units of Other Types of Ownership	指数(上年=100)Indices (preceding year=100) 合计 Total	国有单位 State-owned Units	城镇集体单位 Urban Collective-owned Units	其他单位 Units of Other Types of Owner-ship
呼和浩特市	Hohhot City	33997	38932	23611	22861	110.1	109.4	132.1	107.2
包头市	Baotou City	36723	41291	25952	34988	115.6	115.3	128.2	114.1
呼伦贝尔市	Hulunbeier City	28282	30207	30878	22470	118.7	119.4	153.1	114.6
兴安盟	Xingan League	21062	21816	15655	18523	111.1	112.2	114.9	104.1
通辽市	Tongliao City	22006	21254	21729	25438	111.5	113.1	114.2	104.9
赤峰市	Chifeng City	27415	29361	25423	23949	124.0	127.3	134.2	116.8
锡林郭勒盟	Xilinguole League	30453	32901	31726	23739	119.3	118.8	133.9	119.6
乌兰察布市	Wulanchabu City	28955	30002	21894	26244	115.2	116.5	106.4	113.4
鄂尔多斯市	Erdos City	44205	47623	40170	37436	121.9	124.1	124.4	116.3
巴彦淖尔市	Bayannaoer City	25489	25906	29821	23983	126.0	123.3	139.2	129.6
乌海市	Wuhai City	35377	43914	14152	26977	133.0	145.8	119.4	104.9
阿拉善盟	Alashan League	34559	36182	45416	31595	113.9	108.0	109.5	125.7

22-15 各盟市城乡划分全社会固定资产投资(2009年)

Total Investment in Fixed Assets by Channel of Management and by Region(2009)

单位：万元 (10 000 yuan)

地区	Region	总计 Total	城镇 Urban	#房地产开发 Real Estate Development	农村 Rural
呼和浩特市	Hohhot City	7802428	7778730	1782909	23698
包头市	Baotou City	14752586	14693569	1404316	59017
呼伦贝尔市	Hulunbeier City	4993837	4993836	423742	1
兴安盟	Xingan League	1806317	1766185	154831	40132
通辽市	Tongliao City	5438970	5196988	205298	241982
赤峰市	Chifeng City	6458494	6197397	545738	261097
锡林郭勒盟	Xilinguole League	5363094	5357554	363249	5540
乌兰察布市	Wulanchabu City	2306588	2240687	236206	65901
鄂尔多斯市	Erdos City	15454140	15242474	2194432	211666
巴彦淖尔市	Bayannaoer City	5511793	5320114	509481	191679
乌海市	Wuhai City	1811623	1811623	230515	
阿拉善盟	Alashan League	1338488	1335543	103845	2945

注：农村未包括农户投资。

a)Investment in Fixed Assets of Rural don't included investment of Rural Households.

22-16 各盟市按建设性质分的城镇固定资产投资(2009年)

Investment in Capital Construction in Urban Area by Type of Construction and by Region(2009)

单位：万元 (10 000 yuan)

地区	Region	投资额 Investment	#新建 New Construction	#扩建 Expansion	#改建 Reconstruction
呼和浩特市	Hohhot City	5995821	2631736	2242244	345771
包头市	Baotou City	13289253	8846546	1053656	2889444
呼伦贝尔市	Hulunbeier City	4570094	3824780	369573	272621
兴安盟	Xingan League	1611354	1289670	43058	184943
通辽市	Tongliao City	4991690	2875124	636398	1088833
赤峰市	Chifeng City	5651659	4318528	999237	243301
锡林郭勒盟	Xilinguole League	4994305	3843582	933964	158228
乌兰察布市	Wulanchabu City	2004481	1450226	209253	321597
鄂尔多斯市	Erdos City	13048042	11729982	1021531	287215
巴彦淖尔市	Bayannaoer City	4810633	2531876	924665	1270446
乌海市	Wuhai City	1581108	957993	367656	238214
阿拉善盟	Alashan League	1231698	825344	214357	189570

注:本表不含房地产开发投资。

a)Data in this tabale indude real estate development.

22-17 各盟市城镇固定资产投资、投产项目和新增固定资产(2009年)

Capital Construction Projects and Put into Use and Newly Increased Fixed Assets by Region(2009)

地区	Region	施工项目(个) Number of Projects under Construction (unit)	全部建成投产项目(个) Number of Projects Completed & Put into Use (unit)	项目建成投产率(%) Rate of Projects Completed and Put into Use(%)	新增固定资产(万元) Newly Increased Fixed Assets (10 000 yuan)	固定资产交付使用率(%) Rate of Fixed Assets Put into Use(%)
呼和浩特市	Hohhot City	1010	767	75.94	5345217	89.15
包头市	Baotou City	2485	1864	75.01	8700332	65.47
呼伦贝尔市	Hulunbeier City	1050	740	70.48	2893766	63.32
兴安盟	Xingan League	525	378	72.00	1252073	77.70
通辽市	Tongliao City	1169	941	80.50	4383930	87.82
赤峰市	Chifeng City	1623	1244	76.65	3583371	63.40
锡林郭勒盟	Xilinguole League	1073	749	69.80	4643251	92.97
乌兰察布市	Wulanchabu City	759	695	91.57	1585014	79.07
鄂尔多斯市	Erdos City	1553	991	63.81	4987308	38.22
巴彦淖尔市	Bayannaoer City	888	655	73.76	3757257	78.10
乌海市	Wuhai City	232	125	53.88	622654	39.38
阿拉善盟	Alashan League	324	216	66.67	861003	69.90

22-18 各盟市城镇固定资产投资房屋建筑面积(2009年)

Floor Space of Buildings Through Capital Construction by Region(2009)

单位：万平方米 (10 000 sq.m)

地区	Region	施工面积 Floor Space of Buildings Under Construction	#住宅 Residential Buildings	竣工面积 Floor Space of Buildings Completed	#住宅 Residential Buildings
呼和浩特市	Hohhot City	1308.38	501.29	617.48	258.38
包头市	Baotou City	968.38	124.98	467.10	87.31
呼伦贝尔市	Hulunbeier City	369.58	147.09	155.28	48.86
兴安盟	Xingan League	229.26	76.78	141.59	75.28
通辽市	Tongliao City	425.41	31.77	292.89	17.48
赤峰市	Chifeng City	419.27	120.21	189.71	69.81
锡林郭勒盟	Xilinguole League	310.77	41.05	152.65	28.08
乌兰察布市	Wulanchabu City	152.78	46.21	62.10	25.13
鄂尔多斯市	Erdos City	1210.38	270.29	161.64	59.32
巴彦淖尔市	Bayannaoer City	348.11	125.61	107.12	41.33
乌海市	Wuhai City	168.42	100.29	24.51	1.65
阿拉善盟	Alashan League	65.86	4.86	2.08	1.21

注:本表数字不含商品房。

a)Data in this doesn't include commercial house.

22-19 各盟市按构成分的城镇固定资产投资(2009年)

Investment in Innovation by Type of Construction and by Region(2009)

单位：万元 (10 000 yuan)

地区	Region	投资额 Investment	建筑工程 Construction Projects	安装工程 Installation Projects	设备工器具购置 Purchase of Equipment and Instruments	其他费用 Others
呼和浩特市	Hohhot City	5995821	3488797	273329	1702519	531176
包头市	Baotou City	13289253	6655407	1933715	3640331	1059800
呼伦贝尔市	Hulunbeier City	4570094	2961574	213103	904204	491213
兴安盟	Xingan League	1611354	1073996	50576	338111	148671
通辽市	Tongliao City	4991690	2000552	577183	2080946	333009
赤峰市	Chifeng City	5651659	3342834	323731	1373728	611366
锡林郭勒盟	Xilinguole League	4994305	2618042	312086	1556135	508042
乌兰察布市	Wulanchabu City	2004481	1065899	151578	701612	85392
鄂尔多斯市	Erdos City	13048042	9165625	612540	2058878	1210999
巴彦淖尔市	Bayannaoer City	4810633	2716065	398610	1397687	298271
乌海市	Wuhai City	1581108	738856	227076	499795	115381
阿拉善盟	Alashan League	1231698	958364	120053	143288	9993

22-20 各盟市按资金来源分的城镇固定资产(2009年)

Number of Innovation Projects Under Construction and Put into Use and Newly Increased Fixed Assets by Region(2009)

单位:万元 (10000 yuan)

地区	Region	国家预算内资金 State Budgetary	国内贷款 Domestic Loans	利用外资 Foreign Investment	自筹资金 Fund Raising	其他资金 Others
呼和浩特市	Hohhot City	127622	553415	62633	4309550	175672
包头市	Baotou City	91742	220511	48000	13015653	215982
呼伦贝尔市	Hulunbeier City	433699	502307	13345	3323407	202222
兴安盟	Xingan League	180039	87403	4741	1327390	9720
通辽市	Tongliao City	287161	592488	7879	4168847	52113
赤峰市	Chifeng City	245890	588076	8400	4218174	266338
锡林郭勒盟	Xilinguole League	244895	1111623	3233	2695710	565182
乌兰察布市	Wulanchabu City	329889	374774	1213	1196871	92593
鄂尔多斯市	Erdos City	1377901	793780	9483	11454658	126134
巴彦淖尔市	Bayannaoer City	350275	496918	1000	3968460	14448
乌海市	Wuhai City	164177	392054		895770	28363
阿拉善盟	Alashan League	207096	214929		735210	31271

22-21 各盟市农村固定资产投资和房屋建筑面积(2009年)

Investment in Fixed Assets in Rural Area, Floor Space of Buildings by Region(2009)

地区	Region	投资额(万元) Investment (10 000 yuan)	新增固定资产(万元) Newly Increased Fixed Assets (10 000 yuan)	房屋建筑面积(万平方米) Floor Space of Buildings(10 000 sq. m)			
				施工面积 Under Construction	#住宅 Residential Buildings	竣工面积 Completed	#住宅 Residential Buildings
呼和浩特市	Hohhot City	23698	32431	11.81	9.54	11.81	9.54
包头市	Baotou City	59017	24971	1.45	1.45	1.45	1.45
呼伦贝尔市	Hulunbeier City	1	5431				
兴安盟	Xingan League	40132	38666	7.09		6.99	
通辽市	Tongliao City	241982	210592	53.79	11.37	53.79	11.37
赤峰市	Chifeng City	261097	207962	14.76	0.50	10.38	0.48
锡林郭勒盟	Xilinguole League	5540	5540	1.00		1.00	
乌兰察布市	Wulanchabu City	65901	64801	0.29		0.29	
鄂尔多斯市	Erdos City	211666	115189	21.17	9.87	0.15	
巴彦淖尔市	Bayannaoer City	191679	131815	6.29	0.95	0.61	
乌海市	Wuhai City						
阿拉善盟	Alashan League	2945	2687	0.36	0.36	0.36	0.36

注:本表数据统计范围为农村范围内建设的计划总投资50万元以上项目。

a)Frame work in this table is construction projects over 500 thousand yuan in rural area.

22-22 各盟市城镇集体单位固定资产投资、新增固定资产和房屋建筑面积(2009年)

Investment in Fixed Assets of Urban Collective-Owned Units and Floor Space of Buildings by Region(2009)

地 区	Region	投资额(万元) Investment (10 000 yuan)	新增固定资产(万元) Newly Increased Fixed Assets (10 000 yuan)	房屋建筑面积(万平方米) Floor Space of Buildings(10 000 sq. m)			
				施工面积 Under Construction	#住宅 Residential Buildings	竣工面积 Completed	#住宅 Residential Buildings
呼和浩特市	Hohhot City	208321	215600	166.68	146.63	84.30	80.63
包头市	Baotou City	308120	324260	59.76	18.50	55.46	18.50
呼伦贝尔市	Hulunbeier City	47377	39997	7.56	0.32	2.26	0.32
兴安盟	Xingan League	2750	2350	1.22		0.76	
通辽市	Tongliao City	54905	20315	2.30		1.98	
赤峰市	Chifeng City	142991	136728	30.89	4.95	16.83	4.75
锡林郭勒盟	Xilinguole League	18741	11776	2.95	0.04	2.51	0.04
乌兰察布市	Wulanchabu City	20000					
鄂尔多斯市	Erdos City	332080	173429	4.92	0.05	1.31	
巴彦淖尔市	Bayannaoer City	2192	2192	1.11	1.11	1.11	1.11
乌海市	Wuhai City	7466	10000				
阿拉善盟	Alashan League	5400	5300	0.30			

22-23 各盟市房地产开发企业(单位)个数(2009年)

Number of Enterprises for Real Estate Development by Region(2009)

单位：个 (unit)

地 区	Region	企业个数 Number of Enterprises	内资企业 Domestic Funded Enterprises	#国有 State-owned Enterprises	#集体 Collective Owned Enterprises	港、澳、台投资企业 Funded by Entrepreneurs from Hong Kong Macao & Taiwan	外商投资企业 Foreign Funded Enterprises
呼和浩特市	Hohhot City	245	241	4	1	1	3
包头市	Baotou City	294	289	10		4	1
呼伦贝尔市	Hulunbeier City	250	249	8	1	1	
兴安盟	Xingan League	79	79	2	1		
通辽市	Tongliao City	174	174	2			
赤峰市	Chifeng City	135	135				
锡林郭勒盟	Xilinguole League	145	145	1			
乌兰察布市	Wulanchabu City	82	82				
鄂尔多斯市	Erdos City	257	257				
巴彦淖尔市	Bayannaoer City	88	88	1	1		
乌海市	Wuhai City	103	103	4			
阿拉善盟	Alashan League	41	41				

22-24 各盟市房地产开发企业(单位)年底从业人员(2009年)

Number of Employed Persons in Enterprises for Real Estate Development by Region(end of 2009)

单位：人 (person)

地 区	Region	年末从业人数 Number of Employed Persons	内资企业 Domestic Funded Enterprises	# 国有 State-owned Enterprises	# 集体 Collective-owned Enterprises	港、澳、台投资企业 Funded by Entrepreneurs from Hong Kong Macao and Taiwan	外商投资企业 Foreign Funded Enterprises
呼和浩特市	Hohhot City	5383	5247	248	15	18	118
包 头 市	Baotou City	8274	8047	309		203	24
呼伦贝尔市	Hulunbeier City	3593	3565	176	11	28	
兴 安 盟	Xingan League	1554	1554	11	15		
通 辽 市	Tongliao City	3315	3315	102			
赤 峰 市	Chifeng City	10096	10096				
锡林郭勒盟	Xilinguole League	2754	2754	3			
乌兰察布市	Wulanchabu City	1648	1648				
鄂尔多斯市	Erdos City	6930	6930				
巴彦淖尔市	Bayannaoer City	1671	1671	6	10		
乌 海 市	Wuhai City	1288	1288	19			
阿拉善盟	Alashan League	704	704				

22-25 各盟市按用途分的房地产开发企业(单位)完成投资额(2009年)

Actually Completed Investment of Enterprises for Real Estate Development by Region and by Use(2009)

单位：万元 (10 000 yuan)

地 区	Region	本年完成投资额 Investment Made This Year	住 宅 Residential Buildings	# 经济适用房屋 Economical Houses	办 公 楼 Office Buildings	商业营业用房 Houses for Business Use	其 他 Others
呼和浩特市	Hohhot City	1782909	1269283	158961	73919	351173	88534
包 头 市	Baotou City	1404316	1121850	147482	66368	123174	92924
呼伦贝尔市	Hulunbeier City	423742	329653	5536	6983	55059	32047
兴 安 盟	Xingan League	154831	117563	6084	1572	31307	4389
通 辽 市	Tongliao City	205298	162215	6216	2361	33674	7048
赤 峰 市	Chifeng City	545738	438388		18556	55387	33407
锡林郭勒盟	Xilinguole League	363249	217247	2637	2284	117510	26208
乌兰察布市	Wulanchabu City	236206	209967	6572		18860	7379
鄂尔多斯市	Erdos City	2194432	1154230	142623	207966	592459	239777
巴彦淖尔市	Bayannaoer City	509481	453641	42590	3337	42207	10296
乌 海 市	Wuhai City	230515	182237	19597	883	39458	7937
阿拉善盟	Alashan League	103845	81541	120		21883	421

22-26 各盟市商品房建筑面积和造价(2009年)

Floor Space of Buildings and Cost in Commercial House by Region(2009)

地 区	Region	施工房屋面积(万平方米) Floor Space of Buildings under Construction (10 000 sq.m)	竣工房屋面积(万平方米) Floor Space of Buildings Completed (10 000 sq.m)	房屋建筑面积竣工率(%) Rate of Floor Space of Buildings Completed (%)	竣工房屋价值(万元) Value of Buildings Completed (10 000 yuan)	竣工房屋造价(元/平方米) Cost of Buildings Completed (yuan/sq.m)
呼和浩特市	Hohhot City	1832.92	456.25	24.89	960743	2106
包 头 市	Baotou City	1189.04	376.96	31.70	904113	2398
呼伦贝尔市	Hulunbeier City	539.33	175.51	32.54	237610	1354
兴 安 盟	Xingan League	270.01	62.31	23.08	77608	1246
通 辽 市	Tongliao City	248.49	131.75	53.02	163340	1240
赤 峰 市	Chifeng City	392.72	194.76	49.59	326783	1678
锡林郭勒盟	Xilinguole League	381.55	172.37	45.18	241555	1401
乌兰察布市	Wulanchabu City	252.08	196.82	78.08	207533	1054
鄂尔多斯市	Erdos City	2255.02	260.50	11.55	490778	1884
巴彦淖尔市	Bayannaoer City	486.73	102.71	21.10	201089	1958
乌 海 市	Wuhai City	352.81	147.41	41.78	223455	1516
阿拉善盟	Alashan League	87.65	37.42	42.69	48989	1309

22-27 各盟市商品房屋销售情况(2009年)

Selling of Commercial Houses by Region(2009)

地 区	Region	房屋销售面积(万平方米) Floor Space of Selling House (10 000 sq. m)	# 住 宅 Residential Buildings	商品房销售额(万元) Total Sales of Commerical Houses (10 000 yuan)	# 住 宅 Residential Buildings
呼和浩特市	Hohhot City	374.99	309.10	1460331	1005335
包 头 市	Baotou City	570.05	517.66	1927244	1665846
呼伦贝尔市	Hulunbeier City	266.43	226.03	651908	492108
兴 安 盟	Xingan League	45.82	33.59	89372	51865
通 辽 市	Tongliao City	126.10	95.44	242553	155617
赤 峰 市	Chifeng City	229.96	204.15	576788	448550
锡林郭勒盟	Xilinguole League	112.28	98.10	208613	161569
乌兰察布市	Wulanchabu City	137.31	129.50	233402	213776
鄂尔多斯市	Erdos City	419.34	356.26	1671034	1214435
巴彦淖尔市	Bayannaoer City	181.09	173.90	388050	358487
乌 海 市	Wuhai City	83.67	80.15	171122	159413
阿拉善盟	Alashan League	34.65	30.09	51943	43069

22-28 各盟市地方一般预算收支(2009年)
General Budgetary Financial Revenue and Expenditure by Region(2009)

单位：万元 (10 000 yuan)

地区	Region	地方一般预算收入 General Budgetary Financial Revenue	地方一般预算支出 General Budgetary Financial Expenditure
呼和浩特市	Hohhot City	1067947	1651684
包头市	Baotou City	1303120	1955634
呼伦贝尔市	Hulunbeier City	492947	1805773
兴安盟	Xingan League	82863	798257
通辽市	Tongliao City	507032	1524310
赤峰市	Chifeng City	458221	1871101
锡林郭勒盟	Xilinguole League	350942	991561
乌兰察布市	Wulanchabu City	139933	1139854
鄂尔多斯市	Erdos City	1620408	2316345
巴彦淖尔市	Bayannaoer City	299983	1054775
乌海市	Wuhai City	232367	465197
阿拉善盟	Alashan League	152494	414565

22-29 各盟市地方一般预算收入(2009年)
General Budgetary Financial Revenue by Region(2009)

单位：万元 (10 000 yuan)

地区	Region	收入合计 Total Revenue	# 增值税 Value-added Tax	# 营业税 Operation Tax	# 企业所得税 Enterprises Income Tax	#契税和耕地占用税 Contract Tax and Tax on The Occupancy of Cultuvated Land
呼和浩特市	Hohhot City	1067947	79475	268380	70921	74770
包头市	Baotou City	1303120	143787	184587	60854	163109
呼伦贝尔市	Hulunbeier City	492947	41830	87250	27175	48449
兴安盟	Xingan League	82863	6505	24155	2911	3709
通辽市	Tongliao City	507032	55326	73820	18017	36476
赤峰市	Chifeng City	458221	48334	83269	33336	29397
锡林郭勒盟	Xilinguole League	350942	36839	63761	21494	22495
乌兰察布市	Wulanchabu City	139933	29040	37289	5025	3362
鄂尔多斯市	Erdos City	1620408	294768	261601	237170	77206
巴彦淖尔市	Bayannaoer City	299983	27396	63309	38423	36369
乌海市	Wuhai City	232367	48540	40943	25874	4817
阿拉善盟	Alashan League	152494	30018	25942	10588	2306

22-30 各盟市地方一般预算支出(2009年)

General Budgetary Financial Expenditure by Region(2009)

单位：万元 (10 000 yuan)

地区	Region	支出合计 Total Expenditure	#一般公共服务 General Public Services	#科学技术 Science and Technology	#医疗卫生支出 Expenditure for Medical treatment and Health
呼和浩特市	Hohhot City	1651684	249336	17595	80539
包头市	Baotou City	1955634	251449	27231	75922
呼伦贝尔市	Hulunbeier City	1805773	283151	15631	123557
兴安盟	Xingan League	798257	98972	4926	44080
通辽市	Tongliao City	1524310	185149	13333	97407
赤峰市	Chifeng City	1871101	223151	7605	101094
锡林郭勒盟	Xilinguole League	991561	144558	4509	55188
乌兰察布市	Wulanchabu City	1139854	117668	5539	70078
鄂尔多斯市	Erdos City	2316345	482560	32606	103833
巴彦淖尔市	Bayannaoer City	1054775	122638	3726	61592
乌海市	Wuhai City	465197	88744	6016	25552
阿拉善盟	Alashan League	414565	68546	2076	18305

22-30 续表 continued

单位：万元 (10 000 yuan)

地区	Region	#社会保障和就业 Social Security and Employment	#环境保护 Environment Protection	#教育支出 Expenditure for Education	#农林水事务 Expenses of Agriculture, Forestry and Water
呼和浩特市	Hohhot City	181857	56567	221858	176022
包头市	Baotou City	357417	50586	239935	129151
呼伦贝尔市	Hulunbeier City	334421	68443	240175	196727
兴安盟	Xingan League	128419	54257	111162	167102
通辽市	Tongliao City	206777	81494	239650	234653
赤峰市	Chifeng City	245110	138667	387431	267331
锡林郭勒盟	Xilinguole League	135348	76781	113703	132754
乌兰察布市	Wulanchabu City	229395	123534	157867	159105
鄂尔多斯市	Erdos City	215491	106149	268642	304220
巴彦淖尔市	Bayannaoer City	159414	69530	133512	188100
乌海市	Wuhai City	105546	19089	52989	31478
阿拉善盟	Alashan League	29201	34434	42479	63855

22-31 各盟市金融机构人民币存、贷款余额(2009年末)

Saving Deposits and loans of Financial Institutions by Region(end of 2009)

单位：亿元 (100 million yuan)

地区	Region	金融机构存款 Deposits	# 企业存款 Deposits of Enterprises	# 居民储蓄存款 Urban and Rural Savings Deposits	定期 Time	活期 Demand
呼和浩特市	Hohhot City	2125.71	829.01	775.89	417.56	358.33
包头市	Baotou City	1496.21	516.08	686.00	330.75	355.25
呼伦贝尔市	Hulunbeier City	648.19	136.11	378.71	216.75	161.96
兴安盟	Xingan League	188.40	33.12	103.32	48.61	54.71
通辽市	Tongliao City	391.96	89.44	215.10	88.52	126.57
赤峰市	Chifeng City	720.42	135.08	444.72	234.97	209.75
锡林郭勒盟	Xilinguole League	273.98	80.54	154.76	57.73	97.04
乌兰察布市	Wulanchabu City	350.41	65.09	229.09	118.09	110.99
鄂尔多斯市	Erdos City	1345.39	522.14	463.75	63.21	400.54
巴彦淖尔市	Bayannaoer City	394.36	92.91	232.44	80.73	151.71
乌海市	Wuhai City	330.71	128.86	170.05	70.59	99.47
阿拉善盟	Alashan League	124.95	30.71	60.11	26.61	33.50

22-31 续表 continued

单位：亿元 (100 million yuan)

地区	Region	金融机构贷款 Deposits	# 工业短期贷款 Short-term Industrial Loans	# 商业短期贷款 Short-term Commercial Loans	# 农业短期贷款 Short-term Agricultural Loans
呼和浩特市	Hohhot City	1970.48	130.30	63.67	52.51
包头市	Baotou City	814.05	134.43	69.87	42.38
呼伦贝尔市	Hulunbeier City	327.46	12.77	73.69	41.47
兴安盟	Xingan League	120.89	2.26	50.90	10.40
通辽市	Tongliao City	404.22	48.33	78.23	33.67
赤峰市	Chifeng City	395.53	41.00	42.30	69.59
锡林郭勒盟	Xilinguole League	232.23	22.83	6.32	20.96
乌兰察布市	Wulanchabu City	210.69	9.86	9.05	25.87
鄂尔多斯市	Erdos City	1202.95	153.81	55.87	92.80
巴彦淖尔市	Bayannaoer City	280.94	32.36	33.29	56.16
乌海市	Wuhai City	217.56	16.69	5.63	0.26
阿拉善盟	Alashan League	115.55	36.19	1.99	5.43

22-32 各盟市中资保险公司业务经济技术指标(2009年)

Economic and Technical Indicators of Insurance Companies Funded with Chinese Capital by Region(2009)

单位：亿元 (100 million yuan)

地 区	Region	保险金额 Amount Insured	财产保险公司 Property Insurance Co	人身保险公司 Accident in Insurance Co	保 费 Premium	财产保险公司 Property Insurance Co	人身保险公司 Accident in Insurance Co
呼和浩特市	Hohhot City	11282	4089	7192	32	10	22
包 头 市	Baotou City	2666	2047	620	27	10	17
呼伦贝尔市	Hulunbeier City	3106	1717	1390	17	6	11
兴 安 盟	Xingan League	991	750	241	7	4	3
通 辽 市	Tongliao City	2477	2010	468	12	6	6
赤 峰 市	Chifeng City	2617	1933	684	20	7	13
锡林郭勒盟	Xilinguole League	775	577	197	5	3	3
乌兰察布市	Wulanchabu City	1817	1341	475	9	4	5
鄂尔多斯市	Erdos City	3712	2363	1349	22	13	10
巴彦淖尔市	Bayannaoer City	2067	1088	980	12	5	7
乌 海 市	Wuhai City	674	441	233	5	2	3
阿拉善盟	Alashan League	360	290	70	2	1	1

22-32 续表 continued

地 区	Region	赔款及给付(万元) Claim and Payment (10 000 yuan)	财产保险公司 Property Insurance Co	人身保险公司 Accident in Insurance Co	机构数(个) Number of Institution (unit)	财产保险公司 Property Insurance Co	人身保险公司 Accident in Insurance Co
呼和浩特市	Hohhot City	96157	48541	47616	174	67	107
包 头 市	Baotou City	89772	45182	44589	175	102	73
呼伦贝尔市	Hulunbeier City	56432	33426	23007	206	101	105
兴 安 盟	Xingan League	37996	25986	12010	69	49	20
通 辽 市	Tongliao City	50414	31118	19296	163	88	75
赤 峰 市	Chifeng City	60543	39326	21217	272	122	150
锡林郭勒盟	Xilinguole League	20284	12806	7478	123	83	40
乌兰察布市	Wulanchabu City	32516	22643	9873	119	70	49
鄂尔多斯市	Erdos City	65099	54286	10813	186	101	85
巴彦淖尔市	Bayannaoer City	39505	24708	14797	148	68	80
乌 海 市	Wuhai City	14844	10012	4832	46	28	18
阿拉善盟	Alashan League	6682	5126	1555	20	11	9

22-33 各盟市财产保险业务收入与赔付(2009年)

Insurance Business Income of Property and Claim & Payment by Region(2009)

单位：万元 (10 000 yuan)

地区	Region	保费收入合计 Total Premium	# 企业财产保险 Enterprise Property Insurance	# 机动车辆保险 Motor Vehicle Insurance	# 货物运输保险 Freight Transport Insurance	# 责任保险 Insurance of Duty	# 农业保险 Agriculture Insurance
呼和浩特市	Hohhot City	98412	11235	73740	508	1885	8502
包头市	Baotou City	93055	5386	79265	1002	1503	3093
呼伦贝尔市	Hulunbeier City	56775	3705	24961	347	1246	22690
兴安盟	Xingan League	38744	678	12615	141	460	24443
通辽市	Tongliao City	54102	1386	32690	529	1173	16918
赤峰市	Chifeng City	66828	2830	41367	226	1522	19407
锡林郭勒盟	Xilinguole League	25203	1007	17492	111	670	4959
乌兰察布市	Wulanchabu City	39838	1515	21026	207	693	16060
鄂尔多斯市	Erdos City	122225	9694	98722	856	2124	7281
巴彦淖尔市	Bayannaoer City	46262	1122	26999	267	869	16397
乌海市	Wuhai City	21386	1000	18953	22	560	367
阿拉善盟	Alashan League	10574	1508	7035	238	382	655

22-33 续表 continued

单位：万元 (10 000 yuan)

地区	Region	赔款支出合计 Claim and Payment	# 企业财产保险 Enterprise Property Insurance	# 机动车辆保险 Motor Vehicle Insurance	# 货物运输保险 Freight Transport Insurance	# 责任保险 Insurance of Duty	# 农业保险 Agriculture Insurance
呼和浩特市	Hohhot City	50754	3675	37948	261	723	6473
包头市	Baotou City	44985	2147	38705	125	269	1513
呼伦贝尔市	Hulunbeier City	33230	1580	11932	68	719	16733
兴安盟	Xingan League	25910	596	6137	76	240	17736
通辽市	Tongliao City	30598	448	16186	59	330	12525
赤峰市	Chifeng City	38898	1062	23050	234	597	12685
锡林郭勒盟	Xilinguole League	12695	378	8477	11	279	2837
乌兰察布市	Wulanchabu City	22582	492	10074	85	307	10883
鄂尔多斯市	Erdos City	54030	4379	42062	222	737	4682
巴彦淖尔市	Bayannaoer City	24450	368	13188	311	528	9336
乌海市	Wuhai City	9977	430	8762	16	197	115
阿拉善盟	Alashan League	5049	878	3326	116	65	154

22-34 各盟市人身保险业务收入与赔付(2009年)

Insurance Business Income and Settled Claim & Payment of Accident in Insurance by Region(2009)

单位：万元 (10 000 yuan)

地区	Region	保费收入 Remium	寿险 Life Insurance Business	意外伤害险 Personal Insurance Accident	健康险 Health Insurance
呼和浩特市	Hohhot City	226483	196771	9379	20333
包头市	Baotou City	175536	158390	3919	13226
呼伦贝尔市	Hulunbeier City	112692	101354	3492	7846
兴安盟	Xingan League	29974	26360	1151	2462
通辽市	Tongliao City	65466	57189	2828	5449
赤峰市	Chifeng City	135886	123948	3574	8364
锡林郭勒盟	Xilinguole League	26888	23709	1512	1666
乌兰察布市	Wulanchabu City	53927	49852	2472	1603
鄂尔多斯市	Erdos City	99774	85546	5416	8813
巴彦淖尔市	Bayannaoer City	74268	67403	2864	4001
乌海市	Wuhai City	27708	25588	1213	907
阿拉善盟	Alashan League	11098	8980	872	1247

22-34 续表 continued

单位：万元 (10 000 yuan)

地区	Region	赔款支出与给付 Benefit Paidand Expenditare of Payment	寿险 Life Insurance Business	意外伤害险 Personal Accident Insurance	健康险 Health Insuranec
呼和浩特市	Hohhot City	48781	39112	1565	8103
包头市	Baotou City	46080	41207	1725	3148
呼伦贝尔市	Hulunbeier City	23778	21122	1092	1565
兴安盟	Xingan League	13008	10527	601	1880
通辽市	Tongliao City	20076	17772	983	1321
赤峰市	Chifeng City	22105	18401	1260	2444
锡林郭勒盟	Xilinguole League	8060	6767	734	559
乌兰察布市	Wulanchabu City	10495	8991	559	945
鄂尔多斯市	Erdos City	12551	8997	1772	1781
巴彦淖尔市	Bayannaoer City	15384	13310	1064	1010
乌海市	Wuhai City	5278	4458	536	283
阿拉善盟	Alashan League	1918	1350	314	254

22-35 各盟市居民消费价格分类指数(2009年)
Consumer Price Indices by Category and by Region(2009)

(上年=100) (preceding year=100)

地区	Region	总指数 General Index	食品 Food	衣着 Clothing	家庭设备用品及维修服务 Household Appliances	医疗保健和个人用品 Health Care	交通和通信 Means of Transportation & Communication	娱乐教育文化用品及服务 Recreational, Educational & Cultural Goods	居住 Housing
呼和浩特市	Hohhot City	100.1	102.2	99.3	100.0	101.2	98.6	96.5	99.4
包头市	Baotou City	99.8	102.3	99.7	98.4	101.1	93.6	98.1	99.9
呼伦贝尔市	Hulunbeier City	100.8	102.2	99.9	100.6	100.8	98.5	101.2	100.1
兴安盟	Xingan League	100.0	100.1	98.5	99.7	100.0	99.8	99.9	101.4
通辽市	Tongliao City	100.7	108.8	101.3	99.9	101.6	99.8	95.7	99.8
赤峰市	Chifeng City	100.0	100.9	100.3	100.0	101.5	100.6	99.7	97.4
锡林郭勒盟	Xilinguole League	100.6	101.6	99.8	99.7	100.9	98.4	100.8	100.5
乌兰察布市	Wulanchabu City	99.8	100.0	99.1	102.3	98.9	98.5	100.5	99.6
鄂尔多斯市	Erdos City	100.0	101.1	100.0	99.7	100.9	98.2	99.2	100.2
巴彦淖尔市	Bayannaoer City	99.3	100.6	98.9	97.8	100.7	97.6	97.6	99.4
乌海市	Wuhai City	100.2	102.1	99.7	99.4	101.3	97.0	98.9	100.0
阿拉善盟	Alashan League	100.1	102.4	97.9	100.8	102.9	100.7	100.2	94.3

22-36 各盟市城镇居民家庭基本情况(2009年)
Basic Conditions of Urban Households by Region(2009)

地区	Region	调查户数(户) Number of Households Surveyed (household)	平均每户家庭人口数(人) Average Household Size (person)	平均每户就业人口(人) Average Number of Employed Persons per Household (person)	平均每户就业面(%) Percentage of Employment per Household (%)	平均每一就业者负担人数(人) Number of Persons Supported by Each Employee (person)
呼和浩特市	Hohhot City	500	2.68	1.36	50.7	1.97
包头市	Baotou City	500	2.65	1.43	54.0	1.85
呼伦贝尔市	Hulunbeier City	350	2.80	1.55	55.4	1.81
兴安盟	Xingan League	300	2.92	1.54	52.7	1.90
通辽市	Tongliao City	300	2.95	1.63	55.3	1.81
赤峰市	Chifeng City	300	2.99	1.52	50.8	1.97
锡林郭勒盟	Xilinguole League	300	2.92	1.44	49.3	2.03
乌兰察布市	Wulanchabu City	300	2.85	1.37	48.1	2.08
鄂尔多斯市	Erdos City	300	2.98	1.83	61.4	1.63
巴彦淖尔市	Bayannaoer City	300	2.93	1.68	57.3	1.74
乌海市	Wuhai City	150	2.86	1.51	52.8	1.89
阿拉善盟	Alashan League	100	2.88	1.41	49.0	2.04

22-36 续表 continued

地区	Region	平均每人实际收入(元) Per Capita Annual Income (yuan)	平均每人可支配收入(元) Per Capita Disposable Income (yuan)	平均每人消费支出(元) Per Capita Annual Living Expenditures for Consumption (yuan)	#食品支出 Food	平均每人居住面积(平方米) Per Capita Net Living Space in Urban Areas (sq.m)
呼和浩特市	Hohhot City	23875	22397	14752	4356	30.12
包头市	Baotou City	24818	23089	18950	5985	30.84
呼伦贝尔市	Hulunbeier City	14482	13298	9771	2950	27.39
兴安盟	Xingan League	10628	10251	8091	2336	24.65
通辽市	Tongliao City	13767	12812	9118	2820	26.01
赤峰市	Chifeng City	13146	12670	9187	3050	30.92
锡林郭勒盟	Xilinguole League	14453	13752	10993	4272	31.99
乌兰察布市	Wulanchabu City	13486	12866	9801	2939	24.33
鄂尔多斯市	Erdos City	23031	21884	18333	4823	39.28
巴彦淖尔市	Bayannaoer City	13704	13067	8937	2751	30.32
乌海市	Wuhai City	19530	17621	14962	4211	30.30
阿拉善盟	Alashan League	18680	16604	14465	4988	38.29

22-37 各盟市农村牧区居民家庭基本情况(2009年)

Basic Conditions of Rural Households by Region(2009)

地区	Region	调查户数(户) Number of Households Surveyed (household)	调查户人口(人) Number of Residents Surveyed (person)	平均每户常住人口(人) Average Number of Permanent Residents per Household (person)	平均每户整半劳动力(人) Average Number of Able bodied and Semiable-bodied Laborers per Household (person)	平均每个劳动力负担人口(人) Average Number of Persons Supported by a Laborer (person)
呼和浩特市	Hohhot City	265	929	3.50	2.60	1.30
包头市	Baotou City	305	1118	3.60	2.70	1.30
呼伦贝尔市	Hulunbeier City	380	1457	3.80	2.80	1.30
兴安盟	Xingan League	490	1827	3.70	2.60	1.40
通辽市	Tongliao City	617	2385	3.80	2.70	1.40
赤峰市	Chifeng City	914	3270	3.50	2.60	1.30
锡林郭勒盟	Xilinguole League	310	1131	3.60	2.70	1.30
乌兰察布市	Wulanchabu City	387	1166	3.00	2.30	1.20
鄂尔多斯市	Erdos City	300	972	3.20	2.40	1.30
巴彦淖尔市	Bayannaoer City	632	2053	3.20	2.50	1.20
乌海市	Wuhai City	30	87	2.90	3.20	1.20
阿拉善盟	Alashan League	80	304	3.80	2.50	1.50

22-37 续表 continued

地区	Region	平均每人年收入(元) Per Capita Annual Income (yuan)	平均每人纯收入(元) Net Income (yuan)	平均每人现金收入(元) Cash Income (yuan)	平均每人年支出(元) Per Capita Annual Expenditure (yuan)	#食品支出 Food
呼和浩特市	Hohhot City	12334.37	7802.43	7478.32	9597.02	1777.94
包头市	Baotou City	12464.91	7826.38	6739.21	10177.71	2049.12
呼伦贝尔市	Hulunbeier City	9441.00	5606.00	4578.00	9095.00	1606.00
兴安盟	Xingan League	5242.17	3401.13	3220.67	4280.27	1048.77
通辽市	Tongliao City	8607.43	5314.82	5154.43	7965.46	1554.92
赤峰市	Chifeng City	7352.52	4500.02	4165.80	6345.03	1304.08
锡林郭勒盟	Xilinguole League	10518.19	5417.47	5340.23	9696.57	1737.26
乌兰察布市	Wulanchabu City	5890.28	4144.36	3733.09	4904.73	1280.64
鄂尔多斯市	Erdos City	12737.77	7803.00	6995.84	13058.36	1882.29
巴彦淖尔市	Bayannaoer City	13577.27	7342.11	5733.74	12696.31	2106.92
乌海市	Wuhai City	13724.77	8226.00	6545.12	12404.52	2543.02
阿拉善盟	Alashan League	14301.79	6821.00	6842.78	16592.15	2215.63

22-38 各盟市农牧民人均纯收入(2009年)
Per Capita Annual Net Income of Peasant and Herdsman Households by Region(2009)

单位：元 (yuan)

地区	Region	农牧民人均可支配收入 Annual Per Capita Disposable Income	农牧民人均纯收入 Per Capita Net Income	农民 Peasant	牧民 Herdsman
呼和浩特市	Hohhot City	7348.09	7802.00		
包头市	Baotou City	7471.91	7826.00		
呼伦贝尔市	Hulunbeier City	5329.00	5606.00		
兴安盟	Xingan League	3252.00	3401.00		
通辽市	Tongliao City	4759.43	5315.00		
赤峰市	Chifeng City	4138.67	4500.00		
锡林郭勒盟	Xilinguole League	4858.31	5417.47		
乌兰察布市	Wulanchabu City	3887.80	4144.00		
鄂尔多斯市	Erdos City	7107.51	7803.00		
巴彦淖尔市	Bayannaoer City	6292.26	7342.00		
乌海市	Wuhai City	6982.79	8226.00		
阿拉善盟	Alashan League	5799.16	6821.00		

22-39 各盟市农村基层组织情况(2009年)
Basic Conditions of Rural Grassroots Units by Region(2009)

地区	Region	乡镇数(个) Number of Township & Town Governments (unit)	#镇数 Town Governments	村民委员会(个) Number of Villagers' Committees (unit)	乡村户数(万户) Number of Households (10 000 households)	乡村人口数(万人) Rural Population (10 000 persons)	乡村从业人员(万人) Number of Rural Employers (10 000 persons)	男 Male	女 Female
呼和浩特市	Hohhot City	40	23	1008	29.92	108.63	58.46	33.92	24.54
包头市	Baotou City	35	29	634	16.63	56.43	34.38	19.59	14.79
呼伦贝尔市	Hulunbeier City	58	39	780	24.19	89.98	46.68	26.28	20.40
兴安盟	Xingan League	40	33	868	29.00	111.84	55.37	31.84	23.53
通辽市	Tongliao City	75	59	2090	59.40	233.87	116.65	65.28	51.38
赤峰市	Chifeng City	117	81	2055	97.43	354.72	179.58	96.78	82.80
锡林郭勒盟	Xilinguole League	48	26	837	11.84	42.14	26.25	13.98	12.26
乌兰察布市	Wulanchabu City	71	40	1367	40.66	143.70	85.97	46.95	39.02
鄂尔多斯市	Erdos City	41	32	744	19.34	56.19	38.22	20.58	17.65
巴彦淖尔市	Bayannaoer City	48	40	648	26.48	104.19	55.62	29.73	25.89
乌海市	Wuhai City	3	3	13	0.94	2.55	1.80	0.98	0.82
阿拉善盟	Alashan League	24	14	191	1.99	5.97	3.98	2.15	1.83

22-40 各盟市乡村年末从业人员(2009年)
Rural Employers Force by Sector at Year-end by Region(2009)

单位：人 (person)

地区	Region	农林牧渔业 Farming Forestry Animal Husbandry and Fishery	工业 Industry	建筑业 Construction	交通运输业、仓储及邮电通信业 Transportation and Storage	批发零售贸易业餐饮业 Wholesale, Retail Sale - Catering Trades	其他非农行业 Other Non-agricultural Trades
呼和浩特市	Hohhot City	417347	35363	50651	150852	427349	361884
包头市	Baotou City	224472	28674	27134	20466	44297	16498
呼伦贝尔市	Hulunbeier City	408479	8663	13002	14287	33485	15762
兴安盟	Xingan League	482875	9896	18117	5955	22776	7954
通辽市	Tongliao City	878427	46860	86970	4383	23548	14881
赤峰市	Chifeng City	1216446	116620	192678	17173	94837	42274
锡林郭勒盟	Xilinguole League	224774	3536	14335	40184	107225	122641
乌兰察布市	Wulanchabu City	616887	28770	53231	2146	8082	9577
鄂尔多斯市	Erdos City	281334	19162	18923	13822	35222	111790
巴彦淖尔市	Bayannaoer City	482304	19683	10475	23017	31587	8222
乌海市	Wuhai City	12446	1698	2120	8033	24412	11305
阿拉善盟	Alashan League	36148	1012	115	738	702	300

22-41 各盟市农林牧渔业总产值(2009年)

Gross Output Value of Farming, Forestry, Animal Husbandry and Fishery by Region(2009)

单位:万元 (10000 yuan)

地区	Region	农林牧渔业总产值 Total	农业 Farming	林业 Forestry	牧业 Animal Husbandry	渔业 Fishery	农林牧渔服务业 Agricultural Services
呼和浩特市	Hohhot City	1377756	419964	25332	905759	11568	15134
包头市	Baotou City	967302	352450	6022	590773	4064	13993
呼伦贝尔市	Hulunbeier City	2512089	1336524	250324	831593	53861	39788
兴安盟	Xingan League	1162716	577455	52359	507959	7651	17293
通辽市	Tongliao City	2495290	1354416	83321	1016639	9793	31121
赤峰市	Chifeng City	2489394	1218828	131453	1085311	9487	44315
锡林郭勒盟	Xilinguole League	926274	263329	14352	630186	790	17617
乌兰察布市	Wulanchabu City	1345393	511392	53453	745740	3382	31427
鄂尔多斯市	Erdos City	1021299	458078	53366	480833	7834	21187
巴彦淖尔市	Bayannaoer City	1611847	1022275	67274	480183	15806	26308
乌海市	Wuhai City	51652	26482	2518	21157	199	1297
阿拉善盟	Alashan League	121462	62203	7621	47724	536	3379

注:本表绝对数按当年价格计算。

a)Data in value terms in this table are calculated at current prices.

22-42 各盟市造林、耕地及农作物播种面积(2009年)

Afforested Area, Cultivated Area and Sown Area of Farm Crops by Region(2009)

单位：千公顷 (1 000 hectares)

地区	Region	造林面积 Afforested Area	耕地面积 Cultivated Area	农作物总播种面积 Total Sown Area	#粮食作物播种面积 Sown Area of Grain Crops	有效灌溉面积 Irrigated Area
呼和浩特市	Hohhot City	60.88	568.79	443.30	321.35	193.81
包头市	Baotou City	47.32	422.11	305.81	220.53	135.72
呼伦贝尔市	Hulunbeier City	58.48	1143.67	1535.06	1307.62	190.01
兴安盟	Xingan League	40.20	796.86	745.87	699.82	635.16
通辽市	Tongliao City	93.97	1074.39	1092.56	897.24	278.53
赤峰市	Chifeng City	130.19	1008.13	1062.31	860.28	443.37
锡林郭勒盟	Xilinguole League	86.35	238.72	226.70	143.48	27.00
乌兰察布市	Wulanchabu City	93.19	889.04	583.49	458.40	230.44
鄂尔多斯市	Erdos City	91.14	402.86	378.77	233.61	209.33
巴彦淖尔市	Bayannaoer City	95.21	581.49	515.06	258.67	595.52
乌海市	Wuhai City	10.40	7.04	7.58	4.78	10.86
阿拉善盟	Alashan League	53.27	27.35	31.55	18.47	

22-43 各盟市农业机械总动力和农村用电量及化肥施用量(2009年)

Total Power of Agricultural Machinery, Electricity Consumed in Rural Area and Consumption of Chemical Fertilizer by Region(2009)

地区	Region	农业机械总动力(万千瓦) Total Power of Agricultural Machinery (10 000 kw)	农村用电量(万千瓦小时) Electricity Consumed in Rural Area (10 000 kwh)	农药使用量(吨) Consumption of Pesticide (ton)	化肥施用量(折纯量)(吨) Consumption of Chemical Fertilizer (ton)
呼和浩特市	Hohhot City	194.61	32243	284	95154
包头市	Baotou City	146.72	28252	771	67089
呼伦贝尔市	Hulunbeier City	342.07	22479	6313	154580
兴安盟	Xingan League	344.46	14529	3175	166013
通辽市	Tongliao City	515.32	70166	6053	574479
赤峰市	Chifeng City	417.49	120199	1616	241337
锡林郭勒盟	Xilinguole League	110.08	5821	433	12254
乌兰察布市	Wulanchabu City	180.61	20841	797	70033
鄂尔多斯市	Erdos City	249.48	41227	12605	280570
巴彦淖尔市	Bayannaoer City	358.34	39222	1211	233544
乌海市	Wuhai City	8.04	3218	85	4190
阿拉善盟	Alashan League	24.41	12914	283	12153

22-44 各盟市主要农产品产量(2009年)

Yield of Major Farm Crops by Region(2009)

单位：万吨 (10 000 tons)

地区	Region	粮食 Grain	谷物 Cereal	#小麦 Wheat	#玉米 Corn	豆类 Beans	薯类 Tubers	油料 Oil-bearing Crops
呼和浩特市	Hohhot City	119.50	98.87	6.09	89.10	1.95	18.69	4.50
包头市	Baotou City	100.60	88.16	7.56	79.84	0.13	12.32	3.66
呼伦贝尔市	Hulunbeier City	450.54	306.77	70.12	192.67	97.34	46.43	24.05
兴安盟	Xingan League	215.51	180.32	7.29	139.87	23.86	11.33	6.03
通辽市	Tongliao City	475.25	457.48	4.44	414.35	14.21	3.56	8.44
赤峰市	Chifeng City	296.00	280.81	7.73	233.44	3.64	11.55	7.40
锡林郭勒盟	Xilinguole League	25.74	13.54	7.85	5.57	0.05	12.14	0.78
乌兰察布市	Wulanchabu City	51.00	22.06	0.70	21.00	0.65	28.29	0.72
鄂尔多斯市	Erdos City	136.51	121.31	4.10	113.59	0.90	14.30	6.86
巴彦淖尔市	Bayannaoer City	188.75	185.73	76.67	108.81	0.47	2.56	54.25
乌海市	Wuhai City	3.25	3.22	0.41	2.70	0.00	0.03	0.28
阿拉善盟	Alashan League	15.65	15.57	1.35	13.85	0.00	0.08	2.63

22-45 各盟市大牲畜年中数(2009年)

Number of Large Animals at the Middle of Year by Region(2009)

单位：万头 (10 000 heads)

地 区	Region	大牲畜 Large Animals	牛 Cattle and Buffalos	马 Horses	驴 Donkeys	骡 Mules	骆驼 Camels
呼和浩特市	Hohhot City	78.52	72.76	0.29	2.73	2.64	0.09
包 头 市	Baotou City	41.71	38.40	0.26	1.76	0.97	0.32
呼伦贝尔市	Hulunbeier City	164.47	148.31	14.55	0.97	0.45	0.19
兴 安 盟	Xingan League	67.29	58.33	4.52	4.13	0.31	0.00
通 辽 市	Tongliao City	230.10	175.72	26.15	20.50	7.73	0.01
赤 峰 市	Chifeng City	259.31	187.04	12.21	49.05	10.95	0.06
锡林郭勒盟	Xilinguole League	123.33	111.77	10.01	0.55	0.04	0.95
乌兰察布市	Wulanchabu City	57.21	50.13	1.29	2.74	2.21	0.84
鄂尔多斯市	Erdos City	30.02	24.18	0.80	2.47	2.31	0.27
巴彦淖尔市	Bayannaoer City	23.30	13.69	0.74	3.03	4.35	1.48
乌 海 市	Wuhai City	0.63	0.46	0.00	0.08	0.09	
阿拉善盟	Alashan League	8.71	1.00	0.10	0.23	0.04	7.35

22-46 各盟市大牲畜年末数(2009年)

Number of Large Animals at Year-end by Region(2009)

单位：万头 (10 000 heads)

地 区	Region	大牲畜 Large Animals	牛 Cattle and Buffalos	马 Horses	驴 Donkeys	骡 Mules	骆驼 Camels
呼和浩特市	Hohhot City	76.20	71.58	0.27	2.11	2.11	0.14
包 头 市	Baotou City	40.67	38.39	0.27	1.22	0.55	0.24
呼伦贝尔市	Hulunbeier City	111.89	98.53	12.00	0.86	0.33	0.18
兴 安 盟	Xingan League	59.93	46.67	6.16	6.74	0.36	
通 辽 市	Tongliao City	201.11	148.97	25.01	19.03	8.10	
赤 峰 市	Chifeng City	189.98	108.64	15.06	52.71	13.52	0.06
锡林郭勒盟	Xilinguole League	94.52	84.15	9.00	0.48	0.03	0.85
乌兰察布市	Wulanchabu City	50.28	44.10	1.17	2.14	2.49	0.39
鄂尔多斯市	Erdos City	24.54	19.77	0.65	2.07	1.94	0.11
巴彦淖尔市	Bayannaoer City	23.06	13.22	0.96	2.92	4.65	1.31
乌 海 市	Wuhai City	0.48	0.35	0.01	0.06	0.06	
阿拉善盟	Alashan League	7.55	0.90	0.11	0.19	0.04	6.31

22-47 各盟市羊和猪年中数(2009年)

Number of Sheep, Goats and Hogs at the Middle of Year by Region(2009)

单位：万只(头) (10 000 heads)

地区	Region	羊 Sheep and Goats	绵羊 Sheep	山羊 Goats	生猪 Hogs
呼和浩特市	Hohhot City	230.56	178.75	51.81	39.95
包头市	Baotou City	266.26	185.14	81.12	43.22
呼伦贝尔市	Hulunbeier City	1266.81	1058.31	208.5	120.17
兴安盟	Xingan League	570.12	324.74	245.38	156.52
通辽市	Tongliao City	923.15	419.08	504.07	408.44
赤峰市	Chifeng City	1246.4	765.03	481.38	263.59
锡林郭勒盟	Xilinguole League	1152.08	894.51	257.57	7.58
乌兰察布市	Wulanchabu City	657.7	599.3	58.39	87.03
鄂尔多斯市	Erdos City	1193.15	487.22	705.93	71.64
巴彦淖尔市	Bayannaoer City	834.81	591.17	243.65	56.87
乌海市	Wuhai City	10.48	3.04	7.44	4.53
阿拉善盟	Alashan League	160.64	46.24	114.4	2.2

22-48 各盟市羊和猪年末数(2009年)

Number of Sheep, Goats and Hogs at Year-end by Region(2009)

单位：万只(头) (10 000 heads)

地区	Region	羊 Sheep and Goats	绵羊 Sheep	山羊 Goats	生猪 Hogs	肉猪出栏头数 Slaughtered Fattened Hogs
呼和浩特市	Hohhot City	146.70	106.51	40.19	28.37	34.67
包头市	Baotou City	159.20	102.24	56.96	26.84	49.58
呼伦贝尔市	Hulunbeier City	673.82	558.27	115.54	34.41	46.72
兴安盟	Xingan League	457.86	263.39	194.47	70.71	106.11
通辽市	Tongliao City	583.47	296.79	286.68	262.54	331.24
赤峰市	Chifeng City	608.82	394.87	213.95	125.36	163.65
锡林郭勒盟	Xilinguole League	603.58	536.32	67.26	5.69	5.68
乌兰察布市	Wulanchabu City	435.50	407.91	27.60	39.70	50.84
鄂尔多斯市	Erdos City	742.04	263.84	478.20	42.05	64.54
巴彦淖尔市	Bayannaoer City	644.70	464.32	180.38	41.85	35.61
乌海市	Wuhai City	8.10	2.78	5.32	3.91	8.34
阿拉善盟	Alashan League	120.84	34.51	86.33	2.27	2.02

22-49 各盟市主要畜产品产量(2009年)

Output of Major Livestock Products by Region(2009)

地 区	Region	肉类产量(吨) Output of Meat (ton)	#猪牛羊肉 Output of Pork, Beef and Mutton	猪 肉 Pork	牛 肉 Beef	羊 肉 Mutton	奶 类(吨) Milk (ton)	#牛 奶 Cow Milk
呼和浩特市	Hohhot City	90601	84330	25153	31816	27361	3053861	3052943
包 头 市	Baotou City	146127	140301	46051	38414	55836	1460134	1459155
呼伦贝尔市	Hulunbeier City	231137	213254	34884	75460	102910	1310915	1309774
兴 安 盟	Xingan League	164402	154005	72600	22313	59092	430700	430200
通 辽 市	Tongliao City	507400	445800	259800	109800	76200	522199	421700
赤 峰 市	Chifeng City	428219	297919	126319	90721	80879	420683	391812
锡林郭勒盟	Xilinguole League	210164	202656	4823	76007	121826	525020	456507
乌兰察布市	Wulanchabu City	231535	216294	39462	27392	149440	915636	915586
鄂尔多斯市	Erdos City	139500	135805	49500	13405	72900	321291	285000
巴彦淖尔市	Bayannaoer City	171117	163851	32944	8263	122644	367844	367844
乌 海 市	Wuhai City	11141	10353	7744	448	2161	9233	8700
阿拉善盟	Alashan League	15270	13443	1940	433	11070	3149	2981

22-49 续表 continued

地 区	Region	绵羊毛(吨) Sheep Wool (ton)	山羊毛(吨) Goat Wool (ton)	羊 绒(吨) Cashmere (ton)	牛皮(万张) Cattle hide (10 000 pieces)	羊皮(万张) Sheep skin (10 000 pieces)	禽 蛋(吨) Poultry Eggs (ton)
呼和浩特市	Hohhot City	3379	219	104	19.08	177.13	29380
包 头 市	Baotou City	2846	179	187	20.52	324.96	25721
呼伦贝尔市	Hulunbeier City	22264	532	447	52.41	588.61	36438
兴 安 盟	Xingan League	9182	1137	569	13.11	395.48	18436
通 辽 市	Tongliao City	8773	5772	1054	72.44	405.75	51500
赤 峰 市	Chifeng City	17702	3452	1530	64.61	445.46	298600
锡林郭勒盟	Xilinguole League	10468	93	806	36.88	702.62	4602
乌兰察布市	Wulanchabu City	10902	46	75	18.87	940.18	12946
鄂尔多斯市	Erdos City	8194	6642	1808	8.81	436.37	6600
巴彦淖尔市	Bayannaoer City	7781	71	487	5.58	775.05	7726
乌 海 市	Wuhai City	78	104	16	0.25	13.61	2756
阿拉善盟	Alashan League	458	208	292	0.50	56.44	215

22-50 各盟市规模以上工业企业单位数和工业总产值(2009年)

Number of above Designated Size Industrial Enterprises and Their Gross Output Value by Region(2009)

单位：个、万元 (unit)(10 000 yuan)

地区	Region	规模以上企业 Enterprises above Designated Size		# 国有及国有控股企业 State-owned Enterprises	
		企业单位数 Number of Enterprises	总产值(当年价格) Gross Output Value (At Current Prices)	企业单位数 Number of Enterprises	总产值(当年价格) Gross Output Value (At Current Prices)
呼和浩特市	Hohhot City	337	11534865	60	4447967
包头市	Baotou City	706	22222917	94	13707388
呼伦贝尔市	Hulunbeier City	417	5367748	62	1814909
兴安盟	Xingan League	133	1264158	14	230988
通辽市	Tongliao City	516	12363117	41	2481307
赤峰市	Chifeng City	560	9692183	53	2956380
锡林郭勒盟	Xilinguole League	368	4707826	60	1816138
乌兰察布市	Wulanchabu City	392	5793011	42	1259658
鄂尔多斯市	Erdos City	487	20322779	33	6108431
巴彦淖尔市	Bayannaoer City	258	6015804	24	724784
乌海市	Wuhai City	175	4028866	19	1819453
阿拉善盟	Alashan League	116	3681123	13	730505

22-50 续表 1 continued

单位：个、万元 (unit)(10 000 yuan)

地区	Region	# 集体企业 Collective-owned Enterprises		# 股份有限公司 Share Holding Enterprises	
		企业单位数 Number of Enterprises	总产值(当年价格) Gross Output Value (At Current Prices)	企业单位数 Number of Enterprises	总产值(当年价格) Gross Output Value (At Current Prices)
呼和浩特市	Hohhot City	6	14475	14	2215625
包头市	Baotou City	32	114472	31	5250242
呼伦贝尔市	Hulunbeier City	3	1721	12	148121
兴安盟	Xingan League	4	18988	8	74358
通辽市	Tongliao City	13	395814	26	1191840
赤峰市	Chifeng City	15	131558	30	1144504
锡林郭勒盟	Xilinguole League	2	22598	17	549349
乌兰察布市	Wulanchabu City	1	844	11	400098
鄂尔多斯市	Erdos City	12	95829	25	3016411
巴彦淖尔市	Bayannaoer City	1	24261	7	200644
乌海市	Wuhai City			5	228187
阿拉善盟	Alashan League			3	670424

22-50 续表 2 continued

单位：个、万元 (unit)(10 000 yuan)

地 区	Region	# 外商投资企业 Foreign Funded Enterprises		# 港澳台商投资企业 Enterprises Funded by Entrepreneurs from Hong Kong, Macao & Taiwan	
		企业单位数 Number of Enterprises	总产值(当年价格) Gross Output Value (At Current Prices)	企业单位数 Number of Enterprises	总产值(当年价格) Gross Output Value (At Current Prices)
呼和浩特市	Hohhot City	27	2178398	13	1391191
包 头 市	Baotou City	34	1184575	19	159213
呼伦贝尔市	Hulunbeier City	21	338922	8	73757
兴 安 盟	Xingan League	7	164751	1	8385
通 辽 市	Tongliao City	16	1421747	4	136882
赤 峰 市	Chifeng City	7	242438	6	407711
锡林郭勒盟	Xilinguole League	6	96775	4	44914
乌兰察布市	Wulanchabu City	8	44788	3	8550
鄂尔多斯市	Erdos City	17	1851377	8	196629
巴彦淖尔市	Bayannaoer City	7	351562	4	389426
乌 海 市	Wuhai City	1	4965	2	45510
阿拉善盟	Alashan League	4	115682	1	6880

22-50 续表 3 continued

单位：个、万元 (unit)(10 000 yuan)

地 区	Region	轻工业 Enterprises of Light Industry		重工业 Enterprises of Heavy Industry	
		企业单位数 Number of Enterprises	总产值(当年价格) Gross Output Value (At Current Prices)	企业单位数 Number of Enterprises	总产值(当年价格) Gross Output Value (At Current Prices)
呼和浩特市	Hohhot City	151	5835649	186	5699216
包 头 市	Baotou City	102	1063858	604	21159059
呼伦贝尔市	Hulunbeier City	175	1889986	242	3477763
兴 安 盟	Xingan League	68	677815	65	586343
通 辽 市	Tongliao City	226	5068757	290	7294360
赤 峰 市	Chifeng City	143	1581203	417	8110980
锡林郭勒盟	Xilinguole League	172	1027712	196	3680114
乌兰察布市	Wulanchabu City	133	1767372	259	4025640
鄂尔多斯市	Erdos City	97	1427571	390	18895208
巴彦淖尔市	Bayannaoer City	125	2778598	133	3237206
乌 海 市	Wuhai City	8	65180	167	3963687
阿拉善盟	Alashan League	15	163468	101	3517655

22-50 续表 4 continued

单位：个、万元 (unit) (10 000 yuan)

地区	Region	大型企业 Large Enterprises		中型企业 Medium-sized Enterprises		小型企业 Small Enterprises	
		企业单位数 Number of Enterprises	总产值(当年价格) Gross Output Value (At Current Prices)	企业单位数 Number of Enterprises	总产值(当年价格) Gross Output Value (At Current Prices)	企业单位数 Number of Enterprises	总产值(当年价格) Gross Output Value (At Current Prices)
呼和浩特市	Hohhot City	5	2907526	63	6306820	269	2320520
包头市	Baotou City	17	12414562	95	4629927	594	5178429
呼伦贝尔市	Hulunbeier City	7	994208	30	798039	380	3575502
兴安盟	Xingan League	1	179845	11	379123	121	705191
通辽市	Tongliao City	5	2004637	52	3118481	459	7239999
赤峰市	Chifeng City	8	2333180	66	2960734	486	4398270
锡林郭勒盟	Xilinguole League	1	263672	24	1024066	343	3420089
乌兰察布市	Wulanchabu City	1	104957	37	2033253	354	3654801
鄂尔多斯市	Erdos City	14	8379004	58	4699526	415	7244249
巴彦淖尔市	Bayannaoer City	2	250782	41	2770266	215	2994757
乌海市	Wuhai City	1	1108945	31	1616926	143	1302995
阿拉善盟	Alashan League	3	1140353	28	1691830	85	848940

22-51 各盟市规模以上工业企业主要指标(2009年)

Main Indicators of Industrial Enterprises above Designed Size by Region(2009)

单位：万元 (10 000 yuan)

地区	Region	资产合计 Total Assets	负债合计 Total Liabilities	主营业务收入 Revenue of main business	利润总额 Total Profits
呼和浩特市	Hohhot City	10623087	7096323	11365686	792712
包头市	Baotou City	24187703	15438903	21560070	650134
呼伦贝尔市	Hulunbeier City	6695664	4171453	5145946	388372
兴安盟	Xingan League	1026453	735564	1179232	55606
通辽市	Tongliao City	7813107	4602725	12065759	888513
赤峰市	Chifeng City	8485097	4563242	9541428	888065
锡林郭勒盟	Xilinguole League	7107598	4210716	4087193	230867
乌兰察布市	Wulanchabu City	6042314	4778386	5915016	88304
鄂尔多斯市	Erdos City	29322956	14767345	20670407	5024774
巴彦淖尔市	Bayannaoer City	6290522	4006932	5042388	337545
乌海市	Wuhai City	5225718	3514471	3911382	397804
阿拉善盟	Alashan League	3689178	2329206	3617000	139045

22-52 各盟市规模以上工业企业主要指标(2009年)

Main Indicators of Industrial Enterprises above Designed Size by Region(2009)

单位：万元 (10 000 yuan)

地 区	Region	所有者权益 Creditors Equity	利税总额 Total Profits and Taxes	本年应交增值税 Value Added Tax Payable	流动资产合计 Circulating Funds	固定资产合计 Total Fixed Assets
呼和浩特市	Hohhot City	3378850	1635149	538544	3951623	5003200
包 头 市	Baotou City	8631847	1321727	783567	9301018	10893981
呼伦贝尔市	Hulunbeier City	2507788	527698	153015	1824072	3766168
兴 安 盟	Xingan League	290720	112903	21606	334059	655543
通 辽 市	Tongliao City	3193638	1046634	255958	1957089	4207533
赤 峰 市	Chifeng City	3879046	981024	220479	2531334	5005870
锡林郭勒盟	Xilinguole League	2888340	329155	172884	1302743	5552324
乌兰察布市	Wulanchabu City	1250242	242238	114555	1211027	4699774
鄂尔多斯市	Erdos City	14524687	5746987	1054960	10563787	13167980
巴彦淖尔市	Bayannaoer City	2261155	427069	95523	1978717	3718592
乌 海 市	Wuhai City	1708628	593448	192986	1941920	2098847
阿拉善盟	Alashan League	1357284	306909	145566	1590856	1369814

22-53 各盟市主要工业产品产量(2009年)

Output of Major Industrial Products by Region(2009)

地 区	Region	白酒 (千升) Liquor (1000 litres)	糖 (吨) Sugar (ton)	液体乳 (万吨) Milk (10000 tons)	卷 烟 (万支) Cigarettes (10 000 pcs)	布 (万米) Cloth (10 000 m)	毛 线(吨) Knitting Wool (ton)	呢 绒(万米) Woolen Pi-ece Goods (10 000 m)
呼和浩特市	Hohhot City	4417.40		188.61	1650000	7846		
包 头 市	Baotou City	8819.08	9980	34.28		203		3
呼伦贝尔市	Hulunbeier City	51501.00	8682	0.35				
兴 安 盟	Xingan League	17169.00	6276	20.05	750000			
通 辽 市	Tongliao City	144451.00	55491	30.94			189	968
赤 峰 市	Chifeng City	9978.16	39091	6.03				255
锡林郭勒盟	Xilinguole League	18544.60		4.72				
乌兰察布市	Wulanchabu City	37030.60	34710	45.12				
鄂尔多斯市	Erdos City	28161.75						7
巴彦淖尔市	Bayannaoer City	18289.00		18.39				
乌 海 市	Wuhai City	5016.00						
阿拉善盟	Alashan League	225.00						

22-53 续表 1 continued

地 区	Region	原 盐 (万吨) Salt (10 000 tons)	机制纸及纸板(吨) Machine-made Paper and Paperboards (ton)	原 油 (吨) Crude Oil (ton)	原 煤 (万吨) Coal (10 000 tons)	发电量 (亿千瓦小时) Electricity (100 million kwh)	焦 炭 (万吨) Coke (10 000 tons)
呼和浩特市	Hohhot City		32246		505.20	323.79	26.52
包 头 市	Baotou City				1508.13	274.86	523.11
呼伦贝尔市	Hulunbeier City		55534	622461	5283.16	147.59	
兴 安 盟	Xingan League					7.42	
通 辽 市	Tongliao City		310180	45955	5959.08	203.22	
赤 峰 市	Chifeng City		147896	148697	2941.61	197.82	
锡林郭勒盟	Xilinguole League	7.47	50848	1023734	7216.02	191.75	
乌兰察布市	Wulanchabu City		29940			269.56	
鄂尔多斯市	Erdos City	7.56	8070		33930.05	435.78	479.36
巴彦淖尔市	Bayannaoer City		145019	93581	106.33	72.87	
乌 海 市	Wuhai City				1892.37	117.92	408.20
阿拉善盟	Alashan League	201.96			1033.51		401.20

22-53 续表 2 continued

地 区	Region	钢 (万吨) Steel (10 000 tons)	生 铁 (万吨) Pig Iron (10 000 tons)	成品钢材 (万吨) Steel Products (10 000 tons)	水 泥 (万吨) Cement (10 000 tons)	化 肥(万吨) Chemical Fertilizer (10 000 tons)
呼和浩特市	Hohhot City	89.87			382.66	64.33
包 头 市	Baotou City	1108.42	1181.93	1051.51	342.16	1.24
呼伦贝尔市	Hulunbeier City	4.46		0.09	293.75	
兴 安 盟	Xingan League	48.76	46.23	46.01	76.25	
通 辽 市	Tongliao City			2.50	655.22	17.81
赤 峰 市	Chifeng City	10.42		189.19	390.52	18.26
锡林郭勒盟	Xilinguole League				318.72	
乌兰察布市	Wulanchabu City				557.35	2.02
鄂尔多斯市	Erdos City		29.37		853.21	119.89
巴彦淖尔市	Bayannaoer City		5.83		189.48	35.58
乌 海 市	Wuhai City		69.31	5.56	166.77	
阿拉善盟	Alashan League		104.41		107.67	

22-54 各盟市建筑业企业情况(2009年)

Main Indicators on Construction Enterprises by Region(2009)

地 区	Region	企业单位数(个) Enter-prises (unit)	# 国有 State-owned	# 集体 Colle-ctive owned	从业人员(人) Persons Employed (person)	# 国有 State-owned	# 集体 Colle-ctive owned	建筑业总产值(万元) Gross Output Value (10 000 yuan)	# 国有 State-owned	# 集体 Colle-ctive owned
呼和浩特市	Hohhot City	175	7	1	175884	42329	1623	1842244	486143	21170
包 头 市	Baotou City	99	2	2	69048	2158	1657	1624166	58197	12147
呼伦贝尔市	Hulunbeier City	73			34143			592026		
兴 安 盟	Xingan League	20		1	9052		57	106454		2506
通 辽 市	Tongliao City	46	1		21304	1833		673046	63000	
赤 峰 市	Chifeng City	114		1	88033		60	1200419		310
锡林郭勒盟	Xilinguole League	32			6467			255937		
乌兰察布市	Wulanchabu City	41		1	11802		13	229721		2946
鄂尔多斯市	Erdos City	116	1		47239	1395		2162026	46324	
巴彦淖尔市	Bayannaoer City	53	3	2	18962	632	277	586889	12317	23056
乌 海 市	Wuhai City	32			12109			306892		
阿拉善盟	Alashan League	19		1	4872		3	67433		

22-55 各盟市房屋建筑面积(2009年)

Floor Space of Building by Region(2009)

单位：万平方米 (10 000 sq.m)

地 区	Region	房屋建筑面积 Floor Space of Building Construction			国有 State-owned		集体 Collective-owned	
		施工面积 Floor Space Under Constru-ction	竣工面积 Floor Space Compl-eted	# 住宅 Resid-ential Buildings	施工面积 Floor Space Under Constru-ction	竣工面积 Floor Space Compl-eted	施工面积 Floor Space Under Constru-ction	竣工面积 Floor Space Compl-eted
呼和浩特市	Hohhot City	1034.51	374.63	263.67	10.26	9.57		
包 头 市	Baotou City	1194.21	369.14	272.69	5.88	5.88	6.45	6.45
呼伦贝尔市	Hulunbeier City	345.31	294.41	238.56				
兴 安 盟	Xingan League	123.39	69.33	56.15				
通 辽 市	Tongliao City	262.88	220.31	179.71				
赤 峰 市	Chifeng City	972.3	706.41	568.35				
锡林郭勒盟	Xilinguole League	209.37	139.74	109.86				
乌兰察布市	Wulanchabu City	249.1	134.71	106.88			4.21	4.21
鄂尔多斯市	Erdos City	691.91	394.12	248.52				
巴彦淖尔市	Bayannaoer City	408.63	253	199.42			14.31	14.31
乌 海 市	Wuhai City	297.23	168.55	128.5				
阿拉善盟	Alashan League	34.56	16.19	7.05				

22-56 各盟市城镇自来水情况(2009年)

Basic Statistics on Tap Water Supply in Towns and Cities by Region(2009)

地 区	Region	年末供水管道长度(公里) Length of Water Supply Pipelines (year-end)(km)	全年供水总量(万吨) Total Annual Volume of Water Supply (10 000 tons)	# 生产运营用水 For Productive Use	# 生活用水 For Residential Use	用水人口(万人) Number of Residents with Access to Tap water (10 000 persons)
总　计	**Total**	**8217**	**55197**	**21956**	**14202**	**696.48**
呼和浩特市	Hohhot City	704	12602	3866	2614	127.67
包 头 市	Baotou City	1461	12414	5856	2390	157.00
呼伦贝尔市	Hulunbeier City	702	4641	1603	1893	65.76
兴 安 盟	Xingan League	135	1389	59	714	22.98
通 辽 市	Tongliao City	823	5838	2651	1665	49.15
赤 峰 市	Chifeng City	668	6252	2805	1247	71.11
锡林郭勒盟	Xilinguole League	508	1508	473	467	29.49
乌兰察布市	Wulanchabu City	407	2396	1237	606	36.00
鄂尔多斯市	Erdos City	822	2312	663	719	57.45
巴彦淖尔市	Bayannaoer City	141	1609	242	964	28.50
乌 海 市	Wuhai City	1846	4237	2501	923	51.37
阿拉善盟	Alashan League					

22-57 各盟市城镇煤气、液化石油气、天然气(2009年)

Basic Statistics on Supply of Gas, Liquefied Petroleum Gas and Natural Gas in Towns and Cities by Region(2009)

地 区	Region	煤气供气量(万立方米) Coal Gas Supply (10 000 cu.m)	# 家庭用量 For Residential Use	天然气供气量(万立方米) Natural Gas Supply (10 000 cu.m)	# 家庭用量 For Residential Use	液化石油气供气量(吨) Liquefied Petroleum Gas Supply (ton)	# 家庭用量 For Residential Use
总计	**Total**	**3915**	**3781**	**46136**	**6336**	**84206**	**63376**
呼和浩特市	Hohhot City			21281	2565	20000	9760
包 头 市	Baotou City	3084	3081	18868	1138	11190	10583
呼伦贝尔市	Hulunbeier City					11593	10335
兴 安 盟	Xingan League			189	176	3091	2309
通 辽 市	Tongliao City			604	204	3470	3020
赤 峰 市	Chifeng City					11871	8092
锡林郭勒盟	Xilinguole League					1030	1030
乌兰察布市	Wulanchabu City			340	339	2704	1300
鄂尔多斯市	Erdos City			3687	776	2738	2738
巴彦淖尔市	Bayannaoer City			2	2	15010	13000
乌 海 市	Wuhai City	831	700	1165	1135	1510	1210
阿拉善盟	Alashan League						

22-58 各盟市城镇市政工程(2009年)

Basic Statistics on Municipal Engineering in Towns and Cities by Region(2009)

地 区	Region	污水排放量(万吨) Volume of Waste Water Discharged (10 000 tons)	城市污水日处理能力(万吨) Daily Disposal Capacity of Sewage (10 000 tons)	排水管道长度(公里) Length of Sewer Pipelines (km)	生活垃圾清运量(万吨) Volume of Garbage Disposal (10 000 tons)	生活垃圾无害化处理量(万吨) Volume of Garbage Treated (10 000 tons)
总 计	**Total**	**42444**	**136.7**	**6628**	**366.5**	**263.9**
呼和浩特市	Hohhot City	10080	21.0	897	53.1	50.6
包 头 市	Baotou City	8167	26.5	1665	77.2	71.0
呼伦贝尔市	Hulunbeier City	3560	14.4	534	62.8	28.6
兴 安 盟	Xingan League	1069	4.0	225	16.8	14.0
通 辽 市	Tongliao City	5182	24.0	713	33.7	4.4
赤 峰 市	Chifeng City	5424	15.0	372	25.5	14.5
锡林郭勒盟	Xilinguole League	1066	4.0	278	19.1	17.1
乌兰察布市	Wulanchabu City	1865	8.3	284	23.4	14.6
鄂尔多斯市	Erdos City	1829	7.5	959	18.3	17.2
巴彦淖尔市	Bayannaoer City	1292	6.0	456	14.3	13.8
乌 海 市	Wuhai City	2910	6.0	245	22.3	18.2
阿拉善盟	Alashan League					

22-59 各盟市年末公路运输线路长度和运量(2009年)

Length of Highways for Transportation Routes and Traffic by Region(End of 2009)

地 区	Region	公路里程(公里) Total Length of Highways (km)	等级路 Expressway & Class I to IV Highway	等外路 Highway Below Class IV	客运量(万人) Passenger Traffic (10 000 persons)	旅客周转量(万人公里) Passenger-Kilometers (10 000 passenger-km)	货运量(万吨) Freight Traffic (10 000 tons)	货物周转量(万吨公里) Freight Ton-Kilometers (10 000 ton-km)
呼和浩特市	Hohhot City	6277	5604	673	1483	379181	6480	2165468
包 头 市	Baotou City	6724	5233	1491	1267	154530	13706	3665702
呼伦贝尔市	Hulunbeier City	19268	17708	1560	2013	147031	3699	1501844
兴 安 盟	Xingan League	9129	8035	1094	1007	86212	1890	588115
通 辽 市	Tongliao City	16687	11117	5570	2474	180800	4687	1083991
赤 峰 市	Chifeng City	21073	18305	2768	3746	312500	5275	1819200
锡林郭勒盟	Xilinguole League	16161	13655	2506	364	100970	5260	1614654
乌兰察布市	Wulanchabu City	12114	9691	2423	1173	103707	3513	1172076
鄂尔多斯市	Erdos City	15740	12984	2756	1948	270400	18404	3437500
巴彦淖尔市	Bayannaoer City	19614	12206	7408	2145	171900	2560	948100
乌 海 市	Wuhai City	843	843		282	56200	4098	389900
阿拉善盟	Alashan League	7126	6850	276	96	20350	1260	465987

22-60 各盟市邮政业务基本情况(2009年)

Basic Conditions of Post Services by Region(2009)

地 区	Region	邮政业务总量 (万元) Business Volume of Post and Telecommunications (10 000 yuan)	函 件 (万件) Number of Letters (10 000 Pcs)	报刊期发数 (万份) Newspapers and Magazines Circulation (10 000 copies)	邮政局所总数 (处) Number of Post and Telecommunications Offices (unit)
呼和浩特市	Hohhot City	16224	823	29	115
包 头 市	Baotou City	12627	639	25	112
呼伦贝尔市	Hulunbeier City	13608	367	15	185
兴 安 盟	Xingan League	5542	89	7	108
通 辽 市	Tongliao City	7464	337	12	142
赤 峰 市	Chifeng City	14217	297	28	269
锡林郭勒盟	Xilinguole League	4950	124	11	151
乌兰察布市	Wulanchabu City	8268	210	10	147
鄂尔多斯市	Erdos City	6019	258	16	171
巴彦淖尔市	Bayannaoer City	7872	431	14	138
乌 海 市	Wuhai City	5498	83	5	34
阿拉善盟	Alashan League	2608	14	4	27

22-61 各盟市社会消费品零售总额(2009年, 按销售单位所在地分)

Total Retail Sale of Consumer Goods by Location of Retailers by Region(2009)

单位：万元 (10 000 yuan)

地 区	Region	社会消费品零售总额 Total Retail Sales of Consumer Goods	市 City	县 County	县以下 Under County Level
呼和浩特市	Hohhot City	6412127	5619192	532496	230439
包 头 市	Baotou City	6177157	5768086	279284	239460
呼伦贝尔市	Hulunbeier City	2472864	1827294	446455	199116
兴 安 盟	Xingan League	964028	554015	247946	162068
通 辽 市	Tongliao City	2043771	979270	538035	526466
赤 峰 市	Chifeng City	2869997	1514951	761477	593569
锡林郭勒盟	Xilinguole League	1028839	339141	488335	201363
乌兰察布市	Wulanchabu City	1363048	452654	569898	340496
鄂尔多斯市	Erdos City	3210058	1493304	1009038	707716
巴彦淖尔市	Bayannaoer City	1087932	359692	476305	251935
乌 海 市	Wuhai City	609190	609190		
阿拉善盟	Alashan League	314057		275752	38305

22-62 各盟市社会消费品零售总额(2009年，按行业分)

Total Retail Sale of Consumer Goods by Sector by Region(2009)

单位：万元 (10 000 yuan)

地区	Region	批发零售贸易业 Whole-sale and Retail Sale Trade	住宿和餐饮业 Hotels and Catering Trade	其他行业 Others
呼和浩特市	Hohhot City	4772059	1595437	44631
包头市	Baotou City	4734370	1377305	65483
呼伦贝尔市	Hulunbeier City	1879091	532285	61488
兴安盟	Xingan League	779005	139599	45424
通辽市	Tongliao City	1700031	296705	47036
赤峰市	Chifeng City	2380234	371727	118036
锡林郭勒盟	Xilinguole League	825095	174358	29387
乌兰察布市	Wulanchabu City	1055705	269649	37694
鄂尔多斯市	Erdos City	2504519	624794	80745
巴彦淖尔市	Bayannaoer City	855428	188053	44451
乌海市	Wuhai City	495138	112381	1671
阿拉善盟	Alashan League	252203	59490	2364

22-63 各盟市限额以上批发零售贸易、住宿餐饮业法人企业(2009年)

Number of Corporation Units above Designated Size in Wholesale and Retail Sale, Catering Trades (2009)

单位：个 (unit)

地区	Region	合计 Total	批发业 Wholesale Trade	零售业 Retail Trade	住宿业 Hotels	餐饮业 Catering Trade
呼和浩特市	Hohhot City	453	95	146	77	135
包头市	Baotou City	369	102	156	41	70
呼伦贝尔市	Hulunbeier City	163	77	43	25	18
兴安盟	Xingan League	43	11	14	8	10
通辽市	Tongliao City	116	36	50	24	6
赤峰市	Chifeng City	135	33	39	51	12
锡林郭勒盟	Xilinguole League	102	34	24	31	13
乌兰察布市	Wulanchabu City	41	4	8	15	14
鄂尔多斯市	Erdos City	298	29	152	23	94
巴彦淖尔市	Bayannaoer City	63	28	22	1	12
乌海市	Wuhai City	74	8	45	8	13
阿拉善盟	Alashan League	26	4	8	7	7

22-64 各盟市限额以上批发零售贸易、住宿餐饮业产业活动单位及个体户(2009年)

Number of Active Units above Designated Size in Wholesale, Retail Sale, Catering and Trades and Self-Employed (2009)

单位：个 (unit)

地 区	Region	合计 Total	批发业 Wholesale Trade	零售业 Retail Trade	住宿业 Hotels	餐饮业 Catering Trade
呼和浩特市	Hohhot City	23		6	2	15
包头市	Baotou City	192	4	31	18	139
呼伦贝尔市	Hulunbeier City	59	1	9	18	31
兴安盟	Xingan League	3		2	1	
通辽市	Tongliao City	10		8		2
赤峰市	Chifeng City	35		13	8	14
锡林郭勒盟	Xilinguole League	20		11	1	8
乌兰察布市	Wulanchabu City	1			1	
鄂尔多斯市	Erdos City	89	4	48	15	22
巴彦淖尔市	Bayannaoer City	6			1	5
乌海市	Wuhai City	11				11
阿拉善盟	Alashan League	6	1			5

22-65 各盟市限额以上批发零售贸易、住宿餐饮业企业及个体户从业人员(2009年)

Number of Persons Engaged in Enterprises above Designated Size in Wholesale ,Retail Sale and Self-Employed Catering Trades (2009)

单位：人 (person)

地 区	Region	合计 Total	批发业 Wholesale Trade	零售业 Retail Trade	住宿业 Hotels	餐饮业 Catering Trade
呼和浩特市	Hohhot City	57722	12192	21987	11045	12498
包头市	Baotou City	43616	7558	16243	7070	12745
呼伦贝尔市	Hulunbeier City	16357	3086	8017	2781	2473
兴安盟	Xingan League	4890	1435	1764	1106	585
通辽市	Tongliao City	8118	2391	3313	2163	251
赤峰市	Chifeng City	15589	6136	3580	4572	1301
锡林郭勒盟	Xilinguole League	7382	748	3670	2036	928
乌兰察布市	Wulanchabu City	7474	2600	921	1572	2381
鄂尔多斯市	Erdos City	24795	1960	10269	2785	9781
巴彦淖尔市	Bayannaoer City	8979	4586	2771	39	1583
乌海市	Wuhai City	4570	295	2017	815	1443
阿拉善盟	Alashan League	2040	197	493	666	684

22-66 限额以上批发零售贸易业企业及个体户商品销售总额(2009年)

Total Sales of Enterprise above Designated Size in Wholesale ,Retail Sale Trades Self-Employed(2009)

单位：万元　　(10 000 yuan)

地 区	Region	销售总额 Total Sales	批 发 Wholesale Trade	零 售 Retail Trade
呼和浩特市	Hohhot City	4935932	2571462	2364470
包 头 市	Baotou City	4862348	3037248	1825099
呼伦贝尔市	Hulunbeier City	2029503	1558519	470984
兴 安 盟	Xingan League	374680	155837	218843
通 辽 市	Tongliao City	1315747	700895	614852
赤 峰 市	Chifeng City	892685	556854	335831
锡林郭勒盟	Xilinguole League	600044	298863	301181
乌兰察布市	Wulanchabu City	291069	221117	69952
鄂尔多斯市	Erdos City	6564037	4379491	2184546
巴彦淖尔市	Bayannaoer City	655051	514163	140888
乌 海 市	Wuhai City	429525	80276	349249
阿拉善盟	Alashan League	251588	140843	110745

22-67 各盟市限额以上批发零售贸易企业主要财务指标(2009年)

Main Financial Indicators of Enterprises above Designated Size in Wholesale and Retail by Region(2009)

单位：万元　　(10 000 yuan)

地 区	Region	商品销售收入 Sales Revenue	商品销售成本 Cost of Sales	经营费用 Management Cost	商品销售税金及附加 Sales Tax and Extra Changes	商品销售利润 Total Profits
呼和浩特市	Hohhot City	4939057	4112708	129739	34020	802192
包 头 市	Baotou City	4015444	3458450	158743	23607	519184
呼伦贝尔市	Hulunbeier City	2009939	1769791	61049	7122	99561
兴 安 盟	Xingan League	376066	342431	21231	2512	31123
通 辽 市	Tongliao City	1099540	893655	31043	13326	128422
赤 峰 市	Chifeng City	831298	739744	50762	7568	68622
锡林郭勒盟	Xilinguole League	550527	488904	28347	4272	57352
乌兰察布市	Wulanchabu City	290822	252236	17414	3964	34622
鄂尔多斯市	Erdos City	6500331	5498264	95103	70617	931451
巴彦淖尔市	Bayannaoer City	655000	554713	41356	5322	102919
乌 海 市	Wuhai City	436151	364144	14862	3029	65785
阿拉善盟	Alashan League	186136	164701	8247	963	94979

22-68 各盟市限额以上住宿和餐饮企业主要财务指标(2009年)

Main Financial Indicators of Enterprises above Designated Size in Catering Trade by Region(2009)

单位：万元 (10 000 yuan)

地 区	Region	营业收入 Sales Revenue	营业成本 Cost of Sales	营业费用 Management Cost	商品销售税金及附加 Sales Tax and Extra Changes	经营利润 Profits
呼和浩特市	Hohhot City	265260	118318	49374	14043	131577
包 头 市	Baotou City	138923	72804	32818	6228	59987
呼伦贝尔市	Hulunbeier City	32386	14321	9445	1743	15366
兴 安 盟	Xingan League	11603	4616	2628	556	6294
通 辽 市	Tongliao City	21900	11581	4306	946	8825
赤 峰 市	Chifeng City	29200	14885	6433	1812	12539
锡林郭勒盟	Xilinguole League	26700	15039	4587	1166	10495
乌兰察布市	Wulanchabu City	25446	15705	4094	1187	8554
鄂尔多斯市	Erdos City	107273	51655	17820	4290	51329
巴彦淖尔市	Bayannaoer City	7138	3358	2417	373	3407
乌 海 市	Wuhai City	32291	22364	4219	866	9061
阿拉善盟	Alashan League	7122	3098	2843	440	1436

22-69 各盟市入境旅游人数和外汇收入(2009年)

Number of Foreign Tourists and Foreign Exchange Earnings by Region(2009)

地 区	Region	入境旅游人数(人次) Total Number of International Tourists Inbound (person-times)	#外国人 Foreigners	旅游外汇收入(万美元) Earnings from International Tourism(USD 10 000)
呼和浩特市	Hohhot City	85496	76190	5489.91
包 头 市	Baotou City	18077	16949	777.77
呼伦贝尔市	Hulunbeier City	414607	412523	19668.18
兴 安 盟	Xingan League	2520	1936	163.47
通 辽 市	Tongliao City	14000	11480	913.13
赤 峰 市	Chifeng City	30773	28660	1975.27
锡林郭勒盟	Xilinguole League	647369	27890	21909.15
乌兰察布市	Wulanchabu City	10820	7458	721.23
鄂尔多斯市	Erdos City	16800	15650	1077.94
巴彦淖尔市	Bayannaoer City	29630	28944	1885.08
乌 海 市	Wuhai City	341	334	21.00
阿拉善盟	Alashan League	19200	17856	1229.28

22-70 各盟市普通高等学校基本情况(2009年)
Basic Statistics on Higher Education by Region(2009)

地 区	Region	学校数(所) Number of Schools (unit)	毕业生数(人) Number of Graduates (person)	招生数(人) New Student Enrollment (person)	在校学生数(人) Student Enrollment (person)	教职工数(人) Number of Staff and Teachers (person)	# 专任教师 Full-time Teachers
总 计	**Total**	**41**	**75805**	**113890**	**351928**	**34932**	**22327**
呼和浩特市	Hohhot City	21	43787	64700	203891	18347	11538
包 头 市	Baotou City	5	13347	19566	62861	6030	4050
呼伦贝尔市	Hulunbeier City	1	2945	3242	11479	1217	863
兴 安 盟	Xingan League	1	484	1426	3435	554	428
通 辽 市	Tongliao City	3	4806	7585	24330	2714	1676
赤 峰 市	Chifeng City	3	3426	5127	15755	2293	1470
锡林郭勒盟	Xilinguole League	1	953	2324	5605	806	472
乌兰察布市	Wulanchabu City	3	3530	5522	13522	1549	1002
鄂尔多斯市	Erdos City	1		500	500	198	114
巴彦淖尔市	Bayannaoer City	1	1835	2606	7176	998	508
乌 海 市	Wuhai City	1	692	1292	3374	226	206
阿拉善盟	Alashan League						

注：毕业生数、招生数、在校学生数包括成人高校附设普通班学生数。

a)Number of graduates and new student enrollment and student enrodment include the number of students of ordinary classes attached adult colleges.

22-71 各盟市成人高等学校基本情况(2009年)
Basic Statistics on Adult Education by Region(2009)

地 区	Region	学校数(所) Number of Schools (unit)	毕业生数(人) Number of Graduates (person)	招生数(人) New Student Enrollment (person)	在校学生数(人) Student Enrollment (person)	教职工数(人) Number of Staff and Teachers (person)	# 专任教师 Full-time Teachers
总 计	**Total**	**2**	**28360**	**30338**	**68627**	**755**	**299**
呼和浩特市	Hohhot City	1	15290	12721	32048	658	249
包 头 市	Baotou City	1	6547	8240	15895	97	50
呼伦贝尔市	Hulunbeier City		405	1095	2583		
兴 安 盟	Xingan League		18	125	330		
通 辽 市	Tongliao City		1992	1340	3957		
赤 峰 市	Chifeng City		2256	4827	8946		
锡林郭勒盟	Xilinguole League		171	280	604		
乌兰察布市	Wulanchabu City		1256	895	2434		
鄂尔多斯市	Erdos City						
巴彦淖尔市	Bayannaoer City		206	370	645		
乌 海 市	Wuhai City		219	445	1185		
阿拉善盟	Alashan League						

注：毕业生数、招生数，在校学生数中包含普通高校附设成人班学生数。

a)Number of graduates and new student enrollment and student enrodment include the number of students of ordinary classes attached adult colleges.

22-72 各盟市中等专业学校基本情况(2009年)

Basic Statistics on Specialized Secondary Schools by Region(2009)

地区	Region	学校数(所) Number of Schools (unit)	毕业生数(人) Number of Graduates (person)	招生数(人) New Student Enrollment (person)	在校学生数(人) Student Enrollment (person)	教职工数(人) Number of Staff and Teachers (person)	# 专任教师 Full-time Teacher
总 计	**Total**	**99**	**36984**	**73262**	**153516**	**8521**	**5346**
呼和浩特市	Hohhot City	39	9735	21055	44902	1971	970
包 头 市	Baotou City	13	8879	5859	20124	1734	1317
呼伦贝尔市	Hulunbeier City	16	5136	7132	18071	1654	1024
兴 安 盟	Xingan League	2	479	2987	4748	81	47
通 辽 市	Tongliao City	6	1095	4231	8170	298	174
赤 峰 市	Chifeng City	5	3041	15572	21941	931	606
锡林郭勒盟	Xilinguole League		872	2316	3546		
乌兰察布市	Wulanchabu City	5	1026	4943	9759	505	307
鄂尔多斯市	Erdos City	6	3254	5618	10827	720	486
巴彦淖尔市	Bayannaoer City	6	2627	2293	8212	417	255
乌 海 市	Wuhai City	1	840	1256	3216	210	160
阿拉善盟	Alashan League						

22-73 各盟市普通中学基本情况(2009年)

Basic Statistics on Regular Secondary Schools by Region(2009)

地区	Region	学校数(所) Number of Schools (unit)	毕业生数(人) Number of Graduates (person)			招生数(人) New Student Enrollment (person)		
				初中 Junior Secondary Schools	高中 Senior Secondary Schools		初中 Junior Secondary Schools	高中 Senior Secondary Schools
总 计	**Total**	**1196**	**471755**	**288700**	**183055**	**451720**	**277382**	**174338**
呼和浩特市	Hohhot City	120	49794	30212	19582	52423	32283	20140
包 头 市	Baotou City	101	44447	27051	17396	46153	29276	16877
呼伦贝尔市	Hulunbeier City	204	49231	29814	19417	41379	24639	16740
兴 安 盟	Xingan League	104	24352	16700	7652	25211	15038	10173
通 辽 市	Tongliao City	176	65684	43137	22547	59794	36483	23311
赤 峰 市	Chifeng City	196	104251	62952	41299	97343	57538	39805
锡林郭勒盟	Xilinguole League	41	19695	11782	7913	17478	11396	6082
乌兰察布市	Wulanchabu City	79	39262	24202	15060	39567	23179	16388
鄂尔多斯市	Erdos City	68	29278	16903	12375	29551	18280	11271
巴彦淖尔市	Bayannaoer City	67	31843	17401	14442	29224	20487	8737
乌 海 市	Wuhai City	23	9931	6127	3804	9465	6089	3376
阿拉善盟	Alashan League	17	3987	2419	1568	4132	2694	1438

22-73 续表 continued

地 区	Region	在校学生数(人) Student Enrollment (person)	初 中 Junior Secondary Schools	高 中 Senior Secondary Schools	教职工数(人) Number of Staff and Teachers (person)	# 专任教师 Full-time Teacher
总 计	**Total**	**1351859**	**832216**	**519643**	**122818**	**95356**
呼和浩特市	Hohhot City	153196	96815	56381	12136	8768
包 头 市	Baotou City	140002	89795	50207	11553	8979
呼伦贝尔市	Hulunbeier City	126636	74604	52032	15410	12381
兴 安 盟	Xingan League	75901	47476	28425	8576	6773
通 辽 市	Tongliao City	173628	107677	65951	15547	12623
赤 峰 市	Chifeng City	285085	167819	117266	24391	19156
锡林郭勒盟	Xilinguole League	49309	30859	18450	5307	4152
乌兰察布市	Wulanchabu City	122061	73259	48802	9754	6948
鄂尔多斯市	Erdos City	91084	57000	34084	8652	6452
巴彦淖尔市	Bayannaoer City	93182	60605	32577	7595	6030
乌 海 市	Wuhai City	29913	18739	11174	2569	2031
阿拉善盟	Alashan League	11862	7568	4294	1328	1063

22-74 各盟市职业中学基本情况(2009年)
Basic Statistics on Vocational Secondary Schools by Region(2009)

地 区	Region	学校数(所) Number of Schools (unit)	毕业生数(人) Number of Graduates (person)	招生数(人) New Student Enrollment (person)	在校学生数(人) Student Enrollment (person)	教职工数(人) Number of Staff and Teachers (person)	# 专任教师 Full-time Teacher
总 计	**Total**	**158**	**38911**	**81075**	**168859**	**11113**	**8582**
呼和浩特市	Hohhot City	33	5842	7983	21888	2078	1435
包 头 市	Baotou City	2	2785	3059	9351	212	176
呼伦贝尔市	Hulunbeier City	14	2683	3850	9437	1093	879
兴 安 盟	Xingan League	9	1603	5430	9573	717	518
通 辽 市	Tongliao City	19	3887	13964	25787	1099	812
赤 峰 市	Chifeng City	32	8453	23427	41653	2527	2057
锡林郭勒盟	Xilinguole League	11	2471	6019	10424	593	468
乌兰察布市	Wulanchabu City	17	4967	7664	16815	1207	963
鄂尔多斯市	Erdos City	7	1971	3279	7336	583	429
巴彦淖尔市	Bayannaoer City	9	3746	4912	13869	779	671
乌 海 市	Wuhai City	1	81	195	359		
阿拉善盟	Alashan League	4	422	1293	2367	225	174

22-75 各盟市小学基本情况(2009年)
Basic Statistics on Primary Schools by Region(2009)

地 区	Region	学校数(所) Number of Schools (unit)	毕业生数(人) Number of Graduates (person)	招生数(人) New Student Enrollment (person)	在校学生数(人) Student Enrollment (person)	教职工数(人) Number of Staff and Teachers (person)	# 专任教师 Full-time Teacher
总 计	**Total**	**3139**	**279222**	**228806**	**1493013**	**139539**	**114848**
呼和浩特市	Hohhot City	429	31989	30099	182956	12626	10374
包 头 市	Baotou City	198	29276	21996	151557	10311	9006
呼伦贝尔市	Hulunbeier City	277	24724	18039	124205	15500	13470
兴 安 盟	Xingan League	206	15508	13575	87475	10824	8625
通 辽 市	Tongliao City	639	36500	33583	213941	20338	18056
赤 峰 市	Chifeng City	735	57538	45924	288240	30242	24124
锡林郭勒盟	Xilinguole League	90	11385	9329	65116	5457	4446
乌兰察布市	Wulanchabu City	242	24093	19785	123981	13027	10142
鄂尔多斯市	Erdos City	130	18243	16739	106324	8770	6002
巴彦淖尔市	Bayannaoer City	143	20724	12988	102721	8713	7332
乌 海 市	Wuhai City	30	6606	4888	33063	2588	2248
阿拉善盟	Alashan League	20	2636	1861	13434	1143	1023

22-76 各盟市幼儿园基本情况(2009年)
Basic Statistics on Kindergartens by Region(2009)

地 区	Region	园 数 (所) Number of Kindergartens (unit)	幼儿数 (人) Student Enrollment (person)	教职工数 (人) Number of Staff and Teachers (person)	# 教 师 Teachers
总 计	**Total**	**1911**	**338049**	**24163**	**15585**
呼和浩特市	Hohhot City	135	28900	3231	1845
包 头 市	Baotou City	168	30771	3571	2058
呼伦贝尔市	Hulunbeier City	325	34667	3033	1871
兴 安 盟	Xingan League	323	29011	1409	1011
通 辽 市	Tongliao City	88	34767	1138	776
赤 峰 市	Chifeng City	437	72425	3994	2718
锡林郭勒盟	Xilinguole League	41	13653	914	595
乌兰察布市	Wulanchabu City	53	13171	1028	720
鄂尔多斯市	Erdos City	109	37654	2518	1792
巴彦淖尔市	Bayannaoer City	156	28106	1900	1275
乌 海 市	Wuhai City	63	10413	958	591
阿拉善盟	Alashan League	13	4511	469	333

22-77 各盟市文化艺术、文物事业单位数(2009年)

Number of Institutions for Culture, Art and Cultural Relics by Region(2009)

单位：个 (unit)

地区	Region	艺术表演团体 Art Performance Troupes	艺术表演场所 Art Performance Places	文化馆 Cultural Centers	公共图书馆 Public Libraries	博物馆 Museums
总计	**Total**	**107**	**28**	**102**	**113**	**46**
呼和浩特市	Hohhot City	7	1	9	9	2
包头市	Baotou City	5	3	10	10	2
呼伦贝尔市	Hulunbeier City	14	2	13	14	11
兴安盟	Xingan League	7	2	6	7	2
通辽市	Tongliao City	9		8	9	4
赤峰市	Chifeng City	10	5	12	14	10
锡林郭勒盟	Xilinguole League	12	1	12	12	2
乌兰察布市	Wulanchabu City	14	2	11	12	3
鄂尔多斯市	Erdos City	10	5	8	9	2
巴彦淖尔市	Bayannaoer City	8	6	7	8	3
乌海市	Wuhai City	1	1	3	4	2
阿拉善盟	Alashan League	4		3	4	1
自治区直属	Units Attached to Autonomous Region	6			1	2

22-78 各盟市卫生机构、床位(2009年)

Number of Health Institutions, Beds by Region(2009)

地区	Region	机构数(个) Health Institutions (unit)	#医院、卫生院 Hospital	#疾病预防控制中心 CDC	#妇幼保健所、站 Maternity and Child Care Centers	床位合计(张) Beds Total (unit)	#医院、卫生院 Hospital
总计	**Total**	**7919**	**1798**	**133**	**116**	**87321**	**77671**
呼和浩特市	Hohhot City	916	144	12	12	12132	10578
包头市	Baotou City	1213	117	11	11	11995	10909
呼伦贝尔市	Hulunbeier City	1089	237	31	15	10463	9784
兴安盟	Xingan League	340	111	7	7	5086	4348
通辽市	Tongliao City	642	196	10	8	7728	7053
赤峰市	Chifeng City	900	304	11	13	15432	14229
锡林郭勒盟	Xilinguole League	524	145	14	13	2684	1935
乌兰察布市	Wulanchabu City	514	210	12	12	5211	4677
鄂尔多斯市	Erdos City	662	124	9	10	6223	5806
巴彦淖尔市	Bayannaoer City	665	139	8	8	6828	5432
乌海市	Wuhai City	285	19	4	3	2736	2188
阿拉善盟	Alashan League	169	52	4	4	803	732

22-79 各盟市卫生机构人员(2009年)

Number of Persons Engaged in Health Institutions by Region(2009)

单位：人 (person)

地 区	Region	卫生机构人员 Total	卫生技术人员 Medical Technical Personnel	执业医师、执业助理医师 Doctors	# 执业医师 Physician	注册护师、护士 Registered Senior and Junior Nurses
总 计	**Total**	**139488**	**117197**	**51947**	**43964**	**34895**
呼和浩特市	Hohhot City	19696	15978	6616	5913	5628
包 头 市	Baotou City	18884	15829	6800	6385	6032
呼伦贝尔市	Hulunbeier City	19166	15684	7106	5700	5015
兴 安 盟	Xingan League	8256	6767	2883	2296	1768
通 辽 市	Tongliao City	13421	11371	5413	4513	2996
赤 峰 市	Chifeng City	21640	18547	8072	6523	4510
锡林郭勒盟	Xilinguole League	5938	5042	2413	2171	1167
乌兰察布市	Wulanchabu City	8222	7083	3354	2525	1714
鄂尔多斯市	Erdos City	8780	7489	3266	2835	2038
巴彦淖尔市	Bayannaoer City	9932	8635	3936	3306	2532
乌 海 市	Wuhai City	3706	3123	1267	1126	1052
阿拉善盟	Alashan League	1847	1649	821	671	443

22-80 各盟市交通事故(2009年)

Basic Statistics on Traffic Accidents by Region(2009)

地 区	Region	发生数(起) Number of Traffic Accidents (case)	死亡人数(人) Number of Deaths (person)	受伤人数(人) Number of Injuries (person)	直接经济损失(万元) Direct Losses (10 000 yuan)
总 计	**Total**	**4193**	**1462**	**4656**	**1556.69**
呼和浩特市	Hohhot City	506	160	571	104.10
包 头 市	Baotou City	1138	177	1318	245.44
呼伦贝尔市	Hulunbeier City	167	134	146	44.54
兴 安 盟	Xingan League	164	66	197	75.18
通 辽 市	Tongliao City	818	116	790	248.89
赤 峰 市	Chifeng City	327	185	385	118.18
锡林郭勒盟	Xilinguole League	78	83	98	86.41
乌兰察布市	Wulanchabu City	178	129	205	102.82
鄂尔多斯市	Erdos City	341	153	399	140.88
巴彦淖尔市	Bayannaoer City	186	113	219	77.43
乌 海 市	Wuhai City	182	38	202	84.24
阿拉善盟	Alashan League	45	22	65	61.99
高速公路支队	Expressway Detachment	63	86	61	166.60

22-81 各盟市火灾事故(2009年)

Basic Statistics on Fires by Region(2009)

地 区	Region	发生数(起) Number of Traffic Accidents (case)	死亡人数(人) Number of Deaths (person)	受伤人数(人) Number of Injuries (person)	直接经济损失(万元) Direct Losses (10 000 yuan)
总 计	**Total**	**9326**	**36**	**9**	**5448.54**
呼和浩特市	Hohhot City	2456	7	3	1159.94
包 头 市	Baotou City	1759	1		97.64
呼伦贝尔市	Hulunbeier City	848	8		1027.24
兴 安 盟	Xingan League	214			54.06
通 辽 市	Tongliao City	524	1		374.93
赤 峰 市	Chifeng City	1068	7		222.94
锡林郭勒盟	Xilinguole League	321	4		280.38
乌兰察布市	Wulanchabu City	477	2	1	398.47
鄂尔多斯市	Erdos City	545	1		397.98
巴彦淖尔市	Bayannaoer City	564	1		549.73
乌 海 市	Wuhai City	456		4	313.38
阿拉善盟	Alashan League	64	1	1	506.00
内蒙古森工集团	Inner Mongolia Forest Industy Co.,Ltd	30	3		65.83

22-82 各盟市单位能源消费(2009年)

Consumption of Energy Per Unit By Region(2009)

地 区	Region	单位GDP能耗(吨标准煤/万元) Energy Consumption Per Unit of GDP (ton of SCE/10 000 yuan)	单位工业增加值能耗(吨标准煤/万元) Energy Consumption Per Unit of Industrial Value-added(ton of SCE/10 000 yuan)	单位GDP电耗(千瓦时/万元) Electricity Consumption Per Unit of Industrial Value-added (kw/10 000 yuan)
呼和浩特市	Hohhot City	1.55	3.96	837.78
包 头 市	Baotou City	2.11	3.46	1612.23
呼伦贝尔市	Hulunbeier City	1.65	2.33	723.09
兴 安 盟	Xingan League	1.78	3.02	829.20
通 辽 市	Tongliao City	1.68	3.16	1802.83
赤 峰 市	Chifeng City	1.64	3.47	1024.86
锡林郭勒盟	Xilinguole League	2.00	2.93	1316.52
乌兰察布市	Wulanchabu City	2.30	4.78	3155.68
鄂尔多斯市	Erdos City	1.68	2.83	1589.83
巴彦淖尔市	Bayannaoer City	2.33	3.43	1852.03
乌 海 市	Wuhai City	5.17	8.36	4067.76
阿拉善盟	Alashan League	3.13	3.12	2785.76

2010 NEI MENG GU

二十三、旗县区资料

Statistics of Banners,Counties and Districts

资料整理：包利军 斯日古楞 崔京英
Arranged By Bao Lijun , Si Riguleng , Cui Jingying

23-1 各旗县(区)按年末总人口排序(2009年)

Banners, Counties and Districts Ranked by Population (Year end of 2009)

单位：人 (person)

位次 Order	旗县(区)名称	Name of Banners, Counties and Districts	年末总人口 Total Population at the Year-end
1	通辽市科尔沁区	Keerqin District in Tongliao City	867535
2	包头市昆都仑区	Kundulun District in Baotou City	643600
3	赤峰市宁城县	Ningcheng County in Chifeng City	604454
4	赤峰市敖汉旗	Aohan Banner in Chifeng City	600268
5	巴彦淖尔市临河区	Linhe District in Bayannaoer City	535600
6	通辽市科尔沁左翼中旗	Keerqinzuoyizhong Banner in Tongliao City	535344
7	赤峰市松山区	Songshan District in Chifeng City	535071
8	包头市东河区	Donghe District in Baotou City	506600
9	赤峰市翁牛特旗	Wengniute Banner in Chifeng City	481584
10	包头市青山区	Qingshan District in Baotou City	466900
11	通辽市奈曼旗	Naiman Banner in Tongliao City	441144
12	呼伦贝尔市扎兰屯市	Zhalantun City in Hulunbeier City	429895
13	通辽市科尔沁左翼后旗	Keerqinzuoyihou Banner in Tongliao City	406457
14	通辽市开鲁县	Kailu County in Tongliao City	402419
15	呼和浩特市赛罕区	Saihan District in Hohhot City	401686
16	兴安盟扎赉特旗	Zhalaite Banner in Xingan League	399289
17	呼伦贝尔市牙克石市	Yakeshi City in Hulunbeier City	374907
18	呼和浩特市土默特左旗	Tumotezuo Banner in Hohhot City	362940
19	赤峰市巴林左旗	Balinzuo Banner in Chifeng City	359754
20	鄂尔多斯市达拉特旗	Dalate Banner in Erdos City	359528
21	呼和浩特市新城区	Xincheng District in Hohhot City	355366
22	赤峰市红山区	Hongshan District in Chifeng City	353432
23	乌兰察布市商都县	Shangdu County in Wulanchabu City	350052
24	赤峰市喀喇沁旗	Kalaqin Banner in Chifeng City	349186
25	乌兰察布市丰镇市	Fengzhen City in Wulanchabu City	342979
26	兴安盟科尔沁右翼前旗	Keerqinyouyiqian Banner in Xingan League	341787
27	呼伦贝尔市莫力达瓦达斡尔族自治旗	Molidawadawoer National Autonomous Banner in Hulunbeier City	338209
28	呼伦贝尔市阿荣旗	Arong Banner in Hulunbeier City	331752
29	乌兰察布市兴和县	Xinghe County in Wulanchabu City	327295
30	赤峰市元宝山区	Yuanbaoshan District in Chifeng City	325909
31	巴彦淖尔市乌拉特前旗	Wulateqian Banner in Bayannaoer City	325100
32	兴安盟乌兰浩特市	Wulanhaote City in Xingan League	317416
33	通辽市扎鲁特旗	Zhalute Banner in Tongliao City	314704
34	兴安盟突泉县	Tuquan County in Xingan League	314601

23-1 续表 1 continued

单位：人 (person)

位次 Order	旗县(区)名称	Name of Banners, Counties and Districts	年末总人口 Total Population at the Year-end
35	包头市土默特右旗	Tumoteyou Banner in Baotou City	308200
36	乌兰察布市集宁区	Jining District in Wulanchabu City	303693
37	赤峰市阿鲁科尔沁旗	Alukeerqin Banner in Chifeng City	300957
38	鄂尔多斯市准格尔旗	Zhungeer Banner in Erdos City	298663
39	巴彦淖尔市杭锦后旗	Hangjinhou Banner in Bayannaoer City	290300
40	呼伦贝尔市鄂伦春自治旗	Elunchun National Autonomous Banner in Hulunbeier City	280672
41	巴彦淖尔市五原县	Wuyuan County in Bayannaoer City	276000
42	呼伦贝尔市海拉尔区	Hailaer District in Hulunbeier City	269152
43	兴安盟科尔沁右翼中旗	Keerqinyouyizhong Banner in Xingan League	264419
44	乌海市海勃湾区	Haibowan District in Wuhai City	258058
45	赤峰市克什克腾旗	Keshiketeng Banner in Chifeng City	256412
46	鄂尔多斯市东胜区	Dongsheng District in Erdos City	253127
47	乌兰察布市察哈尔右翼前旗	Chahaeryouyiqian Banner in Wulanchabu City	253017
48	乌兰察布市凉城县	Liangcheng County in Wulanchabu City	250898
49	赤峰市林西县	Linxi County in Chifeng City	241301
50	呼和浩特市回民区	Huimin District in Hohhot City	235278
51	乌兰察布市卓资县	Zhuozi County in Wulanchabu City	226628
52	乌兰察布市察哈尔右翼中旗	Chahaeryouyizhong Banner in Wulanchabu City	224546
53	乌兰察布市察哈尔右翼后旗	Chahaeryouyihou Banner in Wulanchabu City	222299
54	乌兰察布市四子王旗	Siziwang Banner in Wulanchabu City	216990
55	锡林郭勒盟太仆寺旗	Taipusi Banner in Xilinguole League	210482
56	呼和浩特市托克托县	Tuoketuo County in Hohhot City	204667
57	呼和浩特市和林格尔县	Helingeer County in Hohhot City	196918
58	呼和浩特市玉泉区	Yuquan District in Hohhot City	195539
59	赤峰市巴林右旗	Balinyou Banner in Chifeng City	183507
60	乌兰察布市化德县	Huade County in Wulanchabu City	178798
61	呼和浩特市武川县	Xincheng District in Hohhot City	176031
62	通辽市库伦旗	Kulun Banner in Tongliao City	174031
63	包头市固阳县	Guyang County in Baotou City	172400
64	锡林郭勒盟锡林浩特市	Xilinhaote City in Xilinguole League	169561
65	呼伦贝尔市满洲里市	Manzhouli City in Hulunbeier City	166968
66	包头市九原区	Jiuyuan District in Baotou City	161500
67	呼伦贝尔市根河市	Genhe City in Hulunbeier City	160909
68	鄂尔多斯市伊金霍洛旗	Yijinhuoluo Banner in Erdos City	159752

23-1 续表 2 continued

单位：人 (person)

位次 Order	旗县(区)名称	Name of Banners, Counties and Districts	年末总人口 Total Population at the Year-end
69	呼和浩特市清水河县	Qingshuihe County in Hohhot City	145250
70	呼伦贝尔市鄂温克族自治旗	Ewenke National Autonomous Banner in Hulunbeier City	144238
71	鄂尔多斯市杭锦旗	Hangjin Banner in Erdos City	143884
72	阿拉善盟阿拉善左旗	Alashanzuo Banner in Alashan League	142972
73	巴彦淖尔市乌拉特中旗	Wulatezhong Banner in Bayannaoer City	135800
74	乌海市乌达区	Wuda District in Wuhai City	131656
75	巴彦淖尔市磴口县	Dengkou County in Bayannaoer City	120600
76	包头市达尔罕茂明安联合旗	Daerhanmaomingan Union Banner in Baotou City	119600
77	鄂尔多斯市乌审旗	Wushen Banner in Erdos City	106978
78	锡林郭勒盟多伦县	Duolun County in Xilinguole League	105149
79	乌海市海南区	Hainan District in Wuhai City	97886
80	鄂尔多斯市鄂托克旗	Etuoke Banner in Erdos City	97130
81	呼伦贝尔市额尔古纳市	Eerguna City in Hulunbeier City	84939
82	通辽市霍林郭勒市	Huolinguole City in Tongliao City	82411
83	锡林郭勒盟正蓝旗	Zhenglan Banner in Xilinguole League	81799
84	锡林郭勒盟西乌珠穆沁旗	xiwuzhumuqin Banner in Xilinguole League	76387
85	鄂尔多斯市鄂托克前旗	Etuokeqian Banner in Erdos City	75782
86	锡林郭勒盟东乌珠穆沁旗	Dongwuzhumuqin Banner in Xilinguole League	75714
87	锡林郭勒盟正镶白旗	Zhengxiangbai Banner in Xilinguole League	72827
88	锡林郭勒盟苏尼特右旗	Suniteyou Banner in Xilinguole League	69198
89	呼伦贝尔市陈巴尔虎旗	Chenbaerhu Banner in Hulunbeier City	59397
90	巴彦淖尔市乌拉特后旗	Wulatehou Banner in Bayannaoer City	49300
91	兴安盟阿尔山市	Aershan City in Xingan League	48182
92	锡林郭勒盟阿巴嘎旗	Abaga Banner in Xilinguole League	44778
93	包头市石拐区	Shiguai District in Baotou City	42600
94	呼伦贝尔市新巴尔虎左旗	Xinbaerhuzuo Banner in Hulunbeier City	42094
95	呼伦贝尔市新巴尔虎右旗	Xinbaerhuyou Banner in Hulunbeier City	34484
96	锡林郭勒盟苏尼特左旗	Sunitezuo Banner in Xilinguole League	33859
97	锡林郭勒盟镶黄旗	Xianghuang Banner in Xilinguole League	30783
98	锡林郭勒盟二连浩特市	Erlianhaote City in Xilinguole League	25989
99	包头市白云矿区	Baiyun Mineral District in Baotou City	25500
100	阿拉善盟阿拉善右旗	Alashanyou Banner in Alashan League	24577
101	阿拉善盟额济纳旗	Ejina Banner in Alashan League	17108

23-2 各旗县（区）按生产总值排序（2009年）

Banners, Counties and Districts Ranked by Gross Domestic Product(2009)

单位：万元 (10 000 yuan)

位次 Order	旗县(区)名称	Name of Banners, Counties and Districts	生产总值 GDP
1	包头市昆都仑区	Kundulun District in Baotou City	7132737
2	鄂尔多斯市准格尔旗	Zhungeer Banner in Erdos City	5394800
3	鄂尔多斯市东胜区	Dongsheng District in Erdos City	5073976
4	包头市青山区	Qingshan District in Baotou City	4625718
5	通辽市科尔沁区	Keerqin District in Tongliao City	3967819
6	鄂尔多斯市伊金霍洛旗	Yijinhuoluo Banner in Erdos City	3934876
7	呼和浩特市新城区	Xincheng District in Hohhot City	3339527
8	包头市东河区	Donghe District in Baotou City	2952615
9	鄂尔多斯市达拉特旗	Dalate Banner in Erdos City	2800259
10	呼和浩特市赛罕区	Saihan District in Hohhot City	2679503
11	鄂尔多斯市鄂托克旗	Etuoke Banner in Erdos City	2218600
12	呼和浩特市回民区	Huimin District in Hohhot City	2013952
13	阿拉善盟阿拉善左旗	Alashanzuo Banner in Alashan League	1912864
14	巴彦淖尔市临河区	Linhe District in Bayannaoer City	1573300
15	呼和浩特市玉泉区	Yuquan District in Hohhot City	1566516
16	鄂尔多斯市乌审旗	Wushen Banner in Erdos City	1531300
17	通辽市霍林郭勒市	Huolinguole City in Tongliao City	1509332
18	赤峰市红山区	Hongshan District in Chifeng City	1480563
19	呼和浩特市托克托县	Tuoketuo County in Hohhot City	1463449
20	包头市九原区	Jiuyuan District in Baotou City	1389248
21	包头市土默特右旗	Tumoteyou Banner in Baotou City	1388061
22	呼和浩特市土默特左旗	Tumotezuo Banner in Hohhot City	1323192
23	呼伦贝尔市海拉尔区	Hailaer District in Hulunbeier City	1304521
24	赤峰市元宝山区	Yuanbaoshan District in Chifeng City	1261088
25	锡林郭勒盟锡林浩特市	Xilinhaote City in Xilinguole League	1247519
26	呼伦贝尔市满洲里市	Manzhouli City in Hulunbeier City	1203938
27	乌海市海勃湾区	Haibowan District in Wuhai City	1173602
28	呼和浩特市和林格尔县	Helingeer County in Hohhot City	1120758
29	包头市达尔罕茂明安联合旗	Daerhanmaomingan Union Banner in Baotou City	1068628
30	赤峰市松山区	Songshan District in Chifeng City	1037641
31	通辽市开鲁县	Kailu County in Tongliao City	977079
32	乌海市海南区	Hainan District in Wuhai City	971655
33	乌海市乌达区	Wuda District in Wuhai City	970004
34	呼伦贝尔市牙克石市	Yakeshi City in Hulunbeier City	902159

23-2 续表 1 continued

单位：万元 (10 000 yuan)

位次 Order	旗县(区)名称	Name of Banners, Counties and Districts	生产总值 GDP
35	乌兰察布市集宁区	Jining District in Wulanchabu City	889417
36	通辽市扎鲁特旗	Zhalute Banner in Tongliao City	878457
37	呼伦贝尔市扎兰屯市	Zhalantun City in Hulunbeier City	861833
38	通辽市科尔沁左翼中旗	Keerqinzuoyizhong Banner in Tongliao City	857075
39	巴彦淖尔市乌拉特前旗	Wulateqian Banner in Bayannaoer City	810900
40	乌兰察布市丰镇市	Fengzhen City in Wulanchabu City	808968
41	巴彦淖尔市杭锦后旗	Hangjinhou Banner in Bayannaoer City	791700
42	赤峰市敖汉旗	Aohan Banner in Chifeng City	788352
43	赤峰市宁城县	Ningcheng County in Chifeng City	784762
44	通辽市奈曼旗	Naiman Banner in Tongliao City	775707
45	通辽市科尔沁左翼后旗	Keerqinzuoyihou Banner in Tongliao City	767903
46	呼伦贝尔市阿荣旗	Arong Banner in Hulunbeier City	756512
47	赤峰市克什克腾旗	Keshiketeng Banner in Chifeng City	737388
48	赤峰市翁牛特旗	Wengniute Banner in Chifeng City	697079
49	兴安盟乌兰浩特市	Wulanhaote City in Xingan League	696644
50	包头市固阳县	Guyang County in Baotou City	645134
51	赤峰市喀喇沁旗	Kalaqin Banner in Chifeng City	616286
52	乌兰察布市凉城县	Liangcheng County in Wulanchabu City	610727
53	锡林郭勒盟西乌珠穆沁旗	xiwuzhumuqin Banner in Xilinguole League	581222
54	赤峰市巴林左旗	Balinzuo Banner in Chifeng City	580484
55	巴彦淖尔市五原县	Wuyuan County in Bayannaoer City	570500
56	呼伦贝尔市莫力达瓦达斡尔族自治旗	Molidawadawoer National Autonomous Banner in Hulunbeier City	568893
57	锡林郭勒盟东乌珠穆沁旗	Dongwuzhumuqin Banner in Xilinguole League	558148
58	呼伦贝尔市鄂温克族自治旗	Ewenke National Autonomous Banner in Hulunbeier City	537185
59	乌兰察布市察哈尔右翼前旗	Chahaeryouyiqian Banner in Wulanchabu City	530028
60	包头市石拐区	Shiguai District in Baotou City	521792
61	巴彦淖尔市乌拉特后旗	Wulatehou Banner in Bayannaoer City	506700
62	巴彦淖尔市乌拉特中旗	Wulatezhong Banner in Bayannaoer City	505600
63	赤峰市阿鲁科尔沁旗	Alukeerqin Banner in Chifeng City	466945
64	锡林郭勒盟正蓝旗	Zhenglan Banner in Xilinguole League	430140
65	鄂尔多斯市杭锦旗	Hangjin Banner in Erdos City	417900
66	乌兰察布市察哈尔右翼后旗	Chahaeryouyihou Banner in Wulanchabu City	411894
67	呼伦贝尔市陈巴尔虎旗	Chenbaerhu Banner in Hulunbeier City	403304
68	兴安盟扎赉特旗	Zhalaite Banner in Xingan League	401161

23-2 续表 2 continued

单位：万元 (10 000 yuan)

位次 Order	旗县(区)名称	Name of Banners, Counties and Districts	生产总值 GDP
69	锡林郭勒盟二连浩特市	Erlianhaote City in Xilinguole League	401034
70	兴安盟科尔沁右翼前旗	Keerqinyouyiqian Banner in Xingan League	400726
71	呼和浩特市武川县	Xincheng District in Hohhot City	400367
72	呼伦贝尔市新巴尔虎右旗	Xinbaerhuyou Banner in Hulunbeier City	376538
73	鄂尔多斯市鄂托克前旗	Etuokeqian Banner in Erdos City	365703
74	乌兰察布市卓资县	Zhuozi County in Wulanchabu City	363584
75	锡林郭勒盟多伦县	Duolun County in Xilinguole League	355484
76	通辽市库伦旗	Kulun Banner in Tongliao City	350199
77	赤峰市巴林右旗	Balinyou Banner in Chifeng City	348282
78	巴彦淖尔市磴口县	Dengkou County in Bayannaoer City	339900
79	乌兰察布市兴和县	Xinghe County in Wulanchabu City	334106
80	赤峰市林西县	Linxi County in Chifeng City	329937
81	兴安盟突泉县	Tuquan County in Xingan League	322750
82	呼和浩特市清水河县	Qingshuihe County in Hohhot City	318810
83	呼伦贝尔市鄂伦春自治旗	Elunchun National Autonomous Banner in Hulunbeier City	310156
84	乌兰察布市商都县	Shangdu County in Wulanchabu City	305049
85	锡林郭勒盟苏尼特右旗	Suniteyou Banner in Xilinguole League	283668
86	乌兰察布市四子王旗	Siziwang Banner in Wulanchabu City	281963
87	阿拉善盟额济纳旗	Ejina Banner in Alashan League	273963
88	兴安盟科尔沁右翼中旗	Keerqinyouyizhong Banner in Xingan League	254952
89	锡林郭勒盟镶黄旗	Xianghuang Banner in Xilinguole League	254441
90	锡林郭勒盟苏尼特左旗	Sunitezuo Banner in Xilinguole League	248669
91	呼伦贝尔市额尔古纳市	Eerguna City in Hulunbeier City	239475
92	乌兰察布市察哈尔右翼中旗	Chahaeryouyizhong Banner in Wulanchabu City	237923
93	阿拉善盟阿拉善右旗	Alashanyou Banner in Alashan League	237723
94	锡林郭勒盟阿巴嘎旗	Abaga Banner in Xilinguole League	236283
95	呼伦贝尔市根河市	Genhe City in Hulunbeier City	232803
96	锡林郭勒盟太仆寺旗	Taipusi Banner in Xilinguole League	232538
97	乌兰察布市化德县	Huade County in Wulanchabu City	226502
98	包头市白云矿区	Baiyun Mineral District in Baotou City	189132
99	呼伦贝尔市新巴尔虎左旗	Xinbaerhuzuo Banner in Hulunbeier City	186854
100	锡林郭勒盟正镶白旗	Zhengxiangbai Banner in Xilinguole League	158325
101	兴安盟阿尔山市	Aershan City in Xingan League	75178

23-3 各旗县（区）按粮食产量排序（2009年）

Banners, Counties and Districts Ranked by Output of Grain （2009）

单位：吨 (ton)

位次 Order	旗县(区)名称	Name of Banners, Counties and Districts	粮食产量 Output of Grain
1	通辽市科尔沁左翼中旗	Keerqinzuoyizhong Banner in Tongliao City	1865102
2	呼伦贝尔市莫力达瓦达斡尔族自治旗	Molidawadawoer National Autonomous Banner in Hulunbeier City	1264000
3	呼伦贝尔市阿荣旗	Arong Banner in Hulunbeier City	1210500
4	通辽市科尔沁区	Keerqin District in Tongliao City	933175
5	通辽市开鲁县	Kailu County in Tongliao City	847500
6	通辽市科尔沁左翼后旗	Keerqinzuoyihou Banner in Tongliao City	830000
7	呼伦贝尔市扎兰屯市	Zhalantun City in Hulunbeier City	758017
8	包头市土默特右旗	Tumoteyou Banner in Baotou City	744854
9	兴安盟扎赉特旗	Zhalaite Banner in Xingan League	639160
10	巴彦淖尔市临河区	Linhe District in Bayannaoer City	580100
11	鄂尔多斯市达拉特旗	Dalate Banner in Erdos City	576736
12	兴安盟科尔沁右翼前旗	Keerqinyouyiqian Banner in Xingan League	546200
13	赤峰市松山区	Songshan District in Chifeng City	530192
14	巴彦淖尔市乌拉特前旗	Wulateqian Banner in Bayannaoer City	515200
15	赤峰市宁城县	Ningcheng County in Chifeng City	505976
16	通辽市奈曼旗	Naiman Banner in Tongliao City	500000
17	赤峰市翁牛特旗	Wengniute Banner in Chifeng City	471551
18	巴彦淖尔市杭锦后旗	Hangjinhou Banner in Bayannaoer City	467900
19	巴彦淖尔市五原县	Wuyuan County in Bayannaoer City	444100
20	兴安盟突泉县	Tuquan County in Xingan League	419527
21	呼和浩特市土默特左旗	Tumotezuo Banner in Hohhot City	418621
22	兴安盟科尔沁右翼中旗	Keerqinyouyizhong Banner in Xingan League	415288
23	呼伦贝尔市牙克石市	Yakeshi City in Hulunbeier City	408013
24	赤峰市敖汉旗	Aohan Banner in Chifeng City	345684
25	通辽市扎鲁特旗	Zhalute Banner in Tongliao City	320000
26	通辽市库伦旗	Kulun Banner in Tongliao City	300000
27	呼伦贝尔市鄂伦春自治旗	Elunchun National Autonomous Banner in Hulunbeier City	290678
28	鄂尔多斯市杭锦旗	Hangjin Banner in Erdos City	269500
29	巴彦淖尔市乌拉特中旗	Wulatezhong Banner in Bayannaoer City	266700
30	赤峰市巴林左旗	Balinzuo Banner in Chifeng City	261881
31	赤峰市阿鲁科尔沁旗	Alukeerqin Banner in Chifeng City	250803
32	呼伦贝尔市额尔古纳市	Eerguna City in Hulunbeier City	245500
33	呼和浩特市托克托县	Tuoketuo County in Hohhot City	221563
34	呼和浩特市和林格尔县	Helingeer County in Hohhot City	196072

23-3 续表 1 continued

单位：吨 (ton)

位次 Order	旗县(区)名称	Name of Banners, Counties and Districts	粮食产量 Output of Grain
35	呼伦贝尔市陈巴尔虎旗	Chenbaerhu Banner in Hulunbeier City	165178
36	赤峰市林西县	Linxi County in Chifeng City	155022
37	阿拉善盟阿拉善左旗	Alashanzuo Banner in Alashan League	137172
38	赤峰市喀喇沁旗	Kalaqin Banner in Chifeng City	129089
39	巴彦淖尔市磴口县	Dengkou County in Bayannaoer City	126100
40	呼和浩特市武川县	Xincheng District in Hohhot City	124050
41	鄂尔多斯市准格尔旗	Zhungeer Banner in Erdos City	115500
42	呼和浩特市赛罕区	Saihan District in Hohhot City	114930
43	鄂尔多斯市乌审旗	Wushen Banner in Erdos City	114051
44	赤峰市克什克腾旗	Keshiketeng Banner in Chifeng City	113727
45	鄂尔多斯市鄂托克前旗	Etuokeqian Banner in Erdos City	105000
46	锡林郭勒盟太仆寺旗	Taipusi Banner in Xilinguole League	97479
47	赤峰市元宝山区	Yuanbaoshan District in Chifeng City	92158
48	兴安盟乌兰浩特市	Wulanhaote City in Xingan League	89742
49	鄂尔多斯市鄂托克旗	Etuoke Banner in Erdos City	81000
50	鄂尔多斯市伊金霍洛旗	Yijinhuoluo Banner in Erdos City	80000
51	赤峰市巴林右旗	Balinyou Banner in Chifeng City	73332
52	包头市达尔罕茂明安联合旗	Daerhanmaomingan Union Banner in Baotou City	69188
53	包头市固阳县	Guyang County in Baotou City	69062
54	呼伦贝尔市海拉尔区	Hailaer District in Hulunbeier City	64464
55	乌兰察布市四子王旗	Siziwang Banner in Wulanchabu City	62910
56	呼和浩特市清水河县	Qingshuihe County in Hohhot City	60044
57	包头市九原区	Jiuyuan District in Baotou City	58644
58	锡林郭勒盟东乌珠穆沁旗	Dongwuzhumuqin Banner in Xilinguole League	55818
59	呼伦贝尔市鄂温克族自治旗	Ewenke National Autonomous Banner in Hulunbeier City	50509
60	巴彦淖尔市乌拉特后旗	Wulatehou Banner in Bayannaoer City	46700
61	乌兰察布市兴和县	Xinghe County in Wulanchabu City	46500
62	兴安盟阿尔山市	Aershan City in Xingan League	45149
63	锡林郭勒盟多伦县	Duolun County in Xilinguole League	43245
64	乌兰察布市丰镇市	Fengzhen City in Wulanchabu City	41430
65	呼伦贝尔市新巴尔虎左旗	Xinbaerhuzuo Banner in Hulunbeier City	40814
66	乌兰察布市卓资县	Zhuozi County in Wulanchabu City	38876
67	乌兰察布市商都县	Shangdu County in Wulanchabu City	38454
68	乌兰察布市察哈尔右翼中旗	Chahaeryouyizhong Banner in Wulanchabu City	37826

23-3 续表 2 continued

单位：吨 (ton)

位次 Order	旗县(区)名称	Name of Banners, Counties and Districts	粮食产量 Output of Grain
69	呼和浩特市玉泉区	Yuquan District in Hohhot City	37720
70	锡林郭勒盟正蓝旗	Zhenglan Banner in Xilinguole League	35149
71	包头市东河区	Donghe District in Baotou City	33063
72	乌兰察布市化德县	Huade County in Wulanchabu City	32985
73	乌兰察布市察哈尔右翼前旗	Chahaeryouyiqian Banner in Wulanchabu City	31760
74	赤峰市红山区	Hongshan District in Chifeng City	30586
75	鄂尔多斯市东胜区	Dongsheng District in Erdos City	25000
76	通辽市霍林郭勒市	Huolinguole City in Tongliao City	24947
77	乌兰察布市察哈尔右翼后旗	Chahaeryouyihou Banner in Wulanchabu City	22016
78	锡林郭勒盟锡林浩特市	Xilinhaote City in Xilinguole League	19806
79	锡林郭勒盟二连浩特市	Erlianhaote City in Xilinguole League	19806
80	乌海市海南区	Hainan District in Wuhai City	18501
81	呼和浩特市新城区	Xincheng District in Hohhot City	18104
82	阿拉善盟阿拉善右旗	Alashanyou Banner in Alashan League	16286
83	包头市昆都仑区	Kundulun District in Baotou City	9975
84	乌海市海勃湾区	Haibowan District in Wuhai City	7672
85	包头市青山区	Qingshan District in Baotou City	6668
86	乌海市乌达区	Wuda District in Wuhai City	6375
87	呼伦贝尔市根河市	Genhe City in Hulunbeier City	6374
88	包头市石拐区	Shiguai District in Baotou City	4676
89	锡林郭勒盟正镶白旗	Zhengxiangbai Banner in Xilinguole League	4611
90	呼和浩特市回民区	Huimin District in Hohhot City	3944
91	乌兰察布市集宁区	Jining District in Wulanchabu City	3298
92	阿拉善盟额济纳旗	Ejina Banner in Alashan League	3028
93	乌兰察布市凉城县	Liangcheng County in Wulanchabu City	2485
94	呼伦贝尔市满洲里市	Manzhouli City in Hulunbeier City	866
95	呼伦贝尔市新巴尔虎右旗	Xinbaerhuyou Banner in Hulunbeier City	403
96	锡林郭勒盟镶黄旗	Xianghuang Banner in Xilinguole League	275
97	锡林郭勒盟苏尼特右旗	Suniteyou Banner in Xilinguole League	110
98	锡林郭勒盟西乌珠穆沁旗	xiwuzhumuqin Banner in Xilinguole League	
99	锡林郭勒盟阿巴嘎旗	Abaga Banner in Xilinguole League	
100	锡林郭勒盟苏尼特左旗	Sunitezuo Banner in Xilinguole League	
101	包头市白云矿区	Baiyun Mineral District in Baotou City	

23-4 各旗县（区）按年末牲畜存栏头数排序（2009年）

Banners, Counties and Districts Ranked by Number of Livestock (Year end of 2009)

单位：万头（只） (10 000 heads)

位 次 Order	旗县(区)名称	Name of Banners, Counties and Districts	年末牲畜存栏头数 Number of Livestock at the Year-end
1	通辽市开鲁县	Kailu County in Tongliao City	220.95
2	兴安盟科尔沁右翼前旗	Keerqinyouyiqian Banner in Xingan League	214.57
3	鄂尔多斯市达拉特旗	Dalate Banner in Erdos City	210.40
4	锡林郭勒盟东乌珠穆沁旗	Dongwuzhumuqin Banner in Xilinguole League	181.22
5	通辽市科尔沁区	Keerqin District in Tongliao City	172.71
6	巴彦淖尔市临河区	Linhe District in Bayannaoer City	170.37
7	呼伦贝尔市阿荣旗	Arong Banner in Hulunbeier City	166.85
8	通辽市科尔沁左翼中旗	Keerqinzuoyizhong Banner in Tongliao City	160.99
9	通辽市奈曼旗	Naiman Banner in Tongliao City	159.17
10	兴安盟科尔沁右翼中旗	Keerqinyouyizhong Banner in Xingan League	154.03
11	通辽市扎鲁特旗	Zhalute Banner in Tongliao City	152.40
12	赤峰市敖汉旗	Aohan Banner in Chifeng City	146.10
13	赤峰市阿鲁科尔沁旗	Alukeerqin Banner in Chifeng City	136.92
14	鄂尔多斯市杭锦旗	Hangjin Banner in Erdos City	135.70
15	巴彦淖尔市杭锦后旗	Hangjinhou Banner in Bayannaoer City	131.87
16	呼伦贝尔市莫力达瓦达斡尔族自治旗	Molidawadawoer National Autonomous Banner in Hulunbeier City	130.74
17	赤峰市翁牛特旗	Wengniute Banner in Chifeng City	128.87
18	巴彦淖尔市乌拉特中旗	Wulatezhong Banner in Bayannaoer City	126.65
19	鄂尔多斯市鄂托克旗	Etuoke Banner in Erdos City	125.80
20	通辽市科尔沁左翼后旗	Keerqinzuoyihou Banner in Tongliao City	123.65
21	呼伦贝尔市扎兰屯市	Zhalantun City in Hulunbeier City	119.57
22	鄂尔多斯市乌审旗	Wushen Banner in Erdos City	118.20
23	呼伦贝尔市新巴尔虎右旗	Xinbaerhuyou Banner in Hulunbeier City	118.12
24	兴安盟扎赉特旗	Zhalaite Banner in Xingan League	118.09
25	巴彦淖尔市五原县	Wuyuan County in Bayannaoer City	107.15
26	阿拉善盟阿拉善左旗	Alashanzuo Banner in Alashan League	105.97
27	赤峰市巴林右旗	Balinyou Banner in Chifeng City	103.77
28	赤峰市巴林左旗	Balinzuo Banner in Chifeng City	103.65
29	巴彦淖尔市乌拉特前旗	Wulateqian Banner in Bayannaoer City	101.48
30	鄂尔多斯市准格尔旗	Zhungeer Banner in Erdos City	100.48
31	锡林郭勒盟西乌珠穆沁旗	xiwuzhumuqin Banner in Xilinguole League	97.64
32	赤峰市克什克腾旗	Keshiketeng Banner in Chifeng City	92.09
33	包头市土默特右旗	Tumoteyou Banner in Baotou City	90.81
34	锡林郭勒盟阿巴嘎旗	Abaga Banner in Xilinguole League	87.95

23-4 续表 1 continued

单位：万头（只） (10 000 heads)

位次 Order	旗县(区)名称	Name of Banners, Counties and Districts	年末牲畜存栏头数 Number of Livestock at the Year-end
35	锡林郭勒盟苏尼特右旗	Suniteyou Banner in Xilinguole League	86.54
36	鄂尔多斯市鄂托克前旗	Etuokeqian Banner in Erdos City	81.50
37	通辽市库伦旗	Kulun Banner in Tongliao City	79.34
38	乌兰察布市丰镇市	Fengzhen City in Wulanchabu City	74.45
39	乌兰察布市四子王旗	Siziwang Banner in Wulanchabu City	71.83
40	呼伦贝尔市新巴尔虎左旗	Xinbaerhuzuo Banner in Hulunbeier City	68.54
41	兴安盟突泉县	Tuquan County in Xingan League	64.48
42	锡林郭勒盟苏尼特左旗	Sunitezuo Banner in Xilinguole League	63.78
43	乌兰察布市凉城县	Liangcheng County in Wulanchabu City	59.57
44	鄂尔多斯市伊金霍洛旗	Yijinhuoluo Banner in Erdos City	59.45
45	乌兰察布市察哈尔右翼中旗	Chahaeryouyizhong Banner in Wulanchabu City	59.09
46	锡林郭勒盟锡林浩特市	Xilinhaote City in Xilinguole League	58.43
47	赤峰市松山区	Songshan District in Chifeng City	58.05
48	呼伦贝尔市鄂温克族自治旗	Ewenke National Autonomous Banner in Hulunbeier City	57.90
49	呼伦贝尔市陈巴尔虎旗	Chenbaerhu Banner in Hulunbeier City	57.49
50	呼和浩特市和林格尔县	Helingeer County in Hohhot City	57.27
51	呼和浩特市土默特左旗	Tumotezuo Banner in Hohhot City	56.70
52	乌兰察布市察哈尔右翼前旗	Chahaeryouyiqian Banner in Wulanchabu City	54.58
53	赤峰市林西县	Linxi County in Chifeng City	53.78
54	乌兰察布市兴和县	Xinghe County in Wulanchabu City	50.43
55	包头市达尔罕茂明安联合旗	Daerhanmaomingan Union Banner in Baotou City	49.27
56	赤峰市宁城县	Ningcheng County in Chifeng City	45.08
57	乌兰察布市商都县	Shangdu County in Wulanchabu City	44.06
58	乌兰察布市卓资县	Zhuozi County in Wulanchabu City	41.29
59	呼和浩特市武川县	Xincheng District in Hohhot City	39.19
60	巴彦淖尔市磴口县	Dengkou County in Bayannaoer City	39.09
61	包头市固阳县	Guyang County in Baotou City	38.84
62	巴彦淖尔市乌拉特后旗	Wulatehou Banner in Bayannaoer City	38.41
63	锡林郭勒盟正蓝旗	Zhenglan Banner in Xilinguole League	36.17
64	乌兰察布市化德县	Huade County in Wulanchabu City	35.16
65	锡林郭勒盟正镶白旗	Zhengxiangbai Banner in Xilinguole League	34.23
66	赤峰市喀喇沁旗	Kalaqin Banner in Chifeng City	33.33
67	呼和浩特市清水河县	Qingshuihe County in Hohhot City	32.01
68	呼伦贝尔市鄂伦春自治旗	Elunchun National Autonomous Banner in Hulunbeier City	30.82

23-4 续表 2 continued

单位：万头（只） (10 000 heads)

位 次 Order	旗县(区)名称	Name of Banners, Counties and Districts	年末牲畜存栏头数 Number of Livestock at the Year-end
69	呼和浩特市托克托县	Tuoketuo County in Hohhot City	29.87
70	呼伦贝尔市牙克石市	Yakeshi City in Hulunbeier City	29.84
71	乌兰察布市察哈尔右翼后旗	Chahaeryouyihou Banner in Wulanchabu City	29.68
72	呼伦贝尔市额尔古纳市	Eerguna City in Hulunbeier City	25.16
73	锡林郭勒盟镶黄旗	Xianghuang Banner in Xilinguole League	24.35
74	呼和浩特市赛罕区	Saihan District in Hohhot City	24.33
75	包头市九原区	Jiuyuan District in Baotou City	22.89
76	兴安盟乌兰浩特市	Wulanhaote City in Xingan League	22.68
77	阿拉善盟阿拉善右旗	Alashanyou Banner in Alashan League	17.52
78	锡林郭勒盟多伦县	Duolun County in Xilinguole League	17.21
79	赤峰市元宝山区	Yuanbaoshan District in Chifeng City	16.00
80	兴安盟阿尔山市	Aershan City in Xingan League	14.66
81	通辽市霍林郭勒市	Huolinguole City in Tongliao City	13.80
82	锡林郭勒盟太仆寺旗	Taipusi Banner in Xilinguole League	12.91
83	鄂尔多斯市东胜区	Dongsheng District in Erdos City	12.57
84	包头市东河区	Donghe District in Baotou City	11.91
85	呼伦贝尔市海拉尔区	Hailaer District in Hulunbeier City	11.36
86	呼和浩特市新城区	Xincheng District in Hohhot City	7.37
87	阿拉善盟额济纳旗	Ejina Banner in Alashan League	7.17
88	呼伦贝尔市满洲里市	Manzhouli City in Hulunbeier City	6.90
89	赤峰市红山区	Hongshan District in Chifeng City	6.56
90	乌海市海南区	Hainan District in Wuhai City	6.42
91	包头市昆都仑区	Kundulun District in Baotou City	5.44
92	乌兰察布市集宁区	Jining District in Wulanchabu City	5.33
93	乌海市海勃湾区	Haibowan District in Wuhai City	4.22
94	包头市石拐区	Shiguai District in Baotou City	3.94
95	锡林郭勒盟二连浩特市	Erlianhaote City in Xilinguole League	3.35
96	呼和浩特市玉泉区	Yuquan District in Hohhot City	3.25
97	呼伦贝尔市根河市	Genhe City in Hulunbeier City	1.88
98	乌海市乌达区	Wuda District in Wuhai City	1.87
99	包头市青山区	Qingshan District in Baotou City	1.60
100	呼和浩特市回民区	Huimin District in Hohhot City	1.47
101	包头市白云矿区	Baiyun Mineral District in Baotou City	0.14

23-5 各旗县（区）按农牧民人均纯收入排序（2009年）

Banners, Counties and Districts Ranked by Net Income of Peasants and Herdsmen （2009）

单位：元 (yuan)

位次 Order	旗县(区)名称	Name of Banners, Counties and Districts	农牧民人均纯收入 Net Income of Peasants & Herdsmen
1	包头市昆都仑区	Kundulun District in Baotou City	10600
2	包头市青山区	Qingshan District in Baotou City	10509
3	包头市东河区	Donghe District in Baotou City	10344
4	呼伦贝尔市海拉尔区	Hailaer District in Hulunbeier City	10134
5	锡林郭勒盟东乌珠穆沁旗	Dongwuzhumuqin Banner in Xilinguole League	9997
6	呼伦贝尔市额尔古纳市	Eerguna City in Hulunbeier City	9965
7	通辽市霍林郭勒市	Huolinguole City in Tongliao City	9846
8	呼和浩特市回民区	Huimin District in Hohhot City	9640
9	呼和浩特市新城区	Xincheng District in Hohhot City	9447
10	呼和浩特市玉泉区	Yuquan District in Hohhot City	9441
11	呼和浩特市赛罕区	Saihan District in Hohhot City	9312
12	包头市九原区	Jiuyuan District in Baotou City	9272
13	呼和浩特市土默特左旗	Tumotezuo Banner in Hohhot City	8577
14	乌海市乌达区	Wuda District in Wuhai City	8495
15	乌海市海勃湾区	Haibowan District in Wuhai City	8465
16	锡林郭勒盟锡林浩特市	Xilinhaote City in Xilinguole League	8381
17	呼和浩特市托克托县	Tuoketuo County in Hohhot City	8321
18	锡林郭勒盟西乌珠穆沁旗	xiwuzhumuqin Banner in Xilinguole League	8249
19	呼伦贝尔市陈巴尔虎旗	Chenbaerhu Banner in Hulunbeier City	8049
20	鄂尔多斯市鄂托克前旗	Etuokeqian Banner in Erdos City	7966
21	鄂尔多斯市伊金霍洛旗	Yijinhuoluo Banner in Erdos City	7959
22	锡林郭勒盟阿巴嘎旗	Abaga Banner in Xilinguole League	7955
23	鄂尔多斯市乌审旗	Wushen Banner in Erdos City	7945
24	鄂尔多斯市准格尔旗	Zhungeer Banner in Erdos City	7945
25	鄂尔多斯市东胜区	Dongsheng District in Erdos City	7943
26	呼伦贝尔市新巴尔虎左旗	Xinbaerhuzuo Banner in Hulunbeier City	7893
27	呼伦贝尔市鄂温克族自治旗	Ewenke National Autonomous Banner in Hulunbeier City	7883
28	包头市土默特右旗	Tumoteyou Banner in Baotou City	7869
29	鄂尔多斯市达拉特旗	Dalate Banner in Erdos City	7864
30	呼伦贝尔市新巴尔虎右旗	Xinbaerhuyou Banner in Hulunbeier City	7849
31	阿拉善盟额济纳旗	Ejina Banner in Alashan League	7830
32	鄂尔多斯市鄂托克旗	Etuoke Banner in Erdos City	7826
33	鄂尔多斯市杭锦旗	Hangjin Banner in Erdos City	7783
34	乌海市海南区	Hainan District in Wuhai City	7760

23-5 续表 1 continued

单位：元 (yuan)

位 次 Order	旗县(区)名称	Name of Banners, Counties and Districts	农牧民人均纯收入 Net Income of Peasants & Herdsmen
35	巴彦淖尔市杭锦后旗	Hangjinhou Banner in Bayannaoer City	7568
36	巴彦淖尔市临河区	Linhe District in Bayannaoer City	7568
37	巴彦淖尔市五原县	Wuyuan County in Bayannaoer City	7568
38	巴彦淖尔市磴口县	Dengkou County in Bayannaoer City	7536
39	赤峰市红山区	Hongshan District in Chifeng City	7518
40	赤峰市元宝山区	Yuanbaoshan District in Chifeng City	7445
41	呼和浩特市和林格尔县	Helingeer County in Hohhot City	7439
42	阿拉善盟阿拉善右旗	Alashanyou Banner in Alashan League	7314
43	巴彦淖尔市乌拉特前旗	Wulateqian Banner in Bayannaoer City	7280
44	巴彦淖尔市乌拉特中旗	Wulatezhong Banner in Bayannaoer City	7137
45	包头市达尔罕茂明安联合旗	Daerhanmaomingan Union Banner in Baotou City	6879
46	通辽市科尔沁区	Keerqin District in Tongliao City	6641
47	锡林郭勒盟二连浩特市	Erlianhaote City in Xilinguole League	6527
48	乌兰察布市集宁区	Jining District in Wulanchabu City	6488
49	阿拉善盟阿拉善左旗	Alashanzuo Banner in Alashan League	6171
50	包头市石拐区	Shiguai District in Baotou City	5978
51	包头市固阳县	Guyang County in Baotou City	5958
52	锡林郭勒盟正蓝旗	Zhenglan Banner in Xilinguole League	5954
53	呼伦贝尔市阿荣旗	Arong Banner in Hulunbeier City	5910
54	通辽市开鲁县	Kailu County in Tongliao City	5863
55	赤峰市松山区	Songshan District in Chifeng City	5735
56	呼伦贝尔市牙克石市	Yakeshi City in Hulunbeier City	5715
57	呼伦贝尔市扎兰屯市	Zhalantun City in Hulunbeier City	5694
58	呼伦贝尔市莫力达瓦达斡尔族自治旗	Molidawadawoer National Autonomous Banner in Hulunbeier City	5688
59	乌兰察布市凉城县	Liangcheng County in Wulanchabu City	5490
60	乌兰察布市丰镇市	Fengzhen City in Wulanchabu City	5408
61	锡林郭勒盟苏尼特左旗	Sunitezuo Banner in Xilinguole League	5206
62	兴安盟乌兰浩特市	Wulanhaote City in Xingan League	5201
63	巴彦淖尔市乌拉特后旗	Wulatehou Banner in Bayannaoer City	5138
64	通辽市扎鲁特旗	Zhalute Banner in Tongliao City	5019
65	锡林郭勒盟多伦县	Duolun County in Xilinguole League	4922
66	赤峰市宁城县	Ningcheng County in Chifeng City	4809
67	赤峰市巴林左旗	Balinzuo Banner in Chifeng City	4787
68	通辽市科尔沁左翼后旗	Keerqinzuoyihou Banner in Tongliao City	4742

23-5 续表 2 continued

单位：元 (yuan)

位次 Order	旗县(区)名称	Name of Banners, Counties and Districts	农牧民人均纯收入 Net Income of Peasants & Herdsmen
69	赤峰市克什克腾旗	Keshiketeng Banner in Chifeng City	4725
70	锡林郭勒盟太仆寺旗	Taipusi Banner in Xilinguole League	4659
71	锡林郭勒盟镶黄旗	Xianghuang Banner in Xilinguole League	4632
72	呼和浩特市武川县	Xincheng District in Hohhot City	4602
73	呼和浩特市清水河县	Qingshuihe County in Hohhot City	4584
74	赤峰市翁牛特旗	Wengniute Banner in Chifeng City	4533
75	锡林郭勒盟苏尼特右旗	Suniteyou Banner in Xilinguole League	4506
76	赤峰市喀喇沁旗	Kalaqin Banner in Chifeng City	4499
77	赤峰市巴林右旗	Balinyou Banner in Chifeng City	4489
78	通辽市科尔沁左翼中旗	Keerqinzuoyizhong Banner in Tongliao City	4466
79	通辽市库伦旗	Kulun Banner in Tongliao City	4418
80	锡林郭勒盟正镶白旗	Zhengxiangbai Banner in Xilinguole League	4356
81	乌兰察布市察哈尔右翼前旗	Chahaeryouyiqian Banner in Wulanchabu City	4332
82	赤峰市林西县	Linxi County in Chifeng City	4325
83	呼伦贝尔市鄂伦春自治旗	Elunchun National Autonomous Banner in Hulunbeier City	4292
84	乌兰察布市察哈尔右翼后旗	Chahaeryouyihou Banner in Wulanchabu City	4208
85	赤峰市敖汉旗	Aohan Banner in Chifeng City	4160
86	通辽市奈曼旗	Naiman Banner in Tongliao City	4118
87	乌兰察布市卓资县	Zhuozi County in Wulanchabu City	4110
88	赤峰市阿鲁科尔沁旗	Alukeerqin Banner in Chifeng City	4052
89	兴安盟科尔沁右翼中旗	Keerqinyouyizhong Banner in Xingan League	3155
90	兴安盟扎赉特旗	Zhalaite Banner in Xingan League	3154
91	兴安盟科尔沁右翼前旗	Keerqinyouyiqian Banner in Xingan League	3154
92	兴安盟突泉县	Tuquan County in Xingan League	3107
93	乌兰察布市四子王旗	Siziwang Banner in Wulanchabu City	3102
94	乌兰察布市兴和县	Xinghe County in Wulanchabu City	2951
95	乌兰察布市察哈尔右翼中旗	Chahaeryouyizhong Banner in Wulanchabu City	2568
96	乌兰察布市化德县	Huade County in Wulanchabu City	2558
97	乌兰察布市商都县	Shangdu County in Wulanchabu City	2383
98	包头市白云矿区	Baiyun Mineral District in Baotou City	
99	呼伦贝尔市满洲里市	Manzhouli City in Hulunbeier City	
100	呼伦贝尔市根河市	Genhe City in Hulunbeier City	
101	兴安盟阿尔山市	Aershan City in Xingan League	

23-6 各旗县（区）按在岗职工平均工资排序（2009年）

Banners, Counties and Districts Ranked by Average Wage of Staff and Workers Employed in（2009）

单位：元 (yuan)

位次 Order	旗县(区)名称	Name of Banners, Counties and Districts	职工平均工资 Average Wage
1	鄂尔多斯市准格尔旗	Zhungeer Banner in Erdos City	46895
2	鄂尔多斯市东胜区	Dongsheng District in Erdos City	46518
3	鄂尔多斯市伊金霍洛旗	Yijinhuoluo Banner in Erdos City	46256
4	鄂尔多斯市乌审旗	Wushen Banner in Erdos City	44197
5	鄂尔多斯市鄂托克前旗	Etuokeqian Banner in Erdos City	42765
6	包头市白云矿区	Baiyun Mineral District in Baotou City	41830
7	锡林郭勒盟二连浩特市	Erlianhaote City in Xilinguole League	41576
8	赤峰市元宝山区	Yuanbaoshan District in Chifeng City	41012
9	鄂尔多斯市达拉特旗	Dalate Banner in Erdos City	40703
10	鄂尔多斯市杭锦旗	Hangjin Banner in Erdos City	39467
11	通辽市霍林郭勒市	Huolinguole City in Tongliao City	39461
12	乌兰察布市丰镇市	Fengzhen City in Wulanchabu City	39385
13	包头市昆都仑区	Kundulun District in Baotou City	38892
14	包头市青山区	Qingshan District in Baotou City	38813
15	呼和浩特市新城区	Xincheng District in Hohhot City	38552
16	鄂尔多斯市鄂托克旗	Etuoke Banner in Erdos City	38473
17	阿拉善盟阿拉善右旗	Alashanyou Banner in Alashan League	38281
18	包头市九原区	Jiuyuan District in Baotou City	36945
19	包头市达尔罕茂明安联合旗	Daerhanmaomingan Union Banner in Baotou City	36575
20	乌海市海勃湾区	Haibowan District in Wuhai City	35360
21	阿拉善盟阿拉善左旗	Alashanzuo Banner in Alashan League	34671
22	乌兰察布市凉城县	Liangcheng County in Wulanchabu City	34607
23	锡林郭勒盟正蓝旗	Zhenglan Banner in Xilinguole League	34456
24	呼伦贝尔市新巴尔虎右旗	Xinbaerhuyou Banner in Hulunbeier City	34414
25	呼和浩特市赛罕区	Saihan District in Hohhot City	33882
26	呼和浩特市玉泉区	Yuquan District in Hohhot City	33882
27	阿拉善盟额济纳旗	Ejina Banner in Alashan League	33133
28	呼和浩特市托克托县	Tuoketuo County in Hohhot City	33057
29	锡林郭勒盟多伦县	Duolun County in Xilinguole League	32846
30	呼和浩特市回民区	Huimin District in Hohhot City	32700
31	锡林郭勒盟西乌珠穆沁旗	xiwuzhumuqin Banner in Xilinguole League	32640
32	赤峰市松山区	Songshan District in Chifeng City	32600
33	乌兰察布市四子王旗	Siziwang Banner in Wulanchabu City	32134
34	锡林郭勒盟镶黄旗	Xianghuang Banner in Xilinguole League	31985

23-6 续表 1 continued

单位：元 (yuan)

位次 Order	旗县(区)名称	Name of Banners, Counties and Districts	职工平均工资 Average Wage
35	锡林郭勒盟苏尼特左旗	Sunitezuo Banner in Xilinguole League	31975
36	呼伦贝尔市满洲里市	Manzhouli City in Hulunbeier City	31752
37	包头市石拐区	Shiguai District in Baotou City	31497
38	呼伦贝尔市海拉尔区	Hailaer District in Hulunbeier City	31194
39	锡林郭勒盟太仆寺旗	Taipusi Banner in Xilinguole League	31057
40	呼伦贝尔市鄂温克族自治旗	Ewenke National Autonomous Banner in Hulunbeier City	30948
41	包头市东河区	Donghe District in Baotou City	30933
42	包头市土默特右旗	Tumoteyou Banner in Baotou City	30389
43	包头市固阳县	Guyang County in Baotou City	30249
44	赤峰市克什克腾旗	Keshiketeng Banner in Chifeng City	30244
45	呼伦贝尔市新巴尔虎左旗	Xinbaerhuzuo Banner in Hulunbeier City	30020
46	乌兰察布市察哈尔右翼前旗	Chahaeryouyiqian Banner in Wulanchabu City	29731
47	乌兰察布市卓资县	Zhuozi County in Wulanchabu City	29348
48	锡林郭勒盟阿巴嘎旗	Abaga Banner in Xilinguole League	29281
49	巴彦淖尔市乌拉特后旗	Wulatehou Banner in Bayannaoer City	29046
50	呼伦贝尔市陈巴尔虎旗	Chenbaerhu Banner in Hulunbeier City	29033
51	乌海市海南区	Hainan District in Wuhai City	28956
52	锡林郭勒盟东乌珠穆沁旗	Dongwuzhumuqin Banner in Xilinguole League	28858
53	呼伦贝尔市牙克石市	Yakeshi City in Hulunbeier City	28751
54	锡林郭勒盟锡林浩特市	Xilinhaote City in Xilinguole League	28558
55	乌兰察布市察哈尔右翼中旗	Chahaeryouyizhong Banner in Wulanchabu City	28461
56	赤峰市红山区	Hongshan District in Chifeng City	28225
57	锡林郭勒盟苏尼特右旗	Suniteyou Banner in Xilinguole League	28145
58	呼和浩特市清水河县	Qingshuihe County in Hohhot City	27927
59	乌兰察布市化德县	Huade County in Wulanchabu City	27732
60	乌海市乌达区	Wuda District in Wuhai City	27612
61	赤峰市巴林左旗	Balinzuo Banner in Chifeng City	27499
62	乌兰察布市集宁区	Jining District in Wulanchabu City	27362
63	乌兰察布市察哈尔右翼后旗	Chahaeryouyihou Banner in Wulanchabu City	27327
64	巴彦淖尔市乌拉特中旗	Wulatezhong Banner in Bayannaoer City	27230
65	巴彦淖尔市杭锦后旗	Hangjinhou Banner in Bayannaoer City	27102
66	兴安盟乌兰浩特市	Wulanhaote City in Xingan League	26553
67	锡林郭勒盟正镶白旗	Zhengxiangbai Banner in Xilinguole League	26199
68	乌兰察布市商都县	Shangdu County in Wulanchabu City	26062

23-6 续表 2 continued

单位：元 (yuan)

位 次 Order	旗县(区)名称	Name of Banners, Counties and Districts	职工平均工资 Average Wage
69	巴彦淖尔市临河区	Linhe District in Bayannaoer City	25910
70	呼伦贝尔市阿荣旗	Arong Banner in Hulunbeier City	25608
71	呼和浩特市土默特左旗	Tumotezuo Banner in Hohhot City	25021
72	呼伦贝尔市扎兰屯市	Zhalantun City in Hulunbeier City	24821
73	巴彦淖尔市乌拉特前旗	Wulateqian Banner in Bayannaoer City	24712
74	呼和浩特市武川县	Xincheng District in Hohhot City	24496
75	巴彦淖尔市五原县	Wuyuan County in Bayannaoer City	24267
76	赤峰市林西县	Linxi County in Chifeng City	24216
77	赤峰市巴林右旗	Balinyou Banner in Chifeng City	23819
78	呼伦贝尔市额尔古纳市	Eerguna City in Hulunbeier City	23767
79	呼伦贝尔市鄂伦春自治旗	Elunchun National Autonomous Banner in Hulunbeier City	23555
80	赤峰市阿鲁科尔沁旗	Alukeerqin Banner in Chifeng City	23422
81	呼伦贝尔市莫力达瓦达斡尔族自治旗	Molidawadawoer National Autonomous Banner in Hulunbeier City	23346
82	赤峰市敖汉旗	Aohan Banner in Chifeng City	23123
83	呼伦贝尔市根河市	Genhe City in Hulunbeier City	22935
84	呼和浩特市和林格尔县	Helingeer County in Hohhot City	22294
85	赤峰市喀喇沁旗	Kalaqin Banner in Chifeng City	21634
86	赤峰市宁城县	Ningcheng County in Chifeng City	21530
87	通辽市科尔沁区	Keerqin District in Tongliao City	21226
88	乌兰察布市兴和县	Xinghe County in Wulanchabu City	21146
89	赤峰市翁牛特旗	Wengniute Banner in Chifeng City	21082
90	通辽市扎鲁特旗	Zhalute Banner in Tongliao City	20790
91	通辽市奈曼旗	Naiman Banner in Tongliao City	20668
92	通辽市库伦旗	Kulun Banner in Tongliao City	20653
93	通辽市开鲁县	Kailu County in Tongliao City	20125
94	巴彦淖尔市磴口县	Dengkou County in Bayannaoer City	19564
95	兴安盟科尔沁右翼前旗	Keerqinyouyiqian Banner in Xingan League	19267
96	兴安盟阿尔山市	Aershan City in Xingan League	18825
97	通辽市科尔沁左翼中旗	Keerqinzuoyizhong Banner in Tongliao City	18767
98	通辽市科尔沁左翼后旗	Keerqinzuoyihou Banner in Tongliao City	18265
99	兴安盟扎赉特旗	Zhalaite Banner in Xingan League	17899
100	兴安盟突泉县	Tuquan County in Xingan League	17870
101	兴安盟科尔沁右翼中旗	Keerqinyouyizhong Banner in Xingan League	17777

23-7 各旗县（区）按一般预算收入排序（2009年）

Banners, Counties and Districts Ranked by General Budgetary Financial Revenue(2009）

单位：万元 (10 000 yuan)

位 次 Order	旗县(区)名称	Name of Banners, Counties and Districts	一般预算收入 General Budgetary Financial Revenue
1	鄂尔多斯市东胜区	Dongsheng District in Erdos City	452769
2	鄂尔多斯市准格尔旗	Zhungeer Banner in Erdos City	388116
3	鄂尔多斯市伊金霍洛旗	Yijinhuoluo Banner in Erdos City	316199
4	包头市昆都仑区	Kundulun District in Baotou City	214665
5	包头市青山区	Qingshan District in Baotou City	199510
6	呼和浩特市新城区	Xincheng District in Hohhot City	155041
7	呼和浩特市赛罕区	Saihan District in Hohhot City	154301
8	包头市东河区	Donghe District in Baotou City	152283
9	通辽市科尔沁区	Keerqin District in Tongliao City	119502
10	通辽市霍林郭勒市	Huolinguole City in Tongliao City	108222
11	呼伦贝尔市满洲里市	Manzhouli City in Hulunbeier City	105533
12	包头市九原区	Jiuyuan District in Baotou City	98229
13	鄂尔多斯市达拉特旗	Dalate Banner in Erdos City	97861
14	鄂尔多斯市鄂托克旗	Etuoke Banner in Erdos City	97549
15	呼和浩特市托克托县	Tuoketuo County in Hohhot City	93348
16	呼和浩特市土默特左旗	Tumotezuo Banner in Hohhot City	91516
17	锡林郭勒盟锡林浩特市	Xilinhaote City in Xilinguole League	87665
18	呼和浩特市回民区	Huimin District in Hohhot City	85702
19	乌海市海勃湾区	Haibowan District in Wuhai City	85349
20	包头市达尔罕茂明安联合旗	Daerhanmaomingan Union Banner in Baotou City	80077
21	鄂尔多斯市乌审旗	Wushen Banner in Erdos City	78984
22	包头市土默特右旗	Tumoteyou Banner in Baotou City	73353
23	赤峰市红山区	Hongshan District in Chifeng City	73332
24	巴彦淖尔市临河区	Linhe District in Bayannaoer City	72862
25	呼和浩特市玉泉区	Yuquan District in Hohhot City	68480
26	阿拉善盟阿拉善左旗	Alashanzuo Banner in Alashan League	65712
27	乌海市海南区	Hainan District in Wuhai City	62959
28	巴彦淖尔市乌拉特后旗	Wulatehou Banner in Bayannaoer City	62182
29	赤峰市元宝山区	Yuanbaoshan District in Chifeng City	59121
30	呼和浩特市和林格尔县	Helingeer County in Hohhot City	58114
31	锡林郭勒盟西乌珠穆沁旗	xiwuzhumuqin Banner in Xilinguole League	57616
32	乌海市乌达区	Wuda District in Wuhai City	54837
33	巴彦淖尔市乌拉特前旗	Wulateqian Banner in Bayannaoer City	52919
34	包头市固阳县	Guyang County in Baotou City	46253

23-7 续表 1 continued

单位：万元 (10 000 yuan)

位 次 Order	旗县(区)名称	Name of Banners, Counties and Districts	一般预算收入 General Budgetary Financial Revenue
35	赤峰市克什克腾旗	Keshiketeng Banner in Chifeng City	44744
36	呼伦贝尔市海拉尔区	Hailaer District in Hulunbeier City	43653
37	呼伦贝尔市鄂温克族自治旗	Ewenke National Autonomous Banner in Hulunbeier City	39351
38	巴彦淖尔市乌拉特中旗	Wulatezhong Banner in Bayannaoer City	33232
39	通辽市扎鲁特旗	Zhalute Banner in Tongliao City	31981
40	鄂尔多斯市鄂托克前旗	Etuokeqian Banner in Erdos City	30568
41	赤峰市松山区	Songshan District in Chifeng City	30548
42	包头市石拐区	Shiguai District in Baotou City	30424
43	赤峰市喀喇沁旗	Kalaqin Banner in Chifeng City	29855
44	锡林郭勒盟东乌珠穆沁旗	Dongwuzhumuqin Banner in Xilinguole League	29383
45	鄂尔多斯市杭锦旗	Hangjin Banner in Erdos City	27831
46	赤峰市宁城县	Ningcheng County in Chifeng City	27660
47	锡林郭勒盟正蓝旗	Zhenglan Banner in Xilinguole League	26781
48	呼伦贝尔市牙克石市	Yakeshi City in Hulunbeier City	26738
49	乌兰察布市集宁区	Jining District in Wulanchabu City	26423
50	乌兰察布市丰镇市	Fengzhen City in Wulanchabu City	24326
51	通辽市奈曼旗	Naiman Banner in Tongliao City	24017
52	通辽市开鲁县	Kailu County in Tongliao City	23656
53	呼伦贝尔市新巴尔虎右旗	Xinbaerhuyou Banner in Hulunbeier City	23481
54	赤峰市敖汉旗	Aohan Banner in Chifeng City	22398
55	赤峰市巴林左旗	Balinzuo Banner in Chifeng City	21694
56	呼伦贝尔市陈巴尔虎旗	Chenbaerhu Banner in Hulunbeier City	21321
57	巴彦淖尔市杭锦后旗	Hangjinhou Banner in Bayannaoer City	20227
58	赤峰市巴林右旗	Balinyou Banner in Chifeng City	20094
59	锡林郭勒盟二连浩特市	Erlianhaote City in Xilinguole League	19977
60	呼伦贝尔市阿荣旗	Arong Banner in Hulunbeier City	19277
61	兴安盟乌兰浩特市	Wulanhaote City in Xingan League	19157
62	赤峰市翁牛特旗	Wengniute Banner in Chifeng City	18825
63	呼和浩特市清水河县	Qingshuihe County in Hohhot City	18786
64	包头市白云矿区	Baiyun Mineral District in Baotou City	18508
65	锡林郭勒盟苏尼特右旗	Suniteyou Banner in Xilinguole League	18171
66	呼和浩特市武川县	Xincheng District in Hohhot City	17191
67	赤峰市林西县	Linxi County in Chifeng City	15250
68	巴彦淖尔市五原县	Wuyuan County in Bayannaoer City	14949

23-7 续表 2 continued

单位：万元 (10 000 yuan)

位次 Order	旗县(区)名称	Name of Banners, Counties and Districts	一般预算收入 General Budgetary Financial Revenue
69	锡林郭勒盟多伦县	Duolun County in Xilinguole League	14217
70	锡林郭勒盟阿巴嘎旗	Abaga Banner in Xilinguole League	13996
71	呼伦贝尔市新巴尔虎左旗	Xinbaerhuzuo Banner in Hulunbeier City	13676
72	呼伦贝尔市扎兰屯市	Zhalantun City in Hulunbeier City	13280
73	通辽市科尔沁左翼中旗	Keerqinzuoyizhong Banner in Tongliao City	13272
74	锡林郭勒盟镶黄旗	Xianghuang Banner in Xilinguole League	13264
75	通辽市科尔沁左翼后旗	Keerqinzuoyihou Banner in Tongliao City	13108
76	乌兰察布市凉城县	Liangcheng County in Wulanchabu City	12927
77	锡林郭勒盟苏尼特左旗	Sunitezuo Banner in Xilinguole League	11831
78	阿拉善盟额济纳旗	Ejina Banner in Alashan League	11359
79	赤峰市阿鲁科尔沁旗	Alukeerqin Banner in Chifeng City	11190
80	通辽市库伦旗	Kulun Banner in Tongliao City	11116
81	兴安盟科尔沁右翼前旗	Keerqinyouyiqian Banner in Xingan League	10565
82	呼伦贝尔市额尔古纳市	Eerguna City in Hulunbeier City	9456
83	巴彦淖尔市磴口县	Dengkou County in Bayannaoer City	8843
84	乌兰察布市察哈尔右翼后旗	Chahaeryouyihou Banner in Wulanchabu City	8663
85	兴安盟扎赉特旗	Zhalaite Banner in Xingan League	8482
86	兴安盟科尔沁右翼中旗	Keerqinyouyizhong Banner in Xingan League	8354
87	乌兰察布市卓资县	Zhuozi County in Wulanchabu City	7910
88	阿拉善盟阿拉善右旗	Alashanyou Banner in Alashan League	7660
89	呼伦贝尔市莫力达瓦达斡尔族自治旗	Molidawadawoer National Autonomous Banner in Hulunbeier City	7425
90	乌兰察布市察哈尔右翼前旗	Chahaeryouyiqian Banner in Wulanchabu City	7133
91	呼伦贝尔市根河市	Genhe City in Hulunbeier City	6468
92	呼伦贝尔市鄂伦春自治旗	Elunchun National Autonomous Banner in Hulunbeier City	6188
93	锡林郭勒盟太仆寺旗	Taipusi Banner in Xilinguole League	5170
94	乌兰察布市兴和县	Xinghe County in Wulanchabu City	4849
95	乌兰察布市察哈尔右翼中旗	Chahaeryouyizhong Banner in Wulanchabu City	4090
96	兴安盟突泉县	Tuquan County in Xingan League	4022
97	兴安盟阿尔山市	Aershan City in Xingan League	3859
98	锡林郭勒盟正镶白旗	Zhengxiangbai Banner in Xilinguole League	3503
99	乌兰察布市四子王旗	Siziwang Banner in Wulanchabu City	3483
100	乌兰察布市化德县	Huade County in Wulanchabu City	3445
101	乌兰察布市商都县	Shangdu County in Wulanchabu City	3142

23-8 呼和浩特市新城区

指 标	Item	2008	2009	2009年比上年增长% Increase Rate in 2009 Over 2008(%)
行政区域土地面积(平方公里)	**Area of Administration(Sq.km)**	**700**	**700**	**0.0**
人口和就业	**Population & Employment**			
年末总人口(人)	Total Population Year-end(person)	347768	355366	2.2
#男性(人)	Male(person)	174624	178091	2.0
#乡村人口(人)	Rural(person)	48934	49595	1.4
年末总户数(户)	Total Number of Households at the Year-end(Household)	117443	121228	3.2
#乡村户数(户)	Number of Rural Household(Household)	17129	17581	2.6
出生人口(人)	Births(person)	3139	3156	0.5
死亡人口(人)	Deaths(person)	733	1008	37.5
全社会就业人员(人)	Employment(person)	259548	292160	12.6
第一产业(人)	Primary Industry(person)	30923	35836	15.9
第二产业(人)	Secondary Industry(person)	75614	79533	5.2
第三产业(人)	Tertiary Industry(person)	153011	176791	15.5
在岗职工人数(人)	Number of Staff & Workers Employed in(person)	10508	76783	630.7
乡村劳动力(人)	Number of Rural Laborers(person)	35835	35836	0.0
#农林牧渔业(人)	Farming,Forestry,Animal Husbandry & Fishery(person)	19834	20421	3.0
国民经济综合指标	**Summary Item on the National Economy**			
生产总值(万元)	Gross Domestic Product(10 000 yuan)	2810214	3339527	16.2
第一产业(万元)	Primary Industry(10 000 yuan)	14023	14735	5.5
第二产业(万元)	Secondary Industry(10 000 yuan)	341838	444392	20.3
#工业(万元)	Industry(10 000 yuan)	164238	195392	15.4
第三产业(万元)	Tertiary Industry(10 000 yuan)	2454353	2880400	15.7
人均生产总值(元)	Per Capita GDP(yuan)	81619	94990	13.8
全社会固定资产投资(万元)	Total Investment in Fixed Assets(10 000 yuan)	1090383	1360800	24.8
按登记注册类型分	Grouped by Registered Type			
#国有(万元)	State-owned Enterprises(10 000 yuan)	608565	838702	37.8
集体(万元)	Collective-owned Enterprises(10 000 yuan)	17744	14372	-19.0
有限责任公司(万元)	Limited Liability Corporations(10 000 yuan)	203480	230151	13.1
股份有限公司(万元)	Share Holding Enterprises(10 000 yuan)	18687	7844	-58.0
私营企业(万元)	Private Enterprises(10 000 yuan)	227547	246877	8.5
外商及港澳台投资企业(万元)	Funds from HK,Macao,Taiwan & Foreign(10 000 yuan)	13280		
按城乡渠道分	Grouped by Urban and Rural Area			
城镇(万元)	Urban(10 000 yuan)	949303	1360800	43.3
农村(万元)	Rural(10 000 yuan)			
一般预算收入(万元)	General Budgetary Financial Revenue(10 000 yuan)	103021	155041	50.5
一般预算支出(万元)	General Budgetary Financial Expenditures(10 000 yuan)	74641	103026	38.0
城乡居民储蓄存款余额(万元)	Resident Saving Deposit in Urban & Rural(10 000 yuan)			
在岗职工工资总额(万元)	Total Wages of Staff & Workers Employed in(10 000 yuan)	23173	309263	1234.6
在岗职工平均工资(元)	Average Wage of Staff & Workers Employed in(yuan)	22053	38552	74.8
农牧民人均纯收入(元)	Per Capita Net Income of Peasant & Herdsman(yuan)	8601	9447	9.8
农村牧区经济	**Economic Development in Rural & Pastoral Area**			
耕地面积(公顷)	Cultivated Area(hectare)	10679	9810	-8.1
农作物总播种面积(公顷)	Total Sown Area(hectare)	6651	6550	-1.5
#粮食作物播种面积(公顷)	Sown Area of Grain Crops(hectare)	5960	5929	-0.5
有效灌溉面积(公顷)	Irrigated Area(hectare)	2507	4080	62.7
农牧业机械总动力(万千瓦)	Total Power of Agricultural Machinery(10 000 kw)	5.30	5.30	0.0
化肥施用折纯量(吨)	Consumption of Chemical Fertilizer(ton)	129	132	2.3
农村用电量(万千瓦小时)	Electricity Consumed in Rural Area(10 000 kwh)	944	1096	16.1
农林牧渔业总产值(万元)	Gross Output of Farming,Forestry,Animal Husbandry & Fishery(10 000 yuan)	25151	26478	5.3
粮食产量(吨)	Yield of Grain(ton)	18093	18104	0.1
油料产量(吨)	Yield of Oil-bearing Grops(ton)	204	76	-62.7
甜菜产量(吨)	Yield of Beetroots(ton)			
猪牛羊肉产量(吨)	Output of Pork, Beef & Mutton(ton)	1413	1564	10.7
#猪肉产量(吨)	Output of Pork(ton)	850	957	12.6
牛肉产量(吨)	Output of Beef(ton)	150	187	24.7
羊肉产量(吨)	Output of Mutton(ton)	413	420	1.7
羊毛产量(吨)	Output of Wool(ton)	73	76	4.1

23-8 Xincheng District in Hohhot City

指 标	Item	2008	2009	2009年比上年增长% Increase Rate in 2009 Over 2008(%)
年末牲畜存栏头数(万头只)	Total Livestock at the Year-end(10 000 heads)	5.37	7.37	37.2
#大牲畜(万头只)	Large Animals(10 000 heads)	1.00	1.35	35.0
羊(万只)	Sheep & Goats(10 000 heads)	2.61	4.20	60.9
猪(万头)	Hogs(10 000 heads)	1.76	1.82	3.4
规模以上工业	**Industrial Enterprises above Designated size**			
工业企业单位数(个)	Number of Industrial Enterprises(unit)	31	33	6.5
#内资企业(个)	Civil Funded Enterprises(unit)	29	31	6.9
工业总产值(万元)	Gross Industrial Output Value(10 000 yuan)	319116	374654	16.6
内资企业(万元)	Civil Funded Enterprises(10 000 yuan)	317559	373189	16.7
国有企业(万元)	State-owned Enterprises(10 000 yuan)	220858	253283	14.0
集体企业(万元)	Collective-owned Enterprises(10 000 yuan)	579	514	-11.2
股份合作企业(万元)	Share Holding Enterprises(10 000 yuan)			
联营企业(万元)	Joint Owned Enterprises(10 000 yuan)			
有限责任公司(万元)	Limited Company(10 000 yuan)	43389	50099	11.7
股份有限公司(万元)	Share Holding Limited Company(10 000 yuan)	1687	1162	-31.1
私营企业(万元)	Privately Owned Enterprises(10 000 yuan)	51046	68131	35.0
其他企业(万元)	Enterprises of Other Ownership(10 000 yuan)			
港澳台商投资企业(万元)	Funds from HK,Macao & Taiwan(10 000 yuan)	864	864	0.0
外商投资企业(万元)	Foreign Funded Enterprises(10 000 yuan)	693	601	-13.3
工业企业增加值(万元)	Value Added of Industrial Enterprises(10 000 yuan)	82445	100184	14.8
工业企业资产总计(万元)	Total Assets of Industrial Enterprises(10 000 yuan)	556860	617097	10.8
工业企业负债合计(万元)	Total Liabilities of Industrial Enterprises(10 000 yuan)	442966	475506	7.3
工业企业产品销售收入(万元)	Sales of Revenue Industrial Enterprises(10 000 yuan)	110747	370891	234.9
工业企业利润总额(万元)	Total Profits of Industrial Enterprises(10 000 yuan)	-6844	11917	
建筑业	**Construction**			
建筑企业单位数(个)	Number of Construction Enterprises(unit)	53	54	1.9
建筑企业从业人员(人)	Number of Employee in Construction Enterprises(person)	80669	88068	9.2
建筑业总产值(万元)	Gross Construction Output Value(10 000 yuan)	720039	755612	4.9
交通运输邮电通信业	**Transportation,Post & Telecommunications**			
公路里程(公里)	Total Length of Highways(km)			
邮电业务总量(万元)	Business Volume of Post & Telecoms(10 000 yuan)			
本地电话用户(户)	Number of Subscribers of Local Telephone(Household)			
国内贸易	**Domestic Trade**			
社会消费品零售总额(万元)	Total Retail Sales of Consumer Goods(10 000 yuan)	1681197	1967001	17.0
#贸易业(万元)	Wholesale & Retail Sales Trades(10 000 yuan)	1291059	1498964	16.1
餐饮业(万元)	Catering Trade(10 000 yuan)	377818	459850	21.7
科技教育卫生	**Science,Education & Public Health**			
各类专业技术人员(人)	Special Technical Personnel(person)	4062	4107	1.1
幼儿园数(所)	Number of Kindergartens(unit)	23	25	8.7
学龄儿童入学率(%)	Percentage of School-Age Children Enrolled(%)	100.0	100.0	0.0
小学学校数(所)	Number of Primary Schools(unit)	45	45	0.0
小学专任教师数(人)	Number of Full-time Teachers of Primary Schools(person)	1857	2014	8.5
小学在校学生数(人)	Number of Student Enrollment of Primary Schools(person)	35984	38414	6.8
普通中学学校数(所)	Number of Regular Secondary Schools(unit)	24	22	-8.3
普通中学专任教师数(人)	Number of Teachers of Secondary Shools(person)	1810	2107	16.4
初中在校学生数(人)	Number of Student in Junior Secondary Schools(person)	18317	18766	2.5
高中在校学生数(人)	Number of Student in Senior Secondary Schools(person)	12964	13095	1.0
卫生机构数(所)	Number of Health Institutions(unit)	23	21	-8.7
#医院(所)	Hospitals(unit)	17	15	-11.8
卫生院(所)	Township Hospitals(unit)	2	2	0.0
床位数(张)	Number of Beds(unit)	1526	1496	-2.0
#医院(张)	Hospitals(unit)	1516	1476	-2.6
卫生院(张)	Township Hospitals(unit)	10	20	100.0
卫生技术人员(人)	Medical Technical Presonnel(person)	3086	3058	-0.9
#医院(人)	Hospitals(person)	1941	1912	-1.5
卫生院(人)	Township Hospitals(person)	21	22	4.8

23-9 呼和浩特市回民区

指 标	Item	2008	2009	2009年比上年增长% Increase Rate in 2009 Over 2008(%)
行政区域土地面积(平方公里)	**Area of Administration(Sq.km)**	**175**	**175**	**0.0**
人口和就业	**Population & Employment**			
年末总人口(人)	Total Population Year-end(person)	233425	235278	0.8
#男性(人)	Male(person)	118319	118457	0.1
#乡村人口(人)	Rural(person)	29941	32878	9.8
年末总户数(户)	Total Number of Households at the Year-end(Household)	81290	83296	2.5
#乡村户数(户)	Number of Rural Household(Household)	8955	9987	11.5
出生人口(人)	Births(person)	1901	1874	-1.4
死亡人口(人)	Deaths(person)	613	814	32.8
全社会就业人员(人)	Employment(person)	154167	160796	4.3
第一产业(人)	Primary Industry(person)	4883	4860	-0.5
第二产业(人)	Secondary Industry(person)	52543	53546	1.9
第三产业(人)	Tertiary Industry(person)	96741	102390	5.8
在岗职工人数(人)	Number of Staff & Workers Employed in(person)	11789	40700	245.2
乡村劳动力(人)	Number of Rural Laborers(person)	13770	15400	11.8
#农林牧渔业(人)	Farming,Forestry,Animal Husbandry & Fishery(person)	4883	4860	-0.5
国民经济综合指标	**Summary Item on the National Economy**			
生产总值(万元)	Gross Domestic Product(10 000 yuan)	1738884	2013952	13.9
第一产业(万元)	Primary Industry(10 000 yuan)	5397	5312	0.8
第二产业(万元)	Secondary Industry(10 000 yuan)	361341	379827	4.7
#工业(万元)	Industry(10 000 yuan)	250741	248227	-2.4
第三产业(万元)	Tertiary Industry(10 000 yuan)	1372146	1628813	16.3
人均生产总值(元)	Per Capita GDP(yuan)	75378	85937	12.1
全社会固定资产投资(万元)	Total Investment in Fixed Assets(10 000 yuan)	613375	770400	25.6
按登记注册类型分	Grouped by Registered Type			
#国有(万元)	State-owned Enterprises(10 000 yuan)	156408	331156	111.7
集体(万元)	Collective-owned Enterprises(10 000 yuan)			
有限责任公司(万元)	Limited Liability Corporations(10 000 yuan)	233150	247057	6.0
股份有限公司(万元)	Share Holding Enterprises(10 000 yuan)	6162	8051	30.7
私营企业(万元)	Private Enterprises(10 000 yuan)	203764	165776	-18.6
外商及港澳台投资企业(万元)	Funds from HK,Macao,Taiwan & Foreign(10 000 yuan)	13690	11750	-14.2
按城乡渠道分	Grouped by Urban and Rural Area			
城镇(万元)	Urban(10 000 yuan)	604642	770383	27.4
农村(万元)	Rural(10 000 yuan)	8733	17	-99.8
一般预算收入(万元)	General Budgetary Financial Revenue(10 000 yuan)	60688	85702	41.2
一般预算支出(万元)	General Budgetary Financial Expenditures(10 000 yuan)	43080	82982	92.6
城乡居民储蓄存款余额(万元)	Resident Saving Deposit in Urban & Rural(10 000 yuan)			
在岗职工工资总额(万元)	Total Wages of Staff & Workers Employed in(10 000 yuan)	26669	133757	401.5
在岗职工平均工资(元)	Average Wage of Staff & Workers Employed in(yuan)	22622	32700	44.5
农牧民人均纯收入(元)	Per Capita Net Income of Peasant & Herdsman(yuan)	8773	9640	9.9
农村牧区经济	**Economic Development in Rural & Pastoral Area**			
耕地面积(公顷)	Cultivated Area(hectare)	1192	1144	-4.0
农作物总播种面积(公顷)	Total Sown Area(hectare)	840	1066	26.9
#粮食作物播种面积(公顷)	Sown Area of Grain Crops(hectare)	680	781	14.9
有效灌溉面积(公顷)	Irrigated Area(hectare)	862	933	8.2
农牧业机械总动力(万千瓦)	Total Power of Agricultural Machinery(10 000 kw)	0.53	0.53	0.0
化肥施用折纯量(吨)	Consumption of Chemical Fertilizer(ton)	188	145	-22.9
农村用电量(万千瓦小时)	Electricity Consumed in Rural Area(10 000 kwh)	1822	1900	4.3
农林牧渔业总产值(万元)	Gross Output of Farming,Forestry,Animal Husbandry & Fishery(10 000 yuan)	8392	8384	-0.1
粮食产量(吨)	Yield of Grain(ton)	2959	3944	33.3
油料产量(吨)	Yield of Oil-bearing Grops(ton)	25	10	-60.0
甜菜产量(吨)	Yield of Beetroots(ton)			
猪牛羊肉产量(吨)	Output of Pork, Beef & Mutton(ton)	875	718	-17.9
#猪肉产量(吨)	Output of Pork(ton)	485	328	-32.4
牛肉产量(吨)	Output of Beef(ton)	300	300	0.0
羊肉产量(吨)	Output of Mutton(ton)	90	90	0.0
羊毛产量(吨)	Output of Wool(ton)	8		

23-9 Huimin District in Hohhot City

指 标	Item	2008	2009	2009年比上年增长% Increase Rate in 2009 Over 2008(%)
年末牲畜存栏头数(万头只)	Total Livestock at the Year-end(10 000 heads)	1.16	1.47	26.7
#大牲畜(万头只)	Large Animals(10 000 heads)	0.22	0.33	50.0
羊(万只)	Sheep & Goats(10 000 heads)	0.40	0.42	5.0
猪(万头)	Hogs(10 000 heads)	0.53	0.71	34.0
规模以上工业	**Industrial Enterprises above Designated size**			
工业企业单位数(个)	Number of Industrial Enterprises(unit)	32	32	0.0
#内资企业(个)	Civil Funded Enterprises(unit)	29	29	0.0
工业总产值(万元)	Gross Industrial Output Value(10 000 yuan)	421003	397226	-5.6
内资企业(万元)	Civil Funded Enterprises(10 000 yuan)	301838	262763	-12.9
国有企业(万元)	State-owned Enterprises(10 000 yuan)	49399	43433	-12.1
集体企业(万元)	Collective-owned Enterprises(10 000 yuan)			
股份合作企业(万元)	Share Holding Enterprises(10 000 yuan)			
联营企业(万元)	Joint Owned Enterprises(10 000 yuan)			
有限责任公司(万元)	Limited Company(10 000 yuan)	30458	27381	-10.1
股份有限公司(万元)	Share Holding Limited Company(10 000 yuan)	90988	79275	-12.9
私营企业(万元)	Privately Owned Enterprises(10 000 yuan)	130993	112674	-14.0
其他企业(万元)	Enterprises of Other Ownership(10 000 yuan)			
港澳台商投资企业(万元)	Funds from HK,Macao & Taiwan(10 000 yuan)	49483	49144	-0.7
外商投资企业(万元)	Foreign Funded Enterprises(10 000 yuan)	69682	85319	22.4
工业企业增加值(万元)	Value Added of Industrial Enterprises(10 000 yuan)	154218	135877	-13.5
工业企业资产总计(万元)	Total Assets of Industrial Enterprises(10 000 yuan)	760673	800868	5.3
工业企业负债合计(万元)	Total Liabilities of Industrial Enterprises(10 000 yuan)	564609	549305	-2.7
工业企业产品销售收入(万元)	Sales of Revenue Industrial Enterprises(10 000 yuan)	311598	362111	16.2
工业企业利润总额(万元)	Total Profits of Industrial Enterprises(10 000 yuan)	25217	12159	-51.8
建筑业	**Construction**			
建筑企业单位数(个)	Number of Construction Enterprises(unit)	37	35	-5.4
建筑企业从业人员(人)	Number of Employee in Construction Enterprises(person)	26299	28847	9.7
建筑业总产值(万元)	Gross Construction Output Value(10 000 yuan)	320240	381137	19.0
交通运输邮电通信业	**Transportation,Post & Telecommunications**			
公路里程(公里)	Total Length of Highways(km)			
邮电业务总量(万元)	Business Volume of Post & Telecoms(10 000 yuan)			
本地电话用户(户)	Number of Subscribers of Local Telephone(Household)			
国内贸易	**Domestic Trade**			
社会消费品零售总额(万元)	Total Retail Sales of Consumer Goods(10 000 yuan)	1453079	1700102	17.0
#贸易业(万元)	Wholesale & Retail Sales Trades(10 000 yuan)	1199425	1391849	16.0
餐饮业(万元)	Catering Trade(10 000 yuan)	242628	302643	24.7
科技教育卫生	**Science,Education & Public Health**			
各类专业技术人员(人)	Special Technical Personnel(person)	7561	7795	3.1
幼儿园数(所)	Number of Kindergartens(unit)	27	28	3.7
学龄儿童入学率(%)	Percentage of School-Age Children Enrolled(%)	100.0	100.0	0.0
小学学校数(所)	Number of Primary Schools(unit)	36	36	0.0
小学专任教师数(人)	Number of Full-time Teachers of Primary Schools(person)	905	944	4.3
小学在校学生数(人)	Number of Student Enrollment of Primary Schools(person)	20001	21197	6.0
普通中学学校数(所)	Number of Regular Secondary Schools(unit)	19	20	5.3
普通中学专任教师数(人)	Number of Teachers of Secondary Shools(person)	1563	1608	2.9
初中在校学生数(人)	Number of Student in Junior Secondary Schools(person)	14734	15104	2.5
高中在校学生数(人)	Number of Student in Senior Secondary Schools(person)	11916	12010	0.8
卫生机构数(所)	Number of Health Institutions(unit)	194	173	-10.8
#医院(所)	Hospitals(unit)	24	16	-33.3
卫生院(所)	Township Hospitals(unit)	1	1	0.0
床位数(张)	Number of Beds(unit)	3705	3109	-16.1
#医院(张)	Hospitals(unit)	3695	3099	-16.1
卫生院(张)	Township Hospitals(unit)	10	10	0.0
卫生技术人员(人)	Medical Technical Presonnel(person)	4849	3420	-29.5
#医院(人)	Hospitals(person)	4029	3405	-15.5
卫生院(人)	Township Hospitals(person)	15	15	0.0

23-10 呼和浩特市玉泉区

指 标	Item	2008	2009	2009年比上年增长% Increase Rate in 2009 Over 2008(%)
行政区域土地面积(平方公里)	**Area of Administration(Sq.km)**	**207**	**207**	**0.1**
人口和就业	**Population & Employment**			
年末总人口(人)	Total Population Year-end(person)	192518	195539	1.6
#男性(人)	Male(person)	97483	98791	1.3
#乡村人口(人)	Rural(person)	44620	49139	10.1
年末总户数(户)	Total Number of Households at the Year-end(Household)	72657	73956	1.8
#乡村户数(户)	Number of Rural Household(Household)	13723	17597	28.2
出生人口(人)	Births(person)	1835	1761	-4.0
死亡人口(人)	Deaths(person)	513	1142	122.6
全社会就业人员(人)	Employment(person)	87010	98910	13.7
第一产业(人)	Primary Industry(person)	14983	14987	0.0
第二产业(人)	Secondary Industry(person)	29414	29500	0.3
第三产业(人)	Tertiary Industry(person)	42613	54423	27.7
在岗职工人数(人)	Number of Staff & Workers Employed in(person)	5822	17096	193.6
乡村劳动力(人)	Number of Rural Laborers(person)	20966	20200	-3.7
#农林牧渔业(人)	Farming,Forestry,Animal Husbandry & Fishery(person)	14883	14733	-1.0
国民经济综合指标	**Summary Item on the National Economy**			
生产总值(万元)	Gross Domestic Product(10 000 yuan)	1328508	1566516	15.0
第一产业(万元)	Primary Industry(10 000 yuan)	19698	19832	10.0
第二产业(万元)	Secondary Industry(10 000 yuan)	477946	549105	13.5
#工业(万元)	Industry(10 000 yuan)	361546	432705	16.4
第三产业(万元)	Tertiary Industry(10 000 yuan)	830864	997579	16.2
人均生产总值(元)	Per Capita GDP(yuan)	69091	80736	14.0
全社会固定资产投资(万元)	Total Investment in Fixed Assets(10 000 yuan)	725737	910800	25.5
按登记注册类型分	Grouped by Registered Type			
#国有(万元)	State-owned Enterprises(10 000 yuan)	187629	292133	55.7
集体(万元)	Collective-owned Enterprises(10 000 yuan)	62895	61399	-2.4
有限责任公司(万元)	Limited Liability Corporations(10 000 yuan)	155909	326961	109.7
股份有限公司(万元)	Share Holding Enterprises(10 000 yuan)	62444	56292	-9.9
私营企业(万元)	Private Enterprises(10 000 yuan)	256215	141089	-44.9
外商及港澳台投资企业(万元)	Funds from HK,Macao,Taiwan & Foreign(10 000 yuan)		29640	
按城乡渠道分	Grouped by Urban and Rural Area			
城镇(万元)	Urban(10 000 yuan)	710514	910800	28.2
农村(万元)	Rural(10 000 yuan)	15223		
一般预算收入(万元)	General Budgetary Financial Revenue(10 000 yuan)	61934	68480	10.6
一般预算支出(万元)	General Budgetary Financial Expenditures(10 000 yuan)	38322	60021	56.6
城乡居民储蓄存款余额(万元)	Resident Saving Deposit in Urban & Rural(10 000 yuan)			
在岗职工工资总额(万元)	Total Wages of Staff & Workers Employed in(10 000 yuan)	13951	60675	334.9
在岗职工平均工资(元)	Average Wage of Staff & Workers Employed in(yuan)	23263	33882	45.6
农牧民人均纯收入(元)	Per Capita Net Income of Peasant & Herdsman(yuan)	8618	9441	9.5
农村牧区经济	**Economic Development in Rural & Pastoral Area**			
耕地面积(公顷)	Cultivated Area(hectare)	5090	7701	51.3
农作物总播种面积(公顷)	Total Sown Area(hectare)	5092	5079	-0.3
#粮食作物播种面积(公顷)	Sown Area of Grain Crops(hectare)	3742	3794	1.4
有效灌溉面积(公顷)	Irrigated Area(hectare)	4283	4260	-0.5
农牧业机械总动力(万千瓦)	Total Power of Agricultural Machinery(10 000 kw)	7.40	7.30	-1.4
化肥施用折纯量(吨)	Consumption of Chemical Fertilizer(ton)	1186	1160	-2.2
农村用电量(万千瓦小时)	Electricity Consumed in Rural Area(10 000 kwh)	1036	1030	-0.6
农林牧渔业总产值(万元)	Gross Output of Farming,Forestry,Animal Husbandry & Fishery(10 000 yuan)	34356	34541	0.5
粮食产量(吨)	Yield of Grain(ton)	37977	37720	-0.7
油料产量(吨)	Yield of Oil-bearing Grops(ton)	38	92	142.1
甜菜产量(吨)	Yield of Beetroots(ton)			
猪牛羊肉产量(吨)	Output of Pork, Beef & Mutton(ton)	1463	1316	-10.0
#猪肉产量(吨)	Output of Pork(ton)	548	572	4.4
牛肉产量(吨)	Output of Beef(ton)	819	616	-24.8
羊肉产量(吨)	Output of Mutton(ton)	96	128	33.3
羊毛产量(吨)	Output of Wool(ton)	11	25	127.3

23-10 Yuquan District in Hohhot City

指 标	Item	2008	2009	2009年比上年增长% Increase Rate in 2009 Over 2008(%)
年末牲畜存栏头数(万头只)	Total Livestock at the Year-end(10 000 heads)	2.90	3.25	12.1
#大牲畜(万头只)	Large Animals(10 000 heads)	1.91	1.90	-0.5
羊(万只)	Sheep & Goats(10 000 heads)	0.59	0.78	32.2
猪(万头)	Hogs(10 000 heads)	0.40	0.57	42.5
规模以上工业	**Industrial Enterprises above Designated size**			
工业企业单位数(个)	Number of Industrial Enterprises(unit)	21	22	4.8
#内资企业(个)	Civil Funded Enterprises(unit)	21	22	4.8
工业总产值(万元)	Gross Industrial Output Value(10 000 yuan)	90597	102709	13.4
内资企业(万元)	Civil Funded Enterprises(10 000 yuan)	90597	102709	13.4
国有企业(万元)	State-owned Enterprises(10 000 yuan)	5688	5397	-5.1
集体企业(万元)	Collective-owned Enterprises(10 000 yuan)	1455	1021	-29.8
股份合作企业(万元)	Share Holding Enterprises(10 000 yuan)			
联营企业(万元)	Joint Owned Enterprises(10 000 yuan)			
有限责任公司(万元)	Limited Company(10 000 yuan)	6649	7982	20.0
股份有限公司(万元)	Share Holding Limited Company(10 000 yuan)	35363	41943	18.6
私营企业(万元)	Privately Owned Enterprises(10 000 yuan)	41444	46367	11.9
其他企业(万元)	Enterprises of Other Ownership(10 000 yuan)			
港澳台商投资企业(万元)	Funds from HK,Macao & Taiwan(10 000 yuan)			
外商投资企业(万元)	Foreign Funded Enterprises(10 000 yuan)			
工业企业增加值(万元)	Value Added of Industrial Enterprises(10 000 yuan)	235456	285939	16.5
工业企业资产总计(万元)	Total Assets of Industrial Enterprises(10 000 yuan)	104223	111054	6.6
工业企业负债合计(万元)	Total Liabilities of Industrial Enterprises(10 000 yuan)	71048	72793	2.5
工业企业产品销售收入(万元)	Sales of Revenue Industrial Enterprises(10 000 yuan)	82516	92416	12.0
工业企业利润总额(万元)	Total Profits of Industrial Enterprises(10 000 yuan)	5403	8775	62.4
建筑业	**Construction**			
建筑企业单位数(个)	Number of Construction Enterprises(unit)	33	31	-6.1
建筑企业从业人员(人)	Number of Employee in Construction Enterprises(person)	3578	4633	29.5
建筑业总产值(万元)	Gross Construction Output Value(10 000 yuan)	106383	116401	9.4
交通运输邮电通信业	**Transportation,Post & Telecommunications**			
公路里程(公里)	Total Length of Highways(km)			
邮电业务总量(万元)	Business Volume of Post & Telecoms(10 000 yuan)			
本地电话用户(户)	Number of Subscribers of Local Telephone(Household)			
国内贸易	**Domestic Trade**			
社会消费品零售总额(万元)	Total Retail Sales of Consumer Goods(10 000 yuan)	803621	980002	21.9
#贸易业(万元)	Wholesale & Retail Sales Trades(10 000 yuan)	551132	684200	24.1
餐饮业(万元)	Catering Trade(10 000 yuan)	243674	278075	14.1
科技教育卫生	**Science,Education & Public Health**			
各类专业技术人员(人)	Special Technical Personnel(person)	1928	2970	54.0
幼儿园数(所)	Number of Kindergartens(unit)	19	24	26.3
学龄儿童入学率(%)	Percentage of School-Age Children Enrolled(%)	100.0	100.0	0.0
小学学校数(所)	Number of Primary Schools(unit)	42	39	-7.1
小学专任教师数(人)	Number of Full-time Teachers of Primary Schools(person)	1043	973	-6.7
小学在校学生数(人)	Number of Student Enrollment of Primary Schools(person)	22921	22153	-3.4
普通中学学校数(所)	Number of Regular Secondary Schools(unit)	16	14	-12.5
普通中学专任教师数(人)	Number of Teachers of Secondary Shools(person)	426	507	19.0
初中在校学生数(人)	Number of Student in Junior Secondary Schools(person)	7237	7318	1.1
高中在校学生数(人)	Number of Student in Senior Secondary Schools(person)	3493	4312	23.4
卫生机构数(所)	Number of Health Institutions(unit)	47	53	12.8
#医院(所)	Hospitals(unit)	11	11	0.0
卫生院(所)	Township Hospitals(unit)	3	3	0.0
床位数(张)	Number of Beds(unit)	685	685	0.0
#医院(张)	Hospitals(unit)	465	451	-3.0
卫生院(张)	Township Hospitals(unit)	30	34	13.3
卫生技术人员(人)	Medical Technical Presonnel(person)	683	683	0.0
#医院(人)	Hospitals(person)	615	656	6.7
卫生院(人)	Township Hospitals(person)	29	27	-6.9

23-11 呼和浩特市赛罕区

指 标	Item	2008	2009	2009年比上年增长% Increase Rate in 2009 Over 2008(%)
行政区域土地面积(平方公里)	**Area of Administration(Sq.km)**	**1025**	**1025**	**0.0**
人口和就业	**Population & Employment**			
年末总人口(人)	Total Population Year-end(person)	393416	401686	2.1
# 男性(人)	Male(person)	199935	203896	2.0
# 乡村人口(人)	Rural(person)	133436	138125	3.5
年末总户数(户)	Total Number of Households at the Year-end(Household)	128806	122779	-4.7
# 乡村户数(户)	Number of Rural Household(Household)	44001	42509	-3.4
出生人口(人)	Births(person)	4146	4280	3.2
死亡人口(人)	Deaths(person)	652	910	39.6
全社会就业人员(人)	Employment(person)	121050	116757	-3.5
第一产业(人)	Primary Industry(person)	49503	44669	-9.8
第二产业(人)	Secondary Industry(person)	20524	20865	1.7
第三产业(人)	Tertiary Industry(person)	51023	51223	0.4
在岗职工人数(人)	Number of Staff & Workers Employed in(person)	13369	87889	557.4
乡村劳动力(人)	Number of Rural Laborers(person)	73881	69573	-5.8
# 农林牧渔业(人)	Farming,Forestry,Animal Husbandry & Fishery(person)	49503	44669	-9.8
国民经济综合指标	**Summary Item on the National Economy**			
生产总值(万元)	Gross Domestic Product(10 000 yuan)	2246738	2679503	16.4
第一产业(万元)	Primary Industry(10 000 yuan)	132083	141377	7.4
第二产业(万元)	Secondary Industry(10 000 yuan)	510700	658284	20.7
# 工业(万元)	Industry(10 000 yuan)	323500	422684	17.1
第三产业(万元)	Tertiary Industry(10 000 yuan)	1603955	1879842	15.6
人均生产总值(元)	Per Capita GDP(yuan)	57851	67400	13.7
全社会固定资产投资(万元)	Total Investment in Fixed Assets(10 000 yuan)	1161890	1451200	24.9
按登记注册类型分	Grouped by Registered Type			
# 国有(万元)	State-owned Enterprises(10 000 yuan)	254134	504125	98.4
集体(万元)	Collective-owned Enterprises(10 000 yuan)	51755	104875	102.6
有限责任公司(万元)	Limited Liability Corporations(10 000 yuan)	434895	252706	-41.9
股份有限公司(万元)	Share Holding Enterprises(10 000 yuan)	11639	14466	24.3
私营企业(万元)	Private Enterprises(10 000 yuan)	375150	510905	36.2
外商及港澳台投资企业 (万元)	Funds from HK,Macao,Taiwan & Foreign(10 000 yuan)	27661	54248	96.1
按城乡渠道分	Grouped by Urban and Rural Area			
城镇（万元）	Urban(10 000 yuan)	1161890	1451200	24.9
农村（万元）	Rural(10 000 yuan)			
一般预算收入(万元)	General Budgetary Financial Revenue(10 000 yuan)	132213	154301	16.7
一般预算支出(万元)	General Budgetary Financial Expenditures(10 000 yuan)	108645	135391	24.6
城乡居民储蓄存款余额(万元)	Resident Saving Deposit in Urban & Rural(10 000 yuan)			
在岗职工工资总额(万元)	Total Wages of Staff & Workers Employed in(10 000 yuan)	36991	60675	64.0
在岗职工平均工资(元)	Average Wage of Staff & Workers Employed in(yuan)	27669	33882	22.5
农牧民人均纯收入(元)	Per Capita Net Income of Peasant & Herdsman(yuan)	8495	9312	9.6
农村牧区经济	**Economic Development in Rural & Pastoral Area**			
耕地面积(公顷)	Cultivated Area(hectare)	43173	44810	3.8
农作物总播种面积(公顷)	Total Sown Area(hectare)	28771	32710	13.7
# 粮食作物播种面积(公顷)	Sown Area of Grain Crops(hectare)	19850	23807	19.9
有效灌溉面积(公顷)	Irrigated Area(hectare)	20327	29940	47.3
农牧业机械总动力(万千瓦)	Total Power of Agricultural Machinery(10 000 kw)	16.30	16.50	1.2
化肥施用折纯量(吨)	Consumption of Chemical Fertilizer(ton)	10125	9680	-4.4
农村用电量(万千瓦小时)	Electricity Consumed in Rural Area(10 000 kwh)	5076	6458	27.2
农林牧渔业总产值(万元)	Gross Output of Farming,Forestry,Animal Husbandry & Fishery(10 000 yuan)	239924	253297	5.6
粮食产量(吨)	Yield of Grain(ton)	90522	114930	27.0
油料产量(吨)	Yield of Oil-bearing Grops(ton)	927	163	-82.4
甜菜产量(吨)	Yield of Beetroots(ton)			
猪牛羊肉产量(吨)	Output of Pork, Beef & Mutton(ton)	11229	10537	-6.2
# 猪肉产量(吨)	Output of Pork(ton)	2756	2895	5.0
牛肉产量(吨)	Output of Beef(ton)	8003	7284	-9.0
羊肉产量(吨)	Output of Mutton(ton)	470	358	-23.8
羊毛产量(吨)	Output of Wool(ton)	94	105	11.7

23-11 Saihan District in Hohhot City

指 标	Item	2008	2009	2009年比上年增长% Increase Rate in 2009 Over 2008(%)
年末牲畜存栏头数(万头只)	Total Livestock at the Year-end(10 000 heads)	24.93	24.33	-2.4
#大牲畜(万头只)	Large Animals(10 000 heads)	17.38	16.15	-7.1
羊(万只)	Sheep & Goats(10 000 heads)	3.99	4.41	10.5
猪(万头)	Hogs(10 000 heads)	3.56	3.76	5.6
规模以上工业	**Industrial Enterprises above Designated size**			
工业企业单位数(个)	Number of Industrial Enterprises(unit)	37	38	2.7
#内资企业(个)	Civil Funded Enterprises(unit)	33	35	6.1
工业总产值(万元)	Gross Industrial Output Value(10 000 yuan)	1130834	1331214	17.7
内资企业(万元)	Civil Funded Enterprises(10 000 yuan)	1097025	1293598	17.9
国有企业(万元)	State-owned Enterprises(10 000 yuan)	390600	436063	11.6
集体企业(万元)	Collective-owned Enterprises(10 000 yuan)	3062	2101	-31.4
股份合作企业(万元)	Share Holding Enterprises(10 000 yuan)		19808	
联营企业(万元)	Joint Owned Enterprises(10 000 yuan)			
有限责任公司(万元)	Limited Company(10 000 yuan)	46895	99730	112.7
股份有限公司(万元)	Share Holding Limited Company(10 000 yuan)	645915	720166	11.5
私营企业(万元)	Privately Owned Enterprises(10 000 yuan)	10553	15730	49.1
其他企业(万元)	Enterprises of Other Ownership(10 000 yuan)			
港澳台商投资企业(万元)	Funds from HK,Macao & Taiwan(10 000 yuan)	2320	2400	3.4
外商投资企业(万元)	Foreign Funded Enterprises(10 000 yuan)	31489	35216	11.8
工业企业增加值(万元)	Value Added of Industrial Enterprises(10 000 yuan)	219789	301967	17.5
工业企业资产总计(万元)	Total Assets of Industrial Enterprises(10 000 yuan)	1348115	1613892	19.7
工业企业负债合计(万元)	Total Liabilities of Industrial Enterprises(10 000 yuan)	735572	909036	23.6
工业企业产品销售收入(万元)	Sales of Revenue Industrial Enterprises(10 000 yuan)	1176654	1344604	14.3
工业企业利润总额(万元)	Total Profits of Industrial Enterprises(10 000 yuan)	19851	80921	307.6
建筑业	**Construction**			
建筑企业单位数(个)	Number of Construction Enterprises(unit)	66	67	1.5
建筑企业从业人员(人)	Number of Employee in Construction Enterprises(person)	19253	47924	148.9
建筑业总产值(万元)	Gross Construction Output Value(10 000 yuan)	481059	505330	5.0
交通运输邮电通信业	**Transportation,Post & Telecommunications**			
公路里程(公里)	Total Length of Highways(km)			
邮电业务总量(万元)	Business Volume of Post & Telecoms(10 000 yuan)			
本地电话用户(户)	Number of Subscribers of Local Telephone(Household)			
国内贸易	**Domestic Trade**			
社会消费品零售总额(万元)	Total Retail Sales of Consumer Goods(10 000 yuan)	774694	950102	22.6
#贸易业(万元)	Wholesale & Retail Sales Trades(10 000 yuan)	386576	490158	26.8
餐饮业(万元)	Catering Trade(10 000 yuan)	380203	451586	18.8
科技教育卫生	**Science,Education & Public Health**			
各类专业技术人员(人)	Special Technical Personnel(person)	4973	25136	405.4
幼儿园数(所)	Number of Kindergartens(unit)	22	22	0.0
学龄儿童入学率(%)	Percentage of School-Age Children Enrolled(%)	100.0	100.0	0.0
小学学校数(所)	Number of Primary Schoolʂ(unit)	81	81	0.0
小学专任教师数(人)	Number of Full-time Teachers of Primary Schools(person)	1877	1911	1.8
小学在校学生数(人)	Number of Student Enrollment of Primary Schools(person)	39264	39356	0.2
普通中学学校数(所)	Number of Regular Secondary Schools(unit)	24	24	0.0
普通中学专任教师数(人)	Number of Teachers of Secondary Shools(person)	1512	1542	2.0
初中在校学生数(人)	Number of Student in Junior Secondary Schools(person)	21153	21203	0.2
高中在校学生数(人)	Number of Student in Senior Secondary Schools(person)	10495	10326	-1.6
卫生机构数(所)	Number of Health Institutions(unit)	46	46	0.0
#医院(所)	Hospitals(unit)	22	22	0.0
卫生院(所)	Township Hospitals(unit)	7	7	0.0
床位数(张)	Number of Beds(unit)	2716	2713	-0.1
#医院(张)	Hospitals(unit)	2654	2654	0.0
卫生院(张)	Township Hospitals(unit)	42	39	-7.1
卫生技术人员(人)	Medical Technical Presonnel(person)	3481	3501	0.6
#医院(人)	Hospitals(person)	2798	2818	0.7
卫生院(人)	Township Hospitals(person)	43	43	0.0

23-12 呼和浩特市土默特左旗

指 标	Item	2008	2009	2009年比上年增长% Increase Rate in 2009 Over 2008(%)
行政区域土地面积(平方公里)	**Area of Administration(Sq.km)**	**2712**	**2712**	**0.0**
人口和就业	**Population & Employment**			
年末总人口(人)	Total Population Year-end(person)	360806	362940	0.6
# 男性(人)	Male(person)	189848	190855	0.5
# 乡村人口(人)	Rural(person)	302923	314823	3.9
年末总户数(户)	Total Number of Households at the Year-end(Household)	110432	113851	3.1
# 乡村户数(户)	Number of Rural Household(Household)	77089	77607	0.7
出生人口(人)	Births(person)	4347	4835	11.2
死亡人口(人)	Deaths(person)	608	2513	313.3
全社会就业人员(人)	Employment(person)	191016	189130	-1.0
第一产业(人)	Primary Industry(person)	123423	121195	-1.8
第二产业(人)	Secondary Industry(person)	30690	30843	0.5
第三产业(人)	Tertiary Industry(person)	36903	37092	0.5
在岗职工人数(人)	Number of Staff & Workers Employed in(person)	16344	17108	4.7
乡村劳动力(人)	Number of Rural Laborers(person)	164097	159444	-2.8
# 农林牧渔业(人)	Farming,Forestry,Animal Husbandry & Fishery(person)	121923	117099	-4.0
国民经济综合指标	**Summary Item on the National Economy**			
生产总值(万元)	Gross Domestic Product(10 000 yuan)	1140094	1323192	11.8
第一产业(万元)	Primary Industry(10 000 yuan)	224022	237427	6.4
第二产业(万元)	Secondary Industry(10 000 yuan)	436077	542739	18.8
# 工业(万元)	Industry(10 000 yuan)	358177	462482	22.0
第三产业(万元)	Tertiary Industry(10 000 yuan)	479995	543026	8.0
人均生产总值(元)	Per Capita GDP(yuan)	31765	36565	10.9
全社会固定资产投资(万元)	Total Investment in Fixed Assets(10 000 yuan)	565473	710800	25.7
按登记注册类型分	Grouped by Registered Type			
# 国有(万元)	State-owned Enterprises(10 000 yuan)	132886	190031	43.0
集体(万元)	Collective-owned Enterprises(10 000 yuan)	500		
有限责任公司(万元)	Limited Liability Corporations(10 000 yuan)	293624	393373	34.0
股份有限公司(万元)	Share Holding Enterprises(10 000 yuan)	15102	17000	12.6
私营企业(万元)	Private Enterprises(10 000 yuan)	84109	67325	-20.0
外商及港澳台投资企业(万元)	Funds from HK,Macao,Taiwan & Foreign(10 000 yuan)	28000	31300	11.8
按城乡渠道分	Grouped by Urban and Rural Area			
城镇（万元）	Urban(10 000 yuan)	565473	710000	25.6
农村（万元）	Rural(10 000 yuan)		800	
一般预算收入(万元)	General Budgetary Financial Revenue(10 000 yuan)	73523	91516	24.5
一般预算支出(万元)	General Budgetary Financial Expenditures(10 000 yuan)	122694	155744	26.9
城乡居民储蓄存款余额(万元)	Resident Saving Deposit in Urban & Rural(10 000 yuan)	180200	221676	23.0
在岗职工工资总额(万元)	Total Wages of Staff & Workers Employed in(10 000 yuan)	30813	43439	41.0
在岗职工平均工资(元)	Average Wage of Staff & Workers Employed in(yuan)	18880	25021	32.5
农牧民人均纯收入(元)	Per Capita Net Income of Peasant & Herdsman(yuan)	7736	8577	10.9
农村牧区经济	**Economic Development in Rural & Pastoral Area**			
耕地面积(公顷)	Cultivated Area(hectare)	114479	114479	0.0
农作物总播种面积(公顷)	Total Sown Area(hectare)	76090	79955	5.1
# 粮食作物播种面积(公顷)	Sown Area of Grain Crops(hectare)	56520	58323	3.2
有效灌溉面积(公顷)	Irrigated Area(hectare)	83088	83088	0.0
农牧业机械总动力(万千瓦)	Total Power of Agricultural Machinery(10 000 kw)	46.50	48.39	4.1
化肥施用折纯量(吨)	Consumption of Chemical Fertilizer(ton)	15333	16132	5.2
农村用电量(万千瓦小时)	Electricity Consumed in Rural Area(10 000 kwh)	8138	8495	4.4
农林牧渔业总产值(万元)	Gross Output of Farming,Forestry,Animal Husbandry & Fishery(10 000 yuan)	400789	420545	4.9
粮食产量(吨)	Yield of Grain(ton)	403168	418621	3.8
油料产量(吨)	Yield of Oil-bearing Grops(ton)	4995	11910	138.4
甜菜产量(吨)	Yield of Beetroots(ton)	59598	28160	-52.8
猪牛羊肉产量(吨)	Output of Pork, Beef & Mutton(ton)	19981	21883	9.5
# 猪肉产量(吨)	Output of Pork(ton)	7850	8251	5.1
牛肉产量(吨)	Output of Beef(ton)	8251	10005	21.3
羊肉产量(吨)	Output of Mutton(ton)	3880	3627	-6.5
羊毛产量(吨)	Output of Wool(ton)	495	495	0.0

23-12 Tumotezuo Banner in Hohhot City

指 标	Item	2008	2009	2009年比上年增长% Increase Rate in 2009 Over 2008(%)
年末牲畜存栏头数(万头只)	Total Livestock at the Year-end(10 000 heads)	57.23	56.70	-0.9
# 大牲畜(万头只)	Large Animals(10 000 heads)	26.79	25.30	-5.6
羊(万只)	Sheep & Goats(10 000 heads)	19.97	22.04	10.4
猪(万头)	Hogs(10 000 heads)	10.47	9.36	-10.6
规模以上工业	**Industrial Enterprises above Designated size**			
工业企业单位数(个)	Number of Industrial Enterprises(unit)	36	37	2.8
# 内资企业(个)	Civil Funded Enterprises(unit)	32	34	6.2
工业总产值(万元)	Gross Industrial Output Value(10 000 yuan)	472914	654473	38.4
内资企业(万元)	Civil Funded Enterprises(10 000 yuan)	423473	591888	39.8
国有企业(万元)	State-owned Enterprises(10 000 yuan)			
集体企业(万元)	Collective-owned Enterprises(10 000 yuan)			
股份合作企业(万元)	Share Holding Enterprises(10 000 yuan)			
联营企业(万元)	Joint Owned Enterprises(10 000 yuan)			
有限责任公司(万元)	Limited Company(10 000 yuan)	244810	345818	41.3
股份有限公司(万元)	Share Holding Limited Company(10 000 yuan)	21685	37065	70.9
私营企业(万元)	Privately Owned Enterprises(10 000 yuan)	156978	209005	33.1
其他企业(万元)	Enterprises of Other Ownership(10 000 yuan)			
港澳台商投资企业(万元)	Funds from HK,Macao & Taiwan(10 000 yuan)			
外商投资企业(万元)	Foreign Funded Enterprises(10 000 yuan)	49440	62585	26.6
工业企业增加值(万元)	Value Added of Industrial Enterprises(10 000 yuan)	164433	226969	29.5
工业企业资产总计(万元)	Total Assets of Industrial Enterprises(10 000 yuan)	295744	386387	30.6
工业企业负债合计(万元)	Total Liabilities of Industrial Enterprises(10 000 yuan)	162831	251380	54.4
工业企业产品销售收入(万元)	Sales of Revenue Industrial Enterprises(10 000 yuan)	474595	652377	37.5
工业企业利润总额(万元)	Total Profits of Industrial Enterprises(10 000 yuan)	11271	16786	48.9
建筑业	**Construction**			
建筑企业单位数(个)	Number of Construction Enterprises(unit)	3	3	0.0
建筑企业从业人员(人)	Number of Employee in Construction Enterprises(person)	1390	1456	4.7
建筑业总产值(万元)	Gross Construction Output Value(10 000 yuan)	5035	11356	125.5
交通运输邮电通信业	**Transportation,Post & Telecommunications**			
公路里程(公里)	Total Length of Highways(km)	1314	1314	0.0
邮电业务总量(万元)	Business Volume of Post & Telecoms(10 000 yuan)	8409	10289	22.4
本地电话用户(户)	Number of Subscribers of Local Telephone(Household)	30422	27582	-9.3
国内贸易	**Domestic Trade**			
社会消费品零售总额(万元)	Total Retail Sales of Consumer Goods(10 000 yuan)	234459	280003	19.4
# 贸易业(万元)	Wholesale & Retail Sales Trades(10 000 yuan)	198663	239270	20.4
餐饮业(万元)	Catering Trade(10 000 yuan)	34705	39185	12.9
科技教育卫生	**Science,Education & Public Health**			
各类专业技术人员(人)	Special Technical Personnel(person)	4853	4918	1.3
幼儿园数(所)	Number of Kindergartens(unit)	8	7	-12.5
学龄儿童入学率(%)	Percentage of School-Age Children Enrolled(%)	100.0	100.0	0.0
小学学校数(所)	Number of Primary Schools(unit)	120	94	-21.7
小学专任教师数(人)	Number of Full-time Teachers of Primary Schools(person)	1722	1676	-2.7
小学在校学生数(人)	Number of Student Enrollment of Primary Schools(person)	21743	19737	-9.2
普通中学学校数(所)	Number of Regular Secondary Schools(unit)	16	14	-12.5
普通中学专任教师数(人)	Number of Teachers of Secondary Shools(person)	850	864	1.6
初中在校学生数(人)	Number of Student in Junior Secondary Schools(person)	11248	9616	-14.5
高中在校学生数(人)	Number of Student in Senior Secondary Schools(person)	5214	4733	-9.2
卫生机构数(所)	Number of Health Institutions(unit)	26	26	0.0
# 医院(所)	Hospitals(unit)	2	2	0.0
卫生院(所)	Township Hospitals(unit)	16	16	0.0
床位数(张)	Number of Beds(unit)	321	498	55.1
# 医院(张)	Hospitals(unit)	160	311	94.4
卫生院(张)	Township Hospitals(unit)	161	187	16.1
卫生技术人员(人)	Medical Technical Presonnel(person)	485	475	-2.1
# 医院(人)	Hospitals(person)	184	161	-12.5
卫生院(人)	Township Hospitals(person)	206	218	5.8

23-13 呼和浩特市托克托县

指 标	Item	2008	2009	2009年比上年增长% Increase Rate in 2009 Over 2008(%)
行政区域土地面积(平方公里)	**Area of Administration(Sq.km)**	**1313**	**1313**	**0.0**
人口和就业	**Population & Employment**			
年末总人口(人)	Total Population Year-end(person)	200798	204667	1.9
# 男性(人)	Male(person)	103181	104812	1.6
# 乡村人口(人)	Rural(person)	149610	149502	-0.1
年末总户数(户)	Total Number of Households at the Year-end(Household)	68759	71231	3.6
# 乡村户数(户)	Number of Rural Household(Household)	39945	40203	0.6
出生人口(人)	Births(person)	2855	3592	25.8
死亡人口(人)	Deaths(person)	1374	627	-54.4
全社会就业人员(人)	Employment(person)	115449	116158	0.6
第一产业(人)	Primary Industry(person)	57528	57648	0.2
第二产业(人)	Secondary Industry(person)	24810	25000	0.8
第三产业(人)	Tertiary Industry(person)	33111	33510	1.2
在岗职工人数(人)	Number of Staff & Workers Employed in(person)	15511	14794	-4.6
乡村劳动力(人)	Number of Rural Laborers(person)	87909	85395	-2.9
# 农林牧渔业(人)	Farming,Forestry,Animal Husbandry & Fishery(person)	57528	57648	0.2
国民经济综合指标	**Summary Item on the National Economy**			
生产总值(万元)	Gross Domestic Product(10 000 yuan)	1265458	1463449	13.6
第一产业(万元)	Primary Industry(10 000 yuan)	110827	125138	8.3
第二产业(万元)	Secondary Industry(10 000 yuan)	961960	1096094	11.9
# 工业(万元)	Industry(10 000 yuan)	884560	1018694	12.7
第三产业(万元)	Tertiary Industry(10 000 yuan)	192671	242217	23.1
人均生产总值(元)	Per Capita GDP(yuan)	63159	72186	12.3
全社会固定资产投资(万元)	Total Investment in Fixed Assets(10 000 yuan)	402412	500600	24.4
按登记注册类型分	Grouped by Registered Type			
# 国有(万元)	State-owned Enterprises(10 000 yuan)	177425	300656	69.5
集体(万元)	Collective-owned Enterprises(10 000 yuan)	6898	6540	-5.2
有限责任公司(万元)	Limited Liability Corporations(10 000 yuan)	91778	62449	-32.0
股份有限公司(万元)	Share Holding Enterprises(10 000 yuan)		11186	
私营企业(万元)	Private Enterprises(10 000 yuan)	18078	44307	145.1
外商及港澳台投资企业(万元)	Funds from HK,Macao,Taiwan & Foreign(10 000 yuan)	106962	75200	-29.7
按城乡渠道分	Grouped by Urban and Rural Area			
城镇（万元）	Urban(10 000 yuan)	402120	489730	21.8
农村（万元）	Rural(10 000 yuan)	292	10870	3622.6
一般预算收入(万元)	General Budgetary Financial Revenue(10 000 yuan)	59715	93348	56.3
一般预算支出(万元)	General Budgetary Financial Expenditures(10 000 yuan)	94830	133583	40.9
城乡居民储蓄存款余额(万元)	Resident Saving Deposit in Urban & Rural(10 000 yuan)	138064	175709	27.3
在岗职工工资总额(万元)	Total Wages of Staff & Workers Employed in(10 000 yuan)	42481	49454	16.4
在岗职工平均工资(元)	Average Wage of Staff & Workers Employed in(yuan)	27388	33057	20.7
农牧民人均纯收入(元)	Per Capita Net Income of Peasant & Herdsman(yuan)	7479	8321	11.3
农村牧区经济	**Economic Development in Rural & Pastoral Area**			
耕地面积(公顷)	Cultivated Area(hectare)	62111	67013	7.9
农作物总播种面积(公顷)	Total Sown Area(hectare)	51060	52413	2.6
# 粮食作物播种面积(公顷)	Sown Area of Grain Crops(hectare)	35712	35866	0.4
有效灌溉面积(公顷)	Irrigated Area(hectare)	36230	41840	15.5
农牧业机械总动力(万千瓦)	Total Power of Agricultural Machinery(10 000 kw)	31.74	36.06	13.6
化肥施用折纯量(吨)	Consumption of Chemical Fertilizer(ton)	32397	33259	2.7
农村用电量(万千瓦小时)	Electricity Consumed in Rural Area(10 000 kwh)	5335	5520	3.5
农林牧渔业总产值(万元)	Gross Output of Farming,Forestry,Animal Husbandry & Fishery(10 000 yuan)	197455	222709	12.8
粮食产量(吨)	Yield of Grain(ton)	202384	221563	9.5
油料产量(吨)	Yield of Oil-bearing Grops(ton)	5489	6429	17.1
甜菜产量(吨)	Yield of Beetroots(ton)	18975	8850	-53.4
猪牛羊肉产量(吨)	Output of Pork, Beef & Mutton(ton)	9872	11450	16.0
# 猪肉产量(吨)	Output of Pork(ton)	4149	4304	3.7
牛肉产量(吨)	Output of Beef(ton)	3076	4247	38.1
羊肉产量(吨)	Output of Mutton(ton)	2647	2899	9.5
羊毛产量(吨)	Output of Wool(ton)	818	832	1.7

23-13 Tuoketuo County in Hohhot City

指 标	Item	2008	2009	2009年比上年增长% Increase Rate in 2009 Over 2008(%)
年末牲畜存栏头数(万头只)	Total Livestock at the Year-end(10 000 heads)	29.52	29.87	1.2
#大牲畜(万头只)	Large Animals(10 000 heads)	11.63	11.59	-0.3
羊(万只)	Sheep & Goats(10 000 heads)	15.83	15.99	1.0
猪(万头)	Hogs(10 000 heads)	2.06	2.29	11.2
规模以上工业	**Industrial Enterprises above Designated size**			
工业企业单位数(个)	Number of Industrial Enterprises(unit)	24	29	20.8
#内资企业(个)	Civil Funded Enterprises(unit)	21	26	23.8
工业总产值(万元)	Gross Industrial Output Value(10 000 yuan)	1765832	2371406	34.3
内资企业(万元)	Civil Funded Enterprises(10 000 yuan)	1474071	1953639	32.5
国有企业(万元)	State-owned Enterprises(10 000 yuan)	3875	5536	42.9
集体企业(万元)	Collective-owned Enterprises(10 000 yuan)			
股份合作企业(万元)	Share Holding Enterprises(10 000 yuan)	3243	4183	29.0
联营企业(万元)	Joint Owned Enterprises(10 000 yuan)			
有限责任公司(万元)	Limited Company(10 000 yuan)	1349436	1449167	7.4
股份有限公司(万元)	Share Holding Limited Company(10 000 yuan)			
私营企业(万元)	Privately Owned Enterprises(10 000 yuan)	117517	494750	321.0
其他企业(万元)	Enterprises of Other Ownership(10 000 yuan)			
港澳台商投资企业(万元)	Funds from HK,Macao & Taiwan(10 000 yuan)	257987	352312	36.6
外商投资企业(万元)	Foreign Funded Enterprises(10 000 yuan)	33774	65455	93.8
工业企业增加值(万元)	Value Added of Industrial Enterprises(10 000 yuan)	826917	951599	12.2
工业企业资产总计(万元)	Total Assets of Industrial Enterprises(10 000 yuan)	2326139	2563200	10.2
工业企业负债合计(万元)	Total Liabilities of Industrial Enterprises(10 000 yuan)	1783180	1856265	4.1
工业企业产品销售收入(万元)	Sales of Revenue Industrial Enterprises(10 000 yuan)	1712287	2297454	34.2
工业企业利润总额(万元)	Total Profits of Industrial Enterprises(10 000 yuan)	224518	287179	27.9
建筑业	**Construction**			
建筑企业单位数(个)	Number of Construction Enterprises(unit)	7	7	0.0
建筑企业从业人员(人)	Number of Employee in Construction Enterprises(person)	1628	1467	-9.9
建筑业总产值(万元)	Gross Construction Output Value(10 000 yuan)	27008	29145	7.9
交通运输邮电通信业	**Transportation,Post & Telecommunications**			
公路里程(公里)	Total Length of Highways(km)	931	956	2.7
邮电业务总量(万元)	Business Volume of Post & Telecoms(10 000 yuan)	1852	2868	54.9
本地电话用户(户)	Number of Subscribers of Local Telephone(Household)	21751	16825	-22.6
国内贸易	**Domestic Trade**			
社会消费品零售总额(万元)	Total Retail Sales of Consumer Goods(10 000 yuan)	183414	220000	19.9
#贸易业(万元)	Wholesale & Retail Sales Trades(10 000 yuan)	167291	201441	20.4
餐饮业(万元)	Catering Trade(10 000 yuan)	15107	17379	15.0
科技教育卫生	**Science,Education & Public Health**			
各类专业技术人员(人)	Special Technical Personnel(person)	4071	4110	1.0
幼儿园数(所)	Number of Kindergartens(unit)	8	15	87.5
学龄儿童入学率(%)	Percentage of School-Age Children Enrolled(%)	100.0	100.0	0.0
小学学校数(所)	Number of Primary Schools(unit)	44	18	-59.1
小学专任教师数(人)	Number of Full-time Teachers of Primary Schools(person)	764	726	-5.0
小学在校学生数(人)	Number of Student Enrollment of Primary Schools(person)	13820	13326	-3.6
普通中学学校数(所)	Number of Regular Secondary Schools(unit)	6	5	-16.7
普通中学专任教师数(人)	Number of Teachers of Secondary Shools(person)	725	695	-4.1
初中在校学生数(人)	Number of Student in Junior Secondary Schools(person)	9485	7549	-20.4
高中在校学生数(人)	Number of Student in Senior Secondary Schools(person)	5066	4464	-11.9
卫生机构数(所)	Number of Health Institutions(unit)	16	16	0.0
#医院(所)	Hospitals(unit)	2	2	0.0
卫生院(所)	Township Hospitals(unit)	9	9	0.0
床位数(张)	Number of Beds(unit)	252	286	13.5
#医院(张)	Hospitals(unit)	154	154	0.0
卫生院(张)	Township Hospitals(unit)	98	132	34.7
卫生技术人员(人)	Medical Technical Presonnel(person)	392	399	1.8
#医院(人)	Hospitals(person)	160	171	6.9
卫生院(人)	Township Hospitals(person)	161	161	0.0

23-14 呼和浩特市和林格尔县

指 标	Item	2008	2009	2009年比上年增长% Increase Rate in 2009 Over 2008(%)
行政区域土地面积(平方公里)	**Area of Administration(Sq.km)**	**3401**	**3401**	**0.0**
人口和就业	**Population & Employment**			
年末总人口(人)	Total Population Year-end(person)	194585	196918	1.2
#男性(人)	Male(person)	102811	103670	0.8
#乡村人口(人)	Rural(person)	156460	151881	-2.9
年末总户数(户)	Total Number of Households at the Year-end(Household)	62418	68274	9.4
#乡村户数(户)	Number of Rural Household(Household)	40762	39012	-4.3
出生人口(人)	Births(person)	3085	4824	56.4
死亡人口(人)	Deaths(person)	350	2150	514.3
全社会就业人员(人)	Employment(person)	105435	106415	0.9
第一产业(人)	Primary Industry(person)	64336	62252	-3.2
第二产业(人)	Secondary Industry(person)	18906	20468	8.3
第三产业(人)	Tertiary Industry(person)	22193	23695	6.8
在岗职工人数(人)	Number of Staff & Workers Employed in(person)	18523	18766	1.3
乡村劳动力(人)	Number of Rural Laborers(person)	82918	77049	-7.1
#农林牧渔业(人)	Farming,Forestry,Animal Husbandry & Fishery(person)	64336	62252	-3.2
国民经济综合指标	**Summary Item on the National Economy**			
生产总值(万元)	Gross Domestic Product(10 000 yuan)	979900	1120758	10.2
第一产业(万元)	Primary Industry(10 000 yuan)	136266	143976	6.0
第二产业(万元)	Secondary Industry(10 000 yuan)	604932	711805	11.5
#工业(万元)	Industry(10 000 yuan)	543132	642079	12.3
第三产业(万元)	Tertiary Industry(10 000 yuan)	238702	264977	8.5
人均生产总值(元)	Per Capita GDP(yuan)	50833	57254	8.5
全社会固定资产投资(万元)	Total Investment in Fixed Assets(10 000 yuan)	585577	730800	24.8
按登记注册类型分	Grouped by Registered Type			
#国有(万元)	State-owned Enterprises(10 000 yuan)	361965	430042	18.8
集体(万元)	Collective-owned Enterprises(10 000 yuan)			
有限责任公司(万元)	Limited Liability Corporations(10 000 yuan)	217602	195059	-10.4
股份有限公司(万元)	Share Holding Enterprises(10 000 yuan)			
私营企业(万元)	Private Enterprises(10 000 yuan)	5900	64674	996.2
外商及港澳台投资企业(万元)	Funds from HK,Macao,Taiwan & Foreign(10 000 yuan)		33600	
按城乡渠道分	Grouped by Urban and Rural Area			
城镇(万元)	Urban(10 000 yuan)	549955	730800	32.9
农村(万元)	Rural(10 000 yuan)	35622		
一般预算收入(万元)	General Budgetary Financial Revenue(10 000 yuan)	48522	58114	19.8
一般预算支出(万元)	General Budgetary Financial Expenditures(10 000 yuan)	94155	109429	16.2
城乡居民储蓄存款余额(万元)	Resident Saving Deposit in Urban & Rural(10 000 yuan)	123773	143668	16.1
在岗职工工资总额(万元)	Total Wages of Staff & Workers Employed in(10 000 yuan)	38261	42133	10.1
在岗职工平均工资(元)	Average Wage of Staff & Workers Employed in(yuan)	20594	22294	8.3
农牧民人均纯收入(元)	Per Capita Net Income of Peasant & Herdsman(yuan)	6701	7439	11.0
农村牧区经济	**Economic Development in Rural & Pastoral Area**			
耕地面积(公顷)	Cultivated Area(hectare)	105890	105890	0.0
农作物总播种面积(公顷)	Total Sown Area(hectare)	70103	70156	0.1
#粮食作物播种面积(公顷)	Sown Area of Grain Crops(hectare)	48358	53407	10.4
有效灌溉面积(公顷)	Irrigated Area(hectare)	21480	21480	0.0
农牧业机械总动力(万千瓦)	Total Power of Agricultural Machinery(10 000 kw)	33.50	34.43	2.8
化肥施用折纯量(吨)	Consumption of Chemical Fertilizer(ton)	8505	9143	7.5
农村用电量(万千瓦小时)	Electricity Consumed in Rural Area(10 000 kwh)	4228	4235	0.2
农林牧渔业总产值(万元)	Gross Output of Farming,Forestry,Animal Husbandry & Fishery(10 000 yuan)	244624	257025	5.1
粮食产量(吨)	Yield of Grain(ton)	186136	196072	5.3
油料产量(吨)	Yield of Oil-bearing Grops(ton)	5387	2840	-47.3
甜菜产量(吨)	Yield of Beetroots(ton)			
猪牛羊肉产量(吨)	Output of Pork, Beef & Mutton(ton)	19731	21331	8.1
#猪肉产量(吨)	Output of Pork(ton)	7505	3501	-53.4
牛肉产量(吨)	Output of Beef(ton)	2356	7734	228.3
羊肉产量(吨)	Output of Mutton(ton)	9870	10096	2.3
羊毛产量(吨)	Output of Wool(ton)	1357	766	-43.6

23-14 Helingeer County in Hohhot City

指 标	Item	2008	2009	2009年比上年增长% Increase Rate in 2009 Over 2008(%)
年末牲畜存栏头数(万头只)	Total Livestock at the Year-end(10 000 heads)	53.73	57.27	6.6
# 大牲畜(万头只)	Large Animals(10 000 heads)	15.96	15.44	-3.3
羊(万只)	Sheep & Goats(10 000 heads)	34.02	37.91	11.4
猪(万头)	Hogs(10 000 heads)	3.75	3.92	4.7
规模以上工业	**Industrial Enterprises above Designated size**			
工业企业单位数(个)	Number of Industrial Enterprises(unit)	26	27	3.8
# 内资企业(个)	Civil Funded Enterprises(unit)	21	22	4.8
工业总产值(万元)	Gross Industrial Output Value(10 000 yuan)	1598473	1828950	14.4
内资企业(万元)	Civil Funded Enterprises(10 000 yuan)	602325	733152	21.7
国有企业(万元)	State-owned Enterprises(10 000 yuan)			
集体企业(万元)	Collective-owned Enterprises(10 000 yuan)			
股份合作企业(万元)	Share Holding Enterprises(10 000 yuan)			
联营企业(万元)	Joint Owned Enterprises(10 000 yuan)			
有限责任公司(万元)	Limited Company(10 000 yuan)	111971	141335	26.2
股份有限公司(万元)	Share Holding Limited Company(10 000 yuan)	55571	69948	25.9
私营企业(万元)	Privately Owned Enterprises(10 000 yuan)	434783	521870	20.0
其他企业(万元)	Enterprises of Other Ownership(10 000 yuan)			
港澳台商投资企业(万元)	Funds from HK,Macao & Taiwan(10 000 yuan)			
外商投资企业(万元)	Foreign Funded Enterprises(10 000 yuan)	996148	1095799	10.0
工业企业增加值(万元)	Value Added of Industrial Enterprises(10 000 yuan)	488908	578964	12.0
工业企业资产总计(万元)	Total Assets of Industrial Enterprises(10 000 yuan)	962861	1090219	13.2
工业企业负债合计(万元)	Total Liabilities of Industrial Enterprises(10 000 yuan)	602358	647357	7.5
工业企业产品销售收入(万元)	Sales of Revenue Industrial Enterprises(10 000 yuan)	1514472	1757148	16.0
工业企业利润总额(万元)	Total Profits of Industrial Enterprises(10 000 yuan)	-80680	90427	
建筑业	**Construction**			
建筑企业单位数(个)	Number of Construction Enterprises(unit)	2	2	0.0
建筑企业从业人员(人)	Number of Employee in Construction Enterprises(person)	113	120	6.2
建筑业总产值(万元)	Gross Construction Output Value(10 000 yuan)	2853	7017	146.0
交通运输邮电通信业	**Transportation,Post & Telecommunications**			
公路里程(公里)	Total Length of Highways(km)	860	860	0.0
邮电业务总量(万元)	Business Volume of Post & Telecoms(10 000 yuan)	5815	7213	24.0
本地电话用户(户)	Number of Subscribers of Local Telephone(Household)	24300	16358	-32.7
国内贸易	**Domestic Trade**			
社会消费品零售总额(万元)	Total Retail Sales of Consumer Goods(10 000 yuan)	112621	136400	21.1
# 贸易业(万元)	Wholesale & Retail Sales Trades(10 000 yuan)	89335	107800	20.7
餐饮业(万元)	Catering Trade(10 000 yuan)	22039	26997	22.5
科技教育卫生	**Science,Education & Public Health**			
各类专业技术人员(人)	Special Technical Personnel(person)	2663	2660	-0.1
幼儿园数(所)	Number of Kindergartens(unit)	4	5	25.0
学龄儿童入学率(%)	Percentage of School-Age Children Enrolled(%)	99.8	99.9	0.1
小学学校数(所)	Number of Primary Schools(unit)	71	40	-43.7
小学专任教师数(人)	Number of Full-time Teachers of Primary Schools(person)	651	614	-5.7
小学在校学生数(人)	Number of Student Enrollment of Primary Schools(person)	10573	9393	-11.2
普通中学学校数(所)	Number of Regular Secondary Schools(unit)	4	5	25.0
普通中学专任教师数(人)	Number of Teachers of Secondary Shools(person)	585	584	-0.2
初中在校学生数(人)	Number of Student in Junior Secondary Schools(person)	6978	6935	-0.6
高中在校学生数(人)	Number of Student in Senior Secondary Schools(person)	4143	5804	40.1
卫生机构数(所)	Number of Health Institutions(unit)	17	22	29.4
# 医院(所)	Hospitals(unit)	1	1	0.0
卫生院(所)	Township Hospitals(unit)	13	13	0.0
床位数(张)	Number of Beds(unit)	246	246	0.0
# 医院(张)	Hospitals(unit)	120	100	-16.7
卫生院(张)	Township Hospitals(unit)	117	137	17.1
卫生技术人员(人)	Medical Technical Presonnel(person)	434	339	-21.9
# 医院(人)	Hospitals(person)	112	109	-2.7
卫生院(人)	Township Hospitals(person)	236	106	-55.1

23-15 呼和浩特市清水河县

指 标	Item	2008	2009	2009年比上年增长% Increase Rate in 2009 Over 2008(%)
行政区域土地面积(平方公里)	**Area of Administration(Sq.km)**	**2859**	**2859**	**0.0**
人口和就业	**Population & Employment**			
年末总人口(人)	Total Population Year-end(person)	143860	145250	1.0
# 男性(人)	Male(person)	74777	75512	1.0
# 乡村人口(人)	Rural(person)	104354	96867	-7.2
年末总户数(户)	Total Number of Households at the Year-end(Household)	43572	47357	8.7
# 乡村户数(户)	Number of Rural Household(Household)	25845	25058	-3.0
出生人口(人)	Births(person)	2083	2014	-3.3
死亡人口(人)	Deaths(person)	501	865	72.7
全社会就业人员(人)	Employment(person)	59229	58862	-0.6
第一产业(人)	Primary Industry(person)	36458	36025	-1.2
第二产业(人)	Secondary Industry(person)	7238	7444	2.8
第三产业(人)	Tertiary Industry(person)	15533	15393	-0.9
在岗职工人数(人)	Number of Staff & Workers Employed in(person)	7775	7417	-4.6
乡村劳动力(人)	Number of Rural Laborers(person)	53739	53719	0.0
# 农林牧渔业(人)	Farming,Forestry,Animal Husbandry & Fishery(person)	36458	36025	-1.2
国民经济综合指标	**Summary Item on the National Economy**			
生产总值(万元)	Gross Domestic Product(10 000 yuan)	266913	318810	22.2
第一产业(万元)	Primary Industry(10 000 yuan)	52230	44044	-15.4
第二产业(万元)	Secondary Industry(10 000 yuan)	108833	142661	39.9
# 工业(万元)	Industry(10 000 yuan)	73033	106861	56.4
第三产业(万元)	Tertiary Industry(10 000 yuan)	105850	132105	22.3
人均生产总值(元)	Per Capita GDP(yuan)	18678	22055	20.8
全社会固定资产投资(万元)	Total Investment in Fixed Assets(10 000 yuan)	105331	130400	23.8
按登记注册类型分	Grouped by Registered Type			
# 国有(万元)	State-owned Enterprises(10 000 yuan)	71971	80786	12.2
集体(万元)	Collective-owned Enterprises(10 000 yuan)	150	1033	588.7
有限责任公司(万元)	Limited Liability Corporations(10 000 yuan)	22610	34115	50.9
股份有限公司(万元)	Share Holding Enterprises(10 000 yuan)			
私营企业(万元)	Private Enterprises(10 000 yuan)	10600		
外商及港澳台投资企业 (万元)	Funds from HK,Macao,Taiwan & Foreign(10 000 yuan)			
按城乡渠道分	Grouped by Urban and Rural Area			
城镇（万元）	Urban(10 000 yuan)	104931	118129	12.6
农村（万元）	Rural(10 000 yuan)	400	12271	2967.8
一般预算收入(万元)	General Budgetary Financial Revenue(10 000 yuan)	11352	18786	65.5
一般预算支出(万元)	General Budgetary Financial Expenditures(10 000 yuan)	42596	65653	54.1
城乡居民储蓄存款余额(万元)	Resident Saving Deposit in Urban & Rural(10 000 yuan)	110085	120954	9.9
在岗职工工资总额(万元)	Total Wages of Staff & Workers Employed in(10 000 yuan)	14782	20740	40.3
在岗职工平均工资(元)	Average Wage of Staff & Workers Employed in(yuan)	19081	27927	46.4
农牧民人均纯收入(元)	Per Capita Net Income of Peasant & Herdsman(yuan)	5008	4584	-8.5
农村牧区经济	**Economic Development in Rural & Pastoral Area**			
耕地面积(公顷)	Cultivated Area(hectare)	65377	65377	0.0
农作物总播种面积(公顷)	Total Sown Area(hectare)	66740	66955	0.3
# 粮食作物播种面积(公顷)	Sown Area of Grain Crops(hectare)	44431	46000	3.5
有效灌溉面积(公顷)	Irrigated Area(hectare)	3178	2156	-32.2
农牧业机械总动力(万千瓦)	Total Power of Agricultural Machinery(10 000 kw)	9.00	12.00	33.3
化肥施用折纯量(吨)	Consumption of Chemical Fertilizer(ton)	11013	11130	1.1
农村用电量(万千瓦小时)	Electricity Consumed in Rural Area(10 000 kwh)	872	892	2.3
农林牧渔业总产值(万元)	Gross Output of Farming,Forestry,Animal Husbandry & Fishery(10 000 yuan)	88212	75468	-14.4
粮食产量(吨)	Yield of Grain(ton)	95234	60044	-37.0
油料产量(吨)	Yield of Oil-bearing Grops(ton)	20198	10224	-49.4
甜菜产量(吨)	Yield of Beetroots(ton)			
猪牛羊肉产量(吨)	Output of Pork, Beef & Mutton(ton)	8814	9193	4.3
# 猪肉产量(吨)	Output of Pork(ton)	2211	2236	1.1
牛肉产量(吨)	Output of Beef(ton)	375	412	9.9
羊肉产量(吨)	Output of Mutton(ton)	6228	6545	5.1
羊毛产量(吨)	Output of Wool(ton)	602	635	5.5

23-15 Qingshuihe County in Hohhot City

指 标	Item	2008	2009	2009年比上年增长% Increase Rate in 2009 Over 2008(%)
年末牲畜存栏头数(万头只)	Total Livestock at the Year-end(10 000 heads)	30.74	32.01	4.1
# 大牲畜(万头只)	Large Animals(10 000 heads)	2.33	2.25	-3.4
羊(万只)	Sheep & Goats(10 000 heads)	24.80	26.15	5.4
猪(万头)	Hogs(10 000 heads)	3.61	3.61	0.0
规模以上工业	**Industrial Enterprises above Designated size**			
工业企业单位数(个)	Number of Industrial Enterprises(unit)	14	16	14.3
# 内资企业(个)	Civil Funded Enterprises(unit)	13	15	15.4
工业总产值(万元)	Gross Industrial Output Value(10 000 yuan)	120950	131021	8.3
内资企业(万元)	Civil Funded Enterprises(10 000 yuan)	117927	127213	7.9
国有企业(万元)	State-owned Enterprises(10 000 yuan)			
集体企业(万元)	Collective-owned Enterprises(10 000 yuan)	3052	6094	99.7
股份合作企业(万元)	Share Holding Enterprises(10 000 yuan)			
联营企业(万元)	Joint Owned Enterprises(10 000 yuan)			
有限责任公司(万元)	Limited Company(10 000 yuan)	28480	29085	2.1
股份有限公司(万元)	Share Holding Limited Company(10 000 yuan)	58595	58343	-0.4
私营企业(万元)	Privately Owned Enterprises(10 000 yuan)	27800	33691	21.2
其他企业(万元)	Enterprises of Other Ownership(10 000 yuan)			
港澳台商投资企业(万元)	Funds from HK,Macao & Taiwan(10 000 yuan)			
外商投资企业(万元)	Foreign Funded Enterprises(10 000 yuan)	3023	3808	26.0
工业企业增加值(万元)	Value Added of Industrial Enterprises(10 000 yuan)	58410	89840	66.2
工业企业资产总计(万元)	Total Assets of Industrial Enterprises(10 000 yuan)	93424	112674	20.6
工业企业负债合计(万元)	Total Liabilities of Industrial Enterprises(10 000 yuan)	54578	70509	29.2
工业企业产品销售收入(万元)	Sales of Revenue Industrial Enterprises(10 000 yuan)	113822	120075	5.5
工业企业利润总额(万元)	Total Profits of Industrial Enterprises(10 000 yuan)	8587	11338	32.0
建筑业	**Construction**			
建筑企业单位数(个)	Number of Construction Enterprises(unit)	1	1	0.0
建筑企业从业人员(人)	Number of Employee in Construction Enterprises(person)	185	187	1.1
建筑业总产值(万元)	Gross Construction Output Value(10 000 yuan)	1925	2175	13.0
交通运输邮电通信业	**Transportation,Post & Telecommunications**			
公路里程(公里)	Total Length of Highways(km)	729	1006	38.0
邮电业务总量(万元)	Business Volume of Post & Telecoms(10 000 yuan)	4082	4855	18.9
本地电话用户(户)	Number of Subscribers of Local Telephone(Household)	12137	7896	-34.9
国内贸易	**Domestic Trade**			
社会消费品零售总额(万元)	Total Retail Sales of Consumer Goods(10 000 yuan)	26087	32188	23.4
# 贸易业(万元)	Wholesale & Retail Sales Trades(10 000 yuan)	22469	27554	22.6
餐饮业(万元)	Catering Trade(10 000 yuan)	3485	4487	28.8
科技教育卫生	**Science,Education & Public Health**			
各类专业技术人员(人)	Special Technical Personnel(person)	3219	3406	5.8
幼儿园数(所)	Number of Kindergartens(unit)	3	3	0.0
学龄儿童入学率(%)	Percentage of School-Age Children Enrolled(%)	100.0	100.0	0.0
小学学校数(所)	Number of Primary Schools(unit)	78	59	-24.4
小学专任教师数(人)	Number of Full-time Teachers of Primary Schools(person)	688	591	-14.1
小学在校学生数(人)	Number of Student Enrollment of Primary Schools(person)	8253	7729	-6.3
普通中学学校数(所)	Number of Regular Secondary Schools(unit)	7	7	0.0
普通中学专任教师数(人)	Number of Teachers of Secondary Shools(person)	418	464	11.0
初中在校学生数(人)	Number of Student in Junior Secondary Schools(person)	5981	5207	-12.9
高中在校学生数(人)	Number of Student in Senior Secondary Schools(person)	2533	2900	14.5
卫生机构数(所)	Number of Health Institutions(unit)	18	18	0.0
# 医院(所)	Hospitals(unit)	1	1	0.0
卫生院(所)	Township Hospitals(unit)	14	14	0.0
床位数(张)	Number of Beds(unit)	249	277	11.2
# 医院(张)	Hospitals(unit)	141	141	0.0
卫生院(张)	Township Hospitals(unit)	108	130	20.4
卫生技术人员(人)	Medical Technical Presonnel(person)	358	333	-7.0
# 医院(人)	Hospitals(person)	104	106	1.9
卫生院(人)	Township Hospitals(person)	83	72	-13.3

23-16 呼和浩特市武川县

指 标	Item	2008	2009	2009年比上年增长% Increase Rate in 2009 Over 2008(%)
行政区域土地面积(平方公里)	**Area of Administration(Sq.km)**	**4885**	**4885**	**0.0**
人口和就业	**Population & Employment**			
年末总人口(人)	Total Population Year-end(person)	175700	176031	0.2
# 男性(人)	Male(person)	93301	93490	0.2
# 乡村人口(人)	Rural(person)	131008	130909	-0.1
年末总户数(户)	Total Number of Households at the Year-end(Household)	55156	56977	3.3
# 乡村户数(户)	Number of Rural Household(Household)	34529	35083	1.6
出生人口(人)	Births(person)	1595	1704	6.8
死亡人口(人)	Deaths(person)	282	1880	566.7
全社会就业人员(人)	Employment(person)	87795	88133	0.4
第一产业(人)	Primary Industry(person)	62438	60083	-3.8
第二产业(人)	Secondary Industry(person)	9782	9865	0.8
第三产业(人)	Tertiary Industry(person)	15575	18185	16.8
在岗职工人数(人)	Number of Staff & Workers Employed in(person)	8422	9014	7.0
乡村劳动力(人)	Number of Rural Laborers(person)	76096	73984	-2.8
# 农林牧渔业(人)	Farming,Forestry,Animal Husbandry & Fishery(person)	62438	59779	-4.3
国民经济综合指标	**Summary Item on the National Economy**			
生产总值(万元)	Gross Domestic Product(10 000 yuan)	387404	400367	1.1
第一产业(万元)	Primary Industry(10 000 yuan)	57045	49103	-13.6
第二产业(万元)	Secondary Industry(10 000 yuan)	232882	218586	-7.2
# 工业(万元)	Industry(10 000 yuan)	198582	164286	-12.8
第三产业(万元)	Tertiary Industry(10 000 yuan)	97477	132678	28.4
人均生产总值(元)	Per Capita GDP(yuan)	22128	22766	0.6
全社会固定资产投资(万元)	Total Investment in Fixed Assets(10 000 yuan)	293586	370800	26.3
按登记注册类型分	Grouped by Registered Type			
# 国有(万元)	State-owned Enterprises(10 000 yuan)	123861	253154	104.4
集体(万元)	Collective-owned Enterprises(10 000 yuan)	500	5126	925.2
有限责任公司(万元)	Limited Liability Corporations(10 000 yuan)	49171	62325	26.8
股份有限公司(万元)	Share Holding Enterprises(10 000 yuan)	97450	8710	-91.1
私营企业(万元)	Private Enterprises(10 000 yuan)	18578	27415	47.6
外商及港澳台投资企业 (万元)	Funds from HK,Macao,Taiwan & Foreign(10 000 yuan)	3500		
按城乡渠道分	Grouped by Urban and Rural Area			
城镇（万元）	Urban(10 000 yuan)	290904	370800	27.5
农村（万元）	Rural(10 000 yuan)	2682		
一般预算收入(万元)	General Budgetary Financial Revenue(10 000 yuan)	11627	17191	47.9
一般预算支出(万元)	General Budgetary Financial Expenditures(10 000 yuan)	67125	83810	24.9
城乡居民储蓄存款余额(万元)	Resident Saving Deposit in Urban & Rural(10 000 yuan)	98297	115107	17.1
在岗职工工资总额(万元)	Total Wages of Staff & Workers Employed in(10 000 yuan)	17472	22321	27.8
在岗职工平均工资(元)	Average Wage of Staff & Workers Employed in(yuan)	20533	24496	19.3
农牧民人均纯收入(元)	Per Capita Net Income of Peasant & Herdsman(yuan)	4228	4602	8.8
农村牧区经济	**Economic Development in Rural & Pastoral Area**			
耕地面积(公顷)	Cultivated Area(hectare)	145595	144930	-0.5
农作物总播种面积(公顷)	Total Sown Area(hectare)	136027	130126	-4.3
# 粮食作物播种面积(公顷)	Sown Area of Grain Crops(hectare)	101125	98439	-2.7
有效灌溉面积(公顷)	Irrigated Area(hectare)	12663	13120	3.6
农牧业机械总动力(万千瓦)	Total Power of Agricultural Machinery(10 000 kw)	26.72	27.29	2.1
化肥施用折纯量(吨)	Consumption of Chemical Fertilizer(ton)	12964	13921	7.4
农村用电量(万千瓦小时)	Electricity Consumed in Rural Area(10 000 kwh)	2104	2266	7.7
农林牧渔业总产值(万元)	Gross Output of Farming,Forestry,Animal Husbandry & Fishery(10 000 yuan)	92243	79353	-14.0
粮食产量(吨)	Yield of Grain(ton)	157563	124050	-21.3
油料产量(吨)	Yield of Oil-bearing Grops(ton)	25050	13287	-47.0
甜菜产量(吨)	Yield of Beetroots(ton)			
猪牛羊肉产量(吨)	Output of Pork, Beef & Mutton(ton)	6107	6292	3.0
# 猪肉产量(吨)	Output of Pork(ton)	2101	2070	-1.5
牛肉产量(吨)	Output of Beef(ton)	863	1031	19.5
羊肉产量(吨)	Output of Mutton(ton)	3143	3191	1.5
羊毛产量(吨)	Output of Wool(ton)	631	665	5.4

23-8 Xincheng District in Hohhot City

指 标	Item	2008	2009	2009年比上年增长% Increase Rate in 2009 Over 2008(%)
年末牲畜存栏头数(万头只)	Total Livestock at the Year-end(10 000 heads)	39.61	39.19	-1.1
#大牲畜(万头只)	Large Animals(10 000 heads)	2.43	1.95	-19.8
羊(万只)	Sheep & Goats(10 000 heads)	35.04	34.86	-0.5
猪(万头)	Hogs(10 000 heads)	2.14	2.38	11.2
规模以上工业	**Industrial Enterprises above Designated size**			
工业企业单位数(个)	Number of Industrial Enterprises(unit)	36	36	0.0
#内资企业(个)	Civil Funded Enterprises(unit)	36	36	0.0
工业总产值(万元)	Gross Industrial Output Value(10 000 yuan)	344509	227462	-34.0
内资企业(万元)	Civil Funded Enterprises(10 000 yuan)	344509	227462	-34.0
国有企业(万元)	State-owned Enterprises(10 000 yuan)			
集体企业(万元)	Collective-owned Enterprises(10 000 yuan)			
股份合作企业(万元)	Share Holding Enterprises(10 000 yuan)			
联营企业(万元)	Joint Owned Enterprises(10 000 yuan)			
有限责任公司(万元)	Limited Company(10 000 yuan)	83348	90407	8.5
股份有限公司(万元)	Share Holding Limited Company(10 000 yuan)			
私营企业(万元)	Privately Owned Enterprises(10 000 yuan)	261162	137056	-47.5
其他企业(万元)	Enterprises of Other Ownership(10 000 yuan)			
港澳台商投资企业(万元)	Funds from HK,Macao & Taiwan(10 000 yuan)			
外商投资企业(万元)	Foreign Funded Enterprises(10 000 yuan)			
工业企业增加值(万元)	Value Added of Industrial Enterprises(10 000 yuan)	137391	83061	-25.9
工业企业资产总计(万元)	Total Assets of Industrial Enterprises(10 000 yuan)	160452	243888	52.0
工业企业负债合计(万元)	Total Liabilities of Industrial Enterprises(10 000 yuan)	87119	167415	92.2
工业企业产品销售收入(万元)	Sales of Revenue Industrial Enterprises(10 000 yuan)	347868	230094	-33.9
工业企业利润总额(万元)	Total Profits of Industrial Enterprises(10 000 yuan)	11451	14154	23.6
建筑业	**Construction**			
建筑企业单位数(个)	Number of Construction Enterprises(unit)	2	1	-50.0
建筑企业从业人员(人)	Number of Employee in Construction Enterprises(person)	149	126	-15.4
建筑业总产值(万元)	Gross Construction Output Value(10 000 yuan)	619	812	31.2
交通运输邮电通信业	**Transportation,Post & Telecommunications**			
公路里程(公里)	Total Length of Highways(km)	651	643	-1.2
邮电业务总量(万元)	Business Volume of Post & Telecoms(10 000 yuan)	2665	3382	26.9
本地电话用户(户)	Number of Subscribers of Local Telephone(Household)	15800	15741	-0.4
国内贸易	**Domestic Trade**			
社会消费品零售总额(万元)	Total Retail Sales of Consumer Goods(10 000 yuan)	56988	68022	19.4
#贸易业(万元)	Wholesale & Retail Sales Trades(10 000 yuan)	42441	50635	19.3
餐饮业(万元)	Catering Trade(10 000 yuan)	12980	17114	31.8
科技教育卫生	**Science,Education & Public Health**			
各类专业技术人员(人)	Special Technical Personnel(person)	2358	2479	5.1
幼儿园数(所)	Number of Kindergartens(unit)	16	14	-12.5
学龄儿童入学率(%)	Percentage of School-Age Children Enrolled(%)	100.0	100.0	0.0
小学学校数(所)	Number of Primary Schools(unit)	31	23	-25.8
小学专任教师数(人)	Number of Full-time Teachers of Primary Schools(person)	770	858	11.4
小学在校学生数(人)	Number of Student Enrollment of Primary Schools(person)	9980	9937	-0.4
普通中学学校数(所)	Number of Regular Secondary Schools(unit)	11	9	-18.2
普通中学专任教师数(人)	Number of Teachers of Secondary Shools(person)	389	423	8.7
初中在校学生数(人)	Number of Student in Junior Secondary Schools(person)	5218	3606	-30.9
高中在校学生数(人)	Number of Student in Senior Secondary Schools(person)	3558	2361	-33.6
卫生机构数(所)	Number of Health Institutions(unit)	24	24	0.0
#医院(所)	Hospitals(unit)	2	2	0.0
卫生院(所)	Township Hospitals(unit)	19	19	0.0
床位数(张)	Number of Beds(unit)	282	282	0.0
#医院(张)	Hospitals(unit)	179	179	0.0
卫生院(张)	Township Hospitals(unit)	103	102	-1.0
卫生技术人员(人)	Medical Technical Presonnel(person)	475	478	0.6
#医院(人)	Hospitals(person)	157	142	-9.6
卫生院(人)	Township Hospitals(person)	246	254	3.3

23-17 包头市东河区

指 标	Item	2008	2009	2009年比上年增长% Increase Rate in 2009 Over 2008(%)
行政区域土地面积(平方公里)	**Area of Administration(Sq.km)**	**470**	**470**	**0.0**
人口和就业	**Population & Employment**			
年末总人口(人)	Total Population Year-end(person)	497200	506600	1.9
#男性(人)	Male(person)	249200	254600	2.2
#乡村人口(人)	Rural(person)	29300	27600	-5.8
年末总户数(户)	Total Number of Households at the Year-end(Household)	180700	184220	1.9
#乡村户数(户)	Number of Rural Household(Household)			
出生人口(人)	Births(person)	3506	3586	2.3
死亡人口(人)	Deaths(person)	1967	1793	-8.8
全社会就业人员(人)	Employment(person)	283728	277156	-2.3
第一产业(人)	Primary Industry(person)	7815	8015	2.6
第二产业(人)	Secondary Industry(person)	68780	64985	-5.5
第三产业(人)	Tertiary Industry(person)	207133	204156	-1.4
在岗职工人数(人)	Number of Staff & Workers Employed in(person)	47737	48006	0.6
乡村劳动力(人)	Number of Rural Laborers(person)	23049	34267	48.7
#农林牧渔业(人)	Farming,Forestry,Animal Husbandry & Fishery(person)			
国民经济综合指标	**Summary Item on the National Economy**			
生产总值(万元)	Gross Domestic Product(10 000 yuan)	2556269	2952615	18.1
第一产业(万元)	Primary Industry(10 000 yuan)	37550	39584	5.9
第二产业(万元)	Secondary Industry(10 000 yuan)	1019800	1146088	16.7
#工业(万元)	Industry(10 000 yuan)	816400	918188	17.3
第三产业(万元)	Tertiary Industry(10 000 yuan)	1498919	1766943	19.3
人均生产总值(元)	Per Capita GDP(yuan)	51631	58829	16.5
全社会固定资产投资(万元)	Total Investment in Fixed Assets(10 000 yuan)	1750000	2129700	21.7
按登记注册类型分	Grouped by Registered Type			
#国有(万元)	State-owned Enterprises(10 000 yuan)	388860	287503	-26.1
集体(万元)	Collective-owned Enterprises(10 000 yuan)	39565	40935	3.5
有限责任公司(万元)	Limited Liability Corporations(10 000 yuan)	689885	1006035	45.8
股份有限公司(万元)	Share Holding Enterprises(10 000 yuan)	113938	129213	13.4
私营企业(万元)	Private Enterprises(10 000 yuan)		428591	
外商及港澳台投资企业(万元)	Funds from HK,Macao,Taiwan & Foreign(10 000 yuan)		22800	
按城乡渠道分	Grouped by Urban and Rural Area			
城镇（万元）	Urban(10 000 yuan)	1750000	2129700	21.7
农村（万元）	Rural(10 000 yuan)			
一般预算收入(万元)	General Budgetary Financial Revenue(10 000 yuan)	123869	152283	22.9
一般预算支出(万元)	General Budgetary Financial Expenditures(10 000 yuan)	157083	156853	-0.1
城乡居民储蓄存款余额(万元)	Resident Saving Deposit in Urban & Rural(10 000 yuan)			
在岗职工工资总额(万元)	Total Wages of Staff & Workers Employed in(10 000 yuan)	133292	153123	14.9
在岗职工平均工资(元)	Average Wage of Staff & Workers Employed in(yuan)	26754	30933	15.6
农牧民人均纯收入(元)	Per Capita Net Income of Peasant & Herdsman(yuan)	9016	10344	14.7
农村牧区经济	**Economic Development in Rural & Pastoral Area**			
耕地面积(公顷)	Cultivated Area(hectare)	9600	7989	-16.8
农作物总播种面积(公顷)	Total Sown Area(hectare)	7683	8103	5.5
#粮食作物播种面积(公顷)	Sown Area of Grain Crops(hectare)	3970	4766	20.1
有效灌溉面积(公顷)	Irrigated Area(hectare)	6751	7809	15.7
农牧业机械总动力(万千瓦)	Total Power of Agricultural Machinery(10 000 kw)	22.16	22.33	0.8
化肥施用折纯量(吨)	Consumption of Chemical Fertilizer(ton)	3975	3850	-3.1
农村用电量(万千瓦小时)	Electricity Consumed in Rural Area(10 000 kwh)	2454	2514	2.4
农林牧渔业总产值(万元)	Gross Output of Farming,Forestry,Animal Husbandry & Fishery(10 000 yuan)	63210	70939	5.9
粮食产量(吨)	Yield of Grain(ton)	30645	33063	7.9
油料产量(吨)	Yield of Oil-bearing Grops(ton)	808	521	-35.5
甜菜产量(吨)	Yield of Beetroots(ton)	4739		
猪牛羊肉产量(吨)	Output of Pork, Beef & Mutton(ton)	6097	7010	15.0
#猪肉产量(吨)	Output of Pork(ton)	1850	2081	12.5
牛肉产量(吨)	Output of Beef(ton)	3610	4199	16.3
羊肉产量(吨)	Output of Mutton(ton)	637	730	14.6
羊毛产量(吨)	Output of Wool(ton)	25	34	36.0

23-17 Donghe District in Baotou City

指 标	Item	2008	2009	2009年比上年增长% Increase Rate in 2009 Over 2008(%)
年末牲畜存栏头数(万头只)	Total Livestock at the Year-end(10 000 heads)	11.60	11.91	2.7
# 大牲畜(万头只)	Large Animals(10 000 heads)	4.76	4.28	-10.1
羊(万只)	Sheep & Goats(10 000 heads)	5.19	5.95	14.6
猪(万头)	Hogs(10 000 heads)	1.65	1.68	1.8
规模以上工业	**Industrial Enterprises above Designated size**			
工业企业单位数(个)	Number of Industrial Enterprises(unit)	79	93	17.7
# 内资企业(个)	Civil Funded Enterprises(unit)	71	86	21.1
工业总产值(万元)	Gross Industrial Output Value(10 000 yuan)	1342556	1839506	37.0
内资企业(万元)	Civil Funded Enterprises(10 000 yuan)	1150282	1647623	43.2
国有企业(万元)	State-owned Enterprises(10 000 yuan)	83938	68813	-18.0
集体企业(万元)	Collective-owned Enterprises(10 000 yuan)	1170	1140	-2.6
股份合作企业(万元)	Share Holding Enterprises(10 000 yuan)		7425	
联营企业(万元)	Joint Owned Enterprises(10 000 yuan)			
有限责任公司(万元)	Limited Company(10 000 yuan)	271759	369598	36.0
股份有限公司(万元)	Share Holding Limited Company(10 000 yuan)	506995	536158	5.8
私营企业(万元)	Privately Owned Enterprises(10 000 yuan)	286420	664489	132.0
其他企业(万元)	Enterprises of Other Ownership(10 000 yuan)			
港澳台商投资企业(万元)	Funds from HK,Macao & Taiwan(10 000 yuan)	56681	55306	-2.4
外商投资企业(万元)	Foreign Funded Enterprises(10 000 yuan)	135593	136577	0.7
工业企业增加值(万元)	Value Added of Industrial Enterprises(10 000 yuan)	665323	747288	18.1
工业企业资产总计(万元)	Total Assets of Industrial Enterprises(10 000 yuan)	2208829	2439175	10.4
工业企业负债合计(万元)	Total Liabilities of Industrial Enterprises(10 000 yuan)	1115775	1251303	12.1
工业企业产品销售收入(万元)	Sales of Revenue Industrial Enterprises(10 000 yuan)	1233625	1847878	49.8
工业企业利润总额(万元)	Total Profits of Industrial Enterprises(10 000 yuan)	121357	253805	109.1
建筑业	**Construction**			
建筑企业单位数(个)	Number of Construction Enterprises(unit)	17	17	0.0
建筑企业从业人员(人)	Number of Employee in Construction Enterprises(person)	10388	17083	64.4
建筑业总产值(万元)	Gross Construction Output Value(10 000 yuan)	167718	234101	39.6
交通运输邮电通信业	**Transportation,Post & Telecommunications**			
公路里程(公里)	Total Length of Highways(km)	151	151	0.0
邮电业务总量(万元)	Business Volume of Post & Telecoms(10 000 yuan)	59976	74130	23.6
本地电话用户(户)	Number of Subscribers of Local Telephone(Household)	61200	60404	-1.3
国内贸易	**Domestic Trade**			
社会消费品零售总额(万元)	Total Retail Sales of Consumer Goods(10 000 yuan)	1085231	1287084	18.6
# 贸易业(万元)	Wholesale & Retail Sales Trades(10 000 yuan)	844326	997311	18.1
餐饮业(万元)	Catering Trade(10 000 yuan)	231745	279424	20.6
科技教育卫生	**Science,Education & Public Health**			
各类专业技术人员(人)	Special Technical Personnel(person)	11786	11793	0.1
幼儿园数(所)	Number of Kindergartens(unit)	7	23	228.6
学龄儿童入学率(%)	Percentage of School-Age Children Enrolled(%)	100.0	100.0	0.0
小学学校数(所)	Number of Primary Schools(unit)	47	45	-4.3
小学专任教师数(人)	Number of Full-time Teachers of Primary Schools(person)	1586	1582	-0.3
小学在校学生数(人)	Number of Student Enrollment of Primary Schools(person)	28418	27286	-4.0
普通中学学校数(所)	Number of Regular Secondary Schools(unit)	27	25	-7.4
普通中学专任教师数(人)	Number of Teachers of Secondary Shools(person)	2018	2014	-0.2
初中在校学生数(人)	Number of Student in Junior Secondary Schools(person)	17425	16823	-3.5
高中在校学生数(人)	Number of Student in Senior Secondary Schools(person)	11235	10820	-3.7
卫生机构数(所)	Number of Health Institutions(unit)	16	14	-12.5
# 医院(所)	Hospitals(unit)	13	11	-15.4
卫生院(所)	Township Hospitals(unit)	3	3	0.0
床位数(张)	Number of Beds(unit)	2581	2966	14.9
# 医院(张)	Hospitals(unit)	2550	2932	15.0
卫生院(张)	Township Hospitals(unit)	31	34	9.7
卫生技术人员(人)	Medical Technical Presonnel(person)	2459	2255	-8.3
# 医院(人)	Hospitals(person)	2360	2169	-8.1
卫生院(人)	Township Hospitals(person)	99	86	-13.1

23-18 包头市昆都仑区

指 标	Item	2008	2009	2009年比上年增长% Increase Rate in 2009 Over 2008(%)
行政区域土地面积（平方公里）	**Area of Administration(Sq.km)**	**301**	**301**	**0.0**
人口和就业	**Population & Employment**			
年末总人口(人)	Total Population Year-end(person)	632200	643600	1.8
#男性(人)	Male(person)	316700	323500	2.1
#乡村人口(人)	Rural(person)	56700	47800	-15.7
年末总户数(户)	Total Number of Households at the Year-end(Household)	234050	238360	1.8
#乡村户数(户)	Number of Rural Household(Household)	21000	17934	-14.6
出生人口(人)	Births(person)	5178	5201	0.4
死亡人口(人)	Deaths(person)	1559	1668	7.0
全社会就业人员(人)	Employment(person)	404623	428242	5.8
第一产业(人)	Primary Industry(person)	12138	10534	-13.2
第二产业(人)	Secondary Industry(person)	122557	124027	1.2
第三产业(人)	Tertiary Industry(person)	269928	293681	8.8
在岗职工人数(人)	Number of Staff & Workers Employed in(person)	106742	106926	0.2
乡村劳动力(人)	Number of Rural Laborers(person)	22920	20440	-10.8
#农林牧渔业(人)	Farming,Forestry,Animal Husbandry & Fishery(person)	11828	8040	-32.0
国民经济综合指标	**Summary Item on the National Economy**			
生产总值(万元)	Gross Domestic Product(10 000 yuan)	6505029	7132737	19.1
第一产业(万元)	Primary Industry(10 000 yuan)	16800	17239	3.1
第二产业(万元)	Secondary Industry(10 000 yuan)	3863600	3988561	18.7
#工业(万元)	Industry(10 000 yuan)	3688100	3754861	18.0
第三产业(万元)	Tertiary Industry(10 000 yuan)	2624629	3126937	19.8
人均生产总值(元)	Per Capita GDP(yuan)	109283	111816	13.5
全社会固定资产投资(万元)	Total Investment in Fixed Assets(10 000 yuan)	2140000	2755126	28.7
按登记注册类型分	Grouped by Registered Type			
#国有(万元)	State-owned Enterprises(10 000 yuan)	275688	357317	29.6
集体(万元)	Collective-owned Enterprises(10 000 yuan)	112792	37010	-67.2
有限责任公司(万元)	Limited Liability Corporations(10 000 yuan)	1254380	1537188	22.5
股份有限公司(万元)	Share Holding Enterprises(10 000 yuan)	18015	214332	1089.7
私营企业(万元)	Private Enterprises(10 000 yuan)		78940	
外商及港澳台投资企业(万元)	Funds from HK,Macao,Taiwan & Foreign(10 000 yuan)		47778	
按城乡渠道分	Grouped by Urban and Rural Area			
城镇（万元）	Urban(10 000 yuan)	2140000	2755126	28.7
农村（万元）	Rural(10 000 yuan)			
一般预算收入(万元)	General Budgetary Financial Revenue(10 000 yuan)	148976	214665	44.1
一般预算支出(万元)	General Budgetary Financial Expenditures(10 000 yuan)	146042	215616	47.6
城乡居民储蓄存款余额(万元)	Resident Saving Deposit in Urban & Rural(10 000 yuan)	2121413	2593349	22.2
在岗职工工资总额(万元)	Total Wages of Staff & Workers Employed in(10 000 yuan)	372365	414550	11.3
在岗职工平均工资(元)	Average Wage of Staff & Workers Employed in(yuan)	34515	38892	12.7
农牧民人均纯收入(元)	Per Capita Net Income of Peasant & Herdsman(yuan)	9567	10600	10.8
农村牧区经济	**Economic Development in Rural & Pastoral Area**			
耕地面积(公顷)	Cultivated Area(hectare)	3049	3016	-1.1
农作物总播种面积(公顷)	Total Sown Area(hectare)	2525	2055	-18.6
#粮食作物播种面积(公顷)	Sown Area of Grain Crops(hectare)	2110	1638	-22.4
有效灌溉面积(公顷)	Irrigated Area(hectare)	3049	3016	-1.1
农牧业机械总动力(万千瓦)	Total Power of Agricultural Machinery(10 000 kw)		1.39	
化肥施用折纯量(吨)	Consumption of Chemical Fertilizer(ton)	1510	2125	40.7
农村用电量(万千瓦小时)	Electricity Consumed in Rural Area(10 000 kwh)	3150	2213	-29.7
农林牧渔业总产值(万元)	Gross Output of Farming,Forestry,Animal Husbandry & Fishery(10 000 yuan)		28300	3.1
粮食产量(吨)	Yield of Grain(ton)	17741	9975	-43.8
油料产量(吨)	Yield of Oil-bearing Grops(ton)	9	31	244.4
甜菜产量(吨)	Yield of Beetroots(ton)			
猪牛羊肉产量(吨)	Output of Pork, Beef & Mutton(ton)	821	1557	89.6
#猪肉产量(吨)	Output of Pork(ton)	528	305	-42.2
牛肉产量(吨)	Output of Beef(ton)	74	891	1104.1
羊肉产量(吨)	Output of Mutton(ton)	217	361	66.4
羊毛产量(吨)	Output of Wool(ton)	18	16	-11.1

23-18 Kundulun District in Baotou City

指 标	Item	2008	2009	2009年比上年增长% Increase Rate in 2009 Over 2008(%)
年末牲畜存栏头数(万头只)	Total Livestock at the Year-end(10 000 heads)	5.65	5.44	-3.7
#大牲畜(万头只)	Large Animals(10 000 heads)	1.48	0.94	-36.5
羊(万只)	Sheep & Goats(10 000 heads)	3.25	3.38	4.0
猪(万头)	Hogs(10 000 heads)	0.92	1.12	21.7
规模以上工业	**Industrial Enterprises above Designated size**			
工业企业单位数(个)	Number of Industrial Enterprises(unit)	82	90	9.8
#内资企业(个)	Civil Funded Enterprises(unit)	77	85	10.4
工业总产值(万元)	Gross Industrial Output Value(10 000 yuan)	8857236	8818694	-0.4
内资企业(万元)	Civil Funded Enterprises(10 000 yuan)	8709490	8532001	-2.0
国有企业(万元)	State-owned Enterprises(10 000 yuan)	47354	22402	-52.7
集体企业(万元)	Collective-owned Enterprises(10 000 yuan)	76958	80901	5.1
股份合作企业(万元)	Share Holding Enterprises(10 000 yuan)		7090	
联营企业(万元)	Joint Owned Enterprises(10 000 yuan)			
有限责任公司(万元)	Limited Company(10 000 yuan)	3321400	3486878	5.0
股份有限公司(万元)	Share Holding Limited Company(10 000 yuan)	4562240	4030595	-11.7
私营企业(万元)	Privately Owned Enterprises(10 000 yuan)	701538	904135	28.9
其他企业(万元)	Enterprises of Other Ownership(10 000 yuan)			
港澳台商投资企业(万元)	Funds from HK,Macao & Taiwan(10 000 yuan)			
外商投资企业(万元)	Foreign Funded Enterprises(10 000 yuan)	147746	286693	94.0
工业企业增加值(万元)	Value Added of Industrial Enterprises(10 000 yuan)	3571301	3624561	18.1
工业企业资产总计(万元)	Total Assets of Industrial Enterprises(10 000 yuan)	8591010	9286797	8.1
工业企业负债合计(万元)	Total Liabilities of Industrial Enterprises(10 000 yuan)	5074500	5279829	4.0
工业企业产品销售收入(万元)	Sales of Revenue Industrial Enterprises(10 000 yuan)	8829689	8241628	-6.7
工业企业利润总额(万元)	Total Profits of Industrial Enterprises(10 000 yuan)	229626	-129793	
建筑业	**Construction**			
建筑企业单位数(个)	Number of Construction Enterprises(unit)	30	30	0.0
建筑企业从业人员(人)	Number of Employee in Construction Enterprises(person)	18753	23164	23.5
建筑业总产值(万元)	Gross Construction Output Value(10 000 yuan)	507467	584590	15.2
交通运输邮电通信业	**Transportation,Post & Telecommunications**			
公路里程(公里)	Total Length of Highways(km)	326	341	4.6
邮电业务总量(万元)	Business Volume of Post & Telecoms(10 000 yuan)	365484	463068	26.7
本地电话用户(户)	Number of Subscribers of Local Telephone(Household)	140536	141941	1.0
国内贸易	**Domestic Trade**			
社会消费品零售总额(万元)	Total Retail Sales of Consumer Goods(10 000 yuan)	1718850	2047150	19.1
#贸易业(万元)	Wholesale & Retail Sales Trades(10 000 yuan)	1226077	1452898	18.5
餐饮业(万元)	Catering Trade(10 000 yuan)	470920	571094	21.3
科技教育卫生	**Science,Education & Public Health**			
各类专业技术人员(人)	Special Technical Personnel(person)	28754	29214	1.6
幼儿园数(所)	Number of Kindergartens(unit)	29	38	31.0
学龄儿童入学率(%)	Percentage of School-Age Children Enrolled(%)	100.0	100.0	0.0
小学学校数(所)	Number of Primary Schools(unit)	48	46	-4.2
小学专任教师数(人)	Number of Full-time Teachers of Primary Schools(person)	2371	2325	-1.9
小学在校学生数(人)	Number of Student Enrollment of Primary Schools(person)	48518	47075	-3.0
普通中学学校数(所)	Number of Regular Secondary Schools(unit)	31	31	0.0
普通中学专任教师数(人)	Number of Teachers of Secondary Shools(person)	2620	2663	1.6
初中在校学生数(人)	Number of Student in Junior Secondary Schools(person)	28532	30088	5.5
高中在校学生数(人)	Number of Student in Senior Secondary Schools(person)	17105	16577	-3.1
卫生机构数(所)	Number of Health Institutions(unit)	39	39	0.0
#医院(所)	Hospitals(unit)	8	8	0.0
卫生院(所)	Township Hospitals(unit)	3	2	-33.3
床位数(张)	Number of Beds(unit)	2309	2942	27.4
#医院(张)	Hospitals(unit)	2254	2887	28.1
卫生院(张)	Township Hospitals(unit)	34	30	-11.8
卫生技术人员(人)	Medical Technical Presonnel(person)	3759	3883	3.3
#医院(人)	Hospitals(person)	3155	3279	3.9
卫生院(人)	Township Hospitals(person)	47	47	0.0

23-19 包头市青山区

指 标	Item	2008	2009	2009年比上年增长% Increase Rate in 2009 Over 2008(%)
行政区域土地面积(平方公里)	**Area of Administration(Sq.km)**	**280**	**280**	**0.0**
人口和就业	**Population & Employment**			
年末总人口(人)	Total Population Year-end(person)	457000	466900	2.2
# 男性(人)	Male(person)	228800	234400	2.4
# 乡村人口(人)	Rural(person)	38200	30800	-19.4
年末总户数(户)	Total Number of Households at the Year-end(Household)	168530	172290	2.2
# 乡村户数(户)	Number of Rural Household(Household)			
出生人口(人)	Births(person)	3282	3292	0.3
死亡人口(人)	Deaths(person)	1242	1130	-9.0
全社会就业人员(人)	Employment(person)	247771	252947	2.1
第一产业(人)	Primary Industry(person)	7071	7257	2.6
第二产业(人)	Secondary Industry(person)	104607	102839	-1.7
第三产业(人)	Tertiary Industry(person)	136093	142851	5.0
在岗职工人数(人)	Number of Staff & Workers Employed in(person)	95529	90494	-5.3
乡村劳动力(人)	Number of Rural Laborers(person)	8065	10051	24.6
# 农林牧渔业(人)	Farming,Forestry,Animal Husbandry & Fishery(person)	3676	3408	-7.3
国民经济综合指标	**Summary Item on the National Economy**			
生产总值(万元)	Gross Domestic Product(10 000 yuan)	3678785	4625718	20.1
第一产业(万元)	Primary Industry(10 000 yuan)	17450	17900	3.1
第二产业(万元)	Secondary Industry(10 000 yuan)	1765900	2329404	20.0
# 工业(万元)	Industry(10 000 yuan)	1573000	2103404	20.1
第三产业(万元)	Tertiary Industry(10 000 yuan)	1895435	2278414	20.3
人均生产总值(元)	Per Capita GDP(yuan)	80666	100135	18.6
全社会固定资产投资(万元)	Total Investment in Fixed Assets(10 000 yuan)	1930000	2403400	24.5
按登记注册类型分	Grouped by Registered Type			
# 国有(万元)	State-owned Enterprises(10 000 yuan)	675820	508045	-24.8
集体(万元)	Collective-owned Enterprises(10 000 yuan)	28130	59040	109.9
有限责任公司(万元)	Limited Liability Corporations(10 000 yuan)	915467	1248385	36.4
股份有限公司(万元)	Share Holding Enterprises(10 000 yuan)	24660	13030	-47.2
私营企业(万元)	Private Enterprises(10 000 yuan)		91895	
外商及港澳台投资企业 (万元)	Funds from HK,Macao,Taiwan & Foreign(10 000 yuan)		3140	
按城乡渠道分	Grouped by Urban and Rural Area			
城镇（万元）	Urban(10 000 yuan)	1930000	2403400	24.5
农村（万元）	Rural(10 000 yuan)			
一般预算收入(万元)	General Budgetary Financial Revenue(10 000 yuan)	151377	199510	31.8
一般预算支出(万元)	General Budgetary Financial Expenditures(10 000 yuan)	148902	198481	33.3
城乡居民储蓄存款余额(万元)	Resident Saving Deposit in Urban & Rural(10 000 yuan)	1468022	1749838	19.2
在岗职工工资总额(万元)	Total Wages of Staff & Workers Employed in(10 000 yuan)	328533	357421	8.8
在岗职工平均工资(元)	Average Wage of Staff & Workers Employed in(yuan)	33562	38813	15.6
农牧民人均纯收入(元)	Per Capita Net Income of Peasant & Herdsman(yuan)	9325	10509	12.7
农村牧区经济	**Economic Development in Rural & Pastoral Area**			
耕地面积(公顷)	Cultivated Area(hectare)	2486	2477	-0.4
农作物总播种面积(公顷)	Total Sown Area(hectare)	1068	1228	15.0
# 粮食作物播种面积(公顷)	Sown Area of Grain Crops(hectare)	1029	1151	11.9
有效灌溉面积(公顷)	Irrigated Area(hectare)	679	669	-1.5
农牧业机械总动力(万千瓦)	Total Power of Agricultural Machinery(10 000 kw)	0.37	0.43	16.2
化肥施用折纯量(吨)	Consumption of Chemical Fertilizer(ton)	705	316	-55.2
农村用电量(万千瓦小时)	Electricity Consumed in Rural Area(10 000 kwh)	1260	1266	0.5
农林牧渔业总产值(万元)	Gross Output of Farming,Forestry,Animal Husbandry & Fishery(10 000 yuan)	27900	28467	3.1
粮食产量(吨)	Yield of Grain(ton)	5806	6668	14.8
油料产量(吨)	Yield of Oil-bearing Grops(ton)		20	
甜菜产量(吨)	Yield of Beetroots(ton)			
猪牛羊肉产量(吨)	Output of Pork, Beef & Mutton(ton)	348	881	153.2
# 猪肉产量(吨)	Output of Pork(ton)	340	408	20.0
牛肉产量(吨)	Output of Beef(ton)		190	
羊肉产量(吨)	Output of Mutton(ton)	8	283	3437.5
羊毛产量(吨)	Output of Wool(ton)	22	31	40.9

23-19 Qingshan District in Baotou City

指 标	Item	2008	2009	2009年比上年增长% Increase Rate in 2009 Over 2008(%)
年末牲畜存栏头数(万头只)	Total Livestock at the Year-end(10 000 heads)	2.66	1.60	-39.8
#大牲畜(万头只)	Large Animals(10 000 heads)	1.16	1.09	-6.0
羊(万只)	Sheep & Goats(10 000 heads)	1.20	0.36	-70.0
猪(万头)	Hogs(10 000 heads)	0.30	0.15	-50.0
规模以上工业	**Industrial Enterprises above Designated size**			
工业企业单位数(个)	Number of Industrial Enterprises(unit)	69	80	15.9
#内资企业(个)	Civil Funded Enterprises(unit)	64	75	17.2
工业总产值(万元)	Gross Industrial Output Value(10 000 yuan)	3958860	4850138	22.5
内资企业(万元)	Civil Funded Enterprises(10 000 yuan)	3862778	4623942	19.7
国有企业(万元)	State-owned Enterprises(10 000 yuan)	838206	924777	10.3
集体企业(万元)	Collective-owned Enterprises(10 000 yuan)	19322	22116	14.5
股份合作企业(万元)	Share Holding Enterprises(10 000 yuan)			
联营企业(万元)	Joint Owned Enterprises(10 000 yuan)			
有限责任公司(万元)	Limited Company(10 000 yuan)	2821191	3514634	24.6
股份有限公司(万元)	Share Holding Limited Company(10 000 yuan)	132935	96650	-27.3
私营企业(万元)	Privately Owned Enterprises(10 000 yuan)	51124	65765	28.6
其他企业(万元)	Enterprises of Other Ownership(10 000 yuan)			
港澳台商投资企业(万元)	Funds from HK,Macao & Taiwan(10 000 yuan)	4924	5524	12.2
外商投资企业(万元)	Foreign Funded Enterprises(10 000 yuan)	91158	220672	142.1
工业企业增加值(万元)	Value Added of Industrial Enterprises(10 000 yuan)	1365621	1874104	21.3
工业企业资产总计(万元)	Total Assets of Industrial Enterprises(10 000 yuan)	4426516	5700174	28.8
工业企业负债合计(万元)	Total Liabilities of Industrial Enterprises(10 000 yuan)	3346337	4404460	31.6
工业企业产品销售收入(万元)	Sales of Revenue Industrial Enterprises(10 000 yuan)	3818113	4998170	30.9
工业企业利润总额(万元)	Total Profits of Industrial Enterprises(10 000 yuan)	-13630	34113	
建筑业	**Construction**			
建筑企业单位数(个)	Number of Construction Enterprises(unit)	29	29	0.0
建筑企业从业人员(人)	Number of Employee in Construction Enterprises(person)	12271	12089	-1.5
建筑业总产值(万元)	Gross Construction Output Value(10 000 yuan)	457604	503522	10.0
交通运输邮电通信业	**Transportation,Post & Telecommunications**			
公路里程(公里)	Total Length of Highways(km)	256	256	0.0
邮电业务总量(万元)	Business Volume of Post & Telecoms(10 000 yuan)	49580	63363	27.8
本地电话用户(户)	Number of Subscribers of Local Telephone(Household)	55000	55605	1.1
国内贸易	**Domestic Trade**			
社会消费品零售总额(万元)	Total Retail Sales of Consumer Goods(10 000 yuan)	1410627	1680056	19.1
#贸易业(万元)	Wholesale & Retail Sales Trades(10 000 yuan)	1160928	1373386	18.3
餐饮业(万元)	Catering Trade(10 000 yuan)	234513	289754	23.6
科技教育卫生	**Science,Education & Public Health**			
各类专业技术人员(人)	Special Technical Personnel(person)	38501	39017	1.3
幼儿园数(所)	Number of Kindergartens(unit)	14	34	142.9
学龄儿童入学率(%)	Percentage of School-Age Children Enrolled(%)	100.0	100.0	0.0
小学学校数(所)	Number of Primary Schools(unit)	26	26	0.0
小学专任教师数(人)	Number of Full-time Teachers of Primary Schools(person)	1181	1422	20.4
小学在校学生数(人)	Number of Student Enrollment of Primary Schools(person)	28201	27189	-3.6
普通中学学校数(所)	Number of Regular Secondary Schools(unit)	17	17	0.0
普通中学专任教师数(人)	Number of Teachers of Secondary Shools(person)	1529	1702	11.3
初中在校学生数(人)	Number of Student in Junior Secondary Schools(person)	16968	16762	-1.2
高中在校学生数(人)	Number of Student in Senior Secondary Schools(person)	12975	12454	-4.0
卫生机构数(所)	Number of Health Institutions(unit)	24	23	-4.2
#医院(所)	Hospitals(unit)	13	12	-7.7
卫生院(所)	Township Hospitals(unit)	1	1	0.0
床位数(张)	Number of Beds(unit)	2979	2928	-1.7
#医院(张)	Hospitals(unit)	2974	2928	-1.5
卫生院(张)	Township Hospitals(unit)	5		
卫生技术人员(人)	Medical Technical Presonnel(person)	4780	4702	-1.6
#医院(人)	Hospitals(person)	4206	3282	-22.0
卫生院(人)	Township Hospitals(person)	4	5	25.0

23-20 包头市九原区

指 标	Item	2008	2009	2009年比上年增长% Increase Rate in 2009 Over 2008(%)
行政区域土地面积(平方公里)	**Area of Administration(Sq.km)**	**734**	**734**	**0.0**
人口和就业	**Population & Employment**			
年末总人口(人)	Total Population Year-end(person)	151800	161500	6.4
# 男性(人)	Male(person)	77600	82400	6.2
# 乡村人口(人)	Rural(person)	52600	51400	-2.3
年末总户数(户)	Total Number of Households at the Year-end(Household)	49670	52950	6.6
# 乡村户数(户)	Number of Rural Household(Household)	17533	17133	-2.3
出生人口(人)	Births(person)	1899	2098	10.5
死亡人口(人)	Deaths(person)	568	587	3.3
全社会就业人员(人)	Employment(person)	100428	106801	6.3
第一产业(人)	Primary Industry(person)	34357	36499	6.2
第二产业(人)	Secondary Industry(person)	22307	23868	7.0
第三产业(人)	Tertiary Industry(person)	43764	46434	6.1
在岗职工人数(人)	Number of Staff & Workers Employed in(person)	12122	12199	0.6
乡村劳动力(人)	Number of Rural Laborers(person)	25345	36268	43.1
# 农林牧渔业(人)	Farming,Forestry,Animal Husbandry & Fishery(person)	10731	19649	83.1
国民经济综合指标	**Summary Item on the National Economy**			
生产总值(万元)	Gross Domestic Product(10 000 yuan)	1180151	1389248	18.4
第一产业(万元)	Primary Industry(10 000 yuan)	63250	66900	6.0
第二产业(万元)	Secondary Industry(10 000 yuan)	536900	620100	18.6
# 工业(万元)	Industry(10 000 yuan)	409800	490100	23.0
第三产业(万元)	Tertiary Industry(10 000 yuan)	580001	702248	19.6
人均生产总值(元)	Per Capita GDP(yuan)	78182	88653	14.1
全社会固定资产投资(万元)	Total Investment in Fixed Assets(10 000 yuan)	760000	1250000	64.5
按登记注册类型分	Grouped by Registered Type			
# 国有(万元)	State-owned Enterprises(10 000 yuan)	488330	895760	83.4
集体(万元)	Collective-owned Enterprises(10 000 yuan)	31600	4000	-87.3
有限责任公司(万元)	Limited Liability Corporations(10 000 yuan)	62629	35080	-44.0
股份有限公司(万元)	Share Holding Enterprises(10 000 yuan)	11400	7500	-34.2
私营企业(万元)	Private Enterprises(10 000 yuan)		51515	
外商及港澳台投资企业 (万元)	Funds from HK,Macao,Taiwan & Foreign(10 000 yuan)		—	
按城乡渠道分	Grouped by Urban and Rural Area			
城镇 (万元)	Urban(10 000 yuan)	754655	997555	32.2
农村 (万元)	Rural(10 000 yuan)	5345	252445	4623.0
一般预算收入(万元)	General Budgetary Financial Revenue(10 000 yuan)	87316	98229	12.5
一般预算支出(万元)	General Budgetary Financial Expenditures(10 000 yuan)	112836	156661	38.8
城乡居民储蓄存款余额(万元)	Resident Saving Deposit in Urban & Rural(10 000 yuan)	389907	505513	29.6
在岗职工工资总额(万元)	Total Wages of Staff & Workers Employed in(10 000 yuan)	39517	46691	18.2
在岗职工平均工资(元)	Average Wage of Staff & Workers Employed in(yuan)	30700	36945	20.3
农牧民人均纯收入(元)	Per Capita Net Income of Peasant & Herdsman(yuan)	8361	9272	10.9
农村牧区经济	**Economic Development in Rural & Pastoral Area**			
耕地面积(公顷)	Cultivated Area(hectare)	20127	20127	0.0
农作物总播种面积(公顷)	Total Sown Area(hectare)	14583	14672	0.6
# 粮食作物播种面积(公顷)	Sown Area of Grain Crops(hectare)	8413	9013	7.1
有效灌溉面积(公顷)	Irrigated Area(hectare)	13500	12900	-4.4
农牧业机械总动力(万千瓦)	Total Power of Agricultural Machinery(10 000 kw)	16.80	16.95	0.9
化肥施用折纯量(吨)	Consumption of Chemical Fertilizer(ton)	7177	5801	-19.2
农村用电量(万千瓦小时)	Electricity Consumed in Rural Area(10 000 kwh)	5586	5486	-1.8
农林牧渔业总产值(万元)	Gross Output of Farming,Forestry,Animal Husbandry & Fishery(10 000 yuan)	134000	111264	6.0
粮食产量(吨)	Yield of Grain(ton)	52323	58644	12.1
油料产量(吨)	Yield of Oil-bearing Grops(ton)	2403	1877	-21.9
甜菜产量(吨)	Yield of Beetroots(ton)	2400	1200	-50.0
猪牛羊肉产量(吨)	Output of Pork, Beef & Mutton(ton)	7255	15586	114.8
# 猪肉产量(吨)	Output of Pork(ton)	3646	7092	94.5
牛肉产量(吨)	Output of Beef(ton)	2804	7091	152.9
羊肉产量(吨)	Output of Mutton(ton)	805	1403	74.3
羊毛产量(吨)	Output of Wool(ton)	63	219	247.6

23-20 Jiuyuan District in Baotou City

指 标	Item	2008	2009	2009年比上年增长% Increase Rate in 2009 Over 2008(%)
年末牲畜存栏头数(万头只)	Total Livestock at the Year-end(10 000 heads)	16.47	22.89	39.0
#大牲畜(万头只)	Large Animals(10 000 heads)	6.87	7.29	6.1
羊(万只)	Sheep & Goats(10 000 heads)	6.70	11.88	77.3
猪(万头)	Hogs(10 000 heads)	2.90	3.72	28.3
规模以上工业	**Industrial Enterprises above Designated size**			
工业企业单位数(个)	Number of Industrial Enterprises(unit)	27	62	129.6
#内资企业(个)	Civil Funded Enterprises(unit)	26	59	126.9
工业总产值(万元)	Gross Industrial Output Value(10 000 yuan)	476481	584479	22.7
内资企业(万元)	Civil Funded Enterprises(10 000 yuan)	474136	577389	21.8
国有企业(万元)	State-owned Enterprises(10 000 yuan)	106309	112302	5.6
集体企业(万元)	Collective-owned Enterprises(10 000 yuan)	8104	10315	27.3
股份合作企业(万元)	Share Holding Enterprises(10 000 yuan)			
联营企业(万元)	Joint Owned Enterprises(10 000 yuan)	1287	2273	76.6
有限责任公司(万元)	Limited Company(10 000 yuan)	140799	149557	6.2
股份有限公司(万元)	Share Holding Limited Company(10 000 yuan)			
私营企业(万元)	Privately Owned Enterprises(10 000 yuan)	217637	302942	39.2
其他企业(万元)	Enterprises of Other Ownership(10 000 yuan)			
港澳台商投资企业(万元)	Funds from HK,Macao & Taiwan(10 000 yuan)		2213	
外商投资企业(万元)	Foreign Funded Enterprises(10 000 yuan)	2345	4877	108.0
工业企业增加值(万元)	Value Added of Industrial Enterprises(10 000 yuan)	198502	210770	12.8
工业企业资产总计(万元)	Total Assets of Industrial Enterprises(10 000 yuan)	1005540	1132564	12.6
工业企业负债合计(万元)	Total Liabilities of Industrial Enterprises(10 000 yuan)	933992	1003820	7.5
工业企业产品销售收入(万元)	Sales of Revenue Industrial Enterprises(10 000 yuan)	496799	581190	17.0
工业企业利润总额(万元)	Total Profits of Industrial Enterprises(10 000 yuan)	-11236	10553	
建筑业	**Construction**			
建筑企业单位数(个)	Number of Construction Enterprises(unit)	5	5	0.0
建筑企业从业人员(人)	Number of Employee in Construction Enterprises(person)	282	341	20.9
建筑业总产值(万元)	Gross Construction Output Value(10 000 yuan)	26884	52707	96.1
交通运输邮电通信业	**Transportation,Post & Telecommunications**			
公路里程(公里)	Total Length of Highways(km)	471	471	0.0
邮电业务总量(万元)	Business Volume of Post & Telecoms(10 000 yuan)	14468	17854	23.4
本地电话用户(户)	Number of Subscribers of Local Telephone(Household)	24690	23554	-4.6
国内贸易	**Domestic Trade**			
社会消费品零售总额(万元)	Total Retail Sales of Consumer Goods(10 000 yuan)	253714	298621	17.7
#贸易业(万元)	Wholesale & Retail Sales Trades(10 000 yuan)	201411	243600	20.9
餐饮业(万元)	Catering Trade(10 000 yuan)	43639	50021	14.6
科技教育卫生	**Science,Education & Public Health**			
各类专业技术人员(人)	Special Technical Personnel(person)	2131	2610	22.5
幼儿园数(所)	Number of Kindergartens(unit)	33	22	-33.3
学龄儿童入学率(%)	Percentage of School-Age Children Enrolled(%)	100.0	100.0	0.0
小学学校数(所)	Number of Primary Schools(unit)	34	28	-17.6
小学专任教师数(人)	Number of Full-time Teachers of Primary Schools(person)	1081	1095	1.3
小学在校学生数(人)	Number of Student Enrollment of Primary Schools(person)	18217	18008	-1.1
普通中学学校数(所)	Number of Regular Secondary Schools(unit)	8	8	0.0
普通中学专任教师数(人)	Number of Teachers of Secondary Shools(person)	773	814	5.3
初中在校学生数(人)	Number of Student in Junior Secondary Schools(person)	7570	7883	4.1
高中在校学生数(人)	Number of Student in Senior Secondary Schools(person)	2741	2716	-0.9
卫生机构数(所)	Number of Health Institutions(unit)	13	13	0.0
#医院(所)	Hospitals(unit)	4	4	0.0
卫生院(所)	Township Hospitals(unit)	6	8	33.3
床位数(张)	Number of Beds(unit)	532	572	7.5
#医院(张)	Hospitals(unit)	450	492	9.3
卫生院(张)	Township Hospitals(unit)	70	82	17.1
卫生技术人员(人)	Medical Technical Presonnel(person)	413	481	16.5
#医院(人)	Hospitals(person)	275	304	10.5
卫生院(人)	Township Hospitals(person)	112	171	52.7

23-21 包头市石拐区

指 标	Item	2008	2009	2009年比上年增长% Increase Rate in 2009 Over 2008(%)
行政区域土地面积(平方公里)	**Area of Administration(Sq.km)**	**761**	**761**	**0.0**
人口和就业	**Population & Employment**			
年末总人口(人)	Total Population Year-end(person)	46900	42600	-9.2
#男性(人)	Male(person)	23900	21400	-10.5
#乡村人口(人)	Rural(person)	12300	10700	-13.0
年末总户数(户)	Total Number of Households at the Year-end(Household)	17450	15780	-9.6
#乡村户数(户)	Number of Rural Household(Household)	4775	4575	-4.2
出生人口(人)	Births(person)	105	72	-31.4
死亡人口(人)	Deaths(person)	201	190	-5.5
全社会就业人员(人)	Employment(person)	22964	23617	2.8
第一产业(人)	Primary Industry(person)	5394	4860	-9.9
第二产业(人)	Secondary Industry(person)	11159	11886	6.5
第三产业(人)	Tertiary Industry(person)	6411	6871	7.2
在岗职工人数(人)	Number of Staff & Workers Employed in(person)	5505	5125	-6.9
乡村劳动力(人)	Number of Rural Laborers(person)	5488	8240	50.1
#农林牧渔业(人)	Farming,Forestry,Animal Husbandry & Fishery(person)	3252	3540	8.9
国民经济综合指标	**Summary Item on the National Economy**			
生产总值(万元)	Gross Domestic Product(10 000 yuan)	451839	521792	6.1
第一产业(万元)	Primary Industry(10 000 yuan)	4500	4640	3.3
第二产业(万元)	Secondary Industry(10 000 yuan)	393200	451435	4.3
#工业(万元)	Industry(10 000 yuan)	375300	431335	3.6
第三产业(万元)	Tertiary Industry(10 000 yuan)	54139	65717	15.5
人均生产总值(元)	Per Capita GDP(yuan)	96341	116602	11.2
全社会固定资产投资(万元)	Total Investment in Fixed Assets(10 000 yuan)	255000	344457	35.1
按登记注册类型分	Grouped by Registered Type			
#国有(万元)	State-owned Enterprises(10 000 yuan)	16739	58720	250.8
集体(万元)	Collective-owned Enterprises(10 000 yuan)		50	
有限责任公司(万元)	Limited Liability Corporations(10 000 yuan)	50070	22140	-55.8
股份有限公司(万元)	Share Holding Enterprises(10 000 yuan)	11949	17000	42.3
私营企业(万元)	Private Enterprises(10 000 yuan)		191587	
外商及港澳台投资企业(万元)	Funds from HK,Macao,Taiwan & Foreign(10 000 yuan)			
按城乡渠道分	Grouped by Urban and Rural Area			
城镇(万元)	Urban(10 000 yuan)	255000	344457	35.1
农村(万元)	Rural(10 000 yuan)			
一般预算收入(万元)	General Budgetary Financial Revenue(10 000 yuan)	15014	30424	102.6
一般预算支出(万元)	General Budgetary Financial Expenditures(10 000 yuan)	32033	65686	105.1
城乡居民储蓄存款余额(万元)	Resident Saving Deposit in Urban & Rural(10 000 yuan)	65525	141195	115.5
在岗职工工资总额(万元)	Total Wages of Staff & Workers Employed in(10 000 yuan)	13837	15638	13.0
在岗职工平均工资(元)	Average Wage of Staff & Workers Employed in(yuan)	26285	31497	19.8
农牧民人均纯收入(元)	Per Capita Net Income of Peasant & Herdsman(yuan)	5430	5978	10.1
农村牧区经济	**Economic Development in Rural & Pastoral Area**			
耕地面积(公顷)	Cultivated Area(hectare)	5814	4703	-19.1
农作物总播种面积(公顷)	Total Sown Area(hectare)	2643	2721	3.0
#粮食作物播种面积(公顷)	Sown Area of Grain Crops(hectare)	2193	2388	8.9
有效灌溉面积(公顷)	Irrigated Area(hectare)	1140	1586	39.1
农牧业机械总动力(万千瓦)	Total Power of Agricultural Machinery(10 000 kw)	2.82	1.72	-39.0
化肥施用折纯量(吨)	Consumption of Chemical Fertilizer(ton)	881	902	2.4
农村用电量(万千瓦小时)	Electricity Consumed in Rural Area(10 000 kwh)	378	435	15.1
农林牧渔业总产值(万元)	Gross Output of Farming,Forestry,Animal Husbandry & Fishery(10 000 yuan)	7620	7900	3.3
粮食产量(吨)	Yield of Grain(ton)	4887	4676	-4.3
油料产量(吨)	Yield of Oil-bearing Grops(ton)	25	64	156.0
甜菜产量(吨)	Yield of Beetroots(ton)			
猪牛羊肉产量(吨)	Output of Pork, Beef & Mutton(ton)	714	1162	62.7
#猪肉产量(吨)	Output of Pork(ton)	225	166	-26.2
牛肉产量(吨)	Output of Beef(ton)	79	380	381.0
羊肉产量(吨)	Output of Mutton(ton)	410	616	50.2
羊毛产量(吨)	Output of Wool(ton)	38	42	10.5

23-21 Shiguai District in Baotou City

指 标	Item	2008	2009	2009年比上年增长% Increase Rate in 2009 Over 2008(%)
年末牲畜存栏头数(万头只)	Total Livestock at the Year-end(10 000 heads)	5.47	3.94	-28.0
#大牲畜(万头只)	Large Animals(10 000 heads)	0.38	0.16	-57.9
羊(万只)	Sheep & Goats(10 000 heads)	4.86	3.50	-28.0
猪(万头)	Hogs(10 000 heads)	0.23	0.27	17.4
规模以上工业	**Industrial Enterprises above Designated size**			
工业企业单位数(个)	Number of Industrial Enterprises(unit)	34	51	50.0
#内资企业(个)	Civil Funded Enterprises(unit)	33	49	48.5
工业总产值(万元)	Gross Industrial Output Value(10 000 yuan)	751672	799650	6.4
内资企业(万元)	Civil Funded Enterprises(10 000 yuan)	745548	772020	3.6
国有企业(万元)	State-owned Enterprises(10 000 yuan)	372475	226774	-39.1
集体企业(万元)	Collective-owned Enterprises(10 000 yuan)			
股份合作企业(万元)	Share Holding Enterprises(10 000 yuan)			
联营企业(万元)	Joint Owned Enterprises(10 000 yuan)			
有限责任公司(万元)	Limited Company(10 000 yuan)	15837	45126	184.9
股份有限公司(万元)	Share Holding Limited Company(10 000 yuan)	1120	87355	7699.6
私营企业(万元)	Privately Owned Enterprises(10 000 yuan)	356116	412765	15.9
其他企业(万元)	Enterprises of Other Ownership(10 000 yuan)			
港澳台商投资企业(万元)	Funds from HK,Macao & Taiwan(10 000 yuan)			
外商投资企业(万元)	Foreign Funded Enterprises(10 000 yuan)	6124	27630	351.2
工业企业增加值(万元)	Value Added of Industrial Enterprises(10 000 yuan)	357719	409435	3.0
工业企业资产总计(万元)	Total Assets of Industrial Enterprises(10 000 yuan)	374735	515326	37.5
工业企业负债合计(万元)	Total Liabilities of Industrial Enterprises(10 000 yuan)	330863	394566	19.3
工业企业产品销售收入(万元)	Sales of Revenue Industrial Enterprises(10 000 yuan)	771092	936631	21.5
工业企业利润总额(万元)	Total Profits of Industrial Enterprises(10 000 yuan)	99288	9230	-90.7
建筑业	**Construction**			
建筑企业单位数(个)	Number of Construction Enterprises(unit)	1	1	0.0
建筑企业从业人员(人)	Number of Employee in Construction Enterprises(person)	502	492	-2.0
建筑业总产值(万元)	Gross Construction Output Value(10 000 yuan)	9439	9817	4.0
交通运输邮电通信业	**Transportation,Post & Telecommunications**			
公路里程(公里)	Total Length of Highways(km)	315	315	0.0
邮电业务总量(万元)	Business Volume of Post & Telecoms(10 000 yuan)	1950	2244	15.1
本地电话用户(户)	Number of Subscribers of Local Telephone(Household)	3662	3779	3.2
国内贸易	**Domestic Trade**			
社会消费品零售总额(万元)	Total Retail Sales of Consumer Goods(10 000 yuan)	29011	31854	9.8
#贸易业(万元)	Wholesale & Retail Sales Trades(10 000 yuan)	23621	25228	6.8
餐饮业(万元)	Catering Trade(10 000 yuan)	5390	6626	22.9
科技教育卫生	**Science,Education & Public Health**			
各类专业技术人员(人)	Special Technical Personnel(person)	2428	2068	-14.8
幼儿园数(所)	Number of Kindergartens(unit)	2	2	0.0
学龄儿童入学率(%)	Percentage of School-Age Children Enrolled(%)	99.7	99.9	0.2
小学学校数(所)	Number of Primary Schools(unit)	7	7	0.0
小学专任教师数(人)	Number of Full-time Teachers of Primary Schools(person)	178	181	1.7
小学在校学生数(人)	Number of Student Enrollment of Primary Schools(person)	1607	1477	-8.1
普通中学学校数(所)	Number of Regular Secondary Schools(unit)	4	4	0.0
普通中学专任教师数(人)	Number of Teachers of Secondary Shools(person)	180	169	-6.1
初中在校学生数(人)	Number of Student in Junior Secondary Schools(person)	1195	1074	-10.1
高中在校学生数(人)	Number of Student in Senior Secondary Schools(person)	222	174	-21.6
卫生机构数(所)	Number of Health Institutions(unit)	25	25	0.0
#医院(所)	Hospitals(unit)	1	1	0.0
卫生院(所)	Township Hospitals(unit)	2	2	0.0
床位数(张)	Number of Beds(unit)	354	374	5.6
#医院(张)	Hospitals(unit)	334	334	0.0
卫生院(张)	Township Hospitals(unit)	15	40	166.7
卫生技术人员(人)	Medical Technical Presonnel(person)	312	278	-10.9
#医院(人)	Hospitals(person)	274	267	-2.6
卫生院(人)	Township Hospitals(person)	11	11	0.0

23-22 包头市白云矿区

指 标	Item	2008	2009	2009年比上年增长% Increase Rate in 2009 Over 2008(%)
行政区域土地面积(平方公里)	**Area of Administration(Sq.km)**	**303**	**303**	**0.0**
人口和就业	**Population & Employment**			
年末总人口(人)	Total Population Year-end(person)	24600	25500	3.7
#男性(人)	Male(person)	12300	13100	6.5
#乡村人口(人)	Rural(person)			
年末总户数(户)	Total Number of Households at the Year-end(Household)	8520	8850	3.9
#乡村户数(户)	Number of Rural Household(Household)			
出生人口(人)	Births(person)	139	109	-21.6
死亡人口(人)	Deaths(person)	80	87	8.8
全社会就业人员(人)	Employment(person)	13869	12849	-7.4
第一产业(人)	Primary Industry(person)	105	77	-26.7
第二产业(人)	Secondary Industry(person)	8498	7439	-12.5
第三产业(人)	Tertiary Industry(person)	5266	5333	1.3
在岗职工人数(人)	Number of Staff & Workers Employed in(person)	9197	9354	1.7
乡村劳动力(人)	Number of Rural Laborers(person)			
#农林牧渔业(人)	Farming,Forestry,Animal Husbandry & Fishery(person)			
国民经济综合指标	**Summary Item on the National Economy**			
生产总值(万元)	Gross Domestic Product(10 000 yuan)	137319	189132	18.1
第一产业(万元)	Primary Industry(10 000 yuan)	281	287	2.9
第二产业(万元)	Secondary Industry(10 000 yuan)	93547	137670	18.4
#工业(万元)	Industry(10 000 yuan)	87954	129570	18.7
第三产业(万元)	Tertiary Industry(10 000 yuan)	43491	51175	17.2
人均生产总值(元)	Per Capita GDP(yuan)	56163	75502	15.3
全社会固定资产投资(万元)	Total Investment in Fixed Assets(10 000 yuan)	163000	190963	17.2
按登记注册类型分	Grouped by Registered Type			
#国有(万元)	State-owned Enterprises(10 000 yuan)	4387	15688	257.6
集体(万元)	Collective-owned Enterprises(10 000 yuan)			
有限责任公司(万元)	Limited Liability Corporations(10 000 yuan)	115269	166234	44.2
股份有限公司(万元)	Share Holding Enterprises(10 000 yuan)			
私营企业(万元)	Private Enterprises(10 000 yuan)		9041	
外商及港澳台投资企业(万元)	Funds from HK,Macao,Taiwan & Foreign(10 000 yuan)			
按城乡渠道分	Grouped by Urban and Rural Area			
城镇（万元）	Urban(10 000 yuan)	163000	190963	17.2
农村（万元）	Rural(10 000 yuan)			
一般预算收入(万元)	General Budgetary Financial Revenue(10 000 yuan)	13260	18508	39.6
一般预算支出(万元)	General Budgetary Financial Expenditures(10 000 yuan)	18630	25575	37.3
城乡居民储蓄存款余额(万元)	Resident Saving Deposit in Urban & Rural(10 000 yuan)	57660	56100	-2.7
在岗职工工资总额(万元)	Total Wages of Staff & Workers Employed in(10 000 yuan)	33198	38806	16.9
在岗职工平均工资(元)	Average Wage of Staff & Workers Employed in(yuan)	35758	41830	17.0
农牧民人均纯收入(元)	Per Capita Net Income of Peasant & Herdsman(yuan)			
农村牧区经济	**Economic Development in Rural & Pastoral Area**			
耕地面积(公顷)	Cultivated Area(hectare)			
农作物总播种面积(公顷)	Total Sown Area(hectare)			
#粮食作物播种面积(公顷)	Sown Area of Grain Crops(hectare)			
有效灌溉面积(公顷)	Irrigated Area(hectare)			
农牧业机械总动力(万千瓦)	Total Power of Agricultural Machinery(10 000 kw)			
化肥施用折纯量(吨)	Consumption of Chemical Fertilizer(ton)			
农村用电量(万千瓦小时)	Electricity Consumed in Rural Area(10 000 kwh)			
农林牧渔业总产值(万元)	Gross Output of Farming,Forestry,Animal Husbandry & Fishery(10 000 yuan)	514	474	2.9
粮食产量(吨)	Yield of Grain(ton)			
油料产量(吨)	Yield of Oil-bearing Grops(ton)			
甜菜产量(吨)	Yield of Beetroots(ton)			
猪牛羊肉产量(吨)	Output of Pork, Beef & Mutton(ton)	79	100	26.6
#猪肉产量(吨)	Output of Pork(ton)	30	96	220.0
牛肉产量(吨)	Output of Beef(ton)	47	1	-97.9
羊肉产量(吨)	Output of Mutton(ton)	2	3	50.0
羊毛产量(吨)	Output of Wool(ton)		1	

23-22 Baiyun Mineral District in Baotou City

指 标	Item	2008	2009	2009年比上年增长% Increase Rate in 2009 Over 2008(%)
年末牲畜存栏头数(万头只)	Total Livestock at the Year-end(10 000 heads)	0.13	0.14	7.7
#大牲畜(万头只)	Large Animals(10 000 heads)	0.01	0.01	0.0
羊(万只)	Sheep & Goats(10 000 heads)	0.02	0.02	0.0
猪(万头)	Hogs(10 000 heads)	0.10	0.11	10.0
规模以上工业	**Industrial Enterprises above Designated size**			
工业企业单位数(个)	Number of Industrial Enterprises(unit)	5	6	20.0
#内资企业(个)	Civil Funded Enterprises(unit)	5	6	20.0
工业总产值(万元)	Gross Industrial Output Value(10 000 yuan)	30039	28330	-5.7
内资企业(万元)	Civil Funded Enterprises(10 000 yuan)	30039	28330	-5.7
国有企业(万元)	State-owned Enterprises(10 000 yuan)			
集体企业(万元)	Collective-owned Enterprises(10 000 yuan)	7463		
股份合作企业(万元)	Share Holding Enterprises(10 000 yuan)			
联营企业(万元)	Joint Owned Enterprises(10 000 yuan)			
有限责任公司(万元)	Limited Company(10 000 yuan)	5420	9094	67.8
股份有限公司(万元)	Share Holding Limited Company(10 000 yuan)			
私营企业(万元)	Privately Owned Enterprises(10 000 yuan)	17156	19236	12.1
其他企业(万元)	Enterprises of Other Ownership(10 000 yuan)			
港澳台商投资企业(万元)	Funds from HK,Macao & Taiwan(10 000 yuan)			
外商投资企业(万元)	Foreign Funded Enterprises(10 000 yuan)			
工业企业增加值(万元)	Value Added of Industrial Enterprises(10 000 yuan)	7100	8400	19.8
工业企业资产总计(万元)	Total Assets of Industrial Enterprises(10 000 yuan)	13619	72997	436.0
工业企业负债合计(万元)	Total Liabilities of Industrial Enterprises(10 000 yuan)	13465	53456	297.0
工业企业产品销售收入(万元)	Sales of Revenue Industrial Enterprises(10 000 yuan)	23750	22928	-3.5
工业企业利润总额(万元)	Total Profits of Industrial Enterprises(10 000 yuan)	25	789	3056.0
建筑业	**Construction**			
建筑企业单位数(个)	Number of Construction Enterprises(unit)			
建筑企业从业人员(人)	Number of Employee in Construction Enterprises(person)			
建筑业总产值(万元)	Gross Construction Output Value(10 000 yuan)			
交通运输邮电通信业	**Transportation,Post & Telecommunications**			
公路里程(公里)	Total Length of Highways(km)	77	77	0.0
邮电业务总量(万元)	Business Volume of Post & Telecoms(10 000 yuan)	3100	3209	3.5
本地电话用户(户)	Number of Subscribers of Local Telephone(Household)	26500	24698	-6.8
国内贸易	**Domestic Trade**			
社会消费品零售总额(万元)	Total Retail Sales of Consumer Goods(10 000 yuan)	29809	35056	17.6
#贸易业(万元)	Wholesale & Retail Sales Trades(10 000 yuan)	20484	23262	13.6
餐饮业(万元)	Catering Trade(10 000 yuan)	8857	11204	26.5
科技教育卫生	**Science,Education & Public Health**			
各类专业技术人员(人)	Special Technical Personnel(person)	1469	1471	0.1
幼儿园数(所)	Number of Kindergartens(unit)	1	2	100.0
学龄儿童入学率(%)	Percentage of School-Age Children Enrolled(%)	100.0	100.0	0.0
小学学校数(所)	Number of Primary Schools(unit)	3	3	0.0
小学专任教师数(人)	Number of Full-time Teachers of Primary Schools(person)	132	133	0.8
小学在校学生数(人)	Number of Student Enrollment of Primary Schools(person)	2062	1918	-7.0
普通中学学校数(所)	Number of Regular Secondary Schools(unit)	2	2	0.0
普通中学专任教师数(人)	Number of Teachers of Secondary Shools(person)	106	109	2.8
初中在校学生数(人)	Number of Student in Junior Secondary Schools(person)	1113	1055	-5.2
高中在校学生数(人)	Number of Student in Senior Secondary Schools(person)	447	378	-15.4
卫生机构数(所)	Number of Health Institutions(unit)	10	9	-10.0
#医院(所)	Hospitals(unit)	2	2	0.0
卫生院(所)	Township Hospitals(unit)			
床位数(张)	Number of Beds(unit)	122	110	-9.8
#医院(张)	Hospitals(unit)	122	110	-9.8
卫生院(张)	Township Hospitals(unit)			
卫生技术人员(人)	Medical Technical Presonnel(person)	151	151	0.0
#医院(人)	Hospitals(person)	130	122	-6.2
卫生院(人)	Township Hospitals(person)			

23-23 包头市土默特右旗

指 标	Item	2008	2009	2009年比上年增长% Increase Rate in 2009 Over 2008(%)
行政区域土地面积(平方公里)	**Area of Administration(Sq.km)**	**2368**	**2368**	**0.0**
人口和就业	**Population & Employment**			
年末总人口(人)	Total Population Year-end(person)	306900	308200	0.4
# 男性(人)	Male(person)	165900	166200	0.2
# 乡村人口(人)	Rural(person)	214300	206600	-3.6
年末总户数(户)	Total Number of Households at the Year-end(Household)	100520	101380	0.9
# 乡村户数(户)	Number of Rural Household(Household)	51884	51301	-1.1
出生人口(人)	Births(person)	2840	3098	9.1
死亡人口(人)	Deaths(person)	1515	1497	-1.2
全社会就业人员(人)	Employment(person)	172621	190399	10.3
第一产业(人)	Primary Industry(person)	107497	116461	8.3
第二产业(人)	Secondary Industry(person)	20032	22848	14.1
第三产业(人)	Tertiary Industry(person)	45092	51090	13.3
在岗职工人数(人)	Number of Staff & Workers Employed in(person)	13425	14630	9.0
乡村劳动力(人)	Number of Rural Laborers(person)	133086	153980	15.7
# 农林牧渔业(人)	Farming,Forestry,Animal Husbandry & Fishery(person)	91220	101000	10.7
国民经济综合指标	**Summary Item on the National Economy**			
生产总值(万元)	Gross Domestic Product(10 000 yuan)	1108532	1388061	22.8
第一产业(万元)	Primary Industry(10 000 yuan)	208850	221200	6.0
第二产业(万元)	Secondary Industry(10 000 yuan)	411900	615606	38.4
# 工业(万元)	Industry(10 000 yuan)	333400	508006	38.0
第三产业(万元)	Tertiary Industry(10 000 yuan)	487782	551255	17.4
人均生产总值(元)	Per Capita GDP(yuan)	35904	45133	23.3
全社会固定资产投资(万元)	Total Investment in Fixed Assets(10 000 yuan)	845000	1240000	46.7
按登记注册类型分	Grouped by Registered Type			
# 国有(万元)	State-owned Enterprises(10 000 yuan)	141883	234636	65.4
集体(万元)	Collective-owned Enterprises(10 000 yuan)	5000		
有限责任公司(万元)	Limited Liability Corporations(10 000 yuan)	141846	199163	40.4
股份有限公司(万元)	Share Holding Enterprises(10 000 yuan)	29950	117300	291.7
私营企业(万元)	Private Enterprises(10 000 yuan)		562094	
外商及港澳台投资企业 (万元)	Funds from HK,Macao,Taiwan & Foreign(10 000 yuan)			
按城乡渠道分	Grouped by Urban and Rural Area			
城镇（万元）	Urban(10 000 yuan)	822870	866466	5.3
农村（万元）	Rural(10 000 yuan)	22130	373534	1587.9
一般预算收入(万元)	General Budgetary Financial Revenue(10 000 yuan)	47843	73353	53.3
一般预算支出(万元)	General Budgetary Financial Expenditures(10 000 yuan)	112341	138289	23.1
城乡居民储蓄存款余额(万元)	Resident Saving Deposit in Urban & Rural(10 000 yuan)	224534	312076	39.0
在岗职工工资总额(万元)	Total Wages of Staff & Workers Employed in(10 000 yuan)	29032	46164	59.0
在岗职工平均工资(元)	Average Wage of Staff & Workers Employed in(yuan)	21785	30389	39.5
农牧民人均纯收入(元)	Per Capita Net Income of Peasant & Herdsman(yuan)	7102	7869	10.8
农村牧区经济	**Economic Development in Rural & Pastoral Area**			
耕地面积(公顷)	Cultivated Area(hectare)	102977	102970	0.0
农作物总播种面积(公顷)	Total Sown Area(hectare)	110279	109756	-0.5
# 粮食作物播种面积(公顷)	Sown Area of Grain Crops(hectare)	79424	81988	3.2
有效灌溉面积(公顷)	Irrigated Area(hectare)	91763	91763	0.0
农牧业机械总动力(万千瓦)	Total Power of Agricultural Machinery(10 000 kw)	37.83	45.59	20.5
化肥施用折纯量(吨)	Consumption of Chemical Fertilizer(ton)	31449	31808	1.1
农村用电量(万千瓦小时)	Electricity Consumed in Rural Area(10 000 kwh)	5703	6117	7.3
农林牧渔业总产值(万元)	Gross Output of Farming,Forestry,Animal Husbandry & Fishery(10 000 yuan)	370886	405060	
粮食产量(吨)	Yield of Grain(ton)	721781	744854	3.2
油料产量(吨)	Yield of Oil-bearing Grops(ton)	10711	18563	73.3
甜菜产量(吨)	Yield of Beetroots(ton)	121650	104611	-14.0
猪牛羊肉产量(吨)	Output of Pork, Beef & Mutton(ton)	62188	59354	-4.6
# 猪肉产量(吨)	Output of Pork(ton)	20114	20867	3.7
牛肉产量(吨)	Output of Beef(ton)	14073	14100	0.2
羊肉产量(吨)	Output of Mutton(ton)	28001	24387	-12.9
羊毛产量(吨)	Output of Wool(ton)	586	669	14.2

23-23 Tumoteyou Banner in Baotou City

指 标	Item	2008	2009	2009年比上年增长% Increase Rate in 2009 Over 2008(%)
年末牲畜存栏头数(万头只)	Total Livestock at the Year-end(10 000 heads)	90.00	90.81	0.9
#大牲畜(万头只)	Large Animals(10 000 heads)	19.64	18.76	-4.5
羊(万只)	Sheep & Goats(10 000 heads)	58.02	59.14	1.9
猪(万头)	Hogs(10 000 heads)	12.34	12.91	4.6
规模以上工业	**Industrial Enterprises above Designated size**			
工业企业单位数(个)	Number of Industrial Enterprises(unit)	40	46	15.0
#内资企业(个)	Civil Funded Enterprises(unit)	37	43	16.2
工业总产值(万元)	Gross Industrial Output Value(10 000 yuan)	341914	670635	96.1
内资企业(万元)	Civil Funded Enterprises(10 000 yuan)	298267	622070	108.6
国有企业(万元)	State-owned Enterprises(10 000 yuan)	48797	65502	34.2
集体企业(万元)	Collective-owned Enterprises(10 000 yuan)			
股份合作企业(万元)	Share Holding Enterprises(10 000 yuan)			
联营企业(万元)	Joint Owned Enterprises(10 000 yuan)			
有限责任公司(万元)	Limited Company(10 000 yuan)	24149	67356	178.9
股份有限公司(万元)	Share Holding Limited Company(10 000 yuan)			
私营企业(万元)	Privately Owned Enterprises(10 000 yuan)	225321	489212	117.1
其他企业(万元)	Enterprises of Other Ownership(10 000 yuan)			
港澳台商投资企业(万元)	Funds from HK,Macao & Taiwan(10 000 yuan)	24883	48565	95.2
外商投资企业(万元)	Foreign Funded Enterprises(10 000 yuan)	18764		
工业企业增加值(万元)	Value Added of Industrial Enterprises(10 000 yuan)	155211	274106	45.3
工业企业资产总计(万元)	Total Assets of Industrial Enterprises(10 000 yuan)	139643	558061	299.6
工业企业负债合计(万元)	Total Liabilities of Industrial Enterprises(10 000 yuan)	86415	362781	319.8
工业企业产品销售收入(万元)	Sales of Revenue Industrial Enterprises(10 000 yuan)	327686	669356	104.3
工业企业利润总额(万元)	Total Profits of Industrial Enterprises(10 000 yuan)	41024	114987	180.3
建筑业	**Construction**			
建筑企业单位数(个)	Number of Construction Enterprises(unit)	6	6	0.0
建筑企业从业人员(人)	Number of Employee in Construction Enterprises(person)	4590	5730	24.8
建筑业总产值(万元)	Gross Construction Output Value(10 000 yuan)	31250	61558	97.0
交通运输邮电通信业	**Transportation,Post & Telecommunications**			
公路里程(公里)	Total Length of Highways(km)	2142	2142	0.0
邮电业务总量(万元)	Business Volume of Post & Telecoms(10 000 yuan)	11048	11645	5.4
本地电话用户(户)	Number of Subscribers of Local Telephone(Household)	24000	21824	-9.1
国内贸易	**Domestic Trade**			
社会消费品零售总额(万元)	Total Retail Sales of Consumer Goods(10 000 yuan)	176503	206156	16.8
#贸易业(万元)	Wholesale & Retail Sales Trades(10 000 yuan)	152183	179583	18.0
餐饮业(万元)	Catering Trade(10 000 yuan)	22450	25862	15.2
科技教育卫生	**Science,Education & Public Health**			
各类专业技术人员(人)	Special Technical Personnel(person)	4903	4915	0.2
幼儿园数(所)	Number of Kindergartens(unit)	4	14	250.0
学龄儿童入学率(%)	Percentage of School-Age Children Enrolled(%)	100.0	100.0	0.0
小学学校数(所)	Number of Primary Schools(unit)	26	25	-3.8
小学专任教师数(人)	Number of Full-time Teachers of Primary Schools(person)	977	1052	7.7
小学在校学生数(人)	Number of Student Enrollment of Primary Schools(person)	17300	16627	-3.9
普通中学学校数(所)	Number of Regular Secondary Schools(unit)	7	7	0.0
普通中学专任教师数(人)	Number of Teachers of Secondary Shools(person)	693	722	4.2
初中在校学生数(人)	Number of Student in Junior Secondary Schools(person)	9275	8909	-3.9
高中在校学生数(人)	Number of Student in Senior Secondary Schools(person)	4301	3880	-9.8
卫生机构数(所)	Number of Health Institutions(unit)	24	23	-4.2
#医院(所)	Hospitals(unit)	2	3	50.0
卫生院(所)	Township Hospitals(unit)	22	20	-9.1
床位数(张)	Number of Beds(unit)	731	403	-44.9
#医院(张)	Hospitals(unit)	230	210	-8.7
卫生院(张)	Township Hospitals(unit)	156	193	23.7
卫生技术人员(人)	Medical Technical Presonnel(person)	586	445	-24.1
#医院(人)	Hospitals(person)	316	275	-13.0
卫生院(人)	Township Hospitals(person)	270	170	-37.0

23-24 包头市固阳县

指 标	Item	2008	2009	2009年比上年增长% Increase Rate in 2009 Over 2008(%)
行政区域土地面积(平方公里)	**Area of Administration(Sq.km)**	**5025**	**5025**	**0.0**
人口和就业	**Population & Employment**			
年末总人口(人)	Total Population Year-end(person)	173200	172400	-0.5
#男性(人)	Male(person)	95500	94900	-0.6
#乡村人口(人)	Rural(person)	126200	120700	-4.4
年末总户数(户)	Total Number of Households at the Year-end(Household)	53360	53210	-0.3
#乡村户数(户)	Number of Rural Household(Household)	31642	30658	-3.1
出生人口(人)	Births(person)	1388	1437	3.5
死亡人口(人)	Deaths(person)	683	688	0.7
全社会就业人员(人)	Employment(person)	109841	110621	0.7
第一产业(人)	Primary Industry(person)	65329	66536	1.8
第二产业(人)	Secondary Industry(person)	27810	27145	-2.4
第三产业(人)	Tertiary Industry(person)	16702	16940	1.4
在岗职工人数(人)	Number of Staff & Workers Employed in(person)	9355	9829	5.1
乡村劳动力(人)	Number of Rural Laborers(person)	50390	69687	38.3
#农林牧渔业(人)	Farming,Forestry,Animal Husbandry & Fishery(person)	35021	49874	42.4
国民经济综合指标	**Summary Item on the National Economy**			
生产总值(万元)	Gross Domestic Product(10 000 yuan)	557171	645134	19.5
第一产业(万元)	Primary Industry(10 000 yuan)	74300	78520	5.9
第二产业(万元)	Secondary Industry(10 000 yuan)	370200	442717	25.8
#工业(万元)	Industry(10 000 yuan)	322900	392417	28.7
第三产业(万元)	Tertiary Industry(10 000 yuan)	112671	123897	10.0
人均生产总值(元)	Per Capita GDP(yuan)	32058	37334	20.2
全社会固定资产投资(万元)	Total Investment in Fixed Assets(10 000 yuan)	600000	721488	20.2
按登记注册类型分	Grouped by Registered Type			
#国有(万元)	State-owned Enterprises(10 000 yuan)	68465	206788	202.0
集体(万元)	Collective-owned Enterprises(10 000 yuan)		14645	
有限责任公司(万元)	Limited Liability Corporations(10 000 yuan)	317282	151643	-52.2
股份有限公司(万元)	Share Holding Enterprises(10 000 yuan)		4800	
私营企业(万元)	Private Enterprises(10 000 yuan)		334908	
外商及港澳台投资企业(万元)	Funds from HK,Macao,Taiwan & Foreign(10 000 yuan)			
按城乡渠道分	Grouped by Urban and Rural Area			
城镇(万元)	Urban(10 000 yuan)	600000	721488	20.2
农村(万元)	Rural(10 000 yuan)			
一般预算收入(万元)	General Budgetary Financial Revenue(10 000 yuan)	33622	46253	37.6
一般预算支出(万元)	General Budgetary Financial Expenditures(10 000 yuan)	80269	94310	17.5
城乡居民储蓄存款余额(万元)	Resident Saving Deposit in Urban & Rural(10 000 yuan)	94447	106507	12.8
在岗职工工资总额(万元)	Total Wages of Staff & Workers Employed in(10 000 yuan)	23961	30179	26.0
在岗职工平均工资(元)	Average Wage of Staff & Workers Employed in(yuan)	24712	30249	22.4
农牧民人均纯收入(元)	Per Capita Net Income of Peasant & Herdsman(yuan)	5402	5958	10.3
农村牧区经济	**Economic Development in Rural & Pastoral Area**			
耕地面积(公顷)	Cultivated Area(hectare)	190337	190337	0.0
农作物总播种面积(公顷)	Total Sown Area(hectare)	108064	103865	-3.9
#粮食作物播种面积(公顷)	Sown Area of Grain Crops(hectare)	73565	66778	-9.2
有效灌溉面积(公顷)	Irrigated Area(hectare)	13345	14980	12.3
农牧业机械总动力(万千瓦)	Total Power of Agricultural Machinery(10 000 kw)	31.10	31.82	2.3
化肥施用折纯量(吨)	Consumption of Chemical Fertilizer(ton)	12747	14014	9.9
农村用电量(万千瓦小时)	Electricity Consumed in Rural Area(10 000 kwh)	5674	6240	10.0
农林牧渔业总产值(万元)	Gross Output of Farming,Forestry,Animal Husbandry & Fishery(10 000 yuan)	122850	136000	5.9
粮食产量(吨)	Yield of Grain(ton)	87415	69062	-21.0
油料产量(吨)	Yield of Oil-bearing Grops(ton)	13921	13809	-0.8
甜菜产量(吨)	Yield of Beetroots(ton)	4497	4192	-6.8
猪牛羊肉产量(吨)	Output of Pork, Beef & Mutton(ton)	28787	32512	12.9
#猪肉产量(吨)	Output of Pork(ton)	10855	11522	6.1
牛肉产量(吨)	Output of Beef(ton)	1710	1909	11.6
羊肉产量(吨)	Output of Mutton(ton)	16222	19081	17.6
羊毛产量(吨)	Output of Wool(ton)	726	879	21.1

23-24 Guyang County in Baotou City

指 标	Item	2008	2009	2009年比上年增长% Increase Rate in 2009 Over 2008(%)
年末牲畜存栏头数(万头只)	Total Livestock at the Year-end(10 000 heads)	38.74	38.84	0.3
#大牲畜(万头只)	Large Animals(10 000 heads)	1.80	1.57	-12.8
羊(万只)	Sheep & Goats(10 000 heads)	32.31	32.46	0.5
猪(万头)	Hogs(10 000 heads)	4.63	4.81	3.9
规模以上工业	**Industrial Enterprises above Designated size**			
工业企业单位数(个)	Number of Industrial Enterprises(unit)	30	34	13.3
#内资企业(个)	Civil Funded Enterprises(unit)	30	34	13.3
工业总产值(万元)	Gross Industrial Output Value(10 000 yuan)	337823	484400	43.4
内资企业(万元)	Civil Funded Enterprises(10 000 yuan)	337823	484400	43.4
国有企业(万元)	State-owned Enterprises(10 000 yuan)	19541	17485	-10.5
集体企业(万元)	Collective-owned Enterprises(10 000 yuan)			
股份合作企业(万元)	Share Holding Enterprises(10 000 yuan)			
联营企业(万元)	Joint Owned Enterprises(10 000 yuan)			
有限责任公司(万元)	Limited Company(10 000 yuan)	275756	384582	39.5
股份有限公司(万元)	Share Holding Limited Company(10 000 yuan)			
私营企业(万元)	Privately Owned Enterprises(10 000 yuan)	42526	82333	93.6
其他企业(万元)	Enterprises of Other Ownership(10 000 yuan)			
港澳台商投资企业(万元)	Funds from HK,Macao & Taiwan(10 000 yuan)			
外商投资企业(万元)	Foreign Funded Enterprises(10 000 yuan)			
工业企业增加值(万元)	Value Added of Industrial Enterprises(10 000 yuan)	173823	219617	39.5
工业企业资产总计(万元)	Total Assets of Industrial Enterprises(10 000 yuan)	153519	177728	15.8
工业企业负债合计(万元)	Total Liabilities of Industrial Enterprises(10 000 yuan)	121855	118636	-2.6
工业企业产品销售收入(万元)	Sales of Revenue Industrial Enterprises(10 000 yuan)	338785	469116	38.5
工业企业利润总额(万元)	Total Profits of Industrial Enterprises(10 000 yuan)	13763	76592	456.5
建筑业	**Construction**			
建筑企业单位数(个)	Number of Construction Enterprises(unit)	1	1	0.0
建筑企业从业人员(人)	Number of Employee in Construction Enterprises(person)	650	650	0.0
建筑业总产值(万元)	Gross Construction Output Value(10 000 yuan)	9800	9800	0.0
交通运输邮电通信业	**Transportation,Post & Telecommunications**			
公路里程(公里)	Total Length of Highways(km)	1260	1260	0.0
邮电业务总量(万元)	Business Volume of Post & Telecoms(10 000 yuan)	1882	2103	11.7
本地电话用户(户)	Number of Subscribers of Local Telephone(Household)	8600	8875	3.2
国内贸易	**Domestic Trade**			
社会消费品零售总额(万元)	Total Retail Sales of Consumer Goods(10 000 yuan)	86288	98540	14.2
#贸易业(万元)	Wholesale & Retail Sales Trades(10 000 yuan)	56679	64291	13.4
餐饮业(万元)	Catering Trade(10 000 yuan)	29568	34249	15.8
科技教育卫生	**Science,Education & Public Health**			
各类专业技术人员(人)	Special Technical Personnel(person)	3194	3201	0.2
幼儿园数(所)	Number of Kindergartens(unit)	9	10	11.1
学龄儿童入学率(%)	Percentage of School-Age Children Enrolled(%)	99.8	99.8	0.0
小学学校数(所)	Number of Primary Schools(unit)	14	13	-7.1
小学专任教师数(人)	Number of Full-time Teachers of Primary Schools(person)	997	760	-23.8
小学在校学生数(人)	Number of Student Enrollment of Primary Schools(person)	7106	6454	-9.2
普通中学学校数(所)	Number of Regular Secondary Schools(unit)	3	3	0.0
普通中学专任教师数(人)	Number of Teachers of Secondary Shools(person)	502	467	-7.0
初中在校学生数(人)	Number of Student in Junior Secondary Schools(person)	4662	4313	-7.5
高中在校学生数(人)	Number of Student in Senior Secondary Schools(person)	2325	2139	-8.0
卫生机构数(所)	Number of Health Institutions(unit)	32	32	0.0
#医院(所)	Hospitals(unit)	2	2	0.0
卫生院(所)	Township Hospitals(unit)	17	15	-11.8
床位数(张)	Number of Beds(unit)	472	360	-23.7
#医院(张)	Hospitals(unit)	198	150	-24.2
卫生院(张)	Township Hospitals(unit)	274	210	-23.4
卫生技术人员(人)	Medical Technical Presonnel(person)	502	499	-0.6
#医院(人)	Hospitals(person)	252	178	-29.4
卫生院(人)	Township Hospitals(person)	250	185	-26.0

23-25 包头市达尔罕茂明安联合旗

指 标	Item	2008	2009	2009年比上年增长% Increase Rate in 2009 Over 2008(%)
行政区域土地面积(平方公里)	**Area of Administration(Sq.km)**	**17410**	**17410**	**0.0**
人口和就业	**Population & Employment**			
年末总人口(人)	Total Population Year-end(person)	120400	119600	-0.7
# 男性(人)	Male(person)	64900	64300	-0.9
# 乡村人口(人)	Rural(person)	59200	57400	-3.0
年末总户数(户)	Total Number of Households at the Year-end(Household)	36610	36570	-0.1
# 乡村户数(户)	Number of Rural Household(Household)	13501	13201	-2.2
出生人口(人)	Births(person)	675	682	1.0
死亡人口(人)	Deaths(person)	428	375	-12.4
全社会就业人员(人)	Employment(person)	65400	65432	0.0
第一产业(人)	Primary Industry(person)	34960	34936	-0.1
第二产业(人)	Secondary Industry(person)	8960	8983	0.3
第三产业(人)	Tertiary Industry(person)	21480	21513	0.2
在岗职工人数(人)	Number of Staff & Workers Employed in(person)	6342	5384	-15.1
乡村劳动力(人)	Number of Rural Laborers(person)	38894	45833	17.8
# 农林牧渔业(人)	Farming,Forestry,Animal Husbandry & Fishery(person)	19409	22432	15.6
国民经济综合指标	**Summary Item on the National Economy**			
生产总值(万元)	Gross Domestic Product(10 000 yuan)	938494	1068628	22.0
第一产业(万元)	Primary Industry(10 000 yuan)	82400	87130	5.9
第二产业(万元)	Secondary Industry(10 000 yuan)	642700	741718	27.6
# 工业(万元)	Industry(10 000 yuan)	551100	648718	31.9
第三产业(万元)	Tertiary Industry(10 000 yuan)	213394	239780	11.6
人均生产总值(元)	Per Capita GDP(yuan)	84549	89052	12.8
全社会固定资产投资(万元)	Total Investment in Fixed Assets(10 000 yuan)	813000	1084261	33.4
按登记注册类型分	Grouped by Registered Type			
# 国有(万元)	State-owned Enterprises(10 000 yuan)	277144	498738	80.0
集体(万元)	Collective-owned Enterprises(10 000 yuan)			
有限责任公司(万元)	Limited Liability Corporations(10 000 yuan)	21429	21105	-1.5
股份有限公司(万元)	Share Holding Enterprises(10 000 yuan)	159606	299973	87.9
私营企业(万元)	Private Enterprises(10 000 yuan)	156047	17000	-89.1
外商及港澳台投资企业 (万元)	Funds from HK,Macao,Taiwan & Foreign(10 000 yuan)	158506	191587	20.9
按城乡渠道分	Grouped by Urban and Rural Area			
城镇（万元）	Urban(10 000 yuan)	808100	1084261	34.2
农村（万元）	Rural(10 000 yuan)	4900		
一般预算收入(万元)	General Budgetary Financial Revenue(10 000 yuan)	68550	80077	16.8
一般预算支出(万元)	General Budgetary Financial Expenditures(10 000 yuan)	96984	138748	43.1
城乡居民储蓄存款余额(万元)	Resident Saving Deposit in Urban & Rural(10 000 yuan)	77089	90498	17.4
在岗职工工资总额(万元)	Total Wages of Staff & Workers Employed in(10 000 yuan)	19466	18902	-2.9
在岗职工平均工资(元)	Average Wage of Staff & Workers Employed in(yuan)	29634	36575	23.4
农牧民人均纯收入(元)	Per Capita Net Income of Peasant & Herdsman(yuan)	6242	6879	10.2
农村牧区经济	**Economic Development in Rural & Pastoral Area**			
耕地面积(公顷)	Cultivated Area(hectare)	73689	73689	0.0
农作物总播种面积(公顷)	Total Sown Area(hectare)	55480	60654	9.3
# 粮食作物播种面积(公顷)	Sown Area of Grain Crops(hectare)	44016	50951	15.8
有效灌溉面积(公顷)	Irrigated Area(hectare)	13315	17039	28.0
农牧业机械总动力(万千瓦)	Total Power of Agricultural Machinery(10 000 kw)	19.90	24.34	22.3
化肥施用折纯量(吨)	Consumption of Chemical Fertilizer(ton)	7238	7303	0.9
农村用电量(万千瓦小时)	Electricity Consumed in Rural Area(10 000 kwh)	1828	2000	9.4
农林牧渔业总产值(万元)	Gross Output of Farming,Forestry,Animal Husbandry & Fishery(10 000 yuan)	126769	148700	5.9
粮食产量(吨)	Yield of Grain(ton)	78534	69188	-11.9
油料产量(吨)	Yield of Oil-bearing Grops(ton)	6311	1660	-73.7
甜菜产量(吨)	Yield of Beetroots(ton)			
猪牛羊肉产量(吨)	Output of Pork, Beef & Mutton(ton)	15475	18803	21.5
# 猪肉产量(吨)	Output of Pork(ton)	1408	1805	28.2
牛肉产量(吨)	Output of Beef(ton)	4317	8223	90.5
羊肉产量(吨)	Output of Mutton(ton)	9750	8775	-10.0
羊毛产量(吨)	Output of Wool(ton)	1160	1135	-2.2

23-25 Daerhanmaomingan Union Banner in Baotou City

指 标	Item	2008	2009	2009年比上年增长% Increase Rate in 2009 Over 2008(%)
年末牲畜存栏头数(万头只)	Total Livestock at the Year-end(10 000 heads)	59.25	49.27	-16.8
#大牲畜(万头只)	Large Animals(10 000 heads)	6.76	5.81	-14.1
羊(万只)	Sheep & Goats(10 000 heads)	50.68	41.70	-17.7
猪(万头)	Hogs(10 000 heads)	1.81	1.76	-2.8
规模以上工业	**Industrial Enterprises above Designated size**			
工业企业单位数(个)	Number of Industrial Enterprises(unit)	37	45	21.6
#内资企业(个)	Civil Funded Enterprises(unit)	37	43	16.2
工业总产值(万元)	Gross Industrial Output Value(10 000 yuan)	629131	906913	44.2
内资企业(万元)	Civil Funded Enterprises(10 000 yuan)	629131	872391	38.7
国有企业(万元)	State-owned Enterprises(10 000 yuan)	25007	22533	-9.9
集体企业(万元)	Collective-owned Enterprises(10 000 yuan)			
股份合作企业(万元)	Share Holding Enterprises(10 000 yuan)			
联营企业(万元)	Joint Owned Enterprises(10 000 yuan)			
有限责任公司(万元)	Limited Company(10 000 yuan)	116305	155981	34.1
股份有限公司(万元)	Share Holding Limited Company(10 000 yuan)			
私营企业(万元)	Privately Owned Enterprises(10 000 yuan)	487819	693877	42.2
其他企业(万元)	Enterprises of Other Ownership(10 000 yuan)			
港澳台商投资企业(万元)	Funds from HK,Macao & Taiwan(10 000 yuan)			
外商投资企业(万元)	Foreign Funded Enterprises(10 000 yuan)		34522	
工业企业增加值(万元)	Value Added of Industrial Enterprises(10 000 yuan)	307403	344418	39.3
工业企业资产总计(万元)	Total Assets of Industrial Enterprises(10 000 yuan)	508369	1117386	119.8
工业企业负债合计(万元)	Total Liabilities of Industrial Enterprises(10 000 yuan)	294406	693906	135.7
工业企业产品销售收入(万元)	Sales of Revenue Industrial Enterprises(10 000 yuan)	594821	866098	45.6
工业企业利润总额(万元)	Total Profits of Industrial Enterprises(10 000 yuan)	102711	109065	6.2
建筑业	**Construction**			
建筑企业单位数(个)	Number of Construction Enterprises(unit)	2	2	0.0
建筑企业从业人员(人)	Number of Employee in Construction Enterprises(person)	606	620	2.3
建筑业总产值(万元)	Gross Construction Output Value(10 000 yuan)	11125	146851	1220.0
交通运输邮电通信业	**Transportation,Post & Telecommunications**			
公路里程(公里)	Total Length of Highways(km)	2165	2165	0.0
邮电业务总量(万元)	Business Volume of Post & Telecoms(10 000 yuan)	3590	3950	10.0
本地电话用户(户)	Number of Subscribers of Local Telephone(Household)	13200	13090	-0.8
国内贸易	**Domestic Trade**			
社会消费品零售总额(万元)	Total Retail Sales of Consumer Goods(10 000 yuan)	91717	104374	13.8
#贸易业(万元)	Wholesale & Retail Sales Trades(10 000 yuan)	62868	71980	14.5
餐饮业(万元)	Catering Trade(10 000 yuan)	27662	31093	12.4
科技教育卫生	**Science,Education & Public Health**			
各类专业技术人员(人)	Special Technical Personnel(person)	2099	2099	0.0
幼儿园数(所)	Number of Kindergartens(unit)	5	8	60.0
学龄儿童入学率(%)	Percentage of School-Age Children Enrolled(%)	99.8	100.0	0.2
小学学校数(所)	Number of Primary Schools(unit)	14	5	-64.3
小学专任教师数(人)	Number of Full-time Teachers of Primary Schools(person)	447	456	2.0
小学在校学生数(人)	Number of Student Enrollment of Primary Schools(person)	5888	5523	-6.2
普通中学学校数(所)	Number of Regular Secondary Schools(unit)	5	4	-20.0
普通中学专任教师数(人)	Number of Teachers of Secondary Shools(person)	312	319	2.2
初中在校学生数(人)	Number of Student in Junior Secondary Schools(person)	3037	2888	-4.9
高中在校学生数(人)	Number of Student in Senior Secondary Schools(person)	1094	956	-12.6
卫生机构数(所)	Number of Health Institutions(unit)	28	28	0.0
#医院(所)	Hospitals(unit)	2	2	0.0
卫生院(所).	Township Hospitals(unit)	21	21	0.0
床位数(张)	Number of Beds(unit)	292	302	3.4
#医院(张)	Hospitals(unit)	160	160	0.0
卫生院(张)	Township Hospitals(unit)	132	117	-11.4
卫生技术人员(人)	Medical Technical Presonnel(person)	316	341	7.9
#医院(人)	Hospitals(person)	159	173	8.8
卫生院(人)	Township Hospitals(person)	110	114	3.6

23-26 呼伦贝尔市海拉尔区

指 标	Item	2008	2009	2009年比上年增长% Increase Rate in 2009 Over 2008(%)
行政区域土地面积(平方公里)	**Area of Administration(Sq.km)**	**1440**	**1440**	**0.0**
人口和就业	**Population & Employment**			
年末总人口(人)	Total Population Year-end(person)	265745	269152	1.3
#男性(人)	Male(person)	132036	133944	1.4
#乡村人口(人)	Rural(person)	17896	18058	0.9
年末总户数(户)	Total Number of Households at the Year-end(Household)	80322	81600	1.6
#乡村户数(户)	Number of Rural Household(Household)	5808	5967	2.7
出生人口(人)	Births(person)	1808	1671	-7.6
死亡人口(人)	Deaths(person)	1390	1441	3.7
全社会就业人员(人)	Employment(person)	82763	90156	8.9
第一产业(人)	Primary Industry(person)	10488	10394	-0.9
第二产业(人)	Secondary Industry(person)	11298	11912	5.4
第三产业(人)	Tertiary Industry(person)	60977	67850	11.3
在岗职工人数(人)	Number of Staff & Workers Employed in(person)	44611	43609	-2.2
乡村劳动力(人)	Number of Rural Laborers(person)	8972	8796	-2.0
#农林牧渔业(人)	Farming,Forestry,Animal Husbandry & Fishery(person)	6690	6971	4.2
国民经济综合指标	**Summary Item on the National Economy**			
生产总值(万元)	Gross Domestic Product(10 000 yuan)	1120100	1304521	20.1
第一产业(万元)	Primary Industry(10 000 yuan)	50800	55100	7.7
第二产业(万元)	Secondary Industry(10 000 yuan)	399300	540245	27.0
#工业(万元)	Industry(10 000 yuan)	352200	483123	27.5
第三产业(万元)	Tertiary Industry(10 000 yuan)	670000	709176	16.9
人均生产总值(元)	Per Capita GDP(yuan)	42368	48777	18.9
全社会固定资产投资(万元)	Total Investment in Fixed Assets(10 000 yuan)	441648	591621	34.0
按登记注册类型分	Grouped by Registered Type			
#国有(万元)	State-owned Enterprises(10 000 yuan)	279918	472150	68.7
集体(万元)	Collective-owned Enterprises(10 000 yuan)	14200	7222	-49.1
有限责任公司(万元)	Limited Liability Corporations(10 000 yuan)	90280	3000	-96.7
股份有限公司(万元)	Share Holding Enterprises(10 000 yuan)	12050	373	-96.9
私营企业(万元)	Private Enterprises(10 000 yuan)	42200	100511	138.2
外商及港澳台投资企业(万元)	Funds from HK,Macao,Taiwan & Foreign(10 000 yuan)	3000	8365	178.8
按城乡渠道分	Grouped by Urban and Rural Area			
城镇（万元）	Urban(10 000 yuan)	441648	591621	34.0
农村（万元）	Rural(10 000 yuan)			
一般预算收入(万元)	General Budgetary Financial Revenue(10 000 yuan)	33379	43653	30.8
一般预算支出(万元)	General Budgetary Financial Expenditures(10 000 yuan)	84575	100325	18.6
城乡居民储蓄存款余额(万元)	Resident Saving Deposit in Urban & Rural(10 000 yuan)	755366	929876	23.1
在岗职工工资总额(万元)	Total Wages of Staff & Workers Employed in(10 000 yuan)	116749	135757	16.3
在岗职工平均工资(元)	Average Wage of Staff & Workers Employed in(yuan)	26024	31194	19.9
农牧民人均纯收入(元)	Per Capita Net Income of Peasant & Herdsman(yuan)	8780	10134	15.4
农村牧区经济	**Economic Development in Rural & Pastoral Area**			
耕地面积(公顷)	Cultivated Area(hectare)	31339	31339	0.0
农作物总播种面积(公顷)	Total Sown Area(hectare)	26945	27088	0.5
#粮食作物播种面积(公顷)	Sown Area of Grain Crops(hectare)	18227	18816	3.2
有效灌溉面积(公顷)	Irrigated Area(hectare)	4750	4490	-5.5
农牧业机械总动力(万千瓦)	Total Power of Agricultural Machinery(10 000 kw)	8.50	7.80	-8.2
化肥施用折纯量(吨)	Consumption of Chemical Fertilizer(ton)	3456	4268	23.5
农村用电量(万千瓦小时)	Electricity Consumed in Rural Area(10 000 kwh)	870	761	-12.5
农林牧渔业总产值(万元)	Gross Output of Farming,Forestry,Animal Husbandry & Fishery(10 000 yuan)	83004	4238	7.9
粮食产量(吨)	Yield of Grain(ton)	60170	64464	7.1
油料产量(吨)	Yield of Oil-bearing Grops(ton)	3169	5382	69.8
甜菜产量(吨)	Yield of Beetroots(ton)			
猪牛羊肉产量(吨)	Output of Pork, Beef & Mutton(ton)	5078	5073	-0.1
#猪肉产量(吨)	Output of Pork(ton)	2000	1882	-5.9
牛肉产量(吨)	Output of Beef(ton)	2551	2796	9.6
羊肉产量(吨)	Output of Mutton(ton)	527	395	-25.0
羊毛产量(吨)	Output of Wool(ton)	141	107	-24.1

23-26 Hailaer District in Hulunbeier City

指 标	Item	2008	2009	2009年比上年增长% Increase Rate in 2009 Over 2008(%)
年末牲畜存栏头数(万头只)	Total Livestock at the Year-end(10 000 heads)	9.91	11.36	14.6
#大牲畜(万头只)	Large Animals(10 000 heads)	5.56	6.10	9.7
羊(万只)	Sheep & Goats(10 000 heads)	3.29	3.67	11.6
猪(万头)	Hogs(10 000 heads)	1.06	1.59	50.0
规模以上工业	**Industrial Enterprises above Designated size**			
工业企业单位数(个)	Number of Industrial Enterprises(unit)	45	53	17.8
#内资企业(个)	Civil Funded Enterprises(unit)	40	47	17.5
工业总产值(万元)	Gross Industrial Output Value(10 000 yuan)	714212	1081490	51.4
内资企业(万元)	Civil Funded Enterprises(10 000 yuan)	579335	919633	58.7
国有企业(万元)	State-owned Enterprises(10 000 yuan)	101219	205463	103.0
集体企业(万元)	Collective-owned Enterprises(10 000 yuan)			
股份合作企业(万元)	Share Holding Enterprises(10 000 yuan)			
联营企业(万元)	Joint Owned Enterprises(10 000 yuan)			
有限责任公司(万元)	Limited Company(10 000 yuan)	267778	444015	65.8
股份有限公司(万元)	Share Holding Limited Company(10 000 yuan)	19098	24297	27.2
私营企业(万元)	Privately Owned Enterprises(10 000 yuan)	191240	245858	28.6
其他企业(万元)	Enterprises of Other Ownership(10 000 yuan)			
港澳台商投资企业(万元)	Funds from HK,Macao & Taiwan(10 000 yuan)	15275	8240	-46.1
外商投资企业(万元)	Foreign Funded Enterprises(10 000 yuan)	119602	153617	28.4
工业企业增加值(万元)	Value Added of Industrial Enterprises(10 000 yuan)	317162	447597	28.2
工业企业资产总计(万元)	Total Assets of Industrial Enterprises(10 000 yuan)	726687	846166	16.4
工业企业负债合计(万元)	Total Liabilities of Industrial Enterprises(10 000 yuan)	611068	682314	11.7
工业企业产品销售收入(万元)	Sales of Revenue Industrial Enterprises(10 000 yuan)	746753	931999	24.8
工业企业利润总额(万元)	Total Profits of Industrial Enterprises(10 000 yuan)	-3485	117134	
建筑业	**Construction**			
建筑企业单位数(个)	Number of Construction Enterprises(unit)	23	23	0.0
建筑企业从业人员(人)	Number of Employee in Construction Enterprises(person)	15085	11879	-21.3
建筑业总产值(万元)	Gross Construction Output Value(10 000 yuan)	157729	138963	-11.9
交通运输邮电通信业	**Transportation,Post & Telecommunications**			
公路里程(公里)	Total Length of Highways(km)	307	532	73.3
邮电业务总量(万元)	Business Volume of Post & Telecoms(10 000 yuan)	30513	33743	10.6
本地电话用户(户)	Number of Subscribers of Local Telephone(Household)	368000	577000	56.8
国内贸易	**Domestic Trade**			
社会消费品零售总额(万元)	Total Retail Sales of Consumer Goods(10 000 yuan)	450874	564411	25.2
#贸易业(万元)	Wholesale & Retail Sales Trades(10 000 yuan)	331017	424548	28.3
餐饮业(万元)	Catering Trade(10 000 yuan)	82402	139863	69.7
科技教育卫生	**Science,Education & Public Health**			
各类专业技术人员(人)	Special Technical Personnel(person)	3957	3787	-4.3
幼儿园数(所)	Number of Kindergartens(unit)	8	6	-25.0
学龄儿童入学率(%)	Percentage of School-Age Children Enrolled(%)	100.0	100.0	0.0
小学学校数(所)	Number of Primary Schools(unit)	17	17	0.0
小学专任教师数(人)	Number of Full-time Teachers of Primary Schools(person)	1001	1019	1.8
小学在校学生数(人)	Number of Student Enrollment of Primary Schools(person)	16121	15324	-4.9
普通中学学校数(所)	Number of Regular Secondary Schools(unit)	23	23	0.0
普通中学专任教师数(人)	Number of Teachers of Secondary Shools(person)	1620	1646	1.6
初中在校学生数(人)	Number of Student in Junior Secondary Schools(person)	8599	9024	4.9
高中在校学生数(人)	Number of Student in Senior Secondary Schools(person)	13591	12765	-6.1
卫生机构数(所)	Number of Health Institutions(unit)	111	114	2.7
#医院(所)	Hospitals(unit)	20	13	-35.0
卫生院(所)	Township Hospitals(unit)	18	18	0.0
床位数(张)	Number of Beds(unit)	1948	1861	-4.5
#医院(张)	Hospitals(unit)	1834	1704	-7.1
卫生院(张)	Township Hospitals(unit)	114	116	1.8
卫生技术人员(人)	Medical Technical Presonnel(person)	2335	3189	36.6
#医院(人)	Hospitals(person)	1746	2390	36.9
卫生院(人)	Township Hospitals(person)	168	226	34.5

23-27 呼伦贝尔市满洲里市

指 标	Item	2008	2009	2009年比上年增长% Increase Rate in 2009 Over 2008(%)
行政区域土地面积(平方公里)	**Area of Administration(Sq.km)**	**732**	**732**	**0.0**
人口和就业	**Population & Employment**			
年末总人口(人)	Total Population Year-end(person)	165362	166968	1.0
# 男性(人)	Male(person)	83533	84151	0.7
# 乡村人口(人)	Rural(person)			
年末总户数(户)	Total Number of Households at the Year-end(Household)	66112	68630	3.8
# 乡村户数(户)	Number of Rural Household(Household)			
出生人口(人)	Births(person)	1215	1115	-8.2
死亡人口(人)	Deaths(person)	801	761	-5.0
全社会就业人员(人)	Employment(person)	84321	78953	-6.4
第一产业(人)	Primary Industry(person)	746	743	-0.4
第二产业(人)	Secondary Industry(person)	16578	17155	3.5
第三产业(人)	Tertiary Industry(person)	66997	61055	-8.9
在岗职工人数(人)	Number of Staff & Workers Employed in(person)	31739	31741	0.0
乡村劳动力(人)	Number of Rural Laborers(person)			
# 农林牧渔业(人)	Farming,Forestry,Animal Husbandry & Fishery(person)			
国民经济综合指标	**Summary Item on the National Economy**			
生产总值(万元)	Gross Domestic Product(10 000 yuan)	1100000	1203938	11.5
第一产业(万元)	Primary Industry(10 000 yuan)	23500	25100	5.8
第二产业(万元)	Secondary Industry(10 000 yuan)	319400	332690	10.4
# 工业(万元)	Industry(10 000 yuan)	258200	276393	15.3
第三产业(万元)	Tertiary Industry(10 000 yuan)	757100	846148	11.8
人均生产总值(元)	Per Capita GDP(yuan)	47693	48000	0.6
全社会固定资产投资(万元)	Total Investment in Fixed Assets(10 000 yuan)	633622	653898	3.2
按登记注册类型分	Grouped by Registered Type			
# 国有(万元)	State-owned Enterprises(10 000 yuan)	357371	473393	32.5
集体(万元)	Collective-owned Enterprises(10 000 yuan)			
有限责任公司(万元)	Limited Liability Corporations(10 000 yuan)	160231	153221	-4.4
股份有限公司(万元)	Share Holding Enterprises(10 000 yuan)	68699	18454	-73.1
私营企业(万元)	Private Enterprises(10 000 yuan)	46628	6500	-86.1
外商及港澳台投资企业(万元)	Funds from HK,Macao,Taiwan & Foreign(10 000 yuan)	693	2330	236.2
按城乡渠道分	Grouped by Urban and Rural Area			
城镇（万元）	Urban(10 000 yuan)	633622	653898	3.2
农村（万元）	Rural(10 000 yuan)			
一般预算收入(万元)	General Budgetary Financial Revenue(10 000 yuan)	113282	105533	-6.8
一般预算支出(万元)	General Budgetary Financial Expenditures(10 000 yuan)	189090	252698	33.6
城乡居民储蓄存款余额(万元)	Resident Saving Deposit in Urban & Rural(10 000 yuan)	715295	815168	14.0
在岗职工工资总额(万元)	Total Wages of Staff & Workers Employed in(10 000 yuan)	89412	100784	12.7
在岗职工平均工资(元)	Average Wage of Staff & Workers Employed in(yuan)	28171	31752	12.7
农牧民人均纯收入(元)	Per Capita Net Income of Peasant & Herdsman(yuan)			
农村牧区经济	**Economic Development in Rural & Pastoral Area**			
耕地面积(公顷)	Cultivated Area(hectare)	1839	1840	0.1
农作物总播种面积(公顷)	Total Sown Area(hectare)	1370	1362	-0.6
# 粮食作物播种面积(公顷)	Sown Area of Grain Crops(hectare)	170	165	-2.9
有效灌溉面积(公顷)	Irrigated Area(hectare)	1344	1340	-0.3
农牧业机械总动力(万千瓦)	Total Power of Agricultural Machinery(10 000 kw)	2.00	2.00	0.0
化肥施用折纯量(吨)	Consumption of Chemical Fertilizer(ton)	96	96	0.0
农村用电量(万千瓦小时)	Electricity Consumed in Rural Area(10 000 kwh)	100	100	0.0
农林牧渔业总产值(万元)	Gross Output of Farming,Forestry,Animal Husbandry & Fishery(10 000 yuan)	38498	40747	5.8
粮食产量(吨)	Yield of Grain(ton)	893	866	-3.0
油料产量(吨)	Yield of Oil-bearing Grops(ton)			
甜菜产量(吨)	Yield of Beetroots(ton)			
猪牛羊肉产量(吨)	Output of Pork, Beef & Mutton(ton)	2579	2574	-0.2
# 猪肉产量(吨)	Output of Pork(ton)	1991	1988	-0.2
牛肉产量(吨)	Output of Beef(ton)	215	210	-2.3
羊肉产量(吨)	Output of Mutton(ton)	373	376	0.8
羊毛产量(吨)	Output of Wool(ton)	90	90	-0.4

23-27 Manzhouli City in Hulunbeier City

指 标	Item	2008	2009	2009年比上年增长% Increase Rate in 2009 Over 2008(%)
年末牲畜存栏头数(万头只)	Total Livestock at the Year-end(10 000 heads)	7.13	6.90	-3.2
#大牲畜(万头只)	Large Animals(10 000 heads)	0.34	0.33	-2.9
羊(万只)	Sheep & Goats(10 000 heads)	3.57	3.36	-5.9
猪(万头)	Hogs(10 000 heads)	3.22	3.20	-0.6
规模以上工业	**Industrial Enterprises above Designated size**			
工业企业单位数(个)	Number of Industrial Enterprises(unit)	69	78	13.0
#内资企业(个)	Civil Funded Enterprises(unit)	64	71	10.9
工业总产值(万元)	Gross Industrial Output Value(10 000 yuan)	526573	602253	14.4
内资企业(万元)	Civil Funded Enterprises(10 000 yuan)	491790	543339	10.5
国有企业(万元)	State-owned Enterprises(10 000 yuan)	91179	105195	15.4
集体企业(万元)	Collective-owned Enterprises(10 000 yuan)			
股份合作企业(万元)	Share Holding Enterprises(10 000 yuan)			
联营企业(万元)	Joint Owned Enterprises(10 000 yuan)			
有限责任公司(万元)	Limited Company(10 000 yuan)	159767	182889	14.5
股份有限公司(万元)	Share Holding Limited Company(10 000 yuan)	12025		
私营企业(万元)	Privately Owned Enterprises(10 000 yuan)	222170	242930	9.3
其他企业(万元)	Enterprises of Other Ownership(10 000 yuan)	6649	12325	85.4
港澳台商投资企业(万元)	Funds from HK,Macao & Taiwan(10 000 yuan)	27160	5534	-79.6
外商投资企业(万元)	Foreign Funded Enterprises(10 000 yuan)	7623	53380	600.2
工业企业增加值(万元)	Value Added of Industrial Enterprises(10 000 yuan)	145049	176364	11.4
工业企业资产总计(万元)	Total Assets of Industrial Enterprises(10 000 yuan)	612469	649511	6.0
工业企业负债合计(万元)	Total Liabilities of Industrial Enterprises(10 000 yuan)	427609	395216	-7.6
工业企业产品销售收入(万元)	Sales of Revenue Industrial Enterprises(10 000 yuan)	515905	600860	16.5
工业企业利润总额(万元)	Total Profits of Industrial Enterprises(10 000 yuan)	2795	-2418	
建筑业	**Construction**			
建筑企业单位数(个)	Number of Construction Enterprises(unit)	10	10	0.0
建筑企业从业人员(人)	Number of Employee in Construction Enterprises(person)	2902	2213	-23.7
建筑业总产值(万元)	Gross Construction Output Value(10 000 yuan)	45953	16668	-63.7
交通运输邮电通信业	**Transportation,Post & Telecommunications**			
公路里程(公里)	Total Length of Highways(km)	367	397	8.2
邮电业务总量(万元)	Business Volume of Post & Telecoms(10 000 yuan)	27080	28000	3.4
本地电话用户(户)	Number of Subscribers of Local Telephone(Household)	35872	37665	5.0
国内贸易	**Domestic Trade**			
社会消费品零售总额(万元)	Total Retail Sales of Consumer Goods(10 000 yuan)	557021	656728	17.9
#贸易业(万元)	Wholesale & Retail Sales Trades(10 000 yuan)	474676	558219	17.6
餐饮业(万元)	Catering Trade(10 000 yuan)	76780	98509	28.3
科技教育卫生	**Science,Education & Public Health**			
各类专业技术人员(人)	Special Technical Personnel(person)	3847	3662	-4.8
幼儿园数(所)	Number of Kindergartens(unit)	7	7	0.0
学龄儿童入学率(%)	Percentage of School-Age Children Enrolled(%)	100.0	100.0	0.0
小学学校数(所)	Number of Primary Schools(unit)	14	14	0.0
小学专任教师数(人)	Number of Full-time Teachers of Primary Schools(person)	851	841	-1.2
小学在校学生数(人)	Number of Student Enrollment of Primary Schools(person)	11110	9858	-11.3
普通中学学校数(所)	Number of Regular Secondary Schools(unit)	13	13	0.0
普通中学专任教师数(人)	Number of Teachers of Secondary Shools(person)	1111	1082	-2.6
初中在校学生数(人)	Number of Student in Junior Secondary Schools(person)	9258	8955	-3.3
高中在校学生数(人)	Number of Student in Senior Secondary Schools(person)	4685	4308	-8.0
卫生机构数(所)	Number of Health Institutions(unit)	65	67	3.1
#医院(所)	Hospitals(unit)	9	8	-11.1
卫生院(所)	Township Hospitals(unit)	1	1	0.0
床位数(张)	Number of Beds(unit)	818	798	-2.4
#医院(张)	Hospitals(unit)	768	738	-3.9
卫生院(张)	Township Hospitals(unit)	10	10	0.0
卫生技术人员(人)	Medical Technical Presonnel(person)	1653	1584	-4.2
#医院(人)	Hospitals(person)	1123	1028	-8.5
卫生院(人)	Township Hospitals(person)	19	19	0.0

23-28 呼伦贝尔市扎兰屯市

指 标	Item	2008	2009	2009年比上年增长% Increase Rate in 2009 Over 2008(%)
行政区域土地面积(平方公里)	**Area of Administration(Sq.km)**	**16800**	**16800**	**0.0**
人口和就业	**Population & Employment**			
年末总人口(人)	Total Population Year-end(person)	432354	429895	-0.6
#男性(人)	Male(person)	222150	220793	-0.6
#乡村人口(人)	Rural(person)	262981	259724	-1.2
年末总户数(户)	Total Number of Households at the Year-end(Household)	145317	151245	4.1
#乡村户数(户)	Number of Rural Household(Household)	61756	61756	0.0
出生人口(人)	Births(person)	3211	3148	-2.0
死亡人口(人)	Deaths(person)	1924	2551	32.6
全社会就业人员(人)	Employment(person)	166024	171010	3.0
第一产业(人)	Primary Industry(person)	113465	115704	2.0
第二产业(人)	Secondary Industry(person)	16536	17486	5.7
第三产业(人)	Tertiary Industry(person)	36023	37820	5.0
在岗职工人数(人)	Number of Staff & Workers Employed in(person)	25586	24159	-5.6
乡村劳动力(人)	Number of Rural Laborers(person)	136868	135908	-0.7
#农林牧渔业(人)	Farming,Forestry,Animal Husbandry & Fishery(person)	116930	114705	-1.9
国民经济综合指标	**Summary Item on the National Economy**			
生产总值(万元)	Gross Domestic Product(10 000 yuan)	668500	861833	29.0
第一产业(万元)	Primary Industry(10 000 yuan)	227600	244600	6.6
第二产业(万元)	Secondary Industry(10 000 yuan)	245600	379754	51.9
#工业(万元)	Industry(10 000 yuan)	220500	333310	47.7
第三产业(万元)	Tertiary Industry(10 000 yuan)	195300	237479	22.5
人均生产总值(元)	Per Capita GDP(yuan)	15464	19990	29.4
全社会固定资产投资(万元)	Total Investment in Fixed Assets(10 000 yuan)	271386	555021	104.5
按登记注册类型分	Grouped by Registered Type			
#国有(万元)	State-owned Enterprises(10 000 yuan)	68928	259165	276.0
集体(万元)	Collective-owned Enterprises(10 000 yuan)			
有限责任公司(万元)	Limited Liability Corporations(10 000 yuan)	100933	211046	109.1
股份有限公司(万元)	Share Holding Enterprises(10 000 yuan)	73555	45975	-37.5
私营企业(万元)	Private Enterprises(10 000 yuan)		29385	
外商及港澳台投资企业(万元)	Funds from HK,Macao,Taiwan & Foreign(10 000 yuan)	22700	8700	-61.7
按城乡渠道分	Grouped by Urban and Rural Area			
城镇(万元)	Urban(10 000 yuan)	204204	555021	171.8
农村(万元)	Rural(10 000 yuan)	67182		
一般预算收入(万元)	General Budgetary Financial Revenue(10 000 yuan)	10027	13280	32.4
一般预算支出(万元)	General Budgetary Financial Expenditures(10 000 yuan)	112088	140252	25.1
城乡居民储蓄存款余额(万元)	Resident Saving Deposit in Urban & Rural(10 000 yuan)	285793	326464	14.2
在岗职工工资总额(万元)	Total Wages of Staff & Workers Employed in(10 000 yuan)	52110	62859	20.6
在岗职工平均工资(元)	Average Wage of Staff & Workers Employed in(yuan)	20714	24821	19.8
农牧民人均纯收入(元)	Per Capita Net Income of Peasant & Herdsman(yuan)	4880	5694	16.7
农村牧区经济	**Economic Development in Rural & Pastoral Area**			
耕地面积(公顷)	Cultivated Area(hectare)	226524	239560	5.8
农作物总播种面积(公顷)	Total Sown Area(hectare)	208590	213470	2.3
#粮食作物播种面积(公顷)	Sown Area of Grain Crops(hectare)	162329	181932	12.1
有效灌溉面积(公顷)	Irrigated Area(hectare)	28800	28800	0.0
农牧业机械总动力(万千瓦)	Total Power of Agricultural Machinery(10 000 kw)	58.00	62.00	6.9
化肥施用折纯量(吨)	Consumption of Chemical Fertilizer(ton)	34652	34921	0.8
农村用电量(万千瓦小时)	Electricity Consumed in Rural Area(10 000 kwh)	4396	4836	10.0
农林牧渔业总产值(万元)	Gross Output of Farming,Forestry,Animal Husbandry & Fishery(10 000 yuan)	372157	400984	7.7
粮食产量(吨)	Yield of Grain(ton)	698259	758017	8.6
油料产量(吨)	Yield of Oil-bearing Grops(ton)	50288	40370	-19.7
甜菜产量(吨)	Yield of Beetroots(ton)	29900	3017	-89.9
猪牛羊肉产量(吨)	Output of Pork, Beef & Mutton(ton)	36087	41068	13.8
#猪肉产量(吨)	Output of Pork(ton)	8216	7227	-12.0
牛肉产量(吨)	Output of Beef(ton)	11553	8364	-27.6
羊肉产量(吨)	Output of Mutton(ton)	16318	25477	56.1
羊毛产量(吨)	Output of Wool(ton)	4793	4124	-14.0

23-28 Zhalantun City in Hulunbeier City

指 标	Item	2008	2009	2009年比上年增长% Increase Rate in 2009 Over 2008(%)
年末牲畜存栏头数(万头只)	Total Livestock at the Year-end(10 000 heads)	78.32	119.57	52.7
#大牲畜(万头只)	Large Animals(10 000 heads)	14.50	15.93	9.9
羊(万只)	Sheep & Goats(10 000 heads)	57.70	96.15	66.6
猪(万头)	Hogs(10 000 heads)	6.12	7.50	22.5
规模以上工业	**Industrial Enterprises above Designated size**			
工业企业单位数(个)	Number of Industrial Enterprises(unit)	48	53	10.4
#内资企业(个)	Civil Funded Enterprises(unit)	44	49	11.4
工业总产值(万元)	Gross Industrial Output Value(10 000 yuan)	514957	745197	44.7
内资企业(万元)	Civil Funded Enterprises(10 000 yuan)	452657	686226	51.6
国有企业(万元)	State-owned Enterprises(10 000 yuan)	17013	27261	60.2
集体企业(万元)	Collective-owned Enterprises(10 000 yuan)			
股份合作企业(万元)	Share Holding Enterprises(10 000 yuan)	18234	27177	49.0
联营企业(万元)	Joint Owned Enterprises(10 000 yuan)			
有限责任公司(万元)	Limited Company(10 000 yuan)	179599	246895	37.5
股份有限公司(万元)	Share Holding Limited Company(10 000 yuan)	53690	63833	18.9
私营企业(万元)	Privately Owned Enterprises(10 000 yuan)	184121	321060	74.4
其他企业(万元)	Enterprises of Other Ownership(10 000 yuan)			
港澳台商投资企业(万元)	Funds from HK,Macao & Taiwan(10 000 yuan)	5570	8792	57.8
外商投资企业(万元)	Foreign Funded Enterprises(10 000 yuan)	56730	50179	-11.5
工业企业增加值(万元)	Value Added of Industrial Enterprises(10 000 yuan)	185154	274873	47.3
工业企业资产总计(万元)	Total Assets of Industrial Enterprises(10 000 yuan)	222358	230332	3.6
工业企业负债合计(万元)	Total Liabilities of Industrial Enterprises(10 000 yuan)	116012	114814	-1.0
工业企业产品销售收入(万元)	Sales of Revenue Industrial Enterprises(10 000 yuan)	495768	762049	53.7
工业企业利润总额(万元)	Total Profits of Industrial Enterprises(10 000 yuan)	8762	5698	-35.0
建筑业	**Construction**			
建筑企业单位数(个)	Number of Construction Enterprises(unit)	9	7	-22.2
建筑企业从业人员(人)	Number of Employee in Construction Enterprises(person)	7901	9320	18.0
建筑业总产值(万元)	Gross Construction Output Value(10 000 yuan)	93256	128072	37.3
交通运输邮电通信业	**Transportation,Post & Telecommunications**			
公路里程(公里)	Total Length of Highways(km)	1559	1559	0.0
邮电业务总量(万元)	Business Volume of Post & Telecoms(10 000 yuan)	12953	15622	20.6
本地电话用户(户)	Number of Subscribers of Local Telephone(Household)	45845	30977	-32.4
国内贸易	**Domestic Trade**			
社会消费品零售总额(万元)	Total Retail Sales of Consumer Goods(10 000 yuan)	230159	278233	20.9
#贸易业(万元)	Wholesale & Retail Sales Trades(10 000 yuan)	198498	237362	19.6
餐饮业(万元)	Catering Trade(10 000 yuan)	29053	37768	30.0
科技教育卫生	**Science,Education & Public Health**			
各类专业技术人员(人)	Special Technical Personnel(person)	8840	8910	0.8
幼儿园数(所)	Number of Kindergartens(unit)	75	75	0.0
学龄儿童入学率(%)	Percentage of School-Age Children Enrolled(%)	100.0	100.0	0.0
小学学校数(所)	Number of Primary Schools(unit)	94	77	-18.1
小学专任教师数(人)	Number of Full-time Teachers of Primary Schools(person)	1825	1736	-4.9
小学在校学生数(人)	Number of Student Enrollment of Primary Schools(person)	17345	18768	8.2
普通中学学校数(所)	Number of Regular Secondary Schools(unit)	28	28	0.0
普通中学专任教师数(人)	Number of Teachers of Secondary Shools(person)	1463	1376	-5.9
初中在校学生数(人)	Number of Student in Junior Secondary Schools(person)	12291	8773	-28.6
高中在校学生数(人)	Number of Student in Senior Secondary Schools(person)	5870	5703	-2.8
卫生机构数(所)	Number of Health Institutions(unit)	256	262	2.3
#医院(所)	Hospitals(unit)	9	9	0.0
卫生院(所)	Township Hospitals(unit)	21	21	0.0
床位数(张)	Number of Beds(unit)	1136	1267	11.5
#医院(张)	Hospitals(unit)	797	922	15.7
卫生院(张)	Township Hospitals(unit)	234	244	4.3
卫生技术人员(人)	Medical Technical Presonnel(person)	1499	1491	-0.5
#医院(人)	Hospitals(person)	843	837	-0.7
卫生院(人)	Township Hospitals(person)	262	253	-3.4

23-29 呼伦贝尔市牙克石市

指 标	Item	2008	2009	2009年比上年增长% Increase Rate in 2009 Over 2008(%)
行政区域土地面积(平方公里)	**Area of Administration(Sq.km)**	**27590**	**27590**	**0.0**
人口和就业	**Population & Employment**			
年末总人口(人)	Total Population Year-end(person)	378747	374907	-1.0
#男性(人)	Male(person)	191770	189936	-1.0
#乡村人口(人)	Rural(person)	4728	4856	2.7
年末总户数(户)	Total Number of Households at the Year-end(Household)	144727	151820	4.9
#乡村户数(户)	Number of Rural Household(Household)	1604	1596	-0.5
出生人口(人)	Births(person)	1890	1666	-11.9
死亡人口(人)	Deaths(person)	2480	2387	-3.8
全社会就业人员(人)	Employment(person)	80123	79961	-0.2
第一产业(人)	Primary Industry(person)	30236	28303	-6.4
第二产业(人)	Secondary Industry(person)	11099	10474	-5.6
第三产业(人)	Tertiary Industry(person)	38788	41184	6.2
在岗职工人数(人)	Number of Staff & Workers Employed in(person)	27489	27429	-0.2
乡村劳动力(人)	Number of Rural Laborers(person)	3448	3247	-5.8
#农林牧渔业(人)	Farming,Forestry,Animal Husbandry & Fishery(person)	3102	2937	-5.3
国民经济综合指标	**Summary Item on the National Economy**			
生产总值(万元)	Gross Domestic Product(10 000 yuan)	700000	902159	19.8
第一产业(万元)	Primary Industry(10 000 yuan)	184200	198200	6.8
第二产业(万元)	Secondary Industry(10 000 yuan)	216800	335376	42.3
#工业(万元)	Industry(10 000 yuan)	181500	281380	38.7
第三产业(万元)	Tertiary Industry(10 000 yuan)	299000	368583	14.3
人均生产总值(元)	Per Capita GDP(yuan)	18406	23941	20.9
全社会固定资产投资(万元)	Total Investment in Fixed Assets(10 000 yuan)	252246	425510	68.7
按登记注册类型分	Grouped by Registered Type			
#国有(万元)	State-owned Enterprises(10 000 yuan)	152938	275041	79.8
集体(万元)	Collective-owned Enterprises(10 000 yuan)			
有限责任公司(万元)	Limited Liability Corporations(10 000 yuan)	65309	137601	110.7
股份有限公司(万元)	Share Holding Enterprises(10 000 yuan)	3603	1267	-64.8
私营企业(万元)	Private Enterprises(10 000 yuan)	6796	2070	-69.5
外商及港澳台投资企业(万元)	Funds from HK,Macao,Taiwan & Foreign(10 000 yuan)	23600	9531	-59.6
按城乡渠道分	Grouped by Urban and Rural Area			
城镇（万元）	Urban(10 000 yuan)	252246	425510	68.7
农村（万元）	Rural(10 000 yuan)			
一般预算收入(万元)	General Budgetary Financial Revenue(10 000 yuan)	17967	26738	48.8
一般预算支出(万元)	General Budgetary Financial Expenditures(10 000 yuan)	109752	142794	30.1
城乡居民储蓄存款余额(万元)	Resident Saving Deposit in Urban & Rural(10 000 yuan)	504817	603616	19.6
在岗职工工资总额(万元)	Total Wages of Staff & Workers Employed in(10 000 yuan)	66481	79001	18.8
在岗职工平均工资(元)	Average Wage of Staff & Workers Employed in(yuan)	23666	28751	21.5
农牧民人均纯收入(元)	Per Capita Net Income of Peasant & Herdsman(yuan)	4900	5715	16.6
农村牧区经济	**Economic Development in Rural & Pastoral Area**			
耕地面积(公顷)	Cultivated Area(hectare)	141358	141358	0.0
农作物总播种面积(公顷)	Total Sown Area(hectare)	134562	143243	6.5
#粮食作物播种面积(公顷)	Sown Area of Grain Crops(hectare)	97050	113252	16.7
有效灌溉面积(公顷)	Irrigated Area(hectare)	3770	3670	-2.7
农牧业机械总动力(万千瓦)	Total Power of Agricultural Machinery(10 000 kw)	41.90	36.40	-13.1
化肥施用折纯量(吨)	Consumption of Chemical Fertilizer(ton)	12723	12688	-0.3
农村用电量(万千瓦小时)	Electricity Consumed in Rural Area(10 000 kwh)	2007	1999	-0.4
农林牧渔业总产值(万元)	Gross Output of Farming,Forestry,Animal Husbandry & Fishery(10 000 yuan)	301098	322276	7.0
粮食产量(吨)	Yield of Grain(ton)	353001	408013	15.6
油料产量(吨)	Yield of Oil-bearing Grops(ton)	49018	50563	3.2
甜菜产量(吨)	Yield of Beetroots(ton)	17640	12885	-27.0
猪牛羊肉产量(吨)	Output of Pork, Beef & Mutton(ton)	17043	19394	13.8
#猪肉产量(吨)	Output of Pork(ton)	4509	4600	2.0
牛肉产量(吨)	Output of Beef(ton)	9254	11756	27.0
羊肉产量(吨)	Output of Mutton(ton)	3280	3038	-7.4
羊毛产量(吨)	Output of Wool(ton)	585	490	-16.2

23-29 Yakeshi City in Hulunbeier City

指 标	Item	2008	2009	2009年比上年增长% Increase Rate in 2009 Over 2008(%)
年末牲畜存栏头数(万头只)	Total Livestock at the Year-end(10 000 heads)	29.96	29.84	-0.4
# 大牲畜(万头只)	Large Animals(10 000 heads)	8.65	5.63	-34.9
羊(万只)	Sheep & Goats(10 000 heads)	18.35	21.07	14.8
猪(万头)	Hogs(10 000 heads)	2.96	3.14	6.1
规模以上工业	**Industrial Enterprises above Designated size**			
工业企业单位数(个)	Number of Industrial Enterprises(unit)	48	57	18.8
# 内资企业(个)	Civil Funded Enterprises(unit)	46	54	17.4
工业总产值(万元)	Gross Industrial Output Value(10 000 yuan)	341613	562200	64.6
内资企业(万元)	Civil Funded Enterprises(10 000 yuan)	303309	539000	77.7
国有企业(万元)	State-owned Enterprises(10 000 yuan)	35728	50700	41.9
集体企业(万元)	Collective-owned Enterprises(10 000 yuan)			
股份合作企业(万元)	Share Holding Enterprises(10 000 yuan)		700	
联营企业(万元)	Joint Owned Enterprises(10 000 yuan)			
有限责任公司(万元)	Limited Company(10 000 yuan)	134575	245700	82.6
股份有限公司(万元)	Share Holding Limited Company(10 000 yuan)	13481	21700	61.0
私营企业(万元)	Privately Owned Enterprises(10 000 yuan)	89054	184900	107.6
其他企业(万元)	Enterprises of Other Ownership(10 000 yuan)	30471	35300	15.8
港澳台商投资企业(万元)	Funds from HK,Macao & Taiwan(10 000 yuan)	35774	3700	-89.7
外商投资企业(万元)	Foreign Funded Enterprises(10 000 yuan)	2530	19500	670.8
工业企业增加值(万元)	Value Added of Industrial Enterprises(10 000 yuan)	127033	206065	48.0
工业企业资产总计(万元)	Total Assets of Industrial Enterprises(10 000 yuan)	298329	230500	-22.7
工业企业负债合计(万元)	Total Liabilities of Industrial Enterprises(10 000 yuan)	178899	189400	5.9
工业企业产品销售收入(万元)	Sales of Revenue Industrial Enterprises(10 000 yuan)	292006	538800	84.5
工业企业利润总额(万元)	Total Profits of Industrial Enterprises(10 000 yuan)	20101	19700	-2.0
建筑业	**Construction**			
建筑企业单位数(个)	Number of Construction Enterprises(unit)	9	9	0.0
建筑企业从业人员(人)	Number of Employee in Construction Enterprises(person)	7374	8090	9.7
建筑业总产值(万元)	Gross Construction Output Value(10 000 yuan)	75963	94016	23.8
交通运输邮电通信业	**Transportation,Post & Telecommunications**			
公路里程(公里)	Total Length of Highways(km)	2068	2068	0.0
邮电业务总量(万元)	Business Volume of Post & Telecoms(10 000 yuan)	14393	14110	-2.0
本地电话用户(户)	Number of Subscribers of Local Telephone(Household)	263110	333386	26.7
国内贸易	**Domestic Trade**			
社会消费品零售总额(万元)	Total Retail Sales of Consumer Goods(10 000 yuan)	189769	241033	27.0
# 贸易业(万元)	Wholesale & Retail Sales Trades(10 000 yuan)	150766	191025	26.7
餐饮业(万元)	Catering Trade(10 000 yuan)	31798	33590	5.6
科技教育卫生	**Science,Education & Public Health**			
各类专业技术人员(人)	Special Technical Personnel(person)	4129	6500	57.4
幼儿园数(所)	Number of Kindergartens(unit)	46	40	-13.0
学龄儿童入学率(%)	Percentage of School-Age Children Enrolled(%)	100.0	100.0	0.0
小学学校数(所)	Number of Primary Schools(unit)	28	27	-3.6
小学专任教师数(人)	Number of Full-time Teachers of Primary Schools(person)	1565	1506	-3.8
小学在校学生数(人)	Number of Student Enrollment of Primary Schools(person)	15564	13031	-16.3
普通中学学校数(所)	Number of Regular Secondary Schools(unit)	29	28	-3.4
普通中学专任教师数(人)	Number of Teachers of Secondary Shools(person)	1897	1902	0.3
初中在校学生数(人)	Number of Student in Junior Secondary Schools(person)	9633	9008	-6.5
高中在校学生数(人)	Number of Student in Senior Secondary Schools(person)	11015	9716	-11.8
卫生机构数(所)	Number of Health Institutions(unit)	211	205	-2.8
# 医院(所)	Hospitals(unit)	20	19	-5.0
卫生院(所)	Township Hospitals(unit)	15	15	0.0
床位数(张)	Number of Beds(unit)	2377	2266	-4.7
# 医院(张)	Hospitals(unit)	2063	1975	-4.3
卫生院(张)	Township Hospitals(unit)	182	191	4.9
卫生技术人员(人)	Medical Technical Presonnel(person)	2502	3702	48.0
# 医院(人)	Hospitals(person)	2145	2851	32.9
卫生院(人)	Township Hospitals(person)	219	256	16.9

23-30 呼伦贝尔市额尔古纳市

指 标	Item	2008	2009	2009年比上年增长% Increase Rate in 2009 Over 2008(%)
行政区域土地面积(平方公里)	**Area of Administration(Sq.km)**	**28000**	**28958**	**3.4**
人口和就业	**Population & Employment**			
年末总人口(人)	Total Population Year-end(person)	85265	84939	-0.4
# 男性(人)	Male(person)	43438	43227	-0.5
# 乡村人口(人)	Rural(person)	3090	5118	65.6
年末总户数(户)	Total Number of Households at the Year-end(Household)	32433	33923	4.6
# 乡村户数(户)	Number of Rural Household(Household)	877	1609	83.5
出生人口(人)	Births(person)	508	444	-12.6
死亡人口(人)	Deaths(person)	442	396	-10.4
全社会就业人员(人)	Employment(person)	46234	47939	3.7
第一产业(人)	Primary Industry(person)	23866	23453	-1.7
第二产业(人)	Secondary Industry(person)	7506	6867	-8.5
第三产业(人)	Tertiary Industry(person)	14862	17619	18.6
在岗职工人数(人)	Number of Staff & Workers Employed in(person)	22754	17075	-25.0
乡村劳动力(人)	Number of Rural Laborers(person)	2148	2578	20.0
# 农林牧渔业(人)	Farming,Forestry,Animal Husbandry & Fishery(person)	1621	2149	32.6
国民经济综合指标	**Summary Item on the National Economy**			
生产总值(万元)	Gross Domestic Product(10 000 yuan)	191500	239475	16.0
第一产业(万元)	Primary Industry(10 000 yuan)	83100	92600	10.6
第二产业(万元)	Secondary Industry(10 000 yuan)	38000	53625	35.5
# 工业(万元)	Industry(10 000 yuan)	32500	45459	31.3
第三产业(万元)	Tertiary Industry(10 000 yuan)	70400	93250	14.1
人均生产总值(元)	Per Capita GDP(yuan)	22488	28140	15.8
全社会固定资产投资(万元)	Total Investment in Fixed Assets(10 000 yuan)	55121	90009	63.3
按登记注册类型分	Grouped by Registered Type			
# 国有(万元)	State-owned Enterprises(10 000 yuan)	24024	27156	13.0
集体(万元)	Collective-owned Enterprises(10 000 yuan)	3	6950	2315.7
有限责任公司(万元)	Limited Liability Corporations(10 000 yuan)	22622	31336	38.5
股份有限公司(万元)	Share Holding Enterprises(10 000 yuan)	1158	4295	270.9
私营企业(万元)	Private Enterprises(10 000 yuan)	2979	8299	178.6
外商及港澳台投资企业(万元)	Funds from HK,Macao,Taiwan & Foreign(10 000 yuan)	240	2173	805.4
按城乡渠道分	Grouped by Urban and Rural Area			
城镇(万元)	Urban(10 000 yuan)	55071	89909	63.3
农村(万元)	Rural(10 000 yuan)	50	100	100.0
一般预算收入(万元)	General Budgetary Financial Revenue(10 000 yuan)	7187	9456	31.6
一般预算支出(万元)	General Budgetary Financial Expenditures(10 000 yuan)	49317	66709	35.3
城乡居民储蓄存款余额(万元)	Resident Saving Deposit in Urban & Rural(10 000 yuan)	114024	127589	11.9
在岗职工工资总额(万元)	Total Wages of Staff & Workers Employed in(10 000 yuan)	39443	43536	10.4
在岗职工平均工资(元)	Average Wage of Staff & Workers Employed in(yuan)	17194	23767	38.2
农牧民人均纯收入(元)	Per Capita Net Income of Peasant & Herdsman(yuan)	8600	9965	15.9
农村牧区经济	**Economic Development in Rural & Pastoral Area**			
耕地面积(公顷)	Cultivated Area(hectare)	158100	185129	17.1
农作物总播种面积(公顷)	Total Sown Area(hectare)	122345	104111	-14.9
# 粮食作物播种面积(公顷)	Sown Area of Grain Crops(hectare)	65708	52042	-20.8
有效灌溉面积(公顷)	Irrigated Area(hectare)			
农牧业机械总动力(万千瓦)	Total Power of Agricultural Machinery(10 000 kw)	18.31	19.11	4.4
化肥施用折纯量(吨)	Consumption of Chemical Fertilizer(ton)	11681	12522	7.2
农村用电量(万千瓦小时)	Electricity Consumed in Rural Area(10 000 kwh)	1679	2137	27.3
农林牧渔业总产值(万元)	Gross Output of Farming,Forestry,Animal Husbandry & Fishery(10 000 yuan)	135889	149803	10.2
粮食产量(吨)	Yield of Grain(ton)	200499	245500	22.4
油料产量(吨)	Yield of Oil-bearing Grops(ton)	71866	72687	1.1
甜菜产量(吨)	Yield of Beetroots(ton)			
猪牛羊肉产量(吨)	Output of Pork, Beef & Mutton (ton)	7050	4573	-35.1
# 猪肉产量(吨)	Output of Pork(ton)	513	605	17.9
牛肉产量(吨)	Output of Beef(ton)	4610	2917	-36.7
羊肉产量(吨)	Output of Mutton(ton)	1927	1051	-45.5
羊毛产量(吨)	Output of Wool(ton)	227	237	4.4

23-30 Eerguna City in Hulunbeier City

指 标	Item	2008	2009	2009年比上年增长% Increase Rate in 2009 Over 2008(%)
年末牲畜存栏头数(万头只)	Total Livestock at the Year-end(10 000 heads)	19.48	25.16	29.2
#大牲畜(万头只)	Large Animals(10 000 heads)	7.15	8.04	12.4
羊(万只)	Sheep & Goats(10 000 heads)	11.75	16.33	39.0
猪(万头)	Hogs(10 000 heads)	0.58	0.79	36.2
规模以上工业	**Industrial Enterprises above Designated size**			
工业企业单位数(个)	Number of Industrial Enterprises(unit)	8	11	37.5
#内资企业(个)	Civil Funded Enterprises(unit)	7	10	42.9
工业总产值(万元)	Gross Industrial Output Value(10 000 yuan)	65516	107079	63.4
内资企业(万元)	Civil Funded Enterprises(10 000 yuan)	34806	62695	80.1
国有企业(万元)	State-owned Enterprises(10 000 yuan)	3365	4095	21.7
集体企业(万元)	Collective-owned Enterprises(10 000 yuan)	7333	7573	3.3
股份合作企业(万元)	Share Holding Enterprises(10 000 yuan)		25062	
联营企业(万元)	Joint Owned Enterprises(10 000 yuan)			
有限责任公司(万元)	Limited Company(10 000 yuan)			
股份有限公司(万元)	Share Holding Limited Company(10 000 yuan)	19193	16593	-13.6
私营企业(万元)	Privately Owned Enterprises(10 000 yuan)			
其他企业(万元)	Enterprises of Other Ownership(10 000 yuan)	4915	9372	90.7
港澳台商投资企业(万元)	Funds from HK,Macao & Taiwan(10 000 yuan)			
外商投资企业(万元)	Foreign Funded Enterprises(10 000 yuan)	30710	44384	44.5
工业企业增加值(万元)	Value Added of Industrial Enterprises(10 000 yuan)	28003	39448	31.6
工业企业资产总计(万元)	Total Assets of Industrial Enterprises(10 000 yuan)	59000	60104	1.9
工业企业负债合计(万元)	Total Liabilities of Industrial Enterprises(10 000 yuan)	45809	50024	9.2
工业企业产品销售收入(万元)	Sales of Revenue Industrial Enterprises(10 000 yuan)	60985	123434	102.4
工业企业利润总额(万元)	Total Profits of Industrial Enterprises(10 000 yuan)	1429	-1428	
建筑业	**Construction**			
建筑企业单位数(个)	Number of Construction Enterprises(unit)	3	2	-33.3
建筑企业从业人员(人)	Number of Employee in Construction Enterprises(person)	945	929	-1.7
建筑业总产值(万元)	Gross Construction Output Value(10 000 yuan)	7988	18010	125.5
交通运输邮电通信业	**Transportation,Post & Telecommunications**			
公路里程(公里)	Total Length of Highways(km)	2768	2768	0.0
邮电业务总量(万元)	Business Volume of Post & Telecoms(10 000 yuan)	4249	4965	16.9
本地电话用户(户)	Number of Subscribers of Local Telephone(Household)	20454	19615	-4.1
国内贸易	**Domestic Trade**			
社会消费品零售总额(万元)	Total Retail Sales of Consumer Goods(10 000 yuan)	51903	62063	19.6
#贸易业(万元)	Wholesale & Retail Sales Trades(10 000 yuan)	43900	52754	20.2
餐饮业(万元)	Catering Trade(10 000 yuan)	8003	9309	16.3
科技教育卫生	**Science,Education & Public Health**			
各类专业技术人员(人)	Special Technical Personnel(person)	2980	3060	2.7
幼儿园数(所)	Number of Kindergartens(unit)	15	15	0.0
学龄儿童入学率(%)	Percentage of School-Age Children Enrolled(%)	100.0	100.0	0.0
小学学校数(所)	Number of Primary Schools(unit)	9	8	-11.1
小学专任教师数(人)	Number of Full-time Teachers of Primary Schools(person)	507	512	1.0
小学在校学生数(人)	Number of Student Enrollment of Primary Schools(person)	5368	4693	-12.6
普通中学学校数(所)	Number of Regular Secondary Schools(unit)	11	10	-9.1
普通中学专任教师数(人)	Number of Teachers of Secondary Shools(person)	466	451	-3.2
初中在校学生数(人)	Number of Student in Junior Secondary Schools(person)	2547	2472	-2.9
高中在校学生数(人)	Number of Student in Senior Secondary Schools(person)	1531	1565	2.2
卫生机构数(所)	Number of Health Institutions(unit)	115	113	-1.7
#医院(所)	Hospitals(unit)	7	7	0.0
卫生院(所)	Township Hospitals(unit)	3	3	0.0
床位数(张)	Number of Beds(unit)	424	445	5.0
#医院(张)	Hospitals(unit)	359	359	0.0
卫生院(张)	Township Hospitals(unit)	60	60	0.0
卫生技术人员(人)	Medical Technical Presonnel(person)	705	727	3.1
#医院(人)	Hospitals(person)	415	434	4.6
卫生院(人)	Township Hospitals(person)	55	73	32.7

23-31 呼伦贝尔市根河市

指 标	Item	2008	2009	2009年比上年增长% Increase Rate in 2009 Over 2008(%)
行政区域土地面积(平方公里)	**Area of Administration(Sq.km)**	**19659**	**19659**	**0.0**
人口和就业	**Population & Employment**			
年末总人口(人)	Total Population Year-end(person)	163130	160909	-1.4
#男性(人)	Male(person)	82909	81743	-1.4
#乡村人口(人)	Rural(person)			
年末总户数(户)	Total Number of Households at the Year-end(Household)	55981	56077	0.2
#乡村户数(户)	Number of Rural Household(Household)			
出生人口(人)	Births(person)	510	650	27.5
死亡人口(人)	Deaths(person)	1036	990	-4.4
全社会就业人员(人)	Employment(person)	42287	47932	13.3
第一产业(人)	Primary Industry(person)	11768	10168	-13.6
第二产业(人)	Secondary Industry(person)	9085	10535	16.0
第三产业(人)	Tertiary Industry(person)	21434	27229	27.0
在岗职工人数(人)	Number of Staff & Workers Employed in(person)	33937	32086	-5.5
乡村劳动力(人)	Number of Rural Laborers(person)			
#农林牧渔业(人)	Farming,Forestry,Animal Husbandry & Fishery(person)			
国民经济综合指标	**Summary Item on the National Economy**			
生产总值(万元)	Gross Domestic Product(10 000 yuan)	212000	232803	11.5
第一产业(万元)	Primary Industry(10 000 yuan)	61000	62200	1.2
第二产业(万元)	Secondary Industry(10 000 yuan)	46700	54942	17.4
#工业(万元)	Industry(10 000 yuan)	41900	46819	9.8
第三产业(万元)	Tertiary Industry(10 000 yuan)	104300	115661	13.1
人均生产总值(元)	Per Capita GDP(yuan)	12925	14369	13.0
全社会固定资产投资(万元)	Total Investment in Fixed Assets(10 000 yuan)	45590	85342	87.2
按登记注册类型分	Grouped by Registered Type			
#国有(万元)	State-owned Enterprises(10 000 yuan)	37915	46836	23.5
集体(万元)	Collective-owned Enterprises(10 000 yuan)		165	
有限责任公司(万元)	Limited Liability Corporations(10 000 yuan)	5175	18021	248.2
股份有限公司(万元)	Share Holding Enterprises(10 000 yuan)		7720	
私营企业(万元)	Private Enterprises(10 000 yuan)		1802	
外商及港澳台投资企业(万元)	Funds from HK,Macao,Taiwan & Foreign(10 000 yuan)	2500	1538	-38.5
按城乡渠道分	Grouped by Urban and Rural Area			
城镇(万元)	Urban(10 000 yuan)	45590	85342	87.2
农村(万元)	Rural(10 000 yuan)			
一般预算收入(万元)	General Budgetary Financial Revenue(10 000 yuan)	4381	6468	47.6
一般预算支出(万元)	General Budgetary Financial Expenditures(10 000 yuan)	62834	86736	38.0
城乡居民储蓄存款余额(万元)	Resident Saving Deposit in Urban & Rural(10 000 yuan)	213328	251226	17.8
在岗职工工资总额(万元)	Total Wages of Staff & Workers Employed in(10 000 yuan)	63719	72635	14.0
在岗职工平均工资(元)	Average Wage of Staff & Workers Employed in(yuan)	18519	22935	23.8
农牧民人均纯收入(元)	Per Capita Net Income of Peasant & Herdsman(yuan)			
农村牧区经济	**Economic Development in Rural & Pastoral Area**			
耕地面积(公顷)	Cultivated Area(hectare)	2168	2168	0.0
农作物总播种面积(公顷)	Total Sown Area(hectare)	2909	2909	0.0
#粮食作物播种面积(公顷)	Sown Area of Grain Crops(hectare)	1818	2144	17.9
有效灌溉面积(公顷)	Irrigated Area(hectare)			
农牧业机械总动力(万千瓦)	Total Power of Agricultural Machinery(10 000 kw)	1.70	2.40	41.2
化肥施用折纯量(吨)	Consumption of Chemical Fertilizer(ton)	324	390	20.4
农村用电量(万千瓦小时)	Electricity Consumed in Rural Area(10 000 kwh)			
农林牧渔业总产值(万元)	Gross Output of Farming,Forestry,Animal Husbandry & Fishery(10 000 yuan)	99698	102300	2.6
粮食产量(吨)	Yield of Grain(ton)	6311	6374	1.0
油料产量(吨)	Yield of Oil-bearing Grops(ton)	1646	901	-45.3
甜菜产量(吨)	Yield of Beetroots(ton)			
猪牛羊肉产量(吨)	Output of Pork, Beef & Mutton(ton)	2490	2239	-10.1
#猪肉产量(吨)	Output of Pork(ton)	875	1645	88.0
牛肉产量(吨)	Output of Beef(ton)	470	434	-7.7
羊肉产量(吨)	Output of Mutton(ton)	1145	160	-86.0
羊毛产量(吨)	Output of Wool(ton)	22	12	-45.5

23-31 Genhe City in Hulunbeier City

指 标	Item	2008	2009	2009年比上年增长% Increase Rate in 2009 Over 2008(%)
年末牲畜存栏头数(万头只)	Total Livestock at the Year-end(10 000 heads)	2.21	1.88	-14.9
# 大牲畜(万头只)	Large Animals(10 000 heads)	0.26	0.21	-19.2
羊(万只)	Sheep & Goats(10 000 heads)	0.80	0.57	-28.8
猪(万头)	Hogs(10 000 heads)	1.15	1.10	-4.3
规模以上工业	**Industrial Enterprises above Designated size**			
工业企业单位数(个)	Number of Industrial Enterprises(unit)	8	14	75.0
# 内资企业(个)	Civil Funded Enterprises(unit)	8	14	75.0
工业总产值(万元)	Gross Industrial Output Value(10 000 yuan)	57952	66627	-26.2
内资企业(万元)	Civil Funded Enterprises(10 000 yuan)	57952	66627	-26.2
国有企业(万元)	State-owned Enterprises(10 000 yuan)	7834	8430	7.6
集体企业(万元)	Collective-owned Enterprises(10 000 yuan)			
股份合作企业(万元)	Share Holding Enterprises(10 000 yuan)			
联营企业(万元)	Joint Owned Enterprises(10 000 yuan)			
有限责任公司(万元)	Limited Company(10 000 yuan)			
股份有限公司(万元)	Share Holding Limited Company(10 000 yuan)			
私营企业(万元)	Privately Owned Enterprises(10 000 yuan)			
其他企业(万元)	Enterprises of Other Ownership(10 000 yuan)	50118	58197	-29.4
港澳台商投资企业(万元)	Funds from HK,Macao & Taiwan(10 000 yuan)			
外商投资企业(万元)	Foreign Funded Enterprises(10 000 yuan)			
工业企业增加值(万元)	Value Added of Industrial Enterprises(10 000 yuan)	26413	30772	8.5
工业企业资产总计(万元)	Total Assets of Industrial Enterprises(10 000 yuan)	76515	64093	-16.2
工业企业负债合计(万元)	Total Liabilities of Industrial Enterprises(10 000 yuan)	66806	61222	-8.4
工业企业产品销售收入(万元)	Sales of Revenue Industrial Enterprises(10 000 yuan)	87685	65737	-25.0
工业企业利润总额(万元)	Total Profits of Industrial Enterprises(10 000 yuan)	7541	1091	-85.5
建筑业	**Construction**			
建筑企业单位数(个)	Number of Construction Enterprises(unit)	7	7	0.0
建筑企业从业人员(人)	Number of Employee in Construction Enterprises(person)	2379	2565	7.8
建筑业总产值(万元)	Gross Construction Output Value(10 000 yuan)	9696	38922	301.4
交通运输邮电通信业	**Transportation,Post & Telecommunications**			
公路里程(公里)	Total Length of Highways(km)	980	980	0.0
邮电业务总量(万元)	Business Volume of Post & Telecoms(10 000 yuan)	5114	4967	-2.9
本地电话用户(户)	Number of Subscribers of Local Telephone(Household)	20557	19399	-5.6
国内贸易	**Domestic Trade**			
社会消费品零售总额(万元)	Total Retail Sales of Consumer Goods(10 000 yuan)	80731	96645	19.7
# 贸易业(万元)	Wholesale & Retail Sales Trades(10 000 yuan)	70871	82937	17.0
餐饮业(万元)	Catering Trade(10 000 yuan)	9860	13708	39.0
科技教育卫生	**Science,Education & Public Health**			
各类专业技术人员(人)	Special Technical Personnel(person)	4999	4446	-11.1
幼儿园数(所)	Number of Kindergartens(unit)	16	17	6.2
学龄儿童入学率(%)	Percentage of School-Age Children Enrolled(%)	100.0	100.0	0.0
小学学校数(所)	Number of Primary Schools(unit)	13	13	0.0
小学专任教师数(人)	Number of Full-time Teachers of Primary Schools(person)	1010	1028	1.8
小学在校学生数(人)	Number of Student Enrollment of Primary Schools(person)	5963	5147	-13.7
普通中学学校数(所)	Number of Regular Secondary Schools(unit)	14	14	0.0
普通中学专任教师数(人)	Number of Teachers of Secondary Shools(person)	867	843	-2.8
初中在校学生数(人)	Number of Student in Junior Secondary Schools(person)	4363	4102	-6.0
高中在校学生数(人)	Number of Student in Senior Secondary Schools(person)	2584	2152	-16.7
卫生机构数(所)	Number of Health Institutions(unit)	93	69	-25.8
# 医院(所)	Hospitals(unit)	9	7	-22.2
卫生院(所)	Township Hospitals(unit)	5	5	0.0
床位数(张)	Number of Beds(unit)	689	692	0.4
# 医院(张)	Hospitals(unit)	645	603	-6.5
卫生院(张)	Township Hospitals(unit)	41	50	22.0
卫生技术人员(人)	Medical Technical Presonnel(person)	1197	1229	2.7
# 医院(人)	Hospitals(person)	864	863	-0.1
卫生院(人)	Township Hospitals(person)	65	94	44.6

23-32 呼伦贝尔市阿荣旗

指 标	Item	2008	2009	2009年比上年增长% Increase Rate in 2009 Over 2008(%)
行政区域土地面积(平方公里)	**Area of Administration(Sq.km)**	**12063**	**12063**	**0.0**
人口和就业	**Population & Employment**			
年末总人口(人)	Total Population Year-end(person)	330807	331752	0.3
#男性(人)	Male(person)	170624	170665	0.0
#乡村人口(人)	Rural(person)	232076	232693	0.3
年末总户数(户)	Total Number of Households at the Year-end(Household)	95194	108088	13.5
#乡村户数(户)	Number of Rural Household(Household)	58197	58088	-0.2
出生人口(人)	Births(person)	2995	2725	-9.0
死亡人口(人)	Deaths(person)	1573	1558	-1.0
全社会就业人员(人)	Employment(person)	123332	145312	17.8
第一产业(人)	Primary Industry(person)	85257	105185	23.4
第二产业(人)	Secondary Industry(person)	10820	12785	18.2
第三产业(人)	Tertiary Industry(person)	27255	27342	0.3
在岗职工人数(人)	Number of Staff & Workers Employed in(person)	18078	18966	4.9
乡村劳动力(人)	Number of Rural Laborers(person)	100023	121409	21.4
#农林牧渔业(人)	Farming,Forestry,Animal Husbandry & Fishery(person)	85257	105181	23.4
国民经济综合指标	**Summary Item on the National Economy**			
生产总值(万元)	Gross Domestic Product(10 000 yuan)	623000	756512	19.0
第一产业(万元)	Primary Industry(10 000 yuan)	267600	284600	5.5
第二产业(万元)	Secondary Industry(10 000 yuan)	209600	279359	33.6
#工业(万元)	Industry(10 000 yuan)	168900	215674	25.6
第三产业(万元)	Tertiary Industry(10 000 yuan)	145800	192553	22.8
人均生产总值(元)	Per Capita GDP(yuan)	18731	22836	22.3
全社会固定资产投资(万元)	Total Investment in Fixed Assets(10 000 yuan)	320323	552843	72.6
按登记注册类型分	Grouped by Registered Type			
#国有(万元)	State-owned Enterprises(10 000 yuan)	94137	302360	221.2
集体(万元)	Collective-owned Enterprises(10 000 yuan)			
有限责任公司(万元)	Limited Liability Corporations(10 000 yuan)	116356	48268	-58.5
股份有限公司(万元)	Share Holding Enterprises(10 000 yuan)	17190	11610	-32.5
私营企业(万元)	Private Enterprises(10 000 yuan)	19341	103992	437.7
外商及港澳台投资企业(万元)	Funds from HK,Macao,Taiwan & Foreign(10 000 yuan)		80410	
按城乡渠道分	Grouped by Urban and Rural Area			
城镇(万元)	Urban(10 000 yuan)	320323	552843	72.6
农村(万元)	Rural(10 000 yuan)			
一般预算收入(万元)	General Budgetary Financial Revenue(10 000 yuan)	10591	19277	82.0
一般预算支出(万元)	General Budgetary Financial Expenditures(10 000 yuan)	87392	128443	47.0
城乡居民储蓄存款余额(万元)	Resident Saving Deposit in Urban & Rural(10 000 yuan)	124130	152433	22.8
在岗职工工资总额(万元)	Total Wages of Staff & Workers Employed in(10 000 yuan)	41829	51068	22.1
在岗职工平均工资(元)	Average Wage of Staff & Workers Employed in(yuan)	21826	25608	17.3
农牧民人均纯收入(元)	Per Capita Net Income of Peasant & Herdsman(yuan)	5355	5910	10.4
农村牧区经济	**Economic Development in Rural & Pastoral Area**			
耕地面积(公顷)	Cultivated Area(hectare)	290497	290497	0.0
农作物总播种面积(公顷)	Total Sown Area(hectare)	290497	290497	0.0
#粮食作物播种面积(公顷)	Sown Area of Grain Crops(hectare)	270383	266473	-1.4
有效灌溉面积(公顷)	Irrigated Area(hectare)	43600	46240	6.1
农牧业机械总动力(万千瓦)	Total Power of Agricultural Machinery(10 000 kw)	59.99	61.43	2.4
化肥施用折纯量(吨)	Consumption of Chemical Fertilizer(ton)	15833	15200	-4.0
农村用电量(万千瓦小时)	Electricity Consumed in Rural Area(10 000 kwh)	3718	3826	2.9
农林牧渔业总产值(万元)	Gross Output of Farming,Forestry,Animal Husbandry & Fishery(10 000 yuan)	437556	459532	4.5
粮食产量(吨)	Yield of Grain(ton)	1160531	1210500	4.3
油料产量(吨)	Yield of Oil-bearing Grops(ton)	10300	13185	28.0
甜菜产量(吨)	Yield of Beetroots(ton)	33914	375	-98.9
猪牛羊肉产量(吨)	Output of Pork, Beef & Mutton(ton)	32888	35978	9.4
#猪肉产量(吨)	Output of Pork(ton)	7985	7568	-5.2
牛肉产量(吨)	Output of Beef(ton)	11791	7625	-35.3
羊肉产量(吨)	Output of Mutton(ton)	13112	20785	58.5
羊毛产量(吨)	Output of Wool(ton)	6053	7070	16.8

23-32 Arong Banner in Hulunbeier City

指 标	Item	2008	2009	2009年比上年增长% Increase Rate in 2009 Over 2008(%)
年末牲畜存栏头数(万头只)	Total Livestock at the Year-end(10 000 heads)	155.59	166.85	7.2
#大牲畜(万头只)	Large Animals(10 000 heads)	15.35	16.71	8.9
羊(万只)	Sheep & Goats(10 000 heads)	130.95	144.58	10.4
猪(万头)	Hogs(10 000 heads)	9.29	5.56	-40.2
规模以上工业	**Industrial Enterprises above Designated size**			
工业企业单位数(个)	Number of Industrial Enterprises(unit)	22	33	50.0
#内资企业(个)	Civil Funded Enterprises(unit)	22	33	50.0
工业总产值(万元)	Gross Industrial Output Value(10 000 yuan)	344976	464007	34.5
内资企业(万元)	Civil Funded Enterprises(10 000 yuan)	344976	464007	34.5
国有企业(万元)	State-owned Enterprises(10 000 yuan)	4827	10545	118.5
集体企业(万元)	Collective-owned Enterprises(10 000 yuan)			
股份合作企业(万元)	Share Holding Enterprises(10 000 yuan)			
联营企业(万元)	Joint Owned Enterprises(10 000 yuan)			
有限责任公司(万元)	Limited Company(10 000 yuan)	326833	278253	-14.9
股份有限公司(万元)	Share Holding Limited Company(10 000 yuan)		16516	
私营企业(万元)	Privately Owned Enterprises(10 000 yuan)	13316	158693	1091.7
其他企业(万元)	Enterprises of Other Ownership(10 000 yuan)			
港澳台商投资企业(万元)	Funds from HK,Macao & Taiwan(10 000 yuan)			
外商投资企业(万元)	Foreign Funded Enterprises(10 000 yuan)			
工业企业增加值(万元)	Value Added of Industrial Enterprises(10 000 yuan)	115045	157364	28.8
工业企业资产总计(万元)	Total Assets of Industrial Enterprises(10 000 yuan)	129254	177137	37.0
工业企业负债合计(万元)	Total Liabilities of Industrial Enterprises(10 000 yuan)	49713	98148	97.4
工业企业产品销售收入(万元)	Sales of Revenue Industrial Enterprises(10 000 yuan)	336331	460391	36.9
工业企业利润总额(万元)	Total Profits of Industrial Enterprises(10 000 yuan)	14590	14030	-3.8
建筑业	**Construction**			
建筑企业单位数(个)	Number of Construction Enterprises(unit)	4	4	0.0
建筑企业从业人员(人)	Number of Employee in Construction Enterprises(person)	3300	3190	-3.3
建筑业总产值(万元)	Gross Construction Output Value(10 000 yuan)	50251	738150	1368.9
交通运输邮电通信业	**Transportation,Post & Telecommunications**			
公路里程(公里)	Total Length of Highways(km)	2138	2138	0.0
邮电业务总量(万元)	Business Volume of Post & Telecoms(10 000 yuan)	4576	8892	94.3
本地电话用户(户)	Number of Subscribers of Local Telephone(Household)	132786	177426	33.6
国内贸易	**Domestic Trade**			
社会消费品零售总额(万元)	Total Retail Sales of Consumer Goods(10 000 yuan)	119909	144864	20.8
#贸易业(万元)	Wholesale & Retail Sales Trades(10 000 yuan)	101805	122016	19.9
餐饮业(万元)	Catering Trade(10 000 yuan)	16400	20746	26.5
科技教育卫生	**Science,Education & Public Health**			
各类专业技术人员(人)	Special Technical Personnel(person)	5526	4984	-9.8
幼儿园数(所)	Number of Kindergartens(unit)	20	21	5.0
学龄儿童入学率(%)	Percentage of School-Age Children Enrolled(%)	100.0	100.0	0.0
小学学校数(所)	Number of Primary Schools(unit)	64	40	-37.5
小学专任教师数(人)	Number of Full-time Teachers of Primary Schools(person)	1667	1649	-1.1
小学在校学生数(人)	Number of Student Enrollment of Primary Schools(person)	15704	15112	-3.8
普通中学学校数(所)	Number of Regular Secondary Schools(unit)	19	19	0.0
普通中学专任教师数(人)	Number of Teachers of Secondary Shools(person)	1166	1156	-0.9
初中在校学生数(人)	Number of Student in Junior Secondary Schools(person)	7636	6679	-12.5
高中在校学生数(人)	Number of Student in Senior Secondary Schools(person)	4711	4741	0.6
卫生机构数(所)	Number of Health Institutions(unit)	100	100	0.0
#医院(所)	Hospitals(unit)	4	4	0.0
卫生院(所)	Township Hospitals(unit)	17	17	0.0
床位数(张)	Number of Beds(unit)	465	524	12.7
#医院(张)	Hospitals(unit)	297	357	20.2
卫生院(张)	Township Hospitals(unit)	147	147	0.0
卫生技术人员(人)	Medical Technical Presonnel(person)	720	728	1.1
#医院(人)	Hospitals(person)	359	352	-1.9
卫生院(人)	Township Hospitals(person)	252	253	0.4

23-33 呼伦贝尔市莫力达瓦达斡尔族自治旗

指 标	Item	2008	2009	2009年比上年增长% Increase Rate in 2009 Over 2008(%)
行政区域土地面积(平方公里)	**Area of Administration(Sq.km)**	**10500**	**10500**	**0.0**
人口和就业	**Population & Employment**			
年末总人口(人)	Total Population Year-end(person)	340896	338209	-0.8
#男性(人)	Male(person)	176077	174962	-0.6
#乡村人口(人)	Rural(person)	239425	241694	0.9
年末总户数(户)	Total Number of Households at the Year-end(Household)	112669	113856	1.1
#乡村户数(户)	Number of Rural Household(Household)	64736	64906	0.3
出生人口(人)	Births(person)	3948	3279	-16.9
死亡人口(人)	Deaths(person)	1248	1405	12.6
全社会就业人员(人)	Employment(person)	128932	136493	5.9
第一产业(人)	Primary Industry(person)	110302	113932	3.3
第二产业(人)	Secondary Industry(person)	3475	5079	46.2
第三产业(人)	Tertiary Industry(person)	15155	17482	15.4
在岗职工人数(人)	Number of Staff & Workers Employed in(person)	22017	21413	-2.7
乡村劳动力(人)	Number of Rural Laborers(person)	106734	114804	7.6
#农林牧渔业(人)	Farming,Forestry,Animal Husbandry & Fishery(person)	99507	103297	3.8
国民经济综合指标	**Summary Item on the National Economy**			
生产总值(万元)	Gross Domestic Product(10 000 yuan)	474100	568893	11.5
第一产业(万元)	Primary Industry(10 000 yuan)	256500	272400	5.4
第二产业(万元)	Secondary Industry(10 000 yuan)	108500	127193	18.6
#工业(万元)	Industry(10 000 yuan)	77900	93063	21.0
第三产业(万元)	Tertiary Industry(10 000 yuan)	109100	169300	18.1
人均生产总值(元)	Per Capita GDP(yuan)	13957	16754	11.5
全社会固定资产投资(万元)	Total Investment in Fixed Assets(10 000 yuan)	170432	209599	23.0
按登记注册类型分	Grouped by Registered Type			
#国有(万元)	State-owned Enterprises(10 000 yuan)	119871	150968	25.9
集体(万元)	Collective-owned Enterprises(10 000 yuan)			
有限责任公司(万元)	Limited Liability Corporations(10 000 yuan)	3553	3151	-11.3
股份有限公司(万元)	Share Holding Enterprises(10 000 yuan)			
私营企业(万元)	Private Enterprises(10 000 yuan)	41044	44250	7.8
外商及港澳台投资企业(万元)	Funds from HK,Macao,Taiwan & Foreign(10 000 yuan)	5964		
按城乡渠道分	Grouped by Urban and Rural Area			
城镇（万元）	Urban(10 000 yuan)	167946	209599	24.8
农村（万元）	Rural(10 000 yuan)	2486		
一般预算收入(万元)	General Budgetary Financial Revenue(10 000 yuan)	6019	7425	23.4
一般预算支出(万元)	General Budgetary Financial Expenditures(10 000 yuan)	102262	118677	16.1
城乡居民储蓄存款余额(万元)	Resident Saving Deposit in Urban & Rural(10 000 yuan)	118682	134969	13.7
在岗职工工资总额(万元)	Total Wages of Staff & Workers Employed in(10 000 yuan)	43487	49627	14.1
在岗职工平均工资(元)	Average Wage of Staff & Workers Employed in(yuan)	19780	23346	18.0
农牧民人均纯收入(元)	Per Capita Net Income of Peasant & Herdsman(yuan)	5267	5688	8.0
农村牧区经济	**Economic Development in Rural & Pastoral Area**			
耕地面积(公顷)	Cultivated Area(hectare)	448002	469926	4.9
农作物总播种面积(公顷)	Total Sown Area(hectare)	448002	469926	4.9
#粮食作物播种面积(公顷).	Sown Area of Grain Crops(hectare)	420560	440634	4.8
有效灌溉面积(公顷)	Irrigated Area(hectare)	42265	73333	73.5
农牧业机械总动力(万千瓦)	Total Power of Agricultural Machinery(10 000 kw)	45.00	62.29	38.4
化肥施用折纯量(吨)	Consumption of Chemical Fertilizer(ton)	38805	43075	11.0
农村用电量(万千瓦小时)	Electricity Consumed in Rural Area(10 000 kwh)	4668	5553	19.0
农林牧渔业总产值(万元)	Gross Output of Farming,Forestry,Animal Husbandry & Fishery(10 000 yuan)	419318	440221	4.5
粮食产量(吨)	Yield of Grain(ton)	1223431	1264000	3.3
油料产量(吨)	Yield of Oil-bearing Grops(ton)	9264	7905	-14.7
甜菜产量(吨)	Yield of Beetroots(ton)	8482	3120	-63.2
猪牛羊肉产量(吨)	Output of Pork, Beef & Mutton(ton)	22710	29376	29.4
#猪肉产量(吨)	Output of Pork(ton)	4989	5751	15.3
牛肉产量(吨)	Output of Beef(ton)	6239	9692	55.3
羊肉产量(吨)	Output of Mutton(ton)	11482	11741	2.3
羊毛产量(吨)	Output of Wool(ton)	2339	3585	53.3

23-33 Molidawadawoer National Autonomous Banner in Hulunbeier City

指 标	Item	2008	2009	2009年比上年增长% Increase Rate in 2009 Over 2008(%)
年末牲畜存栏头数(万头只)	Total Livestock at the Year-end(10 000 heads)	118.72	130.74	10.1
# 大牲畜(万头只)	Large Animals(10 000 heads)	18.51	16.31	-11.9
羊(万只)	Sheep & Goats(10 000 heads)	94.08	108.66	15.5
猪(万头)	Hogs(10 000 heads)	6.13	5.78	-5.7
规模以上工业	**Industrial Enterprises above Designated size**			
工业企业单位数(个)	Number of Industrial Enterprises(unit)	21	21	0.0
# 内资企业(个)	Civil Funded Enterprises(unit)	20	19	-5.0
工业总产值(万元)	Gross Industrial Output Value(10 000 yuan)	175832	214774	22.2
内资企业(万元)	Civil Funded Enterprises(10 000 yuan)	155823	188655	21.1
国有企业(万元)	State-owned Enterprises(10 000 yuan)	12059	15962	32.4
集体企业(万元)	Collective-owned Enterprises(10 000 yuan)			
股份合作企业(万元)	Share Holding Enterprises(10 000 yuan)			
联营企业(万元)	Joint Owned Enterprises(10 000 yuan)			
有限责任公司(万元)	Limited Company(10 000 yuan)			
股份有限公司(万元)	Share Holding Limited Company(10 000 yuan)			
私营企业(万元)	Privately Owned Enterprises(10 000 yuan)	143764	172700	20.1
其他企业(万元)	Enterprises of Other Ownership(10 000 yuan)			
港澳台商投资企业(万元)	Funds from HK,Macao & Taiwan(10 000 yuan)	20009	26119	30.5
外商投资企业(万元)	Foreign Funded Enterprises(10 000 yuan)			
工业企业增加值(万元)	Value Added of Industrial Enterprises(10 000 yuan)	62287	76063	21.8
工业企业资产总计(万元)	Total Assets of Industrial Enterprises(10 000 yuan)	107554	195700	82.0
工业企业负债合计(万元)	Total Liabilities of Industrial Enterprises(10 000 yuan)	64055	128100	100.0
工业企业产品销售收入(万元)	Sales of Revenue Industrial Enterprises(10 000 yuan)	175546	216400	23.3
工业企业利润总额(万元)	Total Profits of Industrial Enterprises(10 000 yuan)	13746	22300	62.2
建筑业	**Construction**			
建筑企业单位数(个)	Number of Construction Enterprises(unit)	4	4	0.0
建筑企业从业人员(人)	Number of Employee in Construction Enterprises(person)	1140	2814	146.8
建筑业总产值(万元)	Gross Construction Output Value(10 000 yuan)	12957	18888	45.8
交通运输邮电通信业	**Transportation,Post & Telecommunications**			
公路里程(公里)	Total Length of Highways(km)	1732	1854	7.0
邮电业务总量(万元)	Business Volume of Post & Telecoms(10 000 yuan)	6417	8966	39.7
本地电话用户(户)	Number of Subscribers of Local Telephone(Household)	32542	27003	-17.0
国内贸易	**Domestic Trade**			
社会消费品零售总额(万元)	Total Retail Sales of Consumer Goods(10 000 yuan)	120148	144705	20.4
# 贸易业(万元)	Wholesale & Retail Sales Trades(10 000 yuan)	89720	108331	20.7
餐饮业(万元)	Catering Trade(10 000 yuan)	16547	18533	12.0
科技教育卫生	**Science,Education & Public Health**			
各类专业技术人员(人)	Special Technical Personnel(person)	5763	6274	8.9
幼儿园数(所)	Number of Kindergartens(unit)	56	68	21.4
学龄儿童入学率(%)	Percentage of School-Age Children Enrolled(%)	100.0	100.0	0.0
小学学校数(所)	Number of Primary Schools(unit)	42	26	-38.1
小学专任教师数(人)	Number of Full-time Teachers of Primary Schools(person)	1939	1841	-5.1
小学在校学生数(人)	Number of Student Enrollment of Primary Schools(person)	18860	17113	-9.3
普通中学学校数(所)	Number of Regular Secondary Schools(unit)	27	25	-7.4
普通中学专任教师数(人)	Number of Teachers of Secondary Shools(person)	1200	1214	1.2
初中在校学生数(人)	Number of Student in Junior Secondary Schools(person)	8827	8415	-4.7
高中在校学生数(人)	Number of Student in Senior Secondary Schools(person)	3986	4068	2.1
卫生机构数(所)	Number of Health Institutions(unit)	31	31	0.0
# 医院(所)	Hospitals(unit)	6	6	0.0
卫生院(所)	Township Hospitals(unit)	19	19	0.0
床位数(张)	Number of Beds(unit)	471	591	25.5
# 医院(张)	Hospitals(unit)	301	421	39.9
卫生院(张)	Township Hospitals(unit)	150	150	0.0
卫生技术人员(人)	Medical Technical Presonnel(person)	812	863	6.3
# 医院(人)	Hospitals(person)	375	419	11.7
卫生院(人)	Township Hospitals(person)	202	228	12.9

23-34 呼伦贝尔市鄂伦春自治旗

指 标	Item	2008	2009	2009年比上年增长% Increase Rate in 2009 Over 2008(%)
行政区域土地面积(平方公里)	**Area of Administration(Sq.km)**	**59800**	**59880**	**0.1**
人口和就业	**Population & Employment**			
年末总人口(人)	Total Population Year-end(person)	282172	280672	-0.5
#男性(人)	Male(person)	145134	143911	-0.8
#乡村人口(人)	Rural(person)	62512	61060	-2.3
年末总户数(户)	Total Number of Households at the Year-end(Household)	100769	100687	-0.1
#乡村户数(户)	Number of Rural Household(Household)	15409	16530	7.3
出生人口(人)	Births(person)	2231	1601	-28.2
死亡人口(人)	Deaths(person)	1109	1436	29.5
全社会就业人员(人)	Employment(person)	74327	73584	-1.0
第一产业(人)	Primary Industry(person)	36146	35062	-3.0
第二产业(人)	Secondary Industry(person)	15172	15263	0.6
第三产业(人)	Tertiary Industry(person)	23009	23259	1.1
在岗职工人数(人)	Number of Staff & Workers Employed in(person)	17140	18368	7.2
乡村劳动力(人)	Number of Rural Laborers(person)	36189	36510	0.9
#农林牧渔业(人)	Farming,Forestry,Animal Husbandry & Fishery(person)	33383	32300	-3.2
国民经济综合指标	**Summary Item on the National Economy**			
生产总值(万元)	Gross Domestic Product(10 000 yuan)	244800	310156	12.4
第一产业(万元)	Primary Industry(10 000 yuan)	106400	116000	8.2
第二产业(万元)	Secondary Industry(10 000 yuan)	26900	32204	16.9
#工业(万元)	Industry(10 000 yuan)	22200	25622	10.8
第三产业(万元)	Tertiary Industry(10 000 yuan)	111500	161952	17.7
人均生产总值(元)	Per Capita GDP(yuan)	8704	11021	14.1
全社会固定资产投资(万元)	Total Investment in Fixed Assets(10 000 yuan)	46224	71860	55.5
按登记注册类型分	Grouped by Registered Type			
#国有(万元)	State-owned Enterprises(10 000 yuan)	27677	62808	126.9
集体(万元)	Collective-owned Enterprises(10 000 yuan)			
有限责任公司(万元)	Limited Liability Corporations(10 000 yuan)	6078	7201	18.5
股份有限公司(万元)	Share Holding Enterprises(10 000 yuan)	3151	851	-73.0
私营企业(万元)	Private Enterprises(10 000 yuan)	518	800	54.4
外商及港澳台投资企业 (万元)	Funds from HK,Macao,Taiwan & Foreign(10 000 yuan)	8800	200	-97.7
按城乡渠道分	Grouped by Urban and Rural Area			
城镇（万元）	Urban(10 000 yuan)	46109	71860	55.8
农村（万元）	Rural(10 000 yuan)	115		
一般预算收入(万元)	General Budgetary Financial Revenue(10 000 yuan)	4657	6188	32.9
一般预算支出(万元)	General Budgetary Financial Expenditures(10 000 yuan)	90973	122395	34.5
城乡居民储蓄存款余额(万元)	Resident Saving Deposit in Urban & Rural(10 000 yuan)	202500	243806	20.4
在岗职工工资总额(万元)	Total Wages of Staff & Workers Employed in(10 000 yuan)	38102	45182	18.6
在岗职工平均工资(元)	Average Wage of Staff & Workers Employed in(yuan)	21863	23555	7.7
农牧民人均纯收入(元)	Per Capita Net Income of Peasant & Herdsman(yuan)	3715	4292	15.5
农村牧区经济	**Economic Development in Rural & Pastoral Area**			
耕地面积(公顷)	Cultivated Area(hectare)	188333	275333	46.2
农作物总播种面积(公顷)	Total Sown Area(hectare)	180839	201135	11.2
#粮食作物播种面积(公顷)	Sown Area of Grain Crops(hectare)	178324	199795	12.0
有效灌溉面积(公顷)	Irrigated Area(hectare)			
农牧业机械总动力(万千瓦)	Total Power of Agricultural Machinery(10 000 kw)			
化肥施用折纯量(吨)	Consumption of Chemical Fertilizer(ton)	20955	19968	-4.7
农村用电量(万千瓦小时)	Electricity Consumed in Rural Area(10 000 kwh)	1247	1334	6.9
农林牧渔业总产值(万元)	Gross Output of Farming,Forestry,Animal Husbandry & Fishery(10 000 yuan)	173884	188312	8.3
粮食产量(吨)	Yield of Grain(ton)	300672	290678	-3.3
油料产量(吨)	Yield of Oil-bearing Grops(ton)	504	142	-71.8
甜菜产量(吨)	Yield of Beetroots(ton)			
猪牛羊肉产量(吨)	Output of Pork, Beef & Mutton(ton)	9608	7749	-19.3
#猪肉产量(吨)	Output of Pork(ton)	3694	3446	-6.7
牛肉产量(吨)	Output of Beef(ton)	3518	2221	-36.9
羊肉产量(吨)	Output of Mutton(fon)	2396	2082	-13.1
羊毛产量(吨)	Output of Wool(ton)	240	668	178.3

23-34 Elunchun National Autonomous Banner in Hulunbeier City

指 标	Item	2008	2009	2009年比上年增长% Increase Rate in 2009 Over 2008(%)
年末牲畜存栏头数(万头只)	Total Livestock at the Year-end(10 000 heads)	30.80	30.82	0.1
# 大牲畜(万头只)	Large Animals(10 000 heads)	3.88	4.00	3.1
羊(万只)	Sheep & Goats(10 000 heads)	22.23	22.00	-1.0
猪(万头)	Hogs(10 000 heads)	4.69	4.82	2.8
规模以上工业	**Industrial Enterprises above Designated size**			
工业企业单位数(个)	Number of Industrial Enterprises(unit)	12	12	0.0
# 内资企业(个)	Civil Funded Enterprises(unit)	11	11	0.0
工业总产值(万元)	Gross Industrial Output Value(10 000 yuan)	42815	48700	13.7
内资企业(万元)	Civil Funded Enterprises(10 000 yuan)	31063	34900	12.4
国有企业(万元)	State-owned Enterprises(10 000 yuan)			
集体企业(万元)	Collective-owned Enterprises(10 000 yuan)			
股份合作企业(万元)	Share Holding Enterprises(10 000 yuan)			
联营企业(万元)	Joint Owned Enterprises(10 000 yuan)			
有限责任公司(万元)	Limited Company(10 000 yuan)	19849	34900	75.8
股份有限公司(万元)	Share Holding Limited Company(10 000 yuan)			
私营企业(万元)	Privately Owned Enterprises(10 000 yuan)	11214		
其他企业(万元)	Enterprises of Other Ownership(10 000 yuan)			
港澳台商投资企业(万元)	Funds from HK,Macao & Taiwan(10 000 yuan)	11752	13800	17.4
外商投资企业(万元)	Foreign Funded Enterprises(10 000 yuan)			
工业企业增加值(万元)	Value Added of Industrial Enterprises(10 000 yuan)	17103	20060	8.5
工业企业资产总计(万元)	Total Assets of Industrial Enterprises(10 000 yuan)	50759	19700	-61.2
工业企业负债合计(万元)	Total Liabilities of Industrial Enterprises(10 000 yuan)	17246	1500	-91.3
工业企业产品销售收入(万元)	Sales of Revenue Industrial Enterprises(10 000 yuan)	40441	12800	-68.3
工业企业利润总额(万元)	Total Profits of Industrial Enterprises(10 000 yuan)	711	400	-43.7
建筑业	**Construction**			
建筑企业单位数(个)	Number of Construction Enterprises(unit)	6	6	0.0
建筑企业从业人员(人)	Number of Employee in Construction Enterprises(person)	379	501	32.2
建筑业总产值(万元)	Gross Construction Output Value(10 000 yuan)	3703	7833	111.5
交通运输邮电通信业	**Transportation,Post & Telecommunications**			
公路里程(公里)	Total Length of Highways(km)	1214	1481	22.0
邮电业务总量(万元)	Business Volume of Post & Telecoms(10 000 yuan)	8601	9640	12.1
本地电话用户(户)	Number of Subscribers of Local Telephone(Household)	113091	159743	41.3
国内贸易	**Domestic Trade**			
社会消费品零售总额(万元)	Total Retail Sales of Consumer Goods(10 000 yuan)	107563	130323	21.2
# 贸易业(万元)	Wholesale & Retail Sales Trades(10 000 yuan)	81133	94670	16.7
餐饮业(万元)	Catering Trade(10 000 yuan)	21667	29673	37.0
科技教育卫生	**Science,Education & Public Health**			
各类专业技术人员(人)	Special Technical Personnel(person)	5583	5438	-2.6
幼儿园数(所)	Number of Kindergartens(unit)	39	12	-69.2
学龄儿童入学率(%)	Percentage of School-Age Children Enrolled(%)	100.0	100.0	0.0
小学学校数(所)	Number of Primary Schools(unit)	44	34	-22.7
小学专任教师数(人)	Number of Full-time Teachers of Primary Schools(person)	1756	1717	-2.2
小学在校学生数(人)	Number of Student Enrollment of Primary Schools(person)	13792	12010	-12.9
普通中学学校数(所)	Number of Regular Secondary Schools(unit)	23	22	-4.3
普通中学专任教师数(人)	Number of Teachers of Secondary Shools(person)	1383	1322	-4.4
初中在校学生数(人)	Number of Student in Junior Secondary Schools(person)	9891	9190	-7.1
高中在校学生数(人)	Number of Student in Senior Secondary Schools(person)	5474	5003	-8.6
卫生机构数(所)	Number of Health Institutions(unit)	35	34	-2.9
# 医院(所)	Hospitals(unit)	14	14	0.0
卫生院(所)	Township Hospitals(unit)	9	9	0.0
床位数(张)	Number of Beds(unit)	886	813	-8.2
# 医院(张)	Hospitals(unit)	792	716	-9.6
卫生院(张)	Township Hospitals(unit)	72	77	6.9
卫生技术人员(人)	Medical Technical Presonnel(person)	1444	1465	1.5
# 医院(人)	Hospitals(person)	1171	1203	2.7
卫生院(人)	Township Hospitals(person)	93	92	-1.1

23-35 呼伦贝尔市鄂温克族自治旗

指 标	Item	2008	2009	2009年比上年增长% Increase Rate in 2009 Over 2008(%)
行政区域土地面积(平方公里)	**Area of Administration(Sq.km)**	**19111**	**19111**	**0.0**
人口和就业	**Population & Employment**			
年末总人口(人)	Total Population Year-end(person)	144409	144238	-0.1
#男性(人)	Male(person)	75405	75231	-0.2
#乡村人口(人)	Rural(person)	28444	27593	-3.0
年末总户数(户)	Total Number of Households at the Year-end(Household)	49971	54392	8.8
#乡村户数(户)	Number of Rural Household(Household)	8550	8301	-2.9
出生人口(人)	Births(person)	1170	1145	-2.1
死亡人口(人)	Deaths(person)	701	1017	45.1
全社会就业人员(人)	Employment(person)	55131	55624	0.9
第一产业(人)	Primary Industry(person)	16091	15854	-1.5
第二产业(人)	Secondary Industry(person)	23156	23105	-0.2
第三产业(人)	Tertiary Industry(person)	15884	16665	4.9
在岗职工人数(人)	Number of Staff & Workers Employed in(person)	30560	30289	-0.9
乡村劳动力(人)	Number of Rural Laborers(person)	16931	17074	0.8
#农林牧渔业(人)	Farming,Forestry,Animal Husbandry & Fishery(person)	14275	14173	-0.7
国民经济综合指标	**Summary Item on the National Economy**			
生产总值(万元)	Gross Domestic Product(10 000 yuan)	438500	537185	24.4
第一产业(万元)	Primary Industry(10 000 yuan)	50500	54500	7.2
第二产业(万元)	Secondary Industry(10 000 yuan)	265000	332273	28.5
#工业(万元)	Industry(10 000 yuan)	242600	301786	27.6
第三产业(万元)	Tertiary Industry(10 000 yuan)	123000	150412	21.0
人均生产总值(元)	Per Capita GDP(yuan)	30429	37221	24.2
全社会固定资产投资(万元)	Total Investment in Fixed Assets(10 000 yuan)	430000	604314	40.5
按登记注册类型分	Grouped by Registered Type			
#国有(万元)	State-owned Enterprises(10 000 yuan)	71737	137529	91.7
集体(万元)	Collective-owned Enterprises(10 000 yuan)			
有限责任公司(万元)	Limited Liability Corporations(10 000 yuan)	187896	244201	30.0
股份有限公司(万元)	Share Holding Enterprises(10 000 yuan)	114830	208616	81.7
私营企业(万元)	Private Enterprises(10 000 yuan)	27167	13948	-48.7
外商及港澳台投资企业(万元)	Funds from HK,Macao,Taiwan & Foreign(10 000 yuan)	1370	20	-98.5
按城乡渠道分	Grouped by Urban and Rural Area			
城镇（万元）	Urban(10 000 yuan)	429850	604314	40.6
农村（万元）	Rural(10 000 yuan)	150		
一般预算收入(万元)	General Budgetary Financial Revenue(10 000 yuan)	25858	39351	52.2
一般预算支出(万元)	General Budgetary Financial Expenditures(10 000 yuan)	71769	96742	34.8
城乡居民储蓄存款余额(万元)	Resident Saving Deposit in Urban & Rural(10 000 yuan)	154352	196451	27.3
在岗职工工资总额(万元)	Total Wages of Staff & Workers Employed in(10 000 yuan)	79480	95801	20.5
在岗职工平均工资(元)	Average Wage of Staff & Workers Employed in(yuan)	25816	30948	19.9
农牧民人均纯收入(元)	Per Capita Net Income of Peasant & Herdsman(yuan)	7050	7883	11.8
农村牧区经济	**Economic Development in Rural & Pastoral Area**			
耕地面积(公顷)	Cultivated Area(hectare)			
农作物总播种面积(公顷)	Total Sown Area(hectare)	29263	26388	-9.8
#粮食作物播种面积(公顷)	Sown Area of Grain Crops(hectare)	20084	14852	-26.1
有效灌溉面积(公顷)	Irrigated Area(hectare)			
农牧业机械总动力(万千瓦)	Total Power of Agricultural Machinery(10 000 kw)	13.95	14.66	5.1
化肥施用折纯量(吨)	Consumption of Chemical Fertilizer(ton)	5510	5702	3.5
农村用电量(万千瓦小时)	Electricity Consumed in Rural Area(10 000 kwh)	87	92	5.7
农林牧渔业总产值(万元)	Gross Output of Farming,Forestry,Animal Husbandry & Fishery(10 000 yuan)	82486	88474	7.3
粮食产量(吨)	Yield of Grain(ton)	41877	50509	20.6
油料产量(吨)	Yield of Oil-bearing Grops(ton)	4422	7255	64.1
甜菜产量(吨)	Yield of Beetroots(ton)	2250	1501	-33.3
猪牛羊肉产量(吨)	Output of Pork, Beef & Mutton(ton)	12549	14973	19.3
#猪肉产量(吨)	Output of Pork(ton)	3264	3674	12.6
牛肉产量(吨)	Output of Beef(ton)	6598	7496	13.6
羊肉产量(吨)	Output of Mutton(ton)	2687	3803	41.5
羊毛产量(吨)	Output of Wool(ton)	805	871	8.2

23-35 Ewenke National Autonomous Banner in Hulunbeier City

指 标	Item	2008	2009	2009年比上年增长% Increase Rate in 2009 Over 2008(%)
年末牲畜存栏头数(万头只)	Total Livestock at the Year-end(10 000 heads)	50.87	57.90	13.8
#大牲畜(万头只)	Large Animals(10 000 heads)	12.42	13.84	11.4
羊(万只)	Sheep & Goats(10 000 heads)	37.66	42.86	13.8
猪(万头)	Hogs(10 000 heads)	0.79	1.20	51.9
规模以上工业	**Industrial Enterprises above Designated size**			
工业企业单位数(个)	Number of Industrial Enterprises(unit)	13	19	46.2
#内资企业(个)	Civil Funded Enterprises(unit)	12	18	50.0
工业总产值(万元)	Gross Industrial Output Value(10 000 yuan)	497973	654881	31.5
内资企业(万元)	Civil Funded Enterprises(10 000 yuan)	489053	648581	33.9
国有企业(万元)	State-owned Enterprises(10 000 yuan)			
集体企业(万元)	Collective-owned Enterprises(10 000 yuan)			
股份合作企业(万元)	Share Holding Enterprises(10 000 yuan)			
联营企业(万元)	Joint Owned Enterprises(10 000 yuan)			
有限责任公司(万元)	Limited Company(10 000 yuan)	471727	580658	23.1
股份有限公司(万元)	Share Holding Limited Company(10 000 yuan)			
私营企业(万元)	Privately Owned Enterprises(10 000 yuan)	17326	67923	292.0
其他企业(万元)	Enterprises of Other Ownership(10 000 yuan)			
港澳台商投资企业(万元)	Funds from HK,Macao & Taiwan(10 000 yuan)			
外商投资企业(万元)	Foreign Funded Enterprises(10 000 yuan)	8920	6300	-29.4
工业企业增加值(万元)	Value Added of Industrial Enterprises(10 000 yuan)	233553	295412	27.8
工业企业资产总计(万元)	Total Assets of Industrial Enterprises(10 000 yuan)	1908102	2234422	17.1
工业企业负债合计(万元)	Total Liabilities of Industrial Enterprises(10 000 yuan)	1470697	1624184	10.4
工业企业产品销售收入(万元)	Sales of Revenue Industrial Enterprises(10 000 yuan)	432924	534225	23.4
工业企业利润总额(万元)	Total Profits of Industrial Enterprises(10 000 yuan)	84965	75195	-11.5
建筑业	**Construction**			
建筑企业单位数(个)	Number of Construction Enterprises(unit)	5	5	0.0
建筑企业从业人员(人)	Number of Employee in Construction Enterprises(person)	3081	2167	-29.7
建筑业总产值(万元)	Gross Construction Output Value(10 000 yuan)	44302	50510	14.0
交通运输邮电通信业	**Transportation,Post & Telecommunications**			
公路里程(公里)	Total Length of Highways(km)	870	1109	27.4
邮电业务总量(万元)	Business Volume of Post & Telecoms(10 000 yuan)	4236	4384	3.5
本地电话用户(户)	Number of Subscribers of Local Telephone(Household)	26744	26697	-0.2
国内贸易	**Domestic Trade**			
社会消费品零售总额(万元)	Total Retail Sales of Consumer Goods(10 000 yuan)	60544	73009	20.6
#贸易业(万元)	Wholesale & Retail Sales Trades(10 000 yuan)	48535	57677	18.8
餐饮业(万元)	Catering Trade(10 000 yuan)	12009	14602	21.6
科技教育卫生	**Science,Education & Public Health**			
各类专业技术人员(人)	Special Technical Personnel(person)	3187	3140	-1.5
幼儿园数(所)	Number of Kindergartens(unit)	22	19	-13.6
学龄儿童入学率(%)	Percentage of School-Age Children Enrolled(%)	100.0	100.0	0.0
小学学校数(所)	Number of Primary Schools(unit)	11	11	0.0
小学专任教师数(人)	Number of Full-time Teachers of Primary Schools(person)	823	780	-5.2
小学在校学生数(人)	Number of Student Enrollment of Primary Schools(person)	6783	6502	-4.1
普通中学学校数(所)	Number of Regular Secondary Schools(unit)	13	11	-15.4
普通中学专任教师数(人)	Number of Teachers of Secondary Shools(person)	831	817	-1.7
初中在校学生数(人)	Number of Student in Junior Secondary Schools(person)	4599	3441	-25.2
高中在校学生数(人)	Number of Student in Senior Secondary Schools(person)	2478	2256	-9.0
卫生机构数(所)	Number of Health Institutions(unit)	72	70	-2.8
#医院(所)	Hospitals(unit)	6	6	0.0
卫生院(所)	Township Hospitals(unit)	10	9	-10.0
床位数(张)	Number of Beds(unit)	710	710	0.0
#医院(张)	Hospitals(unit)	491	570	16.1
卫生院(张)	Township Hospitals(unit)	96	75	-21.9
卫生技术人员(人)	Medical Technical Presonnel(person)	873	821	-6.0
#医院(人)	Hospitals(person)	551	506	-8.2
卫生院(人)	Township Hospitals(person)	111	88	-20.7

23-36 呼伦贝尔市新巴尔虎右旗

指 标	Item	2008	2009	2009年比上年增长% Increase Rate in 2009 Over 2008(%)
行政区域土地面积(平方公里)	**Area of Administration(Sq.km)**	**25102**	**24839**	**-1.0**
人口和就业	**Population & Employment**			
年末总人口(人)	Total Population Year-end(person)	34281	34484	0.6
# 男性(人)	Male(person)	17313	17378	0.4
# 乡村人口(人)	Rural(person)	16181	16377	1.2
年末总户数(户)	Total Number of Households at the Year-end(Household)	12294	12942	5.3
# 乡村户数(户)	Number of Rural Household(Household)	4961	4977	0.3
出生人口(人)	Births(person)	328	341	4.0
死亡人口(人)	Deaths(person)	174	207	19.0
全社会就业人员(人)	Employment(person)	19943	20190	1.2
第一产业(人)	Primary Industry(person)	9595	10342	7.8
第二产业(人)	Secondary Industry(person)	4465	3661	-18.0
第三产业(人)	Tertiary Industry(person)	5883	6187	5.2
在岗职工人数(人)	Number of Staff & Workers Employed in(person)	6717	5961	-11.3
乡村劳动力(人)	Number of Rural Laborers(person)	13127	12714	-3.1
# 农林牧渔业(人)	Farming,Forestry,Animal Husbandry & Fishery(person)	9595	10342	7.8
国民经济综合指标	**Summary Item on the National Economy**			
生产总值(万元)	Gross Domestic Product(10 000 yuan)	354300	376538	21.1
第一产业(万元)	Primary Industry(10 000 yuan)	29900	32700	8.5
第二产业(万元)	Secondary Industry(10 000 yuan)	273300	298662	21.2
# 工业(万元)	Industry(10 000 yuan)	241100	278057	28.3
第三产业(万元)	Tertiary Industry(10 000 yuan)	51100	45176	28.9
人均生产总值(元)	Per Capita GDP(yuan)	103426	109514	20.7
全社会固定资产投资(万元)	Total Investment in Fixed Assets(10 000 yuan)	462491	283996	-38.6
按登记注册类型分	Grouped by Registered Type			
# 国有(万元)	State-owned Enterprises(10 000 yuan)	378813	196355	-48.2
集体(万元)	Collective-owned Enterprises(10 000 yuan)			
有限责任公司(万元)	Limited Liability Corporations(10 000 yuan)	12216	78241	540.5
股份有限公司(万元)	Share Holding Enterprises(10 000 yuan)	9512	7652	-19.6
私营企业(万元)	Private Enterprises(10 000 yuan)		1470	
外商及港澳台投资企业 (万元)	Funds from HK,Macao,Taiwan & Foreign(10 000 yuan)	810	248	-69.4
按城乡渠道分	Grouped by Urban and Rural Area			
城镇（万元）	Urban(10 000 yuan)	462491	283996	-38.6
农村（万元）	Rural(10 000 yuan)			
一般预算收入(万元)	General Budgetary Financial Revenue(10 000 yuan)	18822	23481	24.8
一般预算支出(万元)	General Budgetary Financial Expenditures(10 000 yuan)	39097	52793	35.0
城乡居民储蓄存款余额(万元)	Resident Saving Deposit in Urban & Rural(10 000 yuan)	28373	33717	18.8
在岗职工工资总额(万元)	Total Wages of Staff & Workers Employed in(10 000 yuan)	17817	20848	17.0
在岗职工平均工资(元)	Average Wage of Staff & Workers Employed in(yuan)	26149	34414	31.6
农牧民人均纯收入(元)	Per Capita Net Income of Peasant & Herdsman(yuan)	6980	7849	12.4
农村牧区经济	**Economic Development in Rural & Pastoral Area**			
耕地面积(公顷)	Cultivated Area(hectare)	320	320	0.0
农作物总播种面积(公顷)	Total Sown Area(hectare)	1208	1527	26.4
# 粮食作物播种面积(公顷)	Sown Area of Grain Crops(hectare)	367	403	9.8
有效灌溉面积(公顷)	Irrigated Area(hectare)			
农牧业机械总动力(万千瓦)	Total Power of Agricultural Machinery(10 000 kw)	2.39	2.92	22.2
化肥施用折纯量(吨)	Consumption of Chemical Fertilizer(ton)	36	30	-16.7
农村用电量(万千瓦小时)	Electricity Consumed in Rural Area(10 000 kwh)	160	93	-42.1
农林牧渔业总产值(万元)	Gross Output of Farming,Forestry,Animal Husbandry & Fishery(10 000 yuan)	48886	53084	8.6
粮食产量(吨)	Yield of Grain(ton)	334	403	20.7
油料产量(吨)	Yield of Oil-bearing Grops(ton)			
甜菜产量(吨)	Yield of Beetroots(ton)			
猪牛羊肉产量(吨)	Output of Pork, Beef & Mutton(ton)	12609	17978	42.6
# 猪肉产量(吨)	Output of Pork(ton)	11	161	1363.6
牛肉产量(吨)	Output of Beef(ton)	1007	614	-39.0
羊肉产量(吨)	Output of Mutton(ton)	11591	17203	48.4
羊毛产量(吨)	Output of Wool(ton)	1935	1935	0.0

23-36 Xinbaerhuyou Banner in Hulunbeier City

指 标	Item	2008	2009	2009年比上年增长% Increase Rate in 2009 Over 2008(%)
年末牲畜存栏头数(万头只)	Total Livestock at the Year-end(10 000 heads)	122.31	118.12	-3.4
# 大牲畜(万头只)	Large Animals(10 000 heads)	3.64	4.77	31.0
羊(万只)	Sheep & Goats(10 000 heads)	118.52	113.17	-4.5
猪(万头)	Hogs(10 000 heads)	0.15	0.18	20.0
规模以上工业	**Industrial Enterprises above Designated size**			
工业企业单位数(个)	Number of Industrial Enterprises(unit)	11	17	54.5
# 内资企业(个)	Civil Funded Enterprises(unit)	10	15	50.0
工业总产值(万元)	Gross Industrial Output Value(10 000 yuan)	318582	411900	29.3
内资企业(万元)	Civil Funded Enterprises(10 000 yuan)	315176	405000	28.5
国有企业(万元)	State-owned Enterprises(10 000 yuan)		289800	
集体企业(万元)	Collective-owned Enterprises(10 000 yuan)			
股份合作企业(万元)	Share Holding Enterprises(10 000 yuan)			
联营企业(万元)	Joint Owned Enterprises(10 000 yuan)			
有限责任公司(万元)	Limited Company(10 000 yuan)	305640	102300	-66.5
股份有限公司(万元)	Share Holding Limited Company(10 000 yuan)			
私营企业(万元)	Privately Owned Enterprises(10 000 yuan)	9536	12900	35.3
其他企业(万元)	Enterprises of Other Ownership(10 000 yuan)			
港澳台商投资企业(万元)	Funds from HK,Macao & Taiwan(10 000 yuan)			
外商投资企业(万元)	Foreign Funded Enterprises(10 000 yuan)	3406	6900	102.6
工业企业增加值(万元)	Value Added of Industrial Enterprises(10 000 yuan)	235814	276265	28.4
工业企业资产总计(万元)	Total Assets of Industrial Enterprises(10 000 yuan)	608324	830919	36.6
工业企业负债合计(万元)	Total Liabilities of Industrial Enterprises(10 000 yuan)	164212	238177	45.0
工业企业产品销售收入(万元)	Sales of Revenue Industrial Enterprises(10 000 yuan)	247923	408658	64.8
工业企业利润总额(万元)	Total Profits of Industrial Enterprises(10 000 yuan)	170017	111935	-34.2
建筑业	**Construction**			
建筑企业单位数(个)	Number of Construction Enterprises(unit)			
建筑企业从业人员(人)	Number of Employee in Construction Enterprises(person)			
建筑业总产值(万元)	Gross Construction Output Value(10 000 yuan)			
交通运输邮电通信业	**Transportation,Post & Telecommunications**			
公路里程(公里)	Total Length of Highways(km)	493	493	0.0
邮电业务总量(万元)	Business Volume of Post & Telecoms(10 000 yuan)	2600	4159	60.0
本地电话用户(户)	Number of Subscribers of Local Telephone(Household)	4760	5252	10.3
国内贸易	**Domestic Trade**			
社会消费品零售总额(万元)	Total Retail Sales of Consumer Goods(10 000 yuan)	21497	25865	20.3
# 贸易业(万元)	Wholesale & Retail Sales Trades(10 000 yuan)	17197	20692	20.3
餐饮业(万元)	Catering Trade(10 000 yuan)	4058	4943	21.8
科技教育卫生	**Science,Education & Public Health**			
各类专业技术人员(人)	Special Technical Personnel(person)	1135	1152	1.5
幼儿园数(所)	Number of Kindergartens(unit)	5	6	20.0
学龄儿童入学率(%)	Percentage of School-Age Children Enrolled(%)	100.0	100.0	0.0
小学学校数(所)	Number of Primary Schools(unit)	2	2	0.0
小学专任教师数(人)	Number of Full-time Teachers of Primary Schools(person)	204	212	3.9
小学在校学生数(人)	Number of Student Enrollment of Primary Schools(person)	1805	1803	-0.1
普通中学学校数(所)	Number of Regular Secondary Schools(unit)	2	2	0.0
普通中学专任教师数(人)	Number of Teachers of Secondary Shools(person)	132	137	3.8
初中在校学生数(人)	Number of Student in Junior Secondary Schools(person)	1144	998	-12.8
高中在校学生数(人)	Number of Student in Senior Secondary Schools(person)			
卫生机构数(所)	Number of Health Institutions(unit)	33	32	-3.0
# 医院(所)	Hospitals(unit)	2	2	0.0
卫生院(所)	Township Hospitals(unit)	13	13	0.0
床位数(张)	Number of Beds(unit)	192	192	0.0
# 医院(张)	Hospitals(unit)	130	130	0.0
卫生院(张)	Township Hospitals(unit)	48	48	0.0
卫生技术人员(人)	Medical Technical Presonnel(person)	306	298	-2.6
# 医院(人)	Hospitals(person)	142	149	4.9
卫生院(人)	Township Hospitals(person)	44	73	65.9

23-37 呼伦贝尔市新巴尔虎左旗

指 标	Item	2008	2009	2009年比上年增长% Increase Rate in 2009 Over 2008(%)
行政区域土地面积(平方公里)	**Area of Administration(Sq.km)**	**22000**	**22000**	**0.0**
人口和就业	**Population & Employment**			
年末总人口(人)	Total Population Year-end(person)	41922	42094	0.4
#男性(人)	Male(person)	21394	21854	2.2
#乡村人口(人)	Rural(person)	19782	19544	-1.2
年末总户数(户)	Total Number of Households at the Year-end(Household)	15687	16404	4.6
#乡村户数(户)	Number of Rural Household(Household)	6009	5929	-1.3
出生人口(人)	Births(person)	312	349	11.9
死亡人口(人)	Deaths(person)	205	366	78.5
全社会就业人员(人)	Employment(person)	20465	21696	6.0
第一产业(人)	Primary Industry(person)	12163	12655	4.0
第二产业(人)	Secondary Industry(person)	1047	1352	29.1
第三产业(人)	Tertiary Industry(person)	7255	7689	6.0
在岗职工人数(人)	Number of Staff & Workers Employed in(person)	4722	5077	7.5
乡村劳动力(人)	Number of Rural Laborers(person)	13429	13337	-0.7
#农林牧渔业(人)	Farming,Forestry,Animal Husbandry & Fishery(person)	10635	10581	-0.5
国民经济综合指标	**Summary Item on the National Economy**			
生产总值(万元)	Gross Domestic Product(10 000 yuan)	151000	186854	28.4
第一产业(万元)	Primary Industry(10 000 yuan)	38200	42100	9.3
第二产业(万元)	Secondary Industry(10 000 yuan)	56300	75685	46.9
#工业(万元)	Industry(10 000 yuan)	30400	42892	69.1
第三产业(万元)	Tertiary Industry(10 000 yuan)	56500	69069	37.0
人均生产总值(元)	Per Capita GDP(yuan)	36459	44481	26.0
全社会固定资产投资(万元)	Total Investment in Fixed Assets(10 000 yuan)	261838	365165	39.5
按登记注册类型分	Grouped by Registered Type			
#国有(万元)	State-owned Enterprises(10 000 yuan)	255189	336962	32.0
集体(万元)	Collective-owned Enterprises(10 000 yuan)		18120	
有限责任公司(万元)	Limited Liability Corporations(10 000 yuan)	2180		
股份有限公司(万元)	Share Holding Enterprises(10 000 yuan)	4048		
私营企业(万元)	Private Enterprises(10 000 yuan)	421	10083	2295.0
外商及港澳台投资企业(万元)	Funds from HK,Macao,Taiwan & Foreign(10 000 yuan)			
按城乡渠道分	Grouped by Urban and Rural Area			
城镇(万元)	Urban(10 000 yuan)	261838	365165	39.5
农村(万元)	Rural(10 000 yuan)			
一般预算收入(万元)	General Budgetary Financial Revenue(10 000 yuan)	6617	13676	106.7
一般预算支出(万元)	General Budgetary Financial Expenditures(10 000 yuan)	37672	56823	50.8
城乡居民储蓄存款余额(万元)	Resident Saving Deposit in Urban & Rural(10 000 yuan)	20214	23640	16.9
在岗职工工资总额(万元)	Total Wages of Staff & Workers Employed in(10 000 yuan)	10965	14607	33.2
在岗职工平均工资(元)	Average Wage of Staff & Workers Employed in(yuan)	23225	30020	29.3
农牧民人均纯收入(元)	Per Capita Net Income of Peasant & Herdsman(yuan)	7085	7893	11.4
农村牧区经济	**Economic Development in Rural & Pastoral Area**			
耕地面积(公顷)	Cultivated Area(hectare)	2000	2000	0.0
农作物总播种面积(公顷)	Total Sown Area(hectare)	16016	16350	2.1
#粮食作物播种面积(公顷)	Sown Area of Grain Crops(hectare)	8050	8384	4.1
有效灌溉面积(公顷)	Irrigated Area(hectare)			
农牧业机械总动力(万千瓦)	Total Power of Agricultural Machinery(10 000 kw)	7.10	10.10	42.3
化肥施用折纯量(吨)	Consumption of Chemical Fertilizer(ton)	600	600	0.0
农村用电量(万千瓦小时)	Electricity Consumed in Rural Area(10 000 kwh)	442	432	-2.3
农林牧渔业总产值(万元)	Gross Output of Farming,Forestry,Animal Husbandry & Fishery(10 000 yuan)	62501	68344	9.3
粮食产量(吨)	Yield of Grain(ton)	34587	40814	18.0
油料产量(吨)	Yield of Oil-bearing Grops(ton)	8000	10001	25.0
甜菜产量(吨)	Yield of Beetroots(ton)			
猪牛羊肉产量(吨)	Output of Pork, Beef & Mutton(ton)	18073	18385	1.7
#猪肉产量(吨)	Output of Pork(ton)	73	114	56.2
牛肉产量(吨)	Output of Beef(ton)	9179	6142	-33.1
羊肉产量(吨)	Output of Mutton(ton)	8821	12129	37.5
羊毛产量(吨)	Output of Wool(ton)	2217	2231	0.6

23-37 Xinbaerhuzuo Banner in Hulunbeier City

指 标	Item	2008	2009	2009年比上年增长% Increase Rate in 2009 Over 2008(%)
年末牲畜存栏头数(万头只)	Total Livestock at the Year-end(10 000 heads)	73.71	68.54	-7.0
# 大牲畜(万头只)	Large Animals(10 000 heads)	8.32	11.60	39.4
羊(万只)	Sheep & Goats(10 000 heads)	65.30	56.82	-13.0
猪(万头)	Hogs(10 000 heads)	0.09	0.12	33.3
规模以上工业	**Industrial Enterprises above Designated size**			
工业企业单位数(个)	Number of Industrial Enterprises(unit)	9	9	0.0
# 内资企业(个)	Civil Funded Enterprises(unit)	9	9	0.0
工业总产值(万元)	Gross Industrial Output Value(10 000 yuan)	48891	60319	23.4
内资企业(万元)	Civil Funded Enterprises(10 000 yuan)	48891	60319	23.4
国有企业(万元)	State-owned Enterprises(10 000 yuan)	1326	2324	75.3
集体企业(万元)	Collective-owned Enterprises(10 000 yuan)			
股份合作企业(万元)	Share Holding Enterprises(10 000 yuan)			
联营企业(万元)	Joint Owned Enterprises(10 000 yuan)			
有限责任公司(万元)	Limited Company(10 000 yuan)	47565	57995	21.9
股份有限公司(万元)	Share Holding Limited Company(10 000 yuan)			
私营企业(万元)	Privately Owned Enterprises(10 000 yuan)			
其他企业(万元)	Enterprises of Other Ownership(10 000 yuan)	1174		
港澳台商投资企业(万元)	Funds from HK,Macao & Taiwan(10 000 yuan)			
外商投资企业(万元)	Foreign Funded Enterprises(10 000 yuan)			
工业企业增加值(万元)	Value Added of Industrial Enterprises(10 000 yuan)	28115	40792	74.1
工业企业资产总计(万元)	Total Assets of Industrial Enterprises(10 000 yuan)	187700	148122	-21.1
工业企业负债合计(万元)	Total Liabilities of Industrial Enterprises(10 000 yuan)	22878	31665	38.4
工业企业产品销售收入(万元)	Sales of Revenue Industrial Enterprises(10 000 yuan)	47703	60427	26.7
工业企业利润总额(万元)	Total Profits of Industrial Enterprises(10 000 yuan)	9272	13310	43.5
建筑业	**Construction**			
建筑企业单位数(个)	Number of Construction Enterprises(unit)			
建筑企业从业人员(人)	Number of Employee in Construction Enterprises(person)			
建筑业总产值(万元)	Gross Construction Output Value(10 000 yuan)			
交通运输邮电通信业	**Transportation,Post & Telecommunications**			
公路里程(公里)	Total Length of Highways(km)	743	743	0.0
邮电业务总量(万元)	Business Volume of Post & Telecoms(10 000 yuan)	264	233	-11.9
本地电话用户(户)	Number of Subscribers of Local Telephone(Household)	5897	7835	32.9
国内贸易	**Domestic Trade**			
社会消费品零售总额(万元)	Total Retail Sales of Consumer Goods(10 000 yuan)	24896	29967	20.4
# 贸易业(万元)	Wholesale & Retail Sales Trades(10 000 yuan)	18613	21961	18.0
餐饮业(万元)	Catering Trade(10 000 yuan)	6023	7735	28.4
科技教育卫生	**Science,Education & Public Health**			
各类专业技术人员(人)	Special Technical Personnel(person)	1111	987	-11.2
幼儿园数(所)	Number of Kindergartens(unit)	10	10	0.0
学龄儿童入学率(%)	Percentage of School-Age Children Enrolled(%)	100.0	100.0	0.0
小学学校数(所)	Number of Primary Schools(unit)	3	3	0.0
小学专任教师数(人)	Number of Full-time Teachers of Primary Schools(person)	289	266	-8.0
小学在校学生数(人)	Number of Student Enrollment of Primary Schools(person)	2034	1956	-3.8
普通中学学校数(所)	Number of Regular Secondary Schools(unit)	4	4	0.0
普通中学专任教师数(人)	Number of Teachers of Secondary Shools(person)	167	160	-4.2
初中在校学生数(人)	Number of Student in Junior Secondary Schools(person)	1045	1025	-1.9
高中在校学生数(人)	Number of Student in Senior Secondary Schools(person)			
卫生机构数(所)	Number of Health Institutions(unit)	18	19	5.6
# 医院(所)	Hospitals(unit)	2	2	0.0
卫生院(所)	Township Hospitals(unit)	11	12	9.1
床位数(张)	Number of Beds(unit)	90	121	34.4
# 医院(张)	Hospitals(unit)	39	77	97.4
卫生院(张)	Township Hospitals(unit)	44	44	0.0
卫生技术人员(人)	Medical Technical Presonnel(person)	252	247	-2.0
# 医院(人)	Hospitals(person)	125	108	-13.6
卫生院(人)	Township Hospitals(person)	93	81	-12.9

23-38 呼伦贝尔市陈巴尔虎旗

指 标	Item	2008	2009	2009年比上年增长% Increase Rate in 2009 Over 2008(%)
行政区域土地面积(平方公里)	**Area of Administration(Sq.km)**	**18600**	**18600**	**0.0**
人口和就业	**Population & Employment**			
年末总人口(人)	Total Population Year-end(person)	59736	59397	-0.6
# 男性(人)	Male(person)	30874	30719	-0.5
# 乡村人口(人)	Rural(person)	13025	13035	0.1
年末总户数(户)	Total Number of Households at the Year-end(Household)	22735	23456	3.2
# 乡村户数(户)	Number of Rural Household(Household)	3597	3604	0.2
出生人口(人)	Births(person)	514	455	-11.5
死亡人口(人)	Deaths(person)	279	378	35.5
全社会就业人员(人)	Employment(person)	26931	30096	11.8
第一产业(人)	Primary Industry(person)	14828	14967	0.9
第二产业(人)	Secondary Industry(person)	5817	7665	31.8
第三产业(人)	Tertiary Industry(person)	6286	7464	18.7
在岗职工人数(人)	Number of Staff & Workers Employed in(person)	15472	15578	0.7
乡村劳动力(人)	Number of Rural Laborers(person)	5911	5937	0.4
# 农林牧渔业(人)	Farming,Forestry,Animal Husbandry & Fishery(person)	5775	5801	0.5
国民经济综合指标	**Summary Item on the National Economy**			
生产总值(万元)	Gross Domestic Product(10 000 yuan)	313300	403304	29.0
第一产业(万元)	Primary Industry(10 000 yuan)	60800	66773	9.0
第二产业(万元)	Secondary Industry(10 000 yuan)	153800	222872	48.3
# 工业(万元)	Industry(10 000 yuan)	131500	190482	48.3
第三产业(万元)	Tertiary Industry(10 000 yuan)	98700	113659	16.4
人均生产总值(元)	Per Capita GDP(yuan)	52406	67706	29.5
全社会固定资产投资(万元)	Total Investment in Fixed Assets(10 000 yuan)	345694	555307	60.6
按登记注册类型分	Grouped by Registered Type			
# 国有(万元)	State-owned Enterprises(10 000 yuan)	81902	533886	551.9
集体(万元)	Collective-owned Enterprises(10 000 yuan)		4	
有限责任公司(万元)	Limited Liability Corporations(10 000 yuan)	2860		
股份有限公司(万元)	Share Holding Enterprises(10 000 yuan)	101969		
私营企业(万元)	Private Enterprises(10 000 yuan)	65693	20493	-68.8
外商及港澳台投资企业 (万元)	Funds from HK,Macao,Taiwan & Foreign(10 000 yuan)	93270	924	-99.0
按城乡渠道分	Grouped by Urban and Rural Area			
城镇（万元）	Urban(10 000 yuan)	345694	555307	60.6
农村（万元）	Rural(10 000 yuan)			
一般预算收入(万元)	General Budgetary Financial Revenue(10 000 yuan)	12490	21321	70.7
一般预算支出(万元)	General Budgetary Financial Expenditures(10 000 yuan)	40311	62241	54.4
城乡居民储蓄存款余额(万元)	Resident Saving Deposit in Urban & Rural(10 000 yuan)	54596	60758	11.3
在岗职工工资总额(万元)	Total Wages of Staff & Workers Employed in(10 000 yuan)	35810	44964	25.6
在岗职工平均工资(元)	Average Wage of Staff & Workers Employed in(yuan)	23493	29033	23.6
农牧民人均纯收入(元)	Per Capita Net Income of Peasant & Herdsman(yuan)	7212	8049	11.6
农村牧区经济	**Economic Development in Rural & Pastoral Area**			
耕地面积(公顷)	Cultivated Area(hectare)	84162		
农作物总播种面积(公顷)	Total Sown Area(hectare)	63450	67242	6.0
# 粮食作物播种面积(公顷)	Sown Area of Grain Crops(hectare)	35955	38727	7.7
有效灌溉面积(公顷)	Irrigated Area(hectare)			
农牧业机械总动力(万千瓦)	Total Power of Agricultural Machinery(10 000 kw)	14.66	15.51	5.8
化肥施用折纯量(吨)	Consumption of Chemical Fertilizer(ton)	5367	5135	-4.3
农村用电量(万千瓦小时)	Electricity Consumed in Rural Area(10 000 kwh)	1240	1247	0.6
农林牧渔业总产值(万元)	Gross Output of Farming,Forestry,Animal Husbandry & Fishery(10 000 yuan)	99426	108396	9.0
粮食产量(吨)	Yield of Grain(ton)	140584	165178	17.5
油料产量(吨)	Yield of Oil-bearing Grops(ton)	28409	32115	13.0
甜菜产量(吨)	Yield of Beetroots(ton)			
猪牛羊肉产量(吨)	Output of Pork, Beef & Mutton(ton)	14803	16336	10.4
# 猪肉产量(吨)	Output of Pork(ton)	356	486	36.5
牛肉产量(吨)	Output of Beef(ton)	9292	11184	20.4
羊肉产量(吨)	Output of Mutton(ton)	5155	4666	-9.5
羊毛产量(吨)	Output of Wool(ton)	793	1290	62.7

23-38 Chenbaerhu Banner in Hulunbeier City

指 标	Item	2008	2009	2009年比上年增长% Increase Rate in 2009 Over 2008(%)
年末牲畜存栏头数(万头只)	Total Livestock at the Year-end(10 000 heads)	52.71	57.49	9.1
#大牲畜(万头只)	Large Animals(10 000 heads)	11.18	12.50	11.8
羊(万只)	Sheep & Goats(10 000 heads)	41.34	44.67	8.1
猪(万头)	Hogs(10 000 heads)	0.18	0.32	77.8
规模以上工业	**Industrial Enterprises above Designated size**			
工业企业单位数(个)	Number of Industrial Enterprises(unit)	14	16	14.3
#内资企业(个)	Civil Funded Enterprises(unit)	13	15	15.4
工业总产值(万元)	Gross Industrial Output Value(10 000 yuan)	206532	314830	52.4
内资企业(万元)	Civil Funded Enterprises(10 000 yuan)	195609	295372	51.0
国有企业(万元)	State-owned Enterprises(10 000 yuan)	143382	191734	33.7
集体企业(万元)	Collective-owned Enterprises(10 000 yuan)			
股份合作企业(万元)	Share Holding Enterprises(10 000 yuan)			
联营企业(万元)	Joint Owned Enterprises(10 000 yuan)		10367	
有限责任公司(万元)	Limited Company(10 000 yuan)	21307	32518	52.6
股份有限公司(万元)	Share Holding Limited Company(10 000 yuan)	5286		
私营企业(万元)	Privately Owned Enterprises(10 000 yuan)	25634	60753	137.0
其他企业(万元)	Enterprises of Other Ownership(10 000 yuan)			
港澳台商投资企业(万元)	Funds from HK,Macao & Taiwan(10 000 yuan)	8523	9449	10.9
外商投资企业(万元)	Foreign Funded Enterprises(10 000 yuan)	2400	10009	317.1
工业企业增加值(万元)	Value Added of Industrial Enterprises(10 000 yuan)	125035	185500	50.1
工业企业资产总计(万元)	Total Assets of Industrial Enterprises(10 000 yuan)	395810	664954	68.0
工业企业负债合计(万元)	Total Liabilities of Industrial Enterprises(10 000 yuan)	152537	367121	140.7
工业企业产品销售收入(万元)	Sales of Revenue Industrial Enterprises(10 000 yuan)	189798	284409	49.8
工业企业利润总额(万元)	Total Profits of Industrial Enterprises(10 000 yuan)	30398	41458	36.4
建筑业	**Construction**			
建筑企业单位数(个)	Number of Construction Enterprises(unit)	1	1	0.0
建筑企业从业人员(人)	Number of Employee in Construction Enterprises(person)	177	231	30.5
建筑业总产值(万元)	Gross Construction Output Value(10 000 yuan)	2426	3300	36.0
交通运输邮电通信业	**Transportation,Post & Telecommunications**			
公路里程(公里)	Total Length of Highways(km)	1066	1200	12.5
邮电业务总量(万元)	Business Volume of Post & Telecoms(10 000 yuan)	3468	3632	4.7
本地电话用户(户)	Number of Subscribers of Local Telephone(Household)	51863	55621	7.2
国内贸易	**Domestic Trade**			
社会消费品零售总额(万元)	Total Retail Sales of Consumer Goods(10 000 yuan)	20769	25017	20.5
#贸易业(万元)	Wholesale & Retail Sales Trades(10 000 yuan)	15777	18932	20.0
餐饮业(万元)	Catering Trade(10 000 yuan)	2176	5040	131.6
科技教育卫生	**Science,Education & Public Health**			
各类专业技术人员(人)	Special Technical Personnel(person)	1544	1512	-2.1
幼儿园数(所)	Number of Kindergartens(unit)	1	1	0.0
学龄儿童入学率(%)	Percentage of School-Age Children Enrolled(%)	100.0	100.0	0.0
小学学校数(所)	Number of Primary Schools(unit)	6	5	-16.7
小学专任教师数(人)	Number of Full-time Teachers of Primary Schools(person)	360	363	0.8
小学在校学生数(人)	Number of Student Enrollment of Primary Schools(person)	3293	2888	-12.3
普通中学学校数(所)	Number of Regular Secondary Schools(unit)	5	5	0.0
普通中学专任教师数(人)	Number of Teachers of Secondary Shools(person)	274	275	0.4
初中在校学生数(人)	Number of Student in Junior Secondary Schools(person)	2067	1922	-7.0
高中在校学生数(人)	Number of Student in Senior Secondary Schools(person)	237	127	-46.4
卫生机构数(所)	Number of Health Institutions(unit)	15	15	0.0
#医院(所)	Hospitals(unit)	6	6	0.0
卫生院(所)	Township Hospitals(unit)	6	6	0.0
床位数(张)	Number of Beds(unit)	217	210	-3.2
#医院(张)	Hospitals(unit)	138	159	15.2
卫生院(张)	Township Hospitals(unit)	39	41	5.1
卫生技术人员(人)	Medical Technical Presonnel(person)	382	369	-3.4
#医院(人)	Hospitals(person)	217	208	-4.1
卫生院(人)	Township Hospitals(person)	63	61	-3.2

23-39 兴安盟乌兰浩特市

指 标	Item	2008	2009	2009年比上年增长% Increase Rate in 2009 Over 2008(%)
行政区域土地面积(平方公里)	**Area of Administration(Sq.km)**	**2728**	**2728**	**0.0**
人口和就业	**Population & Employment**			
年末总人口(人)	Total Population Year-end(person)	315492	317416	0.6
# 男性(人)	Male(person)	156807	157557	0.5
# 乡村人口(人)	Rural(person)	75218	77324	2.8
年末总户数(户)	Total Number of Households at the Year-end(Household)	108285	110549	2.1
# 乡村户数(户)	Number of Rural Household(Household)	20801	20232	-2.7
出生人口(人)	Births(person)	2735	2536	-7.3
死亡人口(人)	Deaths(person)	1289	1382	7.2
全社会就业人员(人)	Employment(person)	113866	113741	-0.1
第一产业(人)	Primary Industry(person)	30120	35657	18.4
第二产业(人)	Secondary Industry(person)	18865	19757	4.7
第三产业(人)	Tertiary Industry(person)	64881	58327	-10.1
在岗职工人数(人)	Number of Staff & Workers Employed in(person)	35985	36463	1.3
乡村劳动力(人)	Number of Rural Laborers(person)	36979	41746	12.9
# 农林牧渔业(人)	Farming,Forestry,Animal Husbandry & Fishery(person)	28896	34242	18.5
国民经济综合指标	**Summary Item on the National Economy**			
生产总值(万元)	Gross Domestic Product(10 000 yuan)	572898	696644	15.6
第一产业(万元)	Primary Industry(10 000 yuan)	56385	50598	-11.7
第二产业(万元)	Secondary Industry(10 000 yuan)	253544	331080	22.3
# 工业(万元)	Industry(10 000 yuan)	223859	297775	23.4
第三产业(万元)	Tertiary Industry(10 000 yuan)	262969	314966	14.5
人均生产总值(元)	Per Capita GDP(yuan)	18823	22014	11.2
全社会固定资产投资(万元)	Total Investment in Fixed Assets(10 000 yuan)	285571	430667	50.8
按登记注册类型分	Grouped by Registered Type			
# 国有(万元)	State-owned Enterprises(10 000 yuan)	104973	228162	117.4
集体(万元)	Collective-owned Enterprises(10 000 yuan)	1996	750	-62.4
有限责任公司(万元)	Limited Liability Corporations(10 000 yuan)	87618	89163	1.8
股份有限公司(万元)	Share Holding Enterprises(10 000 yuan)		4120	
私营企业(万元)	Private Enterprises(10 000 yuan)	72024	97789	35.8
外商及港澳台投资企业 (万元)	Funds from HK,Macao,Taiwan & Foreign(10 000 yuan)	4240	3200	-24.5
按城乡渠道分	Grouped by Urban and Rural Area			
城镇（万元）	Urban(10 000 yuan)	279071	430667	54.3
农村（万元）	Rural(10 000 yuan)	6500		
一般预算收入(万元)	General Budgetary Financial Revenue(10 000 yuan)	15220	19157	25.9
一般预算支出(万元)	General Budgetary Financial Expenditures(10 000 yuan)	87042	112882	29.7
城乡居民储蓄存款余额(万元)	Resident Saving Deposit in Urban & Rural(10 000 yuan)	507525	614119	21.0
在岗职工工资总额(万元)	Total Wages of Staff & Workers Employed in(10 000 yuan)	88445	98294	11.1
在岗职工平均工资(元)	Average Wage of Staff & Workers Employed in(yuan)	23819	26553	11.5
农牧民人均纯收入(元)	Per Capita Net Income of Peasant & Herdsman(yuan)	4671	5201	11.3
农村牧区经济	**Economic Development in Rural & Pastoral Area**			
耕地面积(公顷)	Cultivated Area(hectare)	25841	25841	0.0
农作物总播种面积(公顷)	Total Sown Area(hectare)	33930	33964	0.1
# 粮食作物播种面积(公顷)	Sown Area of Grain Crops(hectare)	30240	30224	-0.1
有效灌溉面积(公顷)	Irrigated Area(hectare)	19030	19800	4.0
农牧业机械总动力(万千瓦)	Total Power of Agricultural Machinery(10 000 kw)	35.67	24.31	-31.8
化肥施用折纯量(吨)	Consumption of Chemical Fertilizer(ton)	10184	14089	38.3
农村用电量(万千瓦小时)	Electricity Consumed in Rural Area(10 000 kwh)	1370	2629	91.9
农林牧渔业总产值(万元)	Gross Output of Farming,Forestry,Animal Husbandry & Fishery(10 000 yuan)	97889	83947	-14.0
粮食产量(吨)	Yield of Grain(ton)	150000	89742	-40.2
油料产量(吨)	Yield of Oil-bearing Grops(ton)	1595	1378	-13.6
甜菜产量(吨)	Yield of Beetroots(ton)	740		
猪牛羊肉产量(吨)	Output of Pork, Beef & Mutton(ton)	6364	5335	-16.2
# 猪肉产量(吨)	Output of Pork(ton)	3283	3198	-2.6
牛肉产量(吨)	Output of Beef(ton)	1672	1106	-33.9
羊肉产量(吨)	Output of Mutton(ton)	1409	1031	-26.8
羊毛产量(吨)	Output of Wool(ton)	110	215	95.5

23-39 Wulanhaote City in Xingan League

指 标	Item	2008	2009	2009年比上年增长% Increase Rate in 2009 Over 2008(%)
年末牲畜存栏头数(万头只)	Total Livestock at the Year-end(10 000 heads)	16.64	22.68	36.3
#大牲畜(万头只)	Large Animals(10 000 heads)	4.72	4.96	5.1
羊(万只)	Sheep & Goats(10 000 heads)	9.44	14.92	58.1
猪(万头)	Hogs(10 000 heads)	2.48	2.80	12.9
规模以上工业	**Industrial Enterprises above Designated size**			
工业企业单位数(个)	Number of Industrial Enterprises(unit)	40	52	30.0
#内资企业(个)	Civil Funded Enterprises(unit)	36	47	30.6
工业总产值(万元)	Gross Industrial Output Value(10 000 yuan)	558913	745350	33.4
内资企业(万元)	Civil Funded Enterprises(10 000 yuan)	466802	587047	25.8
国有企业(万元)	State-owned Enterprises(10 000 yuan)	164288	192717	17.3
集体企业(万元)	Collective-owned Enterprises(10 000 yuan)	946	1045	10.5
股份合作企业(万元)	Share Holding Enterprises(10 000 yuan)	861	1401	62.7
联营企业(万元)	Joint Owned Enterprises(10 000 yuan)			
有限责任公司(万元)	Limited Company(10 000 yuan)	256705	302217	17.7
股份有限公司(万元)	Share Holding Limited Company(10 000 yuan)	5116	9831	92.2
私营企业(万元)	Privately Owned Enterprises(10 000 yuan)	38886	79836	105.3
其他企业(万元)	Enterprises of Other Ownership(10 000 yuan)			
港澳台商投资企业(万元)	Funds from HK,Macao & Taiwan(10 000 yuan)	7010	8385	19.6
外商投资企业(万元)	Foreign Funded Enterprises(10 000 yuan)	85101	149918	76.2
工业企业增加值(万元)	Value Added of Industrial Enterprises(10 000 yuan)	216387	283556	23.9
工业企业资产总计(万元)	Total Assets of Industrial Enterprises(10 000 yuan)	521962	576367	10.4
工业企业负债合计(万元)	Total Liabilities of Industrial Enterprises(10 000 yuan)	394649	440532	11.6
工业企业产品销售收入(万元)	Sales of Revenue Industrial Enterprises(10 000 yuan)	465191	689811	48.3
工业企业利润总额(万元)	Total Profits of Industrial Enterprises(10 000 yuan)	17151	41854	144.0
建筑业	**Construction**			
建筑企业单位数(个)	Number of Construction Enterprises(unit)	17	17	0.0
建筑企业从业人员(人)	Number of Employee in Construction Enterprises(person)	1723	5855	239.8
建筑业总产值(万元)	Gross Construction Output Value(10 000 yuan)	79176	72197	-8.8
交通运输邮电通信业	**Transportation,Post & Telecommunications**			
公路里程(公里)	Total Length of Highways(km)	436	432	-0.9
邮电业务总量(万元)	Business Volume of Post & Telecoms(10 000 yuan)	25043	29216	16.7
本地电话用户(户)	Number of Subscribers of Local Telephone(Household)	101273	80882	-20.1
国内贸易	**Domestic Trade**			
社会消费品零售总额(万元)	Total Retail Sales of Consumer Goods(10 000 yuan)	341967	404914	18.4
#贸易业(万元)	Wholesale & Retail Sales Trades(10 000 yuan)	259768	303574	16.9
餐饮业(万元)	Catering Trade(10 000 yuan)	68854	86813	26.1
科技教育卫生	**Science,Education & Public Health**			
各类专业技术人员(人)	Special Technical Personnel(person)	9443	7985	-15.4
幼儿园数(所)	Number of Kindergartens(unit)	63	72	14.3
学龄儿童入学率(%)	Percentage of School-Age Children Enrolled(%)	100.0	100.0	0.0
小学学校数(所)	Number of Primary Schools(unit)	25	24	-4.0
小学专任教师数(人)	Number of Full-time Teachers of Primary Schools(person)	1383	1377	-0.4
小学在校学生数(人)	Number of Student Enrollment of Primary Schools(person)	21079	19670	-6.7
普通中学学校数(所)	Number of Regular Secondary Schools(unit)	20	21	5.0
普通中学专任教师数(人)	Number of Teachers of Secondary Shools(person)	1652	1673	1.3
初中在校学生数(人)	Number of Student in Junior Secondary Schools(person)	13458	12701	-5.6
高中在校学生数(人)	Number of Student in Senior Secondary Schools(person)	12577	12581	0.0
卫生机构数(所)	Number of Health Institutions(unit)	172	173	0.6
#医院(所)	Hospitals(unit)	11	10	-9.1
卫生院(所)	Township Hospitals(unit)	3	7	133.3
床位数(张)	Number of Beds(unit)	1656	1727	4.3
#医院(张)	Hospitals(unit)	1468	1392	-5.2
卫生院(张)	Township Hospitals(unit)	131	82	-37.4
卫生技术人员(人)	Medical Technical Presonnel(person)	2403	2467	2.7
#医院(人)	Hospitals(person)	1637	1587	-3.1
卫生院(人)	Township Hospitals(person)	35	94	168.6

23-40 兴安盟阿尔山市

指 标	Item	2008	2009	2009年比上年增长% Increase Rate in 2009 Over 2008(%)
行政区域土地面积(平方公里)	**Area of Administration(Sq.km)**	**7409**	**7409**	**0.0**
人口和就业	**Population & Employment**			
年末总人口(人)	Total Population Year-end(person)	47865	48182	0.7
#男性(人)	Male(person)	24296	24361	0.3
#乡村人口(人)	Rural(person)	6787	9703	43.0
年末总户数(户)	Total Number of Households at the Year-end(Household)	19477	20024	2.8
#乡村户数(户)	Number of Rural Household(Household)	2384	3368	41.3
出生人口(人)	Births(person)	321	254	-20.9
死亡人口(人)	Deaths(person)	216	215	-0.5
全社会就业人员(人)	Employment(person)	15985	19452	21.7
第一产业(人)	Primary Industry(person)	8820	10203	15.7
第二产业(人)	Secondary Industry(person)	934	1104	18.2
第三产业(人)	Tertiary Industry(person)	6231	8145	30.7
在岗职工人数(人)	Number of Staff & Workers Employed in(person)	6056	6248	3.2
乡村劳动力(人)	Number of Rural Laborers(person)	2545	3990	56.8
#农林牧渔业(人)	Farming,Forestry,Animal Husbandry & Fishery(person)	2013	3215	59.7
国民经济综合指标	**Summary Item on the National Economy**			
生产总值(万元)	Gross Domestic Product(10 000 yuan)	62645	75178	15.7
第一产业(万元)	Primary Industry(10 000 yuan)	15236	16136	4.2
第二产业(万元)	Secondary Industry(10 000 yuan)	11237	14942	30.6
#工业(万元)	Industry(10 000 yuan)	2527	3301	13.1
第三产业(万元)	Tertiary Industry(10 000 yuan)	36172	44100	15.9
人均生产总值(元)	Per Capita GDP(yuan)	13069	15654	15.5
全社会固定资产投资(万元)	Total Investment in Fixed Assets(10 000 yuan)	113674	148025	30.2
按登记注册类型分	Grouped by Registered Type			
#国有(万元)	State-owned Enterprises(10 000 yuan)	90955	109123	20.0
集体(万元)	Collective-owned Enterprises(10 000 yuan)			
有限责任公司(万元)	Limited Liability Corporations(10 000 yuan)	14319	36742	156.6
股份有限公司(万元)	Share Holding Enterprises(10 000 yuan)	7300	820	-88.8
私营企业(万元)	Private Enterprises(10 000 yuan)	300	940	213.3
外商及港澳台投资企业(万元)	Funds from HK,Macao,Taiwan & Foreign(10 000 yuan)			
按城乡渠道分	Grouped by Urban and Rural Area			
城镇(万元)	Urban(10 000 yuan)	112874	148025	31.1
农村(万元)	Rural(10 000 yuan)	800		
一般预算收入(万元)	General Budgetary Financial Revenue(10 000 yuan)	3535	3859	9.2
一般预算支出(万元)	General Budgetary Financial Expenditures(10 000 yuan)	21131	34657	64.0
城乡居民储蓄存款余额(万元)	Resident Saving Deposit in Urban & Rural(10 000 yuan)	51355	62638	22.0
在岗职工工资总额(万元)	Total Wages of Staff & Workers Employed in(10 000 yuan)	8313	11641	40.0
在岗职工平均工资(元)	Average Wage of Staff & Workers Employed in(yuan)	14510	18825	29.7
农牧民人均纯收入(元)	Per Capita Net Income of Peasant & Herdsman(yuan)			
农村牧区经济	**Economic Development in Rural & Pastoral Area**			
耕地面积(公顷)	Cultivated Area(hectare)	16011	16011	0.0
农作物总播种面积(公顷)	Total Sown Area(hectare)	14552	13937	-4.2
#粮食作物播种面积(公顷)	Sown Area of Grain Crops(hectare)	12028	11559	-3.9
有效灌溉面积(公顷)	Irrigated Area(hectare)	1760	2430	38.1
农牧业机械总动力(万千瓦)	Total Power of Agricultural Machinery(10 000 kw)	4.41	4.39	-0.6
化肥施用折纯量(吨)	Consumption of Chemical Fertilizer(ton)	2400	2364	-1.5
农村用电量(万千瓦小时)	Electricity Consumed in Rural Area(10 000 kwh)	15	18	20.0
农林牧渔业总产值(万元)	Gross Output of Farming,Forestry,Animal Husbandry & Fishery(10 000 yuan)	26537	28740	8.0
粮食产量(吨)	Yield of Grain(ton)	43708	45149	3.3
油料产量(吨)	Yield of Oil-bearing Grops(ton)	1871	3101	65.7
甜菜产量(吨)	Yield of Beetroots(ton)			
猪牛羊肉产量(吨)	Output of Pork, Beef & Mutton(ton)	2211	2087	-5.6
#猪肉产量(吨)	Output of Pork(ton)	298	554	85.9
牛肉产量(吨)	Output of Beef(ton)	919	595	-35.3
羊肉产量(吨)	Output of Mutton(ton)	994	938	-5.6
羊毛产量(吨)	Output of Wool(ton)	511	578	13.1

23-40 Aershan City in Xingan League

指 标	Item	2008	2009	2009年比上年增长% Increase Rate in 2009 Over 2008(%)
年末牲畜存栏头数(万头只)	Total Livestock at the Year-end(10 000 heads)	16.42	14.66	-10.7
#大牲畜(万头只)	Large Animals(10 000 heads)	0.82	0.76	-7.3
羊(万只)	Sheep & Goats(10 000 heads)	15.28	13.70	-10.3
猪(万头)	Hogs(10 000 heads)	0.32	0.20	-37.5
规模以上工业	**Industrial Enterprises above Designated size**			
工业企业单位数(个)	Number of Industrial Enterprises(unit)	2	2	0.0
#内资企业(个)	Civil Funded Enterprises(unit)	2	2	0.0
工业总产值(万元)	Gross Industrial Output Value(10 000 yuan)	1098	1537	40.0
内资企业(万元)	Civil Funded Enterprises(10 000 yuan)	1098	1537	40.0
国有企业(万元)	State-owned Enterprises(10 000 yuan)			
集体企业(万元)	Collective-owned Enterprises(10 000 yuan)			
股份合作企业(万元)	Share Holding Enterprises(10 000 yuan)			
联营企业(万元)	Joint Owned Enterprises(10 000 yuan)			
有限责任公司(万元)	Limited Company(10 000 yuan)	1098	620	-43.5
股份有限公司(万元)	Share Holding Limited Company(10 000 yuan)			
私营企业(万元)	Privately Owned Enterprises(10 000 yuan)		917	
其他企业(万元)	Enterprises of Other Ownership(10 000 yuan)			
港澳台商投资企业(万元)	Funds from HK,Macao & Taiwan(10 000 yuan)			
外商投资企业(万元)	Foreign Funded Enterprises(10 000 yuan)			
工业企业增加值(万元)	Value Added of Industrial Enterprises(10 000 yuan)	412	361	-9.0
工业企业资产总计(万元)	Total Assets of Industrial Enterprises(10 000 yuan)	3175	9439	197.3
工业企业负债合计(万元)	Total Liabilities of Industrial Enterprises(10 000 yuan)	1501	6627	341.5
工业企业产品销售收入(万元)	Sales of Revenue Industrial Enterprises(10 000 yuan)	1114	1145	2.8
工业企业利润总额(万元)	Total Profits of Industrial Enterprises(10 000 yuan)	121	170	40.1
建筑业	**Construction**			
建筑企业单位数(个)	Number of Construction Enterprises(unit)	1	1	0.0
建筑企业从业人员(人)	Number of Employee in Construction Enterprises(person)	635	520	-18.1
建筑业总产值(万元)	Gross Construction Output Value(10 000 yuan)	2219	5010	125.8
交通运输邮电通信业	**Transportation,Post & Telecommunications**			
公路里程(公里)	Total Length of Highways(km)	583	565	-3.1
邮电业务总量(万元)	Business Volume of Post & Telecoms(10 000 yuan)	3016	3277	8.7
本地电话用户(户)	Number of Subscribers of Local Telephone(Household)	12311	9405	-23.6
国内贸易	**Domestic Trade**			
社会消费品零售总额(万元)	Total Retail Sales of Consumer Goods(10 000 yuan)	45218	55020	21.7
#贸易业(万元)	Wholesale & Retail Sales Trades(10 000 yuan)	30299	37125	22.5
餐饮业(万元)	Catering Trade(10 000 yuan)	9049	10895	20.4
科技教育卫生	**Science,Education & Public Health**			
各类专业技术人员(人)	Special Technical Personnel(person)	820	734	-10.5
幼儿园数(所)	Number of Kindergartens(unit)	2	14	600.0
学龄儿童入学率(%)	Percentage of School-Age Children Enrolled(%)	100.0	100.0	0.0
小学学校数(所)	Number of Primary Schools(unit)	6	6	0.0
小学专任教师数(人)	Number of Full-time Teachers of Primary Schools(person)	278	224	-19.4
小学在校学生数(人)	Number of Student Enrollment of Primary Schools(person)	2231	1932	-13.4
普通中学学校数(所)	Number of Regular Secondary Schools(unit)	3	3	0.0
普通中学专任教师数(人)	Number of Teachers of Secondary Shools(person)	165	158	-4.2
初中在校学生数(人)	Number of Student in Junior Secondary Schools(person)	1127	1068	-5.2
高中在校学生数(人)	Number of Student in Senior Secondary Schools(person)	291	296	1.7
卫生机构数(所)	Number of Health Institutions(unit)	26	20	-23.1
#医院(所)	Hospitals(unit)	4	4	0.0
卫生院(所)	Township Hospitals(unit)	1	1	0.0
床位数(张)	Number of Beds(unit)	522	533	2.1
#医院(张)	Hospitals(unit)	140	156	11.4
卫生院(张)	Township Hospitals(unit)	12	12	0.0
卫生技术人员(人)	Medical Technical Presonnel(person)	273	257	-5.9
#医院(人)	Hospitals(person)	170	179	5.3
卫生院(人)	Township Hospitals(person)	7	7	0.0

23-41 兴安盟科尔沁右翼前旗

指 标	Item	2008	2009	2009年比上年增长% Increase Rate in 2009 Over 2008(%)
行政区域土地面积(平方公里)	**Area of Administration(Sq.km)**	**17428**	**17428**	**0.0**
人口和就业	**Population & Employment**			
年末总人口(人)	Total Population Year-end(person)	341439	341787	0.1
# 男性(人)	Male(person)	176802	176871	0.0
# 乡村人口(人)	Rural(person)	283271	291515	2.9
年末总户数(户)	Total Number of Households at the Year-end(Household)	104865	108026	3.0
# 乡村户数(户)	Number of Rural Household(Household)	82538	83072	0.6
出生人口(人)	Births(person)	4185	3561	-14.9
死亡人口(人)	Deaths(person)	1905	3077	61.5
全社会就业人员(人)	Employment(person)	141281	145815	3.2
第一产业(人)	Primary Industry(person)	108900	110988	1.9
第二产业(人)	Secondary Industry(person)	8247	8521	3.3
第三产业(人)	Tertiary Industry(person)	24134	26306	9.0
在岗职工人数(人)	Number of Staff & Workers Employed in(person)	18348	17663	-3.7
乡村劳动力(人)	Number of Rural Laborers(person)	114859	119082	3.7
# 农林牧渔业(人)	Farming,Forestry,Animal Husbandry & Fishery(person)	102645	104723	2.0
国民经济综合指标	**Summary Item on the National Economy**			
生产总值(万元)	Gross Domestic Product(10 000 yuan)	339381	400726	16.8
第一产业(万元)	Primary Industry(10 000 yuan)	176292	193338	7.9
第二产业(万元)	Secondary Industry(10 000 yuan)	76325	98845	30.6
# 工业(万元)	Industry(10 000 yuan)	58243	74363	28.3
第三产业(万元)	Tertiary Industry(10 000 yuan)	86764	108543	19.5
人均生产总值(元)	Per Capita GDP(yuan)	9693	11730	19.7
全社会固定资产投资(万元)	Total Investment in Fixed Assets(10 000 yuan)	251213	395996	57.6
按登记注册类型分	Grouped by Registered Type			
# 国有(万元)	State-owned Enterprises(10 000 yuan)	142444	271236	90.4
集体(万元)	Collective-owned Enterprises(10 000 yuan)			
有限责任公司(万元)	Limited Liability Corporations(10 000 yuan)	107269	119260	11.2
股份有限公司(万元)	Share Holding Enterprises(10 000 yuan)			
私营企业(万元)	Private Enterprises(10 000 yuan)		1200	
外商及港澳台投资企业(万元)	Funds from HK,Macao,Taiwan & Foreign(10 000 yuan)			
按城乡渠道分	Grouped by Urban and Rural Area			
城镇（万元）	Urban(10 000 yuan)	249713	395996	58.6
农村（万元）	Rural(10 000 yuan)	1500		
一般预算收入(万元)	General Budgetary Financial Revenue(10 000 yuan)	8844	10565	19.5
一般预算支出(万元)	General Budgetary Financial Expenditures(10 000 yuan)	103580	125800	21.5
城乡居民储蓄存款余额(万元)	Resident Saving Deposit in Urban & Rural(10 000 yuan)	47640	47262	-0.8
在岗职工工资总额(万元)	Total Wages of Staff & Workers Employed in(10 000 yuan)	28565	35160	23.1
在岗职工平均工资(元)	Average Wage of Staff & Workers Employed in(yuan)	15479	19267	24.5
农牧民人均纯收入(元)	Per Capita Net Income of Peasant & Herdsman(yuan)	2675	3154	17.9
农村牧区经济	**Economic Development in Rural & Pastoral Area**			
耕地面积(公顷)	Cultivated Area(hectare)	167333	167333	0.0
农作物总播种面积(公顷)	Total Sown Area(hectare)	190368	187589	-1.5
# 粮食作物播种面积(公顷)	Sown Area of Grain Crops(hectare)	168030	177703	5.8
有效灌溉面积(公顷)	Irrigated Area(hectare)	49230	52280	6.2
农牧业机械总动力(万千瓦)	Total Power of Agricultural Machinery(10 000 kw)	73.81	78.99	7.0
化肥施用折纯量(吨)	Consumption of Chemical Fertilizer(ton)	27078	27641	2.1
农村用电量(万千瓦小时)	Electricity Consumed in Rural Area(10 000 kwh)	3741	3814	2.0
农林牧渔业总产值(万元)	Gross Output of Farming,Forestry,Animal Husbandry & Fishery(10 000 yuan)	293820	315004	7.2
粮食产量(吨)	Yield of Grain(ton)	600000	546200	-9.0
油料产量(吨)	Yield of Oil-bearing Grops(ton)	19642	20522	4.5
甜菜产量(吨)	Yield of Beetroots(ton)	3556		
猪牛羊肉产量(吨)	Output of Pork, Beef & Mutton(ton)	41335	49692	20.2
# 猪肉产量(吨)	Output of Pork(ton)	13745	12161	-11.5
牛肉产量(吨)	Output of Beef(ton)	3495	6220	78.0
羊肉产量(吨)	Output of Mutton(ton)	24095	31311	29.9
羊毛产量(吨)	Output of Wool(ton)	4646	4127	-11.2

23-41 Keerqinyouyiqian Banner in Xingan League

指 标	Item	2008	2009	2009年比上年增长% Increase Rate in 2009 Over 2008(%)
年末牲畜存栏头数(万头只)	Total Livestock at the Year-end(10 000 heads)	178.98	214.57	19.9
#大牲畜(万头只)	Large Animals(10 000 heads)	14.55	13.65	-6.2
羊(万只)	Sheep & Goats(10 000 heads)	152.38	188.64	23.8
猪(万头)	Hogs(10 000 heads)	12.05	12.28	1.9
规模以上工业	**Industrial Enterprises above Designated size**			
工业企业单位数(个)	Number of Industrial Enterprises(unit)	24	25	4.2
#内资企业(个)	Civil Funded Enterprises(unit)	23	24	4.3
工业总产值(万元)	Gross Industrial Output Value(10 000 yuan)	139298	186514	33.9
内资企业(万元)	Civil Funded Enterprises(10 000 yuan)	135208	183389	35.6
国有企业(万元)	State-owned Enterprises(10 000 yuan)	3779	4752	25.7
集体企业(万元)	Collective-owned Enterprises(10 000 yuan)	5731	7351	28.3
股份合作企业(万元)	Share Holding Enterprises(10 000 yuan)			
联营企业(万元)	Joint Owned Enterprises(10 000 yuan)			
有限责任公司(万元)	Limited Company(10 000 yuan)	45529	71212	56.4
股份有限公司(万元)	Share Holding Limited Company(10 000 yuan)			
私营企业(万元)	Privately Owned Enterprises(10 000 yuan)	80169	100074	24.8
其他企业(万元)	Enterprises of Other Ownership(10 000 yuan)			
港澳台商投资企业(万元)	Funds from HK,Macao & Taiwan(10 000 yuan)			
外商投资企业(万元)	Foreign Funded Enterprises(10 000 yuan)	4090	3125	-23.6
工业企业增加值(万元)	Value Added of Industrial Enterprises(10 000 yuan)	51762	66130	31.6
工业企业资产总计(万元)	Total Assets of Industrial Enterprises(10 000 yuan)	82663	84746	2.5
工业企业负债合计(万元)	Total Liabilities of Industrial Enterprises(10 000 yuan)	73950	73943	0.0
工业企业产品销售收入(万元)	Sales of Revenue Industrial Enterprises(10 000 yuan)	136214	176647	29.7
工业企业利润总额(万元)	Total Profits of Industrial Enterprises(10 000 yuan)	-571	1631	
建筑业	**Construction**			
建筑企业单位数(个)	Number of Construction Enterprises(unit)	2	2	0.0
建筑企业从业人员(人)	Number of Employee in Construction Enterprises(person)	140	147	5.0
建筑业总产值(万元)	Gross Construction Output Value(10 000 yuan)	3410	8623	152.9
交通运输邮电通信业	**Transportation,Post & Telecommunications**			
公路里程(公里)	Total Length of Highways(km)	2530	2582	2.1
邮电业务总量(万元)	Business Volume of Post & Telecoms(10 000 yuan)	6327	7215	14.0
本地电话用户(户)	Number of Subscribers of Local Telephone(Household)	25551	20691	-19.0
国内贸易	**Domestic Trade**			
社会消费品零售总额(万元)	Total Retail Sales of Consumer Goods(10 000 yuan)	102240	120091	17.5
#贸易业(万元)	Wholesale & Retail Sales Trades(10 000 yuan)	93444	109615	17.3
餐饮业(万元)	Catering Trade(10 000 yuan)	5465	6779	24.0
科技教育卫生	**Science,Education & Public Health**			
各类专业技术人员(人)	Special Technical Personnel(person)	6464	6647	2.8
幼儿园数(所)	Number of Kindergartens(unit)	22	76	245.5
学龄儿童入学率(%)	Percentage of School-Age Children Enrolled(%)	100.0	100.0	0.0
小学学校数(所)	Number of Primary Schools(unit)	78	48	-38.5
小学专任教师数(人)	Number of Full-time Teachers of Primary Schools(person)	1966	2004	1.9
小学在校学生数(人)	Number of Student Enrollment of Primary Schools(person)	15787	15802	0.1
普通中学学校数(所)	Number of Regular Secondary Schools(unit)	25	23	-8.0
普通中学专任教师数(人)	Number of Teachers of Secondary Shools(person)	1409	1383	-1.8
初中在校学生数(人)	Number of Student in Junior Secondary Schools(person)	8890	8761	-1.5
高中在校学生数(人)	Number of Student in Senior Secondary Schools(person)	3120	4061	30.2
卫生机构数(所)	Number of Health Institutions(unit)	32	30	-6.2
#医院(所)	Hospitals(unit)	1	1	0.0
卫生院(所)	Township Hospitals(unit)	28	25	-10.7
床位数(张)	Number of Beds(unit)	652	769	17.9
#医院(张)	Hospitals(unit)	207	256	23.7
卫生院(张)	Township Hospitals(unit)	355	497	40.0
卫生技术人员(人)	Medical Technical Presonnel(person)	1238	1210	-2.3
#医院(人)	Hospitals(person)	342	371	8.5
卫生院(人)	Township Hospitals(person)	730	675	-7.5

23-42 兴安盟科尔沁右翼中旗

指 标	Item	2008	2009	2009年比上年增长% Increase Rate in 2009 Over 2008(%)
行政区域土地面积(平方公里)	**Area of Administration(Sq.km)**	**15613**	**15613**	**0.0**
人口和就业	**Population & Employment**			
年末总人口(人)	Total Population Year-end(person)	262220	264419	0.8
#男性(人)	Male(person)	132804	133233	0.3
#乡村人口(人)	Rural(person)	174021	177561	2.0
年末总户数(户)	Total Number of Households at the Year-end(Household)	65931	68883	4.5
#乡村户数(户)	Number of Rural Household(Household)	41832	43755	4.6
出生人口(人)	Births(person)	2970	2348	-20.9
死亡人口(人)	Deaths(person)	1053	1576	49.7
全社会就业人员(人)	Employment(person)	107480	115602	7.6
第一产业(人)	Primary Industry(person)	83089	85751	3.2
第二产业(人)	Secondary Industry(person)	5739	6476	12.8
第三产业(人)	Tertiary Industry(person)	18652	23375	25.3
在岗职工人数(人)	Number of Staff & Workers Employed in(person)	15812	16322	3.2
乡村劳动力(人)	Number of Rural Laborers(person)	86101	90794	5.5
#农林牧渔业(人)	Farming,Forestry,Animal Husbandry & Fishery(person)	78520	80809	2.9
国民经济综合指标	**Summary Item on the National Economy**			
生产总值(万元)	Gross Domestic Product(10 000 yuan)	212104	254952	17.3
第一产业(万元)	Primary Industry(10 000 yuan)	101065	107065	4.3
第二产业(万元)	Secondary Industry(10 000 yuan)	41496	58292	35.8
#工业(万元)	Industry(10 000 yuan)	26333	33761	21.6
第三产业(万元)	Tertiary Industry(10 000 yuan)	69544	89595	22.0
人均生产总值(元)	Per Capita GDP(yuan)	8163	9682	15.7
全社会固定资产投资(万元)	Total Investment in Fixed Assets(10 000 yuan)	242477	364336	50.3
按登记注册类型分	Grouped by Registered Type			
#国有(万元)	State-owned Enterprises(10 000 yuan)	88785	245162	176.1
集体(万元)	Collective-owned Enterprises(10 000 yuan)	600		
有限责任公司(万元)	Limited Liability Corporations(10 000 yuan)	129842	103471	-20.3
股份有限公司(万元)	Share Holding Enterprises(10 000 yuan)	6250	3905	-37.5
私营企业(万元)	Private Enterprises(10 000 yuan)	12700	8018	-36.9
外商及港澳台投资企业(万元)	Funds from HK,Macao,Taiwan & Foreign(10 000 yuan)	1800		
按城乡渠道分	Grouped by Urban and Rural Area			
城镇(万元)	Urban(10 000 yuan)	239977	364336	51.8
农村(万元)	Rural(10 000 yuan)	2500		
一般预算收入(万元)	General Budgetary Financial Revenue(10 000 yuan)	6492	8354	28.7
一般预算支出(万元)	General Budgetary Financial Expenditures(10 000 yuan)	90701	124149	36.9
城乡居民储蓄存款余额(万元)	Resident Saving Deposit in Urban & Rural(10 000 yuan)	59489	68103	14.5
在岗职工工资总额(万元)	Total Wages of Staff & Workers Employed in(10 000 yuan)	25920	28950	11.7
在岗职工平均工资(元)	Average Wage of Staff & Workers Employed in(yuan)	16637	17777	6.9
农牧民人均纯收入(元)	Per Capita Net Income of Peasant & Herdsman(yuan)	2751	3155	14.7
农村牧区经济	**Economic Development in Rural & Pastoral Area**			
耕地面积(公顷)	Cultivated Area(hectare)	129572	129572	0.0
农作物总播种面积(公顷)	Total Sown Area(hectare)	113715	121716	7.0
#粮食作物播种面积(公顷)	Sown Area of Grain Crops(hectare)	97200	107198	10.3
有效灌溉面积(公顷)	Irrigated Area(hectare)	45940	49900	8.6
农牧业机械总动力(万千瓦)	Total Power of Agricultural Machinery(10 000 kw)	46.71	48.91	4.7
化肥施用折纯量(吨)	Consumption of Chemical Fertilizer(ton)	10614	33707	217.6
农村用电量(万千瓦小时)	Electricity Consumed in Rural Area(10 000 kwh)	3102	3961	27.7
农林牧渔业总产值(万元)	Gross Output of Farming,Forestry,Animal Husbandry & Fishery(10 000 yuan)	176445	190294	7.8
粮食产量(吨)	Yield of Grain(ton)	502000	415288	-17.3
油料产量(吨)	Yield of Oil-bearing Grops(ton)	14989	16129	7.6
甜菜产量(吨)	Yield of Beetroots(ton)			
猪牛羊肉产量(吨)	Output of Pork, Beef & Mutton(ton)	31185	30249	-3.0
#猪肉产量(吨)	Output of Pork(ton)	7172	7617	6.2
牛肉产量(吨)	Output of Beef(ton)	9013	7920	-12.1
羊肉产量(吨)	Output of Mutton(ton)	15000	14712	-1.9
羊毛产量(吨)	Output of Wool(ton)	3210	2790	-13.1

23-42 Keerqinyouyizhong Banner in Xingan League

指 标	Item	2008	2009	2009年比上年增长% Increase Rate in 2009 Over 2008(%)
年末牲畜存栏头数(万头只)	Total Livestock at the Year-end(10 000 heads)	137.93	154.03	11.7
#大牲畜(万头只)	Large Animals(10 000 heads)	13.59	13.91	2.4
羊(万只)	Sheep & Goats(10 000 heads)	111.69	127.25	13.9
猪(万头)	Hogs(10 000 heads)	12.65	12.87	1.7
规模以上工业	**Industrial Enterprises above Designated size**			
工业企业单位数(个)	Number of Industrial Enterprises(unit)	10	12	20.0
#内资企业(个)	Civil Funded Enterprises(unit)	9	11	22.2
工业总产值(万元)	Gross Industrial Output Value(10 000 yuan)	40460	59042	45.9
内资企业(万元)	Civil Funded Enterprises(10 000 yuan)	38746	52666	35.9
国有企业(万元)	State-owned Enterprises(10 000 yuan)	4921	8113	64.9
集体企业(万元)	Collective-owned Enterprises(10 000 yuan)	4160	6846	64.6
股份合作企业(万元)	Share Holding Enterprises(10 000 yuan)			
联营企业(万元)	Joint Owned Enterprises(10 000 yuan)			
有限责任公司(万元)	Limited Company(10 000 yuan)	1480	2065	39.5
股份有限公司(万元)	Share Holding Limited Company(10 000 yuan)			
私营企业(万元)	Privately Owned Enterprises(10 000 yuan)	27735	35642	28.5
其他企业(万元)	Enterprises of Other Ownership(10 000 yuan)			
港澳台商投资企业(万元)	Funds from HK,Macao & Taiwan(10 000 yuan)			
外商投资企业(万元)	Foreign Funded Enterprises(10 000 yuan)	1714	6376	272.0
工业企业增加值(万元)	Value Added of Industrial Enterprises(10 000 yuan)	16357	19437	31.0
工业企业资产总计(万元)	Total Assets of Industrial Enterprises(10 000 yuan)	41685	133863	221.1
工业企业负债合计(万元)	Total Liabilities of Industrial Enterprises(10 000 yuan)	20873	71456	242.3
工业企业产品销售收入(万元)	Sales of Revenue Industrial Enterprises(10 000 yuan)	39943	57351	43.6
工业企业利润总额(万元)	Total Profits of Industrial Enterprises(10 000 yuan)	1827	2155	18.0
建筑业	**Construction**			
建筑企业单位数(个)	Number of Construction Enterprises(unit)			
建筑企业从业人员(人)	Number of Employee in Construction Enterprises(person)			
建筑业总产值(万元)	Gross Construction Output Value(10 000 yuan)			
交通运输邮电通信业	**Transportation,Post & Telecommunications**			
公路里程(公里)	Total Length of Highways(km)	1585	1661	4.8
邮电业务总量(万元)	Business Volume of Post & Telecoms(10 000 yuan)	7718	9197	19.2
本地电话用户(户)	Number of Subscribers of Local Telephone(Household)	31125	24453	-21.4
国内贸易	**Domestic Trade**			
社会消费品零售总额(万元)	Total Retail Sales of Consumer Goods(10 000 yuan)	95135	118117	24.2
#贸易业(万元)	Wholesale & Retail Sales Trades(10 000 yuan)	78330	95545	22.0
餐饮业(万元)	Catering Trade(10 000 yuan)	7524	11231	49.3
科技教育卫生	**Science,Education & Public Health**			
各类专业技术人员(人)	Special Technical Personnel(person)	5146	6310	22.6
幼儿园数(所)	Number of Kindergartens(unit)	30	41	36.7
学龄儿童入学率(%)	Percentage of School-Age Children Enrolled(%)	100.0	99.1	-0.9
小学学校数(所)	Number of Primary Schools(unit)	23	23	0.0
小学专任教师数(人)	Number of Full-time Teachers of Primary Schools(person)	1490	1808	21.3
小学在校学生数(人)	Number of Student Enrollment of Primary Schools(person)	15620	16503	5.7
普通中学学校数(所)	Number of Regular Secondary Schools(unit)	22	21	-4.5
普通中学专任教师数(人)	Number of Teachers of Secondary Shools(person)	1111	1094	-1.5
初中在校学生数(人)	Number of Student in Junior Secondary Schools(person)	9372	7349	-21.6
高中在校学生数(人)	Number of Student in Senior Secondary Schools(person)	3313	4140	25.0
卫生机构数(所)	Number of Health Institutions(unit)	46	43	-6.5
#医院(所)	Hospitals(unit)	5	5	0.0
卫生院(所)	Township Hospitals(unit)	19	19	0.0
床位数(张)	Number of Beds(unit)	732	904	23.5
#医院(张)	Hospitals(unit)	450	610	35.6
卫生院(张)	Township Hospitals(unit)	231	270	16.9
卫生技术人员(人)	Medical Technical Presonnel(person)	1170	1213	3.7
#医院(人)	Hospitals(person)	518	605	16.8
卫生院(人)	Township Hospitals(person)	400	397	-0.8

23-43 兴安盟扎赉特旗

指 标	Item	2008	2009	2009年比上年增长% Increase Rate in 2009 Over 2008(%)
行政区域土地面积(平方公里)	**Area of Administration(Sq.km)**	**11837**	**11837**	**0.0**
人口和就业	**Population & Employment**			
年末总人口(人)	Total Population Year-end(person)	397924	399289	0.3
# 男性(人)	Male(person)	206733	207305	0.3
# 乡村人口(人)	Rural(person)	305219	317987	4.2
年末总户数(户)	Total Number of Households at the Year-end(Household)	125988	130568	3.6
# 乡村户数(户)	Number of Rural Household(Household)	76561	79659	4.0
出生人口(人)	Births(person)	4415	4765	7.9
死亡人口(人)	Deaths(person)	1807	2389	32.2
全社会就业人员(人)	Employment(person)	188587	192826	2.2
第一产业(人)	Primary Industry(person)	151522	156634	3.4
第二产业(人)	Secondary Industry(person)	10373	9453	-8.9
第三产业(人)	Tertiary Industry(person)	26692	26739	0.2
在岗职工人数(人)	Number of Staff & Workers Employed in(person)	20425	20756	1.6
乡村劳动力(人)	Number of Rural Laborers(person)	162289	166063	2.3
# 农林牧渔业(人)	Farming,Forestry,Animal Husbandry & Fishery(person)	145973	151268	3.6
国民经济综合指标	**Summary Item on the National Economy**			
生产总值(万元)	Gross Domestic Product(10 000 yuan)	337280	401161	16.0
第一产业(万元)	Primary Industry(10 000 yuan)	178000	194859	7.7
第二产业(万元)	Secondary Industry(10 000 yuan)	51678	73508	35.4
# 工业(万元)	Industry(10 000 yuan)	39678	55814	29.2
第三产业(万元)	Tertiary Industry(10 000 yuan)	107602	132794	18.7
人均生产总值(元)	Per Capita GDP(yuan)	8551	10064	15.4
全社会固定资产投资(万元)	Total Investment in Fixed Assets(10 000 yuan)	213799	329734	54.2
按登记注册类型分	Grouped by Registered Type			
# 国有(万元)	State-owned Enterprises(10 000 yuan)	129858	231343	78.2
集体(万元)	Collective-owned Enterprises(10 000 yuan)			
有限责任公司(万元)	Limited Liability Corporations(10 000 yuan)	33080	44297	33.9
股份有限公司(万元)	Share Holding Enterprises(10 000 yuan)	13312	8126	-39.0
私营企业(万元)	Private Enterprises(10 000 yuan)	27976	37664	34.6
外商及港澳台投资企业 (万元)	Funds from HK,Macao,Taiwan & Foreign(10 000 yuan)		2000	
按城乡渠道分	Grouped by Urban and Rural Area			
城镇（万元）	Urban(10 000 yuan)	202999	324590	59.9
农村（万元）	Rural(10 000 yuan)	10800	5144	-52.4
一般预算收入(万元)	General Budgetary Financial Revenue(10 000 yuan)	6915	8482	22.7
一般预算支出(万元)	General Budgetary Financial Expenditures(10 000 yuan)	116290	156020	34.2
城乡居民储蓄存款余额(万元)	Resident Saving Deposit in Urban & Rural(10 000 yuan)	117007	132107	12.9
在岗职工工资总额(万元)	Total Wages of Staff & Workers Employed in(10 000 yuan)	35956	37152	3.3
在岗职工平均工资(元)	Average Wage of Staff & Workers Employed in(yuan)	17604	17899	1.7
农牧民人均纯收入(元)	Per Capita Net Income of Peasant & Herdsman(yuan)	2756	3154	14.4
农村牧区经济	**Economic Development in Rural & Pastoral Area**			
耕地面积(公顷)	Cultivated Area(hectare)	315494	315494	0.0
农作物总播种面积(公顷)	Total Sown Area(hectare)	238365	245634	3.0
# 粮食作物播种面积(公顷)	Sown Area of Grain Crops(hectare)	226410	236987	4.7
有效灌溉面积(公顷)	Irrigated Area(hectare)	80370	85500	6.4
农牧业机械总动力(万千瓦)	Total Power of Agricultural Machinery(10 000 kw)	114.98	130.18	13.2
化肥施用折纯量(吨)	Consumption of Chemical Fertilizer(ton)	53454	58786	10.0
农村用电量(万千瓦小时)	Electricity Consumed in Rural Area(10 000 kwh)	3669	3780	3.0
农林牧渔业总产值(万元)	Gross Output of Farming,Forestry,Animal Husbandry & Fishery(10 000 yuan)	290173	313163	8.0
粮食产量(吨)	Yield of Grain(ton)	699000	639160	-8.6
油料产量(吨)	Yield of Oil-bearing Grops(ton)	15650	16086	2.8
甜菜产量(吨)	Yield of Beetroots(ton)	3548		
猪牛羊肉产量(吨)	Output of Pork, Beef & Mutton(ton)	39888	53105	33.1
# 猪肉产量(吨)	Output of Pork(ton)	30301	40798	34.6
牛肉产量(吨)	Output of Beef(ton)	3181	5974	87.8
羊肉产量(吨)	Output of Mutton(ton)	6406	6333	-1.1
羊毛产量(吨)	Output of Wool(ton)	1748	1805	3.3

23-43 Zhalaite Banner in Xingan League

指 标	Item	2008	2009	2009年比上年增长% Increase Rate in 2009 Over 2008(%)
年末牲畜存栏头数(万头只)	Total Livestock at the Year-end(10 000 heads)	115.11	118.09	2.6
#大牲畜(万头只)	Large Animals(10 000 heads)	19.62	19.74	0.6
羊(万只)	Sheep & Goats(10 000 heads)	63.98	63.60	-0.6
猪(万头)	Hogs(10 000 heads)	31.51	34.75	10.3
规模以上工业	**Industrial Enterprises above Designated size**			
工业企业单位数(个)	Number of Industrial Enterprises(unit)	21	21	0.0
#内资企业(个)	Civil Funded Enterprises(unit)	21	21	0.0
工业总产值(万元)	Gross Industrial Output Value(10 000 yuan)	102079	152059	49.0
内资企业(万元)	Civil Funded Enterprises(10 000 yuan)	102079	152059	49.0
国有企业(万元)	State-owned Enterprises(10 000 yuan)	7011	9627	37.3
集体企业(万元)	Collective-owned Enterprises(10 000 yuan)	783		
股份合作企业(万元)	Share Holding Enterprises(10 000 yuan)			
联营企业(万元)	Joint Owned Enterprises(10 000 yuan)			
有限责任公司(万元)	Limited Company(10 000 yuan)	24631	32263	31.0
股份有限公司(万元)	Share Holding Limited Company(10 000 yuan)	12690	31372	147.2
私营企业(万元)	Privately Owned Enterprises(10 000 yuan)	56964	78797	38.3
其他企业(万元)	Enterprises of Other Ownership(10 000 yuan)			
港澳台商投资企业(万元)	Funds from HK,Macao & Taiwan(10 000 yuan)			
外商投资企业(万元)	Foreign Funded Enterprises(10 000 yuan)			
工业企业增加值(万元)	Value Added of Industrial Enterprises(10 000 yuan)	35510	45974	31.8
工业企业资产总计(万元)	Total Assets of Industrial Enterprises(10 000 yuan)	55577	82400	48.3
工业企业负债合计(万元)	Total Liabilities of Industrial Enterprises(10 000 yuan)	30966	48527	56.7
工业企业产品销售收入(万元)	Sales of Revenue Industrial Enterprises(10 000 yuan)	94559	137028	44.9
工业企业利润总额(万元)	Total Profits of Industrial Enterprises(10 000 yuan)	1036	7323	606.9
建筑业	**Construction**			
建筑企业单位数(个)	Number of Construction Enterprises(unit)	1	1	0.0
建筑企业从业人员(人)	Number of Employee in Construction Enterprises(person)	1700	1500	-11.8
建筑业总产值(万元)	Gross Construction Output Value(10 000 yuan)	10575	6614	-37.5
交通运输邮电通信业	**Transportation,Post & Telecommunications**			
公路里程(公里)	Total Length of Highways(km)	2162	2189	1.2
邮电业务总量(万元)	Business Volume of Post & Telecoms(10 000 yuan)	9403	12490	32.8
本地电话用户(户)	Number of Subscribers of Local Telephone(Household)	38094	30096	-21.0
国内贸易	**Domestic Trade**			
社会消费品零售总额(万元)	Total Retail Sales of Consumer Goods(10 000 yuan)	127351	151332	18.8
#贸易业(万元)	Wholesale & Retail Sales Trades(10 000 yuan)	110703	131555	18.8
餐饮业(万元)	Catering Trade(10 000 yuan)	11248	13773	22.4
科技教育卫生	**Science,Education & Public Health**			
各类专业技术人员(人)	Special Technical Personnel(person)	6824	6877	0.8
幼儿园数(所)	Number of Kindergartens(unit)	34	44	29.4
学龄儿童入学率(%)	Percentage of School-Age Children Enrolled(%)	100.0	100.0	0.0
小学学校数(所)	Number of Primary Schools(unit)	59	51	-13.6
小学专任教师数(人)	Number of Full-time Teachers of Primary Schools(person)	1956	1993	1.9
小学在校学生数(人)	Number of Student Enrollment of Primary Schools(person)	18600	18218	-2.1
普通中学学校数(所)	Number of Regular Secondary Schools(unit)	27	25	-7.4
普通中学专任教师数(人)	Number of Teachers of Secondary Shools(person)	1399	1461	4.4
初中在校学生数(人)	Number of Student in Junior Secondary Schools(person)	8428	7739	-8.2
高中在校学生数(人)	Number of Student in Senior Secondary Schools(person)	3327	3967	19.2
卫生机构数(所)	Number of Health Institutions(unit)	38	38	0.0
#医院(所)	Hospitals(unit)	5	5	0.0
卫生院(所)	Township Hospitals(unit)	21	21	0.0
床位数(张)	Number of Beds(unit)	628	655	4.3
#医院(张)	Hospitals(unit)	364	392	7.7
卫生院(张)	Township Hospitals(unit)	221	249	12.7
卫生技术人员(人)	Medical Technical Presonnel(person)	906	865	-4.5
#医院(人)	Hospitals(person)	452	388	-14.2
卫生院(人)	Township Hospitals(person)	307	318	3.6

23-44 兴安盟突泉县

指 标	Item	2008	2009	2009年比上年增长% Increase Rate in 2009 Over 2008(%)
行政区域土地面积(平方公里)	**Area of Administration(Sq.km)**	**4800**	**4800**	**0.0**
人口和就业	**Population & Employment**			
年末总人口(人)	Total Population Year-end(person)	315783	314601	-0.4
#男性(人)	Male(person)	162052	161294	-0.5
#乡村人口(人)	Rural(person)	239120	244329	2.2
年末总户数(户)	Total Number of Households at the Year-end(Household)	97781	95880	-1.9
#乡村户数(户)	Number of Rural Household(Household)	60698	59932	-1.3
出生人口(人)	Births(person)	3179	2933	-7.7
死亡人口(人)	Deaths(person)	1206	3815	216.3
全社会就业人员(人)	Employment(person)	152739	151672	-0.7
第一产业(人)	Primary Industry(person)	117051	111190	-5.0
第二产业(人)	Secondary Industry(person)	11838	15461	30.6
第三产业(人)	Tertiary Industry(person)	23850	25021	4.9
在岗职工人数(人)	Number of Staff & Workers Employed in(person)	12280	11580	-5.7
乡村劳动力(人)	Number of Rural Laborers(person)	133259	132025	-0.9
#农林牧渔业(人)	Farming,Forestry,Animal Husbandry & Fishery(person)	114441	108618	-5.1
国民经济综合指标	**Summary Item on the National Economy**			
生产总值(万元)	Gross Domestic Product(10 000 yuan)	272982	322750	15.8
第一产业(万元)	Primary Industry(10 000 yuan)	126140	133204	3.9
第二产业(万元)	Secondary Industry(10 000 yuan)	84331	112192	29.1
#工业(万元)	Industry(10 000 yuan)	59643	74946	20.1
第三产业(万元)	Tertiary Industry(10 000 yuan)	62511	77354	17.7
人均生产总值(元)	Per Capita GDP(yuan)	8675	10240	15.6
全社会固定资产投资(万元)	Total Investment in Fixed Assets(10 000 yuan)	159566	249559	56.4
按登记注册类型分	Grouped by Registered Type			
#国有(万元)	State-owned Enterprises(10 000 yuan)	53080	102900	93.9
集体(万元)	Collective-owned Enterprises(10 000 yuan)			
有限责任公司(万元)	Limited Liability Corporations(10 000 yuan)	800		
股份有限公司(万元)	Share Holding Enterprises(10 000 yuan)	20055	14760	-26.4
私营企业(万元)	Private Enterprises(10 000 yuan)	78931	110899	40.5
外商及港澳台投资企业(万元)	Funds from HK,Macao,Taiwan & Foreign(10 000 yuan)			
按城乡渠道分	Grouped by Urban and Rural Area			
城镇(万元)	Urban(10 000 yuan)	139066	193008	38.8
农村(万元)	Rural(10 000 yuan)	20500	56551	175.9
一般预算收入(万元)	General Budgetary Financial Revenue(10 000 yuan)	2385	4022	68.6
一般预算支出(万元)	General Budgetary Financial Expenditures(10 000 yuan)	88110	114560	30.0
城乡居民储蓄存款余额(万元)	Resident Saving Deposit in Urban & Rural(10 000 yuan)	91435	108990	19.2
在岗职工工资总额(万元)	Total Wages of Staff & Workers Employed in(10 000 yuan)	20485	21026	2.6
在岗职工平均工资(元)	Average Wage of Staff & Workers Employed in(yuan)	16715	17870	6.9
农牧民人均纯收入(元)	Per Capita Net Income of Peasant & Herdsman(yuan)	2609	3107	19.1
农村牧区经济	**Economic Development in Rural & Pastoral Area**			
耕地面积(公顷)	Cultivated Area(hectare)	144972	144972	0.0
农作物总播种面积(公顷)	Total Sown Area(hectare)	144930	143032	-1.3
#粮食作物播种面积(公顷)	Sown Area of Grain Crops(hectare)	132780	136144	2.5
有效灌溉面积(公顷)	Irrigated Area(hectare)	56540	62070	9.8
农牧业机械总动力(万千瓦)	Total Power of Agricultural Machinery(10 000 kw)	43.75	45.08	3.0
化肥施用折纯量(吨)	Consumption of Chemical Fertilizer(ton)	28557	29426	3.0
农村用电量(万千瓦小时)	Electricity Consumed in Rural Area(10 000 kwh)	3309	3782	14.3
农林牧渔业总产值(万元)	Gross Output of Farming,Forestry,Animal Husbandry & Fishery(10 000 yuan)	209830	216569	3.2
粮食产量(吨)	Yield of Grain(ton)	505400	419527	-17.0
油料产量(吨)	Yield of Oil-bearing Grops(ton)	5153	3113	-39.6
甜菜产量(吨)	Yield of Beetroots(ton)	4998	1000	-80.0
猪牛羊肉产量(吨)	Output of Pork, Beef & Mutton(ton)	14173	13537	-4.5
#猪肉产量(吨)	Output of Pork(ton)	8044	8272	2.8
牛肉产量(吨)	Output of Beef(ton)	1270	498	-60.8
羊肉产量(吨)	Output of Mutton(ton)	4859	4767	-1.9
羊毛产量(吨)	Output of Wool(ton)	743	804	8.2

23-44 Tuquan County in Xingan League

指 标	Item	2008	2009	2009年比上年增长% Increase Rate in 2009 Over 2008(%)
年末牲畜存栏头数(万头只)	Total Livestock at the Year-end(10 000 heads)	53.86	64.48	19.7
# 大牲畜(万头只)	Large Animals(10 000 heads)	7.04	6.91	-1.8
羊(万只)	Sheep & Goats(10 000 heads)	39.22	49.76	26.9
猪(万头)	Hogs(10 000 heads)	7.60	7.81	2.8
规模以上工业	**Industrial Enterprises above Designated size**			
工业企业单位数(个)	Number of Industrial Enterprises(unit)	15	21	40.0
# 内资企业(个)	Civil Funded Enterprises(unit)	15	20	33.3
工业总产值(万元)	Gross Industrial Output Value(10 000 yuan)	88472	119657	35.2
内资企业(万元)	Civil Funded Enterprises(10 000 yuan)	88472	114325	29.2
国有企业(万元)	State-owned Enterprises(10 000 yuan)	4753	5817	22.4
集体企业(万元)	Collective-owned Enterprises(10 000 yuan)	4097	4791	16.9
股份合作企业(万元)	Share Holding Enterprises(10 000 yuan)			
联营企业(万元)	Joint Owned Enterprises(10 000 yuan)			
有限责任公司(万元)	Limited Company(10 000 yuan)			
股份有限公司(万元)	Share Holding Limited Company(10 000 yuan)	31856	33155	4.1
私营企业(万元)	Privately Owned Enterprises(10 000 yuan)	47766	70562	47.7
其他企业(万元)	Enterprises of Other Ownership(10 000 yuan)			
港澳台商投资企业(万元)	Funds from HK,Macao & Taiwan(10 000 yuan)			
外商投资企业(万元)	Foreign Funded Enterprises(10 000 yuan)		5332	
工业企业增加值(万元)	Value Added of Industrial Enterprises(10 000 yuan)	31996	40990	31.0
工业企业资产总计(万元)	Total Assets of Industrial Enterprises(10 000 yuan)	50182	139638	178.3
工业企业负债合计(万元)	Total Liabilities of Industrial Enterprises(10 000 yuan)	30017	94479	214.8
工业企业产品销售收入(万元)	Sales of Revenue Industrial Enterprises(10 000 yuan)	84994	117250	38.0
工业企业利润总额(万元)	Total Profits of Industrial Enterprises(10 000 yuan)	913	2473	170.9
建筑业	**Construction**			
建筑企业单位数(个)	Number of Construction Enterprises(unit)	1	1	0.0
建筑企业从业人员(人)	Number of Employee in Construction Enterprises(person)	2000	1030	-48.5
建筑业总产值(万元)	Gross Construction Output Value(10 000 yuan)	22583	14010	-38.0
交通运输邮电通信业	**Transportation,Post & Telecommunications**			
公路里程(公里)	Total Length of Highways(km)	1704	1701	-0.2
邮电业务总量(万元)	Business Volume of Post & Telecoms(10 000 yuan)	5909	8330	41.0
本地电话用户(户)	Number of Subscribers of Local Telephone(Household)	23924	22572	-5.7
国内贸易	**Domestic Trade**			
社会消费品零售总额(万元)	Total Retail Sales of Consumer Goods(10 000 yuan)	98233	114554	16.6
# 贸易业(万元)	Wholesale & Retail Sales Trades(10 000 yuan)	86960	101591	16.8
餐饮业(万元)	Catering Trade(10 000 yuan)	8656	10109	16.8
科技教育卫生	**Science,Education & Public Health**			
各类专业技术人员(人)	Special Technical Personnel(person)	5140	5229	1.7
幼儿园数(所)	Number of Kindergartens(unit)	71	75	5.6
学龄儿童入学率(%)	Percentage of School-Age Children Enrolled(%)	100.0	100.0	0.0
小学学校数(所)	Number of Primary Schools(unit)	69	54	-21.7
小学专任教师数(人)	Number of Full-time Teachers of Primary Schools(person)	1292	1219	-5.7
小学在校学生数(人)	Number of Student Enrollment of Primary Schools(person)	17851	15350	-14.0
普通中学学校数(所)	Number of Regular Secondary Schools(unit)	11	11	0.0
普通中学专任教师数(人)	Number of Teachers of Secondary Shools(person)	931	1004	7.8
初中在校学生数(人)	Number of Student in Junior Secondary Schools(person)	9673	9858	1.9
高中在校学生数(人)	Number of Student in Senior Secondary Schools(person)	3384	3380	-0.1
卫生机构数(所)	Number of Health Institutions(unit)	38	36	-5.3
# 医院(所)	Hospitals(unit)	2	2	0.0
卫生院(所)	Township Hospitals(unit)	12	12	0.0
床位数(张)	Number of Beds(unit)	443	498	12.4
# 医院(张)	Hospitals(unit)	267	296	10.9
卫生院(张)	Township Hospitals(unit)	143	136	-4.9
卫生技术人员(人)	Medical Technical Presonnel(person)	702	755	7.5
# 医院(人)	Hospitals(person)	348	365	4.9
卫生院(人)	Township Hospitals(person)	165	160	-3.0

23-45 通辽市科尔沁区

指 标	Item	2008	2009	2009年比上年增长% Increase Rate in 2009 Over 2008(%)
行政区域土地面积（平方公里）	**Area of Administration(Sq.km)**	**3212**	**3212**	**0.0**
人口和就业	**Population & Employment**			
年末总人口(人)	Total Population Year-end(person)	857532	867535	1.2
#男性(人)	Male(person)	432684	440576	1.8
#乡村人口(人)	Rural(person)	433435	450604	4.0
年末总户数(户)	Total Number of Households at the Year-end(Household)	277464	283284	2.1
#乡村户数(户)	Number of Rural Household(Household)	136657	116537	-14.7
出生人口(人)	Births(person)	7837	8762	11.8
死亡人口(人)	Deaths(person)	11944	3397	-71.6
全社会就业人员(人)	Employment(person)	363697	409984	12.7
第一产业(人)	Primary Industry(person)	223015	257850	15.6
第二产业(人)	Secondary Industry(person)	53287	54831	2.9
第三产业(人)	Tertiary Industry(person)	87395	97303	11.3
在岗职工人数(人)	Number of Staff & Workers Employed in(person)	99640	109752	10.1
乡村劳动力(人)	Number of Rural Laborers(person)	212053	237385	11.9
#农林牧渔业(人)	Farming,Forestry,Animal Husbandry & Fishery(person)	145745	137424	-5.7
国民经济综合指标	**Summary Item on the National Economy**			
生产总值(万元)	Gross Domestic Product(10 000 yuan)	3379371	3967819	17.1
第一产业(万元)	Primary Industry(10 000 yuan)	324000	339042	2.8
第二产业(万元)	Secondary Industry(10 000 yuan)	1968666	2412317	22.0
#工业(万元)	Industry(10 000 yuan)	1770821	2167071	21.2
第三产业(万元)	Tertiary Industry(10 000 yuan)	1086705	1216460	12.5
人均生产总值(元)	Per Capita GDP(yuan)	35087	42002	17.2
全社会固定资产投资(万元)	Total Investment in Fixed Assets(10 000 yuan)	2255058	2648132	17.4
按登记注册类型分	Grouped by Registered Type			
#国有(万元)	State-owned Enterprises(10 000 yuan)	1066373	1201512	12.7
集体(万元)	Collective-owned Enterprises(10 000 yuan)		12000	
有限责任公司(万元)	Limited Liability Corporations(10 000 yuan)	787049	240396	-69.5
股份有限公司(万元)	Share Holding Enterprises(10 000 yuan)	257300	362100	40.7
私营企业(万元)	Private Enterprises(10 000 yuan)	47616	157544	230.9
外商及港澳台投资企业(万元)	Funds from HK,Macao,Taiwan & Foreign(10 000 yuan)	16885	27785	64.6
按城乡渠道分	Grouped by Urban and Rural Area			
城镇（万元）	Urban(10 000 yuan)	2177133	2594518	19.2
农村（万元）	Rural(10 000 yuan)	77925	53614	-31.2
一般预算收入(万元)	General Budgetary Financial Revenue(10 000 yuan)	142044	119502	-15.9
一般预算支出(万元)	General Budgetary Financial Expenditures(10 000 yuan)	230714	226400	-1.9
城乡居民储蓄存款余额(万元)	Resident Saving Deposit in Urban & Rural(10 000 yuan)	825710	1012769	22.7
在岗职工工资总额(万元)	Total Wages of Staff & Workers Employed in(10 000 yuan)	194258	252220	29.8
在岗职工平均工资(元)	Average Wage of Staff & Workers Employed in(yuan)	19199	21226	10.6
农牧民人均纯收入(元)	Per Capita Net Income of Peasant & Herdsman(yuan)	6200	6641	7.1
农村牧区经济	**Economic Development in Rural & Pastoral Area**			
耕地面积(公顷)	Cultivated Area(hectare)	140453	139933	-0.4
农作物总播种面积(公顷)	Total Sown Area(hectare)	149355	149615	0.2
#粮食作物播种面积(公顷)	Sown Area of Grain Crops(hectare)	121495	123559	1.7
有效灌溉面积(公顷)	Irrigated Area(hectare)	146302	122961	-16.0
农牧业机械总动力(万千瓦)	Total Power of Agricultural Machinery(10 000 kw)	90.28	93.50	3.6
化肥施用折纯量(吨)	Consumption of Chemical Fertilizer(ton)	80310	100425	25.0
农村用电量(万千瓦小时)	Electricity Consumed in Rural Area(10 000 kwh)	16919	21179	25.2
农林牧渔业总产值(万元)	Gross Output of Farming,Forestry,Animal Husbandry & Fishery(10 000 yuan)	540282	628370	14.0
粮食产量(吨)	Yield of Grain(ton)	949375	933175	-1.7
油料产量(吨)	Yield of Oil-bearing Grops(ton)	7283	5420	-25.6
甜菜产量(吨)	Yield of Beetroots(ton)	1134	5400	376.2
猪牛羊肉产量(吨)	Output of Pork, Beef & Mutton(ton)	133197	137055	2.9
#猪肉产量(吨)	Output of Pork(ton)	97560	95000	-2.6
牛肉产量(吨)	Output of Beef(ton)	31921	34472	8.0
羊肉产量(吨)	Output of Mutton(ton)	3716	6137	65.2
羊毛产量(吨)	Output of Wool(ton)	612	590	-3.6

23-45 Keerqin District in Tongliao City

指 标	Item	2008	2009	2009年比上年增长% Increase Rate in 2009 Over 2008(%)
年末牲畜存栏头数(万头只)	Total Livestock at the Year-end(10 000 heads)	153.85	172.71	12.3
# 大牲畜(万头只)	Large Animals(10 000 heads)	32.35	34.37	6.2
羊(万只)	Sheep & Goats(10 000 heads)	42.30	58.68	38.7
猪(万头)	Hogs(10 000 heads)	79.10	79.56	0.6
规模以上工业	**Industrial Enterprises above Designated size**			
工业企业单位数(个)	Number of Industrial Enterprises(unit)	174	202	16.1
# 内资企业(个)	Civil Funded Enterprises(unit)	151	183	21.2
工业总产值(万元)	Gross Industrial Output Value(10 000 yuan)	4786829	6214476	28.5
内资企业(万元)	Civil Funded Enterprises(10 000 yuan)	4072017	5106328	24.2
国有企业(万元)	State-owned Enterprises(10 000 yuan)	547001	798876	44.6
集体企业(万元)	Collective-owned Enterprises(10 000 yuan)	171999	47717	-72.5
股份合作企业(万元)	Share Holding Enterprises(10 000 yuan)		100908	
联营企业(万元)	Joint Owned Enterprises(10 000 yuan)			
有限责任公司(万元)	Limited Company(10 000 yuan)	1877470	2648560	39.7
股份有限公司(万元)	Share Holding Limited Company(10 000 yuan)	773301	654104	-16.3
私营企业(万元)	Privately Owned Enterprises(10 000 yuan)	702246	786569	10.9
其他企业(万元)	Enterprises of Other Ownership(10 000 yuan)		69594	
港澳台商投资企业(万元)	Funds from HK,Macao & Taiwan(10 000 yuan)	16721	116788	598.5
外商投资企业(万元)	Foreign Funded Enterprises(10 000 yuan)	698091	991360	40.6
工业企业增加值(万元)	Value Added of Industrial Enterprises(10 000 yuan)	1586272	2076298	29.6
工业企业资产总计(万元)	Total Assets of Industrial Enterprises(10 000 yuan)	2757064	2958681	7.3
工业企业负债合计(万元)	Total Liabilities of Industrial Enterprises(10 000 yuan)	1781145	1864098	4.7
工业企业产品销售收入(万元)	Sales of Revenue Industrial Enterprises(10 000 yuan)	4672319	6096204	30.5
工业企业利润总额(万元)	Total Profits of Industrial Enterprises(10 000 yuan)	330596	431038	30.4
建筑业	**Construction**			
建筑企业单位数(个)	Number of Construction Enterprises(unit)	39	56	43.6
建筑企业从业人员(人)	Number of Employee in Construction Enterprises(person)	13786	17447	26.6
建筑业总产值(万元)	Gross Construction Output Value(10 000 yuan)	369939	590050	59.5
交通运输邮电通信业	**Transportation,Post & Telecommunications**			
公路里程(公里)	Total Length of Highways(km)	594	1368	130.3
邮电业务总量(万元)	Business Volume of Post & Telecoms(10 000 yuan)	49571	58868	18.8
本地电话用户(户)	Number of Subscribers of Local Telephone(Household)	367141	429312	16.9
国内贸易	**Domestic Trade**			
社会消费品零售总额(万元)	Total Retail Sales of Consumer Goods(10 000 yuan)	751510	950000	26.4
# 贸易业(万元)	Wholesale & Retail Sales Trades(10 000 yuan)	696580	885607	27.1
餐饮业(万元)	Catering Trade(10 000 yuan)	53829	63315	17.6
科技教育卫生	**Science,Education & Public Health**			
各类专业技术人员(人)	Special Technical Personnel(person)	21516	21689	0.8
幼儿园数(所)	Number of Kindergartens(unit)	13	21	61.5
学龄儿童入学率(%)	Percentage of School-Age Children Enrolled(%)	100.0	100.0	0.0
小学学校数(所)	Number of Primary Schools(unit)	128	119	-7.0
小学专任教师数(人)	Number of Full-time Teachers of Primary Schools(person)	3763	3577	-4.9
小学在校学生数(人)	Number of Student Enrollment of Primary Schools(person)	60567	58731	-3.0
普通中学学校数(所)	Number of Regular Secondary Schools(unit)	43	37	-14.0
普通中学专任教师数(人)	Number of Teachers of Secondary Shools(person)	4130	3738	-9.5
初中在校学生数(人)	Number of Student in Junior Secondary Schools(person)	36933	34748	-5.9
高中在校学生数(人)	Number of Student in Senior Secondary Schools(person)	25896	27732	7.1
卫生机构数(所)	Number of Health Institutions(unit)	49	49	0.0
# 医院(所)	Hospitals(unit)	16	16	0.0
卫生院(所)	Township Hospitals(unit)	23	23	0.0
床位数(张)	Number of Beds(unit)	3285	3576	8.9
# 医院(张)	Hospitals(unit)	2812	3185	13.3
卫生院(张)	Township Hospitals(unit)	383	391	2.1
卫生技术人员(人)	Medical Technical Presonnel(person)	5328	5289	-0.7
# 医院(人)	Hospitals(person)	3699	3693	-0.2
卫生院(人)	Township Hospitals(person)	803	812	1.1

23-46 通辽市霍林郭勒市

指 标	Item	2008	2009	2009年比上年增长% Increase Rate in 2009 Over 2008(%)
行政区域土地面积(平方公里)	**Area of Administration(Sq.km)**	**585**	**585**	**0.0**
人口和就业	**Population & Employment**			
年末总人口(人)	Total Population Year-end(person)	78892	82411	4.5
# 男性(人)	Male(person)	40536	42829	5.7
# 乡村人口(人)	Rural(person)	11881	11800	-0.7
年末总户数(户)	Total Number of Households at the Year-end(Household)	26083	26900	3.1
# 乡村户数(户)	Number of Rural Household(Household)	3411	3381	-0.9
出生人口(人)	Births(person)	908	845	-6.9
死亡人口(人)	Deaths(person)	210	205	-2.4
全社会就业人员(人)	Employment(person)	36524	48615	33.1
第一产业(人)	Primary Industry(person)	4408	6320	43.4
第二产业(人)	Secondary Industry(person)	15124	19932	31.8
第三产业(人)	Tertiary Industry(person)	16992	22363	31.6
在岗职工人数(人)	Number of Staff & Workers Employed in(person)	15208	17476	14.9
乡村劳动力(人)	Number of Rural Laborers(person)	7823	6792	-13.2
# 农林牧渔业(人)	Farming,Forestry,Animal Husbandry & Fishery(person)	4695	4623	-1.5
国民经济综合指标	**Summary Item on the National Economy**			
生产总值(万元)	Gross Domestic Product(10 000 yuan)	1204335	1509332	22.4
第一产业(万元)	Primary Industry(10 000 yuan)	16100	17300	3.4
第二产业(万元)	Secondary Industry(10 000 yuan)	749370	995618	31.8
# 工业(万元)	Industry(10 000 yuan)	696145	931507	32.7
第三产业(万元)	Tertiary Industry(10 000 yuan)	438865	496414	13.1
人均生产总值(元)	Per Capita GDP(yuan)	152656	183146	19.9
全社会固定资产投资(万元)	Total Investment in Fixed Assets(10 000 yuan)	614063	653078	6.4
按登记注册类型分	Grouped by Registered Type			
# 国有(万元)	State-owned Enterprises(10 000 yuan)	295086	445194	50.9
集体(万元)	Collective-owned Enterprises(10 000 yuan)		21201	
有限责任公司(万元)	Limited Liability Corporations(10 000 yuan)	172958		
股份有限公司(万元)	Share Holding Enterprises(10 000 yuan)	99353		
私营企业(万元)	Private Enterprises(10 000 yuan)	31829	173082	443.8
外商及港澳台投资企业 (万元)	Funds from HK,Macao,Taiwan & Foreign(10 000 yuan)		12751	
按城乡渠道分	Grouped by Urban and Rural Area			
城镇（万元）	Urban(10 000 yuan)	614063	653078	6.4
农村（万元）	Rural(10 000 yuan)			
一般预算收入(万元)	General Budgetary Financial Revenue(10 000 yuan)	74275	108222	45.7
一般预算支出(万元)	General Budgetary Financial Expenditures(10 000 yuan)	100388	144301	43.7
城乡居民储蓄存款余额(万元)	Resident Saving Deposit in Urban & Rural(10 000 yuan)	118120	193596	63.9
在岗职工工资总额(万元)	Total Wages of Staff & Workers Employed in(10 000 yuan)	62406	68963	10.5
在岗职工平均工资(元)	Average Wage of Staff & Workers Employed in(yuan)	40860	39461	-3.4
农牧民人均纯收入(元)	Per Capita Net Income of Peasant & Herdsman(yuan)	9005	9846	9.3
农村牧区经济	**Economic Development in Rural & Pastoral Area**			
耕地面积(公顷)	Cultivated Area(hectare)	12717	12697	-0.2
农作物总播种面积(公顷)	Total Sown Area(hectare)	7220	7816	8.3
# 粮食作物播种面积(公顷)	Sown Area of Grain Crops(hectare)	5506	5428	-1.4
有效灌溉面积(公顷)	Irrigated Area(hectare)	300	330	10.0
农牧业机械总动力(万千瓦)	Total Power of Agricultural Machinery(10 000 kw)	2.42	2.40	-0.8
化肥施用折纯量(吨)	Consumption of Chemical Fertilizer(ton)	1563	1739	11.3
农村用电量(万千瓦小时)	Electricity Consumed in Rural Area(10 000 kwh)	4016	4425	10.2
农林牧渔业总产值(万元)	Gross Output of Farming,Forestry,Animal Husbandry & Fishery(10 000 yuan)	30064	36064	20.0
粮食产量(吨)	Yield of Grain(ton)	21825	24947	14.3
油料产量(吨)	Yield of Oil-bearing Grops(ton)	1102	1573	42.7
甜菜产量(吨)	Yield of Beetroots(ton)			
猪牛羊肉产量(吨)	Output of Pork, Beef & Mutton(ton)	6409	6613	3.2
# 猪肉产量(吨)	Output of Pork(ton)	1700	1717	1.0
牛肉产量(吨)	Output of Beef(ton)	786	815	3.7
羊肉产量(吨)	Output of Mutton(ton)	3923	3490	-11.0
羊毛产量(吨)	Output of Wool(ton)	400	400	0.0

23-46 Huolinguole City in Tongliao City

指 标	Item	2008	2009	2009年比上年增长% Increase Rate in 2009 Over 2008(%)
年末牲畜存栏头数(万头只)	Total Livestock at the Year-end(10 000 heads)	14.71	13.80	-6.2
# 大牲畜(万头只)	Large Animals(10 000 heads)	0.69	0.65	-5.8
羊(万只)	Sheep & Goats(10 000 heads)	13.49	12.70	-5.9
猪(万头)	Hogs(10 000 heads)	0.52	0.50	-3.8
规模以上工业	**Industrial Enterprises above Designated size**			
工业企业单位数(个)	Number of Industrial Enterprises(unit)	37	51	37.8
# 内资企业(个)	Civil Funded Enterprises(unit)	35	47	34.3
工业总产值(万元)	Gross Industrial Output Value(10 000 yuan)	1381000	1989400	41.0
内资企业(万元)	Civil Funded Enterprises(10 000 yuan)	949300	1579000	61.6
国有企业(万元)	State-owned Enterprises(10 000 yuan)	90300	201900	114.0
集体企业(万元)	Collective-owned Enterprises(10 000 yuan)			
股份合作企业(万元)	Share Holding Enterprises(10 000 yuan)			
联营企业(万元)	Joint Owned Enterprises(10 000 yuan)		48100	
有限责任公司(万元)	Limited Company(10 000 yuan)	462300	617200	31.0
股份有限公司(万元)	Share Holding Limited Company(10 000 yuan)	384300	472400	21.0
私营企业(万元)	Privately Owned Enterprises(10 000 yuan)	12400	239400	1703.0
其他企业(万元)	Enterprises of Other Ownership(10 000 yuan)			
港澳台商投资企业(万元)	Funds from HK,Macao & Taiwan(10 000 yuan)			
外商投资企业(万元)	Foreign Funded Enterprises(10 000 yuan)	431700	410400	-0.7
工业企业增加值(万元)	Value Added of Industrial Enterprises(10 000 yuan)	638875	867508	36.1
工业企业资产总计(万元)	Total Assets of Industrial Enterprises(10 000 yuan)	2398100	2856600	19.1
工业企业负债合计(万元)	Total Liabilities of Industrial Enterprises(10 000 yuan)	1501900	1827400	21.7
工业企业产品销售收入(万元)	Sales of Revenue Industrial Enterprises(10 000 yuan)	1301100	1928200	48.2
工业企业利润总额(万元)	Total Profits of Industrial Enterprises(10 000 yuan)	165800	180900	9.1
建筑业	**Construction**			
建筑企业单位数(个)	Number of Construction Enterprises(unit)	6	6	0.0
建筑企业从业人员(人)	Number of Employee in Construction Enterprises(person)	6026	3560	-40.9
建筑业总产值(万元)	Gross Construction Output Value(10 000 yuan)	58899	69384	17.8
交通运输邮电通信业	**Transportation,Post & Telecommunications**			
公路里程(公里)	Total Length of Highways(km)	65	65	0.0
邮电业务总量(万元)	Business Volume of Post & Telecoms(10 000 yuan)	14926	16866	13.0
本地电话用户(户)	Number of Subscribers of Local Telephone(Household)	102000	96750	-5.1
国内贸易	**Domestic Trade**			
社会消费品零售总额(万元)	Total Retail Sales of Consumer Goods(10 000 yuan)	140722	175000	24.4
# 贸易业(万元)	Wholesale & Retail Sales Trades(10 000 yuan)	96113	97465	1.4
餐饮业(万元)	Catering Trade(10 000 yuan)	37802	41491	9.8
科技教育卫生	**Science,Education & Public Health**			
各类专业技术人员(人)	Special Technical Personnel(person)	1724	1365	-20.8
幼儿园数(所)	Number of Kindergartens(unit)	6	6	0.0
学龄儿童入学率(%)	Percentage of School-Age Children Enrolled(%)	100.0	100.0	0.0
小学学校数(所)	Number of Primary Schools(unit)	7	8	14.3
小学专任教师数(人)	Number of Full-time Teachers of Primary Schools(person)	378	393	4.0
小学在校学生数(人)	Number of Student Enrollment of Primary Schools(person)	6761	6591	-2.5
普通中学学校数(所)	Number of Regular Secondary Schools(unit)	7	8	14.3
普通中学专任教师数(人)	Number of Teachers of Secondary Shools(person)	548	551	0.5
初中在校学生数(人)	Number of Student in Junior Secondary Schools(person)	3636	3925	7.9
高中在校学生数(人)	Number of Student in Senior Secondary Schools(person)	2694	2690	-0.1
卫生机构数(所)	Number of Health Institutions(unit)	6	6	0.0
# 医院(所)	Hospitals(unit)	2	2	0.0
卫生院(所)	Township Hospitals(unit)	2	2	0.0
床位数(张)	Number of Beds(unit)	524	495	-5.5
# 医院(张)	Hospitals(unit)	426	430	0.9
卫生院(张)	Township Hospitals(unit)	98	65	-33.7
卫生技术人员(人)	Medical Technical Presonnel(person)	354	394	11.3
# 医院(人)	Hospitals(person)	354	394	11.3
卫生院(人)	Township Hospitals(person)			

23-47 通辽市科尔沁左翼中旗

指 标	Item	2008	2009	2009年比上年增长% Increase Rate in 2009 Over 2008(%)
行政区域土地面积(平方公里)	**Area of Administration(Sq.km)**	**9569**	**9569**	**0.0**
人口和就业	**Population & Employment**			
年末总人口(人)	Total Population Year-end(person)	535424	535344	0.0
#男性(人)	Male(person)	272512	272872	0.1
#乡村人口(人)	Rural(person)	453065	460395	1.6
年末总户数(户)	Total Number of Households at the Year-end(Household)	155107	161581	4.2
#乡村户数(户)	Number of Rural Household(Household)	104690	106322	1.6
出生人口(人)	Births(person)	5199	5338	2.7
死亡人口(人)	Deaths(person)	6446	5678	-11.9
全社会就业人员(人)	Employment(person)	252332	258887	2.6
第一产业(人)	Primary Industry(person)	166341	184870	11.1
第二产业(人)	Secondary Industry(person)	28927	25228	-12.8
第三产业(人)	Tertiary Industry(person)	57064	48789	-14.5
在岗职工人数(人)	Number of Staff & Workers Employed in(person)	25854	27410	6.0
乡村劳动力(人)	Number of Rural Laborers(person)	215368	227615	5.7
#农林牧渔业(人)	Farming,Forestry,Animal Husbandry & Fishery(person)	164218	181267	10.4
国民经济综合指标	**Summary Item on the National Economy**			
生产总值(万元)	Gross Domestic Product(10 000 yuan)	744750	857075	14.3
第一产业(万元)	Primary Industry(10 000 yuan)	221000	231290	2.2
第二产业(万元)	Secondary Industry(10 000 yuan)	265040	322585	22.1
#工业(万元)	Industry(10 000 yuan)	246623	295043	18.7
第三产业(万元)	Tertiary Industry(10 000 yuan)	258710	303200	18.2
人均生产总值(元)	Per Capita GDP(yuan)	13881	16008	14.5
全社会固定资产投资(万元)	Total Investment in Fixed Assets(10 000 yuan)	302407	447500	48.0
按登记注册类型分	Grouped by Registered Type			
#国有(万元)	State-owned Enterprises(10 000 yuan)	221935	378529	70.6
集体(万元)	Collective-owned Enterprises(10 000 yuan)	300	303	1.0
有限责任公司(万元)	Limited Liability Corporations(10 000 yuan)	48949	27213	-44.4
股份有限公司(万元)	Share Holding Enterprises(10 000 yuan)	16592	8970	-45.9
私营企业(万元)	Private Enterprises(10 000 yuan)	10351	14217	37.3
外商及港澳台投资企业(万元)	Funds from HK,Macao,Taiwan & Foreign(10 000 yuan)			
按城乡渠道分	Grouped by Urban and Rural Area			
城镇(万元)	Urban(10 000 yuan)	287031	417005	45.3
农村(万元)	Rural(10 000 yuan)	15376	30495	98.3
一般预算收入(万元)	General Budgetary Financial Revenue(10 000 yuan)	11393	13272	16.5
一般预算支出(万元)	General Budgetary Financial Expenditures(10 000 yuan)	121560	147053	21.0
城乡居民储蓄存款余额(万元)	Resident Saving Deposit in Urban & Rural(10 000 yuan)	75894	88313	16.4
在岗职工工资总额(万元)	Total Wages of Staff & Workers Employed in(10 000 yuan)	41718	51441	23.3
在岗职工平均工资(元)	Average Wage of Staff & Workers Employed in(yuan)	16136	18767	16.3
农牧民人均纯收入(元)	Per Capita Net Income of Peasant & Herdsman(yuan)	4338	4466	3.0
农村牧区经济	**Economic Development in Rural & Pastoral Area**			
耕地面积(公顷)	Cultivated Area(hectare)	204890	339332	65.6
农作物总播种面积(公顷)	Total Sown Area(hectare)	246232	361111	46.7
#粮食作物播种面积(公顷)	Sown Area of Grain Crops(hectare)	191027	268868	40.7
有效灌溉面积(公顷)	Irrigated Area(hectare)	154000	156350	1.5
农牧业机械总动力(万千瓦)	Total Power of Agricultural Machinery(10 000 kw)	112.51	114.64	1.9
化肥施用折纯量(吨)	Consumption of Chemical Fertilizer(ton)	73765	92382	25.2
农村用电量(万千瓦小时)	Electricity Consumed in Rural Area(10 000 kwh)	9182	6274	-31.7
农林牧渔业总产值(万元)	Gross Output of Farming,Forestry,Animal Husbandry & Fishery(10 000 yuan)	457340	509526	8.8
粮食产量(吨)	Yield of Grain(ton)	1832508	1865102	1.8
油料产量(吨)	Yield of Oil-bearing Grops(ton)	51504	15230	-70.4
甜菜产量(吨)	Yield of Beetroots(ton)	92805	64550	-30.4
猪牛羊肉产量(吨)	Output of Pork, Beef & Mutton(ton)	75405	65318	-13.4
#猪肉产量(吨)	Output of Pork(ton)	46277	30340	-34.4
牛肉产量(吨)	Output of Beef(ton)	19523	17080	-12.5
羊肉产量(吨)	Output of Mutton(ton)	7385	7400	0.2
羊毛产量(吨)	Output of Wool(ton)	2096	2062	-1.6

23-47 Keerqinzuoyizhong Banner in Tongliao City

指 标	Item	2008	2009	2009年比上年增长% Increase Rate in 2009 Over 2008(%)
年末牲畜存栏头数(万头只)	Total Livestock at the Year-end(10 000 heads)	153.30	160.99	5.0
#大牲畜(万头只)	Large Animals(10 000 heads)	31.31	37.01	18.2
羊(万只)	Sheep & Goats(10 000 heads)	79.03	86.93	10.0
猪(万头)	Hogs(10 000 heads)	42.94	37.05	-13.7
规模以上工业	**Industrial Enterprises above Designated size**			
工业企业单位数(个)	Number of Industrial Enterprises(unit)	37	45	21.6
#内资企业(个)	Civil Funded Enterprises(unit)	36	44	22.2
工业总产值(万元)	Gross Industrial Output Value(10 000 yuan)	524833	693487	30.1
内资企业(万元)	Civil Funded Enterprises(10 000 yuan)	517826	677806	29.6
国有企业(万元)	State-owned Enterprises(10 000 yuan)	11074	17185	53.6
集体企业(万元)	Collective-owned Enterprises(10 000 yuan)	48999	58378	18.0
股份合作企业(万元)	Share Holding Enterprises(10 000 yuan)	35749	40252	11.5
联营企业(万元)	Joint Owned Enterprises(10 000 yuan)			
有限责任公司(万元)	Limited Company(10 000 yuan)	160822	221319	36.3
股份有限公司(万元)	Share Holding Limited Company(10 000 yuan)	31940	44264	37.2
私营企业(万元)	Privately Owned Enterprises(10 000 yuan)	229242	296408	28.0
其他企业(万元)	Enterprises of Other Ownership(10 000 yuan)			
港澳台商投资企业(万元)	Funds from HK,Macao & Taiwan(10 000 yuan)			
外商投资企业(万元)	Foreign Funded Enterprises(10 000 yuan)	7007	15681	121.6
工业企业增加值(万元)	Value Added of Industrial Enterprises(10 000 yuan)	197100	241849	22.7
工业企业资产总计(万元)	Total Assets of Industrial Enterprises(10 000 yuan)	186536	700269	275.4
工业企业负债合计(万元)	Total Liabilities of Industrial Enterprises(10 000 yuan)	88006	321994	265.9
工业企业产品销售收入(万元)	Sales of Revenue Industrial Enterprises(10 000 yuan)	425555	556725	30.8
工业企业利润总额(万元)	Total Profits of Industrial Enterprises(10 000 yuan)	36172	37393	3.4
建筑业	**Construction**			
建筑企业单位数(个)	Number of Construction Enterprises(unit)	1	2	100.0
建筑企业从业人员(人)	Number of Employee in Construction Enterprises(person)	65	131	101.5
建筑业总产值(万元)	Gross Construction Output Value(10 000 yuan)	2010	7754	285.8
交通运输邮电通信业	**Transportation,Post & Telecommunications**			
公路里程(公里)	Total Length of Highways(km)	678	678	0.0
邮电业务总量(万元)	Business Volume of Post & Telecoms(10 000 yuan)	11450	13712	19.8
本地电话用户(户)	Number of Subscribers of Local Telephone(Household)	138180	109550	-20.7
国内贸易	**Domestic Trade**			
社会消费品零售总额(万元)	Total Retail Sales of Consumer Goods(10 000 yuan)	133668	170502	27.6
#贸易业(万元)	Wholesale & Retail Sales Trades(10 000 yuan)	102987	126840	23.2
餐饮业(万元)	Catering Trade(10 000 yuan)	27516	33571	22.0
科技教育卫生	**Science,Education & Public Health**			
各类专业技术人员(人)	Special Technical Personnel(person)	7143	6720	-5.9
幼儿园数(所)	Number of Kindergartens(unit)	1	1	0.0
学龄儿童入学率(%)	Percentage of School-Age Children Enrolled(%)	100.0	100.0	0.0
小学学校数(所)	Number of Primary Schools(unit)	116	99	-14.7
小学专任教师数(人)	Number of Full-time Teachers of Primary Schools(person)	2976	2920	-1.9
小学在校学生数(人)	Number of Student Enrollment of Primary Schools(person)	29848	28937	-3.1
普通中学学校数(所)	Number of Regular Secondary Schools(unit)	34	34	0.0
普通中学专任教师数(人)	Number of Teachers of Secondary Shools(person)	1735	1719	-0.9
初中在校学生数(人)	Number of Student in Junior Secondary Schools(person)	15944	13573	-14.9
高中在校学生数(人)	Number of Student in Senior Secondary Schools(person)	5989	5989	0.0
卫生机构数(所)	Number of Health Institutions(unit)	38	38	0.0
#医院(所)	Hospitals(unit)	3	3	0.0
卫生院(所)	Township Hospitals(unit)	29	29	0.0
床位数(张)	Number of Beds(unit)	513	513	0.0
#医院(张)	Hospitals(unit)	282	313	11.0
卫生院(张)	Township Hospitals(unit)	223	192	-13.9
卫生技术人员(人)	Medical Technical Presonnel(person)	978	925	-5.4
#医院(人)	Hospitals(person)	274	261	-4.7
卫生院(人)	Township Hospitals(person)	556	519	-6.7

23-48 通辽市科尔沁左翼后旗

指 标	Item	2008	2009	2009年比上年增长% Increase Rate in 2009 Over 2008(%)
行政区域土地面积(平方公里)	**Area of Administration(Sq.km)**	**11481**	**11481**	**0.0**
人口和就业	**Population & Employment**			
年末总人口(人)	Total Population Year-end(person)	402543	406457	1.0
#男性(人)	Male(person)	206165	208197	1.0
#乡村人口(人)	Rural(person)	338067	338013	0.0
年末总户数(户)	Total Number of Households at the Year-end(Household)	123920	128322	3.6
#乡村户数(户)	Number of Rural Household(Household)	84622	86577	2.3
出生人口(人)	Births(person)	4471	4509	0.8
死亡人口(人)	Deaths(person)	3809	1284	-66.3
全社会就业人员(人)	Employment(person)	173194	173197	0.0
第一产业(人)	Primary Industry(person)	120371	120071	-0.2
第二产业(人)	Secondary Industry(person)	12422	12530	0.9
第三产业(人)	Tertiary Industry(person)	40401	40596	0.5
在岗职工人数(人)	Number of Staff & Workers Employed in(person)	20772	20629	-0.7
乡村劳动力(人)	Number of Rural Laborers(person)	120371	125371	4.2
#农林牧渔业(人)	Farming,Forestry,Animal Husbandry & Fishery(person)	109418	105388	-3.7
国民经济综合指标	**Summary Item on the National Economy**			
生产总值(万元)	Gross Domestic Product(10 000 yuan)	687162	767903	11.0
第一产业(万元)	Primary Industry(10 000 yuan)	176000	179050	2.2
第二产业(万元)	Secondary Industry(10 000 yuan)	267393	322238	19.9
#工业(万元)	Industry(10 000 yuan)	237361	287074	20.0
第三产业(万元)	Tertiary Industry(10 000 yuan)	243769	266615	10.1
人均生产总值(元)	Per Capita GDP(yuan)	17071	18893	9.9
全社会固定资产投资(万元)	Total Investment in Fixed Assets(10 000 yuan)	240205	321806	34.0
按登记注册类型分	Grouped by Registered Type			
#国有(万元)	State-owned Enterprises(10 000 yuan)	141768	136356	-3.8
集体(万元)	Collective-owned Enterprises(10 000 yuan)			
有限责任公司(万元)	Limited Liability Corporations(10 000 yuan)	37741	91410	142.2
股份有限公司(万元)	Share Holding Enterprises(10 000 yuan)	600	26930	4388.3
私营企业(万元)	Private Enterprises(10 000 yuan)	59676	43823	-26.6
外商及港澳台投资企业(万元)	Funds from HK,Macao,Taiwan & Foreign(10 000 yuan)			
按城乡渠道分	Grouped by Urban and Rural Area			
城镇（万元）	Urban(10 000 yuan)	237952	321531	35.1
农村（万元）	Rural(10 000 yuan)	2253	275	-87.8
一般预算收入(万元)	General Budgetary Financial Revenue(10 000 yuan)	12814	13108	2.3
一般预算支出(万元)	General Budgetary Financial Expenditures(10 000 yuan)	98979	124899	26.2
城乡居民储蓄存款余额(万元)	Resident Saving Deposit in Urban & Rural(10 000 yuan)	87331	104062	19.2
在岗职工工资总额(万元)	Total Wages of Staff & Workers Employed in(10 000 yuan)	35863	37769	5.3
在岗职工平均工资(元)	Average Wage of Staff & Workers Employed in(yuan)	17135	18265	6.6
农牧民人均纯收入(元)	Per Capita Net Income of Peasant & Herdsman(yuan)	4451	4742	6.5
农村牧区经济	**Economic Development in Rural & Pastoral Area**			
耕地面积(公顷)	Cultivated Area(hectare)	204637	210004	2.6
农作物总播种面积(公顷)	Total Sown Area(hectare)	204474	208667	2.1
#粮食作物播种面积(公顷)	Sown Area of Grain Crops(hectare)	185855	178667	-3.9
有效灌溉面积(公顷)	Irrigated Area(hectare)	83050	85720	3.2
农牧业机械总动力(万千瓦)	Total Power of Agricultural Machinery(10 000 kw)	82.19	84.00	2.2
化肥施用折纯量(吨)	Consumption of Chemical Fertilizer(ton)	143820	143287	-0.4
农村用电量(万千瓦小时)	Electricity Consumed in Rural Area(10 000 kwh)	5194	4646	-10.6
农林牧渔业总产值(万元)	Gross Output of Farming,Forestry,Animal Husbandry & Fishery(10 000 yuan)	286750	297008	2.6
粮食产量(吨)	Yield of Grain(ton)	825000	830000	0.6
油料产量(吨)	Yield of Oil-bearing Grops(ton)	18660	15987	-14.3
甜菜产量(吨)	Yield of Beetroots(ton)			
猪牛羊肉产量(吨)	Output of Pork, Beef & Mutton(ton)	35583	29273	-17.7
#猪肉产量(吨)	Output of Pork(ton)	18993	12613	-33.6
牛肉产量(吨)	Output of Beef(ton)	12447	12060	-3.1
羊肉产量(吨)	Output of Mutton(ton)	4143	4600	11.0
羊毛产量(吨)	Output of Wool(ton)	1486	2270	52.8

23-48 Keerqinzuoyihou Banner in Tongliao City

指 标	Item	2008	2009	2009年比上年增长% Increase Rate in 2009 Over 2008(%)
年末牲畜存栏头数(万头只)	Total Livestock at the Year-end(10 000 heads)	126.88	123.65	-2.5
# 大牲畜(万头只)	Large Animals(10 000 heads)	40.29	43.24	7.3
羊(万只)	Sheep & Goats(10 000 heads)	62.49	56.78	-9.1
猪(万头)	Hogs(10 000 heads)	24.10	23.63	-2.0
规模以上工业	**Industrial Enterprises above Designated size**			
工业企业单位数(个)	Number of Industrial Enterprises(unit)	27	38	40.7
# 内资企业(个)	Civil Funded Enterprises(unit)	27	38	40.7
工业总产值(万元)	Gross Industrial Output Value(10 000 yuan)	519400	671060	26.5
内资企业(万元)	Civil Funded Enterprises(10 000 yuan)	519400	671060	26.5
国有企业(万元)	State-owned Enterprises(10 000 yuan)	71292	84833	16.5
集体企业(万元)	Collective-owned Enterprises(10 000 yuan)	251010	259126	1.1
股份合作企业(万元)	Share Holding Enterprises(10 000 yuan)			
联营企业(万元)	Joint Owned Enterprises(10 000 yuan)			
有限责任公司(万元)	Limited Company(10 000 yuan)	52940	71300	31.9
股份有限公司(万元)	Share Holding Limited Company(10 000 yuan)	11120	13700	20.7
私营企业(万元)	Privately Owned Enterprises(10 000 yuan)	133038	242101	82.0
其他企业(万元)	Enterprises of Other Ownership(10 000 yuan)			
港澳台商投资企业(万元)	Funds from HK,Macao & Taiwan(10 000 yuan)			
外商投资企业(万元)	Foreign Funded Enterprises(10 000 yuan)			
工业企业增加值(万元)	Value Added of Industrial Enterprises(10 000 yuan)	171257	226626	29.6
工业企业资产总计(万元)	Total Assets of Industrial Enterprises(10 000 yuan)	202127	252448	24.9
工业企业负债合计(万元)	Total Liabilities of Industrial Enterprises(10 000 yuan)	81509	147018	80.4
工业企业产品销售收入(万元)	Sales of Revenue Industrial Enterprises(10 000 yuan)	511890	663599	29.6
工业企业利润总额(万元)	Total Profits of Industrial Enterprises(10 000 yuan)	15421	20842	35.2
建筑业	**Construction**			
建筑企业单位数(个)	Number of Construction Enterprises(unit)	1	1	0.0
建筑企业从业人员(人)	Number of Employee in Construction Enterprises(person)	87	99	13.8
建筑业总产值(万元)	Gross Construction Output Value(10 000 yuan)	8150	1311	-83.9
交通运输邮电通信业	**Transportation,Post & Telecommunications**			
公路里程(公里)	Total Length of Highways(km)	3008	3111	3.4
邮电业务总量(万元)	Business Volume of Post & Telecoms(10 000 yuan)	10620	12744	20.0
本地电话用户(户)	Number of Subscribers of Local Telephone(Household)	29173	27399	-6.1
国内贸易	**Domestic Trade**			
社会消费品零售总额(万元)	Total Retail Sales of Consumer Goods(10 000 yuan)	138697	160058	15.4
# 贸易业(万元)	Wholesale & Retail Sales Trades(10 000 yuan)	115140	133171	15.7
餐饮业(万元)	Catering Trade(10 000 yuan)	21042	24287	15.4
科技教育卫生	**Science,Education & Public Health**			
各类专业技术人员(人)	Special Technical Personnel(person)	7640	7629	-0.1
幼儿园数(所)	Number of Kindergartens(unit)	2	2	0.0
学龄儿童入学率(%)	Percentage of School-Age Children Enrolled(%)	100.0	100.0	0.0
小学学校数(所)	Number of Primary Schools(unit)	66	56	-15.2
小学专任教师数(人)	Number of Full-time Teachers of Primary Schools(person)	2456	2415	-1.7
小学在校学生数(人)	Number of Student Enrollment of Primary Schools(person)	26681	25510	-4.4
普通中学学校数(所)	Number of Regular Secondary Schools(unit)	17	17	0.0
普通中学专任教师数(人)	Number of Teachers of Secondary Shools(person)	1455	1501	3.2
初中在校学生数(人)	Number of Student in Junior Secondary Schools(person)	9893	9247	-6.5
高中在校学生数(人)	Number of Student in Senior Secondary Schools(person)	6056	6066	0.2
卫生机构数(所)	Number of Health Institutions(unit)	40	40	0.0
# 医院(所)	Hospitals(unit)	5	4	-20.0
卫生院(所)	Township Hospitals(unit)	28	31	10.7
床位数(张)	Number of Beds(unit)	616	591	-4.1
# 医院(张)	Hospitals(unit)	262	212	-19.1
卫生院(张)	Township Hospitals(unit)	323	379	17.3
卫生技术人员(人)	Medical Technical Presonnel(person)	1180	1057	-10.4
# 医院(人)	Hospitals(person)	491	433	-11.8
卫生院(人)	Township Hospitals(person)	468	559	19.4

23-49 通辽市开鲁县

指 标	Item	2008	2009	2009年比上年增长% Increase Rate in 2009 Over 2008(%)
行政区域土地面积(平方公里)	**Area of Administration(Sq.km)**	**4488**	**4488**	**0.0**
人口和就业	**Population & Employment**			
年末总人口(人)	Total Population Year-end(person)	401027	402419	0.3
#男性(人)	Male(person)	205006	204662	-0.2
#乡村人口(人)	Rural(person)	314378	320906	2.1
年末总户数(户)	Total Number of Households at the Year-end(Household)	120505	126901	5.3
#乡村户数(户)	Number of Rural Household(Household)	84106	86057	2.3
出生人口(人)	Births(person)	3473	3514	1.2
死亡人口(人)	Deaths(person)	1834	1012	-44.8
全社会就业人员(人)	Employment(person)	204684	223615	9.2
第一产业(人)	Primary Industry(person)	124499	143340	15.1
第二产业(人)	Secondary Industry(person)	35933	35986	0.1
第三产业(人)	Tertiary Industry(person)	44252	44289	0.1
在岗职工人数(人)	Number of Staff & Workers Employed in(person)	21357	21644	1.3
乡村劳动力(人)	Number of Rural Laborers(person)	170438	176611	3.6
#农林牧渔业(人)	Farming,Forestry,Animal Husbandry & Fishery(person)	124499	143340	15.1
国民经济综合指标	**Summary Item on the National Economy**			
生产总值(万元)	Gross Domestic Product(10 000 yuan)	837464	977079	14.4
第一产业(万元)	Primary Industry(10 000 yuan)	277000	285351	2.5
第二产业(万元)	Secondary Industry(10 000 yuan)	313448	418460	32.5
#工业(万元)	Industry(10 000 yuan)	284584	382909	33.5
第三产业(万元)	Tertiary Industry(10 000 yuan)	247016	273268	11.3
人均生产总值(元)	Per Capita GDP(yuan)	21026	24324	13.5
全社会固定资产投资(万元)	Total Investment in Fixed Assets(10 000 yuan)	438088	600000	37.0
按登记注册类型分	Grouped by Registered Type			
#国有(万元)	State-owned Enterprises(10 000 yuan)	95938	146827	53.0
集体(万元)	Collective-owned Enterprises(10 000 yuan)	8260	1620	-80.4
有限责任公司(万元)	Limited Liability Corporations(10 000 yuan)	88975	181150	103.6
股份有限公司(万元)	Share Holding Enterprises(10 000 yuan)	189700	175760	-7.3
私营企业(万元)	Private Enterprises(10 000 yuan)	52608	56584	7.6
外商及港澳台投资企业(万元)	Funds from HK,Macao,Taiwan & Foreign(10 000 yuan)			
按城乡渠道分	Grouped by Urban and Rural Area			
城镇(万元)	Urban(10 000 yuan)	430465	521730	21.2
农村(万元)	Rural(10 000 yuan)	7623	78270	926.8
一般预算收入(万元)	General Budgetary Financial Revenue(10 000 yuan)	16063	23656	47.3
一般预算支出(万元)	General Budgetary Financial Expenditures(10 000 yuan)	102060	127302	24.7
城乡居民储蓄存款余额(万元)	Resident Saving Deposit in Urban & Rural(10 000 yuan)	133304	164958	23.7
在岗职工工资总额(万元)	Total Wages of Staff & Workers Employed in(10 000 yuan)	38856	43009	10.7
在岗职工平均工资(元)	Average Wage of Staff & Workers Employed in(yuan)	18100	20125	11.2
农牧民人均纯收入(元)	Per Capita Net Income of Peasant & Herdsman(yuan)	5598	5863	4.7
农村牧区经济	**Economic Development in Rural & Pastoral Area**			
耕地面积(公顷)	Cultivated Area(hectare)	103715	105689	1.9
农作物总播种面积(公顷)	Total Sown Area(hectare)	126566	128667	1.7
#粮食作物播种面积(公顷)	Sown Area of Grain Crops(hectare)	85378	92000	7.8
有效灌溉面积(公顷)	Irrigated Area(hectare)	103715	105689	1.9
农牧业机械总动力(万千瓦)	Total Power of Agricultural Machinery(10 000 kw)	80.40	82.89	3.1
化肥施用折纯量(吨)	Consumption of Chemical Fertilizer(ton)	24614	25648	4.2
农村用电量(万千瓦小时)	Electricity Consumed in Rural Area(10 000 kwh)	7214	12663	75.5
农林牧渔业总产值(万元)	Gross Output of Farming,Forestry,Animal Husbandry & Fishery(10 000 yuan)	400442	471088	17.1
粮食产量(吨)	Yield of Grain(ton)	855000	847500	-0.9
油料产量(吨)	Yield of Oil-bearing Grops(ton)	3826	18269	377.5
甜菜产量(吨)	Yield of Beetroots(ton)	9600	3292	-65.7
猪牛羊肉产量(吨)	Output of Pork, Beef & Mutton(ton)	64252	95026	47.9
#猪肉产量(吨)	Output of Pork(ton)	50897	70682	38.9
牛肉产量(吨)	Output of Beef(ton)	8605	11836	37.5
羊肉产量(吨)	Output of Mutton(ton)	4750	12508	163.3
羊毛产量(吨)	Output of Wool(ton)	2711	2727	0.6

23-49 Kailu County in Tongliao City

指 标	Item	2008	2009	2009年比上年增长% Increase Rate in 2009 Over 2008(%)
年末牲畜存栏头数(万头只)	Total Livestock at the Year-end(10 000 heads)	166.39	220.95	32.8
# 大牲畜(万头只)	Large Animals(10 000 heads)	20.81	21.37	2.7
羊(万只)	Sheep & Goats(10 000 heads)	94.97	116.57	22.7
猪(万头)	Hogs(10 000 heads)	49.61	83.02	67.3
规模以上工业	**Industrial Enterprises above Designated size**			
工业企业单位数(个)	Number of Industrial Enterprises(unit)	45	57	26.7
# 内资企业(个)	Civil Funded Enterprises(unit)	45	57	26.7
工业总产值(万元)	Gross Industrial Output Value(10 000 yuan)	630214	874456	37.7
内资企业(万元)	Civil Funded Enterprises(10 000 yuan)	630214	874456	37.7
国有企业(万元)	State-owned Enterprises(10 000 yuan)	20154	26851	32.2
集体企业(万元)	Collective-owned Enterprises(10 000 yuan)			
股份合作企业(万元)	Share Holding Enterprises(10 000 yuan)			
联营企业(万元)	Joint Owned Enterprises(10 000 yuan)			
有限责任公司(万元)	Limited Company(10 000 yuan)			
股份有限公司(万元)	Share Holding Limited Company(10 000 yuan)	441289	622349	39.9
私营企业(万元)	Privately Owned Enterprises(10 000 yuan)	168771	225256	32.4
其他企业(万元)	Enterprises of Other Ownership(10 000 yuan)			
港澳台商投资企业(万元)	Funds from HK,Macao & Taiwan(10 000 yuan)			
外商投资企业(万元)	Foreign Funded Enterprises(10 000 yuan)			
工业企业增加值(万元)	Value Added of Industrial Enterprises(10 000 yuan)	220095	306618	36.9
工业企业资产总计(万元)	Total Assets of Industrial Enterprises(10 000 yuan)	170150	311392	83.0
工业企业负债合计(万元)	Total Liabilities of Industrial Enterprises(10 000 yuan)	65280	108898	66.8
工业企业产品销售收入(万元)	Sales of Revenue Industrial Enterprises(10 000 yuan)	622630	867094	39.3
工业企业利润总额(万元)	Total Profits of Industrial Enterprises(10 000 yuan)	49936	79761	59.7
建筑业	**Construction**			
建筑企业单位数(个)	Number of Construction Enterprises(unit)	3	3	0.0
建筑企业从业人员(人)	Number of Employee in Construction Enterprises(person)	1463	1486	1.6
建筑业总产值(万元)	Gross Construction Output Value(10 000 yuan)	31507	32286	2.5
交通运输邮电通信业	**Transportation,Post & Telecommunications**			
公路里程(公里)	Total Length of Highways(km)	2021	2006	-0.7
邮电业务总量(万元)	Business Volume of Post & Telecoms(10 000 yuan)	13697	17068	24.6
本地电话用户(户)	Number of Subscribers of Local Telephone(Household)	32602	46521	42.7
国内贸易	**Domestic Trade**			
社会消费品零售总额(万元)	Total Retail Sales of Consumer Goods(10 000 yuan)	163082	170074	4.3
# 贸易业(万元)	Wholesale & Retail Sales Trades(10 000 yuan)	134159	140291	4.6
餐饮业(万元)	Catering Trade(10 000 yuan)	22115	23897	8.1
科技教育卫生	**Science,Education & Public Health**			
各类专业技术人员(人)	Special Technical Personnel(person)	5877	5803	-1.3
幼儿园数(所)	Number of Kindergartens(unit)		5	
学龄儿童入学率(%)	Percentage of School-Age Children Enrolled(%)	100.0	100.0	0.0
小学学校数(所)	Number of Primary Schools(unit)	136	137	0.7
小学专任教师数(人)	Number of Full-time Teachers of Primary Schools(person)	2382	2325	-2.4
小学在校学生数(人)	Number of Student Enrollment of Primary Schools(person)	30561	29640	-3.0
普通中学学校数(所)	Number of Regular Secondary Schools(unit)	24	23	-4.2
普通中学专任教师数(人)	Number of Teachers of Secondary Shools(person)	1660	1667	0.4
初中在校学生数(人)	Number of Student in Junior Secondary Schools(person)	17262	16634	-3.6
高中在校学生数(人)	Number of Student in Senior Secondary Schools(person)	6350	6596	3.9
卫生机构数(所)	Number of Health Institutions(unit)	27	29	7.4
# 医院(所)	Hospitals(unit)	2	2	0.0
卫生院(所)	Township Hospitals(unit)	18	21	16.7
床位数(张)	Number of Beds(unit)	501	501	0.0
# 医院(张)	Hospitals(unit)	182	200	9.9
卫生院(张)	Township Hospitals(unit)	274	281	2.6
卫生技术人员(人)	Medical Technical Presonnel(person)	863	871	0.9
# 医院(人)	Hospitals(person)	373	354	-5.1
卫生院(人)	Township Hospitals(person)	421	394	-6.4

23-50 通辽市库伦旗

指 标	Item	2008	2009	2009年比上年增长% Increase Rate in 2009 Over 2008(%)
行政区域土地面积(平方公里)	**Area of Administration(Sq.km)**	**4714**	**4714**	**0.0**
人口和就业	**Population & Employment**			
年末总人口(人)	Total Population Year-end(person)	176602	174031	-1.5
#男性(人)	Male(person)	90951	90270	-0.7
#乡村人口(人)	Rural(person)	137204	138498	0.9
年末总户数(户)	Total Number of Households at the Year-end(Household)	51494	53226	3.4
#乡村户数(户)	Number of Rural Household(Household)	35591	35942	1.0
出生人口(人)	Births(person)	2155	1382	-35.9
死亡人口(人)	Deaths(person)	2836	552	-80.5
全社会就业人员(人)	Employment(person)	91750	92807	1.2
第一产业(人)	Primary Industry(person)	71201	71147	-0.1
第二产业(人)	Secondary Industry(person)	6588	6011	-8.8
第三产业(人)	Tertiary Industry(person)	13961	15649	12.1
在岗职工人数(人)	Number of Staff & Workers Employed in(person)	10342	10392	0.5
乡村劳动力(人)	Number of Rural Laborers(person)	75746	76518	1.0
#农林牧渔业(人)	Farming,Forestry,Animal Husbandry & Fishery(person)	69265	69225	-0.1
国民经济综合指标	**Summary Item on the National Economy**			
生产总值(万元)	Gross Domestic Product(10 000 yuan)	308662	350199	22.3
第一产业(万元)	Primary Industry(10 000 yuan)	97900	103011	2.6
第二产业(万元)	Secondary Industry(10 000 yuan)	110691	159069	48.2
#工业(万元)	Industry(10 000 yuan)	91602	139390	56.8
第三产业(万元)	Tertiary Industry(10 000 yuan)	100071	88119	20.8
人均生产总值(元)	Per Capita GDP(yuan)	17438	19975	23.4
全社会固定资产投资(万元)	Total Investment in Fixed Assets(10 000 yuan)	131420	140103	6.6
按登记注册类型分	Grouped by Registered Type			
#国有(万元)	State-owned Enterprises(10 000 yuan)	83128	72258	-13.1
集体(万元)	Collective-owned Enterprises(10 000 yuan)	2300		
有限责任公司(万元)	Limited Liability Corporations(10 000 yuan)	20802		
股份有限公司(万元)	Share Holding Enterprises(10 000 yuan)			
私营企业(万元)	Private Enterprises(10 000 yuan)	25190	67845	169.3
外商及港澳台投资企业(万元)	Funds from HK,Macao,Taiwan & Foreign(10 000 yuan)			
按城乡渠道分	Grouped by Urban and Rural Area			
城镇(万元)	Urban(10 000 yuan)	131420	136321	3.7
农村(万元)	Rural(10 000 yuan)		3782	
一般预算收入(万元)	General Budgetary Financial Revenue(10 000 yuan)	7502	11116	48.2
一般预算支出(万元)	General Budgetary Financial Expenditures(10 000 yuan)	63380	88194	39.2
城乡居民储蓄存款余额(万元)	Resident Saving Deposit in Urban & Rural(10 000 yuan)	51391	60320	17.4
在岗职工工资总额(万元)	Total Wages of Staff & Workers Employed in(10 000 yuan)	18863	21488	13.9
在岗职工平均工资(元)	Average Wage of Staff & Workers Employed in(yuan)	18223	20653	13.3
农牧民人均纯收入(元)	Per Capita Net Income of Peasant & Herdsman(yuan)	4326	4418	2.1
农村牧区经济	**Economic Development in Rural & Pastoral Area**			
耕地面积(公顷)	Cultivated Area(hectare)	96610	110838	14.7
农作物总播种面积(公顷)	Total Sown Area(hectare)	86325	87333	1.2
#粮食作物播种面积(公顷)	Sown Area of Grain Crops(hectare)	72146	75333	4.4
有效灌溉面积(公顷)	Irrigated Area(hectare)	7853	8119	3.4
农牧业机械总动力(万千瓦)	Total Power of Agricultural Machinery(10 000 kw)	20.90	22.42	7.3
化肥施用折纯量(吨)	Consumption of Chemical Fertilizer(ton)	26406	27353	3.6
农村用电量(万千瓦小时)	Electricity Consumed in Rural Area(10 000 kwh)	2159	2305	6.8
农林牧渔业总产值(万元)	Gross Output of Farming,Forestry,Animal Husbandry & Fishery(10 000 yuan)	157335	192322	19.2
粮食产量(吨)	Yield of Grain(ton)	380000	300000	-21.1
油料产量(吨)	Yield of Oil-bearing Grops(ton)	6869	10113	47.2
甜菜产量(吨)	Yield of Beetroots(ton)			
猪牛羊肉产量(吨)	Output of Pork, Beef & Mutton(ton)	35806	53517	49.5
#猪肉产量(吨)	Output of Pork(ton)	17276	20443	18.3
牛肉产量(吨)	Output of Beef(ton)	12707	28187	121.8
羊肉产量(吨)	Output of Mutton(ton)	5823	4887	-16.1
羊毛产量(吨)	Output of Wool(ton)	416	353	-15.1

23-50 Kulun Banner in Tongliao City

指 标	Item	2008	2009	2009年比上年增长% Increase Rate in 2009 Over 2008(%)
年末牲畜存栏头数(万头只)	Total Livestock at the Year-end(10 000 heads)	77.18	79.34	2.8
# 大牲畜(万头只)	Large Animals(10 000 heads)	18.79	19.80	5.4
羊(万只)	Sheep & Goats(10 000 heads)	40.50	44.25	9.3
猪(万头)	Hogs(10 000 heads)	17.89	15.28	-14.6
规模以上工业	**Industrial Enterprises above Designated size**			
工业企业单位数(个)	Number of Industrial Enterprises(unit)	13	17	30.8
# 内资企业(个)	Civil Funded Enterprises(unit)	13	17	30.8
工业总产值(万元)	Gross Industrial Output Value(10 000 yuan)	190305	260021	32.0
内资企业(万元)	Civil Funded Enterprises(10 000 yuan)	190305	260021	32.0
国有企业(万元)	State-owned Enterprises(10 000 yuan)	9400	10600	8.9
集体企业(万元)	Collective-owned Enterprises(10 000 yuan)			
股份合作企业(万元)	Share Holding Enterprises(10 000 yuan)			
联营企业(万元)	Joint Owned Enterprises(10 000 yuan)			
有限责任公司(万元)	Limited Company(10 000 yuan)	180905	249421	33.2
股份有限公司(万元)	Share Holding Limited Company(10 000 yuan)			
私营企业(万元)	Privately Owned Enterprises(10 000 yuan)			
其他企业(万元)	Enterprises of Other Ownership(10 000 yuan)			
港澳台商投资企业(万元)	Funds from HK,Macao & Taiwan(10 000 yuan)			
外商投资企业(万元)	Foreign Funded Enterprises(10 000 yuan)			
工业企业增加值(万元)	Value Added of Industrial Enterprises(10 000 yuan)	59541	80364	26.4
工业企业资产总计(万元)	Total Assets of Industrial Enterprises(10 000 yuan)	98724	118788	20.3
工业企业负债合计(万元)	Total Liabilities of Industrial Enterprises(10 000 yuan)	51387	64437	25.4
工业企业产品销售收入(万元)	Sales of Revenue Industrial Enterprises(10 000 yuan)	188582	259446	37.6
工业企业利润总额(万元)	Total Profits of Industrial Enterprises(10 000 yuan)	13105	18440	40.7
建筑业	**Construction**			
建筑企业单位数(个)	Number of Construction Enterprises(unit)	3	3	0.0
建筑企业从业人员(人)	Number of Employee in Construction Enterprises(person)	121	93	-23.1
建筑业总产值(万元)	Gross Construction Output Value(10 000 yuan)	1295	6760	422.0
交通运输邮电通信业	**Transportation,Post & Telecommunications**			
公路里程(公里)	Total Length of Highways(km)	1453	1485	2.2
邮电业务总量(万元)	Business Volume of Post & Telecoms(10 000 yuan)	4480	5459	21.9
本地电话用户(户)	Number of Subscribers of Local Telephone(Household)	84700	80180	-5.3
国内贸易	**Domestic Trade**			
社会消费品零售总额(万元)	Total Retail Sales of Consumer Goods(10 000 yuan)	63154	83362	32.0
# 贸易业(万元)	Wholesale & Retail Sales Trades(10 000 yuan)	45752	62165	35.9
餐饮业(万元)	Catering Trade(10 000 yuan)	7105	9850	38.6
科技教育卫生	**Science,Education & Public Health**			
各类专业技术人员(人)	Special Technical Personnel(person)	3416	3242	-5.1
幼儿园数(所)	Number of Kindergartens(unit)	3	5	66.7
学龄儿童入学率(%)	Percentage of School-Age Children Enrolled(%)	100.0	100.0	0.0
小学学校数(所)	Number of Primary Schools(unit)	17	12	-29.4
小学专任教师数(人)	Number of Full-time Teachers of Primary Schools(person)	1407	1375	-2.3
小学在校学生数(人)	Number of Student Enrollment of Primary Schools(person)	12539	12747	1.7
普通中学学校数(所)	Number of Regular Secondary Schools(unit)	13	14	7.7
普通中学专任教师数(人)	Number of Teachers of Secondary Shools(person)	835	819	-1.9
初中在校学生数(人)	Number of Student in Junior Secondary Schools(person)	5934	4691	-20.9
高中在校学生数(人)	Number of Student in Senior Secondary Schools(person)	3469	2984	-14.0
卫生机构数(所)	Number of Health Institutions(unit)	16	16	0.0
# 医院(所)	Hospitals(unit)	2	3	50.0
卫生院(所)	Township Hospitals(unit)	10	9	-10.0
床位数(张)	Number of Beds(unit)	299	304	1.7
# 医院(张)	Hospitals(unit)	160	180	12.5
卫生院(张)	Township Hospitals(unit)	139	119	-14.4
卫生技术人员(人)	Medical Technical Presonnel(person)	495	528	6.7
# 医院(人)	Hospitals(person)	221	297	34.4
卫生院(人)	Township Hospitals(person)	186	166	-10.8

23-51 通辽市奈曼旗

指 标	Item	2008	2009	2009年比上年增长% Increase Rate in 2009 Over 2008(%)
行政区域土地面积(平方公里)	**Area of Administration(Sq.km)**	**8120**	**8120**	**0.0**
人口和就业	**Population & Employment**			
年末总人口(人)	Total Population Year-end(person)	437311	441144	0.9
# 男性(人)	Male(person)	232188	224107	-3.5
# 乡村人口(人)	Rural(person)	371161	383768	3.4
年末总户数(户)	Total Number of Households at the Year-end(Household)	160691	135018	-16.0
# 乡村户数(户)	Number of Rural Household(Household)	97311	97572	0.3
出生人口(人)	Births(person)	4494	4525	0.7
死亡人口(人)	Deaths(person)	9076	1803	-80.1
全社会就业人员(人)	Employment(person)	241150	246481	2.2
第一产业(人)	Primary Industry(person)	152661	153616	0.6
第二产业(人)	Secondary Industry(person)	33537	36864	9.9
第三产业(人)	Tertiary Industry(person)	54952	56001	1.9
在岗职工人数(人)	Number of Staff & Workers Employed in(person)	18725	18795	0.4
乡村劳动力(人)	Number of Rural Laborers(person)	207355	208051	0.3
# 农林牧渔业(人)	Farming,Forestry,Animal Husbandry & Fishery(person)	148446	149343	0.6
国民经济综合指标	**Summary Item on the National Economy**			
生产总值(万元)	Gross Domestic Product(10 000 yuan)	637994	775707	15.2
第一产业(万元)	Primary Industry(10 000 yuan)	162000	165006	2.3
第二产业(万元)	Secondary Industry(10 000 yuan)	260546	363499	26.9
# 工业(万元)	Industry(10 000 yuan)	242016	339908	25.2
第三产业(万元)	Tertiary Industry(10 000 yuan)	215448	247202	13.7
人均生产总值(元)	Per Capita GDP(yuan)	14520	17661	15.2
全社会固定资产投资(万元)	Total Investment in Fixed Assets(10 000 yuan)	285893	389900	36.4
按登记注册类型分	Grouped by Registered Type			
# 国有(万元)	State-owned Enterprises(10 000 yuan)	136945	148933	8.8
集体(万元)	Collective-owned Enterprises(10 000 yuan)		5180	
有限责任公司(万元)	Limited Liability Corporations(10 000 yuan)	38130		
股份有限公司(万元)	Share Holding Enterprises(10 000 yuan)	38668		
私营企业(万元)	Private Enterprises(10 000 yuan)	72150	235787	226.8
外商及港澳台投资企业(万元)	Funds from HK,Macao,Taiwan & Foreign(10 000 yuan)			
按城乡渠道分	Grouped by Urban and Rural Area			
城镇（万元）	Urban(10 000 yuan)	262099	369857	41.1
农村（万元）	Rural(10 000 yuan)	23794	20043	-15.8
一般预算收入(万元)	General Budgetary Financial Revenue(10 000 yuan)	18942	24017	26.8
一般预算支出(万元)	General Budgetary Financial Expenditures(10 000 yuan)	122800	150620	22.7
城乡居民储蓄存款余额(万元)	Resident Saving Deposit in Urban & Rural(10 000 yuan)	139423	167083	19.8
在岗职工工资总额(万元)	Total Wages of Staff & Workers Employed in(10 000 yuan)	30835	38726	25.6
在岗职工平均工资(元)	Average Wage of Staff & Workers Employed in(yuan)	16445	20668	25.7
农牧民人均纯收入(元)	Per Capita Net Income of Peasant & Herdsman(yuan)	3896	4118	5.7
农村牧区经济	**Economic Development in Rural & Pastoral Area**			
耕地面积(公顷)	Cultivated Area(hectare)	131423	135968	3.5
农作物总播种面积(公顷)	Total Sown Area(hectare)	140858	141333	0.3
# 粮食作物播种面积(公顷)	Sown Area of Grain Crops(hectare)	115912	119333	3.0
有效灌溉面积(公顷)	Irrigated Area(hectare)	89410	92410	3.4
农牧业机械总动力(万千瓦)	Total Power of Agricultural Machinery(10 000 kw)	69.57	68.03	-2.2
化肥施用折纯量(吨)	Consumption of Chemical Fertilizer(ton)	80766	90482	12.0
农村用电量(万千瓦小时)	Electricity Consumed in Rural Area(10 000 kwh)	8343	10022	20.1
农林牧渔业总产值(万元)	Gross Output of Farming,Forestry,Animal Husbandry & Fishery(10 000 yuan)	226147	259008	4.6
粮食产量(吨)	Yield of Grain(ton)	625000	500000	-20.0
油料产量(吨)	Yield of Oil-bearing Grops(ton)	19147	10302	-46.2
甜菜产量(吨)	Yield of Beetroots(ton)	1920	582	-69.7
猪牛羊肉产量(吨)	Output of Pork, Beef & Mutton(ton)	81262	78756	-3.1
# 猪肉产量(吨)	Output of Pork(ton)	61769	62614	1.4
牛肉产量(吨)	Output of Beef(ton)	12773	11194	-12.4
羊肉产量(吨)	Output of Mutton(ton)	6720	4948	-26.4
羊毛产量(吨)	Output of Wool(ton)	1150	2982	159.3

23-51 Naiman Banner in Tongliao City

指 标	Item	2008	2009	2009年比上年增长% Increase Rate in 2009 Over 2008(%)
年末牲畜存栏头数(万头只)	Total Livestock at the Year-end(10 000 heads)	145.99	159.17	9.0
#大牲畜(万头只)	Large Animals(10 000 heads)	27.88	24.81	-11.0
羊(万只)	Sheep & Goats(10 000 heads)	65.23	86.73	33.0
猪(万头)	Hogs(10 000 heads)	52.87	47.63	-9.9
规模以上工业	**Industrial Enterprises above Designated size**			
工业企业单位数(个)	Number of Industrial Enterprises(unit)	38	50	31.6
#内资企业(个)	Civil Funded Enterprises(unit)	36	49	36.1
工业总产值(万元)	Gross Industrial Output Value(10 000 yuan)	657979	885400	35.7
内资企业(万元)	Civil Funded Enterprises(10 000 yuan)	637625	860107	36.1
国有企业(万元)	State-owned Enterprises(10 000 yuan)	16317	20086	24.2
集体企业(万元)	Collective-owned Enterprises(10 000 yuan)	14922	13485	-8.9
股份合作企业(万元)	Share Holding Enterprises(10 000 yuan)	13796	15576	13.9
联营企业(万元)	Joint Owned Enterprises(10 000 yuan)			
有限责任公司(万元)	Limited Company(10 000 yuan)			
股份有限公司(万元)	Share Holding Limited Company(10 000 yuan)	349297	557878	61.1
私营企业(万元)	Privately Owned Enterprises(10 000 yuan)			
其他企业(万元)	Enterprises of Other Ownership(10 000 yuan)	243293	253082	4.9
港澳台商投资企业(万元)	Funds from HK,Macao & Taiwan(10 000 yuan)	20354	25293	25.3
外商投资企业(万元)	Foreign Funded Enterprises(10 000 yuan)			
工业企业增加值(万元)	Value Added of Industrial Enterprises(10 000 yuan)	211079	291000	28.6
工业企业资产总计(万元)	Total Assets of Industrial Enterprises(10 000 yuan)	202073	279874	38.5
工业企业负债合计(万元)	Total Liabilities of Industrial Enterprises(10 000 yuan)	129932	167226	28.7
工业企业产品销售收入(万元)	Sales of Revenue Industrial Enterprises(10 000 yuan)	671917	870842	29.6
工业企业利润总额(万元)	Total Profits of Industrial Enterprises(10 000 yuan)	15972	17082	6.9
建筑业	**Construction**			
建筑企业单位数(个)	Number of Construction Enterprises(unit)	4	4	0.0
建筑企业从业人员(人)	Number of Employee in Construction Enterprises(person)	233	340	45.9
建筑业总产值(万元)	Gross Construction Output Value(10 000 yuan)	25415	31736	24.9
交通运输邮电通信业	**Transportation,Post & Telecommunications**			
公路里程(公里)	Total Length of Highways(km)	2773	2773	0.0
邮电业务总量(万元)	Business Volume of Post & Telecoms(10 000 yuan)	7040	5659	-19.6
本地电话用户(户)	Number of Subscribers of Local Telephone(Household)	189012	210953	11.6
国内贸易	**Domestic Trade**			
社会消费品零售总额(万元)	Total Retail Sales of Consumer Goods(10 000 yuan)	135122	175764	30.1
#贸易业(万元)	Wholesale & Retail Sales Trades(10 000 yuan)	96145	134501	39.9
餐饮业(万元)	Catering Trade(10 000 yuan)	38977	41263	5.9
科技教育卫生	**Science,Education & Public Health**			
各类专业技术人员(人)	Special Technical Personnel(person)	8036	8044	0.1
幼儿园数(所)	Number of Kindergartens(unit)	2	2	0.0
学龄儿童入学率(%)	Percentage of School-Age Children Enrolled(%)	100.0	100.0	0.0
小学学校数(所)	Number of Primary Schools(unit)	161	156	-3.1
小学专任教师数(人)	Number of Full-time Teachers of Primary Schools(person)	2483	2367	-4.7
小学在校学生数(人)	Number of Student Enrollment of Primary Schools(person)	28403	28354	-0.2
普通中学学校数(所)	Number of Regular Secondary Schools(unit)	26	26	0.0
普通中学专任教师数(人)	Number of Teachers of Secondary Shools(person)	1481	1506	1.7
初中在校学生数(人)	Number of Student in Junior Secondary Schools(person)	17471	13670	-21.8
高中在校学生数(人)	Number of Student in Senior Secondary Schools(person)	8836	9324	5.5
卫生机构数(所)	Number of Health Institutions(unit)	30	36	20.0
#医院(所)	Hospitals(unit)	3	3	0.0
卫生院(所)	Township Hospitals(unit)	20	21	5.0
床位数(张)	Number of Beds(unit)	589	642	9.0
#医院(张)	Hospitals(unit)	182	173	-4.9
卫生院(张)	Township Hospitals(unit)	381	401	5.2
卫生技术人员(人)	Medical Technical Presonnel(person)	1123	1083	-3.6
#医院(人)	Hospitals(person)	428	359	-16.1
卫生院(人)	Township Hospitals(person)	604	588	-2.6

23-52 通辽市扎鲁特旗

指 标	Item	2008	2009	2009年比上年增长% Increase Rate in 2009 Over 2008(%)
行政区域土地面积(平方公里)	**Area of Administration(Sq.km)**	**17193**	**17193**	**0.0**
人口和就业	**Population & Employment**			
年末总人口(人)	Total Population Year-end(person)	311758	314704	0.9
#男性(人)	Male(person)	157639	158848	0.8
#乡村人口(人)	Rural(person)	245553	246187	0.3
年末总户数(户)	Total Number of Households at the Year-end(Household)	104389	113753	9.0
#乡村户数(户)	Number of Rural Household(Household)	63684	65005	2.1
出生人口(人)	Births(person)	3094	3067	-0.9
死亡人口(人)	Deaths(person)	2299	1489	-35.2
全社会就业人员(人)	Employment(person)	158803	168007	5.8
第一产业(人)	Primary Industry(person)	92957	97140	4.5
第二产业(人)	Secondary Industry(person)	20078	22487	12.0
第三产业(人)	Tertiary Industry(person)	45768	48380	5.7
在岗职工人数(人)	Number of Staff & Workers Employed in(person)	22830	22407	-1.9
乡村劳动力(人)	Number of Rural Laborers(person)	112765	119564	6.0
#农林牧渔业(人)	Farming,Forestry,Animal Husbandry & Fishery(person)	88552	92440	4.4
国民经济综合指标	**Summary Item on the National Economy**			
生产总值(万元)	Gross Domestic Product(10 000 yuan)	747316	878457	17.9
第一产业(万元)	Primary Industry(10 000 yuan)	175000	180450	2.3
第二产业(万元)	Secondary Industry(10 000 yuan)	337323	452096	34.8
#工业(万元)	Industry(10 000 yuan)	314424	425876	35.1
第三产业(万元)	Tertiary Industry(10 000 yuan)	234993	245911	12.5
人均生产总值(元)	Per Capita GDP(yuan)	23971	27913	16.4
全社会固定资产投资(万元)	Total Investment in Fixed Assets(10 000 yuan)	301875	367341	21.7
按登记注册类型分	Grouped by Registered Type			
#国有(万元)	State-owned Enterprises(10 000 yuan)	101128	120059	18.7
集体(万元)	Collective-owned Enterprises(10 000 yuan)	15909	17359	9.1
有限责任公司(万元)	Limited Liability Corporations(10 000 yuan)	54217	66474	22.6
股份有限公司(万元)	Share Holding Enterprises(10 000 yuan)	98140	120423	22.7
私营企业(万元)	Private Enterprises(10 000 yuan)	32481	42724	31.5
外商及港澳台投资企业(万元)	Funds from HK,Macao,Taiwan & Foreign(10 000 yuan)			
按城乡渠道分	Grouped by Urban and Rural Area			
城镇(万元)	Urban(10 000 yuan)	211313	257144	21.7
农村(万元)	Rural(10 000 yuan)	90562	110197	21.7
一般预算收入(万元)	General Budgetary Financial Revenue(10 000 yuan)	22317	31981	43.3
一般预算支出(万元)	General Budgetary Financial Expenditures(10 000 yuan)	108875	136828	25.7
城乡居民储蓄存款余额(万元)	Resident Saving Deposit in Urban & Rural(10 000 yuan)	110788	138792	25.3
在岗职工工资总额(万元)	Total Wages of Staff & Workers Employed in(10 000 yuan)	42618	46298	8.6
在岗职工平均工资(元)	Average Wage of Staff & Workers Employed in(yuan)	18765	20790	10.8
农牧民人均纯收入(元)	Per Capita Net Income of Peasant & Herdsman(yuan)	4757	5019	5.5
农村牧区经济	**Economic Development in Rural & Pastoral Area**			
耕地面积(公顷)	Cultivated Area(hectare)	148968	148873	-0.1
农作物总播种面积(公顷)	Total Sown Area(hectare)	136720	137333	0.4
#粮食作物播种面积(公顷)	Sown Area of Grain Crops(hectare)	105459	108667	3.0
有效灌溉面积(公顷)	Irrigated Area(hectare)	57800	59333	2.7
农牧业机械总动力(万千瓦)	Total Power of Agricultural Machinery(10 000 kw)	47.09	49.18	4.4
化肥施用折纯量(吨)	Consumption of Chemical Fertilizer(ton)	24482	28113	14.8
农村用电量(万千瓦小时)	Electricity Consumed in Rural Area(10 000 kwh)	3860	8196	112.3
农林牧渔业总产值(万元)	Gross Output of Farming,Forestry,Animal Husbandry & Fishery(10 000 yuan)	266683	329152	22.2
粮食产量(吨)	Yield of Grain(ton)	350000	320000	-8.6
油料产量(吨)	Yield of Oil-bearing Grops(ton)	10497	10169	-3.1
甜菜产量(吨)	Yield of Beetroots(ton)			
猪牛羊肉产量(吨)	Output of Pork, Beef & Mutton(ton)	72291	74673	3.3
#猪肉产量(吨)	Output of Pork(ton)	20150	21235	5.4
牛肉产量(吨)	Output of Beef(ton)	25575	16995	-33.5
羊肉产量(吨)	Output of Mutton(ton)	26566	36443	37.2
羊毛产量(吨)	Output of Wool(ton)	2245	2534	12.9

23-52 Zhalute Banner in Tongliao City

指 标	Item	2008	2009	2009年比上年增长% Increase Rate in 2009 Over 2008(%)
年末牲畜存栏头数(万头只)	Total Livestock at the Year-end(10 000 heads)	192.11	152.40	-20.7
#大牲畜(万头只)	Large Animals(10 000 heads)	21.06	20.06	-4.7
羊(万只)	Sheep & Goats(10 000 heads)	158.74	120.79	-23.9
猪(万头)	Hogs(10 000 heads)	12.30	11.50	-6.5
规模以上工业	**Industrial Enterprises above Designated size**			
工业企业单位数(个)	Number of Industrial Enterprises(unit)	48	55	14.6
#内资企业(个)	Civil Funded Enterprises(unit)	47	54	14.9
工业总产值(万元)	Gross Industrial Output Value(10 000 yuan)	577790	772453	31.3
内资企业(万元)	Civil Funded Enterprises(10 000 yuan)	573377	768209	31.6
国有企业(万元)	State-owned Enterprises(10 000 yuan)	9078	10579	14.5
集体企业(万元)	Collective-owned Enterprises(10 000 yuan)			
股份合作企业(万元)	Share Holding Enterprises(10 000 yuan)	15656	13562	-14.9
联营企业(万元)	Joint Owned Enterprises(10 000 yuan)			
有限责任公司(万元)	Limited Company(10 000 yuan)	122558	214080	71.6
股份有限公司(万元)	Share Holding Limited Company(10 000 yuan)			
私营企业(万元)	Privately Owned Enterprises(10 000 yuan)	415738	529988	25.2
其他企业(万元)	Enterprises of Other Ownership(10 000 yuan)	10347		
港澳台商投资企业(万元)	Funds from HK,Macao & Taiwan(10 000 yuan)			
外商投资企业(万元)	Foreign Funded Enterprises(10 000 yuan)	4413	4245	-5.5
工业企业增加值(万元)	Value Added of Industrial Enterprises(10 000 yuan)	221406	307250	36.4
工业企业资产总计(万元)	Total Assets of Industrial Enterprises(10 000 yuan)	157241	195977	24.6
工业企业负债合计(万元)	Total Liabilities of Industrial Enterprises(10 000 yuan)	57671	58797	2.0
工业企业产品销售收入(万元)	Sales of Revenue Industrial Enterprises(10 000 yuan)	543576	735157	35.2
工业企业利润总额(万元)	Total Profits of Industrial Enterprises(10 000 yuan)	35636	43928	23.3
建筑业	**Construction**			
建筑企业单位数(个)	Number of Construction Enterprises(unit)	4	4	0.0
建筑企业从业人员(人)	Number of Employee in Construction Enterprises(person)	493	55	-88.8
建筑业总产值(万元)	Gross Construction Output Value(10 000 yuan)	17804	36560	105.3
交通运输邮电通信业	**Transportation,Post & Telecommunications**			
公路里程(公里)	Total Length of Highways(km)	1188	1214	2.2
邮电业务总量(万元)	Business Volume of Post & Telecoms(10 000 yuan)	10346	10723	3.6
本地电话用户(户)	Number of Subscribers of Local Telephone(Household)	175557	181370	3.3
国内贸易	**Domestic Trade**			
社会消费品零售总额(万元)	Total Retail Sales of Consumer Goods(10 000 yuan)	137035	158079	15.4
#贸易业(万元)	Wholesale & Retail Sales Trades(10 000 yuan)	116033	128757	11.0
餐饮业(万元)	Catering Trade(10 000 yuan)	14452	17123	18.5
科技教育卫生	**Science,Education & Public Health**			
各类专业技术人员(人)	Special Technical Personnel(person)	6860	6873	0.2
幼儿园数(所)	Number of Kindergartens(unit)	2	5	150.0
学龄儿童入学率(%)	Percentage of School-Age Children Enrolled(%)	100.0	100.0	0.0
小学学校数(所)	Number of Primary Schools(unit)	52	51	-1.9
小学专任教师数(人)	Number of Full-time Teachers of Primary Schools(person)	2385	2478	3.9
小学在校学生数(人)	Number of Student Enrollment of Primary Schools(person)	21614	20966	-3.0
普通中学学校数(所)	Number of Regular Secondary Schools(unit)	24	22	-8.3
普通中学专任教师数(人)	Number of Teachers of Secondary Shools(person)	1185	1122	-5.3
初中在校学生数(人)	Number of Student in Junior Secondary Schools(person)	9387	8325	-11.3
高中在校学生数(人)	Number of Student in Senior Secondary Schools(person)	5724	5802	1.4
卫生机构数(所)	Number of Health Institutions(unit)	34	60	76.5
#医院(所)	Hospitals(unit)	4	2	-50.0
卫生院(所)	Township Hospitals(unit)	26	26	0.0
床位数(张)	Number of Beds(unit)	384	509	32.6
#医院(张)	Hospitals(unit)	209	240	14.8
卫生院(张)	Township Hospitals(unit)	175	199	13.7
卫生技术人员(人)	Medical Technical Presonnel(person)	850	819	-3.6
#医院(人)	Hospitals(person)	386	306	-20.7
卫生院(人)	Township Hospitals(person)	464	369	-20.5

23-53 赤峰市红山区

指 标	Item	2008	2009	2009年比上年增长% Increase Rate in 2009 Over 2008(%)
行政区域土地面积(平方公里)	**Area of Administration(Sq.km)**	**507**	**507**	**0.0**
人口和就业	**Population & Employment**			
年末总人口(人)	Total Population Year-end(person)	351069	353432	0.7
#男性(人)	Male(person)	174864	175755	0.5
#乡村人口(人)	Rural(person)	83006	83794	0.9
年末总户数(户)	Total Number of Households at the Year-end(Household)	128527	131645	2.4
#乡村户数(户)	Number of Rural Household(Household)	24544	25452	3.7
出生人口(人)	Births(person)	3236	2780	-14.1
死亡人口(人)	Deaths(person)	984	1127	14.5
全社会就业人员(人)	Employment(person)	172854	200453	16.0
第一产业(人)	Primary Industry(person)	25019	26003	3.9
第二产业(人)	Secondary Industry(person)	33521	44452	32.6
第三产业(人)	Tertiary Industry(person)	114314	129998	13.7
在岗职工人数(人)	Number of Staff & Workers Employed in(person)	49643	49187	-0.9
乡村劳动力(人)	Number of Rural Laborers(person)	57675	50323	-12.7
#农林牧渔业(人)	Farming,Forestry,Animal Husbandry & Fishery(person)	24847	19868	-20.0
国民经济综合指标	**Summary Item on the National Economy**			
生产总值(万元)	Gross Domestic Product(10 000 yuan)	1313717	1480563	15.4
第一产业(万元)	Primary Industry(10 000 yuan)	37911	39275	4.2
第二产业(万元)	Secondary Industry(10 000 yuan)	639047	734102	22.2
#工业(万元)	Industry(10 000 yuan)	589379	671180	21.5
第三产业(万元)	Tertiary Industry(10 000 yuan)	636759	707186	10.7
人均生产总值(元)	Per Capita GDP(yuan)	33885	42032	27.0
全社会固定资产投资(万元)	Total Investment in Fixed Assets(10 000 yuan)	595567	694804	16.7
按登记注册类型分	Grouped by Registered Type			
#国有(万元)	State-owned Enterprises(10 000 yuan)	345028	364157	5.5
集体(万元)	Collective-owned Enterprises(10 000 yuan)			
有限责任公司(万元)	Limited Liability Corporations(10 000 yuan)	59235	29728	-49.8
股份有限公司(万元)	Share Holding Enterprises(10 000 yuan)	190904	217656	14.0
私营企业(万元)	Private Enterprises(10 000 yuan)	400	83263	20715.8
外商及港澳台投资企业(万元)	Funds from HK,Macao,Taiwan & Foreign(10 000 yuan)			
按城乡渠道分	Grouped by Urban and Rural Area			
城镇(万元)	Urban(10 000 yuan)	588067	686490	16.7
农村(万元)	Rural(10 000 yuan)	7500	8314	10.9
一般预算收入(万元)	General Budgetary Financial Revenue(10 000 yuan)	59909	73332	22.4
一般预算支出(万元)	General Budgetary Financial Expenditures(10 000 yuan)	72303	100600	39.1
城乡居民储蓄存款余额(万元)	Resident Saving Deposit in Urban & Rural(10 000 yuan)			
在岗职工工资总额(万元)	Total Wages of Staff & Workers Employed in(10 000 yuan)	122141	138830	13.7
在岗职工平均工资(元)	Average Wage of Staff & Workers Employed in(yuan)	24888	28225	13.4
农牧民人均纯收入(元)	Per Capita Net Income of Peasant & Herdsman(yuan)	7105	7518	5.8
农村牧区经济	**Economic Development in Rural & Pastoral Area**			
耕地面积(公顷)	Cultivated Area(hectare)	20696	16545	-20.1
农作物总播种面积(公顷)	Total Sown Area(hectare)	12938	13003	0.5
#粮食作物播种面积(公顷)	Sown Area of Grain Crops(hectare)	10964	10755	-1.9
有效灌溉面积(公顷)	Irrigated Area(hectare)	5050	4667	-7.6
农牧业机械总动力(万千瓦)	Total Power of Agricultural Machinery(10 000 kw)	6.91	6.90	-0.1
化肥施用折纯量(吨)	Consumption of Chemical Fertilizer(ton)	4531	4528	-0.1
农村用电量(万千瓦小时)	Electricity Consumed in Rural Area(10 000 kwh)	2351	2577	9.6
农林牧渔业总产值(万元)	Gross Output of Farming,Forestry,Animal Husbandry & Fishery(10 000 yuan)	63621	65596	4.3
粮食产量(吨)	Yield of Grain(ton)	51234	30586	-40.3
油料产量(吨)	Yield of Oil-bearing Grops(ton)	803		
甜菜产量(吨)	Yield of Beetroots(ton)			
猪牛羊肉产量(吨)	Output of Pork, Beef & Mutton(ton)	5193	4744	-8.6
#猪肉产量(吨)	Output of Pork(ton)	1419	1389	-2.1
牛肉产量(吨)	Output of Beef(ton)	3231	2919	-9.7
羊肉产量(吨)	Output of Mutton(ton)	543	436	-19.7
羊毛产量(吨)	Output of Wool(ton)	60	60	0.0

23-53 Hongshan District in Chifeng City

指 标	Item	2008	2009	2009年比上年增长% Increase Rate in 2009 Over 2008(%)
年末牲畜存栏头数(万头只)	Total Livestock at the Year-end(10 000 heads)	7.67	6.56	-14.5
#大牲畜(万头只)	Large Animals(10 000 heads)	2.71	2.64	-2.6
羊(万只)	Sheep & Goats(10 000 heads)	3.59	2.54	-29.2
猪(万头)	Hogs(10 000 heads)	1.37	1.38	0.7
规模以上工业	**Industrial Enterprises above Designated size**			
工业企业单位数(个)	Number of Industrial Enterprises(unit)	42	48	14.3
#内资企业(个)	Civil Funded Enterprises(unit)	38	43	13.2
工业总产值(万元)	Gross Industrial Output Value(10 000 yuan)	1554066	1890000	21.6
内资企业(万元)	Civil Funded Enterprises(10 000 yuan)	1345263	1705500	26.8
国有企业(万元)	State-owned Enterprises(10 000 yuan)	230626	282100	22.3
集体企业(万元)	Collective-owned Enterprises(10 000 yuan)			
股份合作企业(万元)	Share Holding Enterprises(10 000 yuan)			
联营企业(万元)	Joint Owned Enterprises(10 000 yuan)			
有限责任公司(万元)	Limited Company(10 000 yuan)	686771	1031700	50.2
股份有限公司(万元)	Share Holding Limited Company(10 000 yuan)	7876	7800	-1.0
私营企业(万元)	Privately Owned Enterprises(10 000 yuan)	419990	383900	-8.6
其他企业(万元)	Enterprises of Other Ownership(10 000 yuan)			
港澳台商投资企业(万元)	Funds from HK,Macao & Taiwan(10 000 yuan)	16562	20100	21.4
外商投资企业(万元)	Foreign Funded Enterprises(10 000 yuan)	192241	164400	-14.5
工业企业增加值(万元)	Value Added of Industrial Enterprises(10 000 yuan)	485898	561680	22.6
工业企业资产总计(万元)	Total Assets of Industrial Enterprises(10 000 yuan)	1105802	1442200	30.4
工业企业负债合计(万元)	Total Liabilities of Industrial Enterprises(10 000 yuan)	631355	778600	23.3
工业企业产品销售收入(万元)	Sales of Revenue Industrial Enterprises(10 000 yuan)	1550066	1889600	21.9
工业企业利润总额(万元)	Total Profits of Industrial Enterprises(10 000 yuan)	-6571	173400	
建筑业	**Construction**			
建筑企业单位数(个)	Number of Construction Enterprises(unit)	34	31	-8.8
建筑企业从业人员(人)	Number of Employee in Construction Enterprises(person)	20571	20294	-1.3
建筑业总产值(万元)	Gross Construction Output Value(10 000 yuan)	246206	280600	14.0
交通运输邮电通信业	**Transportation,Post & Telecommunications**			
公路里程(公里)	Total Length of Highways(km)	184	184	0.0
邮电业务总量(万元)	Business Volume of Post & Telecoms(10 000 yuan)			
本地电话用户(户)	Number of Subscribers of Local Telephone(Household)	92017	93002	1.1
国内贸易	**Domestic Trade**			
社会消费品零售总额(万元)	Total Retail Sales of Consumer Goods(10 000 yuan)	484844	565328	16.6
#贸易业(万元)	Wholesale & Retail Sales Trades(10 000 yuan)	365098	426799	16.9
餐饮业(万元)	Catering Trade(10 000 yuan)	108109	126488	17.0
科技教育卫生	**Science,Education & Public Health**			
各类专业技术人员(人)	Special Technical Personnel(person)	16137	16150	0.1
幼儿园数(所)	Number of Kindergartens(unit)	40	49	22.5
学龄儿童入学率(%)	Percentage of School-Age Children Enrolled(%)	100.0	100.0	0.0
小学学校数(所)	Number of Primary Schools(unit)	39	37	-5.1
小学专任教师数(人)	Number of Full-time Teachers of Primary Schools(person)	1862	1845	-0.9
小学在校学生数(人)	Number of Student Enrollment of Primary Schools(person)	27214	26520	-2.6
普通中学学校数(所)	Number of Regular Secondary Schools(unit)	20	18	-10.0
普通中学专任教师数(人)	Number of Teachers of Secondary Shools(person)	2214	2286	3.3
初中在校学生数(人)	Number of Student in Junior Secondary Schools(person)	13522	14134	4.5
高中在校学生数(人)	Number of Student in Senior Secondary Schools(person)	17445	15310	-12.2
卫生机构数(所)	Number of Health Institutions(unit)	11	11	0.0
#医院(所)	Hospitals(unit)	2	2	0.0
卫生院(所)	Township Hospitals(unit)	4	5	25.0
床位数(张)	Number of Beds(unit)	756	985	30.3
#医院(张)	Hospitals(unit)	650	800	23.1
卫生院(张)	Township Hospitals(unit)	86	110	27.9
卫生技术人员(人)	Medical Technical Presonnel(person)	919	1107	20.5
#医院(人)	Hospitals(person)	694	806	16.1
卫生院(人)	Township Hospitals(person)	100	173	73.0

23-54 赤峰市元宝山区

指 标	Item	2008	2009	2009年比上年增长% Increase Rate in 2009 Over 2008(%)
行政区域土地面积(平方公里)	**Area of Administration(Sq.km)**	**952**	**952**	**0.0**
人口和就业	**Population & Employment**			
年末总人口(人)	Total Population Year-end(person)	324495	325909	0.4
#男性(人)	Male(person)	165109	165733	0.4
#乡村人口(人)	Rural(person)	162889	163192	0.2
年末总户数(户)	Total Number of Households at the Year-end(Household)	110168	111228	1.0
#乡村户数(户)	Number of Rural Household(Household)	43682	43620	-0.1
出生人口(人)	Births(person)	3347	2797	-16.4
死亡人口(人)	Deaths(person)	1039	1257	21.0
全社会就业人员(人)	Employment(person)	162942	164017	0.7
第一产业(人)	Primary Industry(person)	39825	41204	3.5
第二产业(人)	Secondary Industry(person)	67366	69973	3.9
第三产业(人)	Tertiary Industry(person)	55751	52840	-5.2
在岗职工人数(人)	Number of Staff & Workers Employed in(person)	38599	38423	-0.5
乡村劳动力(人)	Number of Rural Laborers(person)	85830	82700	-3.6
#农林牧渔业(人)	Farming,Forestry,Animal Husbandry & Fishery(person)	39399	41043	4.2
国民经济综合指标	**Summary Item on the National Economy**			
生产总值(万元)	Gross Domestic Product(10 000 yuan)	1099943	1261088	18.7
第一产业(万元)	Primary Industry(10 000 yuan)	92860	97120	5.2
第二产业(万元)	Secondary Industry(10 000 yuan)	611284	699891	21.9
#工业(万元)	Industry(10 000 yuan)	565675	639934	20.7
第三产业(万元)	Tertiary Industry(10 000 yuan)	395799	464077	17.3
人均生产总值(元)	Per Capita GDP(yuan)	33990	38779	18.0
全社会固定资产投资(万元)	Total Investment in Fixed Assets(10 000 yuan)	546892	685762	25.4
按登记注册类型分	Grouped by Registered Type			
#国有(万元)	State-owned Enterprises(10 000 yuan)	44716	125527	180.7
集体(万元)	Collective-owned Enterprises(10 000 yuan)	86870	74456	-14.3
有限责任公司(万元)	Limited Liability Corporations(10 000 yuan)	222352	185766	-16.5
股份有限公司(万元)	Share Holding Enterprises(10 000 yuan)	9690	14800	52.7
私营企业(万元)	Private Enterprises(10 000 yuan)	40628	43616	7.4
外商及港澳台投资企业(万元)	Funds from HK,Macao,Taiwan & Foreign(10 000 yuan)			
按城乡渠道分	Grouped by Urban and Rural Area			
城镇(万元)	Urban(10 000 yuan)	496368	531913	7.2
农村(万元)	Rural(10 000 yuan)	50524	153849	204.5
一般预算收入(万元)	General Budgetary Financial Revenue(10 000 yuan)	49337	59121	19.8
一般预算支出(万元)	General Budgetary Financial Expenditures(10 000 yuan)	78471	118220	50.7
城乡居民储蓄存款余额(万元)	Resident Saving Deposit in Urban & Rural(10 000 yuan)	487414	583415	19.7
在岗职工工资总额(万元)	Total Wages of Staff & Workers Employed in(10 000 yuan)	128094	165322	29.1
在岗职工平均工资(元)	Average Wage of Staff & Workers Employed in(yuan)	31542	41012	30.0
农牧民人均纯收入(元)	Per Capita Net Income of Peasant & Herdsman(yuan)	6991	7445	6.5
农村牧区经济	**Economic Development in Rural & Pastoral Area**			
耕地面积(公顷)	Cultivated Area(hectare)	24643	38447	56.0
农作物总播种面积(公顷)	Total Sown Area(hectare)	26368	26886	2.0
#粮食作物播种面积(公顷)	Sown Area of Grain Crops(hectare)	19160	20258	5.7
有效灌溉面积(公顷)	Irrigated Area(hectare)	12710	19508	53.5
农牧业机械总动力(万千瓦)	Total Power of Agricultural Machinery(10 000 kw)	11.55	10.62	-8.1
化肥施用折纯量(吨)	Consumption of Chemical Fertilizer(ton)	8926	9028	1.1
农村用电量(万千瓦小时)	Electricity Consumed in Rural Area(10 000 kwh)	15824	15498	-2.1
农林牧渔业总产值(万元)	Gross Output of Farming,Forestry,Animal Husbandry & Fishery(10 000 yuan)	155832	161648	4.9
粮食产量(吨)	Yield of Grain(ton)	120624	92158	-23.6
油料产量(吨)	Yield of Oil-bearing Grops(ton)	1142	10	-99.1
甜菜产量(吨)	Yield of Beetroots(ton)	6655	1560	-76.6
猪牛羊肉产量(吨)	Output of Pork, Beef & Mutton(ton)	13813	11454	-17.1
#猪肉产量(吨)	Output of Pork(ton)	4055	3151	-22.3
牛肉产量(吨)	Output of Beef(ton)	7284	6952	-4.6
羊肉产量(吨)	Output of Mutton(ton)	2474	1351	-45.4
羊毛产量(吨)	Output of Wool(ton)	243	247	1.6

23-54 Yuanbaoshan District in Chifeng City

指 标	Item	2008	2009	2009年比上年增长% Increase Rate in 2009 Over 2008(%)
年末牲畜存栏头数(万头只)	Total Livestock at the Year-end(10 000 heads)	15.16	16.00	5.5
#大牲畜(万头只)	Large Animals(10 000 heads)	8.99	9.05	0.7
羊(万只)	Sheep & Goats(10 000 heads)	2.77	3.36	21.3
猪(万头)	Hogs(10 000 heads)	3.40	3.59	5.6
规模以上工业	**Industrial Enterprises above Designated size**			
工业企业单位数(个)	Number of Industrial Enterprises(unit)	62	69	11.3
#内资企业(个)	Civil Funded Enterprises(unit)	60	66	10.0
工业总产值(万元)	Gross Industrial Output Value(10 000 yuan)	1104335	1259557	14.1
内资企业(万元)	Civil Funded Enterprises(10 000 yuan)	1103090	1112407	0.8
国有企业(万元)	State-owned Enterprises(10 000 yuan)	5880	6504	10.6
集体企业(万元)	Collective-owned Enterprises(10 000 yuan)	66588	111954	68.1
股份合作企业(万元)	Share Holding Enterprises(10 000 yuan)	3722	5353	43.8
联营企业(万元)	Joint Owned Enterprises(10 000 yuan)			
有限责任公司(万元)	Limited Company(10 000 yuan)	1005637	956832	-4.9
股份有限公司(万元)	Share Holding Limited Company(10 000 yuan)			
私营企业(万元)	Privately Owned Enterprises(10 000 yuan)	18969	28692	51.3
其他企业(万元)	Enterprises of Other Ownership(10 000 yuan)	2294	3072	33.9
港澳台商投资企业(万元)	Funds from HK,Macao & Taiwan(10 000 yuan)		145645	
外商投资企业(万元)	Foreign Funded Enterprises(10 000 yuan)	1245	1505	20.9
工业企业增加值(万元)	Value Added of Industrial Enterprises(10 000 yuan)	486850	567934	12.2
工业企业资产总计(万元)	Total Assets of Industrial Enterprises(10 000 yuan)	1739808	1794022	3.1
工业企业负债合计(万元)	Total Liabilities of Industrial Enterprises(10 000 yuan)	1102163	1015789	-7.8
工业企业产品销售收入(万元)	Sales of Revenue Industrial Enterprises(10 000 yuan)	1077344	1244373	15.5
工业企业利润总额(万元)	Total Profits of Industrial Enterprises(10 000 yuan)	99851	162727	63.0
建筑业	**Construction**			
建筑企业单位数(个)	Number of Construction Enterprises(unit)	11	10	-9.1
建筑企业从业人员(人)	Number of Employee in Construction Enterprises(person)	9950	10396	4.5
建筑业总产值(万元)	Gross Construction Output Value(10 000 yuan)	72503	88687	22.3
交通运输邮电通信业	**Transportation,Post & Telecommunications**			
公路里程(公里)	Total Length of Highways(km)	683	700	2.5
邮电业务总量(万元)	Business Volume of Post & Telecoms(10 000 yuan)	14418	14851	3.0
本地电话用户(户)	Number of Subscribers of Local Telephone(Household)	57410	52238	-9.0
国内贸易	**Domestic Trade**			
社会消费品零售总额(万元)	Total Retail Sales of Consumer Goods(10 000 yuan)	311630	363049	16.5
#贸易业(万元)	Wholesale & Retail Sales Trades(10 000 yuan)	269502	313162	16.2
餐饮业(万元)	Catering Trade(10 000 yuan)	36365	43565	19.8
科技教育卫生	**Science,Education & Public Health**			
各类专业技术人员(人)	Special Technical Personnel(person)	7093	6651	-6.2
幼儿园数(所)	Number of Kindergartens(unit)	103	82	-20.4
学龄儿童入学率(%)	Percentage of School-Age Children Enrolled(%)	100.0	100.0	0.0
小学学校数(所)	Number of Primary Schools(unit)	67	32	-52.2
小学专任教师数(人)	Number of Full-time Teachers of Primary Schools(person)	2182	1885	-13.6
小学在校学生数(人)	Number of Student Enrollment of Primary Schools(person)	24548	20859	-15.0
普通中学学校数(所)	Number of Regular Secondary Schools(unit)	22	11	-50.0
普通中学专任教师数(人)	Number of Teachers of Secondary Shools(person)	1727	1655	-4.2
初中在校学生数(人)	Number of Student in Junior Secondary Schools(person)	15469	13489	-12.8
高中在校学生数(人)	Number of Student in Senior Secondary Schools(person)	11612	12295	5.9
卫生机构数(所)	Number of Health Institutions(unit)	73	73	0.0
#医院(所)	Hospitals(unit)	13	13	0.0
卫生院(所)	Township Hospitals(unit)	11	11	0.0
床位数(张)	Number of Beds(unit)	1843	1882	2.1
#医院(张)	Hospitals(unit)	1447	1487	2.8
卫生院(张)	Township Hospitals(unit)	281	257	-8.5
卫生技术人员(人)	Medical Technical Presonnel(person)	1786	1750	-2.0
#医院(人)	Hospitals(person)	1337	1357	1.5
卫生院(人)	Township Hospitals(person)	276	223	-19.2

23-55 赤峰市松山区

指 标	Item	2008	2009	2009年比上年增长% Increase Rate in 2009 Over 2008(%)
行政区域土地面积(平方公里)	**Area of Administration(Sq.km)**	**5618**	**5629**	**0.2**
人口和就业	**Population & Employment**			
年末总人口(人)	Total Population Year-end(person)	527445	535071	1.4
# 男性(人)	Male(person)	273753	277586	1.4
# 乡村人口(人)	Rural(person)	437183	438558	0.3
年末总户数(户)	Total Number of Households at the Year-end(Household)	158046	166094	5.1
# 乡村户数(户)	Number of Rural Household(Household)	117590	117023	-0.5
出生人口(人)	Births(person)	5629	5185	-7.9
死亡人口(人)	Deaths(person)	810	1169	44.3
全社会就业人员(人)	Employment(person)	280839	288752	2.8
第一产业(人)	Primary Industry(person)	156743	135837	-13.3
第二产业(人)	Secondary Industry(person)	63793	71763	12.5
第三产业(人)	Tertiary Industry(person)	60303	81152	34.6
在岗职工人数(人)	Number of Staff & Workers Employed in(person)	31722	29416	-7.3
乡村劳动力(人)	Number of Rural Laborers(person)	231713	239791	3.5
# 农林牧渔业(人)	Farming,Forestry,Animal Husbandry & Fishery(person)	155791	134798	-13.5
国民经济综合指标	**Summary Item on the National Economy**			
生产总值(万元)	Gross Domestic Product(10 000 yuan)	893752	1037641	19.2
第一产业(万元)	Primary Industry(10 000 yuan)	209262	220520	6.0
第二产业(万元)	Secondary Industry(10 000 yuan)	402631	486658	28.5
# 工业(万元)	Industry(10 000 yuan)	355406	421071	26.4
第三产业(万元)	Tertiary Industry(10 000 yuan)	281859	330463	17.1
人均生产总值(元)	Per Capita GDP(yuan)	17072	19532	17.4
全社会固定资产投资(万元)	Total Investment in Fixed Assets(10 000 yuan)	566273	750149	32.5
按登记注册类型分	Grouped by Registered Type			
# 国有(万元)	State-owned Enterprises(10 000 yuan)	125380	125592	0.2
集体(万元)	Collective-owned Enterprises(10 000 yuan)	41618	33653	-19.1
有限责任公司(万元)	Limited Liability Corporations(10 000 yuan)	89900	155139	72.6
股份有限公司(万元)	Share Holding Enterprises(10 000 yuan)	6000		
私营企业(万元)	Private Enterprises(10 000 yuan)	47555	275231	478.8
外商及港澳台投资企业 (万元)	Funds from HK,Macao,Taiwan & Foreign(10 000 yuan)	50647	600	-98.8
按城乡渠道分	Grouped by Urban and Rural Area			
城镇（万元）	Urban(10 000 yuan)	481131	673529	40.0
农村（万元）	Rural(10 000 yuan)	85142	76620	-10.0
一般预算收入(万元)	General Budgetary Financial Revenue(10 000 yuan)	24453	30548	24.9
一般预算支出(万元)	General Budgetary Financial Expenditures(10 000 yuan)	116132	124840	7.5
城乡居民储蓄存款余额(万元)	Resident Saving Deposit in Urban & Rural(10 000 yuan)	462163	497261	7.6
在岗职工工资总额(万元)	Total Wages of Staff & Workers Employed in(10 000 yuan)	69255	95895	38.5
在岗职工平均工资(元)	Average Wage of Staff & Workers Employed in(yuan)	23658	32600	37.8
农牧民人均纯收入(元)	Per Capita Net Income of Peasant & Herdsman(yuan)	5494	5735	4.4
农村牧区经济	**Economic Development in Rural & Pastoral Area**			
耕地面积(公顷)	Cultivated Area(hectare)	122412	156739	28.0
农作物总播种面积(公顷)	Total Sown Area(hectare)	143044	144226	0.8
# 粮食作物播种面积(公顷)	Sown Area of Grain Crops(hectare)	104048	105047	1.0
有效灌溉面积(公顷)	Irrigated Area(hectare)	49675	63107	27.0
农牧业机械总动力(万千瓦)	Total Power of Agricultural Machinery(10 000 kw)	50.90	54.67	7.4
化肥施用折纯量(吨)	Consumption of Chemical Fertilizer(ton)	31141	31017	-0.4
农村用电量(万千瓦小时)	Electricity Consumed in Rural Area(10 000 kwh)	13596	17573	29.3
农林牧渔业总产值(万元)	Gross Output of Farming,Forestry,Animal Husbandry & Fishery(10 000 yuan)	351184	368343	6.1
粮食产量(吨)	Yield of Grain(ton)	585022	530192	-9.4
油料产量(吨)	Yield of Oil-bearing Grops(ton)	35137	10786	-69.3
甜菜产量(吨)	Yield of Beetroots(ton)	130955	105159	-19.7
猪牛羊肉产量(吨)	Output of Pork, Beef & Mutton(ton)	41117	37007	-10.0
# 猪肉产量(吨)	Output of Pork(ton)	22013	18337	-16.7
牛肉产量(吨)	Output of Beef(ton)	14388	14407	0.1
羊肉产量(吨)	Output of Mutton(ton)	4716	4263	-9.6
羊毛产量(吨)	Output of Wool(ton)	609	525	-13.8

23-55 Songshan District in Chifeng City

指 标	Item	2008	2009	2009年比上年增长% Increase Rate in 2009 Over 2008(%)
年末牲畜存栏头数(万头只)	Total Livestock at the Year-end(10 000 heads)	58.20	58.05	-0.3
# 大牲畜(万头只)	Large Animals(10 000 heads)	21.26	19.71	-7.3
羊(万只)	Sheep & Goats(10 000 heads)	21.68	22.58	4.2
猪(万头)	Hogs(10 000 heads)	15.26	15.76	3.3
规模以上工业	**Industrial Enterprises above Designated size**			
工业企业单位数(个)	Number of Industrial Enterprises(unit)	43	51	18.6
# 内资企业(个)	Civil Funded Enterprises(unit)	40	47	17.5
工业总产值(万元)	Gross Industrial Output Value(10 000 yuan)	753022	1129245	50.0
内资企业(万元)	Civil Funded Enterprises(10 000 yuan)	658291	828524	25.9
国有企业(万元)	State-owned Enterprises(10 000 yuan)	137618	93971	-31.7
集体企业(万元)	Collective-owned Enterprises(10 000 yuan)	6276	7552	20.3
股份合作企业(万元)	Share Holding Enterprises(10 000 yuan)			
联营企业(万元)	Joint Owned Enterprises(10 000 yuan)			
有限责任公司(万元)	Limited Company(10 000 yuan)	68140	152580	123.9
股份有限公司(万元)	Share Holding Limited Company(10 000 yuan)	22353	23076	3.2
私营企业(万元)	Privately Owned Enterprises(10 000 yuan)	423904	551345	30.1
其他企业(万元)	Enterprises of Other Ownership(10 000 yuan)			
港澳台商投资企业(万元)	Funds from HK,Macao & Taiwan(10 000 yuan)	92684	224196	141.9
外商投资企业(万元)	Foreign Funded Enterprises(10 000 yuan)	2047	76525	3638.4
工业企业增加值(万元)	Value Added of Industrial Enterprises(10 000 yuan)	270833	338271	25.1
工业企业资产总计(万元)	Total Assets of Industrial Enterprises(10 000 yuan)	1177062	1381707	17.4
工业企业负债合计(万元)	Total Liabilities of Industrial Enterprises(10 000 yuan)	715645	812962	13.6
工业企业产品销售收入(万元)	Sales of Revenue Industrial Enterprises(10 000 yuan)	744176	1126347	51.4
工业企业利润总额(万元)	Total Profits of Industrial Enterprises(10 000 yuan)	62252	76303	22.6
建筑业	**Construction**			
建筑企业单位数(个)	Number of Construction Enterprises(unit)	25	26	4.0
建筑企业从业人员(人)	Number of Employee in Construction Enterprises(person)	43228	29701	-31.3
建筑业总产值(万元)	Gross Construction Output Value(10 000 yuan)	233613	313625	34.2
交通运输邮电通信业	**Transportation,Post & Telecommunications**			
公路里程(公里)	Total Length of Highways(km)	1528	1528	0.0
邮电业务总量(万元)	Business Volume of Post & Telecoms(10 000 yuan)			
本地电话用户(户)	Number of Subscribers of Local Telephone(Household)	74389	71331	-4.1
国内贸易	**Domestic Trade**			
社会消费品零售总额(万元)	Total Retail Sales of Consumer Goods(10 000 yuan)	420416	488658	16.2
# 贸易业(万元)	Wholesale & Retail Sales Trades(10 000 yuan)	382753	443750	15.9
餐饮业(万元)	Catering Trade(10 000 yuan)	30435	36400	19.6
科技教育卫生	**Science,Education & Public Health**			
各类专业技术人员(人)	Special Technical Personnel(person)	11039	11074	0.3
幼儿园数(所)	Number of Kindergartens(unit)	46	19	-58.7
学龄儿童入学率(%)	Percentage of School-Age Children Enrolled(%)	100.0	100.0	0.0
小学学校数(所)	Numbcr of Primary Schools(unit)	88	86	-2.3
小学专任教师数(人)	Number of Full-time Teachers of Primary Schools(person)	2288	2438	6.6
小学在校学生数(人)	Number of Student Enrollment of Primary Schools(person)	33450	34085	1.9
普通中学学校数(所)	Number of Regular Secondary Schools(unit)	24	20	-16.7
普通中学专任教师数(人)	Number of Teachers of Secondary Shools(person)	2097	2095	-0.1
初中在校学生数(人)	Number of Student in Junior Secondary Schools(person)	18925	18920	0.0
高中在校学生数(人)	Number of Student in Senior Secondary Schools(person)	14947	14835	-0.7
卫生机构数(所)	Number of Health Institutions(unit)	40	42	5.0
# 医院(所)	Hospitals(unit)	3	4	33.3
卫生院(所)	Township Hospitals(unit)	28	28	0.0
床位数(张)	Number of Beds(unit)	792	1057	33.5
# 医院(张)	Hospitals(unit)	250	290	16.0
卫生院(张)	Township Hospitals(unit)	488	682	39.8
卫生技术人员(人)	Medical Technical Presonnel(person)	1094	1220	11.5
# 医院(人)	Hospitals(person)	239	314	31.4
卫生院(人)	Township Hospitals(person)	703	754	7.3

23-56 赤峰市阿鲁科尔沁旗

指 标	Item	2008	2009	2009年比上年增长% Increase Rate in 2009 Over 2008(%)
行政区域土地面积(平方公里)	**Area of Administration(Sq.km)**	**14555**	**14555**	**0.0**
人口和就业	**Population & Employment**			
年末总人口(人)	Total Population Year-end(person)	300096	300957	0.3
# 男性(人)	Male(person)	152584	153015	0.3
# 乡村人口(人)	Rural(person)	251578	248598	-1.2
年末总户数(户)	Total Number of Households at the Year-end(Household)	110377	115388	4.5
# 乡村户数(户)	Number of Rural Household(Household)	77516	76314	-1.6
出生人口(人)	Births(person)	2649	2774	4.7
死亡人口(人)	Deaths(person)	1391	1849	32.9
全社会就业人员(人)	Employment(person)	157020	157656	0.4
第一产业(人)	Primary Industry(person)	95425	95633	0.2
第二产业(人)	Secondary Industry(person)	16943	16994	0.3
第三产业(人)	Tertiary Industry(person)	44652	45029	0.8
在岗职工人数(人)	Number of Staff & Workers Employed in(person)	20862	18386	-11.9
乡村劳动力(人)	Number of Rural Laborers(person)	146358	141898	-3.0
# 农林牧渔业(人)	Farming,Forestry,Animal Husbandry & Fishery(person)	108263	113125	4.5
国民经济综合指标	**Summary Item on the National Economy**			
生产总值(万元)	Gross Domestic Product(10 000 yuan)	406629	466945	17.0
第一产业(万元)	Primary Industry(10 000 yuan)	95090	98410	4.1
第二产业(万元)	Secondary Industry(10 000 yuan)	142087	172922	29.1
# 工业(万元)	Industry(10 000 yuan)	120344	144136	27.8
第三产业(万元)	Tertiary Industry(10 000 yuan)	169452	195613	15.2
人均生产总值(元)	Per Capita GDP(yuan)	12555	15538	17.8
全社会固定资产投资(万元)	Total Investment in Fixed Assets(10 000 yuan)	260718	329244	26.3
按登记注册类型分	Grouped by Registered Type			
# 国有(万元)	State-owned Enterprises(10 000 yuan)	138602	105008	-24.2
集体(万元)	Collective-owned Enterprises(10 000 yuan)			
有限责任公司(万元)	Limited Liability Corporations(10 000 yuan)	122116	201931	65.4
股份有限公司(万元)	Share Holding Enterprises(10 000 yuan)			
私营企业(万元)	Private Enterprises(10 000 yuan)			
外商及港澳台投资企业(万元)	Funds from HK,Macao,Taiwan & Foreign(10 000 yuan)			
按城乡渠道分	Grouped by Urban and Rural Area			
城镇（万元）	Urban(10 000 yuan)	247084	308846	25.0
农村（万元）	Rural(10 000 yuan)	13634	20398	49.6
一般预算收入(万元)	General Budgetary Financial Revenue(10 000 yuan)	9608	11190	16.5
一般预算支出(万元)	General Budgetary Financial Expenditures(10 000 yuan)	100006	127284	27.3
城乡居民储蓄存款余额(万元)	Resident Saving Deposit in Urban & Rural(10 000 yuan)	102169	130803	28.0
在岗职工工资总额(万元)	Total Wages of Staff & Workers Employed in(10 000 yuan)	39384	47063	19.5
在岗职工平均工资(元)	Average Wage of Staff & Workers Employed in(yuan)	18878	23422	24.1
农牧民人均纯收入(元)	Per Capita Net Income of Peasant & Herdsman(yuan)	3724	4052	8.8
农村牧区经济	**Economic Development in Rural & Pastoral Area**			
耕地面积(公顷)	Cultivated Area(hectare)	92665	110974	19.8
农作物总播种面积(公顷)	Total Sown Area(hectare)	119182	120681	1.3
# 粮食作物播种面积(公顷)	Sown Area of Grain Crops(hectare)	100663	108429	7.7
有效灌溉面积(公顷)	Irrigated Area(hectare)	15850	26700	68.5
农牧业机械总动力(万千瓦)	Total Power of Agricultural Machinery(10 000 kw)	42.97	48.35	12.5
化肥施用折纯量(吨)	Consumption of Chemical Fertilizer(ton)	17175	18845	9.7
农村用电量(万千瓦小时)	Electricity Consumed in Rural Area(10 000 kwh)	4606	5612	21.8
农林牧渔业总产值(万元)	Gross Output of Farming,Forestry,Animal Husbandry & Fishery(10 000 yuan)	159478	164285	4.2
粮食产量(吨)	Yield of Grain(ton)	295062	250803	-15.0
油料产量(吨)	Yield of Oil-bearing Grops(ton)	6670	5174	-22.4
甜菜产量(吨)	Yield of Beetroots(ton)	3119	1242	-60.2
猪牛羊肉产量(吨)	Output of Pork, Beef & Mutton(ton)	28107	34512	22.8
# 猪肉产量(吨)	Output of Pork(ton)	4704	7023	49.3
牛肉产量(吨)	Output of Beef(ton)	13212	15188	15.0
羊肉产量(吨)	Output of Mutton(ton)	10191	12301	20.7
羊毛产量(吨)	Output of Wool(ton)	2480	2941	18.6

23-56 Alukeerqin Banner in Chifeng City

指 标	Item	2008	2009	2009年比上年增长% Increase Rate in 2009 Over 2008(%)
年末牲畜存栏头数(万头只)	Total Livestock at the Year-end(10 000 heads)	122.84	136.92	11.5
#大牲畜(万头只)	Large Animals(10 000 heads)	26.12	26.37	1.0
羊(万只)	Sheep & Goats(10 000 heads)	89.02	103.81	16.6
猪(万头)	Hogs(10 000 heads)	7.70	6.74	-12.5
规模以上工业	**Industrial Enterprises above Designated size**			
工业企业单位数(个)	Number of Industrial Enterprises(unit)	35	35	0.0
#内资企业(个)	Civil Funded Enterprises(unit)	35	35	0.0
工业总产值(万元)	Gross Industrial Output Value(10 000 yuan)	225670	288833	28.0
内资企业(万元)	Civil Funded Enterprises(10 000 yuan)	225670	288833	28.0
国有企业(万元)	State-owned Enterprises(10 000 yuan)	110772	129334	16.8
集体企业(万元)	Collective-owned Enterprises(10 000 yuan)	7337	6525	-11.1
股份合作企业(万元)	Share Holding Enterprises(10 000 yuan)			
联营企业(万元)	Joint Owned Enterprises(10 000 yuan)			
有限责任公司(万元)	Limited Company(10 000 yuan)	40597	45064	11.0
股份有限公司(万元)	Share Holding Limited Company(10 000 yuan)	8839		
私营企业(万元)	Privately Owned Enterprises(10 000 yuan)	58125	107910	85.7
其他企业(万元)	Enterprises of Other Ownership(10 000 yuan)			
港澳台商投资企业(万元)	Funds from HK,Macao & Taiwan(10 000 yuan)			
外商投资企业(万元)	Foreign Funded Enterprises(10 000 yuan)			
工业企业增加值(万元)	Value Added of Industrial Enterprises(10 000 yuan)	93728	118536	48.6
工业企业资产总计(万元)	Total Assets of Industrial Enterprises(10 000 yuan)	139651	316946	127.0
工业企业负债合计(万元)	Total Liabilities of Industrial Enterprises(10 000 yuan)	51485	129869	152.2
工业企业产品销售收入(万元)	Sales of Revenue Industrial Enterprises(10 000 yuan)	229234	282544	23.3
工业企业利润总额(万元)	Total Profits of Industrial Enterprises(10 000 yuan)	4172	4790	14.8
建筑业	**Construction**			
建筑企业单位数(个)	Number of Construction Enterprises(unit)	2	2	0.0
建筑企业从业人员(人)	Number of Employee in Construction Enterprises(person)	1109	758	-31.7
建筑业总产值(万元)	Gross Construction Output Value(10 000 yuan)	10728	4425	-58.8
交通运输邮电通信业	**Transportation,Post & Telecommunications**			
公路里程(公里)	Total Length of Highways(km)	2419	2474	2.3
邮电业务总量(万元)	Business Volume of Post & Telecoms(10 000 yuan)	727	798	9.8
本地电话用户(户)	Number of Subscribers of Local Telephone(Household)	29707	28837	-2.9
国内贸易	**Domestic Trade**			
社会消费品零售总额(万元)	Total Retail Sales of Consumer Goods(10 000 yuan)	117259	136058	16.0
#贸易业(万元)	Wholesale & Retail Sales Trades(10 000 yuan)	103632	119998	15.8
餐饮业(万元)	Catering Trade(10 000 yuan)	11592	13692	18.1
科技教育卫生	**Science,Education & Public Health**			
各类专业技术人员(人)	Special Technical Personnel(person)	7300	7393	1.3
幼儿园数(所)	Number of Kindergartens(unit)	12	12	0.0
学龄儿童入学率(%)	Percentage of School-Age Children Enrolled(%)	100.0	100.0	0.0
小学学校数(所)	Number of Primary Schools(unit)	32	31	-3.1
小学专任教师数(人)	Number of Full-time Teachers of Primary Schools(person)	1793	1776	-0.9
小学在校学生数(人)	Number of Student Enrollment of Primary Schools(person)	20113	20133	0.1
普通中学学校数(所)	Number of Regular Secondary Schools(unit)	15	16	6.7
普通中学专任教师数(人)	Number of Teachers of Secondary Shools(person)	1236	1246	0.8
初中在校学生数(人)	Number of Student in Junior Secondary Schools(person)	11790	11283	-4.3
高中在校学生数(人)	Number of Student in Senior Secondary Schools(person)	5870	5466	-6.9
卫生机构数(所)	Number of Health Institutions(unit)	33	33	0.0
#医院(所)	Hospitals(unit)	4	4	0.0
卫生院(所)	Township Hospitals(unit)	22	22	0.0
床位数(张)	Number of Beds(unit)	795	811	2.0
#医院(张)	Hospitals(unit)	518	518	0.0
卫生院(张)	Township Hospitals(unit)	247	263	6.5
卫生技术人员(人)	Medical Technical Presonnel(person)	841	912	8.4
#医院(人)	Hospitals(person)	527	518	-1.7
卫生院(人)	Township Hospitals(person)	194	263	35.6

23-57 赤峰市巴林左旗

指 标	Item	2008	2009	2009年比上年增长% Increase Rate in 2009 Over 2008(%)
行政区域土地面积(平方公里)	**Area of Administration(Sq.km)**	**6645**	**6644**	**0.0**
人口和就业	**Population & Employment**			
年末总人口(人)	Total Population Year-end(person)	357403	359754	0.7
#男性(人)	Male(person)	181979	183185	0.7
#乡村人口(人)	Rural(person)	301341	302701	0.5
年末总户数(户)	Total Number of Households at the Year-end(Household)	114377	121416	6.2
#乡村户数(户)	Number of Rural Household(Household)	83078	82437	-0.8
出生人口(人)	Births(person)	3612	3781	4.7
死亡人口(人)	Deaths(person)	1796	1938	7.9
全社会就业人员(人)	Employment(person)	203149	201161	-1.0
第一产业(人)	Primary Industry(person)	133471	130941	-1.9
第二产业(人)	Secondary Industry(person)	33257	32151	-3.3
第三产业(人)	Tertiary Industry(person)	36421	38069	4.5
在岗职工人数(人)	Number of Staff & Workers Employed in(person)	20281	19452	-4.1
乡村劳动力(人)	Number of Rural Laborers(person)	176871	172529	-2.5
#农林牧渔业(人)	Farming,Forestry,Animal Husbandry & Fishery(person)	109000	105788	-2.9
国民经济综合指标	**Summary Item on the National Economy**			
生产总值(万元)	Gross Domestic Product(10 000 yuan)	507693	580484	17.3
第一产业(万元)	Primary Industry(10 000 yuan)	114529	118870	4.4
第二产业(万元)	Secondary Industry(10 000 yuan)	224559	264169	24.9
#工业(万元)	Industry(10 000 yuan)	194148	221723	21.8
第三产业(万元)	Tertiary Industry(10 000 yuan)	168605	197445	16.9
人均生产总值(元)	Per Capita GDP(yuan)	14205	16070	10.3
全社会固定资产投资(万元)	Total Investment in Fixed Assets(10 000 yuan)	364700	485478	33.1
按登记注册类型分	Grouped by Registered Type			
#国有(万元)	State-owned Enterprises(10 000 yuan)	182428	225782	23.8
集体(万元)	Collective-owned Enterprises(10 000 yuan)	2690	1000	-62.8
有限责任公司(万元)	Limited Liability Corporations(10 000 yuan)	31220	113113	262.3
股份有限公司(万元)	Share Holding Enterprises(10 000 yuan)	35295	42203	19.6
私营企业(万元)	Private Enterprises(10 000 yuan)	74888	103380	38.0
外商及港澳台投资企业(万元)	Funds from HK,Macao,Taiwan & Foreign(10 000 yuan)			
按城乡渠道分	Grouped by Urban and Rural Area			
城镇(万元)	Urban(10 000 yuan)	321860	429238	33.4
农村(万元)	Rural(10 000 yuan)	42840	56240	31.3
一般预算收入(万元)	General Budgetary Financial Revenue(10 000 yuan)	18882	21694	14.9
一般预算支出(万元)	General Budgetary Financial Expenditures(10 000 yuan)	101999	115003	12.7
城乡居民储蓄存款余额(万元)	Resident Saving Deposit in Urban & Rural(10 000 yuan)	165773	183714	10.8
在岗职工工资总额(万元)	Total Wages of Staff & Workers Employed in(10 000 yuan)	45760	55488	21.3
在岗职工平均工资(元)	Average Wage of Staff & Workers Employed in(yuan)	21946	27499	25.3
农牧民人均纯收入(元)	Per Capita Net Income of Peasant & Herdsman(yuan)	4363	4787	9.7
农村牧区经济	**Economic Development in Rural & Pastoral Area**			
耕地面积(公顷)	Cultivated Area(hectare)	102099	106635	4.4
农作物总播种面积(公顷)	Total Sown Area(hectare)	106655	98477	-7.7
#粮食作物播种面积(公顷)	Sown Area of Grain Crops(hectare)	84488	69659	-17.6
有效灌溉面积(公顷)	Irrigated Area(hectare)	24763	24763	0.0
农牧业机械总动力(万千瓦)	Total Power of Agricultural Machinery(10 000 kw)	33.14	34.44	3.9
化肥施用折纯量(吨)	Consumption of Chemical Fertilizer(ton)	12848	13089	1.9
农村用电量(万千瓦小时)	Electricity Consumed in Rural Area(10 000 kwh)	8359	9103	8.9
农林牧渔业总产值(万元)	Gross Output of Farming,Forestry,Animal Husbandry & Fishery(10 000 yuan)	192112	199026	4.8
粮食产量(吨)	Yield of Grain(ton)	265076	261881	-1.2
油料产量(吨)	Yield of Oil-bearing Grops(ton)	5108	1700	-66.7
甜菜产量(吨)	Yield of Beetroots(ton)	29688	12604	-57.5
猪牛羊肉产量(吨)	Output of Pork, Beef & Mutton(ton)	21108	19890	-5.8
#猪肉产量(吨)	Output of Pork(ton)	11618	11178	-3.8
牛肉产量(吨)	Output of Beef(ton)	2014	2556	26.9
羊肉产量(吨)	Output of Mutton(ton)	7476	6156	-17.7
羊毛产量(吨)	Output of Wool(ton)	1113	4034	262.4

23-57 Balinzuo Banner in Chifeng City

指 标	Item	2008	2009	2009年比上年增长% Increase Rate in 2009 Over 2008(%)
年末牲畜存栏头数(万头只)	Total Livestock at the Year-end(10 000 heads)	96.83	103.65	7.0
#大牲畜(万头只)	Large Animals(10 000 heads)	9.84	13.40	36.2
羊(万只)	Sheep & Goats(10 000 heads)	73.14	76.31	4.3
猪(万头)	Hogs(10 000 heads)	13.85	13.94	0.6
规模以上工业	**Industrial Enterprises above Designated size**			
工业企业单位数(个)	Number of Industrial Enterprises(unit)	43	48	11.6
#内资企业(个)	Civil Funded Enterprises(unit)	43	48	11.6
工业总产值(万元)	Gross Industrial Output Value(10 000 yuan)	440888	536185	21.6
内资企业(万元)	Civil Funded Enterprises(10 000 yuan)	440888	536185	21.6
国有企业(万元)	State-owned Enterprises(10 000 yuan)	46190	63012	36.4
集体企业(万元)	Collective-owned Enterprises(10 000 yuan)			
股份合作企业(万元)	Share Holding Enterprises(10 000 yuan)			
联营企业(万元)	Joint Owned Enterprises(10 000 yuan)			
有限责任公司(万元)	Limited Company(10 000 yuan)	70693	170758	141.6
股份有限公司(万元)	Share Holding Limited Company(10 000 yuan)	318807	288883	-9.4
私营企业(万元)	Privately Owned Enterprises(10 000 yuan)	5198	13533	160.4
其他企业(万元)	Enterprises of Other Ownership(10 000 yuan)			
港澳台商投资企业(万元)	Funds from HK,Macao & Taiwan(10 000 yuan)			
外商投资企业(万元)	Foreign Funded Enterprises(10 000 yuan)			
工业企业增加值(万元)	Value Added of Industrial Enterprises(10 000 yuan)	155733	185123	26.1
工业企业资产总计(万元)	Total Assets of Industrial Enterprises(10 000 yuan)	435800	539010	23.7
工业企业负债合计(万元)	Total Liabilities of Industrial Enterprises(10 000 yuan)	980175	1463687	49.3
工业企业产品销售收入(万元)	Sales of Revenue Industrial Enterprises(10 000 yuan)	425149	450601	6.0
工业企业利润总额(万元)	Total Profits of Industrial Enterprises(10 000 yuan)	99171	124445	25.5
建筑业	**Construction**			
建筑企业单位数(个)	Number of Construction Enterprises(unit)	5	5	0.0
建筑企业从业人员(人)	Number of Employee in Construction Enterprises(person)	2430	1062	-56.3
建筑业总产值(万元)	Gross Construction Output Value(10 000 yuan)	24050	25074	4.3
交通运输邮电通信业	**Transportation,Post & Telecommunications**			
公路里程(公里)	Total Length of Highways(km)	1630	1502	-7.9
邮电业务总量(万元)	Business Volume of Post & Telecoms(10 000 yuan)	6829	11223	64.3
本地电话用户(户)	Number of Subscribers of Local Telephone(Household)	32945	33636	2.1
国内贸易	**Domestic Trade**			
社会消费品零售总额(万元)	Total Retail Sales of Consumer Goods(10 000 yuan)	151553	176105	16.2
#贸易业(万元)	Wholesale & Retail Sales Trades(10 000 yuan)	130552	151946	16.4
餐饮业(万元)	Catering Trade(10 000 yuan)	18312	21092	15.2
科技教育卫生	**Science,Education & Public Health**			
各类专业技术人员(人)	Special Technical Personnel(person)	8250	8340	1.1
幼儿园数(所)	Number of Kindergartens(unit)	22	24	9.1
学龄儿童入学率(%)	Percentage of School-Age Children Enrolled(%)	100.0	100.0	0.0
小学学校数(所)	Number of Primary Schools(unit)	74	58	-21.6
小学专任教师数(人)	Number of Full-time Teachers of Primary Schools(person)	2130	2009	-5.7
小学在校学生数(人)	Number of Student Enrollment of Primary Schools(person)	21665	21753	0.4
普通中学学校数(所)	Number of Regular Secondary Schools(unit)	17	15	-11.8
普通中学专任教师数(人)	Number of Teachers of Secondary Shools(person)	1354	1422	5.0
初中在校学生数(人)	Number of Student in Junior Secondary Schools(person)	15025	14956	-0.5
高中在校学生数(人)	Number of Student in Senior Secondary Schools(person)	8468	8440	-0.3
卫生机构数(所)	Number of Health Institutions(unit)	30	30	0.0
#医院(所)	Hospitals(unit)	2	2	0.0
卫生院(所)	Township Hospitals(unit)	24	22	-8.3
床位数(张)	Number of Beds(unit)	725	741	2.2
#医院(张)	Hospitals(unit)	348	348	0.0
卫生院(张)	Township Hospitals(unit)	357	373	4.5
卫生技术人员(人)	Medical Technical Presonnel(person)	966	1023	5.9
#医院(人)	Hospitals(person)	450	475	5.6
卫生院(人)	Township Hospitals(person)	411	435	5.8

23-58 赤峰市巴林右旗

指 标	Item	2008	2009	2009年比上年增长% Increase Rate in 2009 Over 2008(%)
行政区域土地面积(平方公里)	**Area of Administration(Sq.km)**	**9837**	**9837**	**0.0**
人口和就业	**Population & Employment**			
年末总人口(人)	Total Population Year-end(person)	182537	183507	0.5
# 男性(人)	Male(person)	93178	93609	0.5
# 乡村人口(人)	Rural(person)	125257	125942	0.5
年末总户数(户)	Total Number of Households at the Year-end(Household)	66569	69093	3.8
# 乡村户数(户)	Number of Rural Household(Household)	35173	36138	2.7
出生人口(人)	Births(person)	2005	1933	-3.6
死亡人口(人)	Deaths(person)	648	855	31.9
全社会就业人员(人)	Employment(person)	81676	85858	5.1
第一产业(人)	Primary Industry(person)	43016	46914	9.1
第二产业(人)	Secondary Industry(person)	7393	7459	0.9
第三产业(人)	Tertiary Industry(person)	31267	31485	0.7
在岗职工人数(人)	Number of Staff & Workers Employed in(person)	18085	18748	3.7
乡村劳动力(人)	Number of Rural Laborers(person)	47670	53166	11.5
# 农林牧渔业(人)	Farming,Forestry,Animal Husbandry & Fishery(person)	43016	46914	9.1
国民经济综合指标	**Summary Item on the National Economy**			
生产总值(万元)	Gross Domestic Product(10 000 yuan)	298229	348282	19.0
第一产业(万元)	Primary Industry(10 000 yuan)	58651	60990	4.6
第二产业(万元)	Secondary Industry(10 000 yuan)	135769	171557	33.4
# 工业(万元)	Industry(10 000 yuan)	102566	127197	32.3
第三产业(万元)	Tertiary Industry(10 000 yuan)	103809	115735	11.3
人均生产总值(元)	Per Capita GDP(yuan)	16474	19030	18.3
全社会固定资产投资(万元)	Total Investment in Fixed Assets(10 000 yuan)	398127	507366	27.4
按登记注册类型分	Grouped by Registered Type			
# 国有(万元)	State-owned Enterprises(10 000 yuan)	321791	220366	-31.5
集体(万元)	Collective-owned Enterprises(10 000 yuan)		1500	
有限责任公司(万元)	Limited Liability Corporations(10 000 yuan)	31865	281500	783.4
股份有限公司(万元)	Share Holding Enterprises(10 000 yuan)	15600	4000	-74.4
私营企业(万元)	Private Enterprises(10 000 yuan)			
外商及港澳台投资企业(万元)	Funds from HK,Macao,Taiwan & Foreign(10 000 yuan)			
按城乡渠道分	Grouped by Urban and Rural Area			
城镇（万元）	Urban(10 000 yuan)	395127	504066	27.6
农村（万元）	Rural(10 000 yuan)	3000	3300	10.0
一般预算收入(万元)	General Budgetary Financial Revenue(10 000 yuan)	17005	20094	18.2
一般预算支出(万元)	General Budgetary Financial Expenditures(10 000 yuan)	91068	118699	30.3
城乡居民储蓄存款余额(万元)	Resident Saving Deposit in Urban & Rural(10 000 yuan)	94034	122242	30.0
在岗职工工资总额(万元)	Total Wages of Staff & Workers Employed in(10 000 yuan)	34369	44710	30.1
在岗职工平均工资(元)	Average Wage of Staff & Workers Employed in(yuan)	18496	23819	28.8
农牧民人均纯收入(元)	Per Capita Net Income of Peasant & Herdsman(yuan)	4256	4489	5.5
农村牧区经济	**Economic Development in Rural & Pastoral Area**			
耕地面积(公顷)	Cultivated Area(hectare)	47193	88736	88.0
农作物总播种面积(公顷)	Total Sown Area(hectare)	58495	59495	1.7
# 粮食作物播种面积(公顷)	Sown Area of Grain Crops(hectare)	43428	43954	1.2
有效灌溉面积(公顷)	Irrigated Area(hectare)	10961	23073	110.5
农牧业机械总动力(万千瓦)	Total Power of Agricultural Machinery(10 000 kw)	27.30	27.70	1.5
化肥施用折纯量(吨)	Consumption of Chemical Fertilizer(ton)	7514	7338	-2.3
农村用电量(万千瓦小时)	Electricity Consumed in Rural Area(10 000 kwh)	2146	2027	-5.5
农林牧渔业总产值(万元)	Gross Output of Farming,Forestry,Animal Husbandry & Fishery(10 000 yuan)	98369	101624	4.5
粮食产量(吨)	Yield of Grain(ton)	105055	73332	-30.2
油料产量(吨)	Yield of Oil-bearing Grops(ton)	15562	3396	-78.2
甜菜产量(吨)	Yield of Beetroots(ton)	7057	890	-87.4
猪牛羊肉产量(吨)	Output of Pork, Beef & Mutton(ton)	24650	29594	20.1
# 猪肉产量(吨)	Output of Pork(ton)	2750	2890	5.1
牛肉产量(吨)	Output of Beef(ton)	6556	10795	64.7
羊肉产量(吨)	Output of Mutton(ton)	15344	15909	3.7
羊毛产量(吨)	Output of Wool(ton)	1709	2192	28.3

23-58 Balinyou Banner in Chifeng City

指 标	Item	2008	2009	2009年比上年增长% Increase Rate in 2009 Over 2008(%)
年末牲畜存栏头数(万头只)	Total Livestock at the Year-end(10 000 heads)	108.19	103.77	-4.1
# 大牲畜(万头只)	Large Animals(10 000 heads)	14.25	14.42	1.2
羊(万只)	Sheep & Goats(10 000 heads)	91.04	86.37	-5.1
猪(万头)	Hogs(10 000 heads)	2.90	2.97	2.4
规模以上工业	**Industrial Enterprises above Designated size**			
工业企业单位数(个)	Number of Industrial Enterprises(unit)	16	18	12.5
# 内资企业(个)	Civil Funded Enterprises(unit)	16	18	12.5
工业总产值(万元)	Gross Industrial Output Value(10 000 yuan)	232005	292641	26.1
内资企业(万元)	Civil Funded Enterprises(10 000 yuan)	232005	292641	26.1
国有企业(万元)	State-owned Enterprises(10 000 yuan)	5698	6501	14.1
集体企业(万元)	Collective-owned Enterprises(10 000 yuan)			
股份合作企业(万元)	Share Holding Enterprises(10 000 yuan)			
联营企业(万元)	Joint Owned Enterprises(10 000 yuan)			
有限责任公司(万元)	Limited Company(10 000 yuan)	96174	145704	51.5
股份有限公司(万元)	Share Holding Limited Company(10 000 yuan)	130133	140436	7.9
私营企业(万元)	Privately Owned Enterprises(10 000 yuan)			
其他企业(万元)	Enterprises of Other Ownership(10 000 yuan)			
港澳台商投资企业(万元)	Funds from HK,Macao & Taiwan(10 000 yuan)			
外商投资企业(万元)	Foreign Funded Enterprises(10 000 yuan)			
工业企业增加值(万元)	Value Added of Industrial Enterprises(10 000 yuan)	80828	106297	40.8
工业企业资产总计(万元)	Total Assets of Industrial Enterprises(10 000 yuan)	95485	98311	3.0
工业企业负债合计(万元)	Total Liabilities of Industrial Enterprises(10 000 yuan)	47102	69853	48.3
工业企业产品销售收入(万元)	Sales of Revenue Industrial Enterprises(10 000 yuan)	231697	289470	24.9
工业企业利润总额(万元)	Total Profits of Industrial Enterprises(10 000 yuan)	52269	68815	31.7
建筑业	**Construction**			
建筑企业单位数(个)	Number of Construction Enterprises(unit)	7	7	0.0
建筑企业从业人员(人)	Number of Employee in Construction Enterprises(person)	4361	4666	7.0
建筑业总产值(万元)	Gross Construction Output Value(10 000 yuan)	64012	61768	-3.5
交通运输邮电通信业	**Transportation,Post & Telecommunications**			
公路里程(公里)	Total Length of Highways(km)	1748	1984	13.5
邮电业务总量(万元)	Business Volume of Post & Telecoms(10 000 yuan)	7594	8198	8.0
本地电话用户(户)	Number of Subscribers of Local Telephone(Household)	18000	18000	0.0
国内贸易	**Domestic Trade**			
社会消费品零售总额(万元)	Total Retail Sales of Consumer Goods(10 000 yuan)	90572	107927	19.2
# 贸易业(万元)	Wholesale & Retail Sales Trades(10 000 yuan)	63255	70730	11.8
餐饮业(万元)	Catering Trade(10 000 yuan)	25205	28127	11.6
科技教育卫生	**Science,Education & Public Health**			
各类专业技术人员(人)	Special Technical Personnel(person)	5117	5429	6.1
幼儿园数(所)	Number of Kindergartens(unit)	19	19	0.0
学龄儿童入学率(%)	Percentage of School-Age Children Enrolled(%)	100.0	100.0	0.0
小学学校数(所)	Number of Primary Schools(unit)	23	24	4.3
小学专任教师数(人)	Number of Full-time Teachers of Primary Schools(person)	1344	1313	-2.3
小学在校学生数(人)	Number of Student Enrollment of Primary Schools(person)	13369	12729	-4.8
普通中学学校数(所)	Number of Regular Secondary Schools(unit)	10	6	-40.0
普通中学专任教师数(人)	Number of Teachers of Secondary Shools(person)	838	822	-1.9
初中在校学生数(人)	Number of Student in Junior Secondary Schools(person)	6418	5721	-10.9
高中在校学生数(人)	Number of Student in Senior Secondary Schools(person)	5342	4624	-13.4
卫生机构数(所)	Number of Health Institutions(unit)	39	49	25.6
# 医院(所)	Hospitals(unit)	5	4	-20.0
卫生院(所)	Township Hospitals(unit)	30	16	-46.7
床位数(张)	Number of Beds(unit)	530	492	-7.2
# 医院(张)	Hospitals(unit)	303	344	13.5
卫生院(张)	Township Hospitals(unit)	227	148	-34.8
卫生技术人员(人)	Medical Technical Presonnel(person)	643	665	3.4
# 医院(人)	Hospitals(person)	382	332	-13.1
卫生院(人)	Township Hospitals(person)	251	244	-2.8

23-59 赤峰市林西县

指 标	Item	2008	2009	2009年比上年增长% Increase Rate in 2009 Over 2008(%)
行政区域土地面积(平方公里)	**Area of Administration(Sq.km)**	**3933**	**3933**	**0.0**
人口和就业	**Population & Employment**			
年末总人口(人)	Total Population Year-end(person)	240193	241301	0.5
# 男性(人)	Male(person)	121629	122057	0.4
# 乡村人口(人)	Rural(person)	188038	159064	-15.4
年末总户数(户)	Total Number of Households at the Year-end(Household)	86528	91251	5.5
# 乡村户数(户)	Number of Rural Household(Household)	52500	56754	8.1
出生人口(人)	Births(person)	2394	2230	-6.9
死亡人口(人)	Deaths(person)	412	871	111.4
全社会就业人员(人)	Employment(person)	119869	120207	0.3
第一产业(人)	Primary Industry(person)	62873	62421	-0.7
第二产业(人)	Secondary Industry(person)	19310	22069	14.3
第三产业(人)	Tertiary Industry(person)	37686	35717	-5.2
在岗职工人数(人)	Number of Staff & Workers Employed in(person)	19321	19304	-0.1
乡村劳动力(人)	Number of Rural Laborers(person)	92868	90439	-2.6
# 农林牧渔业(人)	Farming,Forestry,Animal Husbandry & Fishery(person)	62873	62421	-0.7
国民经济综合指标	**Summary Item on the National Economy**			
生产总值(万元)	Gross Domestic Product(10 000 yuan)	285549	329937	17.5
第一产业(万元)	Primary Industry(10 000 yuan)	61975	64695	5.0
第二产业(万元)	Secondary Industry(10 000 yuan)	104147	131099	33.7
# 工业(万元)	Industry(10 000 yuan)	87600	108183	31.8
第三产业(万元)	Tertiary Industry(10 000 yuan)	119427	134143	11.7
人均生产总值(元)	Per Capita GDP(yuan)	11362	13707	17.3
全社会固定资产投资(万元)	Total Investment in Fixed Assets(10 000 yuan)	210000	262500	25.0
按登记注册类型分	Grouped by Registered Type			
# 国有(万元)	State-owned Enterprises(10 000 yuan)	61150	108649	77.7
集体(万元)	Collective-owned Enterprises(10 000 yuan)	6000		
有限责任公司(万元)	Limited Liability Corporations(10 000 yuan)			
股份有限公司(万元)	Share Holding Enterprises(10 000 yuan)	31500	23900	-24.1
私营企业(万元)	Private Enterprises(10 000 yuan)	92050	76980	-16.4
外商及港澳台投资企业(万元)	Funds from HK,Macao,Taiwan & Foreign(10 000 yuan)			
按城乡渠道分	Grouped by Urban and Rural Area			
城镇(万元)	Urban(10 000 yuan)	190700	212329	11.3
农村(万元)	Rural(10 000 yuan)	19300	50171	160.0
一般预算收入(万元)	General Budgetary Financial Revenue(10 000 yuan)	10648	15250	43.2
一般预算支出(万元)	General Budgetary Financial Expenditures(10 000 yuan)	83665	98468	17.7
城乡居民储蓄存款余额(万元)	Resident Saving Deposit in Urban & Rural(10 000 yuan)	132807	154274	16.2
在岗职工工资总额(万元)	Total Wages of Staff & Workers Employed in(10 000 yuan)	32325	46954	45.3
在岗职工平均工资(元)	Average Wage of Staff & Workers Employed in(yuan)	16800	24216	44.1
农牧民人均纯收入(元)	Per Capita Net Income of Peasant & Herdsman(yuan)	3935	4325	9.9
农村牧区经济	**Economic Development in Rural & Pastoral Area**			
耕地面积(公顷)	Cultivated Area(hectare)	79602	61333	-23.0
农作物总播种面积(公顷)	Total Sown Area(hectare)	62667	63333	1.1
# 粮食作物播种面积(公顷)	Sown Area of Grain Crops(hectare)	41553	45440	9.4
有效灌溉面积(公顷)	Irrigated Area(hectare)	22498	25838	14.8
农牧业机械总动力(万千瓦)	Total Power of Agricultural Machinery(10 000 kw)	23.40	24.70	5.6
化肥施用折纯量(吨)	Consumption of Chemical Fertilizer(ton)	22949	14901	-35.1
农村用电量(万千瓦小时)	Electricity Consumed in Rural Area(10 000 kwh)	7608	8088	6.3
农林牧渔业总产值(万元)	Gross Output of Farming,Forestry,Animal Husbandry & Fishery(10 000 yuan)	104001	107537	4.6
粮食产量(吨)	Yield of Grain(ton)	205068	155022	-24.4
油料产量(吨)	Yield of Oil-bearing Grops(ton)	21336	8572	-59.8
甜菜产量(吨)	Yield of Beetroots(ton)	228432	150390	-34.2
猪牛羊肉产量(吨)	Output of Pork, Beef & Mutton(ton)	17948	18521	3.2
# 猪肉产量(吨)	Output of Pork(ton)	6282	6341	0.9
牛肉产量(吨)	Output of Beef(ton)	5389	7158	32.8
羊肉产量(吨)	Output of Mutton(ton)	6277	5022	-20.0
羊毛产量(吨)	Output of Wool(ton)	1382	1035	-25.1

23-59 Linxi County in Chifeng City

指 标	Item	2008	2009	2009年比上年增长% Increase Rate in 2009 Over 2008(%)
年末牲畜存栏头数(万头只)	Total Livestock at the Year-end(10 000 heads)	51.65	53.78	4.1
#大牲畜(万头只)	Large Animals(10 000 heads)	12.33	12.50	1.4
羊(万只)	Sheep & Goats(10 000 heads)	31.18	33.40	7.1
猪(万头)	Hogs(10 000 heads)	8.14	7.80	-4.2
规模以上工业	**Industrial Enterprises above Designated size**			
工业企业单位数(个)	Number of Industrial Enterprises(unit)	32	32	0.0
#内资企业(个)	Civil Funded Enterprises(unit)	32	32	0.0
工业总产值(万元)	Gross Industrial Output Value(10 000 yuan)	165060	217461	31.7
内资企业(万元)	Civil Funded Enterprises(10 000 yuan)	165060	217461	31.7
国有企业(万元)	State-owned Enterprises(10 000 yuan)	9630	11142	15.7
集体企业(万元)	Collective-owned Enterprises(10 000 yuan)			
股份合作企业(万元)	Share Holding Enterprises(10 000 yuan)			
联营企业(万元)	Joint Owned Enterprises(10 000 yuan)			
有限责任公司(万元)	Limited Company(10 000 yuan)	154046	201699	30.9
股份有限公司(万元)	Share Holding Limited Company(10 000 yuan)			
私营企业(万元)	Privately Owned Enterprises(10 000 yuan)	1384	4620	233.8
其他企业(万元)	Enterprises of Other Ownership(10 000 yuan)			
港澳台商投资企业(万元)	Funds from HK,Macao & Taiwan(10 000 yuan)			
外商投资企业(万元)	Foreign Funded Enterprises(10 000 yuan)			
工业企业增加值(万元)	Value Added of Industrial Enterprises(10 000 yuan)	59000	75583	40.1
工业企业资产总计(万元)	Total Assets of Industrial Enterprises(10 000 yuan)	156056	170210	9.1
工业企业负债合计(万元)	Total Liabilities of Industrial Enterprises(10 000 yuan)	87155	99101	13.7
工业企业产品销售收入(万元)	Sales of Revenue Industrial Enterprises(10 000 yuan)	163314	218541	33.8
工业企业利润总额(万元)	Total Profits of Industrial Enterprises(10 000 yuan)	19341	13948	-27.9
建筑业	**Construction**			
建筑企业单位数(个)	Number of Construction Enterprises(unit)	2	2	0.0
建筑企业从业人员(人)	Number of Employee in Construction Enterprises(person)	555	730	31.5
建筑业总产值(万元)	Gross Construction Output Value(10 000 yuan)	12960	18080	39.5
交通运输邮电通信业	**Transportation,Post & Telecommunications**			
公路里程(公里)	Total Length of Highways(km)	527	527	0.0
邮电业务总量(万元)	Business Volume of Post & Telecoms(10 000 yuan)	6070	6925	14.1
本地电话用户(户)	Number of Subscribers of Local Telephone(Household)	19540	21000	7.5
国内贸易	**Domestic Trade**			
社会消费品零售总额(万元)	Total Retail Sales of Consumer Goods(10 000 yuan)	114365	133235	16.5
#贸易业(万元)	Wholesale & Retail Sales Trades(10 000 yuan)	100452	114178	13.7
餐饮业(万元)	Catering Trade(10 000 yuan)	14183	16737	18.0
科技教育卫生	**Science,Education & Public Health**			
各类专业技术人员(人)	Special Technical Personnel(person)	8610	8782	2.0
幼儿园数(所)	Number of Kindergartens(unit)	28	28	0.0
学龄儿童入学率(%)	Percentage of School-Age Children Enrolled(%)	100.0	100.0	0.0
小学学校数(所)	Number of Primary Schools(unit)	22	22	0.0
小学专任教师数(人)	Number of Full-time Teachers of Primary Schools(person)	955	1224	28.2
小学在校学生数(人)	Number of Student Enrollment of Primary Schools(person)	16144	16218	0.5
普通中学学校数(所)	Number of Regular Secondary Schools(unit)	4	4	0.0
普通中学专任教师数(人)	Number of Teachers of Secondary Shools(person)	826	922	11.6
初中在校学生数(人)	Number of Student in Junior Secondary Schools(person)	9483	9142	-3.6
高中在校学生数(人)	Number of Student in Senior Secondary Schools(person)	5524	5721	3.6
卫生机构数(所)	Number of Health Institutions(unit)	37	37	0.0
#医院(所)	Hospitals(unit)	5	5	0.0
卫生院(所)	Township Hospitals(unit)	12	12	0.0
床位数(张)	Number of Beds(unit)	759	729	-4.0
#医院(张)	Hospitals(unit)	520	520	0.0
卫生院(张)	Township Hospitals(unit)	209	209	0.0
卫生技术人员(人)	Medical Technical Presonnel(person)	814	925	13.6
#医院(人)	Hospitals(person)	487	487	0.0
卫生院(人)	Township Hospitals(person)	204	204	0.0

23-60 赤峰市克什克腾旗

指 标	Item	2008	2009	2009年比上年增长% Increase Rate in 2009 Over 2008(%)
行政区域土地面积(平方公里)	**Area of Administration(Sq.km)**	**20673**	**20673**	**0.0**
人口和就业	**Population & Employment**			
年末总人口(人)	Total Population Year-end(person)	256153	256412	0.1
#男性(人)	Male(person)	131789	131356	-0.3
#乡村人口(人)	Rural(person)	201546	204441	1.4
年末总户数(户)	Total Number of Households at the Year-end(Household)	73747	84343	14.4
#乡村户数(户)	Number of Rural Household(Household)	57785	57589	-0.3
出生人口(人)	Births(person)	1447	1761	21.7
死亡人口(人)	Deaths(person)	717	1179	64.4
全社会就业人员(人)	Employment(person)	138995	141357	1.7
第一产业(人)	Primary Industry(person)	85360	85150	-0.2
第二产业(人)	Secondary Industry(person)	13507	14416	6.7
第三产业(人)	Tertiary Industry(person)	40128	41791	4.1
在岗职工人数(人)	Number of Staff & Workers Employed in(person)	12831	13040	1.6
乡村劳动力(人)	Number of Rural Laborers(person)	110602	104497	-5.5
#农林牧渔业(人)	Farming,Forestry,Animal Husbandry & Fishery(person)	84570	80550	-4.8
国民经济综合指标	**Summary Item on the National Economy**			
生产总值(万元)	Gross Domestic Product(10 000 yuan)	640945	737388	16.5
第一产业(万元)	Primary Industry(10 000 yuan)	93689	96770	8.7
第二产业(万元)	Secondary Industry(10 000 yuan)	395394	460534	17.8
#工业(万元)	Industry(10 000 yuan)	355194	399382	15.1
第三产业(万元)	Tertiary Industry(10 000 yuan)	151862	180084	20.6
人均生产总值(元)	Per Capita GDP(yuan)	22841	28772	25.9
全社会固定资产投资(万元)	Total Investment in Fixed Assets(10 000 yuan)	502760	699431	39.1
按登记注册类型分	Grouped by Registered Type			
#国有(万元)	State-owned Enterprises(10 000 yuan)	70510	80166	13.7
集体(万元)	Collective-owned Enterprises(10 000 yuan)	260		
有限责任公司(万元)	Limited Liability Corporations(10 000 yuan)	349201	547868	56.9
股份有限公司(万元)	Share Holding Enterprises(10 000 yuan)	64732	51400	-20.6
私营企业(万元)	Private Enterprises(10 000 yuan)	18057	19997	10.7
外商及港澳台投资企业(万元)	Funds from HK,Macao,Taiwan & Foreign(10 000 yuan)			
按城乡渠道分	Grouped by Urban and Rural Area			
城镇（万元）	Urban(10 000 yuan)	470224	642382	36.6
农村（万元）	Rural(10 000 yuan)	32536	57049	75.3
一般预算收入(万元)	General Budgetary Financial Revenue(10 000 yuan)	39352	44744	13.7
一般预算支出(万元)	General Budgetary Financial Expenditures(10 000 yuan)	110886	135295	22.0
城乡居民储蓄存款余额(万元)	Resident Saving Deposit in Urban & Rural(10 000 yuan)	126619	299865	136.8
在岗职工工资总额(万元)	Total Wages of Staff & Workers Employed in(10 000 yuan)	30390	39438	29.8
在岗职工平均工资(元)	Average Wage of Staff & Workers Employed in(yuan)	24085	30244	25.6
农牧民人均纯收入(元)	Per Capita Net Income of Peasant & Herdsman(yuan)	4406	4725	7.2
农村牧区经济	**Economic Development in Rural & Pastoral Area**			
耕地面积(公顷)	Cultivated Area(hectare)	70813	74538	5.3
农作物总播种面积(公顷)	Total Sown Area(hectare)	68541	69541	1.5
#粮食作物播种面积(公顷)	Sown Area of Grain Crops(hectare)	56765	56349	-0.7
有效灌溉面积(公顷)	Irrigated Area(hectare)	2803	3015	7.6
农牧业机械总动力(万千瓦)	Total Power of Agricultural Machinery(10 000 kw)	23.50	26.30	11.9
化肥施用折纯量(吨)	Consumption of Chemical Fertilizer(ton)	5551	6687	20.5
农村用电量(万千瓦小时)	Electricity Consumed in Rural Area(10 000 kwh)	2662	3571	34.1
农林牧渔业总产值(万元)	Gross Output of Farming,Forestry,Animal Husbandry & Fishery(10 000 yuan)	157156	161728	4.1
粮食产量(吨)	Yield of Grain(ton)	114314	113727	-0.5
油料产量(吨)	Yield of Oil-bearing Grops(ton)	6482	4607	-28.9
甜菜产量(吨)	Yield of Beetroots(ton)	5657	3440	-39.2
猪牛羊肉产量(吨)	Output of Pork, Beef & Mutton(ton)	22719	16127	-29.0
#猪肉产量(吨)	Output of Pork(ton)	3959	3679	-7.1
牛肉产量(吨)	Output of Beef(ton)	11366	8141	-28.4
羊肉产量(吨)	Output of Mutton(ton)	7394	4307	-41.8
羊毛产量(吨)	Output of Wool(ton)	4580	2311	-49.5

23-60 Keshiketeng Banner in Chifeng City

指 标	Item	2008	2009	2009年比上年增长% Increase Rate in 2009 Over 2008(%)
年末牲畜存栏头数(万头只)	Total Livestock at the Year-end(10 000 heads)	79.88	92.09	15.3
#大牲畜(万头只)	Large Animals(10 000 heads)	18.10	17.69	-2.3
羊(万只)	Sheep & Goats(10 000 heads)	57.78	70.36	21.8
猪(万头)	Hogs(10 000 heads)	4.00	4.05	1.2
规模以上工业	**Industrial Enterprises above Designated size**			
工业企业单位数(个)	Number of Industrial Enterprises(unit)	30	32	6.7
#内资企业(个)	Civil Funded Enterprises(unit)	30	32	6.7
工业总产值(万元)	Gross Industrial Output Value(10 000 yuan)	717247	831843	16.0
内资企业(万元)	Civil Funded Enterprises(10 000 yuan)	717247	831843	16.0
国有企业(万元)	State-owned Enterprises(10 000 yuan)	20595	22596	9.7
集体企业(万元)	Collective-owned Enterprises(10 000 yuan)			
股份合作企业(万元)	Share Holding Enterprises(10 000 yuan)			
联营企业(万元)	Joint Owned Enterprises(10 000 yuan)			
有限责任公司(万元)	Limited Company(10 000 yuan)	663026	672970	1.5
股份有限公司(万元)	Share Holding Limited Company(10 000 yuan)	17765	92357	419.9
私营企业(万元)	Privately Owned Enterprises(10 000 yuan)	15861	43920	176.9
其他企业(万元)	Enterprises of Other Ownership(10 000 yuan)			
港澳台商投资企业(万元)	Funds from HK,Macao & Taiwan(10 000 yuan)			
外商投资企业(万元)	Foreign Funded Enterprises(10 000 yuan)			
工业企业增加值(万元)	Value Added of Industrial Enterprises(10 000 yuan)	305224	359282	20.0
工业企业资产总计(万元)	Total Assets of Industrial Enterprises(10 000 yuan)	803892	1166979	45.2
工业企业负债合计(万元)	Total Liabilities of Industrial Enterprises(10 000 yuan)	359932	372587	3.5
工业企业产品销售收入(万元)	Sales of Revenue Industrial Enterprises(10 000 yuan)	687997	804855	17.0
工业企业利润总额(万元)	Total Profits of Industrial Enterprises(10 000 yuan)	187612	167228	-10.9
建筑业	**Construction**			
建筑企业单位数(个)	Number of Construction Enterprises(unit)	4	4	0.0
建筑企业从业人员(人)	Number of Employee in Construction Enterprises(person)	4642	3502	-24.6
建筑业总产值(万元)	Gross Construction Output Value(10 000 yuan)	30079	42965	42.8
交通运输邮电通信业	**Transportation,Post & Telecommunications**			
公路里程(公里)	Total Length of Highways(km)	1432	1432	0.0
邮电业务总量(万元)	Business Volume of Post & Telecoms(10 000 yuan)	2308	3020	30.8
本地电话用户(户)	Number of Subscribers of Local Telephone(Household)	38170	21346	-44.1
国内贸易	**Domestic Trade**			
社会消费品零售总额(万元)	Total Retail Sales of Consumer Goods(10 000 yuan)	118449	139400	17.7
#贸易业(万元)	Wholesale & Retail Sales Trades(10 000 yuan)	92606	108354	17.0
餐饮业(万元)	Catering Trade(10 000 yuan)	23945	29331	22.5
科技教育卫生	**Science,Education & Public Health**			
各类专业技术人员(人)	Special Technical Personnel(person)	6239	8100	29.8
幼儿园数(所)	Number of Kindergartens(unit)	1	1	0.0
学龄儿童入学率(%)	Percentage of School-Age Children Enrolled(%)	100.0	100.0	0.0
小学学校数(所)	Number of Primary Schools(unit)	57	51	-10.5
小学专任教师数(人)	Number of Full-time Teachers of Primary Schools(person)	1244	1180	-5.1
小学在校学生数(人)	Number of Student Enrollment of Primary Schools(person)	13811	12119	-12.3
普通中学学校数(所)	Number of Regular Secondary Schools(unit)	14	11	-21.4
普通中学专任教师数(人)	Number of Teachers of Secondary Shools(person)	1030	923	-10.4
初中在校学生数(人)	Number of Student in Junior Secondary Schools(person)	8516	7510	-11.8
高中在校学生数(人)	Number of Student in Senior Secondary Schools(person)	4935	4725	-4.3
卫生机构数(所)	Number of Health Institutions(unit)	29	29	0.0
#医院(所)	Hospitals(unit)	2	2	0.0
卫生院(所)	Township Hospitals(unit)	21	21	0.0
床位数(张)	Number of Beds(unit)	812	1022	25.9
#医院(张)	Hospitals(unit)	220	340	54.5
卫生院(张)	Township Hospitals(unit)	322	412	28.0
卫生技术人员(人)	Medical Technical Presonnel(person)	776	869	12.0
#医院(人)	Hospitals(person)	265	331	24.9
卫生院(人)	Township Hospitals(person)	286	296	3.5

23-61 赤峰市翁牛特旗

指 标	Item	2008	2009	2009年比上年增长% Increase Rate in 2009 Over 2008(%)
行政区域土地面积(平方公里)	**Area of Administration(Sq.km)**	**11882**	**11882**	**0.0**
人口和就业	**Population & Employment**			
年末总人口(人)	Total Population Year-end(person)	478295	481584	0.7
# 男性(人)	Male(person)	246263	248188	0.8
# 乡村人口(人)	Rural(person)	424825	414488	-2.4
年末总户数(户)	Total Number of Households at the Year-end(Household)	145457	157068	8.0
# 乡村户数(户)	Number of Rural Household(Household)	108347	112554	3.9
出生人口(人)	Births(person)	5634	5217	-7.4
死亡人口(人)	Deaths(person)	1985	1724	-13.1
全社会就业人员(人)	Employment(person)	219816	227690	3.6
第一产业(人)	Primary Industry(person)	125632	125883	0.2
第二产业(人)	Secondary Industry(person)	44721	50228	12.3
第三产业(人)	Tertiary Industry(person)	49463	51579	4.3
在岗职工人数(人)	Number of Staff & Workers Employed in(person)	23498	23825	1.4
乡村劳动力(人)	Number of Rural Laborers(person)	224571	227063	1.1
# 农林牧渔业(人)	Farming,Forestry,Animal Husbandry & Fishery(person)	145898	146325	0.3
国民经济综合指标	**Summary Item on the National Economy**			
生产总值(万元)	Gross Domestic Product(10 000 yuan)	629012	697079	13.3
第一产业(万元)	Primary Industry(10 000 yuan)	214379	223280	4.8
第二产业(万元)	Secondary Industry(10 000 yuan)	242551	283901	24.2
# 工业(万元)	Industry(10 000 yuan)	207603	238955	22.8
第三产业(万元)	Tertiary Industry(10 000 yuan)	172082	189898	9.9
人均生产总值(元)	Per Capita GDP(yuan)	13196	14524	12.3
全社会固定资产投资(万元)	Total Investment in Fixed Assets(10 000 yuan)	391813	485000	23.8
按登记注册类型分	Grouped by Registered Type			
# 国有(万元)	State-owned Enterprises(10 000 yuan)	60892	169235	177.9
集体(万元)	Collective-owned Enterprises(10 000 yuan)		13575	
有限责任公司(万元)	Limited Liability Corporations(10 000 yuan)	178278		
股份有限公司(万元)	Share Holding Enterprises(10 000 yuan)			
私营企业(万元)	Private Enterprises(10 000 yuan)	102197	71387	-30.1
外商及港澳台投资企业(万元)	Funds from HK,Macao,Taiwan & Foreign(10 000 yuan)	3000		
按城乡渠道分	Grouped by Urban and Rural Area			
城镇（万元）	Urban(10 000 yuan)	355555	441970	24.3
农村（万元）	Rural(10 000 yuan)	36258	43030	18.7
一般预算收入(万元)	General Budgetary Financial Revenue(10 000 yuan)	17117	18825	10.0
一般预算支出(万元)	General Budgetary Financial Expenditures(10 000 yuan)	130718	149568	14.4
城乡居民储蓄存款余额(万元)	Resident Saving Deposit in Urban & Rural(10 000 yuan)	170723	209027	22.4
在岗职工工资总额(万元)	Total Wages of Staff & Workers Employed in(10 000 yuan)	42514	50189	18.1
在岗职工平均工资(元)	Average Wage of Staff & Workers Employed in(yuan)	18275	21082	15.4
农牧民人均纯收入(元)	Per Capita Net Income of Peasant & Herdsman(yuan)	4280	4533	5.9
农村牧区经济	**Economic Development in Rural & Pastoral Area**			
耕地面积(公顷)	Cultivated Area(hectare)	130585	147830	13.2
农作物总播种面积(公顷)	Total Sown Area(hectare)	130793	132293	1.1
# 粮食作物播种面积(公顷)	Sown Area of Grain Crops(hectare)	97473	94311	-3.2
有效灌溉面积(公顷)	Irrigated Area(hectare)	34614	59595	72.2
农牧业机械总动力(万千瓦)	Total Power of Agricultural Machinery(10 000 kw)	54.88	52.20	-4.9
化肥施用折纯量(吨)	Consumption of Chemical Fertilizer(ton)	22680	27226	20.0
农村用电量(万千瓦小时)	Electricity Consumed in Rural Area(10 000 kwh)	10597	10621	0.2
农林牧渔业总产值(万元)	Gross Output of Farming,Forestry,Animal Husbandry & Fishery(10 000 yuan)	359750	374693	5.4
粮食产量(吨)	Yield of Grain(ton)	525518	471551	-10.3
油料产量(吨)	Yield of Oil-bearing Grops(ton)	37162	34125	-8.2
甜菜产量(吨)	Yield of Beetroots(ton)	94017	43393	-53.8
猪牛羊肉产量(吨)	Output of Pork, Beef & Mutton(ton)	40370	40095	-0.7
# 猪肉产量(吨)	Output of Pork(ton)	22667	19549	-13.8
牛肉产量(吨)	Output of Beef(ton)	8674	11316	30.5
羊肉产量(吨)	Output of Mutton(ton)	9029	9230	2.2
羊毛产量(吨)	Output of Wool(ton)	2134	2237	4.8

23-61 Wengniute Banner in Chifeng City

指 标	Item	2008	2009	2009年比上年增长% Increase Rate in 2009 Over 2008(%)
年末牲畜存栏头数(万头只)	Total Livestock at the Year-end(10 000 heads)	129.13	128.87	-0.2
#大牲畜(万头只)	Large Animals(10 000 heads)	23.66	24.02	1.5
羊(万只)	Sheep & Goats(10 000 heads)	92.39	91.45	-1.0
猪(万头)	Hogs(10 000 heads)	13.08	13.40	2.4
规模以上工业	**Industrial Enterprises above Designated size**			
工业企业单位数(个)	Number of Industrial Enterprises(unit)	46	46	0.0
#内资企业(个)	Civil Funded Enterprises(unit)	45	45	0.0
工业总产值(万元)	Gross Industrial Output Value(10 000 yuan)	449138	531718	18.4
内资企业(万元)	Civil Funded Enterprises(10 000 yuan)	436332	513935	17.8
国有企业(万元)	State-owned Enterprises(10 000 yuan)	12226	12637	3.4
集体企业(万元)	Collective-owned Enterprises(10 000 yuan)			
股份合作企业(万元)	Share Holding Enterprises(10 000 yuan)	7007	10619	51.5
联营企业(万元)	Joint Owned Enterprises(10 000 yuan)			
有限责任公司(万元)	Limited Company(10 000 yuan)	235251	288751	22.7
股份有限公司(万元)	Share Holding Limited Company(10 000 yuan)	53387	47879	-10.3
私营企业(万元)	Privately Owned Enterprises(10 000 yuan)	128461	154049	19.9
其他企业(万元)	Enterprises of Other Ownership(10 000 yuan)			
港澳台商投资企业(万元)	Funds from HK,Macao & Taiwan(10 000 yuan)	12806	17783	38.9
外商投资企业(万元)	Foreign Funded Enterprises(10 000 yuan)			
工业企业增加值(万元)	Value Added of Industrial Enterprises(10 000 yuan)	150644	182455	30.2
工业企业资产总计(万元)	Total Assets of Industrial Enterprises(10 000 yuan)	255711	281734	10.2
工业企业负债合计(万元)	Total Liabilities of Industrial Enterprises(10 000 yuan)	128853	146559	13.7
工业企业产品销售收入(万元)	Sales of Revenue Industrial Enterprises(10 000 yuan)	454030	531616	17.1
工业企业利润总额(万元)	Total Profits of Industrial Enterprises(10 000 yuan)	31434	42712	35.9
建筑业	**Construction**			
建筑企业单位数(个)	Number of Construction Enterprises(unit)	7	7	0.0
建筑企业从业人员(人)	Number of Employee in Construction Enterprises(person)	8369	4898	-41.5
建筑业总产值(万元)	Gross Construction Output Value(10 000 yuan)	69423	69150	-0.4
交通运输邮电通信业	**Transportation,Post & Telecommunications**			
公路里程(公里)	Total Length of Highways(km)	3428	3458	0.9
邮电业务总量(万元)	Business Volume of Post & Telecoms(10 000 yuan)	9148	11783	28.8
本地电话用户(户)	Number of Subscribers of Local Telephone(Household)	29952	30017	0.2
国内贸易	**Domestic Trade**			
社会消费品零售总额(万元)	Total Retail Sales of Consumer Goods(10 000 yuan)	160401	189312	18.0
#贸易业(万元)	Wholesale & Retail Sales Trades(10 000 yuan)	136982	142623	4.1
餐饮业(万元)	Catering Trade(10 000 yuan)	22135	27147	22.6
科技教育卫生	**Science,Education & Public Health**			
各类专业技术人员(人)	Special Technical Personnel(person)	9231	9711	5.2
幼儿园数(所)	Number of Kindergartens(unit)	22	21	-4.5
学龄儿童入学率(%)	Percentage of School-Age Children Enrolled(%)	100.0	100.0	0.0
小学学校数(所)	Number of Primary Schools(unit)	75	71	-5.3
小学专任教师数(人)	Number of Full-time Teachers of Primary Schools(person)	2562	2441	-4.7
小学在校学生数(人)	Number of Student Enrollment of Primary Schools(person)	30521	28959	-5.1
普通中学学校数(所)	Number of Regular Secondary Schools(unit)	20	15	-25.0
普通中学专任教师数(人)	Number of Teachers of Secondary Shools(person)	1617	1682	4.0
初中在校学生数(人)	Number of Student in Junior Secondary Schools(person)	18364	17239	-6.1
高中在校学生数(人)	Number of Student in Senior Secondary Schools(person)	11403	13284	16.5
卫生机构数(所)	Number of Health Institutions(unit)	37	47	27.0
#医院(所)	Hospitals(unit)	3	3	0.0
卫生院(所)	Township Hospitals(unit)	26	26	0.0
床位数(张)	Number of Beds(unit)	640	905	41.4
#医院(张)	Hospitals(unit)	285	400	40.4
卫生院(张)	Township Hospitals(unit)	340	350	2.9
卫生技术人员(人)	Medical Technical Presonnel(person)	1399	1425	1.9
#医院(人)	Hospitals(person)	411	485	18.0
卫生院(人)	Township Hospitals(person)	481	502	4.4

23-62 赤峰市喀喇沁旗

指 标	Item	2008	2009	2009年比上年增长% Increase Rate in 2009 Over 2008(%)
行政区域土地面积(平方公里)	**Area of Administration(Sq.km)**	**3050**	**3050**	**0.0**
人口和就业	**Population & Employment**			
年末总人口(人)	Total Population Year-end(person)	345913	349186	0.9
#男性(人)	Male(person)	180238	181857	0.9
#乡村人口(人)	Rural(person)	303888	305133	0.4
年末总户数(户)	Total Number of Households at the Year-end(Household)	109840	118939	8.3
#乡村户数(户)	Number of Rural Household(Household)	79878	81713	2.3
出生人口(人)	Births(person)	4651	4155	-10.7
死亡人口(人)	Deaths(person)	1249	1318	5.5
全社会就业人员(人)	Employment(person)	168919	172215	2.0
第一产业(人)	Primary Industry(person)	95024	100311	5.6
第二产业(人)	Secondary Industry(person)	39195	37871	-3.4
第三产业(人)	Tertiary Industry(person)	34700	34033	-1.9
在岗职工人数(人)	Number of Staff & Workers Employed in(person)	19432	18724	-3.6
乡村劳动力(人)	Number of Rural Laborers(person)	162290	160220	-1.3
#农林牧渔业(人)	Farming,Forestry,Animal Husbandry & Fishery(person)	95047	99373	4.6
国民经济综合指标	**Summary Item on the National Economy**			
生产总值(万元)	Gross Domestic Product(10 000 yuan)	548352	616286	16.9
第一产业(万元)	Primary Industry(10 000 yuan)	67985	69883	3.4
第二产业(万元)	Secondary Industry(10 000 yuan)	363075	410818	20.4
#工业(万元)	Industry(10 000 yuan)	329153	367135	19.0
第三产业(万元)	Tertiary Industry(10 000 yuan)	117292	135585	15.1
人均生产总值(元)	Per Capita GDP(yuan)	15095	17732	15.6
全社会固定资产投资(万元)	Total Investment in Fixed Assets(10 000 yuan)	405192	484388	19.5
按登记注册类型分	Grouped by Registered Type			
#国有(万元)	State-owned Enterprises(10 000 yuan)	51393	45854	-10.8
集体(万元)	Collective-owned Enterprises(10 000 yuan)	14324	4680	-67.3
有限责任公司(万元)	Limited Liability Corporations(10 000 yuan)	106214	163950	54.4
股份有限公司(万元)	Share Holding Enterprises(10 000 yuan)	15100	11500	-23.8
私营企业(万元)	Private Enterprises(10 000 yuan)	202567	224246	10.7
外商及港澳台投资企业(万元)	Funds from HK,Macao,Taiwan & Foreign(10 000 yuan)			
按城乡渠道分	Grouped by Urban and Rural Area			
城镇(万元)	Urban(10 000 yuan)	368977	392943	6.5
农村(万元)	Rural(10 000 yuan)	36215	91445	152.5
一般预算收入(万元)	General Budgetary Financial Revenue(10 000 yuan)	17353	29855	72.0
一般预算支出(万元)	General Budgetary Financial Expenditures(10 000 yuan)	102288	127462	24.6
城乡居民储蓄存款余额(万元)	Resident Saving Deposit in Urban & Rural(10 000 yuan)	192515	222087	15.4
在岗职工工资总额(万元)	Total Wages of Staff & Workers Employed in(10 000 yuan)	34581	46315	33.9
在岗职工平均工资(元)	Average Wage of Staff & Workers Employed in(yuan)	17054	21634	26.9
农牧民人均纯收入(元)	Per Capita Net Income of Peasant & Herdsman(yuan)	4194	4499	7.3
农村牧区经济	**Economic Development in Rural & Pastoral Area**			
耕地面积(公顷)	Cultivated Area(hectare)	43700	47200	8.0
农作物总播种面积(公顷)	Total Sown Area(hectare)	47279	48279	2.1
#粮食作物播种面积(公顷)	Sown Area of Grain Crops(hectare)	35172	36415	3.5
有效灌溉面积(公顷)	Irrigated Area(hectare)	16268	16398	0.8
农牧业机械总动力(万千瓦)	Total Power of Agricultural Machinery(10 000 kw)	23.70	25.80	8.9
化肥施用折纯量(吨)	Consumption of Chemical Fertilizer(ton)	21559	21306	-1.2
农村用电量(万千瓦小时)	Electricity Consumed in Rural Area(10 000 kwh)	5859	5566	-5.0
农林牧渔业总产值(万元)	Gross Output of Farming,Forestry,Animal Husbandry & Fishery(10 000 yuan)	114092	116981	3.7
粮食产量(吨)	Yield of Grain(ton)	150715	129089	-14.3
油料产量(吨)	Yield of Oil-bearing Grops(ton)	1684	1465	-13.0
甜菜产量(吨)	Yield of Beetroots(ton)	10407	8801	-15.4
猪牛羊肉产量(吨)	Output of Pork, Beef & Mutton(ton)	11513	13139	14.1
#猪肉产量(吨)	Output of Pork(ton)	6503	7323	12.6
牛肉产量(吨)	Output of Beef(ton)	1622	2920	80.0
羊肉产量(吨)	Output of Mutton(ton)	3388	2896	-14.5
羊毛产量(吨)	Output of Wool(ton)	579	730	26.1

23-62 Kalaqin Banner in Chifeng City

指 标	Item	2008	2009	2009年比上年增长% Increase Rate in 2009 Over 2008(%)
年末牲畜存栏头数(万头只)	Total Livestock at the Year-end(10 000 heads)	33.41	33.33	-0.2
#大牲畜(万头只)	Large Animals(10 000 heads)	8.09	8.34	3.1
羊(万只)	Sheep & Goats(10 000 heads)	19.04	18.56	-2.5
猪(万头)	Hogs(10 000 heads)	6.28	6.43	2.4
规模以上工业	**Industrial Enterprises above Designated size**			
工业企业单位数(个)	Number of Industrial Enterprises(unit)	37	41	10.8
#内资企业(个)	Civil Funded Enterprises(unit)	37	41	10.8
工业总产值(万元)	Gross Industrial Output Value(10 000 yuan)	1096791	1262940	15.1
内资企业(万元)	Civil Funded Enterprises(10 000 yuan)	1096791	1262940	15.1
国有企业(万元)	State-owned Enterprises(10 000 yuan)	12350	14200	15.0
集体企业(万元)	Collective-owned Enterprises(10 000 yuan)			
股份合作企业(万元)	Share Holding Enterprises(10 000 yuan)			
联营企业(万元)	Joint Owned Enterprises(10 000 yuan)			
有限责任公司(万元)	Limited Company(10 000 yuan)	528787	686400	29.8
股份有限公司(万元)	Share Holding Limited Company(10 000 yuan)	531371	535940	0.9
私营企业(万元)	Privately Owned Enterprises(10 000 yuan)	24283	26400	8.7
其他企业(万元)	Enterprises of Other Ownership(10 000 yuan)			
港澳台商投资企业(万元)	Funds from HK,Macao & Taiwan(10 000 yuan)			
外商投资企业(万元)	Foreign Funded Enterprises(10 000 yuan)			
工业企业增加值(万元)	Value Added of Industrial Enterprises(10 000 yuan)	307320	351435	33.7
工业企业资产总计(万元)	Total Assets of Industrial Enterprises(10 000 yuan)	569666	607604	6.7
工业企业负债合计(万元)	Total Liabilities of Industrial Enterprises(10 000 yuan)	391450	393376	0.5
工业企业产品销售收入(万元)	Sales of Revenue Industrial Enterprises(10 000 yuan)	1097181	1270299	15.8
工业企业利润总额(万元)	Total Profits of Industrial Enterprises(10 000 yuan)	129033	89045	-31.0
建筑业	**Construction**			
建筑企业单位数(个)	Number of Construction Enterprises(unit)	10	10	0.0
建筑企业从业人员(人)	Number of Employee in Construction Enterprises(person)	4689	6988	49.0
建筑业总产值(万元)	Gross Construction Output Value(10 000 yuan)	73467	68815	-6.3
交通运输邮电通信业	**Transportation,Post & Telecommunications**			
公路里程(公里)	Total Length of Highways(km)	642	1128	75.7
邮电业务总量(万元)	Business Volume of Post & Telecoms(10 000 yuan)	3642	9583	163.1
本地电话用户(户)	Number of Subscribers of Local Telephone(Household)	28832	29356	1.8
国内贸易	**Domestic Trade**			
社会消费品零售总额(万元)	Total Retail Sales of Consumer Goods(10 000 yuan)	94152	112658	19.7
#贸易业(万元)	Wholesale & Retail Sales Trades(10 000 yuan)	85895	101195	17.8
餐饮业(万元)	Catering Trade(10 000 yuan)	7798	10952	40.4
科技教育卫生	**Science,Education & Public Health**			
各类专业技术人员(人)	Special Technical Personnel(person)	5816	5866	0.9
幼儿园数(所)	Number of Kindergartens(unit)	9	5	-44.4
学龄儿童入学率(%)	Percentage of School-Age Children Enrolled(%)	100.0	100.0	0.0
小学学校数(所)	Number of Primary Schools(unit)	124	121	-2.4
小学专任教师数(人)	Number of Full-time Teachers of Primary Schools(person)	2345	2465	5.1
小学在校学生数(人)	Number of Student Enrollment of Primary Schools(person)	22414	21378	-4.6
普通中学学校数(所)	Number of Regular Secondary Schools(unit)	11	11	0.0
普通中学专任教师数(人)	Number of Teachers of Secondary Shools(person)	1405	1515	7.8
初中在校学生数(人)	Number of Student in Junior Secondary Schools(person)	10367	10609	2.3
高中在校学生数(人)	Number of Student in Senior Secondary Schools(person)	7430	6693	-9.9
卫生机构数(所)	Number of Health Institutions(unit)	52	52	0.0
#医院(所)	Hospitals(unit)	3	3	0.0
卫生院(所)	Township Hospitals(unit)	17	17	0.0
床位数(张)	Number of Beds(unit)	770	677	-12.1
#医院(张)	Hospitals(unit)	240	310	29.2
卫生院(张)	Township Hospitals(unit)	500	352	-29.6
卫生技术人员(人)	Medical Technical Presonnel(person)	800	821	2.6
#医院(人)	Hospitals(person)	269	245	-8.9
卫生院(人)	Township Hospitals(person)	357	377	5.6

23-63 赤峰市宁城县

指 标	Item	2008	2009	2009年比上年增长% Increase Rate in 2009 Over 2008(%)
行政区域土地面积(平方公里)	**Area of Administration(Sq.km)**	**4305**	**4305**	**0.0**
人口和就业	**Population & Employment**			
年末总人口(人)	Total Population Year-end(person)	602925	604454	0.3
#男性(人)	Male(person)	313657	314310	0.2
#乡村人口(人)	Rural(person)	522695	523366	0.1
年末总户数(户)	Total Number of Households at the Year-end(Household)	182439	200509	9.9
#乡村户数(户)	Number of Rural Household(Household)	138988	140862	1.3
出生人口(人)	Births(person)	7514	6561	-12.7
死亡人口(人)	Deaths(person)	1872	4180	123.3
全社会就业人员(人)	Employment(person)	272948	269512	-1.3
第一产业(人)	Primary Industry(person)	153212	151417	-1.2
第二产业(人)	Secondary Industry(person)	55258	54945	-0.6
第三产业(人)	Tertiary Industry(person)	64478	63150	-2.1
在岗职工人数(人)	Number of Staff & Workers Employed in(person)	29783	28709	-3.6
乡村劳动力(人)	Number of Rural Laborers(person)	242978	240638	-1.0
#农林牧渔业(人)	Farming,Forestry,Animal Husbandry & Fishery(person)	152586	151174	-0.9
国民经济综合指标	**Summary Item on the National Economy**			
生产总值(万元)	Gross Domestic Product(10 000 yuan)	697778	784762	14.8
第一产业(万元)	Primary Industry(10 000 yuan)	169142	177855	5.8
第二产业(万元)	Secondary Industry(10 000 yuan)	300218	356076	25.9
#工业(万元)	Industry(10 000 yuan)	261330	305237	24.6
第三产业(万元)	Tertiary Industry(10 000 yuan)	228418	250831	9.2
人均生产总值(元)	Per Capita GDP(yuan)	11620	12999	14.2
全社会固定资产投资(万元)	Total Investment in Fixed Assets(10 000 yuan)	468000	572736	22.4
按登记注册类型分	Grouped by Registered Type			
#国有(万元)	State-owned Enterprises(10 000 yuan)	139148	136342	-2.0
集体(万元)	Collective-owned Enterprises(10 000 yuan)	57800	83494	44.5
有限责任公司(万元)	Limited Liability Corporations(10 000 yuan)	144809	300910	107.8
股份有限公司(万元)	Share Holding Enterprises(10 000 yuan)			
私营企业(万元)	Private Enterprises(10 000 yuan)	126243	51990	-58.8
外商及港澳台投资企业(万元)	Funds from HK,Macao,Taiwan & Foreign(10 000 yuan)			
按城乡渠道分	Grouped by Urban and Rural Area			
城镇（万元）	Urban(10 000 yuan)	422730	455232	7.7
农村（万元）	Rural(10 000 yuan)	45270	117504	159.6
一般预算收入(万元)	General Budgetary Financial Revenue(10 000 yuan)	21905	27660	26.3
一般预算支出(万元)	General Budgetary Financial Expenditures(10 000 yuan)	139535	162428	16.4
城乡居民储蓄存款余额(万元)	Resident Saving Deposit in Urban & Rural(10 000 yuan)	386128	448126	16.1
在岗职工工资总额(万元)	Total Wages of Staff & Workers Employed in(10 000 yuan)	52384	74673	42.5
在岗职工平均工资(元)	Average Wage of Staff & Workers Employed in(yuan)	17728	21530	21.4
农牧民人均纯收入(元)	Per Capita Net Income of Peasant & Herdsman(yuan)	4424	4809	8.7
农村牧区经济	**Economic Development in Rural & Pastoral Area**			
耕地面积(公顷)	Cultivated Area(hectare)	114472	114472	0.0
农作物总播种面积(公顷)	Total Sown Area(hectare)	95180	95494	0.3
#粮食作物播种面积(公顷)	Sown Area of Grain Crops(hectare)	78587	79180	0.8
有效灌溉面积(公顷)	Irrigated Area(hectare)	27744	27989	0.9
农牧业机械总动力(万千瓦)	Total Power of Agricultural Machinery(10 000 kw)	39.62	40.78	2.9
化肥施用折纯量(吨)	Consumption of Chemical Fertilizer(ton)	31463	31265	-0.6
农村用电量(万千瓦小时)	Electricity Consumed in Rural Area(10 000 kwh)	8999	19320	114.7
农林牧渔业总产值(万元)	Gross Output of Farming,Forestry,Animal Husbandry & Fishery(10 000 yuan)	283842	297145	5.9
粮食产量(吨)	Yield of Grain(ton)	522386	505976	-3.1
油料产量(吨)	Yield of Oil-bearing Grops(ton)	1002	439	-56.2
甜菜产量(吨)	Yield of Beetroots(ton)	27561	29142	5.7
猪牛羊肉产量(吨)	Output of Pork, Beef & Mutton(ton)	20029	21248	6.1
#猪肉产量(吨)	Output of Pork(ton)	9776	12375	26.6
牛肉产量(吨)	Output of Beef(ton)	6710	5889	-12.2
羊肉产量(吨)	Output of Mutton(ton)	3543	2984	-15.8
羊毛产量(吨)	Output of Wool(ton)	671	690	2.8

23-63 Ningcheng County in Chifeng City

指 标	Item	2008	2009	2009年比上年增长% Increase Rate in 2009 Over 2008(%)
年末牲畜存栏头数(万头只)	Total Livestock at the Year-end(10 000 heads)	44.73	45.08	0.8
#大牲畜(万头只)	Large Animals(10 000 heads)	15.90	15.96	0.4
羊(万只)	Sheep & Goats(10 000 heads)	17.81	17.91	0.6
猪(万头)	Hogs(10 000 heads)	11.02	11.21	1.7
规模以上工业	**Industrial Enterprises above Designated size**			
工业企业单位数(个)	Number of Industrial Enterprises(unit)	51	58	13.7
#内资企业(个)	Civil Funded Enterprises(unit)	51	58	13.7
工业总产值(万元)	Gross Industrial Output Value(10 000 yuan)	650631	813169	25.0
内资企业(万元)	Civil Funded Enterprises(10 000 yuan)	650631	813169	25.0
国有企业(万元)	State-owned Enterprises(10 000 yuan)	21099	24397	15.6
集体企业(万元)	Collective-owned Enterprises(10 000 yuan)	6214	5527	-11.1
股份合作企业(万元)	Share Holding Enterprises(10 000 yuan)			
联营企业(万元)	Joint Owned Enterprises(10 000 yuan)			
有限责任公司(万元)	Limited Company(10 000 yuan)	381898	388739	1.8
股份有限公司(万元)	Share Holding Limited Company(10 000 yuan)	542	557	2.8
私营企业(万元)	Privately Owned Enterprises(10 000 yuan)	240878	393949	63.5
其他企业(万元)	Enterprises of Other Ownership(10 000 yuan)			
港澳台商投资企业(万元)	Funds from HK,Macao & Taiwan(10 000 yuan)			
外商投资企业(万元)	Foreign Funded Enterprises(10 000 yuan)			
工业企业增加值(万元)	Value Added of Industrial Enterprises(10 000 yuan)	219038	255837	31.0
工业企业资产总计(万元)	Total Assets of Industrial Enterprises(10 000 yuan)	351793	393480	11.8
工业企业负债合计(万元)	Total Liabilities of Industrial Enterprises(10 000 yuan)	218060	247031	13.3
工业企业产品销售收入(万元)	Sales of Revenue Industrial Enterprises(10 000 yuan)	631282	800751	26.8
工业企业利润总额(万元)	Total Profits of Industrial Enterprises(10 000 yuan)	26933	16754	-37.8
建筑业	**Construction**			
建筑企业单位数(个)	Number of Construction Enterprises(unit)	18	18	0.0
建筑企业从业人员(人)	Number of Employee in Construction Enterprises(person)	14158	11415	-19.4
建筑业总产值(万元)	Gross Construction Output Value(10 000 yuan)	143157	167087	16.7
交通运输邮电通信业	**Transportation,Post & Telecommunications**			
公路里程(公里)	Total Length of Highways(km)	2226	2220	-0.3
邮电业务总量(万元)	Business Volume of Post & Telecoms(10 000 yuan)	13886	15872	14.3
本地电话用户(户)	Number of Subscribers of Local Telephone(Household)	54862	54662	-0.4
国内贸易	**Domestic Trade**			
社会消费品零售总额(万元)	Total Retail Sales of Consumer Goods(10 000 yuan)	221422	257956	16.5
#贸易业(万元)	Wholesale & Retail Sales Trades(10 000 yuan)	197460	228509	15.7
餐饮业(万元)	Catering Trade(10 000 yuan)	23639	29098	23.1
科技教育卫生	**Science,Education & Public Health**			
各类专业技术人员(人)	Special Technical Personnel(person)	19931	19983	0.3
幼儿园数(所)	Number of Kindergartens(unit)	33	41	24.2
学龄儿童入学率(%)	Percentage of School-Age Children Enrolled(%)	100.0	100.0	0.0
小学学校数(所)	Number of Primary Schools(unit)	134	122	-9.0
小学专任教师数(人)	Number of Full-time Teachers of Primary Schools(person)	2737	3077	12.4
小学在校学生数(人)	Number of Student Enrollment of Primary Schools(person)	34657	32313	-6.8
普通中学学校数(所)	Number of Regular Secondary Schools(unit)	36	35	-2.8
普通中学专任教师数(人)	Number of Teachers of Secondary Shools(person)	2018	2769	37.2
初中在校学生数(人)	Number of Student in Junior Secondary Schools(person)	17607	17814	1.2
高中在校学生数(人)	Number of Student in Senior Secondary Schools(person)	12288	11427	-7.0
卫生机构数(所)	Number of Health Institutions(unit)	40	69	72.5
#医院(所)	Hospitals(unit)	4	4	0.0
卫生院(所)	Township Hospitals(unit)	27	27	0.0
床位数(张)	Number of Beds(unit)	1737	1833	5.5
#医院(张)	Hospitals(unit)	1152	1198	4.0
卫生院(张)	Township Hospitals(unit)	585	635	8.5
卫生技术人员(人)	Medical Technical Presonnel(person)	1994	2260	13.3
#医院(人)	Hospitals(person)	1262	1429	13.2
卫生院(人)	Township Hospitals(person)	732	831	13.5

23-64 赤峰市敖汉旗

指 标	Item	2008	2009	2009年比上年增长% Increase Rate in 2009 Over 2008(%)
行政区域土地面积(平方公里)	**Area of Administration(Sq.km)**	**8294**	**8294**	**0.0**
人口和就业	**Population & Employment**			
年末总人口(人)	Total Population Year-end(person)	598374	600268	0.3
# 男性(人)	Male(person)	310385	311057	0.2
# 乡村人口(人)	Rural(person)	530411	531568	0.2
年末总户数(户)	Total Number of Households at the Year-end(Household)	178176	197934	11.1
# 乡村户数(户)	Number of Rural Household(Household)	139899	147002	5.1
出生人口(人)	Births(person)	5082	5906	16.2
死亡人口(人)	Deaths(person)	2983	3230	8.3
全社会就业人员(人)	Employment(person)	372863	377699	1.3
第一产业(人)	Primary Industry(person)	220961	215067	-2.7
第二产业(人)	Secondary Industry(person)	31381	39987	27.4
第三产业(人)	Tertiary Industry(person)	120521	122645	1.8
在岗职工人数(人)	Number of Staff & Workers Employed in(person)	21337	21339	0.0
乡村劳动力(人)	Number of Rural Laborers(person)	323351	336556	4.1
# 农林牧渔业(人)	Farming,Forestry,Animal Husbandry & Fishery(person)	220961	215067	-2.7
国民经济综合指标	**Summary Item on the National Economy**			
生产总值(万元)	Gross Domestic Product(10 000 yuan)	713734	788352	12.7
第一产业(万元)	Primary Industry(10 000 yuan)	220051	221752	1.4
第二产业(万元)	Secondary Industry(10 000 yuan)	289020	342207	25.3
# 工业(万元)	Industry(10 000 yuan)	250084	297101	26.7
第三产业(万元)	Tertiary Industry(10 000 yuan)	204663	224393	9.0
人均生产总值(元)	Per Capita GDP(yuan)	11418	13172	14.2
全社会固定资产投资(万元)	Total Investment in Fixed Assets(10 000 yuan)	451022	515899	14.4
按登记注册类型分	Grouped by Registered Type			
# 国有(万元)	State-owned Enterprises(10 000 yuan)	102846	120170	16.8
集体(万元)	Collective-owned Enterprises(10 000 yuan)			
有限责任公司(万元)	Limited Liability Corporations(10 000 yuan)	138625	185600	33.9
股份有限公司(万元)	Share Holding Enterprises(10 000 yuan)	67890	102456	50.9
私营企业(万元)	Private Enterprises(10 000 yuan)	60489	67200	11.1
外商及港澳台投资企业 (万元)	Funds from HK,Macao,Taiwan & Foreign(10 000 yuan)			
按城乡渠道分	Grouped by Urban and Rural Area			
城镇（万元）	Urban(10 000 yuan)	373850	470292	25.8
农村（万元）	Rural(10 000 yuan)	77172	45607	-40.9
一般预算收入(万元)	General Budgetary Financial Revenue(10 000 yuan)	20180	22398	11.0
一般预算支出(万元)	General Budgetary Financial Expenditures(10 000 yuan)	125436	150945	20.3
城乡居民储蓄存款余额(万元)	Resident Saving Deposit in Urban & Rural(10 000 yuan)	240059	278755	16.1
在岗职工工资总额(万元)	Total Wages of Staff & Workers Employed in(10 000 yuan)	44586	49344	10.7
在岗职工平均工资(元)	Average Wage of Staff & Workers Employed in(yuan)	20896	23123	10.7
农牧民人均纯收入(元)	Per Capita Net Income of Peasant & Herdsman(yuan)	4072	4160	2.2
农村牧区经济	**Economic Development in Rural & Pastoral Area**			
耕地面积(公顷)	Cultivated Area(hectare)	160558	177462	10.5
农作物总播种面积(公顷)	Total Sown Area(hectare)	187333	188391	0.6
# 粮食作物播种面积(公顷)	Sown Area of Grain Crops(hectare)	166466	167147	0.4
有效灌溉面积(公顷)	Irrigated Area(hectare)	32186	58356	81.3
农牧业机械总动力(万千瓦)	Total Power of Agricultural Machinery(10 000 kw)	58.72	52.24	-11.0
化肥施用折纯量(吨)	Consumption of Chemical Fertilizer(ton)	60574	56107	-7.4
农村用电量(万千瓦小时)	Electricity Consumed in Rural Area(10 000 kwh)	23213	18600	-19.9
农林牧渔业总产值(万元)	Gross Output of Farming,Forestry,Animal Husbandry & Fishery(10 000 yuan)	369274	370516	1.5
粮食产量(吨)	Yield of Grain(ton)	650451	345684	-46.9
油料产量(吨)	Yield of Oil-bearing Grops(ton)	14012	3762	-73.2
甜菜产量(吨)	Yield of Beetroots(ton)	114835	64208	-44.1
猪牛羊肉产量(吨)	Output of Pork, Beef & Mutton(ton)	83143	54588	-34.3
# 猪肉产量(吨)	Output of Pork(ton)	60441	33084	-45.3
牛肉产量(吨)	Output of Beef(ton)	5774	5480	-5.1
羊肉产量(吨)	Output of Mutton(ton)	16928	16024	-5.3
羊毛产量(吨)	Output of Wool(ton)	3574	4052	13.4

23-64 Aohan Banner in Chifeng City

指 标	Item	2008	2009	2009年比上年增长% Increase Rate in 2009 Over 2008(%)
年末牲畜存栏头数(万头只)	Total Livestock at the Year-end(10 000 heads)	150.18	146.10	-2.7
#大牲畜(万头只)	Large Animals(10 000 heads)	24.93	25.90	3.9
羊(万只)	Sheep & Goats(10 000 heads)	87.50	82.10	-6.2
猪(万头)	Hogs(10 000 heads)	37.75	38.10	0.9
规模以上工业	**Industrial Enterprises above Designated size**			
工业企业单位数(个)	Number of Industrial Enterprises(unit)	69	74	7.2
#内资企业(个)	Civil Funded Enterprises(unit)	69	74	7.2
工业总产值(万元)	Gross Industrial Output Value(10 000 yuan)	527862	628697	19.1
内资企业(万元)	Civil Funded Enterprises(10 000 yuan)	527862	628697	19.1
国有企业(万元)	State-owned Enterprises(10 000 yuan)	20747	22030	6.2
集体企业(万元)	Collective-owned Enterprises(10 000 yuan)			
股份合作企业(万元)	Share Holding Enterprises(10 000 yuan)			
联营企业(万元)	Joint Owned Enterprises(10 000 yuan)			
有限责任公司(万元)	Limited Company(10 000 yuan)	233901	268973	15.0
股份有限公司(万元)	Share Holding Limited Company(10 000 yuan)	30184	40521	34.2
私营企业(万元)	Privately Owned Enterprises(10 000 yuan)	243030	297173	22.3
其他企业(万元)	Enterprises of Other Ownership(10 000 yuan)			
港澳台商投资企业(万元)	Funds from HK,Macao & Taiwan(10 000 yuan)			
外商投资企业(万元)	Foreign Funded Enterprises(10 000 yuan)			
工业企业增加值(万元)	Value Added of Industrial Enterprises(10 000 yuan)	203237	250901	33.8
工业企业资产总计(万元)	Total Assets of Industrial Enterprises(10 000 yuan)	235473	268038	13.8
工业企业负债合计(万元)	Total Liabilities of Industrial Enterprises(10 000 yuan)	176313	204096	15.8
工业企业产品销售收入(万元)	Sales of Revenue Industrial Enterprises(10 000 yuan)	520605	621155	19.3
工业企业利润总额(万元)	Total Profits of Industrial Enterprises(10 000 yuan)	14529	11340	-21.9
建筑业	**Construction**			
建筑企业单位数(个)	Number of Construction Enterprises(unit)	8	8	0.0
建筑企业从业人员(人)	Number of Employee in Construction Enterprises(person)	4958	3052	-38.4
建筑业总产值(万元)	Gross Construction Output Value(10 000 yuan)	85231	60877	-28.6
交通运输邮电通信业	**Transportation,Post & Telecommunications**			
公路里程(公里)	Total Length of Highways(km)	2407	2407	0.0
邮电业务总量(万元)	Business Volume of Post & Telecoms(10 000 yuan)	12437	17103	37.5
本地电话用户(户)	Number of Subscribers of Local Telephone(Household)	243692	274563	12.7
国内贸易	**Domestic Trade**			
社会消费品零售总额(万元)	Total Retail Sales of Consumer Goods(10 000 yuan)	162708	189230	16.3
#贸易业(万元)	Wholesale & Retail Sales Trades(10 000 yuan)	117060	160570	37.2
餐饮业(万元)	Catering Trade(10 000 yuan)	21368	23373	9.4
科技教育卫生	**Science,Education & Public Health**			
各类专业技术人员(人)	Special Technical Personnel(person)	8652	9215	6.5
幼儿园数(所)	Number of Kindergartens(unit)	41	38	-7.3
学龄儿童入学率(%)	Percentage of School-Age Children Enrolled(%)	100.0	100.0	0.0
小学学校数(所)	Number of Primary Schools(unit)	115	85	-26.1
小学专任教师数(人)	Number of Full-time Teachers of Primary Schools(person)	2873	2835	-1.3
小学在校学生数(人)	Number of Student Enrollment of Primary Schools(person)	39008	37477	-3.9
普通中学学校数(所)	Number of Regular Secondary Schools(unit)	35	32	-8.6
普通中学专任教师数(人)	Number of Teachers of Secondary Shools(person)	2482	2456	-1.0
初中在校学生数(人)	Number of Student in Junior Secondary Schools(person)	24937	24452	-1.9
高中在校学生数(人)	Number of Student in Senior Secondary Schools(person)	14502	14815	2.2
卫生机构数(所)	Number of Health Institutions(unit)	37	37	0.0
#医院(所)	Hospitals(unit)	4	4	0.0
卫生院(所)	Township Hospitals(unit)	28	28	0.0
床位数(张)	Number of Beds(unit)	1447	1635	13.0
#医院(张)	Hospitals(unit)	800	945	18.1
卫生院(张)	Township Hospitals(unit)	587	690	17.5
卫生技术人员(人)	Medical Technical Presonnel(person)	1290	1179	-8.6
#医院(人)	Hospitals(person)	558	402	-28.0
卫生院(人)	Township Hospitals(person)	732	622	-15.0

23-65 锡林郭勒盟二连浩特市

指 标	Item	2008	2009	2009年比上年增长% Increase Rate in 2009 Over 2008(%)
行政区域土地面积(平方公里)	**Area of Administration(Sq.km)**	**4015**	**4015**	**0.0**
人口和就业	**Population & Employment**			
年末总人口(人)	Total Population Year-end(person)	25639	25989	1.4
#男性(人)	Male(person)	13216	13368	1.2
#乡村人口(人)	Rural(person)	1828	1840	0.7
年末总户数(户)	Total Number of Households at the Year-end(Household)	9148	8872	-3.0
#乡村户数(户)	Number of Rural Household(Household)	649	655	0.9
出生人口(人)	Births(person)	293	313	6.8
死亡人口(人)	Deaths(person)	47	59	25.5
全社会就业人员(人)	Employment(person)	25421	26017	2.3
第一产业(人)	Primary Industry(person)	1142	1101	-3.6
第二产业(人)	Secondary Industry(person)	845	1169	38.3
第三产业(人)	Tertiary Industry(person)	23434	23747	1.3
在岗职工人数(人)	Number of Staff & Workers Employed in(person)	5673	5915	4.3
乡村劳动力(人)	Number of Rural Laborers(person)	1280	1285	0.4
#农林牧渔业(人)	Farming,Forestry,Animal Husbandry & Fishery(person)	1106	1094	-1.1
国民经济综合指标	**Summary Item on the National Economy**			
生产总值(万元)	Gross Domestic Product(10 000 yuan)	329233	401034	21.3
第一产业(万元)	Primary Industry(10 000 yuan)	2058	3598	7.4
第二产业(万元)	Secondary Industry(10 000 yuan)	108562	133736	28.4
#工业(万元)	Industry(10 000 yuan)	87383	105236	28.5
第三产业(万元)	Tertiary Industry(10 000 yuan)	218613	263700	18.9
人均生产总值(元)	Per Capita GDP(yuan)	48251	55997	15.6
全社会固定资产投资(万元)	Total Investment in Fixed Assets(10 000 yuan)	200790	260188	29.6
按登记注册类型分	Grouped by Registered Type			
#国有(万元)	State-owned Enterprises(10 000 yuan)	72720	109279	50.3
集体(万元)	Collective-owned Enterprises(10 000 yuan)			
有限责任公司(万元)	Limited Liability Corporations(10 000 yuan)	18403	121768	561.7
股份有限公司(万元)	Share Holding Enterprises(10 000 yuan)	12000		
私营企业(万元)	Private Enterprises(10 000 yuan)	97667	29141	-70.2
外商及港澳台投资企业(万元)	Funds from HK,Macao,Taiwan & Foreign(10 000 yuan)			
按城乡渠道分	Grouped by Urban and Rural Area			
城镇(万元)	Urban(10 000 yuan)	200790	260188	29.6
农村(万元)	Rural(10 000 yuan)			
一般预算收入(万元)	General Budgetary Financial Revenue(10 000 yuan)	17840	19977	12.0
一般预算支出(万元)	General Budgetary Financial Expenditures(10 000 yuan)	53912	79664	47.8
城乡居民储蓄存款余额(万元)	Resident Saving Deposit in Urban & Rural(10 000 yuan)	171178	266440	55.7
在岗职工工资总额(万元)	Total Wages of Staff & Workers Employed in(10 000 yuan)	18781	24563	30.8
在岗职工平均工资(元)	Average Wage of Staff & Workers Employed in(yuan)	33106	41576	25.6
农牧民人均纯收入(元)	Per Capita Net Income of Peasant & Herdsman(yuan)	5725	6527	14.0
农村牧区经济	**Economic Development in Rural & Pastoral Area**			
耕地面积(公顷)	Cultivated Area(hectare)	360	360	0.0
农作物总播种面积(公顷)	Total Sown Area(hectare)	360	360	0.0
#粮食作物播种面积(公顷)	Sown Area of Grain Crops(hectare)	170	160	-5.9
有效灌溉面积(公顷)	Irrigated Area(hectare)	320	360	12.5
农牧业机械总动力(万千瓦)	Total Power of Agricultural Machinery(10 000 kw)	0.44	0.43	-2.3
化肥施用折纯量(吨)	Consumption of Chemical Fertilizer(ton)	98	103	5.1
农村用电量(万千瓦小时)	Electricity Consumed in Rural Area(10 000 kwh)	256	281	9.8
农林牧渔业总产值(万元)	Gross Output of Farming,Forestry,Animal Husbandry & Fishery(10 000 yuan)	3525	6425	82.3
粮食产量(吨)	Yield of Grain(ton)	7700	19806	157.2
油料产量(吨)	Yield of Oil-bearing Grops(ton)		75	
甜菜产量(吨)	Yield of Beetroots(ton)			
猪牛羊肉产量(吨)	Output of Pork, Beef & Mutton(ton)	658	1165	77.1
#猪肉产量(吨)	Output of Pork(ton)	44	122	177.3
牛肉产量(吨)	Output of Beef(ton)	112	276	146.4
羊肉产量(吨)	Output of Mutton(ton)	502	767	52.8
羊毛产量(吨)	Output of Wool(ton)	30	41	36.7

23-65 Erlianhaote City in Xilinguole League

指 标	Item	2008	2009	2009年比上年增长% Increase Rate in 2009 Over 2008(%)
年末牲畜存栏头数(万头只)	Total Livestock at the Year-end(10 000 heads)	3.38	3.35	-0.9
#大牲畜(万头只)	Large Animals(10 000 heads)	0.25	0.24	-5.6
羊(万只)	Sheep & Goats(10 000 heads)	3.12	3.09	-0.9
猪(万头)	Hogs(10 000 heads)	0.01	0.02	100.0
规模以上工业	**Industrial Enterprises above Designated size**			
工业企业单位数(个)	Number of Industrial Enterprises(unit)	18	22	22.2
#内资企业(个)	Civil Funded Enterprises(unit)	18	22	22.2
工业总产值(万元)	Gross Industrial Output Value(10 000 yuan)	169267	236747	39.9
内资企业(万元)	Civil Funded Enterprises(10 000 yuan)	169267	236747	39.9
国有企业(万元)	State-owned Enterprises(10 000 yuan)	6237	10403	66.8
集体企业(万元)	Collective-owned Enterprises(10 000 yuan)			
股份合作企业(万元)	Share Holding Enterprises(10 000 yuan)			
联营企业(万元)	Joint Owned Enterprises(10 000 yuan)			
有限责任公司(万元)	Limited Company(10 000 yuan)	24873	25859	4.0
股份有限公司(万元)	Share Holding Limited Company(10 000 yuan)			
私营企业(万元)	Privately Owned Enterprises(10 000 yuan)	138157	200485	45.1
其他企业(万元)	Enterprises of Other Ownership(10 000 yuan)			
港澳台商投资企业(万元)	Funds from HK,Macao & Taiwan(10 000 yuan)			
外商投资企业(万元)	Foreign Funded Enterprises(10 000 yuan)			
工业企业增加值(万元)	Value Added of Industrial Enterprises(10 000 yuan)	79295	95216	29.7
工业企业资产总计(万元)	Total Assets of Industrial Enterprises(10 000 yuan)	67894	112220	65.3
工业企业负债合计(万元)	Total Liabilities of Industrial Enterprises(10 000 yuan)	36240	65961	82.0
工业企业产品销售收入(万元)	Sales of Revenue Industrial Enterprises(10 000 yuan)	167229	230103	37.6
工业企业利润总额(万元)	Total Profits of Industrial Enterprises(10 000 yuan)	7738	11778	52.2
建筑业	**Construction**			
建筑企业单位数(个)	Number of Construction Enterprises(unit)	1	2	100.0
建筑企业从业人员(人)	Number of Employee in Construction Enterprises(person)	9	320	3455.6
建筑业总产值(万元)	Gross Construction Output Value(10 000 yuan)	1031	1900	84.3
交通运输邮电通信业	**Transportation,Post & Telecommunications**			
公路里程(公里)	Total Length of Highways(km)	320	320	0.0
邮电业务总量(万元)	Business Volume of Post & Telecoms(10 000 yuan)	7932	8402	5.9
本地电话用户(户)	Number of Subscribers of Local Telephone(Household)	17600	14800	-15.9
国内贸易	**Domestic Trade**			
社会消费品零售总额(万元)	Total Retail Sales of Consumer Goods(10 000 yuan)	114853	137538	19.8
#贸易业(万元)	Wholesale & Retail Sales Trades(10 000 yuan)	97588	118215	21.1
餐饮业(万元)	Catering Trade(10 000 yuan)	15950	18633	16.8
科技教育卫生	**Science,Education & Public Health**			
各类专业技术人员(人)	Special Technical Personnel(person)	958	958	0.0
幼儿园数(所)	Number of Kindergartens(unit)	9	9	0.0
学龄儿童入学率(%)	Percentage of School-Age Children Enrolled(%)	100.0	100.0	0.0
小学学校数(所)	Number of Primary Schools(unit)	5	6	20.0
小学专任教师数(人)	Number of Full-time Teachers of Primary Schools(person)	255	283	11.0
小学在校学生数(人)	Number of Student Enrollment of Primary Schools(person)	6568	6202	-5.6
普通中学学校数(所)	Number of Regular Secondary Schools(unit)	4	3	-25.0
普通中学专任教师数(人)	Number of Teachers of Secondary Shools(person)	303	322	6.3
初中在校学生数(人)	Number of Student in Junior Secondary Schools(person)	2671	2474	-7.4
高中在校学生数(人)	Number of Student in Senior Secondary Schools(person)	1214	1122	-7.6
卫生机构数(所)	Number of Health Institutions(unit)	6	6	0.0
#医院(所)	Hospitals(unit)	1	1	0.0
卫生院(所)	Township Hospitals(unit)	2	2	0.0
床位数(张)	Number of Beds(unit)	319	133	-58.3
#医院(张)	Hospitals(unit)	300	114	-62.0
卫生院(张)	Township Hospitals(unit)	4	4	0.0
卫生技术人员(人)	Medical Technical Presonnel(person)	256	238	-7.0
#医院(人)	Hospitals(person)	158	160	1.3
卫生院(人)	Township Hospitals(person)	7	7	0.0

23-66 锡林郭勒盟锡林浩特市

指 标	Item	2008	2009	2009年比上年增长% Increase Rate in 2009 Over 2008(%)
行政区域土地面积(平方公里)	**Area of Administration(Sq.km)**	**14592**	**14592**	**0.0**
人口和就业	**Population & Employment**			
年末总人口(人)	Total Population Year-end(person)	166485	169561	1.8
#男性(人)	Male(person)	83493	85055	1.9
#乡村人口(人)	Rural(person)	8293	7917	-4.5
年末总户数(户)	Total Number of Households at the Year-end(Household)	60349	60823	0.8
#乡村户数(户)	Number of Rural Household(Household)	2107	2083	-1.1
出生人口(人)	Births(person)	3447	1636	-52.5
死亡人口(人)	Deaths(person)	399	436	9.3
全社会就业人员(人)	Employment(person)	75319	78191	3.8
第一产业(人)	Primary Industry(person)	12250	11674	-4.7
第二产业(人)	Secondary Industry(person)	14116	15722	11.4
第三产业(人)	Tertiary Industry(person)	48953	50795	3.8
在岗职工人数(人)	Number of Staff & Workers Employed in(person)	44353	47399	6.9
乡村劳动力(人)	Number of Rural Laborers(person)	6571	6093	-7.3
#农林牧渔业(人)	Farming,Forestry,Animal Husbandry & Fishery(person)	5653	5288	-6.5
国民经济综合指标	**Summary Item on the National Economy**			
生产总值(万元)	Gross Domestic Product(10 000 yuan)	1030959	1247519	21.5
第一产业(万元)	Primary Industry(10 000 yuan)	52304	60098	7.1
第二产业(万元)	Secondary Industry(10 000 yuan)	692805	824021	22.1
#工业(万元)	Industry(10 000 yuan)	596625	683121	17.6
第三产业(万元)	Tertiary Industry(10 000 yuan)	285850	363400	24.8
人均生产总值(元)	Per Capita GDP(yuan)	58912	67799	15.6
全社会固定资产投资(万元)	Total Investment in Fixed Assets(10 000 yuan)	1044807	1342311	28.5
按登记注册类型分	Grouped by Registered Type			
#国有(万元)	State-owned Enterprises(10 000 yuan)	434605	563771	29.7
集体(万元)	Collective-owned Enterprises(10 000 yuan)	4000	4219	5.5
有限责任公司(万元)	Limited Liability Corporations(10 000 yuan)	259483	626710	141.5
股份有限公司(万元)	Share Holding Enterprises(10 000 yuan)	89360	1492	-98.3
私营企业(万元)	Private Enterprises(10 000 yuan)	72514	146119	101.5
外商及港澳台投资企业(万元)	Funds from HK,Macao,Taiwan & Foreign(10 000 yuan)	184845		
按城乡渠道分	Grouped by Urban and Rural Area			
城镇(万元)	Urban(10 000 yuan)	1044807	1342311	28.5
农村(万元)	Rural(10 000 yuan)			
一般预算收入(万元)	General Budgetary Financial Revenue(10 000 yuan)	64136	87665	36.7
一般预算支出(万元)	General Budgetary Financial Expenditures(10 000 yuan)	87084	120630	38.5
城乡居民储蓄存款余额(万元)	Resident Saving Deposit in Urban & Rural(10 000 yuan)	396024	566730	43.1
在岗职工工资总额(万元)	Total Wages of Staff & Workers Employed in(10 000 yuan)	108272	141483	30.7
在岗职工平均工资(元)	Average Wage of Staff & Workers Employed in(yuan)	23986	28558	19.1
农牧民人均纯收入(元)	Per Capita Net Income of Peasant & Herdsman(yuan)	7301	8381	14.8
农村牧区经济	**Economic Development in Rural & Pastoral Area**			
耕地面积(公顷)	Cultivated Area(hectare)	23180	23370	0.8
农作物总播种面积(公顷)	Total Sown Area(hectare)	19940	20810	4.4
#粮食作物播种面积(公顷)	Sown Area of Grain Crops(hectare)	13390	14730	10.0
有效灌溉面积(公顷)	Irrigated Area(hectare)	4520	4690	3.8
农牧业机械总动力(万千瓦)	Total Power of Agricultural Machinery(10 000 kw)	13.30	9.80	-26.3
化肥施用折纯量(吨)	Consumption of Chemical Fertilizer(ton)	1337	1541	15.3
农村用电量(万千瓦小时)	Electricity Consumed in Rural Area(10 000 kwh)	976	1232	26.2
农林牧渔业总产值(万元)	Gross Output of Farming,Forestry,Animal Husbandry & Fishery(10 000 yuan)	86453	101559	17.5
粮食产量(吨)	Yield of Grain(ton)	14600	19806	35.7
油料产量(吨)	Yield of Oil-bearing Grops(ton)	100	75	-25.0
甜菜产量(吨)	Yield of Beetroots(ton)			
猪牛羊肉产量(吨)	Output of Pork, Beef & Mutton(ton)	14984	15147	1.1
#猪肉产量(吨)	Output of Pork(ton)	42	335	697.6
牛肉产量(吨)	Output of Beef(ton)	2470	3472	40.6
羊肉产量(吨)	Output of Mutton(ton)	12472	11340	-9.1
羊毛产量(吨)	Output of Wool(ton)	886	944	6.5

23-66 Xilinhaote City in Xilinguole League

指 标	Item	2008	2009	2009年比上年增长% Increase Rate in 2009 Over 2008(%)
年末牲畜存栏头数(万头只)	Total Livestock at the Year-end(10 000 heads)	68.70	58.43	-15.0
#大牲畜(万头只)	Large Animals(10 000 heads)	6.14	8.55	39.3
羊(万只)	Sheep & Goats(10 000 heads)	61.75	49.00	-20.6
猪(万头)	Hogs(10 000 heads)	0.81	0.87	7.5
规模以上工业	**Industrial Enterprises above Designated size**			
工业企业单位数(个)	Number of Industrial Enterprises(unit)	79	87	10.1
#内资企业(个)	Civil Funded Enterprises(unit)	78	84	7.7
工业总产值(万元)	Gross Industrial Output Value(10 000 yuan)	1007889	1115652	10.7
内资企业(万元)	Civil Funded Enterprises(10 000 yuan)	997980	1101148	10.3
国有企业(万元)	State-owned Enterprises(10 000 yuan)	141100	121431	-13.9
集体企业(万元)	Collective-owned Enterprises(10 000 yuan)			
股份合作企业(万元)	Share Holding Enterprises(10 000 yuan)	602		
联营企业(万元)	Joint Owned Enterprises(10 000 yuan)			
有限责任公司(万元)	Limited Company(10 000 yuan)	344223	424632	23.4
股份有限公司(万元)	Share Holding Limited Company(10 000 yuan)	334873	267740	-20.0
私营企业(万元)	Privately Owned Enterprises(10 000 yuan)	177182	287346	62.2
其他企业(万元)	Enterprises of Other Ownership(10 000 yuan)			
港澳台商投资企业(万元)	Funds from HK,Macao & Taiwan(10 000 yuan)		8368	
外商投资企业(万元)	Foreign Funded Enterprises(10 000 yuan)	9909	6135	-38.1
工业企业增加值(万元)	Value Added of Industrial Enterprises(10 000 yuan)	573713	653111	17.4
工业企业资产总计(万元)	Total Assets of Industrial Enterprises(10 000 yuan)	1595601	2090015	31.0
工业企业负债合计(万元)	Total Liabilities of Industrial Enterprises(10 000 yuan)	968571	1444571	49.1
工业企业产品销售收入(万元)	Sales of Revenue Industrial Enterprises(10 000 yuan)	869507	995112	14.4
工业企业利润总额(万元)	Total Profits of Industrial Enterprises(10 000 yuan)	32424	52078	60.6
建筑业	**Construction**			
建筑企业单位数(个)	Number of Construction Enterprises(unit)	16	21	31.2
建筑企业从业人员(人)	Number of Employee in Construction Enterprises(person)	4977	12918	159.6
建筑业总产值(万元)	Gross Construction Output Value(10 000 yuan)	149907	209270	39.6
交通运输邮电通信业	**Transportation,Post & Telecommunications**			
公路里程(公里)	Total Length of Highways(km)	1117	1266	13.4
邮电业务总量(万元)	Business Volume of Post & Telecoms(10 000 yuan)	28000	38444	37.3
本地电话用户(户)	Number of Subscribers of Local Telephone(Household)	71100	80000	12.5
国内贸易	**Domestic Trade**			
社会消费品零售总额(万元)	Total Retail Sales of Consumer Goods(10 000 yuan)	213613	256065	19.9
#贸易业(万元)	Wholesale & Retail Sales Trades(10 000 yuan)	178688	221923	24.2
餐饮业(万元)	Catering Trade(10 000 yuan)	31671	30678	-3.1
科技教育卫生	**Science,Education & Public Health**			
各类专业技术人员(人)	Special Technical Personnel(person)	3150	3046	-3.3
幼儿园数(所)	Number of Kindergartens(unit)	6	5	-16.7
学龄儿童入学率(%)	Percentage of School-Age Children Enrolled(%)	100.0	100.0	0.0
小学学校数(所)	Number of Primary Schools(unit)	12	13	8.3
小学专任教师数(人)	Number of Full-time Teachers of Primary Schools(person)	952	933	-2.0
小学在校学生数(人)	Number of Student Enrollment of Primary Schools(person)	16841	16761	-0.5
普通中学学校数(所)	Number of Regular Secondary Schools(unit)	9	8	-11.1
普通中学专任教师数(人)	Number of Teachers of Secondary Shools(person)	1266	1322	4.4
初中在校学生数(人)	Number of Student in Junior Secondary Schools(person)	8403	8364	-0.5
高中在校学生数(人)	Number of Student in Senior Secondary Schools(person)	11956	11469	-4.1
卫生机构数(所)	Number of Health Institutions(unit)	20	23	15.0
#医院(所)	Hospitals(unit)	3	3	0.0
卫生院(所)	Township Hospitals(unit)	9	9	0.0
床位数(张)	Number of Beds(unit)	921	906	-1.6
#医院(张)	Hospitals(unit)	700	649	-7.3
卫生院(张)	Township Hospitals(unit)	77	80	3.9
卫生技术人员(人)	Medical Technical Presonnel(person)	1137	1351	18.8
#医院(人)	Hospitals(person)	635	787	23.9
卫生院(人)	Township Hospitals(person)	88	89	1.1

23-67 锡林郭勒盟阿巴嘎旗

指 标	Item	2008	2009	2009年比上年增长% Increase Rate in 2009 Over 2008(%)
行政区域土地面积(平方公里)	**Area of Administration(Sq.km)**	**27494**	**27494**	**0.0**
人口和就业	**Population & Employment**			
年末总人口(人)	Total Population Year-end(person)	44514	44778	0.6
#男性(人)	Male(person)	22542	22663	0.5
#乡村人口(人)	Rural(person)	18356	18106	-1.4
年末总户数(户)	Total Number of Households at the Year-end(Household)	12666	15569	22.9
#乡村户数(户)	Number of Rural Household(Household)	5176	5106	-1.4
出生人口(人)	Births(person)	404	395	-2.2
死亡人口(人)	Deaths(person)	162	214	32.1
全社会就业人员(人)	Employment(person)	18437	18081	-1.9
第一产业(人)	Primary Industry(person)	12141	11569	-4.7
第二产业(人)	Secondary Industry(person)	366	397	8.5
第三产业(人)	Tertiary Industry(person)	5930	6115	3.1
在岗职工人数(人)	Number of Staff & Workers Employed in(person)	3137	3124	-0.4
乡村劳动力(人)	Number of Rural Laborers(person)	12665	12467	-1.6
#农林牧渔业(人)	Farming,Forestry,Animal Husbandry & Fishery(person)	11954	11381	-4.8
国民经济综合指标	**Summary Item on the National Economy**			
生产总值(万元)	Gross Domestic Product(10 000 yuan)	169873	236283	28.2
第一产业(万元)	Primary Industry(10 000 yuan)	34969	37300	5.2
第二产业(万元)	Secondary Industry(10 000 yuan)	90044	151083	37.4
#工业(万元)	Industry(10 000 yuan)	63471	118400	41.7
第三产业(万元)	Tertiary Industry(10 000 yuan)	44860	47900	19.8
人均生产总值(元)	Per Capita GDP(yuan)	38162	52790	27.5
全社会固定资产投资(万元)	Total Investment in Fixed Assets(10 000 yuan)	312805	408287	30.5
按登记注册类型分	Grouped by Registered Type			
#国有(万元)	State-owned Enterprises(10 000 yuan)	265355	204143	-23.1
集体(万元)	Collective-owned Enterprises(10 000 yuan)			
有限责任公司(万元)	Limited Liability Corporations(10 000 yuan)		191078	
股份有限公司(万元)	Share Holding Enterprises(10 000 yuan)	20000		
私营企业(万元)	Private Enterprises(10 000 yuan)	27450	13066	-52.4
外商及港澳台投资企业(万元)	Funds from HK,Macao,Taiwan & Foreign(10 000 yuan)			
按城乡渠道分	Grouped by Urban and Rural Area			
城镇(万元)	Urban(10 000 yuan)	312805	408287	30.5
农村(万元)	Rural(10 000 yuan)			
一般预算收入(万元)	General Budgetary Financial Revenue(10 000 yuan)	11298	13996	23.9
一般预算支出(万元)	General Budgetary Financial Expenditures(10 000 yuan)	35468	63951	80.3
城乡居民储蓄存款余额(万元)	Resident Saving Deposit in Urban & Rural(10 000 yuan)	40527	49546	22.3
在岗职工工资总额(万元)	Total Wages of Staff & Workers Employed in(10 000 yuan)	8031	9139	13.8
在岗职工平均工资(元)	Average Wage of Staff & Workers Employed in(yuan)	26169	29281	11.9
农牧民人均纯收入(元)	Per Capita Net Income of Peasant & Herdsman(yuan)	7053	7955	12.8
农村牧区经济	**Economic Development in Rural & Pastoral Area**			
耕地面积(公顷)	Cultivated Area(hectare)	670	670	0.0
农作物总播种面积(公顷)	Total Sown Area(hectare)	8410	4610	-45.2
#粮食作物播种面积(公顷)	Sown Area of Grain Crops(hectare)			
有效灌溉面积(公顷)	Irrigated Area(hectare)	670	670	0.0
农牧业机械总动力(万千瓦)	Total Power of Agricultural Machinery(10 000 kw)	3.74	4.37	16.8
化肥施用折纯量(吨)	Consumption of Chemical Fertilizer(ton)			
农村用电量(万千瓦小时)	Electricity Consumed in Rural Area(10 000 kwh)	30	32	6.7
农林牧渔业总产值(万元)	Gross Output of Farming,Forestry,Animal Husbandry & Fishery(10 000 yuan)	69246	74633	7.8
粮食产量(吨)	Yield of Grain(ton)			
油料产量(吨)	Yield of Oil-bearing Grops(ton)		2	
甜菜产量(吨)	Yield of Beetroots(ton)			
猪牛羊肉产量(吨)	Output of Pork, Beef & Mutton(ton)	20745	23811	14.8
#猪肉产量(吨)	Output of Pork(ton)	36	28	-22.2
牛肉产量(吨)	Output of Beef(ton)	5870	7966	35.7
羊肉产量(吨)	Output of Mutton(ton)	14839	15817	6.6
羊毛产量(吨)	Output of Wool(ton)	850	857	0.8

23-67 Abaga Banner in Xilinguole League

指 标	Item	2008	2009	2009年比上年增长% Increase Rate in 2009 Over 2008(%)
年末牲畜存栏头数(万头只)	Total Livestock at the Year-end(10 000 heads)	91.51	87.95	-3.9
# 大牲畜(万头只)	Large Animals(10 000 heads)	8.69	9.30	7.0
羊(万只)	Sheep & Goats(10 000 heads)	82.81	78.64	-5.0
猪(万头)	Hogs(10 000 heads)	0.01	0.02	56.0
规模以上工业	**Industrial Enterprises above Designated size**			
工业企业单位数(个)	Number of Industrial Enterprises(unit)	18	21	16.7
# 内资企业(个)	Civil Funded Enterprises(unit)	18	21	16.7
工业总产值(万元)	Gross Industrial Output Value(10 000 yuan)	119573	214477	79.4
内资企业(万元)	Civil Funded Enterprises(10 000 yuan)	119573	214477	79.4
国有企业(万元)	State-owned Enterprises(10 000 yuan)	65761	135839	106.6
集体企业(万元)	Collective-owned Enterprises(10 000 yuan)	14705	20398	38.7
股份合作企业(万元)	Share Holding Enterprises(10 000 yuan)			
联营企业(万元)	Joint Owned Enterprises(10 000 yuan)			
有限责任公司(万元)	Limited Company(10 000 yuan)	9432	240	-97.5
股份有限公司(万元)	Share Holding Limited Company(10 000 yuan)	11826	24215	104.8
私营企业(万元)	Privately Owned Enterprises(10 000 yuan)	17849	33785	89.3
其他企业(万元)	Enterprises of Other Ownership(10 000 yuan)			
港澳台商投资企业(万元)	Funds from HK,Macao & Taiwan(10 000 yuan)			
外商投资企业(万元)	Foreign Funded Enterprises(10 000 yuan)			
工业企业增加值(万元)	Value Added of Industrial Enterprises(10 000 yuan)	50636	102373	45.6
工业企业资产总计(万元)	Total Assets of Industrial Enterprises(10 000 yuan)	336667	479162	42.3
工业企业负债合计(万元)	Total Liabilities of Industrial Enterprises(10 000 yuan)	204875	270635	32.1
工业企业产品销售收入(万元)	Sales of Revenue Industrial Enterprises(10 000 yuan)	124217	213507	71.9
工业企业利润总额(万元)	Total Profits of Industrial Enterprises(10 000 yuan)	10898	20736	90.3
建筑业	**Construction**			
建筑企业单位数(个)	Number of Construction Enterprises(unit)			
建筑企业从业人员(人)	Number of Employee in Construction Enterprises(person)			
建筑业总产值(万元)	Gross Construction Output Value(10 000 yuan)			
交通运输邮电通信业	**Transportation,Post & Telecommunications**			
公路里程(公里)	Total Length of Highways(km)	1705	1890	10.9
邮电业务总量(万元)	Business Volume of Post & Telecoms(10 000 yuan)	2233	2345	5.0
本地电话用户(户)	Number of Subscribers of Local Telephone(Household)	9289	4863	-47.6
国内贸易	**Domestic Trade**			
社会消费品零售总额(万元)	Total Retail Sales of Consumer Goods(10 000 yuan)	42894	50603	18.0
# 贸易业(万元)	Wholesale & Retail Sales Trades(10 000 yuan)	31990	37148	16.1
餐饮业(万元)	Catering Trade(10 000 yuan)	9010	11345	25.9
科技教育卫生	**Science,Education & Public Health**			
各类专业技术人员(人)	Special Technical Personnel(person)	948	1021	7.7
幼儿园数(所)	Number of Kindergartens(unit)	3	3	0.0
学龄儿童入学率(%)	Percentage of School-Age Children Enrolled(%)	100.0	100.0	0.0
小学学校数(所)	Number of Primary Schools(unit)	4	4	0.0
小学专任教师数(人)	Number of Full-time Teachers of Primary Schools(person)	170	171	0.6
小学在校学生数(人)	Number of Student Enrollment of Primary Schools(person)	2750	2603	-5.3
普通中学学校数(所)	Number of Regular Secondary Schools(unit)	2	2	0.0
普通中学专任教师数(人)	Number of Teachers of Secondary Shools(person)	156	161	3.2
初中在校学生数(人)	Number of Student in Junior Secondary Schools(person)	1223	1090	-10.9
高中在校学生数(人)	Number of Student in Senior Secondary Schools(person)	182	85	-53.3
卫生机构数(所)	Number of Health Institutions(unit)	16	16	0.0
# 医院(所)	Hospitals(unit)	2	2	0.0
卫生院(所)	Township Hospitals(unit)	11	11	0.0
床位数(张)	Number of Beds(unit)	124	157	26.6
# 医院(张)	Hospitals(unit)	76	100	31.6
卫生院(张)	Township Hospitals(unit)	42	44	4.8
卫生技术人员(人)	Medical Technical Presonnel(person)	235	220	-6.4
# 医院(人)	Hospitals(person)	127	120	-5.5
卫生院(人)	Township Hospitals(person)	49	45	-8.2

23-68 锡林郭勒盟苏尼特左旗

指 标	Item	2008	2009	2009年比上年增长% Increase Rate in 2009 Over 2008(%)
行政区域土地面积(平方公里)	**Area of Administration(Sq.km)**	**34251**	**34251**	**0.0**
人口和就业	**Population & Employment**			
年末总人口(人)	Total Population Year-end(person)	33809	33859	0.1
#男性(人)	Male(person)	16903	16946	0.3
#乡村人口(人)	Rural(person)	17642	17615	-0.2
年末总户数(户)	Total Number of Households at the Year-end(Household)	10717	10726	0.1
#乡村户数(户)	Number of Rural Household(Household)	5029	4890	-2.8
出生人口(人)	Births(person)	370	407	10.0
死亡人口(人)	Deaths(person)	140	199	42.1
全社会就业人员(人)	Employment(person)	17007	17689	4.0
第一产业(人)	Primary Industry(person)	9511	10348	8.8
第二产业(人)	Secondary Industry(person)	1466	1375	-6.2
第三产业(人)	Tertiary Industry(person)	6030	5966	-1.1
在岗职工人数(人)	Number of Staff & Workers Employed in(person)	2900	2926	0.9
乡村劳动力(人)	Number of Rural Laborers(person)	10875	10887	0.1
#农林牧渔业(人)	Farming,Forestry,Animal Husbandry & Fishery(person)	9286	10098	8.7
国民经济综合指标	**Summary Item on the National Economy**			
生产总值(万元)	Gross Domestic Product(10 000 yuan)	212367	248669	21.1
第一产业(万元)	Primary Industry(10 000 yuan)	22418	25988	5.2
第二产业(万元)	Secondary Industry(10 000 yuan)	154163	177181	21.6
#工业(万元)	Industry(10 000 yuan)	133251	161181	26.1
第三产业(万元)	Tertiary Industry(10 000 yuan)	35786	45500	22.0
人均生产总值(元)	Per Capita GDP(yuan)	55840	66720	23.6
全社会固定资产投资(万元)	Total Investment in Fixed Assets(10 000 yuan)	191286	182293	-4.7
按登记注册类型分	Grouped by Registered Type			
#国有(万元)	State-owned Enterprises(10 000 yuan)	109086	91146	-16.4
集体(万元)	Collective-owned Enterprises(10 000 yuan)	104		
有限责任公司(万元)	Limited Liability Corporations(10 000 yuan)	29125	24139	-17.1
股份有限公司(万元)	Share Holding Enterprises(10 000 yuan)	5905	61174	936.0
私营企业(万元)	Private Enterprises(10 000 yuan)	28156	5834	-79.3
外商及港澳台投资企业(万元)	Funds from HK,Macao,Taiwan & Foreign(10 000 yuan)	18910		
按城乡渠道分	Grouped by Urban and Rural Area			
城镇(万元)	Urban(10 000 yuan)	191286	182293	-4.7
农村(万元)	Rural(10 000 yuan)			
一般预算收入(万元)	General Budgetary Financial Revenue(10 000 yuan)	9221	11831	28.3
一般预算支出(万元)	General Budgetary Financial Expenditures(10 000 yuan)	36304	60275	66.0
城乡居民储蓄存款余额(万元)	Resident Saving Deposit in Urban & Rural(10 000 yuan)	28763	36356	26.4
在岗职工工资总额(万元)	Total Wages of Staff & Workers Employed in(10 000 yuan)	7325	9353	27.7
在岗职工平均工资(元)	Average Wage of Staff & Workers Employed in(yuan)	25568	31975	25.1
农牧民人均纯收入(元)	Per Capita Net Income of Peasant & Herdsman(yuan)	4612	5206	12.9
农村牧区经济	**Economic Development in Rural & Pastoral Area**			
耕地面积(公顷)	Cultivated Area(hectare)	2200	2200	0.0
农作物总播种面积(公顷)	Total Sown Area(hectare)	2200	1670	-24.1
#粮食作物播种面积(公顷)	Sown Area of Grain Crops(hectare)			
有效灌溉面积(公顷)	Irrigated Area(hectare)	2200	2200	0.0
农牧业机械总动力(万千瓦)	Total Power of Agricultural Machinery(10 000 kw)	3.66	3.85	5.2
化肥施用折纯量(吨)	Consumption of Chemical Fertilizer(ton)	17		
农村用电量(万千瓦小时)	Electricity Consumed in Rural Area(10 000 kwh)	33	33	0.0
农林牧渔业总产值(万元)	Gross Output of Farming,Forestry,Animal Husbandry & Fishery(10 000 yuan)	37364	43723	17.0
粮食产量(吨)	Yield of Grain(ton)			
油料产量(吨)	Yield of Oil-bearing Grops(ton)			
甜菜产量(吨)	Yield of Beetroots(ton)			
猪牛羊肉产量(吨)	Output of Pork, Beef & Mutton(ton)	13508	18723	38.6
#猪肉产量(吨)	Output of Pork(ton)	136	72	-47.1
牛肉产量(吨)	Output of Beef(ton)	2949	5390	82.8
羊肉产量(吨)	Output of Mutton(ton)	10423	12573	20.6
羊毛产量(吨)	Output of Wool(ton)	596	504	-15.4

23-68 Sunitezuo Banner in Xilinguole League

指 标	Item	2008	2009	2009年比上年增长% Increase Rate in 2009 Over 2008(%)
年末牲畜存栏头数(万头只)	Total Livestock at the Year-end(10 000 heads)	65.62	63.78	-2.8
#大牲畜(万头只)	Large Animals(10 000 heads)	7.31	7.62	4.2
羊(万只)	Sheep & Goats(10 000 heads)	58.25	56.05	-3.8
猪(万头)	Hogs(10 000 heads)	0.06	0.11	83.3
规模以上工业	**Industrial Enterprises above Designated size**			
工业企业单位数(个)	Number of Industrial Enterprises(unit)	16	17	6.2
#内资企业(个)	Civil Funded Enterprises(unit)	16	17	6.2
工业总产值(万元)	Gross Industrial Output Value(10 000 yuan)	210160	267147	27.1
内资企业(万元)	Civil Funded Enterprises(10 000 yuan)	210160	267147	27.1
国有企业(万元)	State-owned Enterprises(10 000 yuan)	1442	2027	40.6
集体企业(万元)	Collective-owned Enterprises(10 000 yuan)			
股份合作企业(万元)	Share Holding Enterprises(10 000 yuan)			
联营企业(万元)	Joint Owned Enterprises(10 000 yuan)			
有限责任公司(万元)	Limited Company(10 000 yuan)	183455	219916	19.9
股份有限公司(万元)	Share Holding Limited Company(10 000 yuan)	7425	8608	15.9
私营企业(万元)	Privately Owned Enterprises(10 000 yuan)	17838	36596	105.2
其他企业(万元)	Enterprises of Other Ownership(10 000 yuan)			
港澳台商投资企业(万元)	Funds from HK,Macao & Taiwan(10 000 yuan)			
外商投资企业(万元)	Foreign Funded Enterprises(10 000 yuan)			
工业企业增加值(万元)	Value Added of Industrial Enterprises(10 000 yuan)	123469	148131	20.0
工业企业资产总计(万元)	Total Assets of Industrial Enterprises(10 000 yuan)	84404	107408	27.3
工业企业负债合计(万元)	Total Liabilities of Industrial Enterprises(10 000 yuan)	33552	62307	85.7
工业企业产品销售收入(万元)	Sales of Revenue Industrial Enterprises(10 000 yuan)	208710	264192	26.6
工业企业利润总额(万元)	Total Profits of Industrial Enterprises(10 000 yuan)	10759	4341	-59.7
建筑业	**Construction**			
建筑企业单位数(个)	Number of Construction Enterprises(unit)			
建筑企业从业人员(人)	Number of Employee in Construction Enterprises(person)			
建筑业总产值(万元)	Gross Construction Output Value(10 000 yuan)			
交通运输邮电通信业	**Transportation,Post & Telecommunications**			
公路里程(公里)	Total Length of Highways(km)	1877	1874	-0.2
邮电业务总量(万元)	Business Volume of Post & Telecoms(10 000 yuan)	1661	1594	-4.0
本地电话用户(户)	Number of Subscribers of Local Telephone(Household)	6405	5865	-8.4
国内贸易	**Domestic Trade**			
社会消费品零售总额(万元)	Total Retail Sales of Consumer Goods(10 000 yuan)	27246	32532	19.4
#贸易业(万元)	Wholesale & Retail Sales Trades(10 000 yuan)	17707	21082	19.1
餐饮业(万元)	Catering Trade(10 000 yuan)	7225	8557	18.4
科技教育卫生	**Science,Education & Public Health**			
各类专业技术人员(人)	Special Technical Personnel(person)	874	926	5.9
幼儿园数(所)	Number of Kindergartens(unit)	2	2	0.0
学龄儿童入学率(%)	Percentage of School-Age Children Enrolled(%)	100.0	100.0	0.0
小学学校数(所)	Number of Primary Schools(unit)	3	3	0.0
小学专任教师数(人)	Number of Full-time Teachers of Primary Schools(person)	175	186	6.3
小学在校学生数(人)	Number of Student Enrollment of Primary Schools(person)	1989	2070	4.1
普通中学学校数(所)	Number of Regular Secondary Schools(unit)	2	2	0.0
普通中学专任教师数(人)	Number of Teachers of Secondary Shools(person)	105	105	0.0
初中在校学生数(人)	Number of Student in Junior Secondary Schools(person)	1146	832	-27.4
高中在校学生数(人)	Number of Student in Senior Secondary Schools(person)			
卫生机构数(所)	Number of Health Institutions(unit)	16	16	0.0
#医院(所)	Hospitals(unit)	2	2	0.0
卫生院(所)	Township Hospitals(unit)	11	11	0.0
床位数(张)	Number of Beds(unit)	87	99	13.8
#医院(张)	Hospitals(unit)	53	66	24.5
卫生院(张)	Township Hospitals(unit)	29	29	0.0
卫生技术人员(人)	Medical Technical Presonnel(person)	196	197	0.5
#医院(人)	Hospitals(person)	95	93	-2.1
卫生院(人)	Township Hospitals(person)	57	57	0.0

23-69 锡林郭勒盟苏尼特右旗

指 标	Item	2008	2009	2009年比上年增长% Increase Rate in 2009 Over 2008(%)
行政区域土地面积(平方公里)	**Area of Administration(Sq.km)**	**22461**	**22461**	**0.0**
人口和就业	**Population & Employment**			
年末总人口(人)	Total Population Year-end(person)	69287	69198	-0.1
#男性(人)	Male(person)	34976	34897	-0.2
#乡村人口(人)	Rural(person)	22357	21176	-5.3
年末总户数(户)	Total Number of Households at the Year-end(Household)	25184	25662	1.9
#乡村户数(户)	Number of Rural Household(Household)	6826	6506	-4.7
出生人口(人)	Births(person)	693	491	-29.1
死亡人口(人)	Deaths(person)	394	230	-41.6
全社会就业人员(人)	Employment(person)	30843	30378	-1.5
第一产业(人)	Primary Industry(person)	15462	14224	-8.0
第二产业(人)	Secondary Industry(person)	3874	4289	10.7
第三产业(人)	Tertiary Industry(person)	11507	11865	3.1
在岗职工人数(人)	Number of Staff & Workers Employed in(person)	7565	8037	6.2
乡村劳动力(人)	Number of Rural Laborers(person)	17845	17414	-2.4
#农林牧渔业(人)	Farming,Forestry,Animal Husbandry & Fishery(person)	15124	13901	-8.1
国民经济综合指标	**Summary Item on the National Economy**			
生产总值(万元)	Gross Domestic Product(10 000 yuan)	223749	283668	21.5
第一产业(万元)	Primary Industry(10 000 yuan)	16341	21866	6.2
第二产业(万元)	Secondary Industry(10 000 yuan)	148694	193702	23.0
#工业(万元)	Industry(10 000 yuan)	136215	175300	18.5
第三产业(万元)	Tertiary Industry(10 000 yuan)	58714	68100	16.2
人均生产总值(元)	Per Capita GDP(yuan)	28686	35907	21.7
全社会固定资产投资(万元)	Total Investment in Fixed Assets(10 000 yuan)	204790	301982	47.5
按登记注册类型分	Grouped by Registered Type			
#国有(万元)	State-owned Enterprises(10 000 yuan)	164325	126832	-22.8
集体(万元)	Collective-owned Enterprises(10 000 yuan)			
有限责任公司(万元)	Limited Liability Corporations(10 000 yuan)	2400	87624	3551.0
股份有限公司(万元)	Share Holding Enterprises(10 000 yuan)	1000	53702	5270.2
私营企业(万元)	Private Enterprises(10 000 yuan)	30765	33823	9.9
外商及港澳台投资企业(万元)	Funds from HK,Macao,Taiwan & Foreign(10 000 yuan)	6300		
按城乡渠道分	Grouped by Urban and Rural Area			
城镇（万元）	Urban(10 000 yuan)	204790	301982	47.5
农村（万元）	Rural(10 000 yuan)			
一般预算收入(万元)	General Budgetary Financial Revenue(10 000 yuan)	13567	18171	33.9
一般预算支出(万元)	General Budgetary Financial Expenditures(10 000 yuan)	44791	66407	48.3
城乡居民储蓄存款余额(万元)	Resident Saving Deposit in Urban & Rural(10 000 yuan)	79763	90639	13.6
在岗职工工资总额(万元)	Total Wages of Staff & Workers Employed in(10 000 yuan)	20696	24489	18.3
在岗职工平均工资(元)	Average Wage of Staff & Workers Employed in(yuan)	24682	28145	14.0
农牧民人均纯收入(元)	Per Capita Net Income of Peasant & Herdsman(yuan)	3814	4506	18.1
农村牧区经济	**Economic Development in Rural & Pastoral Area**			
耕地面积(公顷)	Cultivated Area(hectare)	2280	2270	-0.4
农作物总播种面积(公顷)	Total Sown Area(hectare)	2270	2110	-7.0
#粮食作物播种面积(公顷)	Sown Area of Grain Crops(hectare)	520	270	-48.1
有效灌溉面积(公顷)	Irrigated Area(hectare)	1740	1680	-3.4
农牧业机械总动力(万千瓦)	Total Power of Agricultural Machinery(10 000 kw)	4.80	5.31	10.6
化肥施用折纯量(吨)	Consumption of Chemical Fertilizer(ton)	125	138	10.4
农村用电量(万千瓦小时)	Electricity Consumed in Rural Area(10 000 kwh)	229	244	6.4
农林牧渔业总产值(万元)	Gross Output of Farming,Forestry,Animal Husbandry & Fishery(10 000 yuan)	29522	36397	23.3
粮食产量(吨)	Yield of Grain(ton)	500	110	-78.0
油料产量(吨)	Yield of Oil-bearing Grops(ton)			
甜菜产量(吨)	Yield of Beetroots(ton)			
猪牛羊肉产量(吨)	Output of Pork, Beef & Mutton(ton)	8393	12574	49.8
#猪肉产量(吨)	Output of Pork(ton)	183	321	75.4
牛肉产量(吨)	Output of Beef(ton)	697	1006	44.3
羊肉产量(吨)	Output of Mutton(ton)	7513	11120	48.0
羊毛产量(吨)	Output of Wool(ton)	416	732	76.0

23-69 Suniteyou Banner in Xilinguole League

指 标	Item	2008	2009	2009年比上年增长% Increase Rate in 2009 Over 2008(%)
年末牲畜存栏头数(万头只)	Total Livestock at the Year-end(10 000 heads)	49.50	86.54	74.8
#大牲畜(万头只)	Large Animals(10 000 heads)	1.23	2.43	97.6
羊(万只)	Sheep & Goats(10 000 heads)	47.99	83.81	74.6
猪(万头)	Hogs(10 000 heads)	0.28	0.30	7.1
规模以上工业	**Industrial Enterprises above Designated size**			
工业企业单位数(个)	Number of Industrial Enterprises(unit)	35	40	14.3
#内资企业(个)	Civil Funded Enterprises(unit)	34	38	11.8
工业总产值(万元)	Gross Industrial Output Value(10 000 yuan)	265334	310695	17.1
内资企业(万元)	Civil Funded Enterprises(10 000 yuan)	264237	295128	11.7
国有企业(万元)	State-owned Enterprises(10 000 yuan)	22926	28698	25.2
集体企业(万元)	Collective-owned Enterprises(10 000 yuan)			
股份合作企业(万元)	Share Holding Enterprises(10 000 yuan)			
联营企业(万元)	Joint Owned Enterprises(10 000 yuan)			
有限责任公司(万元)	Limited Company(10 000 yuan)	67099	53472	-20.3
股份有限公司(万元)	Share Holding Limited Company(10 000 yuan)			
私营企业(万元)	Privately Owned Enterprises(10 000 yuan)	174212	212958	22.2
其他企业(万元)	Enterprises of Other Ownership(10 000 yuan)			
港澳台商投资企业(万元)	Funds from HK,Macao & Taiwan(10 000 yuan)		14159	
外商投资企业(万元)	Foreign Funded Enterprises(10 000 yuan)	1097	1408	28.4
工业企业增加值(万元)	Value Added of Industrial Enterprises(10 000 yuan)	125019	160216	28.2
工业企业资产总计(万元)	Total Assets of Industrial Enterprises(10 000 yuan)	207224	381441	84.1
工业企业负债合计(万元)	Total Liabilities of Industrial Enterprises(10 000 yuan)	104941	126771	20.8
工业企业产品销售收入(万元)	Sales of Revenue Industrial Enterprises(10 000 yuan)	251364	300481	19.5
工业企业利润总额(万元)	Total Profits of Industrial Enterprises(10 000 yuan)	16091	8972	-44.2
建筑业	**Construction**			
建筑企业单位数(个)	Number of Construction Enterprises(unit)	2	2	0.0
建筑企业从业人员(人)	Number of Employee in Construction Enterprises(person)	90	554	515.6
建筑业总产值(万元)	Gross Construction Output Value(10 000 yuan)	4111	4674	13.7
交通运输邮电通信业	**Transportation,Post & Telecommunications**			
公路里程(公里)	Total Length of Highways(km)	1620	1901	17.3
邮电业务总量(万元)	Business Volume of Post & Telecoms(10 000 yuan)	3779	4364	15.5
本地电话用户(户)	Number of Subscribers of Local Telephone(Household)	13000	6000	-53.8
国内贸易	**Domestic Trade**			
社会消费品零售总额(万元)	Total Retail Sales of Consumer Goods(10 000 yuan)	63509	75934	19.6
#贸易业(万元)	Wholesale & Retail Sales Trades(10 000 yuan)	49838	60233	20.9
餐饮业(万元)	Catering Trade(10 000 yuan)	11396	13353	17.2
科技教育卫生	**Science,Education & Public Health**			
各类专业技术人员(人)	Special Technical Personnel(person)	1500	1500	0.0
幼儿园数(所)	Number of Kindergartens(unit)	4	3	-25.0
学龄儿童入学率(%)	Percentage of School-Age Children Enrolled(%)	100.0	100.0	0.0
小学学校数(所)	Number of Primary Schools(unit)	8	7	-12.5
小学专任教师数(人)	Number of Full-time Teachers of Primary Schools(person)	377	370	-1.9
小学在校学生数(人)	Number of Student Enrollment of Primary Schools(person)	5353	4917	-8.1
普通中学学校数(所)	Number of Regular Secondary Schools(unit)	3	3	0.0
普通中学专任教师数(人)	Number of Teachers of Secondary Shools(person)	281	281	0.0
初中在校学生数(人)	Number of Student in Junior Secondary Schools(person)	2358	2651	12.4
高中在校学生数(人)	Number of Student in Senior Secondary Schools(person)	729	764	4.8
卫生机构数(所)	Number of Health Institutions(unit)	17	17	0.0
#医院(所)	Hospitals(unit)	2	2	0.0
卫生院(所)	Township Hospitals(unit)	12	12	0.0
床位数(张)	Number of Beds(unit)	150	155	3.3
#医院(张)	Hospitals(unit)	106	111	4.7
卫生院(张)	Township Hospitals(unit)	39	39	0.0
卫生技术人员(人)	Medical Technical Presonnel(person)	265	265	0.0
#医院(人)	Hospitals(person)	136	138	1.5
卫生院(人)	Township Hospitals(person)	59	57	-3.4

23-70 锡林郭勒盟东乌珠穆沁旗

指标	Item	2008	2009	2009年比上年增长% Increase Rate in 2009 Over 2008(%)
行政区域土地面积(平方公里)	**Area of Administration(Sq.km)**	**47259**	**47259**	**0.0**
人口和就业	**Population & Employment**			
年末总人口(人)	Total Population Year-end(person)	74712	75714	1.3
#男性(人)	Male(person)	38051	38480	1.1
#乡村人口(人)	Rural(person)	30698	30595	-0.3
年末总户数(户)	Total Number of Households at the Year-end(Household)	23402	24288	3.8
#乡村户数(户)	Number of Rural Household(Household)	7648	7717	0.9
出生人口(人)	Births(person)	958	1018	6.3
死亡人口(人)	Deaths(person)	370	439	18.6
全社会就业人员(人)	Employment(person)	39524	39363	-0.4
第一产业(人)	Primary Industry(person)	22117	21912	-0.9
第二产业(人)	Secondary Industry(person)	3866	3548	-8.2
第三产业(人)	Tertiary Industry(person)	13541	13903	2.7
在岗职工人数(人)	Number of Staff & Workers Employed in(person)	9375	9175	-2.1
乡村劳动力(人)	Number of Rural Laborers(person)	21904	21854	-0.2
#农林牧渔业(人)	Farming,Forestry,Animal Husbandry & Fishery(person)	20170	20078	-0.5
国民经济综合指标	**Summary Item on the National Economy**			
生产总值(万元)	Gross Domestic Product(10 000 yuan)	452992	558148	21.7
第一产业(万元)	Primary Industry(10 000 yuan)	84927	94203	6.9
第二产业(万元)	Secondary Industry(10 000 yuan)	295041	376145	27.1
#工业(万元)	Industry(10 000 yuan)	236118	308466	30.5
第三产业(万元)	Tertiary Industry(10 000 yuan)	73024	87800	20.7
人均生产总值(元)	Per Capita GDP(yuan)	58545	61107	18.7
全社会固定资产投资(万元)	Total Investment in Fixed Assets(10 000 yuan)	498799	644048	29.1
按登记注册类型分	Grouped by Registered Type			
#国有(万元)	State-owned Enterprises(10 000 yuan)	186784	295454	58.2
集体(万元)	Collective-owned Enterprises(10 000 yuan)			
有限责任公司(万元)	Limited Liability Corporations(10 000 yuan)	185045	228238	23.3
股份有限公司(万元)	Share Holding Enterprises(10 000 yuan)	97878	73176	-25.2
私营企业(万元)	Private Enterprises(10 000 yuan)	13292	47180	255.0
外商及港澳台投资企业(万元)	Funds from HK,Macao,Taiwan & Foreign(10 000 yuan)	15800		
按城乡渠道分	Grouped by Urban and Rural Area			
城镇（万元）	Urban(10 000 yuan)	496680	644048	29.7
农村（万元）	Rural(10 000 yuan)	2119		
一般预算收入(万元)	General Budgetary Financial Revenue(10 000 yuan)	36798	29383	-20.2
一般预算支出(万元)	General Budgetary Financial Expenditures(10 000 yuan)	69255	69180	-0.1
城乡居民储蓄存款余额(万元)	Resident Saving Deposit in Urban & Rural(10 000 yuan)	107932	123814	14.7
在岗职工工资总额(万元)	Total Wages of Staff & Workers Employed in(10 000 yuan)	24461	28422	16.2
在岗职工平均工资(元)	Average Wage of Staff & Workers Employed in(yuan)	26797	28858	7.7
农牧民人均纯收入(元)	Per Capita Net Income of Peasant & Herdsman(yuan)	9622	9997	3.9
农村牧区经济	**Economic Development in Rural & Pastoral Area**			
耕地面积(公顷)	Cultivated Area(hectare)	30840	31220	1.2
农作物总播种面积(公顷)	Total Sown Area(hectare)	29680	28280	-4.7
#粮食作物播种面积(公顷)	Sown Area of Grain Crops(hectare)	19020	18580	-2.3
有效灌溉面积(公顷)	Irrigated Area(hectare)	2150	2900	34.9
农牧业机械总动力(万千瓦)	Total Power of Agricultural Machinery(10 000 kw)	15.58	15.96	2.4
化肥施用折纯量(吨)	Consumption of Chemical Fertilizer(ton)	3615	4609	27.5
农村用电量(万千瓦小时)	Electricity Consumed in Rural Area(10 000 kwh)	309	320	3.6
农林牧渔业总产值(万元)	Gross Output of Farming,Forestry,Animal Husbandry & Fishery(10 000 yuan)	148246	167995	13.3
粮食产量(吨)	Yield of Grain(ton)	58200	55818	-4.1
油料产量(吨)	Yield of Oil-bearing Grops(ton)	3600	5843	62.3
甜菜产量(吨)	Yield of Beetroots(ton)			
猪牛羊肉产量(吨)	Output of Pork, Beef & Mutton(ton)	29545	39735	34.5
#猪肉产量(吨)	Output of Pork(ton)	178	208	16.9
牛肉产量(吨)	Output of Beef(ton)	4876	9272	90.2
羊肉产量(吨)	Output of Mutton(ton)	24491	30255	23.5
羊毛产量(吨)	Output of Wool(ton)	2164	2357	8.9

23-70 Dongwuzhumuqin Banner in Xilinguole League

指 标	Item	2008	2009	2009年比上年增长% Increase Rate in 2009 Over 2008(%)
年末牲畜存栏头数(万头只)	Total Livestock at the Year-end(10 000 heads)	189.13	181.22	-4.2
# 大牲畜(万头只)	Large Animals(10 000 heads)	9.23	9.84	6.6
羊(万只)	Sheep & Goats(10 000 heads)	179.66	170.98	-4.8
猪(万头)	Hogs(10 000 heads)	0.24	0.40	66.7
规模以上工业	**Industrial Enterprises above Designated size**			
工业企业单位数(个)	Number of Industrial Enterprises(unit)	45	48	6.7
# 内资企业(个)	Civil Funded Enterprises(unit)	43	48	11.6
工业总产值(万元)	Gross Industrial Output Value(10 000 yuan)	372409	507557	36.3
内资企业(万元)	Civil Funded Enterprises(10 000 yuan)	317527	435217	37.1
国有企业(万元)	State-owned Enterprises(10 000 yuan)	34380	46544	35.4
集体企业(万元)	Collective-owned Enterprises(10 000 yuan)	1500	2200	46.7
股份合作企业(万元)	Share Holding Enterprises(10 000 yuan)			
联营企业(万元)	Joint Owned Enterprises(10 000 yuan)	8054	12034	49.2
有限责任公司(万元)	Limited Company(10 000 yuan)	109132	164089	50.4
股份有限公司(万元)	Share Holding Limited Company(10 000 yuan)	2800	4461	59.3
私营企业(万元)	Privately Owned Enterprises(10 000 yuan)	118302	158030	33.6
其他企业(万元)	Enterprises of Other Ownership(10 000 yuan)	43359	47859	10.4
港澳台商投资企业(万元)	Funds from HK,Macao & Taiwan(10 000 yuan)	9880		
外商投资企业(万元)	Foreign Funded Enterprises(10 000 yuan)	45002	72340	60.8
工业企业增加值(万元)	Value Added of Industrial Enterprises(10 000 yuan)	183395	279836	31.5
工业企业资产总计(万元)	Total Assets of Industrial Enterprises(10 000 yuan)	322145	326157	1.2
工业企业负债合计(万元)	Total Liabilities of Industrial Enterprises(10 000 yuan)	209190	187521	-10.4
工业企业产品销售收入(万元)	Sales of Revenue Industrial Enterprises(10 000 yuan)	347708	466018	34.0
工业企业利润总额(万元)	Total Profits of Industrial Enterprises(10 000 yuan)	33012	41997	27.2
建筑业	**Construction**			
建筑企业单位数(个)	Number of Construction Enterprises(unit)	1	1	0.0
建筑企业从业人员(人)	Number of Employee in Construction Enterprises(person)	5	262	5140.0
建筑业总产值(万元)	Gross Construction Output Value(10 000 yuan)	270	2000	640.7
交通运输邮电通信业	**Transportation,Post & Telecommunications**			
公路里程(公里)	Total Length of Highways(km)	2668	2868	7.5
邮电业务总量(万元)	Business Volume of Post & Telecoms(10 000 yuan)	5148	4782	-7.1
本地电话用户(户)	Number of Subscribers of Local Telephone(Household)	82290	14400	-82.5
国内贸易	**Domestic Trade**			
社会消费品零售总额(万元)	Total Retail Sales of Consumer Goods(10 000 yuan)	111980	117786	5.2
# 贸易业(万元)	Wholesale & Retail Sales Trades(10 000 yuan)	78243	84989	8.6
餐饮业(万元)	Catering Trade(10 000 yuan)	29532	29640	0.4
科技教育卫生	**Science,Education & Public Health**			
各类专业技术人员(人)	Special Technical Personnel(person)	1789	1566	-12.5
幼儿园数(所)	Number of Kindergartens(unit)	5	5	0.0
学龄儿童入学率(%)	Percentage of School-Age Children Enrolled(%)	100.0	100.0	0.0
小学学校数(所)	Number of Primary Schools(unit)	7	7	0.0
小学专任教师数(人)	Number of Full-time Teachers of Primary Schools(person)	394	357	-9.4
小学在校学生数(人)	Number of Student Enrollment of Primary Schools(person)	6990	6731	-3.7
普通中学学校数(所)	Number of Regular Secondary Schools(unit)	5	5	0.0
普通中学专任教师数(人)	Number of Teachers of Secondary Shools(person)	327	316	-3.4
初中在校学生数(人)	Number of Student in Junior Secondary Schools(person)	2307	2339	1.4
高中在校学生数(人)	Number of Student in Senior Secondary Schools(person)	610	494	-19.0
卫生机构数(所)	Number of Health Institutions(unit)	24	23	-4.2
# 医院(所)	Hospitals(unit)	3	3	0.0
卫生院(所)	Township Hospitals(unit)	17	18	5.9
床位数(张)	Number of Beds(unit)	227	237	4.4
# 医院(张)	Hospitals(unit)	150	150	0.0
卫生院(张)	Township Hospitals(unit)	71	71	0.0
卫生技术人员(人)	Medical Technical Presonnel(person)	353	374	5.9
# 医院(人)	Hospitals(person)	204	225	10.3
卫生院(人)	Township Hospitals(person)	86	85	-1.2

23-71 锡林郭勒盟西乌珠穆沁旗

指 标	Item	2008	2009	2009年比上年增长% Increase Rate in 2009 Over 2008(%)
行政区域土地面积(平方公里)	**Area of Administration(Sq.km)**	**22435**	**22435**	**0.0**
人口和就业	**Population & Employment**			
年末总人口(人)	Total Population Year-end(person)	74780	76387	2.1
#男性(人)	Male(person)	37607	38338	1.9
#乡村人口(人)	Rural(person)	35218	34848	-1.1
年末总户数(户)	Total Number of Households at the Year-end(Household)	22707	25241	11.2
#乡村户数(户)	Number of Rural Household(Household)	9123	9145	0.2
出生人口(人)	Births(person)	1075	1388	29.1
死亡人口(人)	Deaths(person)	363	712	96.1
全社会就业人员(人)	Employment(person)	40181	40720	1.3
第一产业(人)	Primary Industry(person)	22505	22592	0.4
第二产业(人)	Secondary Industry(person)	3349	3019	-9.9
第三产业(人)	Tertiary Industry(person)	14327	15109	5.5
在岗职工人数(人)	Number of Staff & Workers Employed in(person)	5738	5904	2.9
乡村劳动力(人)	Number of Rural Laborers(person)	22648	24791	9.5
#农林牧渔业(人)	Farming,Forestry,Animal Husbandry & Fishery(person)	22137	22185	0.2
国民经济综合指标	**Summary Item on the National Economy**			
生产总值(万元)	Gross Domestic Product(10 000 yuan)	402133	581222	44.5
第一产业(万元)	Primary Industry(10 000 yuan)	54206	68634	26.6
第二产业(万元)	Secondary Industry(10 000 yuan)	287184	440488	53.4
#工业(万元)	Industry(10 000 yuan)	229872	365688	59.1
第三产业(万元)	Tertiary Industry(10 000 yuan)	60743	72100	18.7
人均生产总值(元)	Per Capita GDP(yuan)	53775	76086	32.0
全社会固定资产投资(万元)	Total Investment in Fixed Assets(10 000 yuan)	673412	1052370	56.3
按登记注册类型分	Grouped by Registered Type			
#国有(万元)	State-owned Enterprises(10 000 yuan)	173815	615549	254.1
集体(万元)	Collective-owned Enterprises(10 000 yuan)			
有限责任公司(万元)	Limited Liability Corporations(10 000 yuan)	65316	45214	-30.8
股份有限公司(万元)	Share Holding Enterprises(10 000 yuan)	413255	216375	-47.6
私营企业(万元)	Private Enterprises(10 000 yuan)	21026	175232	733.4
外商及港澳台投资企业(万元)	Funds from HK,Macao,Taiwan & Foreign(10 000 yuan)			
按城乡渠道分	Grouped by Urban and Rural Area			
城镇(万元)	Urban(10 000 yuan)	673412	1052370	56.3
农村(万元)	Rural(10 000 yuan)			
一般预算收入(万元)	General Budgetary Financial Revenue(10 000 yuan)	43022	57616	33.9
一般预算支出(万元)	General Budgetary Financial Expenditures(10 000 yuan)	65562	75844	15.7
城乡居民储蓄存款余额(万元)	Resident Saving Deposit in Urban & Rural(10 000 yuan)	72042	83021	15.2
在岗职工工资总额(万元)	Total Wages of Staff & Workers Employed in(10 000 yuan)	15539	19232	23.8
在岗职工平均工资(元)	Average Wage of Staff & Workers Employed in(yuan)	26857	32640	21.5
农牧民人均纯收入(元)	Per Capita Net Income of Peasant & Herdsman(yuan)	7180	8249	14.9
农村牧区经济	**Economic Development in Rural & Pastoral Area**			
耕地面积(公顷)	Cultivated Area(hectare)	1890	1890	0.0
农作物总播种面积(公顷)	Total Sown Area(hectare)	3380	4510	33.4
#粮食作物播种面积(公顷)	Sown Area of Grain Crops(hectare)	30		
有效灌溉面积(公顷)	Irrigated Area(hectare)	1890	1890	0.0
农牧业机械总动力(万千瓦)	Total Power of Agricultural Machinery(10 000 kw)	7.86	7.65	-2.7
化肥施用折纯量(吨)	Consumption of Chemical Fertilizer(ton)	104	112	7.7
农村用电量(万千瓦小时)	Electricity Consumed in Rural Area(10 000 kwh)	344	377	9.6
农林牧渔业总产值(万元)	Gross Output of Farming,Forestry,Animal Husbandry & Fishery(10 000 yuan)	100036	119912	19.9
粮食产量(吨)	Yield of Grain(ton)	100		
油料产量(吨)	Yield of Oil-bearing Grops(ton)			
甜菜产量(吨)	Yield of Beetroots(ton)			
猪牛羊肉产量(吨)	Output of Pork, Beef & Mutton(ton)	29444	35084	19.2
#猪肉产量(吨)	Output of Pork(ton)	42	59	40.5
牛肉产量(吨)	Output of Beef(ton)	9174	12185	32.8
羊肉产量(吨)	Output of Mutton(ton)	20228	22840	12.9
羊毛产量(吨)	Output of Wool(ton)	1118	1452	29.9

23-71 xiwuzhumuqin Banner in Xilinguole League

指 标	Item	2008	2009	2009年比上年增长% Increase Rate in 2009 Over 2008(%)
年末牲畜存栏头数(万头只)	Total Livestock at the Year-end(10 000 heads)	103.22	97.64	-5.4
# 大牲畜(万头只)	Large Animals(10 000 heads)	9.10	11.78	29.5
羊(万只)	Sheep & Goats(10 000 heads)	94.09	85.80	-8.8
猪(万头)	Hogs(10 000 heads)	0.03	0.06	100.0
规模以上工业	**Industrial Enterprises above Designated size**			
工业企业单位数(个)	Number of Industrial Enterprises(unit)	23	27	17.4
# 内资企业(个)	Civil Funded Enterprises(unit)	22	27	22.7
工业总产值(万元)	Gross Industrial Output Value(10 000 yuan)	364131	631473	73.4
内资企业(万元)	Civil Funded Enterprises(10 000 yuan)	336261	631473	87.8
国有企业(万元)	State-owned Enterprises(10 000 yuan)	46463	106269	128.7
集体企业(万元)	Collective-owned Enterprises(10 000 yuan)			
股份合作企业(万元)	Share Holding Enterprises(10 000 yuan)			
联营企业(万元)	Joint Owned Enterprises(10 000 yuan)			
有限责任公司(万元)	Limited Company(10 000 yuan)	45570	211676	364.5
股份有限公司(万元)	Share Holding Limited Company(10 000 yuan)	183484	221452	20.7
私营企业(万元)	Privately Owned Enterprises(10 000 yuan)	60744	92076	51.6
其他企业(万元)	Enterprises of Other Ownership(10 000 yuan)			
港澳台商投资企业(万元)	Funds from HK,Macao & Taiwan(10 000 yuan)	27870		
外商投资企业(万元)	Foreign Funded Enterprises(10 000 yuan)			
工业企业增加值(万元)	Value Added of Industrial Enterprises(10 000 yuan)	216454	347688	53.2
工业企业资产总计(万元)	Total Assets of Industrial Enterprises(10 000 yuan)	321293	795563	147.6
工业企业负债合计(万元)	Total Liabilities of Industrial Enterprises(10 000 yuan)	147791	553237	274.3
工业企业产品销售收入(万元)	Sales of Revenue Industrial Enterprises(10 000 yuan)	373530	629485	68.5
工业企业利润总额(万元)	Total Profits of Industrial Enterprises(10 000 yuan)	51084	33178	-35.1
建筑业	**Construction**			
建筑企业单位数(个)	Number of Construction Enterprises(unit)	2	2	0.0
建筑企业从业人员(人)	Number of Employee in Construction Enterprises(person)	414	668	61.4
建筑业总产值(万元)	Gross Construction Output Value(10 000 yuan)	10249	16633	62.3
交通运输邮电通信业	**Transportation,Post & Telecommunications**			
公路里程(公里)	Total Length of Highways(km)	1308	1352	3.4
邮电业务总量(万元)	Business Volume of Post & Telecoms(10 000 yuan)	4417	5456	23.5
本地电话用户(户)	Number of Subscribers of Local Telephone(Household)	8576	6800	-20.7
国内贸易	**Domestic Trade**			
社会消费品零售总额(万元)	Total Retail Sales of Consumer Goods(10 000 yuan)	72773	87290	19.9
# 贸易业(万元)	Wholesale & Retail Sales Trades(10 000 yuan)	54643	63881	16.9
餐饮业(万元)	Catering Trade(10 000 yuan)	14287	19341	35.4
科技教育卫生	**Science,Education & Public Health**			
各类专业技术人员(人)	Special Technical Personnel(person)	1955	2088	6.8
幼儿园数(所)	Number of Kindergartens(unit)	5	5	0.0
学龄儿童入学率(%)	Percentage of School-Age Children Enrolled(%)	100.0	100.0	0.0
小学学校数(所)	Number of Primary Schools(unit)	4	4	0.0
小学专任教师数(人)	Number of Full-time Teachers of Primary Schools(person)	270	282	4.4
小学在校学生数(人)	Number of Student Enrollment of Primary Schools(person)	4686	4575	-2.4
普通中学学校数(所)	Number of Regular Secondary Schools(unit)	2	2	0.0
普通中学专任教师数(人)	Number of Teachers of Secondary Shools(person)	261	271	3.8
初中在校学生数(人)	Number of Student in Junior Secondary Schools(person)	1435	1684	17.4
高中在校学生数(人)	Number of Student in Senior Secondary Schools(person)	328	109	-66.8
卫生机构数(所)	Number of Health Institutions(unit)	19	19	0.0
# 医院(所)	Hospitals(unit)	2	2	0.0
卫生院(所)	Township Hospitals(unit)	14	14	0.0
床位数(张)	Number of Beds(unit)	198	198	0.0
# 医院(张)	Hospitals(unit)	120	120	0.0
卫生院(张)	Township Hospitals(unit)	68	68	0.0
卫生技术人员(人)	Medical Technical Presonnel(person)	315	313	-0.6
# 医院(人)	Hospitals(person)	159	158	-0.6
卫生院(人)	Township Hospitals(person)	86	85	-1.2

23-72 锡林郭勒盟太仆寺旗

指 标	Item	2008	2009	2009年比上年增长% Increase Rate in 2009 Over 2008(%)
行政区域土地面积(平方公里)	**Area of Administration(Sq.km)**	**3479**	**3479**	**0.0**
人口和就业	**Population & Employment**			
年末总人口(人)	Total Population Year-end(person)	209508	210482	0.5
# 男性(人)	Male(person)	108141	108462	0.3
# 乡村人口(人)	Rural(person)	102386	100985	-1.4
年末总户数(户)	Total Number of Households at the Year-end(Household)	80956	83549	3.2
# 乡村户数(户)	Number of Rural Household(Household)	32212	31745	-1.4
出生人口(人)	Births(person)	2533	2124	-16.1
死亡人口(人)	Deaths(person)	815	880	8.0
全社会就业人员(人)	Employment(person)	82108	82268	0.2
第一产业(人)	Primary Industry(person)	56014	56571	1.0
第二产业(人)	Secondary Industry(person)	7117	6861	-3.6
第三产业(人)	Tertiary Industry(person)	18977	18836	-0.7
在岗职工人数(人)	Number of Staff & Workers Employed in(person)	6435	6563	2.0
乡村劳动力(人)	Number of Rural Laborers(person)	67018	66455	-0.8
# 农林牧渔业(人)	Farming,Forestry,Animal Husbandry & Fishery(person)	55826	56384	1.0
国民经济综合指标	**Summary Item on the National Economy**			
生产总值(万元)	Gross Domestic Product(10 000 yuan)	205776	232538	13.2
第一产业(万元)	Primary Industry(10 000 yuan)	67538	68098	6.7
第二产业(万元)	Secondary Industry(10 000 yuan)	67453	81640	16.8
# 工业(万元)	Industry(10 000 yuan)	55183	62740	6.1
第三产业(万元)	Tertiary Industry(10 000 yuan)	70785	82800	14.9
人均生产总值(元)	Per Capita GDP(yuan)	15472	18705	21.1
全社会固定资产投资(万元)	Total Investment in Fixed Assets(10 000 yuan)	147207	201850	37.1
按登记注册类型分	Grouped by Registered Type			
# 国有(万元)	State-owned Enterprises(10 000 yuan)	69603	84777	21.8
集体(万元)	Collective-owned Enterprises(10 000 yuan)			
有限责任公司(万元)	Limited Liability Corporations(10 000 yuan)	9858	85138	763.6
股份有限公司(万元)	Share Holding Enterprises(10 000 yuan)		9732	
私营企业(万元)	Private Enterprises(10 000 yuan)	29246	22203	-24.1
外商及港澳台投资企业 (万元)	Funds from HK,Macao,Taiwan & Foreign(10 000 yuan)	38500		
按城乡渠道分	Grouped by Urban and Rural Area			
城镇（万元）	Urban(10 000 yuan)	141759	201850	42.4
农村（万元）	Rural(10 000 yuan)	5448		
一般预算收入(万元)	General Budgetary Financial Revenue(10 000 yuan)	6259	5170	-17.4
一般预算支出(万元)	General Budgetary Financial Expenditures(10 000 yuan)	65494	90800	38.6
城乡居民储蓄存款余额(万元)	Resident Saving Deposit in Urban & Rural(10 000 yuan)	92000	116000	26.1
在岗职工工资总额(万元)	Total Wages of Staff & Workers Employed in(10 000 yuan)	16523	20290	22.8
在岗职工平均工资(元)	Average Wage of Staff & Workers Employed in(yuan)	25689	31057	20.9
农牧民人均纯收入(元)	Per Capita Net Income of Peasant & Herdsman(yuan)	4101	4659	13.6
农村牧区经济	**Economic Development in Rural & Pastoral Area**			
耕地面积(公顷)	Cultivated Area(hectare)	58200	58200	0.0
农作物总播种面积(公顷)	Total Sown Area(hectare)	74297	71520	-3.7
# 粮食作物播种面积(公顷)	Sown Area of Grain Crops(hectare)	51412	52690	2.5
有效灌溉面积(公顷)	Irrigated Area(hectare)	17390	20660	18.8
农牧业机械总动力(万千瓦)	Total Power of Agricultural Machinery(10 000 kw)	18.24	19.68	7.9
化肥施用折纯量(吨)	Consumption of Chemical Fertilizer(ton)	3077	3065	-0.4
农村用电量(万千瓦小时)	Electricity Consumed in Rural Area(10 000 kwh)	731	722	-1.2
农林牧渔业总产值(万元)	Gross Output of Farming,Forestry,Animal Husbandry & Fishery(10 000 yuan)	106143	115001	8.4
粮食产量(吨)	Yield of Grain(ton)	99753	97479	-2.3
油料产量(吨)	Yield of Oil-bearing Grops(ton)	1435	946	-34.1
甜菜产量(吨)	Yield of Beetroots(ton)	14213	3345	-76.5
猪牛羊肉产量(吨)	Output of Pork, Beef & Mutton(ton)	4266	4220	-1.1
# 猪肉产量(吨)	Output of Pork(ton)	702	654	-6.8
牛肉产量(吨)	Output of Beef(ton)	2251	2969	31.9
羊肉产量(吨)	Output of Mutton(ton)	1313	597	-54.5
羊毛产量(吨)	Output of Wool(ton)	305	505	65.6

23-72 Taipusi Banner in Xilinguole League

指 标	Item	2008	2009	2009年比上年增长% Increase Rate in 2009 Over 2008(%)
年末牲畜存栏头数(万头只)	Total Livestock at the Year-end(10 000 heads)	11.58	12.91	11.5
#大牲畜(万头只)	Large Animals(10 000 heads)	5.40	6.42	18.9
羊(万只)	Sheep & Goats(10 000 heads)	4.95	5.14	3.8
猪(万头)	Hogs(10 000 heads)	1.23	1.35	9.8
规模以上工业	**Industrial Enterprises above Designated size**			
工业企业单位数(个)	Number of Industrial Enterprises(unit)	24	23	-4.2
#内资企业(个)	Civil Funded Enterprises(unit)	23	22	-4.3
工业总产值(万元)	Gross Industrial Output Value(10 000 yuan)	84973	89574	5.4
内资企业(万元)	Civil Funded Enterprises(10 000 yuan)	83452	83648	0.2
国有企业(万元)	State-owned Enterprises(10 000 yuan)	5206	3967	-23.8
集体企业(万元)	Collective-owned Enterprises(10 000 yuan)			
股份合作企业(万元)	Share Holding Enterprises(10 000 yuan)			
联营企业(万元)	Joint Owned Enterprises(10 000 yuan)			
有限责任公司(万元)	Limited Company(10 000 yuan)	40030	33516	-16.3
股份有限公司(万元)	Share Holding Limited Company(10 000 yuan)			
私营企业(万元)	Privately Owned Enterprises(10 000 yuan)	38216	46166	20.8
其他企业(万元)	Enterprises of Other Ownership(10 000 yuan)			
港澳台商投资企业(万元)	Funds from HK,Macao & Taiwan(10 000 yuan)			
外商投资企业(万元)	Foreign Funded Enterprises(10 000 yuan)	1521	5926	289.6
工业企业增加值(万元)	Value Added of Industrial Enterprises(10 000 yuan)	34797	41740	1.2
工业企业资产总计(万元)	Total Assets of Industrial Enterprises(10 000 yuan)	83275	90272	8.4
工业企业负债合计(万元)	Total Liabilities of Industrial Enterprises(10 000 yuan)	47310	28986	-38.7
工业企业产品销售收入(万元)	Sales of Revenue Industrial Enterprises(10 000 yuan)	83504	88917	6.5
工业企业利润总额(万元)	Total Profits of Industrial Enterprises(10 000 yuan)	2054	2225	8.3
建筑业	**Construction**			
建筑企业单位数(个)	Number of Construction Enterprises(unit)	3	3	0.0
建筑企业从业人员(人)	Number of Employee in Construction Enterprises(person)	569	1706	199.8
建筑业总产值(万元)	Gross Construction Output Value(10 000 yuan)	8177	17779	117.4
交通运输邮电通信业	**Transportation,Post & Telecommunications**			
公路里程(公里)	Total Length of Highways(km)	1292	1334	3.3
邮电业务总量(万元)	Business Volume of Post & Telecoms(10 000 yuan)	3678	3678	0.0
本地电话用户(户)	Number of Subscribers of Local Telephone(Household)	12000	11000	-8.3
国内贸易	**Domestic Trade**			
社会消费品零售总额(万元)	Total Retail Sales of Consumer Goods(10 000 yuan)	73021	87161	19.4
#贸易业(万元)	Wholesale & Retail Sales Trades(10 000 yuan)	59956	68887	14.9
餐饮业(万元)	Catering Trade(10 000 yuan)	10210	14596	43.0
科技教育卫生	**Science,Education & Public Health**			
各类专业技术人员(人)	Special Technical Personnel(person)	2677	2654	-0.9
幼儿园数(所)	Number of Kindergartens(unit)	1	1	0.0
学龄儿童入学率(%)	Percentage of School-Age Children Enrolled(%)	100.0	100.0	0.0
小学学校数(所)	Number of Primary Schools(unit)	20	20	0.0
小学专任教师数(人)	Number of Full-time Teachers of Primary Schools(person)	713	746	4.6
小学在校学生数(人)	Number of Student Enrollment of Primary Schools(person)	8195	7468	-8.9
普通中学学校数(所)	Number of Regular Secondary Schools(unit)	10	7	-30.0
普通中学专任教师数(人)	Number of Teachers of Secondary Shools(person)	541	514	-5.0
初中在校学生数(人)	Number of Student in Junior Secondary Schools(person)	4788	4787	0.0
高中在校学生数(人)	Number of Student in Senior Secondary Schools(person)	2483	2404	-3.2
卫生机构数(所)	Number of Health Institutions(unit)	16	16	0.0
#医院(所)	Hospitals(unit)	2	2	0.0
卫生院(所)	Township Hospitals(unit)	11	11	0.0
床位数(张)	Number of Beds(unit)	203	208	2.5
#医院(张)	Hospitals(unit)	135	132	-2.2
卫生院(张)	Township Hospitals(unit)	46	54	17.4
卫生技术人员(人)	Medical Technical Presonnel(person)	299	296	-1.0
#医院(人)	Hospitals(person)	157	155	-1.3
卫生院(人)	Township Hospitals(person)	71	68	-4.2

23-73 锡林郭勒盟镶黄旗

指 标	Item	2008	2009	2009年比上年增长% Increase Rate in 2009 Over 2008(%)
行政区域土地面积(平方公里)	**Area of Administration(Sq.km)**	**5144**	**5144**	**0.0**
人口和就业	**Population & Employment**			
年末总人口(人)	Total Population Year-end(person)	30716	30783	0.2
#男性(人)	Male(person)	15317	15345	0.2
#乡村人口(人)	Rural(person)	15400	15479	0.5
年末总户数(户)	Total Number of Households at the Year-end(Household)	11000	11310	2.8
#乡村户数(户)	Number of Rural Household(Household)	3983	4083	2.5
出生人口(人)	Births(person)	347	296	-14.7
死亡人口(人)	Deaths(person)	97	201	107.2
全社会就业人员(人)	Employment(person)	17954	16466	-8.3
第一产业(人)	Primary Industry(person)	8819	7263	-17.6
第二产业(人)	Secondary Industry(person)	1526	1442	-5.5
第三产业(人)	Tertiary Industry(person)	7609	7761	2.0
在岗职工人数(人)	Number of Staff & Workers Employed in(person)	2676	2745	2.6
乡村劳动力(人)	Number of Rural Laborers(person)	10884	10505	-3.5
#农林牧渔业(人)	Farming,Forestry,Animal Husbandry & Fishery(person)	8590	7046	-18.0
国民经济综合指标	**Summary Item on the National Economy**			
生产总值(万元)	Gross Domestic Product(10 000 yuan)	183493	254441	24.9
第一产业(万元)	Primary Industry(10 000 yuan)	18495	20985	5.8
第二产业(万元)	Secondary Industry(10 000 yuan)	126285	188356	30.0
#工业(万元)	Industry(10 000 yuan)	115773	175156	30.4
第三产业(万元)	Tertiary Industry(10 000 yuan)	38713	45100	18.5
人均生产总值(元)	Per Capita GDP(yuan)	60134	82733	23.9
全社会固定资产投资(万元)	Total Investment in Fixed Assets(10 000 yuan)	135412	183000	35.1
按登记注册类型分	Grouped by Registered Type			
#国有(万元)	State-owned Enterprises(10 000 yuan)	55088	76860	39.5
集体(万元)	Collective-owned Enterprises(10 000 yuan)	1100		
有限责任公司(万元)	Limited Liability Corporations(10 000 yuan)	11953	40296	237.1
股份有限公司(万元)	Share Holding Enterprises(10 000 yuan)	33219	45348	36.5
私营企业(万元)	Private Enterprises(10 000 yuan)	34052	20496	-39.8
外商及港澳台投资企业(万元)	Funds from HK,Macao,Taiwan & Foreign(10 000 yuan)			
按城乡渠道分	Grouped by Urban and Rural Area			
城镇(万元)	Urban(10 000 yuan)	132433	183000	38.2
农村(万元)	Rural(10 000 yuan)	2979		
一般预算收入(万元)	General Budgetary Financial Revenue(10 000 yuan)	11787	13264	12.5
一般预算支出(万元)	General Budgetary Financial Expenditures(10 000 yuan)	30730	37589	22.3
城乡居民储蓄存款余额(万元)	Resident Saving Deposit in Urban & Rural(10 000 yuan)	24252	31107	28.3
在岗职工工资总额(万元)	Total Wages of Staff & Workers Employed in(10 000 yuan)	7208	9250	28.3
在岗职工平均工资(元)	Average Wage of Staff & Workers Employed in(yuan)	26967	31985	18.6
农牧民人均纯收入(元)	Per Capita Net Income of Peasant & Herdsman(yuan)	4070	4632	13.8
农村牧区经济	**Economic Development in Rural & Pastoral Area**			
耕地面积(公顷)	Cultivated Area(hectare)	1940	1940	0.0
农作物总播种面积(公顷)	Total Sown Area(hectare)	3142	3930	25.1
#粮食作物播种面积(公顷)	Sown Area of Grain Crops(hectare)	92	440	378.3
有效灌溉面积(公顷)	Irrigated Area(hectare)	420	420	0.0
农牧业机械总动力(万千瓦)	Total Power of Agricultural Machinery(10 000 kw)	3.05	2.99	-2.0
化肥施用折纯量(吨)	Consumption of Chemical Fertilizer(ton)	7	8	14.3
农村用电量(万千瓦小时)	Electricity Consumed in Rural Area(10 000 kwh)	8	12	47.5
农林牧渔业总产值(万元)	Gross Output of Farming,Forestry,Animal Husbandry & Fishery(10 000 yuan)	29186	34825	19.3
粮食产量(吨)	Yield of Grain(ton)	14	275	1864.3
油料产量(吨)	Yield of Oil-bearing Grops(ton)	17	6	-64.7
甜菜产量(吨)	Yield of Beetroots(ton)		18	
猪牛羊肉产量(吨)	Output of Pork, Beef & Mutton(ton)	6570	7142	8.7
#猪肉产量(吨)	Output of Pork(ton)	13	7	-46.2
牛肉产量(吨)	Output of Beef(ton)	995	814	-18.2
羊肉产量(吨)	Output of Mutton(ton)	5562	6321	13.6
羊毛产量(吨)	Output of Wool(ton)	750	991	32.1

23-73 Xianghuang Banner in Xilinguole League

指 标	Item	2008	2009	2009年比上年增长% Increase Rate in 2009 Over 2008(%)
年末牲畜存栏头数(万头只)	Total Livestock at the Year-end(10 000 heads)	30.13	24.35	-19.2
#大牲畜(万头只)	Large Animals(10 000 heads)	1.34	1.61	20.1
羊(万只)	Sheep & Goats(10 000 heads)	28.77	22.72	-21.0
猪(万头)	Hogs(10 000 heads)	0.02	0.02	0.0
规模以上工业	**Industrial Enterprises above Designated size**			
工业企业单位数(个)	Number of Industrial Enterprises(unit)	27	27	0.0
#内资企业(个)	Civil Funded Enterprises(unit)	27	27	0.0
工业总产值(万元)	Gross Industrial Output Value(10 000 yuan)	210973	308336	46.2
内资企业(万元)	Civil Funded Enterprises(10 000 yuan)	210973	308336	46.2
国有企业(万元)	State-owned Enterprises(10 000 yuan)	1930	3166	64.0
集体企业(万元)	Collective-owned Enterprises(10 000 yuan)			
股份合作企业(万元)	Share Holding Enterprises(10 000 yuan)			
联营企业(万元)	Joint Owned Enterprises(10 000 yuan)			
有限责任公司(万元)	Limited Company(10 000 yuan)	52059	9490	-81.8
股份有限公司(万元)	Share Holding Limited Company(10 000 yuan)			
私营企业(万元)	Privately Owned Enterprises(10 000 yuan)	156984	295680	88.4
其他企业(万元)	Enterprises of Other Ownership(10 000 yuan)			
港澳台商投资企业(万元)	Funds from HK,Macao & Taiwan(10 000 yuan)			
外商投资企业(万元)	Foreign Funded Enterprises(10 000 yuan)			
工业企业增加值(万元)	Value Added of Industrial Enterprises(10 000 yuan)	101622	155106	32.2
工业企业资产总计(万元)	Total Assets of Industrial Enterprises(10 000 yuan)	83490	100656	20.6
工业企业负债合计(万元)	Total Liabilities of Industrial Enterprises(10 000 yuan)	7458	6679	-10.4
工业企业产品销售收入(万元)	Sales of Revenue Industrial Enterprises(10 000 yuan)	210250	309071	47.0
工业企业利润总额(万元)	Total Profits of Industrial Enterprises(10 000 yuan)	27843	43804	57.3
建筑业	**Construction**			
建筑企业单位数(个)	Number of Construction Enterprises(unit)			
建筑企业从业人员(人)	Number of Employee in Construction Enterprises(person)			
建筑业总产值(万元)	Gross Construction Output Value(10 000 yuan)			
交通运输邮电通信业	**Transportation,Post & Telecommunications**			
公路里程(公里)	Total Length of Highways(km)	763	829	8.7
邮电业务总量(万元)	Business Volume of Post & Telecoms(10 000 yuan)	1724	2009	16.5
本地电话用户(户)	Number of Subscribers of Local Telephone(Household)	6610	2500	-62.2
国内贸易	**Domestic Trade**			
社会消费品零售总额(万元)	Total Retail Sales of Consumer Goods(10 000 yuan)	20269	24301	19.9
#贸易业(万元)	Wholesale & Retail Sales Trades(10 000 yuan)	17820	21120	18.5
餐饮业(万元)	Catering Trade(10 000 yuan)	1685	2358	39.9
科技教育卫生	**Science,Education & Public Health**			
各类专业技术人员(人)	Special Technical Personnel(person)	1425	1436	0.8
幼儿园数(所)	Number of Kindergartens(unit)	1	1	0.0
学龄儿童入学率(%)	Percentage of School-Age Children Enrolled(%)	100.0	100.0	0.0
小学学校数(所)	Number of Primary Schools(unit)	2	2	0.0
小学专任教师数(人)	Number of Full-time Teachers of Primary Schools(person)	109	120	10.1
小学在校学生数(人)	Number of Student Enrollment of Primary Schools(person)	1818	1716	-5.6
普通中学学校数(所)	Number of Regular Secondary Schools(unit)	2	2	0.0
普通中学专任教师数(人)	Number of Teachers of Secondary Shools(person)	119	114	-4.2
初中在校学生数(人)	Number of Student in Junior Secondary Schools(person)	710	654	-7.9
高中在校学生数(人)	Number of Student in Senior Secondary Schools(person)	333	155	-53.5
卫生机构数(所)	Number of Health Institutions(unit)	8	8	0.0
#医院(所)	Hospitals(unit)	2	2	0.0
卫生院(所)	Township Hospitals(unit)	3	3	0.0
床位数(张)	Number of Beds(unit)	96	96	0.0
#医院(张)	Hospitals(unit)	70	70	0.0
卫生院(张)	Township Hospitals(unit)	16	16	0.0
卫生技术人员(人)	Medical Technical Presonnel(person)	229	220	-3.9
#医院(人)	Hospitals(person)	119	123	3.4
卫生院(人)	Township Hospitals(person)	48	40	-16.7

23-74 锡林郭勒盟正镶白旗

指 标	Item	2008	2009	2009年比上年增长% Increase Rate in 2009 Over 2008(%)
行政区域土地面积(平方公里)	**Area of Administration(Sq.km)**	**6215**	**6215**	**0.0**
人口和就业	**Population & Employment**			
年末总人口(人)	Total Population Year-end(person)	72729	72827	0.1
# 男性(人)	Male(person)	37414	37412	0.0
# 乡村人口(人)	Rural(person)	52516	52475	-0.1
年末总户数(户)	Total Number of Households at the Year-end(Household)	25052	26485	5.7
# 乡村户数(户)	Number of Rural Household(Household)	13981	13978	0.0
出生人口(人)	Births(person)	1064	867	-18.5
死亡人口(人)	Deaths(person)	250	652	160.8
全社会就业人员(人)	Employment(person)	36431	35689	-2.0
第一产业(人)	Primary Industry(person)	26739	25986	-2.8
第二产业(人)	Secondary Industry(person)	1661	1660	-0.1
第三产业(人)	Tertiary Industry(person)	8031	8043	0.1
在岗职工人数(人)	Number of Staff & Workers Employed in(person)	4219	4242	0.5
乡村劳动力(人)	Number of Rural Laborers(person)	26953	27721	2.8
# 农林牧渔业(人)	Farming,Forestry,Animal Husbandry & Fishery(person)	26408	25623	-3.0
国民经济综合指标	**Summary Item on the National Economy**			
生产总值(万元)	Gross Domestic Product(10 000 yuan)	151442	158325	6.7
第一产业(万元)	Primary Industry(10 000 yuan)	29151	31928	6.4
第二产业(万元)	Secondary Industry(10 000 yuan)	75686	77297	1.1
# 工业(万元)	Industry(10 000 yuan)	62840	63125	-3.7
第三产业(万元)	Tertiary Industry(10 000 yuan)	46605	49100	15.8
人均生产总值(元)	Per Capita GDP(yuan)	20831	21740	6.5
全社会固定资产投资(万元)	Total Investment in Fixed Assets(10 000 yuan)	105684	126519	19.7
按登记注册类型分	Grouped by Registered Type			
# 国有(万元)	State-owned Enterprises(10 000 yuan)	30894	53138	72.0
集体(万元)	Collective-owned Enterprises(10 000 yuan)			
有限责任公司(万元)	Limited Liability Corporations(10 000 yuan)	52545	59211	12.7
股份有限公司(万元)	Share Holding Enterprises(10 000 yuan)	1050		
私营企业(万元)	Private Enterprises(10 000 yuan)	20595	14170	-31.2
外商及港澳台投资企业(万元)	Funds from HK,Macao,Taiwan & Foreign(10 000 yuan)	600		
按城乡渠道分	Grouped by Urban and Rural Area			
城镇(万元)	Urban(10 000 yuan)	105684	120979	14.5
农村(万元)	Rural(10 000 yuan)		5540	
一般预算收入(万元)	General Budgetary Financial Revenue(10 000 yuan)	8178	3503	-57.2
一般预算支出(万元)	General Budgetary Financial Expenditures(10 000 yuan)	35772	41932	17.2
城乡居民储蓄存款余额(万元)	Resident Saving Deposit in Urban & Rural(10 000 yuan)	52000	71346	37.2
在岗职工工资总额(万元)	Total Wages of Staff & Workers Employed in(10 000 yuan)	11136	12534	12.6
在岗职工平均工资(元)	Average Wage of Staff & Workers Employed in(yuan)	22374	26199	17.1
农牧民人均纯收入(元)	Per Capita Net Income of Peasant & Herdsman(yuan)	3852	4356	13.1
农村牧区经济	**Economic Development in Rural & Pastoral Area**			
耕地面积(公顷)	Cultivated Area(hectare)	14150	14150	0.0
农作物总播种面积(公顷)	Total Sown Area(hectare)	13414	14730	9.8
# 粮食作物播种面积(公顷)	Sown Area of Grain Crops(hectare)	5641	5700	1.0
有效灌溉面积(公顷)	Irrigated Area(hectare)	4920	5460	11.0
农牧业机械总动力(万千瓦)	Total Power of Agricultural Machinery(10 000 kw)	8.14	9.28	14.0
化肥施用折纯量(吨)	Consumption of Chemical Fertilizer(ton)	348	382	9.8
农村用电量(万千瓦小时)	Electricity Consumed in Rural Area(10 000 kwh)	250	319	27.6
农林牧渔业总产值(万元)	Gross Output of Farming,Forestry,Animal Husbandry & Fishery(10 000 yuan)	50261	54037	7.5
粮食产量(吨)	Yield of Grain(ton)	3955	4611	16.6
油料产量(吨)	Yield of Oil-bearing Grops(ton)	265	144	-45.7
甜菜产量(吨)	Yield of Beetroots(ton)			
猪牛羊肉产量(吨)	Output of Pork, Beef & Mutton(ton)	12327	11465	-7.0
# 猪肉产量(吨)	Output of Pork(ton)	148	140	-5.4
牛肉产量(吨)	Output of Beef(ton)	4982	4619	-7.3
羊肉产量(吨)	Output of Mutton(ton)	7197	6706	-6.8
羊毛产量(吨)	Output of Wool(ton)	1090	1058	-2.9

23-74 Zhengxiangbai Banner in Xilinguole League

指 标	Item	2008	2009	2009年比上年增长% Increase Rate in 2009 Over 2008(%)
年末牲畜存栏头数(万头只)	Total Livestock at the Year-end(10 000 heads)	44.09	34.23	-22.4
# 大牲畜(万头只)	Large Animals(10 000 heads)	5.73	6.51	13.6
羊(万只)	Sheep & Goats(10 000 heads)	38.23	27.59	-27.8
猪(万头)	Hogs(10 000 heads)	0.13	0.13	0.0
规模以上工业	**Industrial Enterprises above Designated size**			
工业企业单位数(个)	Number of Industrial Enterprises(unit)	21	19	-9.5
# 内资企业(个)	Civil Funded Enterprises(unit)	21	19	-9.5
工业总产值(万元)	Gross Industrial Output Value(10 000 yuan)	111500	76438	-31.5
内资企业(万元)	Civil Funded Enterprises(10 000 yuan)	111500	76438	-31.5
国有企业(万元)	State-owned Enterprises(10 000 yuan)	4577	3695	-19.3
集体企业(万元)	Collective-owned Enterprises(10 000 yuan)			
股份合作企业(万元)	Share Holding Enterprises(10 000 yuan)			
联营企业(万元)	Joint Owned Enterprises(10 000 yuan)			
有限责任公司(万元)	Limited Company(10 000 yuan)	34180	13938	-59.2
股份有限公司(万元)	Share Holding Limited Company(10 000 yuan)	16033	10392	-35.2
私营企业(万元)	Privately Owned Enterprises(10 000 yuan)	56710	48412	-14.6
其他企业(万元)	Enterprises of Other Ownership(10 000 yuan)			
港澳台商投资企业(万元)	Funds from HK,Macao & Taiwan(10 000 yuan)			
外商投资企业(万元)	Foreign Funded Enterprises(10 000 yuan)			
工业企业增加值(万元)	Value Added of Industrial Enterprises(10 000 yuan)	47791	43125	-14.7
工业企业资产总计(万元)	Total Assets of Industrial Enterprises(10 000 yuan)	40712	127455	213.1
工业企业负债合计(万元)	Total Liabilities of Industrial Enterprises(10 000 yuan)	22805	108611	376.3
工业企业产品销售收入(万元)	Sales of Revenue Industrial Enterprises(10 000 yuan)	105012	78213	-25.5
工业企业利润总额(万元)	Total Profits of Industrial Enterprises(10 000 yuan)	3799	695	-81.7
建筑业	**Construction**			
建筑企业单位数(个)	Number of Construction Enterprises(unit)	1	1	0.0
建筑企业从业人员(人)	Number of Employee in Construction Enterprises(person)	30	535	1683.3
建筑业总产值(万元)	Gross Construction Output Value(10 000 yuan)	4900	2311	-52.8
交通运输邮电通信业	**Transportation,Post & Telecommunications**			
公路里程(公里)	Total Length of Highways(km)	807	905	12.1
邮电业务总量(万元)	Business Volume of Post & Telecoms(10 000 yuan)	2560	2583	0.9
本地电话用户(户)	Number of Subscribers of Local Telephone(Household)	10219	6193	-39.4
国内贸易	**Domestic Trade**			
社会消费品零售总额(万元)	Total Retail Sales of Consumer Goods(10 000 yuan)	31123	37130	19.3
# 贸易业(万元)	Wholesale & Retail Sales Trades(10 000 yuan)	25026	29501	17.9
餐饮业(万元)	Catering Trade(10 000 yuan)	4948	6280	26.9
科技教育卫生	**Science,Education & Public Health**			
各类专业技术人员(人)	Special Technical Personnel(person)	1867	1867	0.0
幼儿园数(所)	Number of Kindergartens(unit)	2	2	0.0
学龄儿童入学率(%)	Percentage of School-Age Children Enrolled(%)	100.0	100.0	0.0
小学学校数(所)	Number of Primary Schools(unit)	3	3	0.0
小学专任教师数(人)	Number of Full-time Teachers of Primary Schools(person)	225	240	6.7
小学在校学生数(人)	Number of Student Enrollment of Primary Schools(person)	3322	3147	-5.3
普通中学学校数(所)	Number of Regular Secondary Schools(unit)	1	1	0.0
普通中学专任教师数(人)	Number of Teachers of Secondary Shools(person)	218	232	6.4
初中在校学生数(人)	Number of Student in Junior Secondary Schools(person)	1387	1177	-15.1
高中在校学生数(人)	Number of Student in Senior Secondary Schools(person)	339	201	-40.7
卫生机构数(所)	Number of Health Institutions(unit)	12	12	0.0
# 医院(所)	Hospitals(unit)	2	2	0.0
卫生院(所)	Township Hospitals(unit)	7	7	0.0
床位数(张)	Number of Beds(unit)	143	153	7.0
# 医院(张)	Hospitals(unit)	107	116	8.4
卫生院(张)	Township Hospitals(unit)	26	27	3.8
卫生技术人员(人)	Medical Technical Presonnel(person)	209	213	1.9
# 医院(人)	Hospitals(person)	124	131	5.6
卫生院(人)	Township Hospitals(person)	29	27	-6.9

23-75 锡林郭勒盟正蓝旗

指 标	Item	2008	2009	2009年比上年增长% Increase Rate in 2009 Over 2008(%)
行政区域土地面积(平方公里)	**Area of Administration(Sq.km)**	**10278**	**10278**	**0.0**
人口和就业	**Population & Employment**			
年末总人口(人)	Total Population Year-end(person)	81450	81799	0.4
# 男性(人)	Male(person)	41265	41625	0.9
# 乡村人口(人)	Rural(person)	52170	52699	1.0
年末总户数(户)	Total Number of Households at the Year-end(Household)	28718	30968	7.8
# 乡村户数(户)	Number of Rural Household(Household)	13044	13232	1.4
出生人口(人)	Births(person)	1347	592	-56.1
死亡人口(人)	Deaths(person)	520	314	-39.6
全社会就业人员(人)	Employment(person)	41498	40623	-2.1
第一产业(人)	Primary Industry(person)	23231	21630	-6.9
第二产业(人)	Secondary Industry(person)	7914	7968	0.7
第三产业(人)	Tertiary Industry(person)	10353	11025	6.5
在岗职工人数(人)	Number of Staff & Workers Employed in(person)	7880	7828	-0.7
乡村劳动力(人)	Number of Rural Laborers(person)	28901	36375	25.9
# 农林牧渔业(人)	Farming,Forestry,Animal Husbandry & Fishery(person)	21929	19972	-8.9
国民经济综合指标	**Summary Item on the National Economy**			
生产总值(万元)	Gross Domestic Product(10 000 yuan)	386042	430140	8.4
第一产业(万元)	Primary Industry(10 000 yuan)	38406	45045	9.2
第二产业(万元)	Secondary Industry(10 000 yuan)	301218	314295	6.6
# 工业(万元)	Industry(10 000 yuan)	288265	293219	2.7
第三产业(万元)	Tertiary Industry(10 000 yuan)	46418	70800	16.2
人均生产总值(元)	Per Capita GDP(yuan)	47554	52579	7.6
全社会固定资产投资(万元)	Total Investment in Fixed Assets(10 000 yuan)	119530	286765	139.9
按登记注册类型分	Grouped by Registered Type			
# 国有(万元)	State-owned Enterprises(10 000 yuan)	87552	32117	-63.3
集体(万元)	Collective-owned Enterprises(10 000 yuan)	120		
有限责任公司(万元)	Limited Liability Corporations(10 000 yuan)	9312	198507	2031.7
股份有限公司(万元)	Share Holding Enterprises(10 000 yuan)	13106	16567	26.4
私营企业(万元)	Private Enterprises(10 000 yuan)	9440	39574	319.2
外商及港澳台投资企业(万元)	Funds from HK,Macao,Taiwan & Foreign(10 000 yuan)			
按城乡渠道分	Grouped by Urban and Rural Area			
城镇（万元）	Urban(10 000 yuan)	117930	286765	143.2
农村（万元）	Rural(10 000 yuan)	1600		
一般预算收入(万元)	General Budgetary Financial Revenue(10 000 yuan)	22237	26781	20.4
一般预算支出(万元)	General Budgetary Financial Expenditures(10 000 yuan)	47202	59085	25.2
城乡居民储蓄存款余额(万元)	Resident Saving Deposit in Urban & Rural(10 000 yuan)	61575	74020	20.2
在岗职工工资总额(万元)	Total Wages of Staff & Workers Employed in(10 000 yuan)	21884	26324	20.3
在岗职工平均工资(元)	Average Wage of Staff & Workers Employed in(yuan)	28056	34456	22.8
农牧民人均纯收入(元)	Per Capita Net Income of Peasant & Herdsman(yuan)	5222	5954	14.0
农村牧区经济	**Economic Development in Rural & Pastoral Area**			
耕地面积(公顷)	Cultivated Area(hectare)	18450	19710	6.8
农作物总播种面积(公顷)	Total Sown Area(hectare)	18453	21920	18.8
# 粮食作物播种面积(公顷)	Sown Area of Grain Crops(hectare)	10250	10910	6.4
有效灌溉面积(公顷)	Irrigated Area(hectare)	5310	7300	37.5
农牧业机械总动力(万千瓦)	Total Power of Agricultural Machinery(10 000 kw)	12.33	13.22	7.2
化肥施用折纯量(吨)	Consumption of Chemical Fertilizer(ton)	306	278	-9.2
农村用电量(万千瓦小时)	Electricity Consumed in Rural Area(10 000 kwh)	1221	1350	10.6
农林牧渔业总产值(万元)	Gross Output of Farming,Forestry,Animal Husbandry & Fishery(10 000 yuan)	71069	77789	9.5
粮食产量(吨)	Yield of Grain(ton)	22469	35149	56.4
油料产量(吨)	Yield of Oil-bearing Grops(ton)	399	490	22.8
甜菜产量(吨)	Yield of Beetroots(ton)			
猪牛羊肉产量(吨)	Output of Pork, Beef & Mutton(ton)	19627	19262	-1.9
# 猪肉产量(吨)	Output of Pork(ton)	269	296	10.0
牛肉产量(吨)	Output of Beef(ton)	15543	15771	1.5
羊肉产量(吨)	Output of Mutton(ton)	3815	3195	-16.3
羊毛产量(吨)	Output of Wool(ton)	822	1000	21.7

23-75 Zhenglan Banner in Xilinguole League

指 标	Item	2008	2009	2009年比上年增长% Increase Rate in 2009 Over 2008(%)
年末牲畜存栏头数(万头只)	Total Livestock at the Year-end(10 000 heads)	35.83	36.17	0.9
# 大牲畜(万头只)	Large Animals(10 000 heads)	14.88	16.41	10.3
羊(万只)	Sheep & Goats(10 000 heads)	20.77	19.54	-5.9
猪(万头)	Hogs(10 000 heads)	0.18	0.22	22.2
规模以上工业	**Industrial Enterprises above Designated size**			
工业企业单位数(个)	Number of Industrial Enterprises(unit)	17	16	-5.9
# 内资企业(个)	Civil Funded Enterprises(unit)	16	15	-6.2
工业总产值(万元)	Gross Industrial Output Value(10 000 yuan)	581172	573707	-1.3
内资企业(万元)	Civil Funded Enterprises(10 000 yuan)	573456	562740	-1.9
国有企业(万元)	State-owned Enterprises(10 000 yuan)			
集体企业(万元)	Collective-owned Enterprises(10 000 yuan)			
股份合作企业(万元)	Share Holding Enterprises(10 000 yuan)	840	2013	139.6
联营企业(万元)	Joint Owned Enterprises(10 000 yuan)			
有限责任公司(万元)	Limited Company(10 000 yuan)	538090	534779	-0.6
股份有限公司(万元)	Share Holding Limited Company(10 000 yuan)	15838	10716	-32.3
私营企业(万元)	Privately Owned Enterprises(10 000 yuan)	18688	15233	-18.5
其他企业(万元)	Enterprises of Other Ownership(10 000 yuan)			
港澳台商投资企业(万元)	Funds from HK,Macao & Taiwan(10 000 yuan)			
外商投资企业(万元)	Foreign Funded Enterprises(10 000 yuan)	7716	10966	42.1
工业企业增加值(万元)	Value Added of Industrial Enterprises(10 000 yuan)	270394	269219	1.1
工业企业资产总计(万元)	Total Assets of Industrial Enterprises(10 000 yuan)	1100975	1105842	0.4
工业企业负债合计(万元)	Total Liabilities of Industrial Enterprises(10 000 yuan)	792772	751349	-5.2
工业企业产品销售收入(万元)	Sales of Revenue Industrial Enterprises(10 000 yuan)	142115	134952	-5.0
工业企业利润总额(万元)	Total Profits of Industrial Enterprises(10 000 yuan)	1801	867	-51.8
建筑业	**Construction**			
建筑企业单位数(个)	Number of Construction Enterprises(unit)	1	1	0.0
建筑企业从业人员(人)	Number of Employee in Construction Enterprises(person)	8	65	712.5
建筑业总产值(万元)	Gross Construction Output Value(10 000 yuan)	1000	1370	37.0
交通运输邮电通信业	**Transportation,Post & Telecommunications**			
公路里程(公里)	Total Length of Highways(km)	1215	930	-23.5
邮电业务总量(万元)	Business Volume of Post & Telecoms(10 000 yuan)	2810	3578	27.3
本地电话用户(户)	Number of Subscribers of Local Telephone(Household)	10159	6620	-34.8
国内贸易	**Domestic Trade**			
社会消费品零售总额(万元)	Total Retail Sales of Consumer Goods(10 000 yuan)	46080	55672	20.8
# 贸易业(万元)	Wholesale & Retail Sales Trades(10 000 yuan)	33321	40948	22.9
餐饮业(万元)	Catering Trade(10 000 yuan)	10096	11808	17.0
科技教育卫生	**Science,Education & Public Health**			
各类专业技术人员(人)	Special Technical Personnel(person)	1436	1316	-8.4
幼儿园数(所)	Number of Kindergartens(unit)	2	2	0.0
学龄儿童入学率(%)	Percentage of School-Age Children Enrolled(%)	100.0	100.0	0.0
小学学校数(所)	Number of Primary Schools(unit)	7	7	0.0
小学专任教师数(人)	Number of Full-time Teachers of Primary Schools(person)	280	276	-1.4
小学在校学生数(人)	Number of Student Enrollment of Primary Schools(person)	3770	3525	-6.5
普通中学学校数(所)	Number of Regular Secondary Schools(unit)	3	3	0.0
普通中学专任教师数(人)	Number of Teachers of Secondary Shools(person)	230	226	-1.7
初中在校学生数(人)	Number of Student in Junior Secondary Schools(person)	1534	1209	-21.2
高中在校学生数(人)	Number of Student in Senior Secondary Schools(person)	257	136	-47.1
卫生机构数(所)	Number of Health Institutions(unit)	19	19	0.0
# 医院(所)	Hospitals(unit)	2	2	0.0
卫生院(所)	Township Hospitals(unit)	13	14	7.7
床位数(张)	Number of Beds(unit)	168	208	23.8
# 医院(张)	Hospitals(unit)	88	115	30.7
卫生院(张)	Township Hospitals(unit)	70	83	18.6
卫生技术人员(人)	Medical Technical Presonnel(person)	224	223	-0.4
# 医院(人)	Hospitals(person)	106	103	-2.8
卫生院(人)	Township Hospitals(person)	70	71	1.4

23-76 锡林郭勒盟多伦县

指 标	Item	2008	2009	2009年比上年增长% Increase Rate in 2009 Over 2008(%)
行政区域土地面积(平方公里)	**Area of Administration(Sq.km)**	**3871**	**3871**	**0.0**
人口和就业	**Population & Employment**			
年末总人口(人)	Total Population Year-end(person)	103760	105149	1.3
#男性(人)	Male(person)	53540	54162	1.2
#乡村人口(人)	Rural(person)	67979	67636	-0.5
年末总户数(户)	Total Number of Households at the Year-end(Household)	39402	40249	2.1
#乡村户数(户)	Number of Rural Household(Household)	19482	19238	-1.3
出生人口(人)	Births(person)	1764	1537	-12.9
死亡人口(人)	Deaths(person)	643	265	-58.8
全社会就业人员(人)	Employment(person)	54411	54434	0.0
第一产业(人)	Primary Industry(person)	33651	31801	-5.5
第二产业(人)	Secondary Industry(person)	6457	7488	16.0
第三产业(人)	Tertiary Industry(person)	14303	15145	5.9
在岗职工人数(人)	Number of Staff & Workers Employed in(person)	4901	5324	8.6
乡村劳动力(人)	Number of Rural Laborers(person)	42826	43081	0.6
#农林牧渔业(人)	Farming,Forestry,Animal Husbandry & Fishery(person)	33322	31724	-4.8
国民经济综合指标	**Summary Item on the National Economy**			
生产总值(万元)	Gross Domestic Product(10 000 yuan)	293880	355484	26.1
第一产业(万元)	Primary Industry(10 000 yuan)	50087	55682	8.9
第二产业(万元)	Secondary Industry(10 000 yuan)	183367	228702	33.3
#工业(万元)	Industry(10 000 yuan)	121267	179402	48.3
第三产业(万元)	Tertiary Industry(10 000 yuan)	60426	71100	16.5
人均生产总值(元)	Per Capita GDP(yuan)	28534	34032	24.3
全社会固定资产投资(万元)	Total Investment in Fixed Assets(10 000 yuan)	681521	530481	-22.2
按登记注册类型分	Grouped by Registered Type			
#国有(万元)	State-owned Enterprises(10 000 yuan)	98121	59414	-39.4
集体(万元)	Collective-owned Enterprises(10 000 yuan)			
有限责任公司(万元)	Limited Liability Corporations(10 000 yuan)	42850	64577	50.7
股份有限公司(万元)	Share Holding Enterprises(10 000 yuan)	519690	333284	-35.9
私营企业(万元)	Private Enterprises(10 000 yuan)	20860	73206	250.9
外商及港澳台投资企业(万元)	Funds from HK,Macao,Taiwan & Foreign(10 000 yuan)			
按城乡渠道分	Grouped by Urban and Rural Area			
城镇(万元)	Urban(10 000 yuan)	678521	530481	-21.8
农村(万元)	Rural(10 000 yuan)	3000		
一般预算收入(万元)	General Budgetary Financial Revenue(10 000 yuan)	17985	14217	-21.0
一般预算支出(万元)	General Budgetary Financial Expenditures(10 000 yuan)	56735	70082	23.5
城乡居民储蓄存款余额(万元)	Resident Saving Deposit in Urban & Rural(10 000 yuan)	70689	81327	15.0
在岗职工工资总额(万元)	Total Wages of Staff & Workers Employed in(10 000 yuan)	12932	17211	33.1
在岗职工平均工资(元)	Average Wage of Staff & Workers Employed in(yuan)	26359	32846	24.6
农牧民人均纯收入(元)	Per Capita Net Income of Peasant & Herdsman(yuan)	4280	4922	15.0
农村牧区经济	**Economic Development in Rural & Pastoral Area**			
耕地面积(公顷)	Cultivated Area(hectare)	50670	50670	0.0
农作物总播种面积(公顷)	Total Sown Area(hectare)	50719	52240	3.0
#粮食作物播种面积(公顷)	Sown Area of Grain Crops(hectare)	40187	40010	-0.4
有效灌溉面积(公顷)	Irrigated Area(hectare)	6700	7400	10.4
农牧业机械总动力(万千瓦)	Total Power of Agricultural Machinery(10 000 kw)	16.53	17.89	8.2
化肥施用折纯量(吨)	Consumption of Chemical Fertilizer(ton)	1913	2018	5.5
农村用电量(万千瓦小时)	Electricity Consumed in Rural Area(10 000 kwh)	747	899	20.3
农林牧渔业总产值(万元)	Gross Output of Farming,Forestry,Animal Husbandry & Fishery(10 000 yuan)	84349	93978	11.4
粮食产量(吨)	Yield of Grain(ton)	68122	43245	-36.5
油料产量(吨)	Yield of Oil-bearing Grops(ton)	575	340	-40.9
甜菜产量(吨)	Yield of Beetroots(ton)			
猪牛羊肉产量(吨)	Output of Pork, Beef & Mutton(ton)	11616	15143	30.4
#猪肉产量(吨)	Output of Pork(ton)	2960	2581	-12.8
牛肉产量(吨)	Output of Beef(ton)	8377	12267	46.4
羊肉产量(吨)	Output of Mutton(ton)	279	295	5.7
羊毛产量(吨)	Output of Wool(ton)	114	86	-24.6

23-76 Duolun County in Xilinguole League

指 标	Item	2008	2009	2009年比上年增长% Increase Rate in 2009 Over 2008(%)
年末牲畜存栏头数(万头只)	Total Livestock at the Year-end(10 000 heads)	17.39	17.21	-1.0
# 大牲畜(万头只)	Large Animals(10 000 heads)	13.52	13.79	2.0
羊(万只)	Sheep & Goats(10 000 heads)	1.74	1.21	-30.5
猪(万头)	Hogs(10 000 heads)	2.13	2.21	3.8
规模以上工业	**Industrial Enterprises above Designated size**			
工业企业单位数(个)	Number of Industrial Enterprises(unit)	21	22	4.8
# 内资企业(个)	Civil Funded Enterprises(unit)	19	21	10.5
工业总产值(万元)	Gross Industrial Output Value(10 000 yuan)	216424	376024	73.7
内资企业(万元)	Civil Funded Enterprises(10 000 yuan)	206988	353638	70.9
国有企业(万元)	State-owned Enterprises(10 000 yuan)	13788	55222	300.5
集体企业(万元)	Collective-owned Enterprises(10 000 yuan)			
股份合作企业(万元)	Share Holding Enterprises(10 000 yuan)			
联营企业(万元)	Joint Owned Enterprises(10 000 yuan)			
有限责任公司(万元)	Limited Company(10 000 yuan)	6001	5695	-5.1
股份有限公司(万元)	Share Holding Limited Company(10 000 yuan)	1656	1766	6.6
私营企业(万元)	Privately Owned Enterprises(10 000 yuan)	185543	290955	56.8
其他企业(万元)	Enterprises of Other Ownership(10 000 yuan)			
港澳台商投资企业(万元)	Funds from HK,Macao & Taiwan(10 000 yuan)	9436	22387	137.3
外商投资企业(万元)	Foreign Funded Enterprises(10 000 yuan)			
工业企业增加值(万元)	Value Added of Industrial Enterprises(10 000 yuan)	106582	159312	60.1
工业企业资产总计(万元)	Total Assets of Industrial Enterprises(10 000 yuan)	132202	1391407	952.5
工业企业负债合计(万元)	Total Liabilities of Industrial Enterprises(10 000 yuan)	69727	604089	766.4
工业企业产品销售收入(万元)	Sales of Revenue Industrial Enterprises(10 000 yuan)	216387	377143	74.3
工业企业利润总额(万元)	Total Profits of Industrial Enterprises(10 000 yuan)	7497	10195	36.0
建筑业	**Construction**			
建筑企业单位数(个)	Number of Construction Enterprises(unit)		1	
建筑企业从业人员(人)	Number of Employee in Construction Enterprises(person)			
建筑业总产值(万元)	Gross Construction Output Value(10 000 yuan)			
交通运输邮电通信业	**Transportation,Post & Telecommunications**			
公路里程(公里)	Total Length of Highways(km)	894	1324	48.1
邮电业务总量(万元)	Business Volume of Post & Telecoms(10 000 yuan)	5615	5956	6.1
本地电话用户(户)	Number of Subscribers of Local Telephone(Household)	12000	7000	-41.7
国内贸易	**Domestic Trade**			
社会消费品零售总额(万元)	Total Retail Sales of Consumer Goods(10 000 yuan)	55736	66827	19.9
# 贸易业(万元)	Wholesale & Retail Sales Trades(10 000 yuan)	45933	57169	24.5
餐饮业(万元)	Catering Trade(10 000 yuan)	7761	7768	0.1
科技教育卫生	**Science,Education & Public Health**			
各类专业技术人员(人)	Special Technical Personnel(person)	1527	1427	-6.5
幼儿园数(所)	Number of Kindergartens(unit)	3	3	0.0
学龄儿童入学率(%)	Percentage of School-Age Children Enrolled(%)	100.0	100.0	0.0
小学学校数(所)	Number of Primary Schools(unit)	14	14	0.0
小学专任教师数(人)	Number of Full-time Teachers of Primary Schools(person)	469	482	2.8
小学在校学生数(人)	Number of Student Enrollment of Primary Schools(person)	5521	5401	-2.2
普通中学学校数(所)	Number of Regular Secondary Schools(unit)	3	3	0.0
普通中学专任教师数(人)	Number of Teachers of Secondary Shools(person)	292	306	4.8
初中在校学生数(人)	Number of Student in Junior Secondary Schools(person)	3629	3598	-0.9
高中在校学生数(人)	Number of Student in Senior Secondary Schools(person)	1431	1511	5.6
卫生机构数(所)	Number of Health Institutions(unit)	13	13	0.0
# 医院(所)	Hospitals(unit)	2	2	0.0
卫生院(所)	Township Hospitals(unit)	8	8	0.0
床位数(张)	Number of Beds(unit)	151	145	-4.0
# 医院(张)	Hospitals(unit)	103	103	0.0
卫生院(张)	Township Hospitals(unit)	31	34	9.7
卫生技术人员(人)	Medical Technical Presonnel(person)	261	277	6.1
# 医院(人)	Hospitals(person)	150	151	0.7
卫生院(人)	Township Hospitals(person)	58	71	22.4

23-77 乌兰察布市集宁区

指 标	Item	2008	2009	2009年比上年增长% Increase Rate in 2009 Over 2008(%)
行政区域土地面积(平方公里)	**Area of Administration(Sq.km)**	**418**	**418**	**0.0**
人口和就业	**Population & Employment**			
年末总人口(人)	Total Population Year-end(person)	301875	303693	0.6
# 男性(人)	Male(person)	153475	154219	0.5
# 乡村人口(人)	Rural(person)	51283	51036	-0.5
年末总户数(户)	Total Number of Households at the Year-end(Household)	100247	102031	1.8
# 乡村户数(户)	Number of Rural Household(Household)	16302	16201	-0.6
出生人口(人)	Births(person)	2488	2354	-5.4
死亡人口(人)	Deaths(person)	496	647	30.4
全社会就业人员(人)	Employment(person)	131888	132107	0.2
第一产业(人)	Primary Industry(person)	13100	13087	-0.1
第二产业(人)	Secondary Industry(person)	34762	34658	-0.3
第三产业(人)	Tertiary Industry(person)	84026	84362	0.4
在岗职工人数(人)	Number of Staff & Workers Employed in(person)	56040	56310	0.5
乡村劳动力(人)	Number of Rural Laborers(person)	29114	29580	1.6
# 农林牧渔业(人)	Farming,Forestry,Animal Husbandry & Fishery(person)	18376	19820	7.9
国民经济综合指标	**Summary Item on the National Economy**			
生产总值(万元)	Gross Domestic Product(10 000 yuan)	750996	889417	14.9
第一产业(万元)	Primary Industry(10 000 yuan)	23266	26480	4.9
第二产业(万元)	Secondary Industry(10 000 yuan)	331846	421894	17.6
# 工业(万元)	Industry(10 000 yuan)	267253	356010	21.1
第三产业(万元)	Tertiary Industry(10 000 yuan)	395884	441043	13.5
人均生产总值(元)	Per Capita GDP(yuan)	24878	29375	15.6
全社会固定资产投资(万元)	Total Investment in Fixed Assets(10 000 yuan)	393622	430467	9.4
按登记注册类型分	Grouped by Registered Type			
# 国有(万元)	State-owned Enterprises(10 000 yuan)	168984	187856	11.2
集体(万元)	Collective-owned Enterprises(10 000 yuan)			
有限责任公司(万元)	Limited Liability Corporations(10 000 yuan)	7600	101350	1233.6
股份有限公司(万元)	Share Holding Enterprises(10 000 yuan)		8900	
私营企业(万元)	Private Enterprises(10 000 yuan)	212130	132361	-37.6
外商及港澳台投资企业 (万元)	Funds from HK,Macao,Taiwan & Foreign(10 000 yuan)	4908		
按城乡渠道分	Grouped by Urban and Rural Area			
城镇（万元）	Urban(10 000 yuan)	393622	430467	9.4
农村（万元）	Rural(10 000 yuan)			
一般预算收入(万元)	General Budgetary Financial Revenue(10 000 yuan)	21809	26423	21.2
一般预算支出(万元)	General Budgetary Financial Expenditures(10 000 yuan)	99972	116790	16.8
城乡居民储蓄存款余额(万元)	Resident Saving Deposit in Urban & Rural(10 000 yuan)	798489	959200	20.1
在岗职工工资总额(万元)	Total Wages of Staff & Workers Employed in(10 000 yuan)	134106	156489	16.7
在岗职工平均工资(元)	Average Wage of Staff & Workers Employed in(yuan)	23568	27362	16.1
农牧民人均纯收入(元)	Per Capita Net Income of Peasant & Herdsman(yuan)	5595	6488	16.0
农村牧区经济	**Economic Development in Rural & Pastoral Area**			
耕地面积(公顷)	Cultivated Area(hectare)	7850	9330	18.9
农作物总播种面积(公顷)	Total Sown Area(hectare)	5891	5866	-0.4
# 粮食作物播种面积(公顷)	Sown Area of Grain Crops(hectare)	3552	3600	1.4
有效灌溉面积(公顷)	Irrigated Area(hectare)	1333	1328	-0.4
农牧业机械总动力(万千瓦)	Total Power of Agricultural Machinery(10 000 kw)	8.50		
化肥施用折纯量(吨)	Consumption of Chemical Fertilizer(ton)	1930	2130	10.4
农村用电量(万千瓦小时)	Electricity Consumed in Rural Area(10 000 kwh)	1680	1730	3.0
农林牧渔业总产值(万元)	Gross Output of Farming,Forestry,Animal Husbandry & Fishery(10 000 yuan)	39982	43200	7.6
粮食产量(吨)	Yield of Grain(ton)	10542	3298	-68.7
油料产量(吨)	Yield of Oil-bearing Grops(ton)	1249		
甜菜产量(吨)	Yield of Beetroots(ton)	5940		
猪牛羊肉产量(吨)	Output of Pork, Beef & Mutton(ton)	2201	2590	17.7
# 猪肉产量(吨)	Output of Pork(ton)	983	1150	17.0
牛肉产量(吨)	Output of Beef(ton)	1026	546	-46.8
羊肉产量(吨)	Output of Mutton(ton)	192	894	365.6
羊毛产量(吨)	Output of Wool(ton)	64	75	17.2

23-77 Jining District in Wulanchabu City

指 标	Item	2008	2009	2009年比上年增长% Increase Rate in 2009 Over 2008(%)
年末牲畜存栏头数(万头只)	Total Livestock at the Year-end(10 000 heads)	6.19	5.33	-13.9
# 大牲畜(万头只)	Large Animals(10 000 heads)	1.76	1.71	-2.8
羊(万只)	Sheep & Goats(10 000 heads)	2.64	1.76	-33.3
猪(万头)	Hogs(10 000 heads)	1.80	1.87	3.9
规模以上工业	**Industrial Enterprises above Designated size**			
工业企业单位数(个)	Number of Industrial Enterprises(unit)	54	57	5.6
# 内资企业(个)	Civil Funded Enterprises(unit)	49	53	8.2
工业总产值(万元)	Gross Industrial Output Value(10 000 yuan)	590267	849543	38.7
内资企业(万元)	Civil Funded Enterprises(10 000 yuan)	566946	831895	41.2
国有企业(万元)	State-owned Enterprises(10 000 yuan)	301256	336776	10.3
集体企业(万元)	Collective-owned Enterprises(10 000 yuan)	841	907	6.5
股份合作企业(万元)	Share Holding Enterprises(10 000 yuan)			
联营企业(万元)	Joint Owned Enterprises(10 000 yuan)			
有限责任公司(万元)	Limited Company(10 000 yuan)	157688	337192	89.1
股份有限公司(万元)	Share Holding Limited Company(10 000 yuan)	28807	24694	-12.3
私营企业(万元)	Privately Owned Enterprises(10 000 yuan)	78354	132326	54.2
其他企业(万元)	Enterprises of Other Ownership(10 000 yuan)			
港澳台商投资企业(万元)	Funds from HK,Macao & Taiwan(10 000 yuan)	0	11793	
外商投资企业(万元)	Foreign Funded Enterprises(10 000 yuan)	23321	5855	-68.3
工业企业增加值(万元)	Value Added of Industrial Enterprises(10 000 yuan)	213101	293950	30.9
工业企业资产总计(万元)	Total Assets of Industrial Enterprises(10 000 yuan)	607797	620340	2.1
工业企业负债合计(万元)	Total Liabilities of Industrial Enterprises(10 000 yuan)	337617	519433	53.9
工业企业产品销售收入(万元)	Sales of Revenue Industrial Enterprises(10 000 yuan)	592067	524967	-11.3
工业企业利润总额(万元)	Total Profits of Industrial Enterprises(10 000 yuan)	20160	-2078	
建筑业	**Construction**			
建筑企业单位数(个)	Number of Construction Enterprises(unit)	19	24	26.3
建筑企业从业人员(人)	Number of Employee in Construction Enterprises(person)	5412	8254	52.5
建筑业总产值(万元)	Gross Construction Output Value(10 000 yuan)	105008	162466	54.7
交通运输邮电通信业	**Transportation,Post & Telecommunications**			
公路里程(公里)	Total Length of Highways(km)	194	207	6.7
邮电业务总量(万元)	Business Volume of Post & Telecoms(10 000 yuan)	13246	13428	1.4
本地电话用户(户)	Number of Subscribers of Local Telephone(Household)	82480	82341	-0.2
国内贸易	**Domestic Trade**			
社会消费品零售总额(万元)	Total Retail Sales of Consumer Goods(10 000 yuan)	266315	321010	20.5
# 贸易业(万元)	Wholesale & Retail Sales Trades(10 000 yuan)	169564	203013	19.7
餐饮业(万元)	Catering Trade(10 000 yuan)	91525	112076	22.5
科技教育卫生	**Science,Education & Public Health**			
各类专业技术人员(人)	Special Technical Personnel(person)	1587	1643	3.5
幼儿园数(所)	Number of Kindergartens(unit)	11	11	0.0
学龄儿童入学率(%)	Percentage of School-Age Children Enrolled(%)	100.0	100.0	0.0
小学学校数(所)	Number of Primary Schools(unit)	31	32	3.2
小学专任教师数(人)	Number of Full-time Teachers of Primary Schools(person)	1495	1499	0.3
小学在校学生数(人)	Number of Student Enrollment of Primary Schools(person)	25123	25342	0.9
普通中学学校数(所)	Number of Regular Secondary Schools(unit)	20	16	-20.0
普通中学专任教师数(人)	Number of Teachers of Secondary Shools(person)	2346	1696	-27.7
初中在校学生数(人)	Number of Student in Junior Secondary Schools(person)	15644	15819	1.1
高中在校学生数(人)	Number of Student in Senior Secondary Schools(person)	21848	36657	67.8
卫生机构数(所)	Number of Health Institutions(unit)	21	21	0.0
# 医院(所)	Hospitals(unit)	5	6	20.0
卫生院(所)	Township Hospitals(unit)	6	6	0.0
床位数(张)	Number of Beds(unit)	1344	2084	55.1
# 医院(张)	Hospitals(unit)	1145	1637	43.0
卫生院(张)	Township Hospitals(unit)	56	56	0.0
卫生技术人员(人)	Medical Technical Presonnel(person)	2887	2633	-8.8
# 医院(人)	Hospitals(person)	1534	1757	14.5
卫生院(人)	Township Hospitals(person)	74	74	0.0

23-78 乌兰察布市丰镇市

指 标	Item	2008	2009	2009年比上年增长% Increase Rate in 2009 Over 2008(%)
行政区域土地面积(平方公里)	**Area of Administration(Sq.km)**	**2704**	**2704**	**0.0**
人口和就业	**Population & Employment**			
年末总人口(人)	Total Population Year-end(person)	340698	342979	0.7
# 男性(人)	Male(person)	176890	177971	0.6
# 乡村人口(人)	Rural(person)	245108	240758	-1.8
年末总户数(户)	Total Number of Households at the Year-end(Household)	126159	130777	3.7
# 乡村户数(户)	Number of Rural Household(Household)	48858	47300	-3.2
出生人口(人)	Births(person)	4530	3996	-11.8
死亡人口(人)	Deaths(person)	509	1036	103.5
全社会就业人员(人)	Employment(person)	168388	168014	-0.2
第一产业(人)	Primary Industry(person)	65272	65134	-0.2
第二产业(人)	Secondary Industry(person)	34089	33754	-1.0
第三产业(人)	Tertiary Industry(person)	69027	69126	0.1
在岗职工人数(人)	Number of Staff & Workers Employed in(person)	13850	13667	-1.3
乡村劳动力(人)	Number of Rural Laborers(person)	72604	80002	10.2
# 农林牧渔业(人)	Farming,Forestry,Animal Husbandry & Fishery(person)	38676	47413	22.6
国民经济综合指标	**Summary Item on the National Economy**			
生产总值(万元)	Gross Domestic Product(10 000 yuan)	700744	808968	13.0
第一产业(万元)	Primary Industry(10 000 yuan)	104291	101484	-1.9
第二产业(万元)	Secondary Industry(10 000 yuan)	405421	488997	16.6
# 工业(万元)	Industry(10 000 yuan)	381015	465323	17.7
第三产业(万元)	Tertiary Industry(10 000 yuan)	191031	218487	13.5
人均生产总值(元)	Per Capita GDP(yuan)	20568	23665	12.8
全社会固定资产投资(万元)	Total Investment in Fixed Assets(10 000 yuan)	140552	145170	3.3
按登记注册类型分	Grouped by Registered Type			
# 国有(万元)	State-owned Enterprises(10 000 yuan)	101641	50247	-50.6
集体(万元)	Collective-owned Enterprises(10 000 yuan)			
有限责任公司(万元)	Limited Liability Corporations(10 000 yuan)	27005	86300	219.6
股份有限公司(万元)	Share Holding Enterprises(10 000 yuan)	8320	3500	-57.9
私营企业(万元)	Private Enterprises(10 000 yuan)		3045	
外商及港澳台投资企业 (万元)	Funds from HK,Macao,Taiwan & Foreign(10 000 yuan)			
按城乡渠道分	Grouped by Urban and Rural Area			
城镇 (万元)	Urban(10 000 yuan)	140552	119487	-15.0
农村 (万元)	Rural(10 000 yuan)		25620	
一般预算收入(万元)	General Budgetary Financial Revenue(10 000 yuan)	26781	24326	-9.2
一般预算支出(万元)	General Budgetary Financial Expenditures(10 000 yuan)	77682	94980	22.3
城乡居民储蓄存款余额(万元)	Resident Saving Deposit in Urban & Rural(10 000 yuan)	245684	276700	12.6
在岗职工工资总额(万元)	Total Wages of Staff & Workers Employed in(10 000 yuan)	50233	53828	7.2
在岗职工平均工资(元)	Average Wage of Staff & Workers Employed in(yuan)	36301	39385	8.5
农牧民人均纯收入(元)	Per Capita Net Income of Peasant & Herdsman(yuan)	4738	5408	14.1
农村牧区经济	**Economic Development in Rural & Pastoral Area**			
耕地面积(公顷)	Cultivated Area(hectare)	50133	69500	38.6
农作物总播种面积(公顷)	Total Sown Area(hectare)	50006	50006	0.0
# 粮食作物播种面积(公顷)	Sown Area of Grain Crops(hectare)	42740	44006	3.0
有效灌溉面积(公顷)	Irrigated Area(hectare)	5400	5386	-0.3
农牧业机械总动力(万千瓦)	Total Power of Agricultural Machinery(10 000 kw)	8.60	8.78	2.1
化肥施用折纯量(吨)	Consumption of Chemical Fertilizer(ton)	12985	9093	-30.0
农村用电量(万千瓦小时)	Electricity Consumed in Rural Area(10 000 kwh)	1899	1986	4.6
农林牧渔业总产值(万元)	Gross Output of Farming,Forestry,Animal Husbandry & Fishery(10 000 yuan)	180081	165372	-7.8
粮食产量(吨)	Yield of Grain(ton)	136237	41430	-69.6
油料产量(吨)	Yield of Oil-bearing Grops(ton)	1553	762	-50.9
甜菜产量(吨)	Yield of Beetroots(ton)			
猪牛羊肉产量(吨)	Output of Pork, Beef & Mutton(ton)	22277	22444	0.7
# 猪肉产量(吨)	Output of Pork(ton)	4106	4177	1.7
牛肉产量(吨)	Output of Beef(ton)	2111	2360	11.8
羊肉产量(吨)	Output of Mutton(ton)	16060	15907	-1.0
羊毛产量(吨)	Output of Wool(ton)	820	1260	53.7

23-78 Fengzhen City in Wulanchabu City

指 标	Item	2008	2009	2009年比上年增长% Increase Rate in 2009 Over 2008(%)
年末牲畜存栏头数(万头只)	Total Livestock at the Year-end(10 000 heads)	74.93	74.45	-0.6
#大牲畜(万头只)	Large Animals(10 000 heads)	5.78	6.24	8.0
羊(万只)	Sheep & Goats(10 000 heads)	65.49	64.57	-1.4
猪(万头)	Hogs(10 000 heads)	3.66	3.64	-0.5
规模以上工业	**Industrial Enterprises above Designated size**			
工业企业单位数(个)	Number of Industrial Enterprises(unit)	39	42	7.7
#内资企业(个)	Civil Funded Enterprises(unit)	39	40	2.6
工业总产值(万元)	Gross Industrial Output Value(10 000 yuan)	876168	1077375	21.0
内资企业(万元)	Civil Funded Enterprises(10 000 yuan)	876168	962921	9.9
国有企业(万元)	State-owned Enterprises(10 000 yuan)	172878	823	-78.2
集体企业(万元)	Collective-owned Enterprises(10 000 yuan)			
股份合作企业(万元)	Share Holding Enterprises(10 000 yuan)		2732	
联营企业(万元)	Joint Owned Enterprises(10 000 yuan)			
有限责任公司(万元)	Limited Company(10 000 yuan)	352905	758575	89.2
股份有限公司(万元)	Share Holding Limited Company(10 000 yuan)		104843	
私营企业(万元)	Privately Owned Enterprises(10 000 yuan)	350385	93089	-59.2
其他企业(万元)	Enterprises of Other Ownership(10 000 yuan)		2859	
港澳台商投资企业(万元)	Funds from HK,Macao & Taiwan(10 000 yuan)			
外商投资企业(万元)	Foreign Funded Enterprises(10 000 yuan)		114455	
工业企业增加值(万元)	Value Added of Industrial Enterprises(10 000 yuan)	340500	420863	14.4
工业企业资产总计(万元)	Total Assets of Industrial Enterprises(10 000 yuan)	1004295	1234183	22.9
工业企业负债合计(万元)	Total Liabilities of Industrial Enterprises(10 000 yuan)	905009	1174964	29.8
工业企业产品销售收入(万元)	Sales of Revenue Industrial Enterprises(10 000 yuan)	872921	847946	-2.9
工业企业利润总额(万元)	Total Profits of Industrial Enterprises(10 000 yuan)	5609	-12873	
建筑业	**Construction**			
建筑企业单位数(个)	Number of Construction Enterprises(unit)	3	3	0.0
建筑企业从业人员(人)	Number of Employee in Construction Enterprises(person)	105	130	23.8
建筑业总产值(万元)	Gross Construction Output Value(10 000 yuan)	8922	2407	-73.0
交通运输邮电通信业	**Transportation,Post & Telecommunications**			
公路里程(公里)	Total Length of Highways(km)	367	387	5.4
邮电业务总量(万元)	Business Volume of Post & Telecoms(10 000 yuan)	5800	6248	7.7
本地电话用户(户)	Number of Subscribers of Local Telephone(Household)	43210	43362	0.4
国内贸易	**Domestic Trade**			
社会消费品零售总额(万元)	Total Retail Sales of Consumer Goods(10 000 yuan)	137249	167933	22.4
#贸易业(万元)	Wholesale & Retail Sales Trades(10 000 yuan)	104631	131224	25.4
餐饮业(万元)	Catering Trade(10 000 yuan)	23852	28809	20.8
科技教育卫生	**Science,Education & Public Health**			
各类专业技术人员(人)	Special Technical Personnel(person)	897	924	3.0
幼儿园数(所)	Number of Kindergartens(unit)	2	2	0.0
学龄儿童入学率(%)	Percentage of School-Age Children Enrolled(%)	100.0	100.0	0.0
小学学校数(所)	Number of Primary Schools(unit)	27	24	-11.1
小学专任教师数(人)	Number of Full-time Teachers of Primary Schools(person)	1561	1552	-0.6
小学在校学生数(人)	Number of Student Enrollment of Primary Schools(person)	13788	13221	-4.1
普通中学学校数(所)	Number of Regular Secondary Schools(unit)	11	9	-18.2
普通中学专任教师数(人)	Number of Teachers of Secondary Shools(person)	1100	763	-30.6
初中在校学生数(人)	Number of Student in Junior Secondary Schools(person)	7189	6572	-8.6
高中在校学生数(人)	Number of Student in Senior Secondary Schools(person)	4320	4993	15.6
卫生机构数(所)	Number of Health Institutions(unit)	38	34	-10.5
#医院(所)	Hospitals(unit)	3	3	0.0
卫生院(所)	Township Hospitals(unit)	17	17	0.0
床位数(张)	Number of Beds(unit)	463	463	0.0
#医院(张)	Hospitals(unit)	315	315	0.0
卫生院(张)	Township Hospitals(unit)	128	128	0.0
卫生技术人员(人)	Medical Technical Presonnel(person)	562	558	-0.7
#医院(人)	Hospitals(person)	266	373	40.2
卫生院(人)	Township Hospitals(person)	109	109	0.0

23-79 乌兰察布市卓资县

指 标	Item	2008	2009	2009年比上年增长% Increase Rate in 2009 Over 2008(%)
行政区域土地面积(平方公里)	**Area of Administration(Sq.km)**	**3119**	**3119**	**0.0**
人口和就业	**Population & Employment**			
年末总人口(人)	Total Population Year-end(person)	226593	226628	0.0
#男性(人)	Male(person)	120840	120880	0.0
#乡村人口(人)	Rural(person)	183824	182741	-0.6
年末总户数(户)	Total Number of Households at the Year-end(Household)	85664	89614	4.6
#乡村户数(户)	Number of Rural Household(Household)	31628	31950	1.0
出生人口(人)	Births(person)	2703	2289	-15.3
死亡人口(人)	Deaths(person)	1008	1218	20.8
全社会就业人员(人)	Employment(person)	149680	149498	-0.1
第一产业(人)	Primary Industry(person)	66738	66624	-0.2
第二产业(人)	Secondary Industry(person)	24378	24453	0.3
第三产业(人)	Tertiary Industry(person)	58564	58421	-0.2
在岗职工人数(人)	Number of Staff & Workers Employed in(person)	6222	6468	4.0
乡村劳动力(人)	Number of Rural Laborers(person)	64918	65127	0.3
#农林牧渔业(人)	Farming,Forestry,Animal Husbandry & Fishery(person)	46520	43369	-6.8
国民经济综合指标	**Summary Item on the National Economy**			
生产总值(万元)	Gross Domestic Product(10 000 yuan)	320133	363584	13.6
第一产业(万元)	Primary Industry(10 000 yuan)	57873	55620	-1.4
第二产业(万元)	Secondary Industry(10 000 yuan)	157228	181235	15.3
#工业(万元)	Industry(10 000 yuan)	139030	162655	16.4
第三产业(万元)	Tertiary Industry(10 000 yuan)	105032	126729	17.9
人均生产总值(元)	Per Capita GDP(yuan)	14128	16044	8.2
全社会固定资产投资(万元)	Total Investment in Fixed Assets(10 000 yuan)	130620	105006	-19.6
按登记注册类型分	Grouped by Registered Type			
#国有(万元)	State-owned Enterprises(10 000 yuan)	35052	48165	37.4
集体(万元)	Collective-owned Enterprises(10 000 yuan)			
有限责任公司(万元)	Limited Liability Corporations(10 000 yuan)	59871	32701	-45.4
股份有限公司(万元)	Share Holding Enterprises(10 000 yuan)	34160	24140	-29.3
私营企业(万元)	Private Enterprises(10 000 yuan)	1537		
外商及港澳台投资企业(万元)	Funds from HK,Macao,Taiwan & Foreign(10 000 yuan)			
按城乡渠道分	Grouped by Urban and Rural Area			
城镇(万元)	Urban(10 000 yuan)	128030	105006	-18.0
农村(万元)	Rural(10 000 yuan)	2590		
一般预算收入(万元)	General Budgetary Financial Revenue(10 000 yuan)	7651	7910	3.4
一般预算支出(万元)	General Budgetary Financial Expenditures(10 000 yuan)	59336	66062	11.3
城乡居民储蓄存款余额(万元)	Resident Saving Deposit in Urban & Rural(10 000 yuan)	102459	118200	15.4
在岗职工工资总额(万元)	Total Wages of Staff & Workers Employed in(10 000 yuan)	13447	18665	38.8
在岗职工平均工资(元)	Average Wage of Staff & Workers Employed in(yuan)	22522	29348	30.3
农牧民人均纯收入(元)	Per Capita Net Income of Peasant & Herdsman(yuan)	3952	4110	4.0
农村牧区经济	**Economic Development in Rural & Pastoral Area**			
耕地面积(公顷)	Cultivated Area(hectare)	43510	54990	26.4
农作物总播种面积(公顷)	Total Sown Area(hectare)	42246	42283	0.1
#粮食作物播种面积(公顷)	Sown Area of Grain Crops(hectare)	31195	34508	10.6
有效灌溉面积(公顷)	Irrigated Area(hectare)	6308	6287	-0.3
农牧业机械总动力(万千瓦)	Total Power of Agricultural Machinery(10 000 kw)	8.40	9.57	13.9
化肥施用折纯量(吨)	Consumption of Chemical Fertilizer(ton)	2971	2665	-10.3
农村用电量(万千瓦小时)	Electricity Consumed in Rural Area(10 000 kwh)	795	820	3.1
农林牧渔业总产值(万元)	Gross Output of Farming,Forestry,Animal Husbandry & Fishery(10 000 yuan)	99727	102050	1.8
粮食产量(吨)	Yield of Grain(ton)	99726	38876	-61.0
油料产量(吨)	Yield of Oil-bearing Grops(ton)	8256	765	-90.7
甜菜产量(吨)	Yield of Beetroots(ton)	2925	3250	11.1
猪牛羊肉产量(吨)	Output of Pork, Beef & Mutton(ton)	17743	14808	-16.5
#猪肉产量(吨)	Output of Pork(ton)	3589	3649	1.7
牛肉产量(吨)	Output of Beef(ton)	2235	3170	41.8
羊肉产量(吨)	Output of Mutton(ton)	7919	7989	0.9
羊毛产量(吨)	Output of Wool(ton)	767	780	1.7

23-79 Zhuozi County in Wulanchabu City

指 标	Item	2008	2009	2009年比上年增长% Increase Rate in 2009 Over 2008(%)
年末牲畜存栏头数(万头只)	Total Livestock at the Year-end(10 000 heads)	41.26	41.29	0.1
#大牲畜(万头只)	Large Animals(10 000 heads)	5.69	5.06	-11.1
羊(万只)	Sheep & Goats(10 000 heads)	31.76	32.43	2.1
猪(万头)	Hogs(10 000 heads)	3.81	3.81	0.0
规模以上工业	**Industrial Enterprises above Designated size**			
工业企业单位数(个)	Number of Industrial Enterprises(unit)	34	34	0.0
#内资企业(个)	Civil Funded Enterprises(unit)	33	33	0.0
工业总产值(万元)	Gross Industrial Output Value(10 000 yuan)	317950	367320	14.2
内资企业(万元)	Civil Funded Enterprises(10 000 yuan)	316759	367135	14.0
国有企业(万元)	State-owned Enterprises(10 000 yuan)	14244	14918	3.8
集体企业(万元)	Collective-owned Enterprises(10 000 yuan)			
股份合作企业(万元)	Share Holding Enterprises(10 000 yuan)	5147	19502	256.4
联营企业(万元)	Joint Owned Enterprises(10 000 yuan)			
有限责任公司(万元)	Limited Company(10 000 yuan)	108191	78012	-21.2
股份有限公司(万元)	Share Holding Limited Company(10 000 yuan)	12233	2067	-43.1
私营企业(万元)	Privately Owned Enterprises(10 000 yuan)	176944	252636	36.2
其他企业(万元)	Enterprises of Other Ownership(10 000 yuan)			
港澳台商投资企业(万元)	Funds from HK,Macao & Taiwan(10 000 yuan)			
外商投资企业(万元)	Foreign Funded Enterprises(10 000 yuan)		185	
工业企业增加值(万元)	Value Added of Industrial Enterprises(10 000 yuan)	110710	133403	18.1
工业企业资产总计(万元)	Total Assets of Industrial Enterprises(10 000 yuan)	499643	493100	-1.3
工业企业负债合计(万元)	Total Liabilities of Industrial Enterprises(10 000 yuan)	412515	256505	-37.8
工业企业产品销售收入(万元)	Sales of Revenue Industrial Enterprises(10 000 yuan)	311832	373677	19.8
工业企业利润总额(万元)	Total Profits of Industrial Enterprises(10 000 yuan)	-10096	-12716	
建筑业	**Construction**			
建筑企业单位数(个)	Number of Construction Enterprises(unit)	2	2	0.0
建筑企业从业人员(人)	Number of Employee in Construction Enterprises(person)	551	588	6.7
建筑业总产值(万元)	Gross Construction Output Value(10 000 yuan)	5611	5346	-4.7
交通运输邮电通信业	**Transportation,Post & Telecommunications**			
公路里程(公里)	Total Length of Highways(km)	802	836	4.2
邮电业务总量(万元)	Business Volume of Post & Telecoms(10 000 yuan)	1955	2014	3.0
本地电话用户(户)	Number of Subscribers of Local Telephone(Household)	13425	13385	-0.3
国内贸易	**Domestic Trade**			
社会消费品零售总额(万元)	Total Retail Sales of Consumer Goods(10 000 yuan)	69087	85082	23.2
#贸易业(万元)	Wholesale & Retail Sales Trades(10 000 yuan)	52281	62442	19.4
餐饮业(万元)	Catering Trade(10 000 yuan)	15424	21331	38.3
科技教育卫生	**Science,Education & Public Health**			
各类专业技术人员(人)	Special Technical Personnel(person)	581	597	2.8
幼儿园数(所)	Number of Kindergartens(unit)	16	16	0.0
学龄儿童入学率(%)	Percentage of School-Age Children Enrolled(%)	100.0	100.0	0.0
小学学校数(所)	Number of Primary Schools(unit)	19	16	-15.8
小学专任教师数(人)	Number of Full-time Teachers of Primary Schools(person)	649	668	2.9
小学在校学生数(人)	Number of Student Enrollment of Primary Schools(person)	8404	8072	-4.0
普通中学学校数(所)	Number of Regular Secondary Schools(unit)	8	8	0.0
普通中学专任教师数(人)	Number of Teachers of Secondary Shools(person)	810	537	-33.7
初中在校学生数(人)	Number of Student in Junior Secondary Schools(person)	6765	6453	-4.6
高中在校学生数(人)	Number of Student in Senior Secondary Schools(person)	2115	3667	73.4
卫生机构数(所)	Number of Health Institutions(unit)	22	22	0.0
#医院(所)	Hospitals(unit)	1	1	0.0
卫生院(所)	Township Hospitals(unit)	17	17	0.0
床位数(张)	Number of Beds(unit)	241	255	5.8
#医院(张)	Hospitals(unit)	116	116	0.0
卫生院(张)	Township Hospitals(unit)	117	128	9.4
卫生技术人员(人)	Medical Technical Presonnel(person)	312	284	-9.0
#医院(人)	Hospitals(person)	82	82	0.0
卫生院(人)	Township Hospitals(person)	108	120	11.1

23-80 乌兰察布市化德县

指标	Item	2008	2009	2009年比上年增长% Increase Rate in 2009 Over 2008(%)
行政区域土地面积(平方公里)	**Area of Administration(Sq.km)**	**2527**	**2527**	**0.0**
人口和就业	**Population & Employment**			
年末总人口(人)	Total Population Year-end(person)	177682	178798	0.6
#男性(人)	Male(person)	91054	91264	0.2
#乡村人口(人)	Rural(person)	151723	150723	-0.7
年末总户数(户)	Total Number of Households at the Year-end(Household)	67492	70063	3.8
#乡村户数(户)	Number of Rural Household(Household)	37108	37028	-0.2
出生人口(人)	Births(person)	1598	1665	4.2
死亡人口(人)	Deaths(person)	204	287	40.7
全社会就业人员(人)	Employment(person)	79274	78895	-0.5
第一产业(人)	Primary Industry(person)	48526	48425	-0.2
第二产业(人)	Secondary Industry(person)	5762	5638	-2.2
第三产业(人)	Tertiary Industry(person)	24986	24832	-0.6
在岗职工人数(人)	Number of Staff & Workers Employed in(person)	6119	6255	2.2
乡村劳动力(人)	Number of Rural Laborers(person)	50565	51795	2.4
#农林牧渔业(人)	Farming,Forestry,Animal Husbandry & Fishery(person)	45269	46623	3.0
国民经济综合指标	**Summary Item on the National Economy**			
生产总值(万元)	Gross Domestic Product(10 000 yuan)	190862	226502	13.1
第一产业(万元)	Primary Industry(10 000 yuan)	45020	44260	-3.1
第二产业(万元)	Secondary Industry(10 000 yuan)	112402	119012	17.9
#工业(万元)	Industry(10 000 yuan)	105000	111366	18.8
第三产业(万元)	Tertiary Industry(10 000 yuan)	33440	63230	17.0
人均生产总值(元)	Per Capita GDP(yuan)	10742	12708	16.7
全社会固定资产投资(万元)	Total Investment in Fixed Assets(10 000 yuan)	80301	112166	39.7
按登记注册类型分	Grouped by Registered Type			
#国有(万元)	State-owned Enterprises(10 000 yuan)	15381	82196	434.4
集体(万元)	Collective-owned Enterprises(10 000 yuan)			
有限责任公司(万元)	Limited Liability Corporations(10 000 yuan)	4957	12310	148.3
股份有限公司(万元)	Share Holding Enterprises(10 000 yuan)			
私营企业(万元)	Private Enterprises(10 000 yuan)	4963	1710	-65.5
外商及港澳台投资企业 (万元)	Funds from HK,Macao,Taiwan & Foreign(10 000 yuan)	55000	15950	-71.0
按城乡渠道分	Grouped by Urban and Rural Area			
城镇（万元）	Urban(10 000 yuan)	80301	112166	39.7
农村（万元）	Rural(10 000 yuan)			
一般预算收入(万元)	General Budgetary Financial Revenue(10 000 yuan)	3878	3445	-11.2
一般预算支出(万元)	General Budgetary Financial Expenditures(10 000 yuan)	51604	71285	38.1
城乡居民储蓄存款余额(万元)	Resident Saving Deposit in Urban & Rural(10 000 yuan)	75790	92400	21.9
在岗职工工资总额(万元)	Total Wages of Staff & Workers Employed in(10 000 yuan)	14184	17518	23.5
在岗职工平均工资(元)	Average Wage of Staff & Workers Employed in(yuan)	22933	27732	20.9
农牧民人均纯收入(元)	Per Capita Net Income of Peasant & Herdsman(yuan)	2965	2558	-13.7
农村牧区经济	**Economic Development in Rural & Pastoral Area**			
耕地面积(公顷)	Cultivated Area(hectare)	44496	72030	61.9
农作物总播种面积(公顷)	Total Sown Area(hectare)	42070	41643	-1.0
#粮食作物播种面积(公顷)	Sown Area of Grain Crops(hectare)	29877	35246	18.0
有效灌溉面积(公顷)	Irrigated Area(hectare)	2694	2583	-4.1
农牧业机械总动力(万千瓦)	Total Power of Agricultural Machinery(10 000 kw)	11.00	11.49	4.5
化肥施用折纯量(吨)	Consumption of Chemical Fertilizer(ton)	1830	3905	113.4
农村用电量(万千瓦小时)	Electricity Consumed in Rural Area(10 000 kwh)	837	850	1.6
农林牧渔业总产值(万元)	Gross Output of Farming,Forestry,Animal Husbandry & Fishery(10 000 yuan)	76761	80751	4.8
粮食产量(吨)	Yield of Grain(ton)	80170	32985	-58.9
油料产量(吨)	Yield of Oil-bearing Grops(ton)	2045	205	-90.0
甜菜产量(吨)	Yield of Beetroots(ton)	69750	18305	-73.8
猪牛羊肉产量(吨)	Output of Pork, Beef & Mutton(ton)	14865	15216	2.4
#猪肉产量(吨)	Output of Pork(ton)	2968	2935	-1.1
牛肉产量(吨)	Output of Beef(ton)	1735	1493	-13.9
羊肉产量(吨)	Output of Mutton(ton)	10162	10788	6.2
羊毛产量(吨)	Output of Wool(ton)	960	880	-8.3

23-80 Huade County in Wulanchabu City

指 标	Item	2008	2009	2009年比上年增长% Increase Rate in 2009 Over 2008(%)
年末牲畜存栏头数(万头只)	Total Livestock at the Year-end(10 000 heads)	36.53	35.16	-3.8
# 大牲畜(万头只)	Large Animals(10 000 heads)	3.31	3.66	10.6
羊(万只)	Sheep & Goats(10 000 heads)	29.14	27.45	-5.8
猪(万头)	Hogs(10 000 heads)	4.08	4.05	-0.7
规模以上工业	**Industrial Enterprises above Designated size**			
工业企业单位数(个)	Number of Industrial Enterprises(unit)	30	32	6.7
# 内资企业(个)	Civil Funded Enterprises(unit)	30	31	3.3
工业总产值(万元)	Gross Industrial Output Value(10 000 yuan)	298108	326165	8.2
内资企业(万元)	Civil Funded Enterprises(10 000 yuan)	298108	321567	8.2
国有企业(万元)	State-owned Enterprises(10 000 yuan)	5469	4704	-11.0
集体企业(万元)	Collective-owned Enterprises(10 000 yuan)			
股份合作企业(万元)	Share Holding Enterprises(10 000 yuan)			
联营企业(万元)	Joint Owned Enterprises(10 000 yuan)			
有限责任公司(万元)	Limited Company(10 000 yuan)			
股份有限公司(万元)	Share Holding Limited Company(10 000 yuan)	4280		-100.0
私营企业(万元)	Privately Owned Enterprises(10 000 yuan)	228360	316863	35.2
其他企业(万元)	Enterprises of Other Ownership(10 000 yuan)			
港澳台商投资企业(万元)	Funds from HK,Macao & Taiwan(10 000 yuan)		4598	
外商投资企业(万元)	Foreign Funded Enterprises(10 000 yuan)			
工业企业增加值(万元)	Value Added of Industrial Enterprises(10 000 yuan)	91535	110481	15.2
工业企业资产总计(万元)	Total Assets of Industrial Enterprises(10 000 yuan)	114543	312915	173.2
工业企业负债合计(万元)	Total Liabilities of Industrial Enterprises(10 000 yuan)	47855	126591	164.5
工业企业产品销售收入(万元)	Sales of Revenue Industrial Enterprises(10 000 yuan)	3840	32611	749.2
工业企业利润总额(万元)	Total Profits of Industrial Enterprises(10 000 yuan)	3909	5169	32.2
建筑业	**Construction**			
建筑企业单位数(个)	Number of Construction Enterprises(unit)	2	2	0.0
建筑企业从业人员(人)	Number of Employee in Construction Enterprises(person)	304	356	17.1
建筑业总产值(万元)	Gross Construction Output Value(10 000 yuan)	6403	6840	6.8
交通运输邮电通信业	**Transportation,Post & Telecommunications**			
公路里程(公里)	Total Length of Highways(km)	745	786	5.5
邮电业务总量(万元)	Business Volume of Post & Telecoms(10 000 yuan)	2757	2836	2.9
本地电话用户(户)	Number of Subscribers of Local Telephone(Household)	16451	16389	-0.4
国内贸易	**Domestic Trade**			
社会消费品零售总额(万元)	Total Retail Sales of Consumer Goods(10 000 yuan)	52771	66494	26.0
# 贸易业(万元)	Wholesale & Retail Sales Trades(10 000 yuan)	44565	56745	27.3
餐饮业(万元)	Catering Trade(10 000 yuan)	5782	7319	26.6
科技教育卫生	**Science,Education & Public Health**			
各类专业技术人员(人)	Special Technical Personnel(person)	542	567	4.6
幼儿园数(所)	Number of Kindergartens(unit)	12	12	0.0
学龄儿童入学率(%)	Percentage of School-Age Children Enrolled(%)	100.0	100.0	0.0
小学学校数(所)	Number of Primary Schools(unit)	14	12	-14.3
小学专任教师数(人)	Number of Full-time Teachers of Primary Schools(person)	604	559	-7.5
小学在校学生数(人)	Number of Student Enrollment of Primary Schools(person)	7191	6686	-7.0
普通中学学校数(所)	Number of Regular Secondary Schools(unit)	3	3	0.0
普通中学专任教师数(人)	Number of Teachers of Secondary Shools(person)	351	363	3.4
初中在校学生数(人)	Number of Student in Junior Secondary Schools(person)	3830	4463	16.5
高中在校学生数(人)	Number of Student in Senior Secondary Schools(person)	2603	3226	23.9
卫生机构数(所)	Number of Health Institutions(unit)	26	26	0.0
# 医院(所)	Hospitals(unit)	2	2	0.0
卫生院(所)	Township Hospitals(unit)	11	11	0.0
床位数(张)	Number of Beds(unit)	252	307	21.8
# 医院(张)	Hospitals(unit)	140	140	0.0
卫生院(张)	Township Hospitals(unit)	93	93	0.0
卫生技术人员(人)	Medical Technical Presonnel(person)	348	341	-2.0
# 医院(人)	Hospitals(person)	164	137	-16.5
卫生院(人)	Township Hospitals(person)	88	78	-11.4

23-81 乌兰察布市商都县

指 标	Item	2008	2009	2009年比上年增长% Increase Rate in 2009 Over 2008(%)
行政区域土地面积(平方公里)	**Area of Administration(Sq.km)**	**4304**	**4304**	**0.0**
人口和就业	**Population & Employment**			
年末总人口(人)	Total Population Year-end(person)	349088	350052	0.3
#男性(人)	Male(person)	179876	180181	0.2
#乡村人口(人)	Rural(person)	293541	290187	-1.1
年末总户数(户)	Total Number of Households at the Year-end(Household)	124666	135318	8.5
#乡村户数(户)	Number of Rural Household(Household)	48331	47450	-1.8
出生人口(人)	Births(person)	3619	3331	-8.0
死亡人口(人)	Deaths(person)	748	1204	61.0
全社会就业人员(人)	Employment(person)	176929	177396	0.3
第一产业(人)	Primary Industry(person)	100031	99873	-0.2
第二产业(人)	Secondary Industry(person)	16751	16652	-0.6
第三产业(人)	Tertiary Industry(person)	60147	60871	1.2
在岗职工人数(人)	Number of Staff & Workers Employed in(person)	8739	8685	-0.6
乡村劳动力(人)	Number of Rural Laborers(person)	98440	98119	-0.3
#农林牧渔业(人)	Farming,Forestry,Animal Husbandry & Fishery(person)	81676	63082	-22.8
国民经济综合指标	**Summary Item on the National Economy**			
生产总值(万元)	Gross Domestic Product(10 000 yuan)	275208	305049	11.1
第一产业(万元)	Primary Industry(10 000 yuan)	85410	83650	-2.7
第二产业(万元)	Secondary Industry(10 000 yuan)	100538	125436	23.5
#工业(万元)	Industry(10 000 yuan)	89289	113950	25.9
第三产业(万元)	Tertiary Industry(10 000 yuan)	89260	95963	10.8
人均生产总值(元)	Per Capita GDP(yuan)	7884	8726	9.6
全社会固定资产投资(万元)	Total Investment in Fixed Assets(10 000 yuan)	120079	127445	6.1
按登记注册类型分	Grouped by Registered Type			
#国有(万元)	State-owned Enterprises(10 000 yuan)	36071	60015	66.4
集体(万元)	Collective-owned Enterprises(10 000 yuan)			
有限责任公司(万元)	Limited Liability Corporations(10 000 yuan)	46150	20390	-55.8
股份有限公司(万元)	Share Holding Enterprises(10 000 yuan)	18000	35900	99.4
私营企业(万元)	Private Enterprises(10 000 yuan)	17058	2860	-83.2
外商及港澳台投资企业(万元)	Funds from HK,Macao,Taiwan & Foreign(10 000 yuan)			
按城乡渠道分	Grouped by Urban and Rural Area			
城镇(万元)	Urban(10 000 yuan)	36918	101251	174.3
农村(万元)	Rural(10 000 yuan)	83161	26194	-68.5
一般预算收入(万元)	General Budgetary Financial Revenue(10 000 yuan)	3890	3142	-19.2
一般预算支出(万元)	General Budgetary Financial Expenditures(10 000 yuan)	63717	95449	49.8
城乡居民储蓄存款余额(万元)	Resident Saving Deposit in Urban & Rural(10 000 yuan)	100168	121100	20.9
在岗职工工资总额(万元)	Total Wages of Staff & Workers Employed in(10 000 yuan)	21465	22632	5.4
在岗职工平均工资(元)	Average Wage of Staff & Workers Employed in(yuan)	24487	26062	6.4
农牧民人均纯收入(元)	Per Capita Net Income of Peasant & Herdsman(yuan)	2960	2383	-19.5
农村牧区经济	**Economic Development in Rural & Pastoral Area**			
耕地面积(公顷)	Cultivated Area(hectare)	154329	157650	2.2
农作物总播种面积(公顷)	Total Sown Area(hectare)	82733	78096	-5.6
#粮食作物播种面积(公顷)	Sown Area of Grain Crops(hectare)	60953	59427	-2.5
有效灌溉面积(公顷)	Irrigated Area(hectare)	14377	14386	0.1
农牧业机械总动力(万千瓦)	Total Power of Agricultural Machinery(10 000 kw)	18.27	19.96	9.3
化肥施用折纯量(吨)	Consumption of Chemical Fertilizer(ton)	9108	9252	1.6
农村用电量(万千瓦小时)	Electricity Consumed in Rural Area(10 000 kwh)	3669	2954	-19.5
农林牧渔业总产值(万元)	Gross Output of Farming,Forestry,Animal Husbandry & Fishery(10 000 yuan)	146023	150951	3.1
粮食产量(吨)	Yield of Grain(ton)	120021	38454	-68.0
油料产量(吨)	Yield of Oil-bearing Grops(ton)	4626	811	-82.5
甜菜产量(吨)	Yield of Beetroots(ton)	111606	83684	-25.0
猪牛羊肉产量(吨)	Output of Pork, Beef & Mutton(ton)	18350	22548	22.9
#猪肉产量(吨)	Output of Pork(ton)	4212	4114	-2.3
牛肉产量(吨)	Output of Beef(ton)	2645	2712	2.5
羊肉产量(吨)	Output of Mutton(ton)	11493	15722	36.8
羊毛产量(吨)	Output of Wool(ton)	852	1278	50.0

23-81 Shangdu County in Wulanchabu City

指 标	Item	2008	2009	2009年比上年增长% Increase Rate in 2009 Over 2008(%)
年末牲畜存栏头数(万头只)	Total Livestock at the Year-end(10 000 heads)	42.18	44.06	4.5
#大牲畜(万头只)	Large Animals(10 000 heads)	3.46	3.50	1.2
羊(万只)	Sheep & Goats(10 000 heads)	35.21	37.01	5.1
猪(万头)	Hogs(10 000 heads)	3.51	3.54	0.9
规模以上工业	**Industrial Enterprises above Designated size**			
工业企业单位数(个)	Number of Industrial Enterprises(unit)	29	29	0.0
#内资企业(个)	Civil Funded Enterprises(unit)	29	29	0.0
工业总产值(万元)	Gross Industrial Output Value(10 000 yuan)	195718	271486	32.7
内资企业(万元)	Civil Funded Enterprises(10 000 yuan)	195718	271486	32.7
国有企业(万元)	State-owned Enterprises(10 000 yuan)	6580	6949	4.8
集体企业(万元)	Collective-owned Enterprises(10 000 yuan)			
股份合作企业(万元)	Share Holding Enterprises(10 000 yuan)			
联营企业(万元)	Joint Owned Enterprises(10 000 yuan)			
有限责任公司(万元)	Limited Company(10 000 yuan)	7543	10441	35.6
股份有限公司(万元)	Share Holding Limited Company(10 000 yuan)			
私营企业(万元)	Privately Owned Enterprises(10 000 yuan)	181594	254096	38.7
其他企业(万元)	Enterprises of Other Ownership(10 000 yuan)			
港澳台商投资企业(万元)	Funds from HK,Macao & Taiwan(10 000 yuan)			
外商投资企业(万元)	Foreign Funded Enterprises(10 000 yuan)			
工业企业增加值(万元)	Value Added of Industrial Enterprises(10 000 yuan)	70435	93288	23.5
工业企业资产总计(万元)	Total Assets of Industrial Enterprises(10 000 yuan)	50486	122040	141.7
工业企业负债合计(万元)	Total Liabilities of Industrial Enterprises(10 000 yuan)	23398	40904	74.8
工业企业产品销售收入(万元)	Sales of Revenue Industrial Enterprises(10 000 yuan)	190258	264928	39.2
工业企业利润总额(万元)	Total Profits of Industrial Enterprises(10 000 yuan)	3592	4657	29.6
建筑业	**Construction**			
建筑企业单位数(个)	Number of Construction Enterprises(unit)	1	1	0.0
建筑企业从业人员(人)	Number of Employee in Construction Enterprises(person)	70	120	71.4
建筑业总产值(万元)	Gross Construction Output Value(10 000 yuan)	6000	6200	3.3
交通运输邮电通信业	**Transportation,Post & Telecommunications**			
公路里程(公里)	Total Length of Highways(km)	1055	1225	16.1
邮电业务总量(万元)	Business Volume of Post & Telecoms(10 000 yuan)	2045	2143	4.8
本地电话用户(户)	Number of Subscribers of Local Telephone(Household)	32500	32487	0.0
国内贸易	**Domestic Trade**			
社会消费品零售总额(万元)	Total Retail Sales of Consumer Goods(10 000 yuan)	140530	155195	10.4
#贸易业(万元)	Wholesale & Retail Sales Trades(10 000 yuan)	121626	134639	10.7
餐饮业(万元)	Catering Trade(10 000 yuan)	16744	19026	13.6
科技教育卫生	**Science,Education & Public Health**			
各类专业技术人员(人)	Special Technical Personnel(person)	867	884	2.0
幼儿园数(所)	Number of Kindergartens(unit)	4	4	0.0
学龄儿童入学率(%)	Percentage of School-Age Children Enrolled(%)	100.0	100.0	0.0
小学学校数(所)	Number of Primary Schools(unit)	30	27	-10.0
小学专任教师数(人)	Number of Full-time Teachers of Primary Schools(person)	1026	955	-6.9
小学在校学生数(人)	Number of Student Enrollment of Primary Schools(person)	13881	12769	-8.0
普通中学学校数(所)	Number of Regular Secondary Schools(unit)	13	12	-7.7
普通中学专任教师数(人)	Number of Teachers of Secondary Shools(person)	993	662	-33.3
初中在校学生数(人)	Number of Student in Junior Secondary Schools(person)	9276	8988	-3.1
高中在校学生数(人)	Number of Student in Senior Secondary Schools(person)	3041	4369	43.7
卫生机构数(所)	Number of Health Institutions(unit)	21	23	9.5
#医院(所)	Hospitals(unit)	2	2	0.0
卫生院(所)	Township Hospitals(unit)	19	19	0.0
床位数(张)	Number of Beds(unit)	326	376	15.3
#医院(张)	Hospitals(unit)	220	220	0.0
卫生院(张)	Township Hospitals(unit)	106	106	0.0
卫生技术人员(人)	Medical Technical Presonnel(person)	492	474	-3.7
#医院(人)	Hospitals(person)	274	248	-9.5
卫生院(人)	Township Hospitals(person)	149	134	-10.1

23-82 乌兰察布市兴和县

指 标	Item	2008	2009	2009年比上年增长% Increase Rate in 2009 Over 2008(%)
行政区域土地面积(平方公里)	**Area of Administration(Sq.km)**	**3518**	**3518**	**0.0**
人口和就业	**Population & Employment**			
年末总人口(人)	Total Population Year-end(person)	321515	327295	1.8
#男性(人)	Male(person)	166983	169399	1.4
#乡村人口(人)	Rural(person)	204736	189600	-7.4
年末总户数(户)	Total Number of Households at the Year-end(Household)	107135	116465	8.7
#乡村户数(户)	Number of Rural Household(Household)	50886	48912	-3.9
出生人口(人)	Births(person)	4826	6242	29.3
死亡人口(人)	Deaths(person)	619	1609	159.9
全社会就业人员(人)	Employment(person)	188892	188766	-0.1
第一产业(人)	Primary Industry(person)	92781	92634	-0.2
第二产业(人)	Secondary Industry(person)	23087	23147	0.3
第三产业(人)	Tertiary Industry(person)	73024	72985	-0.1
在岗职工人数(人)	Number of Staff & Workers Employed in(person)	9602	9653	0.5
乡村劳动力(人)	Number of Rural Laborers(person)	110875	106572	-3.9
#农林牧渔业(人)	Farming,Forestry,Animal Husbandry & Fishery(person)	73085	70249	-3.9
国民经济综合指标	**Summary Item on the National Economy**			
生产总值(万元)	Gross Domestic Product(10 000 yuan)	276210	334106	13.1
第一产业(万元)	Primary Industry(10 000 yuan)	80733	76598	-2.2
第二产业(万元)	Secondary Industry(10 000 yuan)	95324	138535	21.2
#工业(万元)	Industry(10 000 yuan)	80677	123625	23.7
第三产业(万元)	Tertiary Industry(10 000 yuan)	100153	118973	15.3
人均生产总值(元)	Per Capita GDP(yuan)	8591	10299	18.7
全社会固定资产投资(万元)	Total Investment in Fixed Assets(10 000 yuan)	181903	211474	16.3
按登记注册类型分	Grouped by Registered Type			
#国有(万元)	State-owned Enterprises(10 000 yuan)	36672	60279	64.4
集体(万元)	Collective-owned Enterprises(10 000 yuan)			
有限责任公司(万元)	Limited Liability Corporations(10 000 yuan)	6911	35678	416.2
股份有限公司(万元)	Share Holding Enterprises(10 000 yuan)	8000		
私营企业(万元)	Private Enterprises(10 000 yuan)	103620	115508	11.5
外商及港澳台投资企业(万元)	Funds from HK,Macao,Taiwan & Foreign(10 000 yuan)			
按城乡渠道分	Grouped by Urban and Rural Area			
城镇(万元)	Urban(10 000 yuan)	168861	211474	25.2
农村(万元)	Rural(10 000 yuan)	13042		
一般预算收入(万元)	General Budgetary Financial Revenue(10 000 yuan)	5498	4849	-11.8
一般预算支出(万元)	General Budgetary Financial Expenditures(10 000 yuan)	58444	71975	23.2
城乡居民储蓄存款余额(万元)	Resident Saving Deposit in Urban & Rural(10 000 yuan)	112278	138100	23.0
在岗职工工资总额(万元)	Total Wages of Staff & Workers Employed in(10 000 yuan)	16611	20411	22.9
在岗职工平均工资(元)	Average Wage of Staff & Workers Employed in(yuan)	17300	21146	22.2
农牧民人均纯收入(元)	Per Capita Net Income of Peasant & Herdsman(yuan)	3443	2951	-14.3
农村牧区经济	**Economic Development in Rural & Pastoral Area**			
耕地面积(公顷)	Cultivated Area(hectare)	64340	121750	89.2
农作物总播种面积(公顷)	Total Sown Area(hectare)	69359	57845	-16.6
#粮食作物播种面积(公顷)	Sown Area of Grain Crops(hectare)	53120	42819	-19.4
有效灌溉面积(公顷)	Irrigated Area(hectare)	24810	24736	-0.3
农牧业机械总动力(万千瓦)	Total Power of Agricultural Machinery(10 000 kw)	14.10	15.39	9.1
化肥施用折纯量(吨)	Consumption of Chemical Fertilizer(ton)	7710	4110	-46.7
农村用电量(万千瓦小时)	Electricity Consumed in Rural Area(10 000 kwh)	2370	2725	15.0
农林牧渔业总产值(万元)	Gross Output of Farming,Forestry,Animal Husbandry & Fishery(10 000 yuan)	136608	141265	3.2
粮食产量(吨)	Yield of Grain(ton)	133000	46500	-65.0
油料产量(吨)	Yield of Oil-bearing Grops(ton)	8000	9	-99.9
甜菜产量(吨)	Yield of Beetroots(ton)	25760	6500	-74.8
猪牛羊肉产量(吨)	Output of Pork, Beef & Mutton(ton)	27412	29421	7.3
#猪肉产量(吨)	Output of Pork(ton)	5206	5263	1.1
牛肉产量(吨)	Output of Beef(ton)	4631	4200	-9.3
羊肉产量(吨)	Output of Mutton(ton)	17575	19958	13.6
羊毛产量(吨)	Output of Wool(ton)	1000	984	-1.6

23-82 Xinghe County in Wulanchabu City

指 标	Item	2008	2009	2009年比上年增长% Increase Rate in 2009 Over 2008(%)
年末牲畜存栏头数(万头只)	Total Livestock at the Year-end(10 000 heads)	68.54	50.43	-26.4
#大牲畜(万头只)	Large Animals(10 000 heads)	7.32	5.57	-23.9
羊(万只)	Sheep & Goats(10 000 heads)	55.22	38.83	-29.7
猪(万头)	Hogs(10 000 heads)	6.01	6.03	0.3
规模以上工业	**Industrial Enterprises above Designated size**			
工业企业单位数(个)	Number of Industrial Enterprises(unit)	18	20	11.1
#内资企业(个)	Civil Funded Enterprises(unit)	18	20	11.1
工业总产值(万元)	Gross Industrial Output Value(10 000 yuan)	184882	312668	54.2
内资企业(万元)	Civil Funded Enterprises(10 000 yuan)	184882	312668	54.2
国有企业(万元)	State-owned Enterprises(10 000 yuan)	8186	5730	-28.0
集体企业(万元)	Collective-owned Enterprises(10 000 yuan)			
股份合作企业(万元)	Share Holding Enterprises(10 000 yuan)	6130	9471	48.2
联营企业(万元)	Joint Owned Enterprises(10 000 yuan)		24694	
有限责任公司(万元)	Limited Company(10 000 yuan)	36722	107510	183.1
股份有限公司(万元)	Share Holding Limited Company(10 000 yuan)		2684	
私营企业(万元)	Privately Owned Enterprises(10 000 yuan)	133844	162579	24.7
其他企业(万元)	Enterprises of Other Ownership(10 000 yuan)			
港澳台商投资企业(万元)	Funds from HK,Macao & Taiwan(10 000 yuan)			
外商投资企业(万元)	Foreign Funded Enterprises(10 000 yuan)			
工业企业增加值(万元)	Value Added of Industrial Enterprises(10 000 yuan)	61438	206214	25.9
工业企业资产总计(万元)	Total Assets of Industrial Enterprises(10 000 yuan)	135623	248979	83.6
工业企业负债合计(万元)	Total Liabilities of Industrial Enterprises(10 000 yuan)	64474	83876	30.1
工业企业产品销售收入(万元)	Sales of Revenue Industrial Enterprises(10 000 yuan)	177939	299970	68.6
工业企业利润总额(万元)	Total Profits of Industrial Enterprises(10 000 yuan)	3163	4598	45.4
建筑业	**Construction**			
建筑企业单位数(个)	Number of Construction Enterprises(unit)	1	1	0.0
建筑企业从业人员(人)	Number of Employee in Construction Enterprises(person)	159	252	58.5
建筑业总产值(万元)	Gross Construction Output Value(10 000 yuan)	5750	6199	7.8
交通运输邮电通信业	**Transportation,Post & Telecommunications**			
公路里程(公里)	Total Length of Highways(km)	1300	1328	2.2
邮电业务总量(万元)	Business Volume of Post & Telecoms(10 000 yuan)	1430	1510	5.6
本地电话用户(户)	Number of Subscribers of Local Telephone(Household)	15820	15734	-0.5
国内贸易	**Domestic Trade**			
社会消费品零售总额(万元)	Total Retail Sales of Consumer Goods(10 000 yuan)	99060	121884	23.0
#贸易业(万元)	Wholesale & Retail Sales Trades(10 000 yuan)	93454	113749	21.7
餐饮业(万元)	Catering Trade(10 000 yuan)	4294	6648	54.8
科技教育卫生	**Science,Education & Public Health**			
各类专业技术人员(人)	Special Technical Personnel(person)	821	843	2.7
幼儿园数(所)	Number of Kindergartens(unit)	1	1	0.0
学龄儿童入学率(%)	Percentage of School-Age Children Enrolled(%)	100.0	100.0	0.0
小学学校数(所)	Number of Primary Schools(unit)	25	24	-4.0
小学专任教师数(人)	Number of Full-time Teachers of Primary Schools(person)	963	998	3.6
小学在校学生数(人)	Number of Student Enrollment of Primary Schools(person)	13911	13310	-4.3
普通中学学校数(所)	Number of Regular Secondary Schools(unit)	7	7	0.0
普通中学专任教师数(人)	Number of Teachers of Secondary Shools(person)	528	570	8.0
初中在校学生数(人)	Number of Student in Junior Secondary Schools(person)	7377	4010	-45.6
高中在校学生数(人)	Number of Student in Senior Secondary Schools(person)	1764	1834	4.0
卫生机构数(所)	Number of Health Institutions(unit)	24	25	4.2
#医院(所)	Hospitals(unit)	2	2	0.0
卫生院(所)	Township Hospitals(unit)	13	14	7.7
床位数(张)	Number of Beds(unit)	231	326	41.1
#医院(张)	Hospitals(unit)	164	210	28.0
卫生院(张)	Township Hospitals(unit)	100	106	6.0
卫生技术人员(人)	Medical Technical Presonnel(person)	436	360	-17.4
#医院(人)	Hospitals(person)	222	180	-18.9
卫生院(人)	Township Hospitals(person)	120	117	-2.5

23-83 乌兰察布市凉城县

指 标	Item	2008	2009	2009年比上年增长% Increase Rate in 2009 Over 2008(%)
行政区域土地面积(平方公里)	**Area of Administration(Sq.km)**	**3451**	**3451**	**0.0**
人口和就业	**Population & Employment**			
年末总人口(人)	Total Population Year-end(person)	248700	250898	0.9
#男性(人)	Male(person)	132273	133223	0.7
#乡村人口(人)	Rural(person)	210354	195998	-6.8
年末总户数(户)	Total Number of Households at the Year-end(Household)	90908	94766	4.2
#乡村户数(户)	Number of Rural Household(Household)	51059	49621	-2.8
出生人口(人)	Births(person)	3615	3114	-13.9
死亡人口(人)	Deaths(person)	930	1012	8.8
全社会就业人员(人)	Employment(person)	190217	189552	-0.3
第一产业(人)	Primary Industry(person)	80182	80002	-0.2
第二产业(人)	Secondary Industry(person)	29312	29135	-0.6
第三产业(人)	Tertiary Industry(person)	80723	80415	-0.4
在岗职工人数(人)	Number of Staff & Workers Employed in(person)	8262	8405	1.7
乡村劳动力(人)	Number of Rural Laborers(person)	100503	96935	-3.6
#农林牧渔业(人)	Farming,Forestry,Animal Husbandry & Fishery(person)	74818	63770	-14.8
国民经济综合指标	**Summary Item on the National Economy**			
生产总值(万元)	Gross Domestic Product(10 000 yuan)	550258	610727	12.1
第一产业(万元)	Primary Industry(10 000 yuan)	106125	103600	-1.5
第二产业(万元)	Secondary Industry(10 000 yuan)	299513	363324	15.1
#工业(万元)	Industry(10 000 yuan)	258048	322273	17.1
第三产业(万元)	Tertiary Industry(10 000 yuan)	144620	143803	14.9
人均生产总值(元)	Per Capita GDP(yuan)	22125	24449	9.6
全社会固定资产投资(万元)	Total Investment in Fixed Assets(10 000 yuan)	220244	240619	9.3
按登记注册类型分	Grouped by Registered Type			
#国有(万元)	State-owned Enterprises(10 000 yuan)	100677	74091	-26.4
集体(万元)	Collective-owned Enterprises(10 000 yuan)			
有限责任公司(万元)	Limited Liability Corporations(10 000 yuan)	28226	51144	81.2
股份有限公司(万元)	Share Holding Enterprises(10 000 yuan)	19295	16880	-12.5
私营企业(万元)	Private Enterprises(10 000 yuan)	63051	95904	52.1
外商及港澳台投资企业(万元)	Funds from HK,Macao,Taiwan & Foreign(10 000 yuan)	452		
按城乡渠道分	Grouped by Urban and Rural Area			
城镇(万元)	Urban(10 000 yuan)	174292	198219	13.7
农村(万元)	Rural(10 000 yuan)	45952	42400	-7.7
一般预算收入(万元)	General Budgetary Financial Revenue(10 000 yuan)	17456	12927	-25.9
一般预算支出(万元)	General Budgetary Financial Expenditures(10 000 yuan)	67690	81160	19.9
城乡居民储蓄存款余额(万元)	Resident Saving Deposit in Urban & Rural(10 000 yuan)	126758	154900	22.2
在岗职工工资总额(万元)	Total Wages of Staff & Workers Employed in(10 000 yuan)	23700	29032	22.5
在岗职工平均工资(元)	Average Wage of Staff & Workers Employed in(yuan)	28811	34607	20.1
农牧民人均纯收入(元)	Per Capita Net Income of Peasant & Herdsman(yuan)	4940	5490	11.1
农村牧区经济	**Economic Development in Rural & Pastoral Area**			
耕地面积(公顷)	Cultivated Area(hectare)	60600	74100	22.3
农作物总播种面积(公顷)	Total Sown Area(hectare)	60600	60600	0.0
#粮食作物播种面积(公顷)	Sown Area of Grain Crops(hectare)	50872	51424	1.1
有效灌溉面积(公顷)	Irrigated Area(hectare)	16667	16524	-0.9
农牧业机械总动力(万千瓦)	Total Power of Agricultural Machinery(10 000 kw)	13.60	22.21	63.3
化肥施用折纯量(吨)	Consumption of Chemical Fertilizer(ton)	15530	14767	-4.9
农村用电量(万千瓦小时)	Electricity Consumed in Rural Area(10 000 kwh)	1932	1746	-9.6
农林牧渔业总产值(万元)	Gross Output of Farming,Forestry,Animal Husbandry & Fishery(10 000 yuan)	181071	173822	-3.8
粮食产量(吨)	Yield of Grain(ton)	208230	2485	-98.8
油料产量(吨)	Yield of Oil-bearing Grops(ton)	2600	38735	1389.8
甜菜产量(吨)	Yield of Beetroots(ton)	41645	38735	-7.0
猪牛羊肉产量(吨)	Output of Pork, Beef & Mutton(ton)	24378	24625	1.0
#猪肉产量(吨)	Output of Pork(ton)	4668	5017	7.5
牛肉产量(吨)	Output of Beef(ton)	3874	2803	-27.6
羊肉产量(吨)	Output of Mutton(ton)	15836	16805	6.1
羊毛产量(吨)	Output of Wool(ton)	799	810	1.4

23-83 Liangcheng County in Wulanchabu City

指 标	Item	2008	2009	2009年比上年增长% Increase Rate in 2009 Over 2008(%)
年末牲畜存栏头数(万头只)	Total Livestock at the Year-end(10 000 heads)	60.55	59.57	-1.6
#大牲畜(万头只)	Large Animals(10 000 heads)	9.32	9.37	0.5
羊(万只)	Sheep & Goats(10 000 heads)	47.02	45.30	-3.7
猪(万头)	Hogs(10 000 heads)	4.21	4.90	16.4
规模以上工业	**Industrial Enterprises above Designated size**			
工业企业单位数(个)	Number of Industrial Enterprises(unit)	23	27	17.4
#内资企业(个)	Civil Funded Enterprises(unit)	23	27	17.4
工业总产值(万元)	Gross Industrial Output Value(10 000 yuan)	660481	788513	18.7
内资企业(万元)	Civil Funded Enterprises(10 000 yuan)	660481	788513	18.7
国有企业(万元)	State-owned Enterprises(10 000 yuan)	2831	2716	-3.2
集体企业(万元)	Collective-owned Enterprises(10 000 yuan)			
股份合作企业(万元)	Share Holding Enterprises(10 000 yuan)	25545	64898	148.1
联营企业(万元)	Joint Owned Enterprises(10 000 yuan)			
有限责任公司(万元)	Limited Company(10 000 yuan)	493601	453431	-7.6
股份有限公司(万元)	Share Holding Limited Company(10 000 yuan)	366788		0.0
私营企业(万元)	Privately Owned Enterprises(10 000 yuan)	71717	267468	210.3
其他企业(万元)	Enterprises of Other Ownership(10 000 yuan)			
港澳台商投资企业(万元)	Funds from HK,Macao & Taiwan(10 000 yuan)			
外商投资企业(万元)	Foreign Funded Enterprises(10 000 yuan)			
工业企业增加值(万元)	Value Added of Industrial Enterprises(10 000 yuan)	242922	303690	10.6
工业企业资产总计(万元)	Total Assets of Industrial Enterprises(10 000 yuan)	1030752	1050243	1.9
工业企业负债合计(万元)	Total Liabilities of Industrial Enterprises(10 000 yuan)	846121	819135	-3.2
工业企业产品销售收入(万元)	Sales of Revenue Industrial Enterprises(10 000 yuan)	628006	750872	19.6
工业企业利润总额(万元)	Total Profits of Industrial Enterprises(10 000 yuan)	35478	37234	4.9
建筑业	**Construction**			
建筑企业单位数(个)	Number of Construction Enterprises(unit)	2	2	0.0
建筑企业从业人员(人)	Number of Employee in Construction Enterprises(person)	200	23	-88.5
建筑业总产值(万元)	Gross Construction Output Value(10 000 yuan)	8183	5262	-35.7
交通运输邮电通信业	**Transportation,Post & Telecommunications**			
公路里程(公里)	Total Length of Highways(km)	1272	1328	4.4
邮电业务总量(万元)	Business Volume of Post & Telecoms(10 000 yuan)	1238	1341	8.3
本地电话用户(户)	Number of Subscribers of Local Telephone(Household)	18199	18104	-0.5
国内贸易	**Domestic Trade**			
社会消费品零售总额(万元)	Total Retail Sales of Consumer Goods(10 000 yuan)	86168	104027	20.7
#贸易业(万元)	Wholesale & Retail Sales Trades(10 000 yuan)	73150	85249	16.5
餐饮业(万元)	Catering Trade(10 000 yuan)	9000	16741	86.0
科技教育卫生	**Science,Education & Public Health**			
各类专业技术人员(人)	Special Technical Personnel(person)	102	112	9.8
幼儿园数(所)	Number of Kindergartens(unit)	7	7	0.0
学龄儿童入学率(%)	Percentage of School-Age Children Enrolled(%)	100.0	100.0	0.0
小学学校数(所)	Number of Primary Schools(unit)	22	23	4.5
小学专任教师数(人)	Number of Full-time Teachers of Primary Schools(person)	903	880	-2.5
小学在校学生数(人)	Number of Student Enrollment of Primary Schools(person)	10486	10527	0.4
普通中学学校数(所)	Number of Regular Secondary Schools(unit)	8	7	-12.5
普通中学专任教师数(人)	Number of Teachers of Secondary Shools(person)	721	542	-24.8
初中在校学生数(人)	Number of Student in Junior Secondary Schools(person)	6426	6417	-0.1
高中在校学生数(人)	Number of Student in Senior Secondary Schools(person)	4340	5575	28.5
卫生机构数(所)	Number of Health Institutions(unit)	24	32	33.3
#医院(所)	Hospitals(unit)	1	1	0.0
卫生院(所)	Township Hospitals(unit)	19	19	0.0
床位数(张)	Number of Beds(unit)	260	293	12.7
#医院(张)	Hospitals(unit)	134	159	18.7
卫生院(张)	Township Hospitals(unit)	115	115	0.0
卫生技术人员(人)	Medical Technical Presonnel(person)	347	279	-19.6
#医院(人)	Hospitals(person)	146	118	-19.2
卫生院(人)	Township Hospitals(person)	123	108	-12.2

23-84 乌兰察布市察哈尔右翼前旗

指 标	Item	2008	2009	2009年比上年增长% Increase Rate in 2009 Over 2008(%)
行政区域土地面积(平方公里)	**Area of Administration(Sq.km)**	**2430**	**2430**	**0.0**
人口和就业	**Population & Employment**			
年末总人口(人)	Total Population Year-end(person)	250238	253017	1.1
#男性(人)	Male(person)	129160	130319	0.9
#乡村人口(人)	Rural(person)	207217	206813	-0.2
年末总户数(户)	Total Number of Households at the Year-end(Household)	94200	100652	6.8
#乡村户数(户)	Number of Rural Household(Household)	40952	36810	-10.1
出生人口(人)	Births(person)	3470	3368	-2.9
死亡人口(人)	Deaths(person)	514	797	55.1
全社会就业人员(人)	Employment(person)	121310	121210	-0.1
第一产业(人)	Primary Industry(person)	68125	68024	-0.1
第二产业(人)	Secondary Industry(person)	19124	19034	-0.5
第三产业(人)	Tertiary Industry(person)	34061	34152	0.3
在岗职工人数(人)	Number of Staff & Workers Employed in(person)	7168	6748	-5.9
乡村劳动力(人)	Number of Rural Laborers(person)	89973	83141	-7.6
#农林牧渔业(人)	Farming,Forestry,Animal Husbandry & Fishery(person)	77773	58921	-24.2
国民经济综合指标	**Summary Item on the National Economy**			
生产总值(万元)	Gross Domestic Product(10 000 yuan)	444091	530028	12.2
第一产业(万元)	Primary Industry(10 000 yuan)	86691	85160	-2.8
第二产业(万元)	Secondary Industry(10 000 yuan)	245671	313780	16.6
#工业(万元)	Industry(10 000 yuan)	215741	283101	17.8
第三产业(万元)	Tertiary Industry(10 000 yuan)	111729	131088	13.0
人均生产总值(元)	Per Capita GDP(yuan)	17747	21064	15.7
全社会固定资产投资(万元)	Total Investment in Fixed Assets(10 000 yuan)	176067	185000	5.1
按登记注册类型分	Grouped by Registered Type			
#国有(万元)	State-owned Enterprises(10 000 yuan)	18867	80497	326.7
集体(万元)	Collective-owned Enterprises(10 000 yuan)			
有限责任公司(万元)	Limited Liability Corporations(10 000 yuan)	133500	81103	-39.2
股份有限公司(万元)	Share Holding Enterprises(10 000 yuan)	10100	14400	42.6
私营企业(万元)	Private Enterprises(10 000 yuan)		9000	
外商及港澳台投资企业(万元)	Funds from HK,Macao,Taiwan & Foreign(10 000 yuan)			
按城乡渠道分	Grouped by Urban and Rural Area			
城镇(万元)	Urban(10 000 yuan)	173269	185000	6.8
农村(万元)	Rural(10 000 yuan)	2807		
一般预算收入(万元)	General Budgetary Financial Revenue(10 000 yuan)	9571	7133	-25.5
一般预算支出(万元)	General Budgetary Financial Expenditures(10 000 yuan)	67502	73574	9.0
城乡居民储蓄存款余额(万元)	Resident Saving Deposit in Urban & Rural(10 000 yuan)	105881	116200	9.7
在岗职工工资总额(万元)	Total Wages of Staff & Workers Employed in(10 000 yuan)	18530	20062	8.3
在岗职工平均工资(元)	Average Wage of Staff & Workers Employed in(yuan)	26162	29731	13.6
农牧民人均纯收入(元)	Per Capita Net Income of Peasant & Herdsman(yuan)	4189	4332	3.4
农村牧区经济	**Economic Development in Rural & Pastoral Area**			
耕地面积(公顷)	Cultivated Area(hectare)	65467	62980	-3.8
农作物总播种面积(公顷)	Total Sown Area(hectare)	41332	42000	1.6
#粮食作物播种面积(公顷)	Sown Area of Grain Crops(hectare)	25999	25667	-1.3
有效灌溉面积(公顷)	Irrigated Area(hectare)	20026	19938	-0.4
农牧业机械总动力(万千瓦)	Total Power of Agricultural Machinery(10 000 kw)	14.50	14.96	3.2
化肥施用折纯量(吨)	Consumption of Chemical Fertilizer(ton)	5940	5833	-1.8
农村用电量(万千瓦小时)	Electricity Consumed in Rural Area(10 000 kwh)	1789	2021	13.0
农林牧渔业总产值(万元)	Gross Output of Farming,Forestry,Animal Husbandry & Fishery(10 000 yuan)	150776	144485	-3.8
粮食产量(吨)	Yield of Grain(ton)	110850	31760	-71.3
油料产量(吨)	Yield of Oil-bearing Grops(ton)	2000	925	-53.8
甜菜产量(吨)	Yield of Beetroots(ton)	180000	127200	-29.3
猪牛羊肉产量(吨)	Output of Pork, Beef & Mutton(ton)	24477	28207	15.2
#猪肉产量(吨)	Output of Pork(ton)	4432	4498	1.5
牛肉产量(吨)	Output of Beef(ton)	4293	5408	26.0
羊肉产量(吨)	Output of Mutton(ton)	15722	18301	16.4
羊毛产量(吨)	Output of Wool(ton)	600	500	-16.7

23-84 Chahaeryouyiqian Banner in Wulanchabu City

指 标	Item	2008	2009	2009年比上年增长% Increase Rate in 2009 Over 2008(%)
年末牲畜存栏头数(万头只)	Total Livestock at the Year-end(10 000 heads)	60.55	54.58	-9.9
# 大牲畜(万头只)	Large Animals(10 000 heads)	6.73	6.31	-6.2
羊(万只)	Sheep & Goats(10 000 heads)	48.33	42.81	-11.4
猪(万头)	Hogs(10 000 heads)	5.49	5.46	-0.5
规模以上工业	**Industrial Enterprises above Designated size**			
工业企业单位数(个)	Number of Industrial Enterprises(unit)	44	44	0.0
# 内资企业(个)	Civil Funded Enterprises(unit)	44	44	0.0
工业总产值(万元)	Gross Industrial Output Value(10 000 yuan)	707832	824619	15.6
内资企业(万元)	Civil Funded Enterprises(10 000 yuan)	707832	824618	15.6
国有企业(万元)	State-owned Enterprises(10 000 yuan)	4449	4400	-0.9
集体企业(万元)	Collective-owned Enterprises(10 000 yuan)		12742	
股份合作企业(万元)	Share Holding Enterprises(10 000 yuan)		12429	
联营企业(万元)	Joint Owned Enterprises(10 000 yuan)			
有限责任公司(万元)	Limited Company(10 000 yuan)	154428	140941	-6.8
股份有限公司(万元)	Share Holding Limited Company(10 000 yuan)	160867	180933	11.0
私营企业(万元)	Privately Owned Enterprises(10 000 yuan)	388088	473174	18.7
其他企业(万元)	Enterprises of Other Ownership(10 000 yuan)			
港澳台商投资企业(万元)	Funds from HK,Macao & Taiwan(10 000 yuan)			
外商投资企业(万元)	Foreign Funded Enterprises(10 000 yuan)			
工业企业增加值(万元)	Value Added of Industrial Enterprises(10 000 yuan)	202798	264880	14.9
工业企业资产总计(万元)	Total Assets of Industrial Enterprises(10 000 yuan)	206414	212276	2.8
工业企业负债合计(万元)	Total Liabilities of Industrial Enterprises(10 000 yuan)	142990	126236	-11.7
工业企业产品销售收入(万元)	Sales of Revenue Industrial Enterprises(10 000 yuan)	695295	820979	18.1
工业企业利润总额(万元)	Total Profits of Industrial Enterprises(10 000 yuan)	15965	13566	-15.0
建筑业	**Construction**			
建筑企业单位数(个)	Number of Construction Enterprises(unit)	1	1	0.0
建筑企业从业人员(人)	Number of Employee in Construction Enterprises(person)	150	310	106.7
建筑业总产值(万元)	Gross Construction Output Value(10 000 yuan)	2969	3200	7.8
交通运输邮电通信业	**Transportation,Post & Telecommunications**			
公路里程(公里)	Total Length of Highways(km)	798	834	4.5
邮电业务总量(万元)	Business Volume of Post & Telecoms(10 000 yuan)	1720	1768	2.8
本地电话用户(户)	Number of Subscribers of Local Telephone(Household)	12985	12354	-4.9
国内贸易	**Domestic Trade**			
社会消费品零售总额(万元)	Total Retail Sales of Consumer Goods(10 000 yuan)	57600	68842	19.5
# 贸易业(万元)	Wholesale & Retail Sales Trades(10 000 yuan)	38234	53487	39.9
餐饮业(万元)	Catering Trade(10 000 yuan)	7588	9295	22.5
科技教育卫生	**Science,Education & Public Health**			
各类专业技术人员(人)	Special Technical Personnel(person)	957	987	3.1
幼儿园数(所)	Number of Kindergartens(unit)	10	10	0.0
学龄儿童入学率(%)	Percentage of School-Age Children Enrolled(%)	100.0	100.0	0.0
小学学校数(所)	Number of Primary Schools(unit)	24	24	0.0
小学专任教师数(人)	Number of Full-time Teachers of Primary Schools(person)	792	782	-1.3
小学在校学生数(人)	Number of Student Enrollment of Primary Schools(person)	11574	9406	-18.7
普通中学学校数(所)	Number of Regular Secondary Schools(unit)	7	7	0.0
普通中学专任教师数(人)	Number of Teachers of Secondary Shools(person)	560	505	-9.8
初中在校学生数(人)	Number of Student in Junior Secondary Schools(person)	6677	5029	-24.7
高中在校学生数(人)	Number of Student in Senior Secondary Schools(person)	2571	3054	18.8
卫生机构数(所)	Number of Health Institutions(unit)	24	21	-12.5
# 医院(所)	Hospitals(unit)	1	1	0.0
卫生院(所)	Township Hospitals(unit)	17	17	0.0
床位数(张)	Number of Beds(unit)	221	231	4.5
# 医院(张)	Hospitals(unit)	80	80	0.0
卫生院(张)	Township Hospitals(unit)	146	149	2.1
卫生技术人员(人)	Medical Technical Presonnel(person)	410	265	-35.4
# 医院(人)	Hospitals(person)	146	116	-20.5
卫生院(人)	Township Hospitals(person)	165	125	-24.2

23-85 乌兰察布市察哈尔右翼中旗

指 标	Item	2008	2009	2009年比上年增长% Increase Rate in 2009 Over 2008(%)
行政区域土地面积(平方公里)	**Area of Administration(Sq.km)**	**4200**	**4200**	**0.0**
人口和就业	**Population & Employment**			
年末总人口(人)	Total Population Year-end(person)	220872	224546	1.7
#男性(人)	Male(person)	116734	118263	1.3
#乡村人口(人)	Rural(person)	159928	165871	3.7
年末总户数(户)	Total Number of Households at the Year-end(Household)	78824	87628	11.2
#乡村户数(户)	Number of Rural Household(Household)	42329	42672	0.8
出生人口(人)	Births(person)	2955	2359	-20.2
死亡人口(人)	Deaths(person)	1201	1469	22.3
全社会就业人员(人)	Employment(person)	124032	123538	-0.4
第一产业(人)	Primary Industry(person)	77028	76752	-0.4
第二产业(人)	Secondary Industry(person)	9987	9834	-1.5
第三产业(人)	Tertiary Industry(person)	37017	36952	-0.2
在岗职工人数(人)	Number of Staff & Workers Employed in(person)	5783	5818	0.6
乡村劳动力(人)	Number of Rural Laborers(person)	91381	95947	5.0
#农林牧渔业(人)	Farming,Forestry,Animal Husbandry & Fishery(person)	74671	74665	0.0
国民经济综合指标	**Summary Item on the National Economy**			
生产总值(万元)	Gross Domestic Product(10 000 yuan)	222216	237923	11.5
第一产业(万元)	Primary Industry(10 000 yuan)	80404	67015	-2.2
第二产业(万元)	Secondary Industry(10 000 yuan)	67836	81904	17.6
#工业(万元)	Industry(10 000 yuan)	58189	71968	19.3
第三产业(万元)	Tertiary Industry(10 000 yuan)	73976	89004	18.2
人均生产总值(元)	Per Capita GDP(yuan)	10061	10683	5.7
全社会固定资产投资(万元)	Total Investment in Fixed Assets(10 000 yuan)	161994	204166	26.0
按登记注册类型分	Grouped by Registered Type			
#国有(万元)	State-owned Enterprises(10 000 yuan)	126299	122953	-2.6
集体(万元)	Collective-owned Enterprises(10 000 yuan)			
有限责任公司(万元)	Limited Liability Corporations(10 000 yuan)		6356	
股份有限公司(万元)	Share Holding Enterprises(10 000 yuan)	25197	73000	189.7
私营企业(万元)	Private Enterprises(10 000 yuan)		640	
外商及港澳台投资企业(万元)	Funds from HK,Macao,Taiwan & Foreign(10 000 yuan)			
按城乡渠道分	Grouped by Urban and Rural Area			
城镇（万元）	Urban(10 000 yuan)	160994	204166	26.8
农村（万元）	Rural(10 000 yuan)	1000		
一般预算收入(万元)	General Budgetary Financial Revenue(10 000 yuan)	4471	4090	-8.5
一般预算支出(万元)	General Budgetary Financial Expenditures(10 000 yuan)	62735	83842	33.6
城乡居民储蓄存款余额(万元)	Resident Saving Deposit in Urban & Rural(10 000 yuan)	62276	78200	25.6
在岗职工工资总额(万元)	Total Wages of Staff & Workers Employed in(10 000 yuan)	13826	16521	19.5
在岗职工平均工资(元)	Average Wage of Staff & Workers Employed in(yuan)	24156	28461	17.8
农牧民人均纯收入(元)	Per Capita Net Income of Peasant & Herdsman(yuan)	2968	2568	-13.5
农村牧区经济	**Economic Development in Rural & Pastoral Area**			
耕地面积(公顷)	Cultivated Area(hectare)	87918	94680	7.7
农作物总播种面积(公顷)	Total Sown Area(hectare)	61526	61984	0.7
#粮食作物播种面积(公顷)	Sown Area of Grain Crops(hectare)	54121	55776	3.1
有效灌溉面积(公顷)	Irrigated Area(hectare)	14230	14162	-0.5
农牧业机械总动力(万千瓦)	Total Power of Agricultural Machinery(10 000 kw)	17.00	20.73	21.9
化肥施用折纯量(吨)	Consumption of Chemical Fertilizer(ton)	5600	5863	4.7
农村用电量(万千瓦小时)	Electricity Consumed in Rural Area(10 000 kwh)	3612	2068	-42.7
农林牧渔业总产值(万元)	Gross Output of Farming,Forestry,Animal Husbandry & Fishery(10 000 yuan)	137467	113341	-16.5
粮食产量(吨)	Yield of Grain(ton)	109609	37826	-65.5
油料产量(吨)	Yield of Oil-bearing Grops(ton)	3528	70	-98.0
甜菜产量(吨)	Yield of Beetroots(ton)			
猪牛羊肉产量(吨)	Output of Pork, Beef & Mutton(ton)	19597	18611	-5.0
#猪肉产量(吨)	Output of Pork(ton)	2603	2658	2.1
牛肉产量(吨)	Output of Beef(ton)	2824	1571	-44.4
羊肉产量(吨)	Output of Mutton(ton)	14170	14382	1.5
羊毛产量(吨)	Output of Wool(ton)	990	1240	25.3

23-85 Chahaeryouyizhong Banner in Wulanchabu City

指 标	Item	2008	2009	2009年比上年增长% Increase Rate in 2009 Over 2008(%)
年末牲畜存栏头数(万头只)	Total Livestock at the Year-end(10 000 heads)	60.01	59.09	-1.5
#大牲畜(万头只)	Large Animals(10 000 heads)	4.35	3.75	-13.8
羊(万只)	Sheep & Goats(10 000 heads)	52.66	52.47	-0.4
猪(万头)	Hogs(10 000 heads)	2.99	2.87	-4.0
规模以上工业	**Industrial Enterprises above Designated size**			
工业企业单位数(个)	Number of Industrial Enterprises(unit)	22	22	0.0
#内资企业(个)	Civil Funded Enterprises(unit)	22	22	0.0
工业总产值(万元)	Gross Industrial Output Value(10 000 yuan)	126545	156475	21.7
内资企业(万元)	Civil Funded Enterprises(10 000 yuan)	126545	156475	21.7
国有企业(万元)	State-owned Enterprises(10 000 yuan)	2337	14383	414.2
集体企业(万元)	Collective-owned Enterprises(10 000 yuan)			
股份合作企业(万元)	Share Holding Enterprises(10 000 yuan)	13696		0.0
联营企业(万元)	Joint Owned Enterprises(10 000 yuan)			
有限责任公司(万元)	Limited Company(10 000 yuan)	47013	46076	-1.0
股份有限公司(万元)	Share Holding Limited Company(10 000 yuan)	16978		0.0
私营企业(万元)	Privately Owned Enterprises(10 000 yuan)	46500	96016	88.7
其他企业(万元)	Enterprises of Other Ownership(10 000 yuan)			
港澳台商投资企业(万元)	Funds from HK,Macao & Taiwan(10 000 yuan)			
外商投资企业(万元)	Foreign Funded Enterprises(10 000 yuan)			
工业企业增加值(万元)	Value Added of Industrial Enterprises(10 000 yuan)	45859	58216	28.9
工业企业资产总计(万元)	Total Assets of Industrial Enterprises(10 000 yuan)	474021	850146	79.3
工业企业负债合计(万元)	Total Liabilities of Industrial Enterprises(10 000 yuan)	376816	791871	110.1
工业企业产品销售收入(万元)	Sales of Revenue Industrial Enterprises(10 000 yuan)	121529	145419	19.7
工业企业利润总额(万元)	Total Profits of Industrial Enterprises(10 000 yuan)	8952	10331	15.4
建筑业	**Construction**			
建筑企业单位数(个)	Number of Construction Enterprises(unit)	1	1	0.0
建筑企业从业人员(人)	Number of Employee in Construction Enterprises(person)	53	510	862.3
建筑业总产值(万元)	Gross Construction Output Value(10 000 yuan)	4969	7500	50.9
交通运输邮电通信业	**Transportation,Post & Telecommunications**			
公路里程(公里)	Total Length of Highways(km)	1147	1241	8.2
邮电业务总量(万元)	Business Volume of Post & Telecoms(10 000 yuan)	2590	2630	1.5
本地电话用户(户)	Number of Subscribers of Local Telephone(Household)	24724	24651	-0.3
国内贸易	**Domestic Trade**			
社会消费品零售总额(万元)	Total Retail Sales of Consumer Goods(10 000 yuan)	48131	54437	13.1
#贸易业(万元)	Wholesale & Retail Sales Trades(10 000 yuan)	39736	43942	10.6
餐饮业(万元)	Catering Trade(10 000 yuan)	5693	7481	31.4
科技教育卫生	**Science,Education & Public Health**			
各类专业技术人员(人)	Special Technical Personnel(person)	891	902	1.2
幼儿园数(所)	Number of Kindergartens(unit)	2	2	0.0
学龄儿童入学率(%)	Percentage of School-Age Children Enrolled(%)	99.7	100.0	0.3
小学学校数(所)	Number of Primary Schools(unit)	24	24	0.0
小学专任教师数(人)	Number of Full-time Teachers of Primary Schools(person)	777	783	0.8
小学在校学生数(人)	Number of Student Enrollment of Primary Schools(person)	6823	6611	-3.1
普通中学学校数(所)	Number of Regular Secondary Schools(unit)	3	3	0.0
普通中学专任教师数(人)	Number of Teachers of Secondary Shools(person)	691	429	-37.9
初中在校学生数(人)	Number of Student in Junior Secondary Schools(person)	5252	4719	-10.1
高中在校学生数(人)	Number of Student in Senior Secondary Schools(person)	2704	3337	23.4
卫生机构数(所)	Number of Health Institutions(unit)	30	36	20.0
#医院(所)	Hospitals(unit)	2	2	0.0
卫生院(所)	Township Hospitals(unit)	25	25	0.0
床位数(张)	Number of Beds(unit)	189	338	78.8
#医院(张)	Hospitals(unit)	85	90	5.9
卫生院(张)	Township Hospitals(unit)	97	236	143.3
卫生技术人员(人)	Medical Technical Presonnel(person)	299	234	-21.7
#医院(人)	Hospitals(person)	125	106	-15.2
卫生院(人)	Township Hospitals(person)	124	92	-25.8

23-86 乌兰察布市察哈尔右翼后旗

指 标	Item	2008	2009	2009年比上年增长% Increase Rate in 2009 Over 2008(%)
行政区域土地面积(平方公里)	**Area of Administration(Sq.km)**	**3803**	**3803**	**0.0**
人口和就业	**Population & Employment**			
年末总人口(人)	Total Population Year-end(person)	219903	222299	1.1
#男性(人)	Male(person)	112837	113839	0.9
#乡村人口(人)	Rural(person)	182221	181136	-0.6
年末总户数(户)	Total Number of Households at the Year-end(Household)	78898	81770	3.6
#乡村户数(户)	Number of Rural Household(Household)	29326	27159	-7.4
出生人口(人)	Births(person)	2561	2430	-5.1
死亡人口(人)	Deaths(person)	607	732	20.6
全社会就业人员(人)	Employment(person)	93318	92451	-0.9
第一产业(人)	Primary Industry(person)	50897	50326	-1.1
第二产业(人)	Secondary Industry(person)	13057	12982	-0.6
第三产业(人)	Tertiary Industry(person)	29364	29143	-0.8
在岗职工人数(人)	Number of Staff & Workers Employed in(person)	8916	9676	8.5
乡村劳动力(人)	Number of Rural Laborers(person)	57893	57232	-1.1
#农林牧渔业(人)	Farming,Forestry,Animal Husbandry & Fishery(person)	44286	41689	-5.9
国民经济综合指标	**Summary Item on the National Economy**			
生产总值(万元)	Gross Domestic Product(10 000 yuan)	351143	411894	13.9
第一产业(万元)	Primary Industry(10 000 yuan)	72714	65556	-5.1
第二产业(万元)	Secondary Industry(10 000 yuan)	201435	255227	18.5
#工业(万元)	Industry(10 000 yuan)	181678	234640	19.6
第三产业(万元)	Tertiary Industry(10 000 yuan)	76994	91111	17.5
人均生产总值(元)	Per Capita GDP(yuan)	15968	18629	15.2
全社会固定资产投资(万元)	Total Investment in Fixed Assets(10 000 yuan)	138461	172192	24.4
按登记注册类型分	Grouped by Registered Type			
#国有(万元)	State-owned Enterprises(10 000 yuan)	54580	31399	-42.5
集体(万元)	Collective-owned Enterprises(10 000 yuan)			
有限责任公司(万元)	Limited Liability Corporations(10 000 yuan)	54780	70473	28.6
股份有限公司(万元)	Share Holding Enterprises(10 000 yuan)	24196	50320	108.0
私营企业(万元)	Private Enterprises(10 000 yuan)			
外商及港澳台投资企业(万元)	Funds from HK,Macao,Taiwan & Foreign(10 000 yuan)			
按城乡渠道分	Grouped by Urban and Rural Area			
城镇（万元）	Urban(10 000 yuan)	138461	172192	24.4
农村（万元）	Rural(10 000 yuan)			
一般预算收入(万元)	General Budgetary Financial Revenue(10 000 yuan)	9355	8663	-7.4
一般预算支出(万元)	General Budgetary Financial Expenditures(10 000 yuan)	59486	81991	37.8
城乡居民储蓄存款余额(万元)	Resident Saving Deposit in Urban & Rural(10 000 yuan)	91510	117300	28.2
在岗职工工资总额(万元)	Total Wages of Staff & Workers Employed in(10 000 yuan)	20599	25159	22.1
在岗职工平均工资(元)	Average Wage of Staff & Workers Employed in(yuan)	23757	27327	15.0
农牧民人均纯收入(元)	Per Capita Net Income of Peasant & Herdsman(yuan)	3620	4208	16.2
农村牧区经济	**Economic Development in Rural & Pastoral Area**			
耕地面积(公顷)	Cultivated Area(hectare)	50595	62780	24.1
农作物总播种面积(公顷)	Total Sown Area(hectare)	44267	46812	5.7
#粮食作物播种面积(公顷)	Sown Area of Grain Crops(hectare)	32667	36679	12.3
有效灌溉面积(公顷)	Irrigated Area(hectare)	8000	7852	-1.8
农牧业机械总动力(万千瓦)	Total Power of Agricultural Machinery(10 000 kw)	11.97	12.83	7.2
化肥施用折纯量(吨)	Consumption of Chemical Fertilizer(ton)	4198	4025	-4.1
农村用电量(万千瓦小时)	Electricity Consumed in Rural Area(10 000 kwh)	2112	2453	16.1
农林牧渔业总产值(万元)	Gross Output of Farming,Forestry,Animal Husbandry & Fishery(10 000 yuan)	120552	107110	-10.8
粮食产量(吨)	Yield of Grain(ton)	100848	22016	-78.2
油料产量(吨)	Yield of Oil-bearing Grops(ton)	1873	450	-76.0
甜菜产量(吨)	Yield of Beetroots(ton)			
猪牛羊肉产量(吨)	Output of Pork, Beef & Mutton(ton)	12203	15025	23.1
#猪肉产量(吨)	Output of Pork(ton)	3074	3012	-2.0
牛肉产量(吨)	Output of Beef(ton)	1581	1753	10.9
羊肉产量(吨)	Output of Mutton(ton)	7548	10260	35.9
羊毛产量(吨)	Output of Wool(ton)	755	995	31.8

23-86 Chahaeryouyihou Banner in Wulanchabu City

指 标	Item	2008	2009	2009年比上年增长% Increase Rate in 2009 Over 2008(%)
年末牲畜存栏头数(万头只)	Total Livestock at the Year-end(10 000 heads)	33.19	29.68	-10.6
#大牲畜(万头只)	Large Animals(10 000 heads)	1.74	1.73	-0.6
羊(万只)	Sheep & Goats(10 000 heads)	29.49	26.34	-10.7
猪(万头)	Hogs(10 000 heads)	1.96	1.61	-17.9
规模以上工业	**Industrial Enterprises above Designated size**			
工业企业单位数(个)	Number of Industrial Enterprises(unit)	44	48	9.1
#内资企业(个)	Civil Funded Enterprises(unit)	44	48	9.1
工业总产值(万元)	Gross Industrial Output Value(10 000 yuan)	510084	597572	16.3
内资企业(万元)	Civil Funded Enterprises(10 000 yuan)	510084	597572	16.3
国有企业(万元)	State-owned Enterprises(10 000 yuan)	6264	17832	168.2
集体企业(万元)	Collective-owned Enterprises(10 000 yuan)			
股份合作企业(万元)	Share Holding Enterprises(10 000 yuan)			
联营企业(万元)	Joint Owned Enterprises(10 000 yuan)			
有限责任公司(万元)	Limited Company(10 000 yuan)	96038	118011	21.0
股份有限公司(万元)	Share Holding Limited Company(10 000 yuan)	57659	68102	15.2
私营企业(万元)	Privately Owned Enterprises(10 000 yuan)	350124	393627	9.6
其他企业(万元)	Enterprises of Other Ownership(10 000 yuan)			
港澳台商投资企业(万元)	Funds from HK,Macao & Taiwan(10 000 yuan)			
外商投资企业(万元)	Foreign Funded Enterprises(10 000 yuan)			
工业企业增加值(万元)	Value Added of Industrial Enterprises(10 000 yuan)	162748	206917	15.6
工业企业资产总计(万元)	Total Assets of Industrial Enterprises(10 000 yuan)	695604	669498	-3.8
工业企业负债合计(万元)	Total Liabilities of Industrial Enterprises(10 000 yuan)	473475	369814	-21.9
工业企业产品销售收入(万元)	Sales of Revenue Industrial Enterprises(10 000 yuan)	568025	618550	8.9
工业企业利润总额(万元)	Total Profits of Industrial Enterprises(10 000 yuan)	6859	6809	-0.7
建筑业	**Construction**			
建筑企业单位数(个)	Number of Construction Enterprises(unit)	3	3	0.0
建筑企业从业人员(人)	Number of Employee in Construction Enterprises(person)	844	1173	39.0
建筑业总产值(万元)	Gross Construction Output Value(10 000 yuan)	18200	22200	22.0
交通运输邮电通信业	**Transportation,Post & Telecommunications**			
公路里程(公里)	Total Length of Highways(km)	1121	1234	10.1
邮电业务总量(万元)	Business Volume of Post & Telecoms(10 000 yuan)	2260	2362	4.5
本地电话用户(户)	Number of Subscribers of Local Telephone(Household)	7244	7201	-0.6
国内贸易	**Domestic Trade**			
社会消费品零售总额(万元)	Total Retail Sales of Consumer Goods(10 000 yuan)	102061	120186	17.8
#贸易业(万元)	Wholesale & Retail Sales Trades(10 000 yuan)	80293	95699	19.2
餐饮业(万元)	Catering Trade(10 000 yuan)	17610	20112	14.2
科技教育卫生	**Science,Education & Public Health**			
各类专业技术人员(人)	Special Technical Personnel(person)	687	704	2.5
幼儿园数(所)	Number of Kindergartens(unit)	2	2	0.0
学龄儿童入学率(%)	Percentage of School-Age Children Enrolled(%)	100.0	100.0	0.0
小学学校数(所)	Number of Primary Schools(unit)	14	13	-7.1
小学专任教师数(人)	Number of Full-time Teachers of Primary Schools(person)	645	665	3.1
小学在校学生数(人)	Number of Student Enrollment of Primary Schools(person)	9260	8742	-5.6
普通中学学校数(所)	Number of Regular Secondary Schools(unit)	3	3	0.0
普通中学专任教师数(人)	Number of Teachers of Secondary Shools(person)	560	417	-25.5
初中在校学生数(人)	Number of Student in Junior Secondary Schools(person)	5709	4805	-15.8
高中在校学生数(人)	Number of Student in Senior Secondary Schools(person)	1016	1647	62.1
卫生机构数(所)	Number of Health Institutions(unit)	25	34	36.0
#医院(所)	Hospitals(unit)	2	2	0.0
卫生院(所)	Township Hospitals(unit)	18	18	0.0
床位数(张)	Number of Beds(unit)	221	232	5.0
#医院(张)	Hospitals(unit)	130	130	0.0
卫生院(张)	Township Hospitals(unit)	92	92	0.0
卫生技术人员(人)	Medical Technical Presonnel(person)	377	318	-15.6
#医院(人)	Hospitals(person)	157	142	-9.6
卫生院(人)	Township Hospitals(person)	144	125	-13.2

23-87 乌兰察布市四子王旗

指标	Item	2008	2009	2009年比上年增长% Increase Rate in 2009 Over 2008(%)
行政区域土地面积(平方公里)	**Area of Administration(Sq.km)**	**24016**	**24016**	**0.0**
人口和就业	**Population & Employment**			
年末总人口(人)	Total Population Year-end(person)	213706	216990	1.5
#男性(人)	Male(person)	111773	112956	1.1
#乡村人口(人)	Rural(person)	150165	150057	-0.1
年末总户数(户)	Total Number of Households at the Year-end(Household)	70169	75716	7.9
#乡村户数(户)	Number of Rural Household(Household)	38771	38636	-0.3
出生人口(人)	Births(person)	2872	3909	36.1
死亡人口(人)	Deaths(person)	448	1743	289.1
全社会就业人员(人)	Employment(person)	110898	110310	-0.5
第一产业(人)	Primary Industry(person)	80723	80124	-0.7
第二产业(人)	Secondary Industry(person)	6928	6835	-1.3
第三产业(人)	Tertiary Industry(person)	23247	23351	0.4
在岗职工人数(人)	Number of Staff & Workers Employed in(person)	6139	6145	0.1
乡村劳动力(人)	Number of Rural Laborers(person)	96378	95272	-1.1
#农林牧渔业(人)	Farming,Forestry,Animal Husbandry & Fishery(person)	84410	84328	-0.1
国民经济综合指标	**Summary Item on the National Economy**			
生产总值(万元)	Gross Domestic Product(10 000 yuan)	265002	281963	11.1
第一产业(万元)	Primary Industry(10 000 yuan)	80236	72458	-4.9
第二产业(万元)	Secondary Industry(10 000 yuan)	97886	111825	17.9
#工业(万元)	Industry(10 000 yuan)	86676	100840	20.3
第三产业(万元)	Tertiary Industry(10 000 yuan)	86880	97680	16.7
人均生产总值(元)	Per Capita GDP(yuan)	12400	13093	4.8
全社会固定资产投资(万元)	Total Investment in Fixed Assets(10 000 yuan)	121408	126214	4.0
按登记注册类型分	Grouped by Registered Type			
#国有(万元)	State-owned Enterprises(10 000 yuan)	9366	23790	154.0
集体(万元)	Collective-owned Enterprises(10 000 yuan)			
有限责任公司(万元)	Limited Liability Corporations(10 000 yuan)	34793	7965	-77.1
股份有限公司(万元)	Share Holding Enterprises(10 000 yuan)			
私营企业(万元)	Private Enterprises(10 000 yuan)	20841	56510	171.1
外商及港澳台投资企业(万元)	Funds from HK,Macao,Taiwan & Foreign(10 000 yuan)		37949	
按城乡渠道分	Grouped by Urban and Rural Area			
城镇（万元）	Urban(10 000 yuan)	116248	71764	-38.3
农村（万元）	Rural(10 000 yuan)	5160	54450	955.2
一般预算收入(万元)	General Budgetary Financial Revenue(10 000 yuan)	5675	3483	-38.6
一般预算支出(万元)	General Budgetary Financial Expenditures(10 000 yuan)	79929	97779	22.3
城乡居民储蓄存款余额(万元)	Resident Saving Deposit in Urban & Rural(10 000 yuan)	90048	118600	31.7
在岗职工工资总额(万元)	Total Wages of Staff & Workers Employed in(10 000 yuan)	17858	19749	10.6
在岗职工平均工资(元)	Average Wage of Staff & Workers Employed in(yuan)	29090	32134	10.5
农牧民人均纯收入(元)	Per Capita Net Income of Peasant & Herdsman(yuan)	3592	3102	-13.6
农村牧区经济	**Economic Development in Rural & Pastoral Area**			
耕地面积(公顷)	Cultivated Area(hectare)	109700	133850	22.0
农作物总播种面积(公顷)	Total Sown Area(hectare)	82422	96359	16.9
#粮食作物播种面积(公顷)	Sown Area of Grain Crops(hectare)	64557	69252	7.3
有效灌溉面积(公顷)	Irrigated Area(hectare)	22020	21832	-0.9
农牧业机械总动力(万千瓦)	Total Power of Agricultural Machinery(10 000 kw)	29.70	31.29	5.4
化肥施用折纯量(吨)	Consumption of Chemical Fertilizer(ton)	8455	8290	-2.0
农村用电量(万千瓦小时)	Electricity Consumed in Rural Area(10 000 kwh)	1491	1485	-0.4
农林牧渔业总产值(万元)	Gross Output of Farming,Forestry,Animal Husbandry & Fishery(10 000 yuan)	136282	123041	-9.4
粮食产量(吨)	Yield of Grain(ton)	151315	62910	-58.4
油料产量(吨)	Yield of Oil-bearing Grops(ton)	12030	718	-94.0
甜菜产量(吨)	Yield of Beetroots(ton)			
猪牛羊肉产量(吨)	Output of Pork, Beef & Mutton(ton)	21906	22800	4.1
#猪肉产量(吨)	Output of Pork(ton)	2999	2988	-0.4
牛肉产量(吨)	Output of Beef(ton)	1834	1376	-25.0
羊肉产量(吨)	Output of Mutton(ton)	17073	18436	8.0
羊毛产量(吨)	Output of Wool(ton)	2025	2100	3.7

23-87 Siziwang Banner in Wulanchabu City

指 标	Item	2008	2009	2009年比上年增长% Increase Rate in 2009 Over 2008(%)
年末牲畜存栏头数(万头只)	Total Livestock at the Year-end(10 000 heads)	80.88	71.83	-11.2
#大牲畜(万头只)	Large Animals(10 000 heads)	2.94	3.38	15.0
羊(万只)	Sheep & Goats(10 000 heads)	75.96	66.53	-12.4
猪(万头)	Hogs(10 000 heads)	1.97	1.92	-2.5
规模以上工业	**Industrial Enterprises above Designated size**			
工业企业单位数(个)	Number of Industrial Enterprises(unit)	35	36	2.9
#内资企业(个)	Civil Funded Enterprises(unit)	33	34	3.0
工业总产值(万元)	Gross Industrial Output Value(10 000 yuan)	179842	218742	18.9
内资企业(万元)	Civil Funded Enterprises(10 000 yuan)	170404	208670	19.7
国有企业(万元)	State-owned Enterprises(10 000 yuan)	4688	6050	25.3
集体企业(万元)	Collective-owned Enterprises(10 000 yuan)			
股份合作企业(万元)	Share Holding Enterprises(10 000 yuan)			
联营企业(万元)	Joint Owned Enterprises(10 000 yuan)			
有限责任公司(万元)	Limited Company(10 000 yuan)	9429	12187	24.1
股份有限公司(万元)	Share Holding Limited Company(10 000 yuan)			
私营企业(万元)	Privately Owned Enterprises(10 000 yuan)	156287	190433	19.6
其他企业(万元)	Enterprises of Other Ownership(10 000 yuan)			
港澳台商投资企业(万元)	Funds from HK,Macao & Taiwan(10 000 yuan)			
外商投资企业(万元)	Foreign Funded Enterprises(10 000 yuan)	9438	10072	6.7
工业企业增加值(万元)	Value Added of Industrial Enterprises(10 000 yuan)	50316	63504	29.2
工业企业资产总计(万元)	Total Assets of Industrial Enterprises(10 000 yuan)	177095	177105	0.0
工业企业负债合计(万元)	Total Liabilities of Industrial Enterprises(10 000 yuan)	110360	114208	3.5
工业企业产品销售收入(万元)	Sales of Revenue Industrial Enterprises(10 000 yuan)	168877	149433	-11.5
工业企业利润总额(万元)	Total Profits of Industrial Enterprises(10 000 yuan)	11243	19901	77.0
建筑业	**Construction**			
建筑企业单位数(个)	Number of Construction Enterprises(unit)	1	1	0.0
建筑企业从业人员(人)	Number of Employee in Construction Enterprises(person)	86	86	0.0
建筑业总产值(万元)	Gross Construction Output Value(10 000 yuan)	2060	2100	1.9
交通运输邮电通信业	**Transportation,Post & Telecommunications**			
公路里程(公里)	Total Length of Highways(km)	1681	1732	3.0
邮电业务总量(万元)	Business Volume of Post & Telecoms(10 000 yuan)	1985	2004	1.0
本地电话用户(户)	Number of Subscribers of Local Telephone(Household)	11500	11487	-0.1
国内贸易	**Domestic Trade**			
社会消费品零售总额(万元)	Total Retail Sales of Consumer Goods(10 000 yuan)	84679	97998	15.7
#贸易业(万元)	Wholesale & Retail Sales Trades(10 000 yuan)	64693	75516	16.7
餐饮业(万元)	Catering Trade(10 000 yuan)	18236	20811	14.1
科技教育卫生	**Science,Education & Public Health**			
各类专业技术人员(人)	Special Technical Personnel(person)	643	674	4.8
幼儿园数(所)	Number of Kindergartens(unit)	7	7	0.0
学龄儿童入学率(%)	Percentage of School-Age Children Enrolled(%)	100.0	100.0	0.0
小学学校数(所)	Number of Primary Schools(unit)	23	23	0.0
小学专任教师数(人)	Number of Full-time Teachers of Primary Schools(person)	786	801	1.9
小学在校学生数(人)	Number of Student Enrollment of Primary Schools(person)	10901	9294	-14.7
普通中学学校数(所)	Number of Regular Secondary Schools(unit)	5	4	-20.0
普通中学专任教师数(人)	Number of Teachers of Secondary Shools(person)	562	464	-17.4
初中在校学生数(人)	Number of Student in Junior Secondary Schools(person)	6085	4822	-20.8
高中在校学生数(人)	Number of Student in Senior Secondary Schools(person)	3788	5179	36.7
卫生机构数(所)	Number of Health Institutions(unit)	29	31	6.9
#医院(所)	Hospitals(unit)	1	1	0.0
卫生院(所)	Township Hospitals(unit)	26	26	0.0
床位数(张)	Number of Beds(unit)	251	306	21.9
#医院(张)	Hospitals(unit)	148	148	0.0
卫生院(张)	Township Hospitals(unit)	78	138	76.9
卫生技术人员(人)	Medical Technical Presonnel(person)	464	372	-19.8
#医院(人)	Hospitals(person)	197	176	-10.7
卫生院(人)	Township Hospitals(person)	158	108	-31.6

23-88 鄂尔多斯市东胜区

指 标	Item	2008	2009	2009年比上年增长% Increase Rate in 2009 Over 2008(%)
行政区域土地面积(平方公里)	**Area of Administration(Sq.km)**	**2512**	**2512**	**0.0**
人口和就业	**Population & Employment**			
年末总人口(人)	Total Population Year-end(person)	248311	253127	1.9
#男性(人)	Male(person)	125041	127154	1.7
#乡村人口(人)	Rural(person)	32267	31100	-3.6
年末总户数(户)	Total Number of Households at the Year-end(Household)	77874	82102	5.4
#乡村户数(户)	Number of Rural Household(Household)	11659	11337	-2.8
出生人口(人)	Births(person)	2723	2892	6.2
死亡人口(人)	Deaths(person)	406	592	45.8
全社会就业人员(人)	Employment(person)	250387	254000	1.4
第一产业(人)	Primary Industry(person)	23140	20000	-13.6
第二产业(人)	Secondary Industry(person)	90139	92000	2.1
第三产业(人)	Tertiary Industry(person)	137108	142000	3.6
在岗职工人数(人)	Number of Staff & Workers Employed in(person)	46363	50272	8.4
乡村劳动力(人)	Number of Rural Laborers(person)	23140	19526	-15.6
#农林牧渔业(人)	Farming,Forestry,Animal Husbandry & Fishery(person)	16843	12832	-23.8
国民经济综合指标	**Summary Item on the National Economy**			
生产总值(万元)	Gross Domestic Product(10 000 yuan)	3990627	5073976	20.5
第一产业(万元)	Primary Industry(10 000 yuan)	21000	21000	0.1
第二产业(万元)	Secondary Industry(10 000 yuan)	1538969	2004708	14.5
#工业(万元)	Industry(10 000 yuan)	1316598	1695613	11.2
第三产业(万元)	Tertiary Industry(10 000 yuan)	2430658	3048268	24.7
人均生产总值(元)	Per Capita GDP(yuan)	97570	117453	16.5
全社会固定资产投资(万元)	Total Investment in Fixed Assets(10 000 yuan)	2286895	4005333	75.1
按登记注册类型分	Grouped by Registered Type			
#国有(万元)	State-owned Enterprises(10 000 yuan)	659243	1356593	105.8
集体(万元)	Collective-owned Enterprises(10 000 yuan)			
有限责任公司(万元)	Limited Liability Corporations(10 000 yuan)	550109		
股份有限公司(万元)	Share Holding Enterprises(10 000 yuan)	57878		
私营企业(万元)	Private Enterprises(10 000 yuan)	1019665		
外商及港澳台投资企业(万元)	Funds from HK,Macao,Taiwan & Foreign(10 000 yuan)			
按城乡渠道分	Grouped by Urban and Rural Area			
城镇(万元)	Urban(10 000 yuan)	2286895	4002363	75.0
农村(万元)	Rural(10 000 yuan)			
一般预算收入(万元)	General Budgetary Financial Revenue(10 000 yuan)	329108	452769	37.6
一般预算支出(万元)	General Budgetary Financial Expenditures(10 000 yuan)	313774	399503	27.3
城乡居民储蓄存款余额(万元)	Resident Saving Deposit in Urban & Rural(10 000 yuan)	1442383	2265643	57.1
在岗职工工资总额(万元)	Total Wages of Staff & Workers Employed in(10 000 yuan)	178536	227398	27.4
在岗职工平均工资(元)	Average Wage of Staff & Workers Employed in(yuan)	38508	46518	20.8
农牧民人均纯收入(元)	Per Capita Net Income of Peasant & Herdsman(yuan)	7241	7943	9.7
农村牧区经济	**Economic Development in Rural & Pastoral Area**			
耕地面积(公顷)	Cultivated Area(hectare)	31976	21966	-31.3
农作物总播种面积(公顷)	Total Sown Area(hectare)	10867	9399	-13.5
#粮食作物播种面积(公顷)	Sown Area of Grain Crops(hectare)	7867	7208	-8.4
有效灌溉面积(公顷)	Irrigated Area(hectare)	1243	1122	-9.7
农牧业机械总动力(万千瓦)	Total Power of Agricultural Machinery(10 000 kw)	14.99	10.66	-28.9
化肥施用折纯量(吨)	Consumption of Chemical Fertilizer(ton)	1461	1188	-18.7
农村用电量(万千瓦小时)	Electricity Consumed in Rural Area(10 000 kwh)	939	902	-3.9
农林牧渔业总产值(万元)	Gross Output of Farming,Forestry,Animal Husbandry & Fishery(10 000 yuan)	38365	27333	-28.8
粮食产量(吨)	Yield of Grain(ton)	35014	25000	-28.6
油料产量(吨)	Yield of Oil-bearing Grops(ton)	511	377	-26.2
甜菜产量(吨)	Yield of Beetroots(ton)	391		
猪牛羊肉产量(吨)	Output of Pork, Beef & Mutton (ton)	3518	3170	-9.9
#猪肉产量(吨)	Output of Pork(ton)	1743	1769	1.5
牛肉产量(吨)	Output of Beef(ton)	637	340	-46.6
羊肉产量(吨)	Output of Mutton(ton)	1138	1061	-6.8
羊毛产量(吨)	Output of Wool(ton)	100	55	-45.0

23-88 Dongsheng District in Erdos City

指 标	Item	2008	2009	2009年比上年增长% Increase Rate in 2009 Over 2008(%)
年末牲畜存栏头数(万头只)	Total Livestock at the Year-end(10 000 heads)	15.20	12.57	-17.3
#大牲畜(万头只)	Large Animals(10 000 heads)	0.75	0.63	-16.0
羊(万只)	Sheep & Goats(10 000 heads)	12.85	10.07	-21.6
猪(万头)	Hogs(10 000 heads)	1.60	1.87	16.9
规模以上工业	**Industrial Enterprises above Designated size**			
工业企业单位数(个)	Number of Industrial Enterprises(unit)	116	131	12.9
#内资企业(个)	Civil Funded Enterprises(unit)	104	118	13.5
工业总产值(万元)	Gross Industrial Output Value(10 000 yuan)	3075382	3179800	3.4
内资企业(万元)	Civil Funded Enterprises(10 000 yuan)	2207655	2529000	14.6
国有企业(万元)	State-owned Enterprises(10 000 yuan)	836365	951800	13.8
集体企业(万元)	Collective-owned Enterprises(10 000 yuan)	30327	1000	-96.7
股份合作企业(万元)	Share Holding Enterprises(10 000 yuan)			
联营企业(万元)	Joint Owned Enterprises(10 000 yuan)			
有限责任公司(万元)	Limited Company(10 000 yuan)	859640	1101200	28.1
股份有限公司(万元)	Share Holding Limited Company(10 000 yuan)	236475	195200	-17.5
私营企业(万元)	Privately Owned Enterprises(10 000 yuan)	244847	279700	14.2
其他企业(万元)	Enterprises of Other Ownership(10 000 yuan)			
港澳台商投资企业(万元)	Funds from HK,Macao & Taiwan(10 000 yuan)	28832	31400	8.9
外商投资企业(万元)	Foreign Funded Enterprises(10 000 yuan)	838896	619300	-26.2
工业企业增加值(万元)	Value Added of Industrial Enterprises(10 000 yuan)	1206127	1570013	11.2
工业企业资产总计(万元)	Total Assets of Industrial Enterprises(10 000 yuan)	5967370	6288100	5.4
工业企业负债合计(万元)	Total Liabilities of Industrial Enterprises(10 000 yuan)	3544047	3702600	4.5
工业企业产品销售收入(万元)	Sales of Revenue Industrial Enterprises(10 000 yuan)	3938493	3827600	-2.8
工业企业利润总额(万元)	Total Profits of Industrial Enterprises(10 000 yuan)	1083282	1113600	2.8
建筑业	**Construction**			
建筑企业单位数(个)	Number of Construction Enterprises(unit)	60	87	45.0
建筑企业从业人员(人)	Number of Employee in Construction Enterprises(person)	64573	36288	-43.8
建筑业总产值(万元)	Gross Construction Output Value(10 000 yuan)	1193454	1705401	42.9
交通运输邮电通信业	**Transportation,Post & Telecommunications**			
公路里程(公里)	Total Length of Highways(km)	1088	1197	10.0
邮电业务总量(万元)	Business Volume of Post & Telecoms(10 000 yuan)	106246	128636	21.1
本地电话用户(户)	Number of Subscribers of Local Telephone(Household)	80928	81428	0.6
国内贸易	**Domestic Trade**			
社会消费品零售总额(万元)	Total Retail Sales of Consumer Goods(10 000 yuan)	1320029	1578126	19.6
#贸易业(万元)	Wholesale & Retail Sales Trades(10 000 yuan)	1150096	1383827	20.3
餐饮业(万元)	Catering Trade(10 000 yuan)	145953	180244	23.5
科技教育卫生	**Science,Education & Public Health**			
各类专业技术人员(人)	Special Technical Personnel(person)	14045		
幼儿园数(所)	Number of Kindergartens(unit)	20	20	0.0
学龄儿童入学率(%)	Percentage of School-Age Children Enrolled(%)	100.0	100.0	0.0
小学学校数(所)	Number of Primary Schools(unit)	24	26	8.3
小学专任教师数(人)	Number of Full-time Teachers of Primary Schools(person)	1178	1265	7.4
小学在校学生数(人)	Number of Student Enrollment of Primary Schools(person)	29586	29506	-0.3
普通中学学校数(所)	Number of Regular Secondary Schools(unit)	14	14	0.0
普通中学专任教师数(人)	Number of Teachers of Secondary Shools(person)	1527	1620	6.1
初中在校学生数(人)	Number of Student in Junior Secondary Schools(person)	14960	28653	91.5
高中在校学生数(人)	Number of Student in Senior Secondary Schools(person)	14671	14002	-4.6
卫生机构数(所)	Number of Health Institutions(unit)	33	33	0.0
#医院(所)	Hospitals(unit)	20	20	0.0
卫生院(所)	Township Hospitals(unit)	6	6	0.0
床位数(张)	Number of Beds(unit)	2650	2690	1.5
#医院(张)	Hospitals(unit)	2156	2445	13.4
卫生院(张)	Township Hospitals(unit)	50	50	0.0
卫生技术人员(人)	Medical Technical Presonnel(person)	2656	3061	15.2
#医院(人)	Hospitals(person)	2590	2984	15.2
卫生院(人)	Township Hospitals(person)	66	77	16.7

23-89 鄂尔多斯市达拉特旗

指 标	Item	2008	2009	2009年比上年增长% Increase Rate in 2009 Over 2008(%)
行政区域土地面积(平方公里)	**Area of Administration(Sq.km)**	**8192**	**8192**	**0.0**
人口和就业	**Population & Employment**			
年末总人口(人)	Total Population Year-end(person)	354274	359528	1.5
# 男性(人)	Male(person)	183494	185556	1.1
# 乡村人口(人)	Rural(person)	157004	151000	-3.8
年末总户数(户)	Total Number of Households at the Year-end(Household)	134230	134011	-0.2
# 乡村户数(户)	Number of Rural Household(Household)	55504	52729	-5.0
出生人口(人)	Births(person)	4778	4636	-3.0
死亡人口(人)	Deaths(person)	2494	1190	-52.3
全社会就业人员(人)	Employment(person)	216451	220362	1.8
第一产业(人)	Primary Industry(person)	75503	68910	-8.7
第二产业(人)	Secondary Industry(person)	41826	45822	9.6
第三产业(人)	Tertiary Industry(person)	99122	105630	6.6
在岗职工人数(人)	Number of Staff & Workers Employed in(person)	19439	19386	-0.3
乡村劳动力(人)	Number of Rural Laborers(person)	100668	95636	-5.0
# 农林牧渔业(人)	Farming,Forestry,Animal Husbandry & Fishery(person)	75503	68910	-8.7
国民经济综合指标	**Summary Item on the National Economy**			
生产总值(万元)	Gross Domestic Product(10 000 yuan)	2206595	2800259	18.1
第一产业(万元)	Primary Industry(10 000 yuan)	204050	214821	5.3
第二产业(万元)	Secondary Industry(10 000 yuan)	1314371	1703709	18.8
# 工业(万元)	Industry(10 000 yuan)	1205321	1575029	19.1
第三产业(万元)	Tertiary Industry(10 000 yuan)	688174	881728	20.5
人均生产总值(元)	Per Capita GDP(yuan)	73861	78462	6.2
全社会固定资产投资(万元)	Total Investment in Fixed Assets(10 000 yuan)		1520133	
按登记注册类型分	Grouped by Registered Type			
# 国有(万元)	State-owned Enterprises(10 000 yuan)	341910	427201	24.9
集体(万元)	Collective-owned Enterprises(10 000 yuan)			
有限责任公司(万元)	Limited Liability Corporations(10 000 yuan)	361930	435912	20.4
股份有限公司(万元)	Share Holding Enterprises(10 000 yuan)	119301	38200	-68.0
私营企业(万元)	Private Enterprises(10 000 yuan)	272549		
外商及港澳台投资企业(万元)	Funds from HK,Macao,Taiwan & Foreign(10 000 yuan)	138564	97886	-29.4
按城乡渠道分	Grouped by Urban and Rural Area			
城镇(万元)	Urban(10 000 yuan)	1255201	1345885	7.2
农村(万元)	Rural(10 000 yuan)	24992	174248	597.2
一般预算收入(万元)	General Budgetary Financial Revenue(10 000 yuan)	80653	97861	21.3
一般预算支出(万元)	General Budgetary Financial Expenditures(10 000 yuan)	144323	164108	13.7
城乡居民储蓄存款余额(万元)	Resident Saving Deposit in Urban & Rural(10 000 yuan)	265573	355794	34.0
在岗职工工资总额(万元)	Total Wages of Staff & Workers Employed in(10 000 yuan)	60499	79823	31.9
在岗职工平均工资(元)	Average Wage of Staff & Workers Employed in(yuan)	31123	40703	30.8
农牧民人均纯收入(元)	Per Capita Net Income of Peasant & Herdsman(yuan)	7129	7864	10.3
农村牧区经济	**Economic Development in Rural & Pastoral Area**			
耕地面积(公顷)	Cultivated Area(hectare)	120651		
农作物总播种面积(公顷)	Total Sown Area(hectare)	114933	117466	2.2
# 粮食作物播种面积(公顷)	Sown Area of Grain Crops(hectare)	77600	79600	2.6
有效灌溉面积(公顷)	Irrigated Area(hectare)	93220	89711	-3.8
农牧业机械总动力(万千瓦)	Total Power of Agricultural Machinery(10 000 kw)	63.10	78.30	24.1
化肥施用折纯量(吨)	Consumption of Chemical Fertilizer(ton)	32137	35351	10.0
农村用电量(万千瓦小时)	Electricity Consumed in Rural Area(10 000 kwh)	18769	18159	-3.2
农林牧渔业总产值(万元)	Gross Output of Farming,Forestry,Animal Husbandry & Fishery(10 000 yuan)	333373	340022	2.0
粮食产量(吨)	Yield of Grain(ton)	550000	576736	4.9
油料产量(吨)	Yield of Oil-bearing Grops(ton)	10000	16772	67.7
甜菜产量(吨)	Yield of Beetroots(ton)	85000	83341	-2.0
猪牛羊肉产量(吨)	Output of Pork, Beef & Mutton (ton)	32431	35996	11.0
# 猪肉产量(吨)	Output of Pork(ton)	7783	10402	33.7
牛肉产量(吨)	Output of Beef(ton)	3335	3211	-3.7
羊肉产量(吨)	Output of Mutton(ton)	21313	21400	0.4
羊毛产量(吨)	Output of Wool(ton)	2479	2447	-1.3

23-89 Dalate Banner in Erdos City

指 标	Item	2008	2009	2009年比上年增长% Increase Rate in 2009 Over 2008(%)
年末牲畜存栏头数(万头只)	Total Livestock at the Year-end(10 000 heads)	209.26	210.40	0.5
#大牲畜(万头只)	Large Animals(10 000 heads)	8.38	5.76	-31.3
羊(万只)	Sheep & Goats(10 000 heads)	194.19	198.81	2.4
猪(万头)	Hogs(10 000 heads)	6.69	5.80	-13.3
规模以上工业	**Industrial Enterprises above Designated size**			
工业企业单位数(个)	Number of Industrial Enterprises(unit)	49	50	2.0
#内资企业(个)	Civil Funded Enterprises(unit)	48	48	0.0
工业总产值(万元)	Gross Industrial Output Value(10 000 yuan)	2479017	3106783	25.3
内资企业(万元)	Civil Funded Enterprises(10 000 yuan)	2461900	3078512	25.0
国有企业(万元)	State-owned Enterprises(10 000 yuan)	38031		-100.0
集体企业(万元)	Collective-owned Enterprises(10 000 yuan)			
股份合作企业(万元)	Share Holding Enterprises(10 000 yuan)			
联营企业(万元)	Joint Owned Enterprises(10 000 yuan)			
有限责任公司(万元)	Limited Company(10 000 yuan)	1786367	2443993	36.8
股份有限公司(万元)	Share Holding Limited Company(10 000 yuan)	52855	112886	113.6
私营企业(万元)	Privately Owned Enterprises(10 000 yuan)	584647		-100.0
其他企业(万元)	Enterprises of Other Ownership(10 000 yuan)		521633	
港澳台商投资企业(万元)	Funds from HK,Macao & Taiwan(10 000 yuan)			
外商投资企业(万元)	Foreign Funded Enterprises(10 000 yuan)	17117	28271	65.2
工业企业增加值(万元)	Value Added of Industrial Enterprises(10 000 yuan)	1095363	1420129	19.3
工业企业资产总计(万元)	Total Assets of Industrial Enterprises(10 000 yuan)	2733501	2928662	7.1
工业企业负债合计(万元)	Total Liabilities of Industrial Enterprises(10 000 yuan)	1743534	1677006	-3.8
工业企业产品销售收入(万元)	Sales of Revenue Industrial Enterprises(10 000 yuan)	2461074	3541954	43.9
工业企业利润总额(万元)	Total Profits of Industrial Enterprises(10 000 yuan)	414420	388456	-6.3
建筑业	**Construction**			
建筑企业单位数(个)	Number of Construction Enterprises(unit)	11	13	18.2
建筑企业从业人员(人)	Number of Employee in Construction Enterprises(person)	6669	11743	76.1
建筑业总产值(万元)	Gross Construction Output Value(10 000 yuan)	166928	228642	37.0
交通运输邮电通信业	**Transportation,Post & Telecommunications**			
公路里程(公里)	Total Length of Highways(km)	1934	2129	10.1
邮电业务总量(万元)	Business Volume of Post & Telecoms(10 000 yuan)	15851	16237	2.4
本地电话用户(户)	Number of Subscribers of Local Telephone(Household)	37568	35241	-6.2
国内贸易	**Domestic Trade**			
社会消费品零售总额(万元)	Total Retail Sales of Consumer Goods(10 000 yuan)	260125	306439	17.8
#贸易业(万元)	Wholesale & Retail Sales Trades(10 000 yuan)	210100	244858	16.5
餐饮业(万元)	Catering Trade(10 000 yuan)	37417	46889	25.3
科技教育卫生	**Science,Education & Public Health**			
各类专业技术人员(人)	Special Technical Personnel(person)	6249	7945	27.1
幼儿园数(所)	Number of Kindergartens(unit)	21	33	57.1
学龄儿童入学率(%)	Percentage of School-Age Children Enrolled(%)	100.0	100.0	0.0
小学学校数(所)	Number of Primary Schools(unit)	22	23	4.5
小学专任教师数(人)	Number of Full-time Teachers of Primary Schools(person)	890	981	10.2
小学在校学生数(人)	Number of Student Enrollment of Primary Schools(person)	19472	18852	-3.2
普通中学学校数(所)	Number of Regular Secondary Schools(unit)	15	10	-33.3
普通中学专任教师数(人)	Number of Teachers of Secondary Shools(person)	1019	1158	13.6
初中在校学生数(人)	Number of Student in Junior Secondary Schools(person)	10922	10755	-1.5
高中在校学生数(人)	Number of Student in Senior Secondary Schools(person)	9647	9231	-4.3
卫生机构数(所)	Number of Health Institutions(unit)	27	28	3.7
#医院(所)	Hospitals(unit)	4	4	0.0
卫生院(所)	Township Hospitals(unit)	20	22	10.0
床位数(张)	Number of Beds(unit)	688	692	0.6
#医院(张)	Hospitals(unit)	447	447	0.0
卫生院(张)	Township Hospitals(unit)	231	235	1.7
卫生技术人员(人)	Medical Technical Presonnel(person)	833	748	-10.2
#医院(人)	Hospitals(person)	442	339	-23.3
卫生院(人)	Township Hospitals(person)	279	409	46.6

23-90 鄂尔多斯市准格尔旗

指 标	Item	2008	2009	2009年比上年增长% Increase Rate in 2009 Over 2008(%)
行政区域土地面积(平方公里)	**Area of Administration(Sq.km)**	**7535**	**7545**	**0.1**
人口和就业	**Population & Employment**			
年末总人口(人)	Total Population Year-end(person)	291336	298663	2.5
#男性(人)	Male(person)	151490	155165	2.4
#乡村人口(人)	Rural(person)	135154	128000	-5.3
年末总户数(户)	Total Number of Households at the Year-end(Household)	129445	125140	-3.3
#乡村户数(户)	Number of Rural Household(Household)	48118	46111	-4.2
出生人口(人)	Births(person)	3392	3569	5.2
死亡人口(人)	Deaths(person)	1261	1276	1.2
全社会就业人员(人)	Employment(person)	173255	173300	0.0
第一产业(人)	Primary Industry(person)	43741	40300	-7.9
第二产业(人)	Secondary Industry(person)	57270	58100	1.4
第三产业(人)	Tertiary Industry(person)	72244	74900	3.7
在岗职工人数(人)	Number of Staff & Workers Employed in(person)	21437	21821	1.8
乡村劳动力(人)	Number of Rural Laborers(person)	79326	82834	4.4
#农林牧渔业(人)	Farming,Forestry,Animal Husbandry & Fishery(person)	43749	44136	0.9
国民经济综合指标	**Summary Item on the National Economy**			
生产总值(万元)	Gross Domestic Product(10 000 yuan)	3955000	5394800	20.6
第一产业(万元)	Primary Industry(10 000 yuan)	60800	63800	4.9
第二产业(万元)	Secondary Industry(10 000 yuan)	2535700	3352300	20.3
#工业(万元)	Industry(10 000 yuan)	2224800	3095000	20.3
第三产业(万元)	Tertiary Industry(10 000 yuan)	1358500	1978700	21.7
人均生产总值(元)	Per Capita GDP(yuan)	127993	167540	
全社会固定资产投资(万元)	Total Investment in Fixed Assets(10 000 yuan)	2144700	3204600	49.4
按登记注册类型分	Grouped by Registered Type			
#国有(万元)	State-owned Enterprises(10 000 yuan)	92327		
集体(万元)	Collective-owned Enterprises(10 000 yuan)	4830		
有限责任公司(万元)	Limited Liability Corporations(10 000 yuan)	873806		
股份有限公司(万元)	Share Holding Enterprises(10 000 yuan)	618251		
私营企业(万元)	Private Enterprises(10 000 yuan)	356337		
外商及港澳台投资企业(万元)	Funds from HK,Macao,Taiwan & Foreign(10 000 yuan)	890		
按城乡渠道分	Grouped by Urban and Rural Area			
城镇(万元)	Urban(10 000 yuan)	2054191	3204595	56.0
农村(万元)	Rural(10 000 yuan)	90509	5	-100.0
一般预算收入(万元)	General Budgetary Financial Revenue(10 000 yuan)	285492	388116	35.9
一般预算支出(万元)	General Budgetary Financial Expenditures(10 000 yuan)	279554	355770	27.3
城乡居民储蓄存款余额(万元)	Resident Saving Deposit in Urban & Rural(10 000 yuan)	630700	808949	28.3
在岗职工工资总额(万元)	Total Wages of Staff & Workers Employed in(10 000 yuan)	82965	100580	21.2
在岗职工平均工资(元)	Average Wage of Staff & Workers Employed in(yuan)	38702	46895	21.2
农牧民人均纯收入(元)	Per Capita Net Income of Peasant & Herdsman(yuan)	7155	7945	11.0
农村牧区经济	**Economic Development in Rural & Pastoral Area**			
耕地面积(公顷)	Cultivated Area(hectare)	83765	83560	-0.2
农作物总播种面积(公顷)	Total Sown Area(hectare)	71915	71999	0.1
#粮食作物播种面积(公顷)	Sown Area of Grain Crops(hectare)	39429	40596	3.0
有效灌溉面积(公顷)	Irrigated Area(hectare)	20270	21910	8.1
农牧业机械总动力(万千瓦)	Total Power of Agricultural Machinery(10 000 kw)	43.44	26.70	-38.5
化肥施用折纯量(吨)	Consumption of Chemical Fertilizer(ton)	9097	9603	5.6
农村用电量(万千瓦小时)	Electricity Consumed in Rural Area(10 000 kwh)	3482	6300	80.9
农林牧渔业总产值(万元)	Gross Output of Farming,Forestry,Animal Husbandry & Fishery(10 000 yuan)	102842	105918	3.0
粮食产量(吨)	Yield of Grain(ton)	115061	115500	0.4
油料产量(吨)	Yield of Oil-bearing Grops(ton)	5005	3041	-39.2
甜菜产量(吨)	Yield of Beetroots(ton)	2500	1223	-51.1
猪牛羊肉产量(吨)	Output of Pork, Beef & Mutton (ton)	17580	16277	-7.4
#猪肉产量(吨)	Output of Pork(ton)	9265	8066	-12.9
牛肉产量(吨)	Output of Beef(ton)	496	241	-51.4
羊肉产量(吨)	Output of Mutton(ton)	7819	7970	1.9
羊毛产量(吨)	Output of Wool(ton)	734	748	1.9

23-90 Zhungeer Banner in Erdos City

指 标	Item	2008	2009	2009年比上年增长% Increase Rate in 2009 Over 2008(%)
年末牲畜存栏头数(万头只)	Total Livestock at the Year-end(10 000 heads)	73.60	100.48	36.5
#大牲畜(万头只)	Large Animals(10 000 heads)	1.80	1.60	-11.1
羊(万只)	Sheep & Goats(10 000 heads)	65.66	90.70	38.1
猪(万头)	Hogs(10 000 heads)	6.14	8.20	33.6
规模以上工业	**Industrial Enterprises above Designated size**			
工业企业单位数(个)	Number of Industrial Enterprises(unit)	130	126	-3.1
#内资企业(个)	Civil Funded Enterprises(unit)	130	126	-3.1
工业总产值(万元)	Gross Industrial Output Value(10 000 yuan)	3700208	4599638	24.3
内资企业(万元)	Civil Funded Enterprises(10 000 yuan)	3637869	4557127	25.3
国有企业(万元)	State-owned Enterprises(10 000 yuan)	178692	237811	33.1
集体企业(万元)	Collective-owned Enterprises(10 000 yuan)	21341	17694	-17.1
股份合作企业(万元)	Share Holding Enterprises(10 000 yuan)	541340	594113	9.7
联营企业(万元)	Joint Owned Enterprises(10 000 yuan)			
有限责任公司(万元)	Limited Company(10 000 yuan)	1805766	3561562	97.2
股份有限公司(万元)	Share Holding Limited Company(10 000 yuan)	115559		
私营企业(万元)	Privately Owned Enterprises(10 000 yuan)	975171		
其他企业(万元)	Enterprises of Other Ownership(10 000 yuan)		145946	
港澳台商投资企业(万元)	Funds from HK,Macao & Taiwan(10 000 yuan)	62339	425115	581.9
外商投资企业(万元)	Foreign Funded Enterprises(10 000 yuan)			
工业企业增加值(万元)	Value Added of Industrial Enterprises(10 000 yuan)	1900991	3095000	20.6
工业企业资产总计(万元)	Total Assets of Industrial Enterprises(10 000 yuan)	6002344	8036498	33.9
工业企业负债合计(万元)	Total Liabilities of Industrial Enterprises(10 000 yuan)	2665317	3897859	46.2
工业企业产品销售收入(万元)	Sales of Revenue Industrial Enterprises(10 000 yuan)	3793265	4950057	30.5
工业企业利润总额(万元)	Total Profits of Industrial Enterprises(10 000 yuan)	979405	1402973	43.2
建筑业	**Construction**			
建筑企业单位数(个)	Number of Construction Enterprises(unit)	8	8	0.0
建筑企业从业人员(人)	Number of Employee in Construction Enterprises(person)	2968	2892	-2.6
建筑业总产值(万元)	Gross Construction Output Value(10 000 yuan)	36040	54160	50.3
交通运输邮电通信业	**Transportation,Post & Telecommunications**			
公路里程(公里)	Total Length of Highways(km)	1873	2181	16.4
邮电业务总量(万元)	Business Volume of Post & Telecoms(10 000 yuan)	31500	35000	11.1
本地电话用户(户)	Number of Subscribers of Local Telephone(Household)	60000	75048	25.1
国内贸易	**Domestic Trade**			
社会消费品零售总额(万元)	Total Retail Sales of Consumer Goods(10 000 yuan)	400006	474622	18.7
#贸易业(万元)	Wholesale & Retail Sales Trades(10 000 yuan)	267200	302800	13.3
餐饮业(万元)	Catering Trade(10 000 yuan)	107000	142700	33.4
科技教育卫生	**Science,Education & Public Health**			
各类专业技术人员(人)	Special Technical Personnel(person)	7462	7944	6.5
幼儿园数(所)	Number of Kindergartens(unit)	14	13	-7.1
学龄儿童入学率(%)	Percentage of School-Age Children Enrolled(%)	100.0	100.0	0.0
小学学校数(所)	Number of Primary Schools(unit)	34	31	-8.8
小学专任教师数(人)	Number of Full-time Teachers of Primary Schools(person)	1103	1065	-3.4
小学在校学生数(人)	Number of Student Enrollment of Primary Schools(person)	23067	22407	-2.9
普通中学学校数(所)	Number of Regular Secondary Schools(unit)	15	15	0.0
普通中学专任教师数(人)	Number of Teachers of Secondary Shools(person)	1251	1730	38.3
初中在校学生数(人)	Number of Student in Junior Secondary Schools(person)	17217	17394	1.0
高中在校学生数(人)	Number of Student in Senior Secondary Schools(person)	5844	5921	1.3
卫生机构数(所)	Number of Health Institutions(unit)	229	279	21.8
#医院(所)	Hospitals(unit)	3	3	0.0
卫生院(所)	Township Hospitals(unit)	22	18	-18.2
床位数(张)	Number of Beds(unit)	1502	1598	6.4
#医院(张)	Hospitals(unit)	1028	1124	9.3
卫生院(张)	Township Hospitals(unit)	404	404	0.0
卫生技术人员(人)	Medical Technical Presonnel(person)	1280	1203	-6.0
#医院(人)	Hospitals(person)	724	850	17.4
卫生院(人)	Township Hospitals(person)	242	353	45.9

23-91 鄂尔多斯市鄂托克前旗

指 标	Item	2008	2009	2009年比上年增长% Increase Rate in 2009 Over 2008(%)
行政区域土地面积(平方公里)	**Area of Administration(Sq.km)**	**12180**	**12180**	**0.0**
人口和就业	**Population & Employment**			
年末总人口(人)	Total Population Year-end(person)	75141	75782	0.9
# 男性(人)	Male(person)	38421	38676	0.7
# 乡村人口(人)	Rural(person)	37706	37465	-0.6
年末总户数(户)	Total Number of Households at the Year-end(Household)	27584	27705	0.4
# 乡村户数(户)	Number of Rural Household(Household)	11011	11438	3.9
出生人口(人)	Births(person)	944	854	-9.5
死亡人口(人)	Deaths(person)	382	418	9.4
全社会就业人员(人)	Employment(person)	44975	46716	3.9
第一产业(人)	Primary Industry(person)	24535	23358	-4.8
第二产业(人)	Secondary Industry(person)	6047	8409	39.1
第三产业(人)	Tertiary Industry(person)	14393	14949	3.9
在岗职工人数(人)	Number of Staff & Workers Employed in(person)	4417	4589	3.9
乡村劳动力(人)	Number of Rural Laborers(person)	26256	26654	1.5
# 农林牧渔业(人)	Farming,Forestry,Animal Husbandry & Fishery(person)	23638	22913	-3.1
国民经济综合指标	**Summary Item on the National Economy**			
生产总值(万元)	Gross Domestic Product(10 000 yuan)	295700	365703	18.2
第一产业(万元)	Primary Industry(10 000 yuan)	58800	60232	2.5
第二产业(万元)	Secondary Industry(10 000 yuan)	114300	149071	21.8
# 工业(万元)	Industry(10 000 yuan)	83800	113173	25.1
第三产业(万元)	Tertiary Industry(10 000 yuan)	122600	156400	22.5
人均生产总值(元)	Per Capita GDP(yuan)	43801	53504	22.1
全社会固定资产投资(万元)	Total Investment in Fixed Assets(10 000 yuan)	405115	603431	49.0
按登记注册类型分	Grouped by Registered Type			
# 国有(万元)	State-owned Enterprises(10 000 yuan)	127450	459494	260.5
集体(万元)	Collective-owned Enterprises(10 000 yuan)		83869	
有限责任公司(万元)	Limited Liability Corporations(10 000 yuan)	51641		
股份有限公司(万元)	Share Holding Enterprises(10 000 yuan)			
私营企业(万元)	Private Enterprises(10 000 yuan)	26133	46826	79.2
外商及港澳台投资企业 (万元)	Funds from HK,Macao,Taiwan & Foreign(10 000 yuan)			
按城乡渠道分	Grouped by Urban and Rural Area			
城镇（万元）	Urban(10 000 yuan)	400494	590441	47.4
农村（万元）	Rural(10 000 yuan)	4621		
一般预算收入(万元)	General Budgetary Financial Revenue(10 000 yuan)	13656	30568	123.8
一般预算支出(万元)	General Budgetary Financial Expenditures(10 000 yuan)	65691	107467	63.6
城乡居民储蓄存款余额(万元)	Resident Saving Deposit in Urban & Rural(10 000 yuan)	47034	58720	24.8
在岗职工工资总额(万元)	Total Wages of Staff & Workers Employed in(10 000 yuan)	15097	19599	29.8
在岗职工平均工资(元)	Average Wage of Staff & Workers Employed in(yuan)	34476	42765	24.0
农牧民人均纯收入(元)	Per Capita Net Income of Peasant & Herdsman(yuan)	7289	7966	9.3
农村牧区经济	**Economic Development in Rural & Pastoral Area**			
耕地面积(公顷)	Cultivated Area(hectare)	27677	27733	0.2
农作物总播种面积(公顷)	Total Sown Area(hectare)	27677	27733	0.2
# 粮食作物播种面积(公顷)	Sown Area of Grain Crops(hectare)	15600	16667	6.8
有效灌溉面积(公顷)	Irrigated Area(hectare)	27677	27733	0.2
农牧业机械总动力(万千瓦)	Total Power of Agricultural Machinery(10 000 kw)	17.74	19.55	10.2
化肥施用折纯量(吨)	Consumption of Chemical Fertilizer(ton)	3176	7214	127.1
农村用电量(万千瓦小时)	Electricity Consumed in Rural Area(10 000 kwh)	3549	2426	-31.6
农林牧渔业总产值(万元)	Gross Output of Farming,Forestry,Animal Husbandry & Fishery(10 000 yuan)	101214	103714	2.5
粮食产量(吨)	Yield of Grain(ton)	110000	105000	-4.5
油料产量(吨)	Yield of Oil-bearing Grops(ton)	2969	1100	-63.0
甜菜产量(吨)	Yield of Beetroots(ton)	100		
猪牛羊肉产量(吨)	Output of Pork, Beef & Mutton(ton)	12661	16034	26.6
# 猪肉产量(吨)	Output of Pork(ton)	3555	3910	10.0
牛肉产量(吨)	Output of Beef(ton)	1442	1733	20.2
羊肉产量(吨)	Output of Mutton(ton)	7664	10270	34.0
羊毛产量(吨)	Output of Wool(ton)	1434	1376	-4.0

23-91 Etuokeqian Banner in Erdos City

指 标	Item	2008	2009	2009年比上年增长% Increase Rate in 2009 Over 2008(%)
年末牲畜存栏头数(万头只)	Total Livestock at the Year-end(10 000 heads)	78.28	81.50	4.1
#大牲畜(万头只)	Large Animals(10 000 heads)	3.68	3.55	-3.5
羊(万只)	Sheep & Goats(10 000 heads)	69.25	72.30	4.4
猪(万头)	Hogs(10 000 heads)	5.35	5.67	6.0
规模以上工业	**Industrial Enterprises above Designated size**			
工业企业单位数(个)	Number of Industrial Enterprises(unit)	11	11	0.0
#内资企业(个)	Civil Funded Enterprises(unit)	11	11	0.0
工业总产值(万元)	Gross Industrial Output Value(10 000 yuan)	138494	178448	28.8
内资企业(万元)	Civil Funded Enterprises(10 000 yuan)	138494	178448	28.8
国有企业(万元)	State-owned Enterprises(10 000 yuan)	6687	8735	30.6
集体企业(万元)	Collective-owned Enterprises(10 000 yuan)			
股份合作企业(万元)	Share Holding Enterprises(10 000 yuan)			
联营企业(万元)	Joint Owned Enterprises(10 000 yuan)			
有限责任公司(万元)	Limited Company(10 000 yuan)			
股份有限公司(万元)	Share Holding Limited Company(10 000 yuan)	131807	169713	28.8
私营企业(万元)	Privately Owned Enterprises(10 000 yuan)			
其他企业(万元)	Enterprises of Other Ownership(10 000 yuan)			
港澳台商投资企业(万元)	Funds from HK,Macao & Taiwan(10 000 yuan)			
外商投资企业(万元)	Foreign Funded Enterprises(10 000 yuan)			
工业企业增加值(万元)	Value Added of Industrial Enterprises(10 000 yuan)	67811	113173	25.9
工业企业资产总计(万元)	Total Assets of Industrial Enterprises(10 000 yuan)	92299	174090	88.6
工业企业负债合计(万元)	Total Liabilities of Industrial Enterprises(10 000 yuan)	71430	123597	73.0
工业企业产品销售收入(万元)	Sales of Revenue Industrial Enterprises(10 000 yuan)	115774	166833	44.1
工业企业利润总额(万元)	Total Profits of Industrial Enterprises(10 000 yuan)	819	2411	194.3
建筑业	**Construction**			
建筑企业单位数(个)	Number of Construction Enterprises(unit)	4	4	0.0
建筑企业从业人员(人)	Number of Employee in Construction Enterprises(person)	2045	2655	29.8
建筑业总产值(万元)	Gross Construction Output Value(10 000 yuan)	32946	32969	0.1
交通运输邮电通信业	**Transportation,Post & Telecommunications**			
公路里程(公里)	Total Length of Highways(km)	1769	1792	1.3
邮电业务总量(万元)	Business Volume of Post & Telecoms(10 000 yuan)	4490	4410	-1.8
本地电话用户(户)	Number of Subscribers of Local Telephone(Household)	4110	6838	66.4
国内贸易	**Domestic Trade**			
社会消费品零售总额(万元)	Total Retail Sales of Consumer Goods(10 000 yuan)	65196	80015	22.7
#贸易业(万元)	Wholesale & Retail Sales Trades(10 000 yuan)	50879	63441	24.7
餐饮业(万元)	Catering Trade(10 000 yuan)	11603	13656	17.7
科技教育卫生	**Science,Education & Public Health**			
各类专业技术人员(人)	Special Technical Personnel(person)	1342	1423	6.0
幼儿园数(所)	Number of Kindergartens(unit)	3	3	0.0
学龄儿童入学率(%)	Percentage of School-Age Children Enrolled(%)	100.0	100.0	0.0
小学学校数(所)	Number of Primary Schools(unit)	7	7	0.0
小学专任教师数(人)	Number of Full-time Teachers of Primary Schools(person)	297	587	97.6
小学在校学生数(人)	Number of Student Enrollment of Primary Schools(person)	4401	4233	-3.8
普通中学学校数(所)	Number of Regular Secondary Schools(unit)	4	4	0.0
普通中学专任教师数(人)	Number of Teachers of Secondary Shools(person)	338	334	-1.2
初中在校学生数(人)	Number of Student in Junior Secondary Schools(person)	2562	2627	2.5
高中在校学生数(人)	Number of Student in Senior Secondary Schools(person)	1735	2040	17.6
卫生机构数(所)	Number of Health Institutions(unit)	41	45	9.8
#医院(所)	Hospitals(unit)	2	2	0.0
卫生院(所)	Township Hospitals(unit)	9	9	0.0
床位数(张)	Number of Beds(unit)	283	293	3.5
#医院(张)	Hospitals(unit)	150	160	6.7
卫生院(张)	Township Hospitals(unit)	113	113	0.0
卫生技术人员(人)	Medical Technical Presonnel(person)	268	298	11.2
#医院(人)	Hospitals(person)	99	99	0.0
卫生院(人)	Township Hospitals(person)	101	97	-4.0

23-92 鄂尔多斯市鄂托克旗

指 标	Item	2008	2009	2009年比上年增长% Increase Rate in 2009 Over 2008(%)
行政区域土地面积(平方公里)	**Area of Administration(Sq.km)**	**20064**	**20383**	**1.6**
人口和就业	**Population & Employment**			
年末总人口(人)	Total Population Year-end(person)	95955	97130	1.2
#男性(人)	Male(person)	49062	49423	0.7
#乡村人口(人)	Rural(person)	36625	35652	-2.7
年末总户数(户)	Total Number of Households at the Year-end(Household)	36640	38072	3.9
#乡村户数(户)	Number of Rural Household(Household)	11638	11277	-3.1
出生人口(人)	Births(person)	1137	1340	17.9
死亡人口(人)	Deaths(person)	375	639	70.4
全社会就业人员(人)	Employment(person)	84111		
第一产业(人)	Primary Industry(person)	22652		
第二产业(人)	Secondary Industry(person)	33787		
第三产业(人)	Tertiary Industry(person)	27672		
在岗职工人数(人)	Number of Staff & Workers Employed in(person)	16873	17027	0.9
乡村劳动力(人)	Number of Rural Laborers(person)	25564	25707	0.6
#农林牧渔业(人)	Farming,Forestry,Animal Husbandry & Fishery(person)	22652	21362	-5.7
国民经济综合指标	**Summary Item on the National Economy**			
生产总值(万元)	Gross Domestic Product(10 000 yuan)	1550000	2218600	22.9
第一产业(万元)	Primary Industry(10 000 yuan)	38900	39400	1.4
第二产业(万元)	Secondary Industry(10 000 yuan)	1249300	1708800	25.3
#工业(万元)	Industry(10 000 yuan)	1100200	1559100	26.9
第三产业(万元)	Tertiary Industry(10 000 yuan)	261800	470400	18.5
人均生产总值(元)	Per Capita GDP(yuan)	124498	176079	
全社会固定资产投资(万元)	Total Investment in Fixed Assets(10 000 yuan)	1330730	1608542	20.9
按登记注册类型分	Grouped by Registered Type			
#国有(万元)	State-owned Enterprises(10 000 yuan)	683687		
集体(万元)	Collective-owned Enterprises(10 000 yuan)			
有限责任公司(万元)	Limited Liability Corporations(10 000 yuan)	145175		
股份有限公司(万元)	Share Holding Enterprises(10 000 yuan)	131590		
私营企业(万元)	Private Enterprises(10 000 yuan)	181840		
外商及港澳台投资企业(万元)	Funds from HK,Macao,Taiwan & Foreign(10 000 yuan)	67348		
按城乡渠道分	Grouped by Urban and Rural Area			
城镇(万元)	Urban(10 000 yuan)	1324930		
农村(万元)	Rural(10 000 yuan)	5800		
一般预算收入(万元)	General Budgetary Financial Revenue(10 000 yuan)	79505	97549	22.7
一般预算支出(万元)	General Budgetary Financial Expenditures(10 000 yuan)	121268	132651	9.4
城乡居民储蓄存款余额(万元)	Resident Saving Deposit in Urban & Rural(10 000 yuan)	241917	296181	22.4
在岗职工工资总额(万元)	Total Wages of Staff & Workers Employed in(10 000 yuan)	47359	65393	38.1
在岗职工平均工资(元)	Average Wage of Staff & Workers Employed in(yuan)	28108	38473	36.9
农牧民人均纯收入(元)	Per Capita Net Income of Peasant & Herdsman(yuan)	7058	7826	10.9
农村牧区经济	**Economic Development in Rural & Pastoral Area**			
耕地面积(公顷)	Cultivated Area(hectare)	16933	18733	10.6
农作物总播种面积(公顷)	Total Sown Area(hectare)	16933	18733	10.6
#粮食作物播种面积(公顷)	Sown Area of Grain Crops(hectare)	12297	14200	15.5
有效灌溉面积(公顷)	Irrigated Area(hectare)	16933	18733	10.6
农牧业机械总动力(万千瓦)	Total Power of Agricultural Machinery(10 000 kw)	22.13	15.20	-31.3
化肥施用折纯量(吨)	Consumption of Chemical Fertilizer(ton)	2432	3762	54.7
农村用电量(万千瓦小时)	Electricity Consumed in Rural Area(10 000 kwh)	737	753	2.2
农林牧渔业总产值(万元)	Gross Output of Farming,Forestry,Animal Husbandry & Fishery(10 000 yuan)	70419	70875	0.6
粮食产量(吨)	Yield of Grain(ton)	79926	81000	1.3
油料产量(吨)	Yield of Oil-bearing Grops(ton)	3021	5100	68.8
甜菜产量(吨)	Yield of Beetroots(ton)			
猪牛羊肉产量(吨)	Output of Pork, Beef & Mutton (ton)	10790	10323	-4.3
#猪肉产量(吨)	Output of Pork(ton)	2410	2319	-3.8
牛肉产量(吨)	Output of Beef(ton)	1481	1063	-28.2
羊肉产量(吨)	Output of Mutton(ton)	6899	6941	0.6
羊毛产量(吨)	Output of Wool(ton)	833	4738	468.8

23-92 Etuoke Banner in Erdos City

指 标	Item	2008	2009	2009年比上年增长% Increase Rate in 2009 Over 2008(%)
年末牲畜存栏头数(万头只)	Total Livestock at the Year-end(10 000 heads)	129.56	125.80	-2.9
#大牲畜(万头只)	Large Animals(10 000 heads)	1.75	1.76	0.6
羊(万只)	Sheep & Goats(10 000 heads)	125.96	121.29	-3.7
猪(万头)	Hogs(10 000 heads)	1.85	2.74	48.1
规模以上工业	**Industrial Enterprises above Designated size**			
工业企业单位数(个)	Number of Industrial Enterprises(unit)	69	72	4.3
#内资企业(个)	Civil Funded Enterprises(unit)	66	69	4.5
工业总产值(万元)	Gross Industrial Output Value(10 000 yuan)	2127624	3084800	49.0
内资企业(万元)	Civil Funded Enterprises(10 000 yuan)	1317660	2153600	
国有企业(万元)	State-owned Enterprises(10 000 yuan)	23080	24900	
集体企业(万元)	Collective-owned Enterprises(10 000 yuan)	10792	6700	
股份合作企业(万元)	Share Holding Enterprises(10 000 yuan)			
联营企业(万元)	Joint Owned Enterprises(10 000 yuan)			
有限责任公司(万元)	Limited Company(10 000 yuan)	8850		
股份有限公司(万元)	Share Holding Limited Company(10 000 yuan)	431175	704500	63.4
私营企业(万元)	Privately Owned Enterprises(10 000 yuan)	843763	1417600	68.0
其他企业(万元)	Enterprises of Other Ownership(10 000 yuan)			
港澳台商投资企业(万元)	Funds from HK,Macao & Taiwan(10 000 yuan)			
外商投资企业(万元)	Foreign Funded Enterprises(10 000 yuan)	809964	931100	15.0
工业企业增加值(万元)	Value Added of Industrial Enterprises(10 000 yuan)	1042535	1433104	27.8
工业企业资产总计(万元)	Total Assets of Industrial Enterprises(10 000 yuan)	2920238	3770600	29.1
工业企业负债合计(万元)	Total Liabilities of Industrial Enterprises(10 000 yuan)	1687255	2366200	40.2
工业企业产品销售收入(万元)	Sales of Revenue Industrial Enterprises(10 000 yuan)	2078855	2959800	42.4
工业企业利润总额(万元)	Total Profits of Industrial Enterprises(10 000 yuan)	264648	286600	8.3
建筑业	**Construction**			
建筑企业单位数(个)	Number of Construction Enterprises(unit)	4	4	0.0
建筑企业从业人员(人)	Number of Employee in Construction Enterprises(person)	565	1072	89.7
建筑业总产值(万元)	Gross Construction Output Value(10 000 yuan)	34341	45537	32.6
交通运输邮电通信业	**Transportation,Post & Telecommunications**			
公路里程(公里)	Total Length of Highways(km)	2549	2725	6.9
邮电业务总量(万元)	Business Volume of Post & Telecoms(10 000 yuan)	33030	14449	-56.3
本地电话用户(户)	Number of Subscribers of Local Telephone(Household)	22536	21459	-4.8
国内贸易	**Domestic Trade**			
社会消费品零售总额(万元)	Total Retail Sales of Consumer Goods(10 000 yuan)	200049	234844	17.4
#贸易业(万元)	Wholesale & Retail Sales Trades(10 000 yuan)	124116		
餐饮业(万元)	Catering Trade(10 000 yuan)	75933	95330	25.5
科技教育卫生	**Science,Education & Public Health**			
各类专业技术人员(人)	Special Technical Personnel(person)	3009		
幼儿园数(所)	Number of Kindergartens(unit)	13	16	23.1
学龄儿童入学率(%)	Percentage of School-Age Children Enrolled(%)	100.0	100.0	0.0
小学学校数(所)	Number of Primary Schools(unit)	9	9	0.0
小学专任教师数(人)	Number of Full-time Teachers of Primary Schools(person)	620	647	4.4
小学在校学生数(人)	Number of Student Enrollment of Primary Schools(person)	9039	8676	-4.0
普通中学学校数(所)	Number of Regular Secondary Schools(unit)	9	8	-11.1
普通中学专任教师数(人)	Number of Teachers of Secondary Shools(person)	630	457	-27.5
初中在校学生数(人)	Number of Student in Junior Secondary Schools(person)	4590	4687	2.1
高中在校学生数(人)	Number of Student in Senior Secondary Schools(person)	1694	1621	-4.3
卫生机构数(所)	Number of Health Institutions(unit)	142	63	-55.6
#医院(所)	Hospitals(unit)	5	3	-40.0
卫生院(所)	Township Hospitals(unit)	13	9	-30.8
床位数(张)	Number of Beds(unit)	540	370	-31.5
#医院(张)	Hospitals(unit)	400	270	-32.5
卫生院(张)	Township Hospitals(unit)	140	100	-28.6
卫生技术人员(人)	Medical Technical Presonnel(person)	453	352	-22.3
#医院(人)	Hospitals(person)	385	290	-24.7
卫生院(人)	Township Hospitals(person)	68	62	-8.8

23-93 鄂尔多斯市杭锦旗

指 标	Item	2008	2009	2009年比上年增长% Increase Rate in 2009 Over 2008(%)
行政区域土地面积(平方公里)	**Area of Administration(Sq.km)**	**18903**	**18903**	**0.0**
人口和就业	**Population & Employment**			
年末总人口(人)	Total Population Year-end(person)	141385	143884	1.8
#男性(人)	Male(person)	73438	74325	1.2
#乡村人口(人)	Rural(person)	62730	64164	2.3
年末总户数(户)	Total Number of Households at the Year-end(Household)	53798	56676	5.3
#乡村户数(户)	Number of Rural Household(Household)	20541	21043	2.4
出生人口(人)	Births(person)	2079	2298	2.4
死亡人口(人)	Deaths(person)	721	541	-25.0
全社会就业人员(人)	Employment(person)	81052	83429	2.9
第一产业(人)	Primary Industry(person)	50896	51321	0.8
第二产业(人)	Secondary Industry(person)	15174	16128	6.3
第三产业(人)	Tertiary Industry(person)	14982	15980	6.7
在岗职工人数(人)	Number of Staff & Workers Employed in(person)	10282	10988	6.9
乡村劳动力(人)	Number of Rural Laborers(person)	50816	49610	-2.4
#农林牧渔业(人)	Farming,Forestry,Animal Husbandry & Fishery(person)	46273	45044	-2.7
国民经济综合指标	**Summary Item on the National Economy**			
生产总值(万元)	Gross Domestic Product(10 000 yuan)	314200	417900	19.0
第一产业(万元)	Primary Industry(10 000 yuan)	80700	90000	11.6
第二产业(万元)	Secondary Industry(10 000 yuan)	112600	147800	22.8
#工业(万元)	Industry(10 000 yuan)	79600	95000	10.4
第三产业(万元)	Tertiary Industry(10 000 yuan)	120900	180100	19.8
人均生产总值(元)	Per Capita GDP(yuan)	30533		
全社会固定资产投资(万元)	Total Investment in Fixed Assets(10 000 yuan)	300418	803260	167.4
按登记注册类型分	Grouped by Registered Type			
#国有(万元)	State-owned Enterprises(10 000 yuan)	146613	500387	241.3
集体(万元)	Collective-owned Enterprises(10 000 yuan)			
有限责任公司(万元)	Limited Liability Corporations(10 000 yuan)	33298	154720	364.7
股份有限公司(万元)	Share Holding Enterprises(10 000 yuan)	119821	148153	23.6
私营企业(万元)	Private Enterprises(10 000 yuan)			
外商及港澳台投资企业 (万元)	Funds from HK,Macao,Taiwan & Foreign(10 000 yuan)			
按城乡渠道分	Grouped by Urban and Rural Area			
城镇（万元）	Urban(10 000 yuan)	300418	803260	167.4
农村（万元）	Rural(10 000 yuan)			
一般预算收入(万元)	General Budgetary Financial Revenue(10 000 yuan)	17417	27831	59.8
一般预算支出(万元)	General Budgetary Financial Expenditures(10 000 yuan)	107042	152402	42.4
城乡居民储蓄存款余额(万元)	Resident Saving Deposit in Urban & Rural(10 000 yuan)	73257	102476	39.9
在岗职工工资总额(万元)	Total Wages of Staff & Workers Employed in(10 000 yuan)	31313	43367	38.5
在岗职工平均工资(元)	Average Wage of Staff & Workers Employed in(yuan)	30460	39467	29.6
农牧民人均纯收入(元)	Per Capita Net Income of Peasant & Herdsman(yuan)	6954	7783	11.9
农村牧区经济	**Economic Development in Rural & Pastoral Area**			
耕地面积(公顷)	Cultivated Area(hectare)	64812	66667	2.9
农作物总播种面积(公顷)	Total Sown Area(hectare)	62057	61467	-1.0
#粮食作物播种面积(公顷)	Sown Area of Grain Crops(hectare)	35598	38266	7.5
有效灌溉面积(公顷)	Irrigated Area(hectare)	42903	43700	1.9
农牧业机械总动力(万千瓦)	Total Power of Agricultural Machinery(10 000 kw)	26.00	38.00	46.2
化肥施用折纯量(吨)	Consumption of Chemical Fertilizer(ton)	20546	20158	-1.9
农村用电量(万千瓦小时)	Electricity Consumed in Rural Area(10 000 kwh)	3415	3636	6.5
农林牧渔业总产值(万元)	Gross Output of Farming,Forestry,Animal Husbandry & Fishery(10 000 yuan)	131906	161402	22.4
粮食产量(吨)	Yield of Grain(ton)	296467	269500	-9.1
油料产量(吨)	Yield of Oil-bearing Grops(ton)	59335	39640	-33.2
甜菜产量(吨)	Yield of Beetroots(ton)	96	96	0.0
猪牛羊肉产量(吨)	Output of Pork, Beef & Mutton (ton)	14592	21111	44.7
#猪肉产量(吨)	Output of Pork(ton)	1522	2962	94.6
牛肉产量(吨)	Output of Beef(ton)	536	643	20.0
羊肉产量(吨)	Output of Mutton(ton)	12534	17506	39.7
羊毛产量(吨)	Output of Wool(ton)	479	449	-6.3

23-93 Hangjin Banner in Erdos City

指 标	Item	2008	2009	2009年比上年增长% Increase Rate in 2009 Over 2008(%)
年末牲畜存栏头数(万头只)	Total Livestock at the Year-end(10 000 heads)	134.78	135.70	0.7
#大牲畜(万头只)	Large Animals(10 000 heads)	1.31	1.44	9.9
羊(万只)	Sheep & Goats(10 000 heads)	132.00	130.47	-1.2
猪(万头)	Hogs(10 000 heads)	1.47	3.80	158.5
规模以上工业	**Industrial Enterprises above Designated size**			
工业企业单位数(个)	Number of Industrial Enterprises(unit)	17	17	0.0
#内资企业(个)	Civil Funded Enterprises(unit)	16	17	6.2
工业总产值(万元)	Gross Industrial Output Value(10 000 yuan)	120617	94519	-21.6
内资企业(万元)	Civil Funded Enterprises(10 000 yuan)	120000	94519	-21.2
国有企业(万元)	State-owned Enterprises(10 000 yuan)	6087	8063	32.5
集体企业(万元)	Collective-owned Enterprises(10 000 yuan)			
股份合作企业(万元)	Share Holding Enterprises(10 000 yuan)			
联营企业(万元)	Joint Owned Enterprises(10 000 yuan)			
有限责任公司(万元)	Limited Company(10 000 yuan)	23300		
股份有限公司(万元)	Share Holding Limited Company(10 000 yuan)	51720	86456	67.2
私营企业(万元)	Privately Owned Enterprises(10 000 yuan)	38893		
其他企业(万元)	Enterprises of Other Ownership(10 000 yuan)			
港澳台商投资企业(万元)	Funds from HK,Macao & Taiwan(10 000 yuan)			
外商投资企业(万元)	Foreign Funded Enterprises(10 000 yuan)	617		
工业企业增加值(万元)	Value Added of Industrial Enterprises(10 000 yuan)	54600	60000	9.8
工业企业资产总计(万元)	Total Assets of Industrial Enterprises(10 000 yuan)	277272	328900	18.6
工业企业负债合计(万元)	Total Liabilities of Industrial Enterprises(10 000 yuan)	194723	240800	23.7
工业企业产品销售收入(万元)	Sales of Revenue Industrial Enterprises(10 000 yuan)	84962	40928	-51.8
工业企业利润总额(万元)	Total Profits of Industrial Enterprises(10 000 yuan)	-480	835	
建筑业	**Construction**			
建筑企业单位数(个)	Number of Construction Enterprises(unit)	2	2	0.0
建筑企业从业人员(人)	Number of Employee in Construction Enterprises(person)	357	378	5.9
建筑业总产值(万元)	Gross Construction Output Value(10 000 yuan)	4083	50910	1146.9
交通运输邮电通信业	**Transportation,Post & Telecommunications**			
公路里程(公里)	Total Length of Highways(km)	1652	1652	0.0
邮电业务总量(万元)	Business Volume of Post & Telecoms(10 000 yuan)	6219	6200	-0.3
本地电话用户(户)	Number of Subscribers of Local Telephone(Household)	9239	9210	-0.3
国内贸易	**Domestic Trade**			
社会消费品零售总额(万元)	Total Retail Sales of Consumer Goods(10 000 yuan)	125207	150028	19.8
#贸易业(万元)	Wholesale & Retail Sales Trades(10 000 yuan)	84666	104891	23.9
餐饮业(万元)	Catering Trade(10 000 yuan)	38302	43007	12.3
科技教育卫生	**Science,Education & Public Health**			
各类专业技术人员(人)	Special Technical Personnel(person)	3358	3387	0.9
幼儿园数(所)	Number of Kindergartens(unit)	10	10	0.0
学龄儿童入学率(%)	Percentage of School-Age Children Enrolled(%)	100.0	100.0	0.0
小学学校数(所)	Number of Primary Schools(unit)	12	9	-25.0
小学专任教师数(人)	Number of Full-time Teachers of Primary Schools(person)	731	403	-44.9
小学在校学生数(人)	Number of Student Enrollment of Primary Schools(person)	6182	5648	-8.6
普通中学学校数(所)	Number of Regular Secondary Schools(unit)	6	6	0.0
普通中学专任教师数(人)	Number of Teachers of Secondary Shools(person)	799	502	-37.2
初中在校学生数(人)	Number of Student in Junior Secondary Schools(person)	4248	4099	-3.5
高中在校学生数(人)	Number of Student in Senior Secondary Schools(person)	1514	1464	-3.3
卫生机构数(所)	Number of Health Institutions(unit)	17	17	0.0
#医院(所)	Hospitals(unit)	2	2	0.0
卫生院(所)	Township Hospitals(unit)	12	12	0.0
床位数(张)	Number of Beds(unit)	365	365	0.0
#医院(张)	Hospitals(unit)	250	250	0.0
卫生院(张)	Township Hospitals(unit)	115	115	0.0
卫生技术人员(人)	Medical Technical Presonnel(person)	415	415	0.0
#医院(人)	Hospitals(person)	305	305	0.0
卫生院(人)	Township Hospitals(person)	105	105	0.0

23-94 鄂尔多斯市乌审旗

指 标	Item	2008	2009	2009年比上年增长% Increase Rate in 2009 Over 2008(%)
行政区域土地面积(平方公里)	**Area of Administration(Sq.km)**	**11645**	**11645**	**0.0**
人口和就业	**Population & Employment**			
年末总人口(人)	Total Population Year-end(person)	104623	106978	2.3
# 男性(人)	Male(person)	53973	54902	1.7
# 乡村人口(人)	Rural(person)	52792	50525	-4.3
年末总户数(户)	Total Number of Households at the Year-end(Household)	37848	40464	6.9
# 乡村户数(户)	Number of Rural Household(Household)	16462	17351	5.4
出生人口(人)	Births(person)	1386	1948	40.5
死亡人口(人)	Deaths(person)	813	563	-30.8
全社会就业人员(人)	Employment(person)	70952	72230	1.8
第一产业(人)	Primary Industry(person)	35417	34064	-3.8
第二产业(人)	Secondary Industry(person)	12583	10489	-16.6
第三产业(人)	Tertiary Industry(person)	22952	27677	20.6
在岗职工人数(人)	Number of Staff & Workers Employed in(person)	6384	6785	6.3
乡村劳动力(人)	Number of Rural Laborers(person)	38724	37245	-3.8
# 农林牧渔业(人)	Farming,Forestry,Animal Husbandry & Fishery(person)	29926	28805	-3.7
国民经济综合指标	**Summary Item on the National Economy**			
生产总值(万元)	Gross Domestic Product(10 000 yuan)	1060000	1531300	24.0
第一产业(万元)	Primary Industry(10 000 yuan)	63851	68125	1.5
第二产业(万元)	Secondary Industry(10 000 yuan)	838477	1102639	27.0
# 工业(万元)	Industry(10 000 yuan)	740723	976838	26.7
第三产业(万元)	Tertiary Industry(10 000 yuan)	157672	360535	21.4
人均生产总值(元)	Per Capita GDP(yuan)	108163	154676	
全社会固定资产投资(万元)	Total Investment in Fixed Assets(10 000 yuan)	1043240	1679247	61.0
按登记注册类型分	Grouped by Registered Type			
# 国有(万元)	State-owned Enterprises(10 000 yuan)	701914	1199729	70.9
集体(万元)	Collective-owned Enterprises(10 000 yuan)	2383		
有限责任公司(万元)	Limited Liability Corporations(10 000 yuan)	96962		
股份有限公司(万元)	Share Holding Enterprises(10 000 yuan)	162682		
私营企业(万元)	Private Enterprises(10 000 yuan)	5594		
外商及港澳台投资企业 (万元)	Funds from HK,Macao,Taiwan & Foreign(10 000 yuan)	14686		
按城乡渠道分	Grouped by Urban and Rural Area			
城镇 (万元)	Urban(10 000 yuan)	1038937		
农村 (万元)	Rural(10 000 yuan)	4303		
一般预算收入(万元)	General Budgetary Financial Revenue(10 000 yuan)	54861	78984	44.0
一般预算支出(万元)	General Budgetary Financial Expenditures(10 000 yuan)	104688	165342	57.9
城乡居民储蓄存款余额(万元)	Resident Saving Deposit in Urban & Rural(10 000 yuan)	91389	134769	47.5
在岗职工工资总额(万元)	Total Wages of Staff & Workers Employed in(10 000 yuan)	22370	29988	34.1
在岗职工平均工资(元)	Average Wage of Staff & Workers Employed in(yuan)	35328	44197	25.1
农牧民人均纯收入(元)	Per Capita Net Income of Peasant & Herdsman(yuan)	7241	7945	9.7
农村牧区经济	**Economic Development in Rural & Pastoral Area**			
耕地面积(公顷)	Cultivated Area(hectare)	39444	39444	0.0
农作物总播种面积(公顷)	Total Sown Area(hectare)	39444	39444	0.0
# 粮食作物播种面积(公顷)	Sown Area of Grain Crops(hectare)	17982	18083	0.6
有效灌溉面积(公顷)	Irrigated Area(hectare)	39294		
农牧业机械总动力(万千瓦)	Total Power of Agricultural Machinery(10 000 kw)	41.94	44.54	6.2
化肥施用折纯量(吨)	Consumption of Chemical Fertilizer(ton)	4729	4736	0.1
农村用电量(万千瓦小时)	Electricity Consumed in Rural Area(10 000 kwh)	1393	1406	0.9
农林牧渔业总产值(万元)	Gross Output of Farming,Forestry,Animal Husbandry & Fishery(10 000 yuan)	116231	122140	5.1
粮食产量(吨)	Yield of Grain(ton)	113974	114051	0.1
油料产量(吨)	Yield of Oil-bearing Grops(ton)	1078	1445	34.0
甜菜产量(吨)	Yield of Beetroots(ton)			
猪牛羊肉产量(吨)	Output of Pork, Beef & Mutton(ton)	39587	33617	-15.1
# 猪肉产量(吨)	Output of Pork(ton)	21021	21604	2.8
牛肉产量(吨)	Output of Beef(ton)	11209	5529	-50.7
羊肉产量(吨)	Output of Mutton(ton)	7357	6484	-11.9
羊毛产量(吨)	Output of Wool(ton)	1984	3861	94.6

23-94 Wushen Banner in Erdos City

指 标	Item	2008	2009	2009年比上年增长% Increase Rate in 2009 Over 2008(%)
年末牲畜存栏头数(万头只)	Total Livestock at the Year-end(10 000 heads)	126.10	118.20	-6.3
#大牲畜(万头只)	Large Animals(10 000 heads)	8.90	8.60	-3.4
羊(万只)	Sheep & Goats(10 000 heads)	102.70	96.60	-5.9
猪(万头)	Hogs(10 000 heads)	14.50	13.00	-10.3
规模以上工业	**Industrial Enterprises above Designated size**			
工业企业单位数(个)	Number of Industrial Enterprises(unit)	25	19	-24.0
#内资企业(个)	Civil Funded Enterprises(unit)	21	16	-23.8
工业总产值(万元)	Gross Industrial Output Value(10 000 yuan)	1617008	2043821	26.4
内资企业(万元)	Civil Funded Enterprises(10 000 yuan)	1178817	1669393	41.6
国有企业(万元)	State-owned Enterprises(10 000 yuan)	1586	1725	8.8
集体企业(万元)	Collective-owned Enterprises(10 000 yuan)			
股份合作企业(万元)	Share Holding Enterprises(10 000 yuan)			
联营企业(万元)	Joint Owned Enterprises(10 000 yuan)			
有限责任公司(万元)	Limited Company(10 000 yuan)	35834	67814	89.2
股份有限公司(万元)	Share Holding Limited Company(10 000 yuan)	1083185	1578097	45.7
私营企业(万元)	Privately Owned Enterprises(10 000 yuan)	58212	21757	-62.6
其他企业(万元)	Enterprises of Other Ownership(10 000 yuan)			
港澳台商投资企业(万元)	Funds from HK,Macao & Taiwan(10 000 yuan)	140271	102439	-27.0
外商投资企业(万元)	Foreign Funded Enterprises(10 000 yuan)	297920	271989	-8.7
工业企业增加值(万元)	Value Added of Industrial Enterprises(10 000 yuan)	713723	945838	27.0
工业企业资产总计(万元)	Total Assets of Industrial Enterprises(10 000 yuan)	793793	1079522	36.0
工业企业负债合计(万元)	Total Liabilities of Industrial Enterprises(10 000 yuan)	389536	532911	36.8
工业企业产品销售收入(万元)	Sales of Revenue Industrial Enterprises(10 000 yuan)	1611860	2010925	24.8
工业企业利润总额(万元)	Total Profits of Industrial Enterprises(10 000 yuan)	278345	220322	-20.8
建筑业	**Construction**			
建筑企业单位数(个)	Number of Construction Enterprises(unit)	4	5	25.0
建筑企业从业人员(人)	Number of Employee in Construction Enterprises(person)	1312	387	-70.5
建筑业总产值(万元)	Gross Construction Output Value(10 000 yuan)	24420	36873	51.0
交通运输邮电通信业	**Transportation,Post & Telecommunications**			
公路里程(公里)	Total Length of Highways(km)	1850	1950	5.4
邮电业务总量(万元)	Business Volume of Post & Telecoms(10 000 yuan)	8930	10794	20.9
本地电话用户(户)	Number of Subscribers of Local Telephone(Household)	8737	13800	57.9
国内贸易	**Domestic Trade**			
社会消费品零售总额(万元)	Total Retail Sales of Consumer Goods(10 000 yuan)	130174	153569	18.0
#贸易业(万元)	Wholesale & Retail Sales Trades(10 000 yuan)	84055	97838	16.4
餐饮业(万元)	Catering Trade(10 000 yuan)	42534	52396	23.2
科技教育卫生	**Science,Education & Public Health**			
各类专业技术人员(人)	Special Technical Personnel(person)	2263	2282	0.8
幼儿园数(所)	Number of Kindergartens(unit)	5	9	80.0
学龄儿童入学率(%)	Percentage of School-Age Children Enrolled(%)	100.0	100.0	0.0
小学学校数(所)	Number of Primary Schools(unit)	14	7	-50.0
小学专任教师数(人)	Number of Full-time Teachers of Primary Schools(person)	527	538	2.1
小学在校学生数(人)	Number of Student Enrollment of Primary Schools(person)	5305	6326	19.2
普通中学学校数(所)	Number of Regular Secondary Schools(unit)	9	5	-44.4
普通中学专任教师数(人)	Number of Teachers of Secondary Shools(person)	558	593	6.3
初中在校学生数(人)	Number of Student in Junior Secondary Schools(person)	4338	3197	-26.3
高中在校学生数(人)	Number of Student in Senior Secondary Schools(person)	1474	1461	-0.9
卫生机构数(所)	Number of Health Institutions(unit)	18	17	-5.6
#医院(所)	Hospitals(unit)	2	2	0.0
卫生院(所)	Township Hospitals(unit)	13	12	-7.7
床位数(张)	Number of Beds(unit)	317	333	5.0
#医院(张)	Hospitals(unit)	129	185	43.4
卫生院(张)	Township Hospitals(unit)	143	148	3.5
卫生技术人员(人)	Medical Technical Presonnel(person)	277	272	-1.8
#医院(人)	Hospitals(person)	98	102	4.1
卫生院(人)	Township Hospitals(person)	125	131	4.8

23-95 鄂尔多斯市伊金霍洛旗

指 标	Item	2008	2009	2009年比上年增长% Increase Rate in 2009 Over 2008(%)
行政区域土地面积(平方公里)	**Area of Administration(Sq.km)**	**5565**	**5565**	**0.0**
人口和就业	**Population & Employment**			
年末总人口(人)	Total Population Year-end(person)	155874	159752	2.5
#男性(人)	Male(person)	80906	82765	2.3
#乡村人口(人)	Rural(person)	66436	65712	-1.1
年末总户数(户)	Total Number of Households at the Year-end(Household)	64090	67911	6.0
#乡村户数(户)	Number of Rural Household(Household)	22187	22106	-0.4
出生人口(人)	Births(person)	2723	2429	-10.8
死亡人口(人)	Deaths(person)	655	473	-27.8
全社会就业人员(人)	Employment(person)	137625	143695	4.4
第一产业(人)	Primary Industry(person)	34459	37332	8.3
第二产业(人)	Secondary Industry(person)	54535	55189	1.2
第三产业(人)	Tertiary Industry(person)	48631	51174	5.2
在岗职工人数(人)	Number of Staff & Workers Employed in(person)	24350	26446	8.6
乡村劳动力(人)	Number of Rural Laborers(person)	46668	46775	0.2
#农林牧渔业(人)	Farming,Forestry,Animal Husbandry & Fishery(person)	34459	37332	8.3
国民经济综合指标	**Summary Item on the National Economy**			
生产总值(万元)	Gross Domestic Product(10 000 yuan)	2922400	3934876	20.7
第一产业(万元)	Primary Industry(10 000 yuan)	48500	52001	7.3
第二产业(万元)	Secondary Industry(10 000 yuan)	1678300	2416407	22.6
#工业(万元)	Industry(10 000 yuan)	1494200	2211001	24.0
第三产业(万元)	Tertiary Industry(10 000 yuan)	1195600	1466467	19.6
人均生产总值(元)	Per Capita GDP(yuan)	181798	241034	18.9
全社会固定资产投资(万元)	Total Investment in Fixed Assets(10 000 yuan)	1720839	2199089	27.8
按登记注册类型分	Grouped by Registered Type			
#国有(万元)	State-owned Enterprises(10 000 yuan)	701906		
集体(万元)	Collective-owned Enterprises(10 000 yuan)	12144		
有限责任公司(万元)	Limited Liability Corporations(10 000 yuan)	265817		
股份有限公司(万元)	Share Holding Enterprises(10 000 yuan)	562762		
私营企业(万元)	Private Enterprises(10 000 yuan)	49292		
外商及港澳台投资企业(万元)	Funds from HK,Macao,Taiwan & Foreign(10 000 yuan)	2258		
按城乡渠道分	Grouped by Urban and Rural Area			
城镇（万元）	Urban(10 000 yuan)	1699789		
农村（万元）	Rural(10 000 yuan)	21050		
一般预算收入(万元)	General Budgetary Financial Revenue(10 000 yuan)	208082	316199	52.0
一般预算支出(万元)	General Budgetary Financial Expenditures(10 000 yuan)	201380	236339	17.4
城乡居民储蓄存款余额(万元)	Resident Saving Deposit in Urban & Rural(10 000 yuan)	642625	614992	-4.3
在岗职工工资总额(万元)	Total Wages of Staff & Workers Employed in(10 000 yuan)	102155	121775	19.2
在岗职工平均工资(元)	Average Wage of Staff & Workers Employed in(yuan)	42657	46256	8.4
农牧民人均纯收入(元)	Per Capita Net Income of Peasant & Herdsman(yuan)	7262	7959	9.6
农村牧区经济	**Economic Development in Rural & Pastoral Area**			
耕地面积(公顷)	Cultivated Area(hectare)	35264	33985	-3.6
农作物总播种面积(公顷)	Total Sown Area(hectare)	33867	32522	-4.0
#粮食作物播种面积(公顷)	Sown Area of Grain Crops(hectare)	19270	19460	1.0
有效灌溉面积(公顷)	Irrigated Area(hectare)	22450	29880	33.1
农牧业机械总动力(万千瓦)	Total Power of Agricultural Machinery(10 000 kw)	29.60	26.25	-11.3
化肥施用折纯量(吨)	Consumption of Chemical Fertilizer(ton)	6912	3655	-47.1
农村用电量(万千瓦小时)	Electricity Consumed in Rural Area(10 000 kwh)	11915	7730	-35.1
农林牧渔业总产值(万元)	Gross Output of Farming,Forestry,Animal Husbandry & Fishery(10 000 yuan)	81647	87147	6.7
粮食产量(吨)	Yield of Grain(ton)	91500	80000	-12.6
油料产量(吨)	Yield of Oil-bearing Grops(ton)	450	124	-72.4
甜菜产量(吨)	Yield of Beetroots(ton)	111	56	-49.5
猪牛羊肉产量(吨)	Output of Pork, Beef & Mutton(ton)	9906	12037	21.5
#猪肉产量(吨)	Output of Pork(ton)	5002	4469	-10.7
牛肉产量(吨)	Output of Beef(ton)	480	644	34.2
羊肉产量(吨)	Output of Mutton(ton)	4424	6262	41.5
羊毛产量(吨)	Output of Wool(ton)	549	872	58.8

23-95 Yijinhuoluo Banner in Erdos City

指 标	Item	2008	2009	2009年比上年增长% Increase Rate in 2009 Over 2008(%)
年末牲畜存栏头数(万头只)	Total Livestock at the Year-end(10 000 heads)	66.15	59.45	-10.1
#大牲畜(万头只)	Large Animals(10 000 heads)	1.40	1.25	-10.5
羊(万只)	Sheep & Goats(10 000 heads)	60.95	54.76	-10.2
猪(万头)	Hogs(10 000 heads)	3.80	3.44	-9.5
规模以上工业	**Industrial Enterprises above Designated size**			
工业企业单位数(个)	Number of Industrial Enterprises(unit)	56	62	10.7
#内资企业(个)	Civil Funded Enterprises(unit)	55	61	10.9
工业总产值(万元)	Gross Industrial Output Value(10 000 yuan)	2765408	4047700	46.4
内资企业(万元)	Civil Funded Enterprises(10 000 yuan)	2763150	4027400	45.8
国有企业(万元)	State-owned Enterprises(10 000 yuan)	34772	59300	70.5
集体企业(万元)	Collective-owned Enterprises(10 000 yuan)	46203	70400	52.4
股份合作企业(万元)	Share Holding Enterprises(10 000 yuan)	17881		-100.0
联营企业(万元)	Joint Owned Enterprises(10 000 yuan)			
有限责任公司(万元)	Limited Company(10 000 yuan)	2509083	3412700	36.0
股份有限公司(万元)	Share Holding Limited Company(10 000 yuan)		132500	100.0
私营企业(万元)	Privately Owned Enterprises(10 000 yuan)		352500	100.0
其他企业(万元)	Enterprises of Other Ownership(10 000 yuan)	155211		-100.0
港澳台商投资企业(万元)	Funds from HK,Macao & Taiwan(10 000 yuan)	2258	20300	798.9
外商投资企业(万元)	Foreign Funded Enterprises(10 000 yuan)			
工业企业增加值(万元)	Value Added of Industrial Enterprises(10 000 yuan)	1405706	2050001	24.5
工业企业资产总计(万元)	Total Assets of Industrial Enterprises(10 000 yuan)	4467310	6394600	43.1
工业企业负债合计(万元)	Total Liabilities of Industrial Enterprises(10 000 yuan)	1297895	2038800	57.1
工业企业产品销售收入(万元)	Sales of Revenue Industrial Enterprises(10 000 yuan)	2908786	3776400	29.8
工业企业利润总额(万元)	Total Profits of Industrial Enterprises(10 000 yuan)	1328892	1579700	18.9
建筑业	**Construction**			
建筑企业单位数(个)	Number of Construction Enterprises(unit)	4	7	75.0
建筑企业从业人员(人)	Number of Employee in Construction Enterprises(person)	1348	2118	57.1
建筑业总产值(万元)	Gross Construction Output Value(10 000 yuan)	41650	533535	1181.0
交通运输邮电通信业	**Transportation,Post & Telecommunications**			
公路里程(公里)	Total Length of Highways(km)	1909	2143	12.3
邮电业务总量(万元)	Business Volume of Post & Telecoms(10 000 yuan)	2639	2669	1.1
本地电话用户(户)	Number of Subscribers of Local Telephone(Household)	41508	41766	0.6
国内贸易	**Domestic Trade**			
社会消费品零售总额(万元)	Total Retail Sales of Consumer Goods(10 000 yuan)	196966	232414	18.0
#贸易业(万元)	Wholesale & Retail Sales Trades(10 000 yuan)	150213	176250	17.3
餐饮业(万元)	Catering Trade(10 000 yuan)	41535	50554	21.7
科技教育卫生	**Science,Education & Public Health**			
各类专业技术人员(人)	Special Technical Personnel(person)	6453	6453	0.0
幼儿园数(所)	Number of Kindergartens(unit)	14	15	7.1
学龄儿童入学率(%)	Percentage of School-Age Children Enrolled(%)	100.0	100.0	0.0
小学学校数(所)	Number of Primary Schools(unit)	17	16	-5.9
小学专任教师数(人)	Number of Full-time Teachers of Primary Schools(person)	705	733	4.0
小学在校学生数(人)	Number of Student Enrollment of Primary Schools(person)	10382	9863	-5.0
普通中学学校数(所)	Number of Regular Secondary Schools(unit)	7	7	0.0
普通中学专任教师数(人)	Number of Teachers of Secondary Shools(person)	663	680	2.6
初中在校学生数(人)	Number of Student in Junior Secondary Schools(person)	4954	5097	2.9
高中在校学生数(人)	Number of Student in Senior Secondary Schools(person)	2442	2368	-3.0
卫生机构数(所)	Number of Health Institutions(unit)	32	31	-3.1
#医院(所)	Hospitals(unit)	1	1	0.0
卫生院(所)	Township Hospitals(unit)	15	15	0.0
床位数(张)	Number of Beds(unit)	369	507	37.4
#医院(张)	Hospitals(unit)	112	250	123.2
卫生院(张)	Township Hospitals(unit)	153	257	68.0
卫生技术人员(人)	Medical Technical Presonnel(person)	489	493	0.8
#医院(人)	Hospitals(person)	343	175	-49.0
卫生院(人)	Township Hospitals(person)	72	226	213.9

23-96 巴彦淖尔市临河区

指 标	Item	2008	2009	2009年比上年增长% Increase Rate in 2009 Over 2008(%)
行政区域土地面积(平方公里)	**Area of Administration(Sq.km)**	**2354**	**2354**	**0.0**
人口和就业	**Population & Employment**			
年末总人口(人)	Total Population Year-end(person)	534600	535600	0.2
#男性(人)	Male(person)	269900	269800	0.0
#乡村人口(人)	Rural(person)	227100	216800	-4.5
年末总户数(户)	Total Number of Households at the Year-end(Household)	164825	173543	5.3
#乡村户数(户)	Number of Rural Household(Household)	60256	60190	-0.1
出生人口(人)	Births(person)	4999	4928	-1.4
死亡人口(人)	Deaths(person)	2801	2801	0.0
全社会就业人员(人)	Employment(person)	286320	291607	1.8
第一产业(人)	Primary Industry(person)	114389	113004	-1.2
第二产业(人)	Secondary Industry(person)	32178	33077	2.8
第三产业(人)	Tertiary Industry(person)	139753	145526	4.1
在岗职工人数(人)	Number of Staff & Workers Employed in(person)	63187	66083	4.6
乡村劳动力(人)	Number of Rural Laborers(person)	145062	123709	-14.7
#农林牧渔业(人)	Farming,Forestry,Animal Husbandry & Fishery(person)	106389	106404	0.0
国民经济综合指标	**Summary Item on the National Economy**			
生产总值(万元)	Gross Domestic Product(10 000 yuan)	1281000	1573300	17.4
第一产业(万元)	Primary Industry(10 000 yuan)	212000	260200	9.0
第二产业(万元)	Secondary Industry(10 000 yuan)	598000	780800	26.6
#工业(万元)	Industry(10 000 yuan)	518000	693900	25.1
第三产业(万元)	Tertiary Industry(10 000 yuan)	471000	532300	14.3
人均生产总值(元)	Per Capita GDP(yuan)	23973	29402	17.4
全社会固定资产投资(万元)	Total Investment in Fixed Assets(10 000 yuan)	811673	1113658	37.2
按登记注册类型分	Grouped by Registered Type			
#国有(万元)	State-owned Enterprises(10 000 yuan)	358832	478446	33.3
集体(万元)	Collective-owned Enterprises(10 000 yuan)		50532	
有限责任公司(万元)	Limited Liability Corporations(10 000 yuan)	210964		
股份有限公司(万元)	Share Holding Enterprises(10 000 yuan)	8883		
私营企业(万元)	Private Enterprises(10 000 yuan)	127192	516230	305.9
外商及港澳台投资企业(万元)	Funds from HK,Macao,Taiwan & Foreign(10 000 yuan)	104332	68450	-34.4
按城乡渠道分	Grouped by Urban and Rural Area			
城镇（万元）	Urban(10 000 yuan)	781457	1074170	37.5
农村（万元）	Rural(10 000 yuan)	30216	39488	30.7
一般预算收入(万元)	General Budgetary Financial Revenue(10 000 yuan)	56185	72862	29.7
一般预算支出(万元)	General Budgetary Financial Expenditures(10 000 yuan)	119430	143136	19.8
城乡居民储蓄存款余额(万元)	Resident Saving Deposit in Urban & Rural(10 000 yuan)	945090	1144247	21.1
在岗职工工资总额(万元)	Total Wages of Staff & Workers Employed in(10 000 yuan)	141044	177436	25.8
在岗职工平均工资(元)	Average Wage of Staff & Workers Employed in(yuan)	19296	25910	34.3
农牧民人均纯收入(元)	Per Capita Net Income of Peasant & Herdsman(yuan)	6995	7568	8.2
农村牧区经济	**Economic Development in Rural & Pastoral Area**			
耕地面积(公顷)	Cultivated Area(hectare)	127111	127111	0.0
农作物总播种面积(公顷)	Total Sown Area(hectare)	103543	139640	34.9
#粮食作物播种面积(公顷)	Sown Area of Grain Crops(hectare)	56750	74060	30.5
有效灌溉面积(公顷)	Irrigated Area(hectare)	127111	127111	0.0
农牧业机械总动力(万千瓦)	Total Power of Agricultural Machinery(10 000 kw)	59.01	66.45	12.6
化肥施用折纯量(吨)	Consumption of Chemical Fertilizer(ton)	51835	66193	27.7
农村用电量(万千瓦小时)	Electricity Consumed in Rural Area(10 000 kwh)	8285	8987	8.5
农林牧渔业总产值(万元)	Gross Output of Farming,Forestry,Animal Husbandry & Fishery(10 000 yuan)	399467	438386	9.0
粮食产量(吨)	Yield of Grain(ton)	457201	580100	26.9
油料产量(吨)	Yield of Oil-bearing Grops(ton)	95452	155100	62.5
甜菜产量(吨)	Yield of Beetroots(ton)	23969	4947	-79.4
猪牛羊肉产量(吨)	Output of Pork, Beef & Mutton(ton)	64900	64447	-0.7
#猪肉产量(吨)	Output of Pork(ton)	19103	17783	-6.9
牛肉产量(吨)	Output of Beef(ton)	1787	1814	1.5
羊肉产量(吨)	Output of Mutton(ton)	44010	44850	1.9
羊毛产量(吨)	Output of Wool(ton)	1654	1617	-2.2

23-96 Linhe District in Bayannaoer City

指 标	Item	2008	2009	2009年比上年增长% Increase Rate in 2009 Over 2008(%)
年末牲畜存栏头数(万头只)	Total Livestock at the Year-end(10 000 heads)	173.66	170.37	-1.9
#大牲畜(万头只)	Large Animals(10 000 heads)	6.97	6.89	-1.1
羊(万只)	Sheep & Goats(10 000 heads)	153.24	150.08	-2.1
猪(万头)	Hogs(10 000 heads)	13.44	13.39	-0.4
规模以上工业	**Industrial Enterprises above Designated size**			
工业企业单位数(个)	Number of Industrial Enterprises(unit)	80	86	7.5
#内资企业(个)	Civil Funded Enterprises(unit)	77	83	7.8
工业总产值(万元)	Gross Industrial Output Value(10 000 yuan)	1444606	1815800	25.7
内资企业(万元)	Civil Funded Enterprises(10 000 yuan)	1262749	1603200	27.0
国有企业(万元)	State-owned Enterprises(10 000 yuan)	250192	288000	15.1
集体企业(万元)	Collective-owned Enterprises(10 000 yuan)			
股份合作企业(万元)	Share Holding Enterprises(10 000 yuan)		80700	0.0
联营企业(万元)	Joint Owned Enterprises(10 000 yuan)			
有限责任公司(万元)	Limited Company(10 000 yuan)	394009	771900	95.9
股份有限公司(万元)	Share Holding Limited Company(10 000 yuan)	127107	32400	-74.5
私营企业(万元)	Privately Owned Enterprises(10 000 yuan)	491441	402500	-18.1
其他企业(万元)	Enterprises of Other Ownership(10 000 yuan)		27700	0.0
港澳台商投资企业(万元)	Funds from HK,Macao & Taiwan(10 000 yuan)	136019	156400	15.0
外商投资企业(万元)	Foreign Funded Enterprises(10 000 yuan)	45838	56200	22.6
工业企业增加值(万元)	Value Added of Industrial Enterprises(10 000 yuan)	490000	636600	25.6
工业企业资产总计(万元)	Total Assets of Industrial Enterprises(10 000 yuan)	1254904	1583200	26.2
工业企业负债合计(万元)	Total Liabilities of Industrial Enterprises(10 000 yuan)	1034947	1221500	18.0
工业企业产品销售收入(万元)	Sales of Revenue Industrial Enterprises(10 000 yuan)	950208	1258700	32.5
工业企业利润总额(万元)	Total Profits of Industrial Enterprises(10 000 yuan)	83960	141300	68.3
建筑业	**Construction**			
建筑企业单位数(个)	Number of Construction Enterprises(unit)	38	38	0.0
建筑企业从业人员(人)	Number of Employee in Construction Enterprises(person)	17910	15442	-13.8
建筑业总产值(万元)	Gross Construction Output Value(10 000 yuan)	371779	478930	28.8
交通运输邮电通信业	**Transportation,Post & Telecommunications**			
公路里程(公里)	Total Length of Highways(km)			
邮电业务总量(万元)	Business Volume of Post & Telecoms(10 000 yuan)	90933	113552	24.9
本地电话用户(户)	Number of Subscribers of Local Telephone(Household)	89486	88000	-1.7
国内贸易	**Domestic Trade**			
社会消费品零售总额(万元)	Total Retail Sales of Consumer Goods(10 000 yuan)	382942	475006	24.0
#贸易业(万元)	Wholesale & Retail Sales Trades(10 000 yuan)	279979	339402	21.2
餐饮业(万元)	Catering Trade(10 000 yuan)	81198	135604	67.0
科技教育卫生	**Science,Education & Public Health**			
各类专业技术人员(人)	Special Technical Personnel(person)	18885	19235	1.9
幼儿园数(所)	Number of Kindergartens(unit)	36	50	38.9
学龄儿童入学率(%)	Percentage of School-Age Children Enrolled(%)	100.0	100.0	0.0
小学学校数(所)	Number of Primary Schools(unit)	36	35	-2.8
小学专任教师数(人)	Number of Full-time Teachers of Primary Schools(person)	2117	2388	12.8
小学在校学生数(人)	Number of Student Enrollment of Primary Schools(person)	34137	36087	5.7
普通中学学校数(所)	Number of Regular Secondary Schools(unit)	18	21	16.7
普通中学专任教师数(人)	Number of Teachers of Secondary Shools(person)	1556	2087	34.1
初中在校学生数(人)	Number of Student in Junior Secondary Schools(person)	18669	24246	29.9
高中在校学生数(人)	Number of Student in Senior Secondary Schools(person)	9331	12115	29.8
卫生机构数(所)	Number of Health Institutions(unit)	520	502	-3.5
#医院(所)	Hospitals(unit)	9	10	11.1
卫生院(所)	Township Hospitals(unit)	19	19	0.0
床位数(张)	Number of Beds(unit)	2960	3128	5.7
#医院(张)	Hospitals(unit)	1947	2041	4.8
卫生院(张)	Township Hospitals(unit)	405	442	9.1
卫生技术人员(人)	Medical Technical Presonnel(person)	3960	4122	4.1
#医院(人)	Hospitals(person)	1987	2166	9.0
卫生院(人)	Township Hospitals(person)	319	353	10.7

23-97 巴彦淖尔市五原县

指 标	Item	2008	2009	2009年比上年增长% Increase Rate in 2009 Over 2008(%)
行政区域土地面积(平方公里)	**Area of Administration(Sq.km)**	**2493**	**2493**	**0.0**
人口和就业	**Population & Employment**			
年末总人口(人)	Total Population Year-end(person)	276800	276000	-0.3
# 男性(人)	Male(person)	142400	142500	0.1
# 乡村人口(人)	Rural(person)	187900	184000	-2.1
年末总户数(户)	Total Number of Households at the Year-end(Household)	84345	96280	14.2
# 乡村户数(户)	Number of Rural Household(Household)	49022	49029	0.0
出生人口(人)	Births(person)	2300	2291	-0.4
死亡人口(人)	Deaths(person)	1301	1234	-5.1
全社会就业人员(人)	Employment(person)	162819	163821	0.6
第一产业(人)	Primary Industry(person)	116543	116543	0.0
第二产业(人)	Secondary Industry(person)	17281	17588	1.8
第三产业(人)	Tertiary Industry(person)	28995	29690	2.4
在岗职工人数(人)	Number of Staff & Workers Employed in(person)	10239	11056	8.0
乡村劳动力(人)	Number of Rural Laborers(person)	131835	116038	-12.0
# 农林牧渔业(人)	Farming,Forestry,Animal Husbandry & Fishery(person)	102931	102835	-0.1
国民经济综合指标	**Summary Item on the National Economy**			
生产总值(万元)	Gross Domestic Product(10 000 yuan)	465900	570500	18.9
第一产业(万元)	Primary Industry(10 000 yuan)	148400	174300	3.4
第二产业(万元)	Secondary Industry(10 000 yuan)	180500	228400	32.4
# 工业(万元)	Industry(10 000 yuan)	117800	165400	27.8
第三产业(万元)	Tertiary Industry(10 000 yuan)	137000	167800	13.8
人均生产总值(元)	Per Capita GDP(yuan)	16798	20640	18.9
全社会固定资产投资(万元)	Total Investment in Fixed Assets(10 000 yuan)	327589	559473	70.8
按登记注册类型分	Grouped by Registered Type			
# 国有(万元)	State-owned Enterprises(10 000 yuan)	173824	284877	63.9
集体(万元)	Collective-owned Enterprises(10 000 yuan)	1000	5690	469.0
有限责任公司(万元)	Limited Liability Corporations(10 000 yuan)	86943		
股份有限公司(万元)	Share Holding Enterprises(10 000 yuan)	1170		
私营企业(万元)	Private Enterprises(10 000 yuan)	60632	268906	343.5
外商及港澳台投资企业 (万元)	Funds from HK,Macao,Taiwan & Foreign(10 000 yuan)	802		
按城乡渠道分	Grouped by Urban and Rural Area			
城镇（万元）	Urban(10 000 yuan)	211304	418871	98.2
农村（万元）	Rural(10 000 yuan)	116285	140602	20.9
一般预算收入(万元)	General Budgetary Financial Revenue(10 000 yuan)	11722	14949	27.5
一般预算支出(万元)	General Budgetary Financial Expenditures(10 000 yuan)	73362	92948	26.7
城乡居民储蓄存款余额(万元)	Resident Saving Deposit in Urban & Rural(10 000 yuan)	259488	240272	-7.4
在岗职工工资总额(万元)	Total Wages of Staff & Workers Employed in(10 000 yuan)	20039	26820	33.8
在岗职工平均工资(元)	Average Wage of Staff & Workers Employed in(yuan)	19548	24267	24.1
农牧民人均纯收入(元)	Per Capita Net Income of Peasant & Herdsman(yuan)	6576	7568	15.1
农村牧区经济	**Economic Development in Rural & Pastoral Area**			
耕地面积(公顷)	Cultivated Area(hectare)	134427	134427	0.0
农作物总播种面积(公顷)	Total Sown Area(hectare)	131567	131520	0.0
# 粮食作物播种面积(公顷)	Sown Area of Grain Crops(hectare)	59633	61513	3.2
有效灌溉面积(公顷)	Irrigated Area(hectare)	134427	134427	0.0
农牧业机械总动力(万千瓦)	Total Power of Agricultural Machinery(10 000 kw)	75.59	79.66	5.4
化肥施用折纯量(吨)	Consumption of Chemical Fertilizer(ton)	56592	55848	-1.3
农村用电量(万千瓦小时)	Electricity Consumed in Rural Area(10 000 kwh)	5362	5362	0.0
农林牧渔业总产值(万元)	Gross Output of Farming,Forestry,Animal Husbandry & Fishery(10 000 yuan)	276217	288340	3.4
粮食产量(吨)	Yield of Grain(ton)	420615	444100	5.6
油料产量(吨)	Yield of Oil-bearing Grops(ton)	158826	168540	6.1
甜菜产量(吨)	Yield of Beetroots(ton)	279105	34262	-87.7
猪牛羊肉产量(吨)	Output of Pork, Beef & Mutton(ton)	26035	25188	-3.3
# 猪肉产量(吨)	Output of Pork(ton)	10359	9651	-6.8
牛肉产量(吨)	Output of Beef(ton)	815	287	-64.8
羊肉产量(吨)	Output of Mutton(ton)	14861	15250	2.6
羊毛产量(吨)	Output of Wool(ton)	1252	1262	0.8

23-97 Wuyuan County in Bayannaoer City

指 标	Item	2008	2009	2009年比上年增长% Increase Rate in 2009 Over 2008(%)
年末牲畜存栏头数(万头只)	Total Livestock at the Year-end(10 000 heads)	103.25	107.15	3.8
#大牲畜(万头只)	Large Animals(10 000 heads)	2.34	2.21	-5.6
羊(万只)	Sheep & Goats(10 000 heads)	91.06	92.47	1.5
猪(万头)	Hogs(10 000 heads)	9.86	12.47	26.5
规模以上工业	**Industrial Enterprises above Designated size**			
工业企业单位数(个)	Number of Industrial Enterprises(unit)	18	28	55.6
#内资企业(个)	Civil Funded Enterprises(unit)	18	28	55.6
工业总产值(万元)	Gross Industrial Output Value(10 000 yuan)	279081	404800	45.0
内资企业(万元)	Civil Funded Enterprises(10 000 yuan)	279081	404800	45.0
国有企业(万元)	State-owned Enterprises(10 000 yuan)			
集体企业(万元)	Collective-owned Enterprises(10 000 yuan)			
股份合作企业(万元)	Share Holding Enterprises(10 000 yuan)			
联营企业(万元)	Joint Owned Enterprises(10 000 yuan)			
有限责任公司(万元)	Limited Company(10 000 yuan)	221550	327700	47.9
股份有限公司(万元)	Share Holding Limited Company(10 000 yuan)			
私营企业(万元)	Privately Owned Enterprises(10 000 yuan)	57531	77100	34.0
其他企业(万元)	Enterprises of Other Ownership(10 000 yuan)			
港澳台商投资企业(万元)	Funds from HK,Macao & Taiwan(10 000 yuan)			
外商投资企业(万元)	Foreign Funded Enterprises(10 000 yuan)			
工业企业增加值(万元)	Value Added of Industrial Enterprises(10 000 yuan)	94000	133300	30.3
工业企业资产总计(万元)	Total Assets of Industrial Enterprises(10 000 yuan)	120359	199600	65.8
工业企业负债合计(万元)	Total Liabilities of Industrial Enterprises(10 000 yuan)	70827	139200	96.5
工业企业产品销售收入(万元)	Sales of Revenue Industrial Enterprises(10 000 yuan)	211514	320000	51.3
工业企业利润总额(万元)	Total Profits of Industrial Enterprises(10 000 yuan)	1217	5600	360.1
建筑业	**Construction**			
建筑企业单位数(个)	Number of Construction Enterprises(unit)	5	5	0.0
建筑企业从业人员(人)	Number of Employee in Construction Enterprises(person)	1377	2379	72.8
建筑业总产值(万元)	Gross Construction Output Value(10 000 yuan)	33466	40688	21.6
交通运输邮电通信业	**Transportation,Post & Telecommunications**			
公路里程(公里)	Total Length of Highways(km)	2624	2807	7.0
邮电业务总量(万元)	Business Volume of Post & Telecoms(10 000 yuan)	15332	18552	21.0
本地电话用户(户)	Number of Subscribers of Local Telephone(Household)	30158	28930	-4.1
国内贸易	**Domestic Trade**			
社会消费品零售总额(万元)	Total Retail Sales of Consumer Goods(10 000 yuan)	113994	136000	19.3
#贸易业(万元)	Wholesale & Retail Sales Trades(10 000 yuan)	101652	122173	20.2
餐饮业(万元)	Catering Trade(10 000 yuan)	9877	13827	40.0
科技教育卫生	**Science,Education & Public Health**			
各类专业技术人员(人)	Special Technical Personnel(person)	4670	5737	22.8
幼儿园数(所)	Number of Kindergartens(unit)	35	39	11.4
学龄儿童入学率(%)	Percentage of School-Age Children Enrolled(%)	100.0	100.0	0.0
小学学校数(所)	Number of Primary Schools(unit)	24	24	0.0
小学专任教师数(人)	Number of Full-time Teachers of Primary Schools(person)	975	997	2.3
小学在校学生数(人)	Number of Student Enrollment of Primary Schools(person)	18226	17303	-5.1
普通中学学校数(所)	Number of Regular Secondary Schools(unit)	7	7	0.0
普通中学专任教师数(人)	Number of Teachers of Secondary Shools(person)	916	910	-0.7
初中在校学生数(人)	Number of Student in Junior Secondary Schools(person)	9459	9655	2.1
高中在校学生数(人)	Number of Student in Senior Secondary Schools(person)	5403	4686	-13.3
卫生机构数(所)	Number of Health Institutions(unit)	195	196	0.5
#医院(所)	Hospitals(unit)	4	4	0.0
卫生院(所)	Township Hospitals(unit)	19	19	0.0
床位数(张)	Number of Beds(unit)	887	946	6.7
#医院(张)	Hospitals(unit)	474	480	1.3
卫生院(张)	Township Hospitals(unit)	284	311	9.5
卫生技术人员(人)	Medical Technical Presonnel(person)	917	947	3.3
#医院(人)	Hospitals(person)	393	405	3.1
卫生院(人)	Township Hospitals(person)	193	197	2.1

23-98 巴彦淖尔市磴口县

指 标	Item	2008	2009	2009年比上年增长% Increase Rate in 2009 Over 2008(%)
行政区域土地面积(平方公里)	**Area of Administration(Sq.km)**	**4167**	**4167**	**0.0**
人口和就业	**Population & Employment**			
年末总人口(人)	Total Population Year-end(person)	121100	120600	-0.4
#男性(人)	Male(person)	62100	62200	0.2
#乡村人口(人)	Rural(person)	47600	71100	49.4
年末总户数(户)	Total Number of Households at the Year-end(Household)	38929	40743	4.7
#乡村户数(户)	Number of Rural Household(Household)	15590	15680	0.6
出生人口(人)	Births(person)	999	991	-0.8
死亡人口(人)	Deaths(person)	700	693	-1.0
全社会就业人员(人)	Employment(person)	66886	67338	0.7
第一产业(人)	Primary Industry(person)	44214	44125	-0.2
第二产业(人)	Secondary Industry(person)	6587	6844	3.9
第三产业(人)	Tertiary Industry(person)	16085	16369	1.8
在岗职工人数(人)	Number of Staff & Workers Employed in(person)	11473	11681	1.8
乡村劳动力(人)	Number of Rural Laborers(person)	39527	33879	-14.3
#农林牧渔业(人)	Farming,Forestry,Animal Husbandry & Fishery(person)	30175	32456	7.6
国民经济综合指标	**Summary Item on the National Economy**			
生产总值(万元)	Gross Domestic Product(10 000 yuan)	310300	339900	17.1
第一产业(万元)	Primary Industry(10 000 yuan)	52900	55900	3.3
第二产业(万元)	Secondary Industry(10 000 yuan)	192100	216200	23.4
#工业(万元)	Industry(10 000 yuan)	168609	170600	25.3
第三产业(万元)	Tertiary Industry(10 000 yuan)	65300	67800	9.9
人均生产总值(元)	Per Capita GDP(yuan)	25592	28126	17.1
全社会固定资产投资(万元)	Total Investment in Fixed Assets(10 000 yuan)	231848	372773	60.8
按登记注册类型分	Grouped by Registered Type			
#国有(万元)	State-owned Enterprises(10 000 yuan)	66382	120584	81.7
集体(万元)	Collective-owned Enterprises(10 000 yuan)		4000	
有限责任公司(万元)	Limited Liability Corporations(10 000 yuan)	23184		
股份有限公司(万元)	Share Holding Enterprises(10 000 yuan)	123800		
私营企业(万元)	Private Enterprises(10 000 yuan)	8870	232189	2517.7
外商及港澳台投资企业 (万元)	Funds from HK,Macao,Taiwan & Foreign(10 000 yuan)	7350	16000	117.7
按城乡渠道分	Grouped by Urban and Rural Area			
城镇（万元）	Urban(10 000 yuan)	223043	366418	64.3
农村（万元）	Rural(10 000 yuan)	8805	6355	-27.8
一般预算收入(万元)	General Budgetary Financial Revenue(10 000 yuan)	7129	8843	24.0
一般预算支出(万元)	General Budgetary Financial Expenditures(10 000 yuan)	42746	55613	30.1
城乡居民储蓄存款余额(万元)	Resident Saving Deposit in Urban & Rural(10 000 yuan)	109553	148479	35.5
在岗职工工资总额(万元)	Total Wages of Staff & Workers Employed in(10 000 yuan)	18801	22796	21.2
在岗职工平均工资(元)	Average Wage of Staff & Workers Employed in(yuan)	16220	19564	20.6
农牧民人均纯收入(元)	Per Capita Net Income of Peasant & Herdsman(yuan)	6913	7536	9.0
农村牧区经济	**Economic Development in Rural & Pastoral Area**			
耕地面积(公顷)	Cultivated Area(hectare)	40079	40079	0.0
农作物总播种面积(公顷)	Total Sown Area(hectare)	33206	34830	4.9
#粮食作物播种面积(公顷)	Sown Area of Grain Crops(hectare)	14526	16060	10.6
有效灌溉面积(公顷)	Irrigated Area(hectare)	38857	38857	0.0
农牧业机械总动力(万千瓦)	Total Power of Agricultural Machinery(10 000 kw)	25.99	26.45	1.8
化肥施用折纯量(吨)	Consumption of Chemical Fertilizer(ton)	12203	12879	5.5
农村用电量(万千瓦小时)	Electricity Consumed in Rural Area(10 000 kwh)	1191	1196	0.4
农林牧渔业总产值(万元)	Gross Output of Farming,Forestry,Animal Husbandry & Fishery(10 000 yuan)	80241	83558	3.3
粮食产量(吨)	Yield of Grain(ton)	109467	126100	15.2
油料产量(吨)	Yield of Oil-bearing Grops(ton)	29656	27542	-7.1
甜菜产量(吨)	Yield of Beetroots(ton)	1875	405	-78.4
猪牛羊肉产量(吨)	Output of Pork, Beef & Mutton(ton)	8939	8237	-7.9
#猪肉产量(吨)	Output of Pork(ton)	4052	2496	-38.4
牛肉产量(吨)	Output of Beef(ton)	411	1337	225.3
羊肉产量(吨)	Output of Mutton(ton)	4476	4404	-1.6
羊毛产量(吨)	Output of Wool(ton)	308	330	7.1

23-98 Dengkou County in Bayannaoer City

指 标	Item	2008	2009	2009年比上年增长% Increase Rate in 2009 Over 2008(%)
年末牲畜存栏头数(万头只)	Total Livestock at the Year-end(10 000 heads)	38.81	39.09	0.7
# 大牲畜(万头只)	Large Animals(10 000 heads)	3.65	3.24	-11.2
羊(万只)	Sheep & Goats(10 000 heads)	32.33	33.24	2.8
猪(万头)	Hogs(10 000 heads)	2.84	2.61	-8.1
规模以上工业	**Industrial Enterprises above Designated size**			
工业企业单位数(个)	Number of Industrial Enterprises(unit)	15	16	6.7
# 内资企业(个)	Civil Funded Enterprises(unit)	12	13	8.3
工业总产值(万元)	Gross Industrial Output Value(10 000 yuan)	394367	457600	16.0
内资企业(万元)	Civil Funded Enterprises(10 000 yuan)	229375	281300	22.6
国有企业(万元)	State-owned Enterprises(10 000 yuan)	16141	23700	46.8
集体企业(万元)	Collective-owned Enterprises(10 000 yuan)			
股份合作企业(万元)	Share Holding Enterprises(10 000 yuan)			
联营企业(万元)	Joint Owned Enterprises(10 000 yuan)			
有限责任公司(万元)	Limited Company(10 000 yuan)	79833	110300	38.2
股份有限公司(万元)	Share Holding Limited Company(10 000 yuan)	40529	37300	-8.0
私营企业(万元)	Privately Owned Enterprises(10 000 yuan)	92872	110000	18.4
其他企业(万元)	Enterprises of Other Ownership(10 000 yuan)			
港澳台商投资企业(万元)	Funds from HK,Macao & Taiwan(10 000 yuan)			
外商投资企业(万元)	Foreign Funded Enterprises(10 000 yuan)	164992	176300	6.9
工业企业增加值(万元)	Value Added of Industrial Enterprises(10 000 yuan)	162000	157700	25.7
工业企业资产总计(万元)	Total Assets of Industrial Enterprises(10 000 yuan)	137183	391400	185.3
工业企业负债合计(万元)	Total Liabilities of Industrial Enterprises(10 000 yuan)	61202	277600	353.6
工业企业产品销售收入(万元)	Sales of Revenue Industrial Enterprises(10 000 yuan)	384081	434200	13.0
工业企业利润总额(万元)	Total Profits of Industrial Enterprises(10 000 yuan)	1925	3900	102.6
建筑业	**Construction**			
建筑企业单位数(个)	Number of Construction Enterprises(unit)	1	1	0.0
建筑企业从业人员(人)	Number of Employee in Construction Enterprises(person)	336	58	-82.7
建筑业总产值(万元)	Gross Construction Output Value(10 000 yuan)	8829	10410	17.9
交通运输邮电通信业	**Transportation,Post & Telecommunications**			
公路里程(公里)	Total Length of Highways(km)	1778	1778	0.0
邮电业务总量(万元)	Business Volume of Post & Telecoms(10 000 yuan)	5124	5398	5.3
本地电话用户(户)	Number of Subscribers of Local Telephone(Household)	41000	31048	-24.3
国内贸易	**Domestic Trade**			
社会消费品零售总额(万元)	Total Retail Sales of Consumer Goods(10 000 yuan)	60149	66051	9.8
# 贸易业(万元)	Wholesale & Retail Sales Trades(10 000 yuan)	45733	51005	11.5
餐饮业(万元)	Catering Trade(10 000 yuan)	10243	15046	46.9
科技教育卫生	**Science,Education & Public Health**			
各类专业技术人员(人)	Special Technical Personnel(person)	3426	3452	0.8
幼儿园数(所)	Number of Kindergartens(unit)	8	8	0.0
学龄儿童入学率(%)	Percentage of School-Age Children Enrolled(%)	100.0	100.0	0.0
小学学校数(所)	Number of Primary Schools(unit)	24	12	-50.0
小学专任教师数(人)	Number of Full-time Teachers of Primary Schools(person)	581	536	-7.7
小学在校学生数(人)	Number of Student Enrollment of Primary Schools(person)	7155	6601	-7.7
普通中学学校数(所)	Number of Regular Secondary Schools(unit)	8	2	-75.0
普通中学专任教师数(人)	Number of Teachers of Secondary Shools(person)	428	330	-22.9
初中在校学生数(人)	Number of Student in Junior Secondary Schools(person)	3660	3814	4.2
高中在校学生数(人)	Number of Student in Senior Secondary Schools(person)	2449	1957	-20.1
卫生机构数(所)	Number of Health Institutions(unit)	120	120	0.0
# 医院(所)	Hospitals(unit)	2	2	0.0
卫生院(所)	Township Hospitals(unit)	8	8	0.0
床位数(张)	Number of Beds(unit)	409	458	12.0
# 医院(张)	Hospitals(unit)	222	242	9.0
卫生院(张)	Township Hospitals(unit)	67	78	16.4
卫生技术人员(人)	Medical Technical Presonnel(person)	385	422	9.6
# 医院(人)	Hospitals(person)	212	237	11.8
卫生院(人)	Township Hospitals(person)	37	39	5.4

23-99 巴彦淖尔市乌拉特前旗

指 标	Item	2008	2009	2009年比上年增长% Increase Rate in 2009 Over 2008(%)
行政区域土地面积(平方公里)	**Area of Administration(Sq.km)**	**7476**	**7476**	**0.0**
人口和就业	**Population & Employment**			
年末总人口(人)	Total Population Year-end(person)	328000	325100	-0.9
#男性(人)	Male(person)	167300	167400	0.1
#乡村人口(人)	Rural(person)	213500	202800	-5.0
年末总户数(户)	Total Number of Households at the Year-end(Household)	107736	113069	5.0
#乡村户数(户)	Number of Rural Household(Household)	58783	58789	0.0
出生人口(人)	Births(person)	3100	3017	-2.7
死亡人口(人)	Deaths(person)	2401	2334	-2.8
全社会就业人员(人)	Employment(person)	166094	148437	-10.6
第一产业(人)	Primary Industry(person)	117884	100732	-14.5
第二产业(人)	Secondary Industry(person)	16155	15468	-4.3
第三产业(人)	Tertiary Industry(person)	32055	32237	0.6
在岗职工人数(人)	Number of Staff & Workers Employed in(person)	27781	25190	-9.3
乡村劳动力(人)	Number of Rural Laborers(person)	132349	109342	-17.4
#农林牧渔业(人)	Farming,Forestry,Animal Husbandry & Fishery(person)	90120	90151	0.0
国民经济综合指标	**Summary Item on the National Economy**			
生产总值(万元)	Gross Domestic Product(10 000 yuan)	746100	810900	17.3
第一产业(万元)	Primary Industry(10 000 yuan)	193900	192600	4.5
第二产业(万元)	Secondary Industry(10 000 yuan)	364000	389200	27.0
#工业(万元)	Industry(10 000 yuan)	301100	326500	25.0
第三产业(万元)	Tertiary Industry(10 000 yuan)	188200	229100	13.3
人均生产总值(元)	Per Capita GDP(yuan)	22709	24832	17.3
全社会固定资产投资(万元)	Total Investment in Fixed Assets(10 000 yuan)	400676	853170	112.9
按登记注册类型分	Grouped by Registered Type			
#国有(万元)	State-owned Enterprises(10 000 yuan)	145984	354696	143.0
集体(万元)	Collective-owned Enterprises(10 000 yuan)	2500	1992	-20.3
有限责任公司(万元)	Limited Liability Corporations(10 000 yuan)	11625		
股份有限公司(万元)	Share Holding Enterprises(10 000 yuan)	19800		
私营企业(万元)	Private Enterprises(10 000 yuan)	204481	486969	138.1
外商及港澳台投资企业 (万元)	Funds from HK,Macao,Taiwan & Foreign(10 000 yuan)	4650	9513	104.6
按城乡渠道分	Grouped by Urban and Rural Area			
城镇(万元)	Urban(10 000 yuan)	383603	839311	118.8
农村(万元)	Rural(10 000 yuan)	17073	13859	-18.8
一般预算收入(万元)	General Budgetary Financial Revenue(10 000 yuan)	42599	52919	24.2
一般预算支出(万元)	General Budgetary Financial Expenditures(10 000 yuan)	101568	124725	22.8
城乡居民储蓄存款余额(万元)	Resident Saving Deposit in Urban & Rural(10 000 yuan)	300955	329225	9.4
在岗职工工资总额(万元)	Total Wages of Staff & Workers Employed in(10 000 yuan)	59351	64043	7.9
在岗职工平均工资(元)	Average Wage of Staff & Workers Employed in(yuan)	21152	24712	16.8
农牧民人均纯收入(元)	Per Capita Net Income of Peasant & Herdsman(yuan)	6680	7280	9.0
农村牧区经济	**Economic Development in Rural & Pastoral Area**			
耕地面积(公顷)	Cultivated Area(hectare)	149950	149950	0.0
农作物总播种面积(公顷)	Total Sown Area(hectare)	137161	138360	0.9
#粮食作物播种面积(公顷)	Sown Area of Grain Crops(hectare)	65695	67730	3.1
有效灌溉面积(公顷)	Irrigated Area(hectare)	114761	114761	0.0
农牧业机械总动力(万千瓦)	Total Power of Agricultural Machinery(10 000 kw)	73.59	78.43	6.6
化肥施用折纯量(吨)	Consumption of Chemical Fertilizer(ton)	31270	31857	1.9
农村用电量(万千瓦小时)	Electricity Consumed in Rural Area(10 000 kwh)	11970	13310	11.2
农林牧渔业总产值(万元)	Gross Output of Farming,Forestry,Animal Husbandry & Fishery(10 000 yuan)	297108	311931	4.5
粮食产量(吨)	Yield of Grain(ton)	487031	515200	5.8
油料产量(吨)	Yield of Oil-bearing Grops(ton)	145169	127269	-12.3
甜菜产量(吨)	Yield of Beetroots(ton)	68397	23809	-65.2
猪牛羊肉产量(吨)	Output of Pork, Beef & Mutton(ton)	28832	34649	20.2
#猪肉产量(吨)	Output of Pork(ton)	8671	8132	-6.2
牛肉产量(吨)	Output of Beef(ton)	1118	789	-29.4
羊肉产量(吨)	Output of Mutton(ton)	19043	25728	35.1
羊毛产量(吨)	Output of Wool(ton)	1414	1436	1.6

23-99 Wulateqian Banner in Bayannaoer City

指 标	Item	2008	2009	2009年比上年增长% Increase Rate in 2009 Over 2008(%)
年末牲畜存栏头数(万头只)	Total Livestock at the Year-end(10 000 heads)	124.80	101.48	-18.7
# 大牲畜(万头只)	Large Animals(10 000 heads)	1.31	1.36	3.8
羊(万只)	Sheep & Goats(10 000 heads)	118.71	95.46	-19.6
猪(万头)	Hogs(10 000 heads)	4.78	4.66	-2.5
规模以上工业	**Industrial Enterprises above Designated size**			
工业企业单位数(个)	Number of Industrial Enterprises(unit)	27	33	22.2
# 内资企业(个)	Civil Funded Enterprises(unit)	25	31	24.0
工业总产值(万元)	Gross Industrial Output Value(10 000 yuan)	769958	855600	11.1
内资企业(万元)	Civil Funded Enterprises(10 000 yuan)	710273	762900	7.4
国有企业(万元)	State-owned Enterprises(10 000 yuan)			
集体企业(万元)	Collective-owned Enterprises(10 000 yuan)			
股份合作企业(万元)	Share Holding Enterprises(10 000 yuan)			
联营企业(万元)	Joint Owned Enterprises(10 000 yuan)			
有限责任公司(万元)	Limited Company(10 000 yuan)	60786	55400	-8.9
股份有限公司(万元)	Share Holding Limited Company(10 000 yuan)			
私营企业(万元)	Privately Owned Enterprises(10 000 yuan)	649487	707500	8.9
其他企业(万元)	Enterprises of Other Ownership(10 000 yuan)			
港澳台商投资企业(万元)	Funds from HK,Macao & Taiwan(10 000 yuan)		51200	0.0
外商投资企业(万元)	Foreign Funded Enterprises(10 000 yuan)	59685	41500	-30.5
工业企业增加值(万元)	Value Added of Industrial Enterprises(10 000 yuan)	290000	308100	25.8
工业企业资产总计(万元)	Total Assets of Industrial Enterprises(10 000 yuan)	936893	1069200	14.1
工业企业负债合计(万元)	Total Liabilities of Industrial Enterprises(10 000 yuan)	701440	747400	6.6
工业企业产品销售收入(万元)	Sales of Revenue Industrial Enterprises(10 000 yuan)	655622	760700	16.0
工业企业利润总额(万元)	Total Profits of Industrial Enterprises(10 000 yuan)	61753	-7000	
建筑业	**Construction**			
建筑企业单位数(个)	Number of Construction Enterprises(unit)	6	6	0.0
建筑企业从业人员(人)	Number of Employee in Construction Enterprises(person)	828	411	-50.4
建筑业总产值(万元)	Gross Construction Output Value(10 000 yuan)	24300	34586	42.3
交通运输邮电通信业	**Transportation,Post & Telecommunications**			
公路里程(公里)	Total Length of Highways(km)	3116	3288	5.5
邮电业务总量(万元)	Business Volume of Post & Telecoms(10 000 yuan)	17760	21134	19.0
本地电话用户(户)	Number of Subscribers of Local Telephone(Household)	27276	23680	-13.2
国内贸易	**Domestic Trade**			
社会消费品零售总额(万元)	Total Retail Sales of Consumer Goods(10 000 yuan)	128536	153576	19.5
# 贸易业(万元)	Wholesale & Retail Sales Trades(10 000 yuan)	86235	128984	49.6
餐饮业(万元)	Catering Trade(10 000 yuan)	13861	24592	77.4
科技教育卫生	**Science,Education & Public Health**			
各类专业技术人员(人)	Special Technical Personnel(person)	7214	7355	2.0
幼儿园数(所)	Number of Kindergartens(unit)	32	38	18.8
学龄儿童入学率(%)	Percentage of School-Age Children Enrolled(%)	100.0	100.0	0.0
小学学校数(所)	Number of Primary Schools(unit)	36	26	-27.8
小学专任教师数(人)	Number of Full-time Teachers of Primary Schools(person)	1339	1319	-1.5
小学在校学生数(人)	Number of Student Enrollment of Primary Schools(person)	21279	19197	-9.8
普通中学学校数(所)	Number of Regular Secondary Schools(unit)	17	16	-5.9
普通中学专任教师数(人)	Number of Teachers of Secondary Shools(person)	1195	1144	-4.3
初中在校学生数(人)	Number of Student in Junior Secondary Schools(person)	8806	8799	-0.1
高中在校学生数(人)	Number of Student in Senior Secondary Schools(person)	9093	7251	-20.3
卫生机构数(所)	Number of Health Institutions(unit)	256	263	2.7
# 医院(所)	Hospitals(unit)	4	4	0.0
卫生院(所)	Township Hospitals(unit)	21	21	0.0
床位数(张)	Number of Beds(unit)	836	859	2.8
# 医院(张)	Hospitals(unit)	388	418	7.7
卫生院(张)	Township Hospitals(unit)	289	283	-2.1
卫生技术人员(人)	Medical Technical Presonnel(person)	1284	1277	-0.5
# 医院(人)	Hospitals(person)	493	513	4.1
卫生院(人)	Township Hospitals(person)	383	359	-6.3

23-100 巴彦淖尔市乌拉特中旗

指 标	Item	2008	2009	2009年比上年增长% Increase Rate in 2009 Over 2008(%)
行政区域土地面积(平方公里)	**Area of Administration(Sq.km)**	**23096**	**23096**	**0.0**
人口和就业	**Population & Employment**			
年末总人口(人)	Total Population Year-end(person)	136700	135800	-0.7
#男性(人)	Male(person)	70100	70200	0.1
#乡村人口(人)	Rural(person)	81700	71300	-12.7
年末总户数(户)	Total Number of Households at the Year-end(Household)	49309	51354	4.1
#乡村户数(户)	Number of Rural Household(Household)	23356	23432	0.3
出生人口(人)	Births(person)	1300	1279	-1.6
死亡人口(人)	Deaths(person)	800	693	-13.4
全社会就业人员(人)	Employment(person)	69723	72966	4.7
第一产业(人)	Primary Industry(person)	42526	41995	-1.2
第二产业(人)	Secondary Industry(person)	8912	12131	36.1
第三产业(人)	Tertiary Industry(person)	18285	18840	3.0
在岗职工人数(人)	Number of Staff & Workers Employed in(person)	8948	9055	1.2
乡村劳动力(人)	Number of Rural Laborers(person)	59595	44808	-24.8
#农林牧渔业(人)	Farming,Forestry,Animal Husbandry & Fishery(person)	42526	41995	-1.2
国民经济综合指标	**Summary Item on the National Economy**			
生产总值(万元)	Gross Domestic Product(10 000 yuan)	382400	505600	28.0
第一产业(万元)	Primary Industry(10 000 yuan)	100400	97700	8.1
第二产业(万元)	Secondary Industry(10 000 yuan)	225100	347100	40.6
#工业(万元)	Industry(10 000 yuan)	194900	266500	36.1
第三产业(万元)	Tertiary Industry(10 000 yuan)	56900	60800	12.7
人均生产总值(元)	Per Capita GDP(yuan)	27872	37108	28.0
全社会固定资产投资(万元)	Total Investment in Fixed Assets(10 000 yuan)	458490	1351149	194.7
按登记注册类型分	Grouped by Registered Type			
#国有(万元)	State-owned Enterprises(10 000 yuan)	195005	1007801	416.8
集体(万元)	Collective-owned Enterprises(10 000 yuan)		89301	
有限责任公司(万元)	Limited Liability Corporations(10 000 yuan)	215109		
股份有限公司(万元)	Share Holding Enterprises(10 000 yuan)			
私营企业(万元)	Private Enterprises(10 000 yuan)	45204	47508	5.1
外商及港澳台投资企业(万元)	Funds from HK,Macao,Taiwan & Foreign(10 000 yuan)		206539	
按城乡渠道分	Grouped by Urban and Rural Area			
城镇(万元)	Urban(10 000 yuan)	451628	1344254	197.6
农村(万元)	Rural(10 000 yuan)	6862	6895	0.5
一般预算收入(万元)	General Budgetary Financial Revenue(10 000 yuan)	22108	33232	50.3
一般预算支出(万元)	General Budgetary Financial Expenditures(10 000 yuan)	73842	115358	56.2
城乡居民储蓄存款余额(万元)	Resident Saving Deposit in Urban & Rural(10 000 yuan)	112029	135343	20.8
在岗职工工资总额(万元)	Total Wages of Staff & Workers Employed in(10 000 yuan)	19224	25187	31.0
在岗职工平均工资(元)	Average Wage of Staff & Workers Employed in(yuan)	20043	27230	35.9
农牧民人均纯收入(元)	Per Capita Net Income of Peasant & Herdsman(yuan)	5170	7137	38.0
农村牧区经济	**Economic Development in Rural & Pastoral Area**			
耕地面积(公顷)	Cultivated Area(hectare)	65552	65552	0.0
农作物总播种面积(公顷)	Total Sown Area(hectare)	68105	74610	9.6
#粮食作物播种面积(公顷)	Sown Area of Grain Crops(hectare)	36723	46010	25.3
有效灌溉面积(公顷)	Irrigated Area(hectare)	45029	45029	0.0
农牧业机械总动力(万千瓦)	Total Power of Agricultural Machinery(10 000 kw)	24.40	25.24	3.4
化肥施用折纯量(吨)	Consumption of Chemical Fertilizer(ton)	6593	6727	2.0
农村用电量(万千瓦小时)	Electricity Consumed in Rural Area(10 000 kwh)	5392	5436	0.8
农林牧渔业总产值(万元)	Gross Output of Farming,Forestry,Animal Husbandry & Fishery(10 000 yuan)	140048	152020	8.1
粮食产量(吨)	Yield of Grain(ton)	223769	266700	19.2
油料产量(吨)	Yield of Oil-bearing Grops(ton)	58759	60012	2.1
甜菜产量(吨)	Yield of Beetroots(ton)	4433	480	-89.2
猪牛羊肉产量(吨)	Output of Pork, Beef & Mutton(ton)	12679	12274	-3.2
#猪肉产量(吨)	Output of Pork(ton)	1935	1929	-0.3
牛肉产量(吨)	Output of Beef(ton)	361	246	-31.9
羊肉产量(吨)	Output of Mutton(ton)	10383	10099	-2.7
羊毛产量(吨)	Output of Wool(ton)	1276	1281	0.4

23-100 Wulatezhong Banner in Bayannaoer City

指 标	Item	2008	2009	2009年比上年增长% Increase Rate in 2009 Over 2008(%)
年末牲畜存栏头数(万头只)	Total Livestock at the Year-end(10 000 heads)	126.88	126.65	-0.2
# 大牲畜(万头只)	Large Animals(10 000 heads)	0.89	1.02	14.6
羊(万只)	Sheep & Goats(10 000 heads)	124.19	123.68	-0.4
猪(万头)	Hogs(10 000 heads)	1.80	1.95	8.3
规模以上工业	**Industrial Enterprises above Designated size**			
工业企业单位数(个)	Number of Industrial Enterprises(unit)	37	40	8.1
# 内资企业(个)	Civil Funded Enterprises(unit)	35	38	8.6
工业总产值(万元)	Gross Industrial Output Value(10 000 yuan)	494725	676700	36.8
内资企业(万元)	Civil Funded Enterprises(10 000 yuan)	428591	599200	39.8
国有企业(万元)	State-owned Enterprises(10 000 yuan)			
集体企业(万元)	Collective-owned Enterprises(10 000 yuan)	22392	24200	8.1
股份合作企业(万元)	Share Holding Enterprises(10 000 yuan)			
联营企业(万元)	Joint Owned Enterprises(10 000 yuan)			
有限责任公司(万元)	Limited Company(10 000 yuan)	343747	527400	53.4
股份有限公司(万元)	Share Holding Limited Company(10 000 yuan)	47899	30400	-36.5
私营企业(万元)	Privately Owned Enterprises(10 000 yuan)	14553	17200	18.2
其他企业(万元)	Enterprises of Other Ownership(10 000 yuan)			
港澳台商投资企业(万元)	Funds from HK,Macao & Taiwan(10 000 yuan)			
外商投资企业(万元)	Foreign Funded Enterprises(10 000 yuan)	66134	77500	17.2
工业企业增加值(万元)	Value Added of Industrial Enterprises(10 000 yuan)	175000	254200	40.6
工业企业资产总计(万元)	Total Assets of Industrial Enterprises(10 000 yuan)	691908	1356500	96.1
工业企业负债合计(万元)	Total Liabilities of Industrial Enterprises(10 000 yuan)	425598	936100	119.9
工业企业产品销售收入(万元)	Sales of Revenue Industrial Enterprises(10 000 yuan)	473108	628700	32.9
工业企业利润总额(万元)	Total Profits of Industrial Enterprises(10 000 yuan)	22398	53500	138.9
建筑业	**Construction**			
建筑企业单位数(个)	Number of Construction Enterprises(unit)	2	2	0.0
建筑企业从业人员(人)	Number of Employee in Construction Enterprises(person)	116	216	86.2
建筑业总产值(万元)	Gross Construction Output Value(10 000 yuan)	4937	6275	27.1
交通运输邮电通信业	**Transportation,Post & Telecommunications**			
公路里程(公里)	Total Length of Highways(km)	3917	3985	1.7
邮电业务总量(万元)	Business Volume of Post & Telecoms(10 000 yuan)	2052	2263	10.3
本地电话用户(户)	Number of Subscribers of Local Telephone(Household)	17636	18840	6.8
国内贸易	**Domestic Trade**			
社会消费品零售总额(万元)	Total Retail Sales of Consumer Goods(10 000 yuan)	71891	83120	15.6
# 贸易业(万元)	Wholesale & Retail Sales Trades(10 000 yuan)	62388	71593	14.8
餐饮业(万元)	Catering Trade(10 000 yuan)	8046	11527	43.3
科技教育卫生	**Science,Education & Public Health**			
各类专业技术人员(人)	Special Technical Personnel(person)	2090	2376	13.7
幼儿园数(所)	Number of Kindergartens(unit)	12	12	0.0
学龄儿童入学率(%)	Percentage of School-Age Children Enrolled(%)	100.0	100.0	0.0
小学学校数(所)	Number of Primary Schools(unit)	11	9	-18.2
小学专任教师数(人)	Number of Full-time Teachers of Primary Schools(person)	577	576	-0.2
小学在校学生数(人)	Number of Student Enrollment of Primary Schools(person)	7053	6589	-6.6
普通中学学校数(所)	Number of Regular Secondary Schools(unit)	6	6	0.0
普通中学专任教师数(人)	Number of Teachers of Secondary Shools(person)	418	397	-5.0
初中在校学生数(人)	Number of Student in Junior Secondary Schools(person)	2209	2425	9.8
高中在校学生数(人)	Number of Student in Senior Secondary Schools(person)	1154	1033	-10.5
卫生机构数(所)	Number of Health Institutions(unit)	134	139	3.7
# 医院(所)	Hospitals(unit)	2	2	0.0
卫生院(所)	Township Hospitals(unit)	16	16	0.0
床位数(张)	Number of Beds(unit)	361	348	-3.6
# 医院(张)	Hospitals(unit)	147	127	-13.6
卫生院(张)	Township Hospitals(unit)	117	124	6.0
卫生技术人员(人)	Medical Technical Presonnel(person)	481	485	0.8
# 医院(人)	Hospitals(person)	184	160	-13.0
卫生院(人)	Township Hospitals(person)	114	120	5.3

23-101 巴彦淖尔市乌拉特后旗

指 标	Item	2008	2009	2009年比上年增长% Increase Rate in 2009 Over 2008(%)
行政区域土地面积(平方公里)	**Area of Administration(Sq.km)**	**24925**	**24925**	**0.0**
人口和就业	**Population & Employment**			
年末总人口(人)	Total Population Year-end(person)	49600	49300	-0.6
#男性(人)	Male(person)	26100	26200	0.4
#乡村人口(人)	Rural(person)	14300	10500	-26.6
年末总户数(户)	Total Number of Households at the Year-end(Household)	22937	24217	5.6
#乡村户数(户)	Number of Rural Household(Household)	6644	6643	0.0
出生人口(人)	Births(person)	402	461	14.7
死亡人口(人)	Deaths(person)	400	285	-28.7
全社会就业人员(人)	Employment(person)	32396	32741	1.1
第一产业(人)	Primary Industry(person)	15499	15469	-0.2
第二产业(人)	Secondary Industry(person)	7246	7840	8.2
第三产业(人)	Tertiary Industry(person)	9651	9432	-2.3
在岗职工人数(人)	Number of Staff & Workers Employed in(person)	10710	10806	0.9
乡村劳动力(人)	Number of Rural Laborers(person)	18145	16934	-6.7
#农林牧渔业(人)	Farming,Forestry,Animal Husbandry & Fishery(person)	15499	15469	-0.2
国民经济综合指标	**Summary Item on the National Economy**			
生产总值(万元)	Gross Domestic Product(10 000 yuan)	500200	506700	25.3
第一产业(万元)	Primary Industry(10 000 yuan)	19600	20900	11.7
第二产业(万元)	Secondary Industry(10 000 yuan)	426300	428200	29.5
#工业(万元)	Industry(10 000 yuan)	409300	385700	26.0
第三产业(万元)	Tertiary Industry(10 000 yuan)	54300	57600	13.8
人均生产总值(元)	Per Capita GDP(yuan)	101051	102467	25.3
全社会固定资产投资(万元)	Total Investment in Fixed Assets(10 000 yuan)	426170	702431	64.8
按登记注册类型分	Grouped by Registered Type			
#国有(万元)	State-owned Enterprises(10 000 yuan)	212963	466550	119.1
集体(万元)	Collective-owned Enterprises(10 000 yuan)		84925	
有限责任公司(万元)	Limited Liability Corporations(10 000 yuan)	213207		
股份有限公司(万元)	Share Holding Enterprises(10 000 yuan)			
私营企业(万元)	Private Enterprises(10 000 yuan)		150956	
外商及港澳台投资企业(万元)	Funds from HK,Macao,Taiwan & Foreign(10 000 yuan)			
按城乡渠道分	Grouped by Urban and Rural Area			
城镇(万元)	Urban(10 000 yuan)	426170	702431	64.8
农村(万元)	Rural(10 000 yuan)			
一般预算收入(万元)	General Budgetary Financial Revenue(10 000 yuan)	55382	62182	12.3
一般预算支出(万元)	General Budgetary Financial Expenditures(10 000 yuan)	77764	94727	21.8
城乡居民储蓄存款余额(万元)	Resident Saving Deposit in Urban & Rural(10 000 yuan)	64134	70613	10.1
在岗职工工资总额(万元)	Total Wages of Staff & Workers Employed in(10 000 yuan)	29705	29839	0.5
在岗职工平均工资(元)	Average Wage of Staff & Workers Employed in(yuan)	27873	29046	4.2
农牧民人均纯收入(元)	Per Capita Net Income of Peasant & Herdsman(yuan)	4056	5138	26.7
农村牧区经济	**Economic Development in Rural & Pastoral Area**			
耕地面积(公顷)	Cultivated Area(hectare)	6716	6716	0.0
农作物总播种面积(公顷)	Total Sown Area(hectare)	6316	8560	35.5
#粮食作物播种面积(公顷)	Sown Area of Grain Crops(hectare)	4059	6300	55.2
有效灌溉面积(公顷)	Irrigated Area(hectare)	5211	5211	0.0
农牧业机械总动力(万千瓦)	Total Power of Agricultural Machinery(10 000 kw)	5.94	6.36	7.1
化肥施用折纯量(吨)	Consumption of Chemical Fertilizer(ton)	2595	3826	47.4
农村用电量(万千瓦小时)	Electricity Consumed in Rural Area(10 000 kwh)	1187	1222	2.9
农林牧渔业总产值(万元)	Gross Output of Farming,Forestry,Animal Husbandry & Fishery(10 000 yuan)	25807	28833	11.7
粮食产量(吨)	Yield of Grain(ton)	29994	46700	55.7
油料产量(吨)	Yield of Oil-bearing Grops(ton)	4069	4230	4.0
甜菜产量(吨)	Yield of Beetroots(ton)		105	
猪牛羊肉产量(吨)	Output of Pork, Beef & Mutton(ton)	4240	4141	-2.3
#猪肉产量(吨)	Output of Pork(ton)	303	162	-46.5
牛肉产量(吨)	Output of Beef(ton)	52	47	-9.6
羊肉产量(吨)	Output of Mutton(ton)	3885	3932	1.2
羊毛产量(吨)	Output of Wool(ton)	132	132	0.0

23-101 Wulatehou Banner in Bayannaoer City

指 标	Item	2008	2009	2009年比上年增长% Increase Rate in 2009 Over 2008(%)
年末牲畜存栏头数(万头只)	Total Livestock at the Year-end(10 000 heads)	38.44	38.41	-0.1
# 大牲畜(万头只)	Large Animals(10 000 heads)	1.31	1.44	9.9
羊(万只)	Sheep & Goats(10 000 heads)	36.96	36.75	-0.6
猪(万头)	Hogs(10 000 heads)	0.17	0.22	29.4
规模以上工业	**Industrial Enterprises above Designated size**			
工业企业单位数(个)	Number of Industrial Enterprises(unit)	29	26	-10.3
# 内资企业(个)	Civil Funded Enterprises(unit)	27	25	-7.4
工业总产值(万元)	Gross Industrial Output Value(10 000 yuan)	976346	997800	2.2
内资企业(万元)	Civil Funded Enterprises(10 000 yuan)	834256	815900	-2.2
国有企业(万元)	State-owned Enterprises(10 000 yuan)	22702	28800	26.9
集体企业(万元)	Collective-owned Enterprises(10 000 yuan)			
股份合作企业(万元)	Share Holding Enterprises(10 000 yuan)			
联营企业(万元)	Joint Owned Enterprises(10 000 yuan)			
有限责任公司(万元)	Limited Company(10 000 yuan)	792817	744900	-6.0
股份有限公司(万元)	Share Holding Limited Company(10 000 yuan)			
私营企业(万元)	Privately Owned Enterprises(10 000 yuan)	18737	42200	125.2
其他企业(万元)	Enterprises of Other Ownership(10 000 yuan)			
港澳台商投资企业(万元)	Funds from HK,Macao & Taiwan(10 000 yuan)	141307	181900	28.7
外商投资企业(万元)	Foreign Funded Enterprises(10 000 yuan)	783		0.0
工业企业增加值(万元)	Value Added of Industrial Enterprises(10 000 yuan)	400000	379200	26.2
工业企业资产总计(万元)	Total Assets of Industrial Enterprises(10 000 yuan)	874425	1064300	21.7
工业企业负债合计(万元)	Total Liabilities of Industrial Enterprises(10 000 yuan)	384442	536900	39.7
工业企业产品销售收入(万元)	Sales of Revenue Industrial Enterprises(10 000 yuan)	887737	877400	-1.2
工业企业利润总额(万元)	Total Profits of Industrial Enterprises(10 000 yuan)	198319	109400	-44.8
建筑业	**Construction**			
建筑企业单位数(个)	Number of Construction Enterprises(unit)			
建筑企业从业人员(人)	Number of Employee in Construction Enterprises(person)			
建筑业总产值(万元)	Gross Construction Output Value(10 000 yuan)			
交通运输邮电通信业	**Transportation,Post & Telecommunications**			
公路里程(公里)	Total Length of Highways(km)	1100	1514	37.6
邮电业务总量(万元)	Business Volume of Post & Telecoms(10 000 yuan)	1036	1158	11.8
本地电话用户(户)	Number of Subscribers of Local Telephone(Household)	6150	5600	-8.9
国内贸易	**Domestic Trade**			
社会消费品零售总额(万元)	Total Retail Sales of Consumer Goods(10 000 yuan)	34379	37546	9.2
# 贸易业(万元)	Wholesale & Retail Sales Trades(10 000 yuan)	23042	25370	10.1
餐饮业(万元)	Catering Trade(10 000 yuan)	8031	12176	51.6
科技教育卫生	**Science,Education & Public Health**			
各类专业技术人员(人)	Special Technical Personnel(person)	2211	2523	14.1
幼儿园数(所)	Number of Kindergartens(unit)	1	3	200.0
学龄儿童入学率(%)	Percentage of School-Age Children Enrolled(%)	100.0	100.0	0.0
小学学校数(所)	Number of Primary Schools(unit)	5	5	0.0
小学专任教师数(人)	Number of Full-time Teachers of Primary Schools(person)	348	328	-5.7
小学在校学生数(人)	Number of Student Enrollment of Primary Schools(person)	3135	2972	-5.2
普通中学学校数(所)	Number of Regular Secondary Schools(unit)	3	3	0.0
普通中学专任教师数(人)	Number of Teachers of Secondary Shools(person)	225	227	0.9
初中在校学生数(人)	Number of Student in Junior Secondary Schools(person)	1292	1547	19.7
高中在校学生数(人)	Number of Student in Senior Secondary Schools(person)	576	502	-12.8
卫生机构数(所)	Number of Health Institutions(unit)	67	76	13.4
# 医院(所)	Hospitals(unit)	2	2	0.0
卫生院(所)	Township Hospitals(unit)	10	10	0.0
床位数(张)	Number of Beds(unit)	220	235	6.8
# 医院(张)	Hospitals(unit)	118	149	26.3
卫生院(张)	Township Hospitals(unit)	66	60	-9.1
卫生技术人员(人)	Medical Technical Presonnel(person)	256	276	7.8
# 医院(人)	Hospitals(person)	100	106	6.0
卫生院(人)	Township Hospitals(person)	71	66	-7.0

23-102 巴彦淖尔市杭锦后旗

指 标	Item	2008	2009	2009年比上年增长% Increase Rate in 2009 Over 2008(%)
行政区域土地面积(平方公里)	**Area of Administration(Sq.km)**	**1767**	**1767**	**0.0**
人口和就业	**Population & Employment**			
年末总人口(人)	Total Population Year-end(person)	290800	290300	-0.2
# 男性(人)	Male(person)	147300	147500	0.1
# 乡村人口(人)	Rural(person)	190600	181600	-4.7
年末总户数(户)	Total Number of Households at the Year-end(Household)	96074	100869	5.0
# 乡村户数(户)	Number of Rural Household(Household)	51204	51065	-0.3
出生人口(人)	Births(person)	2797	2761	-1.3
死亡人口(人)	Deaths(person)	2198	1997	-9.1
全社会就业人员(人)	Employment(person)	147277	148010	0.5
第一产业(人)	Primary Industry(person)	102058	93528	-8.4
第二产业(人)	Secondary Industry(person)	12399	14836	19.7
第三产业(人)	Tertiary Industry(person)	32820	39646	20.8
在岗职工人数(人)	Number of Staff & Workers Employed in(person)	13572	13651	0.6
乡村劳动力(人)	Number of Rural Laborers(person)	119033	111502	-6.3
# 农林牧渔业(人)	Farming,Forestry,Animal Husbandry & Fishery(person)	97507	92994	-4.6
国民经济综合指标	**Summary Item on the National Economy**			
生产总值(万元)	Gross Domestic Product(10 000 yuan)	704700	791700	17.4
第一产业(万元)	Primary Industry(10 000 yuan)	199400	192000	5.8
第二产业(万元)	Secondary Industry(10 000 yuan)	310100	389100	27.1
# 工业(万元)	Industry(10 000 yuan)	251100	314000	25.2
第三产业(万元)	Tertiary Industry(10 000 yuan)	195200	210600	14.2
人均生产总值(元)	Per Capita GDP(yuan)	24171	27248	17.4
全社会固定资产投资(万元)	Total Investment in Fixed Assets(10 000 yuan)	466308	669139	43.5
按登记注册类型分	Grouped by Registered Type			
# 国有(万元)	State-owned Enterprises(10 000 yuan)	172592	329348	90.8
集体(万元)	Collective-owned Enterprises(10 000 yuan)			
有限责任公司(万元)	Limited Liability Corporations(10 000 yuan)	66104		
股份有限公司(万元)	Share Holding Enterprises(10 000 yuan)	84749		
私营企业(万元)	Private Enterprises(10 000 yuan)	135377	339791	151.0
外商及港澳台投资企业(万元)	Funds from HK,Macao,Taiwan & Foreign(10 000 yuan)			
按城乡渠道分	Grouped by Urban and Rural Area			
城镇（万元）	Urban(10 000 yuan)	453553	653771	44.1
农村（万元）	Rural(10 000 yuan)	12755	15368	20.5
一般预算收入(万元)	General Budgetary Financial Revenue(10 000 yuan)	14519	20227	39.3
一般预算支出(万元)	General Budgetary Financial Expenditures(10 000 yuan)	81136	100068	23.3
城乡居民储蓄存款余额(万元)	Resident Saving Deposit in Urban & Rural(10 000 yuan)	221379	256488	15.9
在岗职工工资总额(万元)	Total Wages of Staff & Workers Employed in(10 000 yuan)	28937	35666	23.3
在岗职工平均工资(元)	Average Wage of Staff & Workers Employed in(yuan)	21389	27102	26.7
农牧民人均纯收入(元)	Per Capita Net Income of Peasant & Herdsman(yuan)	6995	7568	8.2
农村牧区经济	**Economic Development in Rural & Pastoral Area**			
耕地面积(公顷)	Cultivated Area(hectare)	85030	85030	0.0
农作物总播种面积(公顷)	Total Sown Area(hectare)	83348	83450	0.1
# 粮食作物播种面积(公顷)	Sown Area of Grain Crops(hectare)	50348	55800	10.8
有效灌溉面积(公顷)	Irrigated Area(hectare)	85030	85030	0.0
农牧业机械总动力(万千瓦)	Total Power of Agricultural Machinery(10 000 kw)	74.13	75.75	2.2
化肥施用折纯量(吨)	Consumption of Chemical Fertilizer(ton)	56568	56214	-0.6
农村用电量(万千瓦小时)	Electricity Consumed in Rural Area(10 000 kwh)	3650	3710	1.6
农林牧渔业总产值(万元)	Gross Output of Farming,Forestry,Animal Husbandry & Fishery(10 000 yuan)	293119	308779	5.8
粮食产量(吨)	Yield of Grain(ton)	423480	467900	10.5
油料产量(吨)	Yield of Oil-bearing Grops(ton)	36775	33275	-9.5
甜菜产量(吨)	Yield of Beetroots(ton)	755	2340	209.9
猪牛羊肉产量(吨)	Output of Pork, Beef & Mutton(ton)	42472	38479	-9.4
# 猪肉产量(吨)	Output of Pork(ton)	12664	11730	-7.4
牛肉产量(吨)	Output of Beef(ton)	3212	3743	16.5
羊肉产量(吨)	Output of Mutton(ton)	26596	23006	-13.5
羊毛产量(吨)	Output of Wool(ton)	1674	1794	7.2

23-102 Hangjinhou Banner in Bayannaoer City

指 标	Item	2008	2009	2009年比上年增长% Increase Rate in 2009 Over 2008(%)
年末牲畜存栏头数(万头只)	Total Livestock at the Year-end(10 000 heads)	142.80	131.87	-7.7
#大牲畜(万头只)	Large Animals(10 000 heads)	8.19	8.29	1.2
羊(万只)	Sheep & Goats(10 000 heads)	123.60	113.03	-8.6
猪(万头)	Hogs(10 000 heads)	11.01	10.55	-4.2
规模以上工业	**Industrial Enterprises above Designated size**			
工业企业单位数(个)	Number of Industrial Enterprises(unit)	25	29	16.0
#内资企业(个)	Civil Funded Enterprises(unit)	25	29	16.0
工业总产值(万元)	Gross Industrial Output Value(10 000 yuan)	591083	807500	36.6
内资企业(万元)	Civil Funded Enterprises(10 000 yuan)	591083	807500	36.6
国有企业(万元)	State-owned Enterprises(10 000 yuan)	5765	7800	35.3
集体企业(万元)	Collective-owned Enterprises(10 000 yuan)			
股份合作企业(万元)	Share Holding Enterprises(10 000 yuan)			
联营企业(万元)	Joint Owned Enterprises(10 000 yuan)			
有限责任公司(万元)	Limited Company(10 000 yuan)	217489	330000	51.7
股份有限公司(万元)	Share Holding Limited Company(10 000 yuan)	69628	100600	44.5
私营企业(万元)	Privately Owned Enterprises(10 000 yuan)	298201	369100	23.8
其他企业(万元)	Enterprises of Other Ownership(10 000 yuan)			
港澳台商投资企业(万元)	Funds from HK,Macao & Taiwan(10 000 yuan)			
外商投资企业(万元)	Foreign Funded Enterprises(10 000 yuan)			
工业企业增加值(万元)	Value Added of Industrial Enterprises(10 000 yuan)	207000	281800	26.2
工业企业资产总计(万元)	Total Assets of Industrial Enterprises(10 000 yuan)	202057	626200	209.9
工业企业负债合计(万元)	Total Liabilities of Industrial Enterprises(10 000 yuan)	113411	148300	30.8
工业企业产品销售收入(万元)	Sales of Revenue Industrial Enterprises(10 000 yuan)	573722	762800	33.0
工业企业利润总额(万元)	Total Profits of Industrial Enterprises(10 000 yuan)	18397	31000	68.5
建筑业	**Construction**			
建筑企业单位数(个)	Number of Construction Enterprises(unit)	2	2	0.0
建筑企业从业人员(人)	Number of Employee in Construction Enterprises(person)	340	458	34.7
建筑业总产值(万元)	Gross Construction Output Value(10 000 yuan)	10067	16000	58.9
交通运输邮电通信业	**Transportation,Post & Telecommunications**			
公路里程(公里)	Total Length of Highways(km)	1701	1701	0.0
邮电业务总量(万元)	Business Volume of Post & Telecoms(10 000 yuan)	15626	18751	20.0
本地电话用户(户)	Number of Subscribers of Local Telephone(Household)	33980	28810	-15.2
国内贸易	**Domestic Trade**			
社会消费品零售总额(万元)	Total Retail Sales of Consumer Goods(10 000 yuan)	115439	136632	18.4
#贸易业(万元)	Wholesale & Retail Sales Trades(10 000 yuan)	92956	116900	25.8
餐饮业(万元)	Catering Trade(10 000 yuan)	13120	19732	50.4
科技教育卫生	**Science,Education & Public Health**			
各类专业技术人员(人)	Special Technical Personnel(person)	3259	3573	9.6
幼儿园数(所)	Number of Kindergartens(unit)	6	6	0.0
学龄儿童入学率(%)	Percentage of School-Age Children Enrolled(%)	100.0	100.0	0.0
小学学校数(所)	Number of Primary Schools(unit)	39	32	-17.9
小学专任教师数(人)	Number of Full-time Teachers of Primary Schools(person)	1221	1188	-2.7
小学在校学生数(人)	Number of Student Enrollment of Primary Schools(person)	15237	13972	-8.3
普通中学学校数(所)	Number of Regular Secondary Schools(unit)	13	12	-7.7
普通中学专任教师数(人)	Number of Teachers of Secondary Shools(person)	955	935	-2.1
初中在校学生数(人)	Number of Student in Junior Secondary Schools(person)	10143	10119	-0.2
高中在校学生数(人)	Number of Student in Senior Secondary Schools(person)	5481	5033	-8.2
卫生机构数(所)	Number of Health Institutions(unit)	200	205	2.5
#医院(所)	Hospitals(unit)	3	3	0.0
卫生院(所)	Township Hospitals(unit)	19	19	0.0
床位数(张)	Number of Beds(unit)	939	854	-9.1
#医院(张)	Hospitals(unit)	390	340	-12.8
卫生院(张)	Township Hospitals(unit)	326	337	3.4
卫生技术人员(人)	Medical Technical Presonnel(person)	1089	1106	1.6
#医院(人)	Hospitals(person)	384	396	3.1
卫生院(人)	Township Hospitals(person)	182	245	34.6

23-103 乌海市海勃湾区

指 标	Item	2008	2009	2009年比上年增长% Increase Rate in 2009 Over 2008(%)
行政区域土地面积(平方公里)	**Area of Administration(Sq.km)**	**529**	**529**	**0.0**
人口和就业	**Population & Employment**			
年末总人口(人)	Total Population Year-end(person)	249424	258058	3.5
#男性(人)	Male(person)	126184	130930	3.8
#乡村人口(人)	Rural(person)	20186	13151	-34.9
年末总户数(户)	Total Number of Households at the Year-end(Household)	86937	88040	1.3
#乡村户数(户)	Number of Rural Household(Household)	6824	4492	-34.2
出生人口(人)	Births(person)	2498	2528	1.2
死亡人口(人)	Deaths(person)	1372	1385	0.9
全社会就业人员(人)	Employment(person)	123592	126540	2.4
第一产业(人)	Primary Industry(person)	8685	8383	-3.5
第二产业(人)	Secondary Industry(person)	40173	41517	3.3
第三产业(人)	Tertiary Industry(person)	74734	76640	2.6
在岗职工人数(人)	Number of Staff & Workers Employed in(person)	31580	43095	36.5
乡村劳动力(人)	Number of Rural Laborers(person)	14404	8890	-38.3
#农林牧渔业(人)	Farming,Forestry,Animal Husbandry & Fishery(person)	8280	5585	-32.5
国民经济综合指标	**Summary Item on the National Economy**			
生产总值(万元)	Gross Domestic Product(10 000 yuan)	931553	1173602	22.1
第一产业(万元)	Primary Industry(10 000 yuan)	8543	10473	3.6
第二产业(万元)	Secondary Industry(10 000 yuan)	513872	681797	27.7
#工业(万元)	Industry(10 000 yuan)	455124	604929	26.9
第三产业(万元)	Tertiary Industry(10 000 yuan)	409138	481332	16.3
人均生产总值(元)	Per Capita GDP(yuan)	37989	46252	18.0
全社会固定资产投资(万元)	Total Investment in Fixed Assets(10 000 yuan)	513958	820129	59.6
按登记注册类型分	Grouped by Registered Type			
#国有(万元)	State-owned Enterprises(10 000 yuan)	175687	362060	106.1
集体(万元)	Collective-owned Enterprises(10 000 yuan)			
有限责任公司(万元)	Limited Liability Corporations(10 000 yuan)	283912	311387	9.7
股份有限公司(万元)	Share Holding Enterprises(10 000 yuan)	8080	85700	960.6
私营企业(万元)	Private Enterprises(10 000 yuan)	42498	54436	28.1
外商及港澳台投资企业(万元)	Funds from HK,Macao,Taiwan & Foreign(10 000 yuan)			
按城乡渠道分	Grouped by Urban and Rural Area			
城镇（万元）	Urban(10 000 yuan)	513958	820129	59.6
农村（万元）	Rural(10 000 yuan)			
一般预算收入(万元)	General Budgetary Financial Revenue(10 000 yuan)	65407	85349	30.5
一般预算支出(万元)	General Budgetary Financial Expenditures(10 000 yuan)	62728	96624	54.0
城乡居民储蓄存款余额(万元)	Resident Saving Deposit in Urban & Rural(10 000 yuan)	822737	1021920	24.2
在岗职工工资总额(万元)	Total Wages of Staff & Workers Employed in(10 000 yuan)	101508	174471	71.9
在岗职工平均工资(元)	Average Wage of Staff & Workers Employed in(yuan)	32158	35360	10.0
农牧民人均纯收入(元)	Per Capita Net Income of Peasant & Herdsman(yuan)	7690	8465	10.1
农村牧区经济	**Economic Development in Rural & Pastoral Area**			
耕地面积(公顷)	Cultivated Area(hectare)	2193	2193	0.0
农作物总播种面积(公顷)	Total Sown Area(hectare)	2362	2264	-4.1
#粮食作物播种面积(公顷)	Sown Area of Grain Crops(hectare)	1239	1181	-4.7
有效灌溉面积(公顷)	Irrigated Area(hectare)	1892	1892	0.0
农牧业机械总动力(万千瓦)	Total Power of Agricultural Machinery(10 000 kw)	3.29	3.59	9.3
化肥施用折纯量(吨)	Consumption of Chemical Fertilizer(ton)	2528	1326	-47.5
农村用电量(万千瓦小时)	Electricity Consumed in Rural Area(10 000 kwh)	1410	1420	0.7
农林牧渔业总产值(万元)	Gross Output of Farming,Forestry,Animal Husbandry & Fishery(10 000 yuan)	14381	17422	3.5
粮食产量(吨)	Yield of Grain(ton)	8308	7672	-7.7
油料产量(吨)	Yield of Oil-bearing Grops(ton)	1485	1360	-8.4
甜菜产量(吨)	Yield of Beetroots(ton)			
猪牛羊肉产量(吨)	Output of Pork, Beef & Mutton(ton)	3588	3672	2.3
#猪肉产量(吨)	Output of Pork(ton)	2760	2755	-0.2
牛肉产量(吨)	Output of Beef(ton)	226	267	18.1
羊肉产量(吨)	Output of Mutton(ton)	602	650	8.0
羊毛产量(吨)	Output of Wool(ton)	42	40	-4.8

23-103 Haibowan District in Wuhai City

指 标	Item	2008	2009	2009年比上年增长% Increase Rate in 2009 Over 2008(%)
年末牲畜存栏头数(万头只)	Total Livestock at the Year-end(10 000 heads)	4.46	4.22	-5.4
# 大牲畜(万头只)	Large Animals(10 000 heads)	0.19	0.17	-10.5
羊(万只)	Sheep & Goats(10 000 heads)	2.52	2.41	-4.4
猪(万头)	Hogs(10 000 heads)	1.75	1.64	-6.3
规模以上工业	**Industrial Enterprises above Designated size**			
工业企业单位数(个)	Number of Industrial Enterprises(unit)	41	53	29.3
# 内资企业(个)	Civil Funded Enterprises(unit)	41	52	26.8
工业总产值(万元)	Gross Industrial Output Value(10 000 yuan)	1075643	1280500	19.0
内资企业(万元)	Civil Funded Enterprises(10 000 yuan)	1075643	1239900	15.3
国有企业(万元)	State-owned Enterprises(10 000 yuan)	545143	436400	-19.9
集体企业(万元)	Collective-owned Enterprises(10 000 yuan)			
股份合作企业(万元)	Share Holding Enterprises(10 000 yuan)	2365	10700	352.4
联营企业(万元)	Joint Owned Enterprises(10 000 yuan)			
有限责任公司(万元)	Limited Company(10 000 yuan)	10001	453000	4429.5
股份有限公司(万元)	Share Holding Limited Company(10 000 yuan)	26018		-100.0
私营企业(万元)	Privately Owned Enterprises(10 000 yuan)	492116	315800	-35.8
其他企业(万元)	Enterprises of Other Ownership(10 000 yuan)		24000	
港澳台商投资企业(万元)	Funds from HK,Macao & Taiwan(10 000 yuan)		40600	
外商投资企业(万元)	Foreign Funded Enterprises(10 000 yuan)			
工业企业增加值(万元)	Value Added of Industrial Enterprises(10 000 yuan)	426924	577529	27.8
工业企业资产总计(万元)	Total Assets of Industrial Enterprises(10 000 yuan)	895779	1378700	53.9
工业企业负债合计(万元)	Total Liabilities of Industrial Enterprises(10 000 yuan)	724384	973700	34.4
工业企业产品销售收入(万元)	Sales of Revenue Industrial Enterprises(10 000 yuan)	573926	1293800	125.4
工业企业利润总额(万元)	Total Profits of Industrial Enterprises(10 000 yuan)	49037	189600	286.6
建筑业	**Construction**			
建筑企业单位数(个)	Number of Construction Enterprises(unit)	31	35	12.9
建筑企业从业人员(人)	Number of Employee in Construction Enterprises(person)	8165	27299	234.3
建筑业总产值(万元)	Gross Construction Output Value(10 000 yuan)	227067	264861	16.6
交通运输邮电通信业	**Transportation,Post & Telecommunications**			
公路里程(公里)	Total Length of Highways(km)	223	375	68.2
邮电业务总量(万元)	Business Volume of Post & Telecoms(10 000 yuan)		29671	
本地电话用户(户)	Number of Subscribers of Local Telephone(Household)	108537	77468	-28.6
国内贸易	**Domestic Trade**			
社会消费品零售总额(万元)	Total Retail Sales of Consumer Goods(10 000 yuan)	431741	508160	17.7
# 贸易业(万元)	Wholesale & Retail Sales Trades(10 000 yuan)	381020	447938	17.6
餐饮业(万元)	Catering Trade(10 000 yuan)	51251	60222	17.5
科技教育卫生	**Science,Education & Public Health**			
各类专业技术人员(人)	Special Technical Personnel(person)	14531	16092	10.7
幼儿园数(所)	Number of Kindergartens(unit)	14	12	-14.3
学龄儿童入学率(%)	Percentage of School-Age Children Enrolled(%)	100.0	100.0	0.0
小学学校数(所)	Number of Primary Schools(unit)	17	15	-11.8
小学专任教师数(人)	Number of Full-time Teachers of Primary Schools(person)	1121	1110	-1.0
小学在校学生数(人)	Number of Student Enrollment of Primary Schools(person)	18442	17764	-3.7
普通中学学校数(所)	Number of Regular Secondary Schools(unit)	16	12	-25.0
普通中学专任教师数(人)	Number of Teachers of Secondary Shools(person)	1273	1246	-2.1
初中在校学生数(人)	Number of Student in Junior Secondary Schools(person)	10658	10378	-2.6
高中在校学生数(人)	Number of Student in Senior Secondary Schools(person)	8482	7752	-8.6
卫生机构数(所)	Number of Health Institutions(unit)	174	145	-16.7
# 医院(所)	Hospitals(unit)	9	10	11.1
卫生院(所)	Township Hospitals(unit)	2	2	0.0
床位数(张)	Number of Beds(unit)	1329	1670	25.7
# 医院(张)	Hospitals(unit)	1066	1237	16.0
卫生院(张)	Township Hospitals(unit)	33	65	97.0
卫生技术人员(人)	Medical Technical Presonnel(person)	1992	1986	-0.3
# 医院(人)	Hospitals(person)	1293	1296	0.2
卫生院(人)	Township Hospitals(person)	22	23	4.5

23-104 乌海市海南区

指 标	Item	2008	2009	2009年比上年增长% Increase Rate in 2009 Over 2008(%)
行政区域土地面积(平方公里)	**Area of Administration(Sq.km)**	**1005**	**1005**	**0.0**
人口和就业	**Population & Employment**			
年末总人口(人)	Total Population Year-end(person)	103120	97886	-5.1
# 男性(人)	Male(person)	54152	51193	-5.5
# 乡村人口(人)	Rural(person)	14059	12398	-11.8
年末总户数(户)	Total Number of Households at the Year-end(Household)	35744	36547	2.2
# 乡村户数(户)	Number of Rural Household(Household)	4723	4912	4.0
出生人口(人)	Births(person)	996	905	-9.1
死亡人口(人)	Deaths(person)	522	475	-9.0
全社会就业人员(人)	Employment(person)	55154	57885	5.0
第一产业(人)	Primary Industry(person)	7390	7133	-3.5
第二产业(人)	Secondary Industry(person)	27858	30338	8.9
第三产业(人)	Tertiary Industry(person)	19906	20414	2.6
在岗职工人数(人)	Number of Staff & Workers Employed in(person)	9102	10093	10.9
乡村劳动力(人)	Number of Rural Laborers(person)	9300	9954	7.0
# 农林牧渔业(人)	Farming,Forestry,Animal Husbandry & Fishery(person)	6864	6861	0.0
国民经济综合指标	**Summary Item on the National Economy**			
生产总值(万元)	Gross Domestic Product(10 000 yuan)	788054	971655	24.5
第一产业(万元)	Primary Industry(10 000 yuan)	11573	12612	3.2
第二产业(万元)	Secondary Industry(10 000 yuan)	574076	728989	26.2
# 工业(万元)	Industry(10 000 yuan)	526539	676555	27.5
第三产业(万元)	Tertiary Industry(10 000 yuan)	202405	230054	13.6
人均生产总值(元)	Per Capita GDP(yuan)	75731	96679	28.9
全社会固定资产投资(万元)	Total Investment in Fixed Assets(10 000 yuan)	415873	559508	34.5
按登记注册类型分	Grouped by Registered Type			
# 国有(万元)	State-owned Enterprises(10 000 yuan)	34902	77042	120.7
集体(万元)	Collective-owned Enterprises(10 000 yuan)			
有限责任公司(万元)	Limited Liability Corporations(10 000 yuan)	305953	412264	34.7
股份有限公司(万元)	Share Holding Enterprises(10 000 yuan)	16596	10550	-36.4
私营企业(万元)	Private Enterprises(10 000 yuan)	29596	40399	36.5
外商及港澳台投资企业(万元)	Funds from HK,Macao,Taiwan & Foreign(10 000 yuan)			
按城乡渠道分	Grouped by Urban and Rural Area			
城镇（万元）	Urban(10 000 yuan)	415873	559508	34.5
农村（万元）	Rural(10 000 yuan)			
一般预算收入(万元)	General Budgetary Financial Revenue(10 000 yuan)	53144	62959	18.5
一般预算支出(万元)	General Budgetary Financial Expenditures(10 000 yuan)	58199	73671	26.6
城乡居民储蓄存款余额(万元)	Resident Saving Deposit in Urban & Rural(10 000 yuan)	246103	274497	11.5
在岗职工工资总额(万元)	Total Wages of Staff & Workers Employed in(10 000 yuan)	25164	32316	28.4
在岗职工平均工资(元)	Average Wage of Staff & Workers Employed in(yuan)	26196	28956	10.5
农牧民人均纯收入(元)	Per Capita Net Income of Peasant & Herdsman(yuan)	7100	7760	9.3
农村牧区经济	**Economic Development in Rural & Pastoral Area**			
耕地面积(公顷)	Cultivated Area(hectare)	2798	2798	0.0
农作物总播种面积(公顷)	Total Sown Area(hectare)	2969	3305	11.3
# 粮食作物播种面积(公顷)	Sown Area of Grain Crops(hectare)	2592	2698	4.1
有效灌溉面积(公顷)	Irrigated Area(hectare)	2664	2664	0.0
农牧业机械总动力(万千瓦)	Total Power of Agricultural Machinery(10 000 kw)	3.01	3.86	28.1
化肥施用折纯量(吨)	Consumption of Chemical Fertilizer(ton)	2833	1790	-36.8
农村用电量(万千瓦小时)	Electricity Consumed in Rural Area(10 000 kwh)	870	1080	24.1
农林牧渔业总产值(万元)	Gross Output of Farming,Forestry,Animal Husbandry & Fishery(10 000 yuan)	19483	20980	3.0
粮食产量(吨)	Yield of Grain(ton)	18212	18501	1.6
油料产量(吨)	Yield of Oil-bearing Grops(ton)	356	420	18.0
甜菜产量(吨)	Yield of Beetroots(ton)	120		
猪牛羊肉产量(吨)	Output of Pork, Beef & Mutton(ton)	4824	5111	5.9
# 猪肉产量(吨)	Output of Pork(ton)	3586	3720	3.7
牛肉产量(吨)	Output of Beef(ton)	103	170	65.0
羊肉产量(吨)	Output of Mutton(ton)	1135	1221	7.6
羊毛产量(吨)	Output of Wool(ton)	127	120	-5.5

23-104 Hainan District in Wuhai City

指 标	Item	2008	2009	2009年比上年增长% Increase Rate in 2009 Over 2008(%)
年末牲畜存栏头数(万头只)	Total Livestock at the Year-end(10 000 heads)	7.02	6.42	-8.5
#大牲畜(万头只)	Large Animals(10 000 heads)	0.21	0.24	14.3
羊(万只)	Sheep & Goats(10 000 heads)	5.63	4.81	-14.6
猪(万头)	Hogs(10 000 heads)	1.19	1.37	15.1
规模以上工业	**Industrial Enterprises above Designated size**			
工业企业单位数(个)	Number of Industrial Enterprises(unit)	60	61	1.7
#内资企业(个)	Civil Funded Enterprises(unit)	58	60	3.4
工业总产值(万元)	Gross Industrial Output Value(10 000 yuan)	857897	1338200	56.0
内资企业(万元)	Civil Funded Enterprises(10 000 yuan)	826175	1333200	61.4
国有企业(万元)	State-owned Enterprises(10 000 yuan)	7912	550700	6860.3
集体企业(万元)	Collective-owned Enterprises(10 000 yuan)			
股份合作企业(万元)	Share Holding Enterprises(10 000 yuan)	1808		
联营企业(万元)	Joint Owned Enterprises(10 000 yuan)	140669		
有限责任公司(万元)	Limited Company(10 000 yuan)	377027	189900	-49.6
股份有限公司(万元)	Share Holding Limited Company(10 000 yuan)	68962	165000	139.3
私营企业(万元)	Privately Owned Enterprises(10 000 yuan)	136637	427600	212.9
其他企业(万元)	Enterprises of Other Ownership(10 000 yuan)	93160		
港澳台商投资企业(万元)	Funds from HK,Macao & Taiwan(10 000 yuan)			
外商投资企业(万元)	Foreign Funded Enterprises(10 000 yuan)	31722	5000	-84.2
工业企业增加值(万元)	Value Added of Industrial Enterprises(10 000 yuan)	491955	649255	28.5
工业企业资产总计(万元)	Total Assets of Industrial Enterprises(10 000 yuan)	1404111	2431200	73.1
工业企业负债合计(万元)	Total Liabilities of Industrial Enterprises(10 000 yuan)	932030	1621900	74.0
工业企业产品销售收入(万元)	Sales of Revenue Industrial Enterprises(10 000 yuan)	928064	1292300	39.2
工业企业利润总额(万元)	Total Profits of Industrial Enterprises(10 000 yuan)	82756	92800	12.1
建筑业	**Construction**			
建筑企业单位数(个)	Number of Construction Enterprises(unit)	3	3	0.0
建筑企业从业人员(人)	Number of Employee in Construction Enterprises(person)	230	288	25.2
建筑业总产值(万元)	Gross Construction Output Value(10 000 yuan)	2868	3303	15.2
交通运输邮电通信业	**Transportation,Post & Telecommunications**			
公路里程(公里)	Total Length of Highways(km)	275	279	1.5
邮电业务总量(万元)	Business Volume of Post & Telecoms(10 000 yuan)		10032	
本地电话用户(户)	Number of Subscribers of Local Telephone(Household)	16500	11840	-28.2
国内贸易	**Domestic Trade**			
社会消费品零售总额(万元)	Total Retail Sales of Consumer Goods(10 000 yuan)	30467	36133	18.6
#贸易业(万元)	Wholesale & Retail Sales Trades(10 000 yuan)	26900	31931	18.7
餐饮业(万元)	Catering Trade(10 000 yuan)	3618	4202	16.1
科技教育卫生	**Science,Education & Public Health**			
各类专业技术人员(人)	Special Technical Personnel(person)	3090	3440	11.3
幼儿园数(所)	Number of Kindergartens(unit)	24	28	16.7
学龄儿童入学率(%)	Percentage of School-Age Children Enrolled(%)	100.0	100.0	0.0
小学学校数(所)	Number of Primary Schools(unit)	10	6	-40.0
小学专任教师数(人)	Number of Full-time Teachers of Primary Schools(person)	602	547	-9.1
小学在校学生数(人)	Number of Student Enrollment of Primary Schools(person)	8162	7270	-10.9
普通中学学校数(所)	Number of Regular Secondary Schools(unit)	7	4	-42.9
普通中学专任教师数(人)	Number of Teachers of Secondary Shools(person)	317	267	-15.8
初中在校学生数(人)	Number of Student in Junior Secondary Schools(person)	3889	3547	-8.8
高中在校学生数(人)	Number of Student in Senior Secondary Schools(person)			
卫生机构数(所)	Number of Health Institutions(unit)	90	76	-15.6
#医院(所)	Hospitals(unit)	3	2	-33.3
卫生院(所)	Township Hospitals(unit)	2	2	0.0
床位数(张)	Number of Beds(unit)	462	356	-22.9
#医院(张)	Hospitals(unit)	230	228	-0.9
卫生院(张)	Township Hospitals(unit)	29	24	-17.2
卫生技术人员(人)	Medical Technical Presonnel(person)	450	446	-0.9
#医院(人)	Hospitals(person)	343	210	-38.8
卫生院(人)	Township Hospitals(person)	21	21	0.0

23-105 乌海市乌达区

指 标	Item	2008	2009	2009年比上年增长% Increase Rate in 2009 Over 2008(%)
行政区域土地面积(平方公里)	**Area of Administration(Sq.km)**	**220**	**220**	**0.0**
人口和就业	**Population & Employment**			
年末总人口(人)	Total Population Year-end(person)	130156	131656	1.2
#男性(人)	Male(person)	67564	67057	-0.8
#乡村人口(人)	Rural(person)	6927		
年末总户数(户)	Total Number of Households at the Year-end(Household)	46319	54342	17.3
#乡村户数(户)	Number of Rural Household(Household)	2309		
出生人口(人)	Births(person)	1146	1067	-6.9
死亡人口(人)	Deaths(person)	506	640	26.5
全社会就业人员(人)	Employment(person)	65911	67575	2.5
第一产业(人)	Primary Industry(person)	3610	3484	-3.5
第二产业(人)	Secondary Industry(person)	25298	26144	3.3
第三产业(人)	Tertiary Industry(person)	37003	37947	2.6
在岗职工人数(人)	Number of Staff & Workers Employed in(person)	20801	10010	-51.9
乡村劳动力(人)	Number of Rural Laborers(person)	5299		
#农林牧渔业(人)	Farming,Forestry,Animal Husbandry & Fishery(person)	3596		
国民经济综合指标	**Summary Item on the National Economy**			
生产总值(万元)	Gross Domestic Product(10 000 yuan)	698426	970004	25.8
第一产业(万元)	Primary Industry(10 000 yuan)	7440	7965	3.8
第二产业(万元)	Secondary Industry(10 000 yuan)	507002	731683	30.7
#工业(万元)	Industry(10 000 yuan)	481387	691186	29.0
第三产业(万元)	Tertiary Industry(10 000 yuan)	183984	230356	15.7
人均生产总值(元)	Per Capita GDP(yuan)	53487	74099	25.5
全社会固定资产投资(万元)	Total Investment in Fixed Assets(10 000 yuan)	224001	431986	92.9
按登记注册类型分	Grouped by Registered Type			
#国有(万元)	State-owned Enterprises(10 000 yuan)	77555	76146	-1.8
集体(万元)	Collective-owned Enterprises(10 000 yuan)			
有限责任公司(万元)	Limited Liability Corporations(10 000 yuan)	125804	336640	167.6
股份有限公司(万元)	Share Holding Enterprises(10 000 yuan)	880		
私营企业(万元)	Private Enterprises(10 000 yuan)	16962	15400	-9.2
外商及港澳台投资企业(万元)	Funds from HK,Macao,Taiwan & Foreign(10 000 yuan)	2100	3800	81.0
按城乡渠道分	Grouped by Urban and Rural Area			
城镇（万元）	Urban(10 000 yuan)	224001	76146	-66.0
农村（万元）	Rural(10 000 yuan)			
一般预算收入(万元)	General Budgetary Financial Revenue(10 000 yuan)	47000	54837	16.7
一般预算支出(万元)	General Budgetary Financial Expenditures(10 000 yuan)	54432	81704	50.1
城乡居民储蓄存款余额(万元)	Resident Saving Deposit in Urban & Rural(10 000 yuan)	364597	404108	10.8
在岗职工工资总额(万元)	Total Wages of Staff & Workers Employed in(10 000 yuan)	63681	36299	-43.0
在岗职工平均工资(元)	Average Wage of Staff & Workers Employed in(yuan)	30162	27612	-8.5
农牧民人均纯收入(元)	Per Capita Net Income of Peasant & Herdsman(yuan)	7610	8495	11.6
农村牧区经济	**Economic Development in Rural & Pastoral Area**			
耕地面积(公顷)	Cultivated Area(hectare)	2056	2056	0.0
农作物总播种面积(公顷)	Total Sown Area(hectare)	2070	2007	-3.0
#粮食作物播种面积(公顷)	Sown Area of Grain Crops(hectare)	779	903	15.9
有效灌溉面积(公顷)	Irrigated Area(hectare)	1981		
农牧业机械总动力(万千瓦)	Total Power of Agricultural Machinery(10 000 kw)	1.46	2.12	45.4
化肥施用折纯量(吨)	Consumption of Chemical Fertilizer(ton)	2027	1074	-47.0
农村用电量(万千瓦小时)	Electricity Consumed in Rural Area(10 000 kwh)	653	718	10.0
农林牧渔业总产值(万元)	Gross Output of Farming,Forestry,Animal Husbandry & Fishery(10 000 yuan)	12500	13250	3.7
粮食产量(吨)	Yield of Grain(ton)	5375	6375	18.6
油料产量(吨)	Yield of Oil-bearing Grops(ton)	1759	1020	-42.0
甜菜产量(吨)	Yield of Beetroots(ton)			
猪牛羊肉产量(吨)	Output of Pork, Beef & Mutton(ton)	1549	1575	1.7
#猪肉产量(吨)	Output of Pork(ton)	1252	1274	1.8
牛肉产量(吨)	Output of Beef(ton)	9	11	22.2
羊肉产量(吨)	Output of Mutton(ton)	288	290	0.7
羊毛产量(吨)	Output of Wool(ton)	24	22	-8.3

23-105 Wuda District in Wuhai City

指 标	Item	2008	2009	2009年比上年增长% Increase Rate in 2009 Over 2008(%)
年末牲畜存栏头数(万头只)	Total Livestock at the Year-end(10 000 heads)	1.94	1.87	-3.6
#大牲畜(万头只)	Large Animals(10 000 heads)	0.12	0.08	-33.3
羊(万只)	Sheep & Goats(10 000 heads)	0.84	0.88	4.8
猪(万头)	Hogs(10 000 heads)	0.99	0.91	-8.1
规模以上工业	**Industrial Enterprises above Designated size**			
工业企业单位数(个)	Number of Industrial Enterprises(unit)	59	63	6.8
#内资企业(个)	Civil Funded Enterprises(unit)	58	62	6.9
工业总产值(万元)	Gross Industrial Output Value(10 000 yuan)	906407	1410200	55.6
内资企业(万元)	Civil Funded Enterprises(10 000 yuan)	904166	1405300	55.4
国有企业(万元)	State-owned Enterprises(10 000 yuan)	427105	474200	11.0
集体企业(万元)	Collective-owned Enterprises(10 000 yuan)			
股份合作企业(万元)	Share Holding Enterprises(10 000 yuan)			
联营企业(万元)	Joint Owned Enterprises(10 000 yuan)			
有限责任公司(万元)	Limited Company(10 000 yuan)	152557	564700	270.2
股份有限公司(万元)	Share Holding Limited Company(10 000 yuan)	61801	63200	2.3
私营企业(万元)	Privately Owned Enterprises(10 000 yuan)	262703	303200	15.4
其他企业(万元)	Enterprises of Other Ownership(10 000 yuan)			
港澳台商投资企业(万元)	Funds from HK,Macao & Taiwan(10 000 yuan)	2241	4900	
外商投资企业(万元)	Foreign Funded Enterprises(10 000 yuan)			
工业企业增加值(万元)	Value Added of Industrial Enterprises(10 000 yuan)	457987	663886	29.7
工业企业资产总计(万元)	Total Assets of Industrial Enterprises(10 000 yuan)	1230888	1415800	15.0
工业企业负债合计(万元)	Total Liabilities of Industrial Enterprises(10 000 yuan)	817904	918900	12.3
工业企业产品销售收入(万元)	Sales of Revenue Industrial Enterprises(10 000 yuan)	810461	1325300	63.5
工业企业利润总额(万元)	Total Profits of Industrial Enterprises(10 000 yuan)	138352	115400	-16.6
建筑业	**Construction**			
建筑企业单位数(个)	Number of Construction Enterprises(unit)	3	3	0.0
建筑企业从业人员(人)	Number of Employee in Construction Enterprises(person)	2056	2286	11.2
建筑业总产值(万元)	Gross Construction Output Value(10 000 yuan)	29064	38729	33.3
交通运输邮电通信业	**Transportation,Post & Telecommunications**			
公路里程(公里)	Total Length of Highways(km)	117	122	4.3
邮电业务总量(万元)	Business Volume of Post & Telecoms(10 000 yuan)		11897	
本地电话用户(户)	Number of Subscribers of Local Telephone(Household)	24963	11700	-53.1
国内贸易	**Domestic Trade**			
社会消费品零售总额(万元)	Total Retail Sales of Consumer Goods(10 000 yuan)	45700	55160	20.7
#贸易业(万元)	Wholesale & Retail Sales Trades(10 000 yuan)	40350	48364	19.9
餐饮业(万元)	Catering Trade(10 000 yuan)	5427	6796	25.2
科技教育卫生	**Science,Education & Public Health**			
各类专业技术人员(人)	Special Technical Personnel(person)	4308	4808	11.6
幼儿园数(所)	Number of Kindergartens(unit)	27	23	-14.8
学龄儿童入学率(%)	Percentage of School-Age Children Enrolled(%)	100.0	100.0	0.0
小学学校数(所)	Number of Primary Schools(unit)	10	9	-10.0
小学专任教师数(人)	Number of Full-time Teachers of Primary Schools(person)	666	629	-5.6
小学在校学生数(人)	Number of Student Enrollment of Primary Schools(person)	8447	8029	-4.9
普通中学学校数(所)	Number of Regular Secondary Schools(unit)	7	7	0.0
普通中学专任教师数(人)	Number of Teachers of Secondary Shools(person)	563	518	-8.0
初中在校学生数(人)	Number of Student in Junior Secondary Schools(person)	4592	4814	4.8
高中在校学生数(人)	Number of Student in Senior Secondary Schools(person)	3258	3422	5.0
卫生机构数(所)	Number of Health Institutions(unit)	88	63	-28.4
#医院(所)	Hospitals(unit)	2	4	100.0
卫生院(所)	Township Hospitals(unit)			
床位数(张)	Number of Beds(unit)	556	720	29.5
#医院(张)	Hospitals(unit)	318	640	101.3
卫生院(张)	Township Hospitals(unit)			
卫生技术人员(人)	Medical Technical Presonnel(person)	737	679	-7.9
#医院(人)	Hospitals(person)	316	394	24.7
卫生院(人)	Township Hospitals(person)			

23-106 阿拉善盟阿拉善左旗

指 标	Item	2008	2009	2009年比上年增长% Increase Rate in 2009 Over 2008(%)
行政区域土地面积(平方公里)	**Area of Administration(Sq.km)**	**80412**	**80412**	**0.0**
人口和就业	**Population & Employment**			
年末总人口(人)	Total Population Year-end(person)	142995	142972	0.0
# 男性(人)	Male(person)	72968	72839	-0.2
# 乡村人口(人)	Rural(person)	46284	47315	2.2
年末总户数(户)	Total Number of Households at the Year-end(Household)	56223	56680	0.8
# 乡村户数(户)	Number of Rural Household(Household)	14563	15965	9.6
出生人口(人)	Births(person)	1206	1254	4.0
死亡人口(人)	Deaths(person)	533	504	-5.4
全社会就业人员(人)	Employment(person)	96244	98082	1.9
第一产业(人)	Primary Industry(person)	31108	30516	-1.9
第二产业(人)	Secondary Industry(person)	32800	30487	-7.1
第三产业(人)	Tertiary Industry(person)	32336	37079	14.7
在岗职工人数(人)	Number of Staff & Workers Employed in(person)	31936	35232	10.3
乡村劳动力(人)	Number of Rural Laborers(person)	36468	35987	-1.3
# 农林牧渔业(人)	Farming,Forestry,Animal Husbandry & Fishery(person)	29933	29538	-1.3
国民经济综合指标	**Summary Item on the National Economy**			
生产总值(万元)	Gross Domestic Product(10 000 yuan)	1402522	1912864	23.6
第一产业(万元)	Primary Industry(10 000 yuan)	41600	47674	4.6
第二产业(万元)	Secondary Industry(10 000 yuan)	1100843	1561811	25.9
# 工业(万元)	Industry(10 000 yuan)	1012447	1466460	27.8
第三产业(万元)	Tertiary Industry(10 000 yuan)	260079	303379	19.3
人均生产总值(元)	Per Capita GDP(yuan)	98407	133782	23.2
全社会固定资产投资(万元)	Total Investment in Fixed Assets(10 000 yuan)	977805	1176044	20.3
按登记注册类型分	Grouped by Registered Type			
# 国有(万元)	State-owned Enterprises(10 000 yuan)	343454	410680	19.6
集体(万元)	Collective-owned Enterprises(10 000 yuan)	1050		
有限责任公司(万元)	Limited Liability Corporations(10 000 yuan)	148437	303441	104.4
股份有限公司(万元)	Share Holding Enterprises(10 000 yuan)	177850	154759	-13.0
私营企业(万元)	Private Enterprises(10 000 yuan)	96377	136196	41.3
外商及港澳台投资企业 (万元)	Funds from HK,Macao,Taiwan & Foreign(10 000 yuan)	24650	14825	-39.9
按城乡渠道分	Grouped by Urban and Rural Area			
城镇（万元）	Urban(10 000 yuan)	976806	1173626	20.1
农村（万元）	Rural(10 000 yuan)	999	2418	142.0
一般预算收入(万元)	General Budgetary Financial Revenue(10 000 yuan)	81872	65712	-19.7
一般预算支出(万元)	General Budgetary Financial Expenditures(10 000 yuan)	123278	178902	45.1
城乡居民储蓄存款余额(万元)	Resident Saving Deposit in Urban & Rural(10 000 yuan)	390560	485364	24.3
在岗职工工资总额(万元)	Total Wages of Staff & Workers Employed in(10 000 yuan)	95630	114705	19.9
在岗职工平均工资(元)	Average Wage of Staff & Workers Employed in(yuan)	31021	34671	11.8
农牧民人均纯收入(元)	Per Capita Net Income of Peasant & Herdsman(yuan)	5364	6171	15.0
农村牧区经济	**Economic Development in Rural & Pastoral Area**			
耕地面积(公顷)	Cultivated Area(hectare)	26297		
农作物总播种面积(公顷)	Total Sown Area(hectare)	24119	24108	0.0
# 粮食作物播种面积(公顷)	Sown Area of Grain Crops(hectare)	16344	16175	-1.0
有效灌溉面积(公顷)	Irrigated Area(hectare)	24180	24000	-0.7
农牧业机械总动力(万千瓦)	Total Power of Agricultural Machinery(10 000 kw)	10.00	18.60	86.0
化肥施用折纯量(吨)	Consumption of Chemical Fertilizer(ton)	9405	7695	-18.2
农村用电量(万千瓦小时)	Electricity Consumed in Rural Area(10 000 kwh)	9245	12065	30.5
农林牧渔业总产值(万元)	Gross Output of Farming,Forestry,Animal Husbandry & Fishery(10 000 yuan)	48801	57656	18.2
粮食产量(吨)	Yield of Grain(ton)	133232	137172	3.0
油料产量(吨)	Yield of Oil-bearing Grops(ton)	16174	24362	50.6
甜菜产量(吨)	Yield of Beetroots(ton)			
猪牛羊肉产量(吨)	Output of Pork, Beef & Mutton(ton)	9355	9481	1.3
# 猪肉产量(吨)	Output of Pork(ton)	498	573	15.1
牛肉产量(吨)	Output of Beef(ton)	262	413	57.6
羊肉产量(吨)	Output of Mutton(ton)	8595	8495	-1.2
羊毛产量(吨)	Output of Wool(ton)	668	548	-18.0

23-106 Alashanzuo Banner in Alashan League

指 标	Item	2008	2009	2009年比上年增长% Increase Rate in 2009 Over 2008(%)
年末牲畜存栏头数(万头只)	Total Livestock at the Year-end(10 000 heads)	114.72	105.97	-7.6
# 大牲畜(万头只)	Large Animals(10 000 heads)	4.42	4.62	4.5
羊(万只)	Sheep & Goats(10 000 heads)	109.68	99.88	-8.9
猪(万头)	Hogs(10 000 heads)	0.62	1.47	137.1
规模以上工业	**Industrial Enterprises above Designated size**			
工业企业单位数(个)	Number of Industrial Enterprises(unit)	78	82	5.1
# 内资企业(个)	Civil Funded Enterprises(unit)	74	77	4.1
工业总产值(万元)	Gross Industrial Output Value(10 000 yuan)	2213638	3100800	40.1
内资企业(万元)	Civil Funded Enterprises(10 000 yuan)	2127061	2978200	40.0
国有企业(万元)	State-owned Enterprises(10 000 yuan)	258225	420100	62.7
集体企业(万元)	Collective-owned Enterprises(10 000 yuan)			
股份合作企业(万元)	Share Holding Enterprises(10 000 yuan)			
联营企业(万元)	Joint Owned Enterprises(10 000 yuan)			
有限责任公司(万元)	Limited Company(10 000 yuan)	643476	1105400	71.8
股份有限公司(万元)	Share Holding Limited Company(10 000 yuan)	545313	670400	22.9
私营企业(万元)	Privately Owned Enterprises(10 000 yuan)	669681	769400	14.9
其他企业(万元)	Enterprises of Other Ownership(10 000 yuan)	10366	12900	24.5
港澳台商投资企业(万元)	Funds from HK,Macao & Taiwan(10 000 yuan)		6900	
外商投资企业(万元)	Foreign Funded Enterprises(10 000 yuan)	86577	115700	33.6
工业企业增加值(万元)	Value Added of Industrial Enterprises(10 000 yuan)	606705	1426560	28.5
工业企业资产总计(万元)	Total Assets of Industrial Enterprises(10 000 yuan)	2831456	3409100	20.4
工业企业负债合计(万元)	Total Liabilities of Industrial Enterprises(10 000 yuan)	1967404	2155600	9.6
工业企业产品销售收入(万元)	Sales of Revenue Industrial Enterprises(10 000 yuan)	1991170	3098900	55.6
工业企业利润总额(万元)	Total Profits of Industrial Enterprises(10 000 yuan)	272363	128000	-53.0
建筑业	**Construction**			
建筑企业单位数(个)	Number of Construction Enterprises(unit)	15	15	0.0
建筑企业从业人员(人)	Number of Employee in Construction Enterprises(person)	4199	4358	3.8
建筑业总产值(万元)	Gross Construction Output Value(10 000 yuan)	37338	61393	64.4
交通运输邮电通信业	**Transportation,Post & Telecommunications**			
公路里程(公里)	Total Length of Highways(km)	2902	3179	9.5
邮电业务总量(万元)	Business Volume of Post & Telecoms(10 000 yuan)		66965	
本地电话用户(户)	Number of Subscribers of Local Telephone(Household)	252840	254280	0.6
国内贸易	**Domestic Trade**			
社会消费品零售总额(万元)	Total Retail Sales of Consumer Goods(10 000 yuan)	191353	222499	16.3
# 贸易业(万元)	Wholesale & Retail Sales Trades(10 000 yuan)	158512	185890	17.3
餐饮业(万元)	Catering Trade(10 000 yuan)	32841	35797	9.0
科技教育卫生	**Science,Education & Public Health**			
各类专业技术人员(人)	Special Technical Personnel(person)			
幼儿园数(所)	Number of Kindergartens(unit)	5	9	80.0
学龄儿童入学率(%)	Percentage of School-Age Children Enrolled(%)	100.0	100.0	0.0
小学学校数(所)	Number of Primary Schools(unit)	14	14	0.0
小学专任教师数(人)	Number of Full-time Teachers of Primary Schools(person)	704	731	3.8
小学在校学生数(人)	Number of Student Enrollment of Primary Schools(person)	11476	10982	-4.3
普通中学学校数(所)	Number of Regular Secondary Schools(unit)	13	13	0.0
普通中学专任教师数(人)	Number of Teachers of Secondary Shools(person)	871	861	-1.1
初中在校学生数(人)	Number of Student in Junior Secondary Schools(person)	6027	6026	0.0
高中在校学生数(人)	Number of Student in Senior Secondary Schools(person)	3749	3472	-7.4
卫生机构数(所)	Number of Health Institutions(unit)	70	127	81.4
# 医院(所)	Hospitals(unit)	10	9	-10.0
卫生院(所)	Township Hospitals(unit)	29	27	-6.9
床位数(张)	Number of Beds(unit)	578	546	-5.5
# 医院(张)	Hospitals(unit)	405	387	-4.4
卫生院(张)	Township Hospitals(unit)	119	113	-5.0
卫生技术人员(人)	Medical Technical Presonnel(person)	1090	1124	3.1
# 医院(人)	Hospitals(person)	631	671	6.3
卫生院(人)	Township Hospitals(person)	202	187	-7.4

23-107 阿拉善盟阿拉善右旗

指 标	Item	2008	2009	2009年比上年增长% Increase Rate in 2009 Over 2008(%)
行政区域土地面积(平方公里)	**Area of Administration(Sq.km)**	**75226**	**75226**	**0.0**
人口和就业	**Population & Employment**			
年末总人口(人)	Total Population Year-end(person)	24565	24577	0.0
# 男性(人)	Male(person)	12323	12332	0.1
# 乡村人口(人)	Rural(person)	7972	8052	1.0
年末总户数(户)	Total Number of Households at the Year-end(Household)	9284	9369	0.9
# 乡村户数(户)	Number of Rural Household(Household)	2325	2351	1.1
出生人口(人)	Births(person)	160	153	-4.4
死亡人口(人)	Deaths(person)	98	117	19.4
全社会就业人员(人)	Employment(person)	13435	13555	0.9
第一产业(人)	Primary Industry(person)	3862	3955	2.4
第二产业(人)	Secondary Industry(person)	4017	4020	0.1
第三产业(人)	Tertiary Industry(person)	5556	5580	0.4
在岗职工人数(人)	Number of Staff & Workers Employed in(person)	4643	4495	-3.2
乡村劳动力(人)	Number of Rural Laborers(person)	5033	5349	6.3
# 农林牧渔业(人)	Farming,Forestry,Animal Husbandry & Fishery(person)	3683	3644	-1.1
国民经济综合指标	**Summary Item on the National Economy**			
生产总值(万元)	Gross Domestic Product(10 000 yuan)	175116	237723	22.3
第一产业(万元)	Primary Industry(10 000 yuan)	13382	15425	5.2
第二产业(万元)	Secondary Industry(10 000 yuan)	120747	171482	24.0
# 工业(万元)	Industry(10 000 yuan)	113201	163833	25.7
第三产业(万元)	Tertiary Industry(10 000 yuan)	40987	50816	22.4
人均生产总值(元)	Per Capita GDP(yuan)	67097	90375	21.3
全社会固定资产投资(万元)	Total Investment in Fixed Assets(10 000 yuan)	71096	80568	13.3
按登记注册类型分	Grouped by Registered Type			
# 国有(万元)	State-owned Enterprises(10 000 yuan)	46015	39499	-14.2
集体(万元)	Collective-owned Enterprises(10 000 yuan)		300	
有限责任公司(万元)	Limited Liability Corporations(10 000 yuan)	17632	29308	66.2
股份有限公司(万元)	Share Holding Enterprises(10 000 yuan)		7000	
私营企业(万元)	Private Enterprises(10 000 yuan)	1939	1261	-35.0
外商及港澳台投资企业 (万元)	Funds from HK,Macao,Taiwan & Foreign(10 000 yuan)			
按城乡渠道分	Grouped by Urban and Rural Area			
城镇（万元）	Urban(10 000 yuan)	64089	80568	25.7
农村（万元）	Rural(10 000 yuan)	7007		
一般预算收入(万元)	General Budgetary Financial Revenue(10 000 yuan)	7776	7660	-1.5
一般预算支出(万元)	General Budgetary Financial Expenditures(10 000 yuan)	36159	59706	65.1
城乡居民储蓄存款余额(万元)	Resident Saving Deposit in Urban & Rural(10 000 yuan)	47877	56243	17.5
在岗职工工资总额(万元)	Total Wages of Staff & Workers Employed in(10 000 yuan)	13785	15859	15.0
在岗职工平均工资(元)	Average Wage of Staff & Workers Employed in(yuan)	29562	38281	29.5
农牧民人均纯收入(元)	Per Capita Net Income of Peasant & Herdsman(yuan)	6631	7314	10.3
农村牧区经济	**Economic Development in Rural & Pastoral Area**			
耕地面积(公顷)	Cultivated Area(hectare)	3140		
农作物总播种面积(公顷)	Total Sown Area(hectare)	2688	2778	3.3
# 粮食作物播种面积(公顷)	Sown Area of Grain Crops(hectare)	1902	1764	-7.3
有效灌溉面积(公顷)	Irrigated Area(hectare)			
农牧业机械总动力(万千瓦)	Total Power of Agricultural Machinery(10 000 kw)	1.34	2.56	91.0
化肥施用折纯量(吨)	Consumption of Chemical Fertilizer(ton)	607	663	9.2
农村用电量(万千瓦小时)	Electricity Consumed in Rural Area(10 000 kwh)	425	532	25.2
农林牧渔业总产值(万元)	Gross Output of Farming,Forestry,Animal Husbandry & Fishery(10 000 yuan)	21871	23707	8.4
粮食产量(吨)	Yield of Grain(ton)	17392	16286	-6.4
油料产量(吨)	Yield of Oil-bearing Grops(ton)	414	1805	336.0
甜菜产量(吨)	Yield of Beetroots(ton)			
猪牛羊肉产量(吨)	Output of Pork, Beef & Mutton(ton)	2437	2419	-0.7
# 猪肉产量(吨)	Output of Pork(ton)	181	467	158.0
牛肉产量(吨)	Output of Beef(ton)	2	3	50.0
羊肉产量(吨)	Output of Mutton(ton)	2254	1949	-13.5
羊毛产量(吨)	Output of Wool(ton)	108	85	-21.3

23-107 Alashanyou Banner in Alashan League

指 标	Item	2008	2009	2009年比上年增长% Increase Rate in 2009 Over 2008(%)
年末牲畜存栏头数(万头只)	Total Livestock at the Year-end(10 000 heads)	17.97	17.52	-2.5
#大牲畜(万头只)	Large Animals(10 000 heads)	1.30	1.54	18.5
羊(万只)	Sheep & Goats(10 000 heads)	16.10	15.40	-4.3
猪(万头)	Hogs(10 000 heads)	0.58	0.58	0.0
规模以上工业	**Industrial Enterprises above Designated size**			
工业企业单位数(个)	Number of Industrial Enterprises(unit)	19	19	0.0
#内资企业(个)	Civil Funded Enterprises(unit)	19	19	0.0
工业总产值(万元)	Gross Industrial Output Value(10 000 yuan)	195690	321200	64.1
内资企业(万元)	Civil Funded Enterprises(10 000 yuan)	195690	321200	64.1
国有企业(万元)	State-owned Enterprises(10 000 yuan)			
集体企业(万元)	Collective-owned Enterprises(10 000 yuan)			
股份合作企业(万元)	Share Holding Enterprises(10 000 yuan)	4544	13600	199.3
联营企业(万元)	Joint Owned Enterprises(10 000 yuan)			
有限责任公司(万元)	Limited Company(10 000 yuan)	117579	79500	-32.4
股份有限公司(万元)	Share Holding Limited Company(10 000 yuan)			
私营企业(万元)	Privately Owned Enterprises(10 000 yuan)	71280	228100	220.0
其他企业(万元)	Enterprises of Other Ownership(10 000 yuan)			
港澳台商投资企业(万元)	Funds from HK,Macao & Taiwan(10 000 yuan)			
外商投资企业(万元)	Foreign Funded Enterprises(10 000 yuan)			
工业企业增加值(万元)	Value Added of Industrial Enterprises(10 000 yuan)	95427	155433	27.2
工业企业资产总计(万元)	Total Assets of Industrial Enterprises(10 000 yuan)	140716	135200	-3.9
工业企业负债合计(万元)	Total Liabilities of Industrial Enterprises(10 000 yuan)	81816	77500	-5.3
工业企业产品销售收入(万元)	Sales of Revenue Industrial Enterprises(10 000 yuan)	192381	282500	46.8
工业企业利润总额(万元)	Total Profits of Industrial Enterprises(10 000 yuan)	16129	13800	-14.4
建筑业	**Construction**			
建筑企业单位数(个)	Number of Construction Enterprises(unit)	1	1	0.0
建筑企业从业人员(人)	Number of Employee in Construction Enterprises(person)	68	68	0.0
建筑业总产值(万元)	Gross Construction Output Value(10 000 yuan)	532	3476	553.4
交通运输邮电通信业	**Transportation,Post & Telecommunications**			
公路里程(公里)	Total Length of Highways(km)	1772	2043	15.3
邮电业务总量(万元)	Business Volume of Post & Telecoms(10 000 yuan)	2107	2332	10.7
本地电话用户(户)	Number of Subscribers of Local Telephone(Household)	3807	4438	16.6
国内贸易	**Domestic Trade**			
社会消费品零售总额(万元)	Total Retail Sales of Consumer Goods(10 000 yuan)	26646	30266	13.6
#贸易业(万元)	Wholesale & Retail Sales Trades(10 000 yuan)	19879	25459	28.1
餐饮业(万元)	Catering Trade(10 000 yuan)	4745	4529	-4.6
科技教育卫生	**Science,Education & Public Health**			
各类专业技术人员(人)	Special Technical Personnel(person)	981	1006	2.5
幼儿园数(所)	Number of Kindergartens(unit)	2	2	0.0
学龄儿童入学率(%)	Percentage of School-Age Children Enrolled(%)	100.0	100.0	0.0
小学学校数(所)	Number of Primary Schools(unit)	5	5	0.0
小学专任教师数(人)	Number of Full-time Teachers of Primary Schools(person)	179	177	-1.1
小学在校学生数(人)	Number of Student Enrollment of Primary Schools(person)	1471	1330	-9.6
普通中学学校数(所)	Number of Regular Secondary Schools(unit)	2	2	0.0
普通中学专任教师数(人)	Number of Teachers of Secondary Shools(person)	108	111	2.8
初中在校学生数(人)	Number of Student in Junior Secondary Schools(person)	802	810	1.0
高中在校学生数(人)	Number of Student in Senior Secondary Schools(person)	431	476	10.4
卫生机构数(所)	Number of Health Institutions(unit)	14	14	0.0
#医院(所)	Hospitals(unit)	3	2	-33.3
卫生院(所)	Township Hospitals(unit)	8	8	0.0
床位数(张)	Number of Beds(unit)	102	102	0.0
#医院(张)	Hospitals(unit)	57	57	0.0
卫生院(张)	Township Hospitals(unit)	40	40	0.0
卫生技术人员(人)	Medical Technical Presonnel(person)	216	212	-1.9
#医院(人)	Hospitals(person)	105	89	-15.2
卫生院(人)	Township Hospitals(person)	68	79	16.2

23-108 阿拉善盟额济纳旗

指 标	Item	2008	2009	2009年比上年增长% Increase Rate in 2009 Over 2008(%)
行政区域土地面积(平方公里)	**Area of Administration(Sq.km)**	**114606**	**114606**	**0.0**
人口和就业	**Population & Employment**			
年末总人口(人)	Total Population Year-end(person)	17135	17108	-0.2
#男性(人)	Male(person)	8632	8568	-0.7
#乡村人口(人)	Rural(person)	4436	4295	-3.2
年末总户数(户)	Total Number of Households at the Year-end(Household)	6803	7000	2.9
#乡村户数(户)	Number of Rural Household(Household)	1583	1583	0.0
出生人口(人)	Births(person)	132	158	19.7
死亡人口(人)	Deaths(person)	219	26	-88.1
全社会就业人员(人)	Employment(person)	12023	12433	3.4
第一产业(人)	Primary Industry(person)	3941	4011	1.8
第二产业(人)	Secondary Industry(person)	2811	2905	3.3
第三产业(人)	Tertiary Industry(person)	5271	5517	4.7
在岗职工人数(人)	Number of Staff & Workers Employed in(person)	4787	4803	0.3
乡村劳动力(人)	Number of Rural Laborers(person)	3214	3192	-0.7
#农林牧渔业(人)	Farming,Forestry,Animal Husbandry & Fishery(person)	3177	2966	-6.6
国民经济综合指标	**Summary Item on the National Economy**			
生产总值(万元)	Gross Domestic Product(10 000 yuan)	204162	273963	22.2
第一产业(万元)	Primary Industry(10 000 yuan)	9416	10526	4.0
第二产业(万元)	Secondary Industry(10 000 yuan)	114490	167744	27.4
#工业(万元)	Industry(10 000 yuan)	102632	152644	26.9
第三产业(万元)	Tertiary Industry(10 000 yuan)	80256	95693	18.8
人均生产总值(元)	Per Capita GDP(yuan)	119149	160137	34.4
全社会固定资产投资(万元)	Total Investment in Fixed Assets(10 000 yuan)	110305	152276	38.0
按登记注册类型分	Grouped by Registered Type			
#国有(万元)	State-owned Enterprises(10 000 yuan)	33002	67264	103.8
集体(万元)	Collective-owned Enterprises(10 000 yuan)			
有限责任公司(万元)	Limited Liability Corporations(10 000 yuan)	66423	27190	-59.1
股份有限公司(万元)	Share Holding Enterprises(10 000 yuan)	3880	30017	673.6
私营企业(万元)	Private Enterprises(10 000 yuan)	7000	16300	132.9
外商及港澳台投资企业(万元)	Funds from HK,Macao,Taiwan & Foreign(10 000 yuan)			
按城乡渠道分	Grouped by Urban and Rural Area			
城镇（万元）	Urban(10 000 yuan)	104205	150955	44.9
农村（万元）	Rural(10 000 yuan)	6100	1321	-78.3
一般预算收入(万元)	General Budgetary Financial Revenue(10 000 yuan)	15680	11359	-27.6
一般预算支出(万元)	General Budgetary Financial Expenditures(10 000 yuan)	38447	57901	50.6
城乡居民储蓄存款余额(万元)	Resident Saving Deposit in Urban & Rural(10 000 yuan)	46001	59445	29.2
在岗职工工资总额(万元)	Total Wages of Staff & Workers Employed in(10 000 yuan)	12893	15947	23.7
在岗职工平均工资(元)	Average Wage of Staff & Workers Employed in(yuan)	26671	33133	24.2
农牧民人均纯收入(元)	Per Capita Net Income of Peasant & Herdsman(yuan)	7094	7830	10.4
农村牧区经济	**Economic Development in Rural & Pastoral Area**			
耕地面积(公顷)	Cultivated Area(hectare)	5937		
农作物总播种面积(公顷)	Total Sown Area(hectare)	4669	4665	-0.1
#粮食作物播种面积(公顷)	Sown Area of Grain Crops(hectare)	670	527	-21.3
有效灌溉面积(公顷)	Irrigated Area(hectare)		46610	
农牧业机械总动力(万千瓦)	Total Power of Agricultural Machinery(10 000 kw)	2.29	3.25	41.9
化肥施用折纯量(吨)	Consumption of Chemical Fertilizer(ton)	1292	1538	19.0
农村用电量(万千瓦小时)	Electricity Consumed in Rural Area(10 000 kwh)	310	317	2.4
农林牧渔业总产值(万元)	Gross Output of Farming,Forestry,Animal Husbandry & Fishery(10 000 yuan)	17437	22207	27.4
粮食产量(吨)	Yield of Grain(ton)	4518	3028	-33.0
油料产量(吨)	Yield of Oil-bearing Grops(ton)	4	146	3550.0
甜菜产量(吨)	Yield of Beetroots(ton)			
猪牛羊肉产量(吨)	Output of Pork, Beef & Mutton(ton)	1542	1542	0.0
#猪肉产量(吨)	Output of Pork(ton)	963	900	-6.5
牛肉产量(吨)	Output of Beef(ton)	10	16	60.0
羊肉产量(吨)	Output of Mutton(ton)	569	626	10.0
羊毛产量(吨)	Output of Wool(ton)	24	34	41.7

23-108 Ejina Banner in Alashan League

指 标	Item	2008	2009	2009年比上年增长% Increase Rate in 2009 Over 2008(%)
年末牲畜存栏头数(万头只)	Total Livestock at the Year-end(10 000 heads)	6.99	7.17	2.6
#大牲畜(万头只)	Large Animals(10 000 heads)	1.27	1.38	8.7
羊(万只)	Sheep & Goats(10 000 heads)	5.47	5.56	1.6
猪(万头)	Hogs(10 000 heads)	0.25	0.23	-8.0
规模以上工业	**Industrial Enterprises above Designated size**			
工业企业单位数(个)	Number of Industrial Enterprises(unit)	15	15	0.0
#内资企业(个)	Civil Funded Enterprises(unit)	15	15	0.0
工业总产值(万元)	Gross Industrial Output Value(10 000 yuan)	186603	258100	38.3
内资企业(万元)	Civil Funded Enterprises(10 000 yuan)	186603	258100	38.3
国有企业(万元)	State-owned Enterprises(10 000 yuan)	4248	6400	50.7
集体企业(万元)	Collective-owned Enterprises(10 000 yuan)			
股份合作企业(万元)	Share Holding Enterprises(10 000 yuan)			
联营企业(万元)	Joint Owned Enterprises(10 000 yuan)			
有限责任公司(万元)	Limited Company(10 000 yuan)	5327		
股份有限公司(万元)	Share Holding Limited Company(10 000 yuan)	745		
私营企业(万元)	Privately Owned Enterprises(10 000 yuan)	176282	251700	42.8
其他企业(万元)	Enterprises of Other Ownership(10 000 yuan)			
港澳台商投资企业(万元)	Funds from HK,Macao & Taiwan(10 000 yuan)			
外商投资企业(万元)	Foreign Funded Enterprises(10 000 yuan)			
工业企业增加值(万元)	Value Added of Industrial Enterprises(10 000 yuan)	99132	147544	26.5
工业企业资产总计(万元)	Total Assets of Industrial Enterprises(10 000 yuan)	154924	144800	-6.5
工业企业负债合计(万元)	Total Liabilities of Industrial Enterprises(10 000 yuan)	107340	96000	-10.6
工业企业产品销售收入(万元)	Sales of Revenue Industrial Enterprises(10 000 yuan)	106021	235500	122.1
工业企业利润总额(万元)	Total Profits of Industrial Enterprises(10 000 yuan)	5978	-2800	
建筑业	**Construction**			
建筑企业单位数(个)	Number of Construction Enterprises(unit)	3	3	0.0
建筑企业从业人员(人)	Number of Employee in Construction Enterprises(person)	637	446	-30.0
建筑业总产值(万元)	Gross Construction Output Value(10 000 yuan)	4081	2564	-37.2
交通运输邮电通信业	**Transportation,Post & Telecommunications**			
公路里程(公里)	Total Length of Highways(km)	2723	2808	3.1
邮电业务总量(万元)	Business Volume of Post & Telecoms(10 000 yuan)	4974	10681	114.7
本地电话用户(户)	Number of Subscribers of Local Telephone(Household)	4315	4300	-0.3
国内贸易	**Domestic Trade**			
社会消费品零售总额(万元)	Total Retail Sales of Consumer Goods(10 000 yuan)	49367	55861	13.2
#贸易业(万元)	Wholesale & Retail Sales Trades(10 000 yuan)	38042	43608	14.6
餐饮业(万元)	Catering Trade(10 000 yuan)	11325	11967	5.7
科技教育卫生	**Science,Education & Public Health**			
各类专业技术人员(人)	Special Technical Personnel(person)	826	823	-0.4
幼儿园数(所)	Number of Kindergartens(unit)	2	2	0.0
学龄儿童入学率(%)	Percentage of School-Age Children Enrolled(%)	100.0	100.0	0.0
小学学校数(所)	Number of Primary Schools(unit)	1	1	0.0
小学专任教师数(人)	Number of Full-time Teachers of Primary Schools(person)	124	115	-7.3
小学在校学生数(人)	Number of Student Enrollment of Primary Schools(person)	1181	1122	-5.0
普通中学学校数(所)	Number of Regular Secondary Schools(unit)	2	2	0.0
普通中学专任教师数(人)	Number of Teachers of Secondary Shools(person)	114	91	-20.2
初中在校学生数(人)	Number of Student in Junior Secondary Schools(person)	597	552	-7.5
高中在校学生数(人)	Number of Student in Senior Secondary Schools(person)	297	346	16.5
卫生机构数(所)	Number of Health Institutions(unit)	10	17	70.0
#医院(所)	Hospitals(unit)	3	2	-33.3
卫生院(所)	Township Hospitals(unit)	5	5	0.0
床位数(张)	Number of Beds(unit)	161	145	-9.9
#医院(张)	Hospitals(unit)	110	100	-9.1
卫生院(张)	Township Hospitals(unit)	41	45	9.8
卫生技术人员(人)	Medical Technical Presonnel(person)	165	131	-20.6
#医院(人)	Hospitals(person)	136	98	-27.9
卫生院(人)	Township Hospitals(person)	29	33	13.8

二十四、附录

Appendix

资料整理：张　晶　蔡雨成　杨力英
Arranged By Zhang Jing , Cai Yucheng , Yang Liying

24-1 上市公司发展基本情况(2009年)

上市公司名称	Name of Listed Companies
内蒙古蒙电华能热电股份有限公司(内蒙华电)	Inner Mongolia Meng Dian Hua Neng Co.,Ltd
鄂尔多斯羊绒制品股份有限公司(鄂绒B股)	Inner Mongolia Erdos Cashmere Products Co.,Ltd
鄂尔多斯羊绒制品股份有限公司(鄂尔多斯)	Inner Mongolia Erdos Cashmere Products Co.,Ltd
内蒙古伊利实业股份有限公司(*ST伊利)	Inner Mongolia YiLi Industrial Group Co.,Ltd
赤峰富龙热电股份有限公司(富龙热电)	Chifeng FuLong Thermal Power Co.,Ltd
内蒙古远兴能源股份有限公司(远兴能源)	Inner Mongolia Yuan Xing Energy Co.,Ltd
内蒙古平庄能源股份有限公司(平庄能源)	Inner Mongolia PingZhuang Energy Co.,Ltd
包头明天科技股份有限公司(明天科技)	Baotou Tomorrow Technology Co.,Ltd
内蒙古伊泰煤炭股份有限公司(伊泰B股)	Inner Mongolia Yi Tai Coal Industry Co.,Ltd
内蒙古包钢稀土(集团)高科技股份有限公司	Inner Mongolia Baotou Steel Rare-earthgroup) Hi-tech Co.,Ltd
包头华资实业股份有限公司(华资实业)	Baotou Hua Zi Industry Sale-Holding Co.,Ltd
内蒙古金宇集团股份有限公司(金宇集团)	Inner Mongolia Jin Yu Group Co.,Ltd
北方重型汽车股份有限公司(北方股份)	North Heavy-duty Automobile Co.,Ltd
内蒙古亿利能源股份有限公司(亿利能源)	Inner Mongolia YiLi Energy Co.,Ltd
内蒙古西水创业股份有限公司(西水股份)	Xishui Strong Year Co.,Ltd Inner Mongolia
内蒙古兰太实业股份有限公司(兰太实业)	Inner Mongolia LanTai Industrial Co.,Ltd
内蒙古包钢钢联股份有限公司(包钢股份)	Inner Mongolia Baotou Steel Union Co.,Ltd
内蒙古时代科技股份有限公司(时代科技)	Inner Mongolia ShiDai Science and Technological Co.,Ltd
包头北方创业股份有限公司(北方创业)	Baotou Beifang Chuangye Co.,Ltd
内蒙古霍林河露天煤业股份有限公司(露天煤业)	Inner Mongolia Huolinhe Opencut Coal Industry Co., Ltd

Inner Mongolia Autonomous Regional Development of Listed Companies(2009)

股票类别	Classification of Shares	行业划分	Classification of Industries
上证A股	A Shares of Shanghai Stock Exchange	电力、煤气及水的生产和供应业	Production & Supply of Elec. Power Gas & Water
上证B股	B Shares of Shanghai Stock Exchange	纺织、服装、皮毛	Textile Clothes and Furs
上证A股	A Shares of Shanghai Stock Exchange		
上证A股	A Shares of Shanghai Stock Exchange	食品、饮料	Foodstuff, Drinks
深证A股	A Shares of Shenzhen Stock Exchange	电力、煤气及水的生产和供应业	Production & Supply of Elec. Power Gas & Water
深证A股	A Shares of Shenzhen Stock Exchange	石油、化学、塑胶、塑料	Petroleum, Chemical, Synthetic Resin Plastics
深证A股	A Shares of Shenzhen Stock Exchange	食品、饮料	Foodstuff, Drinks
上证A股	A Shares of Shanghai Stock Exchange	石油、化学、塑胶、塑料	Petroleum, Chemical, Synthetic Resin Plastics
上证B股	B Shares of Shanghai Stock Exchange	采掘业	Mining
上证A股	A Shares of Shanghai Stock Exchange	金属、非金属	Metal and Nonmetal
上证A股	A Shares of Shanghai Stock Exchange	食品、饮料	Foodstuff, Drinks
上证A股	A Shares of Shanghai Stock Exchange	医药、生物制品	Biological Pharmacy
上证A股	A Shares of Shanghai Stock Exchange	机械、设备、仪表	Machinery, Equipment and Meter
上证A股	A Shares of Shanghai Stock Exchange	石油、化学、塑胶、塑料	Petroleum, Chemical, Synthetic Resin Plastics
上证A股	A Shares of Shanghai Stock Exchange	金属、非金属	Metal and Nonmetal
上证A股	A Shares of Shanghai Stock Exchange	石油、化学、塑胶、塑料	Petroleum, Chemical, Synthetic Resin Plastics
上证A股	A Shares of Shanghai Stock Exchange	金属、非金属	Metal and Nonmetal
深证A股	A Shares of Shenzhen Stock Exchange	机械、设备、仪表	Machinery, Equipment and Meter
上证A股	A Shares of Shanghai Stock Exchange	机械、设备、仪表	Machinery, Equipment and Meter
深证A股	A Shares of Shenzhen Stock Exchange	采掘业	Mining

24-1 续表 1

上市公司名称	Name of Listed Companies
总计	**Total**
内蒙古蒙电华能热电股份有限公司(内蒙华电)	Inner Mongolia Meng Dian Hua Neng Co.,Ltd
鄂尔多斯羊绒制品股份有限公司(鄂绒B股)	Inner Mongolia Erdos Cashmere Products Co.,Ltd
鄂尔多斯羊绒制品股份有限公司(鄂尔多斯)	Inner Mongolia Erdos Cashmere Products Co.,Ltd
内蒙古伊利实业股份有限公司(*ST伊利)	Inner Mongolia YiLi Industrial Group Co.,Ltd
内蒙古伊利实业股份有限公司(*ST伊利)	Inner Mongolia YiLi Industrial Group Co.,Ltd
赤峰富龙热电股份有限公司(富龙热电)	Chifeng FuLong Thermal Power Co.,Ltd
内蒙古远兴能源股份有限公司(远兴能源)	Inner Mongolia Yuan Xing Energy Co.,Ltd
内蒙古远兴能源股份有限公司(远兴能源)	Inner Mongolia Yuan Xing Energy Co.,Ltd
内蒙古平庄能源股份有限公司(平庄能源)	Inner Mongolia PingZhuang Energy Co.,Ltd
包头明天科技股份有限公司(明天科技)	Baotou Tomorrow Technology Co.,Ltd
包头明天科技股份有限公司(明天科技)	Baotou Tomorrow Technology Co.,Ltd
内蒙古伊泰煤炭股份有限公司(伊泰B股)	Inner Mongolia Yi Tai Coal Industry Co.,Ltd
内蒙古包钢稀土(集团)高科技股份有限公司	Inner Mongolia Baotou Steel Rare-earth (group) Hi-tech Co.,Ltd
包头华资实业股份有限公司(华资实业)	Baotou Hua Zi Industry Co.,Ltd
内蒙古金宇集团股份有限公司(金宇集团)	Inner Mongolia JinYu Group Co.,Ltd
北方重型汽车股份有限公司(北方股份)	North Heavy duty Automobile Co.,Ltd
内蒙古亿利能源股份有限公司(亿利能源)	Inner Mongolia YiLi Energy Co.,Ltd
内蒙古亿利能源股份有限公司(亿利能源)	Inner Mongolia YiLi Energy Co.,Ltd
内蒙古西水创业股份有限公司(西水股份)	Xishui Strong Year Co.,Ltd Inner Mongolia
内蒙古兰太实业股份有限公司(兰太实业)	Inner Mongolia LanTai Industrial Co.,Ltd
内蒙古包钢钢联股份有限公司(包钢股份)	Inner Mongolia Baotou Steel Union Co.,Ltd
内蒙古时代科技股份有限公司(时代科技)	Inner Mongolia ShiDai Science and Technological Co.,Ltd
包头北方创业股份有限公司(北方创业)	Baotou Beifang Chuangye Co.Ltd
包头北方创业股份有限公司(北方创业)	Baotou Beifang Chuangye Co.Ltd
内蒙古霍林河露天煤业股份有限公司(露天煤业)	Inner Mongolia Huolinhe Opencut Coal Industry Co., Ltd

continued

2009年末股本结构(万股) Composition of Capital at the End of 2009 (10 000 shares)		股票发行情况 Issuing Summary for Stocks			
总股本 Total Issued Capital	流通股 Negotiable Shares	发行日期 Issuing Date	发行价格(元/股) Price of Issuing (yuan/share)	发行量(万股) Amount Issued (10 000 shares)	股票发行筹资额 (亿元) Raised Capital (100 million yuan)
		1994-03-30	3.90	5000	1.95
		1995-09-25	3.98	11000	4.38
		2001-03-26	16.80	8000	13.44
		1996-01-25	5.98	1800	1.02
		2002-08-28	16.85	增发A股4896	8.25
		1996-08-01	5.88	1370	0.81
		1997-01-13	5.11	6500	3.32
		2008-04-08	15.16	4288	6.33
		1997-05-19	5.66	4000	2.16
		1997-06-13	5.28	3700	1.95
		2002-06-06	8.82	增发A股11000	9.70
		1997-07-18	3.38	16600	5.24
		1997-08-28	4.43	8000	3.40
		1998-11-02	4.30	5600	3.01
		1998-12-02	6.83	3500	2.39
		2000-06-09	8.00	5500	4.40
		2000-07-04	8.88	5800	5.15
		2008-10-22	11.20	42749	47.88
		2000-07-13	6.38	6000	3.83
		2000-11-30	7.88	6000	4.52
		2001-02-14	5.18	35000	17.57
		1996-09-20	6.48	1850	1.20
		2004-04-26	7.20	5000	3.49
		2008-06-06	7.24	4323	3.00
		2007-04-18	9.80	7800	7.64

24-1 续表 2

上市公司名称	Name of Listed Companies
总 计	**Total**
内蒙古蒙电华能热电股份有限公司(内蒙华电)	Inner Mongolia Meng Dian Hua Neng Co.,Ltd
鄂尔多斯羊绒制品股份有限公司(鄂绒B股)	Inner Mongolia Erdos Cashmere Products Co.,Ltd
鄂尔多斯羊绒制品股份有限公司(鄂尔多斯A股)	Inner Mongolia Erdos Cashmere Products Co.,Ltd
内蒙古伊利实业股份有限公司(*ST伊利)	Inner Mongolia YiLi Industrial Group Co.,Ltd
赤峰富龙热电股份有限公司(富龙热电)	Chifeng FuLong Thermal Power Co.,Ltd
内蒙古远兴能源股份有限公司(远兴能源)	Inner Mongolia Yuan Xing Energy Co.,Ltd
内蒙古平庄能源股份有限公司(平庄能源)	Inner Mongolia PingZhuang Energy Co.,Ltd
包头明天科技股份有限公司(明天科技)	Baotou Tomorrow Technology Co.,Ltd
内蒙古伊泰煤炭股份有限公司(伊泰B股)	Inner Mongolia Yi Tai Coal Industry Co.,Ltd
内蒙古包钢稀土(集团)高科技股份有限公司	Inner Mongolia Baotou Steel Rare-earth (group) Hi-tech Co.,Ltd
包头华资实业股份有限公司(华资实业)	Baotou Hua Zi Industry Co.,Ltd
内蒙古金宇集团股份有限公司(金宇集团)	Inner Mongolia Jin Yu Group Co.,Ltd
北方重型汽车股份有限公司(北方股份)	North Heavy-duty Automobile Co.,Ltd
内蒙古亿利能源股份有限公司(亿利能源)	Inner Mongolia YiLi Energy Co.,Ltd
内蒙古西水创业股份有限公司(西水股份)	Xishui Strong Year Co.,Ltd Inner Mongolia
内蒙古兰太实业股份有限公司(兰太实业)	Inner Mongolia LanTai Industrial Co.,Ltd
内蒙古包钢钢联股份有限公司(包钢股份)	Inner Mongolia Baotou Steel Union Co.,Ltd
内蒙古时代科技股份有限公司(时代科技)	Inner Mongolia ShiDai Science and Technological Co.,Ltd
包头北方创业股份有限公司(北方创业)	Baotou Beifang Chuangye Co.Ltd
内蒙古霍林河露天煤业股份有限公司(露天煤业)	Inner Mongolia Huolinhe Opencut Coal Industry Co., Ltd

continued

股票上市情况 Listed Summary for Stocks		股票配售情况 Distribution of Stocks				股票筹资总额(亿元) Total Raised Capital (100 million yuan)
上市日期 Listed Date	上市价格(元/股) Listed Price Per Share (yuan/share)	配股时间 Date of Distribution	配股价格(元/股) Price of Distribution Per Share (yuan/share)	配股比例 Proportion of Distribution	配股筹资额(亿元) Raised Capital Owing to Distribution (100 million yuan)	
1994-05-20	5.18	1996-11-25	4.00	10：3	0.60	24.53
		1998-12-17	5.00	10：8	3.74	
1995-10-20	USD0.518		6.88	10000股(share)	6.88	3.47
2001-04-26						13.01
1996-03-12	9.00	1997-04-12	6.80	10：3	2.04	25.15
		1998-11-08	15.00	10：3	2.86	
1996-08-29	10.32	1998-05-11	8.00	10：4	3.51	6.44
		2001-05-03	13.20	10：3	2.27	
1997-01-31	11.80	1998-08-07	8.60	10：3	3.35	12.83
1997-06-06	15.49	1999-08-31	8.00	10：3	2.50	22.37
		2003-10-01	6.43	10：7	7.84	
1997-07-04	8.18	1999-12-10	14.23	10：3	3.43	14.72
1997-08-08	USD0.4073					4.87
1997-09-24	7.38	2000-03-08	7.60	10：3	2.98	6.31
1998-12-10	7.80	2000-09-28	15.00	10：3	3.50	6.26
1999-01-15	13.68	2000-12-29	17.00	10：3	2.00	4.31
2000-06-30	15.70					4.26
2000-07-25	18.18					52.85
2000-07-31	12.12					3.66
2000-12-22	17.78					4.53
2004-11-10						87.31
1996-10-08	10.68	1998-12-11	4.28	10.：2.5	0.89	3.56
2004-05-18	10.00					6.45
2007-04-18	9.80					7.30

24-1 续表 3

上 市 公 司 名 称	Name of Listed Companies
总 计	**Total**
内蒙古蒙电华能热电股份有限公司(内蒙华电)	Inner Mongolia Meng Dian Hua Neng Co.,Ltd
鄂尔多斯羊绒制品股份有限公司(鄂绒B、A股)	Inner Mongolia Erdos Cashmere Products Co.,Ltd
内蒙古伊利实业股份有限公司(*ST伊利)	Inner Mongolia YiLi Industrial Group Co.,Ltd
赤峰富龙热电股份有限公司(富龙热电)	Chifeng FuLong Thermal Power Co.,Ltd
内蒙古远兴能源股份有限公司(远兴能源)	Inner Mongolia Yuan Xing Energy Co.,Ltd
内蒙古平庄能源股份有限公司(平庄能源)	Inner Mongolia PingZhuang Energy Co.,Ltd
包头明天科技股份有限公司(明天科技)	Baotou Tomorrow Technology Co.,Ltd
内蒙古伊泰煤炭股份有限公司(伊泰B股)	Inner Mongolia Yi Tai Coal Industry Co.,Ltd
内蒙古包钢稀土(集团)高科技股份有限公司	Inner Mongolia Baotou Steel Rare-earth (group) Hi-tech Co.,Ltd
包头华资实业股份有限公司(华资实业)	Baotou Hua Zi Industry Sale-Holding Co.,Ltd
内蒙古金宇集团股份有限公司(金宇集团)	Inner Mongolia Jin Yu Group Co.,Ltd
北方重型汽车股份有限公司(北方股份)	North Heavy-duty Automobile Co.,Ltd
内蒙古亿利能源股份有限公司(亿利能源)	Inner Mongolia YiLi Energy Co.,Ltd
内蒙古西水创业股份有限公司(西水股份)	Xishui Strong Year Co.,Ltd Inner Mongolia
内蒙古兰太实业股份有限公司(兰太实业)	Inner Mongolia LanTai Industrial Co.,Ltd
内蒙古包钢钢联股份有限公司(包钢股份)	Inner Mongolia Baotou Steel Union Co.,Ltd
内蒙古时代科技股份有限公司(时代科技)	Inner Mongolia ShiDai Science and Technological Co.,Ltd
包头北方创业股份有限公司(北方创业)	Baotou Beifang Chuangye Co.,Ltd
内蒙古霍林河露天煤业股份有限公司(露天煤业)	Inner Mongolia Huolinhe Opencut Coal Industry Co., Ltd

continued

主营业务收入(万元) Main Business Revenue(10 000 yuan)		利润总额(万元) Total Profit(10 000 yuan)		净利润(万元) Net Profit(10 000 yuan)	
2008	2009	2008	2009	2008	2009
632334		-56616		-61409	
938514		83453		81381	
2153812		-195564		-173671	
31562		-13653		-13733	
198663		17628		12848	
261857		90404		67803	
22922		-19946		-19946	
872704		377036		309389	
273894		26612		22903	
15430		-15443		-14639	
81391		10279		7859	
159166		4702		3182	
216664		-13026		-10709	
56640		3190		2848	
89064		6439		5589	
4352057		105988		92034	
26775		2246		2162	
200531		5867		5275	
380878		88001		74338	

24-1 续表 4

上市公司名称	Name of Listed Companies
总计	**Total**
内蒙古蒙电华能热电股份有限公司(内蒙华电)	Inner Mongolia Meng Dian Hua Neng Co.,Ltd
鄂尔多斯羊绒制品股份有限公司(鄂绒B、A股)	Inner Mongolia Erdos Cashmere Products Co.,Ltd
内蒙古伊利实业股份有限公司(*ST伊利)	Inner Mongolia YiLi Industrial Group Co.,Ltd
赤峰富龙热电股份有限公司(富龙热电)	Chifeng FuLong Thermal Power Co.,Ltd
内蒙古远兴能源股份有限公司(远兴能源)	Inner Mongolia Yuan Xing Energy Co.,Ltd
内蒙古平庄能源股份有限公司(平庄能源)	Inner Mongolia PingZhuang Energy Co.,Ltd
包头明天科技股份有限公司(明天科技)	Baotou Tomorrow Technology Co.,Ltd
内蒙古伊泰煤炭股份有限公司(伊泰B股)	Inner Mongolia Yi Tai Coal Industry Co.,Ltd
内蒙古包钢稀土(集团)高科技股份有限公司	Inner Mongolia Baotou Steel Rare-earth (group) Hi-tech Co.,Ltd
包头华资实业股份有限公司(华资实业)	Baotou Hua Zi Industry Sale-Holding Co.,Ltd
内蒙古金宇集团股份有限公司(金宇集团)	Inner Mongolia Jin Yu Group Co.,Ltd
北方重型汽车股份有限公司(北方股份)	North Heavy-duty Automobile Co.,Ltd
内蒙古亿利能源股份有限公司(亿利能源)	Inner Mongolia YiLi Energy Co.,Ltd
内蒙古西水创业股份有限公司(西水股份)	Xishui Strong Year Co.,Ltd Inner Mongolia
内蒙古兰太实业股份有限公司(兰太实业)	Inner Mongolia LanTai Industrial Co.,Ltd
内蒙古包钢钢联股份有限公司(包钢股份)	Inner Mongolia Baotou Steel Union Co.,Ltd
内蒙古时代科技股份有限公司(时代科技)	Inner Mongolia ShiDai Science and Technological Co.,Ltd
包头北方创业股份有限公司(北方创业)	Baotou Beifang Chuangye Co.,Ltd
内蒙古霍林河露天煤业股份有限公司(露天煤业)	Inner Mongolia Huolinhe Opencut Coal Industry Co., Ltd

continued

总资产(万元) Total Assets(10 000 yuan)		股东权益(万元) Shareholder's Eguity(10 000 yuan)		资产负债率(%) Assets-Liability Ratio(%)	
2008	2009	2008	2009	2008	2009
2326679	2234763	534441	568431	77.0	74.6
1572487	2061892	601008	687474	61.8	66.7
1178049	1315214	322757	370994	72.6	71.8
238096	166587	121679	118620	48.9	28.8
456632	646232	220669	295300	51.7	54.3
375608	449318	244112	296888	34.3	33.9
262358	147418	165169	68536	37.0	53.5
1838123	2238095	741272	1051064	59.7	53.0
577490	646352	221439	249610	61.7	61.4
236482	261932	170836	204630	27.8	21.9
124252	139913	72347	75098	41.8	46.3
261745	281868	71818	74520	72.6	73.6
1108376	1213547	569896	585221	48.6	51.8
223599	436663	146932	294560	34.3	32.5
221401	376637	98347	130517	55.6	65.3
4389931	4294206	1435281	1244661	67.3	71.0
86634	79255	74814	68207	13.6	13.9
231932	215114	93780	108910	59.6	49.4
398880	461091	238946	329226	39.5	28.6

24-1 续表 5

上市公司名称	Name of Listed Companies
总 计	**Total**
内蒙古蒙电华能热电股份有限公司(内蒙华电)	Inner Mongolia Meng Dian Hua Neng Co.,Ltd
鄂尔多斯羊绒制品股份有限公司(鄂绒B、A股)	Inner Mongolia Erdos Cashmere Products Co.,Ltd
内蒙古伊利实业股份有限公司(*ST伊利)	Inner Mongolia YiLi Industrial Group Co.,Ltd
赤峰富龙热电股份有限公司(富龙热电)	Chifeng FuLong Thermal Power Co.,Ltd
内蒙古远兴能源股份有限公司(远兴能源)	Inner Mongolia Yuan Xing Energy Co.,Ltd
内蒙古平庄能源股份有限公司(平庄能源)	Inner Mongolia PingZhuang Energy Co.,Ltd
包头明天科技股份有限公司(明天科技)	Baotou Tomorrow Technology Co.,Ltd
内蒙古伊泰煤炭股份有限公司(伊泰B股)	Inner Mongolia Yi Tai Coal Industry Co.,Ltd
内蒙古包钢稀土(集团)高科技股份有限公司	Inner Mongolia Baotou Steel Rare-earth (group) Hi-tech Co.,Ltd
包头华资实业股份有限公司(华资实业)	Baotou Hua Zi Industry Sale-Holding Co.,Ltd
内蒙古金宇集团股份有限公司(金宇集团)	Inner Mongolia Jin Yu Group Co.,Ltd
北方重型汽车股份有限公司(北方股份)	North Heavy-duty Automobile Co.,Ltd
内蒙古亿利能源股份有限公司(亿利能源)	Inner Mongolia YiLi Energy Co.,Ltd
内蒙古西水创业股份有限公司(西水股份)	Xishui Strong Year Co.,Ltd Inner Mongolia
内蒙古兰太实业股份有限公司(兰太实业)	Inner Mongolia LanTai Industrial Co.,Ltd
内蒙古包钢钢联股份有限公司(包钢股份)	Inner Mongolia Baotou Steel Union Co.,Ltd
内蒙古时代科技股份有限公司(时代科技)	Inner Mongolia ShiDai Science and Technological Co.,Ltd
包头北方创业股份有限公司(北方创业)	Baotou Beifang Chuangye Co.,Ltd
内蒙古霍林河露天煤业股份有限公司(露天煤业)	Inner Mongolia Huolinhe Opencut Coal Industry Co., Ltd

continued

每股收益(元) Profit Per Share(yuan)		每股净资产(元) Net Assets Per Share(yuan)		净资产收益率(%) Ratio of Net Assets' Per Profit(%)	
2008	2009	2008	2009	2008	2009
-0.40	0.20	1.65	1.72	-21.36	12.09
0.40	0.38	3.54	3.85	11.82	10.33
-2.30	0.81	3.49	4.31	-48.20	20.78
-0.35	0.21	3.11	3.07	-10.71	6.70
0.21	1.78	2.52	3.98	11.18	54.68
0.67	0.46	2.41	2.93	25.27	17.48
-0.59	-2.85	4.91	2.04	-11.38	-82.19
4.25	4.29	9.01	12.66	60.85	39.60
0.21	0.07	2.03	2.10	10.72	3.35
-0.30	0.11	3.51	4.21	-6.69	2.82
0.26	0.24	2.54	2.67	10.23	9.08
0.22	0.29	4.04	4.24	5.59	6.96
-0.34	0.15	8.26	8.42	-2.86	1.86
0.08	1.12	4.52	9.13	1.02	16.35
0.17	0.09	2.65	2.72	6.39	3.37
0.14	-0.25	2.23	1.93	6.48	-12.19
0.08	0.04	1.83	1.89	4.03	2.16
0.23	0.26	4.87	5.13	5.23	5.15
0.85	0.88	2.77	2.91	32.12	34.97

24-2 内蒙古自治区国民经济主要指标占全国的比重(2009年)

Inner Mongolia Main Indicators of National Economy as Percentage of Whole Nation(2009)

指 标	Item	全国 Whole Nation	内蒙古 Inner Mongolia	内蒙古所占比重(%) Percentage (%)
土地面积(万平方公里)	Land Area(10 000 sq.km)	960.0	118.3	12.3
年末总人口数(万人)	Population at the Year-end(10 000 persons)	133474.0	2422.1	1.8
社会就业人员(万人)	Employment(10 000 persons)	77995.0	1142.0	1.5
生产总值(当年价)(亿元)	Gross Domestic Product(current pirces) (100 million yuan)	335353.0	9740.3	2.7
第一产业	Primary Industry	35477.0	929.6	2.6
第二产业	Secondray industry	156957.9	5114.0	2.9
#工业	Industry	134624.5	4503.3	2.9
第三产业	Tertiary Industry	142918.0	3696.7	2.5
规模以上工业企业单位数(个)	Number of Industry above Designated Size (unit)	422588	4210	1.0
规模以上工业利润总额(亿元)	Total Profits of Industry(100 million yuan)	25890.8	812.0	3.1
能源生产总量(万吨标准煤)	Total Production of Energy(10000 tons of SCE)	275000.0	40185.9	14.6
能源消费总量(万吨标准煤)	Total Consumption of Energy(10000 tons of SCE)	306600.0	17473.7	5.7
农林牧渔业总产值(当年价)(亿元)	Gross Output Value of Farming, Forestry, Animal Husbandry & Fishery (current prices)(100 million yuan)	60361.0	1570.6	2.6
农业	Farming	30611.1	731.9	2.4
林业	Forestry	2359.4	78.2	3.3
牧业	Animal Husbandry	19468.4	721.4	3.7
渔业	Fishery	5626.4	12.7	0.2
工农业主要产品产量	Output of Major Farm & Industrial Products			
粗钢(万吨)	Steel(10 000 tons)	56803.3	1261.9	2.2
原煤(亿吨)	Coal(100 million tons)	29.73	6.00	20.2
发电量(亿千瓦小时)	Electricity(10 000 million Kwh)	37146.5	2242.4	6.0
汽车(万辆)	Motor Vehicles(10 000 vehicles)	1379.5	3.3	0.2
粮食(万吨)	Grain(10 000 ton)	53082.1	1981.7	3.7
油料(万吨)	Oil-bearing Crops(10 000 tons)	3154.3	119.6	3.8
货物运输总量(亿吨)	Total Freight Traffic(100 milion tons)	278.80	11.7	4.2
客运总量(亿人次)	Total Passenger Traffic(100 million Person-times)	297.70	2.3	0.8
邮电业务总量(亿元)	Total Business Revenue of Postal & Teleco-mmunication Services(100 million yuan)	27313.0	554.2	2.0
社会消费品零售总额(亿元)	Retail Sales of Consumer Goods (100 million yuan)	125343.0	2855.3	2.3
海关进出口总额(亿美元)	Total Imports and Exports(USD 100 million)	22072.0	67.6	0.3
全社会固定资产投资(亿元)	Total Investment in Fixed Assets (100 million yuan)	224846.0	7464.7	3.3
#城镇	Urban	194139.0	7270.2	3.7
农村牧区	Rural	30707.0	194.5	0.6
房地产开发	Real Estate Development	36232.0	815.5	2.3
地方财政收入(亿元)	Local Financial Revenue(100 million yuan)	32580.7	1378.1	4.2
年末城乡居民储蓄余额(亿元)	Year-end Saving Deposits of Urban & Rural Residents(100 million yuan)	264761.0	3914.0	1.5

24-3 西部地区国民经济和社会发展主要指标(2009年)

指标	Item	内蒙古 Inner Mongolia	广 西 Guangxi	重庆 Chongqing
土地面积(万平方公里)	Land Area(10 000 sq.km)	118.3	23.7	8.2
年末总人口(万人)	Population at the Year-end(10 000 persons)	2422	4856	2859
人口自然增长率(‰)	Natural Growth Rate of Population(‰)	3.96	8.53	3.70
人口密度(人/平方公里)	Population Density (persons/sq.km)	20.5	213.0	348.7
就业人员(万人)	Employed Persons(10 000 persons)	1142.5	2862.6	1878.5
生产总值(亿元)	Gross Domestic Product(100 million yuan)	9740.3	7700.4	6528.7
第一产业	Primary Industry	929.6	1458.7	606.8
第二产业	Secondray industry	5114.0	3377.7	3447.5
# 工业	Industry	4503.3	2863.8	2917.4
第三产业	Tertiary Industry	3696.7	2863.9	2474.4
人均生产总值(元)	Per Capita GDP(yuan)	40225	15923	22916
生产总值指数(上年=100)	Indices of Gross Domestic Product (preceding year=100)	116.9	113.9	114.9
第一产业	Primary Industry	102.3	105.3	105.5
第二产业	Secondray industry	121.4	117.6	117.8
# 工业	Industry	121.1	115.7	117.2
第三产业	Tertiary Industry	115.0	113.8	113.3
全社会固定资产投资(亿元)	Total Investment in Fixed Assets (100 million yuan)	7464.72	5237.24	5214.28
# 城镇	Urban	7270.21	4689.88	4855.11
农村牧区	Rural	194.51	547.36	359.18
房地产开发	Real Estate Development	815.46	813.68	1238.91
全社会固定资产投资指数(上年=100)	Indices of Gross Total Investment in Fixed Assets(preceding year=100)	133.2	139.6	131.0
# 城镇	Urban	133.2	141.3	130.7
农村牧区	Rural	131.1	127.1	136.2
房地产开发	Real Estate Development	109.6	130.9	125.0
地方财政一般预算收入(亿元)	Local Financial General Budgetary Revenue (100 million yuan)	850.70	620.80	655.60
地方财政一般预算支出(亿元)	Local Financial General Budgetary Expenditures (100 million yuan)	1925.1	1606.3	1298.4
金融机构人民币存款余额(亿元)	RMB Deposit Balance(100 million yuan)	8373.7	9583.1	10933.0
# 储蓄存款余额	Saving Deposits of Urban and Rural Residents	3914.0	4686.2	4908.7
金融机构人民币贷款余额(亿元)	RMB Loan Balance(100 million yuan)	6292.5	7268.4	8766.1
粮食产量(万吨)	Grain(10 000 tons)	1981.70	1463.20	1137.20
油料产量(万吨)	Oil-bearing Crops(10 000 tons)	119.62	42.08	40.54
糖料产量(万吨)	Sugar(10 000 tons)	109.58	7509.44	11.57
肉类总产量(万吨)	Output of Meat(10 000 tons)	233.99	371.25	187.70
# 猪肉	Pork	68.60	232.33	146.50
牛肉	Beef	47.40	13.36	5.93
羊肉	Mutton	88.20	3.16	2.06
奶类产量(万吨)	Milk(10 000 tons)	934.05	8.07	7.94
规模以上工业企业主营业务收入(亿元)	Revenue of Industry above Designated	9366.2	5486.2	5796.8
规模以上工业产品税金总额(亿元)	Total Tax above Designated Size	534.16	299.2	267.4
规模以上工业产品利润总额(亿元)	Total profit above Designated Size	653.2	196.8	269.7

注：1.本表数据来源于各地区2009年统计公报初步统计数。

2.本表规模以上工业企业主要经济指标为2009年1-11月快报数据（下表同）。

Main Indicators of National Economic and Social Development of Western Region(2009)

四川 Sichuan	贵州 Guizhou	云南 Yunnan	西藏 Tibet	陕西 Shaanxi	甘肃 Gansu	青海 Qinghai	宁夏 Ningxia	新疆 Xinjiang
48.5	17.6	39.4	122.8	20.6	45.4	72.1	5.2	166.0
8185	3798	4571	290	3772	2635	557	625	2159
2.72	6.96	6.08	10.24	4.00	6.61	8.32	9.68	10.56
168.8	215.8	115.3	2.4	183.1	57.9	7.7	120.2	12.8
4945.2	2341.1	2730.2	169.1	1919.5	1406.6	285.5	328.5	829.2
14151.3	3893.5	6168.2	441.4	8186.7	3382.4	1081.3	1334.6	4273.6
2240.6	554.0	1064.0	64.0	789.6	497.5	107.4	127.1	759.7
6711.9	1474.3	2580.3	136.2	4312.1	1511.0	576.3	680.2	1951.9
5678.2	1252.7	2088.3	32.7	3579.0	1191.3	471.3	538.3	1579.9
5198.8	1865.2	2523.9	241.2	3084.9	1373.9	397.5	527.2	1562.0
17339	10258	13536	15295	21732	12852	19454	21475	19926
114.5	111.2	112.1	112.4	113.6	110.0	110.1	111.6	108.1
104.0	104.8	105.2	103.3	104.9	104.9	105.0	107.2	104.8
119.5	112.0	113.6	121.7	114.7	110.4	111.3	114.4	109.0
119.0	110.2	111.2	112.9	112.7	109.9	110.2	113.1	107.0
112.4	112.6	113.4	110.3	114.1	111.3	109.8	109.4	108.3
11387.26	2401.74	4526.40	379.41	6249.01	2363.02	798.27	1075.91	2710.89
9061.43	2040.02	4117.53	328.66	5890.47	2076.38	689.12	964.16	2418.51
2325.83	361.72	408.86	50.75	358.53	286.64	109.15	111.75	292.38
1586.76	369.69	737.46	15.72	943.73	204.14	72.85	162.74	230.84
160.2	129.2	131.7	125.1	135.8	139.2	137.0	129.8	121.8
142.9	127.2	132.6	123.8	137.8	138.8	134.2	131.1	122.5
303.6	141.8	124.1	133.7	109.3	141.9	157.8	120.0	116.1
110.9	120.1	132.3	121.2	126.0	119.6	144.6	138.6	104.0
1174.20	416.50	698.20	30.10	733.90	286.70	87.70	111.50	388.80
3591.0	1358.8	1949.8	470.1	1839.9	1245.6	486.7	427.8	1349.2
24976.5	5898.3	11119.6	1027.2	13860.4	5881.8	1785.8	2058.5	6850.1
11575.2	2676.1	4668.6	226.4	6732.0	3026.9	711.3	967.7	3050.8
15680.3	4656.5	8779.6	248.0	8276.6	3649.6	1399.0	1917.4	3787.6
3194.60	1168.27	1576.92	90.53	1131.40	906.20	102.69	340.70	1152.00
261.76	78.68	50.16	5.79	54.38	58.54	36.60	13.65	63.91
94.14	64.29	1761.42		0.17	20.42	0.06	0.01	418.41
632.81	169.63	304.59	24.03	98.68	82.88	26.91	25.55	115.35
474.19	140.10	230.82	1.22	75.00	45.84	9.19	9.16	22.03
28.91	11.40	27.99	14.22	7.80	15.07	8.10	7.28	33.88
24.30	3.23	12.07	8.38	7.30	15.64	8.85	6.80	43.80
68.66	4.49	105.93	28.72	185.83	37.66	25.35	81.14	125.15
15299.5	2727.4	4367.2	42.5	6985.4	3351.1	939.6	1207.9	3390.4
729.1	257.7	676.3	4.5	616.8	294.0	67.3	71.2	339.2
794.3	153.2	265.4	5.6	679.6	140.8	80.8	57.3	420.29

a)Data in the table are obtained from erery regional statistical bulletin in Western Region, and are the preliminary statistics.

b)The main indicators on economicbenefit in the table are from Jon-Non 2009(Same as next table.

24-3 续表

指 标	Item	内蒙古 Inner Mongolia	广 西 Guangxi	重 庆 Chongqing
原煤产量(万吨)	Coal(10 000 tons)	60058.45	519.72	4290.79
发电量(亿千瓦时)	Electricity(100 million Kwh)	2242.37	944.45	474.32
粗钢(万吨)	Stee(10 000 tons)	1261.94	1000.01	333.79
生铁(万吨)	Pig Iron(10 000 tons)	1381.3	967.7	324.9
成品钢材(万吨)	Steel Products(10 000 tons)	1294.9	1174.9	477.4
水泥(万吨)	Cement(10 000 tons)	4275.5	6411.2	3611.0
化肥(万吨)	Chemical Fertilizer(10 000 tons)	261.5	92.4	150.4
汽车(万辆)	Motor Vehicles(10 000 vehicles)	3.3	118.5	118.7
建筑业增加值(亿元)	Construction(100 million yuan)	598.1	513.9	530.1
建筑业增加值指数(上年=100)	(preceding year=100)	122.7	129.4	121.2
建筑业施工面积(万平方米)	Floor Space under Construction(10 000 sq.m)	5691.2	8346.1	13052.6
建筑业竣工面积(万平方米)	Floor Space Completed(10 000 sq.m)	2861.5	1441.6	2907.0
交通运输货运量(万吨)	Total Freight Troffic(10 000 tons)	116508	94466	68566
# 铁路	Railway	45675	8962	2263
公路	Highway	70832	75766	58532
交通运输客运量(万人次)	Passenger Traffic(10 000 persons-times)	22810	68593	113981
# 铁路	Railway	4643	2886	2605
公路	Highway	17998	65405	110150
邮电业务总量(亿元)	Business Volume of Postal and Telecommun -ication Services(100 million yuan)	554.21	694.75	448.04
社会消费品零售总额(亿元)	Retail Sales of Goods(100 million yuan)	2855.3	2790.7	2479.0
对外贸易进出口总额(亿美元)	Total Imports and Exports(USD 100 million)	67.6	142.3	77.1
# 出口总额	Imports	23.2	83.8	42.8
实际外商直接投资额(亿美元)	Actually Foreign Direct Investment	29.84	10.35	40.16
国际旅游人数(万人次)	International Tourists(10 000 person-times)	129.0	209.9	104.8
国际旅游外汇收入(亿美元)	Foreign Exchange Earning from International Tourism(USD 100 million)	5.58	6.43	5.37
在校学生数(万人)	Student Enrolment(10 000 persons)			
普通高等学校	Colleges and Universities	35.19	52.83	48.42
普通中学	Secondary Schools	135.90	281.83	192.02
小学	Primary Schools	149.30	436.78	208.14
广播人口覆盖率(%)	Listener Rating(%)	94.75	92.80	92.90
电视人口覆盖率(%)	Viewer Rating(%)	93.53	95.30	96.46
卫生机构个数(个)	Number of Health Care Institutions(unit)	7781	10654	2425
卫生机构床位数(万张)	Beds of Health Care Institutions(10 000 beds)	7.84	12.28	8.70
执业医师和助理医师数(万人)	Doctors(10 000 persons)	5.18	6.37	4.19
在岗职工平均工资(元)	Annual Average Wages of Staff and Wokrers at Post(yuan)	30699	28302	30965
城镇居民人均可支配收入(元)	Urban Households Per Capita Average Disposable Income(yuan)	15849	15451	15749
城镇居民人均消费性支出(元)	Urban Households Per Capita Expen -ditures for Consumptiom(yuan)	12370	10352	12144
农村居民人均纯收入(元)	Rural Households Per Capita Average Net Income(yuan)	4938	3980	4478
农村居民人均生活消费支出(元)	Rural Households Per Capita Living Expen -ditures for Consumption(yuan)	3967	3231	3142

continued

四川 Sichuan	贵州 Guizhou	云南 Yunnan	西藏 Tibet	陕西 Shanxi	甘肃 Gansu	青海 Qinghai	宁夏 Ningxia	新疆 Xinjiang
8997.34	13690.74	5571.26		29611.13	3875.59	1283.61	5509.53	7646.00
1578.78	1380.02	1170.86	18.00	908.94	696.65	377.94	479.85	549.07
1509.14	343.10	1049.05		522.50	626.36	126.72		625.01
1532.6	374.8	1280.9		512.5	612.1	109.5	36.2	731.6
1830.6	337.6	971.8		887.3	644.5	125.1	38.0	687.3
8887.0	2664.8	4868.4	187.7	4464.7	1816.1	610.0	1064.5	2029.3
463.0	347.3	355.2		86.8	81.00	277.9	91.8	183.8
7.6	0.2	7.3		50.7	1.9			0.07
1033.6	221.7	492.0	103.5	733.1	319.7	105.0	141.9	372.0
122.7	124.2	125.7	124.9	126.1	128.1	116.9	135.3	120.2
17609.2	6062.3	6837.9	145.9	8260.9	2543.1	900.4	1952.0	3073.6
4086.9	1210.9	1680.6	46.0	917.0	545.2	178.1	741.2	923.5
118253	34803	46039	943	92557	26605	9874	29242	45046
7659	6956	4929	23	24421	5763	2701	5979	6389
106472	27031	40765	920	67963	20812	7173	23263	38657
220020	64918	35556	7844	84303	49968	10071	12629	29886
5903	3204	2123	85	5008	2121	430	513	1345
211288	59981	32775	7759	79033	47755	9603	12034	28541
1250.00	485.18	669.99	52.12	683.47	363.56	91.67	118.94	479.75
5758.7	1247.3	2051.1	156.6	2699.7	1183.0	300.5	339.3	1177.5
242.3	23.0	80.2	4.0	84.0	38.2	5.9	12.0	138.3
141.5	13.6	45.1	3.8	39.9	7.4	2.5	7.4	108.2
41.30	1.34	9.10	0.58	15.11	1.34	2.15	0.70	2.16
85.0	40.0	284.5	17.5	145.1	6.1	3.6	1.5	35.5
2.89	1.10	11.72	0.79	7.71	0.13	0.15	0.04	1.37
103.60	29.91	39.36	3.09	89.37	36.15	5.67	7.84	24.16
499.00	270.64	264.97	18.16	274.68	204.31	32.27	14.07	144.48
617.00	456.87	444.14	30.52	271.44	252.60	53.33	67.06	197.39
96.20	86.60	94.29	89.20	96.30	92.63	88.90	92.90	94.40
97.30	91.30	95.06	90.36	97.50	92.91	94.30	97.30	94.80
21047	5730	9319	1329	8565	10324	899	1602	7288
27.70	9.86	14.40	0.86	13.45	7.63	2.25	2.21	10.26
12.40	4.01	5.90	0.34	6.13	3.67	0.96	1.20	4.56
28563	28245	26992	48750	30185	27177	33561	34082	27753
13839	12863	14424	13544	14129	11930	12692	14025	12258
10860	9048	10202	9034	10706	8891	8787	10280	9328
4462	3005	3369	3532	3438	2980	3346	4048	3883
4141	2422	2925	2400	3349	2767	3209	3348	2951

中国统计出版社最新图书简目

（仅供参考，以最后出书为准）

统计资料

中国统计年鉴-2010
中国统计摘要-2010
国际统计年鉴-2010
2010中国发展报告
中国第三产业统计年鉴-2010
中国区域经济统计年鉴-2010
中国劳动统计年鉴-2010
中国社会统计年鉴-2010
中国城市统计年鉴-2009
中国建筑业统计年鉴-2010
中国人口和就业统计年鉴-2010
中国工业经济统计年鉴-2010
中国商品交易市场统计年鉴-2010
中国房地产统计年鉴-2010
中国能源统计年鉴-2010
中国民政统计年鉴-2010
中国贸易外经统计年鉴-2010
2010中国地区经济监测报告
中国科技统计年鉴-2010
中国农村统计年鉴-2010
中国农产品价格调查年鉴-2010
中国高技术产业统计年鉴-2010
中国教育经费统计年鉴-2009
中国农村贫困监测报告-2010
全国农产品成本收益资料汇编-2010
中国科学技术协会统计年鉴-2010
工业企业科技活动资料-2010
第二次全国残疾人抽样调查资料系列
中国棉花年鉴-2008/2009
中国城市(镇)生活与价格年鉴-2010
中国县（市）社会经济调查年鉴-2010
中国农村住户调查年鉴-2010（中、英文）
中国农村全面建设小康监测报告-2010
中国国内生产总值核算历史资料(1952-2004)
中国季度国内生产总值核算历史资料(1992-2005)
中国零售和餐饮业连锁企业统计年鉴-2010
大中型批发零售和住宿餐饮企业统计年鉴-2010
2005年中国1%人口抽样调查系列资料

2010年省级综合统计年鉴系列

北京 天津 河北 山西 内蒙古
辽宁 吉林 黑龙江 上海 江苏
浙江 安徽 福建 江西 山东
河南 湖北 湖南 广东 广西
海南 重庆 四川 贵州 云南
西藏 陕西 甘肃 青海 宁夏
新疆 新疆生产建设兵团

2010年市(县)级综合统计年鉴系列

天津滨海新区
石家庄 唐山 邯郸 太原 大同
长治 阳泉 晋城 朔州 晋中
运城 忻州 临汾 呼和浩特
包头 沈阳 大连 长春 吉林市
四平 延吉 哈尔滨 齐齐哈尔
黑龙江垦区 上海浦东新区
苏州 无锡 常州 徐州 南通
盐城 镇江 江阴 丹阳 杭州
宁波 绍兴 台州 舟山 温州
金华 嘉兴 衢州 安庆 福州
福州经济技术开发区
厦门经济特区 南昌 上饶
济南 青岛 潍坊 东营 郑州
洛阳 三门峡 南阳 武汉 宜昌
十堰 荆州 黄冈 长沙 广州
东莞 惠州 深圳 桂林 南宁
柳州 来宾 河池 海口 成都
贵阳 昆明 西安 庆阳 银川
乌鲁木齐 吐鲁番

"十一五"规划教材

非参数统计　医学统计学
概率论与数理统计　统计学
现代金融投资统计分析
多元统计分析　经济计量学教程
应用时间序列分析
统计指数理论及应用
统计数据处理概论
质量管理统计方法　社会统计学
多元统计分析实验
企业经营管理统计
市场调查与预测
统计学原理（非统计专业使用）
统计学:从数据到结论
国民经济核算教程(国民经济统计学)
概率论与数理统计(经济、管理类专业使用)

重点图书

新中国六十年
挑大学选专业2010—高考志愿填报指南
挑大学选专业2010—考研择校指南